Código de
Processo Penal
Militar Comentado

O GEN | Grupo Editorial Nacional – maior plataforma editorial brasileira no segmento científico, técnico e profissional – publica conteúdos nas áreas de concursos, ciências jurídicas, humanas, exatas, da saúde e sociais aplicadas, além de prover serviços direcionados à educação continuada.

As editoras que integram o GEN, das mais respeitadas no mercado editorial, construíram catálogos inigualáveis, com obras decisivas para a formação acadêmica e o aperfeiçoamento de várias gerações de profissionais e estudantes, tendo se tornado sinônimo de qualidade e seriedade.

A missão do GEN e dos núcleos de conteúdo que o compõem é prover a melhor informação científica e distribuí-la de maneira flexível e conveniente, a preços justos, gerando benefícios e servindo a autores, docentes, livreiros, funcionários, colaboradores e acionistas.

Nosso comportamento ético incondicional e nossa responsabilidade social e ambiental são reforçados pela natureza educacional de nossa atividade e dão sustentabilidade ao crescimento contínuo e à rentabilidade do grupo.

Guilherme de Souza Nucci

Código de Processo Penal Militar Comentado

4.ª *edição*

revista, atualizada e reformulada

- O autor deste livro e a editora empenharam seus melhores esforços para assegurar que as informações e os procedimentos apresentados no texto estejam em acordo com os padrões aceitos à época da publicação, e todos os dados foram atualizados pelo autor até a data de fechamento do livro. Entretanto, tendo em conta a evolução das ciências, as atualizações legislativas, as mudanças regulamentares governamentais e o constante fluxo de novas informações sobre os temas que constam do livro, recomendamos enfaticamente que os leitores consultem sempre outras fontes fidedignas, de modo a se certificarem de que as informações contidas no texto estão corretas e de que não houve alterações nas recomendações ou na legislação regulamentadora.

- Fechamento desta edição: *01.06.2021*

- O Autor e a editora se empenharam para citar adequadamente e dar o devido crédito a todos os detentores de direitos autorais de qualquer material utilizado neste livro, dispondo-se a possíveis acertos posteriores caso, inadvertida e involuntariamente, a identificação de algum deles tenha sido omitida.

- **Atendimento ao cliente:** (11) 5080-0751 | faleconosco@grupogen.com.br

- Direitos exclusivos para a língua portuguesa
  Copyright © 2021 by
  Editora Forense Ltda.
  Uma editora integrante do GEN | Grupo Editorial Nacional
  Travessa do Ouvidor, 11 – Térreo e 6º andar
  Rio de Janeiro – RJ – 20040-040
  www.grupogen.com.br

- Reservados todos os direitos. É proibida a duplicação ou reprodução deste volume, no todo ou em parte, em quaisquer formas ou por quaisquer meios (eletrônico, mecânico, gravação, fotocópia, distribuição pela Internet ou outros), sem permissão, por escrito, da Editora Forense Ltda.

- *A Editora Forense passou a publicar esta obra a partir da 2ª edição.*

- Capa: Aurélio Corrêa

- **CIP – BRASIL. CATALOGAÇÃO NA FONTE.**
  SINDICATO NACIONAL DOS EDITORES DE LIVROS, RJ.

N876c
Nucci, Guilherme de Souza

Código de processo penal militar comentado / Guilherme de Souza Nucci. – 4. ed., – Rio de Janeiro: Forense, 2021.

Inclui bibliografia e índice
ISBN 978-65-596-4170-3

1. Direito militar – Brasil. 2. Justiça militar – Brasil. I. Título.

21-71265 CDU: 344.1(81)

Leandra Felix da Cruz Candido – Bibliotecária – CRB-7/6135

Apresentação à 4.ª edição

O Código de Processo Penal Militar encontra-se em vigência há vários anos, tendo sido muito bem elaborado. Porém, o ideal seria buscar uma reforma ampla para atualizá-lo, assim como o restante da legislação penal e processual penal.

A Lei 13.964/2019 (Pacote Anticrime) promoveu algumas alterações no Código de Processo Penal Militar, todas comentadas nesta nova edição. Outras modificações, produzidas em diversas leis, foram interpretadas à luz desse Código, quando espelharem algum impacto.

Além disso, incluímos julgados recentes dos tribunais, em especial do Superior Tribunal Militar. Alguns acórdãos, embora antigos, foram mantidos pela relevância do seu conteúdo.

Agradecemos às equipes de produção e revisão da editora e ao leitor, sempre atento, que nos envia os seus comentários e sugestões.

São Paulo, maio de 2021.

O Autor

Índice Geral

Índice Sistemático do Código de Processo Penal Militar XI

Tábua de Abreviaturas XVII

Código de Processo Penal Militar – Decreto-lei 1.002, de 21 de outubro de 1969 1

Referências Bibliográficas 611

Índice Alfabético-Remissivo 639

Obras do Autor 663

Índice Sistemático do Código de Processo Penal Militar

DECRETO-LEI 1.002, DE 21 DE OUTUBRO DE 1969

LIVRO I

TÍTULO I (arts. 1.º a 6.º) 5

Capítulo Único – Da Lei de Processo Penal Militar e da sua aplicação (arts. 1.º a 6.º).............. 5

TÍTULO II (arts. 7.º e 8.º) 25

Capítulo Único – Da polícia judiciária militar (arts. 7.º e 8.º) 25

TÍTULO III (arts. 9.º a 28) 29

Capítulo Único – Do inquérito policial militar (arts. 9.º a 28)... 29

TÍTULO IV (arts. 29 a 33) 59

Capítulo Único – Da ação penal militar e do seu exercício (arts. 29 a 33).............................. 59

TÍTULO V – DO PROCESSO PENAL MILITAR EM GERAL (arts. 34 e 35) 67

Capítulo Único – Do processo (arts. 34 e 35)... 67

TÍTULO VI – DO JUIZ, AUXILIARES E PARTES DO PROCESSO (arts. 36 a 76) 69

Capítulo I – Do juiz e seus auxiliares (arts. 36 a 53)... 69

Seção I – Do juiz (arts. 36 a 41) 69

Seção II – Dos auxiliares do juiz (arts. 42 a 46) 78

Seção III – Dos peritos e intérpretes (arts. 47 a 53)... 80

Capítulo II – Das partes (arts. 54 a 76).. 84

Seção I – Do acusador (arts. 54 a 59).. 84

Seção II – Do assistente (arts. 60 a 68) 87

Seção III – Do acusado, seus defensores e curadores (arts. 69 a 76)............... 93

TÍTULO VII (arts. 77 a 81).. **101**

Capítulo Único – Da denúncia (arts. 77 a 81).. 101

TÍTULO VIII (arts. 82 a 84) **117**

Capítulo Único – Do foro militar (arts. 82 a 84)... 117

TÍTULO IX (arts. 85 a 110) **119**

Capítulo I – Da competência em geral (arts. 85 a 87).. 119

Capítulo II – Da competência pelo lugar da infração (arts. 88 a 92) 124

Capítulo III – Da competência pelo lugar da residência ou domicílio do acusado (art. 93) 127

Capítulo IV – Da competência por prevenção (arts. 94 e 95) 128

Capítulo V – Da competência pela sede do lugar de serviço (art. 96)............... 129

Capítulo VI – Da competência pela especialização das auditorias (art. 97)........ 129

Capítulo VII – Da competência por distribuição (art. 98)................................... 130

Capítulo VIII – Da conexão ou continência (arts. 99 a 107) 131

Capítulo IX – Da competência pela prerrogativa do posto ou da função (art. 108) 147

Capítulo X – Do desaforamento (arts. 109 e 110)... 148

TÍTULO X (arts. 111 a 121) **151**

Capítulo Único – Dos conflitos de competência (arts. 111 a 121) 151

TÍTULO XI (arts. 122 a 127) **157**

Capítulo Único – Das questões prejudiciais (arts. 122 a 127)............................ 157

TÍTULO XII – DOS INCIDENTES (arts. 128 a 169)... **161**

Capítulo I – Das exceções em geral (arts. 128 a 155) 161

Seção I – Da exceção de suspeição ou impedimento (arts. 129 a 142)............ 162

Seção II – Da exceção de incompetência (arts. 143 a 147) 170

Seção III – Da exceção de litispendência (arts. 148 a 152) 173

Seção IV – Da exceção de coisa julgada (arts. 153 a 155)................................. 174

Capítulo II – Do incidente de insanidade mental do acusado (arts. 156 a 162)........ 179

Capítulo III – Do incidente de falsidade de documento (arts. 163 a 169)........ 187

TÍTULO XIII – DAS MEDIDAS PREVENTIVAS E ASSECURATÓRIAS (arts. 170 a 276) **193**

Capítulo I – Das providências que recaem sobre coisas ou pessoas (arts. 170 a 198)......... 193

Seção I – Da busca (arts. 170 a 184).. 193

Seção II – Da apreensão (arts. 185 a 189) 213

Seção III – Da restituição (arts. 190 a 198) 216

Capítulo II – Das providências que recaem sobre coisas (arts. 199 a 219) 222

Seção I – Do sequestro (arts. 199 a 205) 222

Seção II – Da hipoteca legal (arts. 206 a 214)... 228

Seção III – Do arresto (arts. 215 a 219).. 233

Capítulo III – Das providências que recaem sobre pessoas (arts. 220 a 261) 235

Seção I – Da prisão provisória (arts. 220 a 242).. 235

Seção II – Da prisão em flagrante (arts. 243 a 253).. 250

Seção III – Da prisão preventiva (arts. 254 a 261) 260

Capítulo IV – Do comparecimento espontâneo (art. 262)... 272

Capítulo V – Da menagem (arts. 263 a 269)... 273

Capítulo VI – Da liberdade provisória (arts. 270 e 271)... 275

Capítulo VII – Da aplicação provisória de medidas de segurança (arts. 272 a 276)......... 277

TÍTULO XIV (arts. 277 a 293) **281**

Capítulo Único – Da citação, da intimação e da notificação (arts. 277 a 293)............... 281

TÍTULO XV – DOS ATOS PROBATÓRIOS (arts. 294 a 383) **293**

Capítulo I – Disposições gerais (arts. 294 a 301).. 293

Capítulo II – Da qualificação e do interrogatório do acusado (arts. 302 a 306) 307

Capítulo III – Da confissão (arts. 307 a 310) 314

Capítulo IV – Das perguntas ao ofendido (arts. 311 a 313) 318

Capítulo V – Das perícias e exames (arts. 314 a 346).. 322

Capítulo VI – Das testemunhas (arts. 347 a 364) 344

Capítulo VII – Da acareação (arts. 365 a 367)... 365

Capítulo VIII – Do reconhecimento de pessoa e de coisa (arts. 368 a 370)................... 368

Capítulo IX – Dos documentos (arts. 371 a 381) 372

Capítulo X – Dos indícios (arts. 382 a 383).. 380

LIVRO II
DOS PROCESSOS EM ESPÉCIE

TÍTULO I – DO PROCESSO ORDINÁRIO (arts. 384 a 450) **387**

Capítulo Único – Da instrução criminal (arts. 384 a 450)... 387

Seção I – Da prioridade de instrução. Da polícia e ordem das sessões (arts. 384 a 395)....... 387

Seção II – Do início do processo ordinário (arts. 396 a 398) 395

Seção III – Da instalação do Conselho de Justiça (arts. 399 a 403)............................ 398

Seção IV – Da qualificação e do interrogatório do acusado. Das exceções que podem
ser opostas. Do comparecimento do ofendido (arts. 404 a 410).......................... 401

Seção V – Da revelia (arts. 411 a 414).. 403

Seção VI – Da inquirição de testemunhas, do reconhecimento de pessoa ou coisa e das diligências em geral (arts. 415 a 430) 405

Seção VII – Da sessão do julgamento e da sentença (arts. 431 a 450) 413

TÍTULO II – DOS PROCESSOS ESPECIAIS (arts. 451 a 498) **435**

Capítulo I – Da deserção em geral (arts. 451 a 453) 435

Capítulo II – Do processo de deserção de oficial (arts. 454 e 455) 436

Capítulo III – Do processo de deserção de praça com ou sem graduação e de praça especial (arts. 456 a 459) 438

Capítulo IV – Do processo de deserção de praça, com ou sem graduação, e de praça especial, na Marinha e na Aeronáutica (arts. 460 a 462) (Revogados pela Lei 8.236/1991) 443

Capítulo V – Do processo de crime de insubmissão (arts. 463 a 465) 443

Capítulo VI – Do *habeas corpus* (arts. 466 a 480) 445

Capítulo VII – Do processo para restauração de autos (arts. 481 a 488) 462

Capítulo VIII – Do processo de competência originário do Superior Tribunal Militar (arts. 489 a 497) 466

Seção I – Da instrução criminal (arts. 489 a 495) 466

Seção II – Do julgamento (arts. 496 e 497) 468

Capítulo IX – Da correição parcial (art. 498) 470

LIVRO III
DAS NULIDADES E RECURSOS EM GERAL

TÍTULO I (arts. 499 a 509) **475**

Capítulo Único – Das nulidades (arts. 499 a 509) 475

TÍTULO II – DOS RECURSOS (arts. 510 a 587) **491**

Capítulo I – Regras gerais (arts. 510 a 515) 491

Capítulo II – Dos recursos em sentido estrito (arts. 516 a 525) 496

Capítulo III – Da apelação (arts. 526 a 537) 505

Capítulo IV – Dos embargos (arts. 538 a 549) 513

Capítulo V – Da revisão (arts. 550 a 562) 522

Capítulo VI – Dos recursos da competência do Supremo Tribunal Federal (art. 563) 536

Capítulo VII – Do recurso nos processos contra civis e Governadores de Estado e seus secretários (arts. 564 a 567) 536

Capítulo VIII – Do recurso das decisões denegatorias de *habeas corpus* (arts. 568 e 569) 537

Capítulo IX – Do recurso extraordinário (arts. 570 a 583) 537

Capítulo X – Da reclamação (arts. 584 a 587) 543

LIVRO IV
DA EXECUÇÃO

TÍTULO I – DA EXECUÇÃO DA SENTENÇA (arts. 588 a 605) **551**

Capítulo I – Disposições gerais (arts. 588 a 593) 551

Capítulo II – Da execução das penas em espécie (arts. 594 a 603) 555

Capítulo III – Das penas principais não privativas de liberdade e das acessórias (arts. 604 e
605) 559

TÍTULO II – DOS INCIDENTES DA EXECUÇÃO (arts. 606 a 642) **561**

Capítulo I – Da suspensão condicional da pena (arts. 606 a 617) 561

Capítulo II – Do livramento condicional (arts. 618 a 642) 571

**TÍTULO III – DO INDULTO, DA COMUTAÇÃO DA PENA, DA ANISTIA E DA REABILITAÇÃO
(arts. 643 a 658)** **585**

Capítulo I – Do indulto, da comutação da pena e da anistia (arts. 643 a 650) 585

Capítulo II – Da reabilitação (arts. 651 a 658) 587

TÍTULO IV (arts. 659 a 674) **591**

Capítulo Único – Da execução das medidas de segurança (arts. 659 a 674) 591

LIVRO V

TÍTULO ÚNICO – DA JUSTIÇA MILITAR EM TEMPO DE GUERRA (arts. 675 a 718) **601**

Capítulo I – Do processo (arts. 675 a 693) 601

Capítulo II – Dos recursos (arts. 694 a 706) 605

Capítulo III – Disposições especiais relativas à Justiça Militar em tempo de guerra (arts. 707
a 710) 606

DISPOSIÇÕES FINAIS E TRANSITÓRIAS (arts. 711 a 718) **609**

Tábua de Abreviaturas

Ap. – Apelação Criminal

Ap. Cív. – Apelação Civil

ADIn – Ação Direta de Inconstitucionalidade

Ag – Agravo

AgExec. – Agravo em Execução

AgRg – Agravo Regimental

AI – Agravo de Instrumento

Ajuris – Revista da Associação dos Juízes do Rio Grande do Sul

Ap. Crim. – Apelação Criminal

Bol. AASP – Boletim da Associação dos Advogados de São Paulo

Bol. IBCCrim – Boletim do Instituto Brasileiro de Ciências Criminais

Bol. TJSP – Boletim de Jurisprudência da Biblioteca do Tribunal de Justiça de São Paulo

BMJ – Boletim Mensal de Jurisprudência do Tribunal de Alçada Criminal de São Paulo

C. – Câmara

CA – Conflito de Atribuições

CC – Código Civil

cit. – citado(a)

CJ – Conflito de Jurisdição

CLT – Consolidação das Leis do Trabalho

Cor. Parc. – Correição Parcial

CP – Código Penal

CPC – Código de Processo Civil

CPP – Código de Processo Penal

Crim. – Criminal

CT – Carta Testemunhável

CTN – Código Tributário Nacional

Den. – Denúncia

Des. – Desembargador

DJ – Diário da Justiça

DJU – Diário da Justiça da União

ECA – Estatuto da Criança e do Adolescente

ED – Embargos Declaratórios

EI – Embargos Infringentes

Emb. Div. – Embargos de Divergência

EV – Exceção da Verdade

Extr. – Extradição

HC – *Habeas corpus*

Inq. – Inquérito Policial

IUF – Incidente de Uniformização de Jurisprudência

j. – Julgado em

JC – Jurisprudência Catarinense

JM – Jurisprudência Mineira

JTJ-Lex – Julgados do Tribunal de Justiça (antiga *Revista de Jurisprudência do Tribunal de Justiça de São Paulo* – RJTJESP)

JSTF-Lex – Jurisprudência do Supremo Tribunal Federal

JSTJ – Jurisprudência do Superior Tribunal de Justiça

JUBI – Departamento Técnico de Jurisprudência e Biblioteca do Tribunal de Justiça de São Paulo (boletim)

JUTACRIM-SP – Julgados do Tribunal de Alçada Criminal de São Paulo

JUTARS – Julgados do Tribunal de Alçada do Rio Grande do Sul

LCP – Lei das Contravenções Penais

LEP – Lei de Execução Penal

MI – Mandado de Injunção

Min. – Ministro

MS – Mandado de Segurança

m.v. – maioria de votos

ob. – obra

p. – página

PE – Pedido de Extradição

PT – Petição

QC – Queixa-crime

RA – Recurso de Agravo

RBCCrim. – Revista Brasileira de Ciências Criminais

RC – Reclamação

RDA – Revista de Direito Administrativo

RDP – Revista de Direito Público

RDTJRJ – Revista de Direito do Tribunal de Justiça do Rio de Janeiro

RE – Recurso Extraordinário

Rec. – Recurso Criminal

Rec. Adm. – Recurso Administrativo

rel. – Relator

REsp – Recurso Especial

Rev. – Revisão Criminal

RF – Revista Forense

RHC – Recurso de *Habeas Corpus*

RISTF – Regimento Interno do Supremo Tribunal Federal

RJDTACRIM – Revista de Jurisprudência e Doutrina do Tribunal de Alçada Criminal de São Paulo

RJTAMG – Revista de Julgados do Tribunal de Alçada de Minas Gerais

RJTJ – Revista de Jurisprudência do Tribunal de Justiça (ex.: RJTJSP, RJTJRS)

RJTJRJ – Revista de Jurisprudência do Tribunal de Justiça do Rio de Janeiro

RJTJRS – Revista de Jurisprudência do Tribunal de Justiça do Rio Grande do Sul

RJTJSP – Revista de Jurisprudência do Tribunal de Justiça de São Paulo

RMS – Recurso em Mandado de Segurança

RO – Recurso de Ofício

RSE – Recurso em Sentido Estrito

RSTJ – Revista do Superior Tribunal de Justiça

RT – Revista dos Tribunais

RTFR – Revista do Tribunal Federal de Recursos

RTJ – Revista Trimestral de Jurisprudência (STF)

RTJE – Revista Trimestral de Jurisprudência dos Estados

STF – Supremo Tribunal Federal

STJ – Superior Tribunal de Justiça

TA – Tribunal de Alçada

TACRIM-RJ – Tribunal de Alçada Criminal do Rio de Janeiro

TACRIM-SP – Tribunal de Alçada Criminal de São Paulo

TFR – Tribunal Federal de Recursos

TJ – Tribunal de Justiça

TP – Tribunal Pleno

TRF – Tribunal Regional Federal

VCP – Verificação de Cessação de Periculosidade

v.u. – votação unânime

CÓDIGO DE PROCESSO PENAL MILITAR

DECRETO-LEI 1.002, DE 21 DE OUTUBRO DE 1969

Os Ministros da Marinha de Guerra, do Exército e da Aeronáutica Militar, usando das atribuições que lhes confere o art. 3.º do Ato Institucional 16, de 14 de outubro de 1969, combinado com o § 1.º do art. 2.º do Ato Institucional 5, de 13 de dezembro de 1968, decretam:

Livro I

Título I

Capítulo Único
Da Lei de Processo Penal Militar e da sua aplicação[1]

1. Princípios do processo penal aplicáveis ao contexto militar: *princípio*, etimologicamente, significa causa primária, momento em que algo tem origem, elemento predominante na constituição de um corpo orgânico, preceito, regra, fonte de uma ação. Em Direito, princípio jurídico quer dizer uma ordenação que se irradia e imanta os sistemas de normas, conforme ensina José Afonso da Silva (*Curso de direito constitucional positivo*, p. 85), servindo de base para a interpretação, integração, conhecimento e aplicação do direito positivo. Cada ramo do Direito possui princípios próprios, que informam todo o sistema, podendo estar expressamente previstos em lei ou ser implícitos, isto é, resultar da conjugação de vários dispositivos legais, de acordo com a cultura jurídica formada com o passar dos anos de estudo de determinada matéria. O processo penal não foge à regra, sendo regido, primordialmente, por princípios, que, por vezes, suplantam a própria literalidade da lei. Na Constituição Federal encontramos a maioria dos princípios que tutelam o processo penal brasileiro. Pretendemos classificá-los, para melhor estudo, em constitucionais processuais e meramente processuais, bem como em explícitos e implícitos. Entretanto, de início, convém registrar a existência de dois princípios regentes, governadores de todos os demais, seja no campo processual penal, seja no âmbito penal. O conjunto dos princípios constitucionais forma um sistema próprio, com lógica e autorregulação. Por isso, torna-se imperioso destacar dois aspectos: a) há integração entre os princípios constitucionais penais e os processuais penais; b) coordenam o sistema de princípios os mais relevantes para a garantia dos direitos humanos fundamentais: dignidade da pessoa humana e devido processo legal. Estabelece o art. 1.º, III, da Constituição Federal: "A República Federativa do Brasil, formada pela união indissolúvel dos Estados e Municípios e do Distrito Federal, constitui-se em Estado Democrático de Direito e tem como fundamentos: (...) III – a dignidade da pessoa humana". No art. 5.º, LIV, da Constituição Federal encontra-se: "Ninguém será privado da liberdade ou de seus bens sem o devido processo legal". Nada se pode tecer de justo e realisticamente isonômico que passe ao largo da dignidade humana, base sobre a qual todos os direitos e garantias individuais são erguidos e sustentados. Ademais, inexistiria razão de ser a tantos preceitos fundamentais não fosse o nítido suporte prestado à dignidade humana. Há dois prismas para o princípio constitucional regente da dignidade da pessoa humana: objetivo e subjetivo. Sob o aspecto objetivo, significa a garantia de um mínimo existencial ao ser humano, atendendo às suas necessidades básicas, como moradia, alimentação, educação, saúde, lazer, vestuário, higiene, transporte e previdência social, nos moldes fixados pelo art. 7.º, IV, da CF. Sob o aspecto subjetivo, trata-se dos sentimentos de respeitabilidade e autoestima, inerentes ao ser humano, desde o nascimento, em relação aos quais não cabe qualquer espécie de renúncia ou desistência. O Direito Penal, constituindo a mais drástica opção estatal para regular conflitos e aplicar sanções, deve amoldar-se ao princípio regente da dignidade humana, justamente pelo fato de se assegurar que o braço forte do Estado continue a ser democrático e de direito. O devido processo legal guarda suas raízes no princípio da legalidade, garantindo ao indivíduo que somente seja processado e punido se houver lei penal anterior definindo determinada conduta como crime, cominando-lhe pena. Além disso, modernamente, representa a união de todos os princípios penais e processuais penais, indicativo da regularidade ímpar do processo criminal. Associados, os princípios constitucionais da dignidade humana e do devido processo legal entabulam a regência dos demais, conferindo-lhes unidade e coerência. Consultar o nosso *Princípios constitucionais penais e processuais penais* para maiores esclarecimentos. Classificando os princípios processuais, temos: I – Princípios constitucionais explícitos do processo penal: 1. Concernentes ao indivíduo: 1.1) *princípio da presunção de inocência*: também conhecido como princípio do estado de inocência ou da não culpabilidade, significa que todo acusado é presumido inocente, até que seja declarado culpado por sentença condenatória, com trânsito em julgado. Encontra-se previsto no art. 5.º, LVII, da Constituição. O princípio tem por objetivo garantir que o ônus da prova cabe à acusação e não à defesa. As pessoas nascem inocentes, sendo esse o seu estado natural, razão pela qual, para quebrar tal regra, torna-se indispensável que o Estado-acusação evidencie, com provas suficientes, ao Estado-juiz a culpa do réu. Por outro lado, confirma a excepcionalidade e a necessariedade das medidas cautelares de prisão, já que indivíduos inocentes somente podem ser levados ao cárcere quando isso realmente for útil à instrução e à ordem pública. Reforça, ainda, o princípio da intervenção mínima do Estado na vida do cidadão, uma vez que a reprovação penal somente alcançará aquele que for efetivamente culpado: 1.1.1) Princípios consequenciais da prevalência do interesse do réu (*in dubio pro reo, favor rei, favor inocentiae, favor libertatis*) e da imunidade à autoacusação: o primeiro significa que, em caso de conflito entre a inocência do réu – e sua liberdade – e o poder-dever do Estado de punir, havendo dúvida razoável, deve o juiz decidir em favor do acusado. Aliás, pode-se dizer que, se todos os seres humanos nascem em *estado de inocência*, a exceção a essa regra é a culpa, razão pela qual o ônus da prova é do Estado-acusação. Por isso, quando houver dúvida no espírito do julgador, é imperativo prevalecer o interesse do indivíduo, em detrimento da sociedade ou do Estado. Há, ainda, a imunidade à autoacusação, sob o *princípio de que ninguém está obrigado a produzir prova contra si mesmo* (*nemo tenetur se detegere*): trata-se de decorrência natural da conjugação dos princípios constitucionais da presunção de inocência (art. 5.º, LVII) e ampla defesa (art. 5.º, LV) com o direito humano fundamental que permite ao réu manter-se calado (art. 5.º, LXIII). Se o indivíduo é inocente, até que seja provada sua culpa, possuindo o direito de produzir amplamente prova em seu favor, bem como se pode permanecer em silêncio sem qualquer tipo de prejuízo à sua situação processual, é mais do que óbvio não estar obrigado, em hipótese alguma, a produzir prova contra si mesmo. O Estado é a parte mais forte na persecução penal, possuindo agentes e instrumentos aptos a buscar e descobrir provas contra o agente da infração penal, prescindindo, pois, de sua colaboração. Seria a admissão de falência de seu aparato e fraqueza de suas autoridades se dependesse do suspeito para colher elementos suficientes a sustentar a ação penal. Nas palavras de Maria Elizabeth Queijo, "o *nemo tenetur se detegere* foi acolhido, expressamente, no direito brasileiro, com a incorporação ao direito interno do Pacto Internacional dos Direitos Civis e Políticos e da Convenção Americana sobre Direitos Humanos. Por força de tal incorporação, em consonância com o disposto no art. 5.º, § 2.º, da Constituição Federal, como direito fundamental, o *nemo tenetur se detegere* possui hierarquia constitucional, portanto, não poderá ser suprimido nem mesmo por emenda constitucional. Tal entendimento não foi modificado pelo art. 5.º, § 3.º, do texto constitucional, incluído pela Emenda

Constitucional 45/2004, mas por ele corroborado" (*O direito de não produzir prova contra si mesmo*, p. 480); 1.2) *princípio da ampla defesa*: significa que ao réu é concedido o direito de se valer de amplos e extensos métodos para se defender da imputação feita pela acusação. Encontra fundamento constitucional no art. 5.º, LV. Considerado, no processo, parte hipossuficiente por natureza, uma vez que o Estado é sempre mais forte, agindo por órgãos constituídos e preparados, valendo-se de informações e dados de todas as fontes às quais tem acesso, merece o réu um tratamento diferenciado e justo, razão pela qual a *ampla* possibilidade de defesa se lhe afigura a compensação devida pela força estatal. A sua importância cada vez mais é consagrada pela Constituição Federal, como demonstra a nova redação do art. 93, II, *d* (Emenda 45/2004), cuidando da rejeição de juiz para promoção no critério da antiguidade: "Na apuração da antiguidade, o tribunal somente poderá recusar o juiz mais antigo pelo voto fundamentado de dois terços de seus membros, conforme procedimento próprio, e assegurada *ampla defesa*, repetindo-se a votação até fixar-se a indicação". Lembremos que há, no contexto do júri, o princípio da plenitude de defesa, a ser tratado em seguida, que apresenta diferença com o princípio em comento. A ampla defesa gera inúmeros direitos exclusivos do réu, como é o caso de ajuizamento de revisão criminal – o que é vedado à acusação –, bem como a oportunidade de ser verificada a eficiência da defesa pelo magistrado, que pode desconstituir o advogado escolhido pelo réu, fazendo-o eleger outro ou nomeando-lhe um dativo, entre outros. Outro ponto fundamental da ampla defesa é a possibilidade de autodefesa, ou seja, pode o réu, em narrativa direta ao juiz, no interrogatório, levantar as teses de defesa que entender cabíveis. Estas, por sua vez, por ocasião da sentença, devem ser levadas em conta pelo julgador. Conferir: TJRS: "Todas as teses defensivas levantadas, mesmo em autodefesa, devem ser enfrentadas no ato sentencial, sob pena de nulidade" (Ap. 70008337206, 5.ª C., rel. Amilton Bueno de Carvalho, 03.08.2004, v.u., *Boletim AASP* 2.423, jun. 2005). 2. Concernentes à relação processual: 2.1) *princípio do contraditório*: quer dizer que a toda alegação fática ou apresentação de prova, feita no processo por uma das partes, tem a outra, adversária, o direito de se manifestar, havendo um perfeito equilíbrio na relação estabelecida pela pretensão punitiva do Estado em confronto com o direito à liberdade e à manutenção do estado de inocência do acusado (art. 5.º, LV, CF). Excepcionalmente, o contraditório deve ser exercitado quando houver alegação de direito. Nesse caso, deve-se verificar se a questão invocada pode colocar fim à demanda. Exemplo disso é a alegação de ter havido *abolitio criminis*, que deve provocar a oitiva da parte contrária, pois o processo pode findar em função da extinção da punibilidade. No mais, se uma parte invoca uma questão de direito, não há necessidade de ouvir a parte contrária, bastando que o juiz aplique a lei ao caso concreto. Aliás, é o que ocorre nas alegações finais: primeiro, manifesta-se a acusação, depois, fala a defesa, não sendo necessário ouvir novamente o órgão acusatório, embora possam ter sido invocadas questões de direito, analisando a prova produzida; 3. Concernentes à atuação do Estado: 3.1) *princípio do juiz natural e imparcial e princípio consequencial da iniciativa das partes*: estabelece o direito do réu de ser julgado por um juiz previamente determinado por lei e pelas normas constitucionais, acarretando, por consequência, um julgamento imparcial. Encontra previsão no art. 5.º, LIII, da Constituição. Seu contraponto é a vedação ao juízo ou tribunal de exceção (art. 5.º, XXXVII, CF), ou seja, a nomeação de um juiz ou a constituição de um tribunal, após a prática do delito, especialmente para julgar o seu autor. Logicamente, havendo um juízo de exceção, não se pode considerá-lo *natural*, vale dizer, previamente constituído e previsto em lei para julgar toda e qualquer infração, seja quem for o seu autor. Esse juízo de exceção tem enorme possibilidade de não ser imparcial, justamente porque foi criado para analisar um caso concreto já ocorrido. Assim, pelas regras constitucionais, todos têm direito a um julgador desapaixonado e justo, previamente existente. Quando houver alteração na organização judiciária, criando-se uma Vara especializada em determinada matéria, os feitos pertinentes a tal assunto, objeto de processos criminais distribuídos e em andamento em outras Varas, serão redistribuídos e encaminhados à novel Vara específica. Nenhum atentado existe ao princípio do juiz natural, uma vez que este busca, em meta maior, o juiz imparcial. Ora, a mera criação de Vara especializada não faz nascer nenhuma espécie de parcialidade, até pelo fato de ser medida genérica e válida para todos os casos relativos à mesma matéria. Em suma, não se está idealizando e construindo um juízo de exceção, voltado especialmente a um réu. Nesse sentido: STJ: "Não há falar em violação do princípio do juiz natural com a simples especialização de competência, eis que não se confundem juízo de exceção e juízo especializado" (HC 31.294-PR, 6.ª T., rel. Hamilton Carvalhido, 19.08.2004, m.v., por outros motivos, *DJ* 09.10.2006, p. 362). Sobre o tema, ainda: STF: "O princípio do juiz natural reveste-se, em sua projeção político-jurídica, de dupla função instrumental, pois, enquanto garantia indisponível, tem por titular qualquer pessoa exposta, em juízo criminal, à ação persecutória do Estado, e, enquanto limitação insuperável, incide sobre os órgãos do poder incumbidos de promover, judicialmente, a repressão criminal. Vê-se, desse modo, que o postulado da naturalidade do juízo, ao qualificar-se como prerrogativa individual (*ex parte subjecti*), tem por destinatário específico o réu, erigindo-se, em consequência, como direito público subjetivo inteiramente oponível ao próprio Estado. Esse mesmo princípio, contudo, se analisado em perspectiva diversa, *ex parte principis*, atua como fator de inquestionável restrição ao poder de persecução penal, submetendo, o Estado, a múltiplas limitações inibitórias de suas prerrogativas institucionais" (HC 79.865-9-RS, 2.ª T., rel. Celso de Mello, 14.03.2000, v.u.). Assegurando-se o juiz natural, em último grau, estabelece-se a regra do juiz imparcial. Entretanto, por mais cautela que se tenha na elaboração de leis, é possível que um determinado caso chegue às mãos de magistrado parcial. Essa falta de isenção pode decorrer de fatores variados: corrupção, amizade íntima ou inimizade capital com alguma das partes, ligação com o objeto do processo, conhecimento pessoal sobre o fato a ser julgado etc. Nota-se, portanto, que não basta ao processo penal o juiz natural. Demanda-se igualmente o juiz imparcial, motivo pelo qual o Código de Processo Penal Militar coloca à disposição do interessado as exceções de suspeição e de impedimento, para buscar o afastamento do magistrado não isento. Esse princípio é constitucionalmente assegurado, embora de maneira implícita. Ingressa no sistema pela porta do art. 5.º, § 2.º, da Constituição ("Os direitos e garantias expressos nesta Constituição não excluem outros decorrentes do regime e dos princípios por ela adotados, ou dos tratados internacionais em que a República Federativa do Brasil seja parte"). Ora, não somente o princípio do juiz imparcial decorre do juiz natural – afinal, este sem aquele não tem finalidade útil –, como também é fruto do Pacto de San José da Costa Rica (Convenção Americana sobre Direitos Humanos), firmado pelo Brasil e em vigor desde 1992. Verifica-se no art. 8.º, item 1, o seguinte: "Toda pessoa terá o direito de ser ouvida, com as devidas garantias e dentro de um prazo razoável, por um juiz ou tribunal competente, independente e *imparcial*, estabelecido anteriormente por lei, na apuração de qualquer acusação penal formulada contra ela, ou na determinação de seus direitos ou obrigações de caráter civil, trabalhista, fiscal ou de qualquer outra natureza" (destaque nosso). Para que possa o magistrado atuar, realmente, com imparcialidade, advém o *princípio da iniciativa das partes,* significando não dever o juiz agir de ofício para dar início à ação penal. Cabe ao titular da ação penal, que é o Ministério Público (art. 129, I, CF), como regra, essa providência. Não propondo a ação penal, no prazo legal, pode o particular ofendido tomar a iniciativa (art. 5.º, LIX, CF), na esfera comum. E mais: deve o magistrado julgar o pedido nos estritos limites em que foi feito, não podendo ampliar a acusação, piorando a situação do réu, sem aditamento à denúncia, promovido por quem de direito. Registre-se exceção ao princípio, mencionando que a execução penal pode ter início por atuação *de ofício* do magistrado: "O procedimento judicial iniciar-se-á de ofício, a requerimento do Ministério Público, do interessado, de quem o represente, de seu cônjuge, parente ou descendente, mediante proposta do Conselho Penitenciário, ou, ainda, da autoridade administrativa" (art. 195, Lei 7.210/84). Porém, nenhuma lesão provoca na imparcialidade do juiz, por duas razões: a) as Varas de Execução Penal, como regra, são especializadas, onde atuam magistrados diferentes daqueles que condenaram os réus; b) a execução penal é consequência do poder-dever do Estado em punir o culpado. Logo, afirmada a culpa na sentença condenatória, com trânsito em julgado, deve-se executar a pena, razão pela qual o início do processo de execução é obrigatório; 3.2) *princípio da publicidade*, que encontra previsão constitucional nos arts. 5.º, XXXIII, LX, e 93, IX, da Constituição Federal. Quer dizer que os atos processuais devem ser realizados publicamente, à vista de quem queira acompanhá-los, sem segredos e sem sigilo. É justamente o que permite o controle social dos atos e decisões do Poder Judiciário. Ocorre que, em algumas situações excepcionais, a própria Constituição ressalva a possibilidade de se restringir a publicidade. Quando houver interesse público ou a intimidade o exigir, o juiz pode limitar o acesso à prática dos atos processuais, ou mesmo aos autos do processo, apenas às partes envolvidas. Conforme o caso, até mesmo o réu pode ser afastado da sala, permanecendo o seu advogado. Note-se, no entanto, que jamais haverá sigilo total, fazendo que o magistrado conduza o processo sem o acesso dos órgãos de acusação e defesa, bem como jamais realizará um ato processual válido sem a presença do promotor e do defensor; 3.3) *princípio da vedação das provas ilícitas*, que significa não poder a parte produzir provas não autorizadas pelo ordenamento jurídico ou que não respeitem as formalidades previstas para a sua formação (art. 5.º, LVI, CF). Finalmente, vale destacar que não há princípio absoluto, prevalente sobre todos os outros, devendo haver harmonização e equilíbrio na aplicação de cada um deles; 3.4) *princípio da economia processual* e princípios correlatos e consequenciais da duração razoável do processo e da duração razoável da prisão cautelar: o primeiro significa que o Estado deve procurar desenvolver todos os atos processuais no menor tempo possível, dando resposta imediata à ação criminosa e poupando tempo e recursos das partes. A edição da EC 45/2004 (Reforma do Judiciário) tornou o princípio explícito, dentre as garantias individuais, passando a figurar no art. 5.º, LXXVIII: "A todos, no âmbito judicial e administrativo, são assegurados a razoável duração do processo e os meios que garantam a celeridade da sua tramitação". Nessa esteira, inseriram-se, no art. 93 da Constituição Federal, os seguintes incisos: "XII – a atividade jurisdicional será ininterrupta, sendo vedadas férias coletivas nos juízos e tribunais de segundo grau, funcionando, nos dias em que não houver expediente forense normal, juízes em plantão permanente"; "XIII – o número de juízes na unidade jurisdicional será proporcional à efetiva demanda judicial e à respectiva população"; "XIV – os servidores receberão delegação para a prática de atos de administração e atos de mero expediente sem caráter decisório"; "XV – a distribuição de processos será imediata, em todos os graus de jurisdição". É nítida a preocupação do legislador com a celeridade da Justiça, tudo para fazer valer o direito individual, supramencionado, assegurando a "razoável duração do processo" e com "os meios que garantam a celeridade de sua tramitação". Aliás, até mesmo na avaliação da duração da prisão cautelar os tribunais têm alterado o seu entendimento e exigido dos magistrados de primeiro grau maior preocupação com o trâmite rápido dos feitos, pois, se assim não ocorrer, torna-se preferível determinar a libertação do acusado. Já dizia Borges da Rosa, há muito: "O primeiro requisito é a *celeridade* ou *brevidade*, que consiste em obter que a aplicação da sanção legal seja a mais próxima possível da violação da lei. Tal requisito é necessário para evitar as demandas de longa duração por contrárias à concórdia e ao sossego sociais, de vez que toda demanda é uma fonte de incômodos, incertezas, preocupações, enervamentos, surpresas, animosidades, inimizades, desperdício de tempo e de esforços etc." (*Nulidades do processo*, p. 37). Em decorrência de avançadas posições doutrinárias e jurisprudenciais, emerge outro princípio constitucional, embora implícito, dentre as garantias fundamentais: o *princípio da duração razoável da prisão cautelar*. Observa-se, como fruto natural dos princípios constitucionais explícitos da presunção de inocência, da economia processual e da estrita legalidade da prisão cautelar, ser época de se consagrar, com *status* constitucional, a meta de que ninguém poderá ficar preso, provisoriamente, por prazo mais extenso do que for absolutamente imprescindível para o escorreito desfecho do processo. Essa tem sido a tendência dos tribunais pátrios, em especial do Supremo Tribunal Federal. De fato, não se torna crível que, buscando-se respeitar o estado de inocência, conjugado com o direito ao processo célere, associando-se a todas as especificações para se realizar, legitimamente, uma prisão cautelar, possa o indiciado ou réu permanecer semanas, meses, quiçá anos, em regime de restrição de liberdade, *sem culpa formada*. A legislação processual penal, comum ou militar, já não apresenta solução concreta para o binômio, hoje realidade intrínseca do sistema judiciário brasileiro, *prisão cautelar necessária x lentidão do trâmite processual*. Não é possível, igualmente, quedar inerte a doutrina; muito menos, nada fazer a jurisprudência. Por isso, extraindo-se uma interpretação lógico-sistemática de preceitos existentes na Constituição Federal, é medida transitável afirmar a indispensabilidade da *duração razoável* não somente do processo-crime, mas, sobretudo, da prisão cautelar. É realidade não se poder fixar em dias o número exato de duração de uma prisão preventiva, por exemplo. Porém, ingressa, nesse cenário, o critério da razoabilidade, devendo o magistrado avaliar, no caso concreto, o que ultrapassa a medida do bom senso. Somente para ilustrar, quem estiver sujeito a uma pena variável de 4 a 10 anos, não possuindo outras condenações, não poderia ficar detido, sem culpa formada, por mais de um ano. Fere a razoabilidade, uma vez que, ainda argumentando, se condenado, em primeiro grau, a seis anos de reclusão, já poderia conseguir, pela via da execução provisória da pena, outra realidade na jurisprudência brasileira, a progressão para o regime semiaberto. Ora, inviável, então, manter alguém no cárcere por mais de ano, sem que se consiga concluir a instrução do processo em primeira instância. A prática forense nos evidencia a ocorrência de prisões preventivas que chegam a atingir vários anos, o que não nos soa sensato, ainda que se possa agir em nome da segurança pública. Cabe ao Judiciário adiantar o andamento do feito, sem permitir a ruptura de direitos fundamentais (como a ampla defesa), mas proporcionando a duração razoável da prisão cautelar. Conferir: STF: foi concedida a ordem de *habeas corpus*, em favor de C.A.S.C., preso preventivamente há dois anos, cinco meses e 19 dias (até a data do julgamento), em Goiás, sem culpa formada. Houve expressa menção à razoabilidade do prazo da prisão cautelar, que, no caso apresentado, configurava excesso (HC 90.805-GO, 2.ª T., rel. Celso de Mello, 18.12.2007, v.u.); "O Supremo Tribunal Federal entende que a aferição de eventual excesso de prazo é de se dar em cada caso concreto, atento o julgador às peculiaridades do processo em que estiver oficiando. 2. No caso, a prisão preventiva do paciente foi decretada há mais de oito anos, sendo que nem sequer foram ouvidas as testemunhas arroladas pela defesa. Embora a defesa haja insistido na oitiva de testemunhas que residem em comarca diversa do juízo da causa, nada justifica a falta de realização do ato por mais de cinco anos, a evidenciar que a demora na conclusão da instrução criminal não decorre de 'manobras protelatórias defensivas'. 3. A gravidade da imputação não é obstáculo ao direito subjetivo à razoável duração do processo (inc. LXXVIII do art. 5.º da CF). 4. Ordem concedida" (HC 93.786-ES, 1.ª T., rel. Carlos Britto, 17.06.2008, v.u.); 3.5) *princípio da legalidade estrita da prisão cautelar*: refletindo-se, detalhadamente, sobre o sistema processual, constitucionalmente estabelecido, deve-se acrescentar e ressaltar que, no Brasil, a prisão de qualquer pessoa necessita cumprir requisitos formais estritos. Por isso, estabelece-se o seguinte: a) "ninguém será preso senão em flagrante delito ou por ordem escrita e fundamentada de autoridade judiciária competente, salvo nos casos de transgressão militar ou crime propriamente militar, definidos em lei" (art. 5.º, LXI, CF); b) "a prisão de qualquer pessoa e o local onde se encontre serão comunicados imediatamente ao juiz competente e à família do preso ou à pessoa por ele indicada" (art. 5.º, LXII, CF); c) "o preso será informado de seus direitos, entre os quais o de permanecer calado, sendo-lhe assegurada a assistência da família e de advogado" (art. 5.º, LXIII, CF); d) "o preso tem direito à identificação dos responsáveis por sua prisão ou por seu interrogatório policial" (art. 5.º, LXIV, CF); e) "a prisão ilegal será imediatamente relaxada pela autoridade judiciária" (art. 5.º, LXV, CF); f) "ninguém será levado à prisão ou nela mantido, quando a lei admitir a liberdade provisória, com ou sem fiança" (art. 5.º, LXVI, CF); g) "o civilmente identificado não será submetido a identificação criminal, salvo nas hipóteses previstas em lei" (art. 5.º, LVIII, CF). Conecta-se ao princípio da legalidade ou da reserva legal, previsto em Direito Penal. II – Princípios constitucionais implícitos do processo penal: 1. Concernentes à relação processual: 1.1) *princípio do duplo grau de jurisdição*: significa ter a parte o direito de buscar o reexame da causa por órgão jurisdicional superior. O princípio é consagrado na própria Constituição quando se tem em mira a estrutura do Poder Judiciário em instâncias, bem como a expressa menção, *v.g.*, feita no art. 102, II, referente ao Supremo Tribunal Federal, cabendo-lhe julgar, em *recurso ordinário*: "*a)* o *habeas corpus*, o mandado de segurança, o *habeas data* e o mandado de injunção decididos em única instância pelos Tribunais Superiores, se denegatória a decisão; *b)* o crime político". Ora, se uma pessoa, condenada na Justiça Federal de primeiro grau por delito político, tem o direito constitucional de recorrer *ordinariamente* ao STF, por que outros réus não teriam o mesmo direito? Assim, a garantia do duplo grau de jurisdição é, sem dúvida, princípio básico no processo penal. Por outro lado, há expressa disposição no Pacto de São José da Costa Rica (art. 8.º, item 2, *h*) a respeito do direito de recurso contra sentença a juiz ou tribunal superior. Os tratados internacionais, versando sobre direitos humanos, ingressam no ordenamento jurídico brasileiro com *status* de norma constitucional, como autoriza do art. 5.º, § 2.º, da Constituição Federal (ver a nota 4 ao art. 1.º). Admitindo, também, a garantia do duplo grau de jurisdição está a lição de Jaques de Camargo Penteado: "A Constituição da República, no capítulo dos direitos individuais, reconhece uma série de garantias da pessoa humana que, pela plenitude de sua abrangência e de sua imprescindibilidade à consecução do bem comum, abarcaria o duplo grau de jurisdição, até mesmo como forma adequada à efetividade dos direitos do homem. Todavia, mantendo a vocação de reconhecimento integral desses valores, dispõe que a previsão não exclui aqueles decorrentes do seu regime e principiologia, bem como dos tratados internacionais firmados (art. 5.º, § 2.º)" (*Duplo grau de jurisdição no processo penal*, p. 123-124); 2. Concernentes à atuação do Estado: 2.1) *princípio do promotor natural e imparcial*: significa que o indivíduo deve ser acusado por órgão imparcial do Estado, previamente designado por lei, vedada a indicação de acusador para atuar em casos específicos. Não está esse princípio expressamente previsto na Constituição, embora se possam encontrar suas raízes na conjugação de normas constitucionais e infraconstitucionais. A inamovibilidade do promotor está prevista no art. 128, § 5.º, I, *b*, da Constituição, o que sustenta um acusador imparcial, visto não poder ser possível alterar o órgão acusatório, conforme interesses particulares. Atualmente, o STF não tem reconhecido o princípio do promotor natural, adotando o entendimento de ser a instituição una e indivisível, podendo um membro falar em lugar do outro sem obstáculo; 2.2) *princípio da obrigatoriedade da ação penal pública e princípio consequencial da indisponibilidade da ação penal*: significa não ter o órgão acusatório, nem tampouco o encarregado da investigação, a faculdade de investigar e buscar a punição do autor da infração penal, mas o dever de fazê-lo. Assim, ocorrida a infração penal, ensejadora de ação pública incondicionada, deve a autoridade policial investigá-la e, em seguida, havendo elementos, é obrigatório que o promotor apresente denúncia. Não há, como regra, no Brasil, o *princípio da oportunidade* no processo penal, que condicionaria o ajuizamento da ação penal ao critério discricionário do órgão acusatório – exceção seja feita à ação privada e à pública condicionada. Ressalte-se que, neste último caso, se trata da incidência de ambos os princípios, ou seja, oportunidade para o oferecimento da representação (ou requisição), obrigatoriedade quando o

Ministério Público a obtém. Como decorrência desse princípio temos o da *indisponibilidade da ação penal*, significando que, uma vez ajuizada, não pode dela desistir o promotor de justiça. Conectam-se ao princípio da legalidade ou da reserva legal, no âmbito penal; 2.3) *princípio da oficialidade*, que significa ser a persecução penal uma função primordial e obrigatória do Estado. As tarefas de investigar, processar e punir o agente do crime cabem aos órgãos constituídos do Estado, por meio da polícia judiciária, do Ministério Público e do Poder Judiciário. Igualmente, relaciona-se à legalidade, no âmbito penal; 2.4) *princípio da intranscendência*: significa não dever a ação penal transcender da pessoa a quem foi imputada a conduta criminosa. Para assegurar o princípio, existe, à disposição da parte, o incidente de ilegitimidade de parte. Vincula-se aos princípios da responsabilidade pessoal e da culpabilidade em Direito Penal; 2.5) *princípio da vedação do duplo processo pelo mesmo fato*, demonstrando que não se pode processar alguém duas vezes com base no mesmo fato, impingindo-lhe dupla punição (*ne bis in idem*). E mesmo que ocorra absolvição, preceitua o art. 8.º, item 4, da Convenção Americana sobre Direitos Humanos: "O acusado absolvido por sentença transitada em julgado não poderá ser submetido a novo processo pelos mesmos fatos". Conecta-se ao princípio da vedação à dupla punição pelo mesmo fato, oriundo do Direito Penal. III – Princípios do processo penal: 1. Concernentes à relação processual: 1.1) *princípio da busca da verdade real*: proporciona, no processo penal, inúmeras aplicações frutíferas, embora gere, também, expectativas impossíveis de serem atendidas. A começar pelo conceito de verdade, que é sempre relativa, até findar com a impossibilidade real de se extrair, nos autos, o fiel retrato da realidade da ocorrência criminosa. Ensina Malatesta que a verdade é a "conformidade da noção ideológica com a realidade" e que a certeza é a crença nessa conformidade, gerando um estado subjetivo do espírito ligado a um fato, sendo possível que essa crença não corresponda à verdade objetiva. Portanto, pode-se afirmar que "certeza e verdade nem sempre coincidem; por vezes, duvida-se do que objetivamente é verdadeiro; e a mesma verdade que parece certa a um, a outros parece por vezes duvidosa, quiçá até mesmo falsa a outros ainda" (*A lógica das provas em matéria criminal*, vol. 1, p. 22). Diante disso, jamais, no processo, pode assegurar o juiz ter alcançado a *verdade objetiva*, aquela que corresponde perfeitamente com o acontecido no plano real. Tem, isto sim, o magistrado uma crença segura na verdade que transparece por meio das provas colhidas e, por tal motivo, condena ou absolve. Logo, tratando do mesmo tema, já tivemos a oportunidade de escrever o seguinte: "Material ou real é a verdade que mais se aproxima da realidade. Aparentemente, trata-se de um paradoxo dizer que pode haver uma verdade mais próxima da realidade e outra menos. Entretanto, como vimos, o próprio conceito de verdade é relativo, de forma que é impossível falar em verdade absoluta ou ontológica, mormente no processo, julgado e conduzido por homens, perfeitamente falíveis em suas análises e cujos instrumentos de busca do que realmente aconteceu podem ser insuficientes. Ainda assim, falar em verdade real implica em provocar no espírito do juiz um sentimento de busca, de inconformidade com o que lhe é apresentado pelas partes, enfim, um impulso contrário à passividade. Afinal, estando em jogo direitos fundamentais do homem, tais como liberdade, vida, integridade física e psicológica e até mesmo honra, que podem ser afetados seriamente por uma condenação criminal, deve o juiz sair em busca da verdade material, aquela que mais se aproxima do que realmente aconteceu" (*O valor da confissão como meio de prova no processo penal*, p. 65). Podemos completar com a lição de Rogério Lauria Tucci acerca de verdade material: "Trata-se, com efeito, de atividade concernente ao poder instrutório do magistrado, imprescindível à formação de sua convicção, de que, inequivocamente, se faz instrumento; e à qual se agrega, em múltiplas e variadas circunstâncias, aquela resultante do poder acautelatório, por ele desempenhado para garantir o desfecho do processo criminal" (*Do corpo de delito no direito processual penal brasileiro*, p. 88). O princípio da verdade real significa, pois, que o magistrado deve buscar provas, tanto quanto as partes, não se contentando com o que lhe é apresentado, simplesmente. Contrariamente à verdade formal, inspiradora do processo civil, onde o juiz não está obrigado a buscar provas, mormente em ações de conteúdo exclusivamente patrimonial, que constitui interesse disponível, contentando-se com as trazidas pelas partes e extraindo sua conclusão com o que se descortina nos autos, a verdade real vai além: quer que o magistrado seja coautor na produção de provas. Esse princípio muitas vezes inspira o afastamento da aplicação literal de preceitos legais. Exemplo disso é o que ocorre quando a parte deseja ouvir mais testemunhas do que lhe permite a lei. Invocando a busca da verdade real, pode obter do magistrado a possibilidade de fazê-lo; 1.2) *princípio da oralidade* e princípios consequenciais da concentração, da imediatidade e da identidade física do juiz: significa que a palavra oral deve prevalecer, em algumas fases do processo, sobre a palavra escrita, buscando enaltecer os princípios da concentração, da imediatidade e da identidade física do juiz. Os princípios que decorrem da oralidade são: a) *concentração* (toda a colheita da prova e o julgamento devem se dar em uma única audiência ou no menor número delas); b) *imediatidade* (o magistrado deve ter contato direto com a prova produzida, formando mais facilmente sua convicção). A partir da adoção do sistema da audiência única, naturalmente, o juiz que a conduzir terá a oportunidade de ter contato direto com a prova produzida; c) *identidade física do juiz* (o magistrado que preside a instrução, colhendo as provas, deve ser o que julgará o feito, vinculando-se à causa); 1.3) *princípio da comunhão da prova*: significa que a prova, ainda que produzida por iniciativa de uma das partes, pertence ao processo e pode ser utilizada por todos os participantes da relação processual, destinando-se a apurar a verdade dos fatos alegados e contribuindo para o correto deslinde da causa pelo juiz. Realmente, não há *titular* de uma prova, mas mero proponente. As testemunhas de acusação, por exemplo, não são arroladas pelo promotor unicamente para prejudicar o réu; do mesmo modo, as testemunhas de defesa não estão obrigadas a prestar declarações integralmente favoráveis ao acusado. Inserida no processo, a prova tem a finalidade de buscar a verdade real, não mais servindo ao interesse de uma ou de outra parte; 2. Concernentes à atuação do Estado: 2.1) *princípio do impulso oficial*: significa que, uma vez iniciada a ação penal, por iniciativa do Ministério Público ou do ofendido, deve o juiz movimentá-la até o final, conforme o procedimento previsto em lei, proferindo decisão. Liga-se ao *princípio da indeclinabilidade* da ação penal, que prevê o exercício da função jurisdicional, até sentença final, sem que o magistrado possa furtar-se a decidir. Impede-se, com isso, a paralisação indevida e gratuita da ação penal, incompatível com o Estado Democrático de Direito, pois o processo fica em aberto, caso as partes não provoquem o seu andamento, havendo prejuízo para a sociedade, que deseja ver apurada a infração penal e seu autor, e também para o réu, contra quem existe processo criminal em andamento, configurando constrangimento natural; 2.2) *princípio da colegialidade*: cuida-se de decorrência lógica do princípio constitucional implícito do *duplo grau de jurisdição*, significando que a parte tem o direito de, recorrendo a uma instância superior ao primeiro grau de jurisdição, obter um julgamento proferido por órgão colegiado. A ideia é promover a reavaliação por um grupo de magistrados, não mais se entregando a causa a um juiz único. Esta já foi a tarefa do magistrado de primeira instância, que, como regra, recebe a peça acusatória, instrui o feito, profere as decisões necessárias para a colheita da prova e determina as medidas cautelares de urgência. Após, prolatando sua sentença – condenatória ou absolutória – em função de sua persuasão racional, não teria sentido haver um recurso para que outro juiz, isoladamente, sem debater a causa, reavaliasse a decisão de seu colega. Não importaria, simplesmente, alegar que o recurso seguiria a um magistrado mais antigo e, em tese, mais experiente e erudito, pois o relevante consiste em proporcionar a discussão de teses, a contraposição de ideias, enfim, o nobre exercício do convencimento e da evolução da aplicação do Direito. Somente em um colegiado há debate. O juiz, em sua atividade individual, reflete e chega a um veredicto, porém, inexiste a troca de

Art. 1.º

ideias e experiências. O foco do processo é um só, pois há somente um magistrado avaliando. Por mais que leia e se informe, captará a realidade processual por um ângulo exclusivo. A meta consistente em manter as principais e derradeiras decisões em órgãos jurisdicionais colegiados é salutar e positiva, constituindo um princípio processual dos mais proeminentes. É o que se pode verificar em julgamentos coletivos, quando um componente de determinada turma, câmara ou plenário altera seu voto ao ouvir a exposição de outro magistrado. Nada mais ilustrativo; nada mais criativo; nada mais do que a demonstração de respeito aos interesses colocados em litígio. Em especial, no contexto criminal, onde direitos fundamentais, como a liberdade, estão quase sempre em jogo. A legislação brasileira consagra esse sistema. A Constituição Federal, ao cuidar dos tribunais, sempre se refere a colegiados. Ilustrando: "O Supremo Tribunal Federal compõe-se de onze Ministros..." (art. 101, *caput*); "O Superior Tribunal de Justiça compõe-se de, no mínimo, trinta e três Ministros" (art. 104, *caput*). Ao mencionar a Justiça dos Estados, estabelece: "Os Estados organizarão sua Justiça, *observados os princípios estabelecidos nesta Constituição*" (art. 125, *caput* – grifamos). No art. 101 da Lei Complementar 35/79 (Lei Orgânica da Magistratura Nacional) registra-se: "Os tribunais compor-se-ão de câmaras ou turmas, especializadas ou agrupadas em seções especializadas. A composição e competência das câmaras ou turmas serão fixadas na lei e no regimento interno. § 1.º Salvo nos casos de embargos infringentes ou de divergência, do julgamento das câmaras ou turmas participarão apenas três dos seus membros, se maior o número de composição de umas ou outras". Em suma, julgamentos de mérito, mormente na área criminal, jamais devem ser produzidos por um só magistrado, quando pertencente a tribunal de segundo grau ou superior, respeitado o princípio da colegialidade. Nesse prisma, confira-se decisão do Supremo Tribunal Federal: "Por vislumbrar ofensa ao princípio da colegialidade, a Turma deferiu, parcialmente, *habeas corpus* para cassar decisão monocrática proferida por Ministro do STJ que denegara idêntica medida impetrada em favor de condenado pela suposta prática dos crimes de estupro e de atentado violento ao pudor [a Lei 12.015/2009 unificou os dois crimes sob o título de estupro] contra suas filhas, bem como de tortura contra seu filho. Considerou-se incabível o julgamento monocrático, porquanto o relator concluíra pela inexistência do alegado constrangimento ilegal a partir do exame do mérito da causa, quando analisara questões referentes à extinção da punibilidade pela decadência do direito de ação e à dosimetria da pena. Asseverou-se que o regimento interno daquela Corte (art. 34, XVIII) apenas autoriza esse julgamento quando o recurso for manifestamente intempestivo, incabível, improcedente, quando contrário a súmula do Tribunal, ou, ainda, quando for evidente a incompetência deste. Determinou-se, por fim, o retorno dos autos ao STJ para que o julgamento seja submetido ao colegiado. Precedente citado: HC 87.163-MG (*DJU* 13.10.2006)" (HC 90.427-GO, 2.ª T., rel. Joaquim Barbosa, 19.06.2007, v.u., *Informativo* 472).

Fontes de direito judiciário militar

> **Art. 1.º** O processo penal militar reger-se-á pelas normas contidas neste Código, assim em tempo de paz como em tempo de guerra, salvo legislação especial que lhe for estritamente aplicável.[2]

Divergência de normas

> § 1.º Nos casos concretos, se houver divergência entre essas normas e as de convenção ou tratado de que o Brasil seja signatário, prevalecerão as últimas.[3-4]

Art. 1.º

15 Título I • Capítulo Único – Da Lei de Processo Penal Militar e da sua aplicação

Aplicação subsidiária

> § 2.º Aplicam-se, subsidiariamente, as normas deste Código aos processos regulados em leis especiais.[5]

2. Fontes do processo penal: entendida *fonte* como o lugar de onde algo provém, são fontes do processo penal as que *criam* o direito (*fontes materiais*), cuja origem é a União (art. 22, I, CF) e, excepcionalmente, o Estado-membro (arts. 22, parágrafo único, 24, IV, X e XI, CF), bem como as que *tornam conhecido* o direito (*fontes formais*), constituídas das leis, dos tratados e das convenções internacionais (diretas), bem como dos costumes, da analogia, dos princípios gerais de direito e da jurisprudência (indiretas). Quanto às fontes materiais, convém ressaltar que, em algumas situações, não somente ao Legislativo cabe criar lei processual penal, mas a competência da União biparte-se entre o Executivo e o Legislativo. O Presidente da República tem a atribuição de celebrar tratados, convenções e atos internacionais, devendo haver o referendo do Congresso Nacional (art. 84, VIII, CF). A Convenção Americana dos Direitos Humanos criou pelo menos três regras (verdadeiras garantias humanas fundamentais) de processo penal: o direito ao julgamento por um juiz ou tribunal imparcial, o direito ao duplo grau de jurisdição e a vedação ao duplo processo pelo mesmo fato. Outro aspecto importante é destacar a força que os Regimentos Internos dos Tribunais possuem para cuidar de rito e processamento de recursos, por vezes com possibilidade de criar determinados tipos de recurso, de trâmite interno, como ocorre com o denominado *agravo regimental*. Outra ilustração que se pode inserir acerca da importância dos Regimentos Internos em matéria de disciplina do procedimento e do trâmite dos recursos nas Cortes encontra-se em julgamento do Supremo Tribunal Federal: "A Turma concluiu julgamento de *habeas corpus* impetrado em favor de condenado por latrocínio (CP, art. 157, § 3.º) no qual se pretendia a declaração de nulidade do julgamento proferido pelo STJ em idêntica medida, sob a alegação de cerceamento de defesa consistente: a) no indeferimento do pedido de prévia intimação do dia em que seria julgado o *writ*, para fins de sustentação oral; b) no prejuízo advindo da condenação do paciente em razão de deficiência técnica da defesa, apresentada por defensor dativo – v. *Informativo 427*. Preliminarmente, não se conheceu do *writ* relativamente à suposta deficiência na defesa, porquanto esta seria reiteração de outro *habeas corpus* examinado pelo STF (HC 83503-GO, *DJU* 07.11.2003). *No mérito, indeferiu-se a ordem por se entender que à parte caberia a diligência de acompanhar, junto ao gabinete do relator, a colocação do processo em mesa, haja vista a ciência tanto do indeferimento da solicitação quanto do teor do dispositivo do Regimento Interno do STJ* – o qual dispõe que o julgamento de *habeas corpus* independe de pauta (RISTJ, art. 91). Ademais, considerou-se violado o art. 571, VIII, do CPP, uma vez que a alegada nulidade somente fora arguida dois anos depois da publicação do acórdão, asseverando que esta matéria estaria preclusa, já que não aduzida naquele *writ* aqui impetrado. Por fim, *ressaltou-se que, embora o STF tenha modificado o seu regimento interno (RISTF, art. 192, alterado pela Emenda Regimental 17/2006) para permitir que o impetrante, caso requeira, seja cientificado pelo gabinete da data do julgamento, não existe previsão semelhante no RISTJ"* (HC 87520-GO, 1.ª T., rel. Ricardo Lewandowski, 24.10.2006, v.u., *Informativo 446*, grifos nossos). Em conclusão, as normas processuais penais – diversamente das normas penais, cujo âmbito de criação é limitado à União (Legislativo) e, excepcionalmente, ao Estado-membro, se autorizado por lei complementar – têm mais opções no campo das fontes materiais. Quanto às fontes formais, o Direito Processual Penal expressa-se, como regra, por lei ordinária, editada pela União. Excepcionalmente, podemos encontrar regras de processo penal em leis complementares e, em tese, até em emendas à Constituição. Afinal, essas fontes normativas, embora

Art. 1.º

Código de Processo Penal Militar Comentado • **Nucci**   16

não sejam o palco ideal para cuidar de processo, estão hierarquicamente acima da lei ordinária e provêm do Congresso Nacional. Por isso, nada impediria que criassem alguma norma processual penal. Lembremos que a Constituição Federal contém vários dispositivos tratando de matéria concernente a essa área, como a norma do art. 5.º, LVIII, cuidando da identificação criminal ("o civilmente identificado não será submetido a identificação criminal, salvo nas hipóteses previstas em lei") ou ainda tratando do direito ao silêncio (art. 5.º, LXIII), da liberdade provisória (art. 5.º, LXVI), dentre outros. Além das leis em geral, lembremos que os tratados e convenções, aprovados por decreto legislativo, servem de fonte de expressão do direito processual penal. Não estando a norma processual penal vinculada estritamente ao princípio da legalidade penal (não há crime sem lei que o defina, nem pena sem lei que a comine), é viável admitir que outras fontes de expressão sejam incluídas nesse contexto, denominadas de fontes indiretas. Os costumes (regras habitualmente praticadas, que se incorporam ao ordenamento jurídico, tornando-se obrigatórias, embora não previstas em lei) podem servir de base para expressar normas processuais penais. Os princípios gerais de direito (postulados éticos que inspiram a formação de normas e a aplicação da legislação ao caso concreto, sem expressa previsão legal) também podem contribuir para o cenário do processo penal. Exemplo: ninguém pode beneficiar-se da própria torpeza ou má-fé. Esse princípio geral de direito pode dar margem ao juiz para resolver situações de conflito geradas pela defesa que, interessada na prescrição, arrola pessoas em outros Estados da Federação, sem justificar a medida, somente para prorrogar indefinidamente a instrução, expedindo-se sistematicamente precatórias para ouvi-las, sem êxito imediato. Se o magistrado fixar prazo para o cumprimento das precatórias, não admitindo prorrogação, fundado nesse, estará atuando em homenagem à ética que deve reger os atos processuais. A analogia é um processo de integração da norma, por um método de semelhança, voltado ao suprimento de lacunas. Assim, inexistindo lei específica para regular determinada situação, podemos usar outra, análoga, para solucionar o impasse. Não deixa de ser fonte do direito. Registremos, ainda, que, após a Emenda Constitucional 45/2004, autorizou-se o STF a editar súmulas vinculantes, que passam a ter força de lei –, logo, temos novas fontes material e formal. O Pretório Excelso, como fonte material; a súmula vinculante, como fonte formal. Confira-se no art. 103-A da Constituição Federal: "O Supremo Tribunal Federal poderá, de ofício ou por provocação, mediante decisão de dois terços dos seus membros, após reiteradas decisões sobre matéria constitucional, aprovar súmula que, a partir de sua publicação na imprensa oficial, terá efeito vinculante em relação aos demais órgãos do Poder Judiciário e à administração pública direta e indireta, nas esferas federal, estadual e municipal, bem como proceder à sua revisão ou cancelamento, na forma estabelecida em lei. § 1.º A súmula terá por objetivo a validade, a interpretação e a eficácia de normas determinadas, acerca das quais haja controvérsia atual entre órgãos judiciários ou entre esses e a administração pública que acarrete grave insegurança jurídica e relevante multiplicação de processos sobre questão idêntica. § 2.º Sem prejuízo do que vier a ser estabelecido em lei, a aprovação, revisão ou cancelamento de súmula poderá ser provocada por aqueles que podem propor a ação direta de inconstitucionalidade. § 3.º Do ato administrativo ou decisão judicial que contrariar a súmula aplicável ou que indevidamente a aplicar, caberá reclamação ao Supremo Tribunal Federal que, julgando-a procedente, anulará o ato administrativo ou cassará a decisão judicial reclamada, e determinará que outra seja proferida com ou sem a aplicação da súmula, conforme o caso". Atualmente, editou-se a Lei 11.417/2006, regulamentando o disposto no referido art. 103-A da CF. A jurisprudência, entendida como as decisões proferidas pelos tribunais, é expressamente mencionada pelo art. 3.º, *a*, deste Código, como fonte para o suprimento de lacunas. Em nosso entendimento, não se encaixa como *fonte* do processo penal, pois os julgados das cortes estaduais, federais ou superiores, baseiam-se em leis, interpretando-as como lhes parecem justas; em caso de lacuna, valem-se de costumes, princípios gerais de direito e analogia. A mera citação de acórdãos em qualquer julgado equivale à referência feita à doutrina, visando a dar sustentação a determinada valoração de situação concreta. Portanto, a jurisprudência não nos parece constituir autêntica *origem* do direito processual penal.

3. Conceito de tratado e convenção: expõe a convenção sobre direito dos tratados, finalizada em Viena, em 1969, como ensina Celso D. de Albuquerque Mello, que "tratado significa um acordo internacional concluído entre Estados em forma escrita e regulado pelo Direito Internacional, consubstanciado em um único instrumento ou em dois ou mais instrumentos conexos qualquer que seja a sua designação específica" (*Curso de direito internacional público*, vol. 1, p. 133). Para Francisco Rezek, trata-se de "todo acordo formal concluído entre sujeitos de direito internacional público, e destinado a produzir efeitos jurídicos" (*Direito internacional público*, p. 14). Debate-se, outrossim, se tratado e convenção são termos correlatos ou diferenciados, até porque os textos legais, no Brasil, utilizam ambos, como é o caso deste inciso do art. 1.º do Código de Processo Penal. Para Rezek são termos correlatos, indevidamente utilizados no mesmo contexto – como ocorre na lei processual penal –, dando a ideia de que cuidam de coisas diversas (ob. cit., p. 15). Para Albuquerque Mello, no entanto, pode-se fazer a seguinte diferença entre ambos: "Tratado é utilizado para os acordos solenes, por exemplo, tratados de paz; convenção é o tratado que cria normas gerais, por exemplo, convenção sobre mar territorial" (ob. cit., p. 133). A tradição dos textos legislativos brasileiros tem, realmente, utilizado os dois termos, como se vê, também, no art. 7.º do Código Penal Militar, razão pela qual nada impede que possamos nos valer do sentido exposto por Albuquerque Mello, embora cientes de que tratado é a essência do conceito.

4. Conflito entre tratado e direito interno: a doutrina especializada em direito internacional expõe a dicotomia existente entre as teorias dualista e monista acerca das relações entre o direito internacional e o direito interno dos países. Pela teoria dualista, menos aplicada atualmente, há duas ordens jurídicas diversas: a internacional e a interna. Por isso, para que um tratado possa ser admitido, como lei interna, em determinado país, é preciso que ele seja "transformado" em direito interno. Pela teoria monista, não há duas ordens jurídicas, mas apenas uma. Os adeptos desta teoria, hoje majoritária, divergem quanto à primazia do direito internacional sobre o direito interno. Sustentam alguns que o tratado jamais pode contrariar a lei interna do país, especialmente a Constituição, em homenagem à soberania nacional. Outros, no entanto, concedem primazia absoluta à ordem jurídica internacional, inclusive, se for preciso, sobrepondo-se à própria Constituição. Explica Albuquerque Mello (*Curso de direito internacional público*) que há inúmeras teorias "conciliadoras", buscando ora a primazia do direito internacional, ora a sobreposição do direito interno. O Brasil, embora adote a teoria monista, deixou clara a sua preferência pelo direito interno sobre o direito internacional, especialmente pela posição do Supremo Tribunal Federal, adotada em caso pioneiro (*leading case*) de 1978, quando afirmou que lei federal posterior afasta a aplicação de tratado anterior. E, atualmente, é o que continua prevalecendo na jurisprudência dos tribunais. Em nosso País, o tratado jamais atenta contra a Constituição Federal e pode ser afastado por lei federal mais recente. Caso seja o tratado mais novo, no entanto, afeta a aplicação de lei federal. Note-se, inclusive, que a Constituição prevê competência ao Supremo Tribunal Federal para julgar, em recurso extraordinário, as causas decididas em única ou última instância, quando a decisão "declarar a inconstitucionalidade de tratado ou lei federal" (art. 102, III, *b*), o que demonstra a equiparação de um e outro, ambos submetidos ao texto constitucional. Apoia essa tese Francisco Rezek, afirmando não haver, em direito internacional positivo, norma alguma assegurando a primazia do tratado sobre o direito interno – logo, somente leis anteriores podem ser afastadas pelo tratado mais recente (*Direito internacional público*, p. 103-104). Acompanham esse posi-

Art. 2.º

cionamento Luiz Alberto David Araújo, Clèmerson Merlin Clève, Manoel Gonçalves Ferreira Filho (citações feitas por Sylvia Steiner, *A convenção americana sobre direitos humanos*, p. 74) e Luís Roberto Barroso (*Interpretação e aplicação da Constituição*, p. 31-32). Não faltam críticas a essa postura. Albuquerque Mello, defensor da primazia do tratado sobre a ordem jurídica interna, indaga: "Qual o valor de um tratado se um dos contratantes por meio de lei interna pode deixar de aplicá-lo?" E sobre a decisão do STF, de 1978, sustenta que, "sendo o Estado sujeito de Direito Interno e de Direito Internacional, é uma mesma pessoa, não se podendo conceber que ele esteja submetido a duas ordens jurídicas que se chocam. É o Direito na sua essência um só. A ordem internacional acarreta a responsabilidade do Estado quando ele viola um de seus preceitos e o Estado aceita essa responsabilidade, como não poderia deixar de ser. Da constatação deste simples fato podemos observar que o Estado sujeito de direito das duas ordens jurídicas dá primazia ao Direito Internacional" (*Curso de direito internacional público*, vol. 1, p. 75). O magistério de Gerson de Britto Mello Bóson não é diferente: "A validade da ordem jurídica estatal, no tempo, cai sob as normas internacionais que dispõem sobre o aparecimento do Estado, e que asseguram a continuidade deste quando acontecimentos revolucionários alteram a sua ordem constitucional, enquanto que, no espaço, o Direito interno é delimitado pelo Direito internacional, no sentido de que as suas normas só são aplicáveis no território do respectivo Estado, salvo as exceções previstas pelo Direito internacional" (*Direito internacional público*, p. 144-145). Finaliza, assegurando que "o monismo, com a supremacia do Direito internacional é a única doutrina que seria viável e necessária às condições atuais do mundo moderno" (ob. cit., p. 149). Vale citar, ainda, a importante lição de Sylvia Helena de Figueiredo Steiner: "Cumpre assinalar nossa adesão ao entendimento segundo o qual o direito brasileiro adota o sistema monista, ou seja, o tratado ingressa no ordenamento jurídico interno sem necessidade de lei no sentido formal. Em verdade, pelo nosso sistema, é de competência exclusiva do Executivo a celebração de tratados (art. 84, VIII, CF). Ao Congresso é enviada cópia do texto, a qual, se aprovada, gera a publicação de um decreto legislativo, cuja função é apenas a de dar ciência da aprovação do texto apreciado, das reservas eventualmente impostas, das cláusulas facultativas aceitas etc. Somente após a aprovação do texto é que o Executivo ratifica o tratado e, por via da promulgação, assinala o início de sua vigência e eficácia no País. Nem o decreto legislativo, nem o decreto do Executivo de promulgação podem ser considerados 'lei' no sentido de norma de direito interno editada segundo a forma e procedimento previstos na Constituição" (*A convenção americana sobre direitos humanos*, p. 69-70). Em conclusão, conforme entendimento adotado pelo STF, o tratado somente é aplicado com primazia sobre leis federais, no Brasil, caso seja mais recente, jamais podendo entrar em conflito com a Constituição Federal. Entretanto, o § 1.º deste artigo estabelece norma especial em relação ao tema. A divergência entre normas processuais militares e as decorrentes de tratado ou convenção não será resolvida pela sucessividade, mas pela especialidade. Prevalecem as internacionais em relação às de direito interno.

5. Normas gerais de processo: eventual legislação penal militar específica, que não contenha normas processuais, contará com a aplicação do conteúdo do Código de Processo Penal Militar.

Interpretação literal

> **Art. 2.º** A lei de processo penal militar deve ser interpretada no sentido literal de suas expressões. Os termos técnicos hão de ser entendidos em sua acepção especial, salvo se evidentemente empregados com outra significação.[6]

Interpretação extensiva ou restritiva

> § 1.º Admitir-se-á a interpretação extensiva ou a interpretação restritiva, quando for manifesto, no primeiro caso, que a expressão da lei é mais estrita e, no segundo, que é mais ampla, do que sua intenção.[7]

Casos de inadmissibilidade de interpretação não literal

> § 2.º Não é, porém, admissível qualquer dessas interpretações, quando:[8]
>
> a) cercear a defesa pessoal do acusado;
>
> b) prejudicar ou alterar o curso normal do processo, ou lhe desvirtuar a natureza;
>
> c) desfigurar de plano os fundamentos da acusação que deram origem ao processo.

6. Regra da interpretação literal: em termos de hermenêutica, o ideal é a interpretação literal, que capta dos termos inseridos na norma o seu exato significado, sem ampliação ou restrição. Porém, nem sempre tal medida é viável, pois a construção de leis enfrenta o complexo processo de imperfeição humana para se expressar por meio da linguagem, além de se deparar com a riqueza do vernáculo e sua significação. Por vezes, para se auferir o real alcance de determinada norma, torna-se imprescindível a interpretação extensiva; de outra, para se inserir a norma em seu efetivo âmbito de aplicação, é preciso restringir-lhe o significado. O preceituado no art. 2.º, *caput*, deste Código, tem por finalidade deixar claro o ponto ideal da exegese da norma: literalidade (rigoroso apego à letra do texto). Além disso, vislumbra-se a particular preocupação do legislador em se conceder à norma processual penal militar a específica acepção técnica de seus termos, voltados a disciplinar a aplicação da legislação penal militar.

7. Admissibilidade de outras espécies de interpretação: embora desnecessários, tanto este dispositivo quanto a previsão formulada no *caput*, cuida-se de deixar claro o que significa interpretação *extensiva* e o que quer dizer a *restritiva*.

8. Vedações a outras espécies de interpretação: seguindo-se o preceituado no *caput* – prevalência da interpretação literal –, busca-se proibir outras espécies, em particular a extensiva e a restritiva, quando se ingressar no cenário do cerceamento de defesa pessoal do acusado; quando redundar em modificação negativa do andamento processual; quando prejudicar a imputação formulada pelo órgão acusatório sem permitir a instrução processual. A primeira hipótese é positiva, sem dúvida, encontrando-se em plena harmonia com o princípio constitucional da ampla defesa. Aliás, nem seria necessário constar em lei que qualquer modalidade de interpretação da lei ordinária, conduzindo à supressão do direito de defesa é indevida. A segunda tem por finalidade garantir o predomínio das regras procedimentais, que ditam o curso do processo, evitando-se a interpretação tendente a *criar* métodos próprios, por juízos e cortes, para dar andamento ao feito. Concebendo-se o dispositivo nesse prisma, também é de ser considerada hipótese positiva. A terceira deve ser focalizada no sentido de que o processo penal não comporta julgamento antecipado da lide, cortando-se a instrução e colheita da prova, de plano, ao descaracterizar a imputação acusatória. Acolhendo-se esse ponto de vista, cuida-se de garantia ao devido processo legal.

Art. 3.º

Código de Processo Penal Militar Comentado • **Nucci**

Suprimento dos casos omissos

> **Art. 3.º** Os casos omissos neste Código serão supridos:[9]
>
> *a)* pela legislação de processo penal comum, quando aplicável ao caso concreto e sem prejuízo da índole do processo penal militar;[9-A-9-B]
>
> *b)* pela jurisprudência;
>
> *c)* pelos usos e costumes militares;
>
> *d)* pelos princípios gerais de Direito;
>
> *e)* pela analogia.

9. Solução de lacunas: diversamente da legislação processual penal comum, que não aborda esse tema, o Código de Processo Penal Militar fixa mecanismos para suprir eventuais lacunas surgidas na solução de casos concretos. O primeiro deles é o caminho natural, além de implicar analogia, pois se utiliza o operador do Direito da legislação processual penal comum (Código de Processo Penal). Os usos e costumes militares e os princípios gerais de Direito, como já mencionado em nota anterior, constituem fontes formais do processo penal. A analogia, igualmente, é fonte formal. Finalmente, embora a lei se refira à jurisprudência, não aquiescemos seja ela fonte do direito. Em verdade, os julgados sempre solucionam questões e casos, lacunosos ou não, utilizando das autênticas fontes formais; por isso, não tem cabimento tornarem-se identicamente ponto de origem de normas. Na jurisprudência: STM: "É inaplicável o art. 366 do CPP no âmbito da Justiça Militar, uma vez que o CPPM dispõe expressamente que o processo seguirá à revelia do acusado que, citado, intimado ou notificado para ato do processo, deixar de comparecer sem motivo justificado (art. 292). A aplicação subsidiária de dispositivo diverso da legislação de regência só é admitida em caso de omissão legislativa, hipótese não contemplada no presente caso, haja vista que o Diploma Adjetivo Castrense possui disposição específica acerca da matéria, *in casu*, o art. 292 do CPPM (Embargos Infringentes e de Nulidade 7000376-44.2018.7.00.0000, rel. Lúcio Mário de Barros Góes, data de julgamento: 21.11.2018, data de publicação: 03.12.2018, v.u.).

9-A. Lei especial prevalece sobre geral: tratando-se de qualquer conflito aparente de normas, a solução é a aplicação do princípio da especialidade (lei especial afasta a aplicação de lei geral). Por isso, a lei militar (penal ou processual penal) prevalece sobre a legislação penal ou processual penal comum. Somente se utiliza a lei comum para suprir lacunas do ordenamento militar, mas jamais para mesclar leis, a bel-prazer do interessado. Nesse sentido: STF: "A jurisprudência predominante do Supremo Tribunal Federal é no sentido de que não se pode mesclar o regime penal comum e o castrense, de modo a selecionar o que cada um tem de mais favorável ao acusado, devendo ser reverenciada a especialidade da legislação processual penal militar e da justiça castrense, sem a submissão à legislação processual penal comum do crime militar devidamente caracterizado. Precedentes" (HC 116.090-MG, 2.ª T., rel. Cármen Lúcia, 18.03.2014, v.u.). STM: "A aplicação subsidiária do processo penal comum dar-se-á apenas para suprir omissões na legislação castrense, conforme dispõe o art. 3º, alínea 'a', do CPPM. O rito ordinário insculpido no CPPM tem disposições próprias, não havendo lacunas no caso de citação por edital a serem preenchidas pela legislação processual penal comum. Embargos infringentes rejeitados. Decisão majoritária" (Embargos Infringentes e de Nulidade 7000510-37.2019.7.00.0000, rel. Odilson Sampaio Benzi, data de julgamento: 08.10.2019, por maioria); "A peça inicial não trouxe no seu bojo elementos probatórios mínimos que justifiquem iniciar a ação penal. Em outras palavras, não há justa causa para tanto. O princípio *in dubio pro societate* deve ser relativizado em casos desse jaez, sob pena de configurar irreparável afronta à dignidade dos ora denunciados. Nessa conformidade, demonstrado que os requisitos do artigo 77 do CPPM não foram satisfatoriamente cumpridos, não merece correição a decisão que rejeitou a Denúncia com fulcro no art. 3º, alínea "a", do CPPM, c/c o art. 395, inciso II, do CPP. Negado provimento. Decisão unânime" (Recurso em Sentido Estrito 7000933-31.2018.7.00.0000, rel. Francisco Joseli Parente Camelo, data de julgamento: 04.04.2019, v.u.); "A integração normativa de âmbito procedimental deve resguardar a índole do Processo Penal Castrense, consoante determina a alínea *a* do art. 3.º do CPPM. 4. A determinação, emanada em sede do HC nº 127.900/AM julgado pelo STF, cinge-se à realização do interrogatório ao final da instrução criminal, sendo descabido ampliar o seu objeto, sob pena de malferir os Princípios do Devido Processo Legal, do Contraditório e da Ampla Defesa, atingindo, ainda, o sistema acusatório consagrado na Legislação Processual Penal Castrense, cujo exercício, atribuído ao MPM, oportuniza a desclassificação delitiva, nos moldes da Súmula 5 do STM e do art. 437 do CPPM – *emendatio libelli*. 5. Permanece vigente, no Processo Penal Militar, o rito previsto nos arts. 427, 428, 430 e 431, todos do CPPM. 6. Ordem concedida. Decisão unânime" (HC 0000262-98.2016.7.00.0000, rel. Marco Antônio de Farias, data de julgamento: 22.02.2017, data de publicação: 15.03.2017, v.u.).

9-B. Acordão de não persecução penal: em princípio, não vemos óbice para a aplicação do art. 28-A do Código de Processo Penal, introduzido pela Lei 13.964/2019, implantando o acordo de não persecução penal, aos crimes militares. Afinal, tudo depende do órgão acusatório, para entender se há cabimento (ou não) em relação ao mencionado acordo. Não se trata de uma obrigação do MP propor o acordo, mas uma faculdade, dentro dos requisitos legais. Na jurisprudência: STM: "2. A não extensão do acordo de não persecução penal ao processo penal militar tratou-se de um silêncio intencional, e não de uma suposta omissão, uma vez que, quando o legislador quis se referir ao processo penal militar, assim o fez, tal como se verifica no art. 16-A do CPPM. A proposição de acordo de não persecução penal também não representaria um direito subjetivo do agente, mas sim uma faculdade do Ministério Público, o qual só poderia propor o acordo se fosse necessário e suficiente para a reprovação do crime" (Apelação 7000387-05.2020.7.00.0000, rel. Artur Vidigal de Oliveira, 19.11.2020, v.u.).

Aplicação no espaço e no tempo

> **Art. 4.º** Sem prejuízo de convenções, tratados e regras de direito internacional, aplicam-se as normas deste Código:[10]

Tempo de paz

> I – em tempo de paz:[11]
>
> *a)* em todo o território nacional;
>
> *b)* fora do território nacional ou em lugar de extraterritorialidade brasileira, quando se tratar de crime que atente contra as instituições militares ou a segurança nacional, ainda que seja o agente processado ou tenha sido julgado pela justiça estrangeira;
>
> *c)* fora do território nacional, em zona ou lugar sob administração ou vigilância da força militar brasileira, ou em ligação com esta, de força militar estrangeira no cumprimento de missão de caráter internacional ou extraterritorial;
>
> *d)* a bordo de navios, ou quaisquer outras embarcações, e de aeronaves, onde quer que se encontrem, ainda que de propriedade privada, desde que

Art. 4.º

Código de Processo Penal Militar Comentado • **Nucci**

> estejam sob comando militar ou militarmente utilizados ou ocupados por ordem de autoridade militar competente;
>
> *e)* a bordo de aeronaves e navios estrangeiros desde que em lugar sujeito à administração militar, e a infração atente contra as instituições militares ou a segurança nacional;

Tempo de guerra

> II – em tempo de guerra:[12]
>
> *a)* aos mesmos casos previstos para o tempo de paz;
>
> *b)* em zona, espaço ou lugar onde se realizem operações de força militar brasileira, ou estrangeira que lhe seja aliada, ou cuja defesa, proteção ou vigilância interesse à segurança nacional, ou ao bom êxito daquelas operações;
>
> *c)* em território estrangeiro militarmente ocupado.

10. Princípio da territorialidade: significa que se aplica a lei processual penal militar brasileira a todo delito militar ocorrido em território nacional, da mesma forma que o mesmo princípio é utilizado em Direito Penal Militar (art. 7.º, CPM). É regra que assegura a soberania nacional, tendo em vista que não teria sentido aplicar normas procedimentais estrangeiras para apurar e punir um delito ocorrido dentro do território brasileiro. O direito alienígena é composto pela vontade de outro povo, razão pela qual os magistrados, em nosso País, não cumprem e não devem, de fato, seguir legislação que não seja fruto do exclusivo desejo da nação brasileira. Convém ressaltar, no entanto, que o art. 5.º, § 4.º, da Constituição Federal (Emenda 45/2004) prevê que "o Brasil se submete à jurisdição de Tribunal Penal Internacional a cuja criação tenha manifestado adesão". Significa, pois, que, apesar de um delito ser cometido no território nacional, havendo interesse do Tribunal Penal Internacional, podemos entregar o agente à jurisdição estrangeira (exceto quando se tratar de brasileiro nato, pois o próprio art. 5.º, LI, o veda, constituindo norma específica em relação ao § 4.º).

11. Extraterritorialidade: é a aplicação da lei processual penal brasileira a crimes ocorridos fora do território nacional. Entretanto, haveria necessidade de acompanhar o disposto pelo direito material; no art. 7.º do Código Penal Militar consta a aplicação da lei penal militar ao delito cometido, no todo ou em parte, no território nacional, ou fora dele, sem mais detalhes. E, no § 1.º, vislumbra-se a equiparação a território brasileiro das aeronaves e navios, onde quer que estejam, sob comando militar. O mesmo se aplica a aeronaves e navios estrangeiros, em lugar sujeito à administração militar, em crime contra instituições militares. Inexiste exata correspondência, pois o art. 4.º, I, *b* e *c*, deste Código, apontam hipóteses diversas: aplicação no estrangeiro, quando se tratar de crime contra as instituições militares ou a segurança nacional; aplicação no exterior, em zona de administração ou vigilância militar brasileira ou força estrangeira ligada à nacional. Em suma, não há cabimento em se aplicar a lei processual penal militar brasileira a situações que não guardam correspondência com a lei penal. Considerando-se que o Código Penal Militar é o Decreto-lei 1.001/69 e o Código de Processo Penal Militar é o Decreto-lei 1.002/69, o mínimo que se poderia esperar é a perfeita harmonia entre eles.

12. Discordância com a lei penal: como mencionado na nota anterior, a lei material não prevê as mesmas hipóteses de extraterritorialidade, e não vislumbramos como se possa ampliar o seu alcance por meio de norma processual penal.

Art. 5.º

23   Título I • Capítulo Único – Da Lei de Processo Penal Militar e da sua aplicação

Aplicação intertemporal

> **Art. 5.º** As normas deste Código aplicar-se-ão a partir da sua vigência, inclusive nos processos pendentes, ressalvados os casos previstos no art. 711, e sem prejuízo da validade dos atos realizados sob a vigência da lei anterior.[13-14]

13. Aplicação da lei processual penal militar: a regra é que seja ela aplicada tão logo entre em vigor, e usualmente, quando é editada, nem mesmo *vacatio legis* possui, justamente por ser norma que não implica a criminalização de condutas, inexigindo período de conhecimento da sociedade. Passa, assim, a valer imediatamente (*tempus regit actum*), colhendo processos em pleno desenvolvimento, embora não afete atos já realizados sob a vigência de lei anterior. Exemplificando: se uma lei processual recém-criada fixa novas regras para a citação do réu ou para a intimação de seu defensor, o chamamento já realizado sob a égide da antiga norma é válido e não precisa ser refeito. As intimações futuras imediatamente passam a ser regidas pela lei mais recente. Na jurisprudência: STF: "1. De acordo com o art. 124 da Constituição da República, compete à Justiça Militar processar e julgar os crimes militares definidos em lei. A norma constitucional autorizou o legislador ordinário, dentro dos preceitos referentes à Justiça Militar, dispor sobre sua organização, funcionamento e competência. 2. O art. 9º, III, do Código Penal Militar, por sua vez, estabelece que haverá delito militar praticado por civil quando o fato ofender as instituições militares, considerando-se como tal, entre outros, o seguinte caso: 'a) contra o patrimônio sob a administração militar, ou contra a ordem administrativa militar'. Precedentes. 3. A condenação proferida pelo Conselho Permanente de Justiça não apresenta ilegalidade, já que realizada à luz da legislação vigente à época, forte no princípio *tempus regit actum* (CPPM, art. 5º). 4. Agravo Regimental a que se nega provimento" (HC 170.305 AgR, 1ª. T., rel. Alexandre de Moraes, julgado em: 16.08.2019, v.u.); 1. "A Justiça Comum é competente para julgar crime de militar (homicídio) contra civil, por força da Lei 9.299/96, cuja natureza processual impõe a sua aplicação imediata aos inquéritos e ações penais, mercê de o fato delituoso ter ocorrido antes da sua entrada em vigor (Precedente: HC 76.380/BA, Rel. Moreira Alves, *DJ* 05.06.1998). 2. Deveras, a redação do § único do art. 9.º do Código Penal Militar, promovida pela Lei 9.299/96, a despeito de sua topografia, ostenta nítida natureza processual, razão por que deve ser aplicada imediatamente aos processos em curso, salvo se já houver sido proferida sentença de mérito (Precedentes: HC 78.320/SP, rel. Min. Sydney Sanches, 1.ª Turma, *DJ* de 28.05.1999; HC 76.510/SP, rel. Min. Carlos Velloso, 2.ª Turma, *DJ* de 15.05.1998). 3. A doutrina acerca do tema é assente no "as disposições concernentes à jurisdição e à competência aplicam-se imediatamente, salvo se já houver sentença relativa ao mérito – hipótese em que a causa prossegue no juízo onde surgiu o *veredictum* – ou se suprimindo o tribunal primitivo" (MAXIMILIANO, Carlos. *Direito Intertemporal*. 2.ª ed. Rio de Janeiro: Freitas Bastos, 1995, p. 312-313, n.º 269)" (HC 111.406-SP, 1.ª T., rel. Luiz Fux, 25.06.2013, v.u.).

14. Ressalvas do art. 711 do CPPM: a lei processual penal militar recém-editada pode ceder espaço à aplicação da lei anterior nos seguintes casos: a) cuidando-se de prisão cautelar, aplica-se a legislação mais favorável ao indiciado ou acusado. Tal dispositivo encontra-se em perfeita consonância com a conceituação doutrinária acerca das leis processuais penais materiais, vale dizer, as que constituem normas de processo, mas com conteúdo e alcance de direito penal. Toda norma que cuide, direta ou indiretamente, do direito à liberdade deve ser considerada de fundo material; diante disso, o mais indicado é aplicar a mais favorável ao acusado ou indiciado, como se procede no campo do direito penal; b) iniciado o decurso do prazo para qualquer finalidade, inclusive recurso, regula-se pela lei anterior, a fim de não cercear direito e não surpreender a parte; entretanto, se o novo prazo for mais extenso, deve este

Art. 6.º

ser aplicado; c) iniciada a produção da prova testemunhal, o interrogatório do acusado deve reger-se pela lei anterior, com o fito de evitar surpresa no âmbito da ampla defesa (autodefesa e defesa técnica); d) as perícias em andamento, bem como o processamento dos recursos serão feitos com base na lei anterior, tudo para preservar o bom desenvolvimento da produção da prova, assim como garantir a efetividade do duplo grau de jurisdição.

Aplicação à Justiça Militar Estadual

> **Art. 6.º** Obedecerão as normas processuais previstas neste Código, no que forem aplicáveis, salvo quanto à organização de Justiça, aos recursos e à execução de sentença, os processos da Justiça Militar Estadual, nos crimes previstos na Lei Penal Militar a que responderem os oficiais e praças das Polícias e dos Corpos de Bombeiros, Militares.[15]

15. Aplicabilidade à Justiça Militar Estadual: desnecessário expressar que o Código de Processo Penal Militar é aplicável ao contexto da Justiça Militar dos Estados, nos julgamentos envolvendo policiais militares e bombeiros. É a consequência lógica, pois inexistem dois sistemas jurídicos penais – um federal e outro estadual. A organização judiciária é peculiar dos Estados, respeitados os preceitos constitucionais. Quanto à execução da pena, subsidiariamente, aplica-se a Lei 7.210/84 (Lei de Execução Penal).

Título II

Capítulo Único
Da polícia judiciária militar

Exercício da polícia judiciária militar

Art. 7.º A polícia judiciária militar é exercida nos termos do art. 8.º, pelas seguintes autoridades, conforme as respectivas jurisdições:[16]

a) pelos ministros da Marinha, do Exército e da Aeronáutica, em todo o território nacional e fora dele, em relação às forças e órgãos que constituem seus Ministérios, bem como a militares que, neste caráter, desempenhem missão oficial, permanente ou transitória, em país estrangeiro;

b) pelo chefe do Estado-Maior das Forças Armadas, em relação a entidades que, por disposição legal, estejam sob sua jurisdição;

c) pelos chefes de Estado-Maior e pelo secretário-geral da Marinha, nos órgãos, forças e unidades que lhes são subordinados;

d) pelos comandantes de Exército e pelo comandante-chefe da Esquadra, nos órgãos, forças e unidades compreendidas no âmbito da respectiva ação de comando;

e) pelos comandantes de Região Militar, Distrito Naval ou Zona Aérea, nos órgãos e unidades dos respectivos territórios;

f) pelo secretário do Ministério do Exército e pelo chefe de Gabinete do Ministério da Aeronáutica, nos órgãos e serviços que lhes são subordinados;

g) pelos diretores e chefes de órgãos, repartições, estabelecimentos ou serviços previstos nas leis de organização básica da Marinha, do Exército e da Aeronáutica;

h) pelos comandantes de forças, unidades ou navios.

Delegação do exercício

§ 1.º Obedecidas as normas regulamentares de jurisdição, hierarquia e comando, as atribuições enumeradas neste artigo poderão ser delegadas a oficiais da ativa, para fins especificados e por tempo limitado.[17]

§ 2.º Em se tratando de delegação para instauração de inquérito policial militar, deverá aquela recair em oficial de posto superior ao do indiciado, seja este oficial da ativa, da reserva, remunerada ou não, ou reformado.

Art. 8.º

Código de Processo Penal Militar Comentado • **Nucci**

> § 3.º Não sendo possível a designação de oficial de posto superior ao do indiciado, poderá ser feita a de oficial do mesmo posto, desde que mais antigo.
>
> § 4.º Se o indiciado é oficial da reserva ou reformado, não prevalece, para a delegação, a antiguidade de posto.

Designação de delegado e avocamento de inquérito pelo ministro

> § 5.º Se o posto e a antiguidade de oficial da ativa excluírem, de modo absoluto, a existência de outro oficial da ativa nas condições do § 3.º, caberá ao ministro competente a designação de oficial da reserva de posto mais elevado para a instauração do inquérito policial militar; e, se este estiver iniciado, avocá-lo, para tomar essa providência.

16. Autoridade militar: o disposto neste artigo segue os pilares da organização militar, fixando as atribuições dos comandantes militares mais graduados, em diversos prismas, para o exercício da atividade da polícia judiciária militar, equivalente à função do delegado de polícia (ou delegado federal) no cenário civil. O termo *jurisdição* é inadequado para a hipótese, pois se cuida de atividade exclusiva do Poder Judiciário (aplicar o direito ao caso concreto). No Código de Processo Penal comum, onde havia igual menção, reformou-se a lei para agora constar *circunscrição*. Portanto, autoridades militares, conforme as respectivas circunscrições, presidirão o inquérito policial militar. Na jurisprudência: STM: "A atividade de inteligência do Comando Militar, por meio do canal técnico das denominadas 'Seções de Inteligência', consubstanciada na pesquisa e coleta de dados por ordem superior, desenvolvida de forma supletiva e eventual para o fim de suprir o Comando de informações prévias à abertura de procedimentos investigatórios formais – Sindicância Administrativa e Inquérito Policial Militar – insere-se no âmbito do exercício do Comando, e não configura usurpação das atribuições de polícia judiciária militar, conferidas às autoridades relacionadas no art. 7.º do Código de Processo Penal Militar. *Habeas Corpus* conhecido, Ordem denegada. Decisão unânime" (HC 0000142-55.2016.7.00.0000, rel. Péricles Aurélio Lima de Queiroz, data de julgamento: 01.09.2016, data de publicação: 15.09.2016, v.u.).

17. Delegação: diante das circunstâncias concretas e conforme o número de inquéritos em andamento, cuida-se de procedimento lógico – e legalmente autorizado – delegar (transmitir poder) a atribuição da polícia judiciária militar a oficiais da ativa, subordinados aos comandantes, para que conduzam o inquérito.

Competência da polícia judiciária militar

> **Art. 8.º** Compete à polícia judiciária militar:
>
> *a)* apurar os crimes militares, bem como os que, por lei especial, estão sujeitos à jurisdição militar, e sua autoria;[18]
>
> *b)* prestar aos órgãos e juízes da Justiça Militar e aos membros do Ministério Público as informações necessárias à instrução e julgamento dos processos, bem como realizar as diligências que por eles lhe forem requisitadas;[19]
>
> *c)* cumprir os mandados de prisão expedidos pela Justiça Militar;
>
> *d)* representar a autoridades judiciárias militares acerca da prisão preventiva e da insanidade mental do indiciado;

e) cumprir as determinações da Justiça Militar relativas aos presos sob sua guarda e responsabilidade, bem como as demais prescrições deste Código, nesse sentido;

f) solicitar das autoridades civis as informações e medidas que julgar úteis à elucidação das infrações penais, que esteja a seu cargo;

g) requisitar da polícia civil e das repartições técnicas civis as pesquisas e exames necessários ao complemento e subsídio de inquérito policial militar;

h) atender, com observância dos regulamentos militares, a pedido de apresentação de militar ou funcionário de repartição militar à autoridade civil competente, desde que legal e fundamentado o pedido.

18. Classificação das infrações penais: deve a autoridade policial militar, justamente porque lhe compete a apuração da materialidade das infrações penais e da sua autoria, proceder à classificação dos crimes que lhe chegarem ao conhecimento. Naturalmente, a classificação feita pela autoridade policial não vincula o Ministério Público, nem tampouco o juiz, porém a imputação indiciária favorece o conhecimento dos procedimentos adotados pelo condutor do inquérito.

19. Diligências e autos suplementares: levando-se em consideração que a finalidade do inquérito é a constituição de provas para a formação da opinião do membro do Ministério Público e também para a produção da indispensável prova pericial, é possível que outras diligências sejam necessárias para complementá-lo. Por isso, quando houver uma requisição da autoridade judiciária ou do Ministério Público Militar, cabe à polícia judiciária atender. Esses informes prestados podem instruir o próprio inquérito em andamento, como também autos suplementares, constituídos especificamente para tal finalidade, quando os autos principais já foram remetidos a juízo.

Título III

Capítulo Único
Do inquérito policial militar[20]

20. Sistemas de processo penal: há, basicamente, três sistemas regentes do processo penal: a) inquisitivo, b) acusatório, c) misto. O sistema inquisitivo é caracterizado pela concentração de poder nas mãos do julgador, que exerce, também, a função de acusador; a confissão do réu é considerada a rainha das provas; não há debates orais, predominando procedimentos exclusivamente escritos; os julgadores não estão sujeitos à recusa; o procedimento é sigiloso; há ausência de contraditório e a defesa é meramente decorativa. O sistema acusatório possui nítida separação entre o órgão acusador e o julgador; há liberdade de acusação, reconhecido o direito ao ofendido e a qualquer cidadão; predomina a liberdade de defesa e a isonomia entre as partes no processo; vigora a publicidade do procedimento; o contraditório está presente; existe a possibilidade de recusa do julgador; há livre sistema de produção de provas; predomina maior participação popular na justiça penal e a liberdade do réu é a regra. O sistema misto, surgido após a Revolução Francesa, uniu as virtudes dos dois anteriores, caracterizando-se pela divisão do processo em duas grandes fases: a instrução preliminar, com os elementos do sistema inquisitivo, e a fase de julgamento, com a predominância do sistema acusatório. Num primeiro estágio, há procedimento secreto, escrito e sem contraditório, enquanto, no segundo, presentes se fazem a oralidade, a publicidade, o contraditório, a concentração dos atos processuais, a intervenção de juízes populares e a livre apreciação das provas. Nosso sistema é misto. Defendem muitos processualistas pátrios que o nosso sistema é o acusatório, porque se baseiam, certamente, nos princípios constitucionais vigentes (contraditório, separação entre acusação e órgão julgador, publicidade, ampla defesa, presunção de inocência etc.). Entretanto, olvida-se, nessa análise, o disposto no Código de Processo Penal, comum ou militar, que prevê a colheita inicial da prova por meio do inquérito policial, com todos os requisitos do sistema inquisitivo (sigilo, ausência de contraditório e ampla defesa, procedimento eminentemente escrito, impossibilidade de recusa do condutor da investigação etc.). Somente após ingressa-se com a ação penal e, em juízo, passam a vigorar as garantias constitucionais mencionadas, aproximando-se o procedimento do sistema acusatório. Ora, fosse verdadeiro e genuinamente acusatório, não se levaria em conta, para qualquer efeito, a prova colhida na fase inquisitiva (vide o disposto pelo art. 9.º, parágrafo único, CPPM). O juiz leva em consideração muito do que é produzido durante a investigação, como a prova técnica (aliás, produzida uma só vez durante o inquérito e tornando à defesa extremamente difícil a sua contestação ou renovação, sob o crivo do contraditório), os depoimentos colhidos e, sobretudo a confissão extraída do indiciado. Quantos não são os feitos em que se vê, na sentença condenatória, o magistrado fazendo expressa referência à prova colhida na fase inquisitiva, desprezando o que foi obtido em juízo? Por tudo isso, ensina Rogério Lauria Tucci que "o moderno processo penal delineia-se inquisitório, substancialmente, na sua essencialidade; e, formalmente, no tocante ao procedimento desenrolado na segunda fase da persecução penal, acusatório" (*Direitos e*

Art. 9.º

garantias individuais no processo penal brasileiro, p. 42; *Do corpo de delito no direito processual penal brasileiro*, p. 117 e 160; *Teoria do direito processual penal*, p. 38). Nosso sistema é "inquisitivo garantista", enfim, misto. Defender o contrário, classificando-o como acusatório, é omitir que o juiz brasileiro produz prova de ofício, decreta a prisão do acusado de ofício, sem que nenhuma das partes tenha solicitado, bem como se vale, sem a menor preocupação, de elementos produzidos longe do contraditório, para formar sua convicção. Fosse o inquérito, como teoricamente se afirma, destinado unicamente para o órgão acusatório, visando à formação da sua *opinio delicti*, e não haveria de ser parte integrante dos autos do processo, permitindo-se ao magistrado que possa valer-se dele para a condenação de alguém. Embora não tratando diretamente do tema, convém mencionar a visão de Antonio Magalhães Gomes Filho, ao dizer que vivemos inseridos numa "cultura processual penal ainda predominantemente inquisitória, que valoriza tudo aquilo que possa ser útil ao esclarecimento da chamada verdade real" (*A motivação das decisões penais*, p. 234). Cite-se, ainda, o posicionamento de Marco Antonio de Barros: "Pese todo o respeito que se devota aos nobres doutrinadores, entendo que o nosso sistema de persecução penal continua sendo misto. Inquisitivo na sua fase primária, depositando no inquérito policial seu principal instrumento de perquirição do fato ilícito, sendo o procedimento resguardado pelo sigilo das investigações (art. 20 do CPP), não afeito ao princípio do contraditório e cercado pela discricionariedade da autoridade policial que o presidir (art. 14 do CPP). Acusatório, na segunda fase, porque a ação penal depende fundamentalmente da iniciativa do órgão da acusação, seja ele representante do Ministério Público (art. 129, I, da CF) ou o próprio ofendido ou seu representante legal, segundo a legitimação firmada em lei (arts. 24, 29 e 30 do CPP)" (*A busca da verdade no processo penal*, p. 132). Nas palavras de Geraldo Prado, "se notarmos o concreto estatuto jurídico dos sujeitos processuais e a dinâmica que entrelaça todos estes sujeitos, de acordo com as posições predominantes nos tribunais (principalmente, mas não com exclusividade no Supremo Tribunal Federal), não nos restará alternativa salvo admitir, lamentavelmente, que prevalece, no Brasil, a teoria da aparência acusatória" (*Sistema acusatório*, p. 195).

Finalidade do inquérito

> **Art. 9.º** O inquérito policial militar é a apuração sumária de fato, que, nos termos legais, configure crime militar, e de sua autoria. Tem o caráter de instrução provisória, cuja finalidade precípua é a de ministrar elementos necessários à propositura da ação penal.[21-23]
>
> **Parágrafo único.** São, porém, efetivamente instrutórios da ação penal os exames, perícias e avaliações realizados regularmente no curso do inquérito, por peritos idôneos e com obediência às formalidades previstas neste Código.[24]

21. Conceito de inquérito policial militar: trata-se de um procedimento preparatório da ação penal, de caráter administrativo, conduzido pela polícia judiciária militar e voltado à colheita preliminar de provas para apurar a prática de uma infração penal militar e sua autoria. Seu objetivo precípuo é a formação da convicção do representante do Ministério Público, mas também a colheita de provas urgentes, que podem desaparecer, após o cometimento do crime. Tornaghi fornece conceito ampliativo do inquérito policial, dizendo que "o processo, como procedimento, inclui também o inquérito. Não há erro, como por vezes se afirma, em chamar processo ao inquérito. Deve subtender-se que a palavra não está usada para significar relação processual, a qual, em regra, se inicia pela acusação" (*Compêndio de processo penal*, t. I, p. 39). Na jurisprudência: STM: "O Inquérito Policial Militar é procedimento que tem por escopo reunir os elementos indispensáveis à propositura da ação penal, e somente poderá ser trancado em casos excepcionais quando estiverem comprovadas, de plano, a atipicidade da conduta, a extinção da punibilidade ou a evidente ausência de justa causa. Precedentes do STF" (HC 7000393-80.2018.7.00.0000, rel. Marcus Vinicius Oliveira dos Santos, data de julgamento: 14.08.2018, data de publicação: 30.08.2018, v.u.).

22. Origem e razão de ser do inquérito policial: a denominação *inquérito policial*, no Brasil, surgiu com a edição da Lei 2.033, de 20 de setembro de 1871, regulamentada pelo Decreto 4.824, de 22 de novembro de 1871, encontrando-se no art. 42 do citado decreto a seguinte definição: "O inquérito policial consiste em todas as diligências necessárias para o descobrimento dos fatos criminosos, de suas circunstâncias e de seus autores e cúmplices, devendo ser reduzido a instrumento escrito". Passou a ser função da polícia judiciária a sua elaboração. Apesar de seu nome ter sido mencionado pela primeira vez na referida Lei 2.033, suas funções, que são da natureza do processo criminal, existem de longa data e tornaram-se especializadas com a aplicação efetiva do princípio da separação da polícia e da judicatura. Portanto, já havia no Código de Processo de 1832 alguns dispositivos sobre o procedimento informativo, mas não havia o *nomen juris* de inquérito policial (Tourinho Filho, *Processo penal*, vol. 3, p. 175-176; Canuto Mendes de Almeida, *Princípios fundamentais do processo penal*, p. 62). Sua finalidade é a investigação do crime e a descoberta do seu autor, com o fito de fornecer elementos para o titular da ação penal promovê-la em juízo, seja ele o Ministério Público, seja o particular, conforme o caso. Esse objetivo de investigar e apontar o autor do delito sempre teve por base a segurança da ação da justiça e do próprio acusado, pois, fazendo-se uma instrução prévia, por meio do inquérito, reúne a polícia judiciária todas as provas preliminares que sejam suficientes para apontar, com relativa firmeza, a ocorrência de um delito e o seu autor. O simples ajuizamento da ação penal contra alguém provoca um fardo à pessoa de bem, não podendo, pois, ser ato leviano, desprovido de provas e sem um exame pré-constituído de legalidade. Esse mecanismo auxilia a Justiça Criminal a preservar inocentes de acusações injustas e temerárias, garantindo um juízo inaugural de delibação, inclusive para verificar se se trata de fato definido como crime. O inquérito é um meio de extirpar, logo de início, dúvidas frágeis, mentiras ardilosamente construídas para prejudicar alguém, evitando-se julgamentos indevidos de publicidade danosa. Por outro lado, além da segurança, fornece a oportunidade de colher provas que não podem esperar muito tempo, sob pena de perecimento ou deturpação irreversível (ex.: exame do cadáver ou do local do crime). Assim visualizado, o inquérito torna--se um procedimento preparatório e preventivo, sem a predominância de contorno judicial, utilizado para a proteção do indivíduo e para a colheita célere de provas perecíveis. E, pelo fato de ser apenas preparatório, possui características próprias, tais como o sigilo, a falta de contrariedade da defesa, a consideração do indiciado como objeto de investigação e não como um sujeito de direitos a impossibilidade de se arguir a suspeição da autoridade policial que o preside, a discricionariedade na colheita das provas, entre outras. Sem prejuízo, argumenta Ada Pellegrini Grinover que, surgindo, ao longo do inquérito policial, a necessidade de aplicar alguma medida de natureza cautelar – tal como a prisão preventiva –, deveria haver contraditório e direito de defesa, já que tais medidas revestem-se de processualidade, o que as remete à Constituição Federal e seus princípios fundamentais (*O processo em sua unidade – II*, p. 67).

23. Validade das provas colhidas no inquérito policial para a condenação do réu: se nítida é a sua função de garantir o indivíduo contra acusações injustificadas, servindo à sociedade como meio célere de busca e colheita de provas perecíveis – em regra, as periciais –, torna-se preciso registrar que não se deve utilizá-lo como fonte legítima de produção de provas, passíveis de substituírem o efetivo contraditório, que somente em juízo será realizado. A Constituição Federal, por meio dos princípios do devido processo legal, do contraditório e da ampla defesa, seria maculada quando uma prova, possível de ser concretizada em juízo, fosse antecipada para a fase extrajudicial, valendo, posteriormente, como meio de prova contra o réu. Logo, cremos despropositada a corrente de pensamento que sustenta serem válidas *todas* as provas coletadas pela polícia judiciária, muito embora não sejam elas *realmente* renovadas diante do juiz. Confira-se a cautela do art. 297 do CPPM: "O juiz formará convicção pela livre apreciação do conjunto das provas *colhidas em juízo*. (...)" (grifamos). É verdade que muitos sustentam, em nosso País, ser a natureza do inquérito a de um procedimento meramente preparatório, formador da opinião do representante do Ministério Público, porém, na prática, terminam conferindo validade e confiabilidade àquilo que foi produzido pela polícia judiciária. Basta ver as referências que as sentenças condenatórias costumam fazer aos depoimentos colhidos na fase extrajudicial, muitas vezes dando maior credibilidade ao que teria dito a vítima, o réu – à época, indiciado – ou alguma testemunha à autoridade policial do que ao magistrado. Os argumentos são variados: ou pelo fato de que, na polícia, tudo é colhido mais rapidamente, logo, a memória das pessoas é mais confiável, ou porque, na polícia, os inquiridos ainda não sofreram a influência da defesa ou do réu. Enfim, por uma causa ou outra, soaria melhor, em certos casos, o que foi apanhado pelo condutor do inquérito. Trata-se de um sério erro, pois o que se apregoa na teoria não é seguido na prática, desacreditando o sistema processual e tornando letra morta as garantias fundamentais, previstas na Carta Magna. Portanto, se a prova merece ser colhida com rapidez, outras formas de desenvolvimento do inquérito, alheado às modificações e aos princípios que o regem, precisam ser empreendidas. Enquanto isso não se der, admite-se sejam válidas em juízo somente as provas periciais, impossíveis de ser postergadas, como ocorre com o exame de corpo de delito. E, mesmo assim, estão sujeitas ao crivo da defesa, que, em juízo, pode pedir o seu refazimento, quando necessário e demonstrado o prejuízo ao réu. Quanto às testemunhas, eventual confissão e outras declarações, plenamente possíveis de refazimento sob o crivo do contraditório, não podem ser as fontes de inspiração da condenação do réu. Enfim, a prova colhida, oralmente, no inquérito policial tem validade somente como indício, merecendo ser confirmada, *realmente*, em juízo, e não meramente infirmada sob o crivo do contraditório.

24. Prova pericial: como regra, a produção de exames e avaliações realizados por peritos oficiais é feita uma só vez, não havendo necessidade de refazimento durante a instrução judicial. Ilustre-se com o exame necroscópico, efetivado no cadáver, inviável de ser postergado pela sua própria natureza; afinal, o corpo precisa ser enterrado. Diante disso, a previsão formulada neste parágrafo é correta, embora não se possa acolhê-la em caráter absoluto. Acima dos dispositivos elencados em lei ordinária, encontram-se os princípios constitucionais, dentre os quais a ampla defesa e o contraditório. Portanto, é possível à defesa do acusado, desde que devidamente fundamentado o pedido, reavaliar ou refazer a prova pericial em juízo. Nada impede a exumação do corpo, tomando-se novamente o exemplo do necroscópico, como meio para sanar dúvidas e fazer valer, com efetividade, a atuação defensiva. Em suma, a prova pericial constitui ato instrutório, permitindo a sua utilização em juízo, sem afastar a viabilidade do seu questionamento diante do Judiciário.

Modos por que pode ser iniciado

> **Art. 10.** O inquérito é iniciado mediante portaria:
>
> *a)* de ofício, pela autoridade militar em cujo âmbito de jurisdição ou comando haja ocorrido a infração penal, atendida a hierarquia do infrator;[25-26-A]
>
> *b)* por determinação ou delegação da autoridade militar superior, que, em caso de urgência, poderá ser feita por via telegráfica ou radiotelefônica e confirmada, posteriormente, por ofício;[27]

c) em virtude de requisição do Ministério Público;[28-31]

d) por decisão do Superior Tribunal Militar, nos termos do art. 25;[32]

e) a requerimento da parte ofendida ou de quem legalmente a represente, ou em virtude de representação devidamente autorizada de quem tenha conhecimento de infração penal, cuja repressão caiba à Justiça Militar;[33]

f) quando, de sindicância feita em âmbito de jurisdição militar, resulte indício da existência de infração penal militar.[34]

Superioridade ou igualdade de posto do infrator

§ 1.º Tendo o infrator posto superior ou igual ao do comandante, diretor ou chefe de órgão ou serviço, em cujo âmbito de jurisdição militar haja ocorrido a infração penal, será feita a comunicação do fato à autoridade superior competente, para que esta torne efetiva a delegação, nos termos do § 2.º, do art. 7.º.[35]

Providências antes do inquérito

§ 2.º O aguardamento da delegação não obsta que o oficial responsável por comando, direção ou chefia, ou aquele que o substitua ou esteja de dia, de serviço ou de quarto, tome ou determine que sejam tomadas imediatamente as providências cabíveis, previstas no art. 12, uma vez que tenha conhecimento de infração penal que lhe incumba reprimir ou evitar.[36]

Infração de natureza não militar

§ 3.º Se a infração penal não for, evidentemente, de natureza militar, comunicará o fato à autoridade policial competente, a quem fará apresentar o infrator. Em se tratando de civil, menor de 18 (dezoito) anos, a apresentação será feita ao Juiz de Menores.[37]

Oficial general como infrator

§ 4.º Se o infrator for oficial general, será sempre comunicado o fato ao ministro e ao chefe de Estado-Maior competentes, obedecidos os trâmites regulamentares.[38]

Indícios contra oficial de posto superior ou mais antigo no curso do inquérito

§ 5.º Se, no curso do inquérito, o seu encarregado verificar a existência de indícios contra oficial de posto superior ao seu, ou mais antigo, tomará as providências necessárias para que as suas funções sejam delegadas a outro oficial, nos termos do § 2.º, do art. 7.º.[39]

Art. 10

25. Instauração do inquérito de ofício: significa que a autoridade policial militar, tomando conhecimento da prática de uma infração penal militar, determina, por sua conta e através de portaria, a instauração do inquérito.

26. *Notitia criminis*: é a ciência da autoridade militar acerca da ocorrência de um fato criminoso, podendo ser: a) direta, quando a própria autoridade, investigando, por qualquer meio, descobre o acontecimento; b) indireta, quando a vítima provoca a sua atuação, comunicando-lhe a ocorrência, bem como quando o promotor ou o juiz requisitar a sua atuação. Nesta última hipótese (indireta), cremos estar inserida a prisão em flagrante. Embora parte da doutrina denomine essa forma de *notitia criminis* como coercitiva, não deixa ela de ser uma maneira indireta de a autoridade policial tomar conhecimento da prática de uma infração penal.

26-A. Denúncia anônima: atualmente, tem sido um procedimento comum o recebimento de notícias sobre crimes, de forma a não identificar quem as deu. Existe em várias localidades o denominado *disque-denúncia*, proporcionando o anonimato. Pode a autoridade militar instaurar inquérito para apurar o conteúdo da denúncia recebida? Na prática, recebida a notícia do crime, com ou sem revelação da autoria, faz-se uma primeira averiguação para identificar outras fontes; caso estas sejam positivas, instaura-se o inquérito para apurar os fatos. É preciso lembrar que a simples inauguração do inquérito não significa nada, pois inexiste pessoa apontada como autora do delito, o que se dará no curso das investigações. Portanto, a denúncia anônima legitima a apuração de eventual crime. O que não se deve fazer é receber a referida notícia anônima e instaurar inquérito, procurando indiciar alguém de imediato, sem outras provas. Na jurisprudência: STM: "1. A deflagração da persecução penal pode basear-se na denominada 'denúncia anônima', desde que a notícia seja dotada de verossimilhança, sendo alvo de confirmação preliminar dos fatos, em diligência de averiguação. 2. As supostas irregularidades em procedimento apuratório, dada a sua natureza informativa, fruto de investigações inerentes à fase pré-processual, não constituem, em essência, defeitos insanáveis. Ademais, isoladamente, sequer têm o condão de contaminar o Processo pendente de instauração, tampouco de nulificá-lo, mormente quando mantido incólume o lastro probatório relativo à materialidade e à autoria. 3. A configuração da justa causa para a instauração de Inquérito deve ancorar-se na necessidade de investigação sobre fatos presumivelmente delituosos, cuja materialidade exige detalhada coleta de indícios, mediante diligências apuratórias. Funcionalmente, o exercício de tal prerrogativa legítima recai sobre as instituições dotadas de Poder de Polícia. Nessas circunstâncias, inexistirá situação configuradora de injusta ofensa ao seu *status libertatis*, quando os atos formais, destinados à apuração de conduta, supostamente revestida de tipicidade penal, foram instituídos com regularidade. 4. A pesquisa da verdade real, em sede de inquérito, quando conduzida de modo legítimo e compatível com o regime jurídico-constitucional das liberdades públicas, não perfaz dano irreparável aos direitos do indiciado, tampouco excesso de poder ou constrangimento ilegal. Precedente do STF. 5. Ordem de HC denegada. Decisão unânime" (HC 7000538-39.2018.7.00.0000, rel. Marco Antônio de Farias, data de julgamento: 20.09.2018, data de publicação: 28.09.2018, v.u.).

27. Determinação superior: diversamente do previsto na legislação processual penal comum, outra forma de se iniciar o inquérito dá-se por meio da determinação de autoridade militar superior; aliás, essa autoridade pode, inclusive, delegar a função de presidente do inquérito, ocasião em que lhe é viável, concomitantemente, impor a instauração do inquérito.

28. Requisição: é a exigência para a realização de algo, fundamentada em lei. Assim, não se deve confundir *requisição* com *ordem*, pois nem o representante do Ministério Público, nem o juiz são superiores hierárquicos da autoridade militar, motivo pelo qual não lhe podem dar ordens. Requisitar a instauração do inquérito é diferente, pois é um requerimento lastreado em lei, fazendo com que a autoridade policial militar cumpra a norma e não a vontade particular do promotor ou do magistrado. Deixe-se claro que, embora este inciso mencione somente a requisição do Ministério Público, o juiz ou tribunal também pode fazê-lo. Afinal, quem pode o mais – decretar a prisão do indiciado – pode o menos, que é simplesmente determinar a investigação do que foi feito.

29. Negativa em cumprir a requisição: cremos admissível que a autoridade policial militar refute a instauração de inquérito requisitado por membro do Ministério Público Militar ou por juiz, desde que se trate de exigência *manifestamente* ilegal. A requisição deve lastrear--se na lei; não tendo, pois, supedâneo legal, não deve o delegado agir, pois, se o fizesse, estaria cumprindo um desejo pessoal de outra autoridade, o que não se coaduna com a sistemática processual penal. Note-se, ainda, que a Constituição, ao prever a possibilidade de requisição de inquérito, pelo promotor, preceitua que ele indicará os fundamentos jurídicos de sua manifestação (art. 129, VIII). O mesmo se diga das decisões tomadas pelo magistrado, que necessitam ser fundamentadas (art. 93, IX, CF). Logo, quando for o caso de não cumprimento, por manifesta ilegalidade, não é caso de ser *indeferida* a requisição, mas simplesmente a autoridade militar oficiar, em retorno, comunicando as razões que impossibilitam o seu cumprimento. Confira-se a possibilidade de autoridade recusar o cumprimento de requisição, por considerá-la ilegal, em acórdão prolatado pelo STF, em caso de delegado da Receita Federal que não cumpriu requisição do Ministério Público por considerá-la incabível. O Procurador da República requisitou inquérito por desobediência ou prevaricação, mas o Tribunal Regional Federal da 5.ª Região não aceitou a argumentação – do mesmo modo que o fez o STJ, negando processamento a recurso especial –, determinando o trancamento da investigação. Houve interposição de recurso extraordinário, alegando ter sido ferido o disposto no art. 129, VIII, da Constituição Federal, o que foi negado pelo Pretório Excelso: RE 205.473-AL, 2.ª T., rel. Carlos Velloso, 15.12.1998, v.u., *RTJ* 173/640. Ainda na jurisprudência: STM: "I – A instauração do procedimento investigativo originou-se de requisição ministerial. A doutrina compactua do entendimento segundo o qual a autoridade policial está obrigada a instaurar inquérito, ainda que inexista hierarquia entre membros do Ministério Público e encarregados do Inquérito Policial Militar, por força do princípio da obrigatoriedade. O Superior Tribunal Militar é competente para processar e julgar *habeas corpus* quando a autoridade coatora for membro do Ministério Público Militar. Preliminar rejeitada. Decisão unânime" (HC 7000475-14.2018.7.00.0000, rel. Péricles Aurélio Lima de Queiroz, data de julgamento: 25.09.2018, data de publicação: 22.10.2018, v.u.).

30. Indicação detalhada da ocorrência e do objeto da investigação: requisições dirigidas à autoridade policial militar, exigindo a instauração de inquérito contra determinada pessoa, ainda que apontem o crime, em tese, necessitam conter dados suficientes que possibilitem a tomada de providências e ter um rumo a seguir. Não é cabível um ofício genérico, requisitando a instauração de inquérito contra Fulano, pela prática de estelionato, por exemplo. Afinal, o que fez Fulano, exatamente? Quando e onde? Enfim, a requisição deve sustentar-se em fatos, ainda que possa ser desprovida de documentos comprobatórios. Caso a autoridade policial, de posse de um ofício de requisição, contendo a descrição pormenorizada (ou instruído com peças suficientes para a constatação do ocorrido) de um fato criminoso, se recuse a instaurar inquérito, responderá funcional e, conforme o caso, criminalmente pelo desatendimento. Entretanto, instaurando, conforme legalmente exigido, não poderá ser considerado autoridade coatora, em caso de revolta do indiciado. Este necessita voltar-se contra a autoridade que encaminhou a requisição. Caso, no entanto, a autoridade policial instaure uma investigação totalmente descabida, embora cumprindo requisição, poderá responder, juntamente com a autoridade que assim exigiu, por abuso de autoridade. Note-se que eventual

Art. 10

Código de Processo Penal Militar Comentado • **Nucci**   36

habeas corpus para trancar o inquérito, indevidamente instaurado, por requisição de juiz ou promotor, deve ser ajuizado no Tribunal, mas a responsabilidade pelo ato manifestamente ilegal será de ambos. Justifica-se essa postura pelo fato de a autoridade policial não ser um leigo, possuindo conhecimento específico na área, não devendo seguir exigências ilegais, salvo se com elas compactuar, o que o torna coautor do abuso.

31. Autoridade coatora: se houver necessidade de trancamento do inquérito policial, porque indevidamente instaurado, constituindo constrangimento ilegal a alguém, deve-se levar em conta a autoridade que tomou a iniciativa de principiá-lo. Tratando-se da autoridade policial militar, o *habeas corpus* será impetrado perante o juiz. Mas, se se tratou de requisição de autoridade judiciária ou de representante do Ministério Público, o *habeas corpus,* como já exposto em nota anterior, será dirigido ao Tribunal competente para julgar a infração de que trata o inquérito. Afinal, a autoridade policial limitou-se a cumprir uma exigência legal de outra autoridade, razão pela qual esta é quem deve figurar como coatora, quando for o caso. Havia discussão acerca da possibilidade do juiz julgar *habeas corpus* interposto contra ato do promotor de justiça (como ocorre no caso da requisição para abertura de inquérito), mas o Supremo Tribunal Federal e o Superior Tribunal de Justiça mantêm, atualmente, a posição de que cabe ao Tribunal fazê-lo, pois o representante do Ministério Público detém, como o juiz, foro privilegiado. De fato, essa posição é correta. Imaginando-se que sua atitude possa constituir-se em abuso de autoridade, convém que o Tribunal avalie o ocorrido.

32. Novas provas: em julgamento de qualquer caso criminal, o Superior Tribunal Militar pode concluir haver provas suficientes – inéditas, logo, desconhecidas até então – no tocante a qualquer delito, requisitando, então, a instauração de inquérito.

33. Requerimento: é um pedido ou uma solicitação, passível de indeferimento pelo destinatário. Diferente da requisição, que é uma exigência legal, não sujeita ao indeferimento, como regra, porque lastreada em lei e produzida por outra autoridade, o requerimento é um pedido feito por leigo, não necessariamente legal, por isso, analisado livremente pelo critério da autoridade policial.

34. Sindicância: a realização de procedimentos, para apurar infrações administrativas, pode dar margem à descoberta de crimes militares. Por isso, ao final, a autoridade processante deve oficiar à autoridade policial militar, comunicando a ocorrência para a instauração do inquérito.

35. Princípio da hierarquia: prepondera na administração – e particularmente no cenário militar – o critério segundo o qual não pode um subordinado investigar crime cometido pelo superior, pois seria uma subversão da hierarquia. Diante disso, detectada a situação do infrator, figurando em posto igual ou superior ao do condutor do inquérito, deve este pleitear de imediato a delegação cabível para que se possa agir legalmente.

36. Medidas de urgência: devem ser tomadas de pronto, enquanto se aguarda a delegação referida no parágrafo anterior, para que a prova não se perca, inviabilizando a constituição da materialidade do crime e apontamentos de sua autoria. O oficial responsável deve comparecer ao lugar do crime, tomando providências para que nada seja alterado; deve apreender os instrumentos e objetos relacionados ao fato delituoso; deve colher provas e efetuar a prisão em flagrante, quando presentes os seus requisitos (art. 244, CPPM).

37. Encaminhamento à autoridade competente: detectados crimes não militares, é preciso extrair cópias do material formado, encaminhando-se à autoridade policial competente. Tratando-se de infrator com prerrogativa de função – como juiz, promotor, deputado federal, senador etc. – as peças e informes serão encaminhados ao tribunal competente para apurar o delito. Quando se cuidar de menor de 18 anos, será apresentado ao juízo da infância e da juventude.

38. Oficial general: por se constituir o mais graduado posto na hierarquia militar, torna--se essencial a comunicação ao Ministro da Pasta competente ou ao Chefe de Estado-Maior das Forças Armadas para as providencias devidas, inclusive providenciar a delegação cabível.

39. Detecção de indícios contra oficial superior ou mais antigo: o inquérito pode ter início para apurar crime cuja autoria é atribuída a praça ou oficial inferior ao condutor; porém, no curso da investigação, outros dados surgem, dando conta da participação ou do cometimento de delito correlato por parte de oficial superior (ou mais antigo), motivo pelo qual é preciso providenciar a delegação a outro oficial para o prosseguimento. O mesmo cenário ocorre no inquérito policial comum, quando o delegado percebe o envolvimento de autoridade com prerrogativa de função. Deve tomar as necessárias providências para que a investigação seja assumida por outra autoridade. Exemplo: percebendo-se o envolvimento de deputado federal, o delegado encaminha o inquérito ao Supremo Tribunal Federal.

Escrivão do inquérito

> **Art. 11.** A designação de escrivão para o inquérito caberá ao respectivo encarregado, se não tiver sido feita pela autoridade que lhe deu delegação para aquele fim, recaindo em segundo ou primeiro-tenente, se o indiciado for oficial, e em sargento, subtenente ou suboficial, nos demais casos.[40]

Compromisso legal

> **Parágrafo único.** O escrivão prestará compromisso de manter o sigilo do inquérito e de cumprir fielmente as determinações deste Código, no exercício da função.

40. Designação de escrivão: diversamente do cenário civil, onde o escrivão é funcionário público, investido na função, conforme o cargo ocupado, prescindindo de designação para atuar no inquérito policial, na esfera militar, conta-se com a eventualidade da formação de juízos para julgar crimes de sua alçada, justificando-se a referida designação e a indicação de qual militar deve assumir tal posto.

Medidas preliminares ao inquérito

> **Art. 12.** Logo que tiver conhecimento da prática de infração penal militar, verificável na ocasião, a autoridade a que se refere o § 2.º do art. 10 deverá, se possível:
>
> *a)* dirigir-se ao local, providenciando para que se não alterem o estado e a situação das coisas, enquanto necessário;[41]
>
> *b)* apreender os instrumentos e todos os objetos que tenham relação com o fato;[42]
>
> *c)* efetuar a prisão do infrator, observado o disposto no art. 244;
>
> *d)* colher todas as provas que sirvam para o esclarecimento do fato e suas circunstâncias.[43]

Art. 13

41. Presença no local dos fatos: seria extremamente útil que a autoridade policial pudesse comparecer, sempre e pessoalmente, ao lugar onde o crime ocorreu, mormente no caso daqueles que deixam nítidos vestígios, tais como homicídio, latrocínio, furto com arrombamento, incêndio etc. A não alteração do local é fundamental para que os peritos criminais possam elaborar laudos úteis ao esclarecimento da verdade real. Se alguém, por exemplo, mover o cadáver de lugar, está comprometendo, seriamente, muitas das conclusões a respeito da ação criminosa e mesmo da busca de seu autor. Não podendo ir pessoalmente, deve, ao menos em delitos graves e violentos, enviar agentes seus, que possam preservar o lugar até a chegada da equipe técnica.

42. Objetos relacionados com o fato: são todos aqueles que sejam úteis à busca da verdade real, podendo tratar-se de armas, mas também de coisas totalmente inofensivas e de uso comum, que, no caso concreto, podem contribuir para a formação da convicção dos peritos. Em primeiro lugar, destinam-se tais objetos à perícia, passando, em seguida, à esfera de guarda da autoridade policial, até que sejam liberados ao seu legítimo proprietário. Logicamente, conforme o caso, algumas coisas ficam apreendidas até o final do processo e podem até ser confiscadas pelo Estado, como ocorre com os objetos de uso, fabrico, alienação, porte ou detenção proibidos.

43. Colheita de provas: a investigação direta no lugar dos fatos, feita pela autoridade policial, propicia-lhe arrolar testemunhas, determinar a colheita de material para exame (sangue, urina, fios de cabelo, sêmen, documentos etc.) e outros elementos que auxiliem à formação de sua convicção acerca do autor da infração penal, bem como da própria existência desta.

Formação do inquérito

> **Art. 13.** O encarregado do inquérito deverá, para a formação deste: [43-A]

Atribuição do seu encarregado

> *a)* tomar as medidas previstas no art. 12, se ainda não o tiverem sido;
>
> *b)* ouvir o ofendido;[44]
>
> *c)* ouvir o indiciado;[45-48]
>
> *d)* ouvir testemunhas;
>
> *e)* proceder a reconhecimento de pessoas e coisas, e acareações;
>
> *f)* determinar, se for o caso, que se proceda a exame de corpo delito e a quaisquer outros exames e perícias;
>
> *g)* determinar a avaliação e identificação da coisa subtraída, desviada, destruída ou danificada, ou da qual houve indébita apropriação;
>
> *h)* proceder a buscas e apreensões, nos termos dos arts. 172 a 184 e 185 a 189;
>
> *i)* tomar as medidas necessárias destinadas à proteção de testemunhas, peritos ou do ofendido, quando coactos ou ameaçados de coação que lhes tolha a liberdade de depor, ou a independência para a realização de perícias ou exames.[49]

Reconstituição dos fatos

> **Parágrafo único.** Para verificar a possibilidade de haver sido a infração praticada de determinado modo, o encarregado do inquérito poderá proceder à reprodução simulada dos fatos, desde que esta não contrarie a moralidade ou a ordem pública, nem atente contra a hierarquia ou a disciplina militar.[50]

43-A. Apuração livre: o art. 13 fixa as medidas a serem tomadas pelo encarregado do inquérito, embora não se possa captar essas atribuições como sequenciais obrigatórias, ou seja, pode-se apurar os fatos na ordem mais conveniente à formação do inquérito. Na jurisprudência: STM: "Não há falar em constrangimento ilegal por parte da autoridade apontada como coatora, considerando que o encarregado do IPM não está adstrito ao cumprimento cronológico dos atos elencados no art. 13 do CPPM. Ao contrário, na fase inquisitiva, o encarregado do inquérito detém uma parcela de discricionariedade na condução das investigações, não significando violação do devido processo legal a oitiva antecipada do indiciado, ou seja, antes do colhimento das declarações do ofendido (alíneas *b* e *c* do referido dispositivo legal). Ademais, é pacífico no âmbito da jurisprudência dos tribunais que eventuais vícios no inquérito policial não têm o condão de alcançar a ação penal. Preliminar de não conhecimento rejeitada. Decisão unânime. Ordem de *habeas corpus* denegada. Decisão unânime" (HC 0000194-85.2015.7.00.0000, rel. José Coêlho Ferreira, data de julgamento: 15.10.2015, data de publicação: 04.11.2015, v.u.).

44. Ouvida da vítima: é de praxe, e importância invulgar, ouvir a pessoa afetada diretamente pelo delito. Ela pode fornecer dados preciosos para a descoberta da autoria e mesmo para a formação da materialidade. Naturalmente, nem sempre a autoridade policial consegue ouvir a vítima *logo após* tomar conhecimento da prática do delito, pois, como já se disse, o excesso de serviço e a carência de recursos podem ser fatores de complicação. O ideal é procurar ouvir o ofendido no menor espaço de tempo possível, até para que sua memória não apresente falhas, impossibilitando, por vezes, o reconhecimento do autor da infração penal.

45. Interrogatório do indiciado: considerando-se a expressa referência a *indiciado* (suspeito formalmente indicado pelo Estado-investigação), trata-se de interrogatório. Pode o indiciado invocar seu direito ao silêncio, sem qualquer consequência negativa, podendo, ainda, fornecer a declaração que bem entender, valendo-se da autodefesa.

46. Indiciamento e constrangimento ilegal: *indiciado* é a pessoa apontada pelo Estado-investigação, dentro da sua convicção, como autora da infração penal. Ser indiciado implica um constrangimento natural, pois a folha de antecedentes receberá a informação, tornando-se permanente, ainda que o inquérito seja, posteriormente, arquivado. Assim, o indiciamento não é um ato discricionário da autoridade policial, devendo basear-se em provas suficientes para isso. Nessa ótica: STJ: "Se há indícios da prática de crimes, incabível o trancamento do inquérito. Todavia, o indiciamento só pode ser realizado se há, para tanto, fundada e objetiva suspeita de participação ou autoria nos eventuais delitos" (HC 8.466-PR, 5.ª T., rel. Felix Fischer, 20.04.1999, v.u., *DJ* 24.05.1999, p. 183). Ensina Sérgio Marcos de Moraes Pitombo sobre o indiciamento: "Não há de surgir qual ato arbitrário da autoridade, mas legítimo. Não se funda, também, no uso de poder discricionário, visto que *inexiste a possibilidade legal de escolher entre indiciar ou não. A questão situa-se na legalidade do ato*. O suspeito, sobre o qual se reuniu prova da autoria da infração, tem que ser indiciado. Já aquele que, contra si, possui frágeis indícios, ou outro meio de prova esgarçado, não pode ser indiciado. Mantém como é: suspeito. Em outras palavras, a *pessoa suspeita* da prática de infração penal *passa a figurar*

Art. 13

Código de Processo Penal Militar Comentado • **Nucci**

como indiciada, a contar do instante em que, no inquérito policial instaurado, se lhe verificou a *probabilidade de ser o agente*" (*Inquérito policial: novas tendências,* citado no acórdão supra do TACrim-SP, *RT* 702/363 – grifamos). É cabível o *habeas corpus,* dirigido ao juiz, caso alguém se sinta injustamente convocado para ser indiciado. Nessa hipótese, o magistrado pode fazer cessar a coação, se ilegal, impedindo o indiciamento ou mesmo determinando o trancamento da investigação. É conduta excepcional, pois o Estado tem o dever de investigar toda e qualquer infração penal, razão pela qual somente em último caso obriga-se à cessação precoce do inquérito. Por isso, a autoridade policial militar deve ser clara ao convocar alguém a comparecer, ser ouvido e indiciado, quando já sabe, de antemão, que tal conduta será adotada. Excepcionalmente, ouvindo várias pessoas no mesmo dia, pode a autoridade policial formar sua convicção no ato e resolver indiciar um dos sujeitos inquiridos. Nessa hipótese, resta ao indiciado recorrer ao juiz, através do *habeas corpus,* para fazer cessar os efeitos do indiciamento ou mesmo para trancar a investigação, se for o caso.

47. Requisição de indiciamento: cuida-se de procedimento equivocado, pois indiciamento é ato exclusivo da autoridade policial militar, que forma o seu convencimento sobre a autoria do crime, elegendo, formalmente, o suspeito de sua prática. Assim, não cabe ao promotor ou ao juiz exigir, por meio de requisição, o indiciamento de alguém, porque seria o mesmo que demandar à força que o presidente do inquérito conclua ser aquele o autor do delito. Ora, querendo, pode o promotor denunciar qualquer suspeito envolvido na investigação criminal, cabendo-lhe, apenas, requisitar do condutor do inquérito a "qualificação formal, a identificação criminal e o relatório sobre sua vida pregressa" (cf. Maurício Henrique Guimarães Pereira, *Habeas corpus e polícia judiciária,* p. 227). Conferir: STJ: "A indiciação do paciente pela autoridade policial, determinada no ensejo do recebimento da denúncia, constitui evidente ilegalidade, por inadmissível, estando já proposta a ação penal, por substanciar ato próprio de fase inquisitorial da *persecutio criminis,* ultrapassada e dispensada pelo Ministério Público. Precedentes" (HC 27.389-SP, 6.ª T., rel. Hamilton Carvalhido, 07.12.2004, v.u., *DJ* 17.12.2004, p. 597); "Denúncia recebida. Determinação de indiciamento formal. Desnecessidade. Constrangimento ilegal a ser coarctado. Ordem concedida. Consoante entendimento jurisprudencial firmado nesta Corte, a determinação de indiciamento formal, quando já em curso a ação penal pelo recebimento da denúncia, é tida por desnecessária e causadora de constrangimento ilegal. Ordem concedida" (HC 35.639-SP, 5.ª T., rel. José Arnaldo da Fonseca, 21.10.2004, v.u., *Boletim AASP* 2447, p. 3.711). TJSP: "*Habeas corpus.* Processo penal. Indiciamento. Providência determinada após o oferecimento da denúncia. Inadmissibilidade. Constrangimento ilegal verificado. Ato administrativo inválido por ausência de sua real finalidade. Constituindo ato que formaliza a suspeita, típico da fase inquisitiva, superada esta fase da persecução penal com o encerramento do inquérito policial, o indiciamento após o oferecimento da denúncia configura coação ilegal. Precedentes desta Corte e do STJ. Ordem concedida" (HC 990.10.337432-0, 16.ª C., rel. Almeida Toledo, 19.10.2010, v.u.). Em contrário: TJSP: "Constrangimento ilegal – Não caracterização – Indiciamento – Inocorrência no inquérito policial – Determinação do ato quando do recebimento da denúncia – Cabimento, por não ser, tendo em vista sua finalidade, exclusividade da autoridade policial – Ordem denegada" (HC 423.078-3/0, Araraquara, 5.ª C., rel. Gomes de Amorim, 26.06.2003, v.u., *JUBI* 85/03; HC 420.039-3/1, Marília, 3.ª C., rel. Walter Guilherme, 27.05.2003, v.u., *JUBI* 85/03).

48. O indiciado como objeto da investigação: é a posição natural ocupada pelo indiciado durante o desenvolvimento do inquérito policial. Não é ele, como no processo, sujeito de direitos, a ponto de requerer provas e, havendo indeferimento injustificado, apresentar recurso ao órgão jurisdicional superior. Não pode, no decorrer da investigação, exercer o contraditório, nem a ampla defesa. Deve acostumar-se ao sigilo do procedimento, não tendo acesso direto aos autos, mas somente por intermédio de seu advogado. Por isso, é considerado como *objeto* *da investigação*. É bem verdade que existe decisão proferida pelo Supremo Tribunal Federal, aparentemente, em sentido contrário. Reproduzimos e comentamos: "A unilateralidade das investigações preparatórias da ação penal *não autoriza* a polícia judiciária a *desrespeitar* as garantias jurídicas que assistem ao *indiciado*, que *não mais pode ser considerado mero objeto de investigações*. O indiciado *é sujeito de direitos e dispõe de garantias legais e constitucionais*, cuja inobservância pelos agentes do Estado, além de eventualmente induzir-lhes a responsabilidade penal por abuso de poder, pode gerar a absoluta desvalia das provas *ilicitamente* obtidas no curso da investigação policial" (HC 73.271-SP, rel. Celso de Mello, citado em despacho no Inq. 1.504-DF, rel. Celso de Mello, 17.06.1999, *DJ* 28.06.1999, p. 25). O que nos parece tenha proferido o Ministro Celso de Mello é que há direitos e garantias individuais, aplicáveis à fase do inquérito policial, a todo suspeito ou indiciado. Assim, tem este o direito ao silêncio, merece ter a sua integridade física preservada, não pode ser submetido a qualquer procedimento vexatório (direito à imagem), pode constituir advogado para acompanhar a investigação, enfim, como pessoa que é, deve ter preservados seus direitos constitucionais. Isso não o transforma em sujeito de direitos no contexto do procedimento investigatório e inquisitivo, na essência. Ao afirmar-se ser o indiciado *objeto* da investigação isso não significa dizer que ele é sujeito desprovido de direitos, isto é, uma coisa qualquer, no sentido inanimado que o termo pode representar, mas tão somente representa o valor de ser o suspeito o *alvo* da investigação produzida, sem que possa nesta interferir, como faz, regularmente, no processo penal instaurado.

49. Medidas cautelares protetivas: as providências necessárias para tutelar a segurança de testemunhas, peritos ou vítima dependem de medidas tomadas contra o indiciado, decretando-se a sua prisão provisória, ou no tocante à direta proteção de quem foi ameaçado. Hoje, em vigor se encontra a Lei 9.807/99, que fornece instrumentos para a proteção de vítimas e testemunhas.

50. Reconstituição do crime: em casos específicos, como ilustram os homicídios e suas modalidades tentadas, pode tornar-se importante fonte de prova, até mesmo para aclarar o juiz, de como se deu a prática da infração penal. A simulação é feita utilizando o réu, a vítima e outras pessoas convidadas a participar, apresentando-se, em fotos e esquemas, a versão oferecida pelo acusado e a ofertada pelo ofendido ou outras testemunhas. Assim, visualizando o sítio dos acontecimentos, a autoridade judiciária, o representante do Ministério Público e o defensor poderão formar, com maior eficácia, suas convicções. Ressalte-se, no entanto, que o réu não está obrigado a participar da reconstituição do crime, pois ninguém é obrigado a produzir prova contra si. Somente o fará se houver interesse da defesa. Assim: TJSP: "A adesão, ou não, do indiciado ao ato de reconstituição de crime é decisão que se subordina a seu arbítrio, não à conveniência, ou mesmo necessidade, do condutor do inquérito" (RHC 417.291-3/3-SP, 2.ª C., rel. Canguçu de Almeida, 02.06.2003, v.u., *JUBI* 85/03). Pode ser realizada, também, em outra fase qualquer, inclusive durante o curso do processo. Veda-se a reconstituição do crime que ofenda a moralidade (regras éticas de conduta, espelhando o pudor social) e a ordem pública (segurança e paz sociais). Não se fará reconstituição de um crime sexual violento, usando vítima e réu, por exemplo, o que contraria a moralidade, nem tampouco a reconstituição de uma chacina, num lugar onde a população ainda está profundamente revoltada com o crime, podendo até buscar o linchamento do réu.

Assistência de procurador

> **Art. 14.** Em se tratando da apuração de fato delituoso de excepcional importância ou de difícil elucidação, o encarregado do inquérito poderá solicitar do procurador-geral a indicação de procurador que lhe dê assistência.[51]
>
> * O art. 1.º da Res. CSMPM 69/2011 (*DOU* 09.12.2011), considerou inaplicável este artigo em face dos arts. 7.º, I, e 9.º da LC 75/93.

Art. 15

Código de Processo Penal Militar Comentado • **Nucci**

51. Inaplicabilidade do dispositivo: o condutor do inquérito policial não terá assistência de membro do Ministério Público, pois não faz parte das atribuições desta instituição tal objetivo. Cabe-lhe a titularidade da ação penal e o controle das atividades da polícia judiciária, mas jamais servir de assistente do oficial presidente do inquérito.

Encarregado de inquérito. Requisitos

> **Art. 15.** Será encarregado do inquérito, sempre que possível, oficial de posto não inferior ao de capitão ou capitão-tenente; e, em se tratando de infração penal contra a segurança nacional, sê-lo-á, sempre que possível, oficial superior, atendida, em cada caso, a sua hierarquia, se oficial o indiciado.

Sigilo do inquérito

> **Art. 16.** O inquérito é sigiloso, mas seu encarregado pode permitir que dele tome conhecimento o advogado do indiciado.[52-53]

52. Sigilo das investigações e a posição do advogado: o inquérito policial, por ser peça de natureza administrativa, inquisitiva e preliminar à ação penal, deve ser sigiloso, não submetido, pois, à publicidade que rege o processo. Não cabe a incursão na repartição administrativa, de qualquer do povo, desejando acesso aos autos do inquérito policial militar, a pretexto de fiscalizar e acompanhar o trabalho do Estado-investigação, como se poderia fazer quanto ao processo-crime em juízo. As investigações já são acompanhadas e fiscalizadas por órgãos estatais, dispensando-se, pois, a publicidade. Nem o indiciado, pessoalmente, aos autos tem acesso. Entretanto, ao advogado não se pode negar acesso ao inquérito, pois o Estatuto da Advocacia é claro nesse sentido: Lei 8.906/94, art. 7.º: "São direitos do advogado: (...) XIV – examinar, em qualquer instituição responsável por conduzir investigação, mesmo sem procuração, autos de flagrante e de investigações de qualquer natureza, findos ou em andamento, ainda que conclusos à autoridade, podendo copiar peças e tomar apontamentos, em meio físico ou digital". Entretanto, se o juiz decretar o sigilo da investigação, calcado na Constituição Federal, que assim permite nos casos envolvendo a intimidade e o interesse público, somente o advogado *com procuração* do indiciado pode ter acesso aos autos. Os demais advogados ficam impedidos de tomar ciência do que se passa na investigação. O Supremo Tribunal Federal já considerou que o advogado não pode ser impedido de ter acesso aos autos do inquérito policial, pois tal situação seria ofensiva aos direitos constitucionais da ampla defesa e da prerrogativa profissional da advocacia. Nas palavras do relator Ministro Sepúlveda Pertence: "Concluo, pois, que, ao advogado do indiciado em inquérito policial, titular do direito de acesso aos autos respectivos – que, na verdade, é prerrogativa de seu mister profissional em favor das garantias do constituinte –, não é oponível o sigilo que se imponha ao procedimento" (HC 82.354-PR, 1.ª T., 10.08.2004, v.u.). Idem: "Entendeu-se que, ao advogado do indiciado em inquérito policial, titular do direito de acesso aos autos respectivos, não é oponível o sigilo que se imponha ao procedimento. Salientando a inexistência de conflito de interesses contrapostos, asseverou-se que a Lei 8.906/94 prestigia a prerrogativa do defensor contra a oponibilidade ao advogado do sigilo decretado do inquérito. No ponto, ressaltou que o inciso XIV do seu art. 7.º não faz nenhuma distinção entre inquéritos sigilosos e não sigilosos. Além disso, afirmou-se que tal oponibilidade esvaziaria a garantia prevista no inciso LXIII do art. 5.º da CF ("o preso será informado de seus direitos, entre os quais o de permanecer calado, sendo-lhe assegurada a assistência da família e de advogado"), que se estende ao indiciado solto. HC deferido de ofício para que aos advogados constituídos pelo paciente se faculte a consulta aos autos do inquérito policial e a obtenção de cópias pertinentes, ressalvando que não há obrigação de comunicação prévia à defesa sobre diligências que estejam, ainda, sendo efetuadas. Precedente citado: HC 82354-PR (*DJU* 24.09.2004)" (HC 87.827-RJ, 1.ª T., rel. Sepúlveda Pertence, 25.04.2006, *Informativo* 424). No mesmo prisma, em relação a investigação realizada pelo Ministério Público: STF, HC 88.190-RJ, 2.ª T., rel. Cezar Peluso, 29.08.2006, v.u., *DJ* 06.10.2006. Hoje, a questão está pacificada pela edição da Súmula Vinculante 14 do STF: "É direito do defensor, no interesse do representado, ter acesso amplo aos elementos de prova que, já documentados em procedimento investigatório realizado por órgão com competência de polícia judiciária, digam respeito ao exercício do direito de defesa". Embora no inquérito não prevaleça o contraditório e a ampla defesa, visto não ser processo, mas mera investigação, é evidente o interesse do indiciado, por meio de seu advogado, em se resguardar, na medida do possível. As provas já produzidas constituem o quadro geral do Ministério Público para o oferecimento de eventual denúncia. Por isso, o conhecimento desses elementos, pela defesa, torna-se essencial para combater o início de ação penal, sem justa causa. Aliás, o mero indiciamento sem provas mínimas já é passível de contraposição por meio do *habeas corpus*. Enfim, a Súmula veio em boa hora.

53. Participação do advogado durante a produção de prova no inquérito: trata-se de consequência natural da sua prerrogativa profissional de examinar os autos do inquérito, copiar peças e tomar apontamentos. Pode, pois, acompanhar a instrução, desde que tenha sido constituído pelo indiciado, que, a despeito de ser objeto da investigação e não sujeito de direitos na fase pré-processual, tem direito de tomar conhecimento das provas levantadas contra sua pessoa, corolário natural do princípio constitucional da ampla defesa. Nem se diga que este princípio somente se concretiza na fase processual, uma vez que se sabe ser o inquérito o momento único para a produção de determinadas provas que não mais se repetem (vide o exemplo das periciais). E não olvidemos, ainda, o costume praticamente generalizado dos juízes e tribunais de levarem em conta até mesmo os depoimentos de testemunhas e reconhecimentos de pessoas e coisas produzidos nessa fase ao julgarem o feito. Aliás, não há fundamento para a exclusão do advogado da produção da prova, embora no seu desenvolvimento não possa intervir – fazendo reperguntas às testemunhas, por exemplo –, mas somente acompanhar, porque os atos dos órgãos estatais devem ser pautados pela moralidade e pela transparência. Dir-se-á que o inquérito é sigiloso (ausente a publicidade a qualquer pessoa do povo) e não contestamos tal afirmativa, o que não pode significar a exclusão da participação do advogado como ouvinte e fiscal da regularidade da produção das provas, caso deseje estar presente. Torna-se nítida essa viabilidade quando se analisa o disposto no art. 3.º, § 2.º, da Lei 1.579/52 (modificada pela Lei 10.679/2003): "O depoente poderá fazer-se acompanhar de advogado, ainda que em *reunião secreta*" (grifo nosso). O dispositivo citado cuida da formação e atuação da Comissão Parlamentar de Inquérito, que poderá exercer suas atividades em sessão secreta, mas jamais excluindo o advogado. Registremos que a CPI tem poderes investigatórios típicos do juiz (art. 58, § 3.º, CF), logo, maiores que os da autoridade policial, motivo pelo qual, com maior razão, não poderá o delegado determinar o afastamento do defensor do acompanhamento da produção da prova na fase inquisitorial, a pretexto de manter o sigilo da investigação. Por outro lado, a ausência do advogado não tem o condão de gerar qualquer vício ou falha na condução do inquérito. Vale mencionar modificação introduzida no Estatuto da Advocacia pela Lei 13.245/2016, dentre os direitos do advogado: "Art. 7.º (...) XIV – examinar, em qualquer instituição responsável por conduzir investigação, mesmo sem procuração, autos de flagrante e de investigações de qualquer natureza, findos ou em andamento, ainda que conclusos à autoridade, podendo copiar peças e tomar apontamentos, em meio físico ou digital; (...) XXI – assistir a seus clientes investigados durante a apuração de infrações, sob pena de nulidade absoluta do respectivo interrogatório ou depoimento e, subsequentemente, de todos os elementos investigatórios e probatórios dele decorrentes ou derivados, direta ou indiretamente, podendo, inclusive, no curso da respectiva apuração: a) apresentar razões e quesitos; (...) § 10. Nos autos sujeitos a sigilo, deve o advogado apresentar procuração para o exercício dos direitos de que trata o inciso XIV. § 11. No caso previsto no inciso XIV, a autoridade competente poderá delimitar o acesso do advogado aos elementos de prova relacionados a diligências em andamento e ainda não documentados nos autos, quando houver risco de comprometimento da eficiência, da eficácia ou da finalidade das diligências. § 12. A inobservância aos direitos estabelecidos no inciso XIV, o fornecimento incompleto de autos ou o fornecimento de autos em que houve a retirada de peças já incluídas no caderno investigativo implicará responsabilização criminal e funcional por abuso de autoridade do responsável que impedir o acesso do advogado com o intuito de prejudicar o exercício da defesa, sem prejuízo do direito subjetivo do advogado de requerer acesso aos autos ao juiz competente". Na jurisprudência: TJGO: "A ausência do advogado durante o inquérito policial, por si só, não tem o condão de trazer nulidade para o processo. Ademais, eventual irregularidade ocorrida no inquérito policial não contagia a ação penal superveniente" (HC 201093009888-GO, 2.ª C., rel. Prado, 21.09.2010, v.u.).

> **Art. 16-A.** Nos casos em que servidores das polícias militares e dos corpos de bombeiros militares figurarem como investigados em inquéritos policiais militares e demais procedimentos extrajudiciais, cujo objeto for a investigação de fatos relacionados ao uso da força letal praticados no exercício profissional, de forma consumada ou tentada, incluindo as situações dispostas nos arts. 42 a 47 do Decreto-Lei nº 1.001, de 21 de outubro de 1969 (Código Penal Militar), o indiciado poderá constituir defensor. [53-A]
>
> § 1º Para os casos previstos no caput deste artigo, o investigado deverá ser citado da instauração do procedimento investigatório, podendo constituir defensor no prazo de até 48 (quarenta e oito) horas a contar do recebimento da citação. [53-B]
>
> § 2º Esgotado o prazo disposto no § 1º com ausência de nomeação de defensor pelo investigado, a autoridade responsável pela investigação deverá intimar a instituição a que estava vinculado o investigado à época da ocorrência dos fatos, para que esta, no prazo de 48 (quarenta e oito) horas, indique defensor para a representação do investigado. [53-C]
>
> § 3º Havendo necessidade de indicação de defensor nos termos do § 2º deste artigo, a defesa caberá preferencialmente à Defensoria Pública e, nos locais em que ela não estiver instalada, a União ou a Unidade da Federação correspondente à respectiva competência territorial do procedimento instaurado deverá disponibilizar profissional para acompanhamento e realização de todos os atos relacionados à defesa administrativa do investigado. [53-D]
>
> § 4º A indicação do profissional a que se refere o § 3º deste artigo deverá ser precedida de manifestação de que não existe defensor público lotado na área territorial onde tramita o inquérito e com atribuição para nele atuar, hipótese em que poderá ser indicado profissional que não integre os quadros próprios da Administração. [53-E]
>
> § 5º Na hipótese de não atuação da Defensoria Pública, os custos com o patrocínio dos interesses do investigado nos procedimentos de que trata esse

| 45 | Título III • Capítulo Único – Do inquérito policial militar | **Art. 16-A** |

> artigo correrão por conta do orçamento próprio da instituição a que este esteja vinculado à época da ocorrência dos fatos investigados. [53-F]
>
> § 6º As disposições constantes deste artigo aplicam-se aos servidores militares vinculados às instituições dispostas no art. 142 da Constituição Federal, desde que os fatos investigados digam respeito a missões para a Garantia da Lei e da Ordem. [53-G]

53-A. Privilégio concedido a policiais e bombeiros militares: concede-se uma especial vantagem aos agentes da segurança pública, quando figurarem como investigados em inquéritos de qualquer natureza pelo emprego de força letal (homicídio, em termos penais) no exercício da função. A lei ainda adverte: "de forma consumada ou tentada", incluindo as situações dispostas nos arts. 42 a 47 deste Código. Significa que o investigado deve acompanhar o inquérito, mesmo que se trate de apuração da hipótese de legítima defesa, estado de necessidade, exercício regular de direito ou estrito cumprimento do dever legal. Foi malfeita, sem dúvida, a redação do art. 16-A. Vale lembrar que não se pode usar força letal (mortal) no exercício de direito (não há o direito de matar) ou no estrito cumprimento do dever legal (não há o dever de matar). Quando se inclui o estado de necessidade, pode-se dizer, simplesmente, que agentes da segurança raramente encaixam-se nessa excludente; afinal, qualquer um pode matar em estado de necessidade, desde que sejam preenchidos os elementos do art. 24 do Código Penal. Diante disso, 99% das apurações consistem em ter havido legítima defesa, ou não. Esse privilégio significa o direito de ter, desde a fase inicial investigatória, um defensor. Valemo-nos do termo privilégio (vantagem, concessão especial) porque todos os demais investigados, por qualquer outro delito, não são "citados" para acompanhar os atos investigatórios, inclusive com uma defesa obrigatória. Embora se diga que os policiais podem constituir defensor, na verdade, devem, porque, se não o fizerem, a instituição à qual pertencem será alertada para que o faça. Considerando tratar-se de um defensor constituído pelo servidor investigado ou indicado pela instituição à qual pertence, o seu trabalho, na verdade, será de acompanhamento das diligências investigatórias. Não deverá intervir, como se estivesse em juízo, pois isso descaracterizaria o próprio inquérito, transformando-o em "procedimento contraditório, com ampla defesa". Esse particular tratamento seria inconstitucional porque fere o princípio da igualdade de todos perante a lei. Pode, como qualquer outro defensor de investigado, propor provas, mas a autoridade que preside a investigação não está obrigada a aceitar.

53-B. Citação do investigado: o termo *citação*, em processo, é reservado para o ato procedimental que dá conhecimento ao réu acerca de um processo que lhe move o autor; na esfera criminal, o órgão acusatório ou a vítima. De todo modo, pretendendo *avisar* o investigado do inquérito em andamento, conclamando-o a constituir defensor, deveria ter sido usado o termo *intimação* ou *notificação*. Foge à regra mencionar-se *citação* de alguém para *acompanhar* uma investigação, sem apresentar defesa e iniciar o contraditório.

53-C. Indicação de defensor: observa-se que o critério de ter defensor acompanhando a investigação é um ato obrigatório, no cenário da Administração, pois, se o policial não constituir advogado, a instituição à qual ele pertence deverá fazê-lo. Se, por acaso, ainda que intimada, não indicar o defensor, a investigação deve prosseguir normalmente. Afinal, indica-se a atuação da Defensoria Pública ou de advogado nomeado para tanto, conforme previsto no § 3º deste artigo. Ainda que assim não fosse, sem advogado patrocinando os interesses do investigado, cuida-se de procedimento inquisitório e não se proclama nulidade nesta fase persecutória.

53-D. Defensor público ou dativo: se a instituição não fizer a indicação, caberá o exercício da *defesa* à Defensoria Público do local do inquérito ou similar. Onde não houver

Art. 16-A

Código de Processo Penal Militar Comentado • Nucci

defensor público (certificada tal situação nos autos), a União (crimes federais) ou o Estado (crimes estaduais) *deve* indicar advogado para o investigado, que pode ser estranho aos quadros da Administração. Nota-se ter o agente da segurança pública uma defesa técnica gratuita, desde a fase da investigação, não importando o que ele tenha cometido no tocante ao uso de força letal. Fica bem claro, no § 5º, que, não atuando a Defensoria Pública, os custos do advogado correrão por conta do *orçamento da instituição* a que esteja o servidor vinculado à época do fato criminoso. Alguns pontos merecem destaque: a) se o agente tiver cometido homicídio doloso e por isso for condenado não teria nenhum ônus com a sua defesa, seja porque atuou um Defensor Público, seja porque foi patrocinado por advogado custeado pelo Estado, algo estranho, pois há servidores com elevados vencimentos, devendo arcar com o fardo da sua própria defesa. Deveria sempre prevalecer a regra geral: somente os hipossuficientes serão defendidos, em juízo, pela Defensoria Pública ou advogado dativo, nomeado pelo juiz ou indicado pela OAB; b) somente para argumentar, imagine-se que, após todas essas "citações e intimações", nem investigado, nem a instituição à qual ele pertence, nem a União ou o Estado indique defensor, a consequência seria a paralisação da investigação, por falta de defensor? Cremos que não, podendo haver duas soluções: b.1) a autoridade condutora da investigação oficia ao juiz, solicitando a nomeação de defensor dativo; b.2) prossegue-se, normalmente, com a investigação, pois inexiste nulidade a ser proclamada na fase de inquérito. Cuidar-se-á de um problema a ser resolvido entre o servidor e a instituição à qual ele pertença. A única alternativa completamente inviável é paralisar a investigação e aguardar, passivamente, a ocorrência da prescrição. O chefe do Poder Executivo havia vetado os §§ 3º, 4º e 5º do art. 16-A do CPPM, todos derrubados pelo Parlamento. Porém, as razões ofertadas foram as seguintes: "a propositura legislativa, ao prever que os agentes investigados em inquéritos policiais por fatos relacionados ao uso da força letal praticados no exercício profissional serão defendidos prioritariamente pela Defensoria Pública e, nos locais em que ela não tiver instalada, a União ou a Unidade da Federação correspondente deverá disponibilizar profissional, viola o disposto no art. 5º, inciso LXXIV, combinado com o art. 134, bem como os arts. 131 e 132, todos da Constituição da República, que confere à Advocacia-Geral da União e às Procuradorias dos Estados e do Distrito Federal, também Função Essencial à Justiça, a representação judicial das respectivas unidades federadas, e destas competências constitucionais deriva a competência de representar judicialmente seus agentes públicos, em consonância com a jurisprudência do Supremo Tribunal (v.g. ADI 3.022, rel. min. Joaquim Barbosa, j. 2-8-2004, P, DJ de 4-3-2005)". Por um lado, *neste ponto*, o veto foi bem aplicado porque à Defensoria Pública cabe defender os necessitados, mormente quando criminalmente acusados, sejam eles quem forem, nos termos do art. 134 da Constituição Federal: "a Defensoria Pública é instituição permanente, essencial à função jurisdicional do Estado, incumbindo-lhe, como expressão e instrumento do regime democrático, fundamentalmente, a orientação jurídica, a promoção dos direitos humanos e a defesa, em todos os graus, judicial e extrajudicial, dos direitos individuais e coletivos, *de forma integral e gratuita, aos necessitados*, na forma do inciso LXXIV do art. 5º desta Constituição Federal (grifamos)". Portanto, nesse prisma, foi corretamente citada a decisão do STF, com a seguinte ementa: "1. Norma estadual que atribui à Defensoria Pública do estado a defesa judicial de servidores públicos estaduais processados civil ou criminalmente em razão do regular exercício do cargo extrapola o modelo da Constituição Federal (art. 134), o qual restringe as atribuições da Defensoria Pública à assistência jurídica a que se refere o art. 5º, LXXIV. 2. Declaração de inconstitucionalidade da expressão 'bem como assistir, judicialmente, aos servidores estaduais processados por ato praticado em razão do exercício de suas atribuições funcionais', contida na alínea *a* do Anexo II da Lei Complementar estadual 10.194/1994, também do estado do Rio Grande do Sul. Proposta acolhida, nos termos do art. 27 da Lei 9.868, para que declaração de inconstitucionalidade tenha efeitos a partir de 31 de dezembro de 2004.

3. Rejeitada a alegação de inconstitucionalidade do art. 45 da Constituição do Estado do Rio Grande do Sul. 4. Ação julgada parcialmente procedente" (ADI 3.022-RS, Pleno, rel. Joaquim Barbosa, 02.08.2004, com votação unânime para a declaração de inconstitucionalidade). Caindo o veto, está-se *obrigando* a Defensoria Pública a patrocinar interesses de servidores que podem ganhar muito bem, desvirtuando o seu *status* constitucional. Em suma, quando agentes da segurança pública forem investigados e acusados de crimes, cometidos no exercício profissional, com uso de força letal (como, por exemplo, homicídio), somente seriam defendidos pela Defensoria Pública se considerados pessoas economicamente necessitadas, impossibilitadas de contratar um advogado. Pode-se, portanto, questionar a constitucionalidade desse dispositivo. Sob outro aspecto, o veto dá a entender que o servidor público, atuando como agente de segurança, acusado de um crime, nos termos já explicitados, poderia ser defendido pela advocacia da União, o que representa uma ilogicidade, visto que esta não se destina a defesas criminais. Registre-se o disposto pelo art. 131 da Constituição Federal: "a Advocacia-Geral da União é a instituição que, diretamente ou através de órgão vinculado, representa a União, judicial e extrajudicialmente, cabendo-lhe, nos termos da lei complementar que dispuser sobre sua organização e funcionamento, as atividades de consultoria e assessoramento jurídico do Poder Executivo". A responsabilidade criminal é pessoal, de modo que a Advocacia da União não representa pessoas físicas, que teriam cometido um delito, mas a União, em seus interesses, quando cobrados em juízo. No mesmo prisma, no tocante aos servidores estaduais, não teria sentido serem defendidos por Procuradores do Estado, cuja atribuição é defender o ente público. O art. 16-A foi construído de maneira detalhada, totalmente moldado à proteção do agente policial que extravasa em seu poder, ferindo pessoas inocentes. Afinal, não fosse assim, inexistiria processo criminal e a mera investigação terminaria arquivada. Quer-se *blindar* o agente policial, obrigando-o (até mesmo por meio de uma estranha *citação*) a se defender já na fase investigatória para *evitar* o processo judicial. Quem comete crime precisa ter um tratamento igualitário. Matar uma pessoa durante o exercício da atividade policial pode ser tão grave quanto matar um ser humano em qualquer outro cenário, envolvendo pessoas *comuns*. Não é isonômico que uns tenham defensores obrigatórios desde a fase policial e outros, somente em juízo.

53-E. Inexistência de defensor público: permite-se a atuação de um defensor dativo, fora dos quadros da Administração, caso se demonstre não existir defensor público para assumir essa *defesa*. Como já se explanou, a Defensoria Pública somente deve defender necessitados; não sendo assim, qualquer advogado dativo pode fazer-lhe as vezes. E somente quando houver o processo criminal. A intervenção de defensor durante a investigação é anômala.

53-F. Custos por conta da sociedade: se a Defensoria Pública não atuar, qualquer profissional colocado à disposição do policial, será custeado pelos cofres públicos, vale dizer, pela sociedade. E, nesse aspecto, pouco importa se o servidor pode arcar com os honorários ou se ele é culpado ou inocente. Parece-nos ofensa ao princípio da igualdade de todos perante a lei, pois outros investigados não *gozam* desse benefício.

53-G. Servidores militares: incluem-se os pertencentes às "Forças Armadas, constituídas pela Marinha, pelo Exército e pela Aeronáutica". A menção às missões para a Garantia da Lei e da Ordem diz respeito à anomalia brasileira de se convocar os integrantes dessas forças para participar da segurança pública. É preciso deixar claro não envolver qualquer crime militar, constante do art. 9º do Código Penal Militar, mas apenas os que disserem respeito a missões especiais para a "garantia da lei e da ordem". Ora, esta é uma hipótese de intervenção, já praticada em alguns Estados brasileiros, não contemplando todos os delitos militares.

Art. 17

Código de Processo Penal Militar Comentado • **Nucci**

Incomunicabilidade do indiciado. Prazo

> **Art. 17.** O encarregado do inquérito poderá manter incomunicável o indiciado, que estiver legalmente preso, por 3 (três) dias no máximo.[54]

54. Incomunicabilidade do indiciado: cremos estar revogada essa possibilidade pela Constituição Federal de 1988. Note-se que, durante a vigência do Estado de Defesa, quando inúmeras garantias individuais estão suspensas, não pode o preso ficar incomunicável (art. 136, § 3.º, IV, CF), razão pela qual, em estado de absoluta normalidade, quando todos os direitos e garantias devem ser fielmente respeitados, não há motivo plausível para se manter alguém incomunicável. Além disso, do advogado jamais se poderá isolar o preso (Lei 8.906/94, art. 7.º, III). Logo, ainda que se pudesse, em tese, admitir a incomunicabilidade da pessoa detida, no máximo seria evitar o seu contato com outros presos ou com parentes e amigos. Há outra posição na doutrina, admitindo a vigência da incomunicabilidade e justificando que o art. 136, § 3.º, IV, da Constituição Federal voltou-se unicamente a presos políticos e não a criminosos comuns. Aliás, como seria o caso da previsão feita pelo Código de Processo Penal Militar. Preferimos a primeira posição – aliás, a incomunicabilidade somente teria sentido, para garantir efetivamente uma investigação sem qualquer contaminação exterior, se o detido pudesse ficar em completo isolamento. Ora, não sendo possível fazê-lo no que concerne ao advogado, fenece o interesse para outras pessoas, pois o contato será, de algum modo, mantido. Pela revogação da incomunicabilidade: Tourinho Filho (*Código de Processo Penal comentado*, vol. 1, p. 66), Mirabete (*Código de Processo Penal interpretado*, p. 62-63), Demercian e Maluly (*Curso de processo penal*, p. 74-75), Badaró (*Direito processual penal*, t. I, p. 57). Pela manutenção do dispositivo: Damásio (*Código de Processo Penal anotado*, p. 17), Vicente Greco Filho (*Manual de processo penal*, p. 86).

Detenção de indiciado

> **Art. 18.** Independentemente de flagrante delito, o indiciado poderá ficar detido, durante as investigações policiais, até 30 (trinta) dias, comunicando-se a detenção à autoridade judiciária competente. Esse prazo poderá ser prorrogado, por mais 20 (vinte) dias, pelo comandante da Região, Distrito Naval ou Zona Aérea, mediante solicitação fundamentada do encarregado do inquérito e por via hierárquica.[55]

Prisão preventiva e menagem. Solicitação

> **Parágrafo único.** Se entender necessário, o encarregado do inquérito solicitará, dentro do mesmo prazo ou sua prorrogação, justificando-a, a decretação da prisão preventiva ou de menagem, do indiciado.[56]

55. Exceção à regra geral: a Constituição Federal de 1988 foi bem clara ao estabelecer somente duas hipóteses justificadoras da prisão cautelar, em processo penal comum: prisão em flagrante e prisão por ordem escrita e fundamentada da autoridade judiciária competente (art. 5.º, LXI, CF). Excepciona duas situações: transgressão militar e crime propriamente militar. A primeira situação insere-se no contexto administrativo, não abrangendo a prisão cautelar. A segunda, no entanto, equivale à prisão temporária, existente no processo comum, embora sem os seus requisitos. Por ordem da autoridade policial militar competente, essa detenção pode ser imposta por 30 dias, informando-se a autoridade judiciária para o controle da legalidade. Conforme o caso concreto, pode-se prorrogá-la por outros 20 dias, mas por ordem do comando da área. O Judiciário não deve intervir na conveniência da prisão decretada, salvo se houver ofensa às normas constitucionais, como, por exemplo, não se tratar de delito militar próprio (previsto somente na legislação militar). Sob outro aspecto, Jorge César de Assis recomenda deva ser observado o disposto no CPP acerca da comunicação dessa detenção cautelar ao juiz, ao Ministério Público e à Defensoria Pública, em até 24 horas, depois de efetivada (*Direito Militar, aspectos penais, processuais penais e administrativos*, p. 70). A providência é correta e deve ser seguida, pois a autoridade militar se submete a todas as regras constitucionais de controle da legalidade da prisão, como o faz a autoridade civil.

56. Preventiva ou menagem: a prisão preventiva é medida cautelar restritiva da liberdade, decretada nos termos dos arts. 254 e 255 do CPPM. A menagem é uma prisão em local diverso do cárcere, baseada no compromisso do detido de que não deixará tal lugar sem ordem judicial, conforme prevê o art. 264 do CPPM.

Inquirição durante o dia

Art. 19. As testemunhas e o indiciado, exceto caso de urgência inadiável, que constará da respectiva assentada, devem ser ouvidos durante o dia, em período que medeie entre as 7 (sete) e as 18 (dezoito) horas.[57]

Inquirição. Assentada de início, interrupção e encerramento

§ 1.º O escrivão lavrará assentada do dia e hora do início das inquirições ou depoimentos; e, da mesma forma, do seu encerramento ou interrupções, no final daquele período.

Inquirição. Limite de tempo

§ 2.º A testemunha não será inquirida por mais de quatro horas consecutivas, sendo-lhe facultado o descanso de 1/2 (meia) hora, sempre que tiver de prestar declarações além daquele termo. O depoimento que não ficar concluído às 18 (dezoito) horas será encerrado, para prosseguir no dia seguinte, em hora determinada pelo encarregado do inquérito.[58]

§ 3.º Não sendo útil o dia seguinte, a inquirição poderá ser adiada para o primeiro dia que o for, salvo caso de urgência.

57. Instrução diurna: sem igual previsão na esfera da legislação processual penal comum, estabelece-se, neste Código, deva a investigação decorrer, oficialmente, durante o dia, salvo casos excepcionais. Na realidade, reputamos dispensável tal previsão, pois o funcionamento normal das repartições policiais, salvo em caso de flagrante delito (plantão), é diurno.

58. Regulamentação para a colheita de depoimento: sem correspondência na legislação processual penal comum, fixa-se um tempo máximo para a inquirição da testemunha,

Art. 20

Código de Processo Penal Militar Comentado • **Nucci**

inclusive com período de descanso. Estabelece-se, ainda, um teto horário para o curso da instrução (18 horas). Encerrado, deve prosseguir no próximo dia útil. Embora se possa defender a ideia de que mais de quatro horas ouvindo alguém pode representar cansaço excessivo, com projeção na qualidade do depoimento, não nos parece razoável o teto das 18 horas. Atualmente, até mesmo audiências e julgamentos em cortes superiores ultrapassam tal horário, motive pelo qual nada impede que a instrução investigatória faça o mesmo. Reputamos tais limites como prazos impróprios, ou seja, mesmo que não cumpridos, inexistindo má-fé por parte da autoridade, não acarretam qualquer nulidade ou vício procedimental.

Prazos para terminação do inquérito

> **Art. 20.** O inquérito deverá terminar dentro em 20 (vinte) dias, se o indiciado estiver preso, contado esse prazo a partir do dia em que se executar a ordem de prisão; ou no prazo de 40 (quarenta) dias, quando o indiciado estiver solto, contados a partir da data em que se instaurar o inquérito.[59-60]

Prorrogação de prazo

> § 1.º Este último prazo poderá ser prorrogado por mais 20 (vinte) dias pela autoridade militar superior, desde que não estejam concluídos exames ou perícias já iniciados, ou haja necessidade de diligência, indispensáveis à elucidação do fato. O pedido de prorrogação deve ser feito em tempo oportuno, de modo a ser atendido antes da terminação do prazo.

Diligências não concluídas até o inquérito

> § 2.º Não haverá mais prorrogação, além da prevista no § 1.º, salvo dificuldade insuperável, a juízo do ministro de Estado competente. Os laudos de perícias ou exames não concluídos nessa prorrogação, bem como os documentos colhidos depois dela, serão posteriormente remetidos ao juiz, para a juntada ao processo. Ainda, no seu relatório, poderá o encarregado do inquérito indicar, mencionando, se possível, o lugar onde se encontram as testemunhas que deixaram de ser ouvidas, por qualquer impedimento.[61]

Dedução em favor dos prazos

> § 3.º São deduzidas dos prazos referidos neste artigo as interrupções pelo motivo previsto no § 5.º do art. 10.

59. Prazo para findar o inquérito: destina-se 20 dias para o término da investigação, tratando-se de indiciado preso. Este prazo é fatal; a partir daí, caso não haja o encaminhamento dos autos ao Ministério Público, configura constrangimento ilegal, passível de solução pela via do *habeas corpus*. Quanto ao prazo normal de 40 dias, para o caso de indiciado solto, admitindo-se prorrogação de mais 20 dias, cuida-se de prazo impróprio, ou seja, não sujeito a qualquer sanção. É comum a possibilidade de se prorrogar o inquérito, acima do prazo legal para a sua conclusão.

60. Contagem do prazo no caso de indiciado preso: trata-se de norma processual penal material, que lida com o direito à liberdade, logo, não deixa de ter fundo de direito material. Por isso, entendemos deva ser contado como se faz com qualquer prazo penal, incluindo-se o primeiro dia (data da prisão) e excluindo-se o dia final. Assim, se alguém, por exemplo, for preso em flagrante no dia 10, tem a polícia judiciária até o dia 29, no final do expediente, para remeter o inquérito a juízo. Outra solução implicaria a dilação do prazo, como se fosse um simples prazo processual, situação inadmissível para quem se encontra cautelarmente detido. Não se usa, por óbvio, a contagem processual que prorroga o prazo vencendo em final de semana ou feriado para o dia útil subsequente, devendo a autoridade policial cuidar de antecipar a entrega dos autos ao juízo competente, antes de adentrar data que prevê o fechamento do fórum, sob pena de configuração de constrangimento ilegal. Não se utiliza, tampouco, a prorrogação do início da contagem de um sábado, quando o sujeito foi preso em flagrante, para a segunda-feira, quando há expediente forense. O prazo, nesta hipótese, começa a contar no próprio sábado. Aliás, como bem ressalta Tourinho Filho, outro entendimento colocaria em choque a prisão em flagrante e a prisão preventiva, pois esta última prevê, claramente, que o prazo começa a ser contado a partir do dia em que se executar a prisão (*Código de Processo Penal comentado*, vol. 1, p. 52).

61. Diligências complementares: pretende-se estabelecer um critério rígido para a finalização do inquérito; tratando-se de indiciado solto, findos os 40 dias, pode haver a prorrogação por outros 20; após, somente a juízo do Ministro de Estado competente. Quer-se crer tenha havido excessiva cautela para que a investigação criminal tenha rápida conclusão; afinal, cuidando-se de indiciado solto, maior prejuízo não haveria em caso de prorrogação mais extensa. Entretanto, levando-se em conta o máximo previsto neste dispositivo, o inquérito deve findar-se em 60 dias. A partir disso, a prova pericial ainda pendente e os documentos colhidos após o término, devem seguir direto para o processo criminal. Quanto a testemunhas, o condutor do inquérito indica onde as não ouvidas podem ser encontradas. Todas essas providências complementares podem ser muito úteis, caso o processo-crime tenha início; afinal, se o membro do Ministério Público não se convencer da existência de prova suficiente de materialidade e autoria, não apresentará denúncia. Portanto, de nada adianta estabelecer um rígido prazo de até 60 dias para findar a investigação, quando se sabe ser a titularidade da ação penal do Ministério Público e até que este órgão esteja convencido as diligências devem prosseguir. Por isso, não há prazo fatal para o encerramento do inquérito policial militar.

Reunião e ordem das peças de inquérito

> **Art. 21.** Todas as peças do inquérito serão, por ordem cronológica, reunidas num só processado e datilografadas, em espaço dois, com as folhas numeradas e rubricadas, pelo escrivão.[62]

Juntada ao documento

> **Parágrafo único.** De cada documento junto, a que precederá despacho do encarregado do inquérito, o escrivão lavrará o respectivo termo, mencionando a data.

Art. 22

Código de Processo Penal Militar Comentado • **Nucci**

62. Formalismo do inquérito policial: como se vê, o princípio da oralidade não é adotado nesta fase inicial de persecução penal, o que torna o inquérito policial um procedimento formal, completamente burocratizado, pois exige peças escritas ou datilografadas, todas rubricadas pelo escrivão. É também por isso – ser ele um procedimento formal e documentado – que não perde o seu caráter de gerador de prova, em detrimento do sistema acusatório, consagrando, ao invés, o sistema misto. Após a colheita escrita de vários depoimentos, formando um só processado, como menciona a lei, é natural que o órgão de acusação deseje utilizá-lo para buscar o convencimento do magistrado no momento da decisão. O ideal seria coletar documentos e perícias urgentes, fazer oitivas informais e abreviadas, somente para formar, verdadeiramente, a convicção do representante do Ministério Público, encerrando-o, sem maiores delongas ou formalidades. O recebimento da denúncia, atualmente feito pela maioria dos juízes por meio da aposição de um simples carimbo ou despacho padronizado de cartório, demonstra que o conteúdo do inquérito não é tão relevante para dar início ao processo. Assim, com provas minimamente seguras, ainda que concisas e resumidas, sem que se tivesse produzido um "processo paralelo", teria início o autêntico sistema acusatório. Ganharia a sociedade, pela rapidez; a polícia judiciária, que se livraria de tanta burocracia; o órgão de acusação, que teria maior amplitude de conduzir a produção da prova em juízo; e a defesa, diante do respeito ao contraditório e à ampla defesa.

Relatório

Art. 22. O inquérito será encerrado com minucioso relatório, em que o seu encarregado mencionará as diligências feitas, as pessoas ouvidas e os resultados obtidos, com indicação do dia, hora e lugar onde ocorreu o fato delituoso. Em conclusão, dirá se há infração disciplinar a punir ou indício de crime, pronunciando-se, neste último caso, justificadamente, sobre a conveniência da prisão preventiva do indiciado, nos termos legais.[63]

Solução

§ 1.º No caso de ter sido delegada a atribuição para a abertura do inquérito, o seu encarregado enviá-lo-á à autoridade de que recebeu a delegação, para que lhe homologue ou não a solução, aplique penalidade, no caso de ter sido apurada infração disciplinar, ou determine novas diligências, se as julgar necessárias.[64]

Avocação

§ 2.º Discordando da solução dada ao inquérito, a autoridade que o delegou poderá avocá-lo e dar solução diferente.[65]

63. Relatório final: a autoridade militar deve, ao encerrar as investigações, relatar tudo o que foi feito na presidência do inquérito, de modo a apurar – ou não – a materialidade e a autoria da infração penal. Tal providência é sinônimo de transparência na atividade do Estado-investigação, comprobatória de que o princípio da obrigatoriedade da ação penal foi respeitado, esgotando-se tudo o que seria possível para colher provas destinadas ao Estado-

-acusação. Ainda assim, pode o representante do Ministério Público Militar não se conformar, solicitando ao juiz o retorno dos autos à delegacia, para a continuidade das investigações, devendo, nesse caso, indicar expressamente o que deseja. Se a autoridade policial declarou encerrados os seus trabalhos, relatando o inquérito, não é cabível que os autos retornem para o prosseguimento, sem que seja apontado o caminho desejado. Por outro lado, a falta do relatório constitui mera irregularidade, não tendo o promotor ou o juiz o poder de obrigar a autoridade policial militar a concretizá-lo. Trata-se de falta funcional, passível de correção disciplinar. É natural que, determinando a lei que o relatório seja feito, a autoridade militar deve prezar a sua função, concretizando-o, o que não impede, em absoluto, se o fizer de modo resumido e inadequado, o prosseguimento do feito. Aliás, é o mais adequado, pois não tem nenhuma utilidade probatória para a instrução do processo, destinando-se o relatório ao esclarecimento do promotor acerca do que foi feito pelo Estado-investigação. Cremos inadequado determinar o retorno dos autos do inquérito à polícia judiciária somente porque o condutor do inquérito declarou encerrada a investigação sem empreender o relatório *minucioso* a respeito do caso.

64. Solução administrativa: o disposto neste parágrafo refere-se apenas ao caráter administrativo-disciplinar da infração; noutros termos, caso a conduta do agente constitua delito e também um ilícito administrativo – as esferas são diversas – é possível o término do inquérito, apresentando todos os fatos, inclusive as provas colhidas, que podem dar ensejo à imposição de punição disciplinar. O relatório, em si mesmo, voltado ao Ministério Público para o eventual oferecimento da denúncia não possui *solução* propriamente dita. Cuida-se de uma exposição dos dados colhidos e provas produzidas. *Homologar* a solução, mesmo para fins administrativos, somente teria sentido se, realmente, pudesse ser aplicada de pronto qualquer sanção. Atualmente, após a Constituição Federal de 1988, a *todos os acusados*, em qualquer âmbito, assegura-se a ampla defesa e o contraditório. Ora, levando-se em conta que o inquérito é inquisitivo, não se pode terminá-lo e, singelamente, aplicar qualquer sanção administrativa ao agente. É fundamental instaurar processo administrativo, a partir daí, com as garantias fundamentais de defesa. Em suma, não nos parece útil o disposto neste parágrafo.

65. Avocação: como já mencionado na nota anterior, considerando-se ser o inquérito um mero procedimento administrativo para formar a *opinio delicti* do membro do Ministério Público, não há cabimento em se avocá-lo para *dar solução diferente*. Sob outro aspecto, considerando-se não mais ser viável a aplicação imediata de penalidade administrativa, sem que se assegure a ampla defesa e o contraditório, não se vê utilidade na avocação, salvo na hipótese de o condutor da investigação chegar à conclusão de inexistir ilícito administrativo a apurar, quando, na verdade, há.

Remessa do inquérito à Auditoria da Circunscrição

> **Art. 23.** Os autos do inquérito serão remetidos ao auditor da Circunscrição Judiciária Militar onde ocorreu a infração penal, acompanhados dos instrumentos desta, bem como dos objetos que interessem à sua prova.

Remessa a Auditorias Especializadas

> § 1.º Na Circunscrição onde houver Auditorias Especializadas da Marinha, do Exército e da Aeronáutica, atender-se-á, para a remessa, à especialização de cada uma. Onde houver mais de uma na mesma sede, especializada ou

Art. 24

> não, a remessa será feita à primeira Auditoria, para a respectiva distribuição. Os incidentes ocorridos no curso do inquérito serão resolvidos pelo juiz a que couber tomar conhecimento do inquérito, por distribuição.[66]
>
> § 2.º Os autos de inquérito instaurado fora do território nacional serão remetidos à 1.ª Auditoria da Circunscrição com sede na Capital da União, atendida, contudo, a especialização referida no § 1.º.

66. Juiz natural: respeitando-se as regras do juiz previamente designado por lei para cuidar do caso criminal, disciplina-se a remessa dos autos do inquérito à Circunscrição Judiciária Militar onde ocorreu o delito (lugar do fato, como critério definidor da competência). Após, se houver alguma auditoria especializada, a ela se destinará o feito; do contrário, havendo mais de uma, utiliza-se o critério da distribuição (sorteio; escolha aleatória) para se definir o juiz competente. São regras similares ao âmbito processual penal comum. É o que acontece, também, quando se necessita do juiz auditor para decretar medidas relevantes – tais como mandados de busca e apreensão, prisão preventiva, quebra de sigilo etc. Deve a autoridade militar dirigir-se ao magistrado apontado pelo critério da distribuição.

Arquivamento de inquérito. Proibição

> **Art. 24.** A autoridade militar não poderá mandar arquivar autos de inquérito, embora conclusivo da inexistência de crime ou de inimputabilidade do indiciado.[67-68]

67. Arquivamento do inquérito: somente o Ministério Público, titular da ação penal, órgão para o qual se destina o inquérito policial, pode pedir o seu arquivamento, dando por encerradas as possibilidades de investigação. Não é atribuição da polícia judiciária dar por findo o seu trabalho, nem do juiz, concluir pela inviabilidade do prosseguimento da colheita de provas. É possível, no entanto, que o representante do Ministério Público requeira o arquivamento, a ser determinado pelo magistrado, sem qualquer fundamento plausível. Ora, sendo a ação penal obrigatória, cabe a interferência do juiz, fazendo a remessa dos autos ao Procurador-Geral de Justiça para que, nos termos do art. 397 do Código de Processo Penal Militar, possa dar a última palavra a respeito do caso. Por outro lado, caso as investigações sejam manifestamente infrutíferas e o promotor deseje prosseguir com o inquérito somente para prejudicar alguém, é possível a concessão de ordem de *habeas corpus* para trancar a investigação por falta de justa causa. Esta situação, no entanto, deve ser sempre excepcional. Nem mesmo a autoridade judiciária pode determinar o arquivamento de inquérito policial se não houver o expresso assentimento do titular da ação penal, que é o Ministério Público. Nesse prisma: STJ: "Se não há requerimento do Ministério Público, *a Corte não pode determinar o arquivamento do inquérito sob o argumento de delonga para seu encerramento*, pena de coarctar a atuação do titular da ação penal, mormente quando, como no caso dos autos, a apuração das provas é por demais complexa e específica. Ademais, inexiste previsão regimental para este fim. Agravo regimental provido. Se o Ministério Público informa à Corte as razões pelas quais promove reiteradas diligências para buscar elementos suficientes a formar sua convicção, incabível é a concessão de *habeas corpus* de ofício, notadamente se o réu não é indigente, não está preso e possui nobres e excelentes advogados, como vê-se no presente caso. Ordem denegada" (AgRg no Inq. 140-DF, 6.ª T., rel. Vicente Cernicchiaro, 15.04.1998, v.u., *DJ* 24.05.1999, p. 87 – grifamos).

67-A. Extinção da punibilidade: durante o trâmite de qualquer espécie de investigação, pode ocorrer causa extintiva da punibilidade, como, por exemplo, a morte do agente ou a prescrição (art. 123, I e IV, CPM). Deve o magistrado proclamar a referida extinção da punibilidade por decisão expressa para, na sequência, determinar o arquivamento dos autos do inquérito. Segundo dispõe a Súmula 13 do STM: "a declaração de extinção de punibilidade em IPI, IPD e IPM deve ser objeto de Decisão, que, também, determinará o arquivamento dos autos".

68. Trancamento do inquérito policial: admite-se que, por intermédio do *habeas corpus*, a pessoa apontada pela autoridade policial militar como suspeita possa recorrer ao Judiciário para fazer cessar o constrangimento a que está exposto, pela mera instauração de investigação infundada. O inquérito é um mecanismo de exercício de poder estatal, valendo-se de inúmeros instrumentos que, certamente, podem constranger quem não mereça ser investigado. O indiciamento, como já se viu, é mais grave ainda, pois faz anotar, definitivamente, na folha de antecedentes do sujeito a suspeita de ter ele cometido um delito. Por tal razão, quando se perceber nítido abuso na instauração de um inquérito (por exemplo, por fato atípico) ou a condução das investigações na direção de determinada pessoa sem a menor base de prova, é cabível o trancamento da atividade persecutória do Estado. Entretanto, é hipótese excepcional, uma vez que investigar não significa processar, não exigindo, pois, provas suficientes para um juízo de mérito. Coíbe-se o abuso e não a atividade regular da polícia judiciária. O Superior Tribunal de Justiça já tem posição pacífica a esse respeito, mencionando que somente pode ser trancado o inquérito policial quando ficar demonstrada, de pronto, a falta de "elementos mínimos" para caracterizar a existência do crime. Assim: STJ: "O trancamento de inquérito por ausência de justa causa, conquanto possível, cabe, apenas, nas hipóteses em que evidenciada, de plano, a atipicidade do fato ou a inexistência de autoria por parte do paciente (precedentes desta Corte e do Pretório Excelso)" (RHC 15.761-RS, 5.ª T., rel. Felix Fischer, 28.09.2004, v.u., *DJ* 08.11.2004, p. 249). No mesmo sentido, HC 7.763-DF, 5.ª T., rel. Felix Fischer, 16.03.1999, v.u., *DJ* 25.10.1999, p. 98; HC 8.693-MG, 5.ª T., rel. Edson Vidigal, 28.09.1999, v.u., *DJ* 25.10.1999, p. 100.

Instauração de novo inquérito

> **Art. 25.** O arquivamento de inquérito não obsta a instauração de outro, se novas provas aparecerem em relação ao fato, ao indiciado ou a terceira pessoa, ressalvados o caso julgado e os casos de extinção da punibilidade.[69]
>
> § 1.º Verificando a hipótese contida neste artigo, o juiz remeterá os autos ao Ministério Público, para os fins do disposto no art. 10, letra *c*.[70]
>
> § 2.º O Ministério Público poderá requerer o arquivamento dos autos, se entender inadequada a instauração do inquérito.[71]

69. Prosseguimento das investigações, após o encerramento do inquérito: a decisão que determina o arquivamento do inquérito não gera, como regra, coisa julgada material, podendo ser revista a qualquer tempo, inclusive porque novas provas podem surgir. Ocorre que, a autoridade policial, segundo o preceituado em lei, independentemente da instauração de outro inquérito, pode proceder a *novas pesquisas*, significando sair em busca de provas que surjam e cheguem ao seu conhecimento. Para reavivar o inquérito policial, desarquivando-o, é fundamental obter provas *substancialmente* novas – aquelas realmente desconhecidas anteriormente por qualquer das autoridades –, sob pena de se configurar um constrangimento ilegal. Nesse sentido, a Súmula 524 do Supremo Tribunal Federal: "Arquivado o inquérito policial, por despacho do juiz, a requerimento do Promotor de Justiça, não pode a ação penal ser iniciada,

Art. 26

Código de Processo Penal Militar Comentado • **Nucci**

sem novas provas". Havendo arquivamento fundado em atipicidade da conduta, gera-se coisa julgada material, não se podendo reabrir o caso. A conclusão extraída pelo Ministério Público (órgão que requer o arquivamento), encampada pelo Judiciário (órgão que determina o arquivamento), de se tratar de fato atípico (irrelevante penal) deve ser considerada definitiva. Não há sentido em sustentar que, posteriormente, alguém possa conseguir *novas provas* a respeito de fato já declarado penalmente irrisório. Nesse sentido já decidiu o Supremo Tribunal Federal: HC 83.346-SP, rel. Sepúlveda Pertence, 17.05.2005, *Informativo* 388; HC 84.156-MT, 2.ª T., rel. Celso de Mello, 26.10.2004, *Informativo* 367. O mesmo deve ocorrer quando o arquivamento se baseia em reconhecimento de excludente de ilicitude ou de culpabilidade, pois gera coisa julgada material. Se o representante do Ministério Público chega à conclusão de não haver crime, por ter o indiciado (ou mero investigado) agido sob alguma excludente de ilicitude (estado de necessidade, legítima defesa, estrito cumprimento do dever legal, exercício regular de direito ou consentimento do ofendido), bem como em situação de exclusão da culpabilidade (erro de proibição [erro de direito] escusável, inexigibilidade de conduta diversa), não há cabimento em se reabrir, futuramente, a investigação policial, a pretexto de terem surgido novas provas. A única exceção é a exclusão da culpabilidade por doença mental, tendo em vista a possibilidade de se aplicar medida de segurança.

70. Remessa para requisição: se novas provas chegarem ao conhecimento do juiz, após o arquivamento do inquérito, determina o disposto neste parágrafo que ele remeta os autos, já contendo as referidas provas inéditas, ao Ministério Público para que este possa requisitar a instauração de outra investigação. É interessante observar que a lei processual penal militar não aponta a possibilidade de o magistrado requisitar diretamente à autoridade policial a instauração do inquérito. Porém, tal medida é perfeitamente viável. Como já se especificou em nota anterior, quem pode o mais, pode o menos. Se cabe ao juiz fiscalizar o andamento do inquérito, decretando todas as medidas cautelares relevantes, como prisão, mandados de invasão e ordens de quebra de sigilo, pode requisitar investigação criminal. Aliás, o próprio art. 26, II, deste Código, prevê a hipótese de o juiz determinar o retorno dos autos do inquérito para novas diligências consideradas necessárias.

71. Requerimento de arquivamento: não cabe ao Ministério Público determinar o arquivamento de inquérito, mas solicitá-lo ao juiz. Este, por sua vez, zelando pela obrigatoriedade da ação penal pública, pode concordar, determinando, então, o arquivamento. Pode, ainda, discordar, remetendo os autos à Chefia institucional do Ministério Público para que haja o derradeiro pronunciamento. Se este for pelo arquivamento, o Judiciário deve acolher. Se não, cabe ao chefe da instituição designar promotor para requisitar inquérito e, futuramente, propor a ação penal.

Devolução de autos de inquérito

> **Art. 26.** Os autos de inquérito não poderão ser devolvidos a autoridade policial militar, a não ser:[72]
>
> I – mediante requisição do Ministério Público, para diligências por ele consideradas imprescindíveis ao oferecimento da denúncia;
>
> II – por determinação do juiz, antes da denúncia, para o preenchimento de formalidades previstas neste Código, ou para complemento de prova que julgue necessária.
>
> **Parágrafo único.** Em qualquer dos casos, o juiz marcará prazo, não excedente de 20 (vinte) dias, para a restituição dos autos.[73]

72. Devolução do inquérito à polícia judiciária: trata-se de hipótese excepcional e indispensável ao oferecimento da denúncia, quando as investigações forem encerradas pela autoridade policial militar, que remete os autos ao fórum, acompanhado de seu relatório. Se o promotor ainda não formou a sua *opinio delicti*, porque entende faltar alguma diligência considerada fundamental, pode requerer o retorno para continuidade das investigações. O magistrado deve, como regra, deferir, pois nada poderá fazer se não houver denúncia do titular da ação penal. Entretanto, sendo meramente protelatória a diligência requerida, deve o juiz acionar a Procuradoria-Geral de Justiça para intervir e garantir o regular andamento da investigação ou do processo. Assim, para não haver inútil perda de tempo, defere a diligência, se possível a sua realização, remetendo cópias à chefia do Ministério Público para as providências disciplinares cabíveis. Na legislação processual penal comum, inexiste a previsão legal para a devolução dos autos do inquérito à polícia judiciária por determinação do juiz (segundo o art. 16 do CPP, cabe ao Ministério Público tal requerimento). No entanto, neste Código, que nem mesmo prevê a possibilidade de o magistrado requisitar a instauração de inquérito, por outro lado, admite-se possa o juiz ordenar mais diligências, desde que julgue necessárias, após o término da investigação. Este é mais um paradoxo da legislação processual penal pátria.

73. Prazo impróprio: trata-se do prazo fixado em lei ou pelo juiz cujo descumprimento não acarreta específica sanção processual. Portanto, o estabelecimento de 20 dias mais para findar o inquérito pode ser cumprido – ou não – sem que se possa auferir qualquer consequência direta para a investigação.

Suficiência do auto de flagrante delito

> **Art. 27.** Se, por si só, for suficiente para a elucidação do fato e sua autoria, o auto de flagrante delito constituirá o inquérito, dispensando outras diligências, salvo o exame de corpo de delito no crime que deixe vestígios, a identificação da coisa e a sua avaliação, quando o seu valor influir na aplicação da pena. A remessa dos autos, com breve relatório da autoridade policial militar, far-se-á sem demora ao juiz competente, nos termos do art. 20.[74]

74. Suficiência do flagrante para a denúncia: o auto de prisão em flagrante é denominado *notitia criminis* compulsória, ou seja, comunicação de crime, que obriga a autoridade policial a agir. Por isso, quando lavrado, contém quase todos os elementos necessários para indicar a materialidade do crime e sua autoria. Diante disso, desnecessário mencionar, como se faz neste artigo, servir como base à denúncia, independentemente de inquérito. Quando o crime deixa vestígios materiais, é indispensável o laudo de exame de corpo de delito, hipótese que pode permitir o prolongamento da investigação. Além disso, outros exames podem ser feitos, inclusive o de avaliação da coisa, em crimes patrimoniais. Porém, estando o indiciado preso, tudo deve se realizar em, no máximo, 20 dias (art. 20, deste Código), evitando-se gerar constrangimento ilegal.

Dispensa de inquérito

> **Art. 28.** O inquérito poderá ser dispensado, sem prejuízo de diligência requisitada pelo Ministério Público:[75]
>
> *a)* quando o fato e sua autoria já estiverem esclarecidos por documentos ou outras provas materiais;

Art. 28

Código de Processo Penal Militar Comentado • **Nucci**

> *b)* nos crimes contra a honra, quando decorrerem de escrito ou publicação, cujo autor esteja identificado;
>
> *c)* nos crimes previstos nos arts. 341 e 349 do Código Penal Militar.

75. Dispensa do inquérito policial: iguala-se esta previsão ao conteúdo da legislação processual penal comum, significando que a denúncia pode ser instruída com outras peças, além do inquérito, desde que idôneas para sustentá-la, nos meandros da oficialidade. Por óbvio, é despiciendo mencionar cada uma das hipóteses das alíneas *a, b* e *c* deste artigo. A primeira delas evidencia a obtenção de prova documental, advinda de outra fonte, diversa do inquérito policial. O importante é considerar como tal apenas a documentação advinda de fontes legítimas de produção de prova, para fins processuais penais. Exemplo disso é a sindicância produzida para averiguar uma infração disciplinar, culminando por coletar dados da ocorrência de um crime militar. Não se admite a produção particular de documentos, como declarações lavradas em cartório de notas ou constituídas de próprio punho por qualquer pessoa. Essas peças podem servir ao inquérito policial, mas não se substituem a ele. A situação espelhada na alínea *b* demonstra o caminho a ser seguido, mas é insuficiente. Se há crime contra a honra, cometido por força da expressão do pensamento, por escrito, torna-se suficiente a coleta da publicação para comprovar a materialidade do delito. Mas é preciso considerar que, nos delitos dessa natureza, impera a exigência do elemento subjetivo específico, consistente no ânimo de macular a reputação ou autoestima alheia, de forma que nos parece útil e indispensável apurar, em inquérito, exatamente qual foi a intenção do agente. O escrito pode ser insuficiente para isso. A terceira alínea pretende apontar crimes cometidos no âmbito da administração da justiça, especificamente, o desacato a autoridade militar (art. 341, CPM) e a desobediência a decisão judicial (art. 349, CPM). Quer-se crer possa haver flagrante nesses casos, o que tornaria dispensável o inquérito. Mas, não sendo assim, o inquérito se viabiliza.

Título IV

Capítulo Único
Da ação penal militar e do seu exercício[76]

76. Fundamento constitucional: dispõe o art. 5.º, XXXV, da Constituição Federal, que "a lei não excluirá da apreciação do Poder Judiciário lesão ou ameaça a direito", o que assegura a todo indivíduo a possibilidade de reclamar ao juiz a prestação jurisdicional toda vez que se sentir ofendido ou ameaçado. Por outro lado, o inciso LIX, do mesmo artigo constitucional, preceitua que "será admitida ação privada nos crimes de ação pública, se esta não for intentada no prazo legal", demonstrando que, a despeito da ação penal, na esfera criminal, ser da titularidade de um órgão estatal (Ministério Público), uma vez que nenhuma lesão será excluída da apreciação do magistrado, é natural que, não agindo o Estado, quando lhe competir fazê-lo, resta ao particular-ofendido ingressar em juízo. Lembremos, ainda, que o monopólio de distribuição de justiça e o direito de punir cabe, como regra, ao Estado, vedadas a autodefesa e a autocomposição. Evita-se, com isso, que as pessoas passem a agredir umas às outras, a pretexto de estarem defendendo seus direitos. Entretanto, há exceções, pois os agentes do Estado não conseguem estar a todo momento em todos os lugares, razão pela qual, sendo indispensável valer-se o cidadão da legítima defesa, para a proteção de direito seu, autoriza-se a autodefesa. O mesmo se diga da autocomposição, hoje confirmada pela Lei 9.099/95, que estabeleceu a forma e os casos de aplicação da transação penal e, quando possível, a composição civil para as infrações de menor potencial ofensivo.

Promoção da ação penal

> **Art. 29.** A ação penal é pública e somente pode ser promovida por denúncia do Ministério Público Militar.[77-81]

77. Conceito de ação penal: é o direito do Estado-acusação ou da vítima de ingressar em juízo, solicitando a prestação jurisdicional, representada pela aplicação das normas de direito penal ao caso concreto. Através da ação, tendo em vista a existência de uma infração penal precedente, o Estado consegue realizar a sua pretensão de punir o infrator. Na ótica de Rogério Lauria Tucci, ação é a "atuação correspondente ao exercício de um direito abstrato (em linha de princípio, até porque, com ela, se concretiza), autônomo, público, genérico e subjetivo, qual seja o *direito à jurisdição*" (*Teoria do direito processual penal*, p. 79). Note-se que do crime nasce a pretensão punitiva e não o direito de ação, que preexiste à prática da infração penal. Essa é a ótica adotada por Frederico Marques (*Elementos de direito processual penal*, v. 1, p. 289). Não há possibilidade de haver punição, na órbita penal, sem o devido processo legal, isto é, sem que seja garantido o exercício do direito de ação, com sua consequência natural, que é o direito ao contraditório e à ampla defesa. Aliás, coube à doutrina estabelecer o conceito de ação penal, pois, como adverte Borges da Rosa, "nem o Código de Processo Penal, nem o Código

Art. 29

Código de Processo Penal Militar Comentado • **Nucci**

Penal, deram uma definição da ação penal. O legislador, tendo provavelmente em memória que *omnis definitio periculosa est*, não quis seguir o exemplo de João Mendes, Pimenta Bueno e outros processualistas e preferiu, como Puglia, traçar a feição prática da ação penal, para não se expor a confundi-la com o processo; traçou-lhe apenas o fim direto e, seguindo este método, afigura-se-nos que bem procedeu" (*Comentários ao Código de Processo Penal*, p. 75).

78. Conceito de processo: conforme ensina Hélio Tornaghi, o processo, "em seu aspecto externo, é uma sequência de atos, cada um dos quais é ligado aos anteriores e aos subsequentes, como elos de uma corrente, em determinada ordem e para alcançar um fim também determinado. É o procedimento que pode ser visto, filmado, descrito. No aspecto interno, o processo é uma relação de Direito Público entre cada uma das partes e o juiz" (*A relação processual penal*, p. 242). Trata-se de um instrumento para a realização da jurisdição, aplicando-se a lei ao caso concreto.

79. Início da ação penal: dá-se pelo oferecimento da denúncia, independentemente do recebimento feito pelo juiz. Essa afirmativa decorre de vários aspectos, dentre os quais a própria redação do art. 29, ao dispor que a ação será *promovida* (promover: originar, dar impulso, dar causa a, gerar) por denúncia. E o texto constitucional, editado após o Código de Processo Penal, não foge à regra, mencionando que é função institucional do Ministério Público *promover* (dar causa), privativamente, a ação penal pública (art. 129, I, CF). Por vezes, há confusão entre o início da ação penal e seu regular exercício. Ao receber a denúncia, o juiz – que não é titular do direito de ação, motivo pelo qual não poderia iniciá-la – nada mais faz do que reconhecer a regularidade do exercício desse direito, podendo-se, então, buscar, através da dilação probatória, a decisão de mérito. Ao rejeitar a denúncia, de todo modo, o Judiciário responde à ação da parte, presta satisfação e aplica o direito ao caso concreto. Aliás, bem expôs Tornaghi que "o ato de rejeição faz surgir uma relação entre o juiz e o Ministério Público, mas não vincula o acusado. Não dá, pois, nascimento à *relação processual angular*" (*Curso de processo penal*, v. 1, p. 56, grifamos), o que significa uma relação de ordem jurisdicional entre juiz e promotor e não meramente administrativa, como seria de se supor não houvesse ainda ação penal (ou melhor, *direito à jurisdição*, cf. Rogério Lauria Tucci, *Teoria do direito processual penal*, p. 79-81). Há, então, possibilidade de recurso em sentido estrito, provocando o Tribunal a *dizer* o direito igualmente. Se não der provimento ao recurso, também aplicou o direito ao caso concreto, respondendo ao pleito da parte. Colha-se, aqui, a lição de Espínola Filho: "Não se admite qualquer pretensão do ofendido de, retratando a representação, interromper a ação penal, *iniciada* com o *oferecimento* da denúncia, ou pôr-lhe fim" (*Código de Processo Penal brasileiro anotado*, v. 1, p. 345, grifamos). Não poderia, ainda, o representante do Ministério Público oferecer a denúncia e, antes de ser a peça recebida pelo juiz, desistir, pois estaria ferindo o princípio da indisponibilidade da ação penal pública, como consequência lógica do início da ação penal (conforme art. 32, CPPM). Ainda trazendo à luz o ensinamento de Espínola Filho nesse contexto: "O pedido de arquivamento, depois de *apresentada* a denúncia, é impossível, traduzindo a desistência da ação penal, que se veda ao Ministério Público" (ob. cit., p. 429). A doutrina é favorável a essa posição: Frederico Marques (*Elementos de direito processual penal*, v. 2, p. 186); Tourinho Filho (*Código de Processo Penal comentado*, v. 1, p. 74); Demercian e Maluly (*Curso de processo penal*, p. 108); Damásio de Jesus (*Código de Processo Penal anotado*, p. 19); Paulo Lúcio Nogueira (*Curso completo de processo penal*, p. 78); Xavier de Aquino e Nalini (*Manual de processo penal*, p. 93); Magalhães Noronha (*Curso de direito processual penal*, p. 27); Vicente Greco Filho (*Manual de processo penal*, p. 116); João Porto Silvério Júnior (*Opinio delicti*, p. 55). Quando o magistrado recebe a denúncia, tem-se por *ajuizada* a ação penal, vale dizer, encontra-se em termos para estabelecer a relação processual completa, chamando-se o réu a juízo, como já mencionamos. Serve, nesta última hipótese, para interromper a prescrição.

80. Trancamento da ação penal: uma vez ajuizada a ação penal pública, não há como encerrá-la sem um julgamento de mérito, como regra. Inexiste, no processo penal, a extinção do processo, sem julgamento de mérito, como há no processo civil. Em outras palavras, não poderá o juiz criminal extinguir processos sem julgamento de mérito diante de hipóteses, em tese, similares às que permitem a emissão de tais decisões na esfera cível (como os casos dos incs. IV e VI do art. 485, CPC). Portanto, detectada alguma situação de carência de ação ou qualquer motivo para apontar a falta de justa causa, após o recebimento da peça acusatória, o caminho é a impetração de *habeas corpus*, visando ao trancamento da ação penal. Significa a cessação do trâmite de demanda considerada inadequada, cuja denúncia já deveria ter sido rejeitada, mas terminou recebida. O ajuizamento da ação não acarreta, necessariamente, o desenvolvimento de demanda incauta e temerária, visto que não deixa de representar um constrangimento ilegal ao acusado. Por isso, *trancar* a ação tem o mesmo conteúdo que julgar extinto o feito, sem julgamento de mérito. Tanto assim que, no futuro, havendo outras provas ou sanado o vício anterior, pode o órgão acusatório, se não tiver ocorrido a prescrição, conforme o caso, propor nova demanda. Porém, para o trancamento, é fundamental prova inequívoca de ausência das condições da ação, de pressuposto processual ou de comprovada inépcia. De qualquer modo, demonstração clara de falta de justa causa. Na jurisprudência: STM: "A doutrina ensina a respeito da justa causa que o exercício da ação penal deve subordinar-se aos requisitos persecutórios a ela inerentes. Nessa linha de raciocínio, haverá falta de justa causa para o ajuizamento da ação penal quando o fato increpado ao denunciado for atípico, quando sua conduta não tiver moldura na norma penal sancionatória, permitindo seu trancamento. O trancamento de ação penal, por falta de justa causa ou por inépcia da denúncia, na via estreita do habeas corpus, somente será viável desde que se comprove, de plano, a atipicidade da conduta, a incidência de causa de extinção da punibilidade ou ausência de indícios de autoria ou de prova sobre a materialidade do delito (RHC 94.821-RS, rel. Min. Joaquim Barbosa, j. em 06.04.2010)" (HC 0000072-77.2012.7.00.0000-RJ, Plenário, rel. Raymundo Nonato de Cerqueira Filho, 28.06.2012, v.u.); TRF-3.ª Região: "1. Não procede a afirmação de inépcia da denúncia. Da análise da peça acusatória depreende-se que contém a exposição clara e objetiva dos fatos alegadamente delituosos, o que possibilita ao paciente o exercício pleno do direito à ampla defesa. 2. Considerando que restou claro na exordial acusatória o vínculo subjetivo entre o denunciado e o fato atribuído como crime, fica afastada a alegação de responsabilidade penal objetiva. A alegada narrativa genérica da conduta não se confunde com a imputação de responsabilidade penal objetiva. 4. O trancamento da ação penal, por ausência de justa causa, somente é possível quando se verifica de pronto a atipicidade da conduta, a extinção da punibilidade ou a inexistência de indícios de autoria ou de prova de materialidade, circunstâncias que não foram evidenciadas no presente caso. 5. Ordem denegada" (HC 38483-2009.03.00.039712-0-SP, 1.ª T., rel. Vesna Kolmar, 12.01.2010, m.v.).

81. Trancamento pelo juiz: a hipótese é inviável, pois seria equivalente a aceitar que o magistrado da causa conceda *habeas corpus* contra si mesmo, vale dizer, se ele mesmo recebeu a peça acusatória, constatando ter sido indevida tal decisão, não é caso de visualizar constrangimento ilegal de sua própria ação. Porém, inerte não deve ficar. A nítida ausência de justa causa para a demanda é motivo suficiente para evidenciar o flagrante desamparo da decisão de recebimento da denúncia. Constitui nulidade absoluta, passível de correção a qualquer tempo, de ofício, o andamento do feito, quando há evidente carência dos elementos fundamentais para o exercício da ação penal. Em virtude disso, o juiz declara a nulidade dos atos processuais, desde o recebimento da denúncia, retornando os autos ao Ministério Público para complementar a prova ou sanar a falha grave encontrada.

Art. 30

Obrigatoriedade[82]

> **Art. 30.** A denúncia deve ser apresentada sempre que houver:
> *a)* prova de fato que, em tese, constitua crime;[83]
> *b)* indícios de autoria.[84]

82. Princípio da obrigatoriedade: conforme já comentado na nota referente aos princípios processuais penais, a ação penal pública é regida pela obrigatoriedade. *Deve* o Ministério Público ajuizá-la, quando houver provas suficientes da materialidade e da autoria do crime. Na legislação processual penal comum, inexiste norma similar, embora o princípio seja o mesmo. Na jurisprudência: STM: "Nos termos do art. 30 do CPPM, o Ministério Público Militar tem a obrigatoriedade de ofertar a denúncia sempre que estiver diante de fato, em tese, criminoso e da existência de indícios mínimos de autoria. No juízo de prelibação, cabe ao Magistrado a análise desses elementos, em decorrência do princípio *in dubio pro societate*, a fim de assegurar o fiel cumprimento da lei penal. Conforme consignado, emergem dos autos a presença de indícios mínimos de autoria e da configuração da materialidade para a instauração da ação penal, nos termos das exigências contidas nos arts. 77 e 78 ambos do CPPM. A confirmação de eventual atipicidade da conduta deverá resultar do exaurimento das provas a serem produzidas na instrução criminal, assegurado ao Recorrido o contraditório e a ampla defesa. Recurso provido. Denúncia recebida. Decisão por maioria" (Recurso em Sentido Estrito 7000021-63.2020.7.00.0000, rel. William de Oliveira Barros, 21.05.2020, por maioria); "O Ministério Público, enquanto titular da ação penal, nos termos do inciso I do art. 129 da Constituição Federal, tem sua atuação regida pelo Princípio da Obrigatoriedade, segundo o qual a denúncia deve ser apresentada sempre que houver indícios suficientes da autoria e da materialidade delitivas, bem como pelo Princípio da Indisponibilidade, no sentido de que, oferecida a Peça Acusatória, torna-se inviável eventual desistência, transferindo-se, a partir de então, ao Poder Judiciário, a decisão sobre a causa" (Apelação 0000001-97.2017.7.03.0103, rel. Cleonilson Nicácio Silva, data de julgamento: 08.05.2018, data de publicação: 16.05.2018, v.u.).

83. Crime em tese: a referência à prova de fato que *em tese* constitua crime significa a viabilidade de se propor ação penal sem *plena* certeza da ocorrência da infração penal; afinal, a instrução tem justamente a finalidade de *confirmar* ter havido fato típico, antijurídico e culpável. Portanto, quando se exige prova da materialidade, quer-se certeza quanto à existência do fato típico. Os demais fatores devem ser evidenciados ao longo da colheita da prova. Na jurisprudência: STM: "Consoante a dicção do art. 30 do CPPM, a Denúncia deve ser apresentada sempre que houver prova de fato que, em tese, constitua crime e indícios de autoria. Constatando-se que a conduta imputada ao denunciado foi minuciosamente descrita na Peça Acusatória, revestindo-se, pois, das formalidades legais exigidas pelos arts. 77 e 78 do CPPM, não é possível vislumbrar, em preliminar análise, própria do Juízo de prelibação, que esteja acobertada pelo manto da atipicidade ou por excludentes de ilicitude. Vale dizer que é a partir da instrução processual que o Órgão ministerial deverá desincumbir-se da demonstração cabal não só das elementares do tipo penal descrito no art. 157 do Código Penal Militar, de acordo com a capitulação por ele pretendida, como, também, do elemento subjetivo na conduta do acusado. Recurso em Sentido Estrito provido. Decisão por unanimidade" (Recurso em Sentido Estrito 7000079-32.2021.7.00.0000, rel. Carlos Vuyk de Aquino, julgado em: 11.03.2021, v.u.).

84. Indícios de autoria: não é preciso que se tenha certeza da autoria, pois o inquérito policial militar não se destina à formação de provas suficientes para a condenação; sua finalidade é a constituição de base para a denúncia. Por isso, a lei se vale do termo *indícios*, que representa prova indireta. A partir de um dado conhecido e provado, atinge-se outro mais amplo, conectado ao primeiro, relacionando-se ao crime cometido. Esse processo indutivo pode ser utilizado para a prova de fatos relevantes, desde que haja *suficiência* para a obtenção de segurança.

Dependência de requisição do Governo

> **Art. 31.** Nos crimes previstos nos arts. 136 a 141 do Código Penal Militar, a ação penal, quando o agente for militar ou assemelhado, depende de requisição, que será feita ao procurador-geral da Justiça Militar, pelo Ministério a que o agente estiver subordinado; no caso do art. 141 do mesmo Código, quando o agente for civil e não houver coautor militar, a requisição será do Ministério da Justiça.[85]

Comunicação ao procurador-geral da República

> **Parágrafo único.** Sem prejuízo dessa disposição, o procurador-geral da Justiça Militar dará conhecimento ao procurador-geral da República de fato apurado em inquérito que tenha relação com qualquer dos crimes referidos neste artigo.

85. Requisição do Ministro Militar ou da Justiça: para alguns casos, previu-se a participação discricionária de órgão do Poder Executivo, dando legitimidade para a atuação do Ministério Público, diante da complexidade do tema e da conveniência política de se levar o caso à apreciação do Poder Judiciário. Portanto, a requisição é a *exigência legal* que o Ministro Militar (Exército, Marinha ou Aeronáutica, dependendo da situação concreta) ou da Justiça encaminha ao Ministério Público para que seja apurada a prática de determinada infração penal e sua autoria. Não deixa de ser uma *delatio criminis* postulatória (cf. Rogério Lauria Tucci, *Teoria do direito processual penal*, p. 124). Trata-se de uma condição para o exercício do direito de ação, integrando o quadro do interesse de agir. Nos termos do art. 122 do Código Penal Militar, demanda-se a requisição nos crimes previstos nos artigos 136 a 141. Se o agente for militar, cabe ao Ministro Militar a que estiver subordinado; sendo civil, sem coautor militar, ao Ministro da Justiça. São delitos contra a segurança externa do país: hostilidade contra país estrangeiro (art. 136, CPM), provocação a país estrangeiro (art. 137, CPM), ato de jurisdição indevida (art. 138, CPM), violação de território estrangeiro (art. 139, CPM), entendimento para empenhar o Brasil à neutralidade ou à guerra (art. 140, CPM) e entendimento para gerar conflito ou divergência com o Brasil (art. 141, CPM). Essas condutas criminosas podem levar à ruptura de relações externas ou a conflito armado, motivo pelo qual há nítido interesse político em saber se é caso de processar quem se envolva nesse contexto. Feita a requisição, havendo provas suficientes, nos termos do artigo 30 do CPPM, é obrigatório o oferecimento de denúncia. Não há prazo legal para a requisição do Ministro Militar ou da Justiça, permanecendo hipótese válida enquanto não estiver extinta a punibilidade do agente (pela prescrição, por exemplo).

Proibição de desistência da denúncia

> **Art. 32.** Apresentada a denúncia, o Ministério Público não poderá desistir da ação penal.[86]

Art. 33

Código de Processo Penal Militar Comentado • **Nucci**

86. Princípios da obrigatoriedade e da indisponibilidade da ação penal: rege a ação penal pública a obrigatoriedade da sua propositura, nos termos do art. 30 deste Código, não ficando ao critério discricionário do Ministério Público a elaboração da denúncia. Justamente por isso, oferecida a peça acusatória já não cabe a desistência. Consagra-se o princípio da indisponibilidade da ação penal, corolário do primeiro. O dispositivo em comento, deixando clara a impossibilidade de desistência, é salutar e não supérfluo, porque torna nítido que o oferecimento da denúncia transfere, completamente, ao Poder Judiciário a decisão sobre a causa. Passa o processo a ser regido pelo impulso oficial. Por outro lado, até o início da ação penal (oferecimento da denúncia), pode o promotor pedir o arquivamento, restando ao juiz utilizar o disposto no art. 28 do Código de Processo Penal. E se a instância superior do Ministério Público insistir no pedido de arquivamento, outra alternativa não resta ao Judiciário senão acatar. Entretanto, oferecida a denúncia, iniciada a ação penal, não mais se pode subtrair da apreciação do juiz o caso. Haverá necessariamente um julgamento e a instrução será conduzida até o julgamento de mérito.

Exercício de direito de representação

> **Art. 33.** Qualquer pessoa, no exercício do direito de representação, poderá provocar a iniciativa do Ministério Público, dando-lhe informações sobre fato que constitua crime militar e sua autoria, e indicando-lhe os elementos de convicção.[87]

Informações

> § 1.º As informações, se escritas, deverão estar devidamente autenticadas; se verbais, serão tomadas por termo perante o juiz, a pedido do órgão do Ministério Público, e na presença deste.[88]

Requisição de diligências

> § 2.º Se o Ministério Público as considerar procedentes, dirigir-se-á à autoridade policial militar para que esta proceda às diligências necessárias ao esclarecimento do fato, instaurando inquérito, se houver motivo para esse fim.[89]

87. Representação: é a informação da ocorrência de um crime, demandando providências. Trata-se de conduta peculiar ao ofendido, no contexto da ação penal pública condicionada, legitimando o Ministério Público a agir. Por isso, como ensina Frederico Marques, é uma autêntica *delatio criminis* postulatória, pois quem formula a representação não somente informa a ocorrência de um crime à autoridade, mas também pede que seja instaurada a persecução penal (*Elementos de direito processual penal*, v. 1, p. 316). No mesmo sentido: Rogério Lauria Tucci (*Teoria do direito processual penal*, p. 125). No cenário deste artigo, a expressão *direito de representação* não é adequada, pois se cuida, em verdade, de *direito de petição*, informando a ocorrência de um delito, sem que o peticionário possua interesse direto na apuração.

88. *Burocracia* jurídica: se a pessoa, exercitando seu direito de petição, comunicar a ocorrência de um crime (*delatio criminis*), pretende-se sejam as informações prestadas devidamente acompanhadas por prova documental. Ao menos o suficiente para o início da investigação formal. O termo *autenticadas* é inadequado, pois o receptor da petição não está em condições de *reconhecer como verdadeiros* os informes fornecidos, a menos que seja instaurado o inquérito para checar os dados. Sob outro aspecto, quando a comunicação for verbal, não tem sentido algum tomar por termo o informe, perante o juiz, como se fosse uma audiência de instrução, acompanhado do Ministério Público. Basta que o membro do *Parquet* colha os elementos necessários, provocando a formalização por escrito, assinada pelo informante, para que possa requisitar a instauração de inquérito.

89. Desvalorização do juiz diante do inquérito: as inúmeras cautelas, previstas neste parágrafo e no anterior, evidenciam nítida desfiguração do juiz, supervalorizando o inquérito policial. Em primeiro lugar, pretende-se que o magistrado sirva de *instrumento* ao Ministério Público, pois, a pedido deste, deverá *tomar por termo* a *representação verbal* de qualquer pessoa acerca de um crime. Não bastasse, *se* o Ministério Público considerar *procedentes* – atua como se magistrado fosse – dirige-se à autoridade policial militar para requisitar inquérito. Noutros termos, erguem-se inúmeras barreiras, incluindo até mesmo a *figuração* de juiz auditor, para instruir um simples ofício de requisição de inquérito policial. Trata-se de norma autenticamente desprovida de razoabilidade. Cabe ao membro do Ministério Público requisitar a investigação policial sempre que tiver dados básicos sobre a ocorrência de uma infração penal, sem excesso de formalismo, até porque requisitar inquérito não significa indiciar alguém. Portanto, investigar é um dever do Estado; quando houver provas suficientes de autoria e materialidade, pode-se determinar o indiciamento do suspeito.

Título V
Do processo penal militar em geral

Capítulo Único
Do processo

Direito de ação e defesa. Poder de jurisdição

> **Art. 34.** O direito de ação é exercido pelo Ministério Público, como representante da lei e fiscal da sua execução, e o de defesa pelo acusado, cabendo ao juiz exercer o poder de jurisdição, em nome do Estado.[90]

90. Ação, defesa e jurisdição: embora nos pareça conceituação típica da doutrina – e não da lei – firma-se neste artigo que o direito de ação é exercido pelo Ministério Público e o de defesa, pelo acusado. Ao juiz cabe o poder jurisdicional. Tudo óbvio, com alguns rebuços anômalos, como mencionar que o Ministério Público é o *representante da lei*. Fiscal da lei, sem dúvida, mas jamais seu representante.

Relação processual. Início e extinção

> **Art. 35.** O processo inicia-se com o recebimento da denúncia pelo juiz, efetiva-se com a citação do acusado e extingue-se no momento em que a sentença definitiva se torna irrecorrível, quer resolva o mérito, quer não.[91]

Casos de suspensão

> **Parágrafo único.** O processo suspende-se ou extingue-se nos casos previstos neste Código.

91. Relação processual e conceitos: não é atribuição da lei estabelecer conceitos doutrinários, seja porque podem ser objeto de controvérsia científica, seja porque óbvios ou até mesmo imperfeitos. De toda forma, considera-se iniciado o processo com o recebimento da denúncia, equivalendo ao *ajuizamento* da demanda. Lembre-se que o oferecimento da peça acusatório representa o início da ação penal apenas, pois provoca manifestação do Poder Judiciário. Caso rejeitada a denúncia, tem-se por não inaugurada a relação processual, embora tenha havido nítido exercício do direito de ação. A citação aperfeiçoa a relação processual, pois chama ao feito o réu, permitindo-lhe tomar conhecimento da imputação, defendendo-se. Por evidente, extingue-se o processo com a prolação da derradeira decisão, independentemente da apreciação do mérito; entretanto, em direito processual penal, não há extinção do processo, sem julgamento de mérito. Recebida a denúncia, por impulso oficial, atinge-se, necessariamente, a fase da sentença, apreciando-se o mérito da causa. Em alguns casos, pode-se julgar extinta a punibilidade, mas, ainda assim, trata-se de mérito, em sentido amplo, pois se afasta a pretensão punitiva do Estado. Na jurisprudência: STM: "Embora o Réu ostentasse a condição de militar por ocasião do cometimento do delito de deserção e, nessa circunstância, segundo o entendimento recorrente desta Corte Castrense, os atos processuais subsequentes deveriam ser levados a efeito pelo Conselho de Justiça, nos termos do inciso V do artigo 28 da Lei de Organização Judiciária Militar, no caso em exame evidencia-se que não houve a efetiva citação do Acusado como consectário da Decisão prolatada pelo Juízo de primeiro grau que recebeu a Peça Acusatória. Portanto, nos termos do art. 35 do Código de Processo Penal Militar, segundo o qual o processo se aperfeiçoa com a citação do acusado, correta a Decisão do Juízo de primeiro grau. Preliminar de nulidade rejeitada. Decisão por unanimidade. A jurisprudência do Superior Tribunal Militar firmou entendimento no sentido de que o *status* de militar é pressuposto unicamente para o recebimento da Peça Vestibular Acusatória. Ultrapassado esse momento processual, eventual licenciamento ou desincorporação do militar somente afastaria a condição de procedibilidade para o prosseguimento do feito (prosseguibilidade) se decorrente de incapacidade para o serviço militar. Apelo provido. Decisão por maioria" (Apelação nº 7000799-33.2020.7.00.0000, rel. Carlos Vuyk de Aquino, 04.03.2021, por maioria).

Título VI
Do juiz, auxiliares e partes do processo

Capítulo I
Do juiz e seus auxiliares

Seção I
Do juiz

Função do juiz

> **Art. 36.** O juiz proverá a regularidade do processo e a execução da lei, e manterá a ordem no curso dos respectivos atos, podendo, para tal fim, requisitar a força militar.[92-93]
>
> § 1.º Sempre que este Código se refere a juiz abrange, nesta denominação, quaisquer autoridades judiciárias, singulares ou colegiadas, no exercício das respectivas competências atributivas ou processuais.[94]

Independência da função

> § 2.º No exercício das suas atribuições, o juiz não deverá obediência senão, nos termos legais, à autoridade judiciária que lhe é superior.[95]

92. Juiz como sujeito da relação processual: desempenha o magistrado a função de aplicar o direito ao caso concreto, provido que é do poder jurisdicional, razão pela qual, na relação processual, é sujeito, mas não parte. Atua como órgão imparcial, à parte do binômio *acusação* versus *defesa*, fazendo atuar a lei e compondo os interesses do acusador e do acusado, os outros dois sujeitos da tríplice – e principal – relação processual, até decisão final. É esta a visão predominante atualmente na doutrina: Frederico Marques (*Elementos de direito processual penal*, v. 1, p. 358); Tourinho Filho (*Código de Processo Penal comentado*, v. 1, p. 455); Mirabete (*Código de Processo Penal interpretado*, p. 323); Paulo Lúcio Nogueira (*Curso completo de processo penal*, p. 232); Magalhães Noronha (*Curso de direito processual penal*, p. 136). Embora aceitando a existência de três sujeitos na relação processual – juiz, acusador e acusado – Xavier de Aquino e Nalini sustentam que o magistrado é parte, pela sua inerente condição de ser humano: "O juiz, sem prejuízo, é um homem também; se é um homem é também ele uma parte. Isto de ser ao mesmo tempo parte e não parte, constitui a contradição na qual se debate o conceito de juiz. Isto de ser o juiz um homem e de dever ser mais que um homem, constitui seu drama" (*Manual de processo penal*, p. 208). Cremos louvável a busca dos autores para equiparar o juiz às partes visando a não considerá-lo alguém que está acima do

Art. 37

Código de Processo Penal Militar Comentado • Nucci

acusador e do acusado, em matéria de erros e acertos, mas não se pode olvidar que, na relação processual, está-se tratando de órgão do Estado, encarregado de dirimir conflitos, e não de determinado magistrado, este sim pessoa humana conhecida e identificada, passível de erros e acertos. Como sujeito na relação processual, o juiz é, sem dúvida, uma figura *suprapartes*, pois deve estar acima dos interesses em disputa, dirigindo sua imparcialidade à atuação da vontade da lei. É nesse sentido que a sua posição não pode ser a de parte. Ainda que se diga ser parte imparcial. Ora, nesse contexto, já basta o órgão do Ministério Público, denominado de parte imparcial. Haveria de existir duas partes imparciais e somente uma parcial, o acusado? Preferimos pensar que o magistrado, como órgão do Estado, está acima dos *interesses* das partes, logo, jamais pode ser considerado como *parte*. Não tem ele interesse algum no feito; ao menos, não deve ter e é, em tese, nesse prisma que a questão deve ser colocada. Confirmando essa postura, relembremos o disposto no art. 37, *d*, do CPPM, mencionando que o juiz está impedido de exercer jurisdição no processo em que "ele próprio (...) *for parte*". Nota-se, pois, que o magistrado não é e não deve ser considerado *parte* na relação processual.

93. Regularidade do processo: uma vez ajuizada a ação penal, conduzir o desenvolvimento dos atos processuais, conforme o procedimento previsto em lei, até o final da instrução, quando, então, será proferida sentença. Não se admite, no processo penal, a extinção do feito, sem julgamento de mérito, por inépcia de qualquer das partes, cabendo ao juiz prover ao andamento do processo. Possui o magistrado, na condução dos atos processuais, o poder de polícia, mantendo a ordem e a regularidade da instrução, utilizando, quando for o caso, o emprego de força pública, que, nas dependências do Poder Judiciário, é-lhe subordinada. Não se concebe, durante o transcurso de uma audiência, por exemplo, existam mais pessoas a quem a polícia, ou a segurança local, deva prestar obediência, pois a lei atribuiu ao juiz a presidência dos trabalhos. Se exagerar, abusando da sua autoridade, responderá pelo mal causado, o que não lhe retira o poder de conduzir e policiar as atividades.

94. Ressalva pela peculiaridade do órgão judiciário: na esfera do direito penal militar, não funciona no processo apenas o juiz singular; ao contrário, os julgamentos de mérito são realizados por colegiados, compostos por militares e juízes togados. Por isso, convém deixar claro que o termo *juiz*, utilizado no Código de Processo Penal, envolve todas as autoridades judiciárias.

95. Equívoca obediência: compreende-se o intuito da norma, buscando esclarecer a independência do juiz no exercício da sua função. Entretanto, há nítido equívoco ao se mencionar que o magistrado *deve obediência* à autoridade judiciária superior. Nos termos legais, o juiz somente deve submissão à lei. No exercício da judicatura, inexiste obediência a quem quer que seja. Quando autoridade judiciária superior – colegiado ou não – toma uma decisão, reformando o julgado inferior, nada mais faz que aplicar a lei ao caso concreto, sob outra interpretação. Porém, nesse ato não se vislumbra manifestação de *poder*, nem tampouco um comando para subjugar o juiz. Enfim, os termos do art. 36, § 2.º, são equivocados. Vale ressaltar que, no âmbito administrativo, pode (e deve) o juiz submeter-se à autoridade judiciária superior, mas distante do cenário jurisdicional.

Impedimento para exercer a jurisdição

Art. 37. O juiz não poderá exercer jurisdição no processo em que:[96-97]

a) como advogado ou defensor, órgão do Ministério Público, autoridade policial, auxiliar de justiça ou perito, tiver funcionado seu cônjuge, ou parente consanguíneo ou afim até o terceiro grau inclusive;[98]

> *b)* ele próprio houver desempenhado qualquer dessas funções ou servido como testemunha;[99]
>
> *c)* tiver funcionado como juiz de outra instância, pronunciando-se, de fato ou de direito, sobre a questão;[100-101]
>
> *d)* ele próprio ou seu cônjuge, ou parente consanguíneo ou afim, até o terceiro grau inclusive, for parte ou diretamente interessado.[102]
>
> **Parágrafo único.** Serão considerados inexistentes os atos praticados por juiz impedido, nos termos deste artigo.[103]

96. Jurisdição como atributo fundamental da sua função: a possibilidade constitucional e legal de compor conflitos, aplicando a lei ao caso concreto, é denominada *jurisdição*. Adquiri-la, significa a presença de investidura, capacidade e imparcialidade. Como ensina Greco Filho, essas são as qualidades exigidas pela lei para o magistrado atuar: um procedimento prévio, através de concurso público, que atribui a alguém o cargo de juiz, seguido de capacidade técnica, física e mental, para julgar, o que é presumido pela investidura, além de agir com imparcialidade, sem chamar a si o interesse de qualquer das partes (*Manual de processo penal*, p. 214-215). Considera-se *impedido* de atuar o juiz parcial, situação presumida pela lei, em casos específicos. Logo, as hipóteses previstas neste artigo, de caráter objetivo, indicam a impossibilidade de exercício jurisdicional em determinado processo. A sua infração implica inexistência dos atos praticados.

97. Característica do rol: é taxativo, não podendo ser ampliado. Outras situações, no entanto, a nosso ver, demonstrativas da parcialidade do juiz na apreciação da causa, devem ser incluídas no contexto da suspeição. Na jurisprudência: STM: "I – Conflito Negativo de Competência levantado pelo Juiz Federal Substituto da Justiça Militar da 4ª Auditoria da 1ª CJM, nos autos da Ação Penal Militar (APM) 7001334-63.2019.7.01.0001 e do Inquérito Policial Militar (IPM) 7001103- 70.2018.7.01.0001, tendo como suscitado o Juízo da 4.ª Auditoria da 1.ª CJM. II – Foi alegado impedimento entre os feitos em questão, em razão de haver emitido juízo de valor sobre a controvérsia em momento processual anterior. A imparcialidade, entretanto, da magistrada não foi afetada por se manifestar nesse ato, consoante rol taxativo previsto no art. 37 do Código de Processo Penal Militar (CPPM). III – A nobre Juíza Federal da Justiça Militar apenas empregou os seus conhecimentos técnicos e jurídicos para que houvesse, em sua análise, uma solução viável ao final do processo. Então, não invadiu qualquer esfera ética de predisposição, a fim de caracterizar impedimento ou suspeição. IV – Deve-se diferenciar neutralidade de imparcialidade, pois esta busca a verdade dos fatos com objetividade e fundamento, diferente daquela que almeja uma isenção absoluta e inviável ao conhecimento humano. V – Não obstante inexistir conexão (art. 99 do CPPM) entre os feitos em conflito, o juiz natural foi definido pela distribuição e prevenção. VI – Conflito Negativo de Competência julgado procedente para firmar a competência da Juíza Federal titular da 4.ª Auditoria da 1.ª CJM. Decisão unânime" (Conflito de Jurisdição nº 7001176-38.2019.7.00.0000, rel. Carlos Vuyk de Aquino, julgado em 16.12.2019, v.u.); "Descabe declarar nulidade processual, por impedimento ou suspeição do julgador, em casos nos quais as hipóteses trazidas a exame não se enquadrarem nas previsões dos arts. 37 e 38, ambos do Código de Processo Penal Militar. Atuação do Magistrado de acordo com a sua competência" (HC 0000177-78.2017.7.00.0000, rel. José Barroso Filho, data de julgamento: 19.09.2017, data de publicação: 27.09.2017, v.u.).

98. Participação, na causa, de cônjuge ou parente: faz nascer a vinculação e a indevida relação de interesse entre o juiz e o objeto do litígio, tornando-o parcial, o que ofende o princípio constitucional do juiz imparcial, razão pela qual lhe falece jurisdição para atuar. Atualmente, diante da consistência constitucional da união estável (art. 226, § 3.º, CF), parece-

Art. 37

Código de Processo Penal Militar Comentado • **Nucci**

-nos aplicável esta hipótese de impedimento, quando tomar parte no processo a companheira do juiz (ou companheiro da juíza), atuando como defensor, promotor, autoridade policial, auxiliar da justiça ou perito.

99. Juiz atuante em função diversa da jurisdicional: se o magistrado, por alguma razão, tiver atuado, anteriormente à investidura, como advogado, promotor, delegado, auxiliar da justiça ou perito, bem como tiver servido como testemunha, no processo, deve dar-se por impedido. Aliás, essa é uma das hipóteses mais flagrantes de parcialidade, pois é ilógico exigir-se de alguém que atue diferentemente de posição anterior assumida. Estas situações não servem para ofender apenas o princípio do juiz natural e imparcial, mas também o contraditório e a ampla defesa. Afinal, se o juiz foi testemunha, como contraditá-lo, questioná-lo e impugná--lo, já que se transformou em órgão julgador? Se foi perito e deu seu parecer, como tornar controversas suas conclusões, se o experto será também órgão decisório? Enfim, não se pode admitir tal situação, em respeito ao devido processo legal. Na jurisprudência: STJ: "Magistrado que atuou no processo como membro do Ministério Público, requisitando a instauração de inquérito policial e, posteriormente, como Magistrado, recebeu a denúncia oferecida. Nulidade da ação penal: ofensa ao art. 252, II, do Código de Processo Penal" (HC 42.952-MS, 6.ª T., rel. Hélio Quaglia Barbosa, 18.08.2005, v.u., *Boletim AASP* 2450, p. 1.127).

100. Atuação como juiz de instância diversa: qualquer participação do magistrado em instância diversa, no processo ao qual é chamado a julgar, faz nascer o impedimento. Assim, se tiver decidido qualquer tipo de questão – excetuando-se despachos de mero expe-diente, pois a lei fala em matéria de *fato* ou *direito* – em primeiro grau, não poderá integrar colegiado de grau superior, para julgar recurso contra decisão proferida no feito. Caso tenha sido convocado a integrar colegiado, sendo ainda juiz de primeira instância, tornando ao local de origem, deve abster-se de decidir questão envolvendo o processo do qual participou, enquanto estava em segundo grau. Nesse prisma: STJ: "No caso, foi proferida sentença por juiz que, posteriormente, foi convocado para compor o TJ e, efetivamente, veio a participar do julgamento da apelação interposta pela defesa do ora paciente, no qual foi mantida a sen-tença. Assim, a Turma entendeu que houve ofensa ao art. 252, III, do CPP, que prevê regra de impedimento, devendo-se decretar a nulidade do respectivo acórdão por infração à lei processual e, em última razão, à própria imparcialidade do magistrado. Precedentes citados: HC 121.416-RS, *DJe* 3.11.2009; HC 57.018-SP, *DJe* 22/3/2010; HC 113.176-AL, *DJe* 31.08.2009, e HC 31.042-RJ, *DJe* 3.08.2009" (HC 172.009-SP, 6.ª T., rel. Maria Thereza de Assis Moura, 23.11.2010, v.u.); "Importa em desrespeito ao preceituado no art. 252, III, do CPP, quando o magistrado que atuou no processo em primeira instância participa do julgamento da apelação, em segunda instância. Atos de mero expediente ou de impulso procedimental não são capazes, *ex vi* jurisprudência, de causar o impedimento referido, porém, *in casu*, houve decisão sobre pedido, formulado pelo paciente, de restituição de um automóvel, ensejando considerações da julgadora que tocam no mérito da demanda. Além disso, houve quebra de sigilos fiscal e bancário de pessoa vinculada ao paciente, pela mesma julgadora" (HC 22.028-AM, 5.ª T., rel. José Arnaldo da Fonseca, 08.10.2002, v.u., *Boletim AASP* 2.301, p. 661).

101. Atuação em outro processo do mesmo réu: não é causa de impedimento. A lei processual penal veda o exercício da jurisdição quando o magistrado tenha atuado, *no mesmo processo*, contra o réu, devendo julgar novamente o caso (ex.: era juiz de primeiro grau quando julgou o caso; promovido ao Tribunal, tornou a receber, como relator, o mesmo processo: há impedimento). Entretanto, o fato de já ter o juiz conhecido e julgado feito contra um deter-minado réu, tornando a deparar-se com ele em outro processo não é causa de impedimento. Nessa ótica já decidiu o STF, indeferindo *habeas corpus* impetrado por acusado que acreditou haver impedimento do juiz, tendo em vista que este havia, anteriormente, suspendido o seu direito de dirigir em outra ação penal e, na sequência, iria julgar outro delito de trânsito de sua autoria (STF, HC 83.020-SP, rel. Carlos Velloso, 25.05.2004, v.u.).

102. Juiz, cônjuge ou parente como parte: é mais do que natural não possa o magistrado atuar no processo onde é parte ou pessoa interessada no deslinde da causa (ex.: julgar um roubo, cuja vítima é ele mesmo), abrangendo, ainda, o interesse de seu cônjuge (companheiro/a) ou parente próximo, nos termos deste dispositivo.

103. Inexistência dos atos: a previsão feita neste parágrafo é correta e harmônica ao disposto no *caput*, dispondo não exercer o magistrado *jurisdição* no processo em que estiver impedido. Ora, se lhe é vedada a atividade jurisdicional, por óbvio, tudo o que fizer nem mesmo *existe*, no cenário jurídico. Sob outro prisma, somente para comparar, quando o juiz é suspeito, mas exerce jurisdição, os atos praticados são nulos. A diferença prática entre as duas situações concentra-se na necessidade de se declarar ou não a invalidade. Atos nulos devem ser assim proclamados; inexistentes devem ser apenas refeitos.

Casos de suspeição do juiz

> **Art. 38.** O juiz dar-se-á por suspeito e, se o não fizer, poderá ser recusado por qualquer das partes:[104-105]
>
> *a)* se for amigo íntimo ou inimigo de qualquer delas;[106]
>
> *b)* se ele, seu cônjuge, ascendente ou descendente, de um ou de outro, estiver respondendo a processo por fato análogo, sobre cujo caráter criminoso haja controvérsia;[107]
>
> *c)* se ele, seu cônjuge, ou parente, consanguíneo ou afim até o segundo grau inclusive, sustentar demanda ou responder a processo que tenha de ser julgado por qualquer das partes;[108-109]
>
> *d)* se ele, seu cônjuge, ou parente, a que alude a alínea anterior, sustentar demanda contra qualquer das partes ou tiver sido procurador de qualquer delas;[110]
>
> *e)* se tiver dado parte oficial do crime;[111]
>
> *f)* se tiver aconselhado qualquer das partes;[112]
>
> *g)* se ele ou seu cônjuge for herdeiro presuntivo, donatário ou usufrutuário de bens ou empregador de qualquer das partes;[113]
>
> *h)* se for presidente, diretor ou administrador de sociedade interessada no processo;[114]
>
> *i)* se for credor ou devedor, tutor ou curador, de qualquer das partes.[115]

104. Suspeição: a suspeição é causa de parcialidade do juiz, viciando o processo, caso haja sua atuação. Ofende, primordialmente, o princípio constitucional do juiz natural e imparcial. Pode dar-se a suspeição pelo vínculo estabelecido entre o juiz e a parte ou entre o juiz e a questão discutida no feito. Note-se que não se trata de vínculo entre o magistrado e o objeto do litígio – o que é causa de impedimento – mas de mero interesse entre o julgador e a matéria em debate.

105. Característica do rol: embora muitos sustentem ser taxativo, parece-nos meramente exemplificativo. Afinal, este rol não cuida dos motivos de impedimento, que vedam o exercício jurisdicional, como ocorre com o disposto no art. 37, mas da enumeração de hipóteses apontando a parcialidade do juiz. Outras situações podem surgir, retirando do julgador o que

Art. 38

Código de Processo Penal Militar Comentado • Nucci

ele tem de mais caro às partes: sua isenção. Assim, é de se admitir que possa haver outra razão qualquer, não expressamente enumerada neste artigo, fundamentando causa de suspeição. Imagine-se o juiz que tenha sido vítima recente de um crime de extorsão. Pode não se apresentar em condições psicológicas adequadas para o julgamento naquela fase de recuperação, motivo pelo qual é caso de se afastar do feito onde tenha que julgar algum caso similar. Se não o fizer, cabe à parte ingressar com exceção de suspeição. Note-se que o afirmado nesta nota não significa agir o magistrado com preconceito, mas, ao contrário, quer dizer estar ele enfrentando uma fase específica de sua vida, quando não consegue manter sua imparcialidade. Não olvidemos, ainda, o fato de que a garantia do juiz imparcial, expressamente afirmada pelo art. 8.º, item 1, da Convenção Americana sobre Direitos Humanos, está em pleno vigor no Brasil. Conferir: TRF-3: "Existem situações que não estão elencadas no artigo 254 do CPP e que não podem ser desconsideradas pelo simples fato de não encontrarem adequação típica em nenhum dos incisos do referido artigo se o caso concreto, demonstrar que o julgador pode ter perdido a isenção" (Exceção de Suspeição 993-2009.61.81.006145-8-SP, 2.ª T., rel. Cecília Mello, 06.04.2010, v.u.). Em contrário, acolhendo a tese de rol taxativo: TJSE: "Inocorre a suspeição do Juiz quando não demonstrada a incidência das hipóteses taxativamente previstas no artigo 254 do CPP, pois nelas não se pode inserir simples situação de desconfiança ou sentimento de parcialidade atribuídos ao Juiz da causa" (Exc. Susp. 0001/2008 – C.C., rel. Célia Pinheiro Silva Menezes, 01.06.2009, v.u.).

106. Amigo íntimo ou inimigo capital das partes: *amizade íntima* é o forte e seguro vínculo de fidelidade e afeição nascido entre pessoas, implicando convívio amiúde. Logo, não se consideram laços superficiais, coleguismo profissional ou escolar, contatos sociais em clubes, associações ou outros lugares típicos de convívio, cordialidade no trato, nem tampouco pura afeição, simpatia ou ternura. Fosse assim, os motivos de suspeição cresceriam em medidas desproporcionais à intenção da lei, que é evitar a atuação de magistrados efetivamente parciais na apreciação do caso. *Inimizade capital* é a aversão contundente e inequívoca entre duas pessoas, implicando conhecimento geral ou, ao menos, em notoriedade parcial, que transcenda terceiros. Não se concebe que dois indivíduos sejam inimigos capitais sem que ninguém saiba disso. Por outro prisma, não se incluem nessas situações meras rusgas, discussões calorosas, desentendimentos no ambiente profissional ou escolar, disputas ou competições esportivas ou em outros setores, nem tampouco antipatia gratuita. É fundamental base solidificada de atritos e mútuas agressões, físicas ou verbais, para que a aversão seja considerada profunda, logo, capital. As decisões jurisdicionais que o magistrado tome contra o interesse das partes – decretando a prisão cautelar do réu ou indeferindo pedido nesse sentido feito pelo promotor, por exemplo, mesmo com fundamentação entusiasmada – não dá margem à inimizade, mormente capital. Relata Espínola Filho a decisão do Min. Mário Guimarães sobre o tema: "O procedimento acaso enérgico do juiz não justifica seja averbado de suspeito" (*Código de Processo Penal brasileiro anotado*, v. 2, p. 259). E mais: tanto amizade íntima, quanto inimizade capital, são sentimentos recíprocos, sendo ilógico supor que alguém se torne *amigo íntimo* de outra pessoa, que não a considera como tal, nem sequer *inimigo capital* pode ser unilateral e platônico. Costuma-se sustentar que esses especiais vínculos devem ser mantidos com a parte e não com seu representante. Não abrangeria, pois, o representante do Ministério Público, nem o advogado, mas unicamente o réu e a vítima. Discordamos, com a devida vênia. Em primeiro lugar, porque, no processo penal, a parte que ocupa o polo ativo é, via de regra, o Ministério Público, agindo em nome da sociedade. Contra esta é que o juiz não nutrirá particular vínculo de afeição ou ódio – e se o fizer, é caso patológico. Voltar-se-á, se for o caso, contra o seu representante. Por outro lado, o ofendido, quando não integra a relação processual, através do assistente de acusação, não pode ser considerado parte. Restaria apenas o réu, sabendo-se, ainda, que inúmeros casos de perda da parcialidade decorrem da aversão existente, ou extrema afeição, entre juiz e defensor. Por isso, se o objetivo maior é garantir a imparcialidade do magistrado, conforme preceito constitucional, é de ser aceita a possibilidade de arguição de exceção de suspeição, em caso de amizade íntima ou inimizade capital, entre juiz e promotor, bem como entre juiz e advogado. É o que resta sobejamente concretizado nas relações processuais existentes, não sendo possível ignorar o fato de o magistrado ser falível como todos, não conseguindo manter sua neutralidade, se estima por demasia o promotor ou o odeia com todas as forças. O mesmo se diga do defensor. Dessa forma, se o juiz iniciou sua atuação em primeiro lugar, não cabe a alegação de que o réu contratou para sua defesa um inimigo capital do magistrado para que este seja afastado. Se o fez, sendo alertado para o fato, assume o risco da perda da parcialidade do julgador, até porque a exceção de suspeição não é obrigatória. Entretanto, se o advogado já atuava no feito, trocando-se o juiz, é preciso que este se afaste ou poderá ser interposta a devida exceção. Sobre o assunto, mencionou Espínola Filho a lição de Herotides da Silva Lima, na linha que assumimos: "É preciso atentar para a realidade da vida. O magistrado pode ter motivos para ser agradável ao advogado e, favorecendo-o, favorecer diretamente a parte; e é sabido mesmo que certos indivíduos por esperteza ou por má-fé contratam determinados advogados por saberem de suas ligações com os julgadores. Tem havido, infelizmente, casos que ferem a sensibilidade da opinião pública; advogados que deixam certos cargos públicos são logo constituídos procuradores em questões de vulto e retumbantes, porque exerceram influência sobre juízes, nomeando-os e promovendo-os, despertando-lhes sentimentos de gratidão. Às vezes, subitamente, certos escritórios se movimentam com a notícia de novos rumos na vida política. E depois é preciso assinalar que o advogado tem *interesse* direto no êxito da questão submetida ao seu patrocínio, e pela vitória faz todo o esforço. Pode não recorrer aos fatores desonestos, mas não os repele, quando se apresentam em favor de sua pretensão. Para cortar toda a dúvida, é preferível a suspeição porque, perdida a causa, o adversário da parte favorecida com o advogado influente terá sempre argumentos para atacar a isenção dos juízes. O advogado põe em certas causas todo o seu desvelo, arrisca seu crédito profissional, o seu nome, o seu futuro e de sua família, o seu bem-estar, o êxito financeiro de sua vida, a tranquilidade nos dias futuros. Há causas que significam a fama, a glória para o advogado. Como afirmar-se que ele não tem interesse em que a decisão seja neste ou naquele sentido, e interesse fundamental? As leis antigas foram sábias e vedavam a advocacia aos poderosos, justamente pela influência que podiam exercer no ânimo dos juízes timoratos, covardes, interesseiros, acomodatícios, com parentes para empregar e promover, dependendo da boa vontade dos poderosos. Essa suspeição é um dever de moralidade" (ob. cit., p. 261). Com essa posição, Espínola Filho, a despeito de considerá-la psicologicamente relevante, não concorda. Prefere acreditar na elevação de caráter, que se exige de todo julgador, e, quando for o caso, certamente, o próprio juiz iria invocar razões de ordem íntima para não continuar no feito (idem, p. 261-262). Tudo o que foi mencionado no tocante ao advogado, certamente vale para o promotor. Insistimos, no entanto, em nossa posição, afirmando que não se pode deixar a credibilidade da Justiça nas mãos da "elevação de caráter" do julgador, que, realmente, segundo cremos, a maioria possui, mas não todos. Não é correto permitir-se que uma das partes assista, inerte e vencida de antemão, o juiz amicíssimo do representante da parte contrária conduzir a causa ou, em caso de inimizade capital, veja-se obrigada a lançar mão de toda a sorte de recursos para combater os atos decisórios do magistrado, eivados, no seu entender, de parcialidade. Garantir um juiz isento é dever do Estado e, nessa linha, a exceção de suspeição é o mecanismo mais abalizado a ser utilizado. A interpretação extensiva do conceito de parte, pois, é o remédio mais palatável, envolvendo a de seu representante. Isso não significa, como já dissemos, estar o juiz entregue ao inescrupuloso réu, que contrata o inimigo capital do magistrado somente para afastá-lo. Arca com sua má-fé, mantendo-se o julgador no feito. O bom-senso e o caso concreto devem ditar a melhor solução à situação.

Art. 38

Código de Processo Penal Militar Comentado • Nucci

107. Interesse na matéria em debate: como já afirmado, quando o juiz tem interesse direto no objeto do litígio (é vítima do crime a ser julgado), está impedido de exercer jurisdição no processo. Esta hipótese, no entanto, contempla a ligação do magistrado com a matéria em discussão, na medida em que possui interesse em outro feito, onde ele mesmo, seu cônjuge (companheiro/a), ascendente ou descendente esteja respondendo por fato semelhante. É possível que, ao julgar um caso de sonegação fiscal, por exemplo, sendo seu filho réu em processo análogo, resolva decidir pelo reconhecimento do princípio da insignificância, considerando atípica a conduta do acusado, visando à formação de jurisprudência positiva ao seu interesse, influenciando o feito de seu descendente.

108. Parentesco consanguíneo e por afinidade: estabelece o Código Civil serem parentes, em linha reta, "as pessoas que estão umas para com as outras na relação de ascendentes e descendentes" (pai e filho, mãe e filho, avô e neta, bisavó e bisneta etc.), conforme art. 1.591. "São parentes em linha colateral ou transversal, até o quarto grau, as pessoas provenientes de um só tronco, sem descenderem uma da outra" (primos, tio e sobrinho etc.), conforme art. 1.592. Consideram-se afins os parentes de um cônjuge em relação ao outro, em linha reta (sogro e nora, sogra e genro etc.) ou colateral (cunhados, marido da tia etc.), conforme art. 1.595, *caput*. O Código de Processo Penal fixa o grau de parentesco, para efeito de suspeição, até o terceiro grau, o que envolve tio e sobrinho, mas não abrange primos. Por outro lado, deixa de mencionar o parentesco civil, decorrente de adoção, embora, para o fim preconizado neste dispositivo, seja correto incluí-lo, através de interpretação extensiva. Ressalte-se o disposto no art. 41, *caput*, da Lei 8.069/90 – Estatuto da Criança e do Adolescente: "A adoção atribui a condição de filho ao adotado, com os mesmos direitos e deveres, inclusive sucessórios, desligando-o de qualquer vínculo com pais e parentes, salvo os impedimentos matrimoniais".

109. Interesse em causa diversa: o juiz deve ser considerado parcial, caso possua ele mesmo, seu cônjuge (companheiro/a) ou parente demanda, na condição de autor ou réu, que será julgado por uma das partes. Imagine-se que a vítima de um estelionato, igualmente magistrado, seja o juiz do processo de separação judicial do filho do julgador do caso criminal. Não haverá isenção suficiente para absolver, se for preciso, o réu, sabendo que, posteriormente, seu descendente terá importante questão da vida decidida por aquele que ficou inconformado com a sentença proferida.

110. Interesse indireto: considera-se parcial o magistrado que possua demanda em andamento contra qualquer das partes (órgão do Ministério Público ou réu), bem como tiver atuado como procurador (advogado ou mandatário) de qualquer delas. Igualmente ocorre se o cônjuge (incluindo-se companheiro[a], em virtude de união estável) ou parente consanguíneo ou afim até o segundo grau inclusive fizer o mesmo. A situação é autoexplicável, visto ser humanamente inviável pretender isenção de ânimo por parte de quem litiga, noutro feito, contra algum dos envolvidos no processo-crime sob sua competência.

111. Direito de noticiar o crime: qualquer pessoa tem o direito de informar as autoridades competentes a respeito da ocorrência de um crime de ação pública incondicionada, perfil preenchido pela maioria dos delitos militares. Portanto, se o denunciante for o próprio juiz competente para processar e julgar a causa, por certo, deve afastar-se por suspeição. Eis o motivo pelo qual se pode equiparar esta situação à requisição de apuração do delito, formulada por magistrado.

112. Aconselhamento: caso o juiz tenha, anteriormente, dado conselhos referentes a determinado caso criminal a réu ou vítima, tão logo tomasse conhecimento do ocorrido, é considerado suspeito para decidir o feito, quando lhe chegue às mãos. Ex.: após uma prisão em flagrante, o indiciado, conhecido de certo magistrado, aconselha-se com o mesmo, buscando livrar-se, de algum modo, da imputação. Posteriormente, o processo é distribuído justamente ao conselheiro, que forneceu importantes subsídios para o acusado. Não deve permanecer no caso.

113. Interesse material: considera-se parcial o magistrado que possua algum interesse econômico em relação a qualquer das partes, como herdeiro, por lei ou testamento, donatário ou usufrutuário de bens. O mesmo se dá se há relação trabalhista envolvendo juiz e a parte. Estende-se idêntica situação ao cônjuge (ou companheiro/a) do julgador. Em suma, qualquer dessas hipóteses configura a inviabilidade de se manter completa isenção de ânimo na apreciação da causa.

114. Interesse financeiro: o vínculo de associação mantido entre o magistrado e qualquer sociedade interessada no processo é motivo bastante para fazer nascer a suspeição. Ex.: o juiz é sócio da empresa acusada da prática de crime ambiental. Torna-se bastante provável a hipótese de buscar absolvê-la, até para não onerar seus próprios ganhos, caso seja a pessoa jurídica condenada criminalmente, envolvendo o pagamento de multa ou outra prestação alternativa.

115. Interesse movido pelos laços existentes: embora não conectados aos aspectos sentimentais, como amizade íntima ou inimizade capital, é natural que o magistrado, credor ou devedor de uma das partes, não está isento na apreciação do caso. Sua decisão pode influenciar seu próprio futuro, o que lhe retira a isenção de ânimo aguardada. O mesmo ocorre se agir como tutor ou curador dos envolvidos no feito criminal.

Suspeição entre adotante e adotado

> **Art. 39.** A suspeição entre adotante e adotado será considerada nos mesmos termos da resultante entre ascendente e descendente, mas não se estenderá aos respectivos parentes e cessará no caso de se dissolver o vínculo da adoção.[116]

116. Adoção indissolúvel: a redação deste dispositivo levou em consideração a anterior regra acerca da adoção, admitindo-se hipóteses de dissolução. Atualmente, a adoção é irrevogável (art. 39, § 1.º, Lei 8.069/90 – Estatuto da Criança e do Adolescente). Portanto, a suspeição entre adotante e adotado não cessa jamais. Por outro lado, ao contrário do disposto neste artigo, deve estender-se aos parentes, pois inexiste qualquer espécie de discriminação no tocante aos laços de família.

Suspeição por afinidade

> **Art. 40.** A suspeição ou impedimento decorrente de parentesco por afinidade cessará pela dissolução do casamento que lhe deu causa, salvo sobrevindo descendentes. Mas, ainda que dissolvido o casamento, sem descendentes, não funcionará como juiz o parente afim em primeiro grau na linha ascendente ou descendente ou em segundo grau na linha colateral, de quem for parte do processo.[117]

117. Afinidade: as regras para a cessação da suspeição ou impedimento no tocante ao parentesco por afinidade são insuficientes para garantir a imparcialidade do juiz. Segundo nos parece, o magistrado deve ser sempre considerado suspeito para julgar processos que en-

Art. 41

volvam seus parentes por afinidade, pouco importando a dissolução do casamento. Afinal, os referidos laços dificilmente se desfazem com a simples separação do casal; ademais, por vezes, havendo dissolução litigiosa do matrimônio, os parentes podem tomar partido, prejudicando, do mesmo modo, as relações com o juiz. Em suma, há magistrados suficientes para ocupar o posto daqueles que houverem de julgar casos envolvendo parentes por afinidade, com ou sem cessação do vínculo matrimonial.

Suspeição provocada

> **Art. 41.** A suspeição não poderá ser declarada nem reconhecida, quando a parte injuriar o juiz, ou de propósito der motivo para criá-la.[118]

118. Criação de animosidade por má-fé: não dá margem à posterior arguição de suspeição do juiz. É absolutamente correto o dispositivo, pois não se pode privilegiar a malícia e a má-fé, como causas de afastamento do juiz natural. Se a parte ofende o magistrado, nos autos ou fora dele, somente para, em seguida, acoimá-lo de inimigo capital, deve arcar com sua viperina atitude. Não fosse assim, seria muito fácil afastar de determinado processo, ainda que sofra consequências – como um processo-crime por injúria –, um juiz considerado extremamente rigoroso, na visão do réu, ou muito liberal, na ótica do ofendido. Nesse sentido: TJBA: "Na exordial o excipiente ressaltou ter proferido na Tribuna da Assembleia Legislativa diversas afirmações sobre a atividade jurisdicional da excepta qualquer delas, independentemente da análise sobre a verossimilhança, suficientes para abalar demasiadamente a capacidade subjetiva de um magistrado se manter imparcial e isento enquanto juiz de um processo em que aquele figure como parte, lembrando que, se porventura, fossem inverídicas todas as afirmações lançadas pelo ora excipiente, e não o são, a d. magistrada já teria fartos motivos para nutrir contra este o sentimento de ódio e rancor. Entretanto, como se sabe, mesmo na hipótese destas críticas serem, realmente, suficientes para o surgimento destes sentimentos, eles teriam sido provocados pelo próprio excipiente, o que impede o reconhecimento da pretendida suspeição, consoante dispõe o art. 256 do Código de Processo Penal brasileiro, ao estabelecer que a suspeição não poderá ser declarada nem reconhecida, quando a parte injuriar o juiz ou de propósito der motivo para criá-la" (Ag. Reg. 54859-7/2008 – BA, S.C., rel. Eserval Rocha, 21.01.2009).

Seção II
Dos auxiliares do juiz

Funcionários e serventuários da Justiça

> **Art. 42.** Os funcionários ou serventuários da Justiça Militar são, nos processos em que funcionam, auxiliares do juiz, a cujas determinações devem obedecer.[119]

119. Serventuários e funcionários da justiça: atualmente, são termos correlatos, que designam os funcionários públicos, ocupando cargos criados por lei, percebendo vencimentos pagos pelo Estado, a serviço do Poder Judiciário. São os escrivães-diretores, escreventes, oficiais de justiça, auxiliares judiciários, dentre outros.

Escrivão

> **Art. 43.** O escrivão providenciará para que estejam em ordem e em dia as peças e termos dos processos.[120]

120. Funções do escrivão: não se trata de lugar apropriado – Código de Processo Penal – estipular as funções de servidor público, o que se faz em lei de organização judiciária ou legislação pertinente à carreira do funcionalismo público. Além disso, os regimentos de tribunais também podem cuidar disso.

Oficial de justiça

> **Art. 44.** O oficial de justiça realizará as diligências que lhe atribuir a lei de organização judiciária militar e as que lhe forem ordenadas por despacho do juiz, certificando o ocorrido, no respectivo instrumento, com designação de lugar, dia e hora.[121]

Diligências

> § 1.º As diligências serão feitas durante o dia, em período que medeie entre as 6 (seis) e as 18 (dezoito) horas e, sempre que possível, na presença de duas testemunhas.[122]

Mandados

> § 2.º Os mandados serão entregues em cartório, logo depois de cumpridos, salvo motivo de força maior.

121. Funções do oficial de justiça: como mencionado na nota anterior, não há cabimento para se estabelecer no Código de Processo Penal as atribuições do servidor público; aliás, neste caso, a norma praticamente se limita a indicar, como fonte, a lei de organização judiciária, o que seria despiciendo.

122. Presença de testemunhas: se o oficial de justiça possui fé pública nos seus atos e certidões, cremos dispensável o acompanhamento de testemunhas; ademais, a tarefa do servidor se torna inviabilizada em muitas situações, pois não se encontra com facilidade pessoas dispostas a ir junto com o oficial nas suas atividades. E, somente para argumentar, se duas testemunhas acompanharem a diligência, significa que elas precisariam depor, em juízo, para *atestar* a legalidade do que foi realizado. Mais uma vez, uma hipótese incompatível com a *fé pública* da qual gozam os atos dos funcionários públicos.

Convocação de substituto. Nomeação de *ad hoc*

> **Art. 45.** Nos impedimentos do funcionário ou serventuário de justiça, o juiz convocará o substituto; e, na falta deste, nomeará um *ad hoc*, que prestará compromisso de bem desempenhar a função, tendo em atenção as ordens do juiz e as determinações de ordem legal. [123]

Art. 46

Código de Processo Penal Militar Comentado • **Nucci**

80

123. Substituição de servidor: novamente, vale ressaltar ser incabível inserir em lei processual penal quaisquer normas relativas à substituição de funcionário por qualquer razão. Não se trata de matéria pertinente ao CPPM.

Suspeição de funcionário ou serventuário

> **Art. 46.** O funcionário ou serventuário de justiça fica sujeito, no que for aplicável, às mesmas normas referentes a impedimento ou suspeição do juiz, inclusive o disposto no art. 41.[124]

124. Regras de suspeição: segundo entendemos, não há sentido neste dispositivo, tendo em vista que os funcionários da justiça não exercem qualquer ato decisório, de repercussão para a parte, no processo. Limitam-se a cumprir as ordens do juiz, sem qualquer poder de deliberação próprio. Embora possam lançar, nos autos, certidões que gozam de fé pública, é preciso ressaltar que estão sujeitos à corregedoria permanente do magistrado, razão pela qual qualquer desvio nessa função representará a instauração de processo administrativo. Logo, inexiste razão para o escrevente, que trabalha na sala de audiências, por exemplo, não poder fazê-lo somente porque é amigo ou inimigo do réu. O ditado dos depoimentos será feito pelo magistrado, não havendo nada mais a fazer a não ser reduzir a termo. Por outro lado, várias instruções têm sido feitas com recursos audiovisuais, dispensando qualquer intervenção do servidor. Ademais, a fiscalização que as partes exercem sobre o juiz e seus auxiliares é tão intensa que nem mesmo as afirmações feitas pelo magistrado, nos autos, escapa de uma impugnação ou de um questionamento. Não há presunção absoluta para os atos e certidões insertos no processo, todos passíveis de prova em contrário. Aliás, se o funcionário pode responder por corrupção ou prevaricação, quando colocar seus interesses particulares acima dos interesses públicos, no exercício da sua atividade, além de poder ser demitido por isso, não vemos razão para sujeitá-los às mesmas proibições feitas para o juiz, pessoa encarregada de decidir a lide, que goza de vitaliciedade e, realmente, necessita atuar com imparcialidade absoluta.

Seção III
Dos peritos e intérpretes

Nomeação de peritos

> **Art. 47.** Os peritos e intérpretes serão de nomeação do juiz, sem intervenção das partes.[125-126]

125. Perito e intérprete: *perito* é o especialista em determinada matéria, encarregado de servir como auxiliar da justiça, esclarecendo pontos específicos distanciados do conhecimento jurídico do magistrado. O perito pode ser oficial – quando funcionário do Estado –, dispensado o compromisso, pois investido na função por lei, ou nomeado pelo juiz, quando deverá ser compromissado a bem desempenhar a sua função. *Intérprete* é a pessoa conhecedora de determinados idiomas estrangeiros ou linguagens específicas, que serve de intermediário entre pessoa a ser ouvida em juízo e o magistrado e as partes. Atua como perito, devidamente compromissado a bem desempenhar a sua função.

126. Nomeação de perito: embora desnecessário especificar o óbvio, como foi feito neste dispositivo, o ideal, atualmente, é a realização de exames por perito oficial, servidor público investido na função de maneira permanente. Essa é a previsão do art. 159 do Código de Processo Penal, após a reforma de 2008. Somente em casos excepcionais, o juiz nomeia peritos dentre particulares, o que, por lógico, é ato de sua livre escolha, pois o perito é seu auxiliar na instrução da causa. As partes jamais poderiam influir nessa opção, sob pena de se conduzir à eleição de perito parcial. Eventual participação dos interessados (acusação e defesa) se dá por meio do oferecimento dos quesitos.

Preferência

> **Art. 48.** Os peritos ou intérpretes serão nomeados de preferência dentre oficiais da ativa, atendida a especialidade.[127]

Compromisso legal

> **Parágrafo único.** O perito ou intérprete prestará compromisso de desempenhar a função com obediência à disciplina judiciária e de responder fielmente aos quesitos propostos pelo juiz e pelas partes.[128]

127. Critério de escolha do perito: diversamente do preceituado pelo art. 159 do Código de Processo Penal, esta norma permite a livre escolha de peritos por parte do juiz. Impõe-se, apenas, a *preferência* de oficiais da ativa, conforme a especialidade de cada um em relação à perícia a ser realizada. Abre-se a oportunidade de nomeação de militares da reserve, bem como de civis. Na jurisprudência: STM: "A alegação defensiva de que a Lei nº 12.030/2009 estabelece que o trabalho pericial seja realizado por profissionais providos em cargos de perito não encontra eco no regramento especial estabelecido pelo Código de Processo Penal Militar, o qual exige, tão somente, o atendimento do critério da especialidade, nos termos do art. 48 do Código de Processo Penal Militar, o que foi rigorosamente observado pelo Juízo de primeiro grau, sendo oportuno ressaltar que o Exame Pericial realizado no Requerente foi subscrito por 2 (dois) Médicos Psiquiatras Civis, conforme requerido pela própria Defesa constituída. Os *experts* esclareceram com absoluta precisão que, no que tange à doença mental superveniente, o Requerente apresenta entendimento adequado do processo judicial atual, sem nenhuma evidência de prejuízo cognitivo, circunstância que afasta a pretensão de reconhecimento das apontadas nulidades no Exame Pericial. Negado provimento à Correição Parcial. Decisão unânime" (Correição Parcial nº 7000824-46.2020.7.00.0000, rel. Carlos Vuyk de Aquino, julgado em: 15.12.2020, v.u.). STJ: "1. Quanto à suscitada nulidade da transcrição das conversas interceptadas, pela suposta ausência de cumprimento das formalidades previstas no art. 48 do CPPM, e ao indeferimento de perícia de voz (contrariedade ao art. 314 do CPPM), o decisum impugnado reconheceu, respectivamente, que: a) os profissionais que realizaram a diligência já eram previamente compromissados, tanto que integravam o Serviço de Inteligência da Polícia Militar; b) a negativa judicial apresentou motivação idônea e não ficou evidenciado o prejuízo a que haveria sido submetido o acusado" (AgRg no REsp 1.648.439/SP, 6.ª T., rel. Rogerio Schietti Cruz, 07.08.2018, v.u.).

128. Compromisso legal: embora a assinatura do termo de compromisso seja imposta por esta norma, trata-se de uma formalidade, pois o fiel desempenho da sua função, respeitadas as regras judiciárias, respondendo os quesitos propostos, decorre de lei. Está o perito sujeito ao crime de falsa perícia (art. 346, CPM).

Encargo obrigatório

> **Art. 49.** O encargo de perito ou intérprete não pode ser recusado, salvo motivo relevante que o nomeado justificará, para apreciação do juiz.[129]

129. Norma ultrapassada: a ideia de que certas pessoas, em virtude de suas atividades, ficam obrigadas a aceitar encargos, por interesse público, é antiquada e ineficiente. Dizia-se que o advogado era obrigado a acatar nomeação do juiz para atuar como dativo; superou-se essa imposição por inúmeros fatores, inclusive pelo fato de que ao Estado cabe prover a assistência judiciária e não ao advogado, que atua como particular no exercício profissional. No tocante ao perito, igualmente, deve-se considerar a sua disponibilidade, condições pessoais e interesse em realizar a perícia. Qualquer imposição, nesse sentido, gera apenas perplexidade e um exame falho. Constituindo um auxiliar da confiança do juiz, não deve ser um profissional *obrigado* a tal situação.

Penalidade em caso de recusa

> **Art. 50.** No caso de recusa irrelevante, o juiz poderá aplicar multa correspondente até 3 (três) dias de vencimentos, se o nomeado os tiver fixos por exercício de função; ou, se isto não acontecer, arbitrá-lo em quantia que irá de 1/10 (um décimo) à 1/2 (metade) do maior salário mínimo do país.[130]

Casos extensivos

> **Parágrafo único.** Incorrerá na mesma pena o perito ou o intérprete que, sem justa causa:
>
> *a)* deixar de acudir ao chamado da autoridade;
>
> *b)* não comparecer no dia e local designados para o exame;
>
> *c)* não apresentar o laudo, ou concorrer para que a perícia não seja feita, nos prazos estabelecidos.

130. Multa ao perito: parece-nos razoável a fixação de multa ao perito, exclusivamente, quando houver desídia de sua parte para a elaboração e conclusão do laudo. No mais, aplicar multa porque o indicado não aceitou o encargo, soa-nos ilógico, como já expusemos na nota anterior. Por outro lado, evidencia-se, neste parágrafo único, como frisamos nos comentários ao art. 48, a possibilidade de nomeação de civis, desvinculados do serviço público, pois a multa é estabelecida em percentual do salário mínimo.

Não comparecimento do perito

> **Art. 51.** No caso de não comparecimento do perito, sem justa causa, o juiz poderá determinar sua apresentação, oficiando, para esse fim, à autoridade militar ou civil competente, quando se tratar de oficial ou de funcionário público.[131]

131. Formas de coerção ao perito: o número de artigos dedicados ao perito, particularmente voltados a compeli-lo ao exercício da sua atividade, é impressionante e fora de qualquer lógica. Quem atua como perito, auxiliar da confiança do juiz, somente é nomeado quando o magistrado o conhece e se trata de pessoa apta e disposta ao trabalho. Essa é a regra, constituindo não somente uma honra, mas também gerando remuneração. Enfim, estão desassociadas desse panorama as regras de fixação de multa e coerção para comparecimento. Mas, por hipótese, considerando-se a viabilidade potencial de peritos recalcitrantes, pode o magistrado determinar a sua apresentação, requisitando-o, quando funcionário público, militar ou civil, ao seu superior.

Impedimentos dos peritos

> **Art. 52.** Não poderão ser peritos ou intérpretes:[132]
>
> *a)* os que estiverem sujeitos a interdição que os inabilite para o exercício de função pública;
>
> *b)* os que tiverem prestado depoimento no processo ou opinado anteriormente sobre o objeto da perícia;
>
> *c)* os que não tiverem habilitação ou idoneidade para o seu desempenho;
>
> *d)* os menores de 21 (vinte e um) anos.

132. Impedimentos dos peritos: são as causas que os tornam incompatíveis ao exercício dessa função relevante e de confiança, que exige a sua imparcialidade. A hipótese prevista no inciso I envolve as penas restritivas de direitos, previstas no art. 47, I, do Código Penal, impedindo os sentenciados de exercer cargo, função ou atividade pública, bem como profissão, atividade ou ofício que dependa de habilitação especial, de licença ou autorização do poder público. A hipótese do inciso II cuida de uma modalidade de impedimento, tal como ocorre com o juiz, visto que já teriam prestado depoimento no processo, como testemunhas, ou mesmo já pronunciaram a sua opinião sobre o caso em oportunidade anterior. A terceira hipótese, de certo modo, é perfeitamente evitável pela simples nomeação do juiz, que deve zelar pelas qualidades do perito. Ainda assim, impõe-se a vedação para tal mister dentre os que não tiverem habilitação, entendida esta como capacitação técnica, ou idoneidade, captada como honestidade e também aptidão para a função. Finalmente, a vedação aos menores de 21 anos é vetusta, pois o Código Civil foi modificado, afirmando a maioridade para todos os fins aos 18 anos. Entretanto, ainda permanece na lei processual penal militar e deve ser respeitada.

Suspeição de peritos e intérpretes

> **Art. 53.** É extensivo aos peritos e intérpretes, no que lhes for aplicável, o disposto sobre suspeição de juízes.[133]

133. Suspeição dos peritos e intérpretes: estão os técnicos habilitados a auxiliar o juiz na compreensão e conhecimento de determinadas matérias específicas, sujeitos às mesmas regras de suspeição dos juízes, o que é razoável. Eles detêm enorme influência no poder decisório do magistrado, na esfera criminal, influindo consideravelmente na solução da causa, razão pela qual devem agir com total imparcialidade, o que poderia não ocorrer, estando presente alguma das causas de suspeição previstas em lei.

Art. 54

Capítulo II
Das partes

Seção I
Do acusador

Ministério Público

> **Art. 54.** O Ministério Público é o órgão de acusação no processo penal militar, cabendo ao procurador-geral exercê-la nas ações de competência originária no Superior Tribunal Militar e aos procuradores nas ações perante os órgãos judiciários de primeira instância.[134-135]

Pedido de absolvição

> **Parágrafo único.** A função de órgão de acusação não impede o Ministério Público de opinar pela absolvição do acusado, quando entender que, para aquele efeito, existem fundadas razões de fato ou de direito.

134. Ministério Público como sujeito e parte na relação processual: preceitua a Constituição Federal, no Capítulo IV (Das Funções Essenciais à Justiça), do Título IV (Da Organização dos Poderes), ser o Ministério Público uma "instituição permanente, essencial à função jurisdicional do Estado, incumbindo-lhe a defesa da ordem jurídica, do regime democrático e dos interesses sociais e individuais indisponíveis" (art. 127, *caput*), regendo-se pelos princípios da unidade (podem os seus representantes substituírem-se uns aos outros na prática de determinado ato), da indivisibilidade (atuam seus representantes em nome da instituição) e da independência funcional (cada um dos seus representantes possui convicção própria, que deve ser respeitada). No art. 129, I, CF, está prevista, como função institucional, a promoção, em caráter privativo, da ação penal pública, na forma legal. Por isso, ocupa, no processo penal, o Ministério Público a posição de sujeito da relação processual, ao lado do juiz e do acusado, além de ser também parte, pois defende interesse do Estado, que é a efetivação de seu direito de punir o criminoso. Embora, atualmente, não lhe seja mais possível negar o caráter de parte *imparcial*, visto não estar obrigado a pleitear a condenação de quem julga inocente, nem mesmo de propor ação penal contra quem não existem provas suficientes, não deixa de estar vinculado ao polo ativo da demanda, possuindo pretensões contrapostas, na maior parte das vezes, ao interesse da parte contrária, que é o réu, figurando no polo passivo. Negando a denominação de *parte imparcial* ao representante do Ministério Público, Gustavo Badaró esclarece que, não tivesse o Ministério Público um interesse pessoal e antagônico ao do acusado, não teria sentido afirmar que ele tem o ônus da prova, pois este é decorrência do próprio interesse. Parte desinteressada não deveria ter ônus algum. Assim, ontologicamente, é o Ministério Público parte parcial. Sua caracterização como *imparcial* não tem outra finalidade senão "agregar uma maior credibilidade à tese acusatória – porque a acusação, de forma imparcial e desinteressada, concluiu pela culpa do acusado – em relação à posição defensiva – que postula a absolvição, porque sempre deverá defender o acusado, bradando por sua inocência, ainda que ele seja culpado" (*Ônus da prova no processo penal*, p. 207-221). Ainda que em muitas situações haja a utilização desse discurso no processo, especialmente no Tribunal do Júri, quando as partes se dirigem a juízes leigos, não é irrazoável destacar que, pelas regras processuais penais, o Ministério Público pode, na realidade, pedir não somente a absolvição do réu como outros benefícios que julgue cabíveis, o que, efetivamente, a defesa não pode, em sentido contrário, propor. Vincula-se esta à defesa parcial do réu, ainda que seja culpado – e não há dúvida disso. Por tal motivo, não nos parece inadequada a denominação feita ao membro do Ministério Público como parte *imparcial*. Nas ações penais privadas, o Ministério Público atua como fiscal da lei, sendo considerado, de qualquer modo, parte, pois continua a encarnar a pretensão punitiva do Estado – lembremos que o monopólio de aplicação da lei penal é sempre estatal e nunca é transferido ao particular. Tanto isso é certo que, procedente a ação penal privada, o órgão principal encarregado de provocar a execução da sanção penal aplicada é o Ministério Público e não o particular. Assim, quando o ofendido promove a ação penal, porque a lei lhe conferiu essa iniciativa, age como substituto processual do Estado, no sentido formal, mas, materialmente, quem acompanha a ação, para zelar pela pretensão punitiva, é o Ministério Público. Na excepcional situação de ação pública movida pelo ofendido – ação penal privada subsidiária da pública –, o querelante atua como substituto processual do Estado, havendo, do mesmo modo, a participação do Ministério Público, único órgão verdadeiramente legitimado a representar o Estado na sua função punitiva.

135. Denominação dos integrantes da carreira: atuam junto aos juízos de primeira instância os promotores de justiça militar, nos termos da Lei Orgânica do Ministério Público da União (LC 75/93) – e não procuradores, como consta deste dispositivo.

Fiscalização e função especial do Ministério Público

> **Art. 55.** Cabe ao Ministério Público fiscalizar o cumprimento da lei penal militar, tendo em atenção especial o resguardo das normas de hierarquia e disciplina, como base da organização das Forças Armadas.[136]

136. Fiscal especial da lei: o Ministério Público atua, normalmente, como fiscal da lei, embora deva exercer sua função, no tocante à legislação penal militar, de maneira particularizada, levando em consideração os princípios básicos da corporação: hierarquia e disciplina.

Independência do Ministério Público

> **Art. 56.** O Ministério Público desempenhará as suas funções de natureza processual sem dependência a quaisquer determinações que não emanem de decisão ou despacho da autoridade judiciária competente, no uso de atribuição prevista neste Código e regularmente exercida, havendo no exercício das funções recíproca independência entre os órgãos do Ministério Público e os da ordem judiciária.[137]

Subordinação direta ao procurador-geral

> **Parágrafo único.** Os procuradores são diretamente subordinados ao procurador-geral.

137. Matéria de lei orgânica: o conteúdo deste dispositivo constitui matéria afeta a lei orgânica da carreira do Ministério Público, afirmando a sua independência funcional. Além

Art. 57

disso, há determinadas considerações que beiram a obviedade, tal como estar o Ministério Público obrigado a acatar decisão ou despacho judicial – o que qualquer parte deve fazer, sem necessidade de se inserir tal evidente colocação.

Impedimentos

> **Art. 57.** Não pode funcionar no processo o membro do Ministério Público:
>
> *a)* se nele já houver intervindo seu cônjuge ou parente consanguíneo ou afim, até o terceiro grau inclusive, como juiz, defensor do acusado, autoridade policial ou auxiliar de justiça;[138]
>
> *b)* se ele próprio houver desempenhado qualquer dessas funções;[139]
>
> *c)* se ele próprio ou seu cônjuge ou parente consanguíneo ou afim, até o terceiro grau inclusive, for parte ou diretamente interessado no feito.[140]

138. Participação de cônjuge ou parente na causa: é hipótese semelhante ao disposto no art. 37, *a*, que regula o impedimento do juiz. É verdade que naquele dispositivo já se impede a atuação do magistrado, quando o órgão do Ministério Público tiver funcionado, anteriormente, sendo ele seu cônjuge ou parente. Neste dispositivo, inverte-se: o promotor não deve atuar quando já tiver funcionado – ou esteja presidindo a instrução – juiz que seja seu cônjuge (incluindo-se união estável) ou parente.

139. Membro do Ministério Público atuante em função diversa da sua: se o promotor ou procurador, por alguma razão, tiver atuado, anteriormente à investidura, como advogado, juiz, autoridade policial, auxiliar da justiça ou perito, no processo, deve dar-se por impedido. Aliás, essa é uma das hipóteses mais flagrantes de parcialidade, pois é ilógico exigir-se de alguém que atue diferentemente de posição anterior assumida.

140. Membro do Ministério Público, cônjuge ou parente como parte: é mais do que natural não possa o promotor (ou procurador) atuar no processo onde é parte ou pessoa interessada no deslinde da causa (ex.: julgar um roubo, cuja vítima é ele mesmo), abrangendo, ainda, o interesse de seu cônjuge (companheiro/a) ou parente próximo, nos termos deste dispositivo.

Suspeição

> **Art. 58.** Ocorrerá a suspeição do membro do Ministério Público:
>
> *a)* se for amigo íntimo ou inimigo do acusado ou ofendido;[141]
>
> *b)* se ele próprio, seu cônjuge ou parente consanguíneo ou afim, até o terceiro grau inclusive, sustentar demanda ou responder a processo que tenha de ser julgado pelo acusado ou pelo ofendido;[142]
>
> *c)* se houver aconselhado o acusado;[143]
>
> *d)* se for tutor ou curador, credor ou devedor do acusado;[144]
>
> *e)* se for herdeiro presuntivo, ou donatário ou usufrutuário de bens, do acusado ou seu empregador;[145]
>
> *f)* se for presidente, diretor ou administrador de sociedade ligada de qualquer modo ao acusado.[146]

141. Amizade íntima ou inimigo capital: ver os comentários ao art. 38, *a*, supra, aplicáveis ao caso.

142. Interesse indireto: ver os comentários ao art. 38, *c*, supra, aplicáveis ao caso.

143. Aconselhamento: ver os comentários ao art. 38, *f*, supra, pertinentes ao caso.

144. Interesse movido pelos laços existentes: ver os comentários ao art. 38, *i*, supra, pertinentes ao caso.

145. Interesse material: ver os comentários ao art. 38, *g*, supra, aplicáveis ao caso.

146. Interesse financeiro: ver os comentários ao art. 38, *h*, supra, cabíveis ao caso.

Aplicação extensiva de disposição

> **Art. 59.** Aplica-se aos membros do Ministério Público o disposto nos arts. 39, 40 e 41.

Seção II
Do assistente[147]

147. Assistente de acusação: é a posição ocupada pelo ofendido, quando ingressa no feito, atuando, ao lado do Ministério Público, no polo ativo. Trata-se, ao mesmo tempo, de sujeito e parte secundária na relação processual. Não intervém obrigatoriamente, mas, fazendo-o, exerce nitidamente o direito de agir, manifestando pretensão contraposta à do acusado. A posição da vítima, no processo penal, atuando como assistente de acusação, não mais pode ser analisada como o mero intuito de conseguir a sentença condenatória, para que sirva de título executivo judicial a ser deduzido no cível, em ação civil *ex delicto*, tendo por objetivo a reparação do dano. Como explica Bento de Faria, "não é, portanto, mero auxiliar da acusação, pois atua com o direito de agir, desde que lhe é assegurado o de recorrer (...) até então deferido unicamente ao Promotor Público. A circunstância de não haver se antecipado no oferecimento da queixa não importa na desistência do direito de também *pedir a pena no interesse público*. Cooperar assim na repressão do crime, não transforma a posição do assistente em oponente, nem expressa a consagração do direito de vingança. O *interesse social* que orienta a sua atividade havia de repelir semelhante conceituação, tanto mais quando esse direito não é assegurado a *qualquer*, mas tão somente deferido à *vítima da ofensa*" (*Código de Processo Penal*, v. 2, p. 21). E, na mesma ótica, confira-se a lição de Ada Pellegrini Grinover, Antonio Magalhães Gomes Filho e Antonio Scarance Fernandes: "Pensamos, porém, que o assistente também intervém no processo com a finalidade de cooperar com a justiça, figurando como assistente do MP *ad coadjuvandum*. Assim, com relação à condenação, o ofendido tem o mesmo interesse-utilidade da parte principal na justa aplicação da pena. Já com relação à revogação de benefícios penais, como o *sursis*, a atividade de colaboração do ofendido com a justiça esgota-se, no nosso sistema processual, com a condenação (art. 598, CPP), não se podendo vislumbrar seu interesse na modificação de benefícios inerentes à execução da pena" (*Recursos no processo penal*, p. 88).

Habilitação do ofendido como assistente

> **Art. 60.** O ofendido, seu representante legal e seu sucessor podem habilitar-se a intervir no processo como assistentes do Ministério Público.[148]

Art. 61

Código de Processo Penal Militar Comentado • **Nucci**

Representante e sucessor do ofendido

> **Parágrafo único.** Para os efeitos deste artigo, considera-se representante legal o ascendente ou descendente, tutor ou curador do ofendido, se menor de 18 (dezoito) anos ou incapaz; e sucessor, o seu ascendente, descendente ou irmão, podendo qualquer deles, com exclusão dos demais, exercer o encargo, ou constituir advogado para esse fim, em atenção à ordem estabelecida neste parágrafo, cabendo ao juiz a designação se entre eles não houver acordo.[149]

148. Intervenção do ofendido: é o principal interessado a pleitear sua inclusão como assistente de acusação, embora o dispositivo preveja, ainda, como legitimados, os seus sucessores, em caso de morte: cônjuge (incluindo-se companheiro/a), ascendente, descendente e irmão. Assim, embora o direito de punir seja unicamente do Estado e legitimado, para a ação penal, seja o Ministério Público, como seu representante, nos casos de ação pública, é cabível a formação de litisconsórcio ativo, integrando o polo ativo a vítima do crime. Quando se trata de ação penal privada exclusiva ou subsidiária da pública, estando o ofendido no polo ativo, exercendo o direito de ação, o Ministério Público ingressa, obrigatoriamente, no feito como fiscal da lei, atuando, também, como parte, embora não seja assistente do querelante. Anote-se a desnecessidade de ter sido mencionada a figura do representante legal do ofendido, pois este somente ingressa, nos autos, como assistente, em nome da vítima incapacitada de defender seu direito sozinha. Logo, não agindo em nome próprio, bastaria a menção à pessoa do ofendido.

149. Sucessores: consideram-se como tais o ascendente, descendente e o irmão, podendo qualquer deles assumir a posição de assistente de acusação, em lugar da vítima, na falta desta; entretanto, não havendo acordo entre eles, estabelece a norma deva o juiz optar entre qualquer deles. Parece-nos mais adequado o seguinte: a) se houver discordância entre eles, deve ter preferência aquele que quiser ingressar como assistente; b) se mais de um desejar ingressar, cabe ao juiz aceitá-los, atuando como litisconsortes.

Competência para admissão do assistente

> **Art. 61.** Cabe ao juiz do processo, ouvido o Ministério Público, conceder ou negar a admissão de assistente de acusação.[150]

150. Oposição do Ministério Público: somente deve dar-se em caso de falta de legitimação. Assim, quando o promotor insurgir-se contra a intervenção do assistente, por outras causas, deve o juiz admiti-lo. Não nos parece correto o entendimento daqueles que sustentam ser um juízo discricionário do representante do Ministério Público o ingresso, no feito, do assistente de acusação, baseado na conveniência e oportunidade do acompanhamento. Narra Magalhães Noronha o seguinte: "O Ministério Público será sempre ouvido sobre o pedido de assistência, o que é natural, pois trata-se de auxílio à acusação, de reforço ao *dominus litis*, não podendo este deixar de opinar sobre a conveniência dele. Pessoalmente, quando Promotor Público, tivemos ocasião de impugnar o pedido de assistência do marido de meretriz assassinada, não se compreendendo tal presença no processo, em face da absoluta falta de idoneidade moral. Sua participação nos debates do plenário seria, realmente, magnífico reforço... à defesa" (*Curso de direito processual penal*, p. 145). Ficamos com a posição de Espínola Filho, mais consentânea, em nosso sentir, com a finalidade da previsão legal feita pelo Código de Processo Penal Militar, admitindo o ingresso do ofendido no feito. Defende que a avaliação do promotor deve fundar-se, exclusivamente, no aspecto da legitimidade: "Parece-nos que é o único motivo, pelo qual pode ser recusado o assistente, e, se o órgão do Ministério Público se manifestar contrário, invocando a desnecessidade de auxílio, ou outro motivo desta ordem, o juiz, a quem cabe solucionar em caráter definitivo (sem possibilidade de qualquer recurso), o incidente, não deixará de apoiar a pretensão da parte privada, que se apresenta com qualidade legal para tomar tal posição" (*Código de Processo Penal brasileiro anotado*, v. 3, p. 272). No mesmo sentido defende Mirabete, afirmando, ainda, que, se no curso do processo, o assistente trair o "sentido teleológico da assistência, que é o de reforçar a acusação", pode o Ministério Público solicitar a sua exclusão (*Código de Processo Penal interpretado*, p. 361).

Oportunidade da admissão

> **Art. 62.** O assistente será admitido enquanto não passar em julgado a sentença e receberá a causa no estado em que se achar.[151]

151. Recebimento da causa no estado em que estiver: é a regra do ingresso do assistente de acusação, evitando-se tumultos indevidos e a propositura de novas provas ou outras diligências, que somente fariam o procedimento inverter o seu curso, o que é inadmissível. Assim, a partir do recebimento da denúncia, até o trânsito em julgado da decisão, pode haver o ingresso do assistente, mas sem qualquer tipo de regressão no desenvolvimento regular da instrução. Quanto ao inquérito, não há interesse algum do ofendido em participar das investigações preliminares ao eventual processo, afinal, o procedimento é inquisitivo e dele nem mesmo toma parte ativa o indiciado. Logo, deve aguardar o início da ação penal para manifestar o seu interesse em dela participar.

Advogado de ofício como assistente

> **Art. 63.** Pode ser assistente o advogado da Justiça Militar, desde que não funcione no processo naquela qualidade ou como procurador de qualquer acusado.[152]

152. Advogado de ofício: não mais existe tal função. Atualmente, a Defensoria Pública da União patrocina a defesa do réu carente de recursos. Eventualmente, pode ingressar no polo ativo, como assistente de acusação, desde que a vítima seja pobre e necessite de advogado. Se já atuar no polo passivo, não cabe o ingresso como assistente; assim ocorrendo, deve o juiz nomear um advogado para patrocinar o interesse do ofendido.

Ofendido que for também acusado

> **Art. 64.** O ofendido que for também acusado no mesmo processo não poderá intervir como assistente, salvo se absolvido por sentença passada em julgado, e daí em diante.[153]

153. Corréu como assistente: é hipótese indevida e, por isso, vetada pela lei. Não tem o menor cabimento o corréu pretender a condenação de quem agiu contra ele, embora ambos estejam envolvidos na mesma infração penal. O espírito poderia ser de pura emulação ou vingança. O seu interesse não é justificado, como ocorre com o simples ofendido pela prática da infração penal. Andou bem o legislador ao vedar-lhe tal possibilidade.

Art. 65

Código de Processo Penal Militar Comentado • **Nucci**

90

Intervenção do assistente no processo

> **Art. 65.** Ao assistente será permitido, com aquiescência do juiz e ouvido o Ministério Público:
>
> *a)* propor meios de prova;[154]
>
> *b)* requerer perguntas às testemunhas, fazendo-o depois do procurador;[155]
>
> *c)* apresentar quesitos em perícia determinada pelo juiz ou requerida pelo Ministério Público;[156]
>
> *d)* juntar documentos;[157]
>
> *e)* arrazoar os recursos interpostos pelo Ministério Público;[158]
>
> *f)* participar do debate oral.[159]

Arrolamento de testemunhas e interposição de recursos

> § 1.º Não poderá arrolar testemunhas, exceto requerer o depoimento das que forem referidas,[160] nem requerer a expedição de precatória ou rogatória, ou diligência que retarde o curso do processo, salvo, a critério do juiz e com audiência do Ministério Público, em se tratando de apuração de fato do qual dependa o esclarecimento do crime.[161] Não poderá, igualmente, impetrar recursos, salvo de despacho que indeferir o pedido de assistência.[162]

Efeito do recurso

> § 2.º O recurso do despacho que indeferir a assistência não terá efeito suspensivo, processando-se em autos apartados. Se provido, o assistente será admitido ao processo no estado em que este se encontrar.[163]

Assistente em processo perante o STM

> § 3.º Caberá ao relator do feito, em despacho irrecorrível, após audiência do procurador-geral, admitir ou não o assistente, em processo da competência originária do Superior Tribunal Militar. Nos julgamentos perante esse Tribunal, se o seu presidente consentir, o assistente poderá falar após o procurador-geral, por tempo não superior a 10 (dez) minutos. Não poderá opor embargos, mas lhe será consentido impugná-los, se oferecidos pela defesa, e depois de o ter feito o procurador-geral.[164]

154. Propositura de prova: parece-nos lógico deduzir que o assistente de acusação proponha qualquer meio de prova, inclusive a testemunhal. Para isso, deveria ter o expresso direito de arrolar testemunhas, o que lhe é negado pelo § 1.º deste artigo. Soa-nos incongruente; o assistente pode *sugerir* a oitiva de uma testemunha, mas não pode oferecer um rol, que seja obrigatoriamente respeitado. Há que se alterar a concepção de que o assistente de acusação ingressa nos autos para fazer papel de *figurante* das ações lideradas pelo Ministério Público, atuando de maneira secundária. O ofendido tem o legítimo direito de participar, com efetividade, de todos os atos processuais, garantindo o seu propósito de litigar, de maneira constitucional, contra quem o ofendeu.

155. Direito de reperguntar: tem o assistente o direito de propor reperguntas não somente às testemunhas, mas também às pessoas que forem ouvidas como simples informantes e também à vítima.

156. Oferecimento de quesitos: no processo penal comum, até a reforma de 2008, não era permitido às partes ofertar quesitos ao perito; após, não somente é aceito como também viável indicar assistentes técnicos. Este dispositivo demonstra o avanço da legislação processual penal militar, admitindo a quesitação tanto pela acusação, incluindo o assistente, como pela defesa.

157. Juntar documentos: cuida-se de direito essencial de quem toma parte no processo, fazendo-o a qualquer tempo, abrindo-se vista à parte contrária para manifestação, assegurando-se o contraditório. Aliás, essa previsão é inócua, pois na alínea *a* já consta o direito de *propor prova*, o que inclui, por óbvio, a prova documental.

158. Direito de arrazoar os recursos do Ministério Público: se o ofendido atua como auxiliar da acusação, é natural e lógico poder manifestar-se em todos os recursos interpostos pelo representante do Ministério Público.

159. Direito de debater oralmente: quando a parte for convocada a manifestar-se oralmente perante o juiz, o assistente de acusação tem o direito de fazê-lo. Aliás, o correto seria nem haver um rol de *direitos* para o assistente de acusação. Uma vez admitido no processo, deve ter igual participação que o Ministério Público, pois outra visão é restritiva e injustificável.

160. Prova testemunhal: como já expusemos em nota anterior, é inconcebível vedar-se ao assistente de acusação o direito de arrolar testemunhas, pois figura nos autos como parte, atuando ao lado do Ministério Público. Evitando-se que a acusação possa indicar maior número de testemunhas que a defesa, pode-se estabelecer regra de isonomia: ou o assistente apenas complete o número legal apresentado pelo Ministério Público ou a defesa pode arrolar mais testemunhas, quando for preciso. Sob outro prisma, havendo testemunha referida (mencionada no depoimento de testemunha arrolada pela parte), tem o assistente o direito de *requerer* a sua inquirição. Nesse caso, o indeferimento do juiz somente pode dar-se em caso excepcional, quando manifestamente impertinente à solução da causa.

161. Assistente como entrave ao andamento do feito: a visão ofertada neste dispositivo apresenta o assistente de acusação como um potencial obstáculo ao célere trâmite do processo, o que não corresponde à realidade. Note-se a menção a lhe ser vedado requerer a expedição de precatória ou rogatória *ou* diligência que retarde do curso do feito. Retomamos o argumento já exposto em nota anterior, no sentido de que, admitido no processo, o ofendido não pode fazer papel secundário e figurativo. Deve ser permitido que atue em igualdade de condições com o Ministério Público e a defesa. Portanto, segundo a atual previsão deste dispositivo, o requerimento de precatória ou rogatória é formalmente vedado, a menos que o juiz entenda cabível.

162. Vedação ao direito recursal: não se autoriza ao assistente o direito de ingressar com recursos, exceto com relação ao indeferimento de seu pedido de admissão nos autos. Nesse ponto, a legislação comum toma rumo diverso: autoriza determinados recursos, mas veda justamente contra a decisão de indeferimento do ingresso do assistente. Ambas estão equivocadas, pois a vítima tem o direito de participar do processo de forma integral, valendo-se de todos os recursos admissíveis para o órgão acusatório e para a defesa.

Art. 66

163. Efeito meramente devolutivo: conferir o direito de recorrer contra a decisão de indeferimento do ingresso do assistente em juízo, ao mesmo tempo em que se veda o efeito suspensivo, pode redundar em situação inócua, pois até o recurso ser apreciado em superior instância é possível que a instrução tenha terminado. Por isso, reputamos admissível a propositura de mandado de segurança para auferir o direito de participar do processo, que constitui direito líquido e certo do ofendido.

164. Ingresso em instância superior: adota-se o mesmo perfil para a admissão do assistente de acusação, permitindo ao relator, em decisão irrecorrível, deferir ou indeferir o pleito da vítima de participação no processo. O mesmo se dá no tocante ao direito de sustentar oralmente perante a corte. Veda-se a possibilidade de ingressar com embargos, facultando-se apenas contrarrazoar o da defesa. Todas essas limitações devem ser superadas, legitimando-se a vítima a ingressar sempre no feito, atuando ao lado do Ministério Público. *De lege ferenda* é essencial a reforma da legislação para que a participação do ofendido no processo não pareça um *favor* prestado pelo Judiciário.

Notificação do assistente

> **Art. 66.** O processo prosseguirá independentemente de qualquer aviso ao assistente, salvo notificação para assistir ao julgamento.[165]

165. Intimação para os atos processuais: se o assistente foi admitido, deveria ser regularmente intimado para todos os estágios do feito; entretanto, somente o será para o julgamento. O termo *notificação* é inadequado, pois se trata de comunicação de ato a ser realizado, sem que exista a obrigação de participação. A legislação processual penal comum é mais sensata, preceituando o seguinte: "o processo prosseguirá independentemente de nova intimação do assistente, quando este, *intimado, deixar de comparecer* a qualquer dos atos da instrução ou do julgamento, *sem motivo de força maior* devidamente comprovado" (grifamos).

Cassação de assistência

> **Art. 67.** O juiz poderá cassar a admissão do assistente, desde que este tumultue o processo ou infrinja a disciplina judiciária.[166]

166. Cassação da assistência: diversamente do previsto na legislação processual penal comum, admite-se a exclusão do assistente, caso se entenda esteja tumultuando o feito ou promova qualquer ato de indisciplina. Compreende-se o rigor da hierarquia e da disciplina militar, mas tais princípios não devem ser aplicados indiscriminadamente, mormente em se tratando de civis. O juiz tem o poder – e o dever – de conduzir o processo, ordenando os atos processuais e não permitindo qualquer *tumulto* no trâmite processual. Da mesma forma que o órgão acusatório e a defesa podem intentar qualquer ato procrastinatório ou desordenado, sem sofrer a *pena* de expulsão do processo, não se deve atuar nesse nível no tocante ao assistente. Outro ponto relevante diz respeito à denominada *disciplina judiciária*, que serve de norte a qualquer das partes e não somente em relação ao assistente de acusação. Ademais, havendo indisciplina, basta que o magistrado se valha de seu poder de polícia para sanar o evento. Em suma, a exclusão do assistente é medida desproporcional e fere o direito do ofendido de participar do processo criminal movido contra o seu agressor.

Não decorrência de impedimento

> **Art. 68.** Da assistência não poderá decorrer impedimento do juiz, do membro do Ministério Público ou do escrivão, ainda que supervenientes na causa. Neste caso, o juiz cassará a admissão do assistente, sem prejuízo da nomeação de outro, que não tenha impedimento, nos termos do art. 60.[167]

167. Não impedimento: o dispositivo em comento evidencia, novamente, a posição secundária do assistente no processo. Regularmente admitido nos autos, *antes* da atuação de determinado juiz ou membro do Ministério Público, será excluído caso possa gerar hipótese de impedimento para o julgador ou para o órgão acusatório. O correto seria a sua mantença, prejudicando o ingresso de juiz ou promotor com ele incompatível. Nada se mencionou quanto à suspeição, motivo pelo qual não pode ser afastado o assistente em caso de potencial hipótese de suspeição quanto ao juiz ou promotor. Diante disso, estes não devem ingressar no feito onde atue o ofendido, com os quais mantenham algum laço digno de suspeição. Por outro lado, o termo *nomeação,* em nosso entendimento, constitui um equívoco, pois o assistente é *admitido* no processo e não nomeado (designado, instituído para tal). Se a vítima é excluída do feito para não gerar impedimento do juiz ou do membro do Ministério Público, torna-se, no mínimo, peculiar a pretensão de se *nomear* outrem para o seu lugar. Não se pode, por óbvio, supor que o advogado da vítima (este, sim, passível de substituição) seria o foco do impedimento, pois assistente é o ofendido e não seu causídico.

Seção III
Do acusado, seus defensores
e curadores

Personalidade do acusado

> **Art. 69.** Considera-se acusado aquele a quem é imputada a prática de infração penal em denúncia recebida.[168]

168. Acusado: é o sujeito passivo – e também parte – da relação processual. Enquanto transcorre a investigação, deve-se denominá-lo *indiciado*, pois formalmente apontado como suspeito pelo Estado. No momento do oferecimento da denúncia, a terminologia correta é chamá-lo de *denunciado* ou *imputado*. Após o recebimento da denúncia, torna-se acusado ou réu. Em face do princípio da intranscendência, a acusação não deve voltar-se senão contra o imputado – aquele a quem se atribui a prática da infração penal –, deixando de abranger qualquer outra pessoa, por mais próxima que lhe seja, como o cônjuge ou parente. Jamais figuram, no polo passivo da ação penal, os animais e as coisas – algo que, no direito penal antigo, já foi permitido. Embora a definição do art. 69 seja correta, não nos parece adequado que a lei contenha conceitos básicos de processo penal. Afinal, a ciência evolui em passos mais largos que a legislação, de modo que tais definições podem ficar ultrapassadas ou entrar em descompasso com novos conceitos. Por derradeiro, não há vantagem alguma em se inserir, na lei, definições desse naipe. O Código não é uma cartilha para estudantes, mas um compêndio de normas para conferir regularidade ao processo, disciplinando procedimentos, recursos e outros instrumentos.

Art. 70

Identificação do acusado

> **Art. 70.** A impossibilidade de identificação do acusado com o seu verdadeiro nome ou outros qualificativos não retardará o processo, quando certa sua identidade física. A qualquer tempo, no curso do processo ou da execução da sentença, far-se-á a retificação, por termo, nos autos, sem prejuízo da validade dos atos precedentes.[169]

169. Identificação do acusado: a ação penal somente pode ser promovida contra pessoa individualizada e devidamente identificada. Entretanto, o que se permite é o ajuizamento de ação penal contra determinado sujeito, cujos dados qualificativos são desconhecidos, mas a sua identidade, como pessoa, é inequívoca. Tal ocorre com o indiciado, que não possui documentos, nem fornece elementos à autoridade policial para obter seu verdadeiro nome, filiação, profissão, entre outros (situação possível com mendigos, sem endereço ou família, por exemplo), mas é suficiente que a identificação seja feita pelo método dactiloscópico ou outro similar. Não haverá, pois, equívoco no tocante ao autor da infração penal, ainda que se tenha dúvida quanto à sua qualificação. A correta qualificação do réu pode ser feita a qualquer tempo, sem qualquer prejuízo para a segurança da relação processual. Por outro lado, é possível que o réu apresente documentos de outra pessoa, passando-se por quem efetivamente não é. Tal conduta não é suficiente para anular a instrução ou a condenação, bastando ao o juiz descobrir a verdadeira qualificação, determinando a correção nos autos e no distribuidor, comunicando-se ao Instituto de Identificação.

Nomeação obrigatória de defensor

> **Art. 71.** Nenhum acusado, ainda que ausente ou foragido, será processado ou julgado sem defensor.[170-171]

Constituição de defensor

> § 1.º A constituição de defensor independerá de instrumento de mandado, se o acusado o indicar por ocasião do interrogatório ou em qualquer outra fase do processo por termo nos autos.[172]

Defensor dativo

> § 2.º O juiz nomeará defensor ao acusado que o não tiver, ficando a este ressalvado o direito de, a todo o tempo, constituir outro, de sua confiança.[173-174]

Defesa própria do acusado

> § 3.º A nomeação de defensor não obsta ao acusado o direito de a si mesmo defender-se, caso tenha habilitação; mas o juiz manterá a nomeação, salvo recusa expressa do acusado, a qual constará dos autos.[175-176]

Nomeação preferente de advogado

> § 4.º É, salvo motivo relevante, obrigatória a aceitação do patrocínio da causa, se a nomeação recair em advogado.[177-178]

Defesa de praças

> § 5.º As praças serão defendidas pelo advogado de ofício, cujo patrocínio é obrigatório, devendo preferir a qualquer outro.

Proibição de abandono do processo

> § 6.º O defensor não poderá abandonar o processo, senão por motivo imperioso, a critério do juiz.[179-181]
>
> § 7.º No caso de abandono sem justificativa, ou de não ser esta aceita, o juiz, em se tratando de advogado, comunicará o fato à Seção da Ordem dos Advogados do Brasil onde estiver inscrito, para que a mesma aplique as medidas disciplinares que julgar cabíveis. Em se tratando de advogado de ofício, o juiz comunicará o fato ao presidente do Superior Tribunal Militar, que aplicará ao infrator a punição que no caso couber.

170. Defensor: deve ser sempre advogado, que, segundo o disposto no art. 133 da Constituição Federal, é "indispensável à administração da justiça" e, conforme a Lei 8.906/94 (Estatuto da Advocacia), é atividade privativa da advocacia "a postulação a qualquer órgão do Poder Judiciário..." (art. 1.º, I), além de dispor que "no seu ministério privado, o advogado presta serviço público e exerce função social" (art. 2.º, § 1.º). Deve, sempre, como representante do acusado – este sim, parte passiva na relação processual –, buscar decisão favorável ao seu constituinte (art. 2.º, § 2.º). Note-se que o defensor não é parte, nem consorte necessário com o réu (cf. Rogério Lauria Tucci, Habeas corpus, *ação e processo penal*, 180). Para o fiel exercício de seu mandato, fazendo-o com liberdade, "é inviolável por seus atos e manifestações, nos limites desta lei" (art. 2.º, § 3.º), nos limites legais. Excepcionalmente, mas em homenagem à ampla defesa, o réu pode produzir, em seu interrogatório, a autodefesa – que precisa ser levada em conta pelo juiz – bem como pode recorrer de decisões contrárias ao seu interesse, além de impetrar *habeas corpus*, sem auxílio do advogado. O defensor não deve agir com a mesma imparcialidade exigida do representante do Ministério Público, pois está vinculado ao interesse do acusado, que não é órgão público e tem legítimo interesse em manter o seu direito indisponível à liberdade. Deve pleitear, invariavelmente, em seu benefício, embora possa até pedir a condenação, quando outra alternativa viável e técnica não lhe resta (em caso de réu confesso, por exemplo), mas visando à atenuação de sua pena ou algum benefício legal para o cumprimento da sanção penal (como penas alternativas ou *sursis*). Isso não significa que deve requerer ou agir contra a lei, burlando normas e agindo sem ética, durante o processo penal. Seus desvios, na atuação defensiva, podem tornar-se infrações penais ou funcionais.

171. Indisponibilidade do direito de defesa: trata-se de uma decorrência da indisponibilidade do direito à liberdade, razão pela qual o réu, ainda que não queira, terá nomeado um defensor, habilitado para a função, para o patrocínio de sua defesa. E tal medida ainda não

Art. 71

Código de Processo Penal Militar Comentado · **Nucci**

é o bastante. Torna-se fundamental que o magistrado zele pela qualidade da defesa técnica, declarando, se for preciso, indefeso o acusado e nomeando outro advogado para desempenhar a função. Note-se que nem mesmo o defensor constituído pelo réu escapa a esse controle de eficiência. Não correspondendo ao mínimo aguardado para uma efetiva ampla defesa, pode o juiz desconstituí-lo, nomeando um substituto dativo, embora deva dar prazo ao acusado para a indicação de outro profissional de sua confiança. Anota a doutrina, por fim, que a ausência de profissional habilitado ao patrocínio da causa, na Comarca – o que é situação rara nos dias de hoje –, não é empecilho para que o juiz nomeie um leigo, com mínima capacitação (como, por exemplo, tendo curso superior) a fim de ser garantida a ampla defesa.

172. Constituição de defensor por mandato ou no termo: é possível que o réu indique seu defensor por meio do instrumento de mandato ou prefira fazê-lo no termo de interrogatório, quando for ouvido pelo magistrado, que, como regra, pergunta-lhe se tem defensor e quais são seus dados identificadores. A nomeação diretamente no termo chama-se *apud acta*. Se não comparecer ao interrogatório, certamente deve nomear o defensor por mandato, salvo se for nomeado diretamente pelo juiz (defensor dativo).

173. Nomeação do defensor como ato exclusivo do magistrado: é da livre escolha do juiz o defensor apto a promover a defesa do acusado. O processo penal é regido pelo princípio da prevalência do interesse do réu, bem como pelo devido processo legal, que envolve a ampla defesa como seu corolário obrigatório. Por isso, o juiz deve zelar pelo fiel exercício da ampla e eficaz defesa, cuidando de garantir ao acusado todos os meios possíveis e legítimos para tanto. Entretanto, nos locais onde atua a Defensoria Pública, órgão estatal voltado à defesa de pessoas carentes, basta remeter os autos ao seu encargo.

174. Escolha de defensor de sua confiança: é direito inafastável do acusado, fazendo parte da ampla defesa. Deve haver uma estreita relação de confiança entre o réu e o profissional destacado para ouvir seus segredos e usar todos os recursos cabíveis para garantir o seu indisponível direito à liberdade. Assim, é natural que, não possuindo defensor, a princípio, cumprindo-se o estabelecido no art. 71, deve o juiz nomear-lhe um, o que não impede, a qualquer tempo, o ingresso no feito de advogado escolhido pelo próprio réu. Por outro lado, isso não quer dizer que o acusado possa selecionar, a seu bel-prazer, o defensor dativo nomeado pelo magistrado. Confira-se a lição de Rogério Lauria Tucci: "O fato de poder o acusado, a quem tenha sido dado defensor *ex officio*, nomear outro de sua confiança, 'a todo tempo', não significa tenha ele direito à substituição do anteriormente designado, por novo defensor também nomeado pelo órgão jurisdicional: restringe-se, obviamente, o seu direito, à constituição de outro de sua confiança, em prol do aperfeiçoamento de sua defesa" (Habeas corpus, *ação e processo penal*, p. 179). Na jurisprudência: STJ: "A Turma não conheceu do recurso em que o recorrente, entre outros argumentos, defendia que o juiz não poderia nomear defensor dativo antes de conferir ao réu a oportunidade de constituir outro causídico. Porém, concedeu ordem de *habeas corpus* de ofício, extensiva aos corréus, para anular o processo desde as alegações finais apresentadas pelo defensor dativo e determinou, ainda, que antes o recorrente seja notificado a fim de que informe se pretende constituir outro advogado para apresentar suas alegações finais. Ficaram prejudicadas, em consequência da concessão de ofício, as questões referentes à fixação da pena e do regime prisional. Observou o Min. Relator que a jurisprudência deste Superior Tribunal tem oscilado quanto à necessidade da prévia notificação do réu para possibilitar, se quiser, constituir novo defensor antes de o magistrado nomear defensor dativo para apresentar as alegações finais. Nessas situações, também se afasta, na maioria dos casos, a necessidade de demonstrar o prejuízo quando a prova for impossível. Precedentes citados do STF: AgRg na AI 559.632-MG, *DJ* 03.02.2006; HC 85.155-SP, *DJ* 15.04.2005; e HC 84.835-SP, *DJ* 26.08.2005; do STJ: HC 53.211-SP, *DJ* 21.05.2007; HC 57.849-SP, *DJ* 27.08.2007; REsp

1.028.101-MG, *DJe* 16.06.2008, e HC 47.612-BA, *DJe* 29.09.2008" (REsp 565.310-TO. 6.ª T., rel. Celso Limongi, 21.10.2010, v.u.).

175. Autodefesa técnica: além da possibilidade que todo réu possui de apresentar ao juiz sua autodefesa, devendo ser ouvido e ter seus argumentos comentados na sentença, existe, ainda, a oportunidade de o réu prescindir da defesa técnica, caso seja ele advogado. Não é o mais recomendável, pois sempre há o envolvimento emocional do acusado com sua própria defesa, embora seja permitido.

176. Custeio da defesa: dispõe a Constituição Federal que "o Estado prestará assistência jurídica integral e gratuita aos que comprovarem insuficiência de recursos" (art. 5.º, LXXIV), significando que o encargo não é geral, mas específico. Réus pobres têm o direito fundamental de obter defesa técnica gratuita nos processos criminais, mas aqueles que, favorecidos economicamente, não desejando contratar advogado, por razões variadas, obrigarem o juiz a nomear um defensor dativo ou mesmo um membro da Defensoria Pública, devem ser responsabilizados pelos honorários do profissional. Pode o Estado antecipar o pagamento do dativo, mas o ressarcimento há de ser exigido diretamente do acusado, em ação à parte. Quanto aos defensores públicos, do mesmo modo, estão eles obrigados a atuar em defesa daquele que não quer ser defendido, pois o direito é indisponível, mas o Estado cobrará os honorários devidos, igualmente.

177. Obrigatoriedade de patrocínio: dispõe o Estatuto da Advocacia (Lei 8.906/94) que constitui infração disciplinar: "Art. 34 (...) XII – recusar-se a prestar, sem justo motivo, assistência jurídica, quando nomeado em virtude de impossibilidade da Defensoria Pública". E preceitua, ainda, que "o advogado, quando indicado para patrocinar causa de juridicamente necessitado, no caso de impossibilidade da Defensoria Pública no local da prestação de serviço, tem direito aos honorários fixados pelo juiz, segundo tabela organizada pelo Conselho Seccional da OAB, e pagos pelo Estado" (art. 22, § 1.º, da Lei 8.906/94). Logo, em primeiro lugar, deve-se observar que a nomeação do defensor, para o patrocínio de qualquer causa, somente ocorrerá quando, na Comarca, não houver órgão da Defensoria Pública (ou Procuradoria do Estado, com serviço de assistência judiciária). Nesse caso, deve o advogado aceitar a incumbência, a menos que demonstre a total impossibilidade, aduzindo motivos plausíveis. E, se atuar, deve ser remunerado pelos seus serviços, seja pelo próprio réu – quando tiver condições econômicas – seja pelo Estado, conforme tabela organizada pela OAB. Na prática, os juízes evitam nomear advogados conceituados, que possuem grande clientela, pois isso iria sobrecarregá-los ainda mais, dando preferência para os que estão disponíveis, por livre iniciativa, a atender aos réus carentes. Por outro lado, pode haver um convênio entre a OAB e a Procuradoria-Geral do Estado, estabelecendo uma lista de profissionais dispostos a aceitar a nomeação, conforme a área de atuação, bem como existe uma tabela que serve de baliza para a fixação dos honorários a ser feita pelo magistrado.

178. Impossibilidade de nomeação de estagiários: não havendo mais a figura do solicitador, substituído pelo estagiário, torna-se inviável a sua nomeação para patrocinar causas criminais, pois é vedado pelo Estatuto da Advocacia (Lei 8.906/94) que ele atue sem o acompanhamento de um advogado (art. 3.º, § 2.º).

179. Abandono do patrocínio da causa: a retirada do processo, pelo causídico, não pode ficar ao critério discricionário do juiz. Afinal, trata-se de direito do advogado deixar de patrocinar a defesa do réu, por motivos variados, inclusive de foro íntimo, desde que cumpra o disposto na Lei 8.906/94 (Estatuto da Advocacia): "O advogado que renunciar ao mandato continuará, durante os dez dias seguintes à notificação da renúncia, a representar o mandante, salvo se for substituído antes do término desse prazo" (art. 5.º, § 3.º). Embora a menção seja

Art. 72

feita à renúncia ao mandato, é natural que possa também o dativo recusar-se a continuar na causa, desde que comunique tal fato ao juiz e aguarde a nomeação de outro defensor. Deve dar os motivos, que serão avaliados, não pelo magistrado, mas pela OAB, no campo ético. Quando se tratar de advogado vinculado ao convênio da assistência judiciária, pode até ser desligado de seus quadros. Tratando-se de defensor público, cuida-se de situação a ser analisada pela instituição à qual pertence.

180. Abandono indireto: o causídico pode largar a causa por meio indireto, vale dizer, sem expressa menção a respeito, mas deixando de cumprir atos indispensáveis da sua alçada. Em procedimento compatível, imagine-se seja o defensor intimado a apresentar as alegações finais. Deixa escoar o prazo e não as oferece. Novamente intimado, inclusive pessoalmente, não se manifesta. Eis o abandono indireto da causa. Pode o magistrado nomear substituto e comunicar a OAB, nos termos do § 7.º. Essa decisão tem caráter administrativo, pois não se relaciona ao feito em julgamento. Somente se admite recurso no âmbito jurisdicional criminal (correição parcial ou *habeas corpus*) se o afastamento do defensor for *prejudicial ao réu* e injustificado, configurando abuso por parte do juiz. Sobre o tema: TRF-4: "A inércia do advogado, para fins de caracterização do abandono de causa e consequente aplicação da multa prevista no art. 265 do CPP, somente se vislumbra após pelo menos duas intimações válidas para realização do ato" (ACR 2007.70.05.002722-8 - PR, 8.ª T, rel. Paulo Afonso Brum Vaz, 20.05.2010, v.u.).

181. Nomeação de defensor *ad hoc*: a ausência do defensor, constituído ou dativo, regularmente intimado para o ato processual, especialmente audiência de instrução, não impedirá a realização do mesmo, desde que inexista motivo imperioso para a falta ou não tenha sido feita a comunicação até a abertura da audiência. Nesse caso, nomeia-se, para funcionar na ocasião, um defensor, denominado *ad hoc* ("para o ato"). Persistindo a falta em julgamento posterior, pode o magistrado declarar o acusado indefeso, nomeando-lhe substituto, após dar-lhe prazo para escolher outro profissional para defendê-lo. Acrescente-se, ainda, que, se a falta imotivada for de defensor dativo, pode o magistrado substituí-lo definitivamente. Cuidando-se de defensor público, deve oficiar à direção da instituição, solicitando providências. Esse procedimento é válido se tratarmos de audiência singular, realizada unicamente para a colheita de alguns depoimentos menos relevantes. Porém, focando-se a audiência de instrução e julgamento única, não é possível que se nomeie defensor *ad hoc* para acompanhar *toda* a colheita da prova e, pior, realizar os debates que precedem o julgamento. O réu estará, evidentemente, indefeso. Seu advogado, por alguma razão, faltou. Não é problema do acusado, que merece ter respeitada a ampla defesa. O defensor *ad hoc* não é apto a conduzir todos os atos necessários à garantia de uma defesa eficiente. Cuidar-se-ia de arremedo de defesa em homenagem à celeridade, o que se evidencia hipótese absurda. Ademais, se o defensor constituído, público ou dativo, não comparecer à audiência e não provar o impedimento até a abertura dos trabalhos, deve o magistrado redesignar o ato, promover a intimação do réu para constituir outro defensor (quando constituído), ou oficiar à Defensoria Pública para apresentar outro defensor de seus quadros, ou, ainda, nomear outro dativo. De todo modo, não pode realizar o ato com a presença de defensor *ad hoc*. Aliás, seria outra hipótese insensata realizar a colheita de vários depoimentos, promover os debates e realizar o julgamento, com acompanhamento de *ad hoc*, para, depois, tomar conhecimento de motivo relevante e justo para a ausência do advogado constituído naquela data. Anular-se-á tudo para refazimento.

Nomeação de curador

Art. 72. O juiz dará curador ao acusado incapaz.[182]

182. Curador do acusado: o dispositivo, em face do disposto no art. 5.º do Código Civil (Lei 10.406/2002), perdeu, segundo nosso entendimento, sua aplicação. O acusado, maior de 18 anos, é plenamente capaz para todos os atos da vida civil, não possuindo mais representante legal, nem sendo, obviamente, necessária a nomeação de curador para acompanhá-lo em qualquer ato do processo. Confirmando essa orientação, o advento da Lei 10.792/2003, ao revogar o art. 194 do CPP, que previa a exigência de se proceder a interrogatório do réu menor na presença do curador, trouxe mais um importantíssimo elemento para afastar qualquer dúvida. Por isso, o mesmo se aplica ao CPPM.

Prerrogativa do posto ou graduação

> **Art. 73.** O acusado que for oficial ou graduado não perderá, embora sujeito à disciplina judiciária, as prerrogativas do posto ou graduação. Se preso ou compelido a apresentar-se em juízo, por ordem da autoridade judiciária, será acompanhado por militar de hierarquia superior à sua.[183]
>
> **Parágrafo único.** Em se tratando de praça que não tiver graduação, será escoltada por graduado ou por praça mais antiga.

183. Princípio da hierarquia: mantém-se o rigor da hierarquia militar até mesmo no cenário do processo criminal, exigindo-se o respeito aos oficiais e graduados.

Não comparecimento de defensor

> **Art. 74.** A falta de comparecimento do defensor, se motivada, adiará o ato do processo, desde que nele seja indispensável a sua presença. Mas, em se repetindo a falta, o juiz lhe dará substituto para efeito do ato, ou, se a ausência perdurar, para prosseguir no processo.[184]

184. Consequências do não comparecimento do defensor: há de se manter a ordem e a disciplina no curso do processo, não se permitindo que o defensor possa faltar, sem motivo justo, prejudicando o andamento do feito. Por isso, a lei processual penal, tanto a comum como a militar, estipulam regras para enfrentar a situação, dentre as quais se encontra a viabilidade da continuidade do feito, nomeando-se substituto *para efeito do ato* (*ad hoc*) ou, perdurando o efeito da ausência, outro defensor (dativo). Entretanto, não se deve colocar em risco a ampla defesa, causando transtorno ao acusado, por culpa exclusiva do advogado. Diante disso, para atos processuais instrutórios, permite-se a nomeação de defensor *ad hoc*, o que não deve ocorrer para atos de finalização, como audiência de instrução e julgamento. Se houver ausência do defensor nesse relevante ato, convém adiar, providenciando-se outro, sem prejudicar o réu.

Direitos e deveres do advogado

> **Art. 75.** No exercício da sua função no processo, o advogado terá os direitos que lhe são assegurados e os deveres que lhe são impostos pelo Estatuto da Ordem dos Advogados do Brasil, salvo disposição em contrário, expressamente prevista neste Código.[185]

185. Norma explicativa desnecessária: trata-se de outra das normas incompatíveis com o Código de Processo Penal Militar, pois explicita o óbvio – e obviedades não devem fazer

Art. 76

parte do texto legal. É mais que evidente possuir o advogado prerrogativas e deveres impostos por lei, aliás, há muito tempo, mesmo antes da edição deste Código.

Impedimento do defensor

> **Art. 76.** Não poderá funcionar como defensor o cônjuge ou o parente consanguíneo ou afim, até o terceiro grau inclusive, do juiz, do membro do Ministério Público ou do escrivão. Mas, se em idênticas condições, qualquer destes for superveniente no processo, tocar-lhe-á o impedimento, e não ao defensor, salvo se dativo, caso em que será substituído por outro.[186]

186. Impedimento do defensor: na esteira do que já se viu, quanto ao parentesco entre juiz e defensor (art. 37, *a*, CPPM), não pode funcionar no processo, como advogado do réu, o familiar do magistrado. A diferença daquele artigo para este, é que, naquela hipótese, o juiz torna-se impedido, pois o seu parente já atuou ou está atuando como defensor. Neste caso, é o advogado que não pode ingressar, uma vez que o magistrado já se encontra, anteriormente, atuando no processo.

Título VII

Capítulo Único
Da denúncia[187]

187. Denúncia: é a petição inicial, contendo a acusação formulada pelo Ministério Público, contra o agente do fato criminoso, nas ações penais públicas. Embora a peça acusatória deva ser concisa, todos os fatos devem ser bem descritos, em detalhes, sob pena de cerceamento de defesa. Nessa ótica: STF: "No art. 41 [art. 77, CPPM], a lei adjetiva penal indica um necessário conteúdo positivo para a denúncia. É dizer: ela, denúncia, deve conter a exposição do fato normativamente descrito como criminoso, com suas circunstâncias, de par com a qualificação do acusado, a classificação do crime e o rol de testemunhas (quando necessário). Aporte factual, esse, que viabiliza a plena defesa do acusado, incorporante da garantia processual do contraditório. Já o art. 395 do mesmo diploma processual, esse impõe à peça acusatória um conteúdo negativo. Se, pelo primeiro, há uma obrigação de fazer por parte do Ministério Público, pelo art. 395, há uma obrigação de não fazer" (Inq. 2486-AC, T.P., rel. Carlos Britto, 08.11.2009, v.u.). Idem STF: "É inepta a denúncia que, imputando ao réu a prática de lesões corporais culposas, em acidente de veículo, causado por alegada imperícia, não descreve o fato em que teria esta consistido" (HC 86.609-RJ, 1.ª T., rel. Cezar Peluso, 06.05.2006, v.u., *Boletim AASP* 2.492, p. 1.258).

Requisitos da denúncia

> **Art. 77.** A denúncia conterá:[188-191-A]
>
> *a)* a designação do juiz a que se dirigir;[192]
>
> *b)* o nome, idade, profissão e residência do acusado, ou esclarecimentos pelos quais possa ser qualificado;[193]
>
> *c)* o tempo e o lugar do crime;
>
> *d)* a qualificação do ofendido e a designação da pessoa jurídica ou instituição prejudicada ou atingida, sempre que possível;
>
> *e)* a exposição do fato criminoso, com todas as suas circunstâncias;[194]
>
> *f)* as razões de convicção ou presunção da delinquência;[195]
>
> *g)* a classificação do crime;[196-198]
>
> *h)* o rol das testemunhas, em número não superior a seis, com a indicação da sua profissão e residência; e o das informantes com a mesma indicação.[199-201]

Dispensa de testemunhas

> **Parágrafo único.** O rol de testemunhas poderá ser dispensado, se o Ministério Público dispuser de prova documental suficiente para oferecer a denúncia.[202]

Art. 77

188. Denúncia genérica no concurso de pessoas: tem-se admitido ofereça o órgão acusatório uma denúncia genérica, em relação aos coautores e partícipes, quando não se conseguir, por absoluta impossibilidade, identificar claramente a conduta de cada um no cometimento da infração penal. Ilustrando, se vários indivíduos ingressam em um bar desferindo tiros contra os presentes, para matá-los, pode tornar-se tarefa impossível à acusação determinar exatamente o que cada um fez, isto é, quais e quantos tiros foram disparados por A e quem ele efetivamente atingiu. O mesmo em relação a B, C ou D. E mais: pode ser inviável apontar o autor do disparo e aquele que apenas recarregava a arma para outros tiros serem dados. O primeiro seria o autor e o segundo, o partícipe. Nessa hipótese, cabe o oferecimento de denúncia genérica, sem apontar, separadamente, a conduta atribuível a cada um dos acusados. Outra solução seria inadequada, pois tornaria impuníveis aqueles que soubessem camuflar seus atos criminosos, ainda que existam nítidas provas apontando-os, todos, como autores do crime. Entretanto, se as condutas estiverem bem definidas no inquérito, cabe ao promotor individualizá-las corretamente na denúncia, para que esta não se torne inepta. Na jurisprudência: STF: "(...) cuidando-se de crime cometido mediante concurso de agentes, não é de exigir da denúncia que a conduta atribuída a cada um deles realiza por si só todos os elementos do tipo" (HC 79.088/RJ, 1.ª T., rel. Sepúlveda Pertence, v.u., 18.05.1999, *DJ* 25.06.1999, p. 5); "Nos crimes multitudinários, ou de autoria coletiva, a denúncia pode narrar genericamente a participação de cada agente, cuja conduta específica é apurada no curso do processo-crime. Precedentes" (HC 80.204-GO, 2.ª T., rel. Maurício Corrêa, 05.09.2000, v.u.); STJ: "A denúncia, nos crimes de autoria coletiva, conforme entendimento pretoriano, não precisa individualizar a conduta de cada agente. Mas também não é suficiente que simplesmente decline os nomes de todos os sócios, quando, como *in casu*, um deles sequer foi indiciado pela autoridade administrativa encarregada de toda a apuração" (RHC 8.389-RJ, 6.ª T., rel. Fernando Gonçalves, 20.05.1999, v.u., *DJ* 30.08.1999, p. 75-76); TFR-4.ª Região: "2. Consoante jurisprudência do Superior Tribunal de Justiça, nas hipóteses de crimes praticados em concurso de agentes, onde se revele de difícil individualização a conduta de cada participante, admissível a inicial acusatória redigida de forma mais ou menos genérica, sem que, com isso, configure violação ao artigo 41 do Código de Processo Penal. Outrossim, não há que se falar em nulidade por cerceamento de defesa quando inexiste sinal de prejuízo processual decorrente da apresentação de teses defensivas pelos acusados" (ACR 2001.04.01.079272-0-PR, 8.ª T, rel. Luiz Fernando Wowk Penteado, 23.09.2009, v.u.); TJSP: "tratando-se de crimes de autoria coletiva, própria dos crimes societários, não se pode exigir precise a acusação, desde logo e sempre, os pormenores da atuação de cada um dos agentes. Delitos dessa natureza, como regra, são preparados cuidadosamente e reservadamente, de sorte que não se pode exigir a identificação e individuação das ações. O Colendo Superior Tribunal de Justiça, bem por isso, por sua 5.ª Turma, já assentou que: 'nos chamados delitos societários não é imprescindível a individualização da atuação específica de cada agente, bastando a narração genérica do delito que enseje o exercício da defesa' (Recurso de *Habeas Corpus* 7.000-0-RS, julgado em 2 de novembro de 1997, Relator Ministro José Arnaldo da Fonseca, Boletim do Superior Tribunal de Justiça, n. 3, de 16 de março de 1998, p. 35-36)" (HC 474.921.3/7, São Paulo, 4.ª C., rel. Luís Soares de Mello, 14.05.2005, v.u.); TJPA: "Concorre para o crime, e incide nas penas para ele previstas, de acordo com o art. 30 do CP (*sic*), aquele que, embora não tenha executado as ações de emascular ou matar as vítimas, tenha de qualquer modo concorrido com a consumação dessas condutas por outrem, uma vez que essas agressões constituam um meio para a obtenção de sangue e órgãos genitais, que seriam usados em rituais de uma seita satânica ou congênere, da qual os réus faziam parte, revelando cuidadosa divisão de tarefas para a obtenção do fim comum. Esta realidade impõe que se flexibilize a regra segundo a qual as condutas de cada acusado devem ser claramente individualizadas, por se saber que é coautor do delito aquele que age com domínio finalístico sobre as condutas que lhe foram designadas, como partes necessárias do todo criminoso que foi antes engendrado (*pactum sceleris*). Revelando-se a causa complexa quanto à individualização das condutas dos acusados, tendo em vista a diversificação das ações empreendidas, não resulta ilegal ou despropositada a indicação genérica da participação dos mesmos, restando apenas imperiosa a similitude com os termos da denúncia, da pronúncia e do libelo [peça extinta]" (Ap. 2004301186-1, 1.ª C., rel. João José da Silva Maroja, 28.04.2005, v.u., *RT* 837/419). Em sentido contrário: STJ: "Nos chamados crimes societários, imprescindível que a denúncia descreva, pelo menos, o modo como os coautores concorreram para o crime", sob pena de inviabilizar a ampla defesa (RHC 7.244/RJ, rel. Edson Vidigal, 5.ª T., v.u., 16.03.1999, *DJ* 31.05.1999, p. 156). Idem STJ: "É inepta a denúncia, desbordando-se, inclusive, em abuso, que, sem apontar um só fato capaz de fornecer indício – ainda que mínimo – acerca da atuação dos sócios, se limita à referência de ação continuada, com unidade de desígnios, reduzindo o recolhimento de valor do ICMS" (RHC 8.143/MG, rel. Fernando Gonçalves, 6.ª T., 13.04.1999, v.u., *DJ* 28.06.1999, p. 153). No meio termo: STJ: "O entendimento desta Corte – no sentido de que, nos crimes societários, em que a autoria nem sempre se mostra claramente comprovada, a fumaça do bom direito deve ser abrandada, não se exigindo a descrição pormenorizada da conduta de cada agente – não significa que o órgão acusatório possa deixar de estabelecer qualquer vínculo entre o denunciado e a empreitada criminosa a ele imputada. O simples fato de ser sócio ou gerente de empresa não autoriza a instauração de processo criminal por crimes praticados no âmbito da sociedade, se não restar comprovado, ainda que com elementos a serem aprofundados no decorrer da Ação Penal, a mínima relação de causa e efeito entre as imputações e a condição de dirigente da empresa, sob pena de se reconhecer a responsabilidade penal objetiva. A inexistência absoluta de elementos hábeis a descrever a relação entre os fatos delituosos e a autoria ofende o princípio constitucional da ampla defesa, tornando inepta a denúncia" (Apn. 404-AC, Corte Especial, rel. Gilson Dipp, 05.10.2005, v.u., *Boletim AASP* 2.496, p. 4.098).

189. Concisão da denúncia: é medida que se impõe, para não tornar a peça inicial do processo penal em uma autêntica alegação final, avaliando provas e sugerindo jurisprudência a ser aplicada. Diferentemente da área cível, no processo criminal, a denúncia deve primar pela concisão, limitando-se a apontar os fatos cometidos pelo autor, sem juízo de valoração ou apontamentos doutrinários e jurisprudenciais. A peça deve indicar o que o agente fez, para que ele possa se defender. Se envolver argumentos outros, tornará impossível o seu entendimento pelo réu, prejudicando a ampla defesa. Ensina Espínola Filho que "a peça inicial deve ser sucinta, limitando-se a apontar as circunstâncias que são necessárias à configuração do delito, com a referência apenas a fatos acessórios, que possam influir nessa caracterização. E não é na denúncia, nem na queixa, que se devem fazer as demonstrações da responsabilidade do réu, o que deve se reservar para a apreciação final da prova, quando se concretiza (ou não) o pedido de condenação" (*Código de Processo Penal Brasileiro anotado*, v. 1, p. 418). No mesmo sentido: Rogério Lauria Tucci (*Habeas corpus, ação e processo penal*, p. 188). Na jurisprudência: TJMG: "Apesar de o art. 41 do Código de Processo Penal [art. 77, CPPM] aludir à exposição de todas as circunstâncias do fato criminoso, não há necessidade de minúcias, devendo o denunciante ou querelante primar pela concisão, limitando-se a apontar os fatos cometidos pelo(s) réu(s) para não tornar a peça inicial do processo uma verdadeira alegação final" (Ap. Crim. 1.0210.07.046790-2/0001(1)–MG, 5.ª C.C., rel. Adilson Lamounier, 24.11.2009, v.u.).

190. Denúncia alternativa: entendemos ser inviável essa modalidade de peça. Se o órgão acusatório está em dúvida quanto a determinado fato ou quanto à classificação que mereça, deve fazer sua opção antes do oferecimento, mas jamais apresentar ao juiz duas versões contra o mesmo réu, deixando que uma delas prevaleça ao final. Tal medida impossibilita a ideal e ampla defesa pelo acusado, que seria obrigado a apresentar argumentos em vários sentidos, sem saber, afinal, contra qual conduta efetivamente se volta o Estado-acusação. Em sentido oposto, convém mencionar o magistério de Afrânio Silva Jardim: "Não deve impressionar a circunstância de o titular da ação penal pública tornar explícita a sua dúvida em relação a que conduta efetivamente o acusado praticara (imputação alternativa objetiva) ou qual dos acusados que praticou a infração penal (alternatividade subjetiva). A dúvida a isto se resume, pois há firme convicção de que uma infração penal foi realmente praticada, determinável após a instrução criminal contraditória. Ademais, a petição inicial (denúncia) nada mais é do que uma proposta, uma probabilidade. É o ato processual hábil a trazer ao Poder Judiciário a apreciação de um ou mais fatos. No processo é que se trabalha com a certeza, ou na sua ausência, com o princípio do *in dubio pro reo*. (...) Não há que se falar em prejuízo para a defesa. Na imputação alternativa a acusação penal é determinada e os fatos são atribuídos aos réus de forma concreta, descritas todas as suas circunstâncias, como quer o art. 41 do Código de Processo Penal. Vale dizer, o réu sabe perfeitamente de que condutas está sendo acusado e delas pode amplamente se defender, apenas se amplia o *thema decidendum*, ao qual estará sempre vinculada a prestação jurisdicional, daí por que os limites da coisa julgada ficarão ampliados. A defesa poderá impugnar os fatos também de forma alternativa, atenta ao princípio da eventualidade, tirando, inclusive, proveito da dúvida já manifestada pelo órgão da acusação. (...) Destarte, não havendo qualquer obstáculo à imputação alternativa, a sua admissibilidade decorre do próprio sistema processual, informado pelo princípio da obrigatoriedade do exercício da ação penal pública" (*Direito processual penal*, p. 119-120). Permitimo-nos discordar, acrescentando alguns outros argumentos. O princípio da obrigatoriedade da ação penal pública não pode suplantar o princípio da ampla defesa, autêntica garantia humana fundamental. Se o órgão acusatório tem dúvida, após todo o desenrolar do inquérito, que é inquisitivo, conferindo-lhe vasta possibilidade de captar provas contra o indiciado, é inviável que lance mão de uma imputação alternativa, deixando, em última análise, ao réu e seu defensor o ônus de apontar qual seria a versão mais apropriada para, depois, negá-la. Torna-se particularmente difícil defender-se de vários fatos imputados ao mesmo tempo, mas que são excludentes, ou seja, se o réu praticou um deles, automaticamente estará afastado o outro. A imputação alternativa facilita, sem dúvida, a tarefa do acusador, mas está longe de favorecer a do acusado. Dizer que a defesa pode valer-se igualmente da impugnação alternativa é transformar o processo em um jogo, contendo várias possibilidades e inúmeras soluções. Uma delas pode prevalecer ao final, sem que se saiba desde logo qual seria. O inquérito tem justamente a meta de apurar o fato previamente, materializando prova pré-constituída para conferir justa causa à ação penal. Logo, a precisão (e concisão) da denúncia ou queixa é uma exigência disso. Lembremos, ainda, que o acusado tem direito à autodefesa, manifestando-se no interrogatório diretamente ao juiz, dando-lhe a versão que entende cabível. Ora, se a denúncia deve ser concisa justamente para propiciar o claro entendimento da imputação, imagine-se a leitura, ao réu, de uma peça contendo várias possibilidades, de modo a gerar perplexidade e má compreensão. O acusado, nessas circunstâncias, passa a ser convidado a indicar qual é a imputação correta, pois há mais de uma, o que, por si só, já pode confundi-lo. Em lugar de se defender, sofre a tentação de contribuir com o órgão acusatório para dar feição definida à denúncia. E não é tarefa sua tal objetivo. Dizer que a imputação alternativa é determinada, com a devida vênia, não é convincente. *Determinado* é algo resoluto, definido. Se o promotor não sabe o que houve ao certo, imputando isto ou aquilo, é natural que subsista nessa situação uma flagrante indeterminação. *Alternativo* é o que possui mais de uma opção, motivo pelo qual não se pode daí deduzir tratar-se de acusação precisa, como se exige para que a ampla defesa (autodefesa e defesa técnica) realize-se a contento. Se alguns réus podem sair-se bem de uma imputação alternativa, outros tantos perder-se-iam ao tentar explicar o que fizeram, uma vez que nem ao menos conseguiram entender o que o órgão acusatório imagina que realmente praticaram. Em suma, dadas várias hipóteses na denúncia, transfere-se à defesa a árdua missão de negá-las todas ou indicar qual seria a correta e, se assim for feito, para a condenação será um passo.

191. Aditamento da denúncia: estando ajuizada a ação penal, antes que o juiz receba eventual aditamento, em cumprimento à ampla defesa, deve ouvir o réu/querelado, sob pena de estar configurado indevido cerceamento, passível de ser sanado por meio de *habeas corpus*. Entretanto, se o aditamento circunscreve-se à classificação do delito, não há necessidade de ouvir novamente o réu. Afinal, o acusado se defende dos fatos a ele imputados e não do tipo penal apontado na peça acusatória (ver a nota 99 supra). Nesse sentido: TRF-4.ª Região: "O aditamento feito à denúncia não justifica a realização de novo interrogatório nas hipóteses em que tenha sido preservada a descrição primeira da exordial acusatória, conferindo-se, tão somente, nova classificação aos fatos narrados. Aplicação da regra inserta no artigo 383 do CPP" (ACR 2005.70.08.000374-6-PR, 8.ª T, rel. Paulo Afonso Brum Vaz, 04.06.2010, v.u.).

191-A. Preenchimento dos requisitos: obriga o Ministério Público a apresentar a denúncia e, por óbvio, o Judiciário a recebê-la. Na jurisprudência: STM: "A Denúncia que esteja devidamente revestida de suas formalidades e requisitos legais, com observância aos arts. 30 e 77 do CPPM, e que demonstre a subsunção da conduta ao tipo legal, deve ser recebida, não devendo o Juiz julgar o mérito da ação para rejeitá-la. Recurso Ministerial conhecido e provido. Decisão unânime" (Recurso em Sentido Estrito nº 7000565-51.2020.7.00.0000, rel. Odilson Sampaio Benzi, julgado em: 11.03.2021, v.u.); "Na hipótese, a Denúncia, tanto no seu aspecto formal, como na sua face material, responde às exigências do artigo 77 do Código de Processo Penal Militar. Assim é que, de um lado, descreve conduta em tese constitutiva de crime militar, oferece seguros indícios de autoria, expõe as razões de convicção do *Parquet*, além de ofertar as demais indicações de natureza secundária formalmente exigidas; ainda assim, de outro, encontra-se arrimada em satisfatória base probatória quanto ao fato indigitado criminoso. Não se fazem presentes, *in casu*, quaisquer das hipóteses de rejeição da Exordial elencadas no artigo 78 do CPPM. Nos termos do art. 30, alínea 'b', do CPPM, para o recebimento da Denúncia, não se exige prova plena e que necessariamente conduza à certeza sobre a autoria. Rejeição dos Embargos. Maioria" (Embargos Infringentes e de Nulidade nº 7001231-86.2019.7.00.0000, rel. Luis Carlos Gomes Mattos, julgado em: 28.05.2020, por maioria); "Cediço que, no ato de oferecimento da Denúncia, incumbe ao Magistrado, tão somente, verificar se as condições obrigatórias do art. 77 do CPPM foram ou não atendidas, o que deve ser feito em juízo de cognição superficial. Nessa etapa processual, prevalece o *in dubio pro societate*. A instrução processual é direito subjetivo outorgado ao *dominus litis* quando satisfeitas as exigências legais. Daí, impedir seu exercício de forma precoce frustra as prerrogativas de que o *Parquet* dispõe, pois o impossibilita de exercer seu *munus publicum*. A exordial narrou, indubitavelmente, a ocorrência de um ilícito penal. Nesse contexto, entendo que o *Decisum* hostilizado exerceu carga valorativa sobre a conduta do agente, inoportuna quando do mero juízo de prelibação. Provimento do recurso ministerial. Decisão por unanimidade" (Recurso em Sentido Estrito 7000610-55.2020.7.00.0000, rel. Maria Elizabeth Guimarães Teixeira Rocha, julgado em: 05.11.2020, v.u.).

192. Competência: a peça acusatória deve ser dirigida à autoridade judiciária competente para processar e julgar o autor do crime. Havendo mais de uma igualmente competente, o órgão acusatório indica genericamente o juízo, que será selecionado por distribuição.

193. Esclarecimentos de identificação: o réu pode não ter o nome ou os demais elementos que o qualificam devidamente conhecidos e seguros. Há quem possua dados incompletos, não tenha nem mesmo certidão de nascimento ou seja alguém que, propositadamente, carregue vá-

Art. 77

Código de Processo Penal Militar Comentado • NUCCI

rios nomes e qualificações. Contenta-se a ação penal com a determinação física do autor do fato, razão pela qual se torna imprescindível a sua identificação dactiloscópica, quando preenchidas as situações descritas na Lei 12.037/2009. Lembremos que o art. 259 do Código de Processo Penal, deixa claro que a "impossibilidade de identificação do acusado com o seu verdadeiro nome ou outros qualificativos não retardará a ação penal, quando certa a identidade física" (...).

194. Fato e circunstâncias: a exposição do fato criminoso quer dizer o *tipo básico*, ou seja, a figura fundamental do crime (ex.: matar alguém, no homicídio – art. 205, CPM). As circunstâncias referem-se ao *tipo derivado*, envolvendo qualificadoras e causas de aumento (art. 205, § 2.º, CPM).

195. Convicção e presunção: esses elementos são impertinentes à peça acusatória, que deve *explanar* fatos, lastreados nas provas contidas no inquérito policial militar ou documentação similar. *Convicção* significa persuasão íntima ou convencimento, atribuição típica do julgador; é irrelevante para a denúncia, pois o réu não se defende da certeza adquirida pelo promotor. *Presunção* é suspeita ou juízo dedutivo baseado em suposição. No mesmo prisma, o acusado não se defende de conjecturas. Não há figura correspondente na legislação processual penal comum. Na jurisprudência: STM: "É cediço que o juízo de delibação para o recebimento de denúncia, especialmente no âmbito da Justiça Castrense, resume-se à apreciação dos requisitos objetivos elencados nas alíneas do art. 77 do CPPM e à análise superficial do requisito de natureza subjetiva a que alude à respectiva alínea *f*, referente 'às razões de convicção ou presunção de delinquência'" (Recurso em Sentido Estrito 7000570-44.2018.7.00.0000, rel. Francisco Joseli Parente Camelo, data de julgamento: 29.11.2018, data de publicação: 13.12.2018, v.u.).

196. Classificação do crime: é a tipicidade ou definição jurídica do fato. O promotor, autor da denúncia, após descrever pormenorizadamente o fato delituoso praticado pelo agente, finda a peça inicial oferecendo a classificação, isto é, a sua visão a respeito da tipicidade. Manifesta qual é a definição jurídica do ocorrido, base sobre a qual será proferida eventual decisão condenatória. Trata-se de um juízo do órgão acusatório, que não vincula nem o juiz, nem a defesa. Portanto, tendo em vista que o acusado se defende dos fatos alegados, pode o defensor solicitar ao magistrado o reconhecimento de outra tipicidade, o mesmo podendo fazer o juiz de ofício, ao término da instrução.

197. Defesa quanto aos fatos alegados e não em relação à classificação: o acusado terá a ampla defesa assegurada desde que os fatos, com todas as circunstâncias que os envolvem, estejam bem descritos na denúncia. O Estado-acusação afirma ter alguém cometido condutas que geraram resultados. Ao final, declara o promotor os artigos nos quais vê inseridos tais fatos. O réu deve apresentar sua defesa quanto aos fatos e não quanto à tipificação feita, uma vez que, como leigo que é e estando assegurada a autodefesa, não tem obrigação de conhecer a lei penal. Por sua vez, a defesa técnica prescinde da classificação feita pelo promotor, pois deve conhecer o direito material o suficiente para ater-se aos fatos alegados, apresentando ao juiz a tipificação que entende mais correta. O mesmo se diga do magistrado, que não se prende ao resultado da definição jurídica feita pelo órgão acusatório, podendo alterá-la quando chegar o momento adequado. Nessa linha: STF: "O réu se defende dos fatos descritos na denúncia. O eventual equívoco na capitulação não acarreta a inépcia da mesma" (HC 79.856-RJ, 2.ª T., rel. Nelson Jobim, 02.05.2000, m.v.). Idem: STF, HC 79.535-MS, 2.ª T., rel. Maurício Corrêa, 16.11.1999, v.u., *DJ* 10.12.1999, p. 3. TRF-4.ª Região: "O aditamento feito à denúncia não justifica a realização de novo interrogatório nas hipóteses em que tenha sido preservada a descrição primeira da exordial acusatória, conferindo-se, tão somente, nova classificação aos fatos narrados. Aplicação da regra inserta no artigo 383 do CPP." (ACR 2005.70.08.000374-6-PR, 8.ª T, Rel. Paulo Afonso Brum Vaz, 04.06.2010, v.u.); TRF-3.ª Região: "O réu se defende dos fatos descritos na denúncia e não do tipo penal indicado, ainda que incorretamente, na inicial. A exata definição jurídica pode ser estabelecida até mesmo depois da instrução criminal, por força dos artigos 383 e 384 do CPP" (HC 37277 – 2009.03.00.025211-7-SP, 1.ª T., rel. Vesna Kolmar, 24.11.2009, m.v.).

198. Erro quanto à classificação: é irrelevante. Se o promotor denuncia um roubo quanto aos fatos narrados, mas o classifica, indevidamente, como furto a denúncia não é inválida, nem prejudica o correto desenvolvimento do processo. Corrige-se a definição jurídica por ocasião da sentença. Assim: TJSP: "Denúncia – Rejeição – Inadmissibilidade – Fundamento em errônea capitulação legal – Peça, contudo, que descreve conduta típica punível – Existência de embasamento fático suficiente – Adequação a ser feita no momento da sentença – Recurso provido" (RSE 113.638-3, 1.ª C., rel. Ivan Marques, 03.08.1992, *RJTJSP* 136/436. Trata-se de decisão que rejeitava denúncia por tráfico, mas seria possível, ao final, constatar ter ocorrido porte).

199. Rol das testemunhas: é facultativo. A obrigatoriedade, que vincula o órgão acusatório, é o oferecimento do rol na denúncia, razão pela qual, não o fazendo, preclui a oportunidade de requerer a produção de prova testemunhal. Conferir: TJDF: "Doutrina abalizada considera facultativa a juntada do rol de testemunhas ao órgão encarregado de promoção da ação penal pública incondicionada, todavia, a sanação dessa omissão não pode ser feita posteriormente, sob pena de subversão do sistema processual adotado (Nucci, Guilherme de Souza, in *Código de Processo Penal Comentado*, 8. ed. São Paulo: ed. RT, 2008, pg. 157)" (HC 20090020101038-DF, 2.ª T.C., rel. Silvânio Barbosa dos Santos, 10.09.2009).

200. Testemunhas e vítimas: devem ser arroladas separadamente, isto é, merece ser apontado no rol – embora se chame sempre "rol das testemunhas" – quais delas são efetivamente testemunhas e quais delas são vítimas. Permite-se, com isso, que o juiz exerça maior controle sobre o número máximo permitido para ser computado.

201. Falta de assinatura na denúncia: tendo em vista que o representante do Ministério Público é órgão oficial, conhecido – ou passível de sê-lo – dos serventuários, e, consequentemente, terá vista aberta para sua manifestação, a falta de assinatura é mera irregularidade, não impedindo o seu recebimento, especialmente se for imprescindível para evitar a prescrição. Na jurisprudência: TJSE: "A falta de assinatura da denúncia, constitui-se em mera irregularidade processual, não sendo causa para o trancamento da ação penal" (HC 0499/2009-SE, C.C, rel. Edson Ulisses de Melo, 28.09.2009, v.u.).

202. Dispensabilidade do inquérito policial: confirmando não constituir a investigação criminal, conduzida pela polícia judiciária militar, a única fonte de provas para instruir a denúncia, estabelece-se ser facultativo o oferecimento de rol de testemunhas; tudo depende da documentação amealhada pelo órgão acusatório proveniente de origem diversa.

Rejeição da denúncia[203]

> **Art. 78.** A denúncia não será recebida pelo juiz:[204-209]
>
> *a)* se não contiver os requisitos expressos no artigo anterior;[210]
>
> *b)* se o fato narrado não constituir evidentemente crime da competência da Justiça Militar;[211]
>
> *c)* se já estiver extinta a punibilidade;[212]
>
> *d)* se for manifesta a incompetência do juiz ou a ilegitimidade do acusador.[213]

Art. 78

Código de Processo Penal Militar Comentado • **Nucci**

Preenchimento de requisitos

> § 1.º No caso da alínea *a*, o juiz, antes de rejeitar a denúncia, mandará, em despacho fundamentado, remeter o processo ao órgão do Ministério Público para que, dentro do prazo de 3 (três) dias, contados da data do recebimento dos autos, sejam preenchidos os requisitos que não o tenham sido.[214]

Ilegitimidade do acusador

> § 2.º No caso de ilegitimidade do acusador, a rejeição da denúncia não obstará o exercício da ação penal, desde que promovida depois por acusador legítimo, a quem o juiz determinará a apresentação dos autos.[215]

Incompetência do juiz. Declaração

> § 3.º No caso de incompetência do juiz, este a declarará em despacho fundamentado, determinando a remessa do processo ao juiz competente.[216]

203. Deficiências da denúncia: podem ser supridas a todo tempo, antes da sentença final de primeiro grau, desde que a falha não prejudique a defesa a que tem direito o réu. Na jurisprudência: TJMG: "A exordial acusatória realmente não informa os dias exatos da prática delituosa, mas revela que os fatos se deram entre os meses de setembro e outubro do ano de 1998. Tal questão afigura-se apenas como uma formalidade secundária que não tem o condão de tornar nulo todo o processo, vez que, *in casu*, nada influenciou para a defesa do acusado, não lhe trazendo qualquer forma de prejuízo. Assim, entendo correto afirmar ser dispensável a indicação pontual da data da prática da conduta criminosa perpetrada pelo réu, pois o contrário estaria a consolidar a impunidade quando da impossibilidade de se delimitar a data dos fatos, o que não se pode admitir. Deste modo, e ao contrário do alegado pelo apelante, a denúncia de fls. 02/04, bem como seu aditamento de fls. 87/89, revestem-se de todas as formalidades exigidas no art. 41 do Código de Processo Penal, não havendo, portanto, nulidade a ser declarada, tendo sido possibilitada à parte a mais ampla defesa". (Ap. 1.0223.99.030264-6/001, 1.ª C., rel. Márcia Milanez, 15.03.2005, v.u.).

204. Fundamentação para o recebimento da denúncia: como regra, é desnecessária. Trata-se de uma presunção consagrada pelos julgados de que os fatos narrados na peça do órgão acusatório foram devidamente verificados e confrontados com as provas constantes do inquérito policial ou com outros documentos que acompanhem a inicial, gerando no magistrado a mesma convicção de suficiência de autoria e materialidade provocada na acusação. Se assim não fosse, caberia ao juiz, de acordo com o disposto no art. 78 deste Código, rejeitar a peça acusatória. STM: "1. A denúncia (apresentada com a prova da existência de fato que, em tese, constitua crime e os indícios de autoria) revestida das formalidades e dos requisitos legais, nos termos dos arts. 77 e 78, ambos do CPPM, deve ser recebida. 2. É vedado ao juiz, na fase de admissibilidade da ação penal, ingressar no mérito para rejeitar a Denúncia, sob pena de suprimir a apreciação pelo Colegiado de Justiça. Nesse momento processual – Juízo de Prelibação -, vigora a máxima *"in dubio pro societate"*. (...)"" (Recurso em Sentido Estrito nº 7000731-83.2020.7.00.0000, rel. Marco Antônio de Farias, julgado em: 18.03.2021, por maioria).

205. Retificação da denúncia no momento do seu recebimento: impossibilidade. Tratar-se-ia de um indevido prejulgamento, tornando parcial o juízo, além do que a titularidade da ação penal é exclusivamente do Ministério Público. Ademais, cabe o magistrado empreender qualquer modificação na fase da sentença. Nessa linha: STF: "Não é lícito ao Juiz, no ato de recebimento da denúncia, quando faz apenas juízo de admissibilidade da acusação, conferir definição jurídica aos fatos narrados na peça acusatória. Poderá fazê-lo adequadamente no momento da prolação da sentença, ocasião em que poderá haver a *emendatio libelli* ou a *mutatio libelli*, se a instrução criminal assim o indicar" (HC 87.324-SP, 1.ª T., rel. Cármen Lúcia, 10.04.2007, m.v.); STJ: "A denúncia é uma mera proposta de condenação e condensa uma definição jurídica do fato delituoso de natureza provisória, susceptível de retificação pelo Juiz no momento de edição da sentença (CPP, art. 383), sendo imprópria e inoportuna a sua correção no despacho judicial de seu recebimento" (RHC 8.968-RJ, 6.ª T., rel. Vicente Leal, 23.11.1999, v.u., *DJ* 13.12.1999, p. 180). E também: STJ: "Descabe ao magistrado, no juízo de admissibilidade da denúncia, recapitular o fato nela descrito, porque essa é atribuição do Ministério Público, titular da ação penal pública" (RE 196.117/PB, 6.ª T., rel. Fernando Gonçalves, 01.06.1999, v.u., *DJ* 21.06.1999, p. 210). Em contrário, sustentando a possibilidade de o magistrado determinar a correção da denúncia logo no recebimento, está o magistério de Benedito Roberto Garcia Pozzer: "Não procede o entendimento de que ao juiz é vedado determinar a emenda da denúncia, desde o início, para, de acordo com os fatos expostos, determinar-lhes a correção da *classificação jurídica*. Se o próprio representante do Ministério Público pode aditá-la, a qualquer tempo, com mais razão está autorizado o julgador determinar a correção, afastando-se sensíveis prejuízos à defesa e nulidades processuais" (*Correlação entre acusação e sentença no processo penal brasileiro*, p. 156).

206. Rejeição da denúncia pelo juiz e recebimento pelo Tribunal: conforme o caso concreto, não pode ser recebida pelo Tribunal, sob pena de supressão de instância. Se, eventualmente, o magistrado se dá por incompetente, por exemplo, não recebendo a denúncia, havendo recurso, não pode o Tribunal recebê-la, em lugar do juiz, uma vez que seria autêntica supressão de instância. Assim, dado provimento ao recurso, devem os autos retornar à origem para que o magistrado receba a denúncia, o mesmo valendo para a queixa. Assim: STF: "Recurso: suspensão de instância: nulidade. Em recurso do Ministério Público contra decisão de juiz singular que a rejeitara por incompetência da Justiça Militar, não pode o Tribunal, dando-lhe provimento, receber de logo a denúncia" (HC 79.137-9, Rio de Janeiro, 1.ª T., rel. Sepúlveda Pertence, v.u., 20.04.1999, *DJ* 28.05.1999, Seção 1, p. 7). Entretanto, se o juiz rejeita a denúncia ou queixa, porque achou incabível o ajuizamento da ação penal, é perfeitamente viável que o Tribunal a receba. É o disposto atualmente na Súmula 709 do Supremo Tribunal Federal: "Salvo quando nula a decisão de primeiro grau, o acórdão que provê o recurso contra a rejeição da denúncia vale, desde logo, pelo recebimento dela".

207. Rejeição ou recebimento parcial da denúncia: cremos ser viável, desde que não implique um juízo indevido de antecipação do mérito. A hipótese não é legalmente rechaçada. É possível sustentar ter o juiz liberdade para acolher alguns dos fatos narrados pela acusação, com respaldo no inquérito, afastando outros, sem implicar prejulgamento. Não estaria o magistrado antecipando o veredicto, nem se substituindo ao acusador, pois não está classificando os fatos expostos, inserindo-o neste ou naquele tipo incriminador, mas somente permitindo o início da ação penal com base em acusação plausível. Contra isso, não nos insurgimos. Deve-se salientar, no entanto, que a denúncia ou queixa é uma peça técnica, visando à exposição de fatos, de modo a permitir a devida defesa ao acusado, não podendo ser recortada pelo juiz no momento do recebimento, se a providência retirar sentido aos fatos imputados pela acusação. Tornar-se-á peça ininteligível, merecendo ser rejeitada no seu todo. Necessita-se evitar, ainda e a todo custo, a antecipação de convicção do magistrado, que haverá de explicar, minuciosamente, a razão de estar aceitando determinado trecho da denúncia, mas não outro. Se existe o inquérito policial militar para dar fundamento à denúncia, cabe a quem faz a imputação atrelar-se rigidamente a ele, não ampliando em demasia o conteúdo da peça inicial, inserindo crime inexistente, qualificadora ou causa de aumento não evidenciada ou outro elemento sem comprovação indiciária. Entretanto, se durante a instrução surgir prova nova, indicando a existência de novo delito ou circunstância agravante, pode haver aditamento da peça. E, por fim, a rejeição parcial da denúncia é viável, quando o órgão acusatório imputa ao réu vários fatos delituosos, verificando o juiz que alguns deles constituem meras repetições de outros, já descritos. Assim, evitando-se o inaceitável *bis in idem*, pode-se afastar a imputação, na parte repetida, acolhendo-se os demais fatos. Na jurisprudência: STM: "Presentes os requisitos dos arts. 77 e 78 do Código de Processo Penal Militar, o recebimento da Denúncia é medida impositiva, não cabendo ao magistrado, ressalvadas situações excepcionais, perquirir sobre a ausência de dolo do denunciado, sob pena de coarctar o direito do Ministério Público de promover a ação penal, bem como do juiz natural, ou seja, o Conselho de Justiça, apreciar a causa" (Recurso em Sentido Estrito 7000111-42.2018.7.00.0000, rel. Péricles Aurélio Lima de Queiroz, data de julgamento: 27.03.2018, data de publicação: 19.04.2018, v.u.).

208. Ausência das condições da ação e rejeição da denúncia: as condições da ação são os requisitos legais para que o órgão acusatório, exercendo o direito de ação, consiga obter do Poder Judiciário uma análise quanto à existência da pretensão punitiva do Estado e a possibilidade de sua efetivação. Na lição de Frederico Marques, "são os elementos e requisitos necessários para que o juiz decida do mérito da pretensão, aplicando o direito objetivo a uma situação contenciosa" (*Elementos de direito processual penal*, v. 1, p. 292). São as condições genéricas e específicas. Entre as genéricas, temos: a) possibilidade jurídica do pedido, identificada, majoritariamente, pela doutrina como o fato imputado a alguém ser considerado crime (tipicidade, ilicitude e culpabilidade). Logo, se, à primeira vista, lendo o inquérito que acompanha a denúncia, não vislumbra o juiz qualquer desses elementos, deve rejeitar a peça acusatória. O pedido é juridicamente impossível, pois não se pode pedir a condenação de alguém por ter praticado conduta penalmente irrelevante. É verdade que há tendência doutrinária a não mais considerar útil esse entendimento, ou seja, a possibilidade jurídica do pedido – tal como utilizado o conceito no processo civil – deveria ser deixada de lado no processo penal. A justificativa, entre outras, é que o direito de punir do Estado fundamenta-se, precipuamente, no princípio da legalidade (não há crime sem lei que o defina, não há pena sem prévia cominação legal), de modo que, nas palavras de Maria Thereza Rocha de Assis Moura, torna-se desnecessária "para o processo penal, a discussão acerca da possibilidade jurídica como condição da ação e sua identidade ou não com a tipicidade. Esta – não há como deixar de reconhecer – integra o juízo de legitimidade da acusação. E, uma vez ausente, possibilita o trancamento da ação penal por falta de justa causa" (*Justa causa para a ação penal – Doutrina e jurisprudência*, p. 188-189). Em síntese, seria mais um problema atinente à justa causa para a ação penal do que, propriamente, um tópico destacado e intitulado possibilidade jurídica do pedido. Parece-nos válida essa afirmativa, reduzindo-se no princípio da legalidade o cerne da acusação legítima, embora não se possa perder de vista o caráter prático da consideração de existência dessa condição da ação penal. Afinal, o pedido formulado pelo órgão acusatório é sempre genérico, baseando-se na condenação do réu, para que justa sanção penal lhe seja aplicada. Somente há possibilidade de se permitir o ajuizamento da ação penal, inicialmente, produzindo-se prova ao longo da instrução, caso o pedido seja juridicamente viável, significando dizer que o fato, em tese, é considerado crime. Havendo demonstração de que não é infração penal, logo, desrespeitado está o princípio da legalidade, sendo impossível o pedido feito. Pode-se, é certo, dizer que, nessa hipótese, estaria o juiz produzindo um autêntico julgamento de mérito, mas o importante é deduzir acerca da existência de estágios no processo penal – o que não há, no processo civil, razão pela qual os institutos precisam ser adaptados a um e outro. Para que haja ação penal, é fundamental existir, ao menos em tese e de acordo com uma demonstração prévia e provisória, uma infração penal. Logicamente, nada impede que, diante do mecanismo existente de produção de prova pré-constituída – para garantia do próprio indiciado – verifique o juiz não haver possibilidade para o pedido formulado, rejeitando desde logo a denúncia ou queixa. Invadiu o mérito, sem dúvida, porque o primeiro estágio da persecução penal (inquérito) trouxe provas suficientes a respeito da inviabilidade de realização do segundo estágio, isto é, do ajuizamento da ação, com todo o constrangimento que tal situação acarreta ao réu, a ficar, por vezes, anos a fio vinculado a um processo-crime. Poderíamos dizer que a possibilidade jurídica do pedido liga-se apenas à ação penal poder ser instaurada e, ao final, produzido um juízo de mérito pelo magistrado, não significando que não possa haver, desde logo, a antecipação desse juízo de mérito, encerrando-se de vez a questão, quando as provas permitirem, no interesse do próprio indivíduo; b) interesse de agir, ou seja, deve haver necessidade, adequação e utilidade para a ação penal. A necessidade do devido processo legal para haver condenação e submissão de alguém à sanção penal é condição inerente a toda ação penal. Logo, pode-se dizer que é presumido esse aspecto do interesse de agir. Quanto à adequação, deve-se destacar que o órgão acusatório precisa submeter-se ao procedimento legal para que possa obter um julgamento de mérito, a respeito da pretensão punitiva do Estado. Se ocorrer o ingresso da ação penal, sem o acompanhamento de prova pré-constituída, embora a narrativa feita na denúncia ou na queixa possa ser considerada juridicamente possível, não haverá interesse de agir, tendo em vista ter sido desrespeitado o interesse-adequação. Não há justa causa para a ação penal. Quanto ao interesse-utilidade, significa que a ação penal precisa apresentar-se útil para a realização da pretensão punitiva do Estado; c) legitimidade para agir, vale dizer, ser o autor o titular da ação penal, conforme previsão legal. Abrange essa condição a legitimidade passiva, devendo ser acusada a pessoa a quem se atribui a imputação. No contexto da legitimidade, há divisão entre legitimidade para a causa (legitimidade *ad causam*), que foi a situação narrada acima, bem como legitimidade para o processo (legitimidade *ad processum*), isto é, para figurar num dos polos da relação processual. Ausente quaisquer das condições da ação, deve haver a rejeição da denúncia.

209. Ausência de justa causa e rejeição da denúncia: embora parte da doutrina venha confundindo a justa causa com o interesse de agir, parece-nos correta a lição de Maria Thereza Rocha de Assis Moura, sustentando que a justa causa, em verdade, espelha uma síntese das condições da ação. Inexistindo uma delas, não há justa causa para a ação penal (*Justa causa para a ação penal – Doutrina e jurisprudência*, p. 221). Na jurisprudência: STM: "É pacífica a jurisprudência da Corte no sentido de que havendo a descrição de ilícito penal, legitimidade para a causa e ausência de causa extintiva da punibilidade, impõe-se o recebimento da denúncia, desde que presente justa causa para a ação penal. A alegada ausência de dolo depende da análise das provas que deverão ser produzidas na instrução criminal com a observância dos princípios do contraditório e da ampla defesa" (RSE 0000104-47.2011.7.12.0012 – AM, Plenário, rel. Marcos Martins Torres, 19.04.2012, v.u.).

210. Inépcia da inicial: o não preenchimento dos requisitos expostos pelo art. 77 implica absoluta falta de aptidão para atingir os fins aos quais se destina, que é a exposição detalhada do fato criminoso, com todas as suas circunstâncias, possibilitando o exercício da ampla defesa pelo acusado. Dentre outros fatores, são geradores de inépcia: a) a descrição de fatos de maneira truncada, lacunosa ou em desacordo com os dados constantes do inquérito;

Art. 78

Código de Processo Penal Militar Comentado • **Nucci**

b) a inserção de coautores ou partícipes inexistentes na investigação policial; c) a narrativa tendente a firmar um determinado tipo penal, mas cuja conclusão aponta para outro (não se trata de mero erro de classificação); d) a menção a elemento subjetivo calcado em dolo, porém com descrição dos elementos componentes da culpa (e vice-versa); e) a introdução de jurisprudência ou referências doutrinárias (o réu se defende dos fatos alegados e não tem obrigação alguma de conhecer dados técnicos); f) a descrição muito extensa e detalhada do caso, de modo a tornar incompreensível o cerne da imputação; g) a descrição confusa e misturada de fatos típicos incriminadores diversos; h) qualquer citação feita com estrangeirismo (exceção feita às consagradas fórmulas em latim, mesmo assim com a devida tradução. Ex.: *iter criminis*, ou percurso criminoso).

211. Incompetência da Justiça Militar e atipicidade do fato: a redação da legislação processual penal comum, antes da reforma de 2008, continha dispositivo similar, porém, com a seguinte alteração: mencionava que devesse a denúncia ser rejeitada quando o fato evidentemente não constituísse crime (sem referência à incompetência do juízo). Portanto, poderia tratar-se de fato atípico, lícito ou não culpável. No caso desta alínea, a referência se liga a fato que não constitua crime *da competência da Justiça Militar*. Diante disso, há duas hipóteses: a) o fato narrado não constitui crime de espécie alguma; b) o fato narrado constitui crime, mas não militar. Como mencionado linhas acima, se a situação ocorresse na esfera comum, a rejeição da denúncia equivaleria a uma decisão terminativa, apta a gerar coisa julgada material. Entretanto, a previsão formulada no art. 78, *b*, deste Código, não autoriza a referida rejeição da peça acusatória com o propósito de declarar, de modo definitivo, não ter havido delito de espécie alguma. Indica que deve o juiz apenas reconhecer a sua incompetência. Ato contínuo, remeter o feito ao juízo competente, que possa cuidar do delito. Afinal, a Justiça Militar somente cuida de matéria específica, vinculada a crimes militares. Na jurisprudência: STM: "Havendo comprovação nos autos, mediante prova pericial, de que os fatos ocorreram em prejuízo de bens sob a administração militar, mantém-se a competência da Justiça Militar, mesmo sendo civis os réus, não sendo cabível o trancamento da Ação Penal Militar" (HC 0000040-72.2012.7.00.0000-AM, Plenário, rel. Cleonilson Nicácio Silva, 04.06.2012, v.u.); STM: "Ausente um dos elementos necessários para a configuração do crime, cabe a rejeição da Denúncia com espeque no art. 78, inciso II, do CPPM" (RSE 0000241-41.2011.7.01.0301-RJ, Plenário, rel. Raymundo Nonato de Cerqueira Filho, 24.05.2012, v.u.).

212. Extinção da punibilidade: a prática do crime faz nascer a pretensão punitiva estatal, que se torna efetiva por meio da ação penal. Quando presente uma das causas extintivas da punibilidade, cessa a referida pretensão punitiva, inexistindo interesse de agir. Portanto, deve o juiz rejeitar a peça acusatória e declarar extinta a punibilidade do agente.

213. Incompetência e ilegitimidade: esta hipótese abrange situação de incompetência do juízo militar, por razões diversas da estabelecida na alínea *b* (fato que não constitui crime da competência da Justiça Militar), como, por exemplo, prerrogativa de função, isto é, o autor é denunciado em foro comum, quando, na verdade, goza de foro privilegiado. A denúncia deve ser rejeitada, encaminhando-se o caso à autoridade competente. Sob outro prisma, constatando-se que o órgão acusatório ou o réu não devem figurar no polo ativo ou passivo, inexiste cabimento para o ajuizamento da demanda. Embora a lei refira-se somente à ilegitimidade do acusador, deve-se checar a do acusado igualmente. Na jurisprudência: STM: "Ainda que prestando serviços como médico de uma Organização Militar, a condição de Civil do Denunciado o desnatura como sujeito ativo do delito previsto no art. 235 do CPM, uma vez que o crime de Pederastia ou outro ato de libidinagem exige que o Agente seja militar. Impossibilidade de equiparar o Denunciado, para fins de aplicação da lei penal militar, aos Oficiais médicos integrantes do Serviço de Saúde da Marinha, uma vez que o princípio da legalidade, viga mestra do direito penal brasileiro, expressa a taxatividade da lei na tipificação do delito e, por via de consequência, exclui o emprego da analogia sempre que tanto vier em detrimento do indivíduo" (RSE 0000266-79.2010.7.0401-RJ, Plenário, rel. Luiz Carlos Gomes Mattos, 29.03.2012, v.u.).

214. Retificação da denúncia: por economia processual, convém permitir ao órgão acusatório o refazimento da peça, complementando-a com os requisitos necessários, antes de rejeitá-la. É interessante observar a referência a *despacho fundamentado*, evidenciando deva o magistrado indicar quais são as falhas a corrigir, para que não paire dúvidas a respeito. Na jurisprudência: STM: "1. No recebimento da Denúncia em que prevalece o *in dubio pro socie-tate*, a instrução processual é direito subjetivo outorgado ao *dominus litis* quando satisfeitas as exigências legais. Impedir seu exercício de forma precoce frustra as prerrogativas de que o Parquet dispõe, pois o impossibilita de exercer seu *munus publicum*. 2. Outrossim, caso o Juízo entenda pela ausência de algum dos requisitos expressos, a norma de regência (art. 78, § 1.º, do CPPM) impõe a ele o dever de, antes de rejeitar a exordial, remeter os autos ao Ministério Público, dentro do prazo de três dias, com o fito de sanar o vício existente. *In casu*, verifica-se que, ao contrário do preconizado, a exordial restou rechaçada de plano. 3. O *Decisum*, por realizar cognição exauriente, invade a competência do órgão colegiado, isto é, do Conselho de Justiça para a Marinha e retira sua legitimidade para o julgamento dos fatos. Note-se que o entendimento pela atipicidade das condutas foi realizado de forma singular pelo Juiz togado. Ora, ao menos como possibilidade, é factível que os juízes militares possam ter entendimento diverso do perquirido e, somente, o regular trâmite da Ação Penal assegurará a cognição plena da matéria por quem a lei atribui competência para o julgamento. 4. Recurso ministerial provi-do por maiori." (Recurso em Sentido Estrito 7000031-10.2020.7.00.0000, rel. Maria Elizabeth Guimarães Teixeira Rocha, julgado em: 10.09.2020, por maioria).

215. Correção do polo ativo: nem haveria necessidade de explicitar que a rejeição da denúncia por ilegitimidade de parte pode conduzir à sua reapresentação à Justiça Militar, de-vidamente sanado o erro. Se o órgão acusatório não possuía legitimação para agir, suprida esta, pode-se ingressar com a demanda. Aliás, seguindo-se o preceituado pelo parágrafo anterior, conforme o caso, pode o juiz determinar o retorno dos autos à acusação para a correção da falha *antes* da rejeição.

216. Reconhecimento da incompetência: nos termos apresentados pela alínea *b* do art. 78, caso o magistrado reconheça não ser o crime da alçada da Justiça Militar, deve rejeitar a denúncia, mas não ficará inerte. Em decisão fundamentada, demonstrará as razões pelas quais concluiu pela incompetência e remeterá o feito ao juízo adequado.

Prazo para oferecimento da denúncia

> **Art. 79.** A denúncia deverá ser oferecida, se o acusado estiver preso, dentro do prazo de 5 (cinco) dias, contados da data do recebimento dos autos para aquele fim; e, dentro do prazo de 15 (quinze) dias, se o acusado estiver solto. O auditor deverá manifestar-se sobre a denúncia, dentro do prazo de 15 (quinze) dias.[217-218]

Prorrogação de prazo

> **§ 1.º** O prazo para o oferecimento da denúncia poderá, por despacho do juiz, ser prorrogado ao dobro; ou ao triplo, em caso excepcional e se o acusado não estiver preso.[219]

Art. 80

> § 2.º Se o Ministério Público não oferecer a denúncia dentro deste último prazo, ficará sujeito à pena disciplinar que no caso couber, sem prejuízo da responsabilidade penal em que incorrer, competindo ao juiz providenciar no sentido de ser a denúncia oferecida pelo substituto legal, dirigindo-se, para este fim, ao procurador-geral, que, na falta ou impedimento do substituto, designará outro procurador.[220]

217. Natureza do prazo quando se tratar de indiciado preso: é certo que os cinco dias para oferecer denúncia constituem prazo processual, mas especial, não somente por lidar com a liberdade de alguém, como também porque há regra específica no artigo em comento. Concordamos com aqueles que dizem ser lógico computar-se, como primeiro dia do prazo, aquele em que foi aberta vista ao promotor. Não é esse o termo inicial, mas o primeiro dia. Nessa ótica, Tourinho Filho (*Código de Processo Penal comentado*, v. 1, p. 125). Contrariamente, está a posição de Mirabete, alegando que o dia do recebimento dos autos é o termo inicial dos cinco dias, que necessitam ser computados sem a inclusão do primeiro (*Código de Processo Penal interpretado*, p. 111). Se o prazo findar em um feriado ou final de semana, prorroga--se para o dia útil imediato, seja qual for a forma de contagem (incluindo-se ou não o dia do recebimento dos autos do inquérito).

218. Prazo processual impróprio quando se tratar de indiciado solto: não se impõe, pelo não cumprimento dos quinze dias, qualquer sanção processual à parte desidiosa, mas apenas disciplinar, se for o caso. Assim, mesmo depois dos quinze dias, o que ocorre com frequência, diante do acúmulo de serviço dos promotores, pode haver o oferecimento de denúncia.

219. Disposição de duvidoso alcance: o prazo para oferecimento da denúncia de indiciado solto é impróprio, como já mencionado em nota anterior; se ultrapassado, não acarreta nenhuma sanção processual. Por isso, basta que seja ofertada a peça acusatória depois de esgotado o período de quinze dias. É desnecessário haver a sua *prorrogação oficial*. O disposto neste parágrafo somente deve ser utilizado para acusado solto. A prorrogação de quinze dias, constante da primeira parte, pode se dar em qualquer situação, bastando um fundamento; a prorrogação de quarenta e cinco dias deve ocorrer em situação excepcional.

220. Providências disciplinares: no processo penal comum, se o membro do Ministério Público deixar de oferecer a denúncia no prazo legal, que também é de quinze dias para indiciado solto, a lei legitima a vítima a ingressar com a ação penal. Diversamente, neste Código, prevê-se apenas medidas de caráter disciplinar, provocadas pelo magistrado junto à chefia da instituição. Além disso, conforme o caso, pode o procurador-geral designar outro promotor para o caso. Tratando-se de pessoa presa, ultrapassar o prazo gera constrangimento ilegal, possibilitando a sua soltura.

Complementação de esclarecimentos

> **Art. 80.** Sempre que, no curso do processo, o Ministério Público necessitar de maiores esclarecimentos, de documentos complementares ou de novos elementos de convicção, poderá requisitá-los, diretamente, de qualquer autoridade militar ou civil, em condições de os fornecer, ou requerer ao juiz que os requisite.[221]

221. Poder requisitório: à época de edição deste Código, foi necessário incluir a prerrogativa de requisitar diligências a autoridades civis ou militares; atualmente, encontra-

-se previsto na lei orgânica do Ministério Público. De todo modo, deve o órgão acusatório requerer ao juiz as requisições envolvendo sigilo bancário, fiscal ou telefônico, pois somente o Judiciário pode rompê-las.

Extinção da punibilidade. Declaração

> **Art. 81.** A extinção da punibilidade poderá ser reconhecida e declarada em qualquer fase do processo, de ofício ou a requerimento de qualquer das partes, ouvido o Ministério Público, se deste não for o pedido.[222-223]
>
> **Parágrafo único.** No caso de morte, não se declarará a extinção sem a certidão de óbito do acusado.[224-225]

222. Extinção da punibilidade como matéria de ordem pública: cabe ao magistrado reconhecer qualquer causa de extinção da punibilidade, ouvindo as partes previamente, mas agindo de ofício, porque o Estado não mais tem interesse de punir o acusado. Tal se dá em qualquer fase do processo. Logo, mesmo na ausência de requerimento específico, deve atuar o Estado-juiz. Na jurisprudência: STM: "1. A prescrição da pretensão punitiva Estatal regula-se pela pena imposta, após sentença condenatória, de que somente o réu tenha recorrido. 2. Verificada a prescrição da pretensão punitiva do Estado, pela pena em concreto, na modalidade superveniente – arts. 123, inciso IV; 125, inciso VII, §§ 1.º e 5.º, inciso II; 129; e 133, todos do CPM e art. 81 do CPPM –, a extinção da punibilidade do agente deve ser declarada de ofício. Decisão por unanimidade" (Apelação 7000067-52.2020.7.00.0000, rel. Marco Antônio de Farias, julgado em: 08.10.2020, v.u.).

223. Cessação da instância: é a denominação utilizada para caracterizar uma das hipóteses de crise da instância, isto é, a anormal paralisação do curso procedimental, de forma temporária (como ocorre nas questões prejudiciais) ou de forma definitiva, o que ocorre no caso de extinção da punibilidade (Frederico Marques, *Elementos de direito processual penal*, v. 2, p. 221).

224. Morte do réu: é motivo para julgar extinta a punibilidade, em face do preceito de que a "morte tudo resolve" (*mors omnia solvit*). Trata-se de hipótese prevista no art. 123, I, do Código Penal Militar. Estipula este Código deva haver a exibição de certidão de óbito, razão pela qual não concordamos com a posição daqueles que admitem a extinção da punibilidade pela simples consideração de um juiz, na esfera cível, da morte presumida (art. 6.º do CC). Havendo ausência do réu, ainda que o magistrado transmita os bens aos herdeiros, inexistindo certeza do óbito, como exige este artigo, cremos não possa haver a decretação da extinção da punibilidade. Aguarda-se, se for o caso, a prescrição. Exceção se faz à morte trágica, ocorrida em acidente, cujo procedimento de reconhecimento de sua existência, na Vara dos Registros Públicos, tem o condão de fazer expedir a certidão de óbito (art. 88 da Lei 6.015/73). É certo que a Lei 10.406/2002 (novo Código Civil) acrescentou outras hipóteses de declaração de morte presumida, como ocorre no art. 7.º ("Pode ser declarada a morte presumida, sem decretação de ausência: I – se for extremamente provável a morte de quem estava em perigo de vida; II – se alguém, desaparecido em campanha ou feito prisioneiro, não for encontrado até 2 (dois) anos após o término da guerra. Parágrafo único. A declaração da morte presumida, nesses casos, somente poderá ser requerida depois de esgotadas as buscas e averiguações, devendo a sentença fixar a data provável do falecimento"). Nesses casos, diversamente da ausência, em que se presume a morte somente pelo fato de alguém desaparecer por certo tempo de seu domicílio, sem deixar notícia ou paradeiro, busca o juiz cível – como se faz, aliás, na Vara dos Registros Públicos em caso de morte trágica – o paradeiro de pessoas que estavam em

Art. 81

Código de Processo Penal Militar Comentado • Nucci

perigo de vida, cuja morte é *extremamente* provável ou quando desapareceram em campanha ou foram feitas prisioneiras, sem que fossem encontradas até 2 anos após a guerra, fixando a sentença a provável data do falecimento. Parece-nos, pois, que, registrada a decisão, pode-se dar o mesmo efeito da certidão de óbito, declarando-se extinta a punibilidade.

225. Certidão de óbito falsa: não nos parece existir qualquer possibilidade de reabertura do caso. Se o juiz reconheceu extinta a punibilidade, pela exibição de certidão de óbito falsa, nada mais pode ser feito, a não ser processar quem falsificou e utilizou o documento. Outra solução estaria impondo a revisão em favor da sociedade, o que é vedado em processo penal. Desejasse o legislador, poderia ter feito constar no Código de Processo Penal Militar especial licença para reabrir o caso, quando a certidão de óbito utilizada for considerada falsa. Outra não é a posição da ampla maioria da doutrina brasileira. Por todos, confira-se a lição de Carlos Frederico Coelho Nogueira: "Assim sendo, se, depois de transitar em julgado a sentença que declarou extinta a punibilidade pela morte do acusado, se descobrir estar ele vivo, não será possível rescindir a *res judicata* com o prosseguimento do feito extinto e não será por igual possível o oferecimento de nova denúncia ou de nova queixa contra o mesmo sujeito pelo mesmo fato delituoso. Se vier a ser instaurado novo processo, será absolutamente nulo, por ofensa à coisa julgada. (...) Quando muito, o acusado e – conforme o caso – seu defensor poderão ser processados pelo crime de *uso de documento falso* (art. 304 do Código Penal) e nada mais..." (*Comentários ao Código de Processo Penal*, v. 1, p. 760-761). Há, no entanto, posição em sentido contrário, sustentando a inviabilidade de produção de qualquer efeito jurídico, inclusive para gerar a extinção da punibilidade, do documento falso. Este não existiria para qualquer fim, motivo pelo qual a declaração de falsidade operaria efeito *ex tunc*, invalidando eventual decretação da extinção da punibilidade. Insistimos, entretanto, na posição defendida inicialmente, no prisma de que o documento falso pode, sem dúvida, gerar vários efeitos, merecedores de anulação, quando for possível. Não se pode desconsiderar a possibilidade de um depoimento ser igualmente falso e levar à absolvição do réu. Ainda que se apure o falso testemunho, não se pode reabrir a demanda sob tal pretexto. Idêntica situação ocorre com a certidão de óbito falsa, levando à extinção da punibilidade.

Título VIII

Capítulo Único
Do foro militar

Foro militar em tempo de paz

Art. 82. O foro militar é especial, e, exceto nos crimes dolosos contra a vida praticados contra civil, a ele estão sujeitos em tempo de paz:

Pessoas sujeitas ao foro militar

I – nos crimes definidos em lei contra as instituições militares ou a segurança nacional:

a) os militares em situação de atividade e os assemelhados na mesma situação;

b) os militares da reserva, quando convocados para o serviço ativo;

c) os reservistas, quando convocados e mobilizados, em manobras, ou no desempenho de funções militares;

d) os oficiais e praças das Polícias e Corpos de Bombeiros, Militares, quando incorporados às Forças Armadas;

Crimes funcionais

II – nos crimes funcionais contra a administração militar ou contra a administração da Justiça Militar, os auditores, os membros do Ministério Público, os advogados de ofício e os funcionários da Justiça Militar.

Extensão do foro militar

§ 1.º O foro militar se estenderá aos militares da reserva, aos reformados e aos civis, nos crimes contra a segurança nacional ou contra as instituições militares, como tais definidos em lei.

§ 2.º Nos crimes dolosos contra a vida, praticados contra civil, a Justiça Militar encaminhará os autos do inquérito policial militar à justiça comum.[225-A]

Art. 83

225-A. Foro especial do júri: a competência do Tribunal do Júri deve prevalecer sobre a da Justiça Militar, nos precisos termos do art. 125, § 4º, da Constituição Federal: "compete à Justiça Militar estadual processar e julgar os militares dos Estados, nos crimes militares definidos em lei e as ações judiciais contra atos disciplinares militares, ressalvada a competência do júri quando a vítima for civil, cabendo ao tribunal competente decidir sobre a perda do posto e da patente dos oficiais e da graduação das praças". Na jurisprudência: STF: "A competência constitucional do Tribunal do Júri, nos crimes dolosos contra a vida de civil praticado por militar, prevista no art. 125, § 4.º, da Constituição Federal, possui caráter especial em relação à competência da Justiça castrense, de modo que, em tais hipóteses, caberá ao Juízo Militar encaminhar os autos do inquérito policial militar à Justiça comum, nos termos do art. 82, § 2.º, do Código de Processo Penal Militar, Juízo este competente para, no exercício da sua Jurisdição, apreciar eventual existência de causa excludente de ilicitude" (RE 1.279.828 ED, 1.ª T., rel. Alexandre de Moraes, julgado em 08/09/2020, v.u.). STJ: "1. A competência da Justiça Militar tem previsão constitucional, ressalvando-se a competência do Tribunal do Júri nos casos em que a vítima for civil, conforme art. 125, § 4.º, da CF. Dessa forma, assentou a Terceira Seção do Superior Tribunal de Justiça, que, nesses casos, o inquérito pode ser conduzido pela Polícia Civil, pois, aplicada a teoria dos poderes implícitos, emerge da competência de processar e julgar, o poder/dever de conduzir administrativamente inquéritos policiais (CC n. 144.919/SP, Rel. Ministro Felix Fischer, Terceira Seção, julgado em 22/6/2016, *DJe* 1º.07.2016). 2. Por outro lado, a existência de concomitante inquérito promovido pela Polícia Militar, com o intuito de investigar a prática de suposta transgressão militar/crime militar, não existe o apontado constrangimento ilegal, pois, em caso de configuração de crime militar, nos termos do art. 102, 'a', do Código de Processo Penal Militar, o feito será cindido" (AgRg no RHC 122.680/PR, 5.ª T., rel. Reynaldo Soares da Fonseca, julgado em: 03.03.2020, v.u.).

Foro militar em tempo de guerra

> **Art. 83.** O foro militar, em tempo de guerra, poderá, por lei especial, abranger outros casos, além dos previstos no artigo anterior e seu parágrafo.

Assemelhado

> **Art. 84.** Considera-se assemelhado o funcionário efetivo, ou não, dos Ministérios da Marinha, do Exército ou da Aeronáutica, submetidos a preceito de disciplina militar, em virtude de lei ou regulamento.

Título IX

Capítulo I
Da competência em geral[226-230]

226. Conceito de jurisdição: é o poder atribuído, constitucionalmente, ao Estado para aplicar a lei ao caso concreto, compondo litígios e resolvendo conflitos. Nas palavras de Rogério Lauria Tucci, jurisdição "é uma função estatal inerente ao poder-dever de realização de justiça, mediante atividade *substitutiva* de agentes do Poder Judiciário – juízes e tribunais –, concretizada na aplicação do direito objetivo a uma relação jurídica, com a respectiva declaração, e o consequente reconhecimento, satisfação ou asseguração do direito subjetivo material de um dos titulares das situações (ativa e passiva) que a compõem" (*Teoria do direito processual penal*, p. 21).

227. Princípios regentes da jurisdição: a jurisdição é *indeclinável* (o juiz não pode abster-se de julgar os casos que lhe forem apresentados), *improrrogável* (as partes, mesmo que entrem em acordo, não podem subtrair ao juízo natural o conhecimento de determinada causa, na esfera criminal), *indelegável* (não pode o juiz transmitir o poder jurisdicional a quem não o possui; ver nota abaixo) e *una* (a jurisdição é única, pertencente ao Poder Judiciário, diferenciando-se apenas no tocante à sua aplicação e grau de especialização, podendo ser civil – federal ou estadual; penal – federal ou estadual; militar – federal ou estadual; eleitoral e trabalhista).

228. Indelegabilidade da jurisdição: a jurisdição – entendida como o poder jurisdicional de aplicar o direito ao caso concreto – é indelegável, posto que todos os juízes a possuem e não podem repassá-la a quem não é magistrado. O que se pode delegar, em verdade, segundo as regras legais, é a competência, isto é, o limite para o exercício jurisdicional. Assim, para que um juiz ouça uma testemunha residente em outra Comarca, fora de sua competência, expede carta precatória, delegando a possibilidade de colher a prova a outro magistrado. Este, que possui jurisdição, passa a ser competente para a oitiva. O mesmo se dá com a carta de ordem. Note-se que são situações previstas expressamente em lei. Alguns processualistas preferem tratar o tema como "delegação de jurisdição" e, ainda assim, há divergência: Espínola Filho e Frederico Marques veem uma hipótese de delegação de jurisdição quando o magistrado expede uma precatória para a produção de uma prova qualquer (*Código de Processo Penal brasileiro anotado*, v. II, p. 52; *Elementos de direito processual penal*, v. I, p. 176), enquanto Tourinho Filho prefere crer que se trata de um simples ato de cooperação, uma vez que o juiz deprecante não pode transmitir um poder que não possui, já que não lhe era possível ouvir a pessoa em Comarca estranha à sua. Somente no caso de carta de ordem, entende Tourinho ser admissível a delegação, tendo em vista que a autoridade expedidora poderia ouvir pessoalmente a testemunha no local onde ela reside, mas prefere transmitir essa atribuição a outro magistrado (*Código de Processo Penal comentado*, v. 1, p. 167-168). Invocando as lições de Greco Filho e Tornaghi, Pedro Henrique Demercian e Jorge Assaf Maluly consideram não haver hipótese alguma para delegação – nem de jurisdição, nem de competência. Quando um juiz expede precatória a outro, nada mais faz do que transmitir uma solicitação para que o deprecado proceda a uma inquirição ou colha uma prova que está dentro da sua esfera de competência, visto que o deprecante não poderia fazê-lo (*Curso de processo penal*, p. 180-181). Mantemos nosso entendimento de que se trata de um aspecto da delegação de competência. A jurisdição não é delegável, nem transmissível. Somente o seria se um órgão jurisdicional pudesse delegá-la a quem não a possui, sendo ente estranho ao Poder Judiciário, o que não ocorre. Por isso, tanto na precatória quanto na carta de ordem transmite-se a possibilidade de realizar atos jurisdicionais que a autoridade deprecada *não poderia fazer sem a autorização do deprecante*. Essa transmissão é expressamente autorizada em lei, o que não lhe retira o caráter de delegável. Verifique-se que a testemunha residente em São Paulo, mas arrolada em um processo do Rio de Janeiro, somente pode ser ouvida pelo magistrado paulista, caso o juiz fluminense expeça uma carta precatória solicitando-lhe que o faça. A referida testemunha é meio de prova do processo do Rio de Janeiro e não de São Paulo, de modo que, em território paulista, ela não deve ser ouvida, não sendo da esfera de competência do juiz local fazê-lo. Somente está autorizado, caso lhe seja delegada a tarefa. Lembremos que *delegar* é transmitir poderes, atribuições ou meramente incumbir alguém de fazer algo, exatamente o que faz o deprecante: transmite o poder de convocar e ouvir uma testemunha, que diz respeito a processo seu, a outro juízo. Estende-se a competência do juiz em face de delegação autorizada em lei. Por outro lado, se um desembargador pode ir à Comarca do interior onde se encontra determinada testemunha para inquiri-la, mas prefere não fazê-lo, deprecando o ato (carta de ordem), está autorizando, por delegação de competência, que o juiz local o faça. Não é uma questão de *transmitir poder jurisdicional*, mas de conferir competência a magistrado que não a possui. Essa parece-nos ser a questão central, que autoriza concluir ser delegável apenas a competência, de acordo com os ditames legais.

229. Conceito de competência: trata-se da delimitação da jurisdição, ou seja, o espaço dentro do qual pode determinada autoridade judiciária aplicar o direito aos litígios que lhe forem apresentados, compondo-os. O Supremo Tribunal Federal tem competência para exercer sua jurisdição em todo o Brasil, embora, quanto à matéria, termine circunscrito a determinados assuntos. Não pode, pois, o Ministro do Pretório Excelso homologar uma separação consensual de casal proveniente de qualquer parte do País, embora possa apreciar um *habeas corpus* de pessoa presa em qualquer ponto do território brasileiro. O juiz de uma pequena cidade pode tanto homologar a separação consensual de um casal residente no mesmo local, quanto analisar uma prisão ilegal realizada por autoridade policial da sua Comarca. Não pode, no entanto, julgar casos pertinentes à Comarca vizinha. Enfim, jurisdição todo magistrado possui, embora a competência, devidamente fixada em normas constitucionais e através de leis, seja diferenciada. Assim, também, o pensamento de Athos Gusmão Carneiro (*Jurisdição e competência*, p. 45). Conveniente mencionar a precisa lição de Hélio Tornaghi: "Jurisdição é um poder, enquanto a competência é a permissão legal para exercer uma fração dele com exclusão do resto, ou melhor, a possibilidade (não o poder, não a potencialidade) de exercitá-lo por haver a lei entendido que o exercício limitado do poder quadra em determinado esquema metódico. Todo ato de exercício do poder jurisdicional que não contrarie o plano da lei é permitido ao juiz. E isso é, exatamente, a simples possibilidade. Possível é tudo que não envolve absurdo, que não é inconsequente, que não acarreta contrassenso. (...) O conceito de jurisdição é ontológico, diz respeito ao poder em si, ao poder de julgar. O de competência é metodológico. Jurisdição é força, é virtude, é princípio criador, algo positivo. Competência é simples possibilidade, qualidade daquilo que não contradiz, que não ultrapassa os limites impostos por lei" (*Compêndio de processo penal*, t. I, p. 295-296). Aliás, confira-se a redação do art. 85, *caput*, do CPPM, mencionando hipóteses de determinação da *competência* jurisdicional, isto é, a medida do exercício jurisdicional de cada juiz.

230. Competência absoluta e competência relativa: chama-se *absoluta* a hipótese de fixação de competência que não admite prorrogação, isto é, deve o processo ser remetido ao juiz natural determinado por normas constitucionais ou processuais penais, sob pena de nulidade do feito. Encaixam-se nesse perfil a competência em razão da matéria (ex.: federal ou estadual; cível ou criminal; matéria criminal geral ou especializada, como a militar etc.) e a competência em razão da prerrogativa de função (ex.: julgamento de juiz de direito deve ser feito pelo Tribunal de Justiça; julgamento de Governador deve ser feito pelo Superior Tribunal de Justiça etc.). Chama-se *relativa* a hipótese de fixação de competência que admite prorrogação, ou seja, não invocada a tempo a incompetência do foro, reputa-se competente o juízo que conduz o feito, não se admitindo qualquer alegação posterior de nulidade. É o caso da competência territorial, tanto pelo lugar da infração quanto pelo domicílio ou residência do réu.

Determinação da competência

> **Art. 85.** A competência do foro militar será determinada:[231-234-A]
>
> I – de modo geral:
>
> *a)* pelo lugar da infração;[235]
>
> *b)* pela residência ou domicílio do acusado;[236]
>
> *c)* pela prevenção;[237]
>
> II – de modo especial, pela sede do lugar de serviço.[238]

231. Falsificação e uso de arrais amador: segundo nos parece, a competência é da Justiça Militar, tendo em vista que o documento é expedido pela Marinha do Brasil e cabe à Capitania dos Portos a fiscalização das embarcações e dos navegantes. O preceituado na Constituição Federal, acerca da polícia marítima, cuja atribuição é da Polícia Federal, diz respeito à fiscalização de crimes, tais como o tráfico ilícito de drogas. Não lhe cabe fiscalizar a habilitação dos marinheiros. Entretanto, em visão oposta: STJ: "Trata-se de conflito de competência (CC) entre as Justiças Federal e Militar. No caso, o Ministério Público Militar denunciou o acusado pela suposta prática do crime previsto no art. 315 c/c o art. 311, ambos do Código Penal Militar (uso de documento falso). Isso porque ele teria apresentado carteira de habilitação de arrais amador (para condução de embarcação) falsificada à equipe de inspeção naval da capitania dos portos. A Seção conheceu do conflito e declarou competente para o julgamento do feito a Justiça Federal, ao entendimento de que, não obstante o objeto da falsificação seja carteira de habilitação de arrais amador, cuja emissão é realizada pela Marinha do Brasil, órgão integrante das Forças Armadas, a hipótese não atrai a competência da Justiça Militar. Observou-se que se trata de delito de falso cometido por sujeito ativo civil que apresentou a documentação quando instado para tanto no ato de fiscalização naval. Contudo, conforme dispõe o art. 21, XXII, da CF/88, a execução de polícia marítima é da competência da União e exercida pela Polícia Federal (art. 144 do mesmo texto constitucional). Precedentes citados do STF: HC 103.318-PA, *DJe* 10/9/2010, e HC 90.451-SP, *DJe* 03.10.2008" (CC 108.134-SP, 3.ª S., rel. Gilson Dipp, 24.11.2010, v.u.).

232. Justiça Militar Estadual não tem competência para julgar crimes praticados por civil: a Justiça Militar Estadual jamais tem competência para julgar civil, ainda que este atente contra as instituições militares ou contra militares no exercício das suas funções. Tal conclusão se extrai da interpretação feita ao art. 125, § 4.º, da Constituição Federal: "Compete

Art. 85

à Justiça Militar estadual processar e julgar os militares dos Estados, nos crimes militares definidos em lei e as ações judiciais contra atos disciplinares militares, ressalvada a competência do júri quando a vítima for civil, cabendo ao tribunal competente decidir sobre a perda do posto e da patente dos oficiais e da graduação das praças". Assim, ficou nítida a competência *exclusiva* da Justiça Militar Estadual para o julgamento de militares, mas jamais de civis. Estes devem ser julgados pela Justiça Estadual Comum, a teor da Súmula 53 do STJ.

233. Justiça Militar Federal somente julga civil quando houver intenção de lesar bem jurídico sob a tutela militar: a competência da Justiça Militar Federal para julgar civis é excepcional. Por isso, em qualquer situação, torna-se fundamental auscultar o dolo do agente, verificando-se se ele, realmente, tinha a intenção de agredir bem jurídico de natureza militar. Confira-se: STF: "'A competência da Justiça Militar, embora não se restrinja aos integrantes das Forças Armadas, deve ser interpretada restritivamente quanto ao julgamento de civil em tempos de paz por seu caráter anômalo. Precedente: HC 81.963/RS, rel. Min. Celso de Mello, 2.ª Turma, unânime, *DJe* 18.6.2002. Apesar da tendência de limitar a atuação da Justiça Castrense em tempos de paz, o saque indevido por civil de benefício de pensão militar afeta bens e serviços das instituições militares, estando justificada a competência da Justiça militar. Precedentes. 5. Ordem denegada' (HC 113.423/PA, Relatora a Ministra Rosa Weber)" (HC 114.327-BA, 1.ª T., rel. Luiz Fux, 21.05.2013, v.u.). STM: "A competência da Justiça Militar da União para julgar civis em tempo de paz está firmemente embasada na Constituição da República, sendo aferível, em cada caso concreto, pela subsunção da conduta do agente aos preceitos primários que consubstanciam os delitos elencados no Código Penal Militar. A Constituição, no seu art. 122, reza que são órgãos da Justiça Militar da União o Superior Tribunal Militar e os Tribunais e Juízes militares instituídos por lei. Dita o Decreto-Lei 1.002/69 (Código de Processo Penal Militar – CPPM) o ritual da instalação dos Conselhos nos arts. 399 a 403, em conformidade, notadamente, com as previsões ínsitas nos arts. 27 e 28 da LOJM; ademais, no art. 82, elenca as pessoas sujeitas ao foro militar. O Decreto-Lei 1.001/69 (Código Penal Militar – CPM) define o que são crimes militares em tempo de paz no art. 9.º. Assim, o julgamento de civis pela Justiça Militar da União é firmemente ditado pela lei, a partir de mandamentos originários da Constituição da República, certamente sob a consideração do legislador, inclusive o constituinte, da singular destinação das Forças Armadas e dos bens jurídicos que devem ser submetidos à tutela do direito penal militar como pressupostos para que tal distinção seja levada a termo de forma estável e profícua. Rejeição do Recurso. Unânime" (Recurso em Sentido Estrito 7000081-07.2018.7.00.0000, rel. Luis Carlos Gomes Mattos, data de julgamento: 27.03.2018, data de publicação: 11.04.2018, v.u.).

234. Justiça Militar Federal não tem competência para julgar atos de civil praticados contra militar: outro destaque a fazer relaciona-se a atos de civil contra militar, ainda que este esteja no exercício da sua função. Não se caracteriza, nessa hipótese, crime militar, por ausência de conformação aos tipos penais previstos no Código Penal Militar, motivo pelo qual cuida-se de processo da Justiça Federal comum, usando-se o disposto na Súmula 147 do STJ ("Compete à Justiça Federal processar e julgar os crimes praticados contra funcionário público federal, quando relacionados com o exercício da função"). Nesse sentido: STJ: "É da competência da Justiça Federal Comum, por não se caracterizar como crime militar, processar e julgar civil, preso em flagrante, que teria desacatado sargento da Marinha em atividade de fiscalização em embarcação atracada" (CC 33.273-BA, 3.ª Seção, rel. Paulo Gallotti, 26.06.2002, v.u., *DJ* 02.12.2002, p. 219). O mesmo se aplica, naturalmente, ao civil que cometa crime contra policial militar no exercício da função: será julgado pela Justiça Estadual Comum, não somente porque o agente é civil, não constituindo delito militar, mas também porque a Justiça Militar Estadual jamais julga civil.

234-A. Justiça Militar Federal deve julgar crime cometido por militar das Forças Armadas contra militar assemelhado: essa é a típica situação descrita pelo art. 9.º, II, *a*, do CPM (crimes previstos no CPM e também na lei penal comum, cometidos por militar em atividade contra militar na mesma situação). Conferir: Súmula 17 do STM: "Compete aos Conselhos Especial e Permanente de Justiça processar e julgar acusados que, em tese, praticaram crimes militares na condição de militares das Forças Armadas". STM: "A Justiça Militar da União é competente para processar e julgar fatos que, em tese, configuram crime militar, praticados por militar em atividade contra militares na mesma situação, consistentes na subtração de cartões e senhas bancárias das vítimas, efetuando-se diversos saques de dinheiro em suas contas-correntes. Os fatos narrados na Denúncia se amoldam, pelo menos em tese, ao contido no art. 9º, II, 'a', do CPM, portanto, se preenchidos os demais requisitos legais previstos no art. 77 do CPPM, deve ser recebida pelo Juízo *a quo*" (RSE 0000084-34.2013.7.04.0004-MG, rel. Lúcio Mário de Barros Góes, 02.04.2014, v.u.).

235. Competência do foro: o lugar da infração é, como regra, o foro competente para ser julgada a causa, pois é o local onde a infração penal ocorreu, atingido o resultado, perturbando a tranquilidade social e abalando a paz e o sossego da comunidade (*ratione loci*). Conferir: STM: "O Código de Processo Penal Militar estabelece o local da infração como primeiro e principal critério para firmar a competência jurisdicional, a teor do que dispõe o artigo 85, inciso I, alínea 'a'." (Conflito de Competência – 0000051-15.2011.7.04.0004-MG, Plenário, rel. Cleonilson Nicácio Silva, 08.08.2012, v.u.); TRF: "O culpado deve ser julgado onde a infração penal se consumou, tendo em conta que nesse lugar há maior facilidade para coligir os esclarecimentos e provas necessárias" (Conflito de Competência 98.03.050428-2, 3.ª Região, 1.ª Seção, rel. Roberto Haddad, 07.04.1999, m.v., *DJ* 31.08.1999, p. 274, *IBCCRIM* 84/399).

236. Competência do foro supletivo: subsidiariamente, quando não se tem certeza do lugar onde a infração se consumou, utiliza-se a regra do domicílio ou residência do acusado (*ratione loci*). Por isso, é o chamado *foro supletivo* ou *foro subsidiário*.

237. Critério residual de fixação de competência: não sendo possível utilizar os outros critérios para estabelecer a competência do juiz, porque há mais de um que, pela situação gerada, poderia conhecer do caso, deve-se aplicar o critério da *prevenção*, significando conhecer em primeiro lugar de uma questão jurisdicional, proferindo qualquer decisão a seu respeito. Dessa forma, quando a infração espalhar-se por mais de um local, não se encontrando o domicílio do réu, deve-se valer da regra residual: quem primeiro conhecer do feito, é competente para julgá-lo. Entretanto, convém mencionar a lição de Frederico Marques, diferenciando o critério da prevenção sob duas óticas: a) quando não se souber onde se deu a consumação do delito, bem como quando não se tiver ciência do local de domicílio ou residência do réu, a prevenção funciona como foro subsidiário; b) quando houver incerteza entre os limites territoriais de duas ou mais Comarcas, bem como quando não se souber onde foi cometido exatamente o delito e, ainda, quando se tratar de infração continuada ou permanente, a prevenção serve como regra de fixação da competência (*Da competência em matéria penal*, p. 206).

238. Lugar de serviço como regra específica: sobrepõe-se às previstas no inciso I, *b* e *c*, a regra referente à sede do local de serviço do agente do delito militar. Em virtude da disciplina militar, é mais adequado apurar, processar e punir o infrator em foro relacionado à sua unidade de trabalho, quando não se pode determinar o lugar da infração, nos termos do art. 96 deste Código.

Na circunscrição judiciária

> **Art. 86.** Dentro de cada Circunscrição Judiciária Militar, a competência será determinada:

Art. 87

a) pela especialização das Auditorias;[239]

b) pela distribuição;[240]

c) por disposição especial deste Código.

239. Inexistência da especialidade: poderiam as Auditorias ser especializadas (Marinha, Exército e Aeronáutica), o que não ocorre atualmente; todas são competentes para qualquer delito militar.

240. Competência cumulativa supletiva: quando há mais de uma Auditoria, igualmente competente para julgar a matéria criminal militar, sem haver qualquer distinção em razão da natureza da infração, atinge-se o critério da fixação da competência por distribuição. Assim, por meio de um processo seletivo casual, determinado pela sorte, escolhe-se a Auditoria competente.

Modificação da competência

Art. 87. Não prevalecem os critérios de competência indicados nos artigos anteriores, em caso de:

a) conexão ou continência;[241]

b) prerrogativa de posto ou função;[242]

c) desaforamento.[243]

241. Regras de alteração de competência: a conexão e a continência são institutos que visam à alteração da competência e não à sua fixação inicial. Abstraídas ambas, o feito poderia ser julgado por determinada Auditoria, escolhida pelas regras expostas nas normas anteriores. Entretanto, havendo alguma razão particular, de forma a facilitar a colheita da prova e fomentar a economia processual, bem como para evitar decisões contraditórias, permite a lei que a competência seja modificada. Não é por isso que se fere o princípio constitucional do juiz natural, uma vez que as regras de alteração estão previstas claramente em lei e valem para todos os jurisdicionados e acusados, tornando-se um critério objetivo e não puramente casuístico.

242. Regra especial de alteração de competência: assim como a conexão e a continência, quando houver prerrogativa de função, isto é, a existência da eleição legal de um foro privilegiado para julgar determinado réu, que cometeu a infração penal investido em função especial, relevam-se as demais regras naturais de fixação da competência, passando-se a respeitar o foro específico, que diz respeito à qualidade da pessoa em julgamento (*ratione personae*).

243. Regra anômala de alteração da competência: o desaforamento é a decisão jurisdicional que altera a competência inicialmente fixada pelos critérios constantes do art. 85 do CPPM, dentro dos requisitos legais previamente estabelecidos. A competência, para tal, é sempre da Instância Superior e nunca do juiz que conduz o feito.

Capítulo II
Da competência pelo lugar da infração[244]

244. Organização Judiciária da União: nos termos do art. 2.º da Lei 8.457/92, dispõe-se o seguinte: "para efeito de administração da Justiça Militar em tempo de paz, o território nacional divide-se em doze Circunscrições Judiciárias Militares, abrangendo: a) a 1.ª – Estados do Rio de Janeiro e Espírito Santo; b) a 2.ª – Estado de São Paulo; c) a 3.ª – Estado do Rio

Grande do Sul; d) a 4.ª – Estado de Minas Gerais; e) a 5.ª – Estados do Paraná e Santa Catarina; f) a 6.ª – Estados da Bahia e Sergipe; g) a 7.ª – Estados de Pernambuco, Rio Grande do Norte, Paraíba e Alagoas; h) a 8.ª – Estados do Pará, Amapá e Maranhão; i) a 9.ª – Estados do Mato Grosso do Sul e Mato Grosso; j) a 10.ª – Estados do Ceará e Piauí; l) a 11.ª – Distrito Federal e Estados de Goiás e Tocantins; m) a 12.ª – Estados do Amazonas, Acre, Roraima e Rondônia". Conforme preceitua o art. 102 da mesma Lei: "as Auditorias da Justiça Militar têm por sede: as da Primeira Circunscrição Judiciária Militar, a Cidade do Rio de Janeiro (RJ); as da Segunda, a Cidade de São Paulo (SP); as da Terceira, respectivamente, as Cidades de Porto Alegre, Bagé e Santa Maria (RS); a da Quarta, a Cidade de Juiz de Fora (MG); a da Quinta, a Cidade de Curitiba (PR); a da Sexta, a Cidade de Salvador (BA); a da Sétima, a Cidade de Recife (PE); a da Oitava, a Cidade de Belém (PA); a da Nona, a Cidade de Campo Grande (MS); a da Décima, a Cidade de Fortaleza (CE); as da Décima Primeira, a Cidade de Brasília (DF); e a da Décima Segunda, a Cidade de Manaus (AM)".

Lugar da infração

> **Art. 88.** A competência será, de regra, determinada pelo lugar da infração; e, no caso de tentativa, pelo lugar em que for praticado o último ato de execução.[245-246]

245. Regra geral: utiliza o Código de Processo Penal Militar o preceito de ser competente o foro do lugar onde se consumar a infração penal. Quando se tratar de tentativa, verifica-se o foro competente no local onde se deu o último ato executório. É natural que assim seja, pois o lugar do crime deve ser onde a sociedade sofreu o abalo, razão pela qual o agente aí deve ser punido. Trata-se de competência territoriais, logo, relativa, vale dizer, passível de prorrogação, caso não seja arguida a tempo.

246. Teoria da ubiquidade ou mista: diversamente do previsto no processo penal comum, onde se adota a teoria do resultado, vale dizer, é competente para apurar a infração penal, aplicando a medida cabível ao seu agente, o foro onde se deu a consumação do delito, este Código acolhe a teoria da ubiquidade ou mista, que considera como lugar do crime tanto o da ação quanto o do resultado, indiferentemente. Na jurisprudência: STM: "Consagrou-se na legislação processual penal militar, quanto ao lugar do crime, a teoria da ubiquidade, segundo a qual considera-se praticado o fato no local em que se desenvolveu a atividade criminosa, no todo ou em parte, ou onde se produziu ou deveria produzir-se o resultado. À luz da regra geral estampada no art. 88 do CPPM, tem-se que a competência do juízo castrense é fixada pelo lugar em que ocorreu a infração penal. Nesse passo, uma vez apurado em IPM que a vantagem indevida, em tese, foi depositada em conta bancária do investigado, na cidade de Natal/RN, a infração ocorreu em área sujeita à jurisdição da Auditoria da 7.ª CJM, portanto este será o juízo sobre o qual recairá a competência para processamento e julgamento da causa. Decisão unânime" (Conflito de Competência 0000081-82.2014.7.06.0006, rel. Francisco Joseli Parente Camelo, data de julgamento: 07.04.2016, data de publicação: 25.04.2016, v.u.).

A bordo de navio

> **Art. 89.** Os crimes cometidos a bordo de navio ou embarcação sob comando militar ou militarmente ocupado em porto nacional, nos lagos e rios fronteiriços ou em águas territoriais brasileiras, serão, nos dois primeiros casos, processados na Auditoria da Circunscrição Judiciária correspondente a cada

Art. 90

> um daqueles lugares; e, no último caso, na 1.ª Auditoria da Marinha, com sede na Capital do Estado da Guanabara.[247]

247. Crime a bordo de navio ou embarcação: *navio* é a embarcação de grande porte; *embarcação* é qualquer construção apta a navegar sobre a água (como lanchas, por exemplo). Quando estiver sob comando militar (o que envolve a situação de *militarmente ocupado*), deve-se selecionar a Auditoria competente do lugar do crime (ex.: se o navio estiver em Santos, o processo corre na 2.ª. Auditoria, situada na cidade de São Paulo). Quando estiver em águas territoriais brasileiras (mar territorial, envolvendo a área de 12 milhas a partir da costa), o delito deve ser apurado na 1.ª. Auditoria, cuja sede se situa no Rio de Janeiro (não há mais o Estado da Guanabara).

A bordo de aeronave

> **Art. 90.** Os crimes cometidos a bordo de aeronave militar ou militarmente ocupada, dentro do espaço aéreo correspondente ao território nacional, serão processados pela Auditoria da Circunscrição em cujo território se verificar o pouso após o crime; e se este se efetuar em lugar remoto ou em tal distância que torne difíceis as diligências, a competência será da Auditoria da Circunscrição de onde houver partido a aeronave, salvo se ocorrerem os mesmos óbices, caso em que a competência será da Auditoria mais próxima da 1.ª, se na Circunscrição houver mais de uma.[248]

248. Crime a bordo de aeronave: *aeronave* é todo aparelho capaz de navegar no ar (avião, helicóptero etc.). Quando estiver sob comando militar (o que envolve a situação de *militarmente ocupado*), no espaço aéreo brasileiro (camada de ar acima do solo até o limite da atmosfera), seleciona-se a Auditoria do lugar do pouso, logo em seguida ao cometimento da infração penal (ex.: avião militar se desloca entre Porto Alegre e Belo Horizonte; havendo o crime, pousa em Curitiba, devendo o delito ser apurado pela 5.ª Auditoria). No entanto, se pousar em lugar afastado de grande centro urbano ou em local que possa dificultar a atividade probatória, em particular pela carência de recursos, opta-se pela Auditoria de onde partiu a aeronave (no exemplo anterior, seria a 3.ª, referente a Porto Alegre). Entretanto, se o avião pousar em local com os mesmos obstáculos referentes à produção de provas, seleciona-se a mais próxima Auditoria da 1.ª (Rio de Janeiro).

Crimes fora do território nacional

> **Art. 91.** Os crimes militares cometidos fora do território nacional serão, de regra, processados em Auditoria da Capital da União, observado, entretanto, o disposto no artigo seguinte.[249]

249. Crime militar cometido fora do território brasileiro: como regra, é da competência da 11.ª Auditoria, situada no Distrito Federal, respeitadas as regras específicas previstas no art. 92.

Crimes praticados em parte no território nacional

> **Art. 92.** No caso de crime militar somente em parte cometido no território nacional, a competência do foro militar se determina de acordo com as seguintes regras:[250]

Art. 93

a) se, iniciada a execução em território estrangeiro, o crime se consumar no Brasil, será competente a Auditoria da Circunscrição em que o crime tenha produzido ou devia produzir o resultado;

b) se, iniciada a execução no território nacional, o crime se consumar fora dele, será competente a Auditoria da Circunscrição em que se houver praticado o último ato ou execução.

Diversidades de Auditorias ou de sedes

Parágrafo único. Na Circunscrição onde houver mais de uma Auditoria na mesma sede, obedecer-se-á à distribuição e, se for o caso, à especialização de cada uma. Se as sedes forem diferentes, atender-se-á ao lugar da infração.[251]

250. Teoria da ubiquidade ou mista nos crimes à distância: se a prática da infração penal militar, de algum modo, tocar o território nacional, há interesse punitivo da Justiça Militar. Quando o delito tiver início de execução no Brasil, findando no exterior, cabe a apuração à Auditoria do local onde foi desenvolvido o último ato executório (ex.: principiando em Belém, passa por Manaus e finda na Bolívia; a competência é da 12.ª. Auditoria – Manaus). O inverso também ocorre. Quando o crime tiver início no exterior, gerando a consumação em território nacional, a apuração compete à Auditoria onde o resultado se deu – ou deveria dar-se (no exemplo anterior, iniciado na Bolívia, passando por Manaus e findando em Belém, a competência é da 8.ª Auditoria – Belém).

251. Envolvimento de mais de uma localidade: o crime a distância (inicia-se no território nacional e finda no exterior, ou o contrário) pode desenvolver-se, tanto na execução quanto no tocante ao resultado, por mais de um local. Assim sendo, utiliza-se o regramento geral da competência. Deve-se dar relevo ao lugar da infração penal dentro do Brasil (qualquer ato executório ou consumação). Na sequência, havendo especialização da Auditoria em relação à matéria, esta competência prevalece. Enfim, não sendo este o caso, utiliza-se a distribuição (sorteio aleatório).

Capítulo III
Da competência pelo lugar da residência ou domicílio do acusado

Residência ou domicílio do acusado

Art. 93. Se não for conhecido o lugar da infração, a competência regular-se-á pela residência ou domicílio do acusado, salvo o disposto no art. 96.[252-254]

252. Foro supletivo: estabelecido como regra geral o foro do lugar da infração, cuida este capítulo do denominado *foro supletivo* ou *subsidiário*, utilizado na falta de conhecimento do local onde se consumou o delito.

253. Domicílio do réu: é a residência com ânimo permanente e definitivo, portanto o lugar onde a pessoa mantém o seu centro principal de atividades, negócios e, principalmente, sua família. Dispõe o art. 70 do Código Civil que "o domicílio da pessoa natural é o lugar onde

Art. 94

ela estabelece a sua residência com ânimo definitivo". Caso a pessoa tenha várias moradas, onde igualmente fixe seu centro de ocupações habituais, estabelece o art. 71 do Código Civil que qualquer delas pode ser considerada seu domicílio. Finalmente, quando não tiver a pessoa residência habitual, por ser um viajante solteiro, sem vínculo familiar, considera-se seu domicílio o lugar onde for encontrada (art. 73, CC). Como lembra Tornaghi, "a palavra domicílio, de *domicilium, ii*, e, esta de *domus, us*, casa, está a indicar não só o local, mas também a assistência permanente nele e, portanto, as relações de direito entre o sujeito e o lugar. O domicílio é o mais alto grau de vinculação da pessoa ao âmbito geográfico-humano em que vive". Adverte, ainda, o autor que o Código de Processo Penal deixou de prever a hipótese do réu que tenha mais de um domicílio, razão pela qual se aplica, por analogia, o constante no § 1.º, para a hipótese da residência, isto é, a competência firmar-se-á pela prevenção. O mesmo se diga com relação à situação do processo que tenha vários corréus, cada qual com um domicílio diferente. Deve-se aplicar a regra da prevenção (*Compêndio de processo penal*, t. I, p. 318).

254. Residência do réu: é o lugar onde a pessoa habita, embora com irregularidade e sem o caráter de permanência, justamente os aspectos que a diferenciam de domicílio. Concordamos com a crítica feita por Tornaghi de que o Código de Processo Penal, o mesmo ocorrendo com o processo penal militar, terminou, implicitamente, equiparando os conceitos de *domicílio* e *residência* para fins de investigação criminal (*Compêndio de processo penal*, t. I, p. 318). Deveria, no entanto, ter deixado isso claro e não apenas usado a fórmula genérica e alternativa: "a competência regular-se-á pela residência ou domicílio do acusado".

Capítulo IV
Da competência por prevenção

Prevenção. Regra

> **Art. 94.** A competência firmar-se-á por prevenção, sempre que, concorrendo dois ou mais juízes igualmente competentes ou com competência cumulativa, um deles tiver antecedido aos outros na prática de algum ato do processo ou de medida a este relativa, ainda que anterior ao oferecimento da denúncia.[255]

255. Prevenção: a *prevenção* é o conhecimento antecipado de determinada questão jurisdicional (ato do processo ou medida a este relativa) por um juiz, o que o torna competente para apreciar os processos conexos e continentes. A *questão jurisdicional* deve relacionar-se a matéria controversa, concernente à atividade típica do Poder Judiciário, como o recebimento da denúncia, a decretação de prisão cautelar, quebra de sigilo ou sequestro de bens etc. Não envolve o mero deferimento de prorrogação de prazo para conclusão de inquérito. A prevenção é sempre um critério residual, vale dizer, não havendo condições de determinar o juízo pelas regras usuais, como o lugar da infração ou o domicílio do réu, pois sempre existe a possibilidade de haver mais de um magistrado competente exercendo suas funções no mesmo local, utiliza-se a prevenção como subsídio.

Casos em que pode ocorrer

> **Art. 95.** A competência pela prevenção pode ocorrer:[256]

Art. 97

> *a)* quando incerto o lugar da infração, por ter sido praticado na divisa de duas ou mais jurisdições;
>
> *b)* quando incerto o limite territorial entre duas ou mais jurisdições;
>
> *c)* quando se tratar de infração continuada ou permanente, praticada em território de 2 (duas) ou mais jurisdições;
>
> *d)* quando o acusado tiver mais de uma residência ou não tiver nenhuma, ou forem vários os acusados e com diferentes residências.

256. Enumeração dos casos de aplicação da prevenção: a) crimes ocorridos na divisa de duas ou mais jurisdições, sendo o limite entre elas incerto ou, ainda que seja certo, não se saiba precisar exatamente o sítio do delito ou, também, quando a infração atingiu mais de uma jurisdição; b) crimes continuados ou permanentes, cuja execução se prolonga no tempo, podem atingir o território de mais de uma jurisdição; c) quando o réu não possui domicílio certo ou tiver mais de uma residência ou mesmo quando houver vários acusados com residências diversas, não tendo sido a competência firmada pelo lugar da infração; d) havendo mais de um juiz competente, no concurso de jurisdições, sem possibilidade de aplicação dos critérios desempatadores.

Capítulo V
Da competência pela sede do lugar de serviço

Lugar de serviço

> **Art. 96.** Para o militar em situação de atividade ou assemelhado na mesma situação, ou para o funcionário lotado em repartição militar, o lugar da infração, quando este não puder ser determinado, será o da unidade, navio, força ou órgão onde estiver servindo, não lhe sendo aplicável o critério da prevenção, salvo entre Auditorias da mesma sede e atendida a respectiva especialização.[257]

257. Determinação de competência especial: segundo o disposto pelo art. 85, I, deste Código, a competência do foro militar será determinada, de maneira geral, pelo lugar da infração; não sendo este específico, pela residência ou domicílio do acusado; se ainda não for possível, pela prevenção. Entretanto, há regra especial, consistente no lugar de serviço. Conforme se vê deste artigo, não sendo possível determinar o local da infração, em lugar de se utilizar do domicílio ou residência do acusado, bem como da prevenção, vale-se do seu local de serviço. Para isso, é preciso que o autor seja militar da ativa ou funcionário civil em repartição militar.

Capítulo VI
Da competência pela especialização das auditorias

Auditorias especializadas

> **Art. 97.** Nas Circunscrições onde existirem Auditorias especializadas, a competência de cada uma decorre de pertencerem os oficiais e praças sujeitos a processo perante elas aos quadros da Marinha, do Exército ou da Aeronáutica.

Art. 98

> Como oficiais, para os efeitos deste artigo, se compreendem os da ativa, os da reserva, remunerada ou não, e os reformados.[258]

Militares de corporações diferentes

> **Parágrafo único.** No processo em que forem acusados militares de corporações diferentes, a competência da Auditoria especializada se regulará pela prevenção. Mas esta não poderá prevalecer em detrimento de oficial da ativa, se os corréus forem praças ou oficiais da reserva ou reformados, ainda que superiores, nem em detrimento destes, se os corréus forem praças.

258. Auditorias especializadas: atualmente, as Auditorias têm competência geral para os crimes militares, inexistindo especialização (Marinha, Exército e Aeronáutica).

Capítulo VII
Da competência por distribuição

Distribuição

> **Art. 98.** Quando, na sede de Circunscrição, houver mais de uma Auditoria com a mesma competência, esta se fixará pela distribuição.[259]
>
> **Parágrafo único.** A distribuição realizada em virtude de ato anterior à fase judicial do processo prevenirá o juízo.

259. Fixação da competência em razão da distribuição: é a situação ocorrida quando não há meios de se resolver eventual conflito entre Auditorias de igual competência, situadas na mesma Circunscrição. Denota que não foram suficientes os critérios anteriores, isto é, o lugar da infração ou o domicílio do réu, pois ainda existem magistrados em igualdade de condições para julgar o caso. Portanto, a escolha do juiz natural faz-se fortuitamente, por distribuição. Esta consiste em processo aleatório de escolha, por meio de sorteio. O critério da sorte não pode ser substituído por qualquer outro que implique juízo de valor, pois, se assim for, estará a parte interessada e parcial escolhendo o magistrado que vai decidir o caso, fazendo naufragar o princípio do juiz natural. Na jurisprudência: STM: "O Código de Processo Penal Militar dispõe que, quando na sede da Circunscrição Judiciária Militar houver mais de uma Auditoria com a mesma competência, a distribuição anterior tornará prevento o Juízo, nos termos do art. 98 do CPPM. Destarte, considerando que as Auditorias envolvidas na questão possuem idêntica competência, seja em razão da matéria, seja em razão do lugar, a competência firmar-se-á pela distribuição, e não pela prática anterior de ato decisório (art. 94 do CPPM), hipótese que se restringe a conflitos entre Juízos de Circunscrições Judiciárias diferentes. Assim, considerando que o IPM foi distribuído à 1.ª Auditoria da 1.ª CJM em 20.07.2018, portanto, em data anterior à distribuição do IP à 4.ª Auditoria da 1.ª CJM, efetuada em 12.06.2019, conclui-se que o Juiz Natural competente para atuar no feito é o Juízo da 1.ª Auditoria da 1.ª CJM, eis que a distribuição anterior torna prevento o Juízo para conhecer do mesmo fato, nos termos do art. 98 do CPPM. Por conseguinte, fixada a competência em favor do Juízo da 1.ª Auditoria da 1.ª CJM, resta afastada a alegação de ocorrência da prescrição da pretensão punitiva, aduzida pela Defesa. Conflito Negativo de Competência julgado procedente, para firmar a competência do Juízo da 1.ª Auditoria da 1.ª CJM. Decisão unânime" (Conflito de Jurisdição 7000463-29.2020.7.00.0000, rel. Odilson Sampaio Benzi, julgado em: 23.03.2021, v.u.).

Capítulo VIII
Da conexão ou continência[260]

260. Modificação de competência: a conexão e a continência são ordinariamente consideradas causas suficientes para a modificação da competência. Entretanto, objeta Vicente Greco Filho, dizendo: "É costume dizer-se que a conexão e a continência modificam a competência. Essa afirmação, porém, somente é válida no que concerne à competência em abstrato, ou seja, no caminho que se desenvolve antes da fixação definitiva, em concreto. O desaforamento, sim, modifica a competência em concreto, depois de definida. A conexão e a continência atuam antes dessa definição" (*Manual de processo penal*, p. 145). Com tal linha de pensamento concordam Demercian e Maluly (*Curso de processo penal*, p. 199). Segundo nos parece, a questão deve ser desdobrada em dois ângulos: lato e estrito senso. Em sentido amplo, é bem verdade que a conexão e a continência não modificam a competência, uma vez que elas estariam *inseridas* nas regras fixadoras da competência. Assim, caso um juiz remeta a outro um determinado processo porque descobre ser ele o juiz natural da causa, por conta da conexão, estaria livrando-se de feito que não lhe compete julgar. Mas, em sentido estrito, há, na realidade, uma alteração de competência, pois se elege como regra o juiz natural pelos seguintes critérios: em razão da matéria, do território ou da função. Essa é a norma geral imposta pelo Código de Processo Penal Militar e pela própria Constituição. Assim, quando um juiz está processando *A*, por ter ele cometido receptação na cidade *X*, é o competente para apurar o caso, segundo o território, a matéria e a função. Mas, quando se descobre que há um latrocínio sendo apurado na Comarca *Y*, dizendo respeito à receptação cometida por *A*, pode-se remeter o processo da Comarca *X* para a *Y* por razões de ordem prática, inspirados na alínea *c* do art. 99 do CPPM. Modifica-se, com isso, a competência, pois estritamente falando, retira-se o processo de um juiz passando-o a outro. O magistrado que apura o latrocínio não deveria cuidar da receptação, ocorrida em outra Circunscrição. Altera-se a regra geral por conta da exceção estabelecida pela conexão ou pela continência. Em suma: *lato sensu*, a conexão e a continência fazem parte das regras de fixação de competência, embora, estrito senso, elas modifiquem as convencionais regras de escolha do juiz natural, por atenderem a critérios de ordem puramente instrumental, como se explica em nota própria. Aliás, se a competência deixar de ser alterada em função da conexão ou da continência, a nulidade é apenas relativa, dependente, pois, da prova do prejuízo. Conferir: STF: "Tratam da competência pela conexão (art. 76), pela continência (art. 77) e de regras comuns a ambas (arts. 78, 79, 81 e 82, primeira parte); o art. 80 e bem assim a segunda parte do art. 82, demonstram que tais regras foram estabelecidas no interesse da justiça, a qual pode, contrariamente, nas condições previstas, determinar a *separação* de processos (art. 80); a segunda parte do art. 82, *excepcionando* as regras dos artigos anteriores (arts. 76 a 81), determina o aproveitamento dos atos *decisórios* já praticados, mas põe o réu a salvo de prejuízos ao determinar que a unidade dos processos pode ser feita *posteriormente*, para efeito de *soma* ou *unificação das penas*; resulta evidente que ocorrendo a hipótese desta ressalva final, não se pode falar em nulidade por incompetência de juízo, porque expressamente ressalvada da incidência do art. 564, I (primeira parte), do mesmo Código. *De qualquer forma, a* incompetência *de juízo, por conexão ou continência, como no caso, é* sempre relativa" (HC 74.470-2, Rio de Janeiro, 2.ª T., rel. Maurício Corrêa, 13.12.1996, v.u., *DJ* 28.02.1997, p. 4.065, grifo nosso). Note-se que o próprio desaforamento

Art. 99

Código de Processo Penal Militar Comentado • **Nucci**

também está previsto em lei, razão pela qual, *lato sensu*, não é modificação de competência, mas sim a transferência para o juiz imparcial, idealmente eleito pela Constituição para julgar o caso. Estrito senso, no entanto, está-se alterando a competência do juiz que já fora escolhido pelas regras convencionais para compor o litígio.

Casos de conexão[261]

> **Art. 99.** Haverá conexão:[262-263]
>
> *a)* se, ocorridas duas ou mais infrações, tiverem sido praticadas, ao mesmo tempo, por várias pessoas reunidas[264] ou por várias pessoas em concurso, embora diverso o tempo e o lugar,[265] ou por várias pessoas, umas contra as outras;[266]
>
> *b)* se, no mesmo caso, umas infrações tiverem sido praticadas para facilitar ou ocultar as outras, ou para conseguir impunidade ou vantagem em relação a qualquer delas;[267]
>
> *c)* quando a prova de uma infração ou de qualquer de suas circunstâncias elementares influir na prova de outra infração.[268]

261. Conceito de conexão: trata-se de ligação, nexo ou união, segundo o vernáculo. No processo penal, no entanto, ganha contornos especiais, querendo significar o liame existente entre infrações, cometidas em situações de tempo e lugar que as tornem indissociáveis, bem como a união entre delitos, uns cometidos para, de alguma forma, propiciar, fundamentar ou assegurar outros, além de poder ser o cometimento de atos criminosos de vários agentes reciprocamente. Enfim, o vínculo surge, também, quando a produção escorreita e econômica das provas assim exige. Diz Pimenta Bueno, citado por Espínola Filho, que a conexão "é o nexo, a dependência recíproca que as coisas ou os fatos têm entre si: a disjunção é a separação delas, separação forçada, por isso mesmo que o todo criminal deve ser indivisível. Com efeito, embora os crimes sejam diversos, desde que eles são entre si conexos, ou que procedem de diferentes delinquentes associados como autores ou cúmplices, formam uma espécie de unidade estreita que não deve ser rompida. Todos os meios de acusação, defesa e convicção estão em completa dependência. Separar será dificultar os esclarecimentos, enfraquecer as provas, e correr o risco de ter ao final sentenças dissonantes ou contraditórias. Sem o exame conjunto, e pelo contrário com investigações separadas, sem filiar todas as relações dos fatos, como reconhecer a verdade em sua integridade, ou como reproduzir tudo isso em cada processo? (...) Desde porém que os delitos são conexos, é necessário, ao menos quando possível, que um mesmo tribunal conheça de todos eles ou de todos os delinquentes, e que uma mesma sentença aplique a lei". E continua Espínola Filho, dizendo que "para haver conexão, é indispensável que a íntima e estreita relação entre os delitos não dê o efeito de eliminar a individualidade de cada um deles, que deve continuar distinto dos outros; é preciso se trate de fatos, ou grupos de fatos, que, a despeito de ligados entre si, conservem o seu caráter individual e distinto, pois, se isso não suceder, não há mais falar em conexidade. Se, portanto, a conexidade tem o efeito de eliminar a independência recíproca de delitos distintos, pelo que inexiste quando eles se conservam perfeitamente independentes, ocorre não confundir a conexidade com a indivisibilidade da infração, quando os diversos elementos apresentam os característicos de fatos componentes da mesma infração, e com a coautoria, quando pessoas diversas perpetram, unidas, combinadas, uma mesma infração da lei penal" (*Código de Processo Penal brasileiro anotado*, v. 2, p. 135-136). Embora a doutrina seja praticamente unânime em apoiar as causas de determinação da competência por conexão, buscando fundamentá-las da melhor forma possível, queremos crer que a única, sólida e viável razão para a junção de fatos num único processo, a fim de obterem uma apreciação unitária, é uma *produção de provas* mais eficaz. Assim, das hipóteses aventadas no art. 99, entendemos devesse subsistir, verdadeiramente, somente uma delas, que está prevista na alínea *c*: "Quando a prova de uma infração ou de qualquer de suas circunstâncias elementares influir na prova de outra infração". Aliás, analisando-se as situações anteriores (alíneas *a* e *b*), não vislumbramos hipótese em que as infrações sejam conexas e que a prova de uma delas deva influenciar direta e necessariamente na prova da outra ou de outras. Se as infrações são cometidas no mesmo lugar, ao mesmo tempo, por pessoas reunidas, como ocorre com um saque a um estabelecimento comercial, estabelece-se a conexão com base na alínea *a*, primeira parte, de acordo com a lei processual penal militar. Ocorre que, mais uma vez, o fundamento para isso ocorrer não é, em nosso entender, a existência de uma conexão ontológica entre os delitos, visto que um autor pode nunca ter visto o outro e as infrações, portanto, seguirem distintas em todo o seu percurso (exemplo disso seria o agente que entra pelo teto e o outro pelos fundos, cada qual subtraindo um setor da loja), mas, para a apuração e produção de laudos, colheita de depoimentos testemunhais, inclusive do representante da vítima, pode ser válido que se unam os processos. Assim, os ladrões *C* e *D*, que nunca se viram, nem no momento do delito, somente poderiam ser processados juntos por mera comodidade na produção probatória, quando for o caso. Se, eventualmente, a prova de uma infração ou de qualquer de suas circunstâncias não servir para influir na prova da outra infração, qual a vantagem da conexão? Caso *D* seja condenado e *C*, absolvido, embora tenham cometido duas infrações ao mesmo tempo, no mesmo lugar, sem se conhecerem e em andares diferentes de idêntica loja, qual o prejuízo para a credibilidade da Justiça? Suponhamos que, no setor onde *D* estava, havia câmaras de vigilância, que gravaram suas ações, enquanto na parte onde *C* agiu, não. Natural será que possa existir falta de provas para um e suficiência probatória para o outro. Assim, a conexão determinada pela alínea *a*, primeira parte, sob o fundamento de evitar "julgamentos contraditórios" não teria trazido benefício algum ao processo. Por outro lado, caso *F* agrida *G*, que, em retorno, faz o mesmo, a produção da prova em conjunto é salutar, mas pode perfeitamente resolver-se pelo disposto na alínea *c*, afinal, a prova de uma infração termina influindo na prova da outra. A tentativa da doutrina de justificar a existência de todas as hipóteses do art. 99, por vezes, não é razoável. Exemplificando a situação prevista na alínea *a*, segunda parte (conexão intersubjetiva por concurso), ou seja, várias pessoas em concurso, embora diverso o tempo e o lugar, narra Tourinho Filho o seguinte: "Se duas ou mais pessoas planejam assaltar um banco na Capital paulista, ficando o agente *A* incumbindo de furtar um carro veloz para a fuga, o agente *B*, de conseguir as armas, o agente *C*, de ficar de sentinela e, finalmente, o agente *D*, de estourar o cofre se preciso, evidente que todos esses fatos reclamam unidade de processo e julgamento" (*Código de Processo Penal comentado*, v. 1, p. 194-195). Ora, quanto *A* e *B*, que teriam praticado *furto de automóvel*, o primeiro, e *compra ilegal de arma*, o segundo, podem-se incluir tais fatos na apuração do delito de roubo contra a agência bancária, por conexão, mas, no tocante a *C* e *D*, não cometeram eles infrações conexas. Lembremos que *A*, *B*, *C* e *D* são coautores/partícipes no roubo, logo, existe continência e não conexão, razão pela qual os quatro serão processados juntos com base no art. 100, *a*, do CPPM, e não por conta do art. 99, *a*. Mais uma vez, se existisse somente a alínea *c* do art. 99, seria a norma suficiente para determinar a apuração do furto do carro e da compra ilícita de armas juntamente com o roubo para facilitar a produção das provas das infrações penais – e caso fosse preciso. Em suma: parece-nos que a alínea *c* seria capaz de resolver todos os problemas de conexão, inexistindo razão substancial para a previsão feita nas anteriores.

262. Conexão material e conexão processual: busca a doutrina distinguir a conexão material – inspirada em fundamentos encontrados no direito penal – da conexão instrumental – com base exclusiva em fundamentos de ordem processual. Ensina Tornaghi que é *substantiva* (ou material) quando "os próprios crimes são conexos" e é meramente *processual*

Art. 99

(ou instrumental), quando não há nexo entre os delitos, mas a comprovação de uns termina refletindo na de outros (*Compêndio de processo penal*, t. I, p. 327). Assim não conseguimos visualizar. A conexão deve ser chamada de material ou substantiva, quando efetivamente tiver substrato penal, ou seja, quando, no caso concreto, puder provocar alguma consequência de ordem penal. No mais, ela será sempre instrumental – útil à colheita unificada da prova. Observamos o seguinte: se *A* mata *B* porque este viu o seu assalto, trata-se da hipótese da alínea *c* do art. 99, por exclusão. Afinal, os outros dois incisos exigem a prática de várias infrações por *vários autores* (nesta hipótese, existe somente um agente para o assalto e para o homicídio). E, ainda assim, embora esteja o caso situado na alínea *c*, cremos ser hipótese de conexão material, dentro do raciocínio supraexposto, porque o art. 205, § 2.º, V, do CPM prevê uma qualificadora específica para quem comete o delito a fim de assegurar a ocultação ou impunidade de crime anterior. Por outro lado, quando várias pessoas cometem vários delitos num mesmo lugar, à mesma hora, parece-nos ser uma pura conexão processual, existente para facilitar a colheita da prova, pois não se visualiza nisso qualquer liame de direito material. Entretanto, esta última situação tem sido doutrinariamente considerada de natureza material. O que um furto tem a ver com outro, se ambos foram cometidos por pessoas diferentes, que nem ao menos se conheciam? Não há substrato suficiente para tachá-la de substantiva ou material. Em síntese: defendemos que a conexão é material (com substrato no direito penal) ou instrumental (com fundamento exclusivo no processo penal, para a utilidade da colheita de provas), quando se apure tal situação no caso concreto, sem haver uma prévia classificação das alíneas *a*, *b* e *c* do art. 99. Na jurisprudência: STM: "2. A conexão no Processo Penal Militar dá-se em favor da jurisdição prevalente, desde que atendidos os critérios legais. A aplicação de tal instituto jurídico tem o desiderato de promover a facilitação da colheita de provas, de evitar a contradição entre as decisões e de permitir a cognição aprofundada e exauriente da matéria submetida a julgamento. A suposta aproximação entre a prova de infração penal em apuração e a conclusão de investigação, encaminhada ao juízo castrense na pendência de denúncia, exige análise cuidadosa dos fatos individualmente considerados. A eventual verificação de ocorrência da conexão probatória teria o condão de embasar a sujeição dos fatos ao mesmo magistrado. Assim, tem realce o detalhamento da conduta perpetrada nos episódios contextualizados, bem como o bem jurídico tutelado, de *per se*, em todos os delitos atribuídos ao agente. 3. A configuração da conexão exige que a situação fática emoldure as hipóteses estabelecidas no art. 99 do CPPM. Notadamente, os aspectos porventura indicadores de solução pela via deste instituto jurídico estarão afastados quando se encontrarem caracterizados condutas notadamente diferenciadas, perpetradas em conjunturas fáticas distintas, sem qualquer correlação no cenário probatório" (Conflito de Jurisdição 7000257-83.2018.7.00.0000, rel. Marco Antônio de Farias, data de julgamento: 21.06.2018, data de publicação: 29.06.2018).

263. Inviabilidade da conexão quando um dos processos já foi julgado: não há razão para a reunião dos processos, quando um deles já conta com julgamento, uma vez que o objetivo maior, que era justamente evitar o julgamento conflituoso, não é mais possível de ser atingido. Segue-se a Súmula 235 do Superior Tribunal de Justiça: "A conexão não determina a reunião dos processos, se um deles já foi julgado".

264. Conexão intersubjetiva por simultaneidade: cuida-se da hipótese de vários agentes cometerem infrações diversas, embora sejam estas praticadas ao mesmo tempo, no mesmo lugar. A simultaneidade dos fatos e da atuação dos autores faz com que seja conveniente uma apuração conjunta, por juiz único. Como já mencionamos, somente tem sentido esta situação de reunião, por conta da melhor apuração probatória do ocorrido, evitando que a mesma prova seja valorada diferentemente por magistrados diversos. Exemplo disso é o saque simultâneo a um mesmo estabelecimento comercial, cometido por várias pessoas, que nem se conhecem.

265. Conexão intersubjetiva por concurso: é a situação de vários agentes que cometem infrações penais em tempo e lugar diferentes, embora umas sejam destinadas, pelo liame subjetivo que liga os autores, a servir de suporte às seguintes. Trata-se de uma espécie de concurso de agentes dilatado no tempo, envolvendo infrações diversas. O autêntico concurso de pessoas, previsto no Código Penal Militar, envolve o cometimento de um único delito por vários autores, enquanto, no caso em comento, cuida-se da hipótese de delinquentes conluiados, pretendendo cometer crimes seguidos. Imagine-se o exemplo de dois indivíduos que se unam para a prestação de auxílio mútuo; enquanto o primeiro furta um documento, o segundo o falsifica para, futuramente, tornar viável a prática de um estelionato por terceiro. Pensamos ser despicienda esta hipótese, pois poderia encaixar-se, com facilidade, na situação da alínea *b* ou da alínea *c* do art. 99, e até do art. 100, *a*. Ainda que se diga que os agentes, conluiados, cometeram infrações diferentes, em épocas e lugares diversos, eles podem perfeitamente ser coautores ou partícipes de todos os crimes. No exemplo mencionado, é possível existir um crime único, que é o estelionato, absorvendo os demais e considerando os três agentes coautores ou partícipes do delito-fim. Se tomarmos outros exemplos proporcionados pela doutrina, como o da associação criminosa que se organiza para que cada membro cometa um delito em época e lugar diversos, ainda assim, se estão todos ajustados em tudo o que vão desenvolver, para cada delito cometido, há concurso de pessoas. Cada infração, de *per si*, é continente, pois todos os autores podem ser acusados da prática de todas elas (art. 100, *a*). A apuração de todas no mesmo feito justifica-se pela continência, em última análise, combinada com a conexão.

266. Conexão intersubjetiva por reciprocidade: trata-se da situação dos agentes que cometem crimes uns contra os outros. Estando imersos no mesmo cenário, é conveniente que haja a reunião dos processos para um só julgamento. Se *A* desfere um tiro em *B*, com finalidade de matá-lo, possuindo *B* a mesma intenção no revide, nenhum dos dois podendo falar em legítima defesa, são delinquentes, cujo veredicto merece ser proferido em conjunto. Afinal, as testemunhas e as demais provas devem ser as mesmas.

267. Conexão objetiva: chamada pela doutrina de consequencial, lógica ou teleológica, demonstra que há vários autores cometendo crimes para facilitar ou ocultar outros, bem como para garantir a impunidade ou a vantagem do que já foi feito. A diferença entre esta hipótese e a conexão por concurso da alínea *a* está no fato de que, no caso da alínea *a*, as infrações são previamente organizadas, pelo conluio dos agentes, a desenvolverem-se em tempo e lugares diversos, embora os beneficiando de alguma forma. No caso deste inciso, as infrações são ligadas por objetividade, isto é, os autores não estavam previamente conluiados, mas terminaram auxiliando-se em seguida. Pode acontecer de um assaltante levar dinheiro do banco e, notando que uma testemunha o viu, narre a situação ao seu irmão, que, por conta própria, para assegurar a impunidade do delito praticado pelo familiar, resolva matá-la. Assim, embora não tenha havido conluio prévio entre *A* (autor do roubo) e *B* (irmão-homicida), as infrações se ligaram objetivamente porque o resultado de uma terminou por servir à garantia de impunidade da outra. Pensamos que, nesta hipótese, também se exige a existência de várias pessoas, pois a alínea *b* menciona expressamente, "se, *no mesmo caso*, umas infrações tiverem sido praticadas...". *Mesmo caso* quer dizer a existência de várias pessoas cometendo delitos no mesmo lugar e ao mesmo tempo ou em lugares diversos e diferente tempo. Logo, quando uma só pessoa cometer o roubo e depois matar a vítima para não ser reconhecida, por exemplo, trata-se da conexão inspirada na alínea *c* e não neste inciso. Há posição em sentido contrário, admitindo a hipótese de haver um só autor, cometendo vários crimes, uns para assegurar os outros, devendo todos os fatos ser objeto de um único processo, não com base na conexão instrumental, mas fundado na objetiva (por todos, Tourinho Filho, *Código de Processo Penal comentado*, v. 1, p. 195).

Art. 100

Código de Processo Penal Militar Comentado • Nucci

268. Conexão instrumental: é o nome dado à autêntica forma de conexão processual, a nosso ver. Denomina-se, também, conexão ocasional. Todos os feitos somente deveriam ser reunidos se a prova de uma infração servir, de algum modo, para a prova de outra, bem como se as circunstâncias elementares de uma terminarem influindo para a prova de outra. Assim, caso *A* cometa uma receptação, desconhecendo o autor do furto, mas certo da origem ilícita do bem, descoberto o ladrão, é conveniente unir-se o julgamento do autor do furto e do acusado pela receptação, pois a prova de um crime certamente servirá para influenciar a do outro. Na jurisprudência: STM: "Conflito Negativo de Competência, no qual figura como Suscitante o Juiz Federal da Justiça Militar da 1.ª Auditoria da 2.ª CJM e, como Suscitado, o Juiz Federal Substituto da Justiça Militar da 2.ª Auditoria da 2ª CJM. Hipótese em que o Conflito foi suscitado pelo Juízo da 1.ª Auditoria da 2.ª CJM, após a declinação de competência do Juízo da 2.ª Auditoria da 2.ª CJM, destacando-se que ambos acolheram as manifestações dos respectivos MPM de Primeiro Grau, nos autos do Procedimento de Quebra de Sigilo Telefônico (PQS) e do IPM, distribuídos à 2.ª Auditoria da 2.ª CJM, tendo como objeto a apuração de possível prática de crime de Peculato-furto de munições. Caracterização, na espécie, da conexão probatória (instrumental) prevista no art. 99, 'c', do CPPM; ocorrência, também, da continência por cumulação objetiva prevista no art. 100, 'b', do CPPM. Concorrendo dois Juízes igualmente competentes para apreciação do feito, a competência é firmada pela prevenção, nos termos do art. 101, inc. II, alínea 'c', do CPPM. No caso, o juízo da 1.ª Auditoria da 2.ª CJM tornou-se prevento quando, antecipadamente, tomou conhecimento do Auto de Prisão em Flagrante, bem como expediu um Mandado de Busca e Apreensão, o que o tornou competente para julgar os processos conexos e continentes decorrentes. Conflito Negativo de Competência conhecido para declarar o Juízo da 1.ª Auditoria da 2.ª CJM competente para conduzir o PQS n.º 7000318-44.2019.7.02.0002, bem como o IPM n.º 70000347-94.2019.7.02.002, e, eventualmente, julgar a ação penal deles derivada. Decisão unânime" (Conflito de Jurisdição 7001393-81.2019.7.00.0000, rel. Luis Carlos Gomes Mattos, julgado em 14.05.2020, v.u.).

Casos de continência[269]

> **Art. 100.** Haverá continência:
>
> *a)* quando duas ou mais pessoas forem acusadas da mesma infração;[270-271]
>
> *b)* na hipótese de uma única pessoa praticar várias infrações em concurso.[272]

269. Conceito de continência: continência provém de *continente*, aquilo que contém ou tem capacidade para conter algo. No contexto processual penal, significa a hipótese de um fato criminoso conter outros, tornando todos numa unidade indivisível. Assim, pode ocorrer na situação do concurso de pessoas, quando vários agentes são acusados da prática de uma mesma infração penal e também quando houver concurso formal (art. 79, CPM), com seus desdobramentos previstos nas hipóteses de erro (art. 37, CPM). Cremos que a continência, em razão do disposto no direito penal, é fundamental para a avaliação unificada dos fatos criminosos gerados por um ou mais autores. Não teria, de fato, cabimento julgar os coautores em processos distintos, visto que cometem o mesmo delito. O mesmo se diga do concurso formal, quando uma pessoa, por meio de uma única ação, atinge mais de um resultado criminoso. Porém, diversamente do preceituado pela legislação penal comum, que estabelece a continência somente para os casos de concurso formal, inclusive quando advém de erro na execução, o Código de Processo Penal Militar amplia o seu alcance. Segundo o disposto no art. 100, *b*, haverá continência *na hipótese de uma única pessoa praticar várias infrações em concurso*, logo, abrange tanto o concurso formal quanto o material e o crime continuado.

270. Continência em razão do concurso de pessoas: justifica-se a junção de processos contra diferentes réus, desde que eles tenham cometido o crime em conluio, com unidade de propósitos, tornando único o fato a ser apurado. É o que a doutrina chama de continência por *cumulação subjetiva*, tendo em vista tratar-se de vários autores praticantes do mesmo fato delituoso. Não se trata somente de uma causa inspirada na economia processual, mas também na tentativa de evitar decisões contraditórias, que nada contribuem para a credibilidade da Justiça.

271. Diferença da continência por concurso de pessoas e da conexão por concurso: esta última cuida de vários agentes cometendo vários fatos criminosos, sendo útil tanto para a produção da prova quanto para a avaliação do juiz, que os processos sejam reunidos, embora não se trate de fenômeno único. No caso da continência, como já se disse, o fato é um só e há vários agentes que o cometem, sendo extremamente útil e válido que a prova seja colhida por um único magistrado, que a avaliará de uma vez, tornando menos provável a hipótese de um erro judiciário.

272. Concurso de crimes: o agente pode cometer mais de um delito dentro das seguintes hipóteses: a) mediante mais de uma ação ou omissão pratica dois ou mais delitos (concurso material); b) mediante uma só ação ou omissão comete dois ou mais crimes (concurso formal); c) mediante mais de uma ação ou omissão pratica duas ou mais infrações penais em situações especiais, de modo a evidenciar continuidade delitiva. A instrução conjunta favorece o conhecimento do quadro geral, permitindo a mais adequada avaliação da materialidade e da autoria de todos eles.

Regras para determinação

> **Art. 101.** Na determinação da competência por conexão ou continência, serão observadas as seguintes regras:[273]

Concurso e prevalência

> I – no concurso entre a jurisdição especializada e a cumulativa, preponderará aquela;
>
> II – no concurso de jurisdições cumulativas:[274]
>
> *a)* prevalecerá a do lugar da infração, para a qual é cominada pena mais grave;[275]
>
> *b)* prevalecerá a do lugar onde houver ocorrido o maior número de infrações, se as respectivas penas forem de igual gravidade;[276]

Prevenção

> *c)* firmar-se-á a competência pela prevenção, nos demais casos, salvo disposição especial deste Código;[277]

Categorias

> III – no concurso de jurisdição de diversas categorias[278] predominará a de maior graduação.[279]

Art. 101

Código de Processo Penal Militar Comentado • **Nucci**

273. Eleição do foro prevalente: havendo conexão ou continência, impõe-se a junção dos processos (*simultaneus processus*) pelas várias razões já expostas. Cumpre, no entanto, saber qual é o foro que possui força de atração, isto é, o que deve prevalecer sobre os demais, atraindo o julgamento dos fatos delituosos para si. É a hipótese de *prorrogação de competência*, tornando-se competente o juízo que, originariamente, não seria, levando-se em conta o lugar da infração, o domicílio do réu, a natureza da infração e a distribuição. O efeito da prorrogação, como adverte Bento de Faria, é apenas sujeitar os acusados a um só juízo, a fim de serem julgados por uma só sentença, sem qualquer alteração da natureza das infrações penais cometidas (*Código de Processo Penal*, v. 1, p. 193).

274. Jurisdição cumulativa: a jurisdição é um conceito único, significando o dever constitucional que membros do Poder Judiciário possuem para aplicar o direito ao caso concreto, compondo litígios. Entretanto, por uma questão prática e até mesmo didática, separa a lei e a doutrina a jurisdição em categorias, chamando-a de superior e inferior, comum e especial, estadual ou federal, entre outras. No caso presente, considera-se *jurisdição da mesma categoria* aquela que une magistrados aptos a julgar o mesmo tipo de causa. Assim, por exemplo, Auditorias de primeiro grau possuem idêntica jurisdição, diversificando-se a eleição do foro apenas pelas regras de competência, tais como lugar do crime ou domicílio do réu e distribuição. Ocorre, porém, que pode haver um conflito real entre essas Auditorias. Imagine-se que um furto e uma receptação foram apurados em diversas localidades, razão pela qual terminaram sendo distribuídos para juízos diversos, numa mesma Comarca. Havendo entre eles conexão instrumental, torna-se viável que sejam julgados por uma só Auditoria. Como ambos são de idêntica jurisdição, estabelecem-se regras para a escolha do foro prevalente.

275. Foro onde foi cometida a infração mais grave: tendo em vista que o primeiro critério de escolha é o referente ao lugar da infração, é possível que existam dois delitos sendo apurados em foros diferentes, tendo em vista que as infrações originaram-se em locais diversos. Assim, elege-se qual é o mais grave deles para a escolha do foro prevalente: se for um furto qualificado e uma receptação simples, fixa-se o foro do furto (pena mais grave) como competente.

276. Foro onde foi cometido o maior número de infrações: imagine-se que três furtos simples estejam sendo apurados na Circunscrição X, enquanto uma receptação simples – referente aos três furtos – esteja tramitando na Circunscrição Y. Embora as penas de furto e receptação sejam idênticas, o julgamento dos quatro crimes deve ser realizado na Circunscrição X, que possui o maior número de infrações. A regra é correta, pois o crime deve ser apurado no local onde foi cometido, que é, também, onde causou o maior abalo à comunidade. Ora, a Circunscrição onde houve o maior número de delitos sofreu a maior perturbação, razão pela qual atrai o crime praticado em lugar vizinho.

277. Foro residual estabelecido pela prevenção: como sempre, a prevenção visa à solução dos problemas de conflito de competência, cujas regras específicas são insuficientes. Neste caso, havendo Auditorias com igual competência em confronto e não sendo possível escolher pela regra da gravidade do crime (ex.: furto simples e receptação simples), nem pelo número de delitos (ambas possuem um só feito), elege-se o juízo pela prevenção, isto é, aquele que primeiro conhecer um dos processos torna-se competente para julgar os dois, avocando o outro da Auditoria vizinha. Na jurisprudência: STM: "Concorrendo dois Juízes igualmente competentes para apreciação do feito, a competência é firmada pela prevenção, nos termos do art. 101, inc. II, alínea 'c', do CPPM. No caso, tem-se o Juízo da 2.ª Auditoria da 2.ª CJM como reconhecidamente prevento, pois, além de o IPM que deu origem à Ação Penal Militar, em trâmite na referida Auditoria, ter sido distribuído primeiramente, a aludida APM já conta com Denúncia recebida há tempos. Conflito de Competência conhecido para declarar o Juízo da

2.ª Auditoria da 2.ª CJM competente para conduzir o IPM oriundo da 1.ª Auditoria da citada CJM. Decisão unânime" (Conflito de Jurisdição 7000235-25.2018.7.00.0000, rel. Luis Carlos Gomes Mattos, julgado em: 16.10.2018, v.u.).

278. Jurisdição de categoria diversa: envolve este item a clássica divisão legal entre *jurisdição superior e inferior*, visando à separação entre magistrados que têm poder recursal sobre outros, isto é, chama-se superior o poder jurisdicional reservado a tribunais que podem rever as decisões de outras cortes e também de juízes monocráticos (Supremo Tribunal Federal, Superior Tribunal de Justiça, Tribunal Superior Eleitoral, Superior Tribunal Militar e Tribunal Superior do Trabalho). Considera-se de jurisdição inferior os tribunais ou colegiados que não podem rever as decisões de outras cortes (Tribunal de Justiça, Tribunal Regional Federal e Tribunal de Justiça Militar), embora, entre os órgãos de jurisdição inferior haja ainda a divisão entre grau superior e inferior, considerando de 2.º grau as cortes estaduais ou regionais e de 1.º grau as Auditorias e os Conselhos de Justiça de primeira instância. Assim, havendo concurso entre as jurisdições superior e inferior é natural que a superior – que possui poder revisional sobre as decisões da inferior – termine por avocar os feitos conexos ou continentes. Exemplificando: se determinado réu, por prerrogativa de função, deve ser julgado no Supremo Tribunal Federal, mas cometeu o delito em coautoria com outra pessoa, que não detém a mesma prerrogativa, ambos serão julgados no Pretório Excelso, em face da continência. Há polêmica, neste aspecto, levantada por parte da doutrina, com a qual não concordamos. Explica Tourinho Filho que a pessoa com foro privilegiado, cometendo o crime juntamente com outra que não o possua, deveria ser julgada em foro diferenciado (*Código de Processo Penal comentado*, v. 1, p. 199). Assim, caso seja da competência do Supremo Tribunal Federal o julgamento do réu que detém prerrogativa de foro, o coautor mereceria ser julgado na justiça de primeiro grau, pois a Constituição não prevê a extensão da competência do Supremo Tribunal Federal para analisar o caso daquele que não possui privilégio algum. Com essa posição demonstram concordar Demercian e Maluly (*Curso de processo penal*, p. 206), embora todos admitam que a posição jurisprudencial, inclusive do Supremo Tribunal Federal, é no sentido oposto. Parece-nos incabível que a Constituição Federal deva descer a tais detalhes, fixando regras de conexão, continência e prorrogação de competência, algo naturalmente atribuído à lei processual penal. Por isso, não vemos qualquer inconveniente em privilegiar o foro porque a função exercida por um dos réus assim determina, seguindo-se preceito constitucional, estendendo-se aos coautores o mesmo foro, por força, agora, do disposto no Código de Processo Penal, comum ou militar. Respeitam-se, com tal regra, os dois textos normativos, sem qualquer perda. Dizer que o Supremo Tribunal Federal não tem competência para julgar a pessoa sem competência especial de foro não é verdade absoluta, uma vez que qualquer caso pode atingir o Pretório Excelso, em grau de recurso, justamente o que ocorre, cotidianamente, com o *habeas corpus*. Termina, pois, a Suprema Corte decidindo casos de crimes comuns, cometidos por pessoas sem prerrogativa de foro. Ademais, se a competência do Tribunal Superior é mais ampla, nada impede que julgue casos inicialmente pertinentes a outros juízos. O contrário é inadmissível, pois se o juízo de primeiro grau não tem jamais competência para julgar, criminalmente, um deputado federal, por exemplo, ainda que houvesse conexão não poderia ele avocar os feitos, chamando a si o julgamento. O Supremo Tribunal Federal, consolidando sua jurisprudência no sentido que defendemos, editou a Súmula 704: "Não viola as garantias do juiz natural, da ampla defesa e do devido processo legal a atração por continência ou conexão do processo do corréu ao foro por prerrogativa de função de um dos denunciados".

279. Exceção à regra quando a competência for estabelecida pela Constituição: é possível que exista um conflito entre órgão de jurisdição superior e órgão de jurisdição inferior, mas ambas as esferas de competência estejam fixadas na Constituição Federal, razão pela qual

Art. 102

Código de Processo Penal Militar Comentado • **Nucci**

deve-se respeitar o juiz natural de ambas as pessoas. Exemplo disso é o crime militar cometido por um Governador de Estado juntamente com Oficial General. O Chefe do Executivo deve ser julgado pelo Superior Tribunal de Justiça (art. 105, I, *a*, CF), enquanto o Oficial General, embora tenha agido em coautoria, deve ser julgado pelo Superior Tribunal Militar (art. 124, CF). Respeita-se, com isso, o estabelecido pela Carta Magna para os dois acusados.

Unidade do processo

> **Art. 102.** A conexão e a continência determinarão[280] a unidade do processo, salvo:

Casos especiais

> *a)* no concurso entre a jurisdição militar e a comum;[281]
> *b)* no concurso entre a jurisdição militar e a do Juízo de Menores.[282]

Jurisdição militar e civil no mesmo processo

> **Parágrafo único.** A separação do processo, no concurso entre a jurisdição militar e a civil, não quebra a conexão para o processo e julgamento, no seu foro, do militar da ativa, quando este, no mesmo processo, praticar em concurso crime militar e crime comum.[283]

280. Determinação legal para a junção dos processos conexos ou continentes: justamente para evitar decisões contraditórias, que tanto enfraquecem a credibilidade da Justiça, bem como para a busca da verdade real, colhendo-se a prova num único conjunto e contexto, impõe-se a união dos processos, quando houver conexão ou continência. Entretanto, a despeito disso, o próprio Código de Processo Penal Militar estabelece exceções, justamente porque a união pode trazer maiores problemas do que vantagens.

281. Jurisdição comum e jurisdição militar: haverá a separação dos processos, quando estiverem envolvidos, ainda que no mesmo contexto, crime comum e crime militar, ou quando houver coautoria entre militar e civil para a prática de um único delito, conforme o caso. Há, no entanto, regras especiais a serem observadas: a) lembremos que civis podem ser julgados pela Justiça Militar Federal quando cometerem crimes militares previstos no Código Penal Militar, desde que contra as instituições militares federais. Nessa hipótese, ambos (civil e militar) seriam julgados, quando forem coautores, na esfera militar. Por outro lado, se o civil comete crime comum e o militar, delito militar, embora conexos, haverá separação dos processos. E mais: caso o civil cometa crime militar (contra as instituições militares federais) e o militar, crime comum, embora conexos, também ocorrerá a separação dos processos, em hipótese rara, que leva o civil para a Justiça Militar Federal e o militar para a Justiça comum. Está revogado pela Constituição de 1988 o disposto no art. 102, parágrafo único, do Código de Processo Penal Militar, que previa o julgamento do militar pela Justiça Castrense, embora cometesse delito comum conexo a crime militar. Nesse prisma, a lição de Tourinho Filho (*Código de Processo Penal comentado*, v. 1, p. 204). Ressalve-se, no entanto, o cometimento de crime por civil contra as instituições militares estaduais: a competência será da Justiça Estadual (Súmula 53, STJ: "Compete à Justiça Comum Estadual processar e julgar civil acusado de prática de crime contra instituições militares estaduais"). Assim, conclui-se que a Justiça

Militar Estadual jamais julga um civil, impondo-se a regra geral da separação dos processos. Vale, sempre, a Súmula 90 do Superior Tribunal de Justiça: "Compete à Justiça Estadual Militar processar e julgar policial militar pela prática de crime militar, e à Comum pela prática de crime comum simultâneo àquele"; b) todos os militares que cometam crimes dolosos contra vida de civil devem ser julgados pela Justiça Comum, como fixado pela Lei 9.299/96; c) caso um militar cometa, juntamente com um civil, um delito comum, deve ser julgado pela Justiça Comum, uma vez que o fato não encontra previsão no Código Penal Militar. A competência se dá em razão do crime e não da pessoa do militar (não se trata de prerrogativa de função). É o que ocorre com policiais militares que cometem crimes de abuso de autoridade, promovem ou facilitam a fuga de presos de estabelecimento penal (Súmula 75, STJ: "Compete à Justiça Comum Estadual processar e julgar o policial militar por crime de promover ou facilitar a fuga de preso de estabelecimento penal"), envolvem-se em delitos de trânsito (Súmula 6, STJ: "Compete à Justiça Comum Estadual processar e julgar delito decorrente de acidente de trânsito, envolvendo viatura de Polícia Militar, salvo se autor e vítima forem policiais militares em situação de atividade"); d) o militar estadual, autor de infração militar, deve ser julgado pela Justiça Militar, ainda que no Estado onde a cometeu, que não é o seu, inexista Justiça Castrense (Súmula 78, STJ: "Compete à Justiça Militar processar e julgar policial de corporação estadual, ainda que o delito tenha sido praticado em outra unidade federativa"). Na jurisprudência: STJ: "Havendo nítidos indícios de que o homicídio foi cometido com dolo, é de se reconhecer a competência da Justiça comum estadual para o processamento e julgamento tanto do inquérito policial quanto da eventual ação penal dele derivada, não havendo que se falar, portanto, em trancamento do inquérito policial civil. Precedentes. Ademais, não há que se falar em ilegalidade na manutenção concomitante do inquérito civil (82.782/2018), para apurar a prática do crime doloso contra a vida, e no inquérito promovido pela Polícia Militar (419/2018), visando a investigar prática de suposta transgressão militar/crime militar pois, em caso de configuração de crime propriamente militar, o feito será cindido, nos termos do art. 102, 'a', do Código de Processo Penal Militar" (AgRg no RHC 112.726/PR, 5.ª T., rel. Reynaldo Soares da Fonseca, julgado em: 26.05.2020, v.u.).

282. Justiça Militar e Justiça da Infância e da Juventude: estabelece o art. 228 da Constituição Federal, que os menores de dezoito anos são penalmente inimputáveis, sujeitos às normas da legislação especial. Esta legislação está consubstanciada no Estatuto da Criança e do Adolescente (Lei 8.069/90), que preceitua, no art. 104: "São penalmente inimputáveis os menores de 18 (dezoito) anos, sujeitos às medidas previstas nesta Lei. Parágrafo único. Para os efeitos desta Lei, deve ser considerada a idade do adolescente à data do fato". A regra do Código de Processo Penal Militar é salutar, tendo por fim evitar qualquer dúvida acerca da competência para deliberar a respeito de fatos criminosos envolvendo o concurso de agentes entre maiores e menores ou a conexão. Nem o maior poderá ser julgado pelo juízo da infância e da juventude, embora haja continência ou conexão, nem o menor seguirá para a esfera militar. Não é a inimputabilidade a causa exclusiva para a separação dos processos, pois, no caso do doente mental, também considerado inimputável, o julgamento é afeto ao juízo criminal militar. Embora ao imputável seja aplicada pena e ao inimputável medida de segurança, há um só foro competente para ambos.

283. Não recepcionado pela Constituição de 1988: como mencionado em nota anterior, este dispositivo não foi recepcionado. O militar, quando cometer crime comum, deve ser julgado pela Justiça Comum. Afinal, a Justiça Militar existe para julgar delitos militares, vale dizer, trata-se de competência especializada em função da matéria. Não há prerrogativa de função, como se vê do disposto pelo art. 124 da Constituição Federal.

Art. 103

Prorrogação de competência

> **Art. 103.** Em caso de conexão ou continência, o juízo prevalente, na conformidade do art. 101, terá a sua competência prorrogada para processar as infrações cujo conhecimento, de outro modo, não lhe competiria.[284]

284. Prorrogação de competência: é a expressão utilizada para demonstrar que o juízo, inicialmente não competente para julgar a infração penal, torna-se competente por força de lei, respeitadas as regras pertinentes à conexão e à continência. Estende-se a competência do foro prevalente para abrigar outros delitos, conexos ou em continência, com as infrações originalmente sob sua responsabilidade. Não há ofensa ao princípio do juiz natural, pois tal prorrogação é prevista expressa e previamente em lei, inexistindo surpresa às partes.

Reunião de processos

> **Art. 104.** Verificada a reunião dos processos, em virtude de conexão ou continência, ainda que no processo da sua competência própria venha o juiz ou tribunal a proferir sentença absolutória ou que desclassifique a infração para outra que não se inclua na sua competência, continuará ele competente em relação às demais infrações.[285]

285. Perpetuação da jurisdição em casos de conexão e continência: é possível que vários processos sejam reunidos em virtude de conexão ou continência, mas, ao julgar o feito, conclua-se pela incompetência do juízo que exerceu a força atrativa, seja porque houve absolvição no tocante à infração que atraiu a competência, seja porque ocorreu a desclassificação para outra, que não seria originariamente desse magistrado. A essa altura, colhida a prova toda, não tem mais cabimento devolver o conhecimento do processo a juízo diverso, impondo-se o julgamento pelo que conduziu a instrução. Ilustrando: no exemplo já fornecido do art. 101, II, *b*, é possível que o juízo da Comarca *X*, onde foram cometidos três furtos simples, atraia o julgamento da conexa receptação, cometida na Comarca *Y*. Ainda que o juiz da Comarca *X* absolva o réu *A* pela prática dos três furtos, pode condenar o acusado *B* pela receptação, não tendo a menor valia, inclusive por economia processual, determinar a remessa dos autos ao juízo originário da Comarca *Y*, que seria o competente para apurar e julgar o delito de receptação, ocorrido em seu território. Conferir: TFR-4.ª Região: "A competência é fixada *a priori*, ou seja, no momento do recebimento da denúncia e com base nos elementos nela apresentados, não havendo se falar, nos termos do artigo 81 do Código de Processo Penal, em reconhecimento da incompetência da Justiça Federal no caso de posterior absolvição ou desclassificação do delito indicador de dano ao patrimônio ou interesse da União" (ACR 2001.04.01.079272-0-PR, 8.ª T., rel. Luiz Fernando Wowk Penteado, 23.09.2009, v.u.).

Separação de julgamento

> **Art. 105.** Separar-se-ão somente os julgamentos:
>
> *a)* se, de vários acusados, algum estiver foragido e não puder ser julgado à revelia;
>
> *b)* se os defensores de dois ou mais acusados não acordarem na suspeição de juiz de Conselho de Justiça, superveniente para compô-lo, por ocasião do julgamento.[286]

286. Suspeição em colegiado: em juízos colegiados, a possibilidade de arguir a suspeição de qualquer dos seus integrantes é tão viável quanto ocorre em relação ao juízo singular. Havendo mais de um corréu, cada qual com seu defensor, ao apontar eventual suspeição de membro do colegiado – como ocorre nos Conselhos de Justiça Militar – pode instalar-se a discordância entre eles. Se um aceita o magistrado e outro o recusa, para não haver prejudicados, a mais adequada solução é a separação dos processos. Supera-se a conexão ou continência constatada em primazia ao juiz imparcial.

Separação de processos

> **Art. 106.** O juiz poderá separar os processos:[287]
>
> *a)* quando as infrações houverem sido praticadas em situações de tempo e lugar diferentes;[288]
>
> *b)* quando for excessivo o número de acusados, para não lhes prolongar a prisão;[289]
>
> *c)* quando ocorrer qualquer outro motivo que ele próprio repute relevante.[290-291]

Recurso de ofício

> § 1.º Da decisão de auditor ou de Conselho de Justiça em qualquer desses casos, haverá recurso de ofício para o Superior Tribunal Militar.[292]
>
> § 2.º O recurso a que se refere o parágrafo anterior subirá em traslado com as cópias autênticas das peças necessárias, e não terá efeito suspensivo, prosseguindo-se a ação penal em todos os seus termos.

287. Separação facultativa dos processos: tendo em vista que a conexão e a continência, como já afirmado, têm por finalidade garantir a união dos processos para uma melhor apreciação da prova pelo juiz, evitando-se decisões conflituosas, pode ocorrer a inconveniência dessa junção, seja porque torna mais difícil a fase probatória, seja pelo fato de envolver muitos réus – uns presos e outros soltos – e até por razões outras que somente o caso concreto pode determinar.

288. Separação facultativa em caso de tempo ou lugar diferenciado: essa hipótese deve ser aplicada com cautela, pois incabível para determinadas situações. O art. 99 expõe as hipóteses de conexão. Na alínea *a*, primeira parte, menciona-se expressamente a ocorrência de duas ou mais infrações praticadas ao mesmo tempo, por várias pessoas reunidas, o que afastaria a possibilidade de se separar o processo (tempo e lugar idênticos). Na segunda parte dessa alínea, quando se cita apenas a prática das infrações em concurso, é possível haver tempo e lugar diferenciados, cabendo, pois, a separação. Na terceira parte, do mesmo inciso, cremos ser inviável a separação, pois é a prática de infrações por pessoas que agem umas contra as outras, pressupondo-se que estejam no mesmo lugar e ao mesmo tempo. Afinal, se não fosse assim, nem se falaria em conexão. Quanto à alínea *b* do art. 99, nota-se a possibilidade de separação, pois os crimes praticados para facilitar, ocultar, garantir a impunidade ou a vantagem podem ser cometidos em lugares e em momentos diferentes. A alínea *c* do art. 99 evidencia a autêntica forma de conexão, a nosso ver, que é a instrumental. Quanto a esta, cabe separação facultativa, pois o tempo e lugar podem ser diversos. Conferir: TJSP: "*Habeas Corpus*. Processo penal. Pretendida reunião de cinco processos por sonegação fiscal. Inadmissibilidade.

Art. 106

Código de Processo Penal Militar Comentado • **Nucci**

144

Pleito deduzido com base nos artigos 76, III (conexão instrumental) e 79 do CPP. Ausência de liame material entre um feito e outro. Prevalência da prova documental. Não interferência da prova de um feito na instrução do outro. Separação autorizada pelo artigo 80 do mesmo código. Discricionariedade do julgador. Inexistência de constrangimento ilegal sanável pela via do habeas corpus. Ordem denegada. (...) De fato, tratando-se de delitos cuja instrução é balizada por prova documental, a presença das mesmas testemunhas num ou noutro feito, não é determinante à reunião dos processos, notadamente porque a prova oral, *in casu*, virá em reforço dos documentos que devem, pelo menos em tese, comprovar a materialidade da sonegação fiscal. Ademais, o art. 80 do CPP faculta 'a separação dos processos quando as infrações tiverem sido praticadas em circunstâncias de tempo ou de lugar diferentes, ou, quando pelo excessivo número de acusados e para não lhes prolongar a prisão provisória, ou por outro motivo relevante, o juiz reputar conveniente a separação'. Portanto, ainda que a reunião dos feitos, decorrente da conexão, tenha por fim garantir a abrangência ou produtividade da instrução, evitando-se, inclusive, decisões contraditórias, tal proceder pode, eventualmente, trazer dificuldades ao Juízo, competindo ao Magistrado, discricionária e fundamentadamente, decidir sobre a junção dos processos." (HC. 990.10.283841-2, 16.ª C., rel. Otávio de Almeida Toledo, 23.11.2010, v.u.). Na situação da continência, parece-nos inconveniente a separação, pois ainda que existam circunstâncias de tempo e lugar diferentes, estando presente a coautoria, torna-se imperioso o julgamento conjunto. Imagine-se o sujeito que paga outro para matar a vítima em lugar bem distante e muito tempo depois. Mandante e executor merecem ser julgados no mesmo processo para evitar decisões conflitantes. O mesmo se diga do caso referente ao concurso formal, pois trata-se do mesmo fato, logo, cometido em tempo e lugar idênticos.

289. Separação facultativa em virtude do excessivo número de acusados: trata-se de uma hipótese válida para todos os casos de conexão e continência. É preciso, no entanto, fazer uma observação quanto a esta opção legislativa. Determina a norma que possa haver a separação quando o número de réus for excessivo *e* houver prorrogação indevida da prisão cautelar de alguns deles ou de todos. Assim, é um binômio: o número elevado de réus faz com que a instrução seja lenta, pela própria natureza dos prazos e das provas a serem produzidas, o que pode tornar extensa a duração da prisão cautelar decretada contra uns ou contra todos. Resolve-se, então, pela separação. Quando o número excessivo prejudicar, por si só, o andamento do processo, embora todos estejam em liberdade, deve-se aplicar a terceira hipótese ("outro motivo relevante"). Imagine-se um feito com 100 réus, em que somente para a apresentação de alegações finais é possível levar mais de um ano, intimando-se cada um dos defensores e permitindo-se a retirada dos autos de cartório para estudo. Na jurisprudência: STJ: "1. O dispositivo do art. 106, alíneas *b* e *c*, do Código de Processo Penal Militar faculta ao juiz a separação dos processos quando for excessivo o número de acusados, para não lhes prolongar a prisão, e quando ocorrer qualquer outro motivo que ele próprio repute relevante. 2. Tendo em vista o elevado número de acusados, de testemunhas e o diferente momento processual das ações penais, reputa-se conveniente manter a separação dos feitos criminais para não ocasionar tumulto processual desnecessário, prejudicando o exercício da ampla defesa e do contraditório de quem não figure no polo passivo das duas ações penais. 3. A fim de se garantir a premissa constitucional da celeridade e razoável duração do processo, sem perder de vista a efetividade da jurisdição e a exequibilidade da persecução criminal, não se acolhe, no caso, o pleito de unificação dos processos. Precedentes desta Corte" (RHC 71.488/RJ, 5.ª T., rel. Reynaldo Soares da Fonseca, 18.09.2018, v.u.).

290. Separação facultativa em face de motivo relevante: andou bem o legislador ao preceituar que fica ao critério do juiz a separação dos processos, por qualquer *motivo relevante*, impossível de ser previsto prévia e expressamente em lei, mas que pode conturbar mais do que auxiliar na produção das provas. O exemplo mencionado em nota anterior é significativo: um

Art. 106

Título IX • Capítulo VIII – Da conexão ou continência

processo, com inúmeros réus, pode arrastar-se por anos, sem vantagem alguma para o contexto probatório. Por outro lado, outras razões podem levar à separação dos feitos, como a necessidade de produção de determinada prova, que somente interessa a um dos réus. Ilustrando: um acusado pode ter arrolado uma testemunha de antecedentes, que considere de suma importância para sua defesa, embora os corréus não tenham o menor interesse em aguardar o extenso período para que ela seja ouvida. Há pessoas, acusadas da prática de crimes, que desejam um julgamento rápido, até mesmo para atingirem mais rapidamente a absolvição. Por outro lado, pode estar próximo da prescrição, de modo que a prova interessante somente para um réu, deferida pelo juiz, pode não ter a menor importância para os outros, razão pela qual se impõe, por motivo relevante, a separação. Lembremos que a decisão acerca da separação é *facultativa*. Pode concernir ao magistrado condutor do feito ou ao órgão colegiado, em caso de competência originária. Ilustrando, o Supremo Tribunal Federal entendeu ser *conveniente* manter um processo-crime, onde constam quarenta denunciados pelo Ministério Público, envolvendo réus com foro privilegiado e, outros, não possuidores do benefício, por julgar mais prática a colheita conjunta da prova. Na jurisprudência: STM: "1. A conexão intersubjetiva por simultaneidade pode motivar a propositura de Ação Penal Militar única, abarcando todos os fatos e os agentes. Entretanto, conforme a complexidade dos indícios e das provas reveladas, a separação dos processos ganha espaço, beneficiando o ritmo processual e o exame da punibilidade dos diversos autores. Nesse aspecto, a caracterização de interesses colidentes entre os envolvidos tem relevância por se encontrarem em situações antagônicas, justificando o comentado desdobramento processual. Ainda, nesse contexto, o patrocínio sob o encargo de único defensor público poderia prejudicar a estratégia defensiva de determinado acusado. 2. À luz do Princípio Constitucional da Razoável Duração do Processo, em situações excepcionais, a unidade processual, inicialmente guiada pelos critérios de conexão ou de continência para prevenir eventuais decisões conflitantes, deve ceder à necessária separação dos processos, no intuito de, direcionado pelo Princípio da Economicidade, evitar a repetição de atos processuais que atenderam os rigores legais. Inteligência do art. 106, alínea 'c', do CPPM. 3. Na sistemática do Processo Penal Militar, a separação do processo é faculdade inerente à instância ordinária, devendo estar calcada em motivo relevante. O objetivo precípuo reside em assegurar o eficaz andamento processual e a efetividade da prestação jurisdicional, pautada pela celeridade e pela justiça. Nessa direção, a observância dos princípios constitucionais, mormente o Devido Processo Legal, o Contraditório e a Ampla Defesa, norteará o interesse público mediante eficaz prestação jurisdicional. O processo não pode ser utilizado para obstar o exercício de direitos fundamentais, pelo contrário, destina-se à efetivação da paz social. 4. Em cumprimento à remessa obrigatória, a Decisão em análise mostra-se irretocável, porquanto foi proferida em consonância com os Princípios Constitucionais da Efetividade e da Duração Razoável do Processo. 5. Recurso de Ofício não provido. Decisão unânime" (Recurso de Ofício 7000805-40.2020.7.00.0000, rel. Marco Antônio de Farias, julgado em: 04.02.2021, v.u.).

291. Separação dos processos e prerrogativa de foro: havendo necessidade de separação dos processos, em especial, por conveniência da instrução, preserva-se a prerrogativa de foro ao réu que dela faz jus, remetendo-se ao juízo comum os feitos de outros corréus sem o mencionado privilégio. Sabe-se que, por conexão ou continência, havendo foro privilegiado a um dos coautores, todos os demais serão julgados por Corte Superior. Porém, a regra da conexão ou continência é prevista no CPPM e não na Constituição Federal, motivo pelo qual pode ceder às exceções enumeradas na própria legislação infraconstitucional, nos moldes do art. 106. Diante disso, é perfeitamente viável haver a separação dos processos, levando os réus com foro privilegiado a serem julgados em instâncias diversas dos outros, não possuidores de tal prerrogativa. Conferir: STF: "1. O presente caso conta com 10 (dez) denunciados e, na data de hoje, com 78 (setenta e oito) volumes e mais 15 (quinze) apensos, o que demonstra a inviabilidade do processo e julgamento de tantos acusados por essa Corte e constitui razão mais

Art. 107

Código de Processo Penal Militar Comentado • **Nucci**

do que suficiente para autorizar o desmembramento do feito, pois apenas um dos acusados detém a prerrogativa de foro prevista no art. 102, I, *b*, da Constituição Federal. 2. A doutrina e a jurisprudência são uníssonas no sentido de aplicar o art. 80 do Código de Processo Penal nos processos criminais em que apenas um ou alguns dos acusados detêm a prerrogativa de foro. 3. Não há, no caso, qualquer excepcionalidade que impeça a aplicação do art. 80 do CPP. 4. Questão de ordem acolhida, para que sejam apurados nessa Corte somente os fatos imputados ao Deputado Federal envolvido, extraindo-se cópias dos elementos a ele relacionados para autuação de um novo inquérito. Baixa dos autos quanto aos demais acusados" (QO no Inq. 2.443-SP, Pleno, rel. Joaquim Barbosa, 01.07.2008, v.u.).

292. Reexame necessário: buscando-se preservar os institutos da conexão e da continência, em prol de um julgamento coeso, evitando-se decisões conflitantes, bem como atento ao princípio da economia processual, estabelece-se o duplo grau de jurisdição obrigatório no tocante à decisão de separação do processo. O Superior Tribunal Militar deve *referendar* a referida separação. Entretanto, não há efeito suspensivo a este reexame, de modo que necessita ser celeremente apreciado, a fim de não se tornar inócuo. Na jurisprudência: STM: "No caso concreto, não se vislumbra prejuízo ao acusado, nem tampouco a existência de motivo relevante para a separação dos processos. Nos termos da denúncia, há indícios de que as condutas dos dois denunciados foram cometidas em circunstâncias idênticas de tempo e lugar e com provável comunhão de desígnios, não havendo sentido manter procedimentos de investigações em tramitações separadas quando haja a possibilidade de conexão. Recurso *ex officio* conhecido e provido. Unanimidade" (Recurso em Sentido Estrito 0000075-33.2017.7.04.0004, rel. Lúcio Mário de Barros Góes, data de julgamento: 05.09.2017, data de publicação: 15.09.2017, v.u.).

Avocação de processos

> **Art. 107.** Se, não obstante a conexão ou a continência, forem instaurados processos diferentes,[293] a autoridade de jurisdição prevalente[294] deverá avocar os processos que corram perante os juízes, salvo se já estiverem com sentença definitiva[295] Neste caso, a unidade do processo só se dará ulteriormente, para efeito de soma ou de unificação de penas.[296]

293. Conexão e continência no contexto das investigações policiais: a lei é clara ao disciplinar as duas hipóteses de unidade de processos, não fazendo qualquer referência ao inquérito policial. Por isso, é correta, como regra, a observação feita por Bento de Faria de que inquéritos, instaurados por diferentes autoridades policiais, ainda que vinculados pela conexidade, podem prosseguir normalmente o seu curso, sem necessidade de junção (*Código de Processo Penal*, v. 1, p. 194). Entretanto, sendo útil ao esclarecimento e busca da verdade real, pode-se providenciar a junção dos inquéritos, por determinação judicial. Na jurisprudência: STM: "Na forma do art. 107 do CPPM, não é permitida a reunião dos processos por motivo de conexão ou de continência quando, em uma das lides, existir sentença definitiva de mérito, a qual, para efeito de soma ou de unificação das penas, poderá ocorrer na execução da pena. Agravo prejudicado. Decisão unânime" (Agravo Interno 7000480-36.2018.7.00.0000, rel. Alvaro Luiz Pinto, julgado em 21.08.2018, v.u.).

294. Autoridade de jurisdição prevalente: trata-se do juízo que, segundo a lei, deve julgar os casos conexos ou continentes. Não se refere o artigo, naturalmente, a magistrado de jurisdição de maior valor, pois *jurisdição*, como possibilidade de aplicar o direito ao caso concreto, todos os juízes possuem. Cabe à lei disciplinar qual juízo deve avocar, isto é, chamar a si o julgamento dos processos que, por conexão ou continência, merecem ser avaliados em conjunto.

295. Sentença definitiva: é a decisão de mérito, que comporta apelação, pois encerrou, em primeiro grau, o litígio. Não se deve ver nessa expressão a sentença *com trânsito em julgado*. A finalidade é diferençar a sentença definitiva, que delibera sobre o mérito da pretensão punitiva estatal, daquela que decide uma controvérsia processual. Conferir: STM: "Na forma do art. 107 do CPPM, não é permitida a reunião dos processos por motivo de conexão ou de continência quando, em uma das lides, existir sentença definitiva de mérito, a qual, para efeito de soma ou de unificação das penas, poderá ocorrer na execução da pena" (Agravo Interno 7000480-36.2018.7.00.0000, rel. Alvaro Luiz Pinto, data de julgamento: 21.08.2018, data de publicação: 05.09.2018).

296. Soma ou unificação das penas: a soma decorre da aplicação do concurso material e a unificação pode decorrer tanto do concurso formal, quanto do crime continuado. Cabe ao juiz da execução penal cuidar do processo de soma ou unificação das penas do condenado, pois é o detentor de todas as execuções que correm contra a mesma pessoa, razão pela qual pode visualizar amplamente o quadro das suas condenações. Por vezes, há casos de crimes continuados ou mesmo de concurso formal não constatados antes do término das instruções dos processos individualmente instaurados e julgados. Cabe, pois, a unificação na fase executória. E mesmo no caso de simples concurso material de infrações, para efeito de progressão, livramento condicional e recebimento de outros benefícios, torna-se imperiosa a soma das penas para que o condenado possa obtê-los. É o que dispõe o art. 66, III, *a*, da Lei de Execução Penal. Conferir: TJSP: "Nos termos do art. 82 do CPP, não se aplica o fenômeno processual da avocatória se, ocorrendo a conexão entre crimes praticados pelo réu, os processos separadamente instaurados já se acham definitivamente sentenciados. Em tais hipóteses, a matéria somente pode ser apreciada para efeito de unificação das penas" (RESE 295.919-3/3, 2.ª C., rel. Egydio de Carvalho, 17.04.2000, v.u., *RT* 779/573). O mesmo ocorre se a conexão se der entre feitos da Justiça Federal e da Justiça Estadual: STF: "No concurso de infrações penais, a competência da Justiça Federal para conhecer de uma delas arrasta por conexão a competência para o processo das demais, porém, havendo sentença definitiva, nos delitos de competência da Justiça Estadual, a unidade dos processos só ocorre, ulteriormente, para o efeito de soma ou unificação das penas, conforme disposto no art. 82 do CPP, assim se houver nulidade esta se restringirá apenas à persecução do crime federal" (HC 74.788-4-MS, 1.ª T., rel. Sepúlveda Pertence, 27.06.1997, v.u., *DJ* 12.09.1997, *RT* 746/507).

Capítulo IX
Da competência pela prerrogativa do posto ou da função

Natureza do posto ou função

> **Art. 108.** A competência por prerrogativa do posto ou da função decorre da sua própria natureza e não da natureza da infração, e regula-se estritamente pelas normas expressas neste Código.[297]

297. Prerrogativa de função: a prerrogativa de função do agente pode alterar fundamentalmente a eleição do foro competente para apurar a infração cometida. A regra geral é que o delinquente seja punido no local do crime, pois aí se concentra o maior abalo à comunidade. Entretanto, conforme a situação específica em que se encontre, há alteração da regra geral. Tal ocorre com o agente investido em particular função. Assim, se um Prefeito de distante cidade do

Art. 108

Código de Processo Penal Militar Comentado • **Nucci**

interior pratica um delito, será julgado no Tribunal de Justiça, na capital do Estado, e não no lugar onde o abalo gerado pelo crime emergiu. A doutrina, de maneira geral, justifica a existência do *foro privilegiado* como maneira de dar especial relevo ao cargo ocupado pelo agente do delito e jamais pensando em estabelecer desigualdades entre os cidadãos. Entretanto, não estamos convencidos disso. Se todos são iguais perante a lei, seria preciso uma particular e relevante razão para afastar o criminoso do seu juiz natural, entendido este como o competente para julgar todos os casos *semelhantes* ao que foi praticado. Não vemos motivo suficiente para que o Prefeito seja julgado na Capital do Estado, nem que o juiz somente possa sê-lo pelo Tribunal de Justiça ou o desembargador pelo Superior Tribunal de Justiça e assim por diante. Se à justiça cível todos prestam contas igualmente, sem qualquer distinção, natural seria que a regra valesse também para a justiça criminal. O fato de se dizer que não teria cabimento um juiz de primeiro grau julgar um Ministro de Estado que cometa um delito, pois seria uma "subversão de hierarquia" não é convincente, visto que os magistrados são todos independentes e, no exercício de suas funções jurisdicionais, não se submetem a ninguém, nem há hierarquia para controlar o mérito de suas decisões. Logo, julgar um Ministro de Estado, um médico ou um gari exige do juiz a mesma imparcialidade e dedicação, devendo-se clamar pelo mesmo foro, levando em conta o lugar do crime e não a função do réu. Explica Tourinho Filho que não se trata de "odioso privilégio", mas sim de "elementar cautela, para amparar, a um só tempo, o responsável e a Justiça, evitando, por exemplo, a subversão da hierarquia, e para cercar o seu processo e julgamento de especiais garantias, protegendo-os contra eventuais pressões que os supostos responsáveis pudessem exercer sobre os órgãos jurisdicionais inferiores" (*Código de Processo Penal comentado*, v. 1, p. 215). Quanto à subversão da hierarquia, já comentamos que ela inexiste, quando o juiz profere, dentro do seu convencimento, fundado em lei, decisões jurisdicionais. Não está submetido a nenhuma autoridade superior. Quanto à pretensa proteção que se busca, não vemos base para tanto. O juiz de grau superior está tão exposto quanto o de 1.º grau em julgamentos dominados pela política ou pela mídia. Por outro lado, caso o magistrado de 1.º grau, julgando um Governador, por exemplo, sofresse algum tipo de pressão, poderia denunciar o caso, o que somente seria prejudicial a quem buscou influenciar o julgador. Por outro lado, caso se deixe levar pela pressão e decida erroneamente, existe o recurso para sanar qualquer injustiça. Enfim, a autoridade julgada pelo magistrado de 1.º grau sempre pode recorrer, havendo equívoco na decisão, motivo pelo qual é incompreensível que o foro privilegiado mantenha-se no Brasil. Por que não haveria sentido, como muitos afirmam, que um juiz julgasse um Ministro do Supremo Tribunal Federal? Não está julgando o cargo, mas sim a pessoa que cometeu um delito. Garantir o foro especial é conduzir justamente o julgamento para o contexto do cargo e não do autor da infração penal. Por acaso teria o Judiciário maior zelo para condenar um Presidente da República do que um brasileiro comum? Jamais deveria agir com tal postura discriminatória, o que justifica deverem ser todos julgados pelo magistrado do lugar da infração ou do domicílio do réu, excetuados apenas os casos de matérias específicas. Entretanto, por ora, a competência por prerrogativa de função está constitucionalmente prevista, razão pela qual deve ser respeitada. No futuro, havendo amadurecimento suficiente, tal situação merece ser alterada.

Capítulo X
Do desaforamento[298]

298. Desaforamento: é a decisão jurisdicional que altera a competência inicialmente fixada pelos critérios constantes em lei, dentro dos requisitos previamente estabelecidos. A competência, para tal, é sempre da Instância Superior e nunca do juiz que conduz o feito. Entretanto, a provocação pode originar-se tanto do magistrado de primeiro grau quanto das partes, conforme o caso.

Art. 109

Título IX • Capítulo X – Do desaforamento

Art. 109. O desaforamento do processo poderá ocorrer:[299-300]

a) no interesse da ordem pública, da Justiça ou da disciplina militar;

b) em benefício da segurança pessoal do acusado;

c) pela impossibilidade de se constituir o Conselho de Justiça ou quando a dificuldade de constituí-lo ou mantê-lo retarde demasiadamente o curso do processo.

Competência do Superior Tribunal Militar

§ 1.º O pedido de desaforamento poderá ser feito ao Superior Tribunal Militar:

Autoridades que podem pedir

a) pelos Ministros da Marinha, do Exército ou da Aeronáutica;

b) pelos comandantes de Região Militar, Distrito Naval ou Zona Aérea, ou autoridades que lhe forem superiores, conforme a respectiva jurisdição;

c) pelos Conselhos de Justiça ou pelo auditor;

d) mediante representação do Ministério Público ou do acusado.

Justificação do pedido e audiência do procurador-geral

§ 2.º Em qualquer dos casos, o pedido deverá ser justificado e sobre ele ouvido o procurador-geral, se não provier de representação deste.

Audiência e autoridades

§ 3.º Nos casos das alíneas *c* e *d*, o Superior Tribunal Militar, antes da audiência ao procurador-geral ou a pedido deste, poderá ouvir as autoridades a que se refere a alínea *b*.

Auditoria onde correrá o processo

§ 4.º Se deferir o pedido, o Superior Tribunal Militar designará a Auditoria onde deva ter curso o processo.

299. Desaforamento e juiz natural: não há ofensa ao princípio do juiz natural, porque é medida excepcional, prevista em lei e válida, portanto, para todos os réus. Aliás, sendo o referido princípio uma garantia à existência do juiz imparcial, o desaforamento se presta justamente a sustentar essa imparcialidade, bem como a garantir outros importantes direitos constitucionais (como a integridade física do réu e a celeridade no julgamento).

Art. 110

Código de Processo Penal Militar Comentado • **Nucci**

300. Desaforamento na Justiça Militar: quando se estuda o instituto do desaforamento no Tribunal do Júri, constituído por jurados, pessoas leigas convocadas a participar, momentaneamente, do Poder Judiciário, pode-se compreender a sua necessidade e o seu alcance. No âmbito da Justiça Militar, entretanto, soa-nos medida incompreensível. O Conselho de Justiça jamais é constituído por civis leigos, pessoas do povo. São militares, acompanhados por um juiz togado, vale dizer, agentes públicos encarregados de garantir a segurança do País acima de tudo. Segundo nos parece, julgamentos de crimes militares devem contar com a segurança necessária ao recinto da Justiça Militar, mas o aparato é próprio da estrutura militar, seja federal ou estadual. Jurados podem ter receio de sofrer represália no lugar onde o crime se deu, mas militares não devem apresentar o mesmo temor. Se um julgamento na Justiça Militar colocar em risco a *ordem pública*, parece-nos difícil convencer a sociedade de que há *segurança pública*. Possivelmente, pela época da edição do Código de Processo Penal Militar – 1969 – quando o Brasil era governado por uma Junta Militar, encontrando-se em período de conturbados conflitos internos, poder-se-ia imaginar situações em tese adequadas às hipóteses elencadas pelo art. 109 deste Código. Atualmente, não visualizamos cenário real para que se defira o desaforamento do julgamento, modificando-se a competência de qualquer Auditoria ou Conselho de Justiça, ao menos quando o motivo se calcar somente na segurança. Cabe à Força Militar competente conceder o aparato suficiente para assegurar a realização do evento. Normalmente, pode-se cuidar do desaforamento se a Auditoria ou o Conselho de Justiça apresentar falhas estruturais, como a falta de juiz auditor ou a carência momentânea de oficiais para compor o colegiado, o que possibilitaria a configuração da hipótese descrita pela alínea *c* do art. 109. Na jurisprudência: STM: "A existência de apenas 4 (quatro) oficiais aptos a compor o Conselho Especial de Justiça constitui impossibilidade ou dificuldade que retarda demasiadamente o processo e atenta contra o interesse da ordem pública e da Justiça, autorizando a derrogação de competência, no âmbito da Justiça Militar, pelo desaforamento dos autos para outro Juízo em condições para julgamento, de acordo com o Código de Processo Penal Militar, em seu art. 109. Pedido conhecido e deferido" (Desaforamento de Julgamento 7000136-84.2020.7.00.0000, rel. Artur Vidigal de Oliveira, julgado em: 14.05.2020, v.u.); "O desaforamento é medida excepcional de mudança de competência que não ofende o princípio do juiz natural, porquanto previsto em lei. *In casu*, é possível o julgamento dos réus em outra auditoria, consoante a hipótese estampada no art. 109, alínea *c*, do CPPM, ante a impossibilidade de se constituir o Conselho de Justiça. Mostra-se plausível o pleito de desaforamento, tendo em vista que o Juízo *a quo* justificou a impossibilidade de formação do Conselho Especial de Justiça, ante a insuficiência de oficiais superiores aos denunciados hábeis a compor o Conselho. Pedido deferido, para que seja processado perante uma das Auditorias da 1.ª CJM" (Desaforamento de Julgamento 7000431-92.2018.7.00.0000, rel. José Barroso Filho, data de julgamento: 28.06.2018, data de publicação: 06.08.2018, v.u.); "A ausência de militares de patentes superiores ou mais antigos do que o denunciado para compor o Conselho Especial de Justiça para o Exército na 6.ª Circunscrição Judiciária Militar e local da residência do acusado, Rio de Janeiro/RJ, justificam o desaforamento para a 1.ª Circunscrição Judiciária Militar, com sede na cidade do Rio de Janeiro/RJ, uma vez que a medida visa evitar gastos e sacrifícios desnecessários à Administração e às partes. Recurso provido" (Desaforamento de Julgamento 0000102-92.2013.7.06.0006, rel. Odilson Sampaio Benzi, data de julgamento: 23.03.2017, data de publicação: 10.04.2017, v.u.).

Renovação de pedido

> **Art. 110.** O pedido de desaforamento, embora denegado, poderá ser renovado se o justificar motivo superveniente.

Título X

Capítulo Único
Dos conflitos de competência[301]

301. Conflito de competência: *jurisdição* todo magistrado, investido nas suas funções, possui. A medida do exercício jurisdicional é dada pela competência, razão pela qual, quando dois juízes conflitam, afirmando ou negando a possibilidade de exercer a jurisdição em determinado processo, o que temos é um conflito de competência. Parte da doutrina prefere visualizar no *conflito de jurisdição*, aquele que se estabelece entre juízes de diferentes órgãos, como ocorreria entre o juiz federal e o juiz estadual, deixando a expressão *conflito de competência*, aquele que se fundamenta entre magistrados do mesmo órgão, como ocorreria entre juízes estaduais de determinada Comarca (Tourinho Filho, *Código de Processo Penal comentado*, v. 1, p. 301). Não pensamos desse modo, pois a própria Constituição Federal utilizou unicamente o termo *conflito de competência*, inclusive para determinar o conflito existente entre magistrados vinculados a diferentes Tribunais. É o que se vê nos arts. 102, I, *o*, 105, I, *d*, e 108, I, *e*. No sentido que sustentamos: Vicente Greco Filho (*Manual de processo penal*, p. 159), Demercian e Maluly, (*Curso de processo penal*, p. 214-215). Em posição intermediária, afirmando que o Código de Processo Penal equiparou a expressão *conflito de jurisdição* a *conflito de competência*, está o magistério de Frederico Marques: "Na terminologia da legislação pátria, a expressão usada para se resolverem conflitos de competência é também a de conflito de jurisdição. O nosso legislador distinguiu do conflito de jurisdição tão somente o conflito de atribuições, para designar, com este nome, aquele surgido entre autoridades judiciárias e autoridades administrativas" (*Da competência em matéria penal*, p. 395). O Código de Processo Penal Militar optou, corretamente, pela nomenclatura adequada: conflito de competência.

Questões atinentes à competência

> **Art. 111.** As questões atinentes à competência resolver-se-ão assim pela exceção própria como pelo conflito positivo ou negativo.[302]

302. Instrumentos para solucionar a incompetência: há duas formas para tanto: a) apresentação da *exceção de incompetência* pela parte interessada (acusação ou defesa); b) arguição de incompetência de ofício por qualquer juízo, remetendo o feito a outro, que aceita a sua competência para o feito; c) arguição de incompetência de ofício por um juízo, remetendo o feito a outro, que, no entanto, também se entende por incompetente, fazendo nascer o conflito negativo de competência; d) afirmação de competência por um juízo ao mesmo tempo em que outro o faz do mesmo modo, surgindo o conflito positivo de competência. De todo modo, cabe o julgamento da exceção ou do conflito ao Superior Tribunal Militar. Quando houver conflito entre juízo militar e outro juízo comum ou especial (como o eleitoral), o julgamento compete ao Superior Tribunal de Justiça.

Art. 112

Conflito de competência

> **Art. 112.** Haverá conflito:
>
> I – em razão da competência:

Positivo

> *a)* positivo, quando duas ou mais autoridades judiciárias entenderem, ao mesmo tempo, que lhes cabe conhecer do processo;[303]

Negativo

> *b)* negativo, quando cada uma de duas ou mais autoridades judiciárias entender, ao mesmo tempo, que cabe a outra conhecer do mesmo processo;[304]

Controvérsia sobre função ou separação de processo

> II – em razão da unidade de juízo, função ou separação de processos, quando, a esse respeito, houver controvérsia entre duas ou mais autoridades judiciárias.[305]

303. Conflito positivo de competência: como afirmado na nota anterior, o conflito ocorre porque duas ou mais autoridades judiciárias consideram-se, ao mesmo tempo, competentes para processar determinado caso. Esta modalidade de conflito é mais rara do que a negativa, pois é preciso estar o juízo em contato com o feito para avaliá-lo como de sua competência. Diante disso, sem provocação de qualquer das partes, torna-se difícil que uma Auditoria tome conhecimento que outra conhece e processa determinado caso, reputando-o de sua competência. Mesmo que ocorra, há forte tendência em cessar o conflito quando um juízo conhece as razões jurídicas do outro para manter o processo sob sua responsabilidade. Mas, em caráter excepcional, ambos podem insistir no mesmo caso, gerando o conflito positivo de competência.

304. Conflito negativo de competência: é hipótese mais comum que o positivo, pois significa que o caso chegou às mãos de um determinado juízo, passando por sua criteriosa análise; após, houve o entendimento de se tratar de feito da competência de outra Auditoria, para onde o remete. Muitas vezes, resolve-se nessa fase, com a aceitação da competência pelo juízo receptor. Entretanto, se este o refutar, nasce o conflito negativo de competência. Quem deve suscitá-lo é o segundo juízo, vale dizer, aquele que recebeu o feito, já recusado pelo anterior. Não é viável que devolva novamente ao primeiro para que este suscite o conflito; afinal, ele não o *criou*, mas somente recusou a sua competência. Nasce, autenticamente, o conflito quando o receptor do feito nega a sua competência.

305. Conflito em decorrência de conexão e continência: havendo conexão, o juiz prevento deve avocar o outro processo, que tramita em Auditoria diversa. Caso o juiz desta discorde, suscitará conflito de competência, alegando que não há conexão alguma ou que ele é o juízo competente para julgar ambos. O mesmo se dá se houver continência (concurso de pessoas ou de crimes). Imagine-se que dois coautores estão sendo processados em diferentes juízos. Cabe a unidade do feito, embora, se os juízes não se entenderem quanto à necessidade de junção ou apresentarem divergência, quanto ao juízo competente para o julgamento conjunto, o conflito estará instaurado. O inciso em comento menciona, ainda, a separação dos processos, podendo tal ocorrer se um magistrado, verificando não ter havido conexão ou continência, determina a separação do feito, encaminhando-se um deles para conhecimento de outro juízo. Caso este entenda não ser competente, pois o correto seria a manutenção da união, suscitará conflito.

Suscitantes do conflito

> **Art. 113.** O conflito poderá ser suscitado:
> *a)* pelo acusado;[306]
> *b)* pelo órgão do Ministério Público;[307]
> *c)* pela autoridade judiciária.[308]

306. Acusado suscitante: qualquer das partes envolvidas no litígio tem interesse em provocar a instauração de um conflito de competência, até porque, havendo dois processos que merecem ser unidos por conexão, por exemplo, sem interesse dos magistrados em fazê-lo, é preciso provocar o conflito para ser resolvido pelo Tribunal. Como ensina Espínola Filho, "é do maior interesse, tanto particular das partes na causa, quanto público, que a apuração dos fatos se faça perante autoridade judiciária competente, a qual efetive a sua subsunção à norma jurídica que os disciplina" (*Código de Processo Penal brasileiro anotado*, v. 3, p. 348). Quando o réu se encontra processado, ao mesmo tempo, em dois juízos diversos, pelo mesmo caso, tem interesse em cessar um dos feitos, suscitando o conflito positivo de competência. Crê-se, nessa hipótese, não tenham os juízes ciência da concomitância, pois seria o caso de haver a indicação do conflito de ofício por um deles. Se o caso for recusado por dois ou mais juízos, um deles deve provocar o conflito. Dificilmente, será atividade do acusado fazê-lo, até porque a inércia do Judiciário pode beneficiá-lo (exemplo disso, ocorrendo a prescrição).

307. Ministério Público: trata-se da outra face da relação processual, permitindo-se ao órgão acusatório o mesmo direito que possui o acusado. Entretanto, na ótica da instituição, qualquer dos dois conflitos é do seu interesse suscitar. O trâmite de dois feitos contra o mesmo réu, baseados em idênticos fatos, pode levar à nulidade e, consequentemente, à impunidade. A recusa de dois ou mais juízos pode levar à paralisação do processo, com possibilidade de gerar impunidade.

308. Autoridade judiciária: como explicado em notas anteriores, deve o magistrado, percebendo o andamento conjunto de dois feitos idênticos, em Auditorias diferentes, provocar o conflito positivo de competência. Assim também fará quando recusar a competência de um caso já refutado por outro juízo, suscitando o conflito negativo de competência.

Órgão suscitado

> **Art. 114.** O conflito será suscitado perante o Superior Tribunal Militar pelos auditores ou os Conselhos de Justiça, sob a forma de representação, e pelas partes interessadas, sob a de requerimento, fundamentados e acompanhados dos documentos comprobatórios. Quando negativo o conflito, poderá ser suscitado nos próprios autos do processo.[309]

Art. 115

Código de Processo Penal Militar Comentado • **Nucci**

> **Parágrafo único.** O conflito suscitado pelo Superior Tribunal Militar será regulado no seu Regimento Interno.

309. Formato para suscitar: a *representação*, no contexto processual penal, significa a exposição de um fato juridicamente relevante, solicitando providências. É típica de autoridade para autoridade. O requerimento é uma solicitação, juridicamente relevante, contida em petição dirigida a juízo ou tribunal. É adequada para a parte se dirigir à autoridade judiciária ou qualquer corte. O órgão competente para dirimir conflitos de competência, na Justiça Militar, é o Superior Tribunal Militar. Se houver conflito entre juízos ligados a diferentes Tribunais (juízo militar *versus* juízo federal), cabe ao Superior Tribunal de Justiça resolvê-lo.

Suspensão da marcha do processo

> **Art. 115.** Tratando-se de conflito positivo, o relator do feito poderá ordenar, desde logo, que se suspenda o andamento do processo, até a decisão final.[310]

310. Suspensão do andamento processual: o relator do conflito de competência pode determinar a suspensão do trâmite processual dos feitos; tratando-se de conflito *positivo* de competência, dois ou mais juízos cuidam de processos concernentes ao mesmo acusado, sobre os mesmos fatos, de forma que é preciso evitar a produção conjunta de provas, atingindo-se decisões de mérito, que podem ser conflitantes. É cauteloso suspender o andamento dos feitos, até se determinar quem seja o juízo competente. Por outro lado, conforme a situação concreta, o relator pode determinar que um dos juízos resolva medidas cautelas de urgência, até o julgamento do conflito instaurado. Outro aspecto diz respeito ao conflito negativo, quando o processo fica paralisado, visto que nenhum juízo se considera competente. Igualmente, nessa hipótese, o relator pode determinar que um deles cuide de questões urgentes, até o deslinde do conflito.

Pedido de informações. Prazos, requisição de autos

> **Art. 116.** Expedida, ou não, a ordem de suspensão, o relator requisitará informações às autoridades em conflito, remetendo-lhes cópia da representação ou requerimento, e, marcando-lhes prazo para as informações, requisitará, se necessário, os autos em original.[311]

311. Requisição de informes: a *requisição* é a exigência legal para o cumprimento de alguma atividade, que, no caso, é a prestação de informes acerca do conflito. Os juízos envolvidos devem fundamentar ao relator quais as bases jurídicas para afirmarem ou negarem a competência.

Audiência do procurador-geral e decisão

> **Art. 117.** Ouvido o procurador-geral, que dará parecer no prazo de 5 (cinco) dias, contados da data da vista, o Tribunal decidirá o conflito na primeira sessão, salvo se a instrução do feito depender de diligência.[312]

312. Urgência da decisão: o conflito positivo ou negativo prejudica o andamento processual, paralisando-o, de modo a exigir pronta solução pelo Tribunal competente.

Remessa de cópias do acórdão

> **Art. 118.** Proferida a decisão, serão remetidas cópias do acórdão, para execução, às autoridades contra as quais tiver sido levantado o conflito ou que o houverem suscitado.[313]

313. Remessa do acórdão: tratando-se de dúvida quanto à competência do juízo, mais adequado é enviar ao conhecimento dos envolvidos o inteiro teor da decisão proferida pelo Tribunal – e não somente a súmula do julgamento. Com isso, as partes têm pleno conhecimento das razões pelas quais determinado juízo foi eleito como o *juiz natural* para a sua causa.

Inexistência de recurso

> **Art. 119.** Da decisão final do conflito não caberá recurso.

Avocatória do Tribunal

> **Art. 120.** O Superior Tribunal Militar, mediante avocatória, restabelecerá sua competência sempre que invadida por juiz inferior.[314]

314. Avocatória: é o instrumento processual utilizado por Tribunal superior para determinar o encaminhamento a si de processo sujeito à sua competência. Cuida-se da reafirmação da competência de Corte em face de juízo ou tribunal inferior.

Atribuição ao Supremo Tribunal Federal

> **Art. 121.** A decisão de conflito entre a autoridade judiciária da Justiça Militar e a da Justiça comum será atribuída ao Supremo Tribunal Federal.[315]

315. Alteração de competência: cabe ao Superior Tribunal de Justiça apreciar o conflito ocorrido entre juízos vinculados a diversos tribunais (art. 105, I, *d*, CF). Entretanto, qualquer conflito envolvendo o Superior Tribunal Militar e outro tribunal, cabe ao Supremo Tribunal federal julgá-lo (art. 102, I, *o*, CF).

Título XI

Capítulo Único
Das questões prejudiciais[316]

316. Diferença entre questão prejudicial e questão preliminar: enquanto a primeira constitui matéria intimamente ligada ao mérito da causa, necessitando ser julgada antes, a segunda diz respeito ao próprio processo e seu regular desenvolvimento. Exemplos das preliminares: decisão acerca de uma alegação de cerceamento de defesa, formulada pelo réu, ou mesmo a alegação de suspeição do magistrado. Embora as preliminares também necessitem ser conhecidas antes do mérito, elas não possuem valor próprio. Como ensina Bento de Faria "não se confundem as *prejudiciais* com as *questões prévias* ou *preliminares*, que não têm valor próprio, nem existência independente; são estranhas ao delito e respeitam unicamente a admissibilidade da ação" (*Código de Processo Penal*, v. 1, p. 207). Cuidando da preliminar, diz Borges da Rosa que "em todo o processo, o reconhecimento da nulidade constitui uma *preliminar*, tanto que, arguida a nulidade, por via de regra, e de acordo com a melhor orientação, o juiz, antes da prática de qualquer outro ato processual posterior à arguição, deve se pronunciar sobre a mesma, reconhecendo ou não a nulidade. (...) De sorte que, como já ficou dito, a apreciação da nulidade constitui, sempre, uma *decisão preliminar*, que não pode, em absoluto, compreender a *decisão de mérito*, atingir o mérito da causa" (*Nulidades do processo*, p. 163). Note-se que há questões prévias, passíveis de gerar um processo incidente (exceções, impedimentos etc.) e as que podem ser decididas no próprio processo principal (cerceamento de defesa ou acusação, nulidades etc.).

Decisão prejudicial[317-318]

> **Art. 122.** Sempre que o julgamento da questão de mérito depender de decisão anterior de questão de direito material, a segunda será prejudicial da primeira.

317. Prejudiciais homogêneas e heterogêneas: as homogêneas (próprias ou perfeitas) dizem respeito à matéria da causa principal, que é penal (ex.: decisão sobre a exceção da verdade no crime de calúnia). Outro exemplo de questão prejudicial homogênea, em nosso entender, é a suspensão do curso do processo que apura o crime de falso testemunho até o julgamento definitivo do feito onde o falso foi cometido. As heterogêneas (impróprias ou imperfeitas) vinculam-se a outras áreas do direito, devendo ser decididas por outro juízo (ex.: decisão sobre a posse, na esfera cível, antes de decidir a respeito da apropriação indébita, previsto no art. 248, CPM).

318. Prejudiciais obrigatórias e facultativas: são obrigatórias as que impõem a suspensão do processo criminal, enquanto se aguarda a decisão a ser proferida por juízo cível (art. 123, CPPM). São facultativas aquelas que permitem ao juiz criminal, segundo seu prudente critério, suspender o feito, aguardando solução em outra esfera (art. 124, CPPM).

Art. 123

Código de Processo Penal Militar Comentado • **Nucci**

158

Estado civil da pessoa

> **Art. 123.** Se a questão prejudicial versar sobre estado civil de pessoa envolvida no processo, o juiz:[319]
>
> *a)* decidirá se a arguição é séria e se está fundada em lei;

Alegação irrelevante

> *b)* se entender que a alegação é irrelevante ou que não tem fundamento legal, prosseguirá no feito;

Alegação séria e fundada

> *c)* se reputar a alegação séria e fundada, colherá as provas inadiáveis e, em seguida, suspenderá o processo, até que, no juízo cível, seja a questão prejudicial dirimida por sentença transitada em julgado, sem prejuízo, entretanto, da inquirição de testemunhas e de outras provas que independam da solução no outro juízo.[320]

319. Questão prejudicial obrigatória: a Justiça Criminal não deve decidir questões acerca do estado civil das pessoas, cuja competência é exclusiva da Justiça Civil. Quando o processo criminal envolver matéria vinculada ao estado do acusado, o juiz deve suspender o curso do feito até que se decida a questão na esfera própria. O máximo que cabe ao juízo criminal avaliar é a relevância da arguição – se razoável para a decisão da causa e devidamente fundada em lei. Na jurisprudência: STM: "A Magistrada *a quo*, ao seu prudente arbítrio judicial, suspendeu, facultativamente, o processo penal militar no qual figura a Acusada, até que fosse solucionada a questão no Juízo Cível, conforme prevê o Código de Processo Penal. *In casu*, a Acusada foi denunciada pela prática, em tese, do delito de estelionato tentado, por afirmar falsamente à Administração Militar ter coabitado, como companheira, com Militar do Exército, visando ser habilitada à pensão por morte. Dessa forma, se, no Juízo Cível em que tramita a questão prejudicial, for reconhecido que a Acusada tem direito ao benefício previdenciário do militar falecido, o crime de estelionato estará prejudicado, uma vez que a vantagem ilícita imputada à Ré não estaria caracterizada. Assim, agiu de forma acertada a Magistrada ao suspender a Ação Penal Militar, em trâmite na 1.ª Auditoria da 3ª Circunscrição Judiciária Militar, à qual responde a Requerida, por incursão no artigo 251 do CPM, bem como ao suspender o curso prescricional, com fulcro nos arts. 123 c/c 127 do CPPM, e 125, § 4.º, I, do CPM, até o julgamento da questão no Juízo Cível, cujo resultado será fundamental para se verificar a ocorrência da referida prática delituosa" (Correição Parcial 7000634-83.2020.7.00.0000, rel. Luis Carlos Gomes Mattos, julgado em 18.12.2020, v.u.).

320. Questão relevante: reputada pelo juízo a alegação séria e fundada em lei, pode-se colher as provas urgentes e indispensáveis (ex.: alguma testemunha idosa pode ser ouvida de antemão), suspendendo-se o processo. Ilustrando, imagine-se a acusação de dar asilo a desertor (art. 193, CPM); alega o réu ser pai do desertor, a fim de se beneficiar a causa de exclusão da culpabilidade (art. 193, parágrafo único, CPM); pende de julgamento, no cível, a ação de investigação de paternidade, que comprovaria tal afirmação. Deve-se suspender o processo até final decisão na esfera civil. A parte final do art. 123, alínea *c*, deste Código é contraditória no tocante à primeira parte da mesma alínea. Se o processo está suspenso e foram colhidas as provas inadiáveis, não há sentido algum em se continuar a instrução para captar o depoimento de testemunhas, bem como outras provas, que *independam da solução no outro juízo*. Portanto, prevalece a suspensão, sob pena de grave lesão à ampla defesa, gerando constrangimento inadmissível.

Suspensão do processo. Condições

> **Art. 124.** O juiz poderá suspender o processo e aguardar a solução, pelo juízo cível, de questão prejudicial que se não relacione com o estado civil das pessoas, desde que:[321]
>
> *a)* tenha sido proposta ação civil para dirimi-la;
>
> *b)* seja ela de difícil solução;
>
> *c)* não envolva direito ou fato cuja prova a lei civil limite.

Prazo de suspensão

> **Parágrafo único.** O juiz marcará o prazo da suspensão, que poderá ser razoavelmente prorrogado, se a demora não for imputável à parte. Expirado o prazo sem que o juiz do cível tenha proferido decisão, o juiz criminal fará prosseguir o processo, retomando sua competência para resolver de fato e de direito toda a matéria da acusação ou da defesa.[322]

321. Questão prejudicial facultativa: trata-se da hipótese em que o juiz detecta uma questão relevante, passível de influir no julgamento da causa criminal, merecendo apreciação anterior por outro juízo. Nos termos das alíneas *a*, *b* e *c* do art. 124, para que a suspensão se concretize é preciso já ter sido proposta a demanda civil, seja matéria de complexa solução e não envolva direito ou fato cuja prova é limitada pela lei civil (ex.: somente se prova o casamento por documento). Ilustrando, imagine-se a acusação de exercício de comércio por oficial (art. 204, CPM); o réu pretende demonstrar que houve fraude nos atos negociais da empresa, motivo pelo qual ele constou como sócio-gerente; há causa em andamento no cível para evidenciar a situação. Convém suspender o curso do processo criminal até se resolver tal pendência.

322. Prazo de suspensão: tratando-se de questão prejudicial facultativa, estabelece este dispositivo deva o juiz criminal fixar um prazo para a suspensão, admitindo-se prorrogação, se a demora não for imputável à parte. Entretanto, temos sustentado, inclusive no tocante à legislação processual penal comum, que não deve haver um prazo fixo para o deslinde da questão na esfera cível, até porque a prescrição não corre, enquanto não resolvida, em outro processo, a questão incidente (art. 125, § 4.º, I, CPM). Logo, inexiste prejuízo para aguardar o deslinde do feito cível; ao contrário, recomenda-se seja essa a postura, tendo em vista cuidar-se de ponto controverso relevante para a causa criminal.

Autoridades competentes

> **Art. 125.** A competência para resolver a questão prejudicial caberá:[323]
>
> *a)* ao auditor, se arguida antes de instalado o Conselho de Justiça;
>
> *b)* ao Conselho de Justiça, em qualquer fase do processo, em primeira instância;
>
> *c)* ao relator do processo, no Superior Tribunal Militar, se arguida pelo procurador-geral ou pelo acusado;
>
> *d)* a esse Tribunal, se iniciado o julgamento.

Art. 126

Código de Processo Penal Militar Comentado • **Nucci**

323. Apreciação da questão prejudicial: diversamente do previsto na legislação processual penal comum, neste Código, fixa-se a competência para acolher ou indeferir o processamento de questão prejudicial. Para não pairar qualquer dúvida, já que existe um juiz auditor preparador do feito até o julgamento de mérito ser realizado pelo Conselho de Justiça, estabelece-se a competência do magistrado singular para apreciar a questão prejudicial, suspendendo – ou não – o feito, antes de instalada a sessão do Conselho. No entanto, iniciado o julgamento, arguida a questão, cabe ao colegiado decidir se suspende ou não o andamento do processo. Em grau superior, dá-se o mesmo: primeiro o relator, que o instrui, especialmente nos casos de competência originária; depois, o colegiado.

Promoção de ação no juízo cível

> **Art. 126.** Ao juiz ou órgão a que competir a apreciação da questão prejudicial, caberá dirigir-se ao órgão competente do juízo cível, para a promoção da ação civil ou prosseguimento da que tiver sido iniciada, bem como de quaisquer outras providências que interessem ao julgamento do feito.[324]

324. Iniciativa ou prosseguimento da ação civil: cuidando-se de questão prejudicial, que paralisou o andamento do processo criminal até a sua solução, é fundamental possa ser devidamente apreciada pelo juízo cível competente. Sob outro prisma, tratando-se de questão prejudicial obrigatória, não se pode cogitar seja a decisão tomada no ambiente penal; demanda-se a ação civil para tanto. Diante disso, cabe ao Ministério Público dar início à ação civil para resolver a questão, impedindo que o processo criminal fique parado por tempo indeterminado. Se a ação estiver em andamento, cabe ao Ministério Público ingressar no feito e garantir o célere trâmite da causa. O dispositivo em comento menciona caber ao juiz dirigir-se ao órgão competente do juízo cível para a promoção da ação ou prosseguimento. Na realidade, a incumbência de promover a demanda ou dela tomar parte cabe ao Ministério Público; o juízo militar poderá apenas provocar o início da demanda civil ou seu prosseguimento, oficiando ao Ministério Público da área. Poderá, ainda, alertar o magistrado condutor da causa cível da relevância de decisão célere a respeito, pois há causa criminal paralisada em virtude disso.

Providências de ofícios

> **Art. 127.** Ainda que sem arguição de qualquer das partes, o julgador poderá, de ofício, tomar as providências referidas nos artigos anteriores.[325]

325. Questão prejudicial reconhecida de ofício: pela redação dada ao art. 123 deste Código, deduz-se que a questão prejudicial deve ser alegada por qualquer das partes do processo criminal; o juiz, então, pode acolhê-la ou não. Porém, esta seria uma interpretação restritiva indevida. O magistrado-auditor pode determinar a suspensão do feito de ofício para verificar ponto controverso importante na esfera cível. E assim pode atuar não somente pelo disposto neste artigo 127, mas também pelo fato de o art. 126 impor ao juiz o dever de provocar a ação no cível, além do que o art. 122 é claro ao estipular a necessidade de decidir primeiro a matéria prejudicial, independentemente de qualquer arguição.

Título XII
Dos incidentes

Capítulo I
Das exceções em geral[326]

326. Exceção: é a defesa indireta apresentada por qualquer das partes, com o intuito de prolongar o trâmite processual, até que uma questão processual relevante seja resolvida, ou com a finalidade de estancar, definitivamente, o seu curso, porque processualmente incabível o prosseguimento da ação. Exemplos: exceção de suspeição ou de impedimento, exceção da verdade, exceção de litispendência, entre outras. Explicando a origem do termo *exceção*, diz Tornaghi que "regularmente, o juiz defere o pedido do autor quando ele tem *razão*, isto é, quando realmente tem o direito que diz ter. *Excepcionalmente*, entretanto, certas circunstâncias podem levar o julgador a repelir a demanda, embora fundada em direito do autor. Tais circunstâncias chamam-se, por isso, exceções" (*Compêndio de processo penal*, t. I, p. 47). Quando reconhecida a exceção de ofício pelo juiz, cremos tratar-se simplesmente de um incidente processual, ou seja, uma questão que merece ser decidida antes de se analisar o mérito da causa. Justamente porque exceção seria apenas uma defesa interposta pela parte contra o processo, para que seja regularizado ou extinto, quando admite que o magistrado dela tome conhecimento de ofício, parte da doutrina costuma chamá-la de *objeção,* como ocorre com a exceção de impedimento, de coisa julgada, de incompetência etc.

Exceções admitidas[327]

> **Art. 128.** Poderão ser opostas as exceções de:
> *a)* suspeição ou impedimento;[328]
> *b)* incompetência de juízo;
> *c)* litispendência;
> *d)* coisa julgada.

327. Exceções dilatórias e peremptórias: as primeiras são as que prorrogam a decisão de mérito da causa, até que seja resolvida uma questão processual (ex.: exceção de suspeição ou de incompetência). As segundas são as que põem fim ao processo (ex.: exceção de coisa julgada ou de litispendência), justamente porque falta alguma condição à ação ou pressuposto processual.

328. Exceções de suspeição e de impedimento: trata-se da defesa aposta por qualquer das partes contra a parcialidade do juiz. Divide-se essa modalidade de defesa em

Art. 129

exceção de suspeição propriamente dita, quando há um vínculo do julgador com alguma das partes (amizade íntima, inimizade capital, sustentação de demanda por si ou por parente etc.) ou um vínculo com o assunto debatido no feito (por si ou por parente seu que responda por fato análogo), e *exceção de impedimento*, não mencionada expressamente no Código de Processo Penal comum com essa desinência, mas, sim, no Código de Processo Penal Militar, representando um vínculo, direto ou indireto, com o processo em julgamento (tenha por si ou parente seu atuado no feito, embora em outra função, tenha servido como testemunha, tenha funcionado como juiz em outra instância, tenha por si ou por parente interesse no deslinde da causa).

Seção I
Da exceção de suspeição ou impedimento

Precedência da arguição de suspeição

> **Art. 129.** A arguição de suspeição ou impedimento precederá a qualquer outra, salvo quando fundada em motivo superveniente.[329-330]

329. Garantias constitucionais do juiz natural e do juiz imparcial: os princípios estampados no art. 5.º, LIII, da Constituição Federal, bem como no art. 8.º, 1, da Convenção Americana sobre Direitos Humanos, não têm por fim assegurar somente um juiz previamente designado em lei para julgar a demanda, mas também – e sobretudo – garantir que as partes contem com um julgador imparcial. Esta é a razão pela qual a exceção de suspeição ou de impedimento precede toda e qualquer outra defesa indireta contra o processo. Afinal, um juiz parcial não seria legalmente aceitável para decidir qualquer outro obstáculo ao correto desenvolvimento processual. Eventualmente, pode a exceção de suspeição ou de impedimento ser arguida após outra, porque o fato que gerou a suspeição do magistrado foi conhecido posteriormente, como, aliás, ressalva a parte final deste artigo. Note-se constituir dever da parte, sob pena de preclusão, levantar a suspeição tão logo tome conhecimento de sua existência. Não o fazendo, está aceitando a imparcialidade do julgador. Quanto ao impedimento, vai-se além, pois o Código estabelece que o juiz não possui, para o caso, poder jurisdicional. Logo, merece ser afastado de toda forma.

330. Rol de causas de suspeição e impedimento: há quem sustente ser uma enumeração taxativa, embora, em homenagem ao princípio da imparcialidade do julgador, constitucionalmente assegurado, cremos que se possa ampliá-lo quando ficar evidente o comprometimento do magistrado para apreciar a causa. Exemplo disso seria o juiz traumatizado por ter sido vítima de um crime qualquer. Na jurisprudência: STM: "Para fatos anteriores ao interrogatório, o legislador ordinário limitou ao acusado opor exceção de suspeição quarenta e oito horas após aquela fase processual. Inteligência dos arts. 129 e 407 do CPPM. Ao se considerar que os supostos atos suspeitos praticados pelo juiz ocorreram em datas anteriores ao interrogatório, marco inicial para a contagem do prazo, e a oposição da presente exceção sobreveio além das quarenta e oito horas previstas para arguir a suspeição, resta precluso o feito, em decorrência de sua intempestividade. Preliminar de não conhecimento acolhida por unanimidade" (Exceção de Suspeição 7000179-55.2019.7.00.0000, rel. Francisco Joseli Parente Camelo, julgado em 15.08.2019, v.u.).

Motivação do despacho

> **Art. 130.** O juiz que se declarar suspeito ou impedido motivará o despacho.[331-333]

Suspeição de natureza íntima

> **Parágrafo único.** Se a suspeição for de natureza íntima, comunicará os motivos ao auditor corregedor, podendo fazê-lo sigilosamente.[334]

331. Afirmação da suspeição ou impedimento de ofício: deve o juiz, quando constatar que alguma das circunstâncias legais está presente, declarar-se suspeito ou impedido de julgar a causa, remetendo o processo ao seu substituto legal, conforme dispõe a organização judiciária. Necessita fazê-lo por escrito, nos autos, com fundamentos, para que não se burle o princípio constitucional do juiz natural. É o que se denomina de incompatibilidade.

332. Cabimento de recurso: não existe recurso previsto para essa hipótese, embora possa a parte representar o magistrado, caso o motivo invocado seja evidentemente infundado, demonstrando a sua falta de vontade de cumprir com sua função jurisdicional.

333. Possibilidade de conflito: pode haver, devendo o magistrado que receber os autos do processo suscitá-lo, quando perceber inexistir fundamento legal para o primeiro juiz afirmar suspeição ou impedimento. Como já mencionado, podem as partes representar disciplinarmente o magistrado que age sem razão legal.

334. Suspeição por razões de foro íntimo: deve ser comunicado o motivo ao Auditor Corregedor, reservadamente, para que o órgão disciplinar aprove ou não a razão invocada. Evita-se, com isso, que o magistrado abuse desse direito, passando processos complexos ou que não lhe são agradáveis de julgar, ao seu substituto legal. Pode, pois, o Corregedor não aprovar o fundamento invocado, determinando que o juiz julgue a causa.

Recusa do juiz

> **Art. 131.** Quando qualquer das partes pretender recusar o juiz, fá-lo-á em petição assinada por ela própria ou seu representante legal, ou por procurador com poderes especiais, aduzindo as razões, acompanhadas de prova documental ou do rol de testemunhas, que não poderão exceder a duas.[335]

335. Exceção interposta durante a fase do inquérito policial militar: parece-nos que o juiz, valendo o mesmo para o promotor, impedido ou suspeito deve afastar-se da investigação, uma vez que exerce valiosíssima fiscalização sobre a atividade policial. Não seria viável ter à frente de um inquérito, podendo decretar medidas cautelares fundamentais, como a prisão preventiva, a quebra de sigilo bancário ou fiscal, bem como a busca e apreensão, um juiz parcial. Assim, a pessoa investigada, sentindo-se prejudicada, deve apresentar exceção de suspeição ou impedimento contra o magistrado ou contra o promotor que atuar na fase do inquérito, caso não haja o afastamento espontâneo do caso. Afinal, acima de qualquer disposição legal, encontra-se a Constituição Federal, que consagra o princípio do juiz imparcial. Na jurisprudência: "A rubrica 'Recusa de Juiz' se revela como mero passo processual, dentro da Seção Exceção

Art. 132

Código de Processo Penal Militar Comentado • Nucci

de Suspeição ou Impedimento. Em verdade, o art. 131 do CPPM nada mais é que um passo processual dentro da Seção Exceção de Suspeição e Impedimento, quando a parte peticiona pela recusa do juiz, por suspeitar da imparcialidade do magistrado. Não obstante, caso o juiz discorde, a demanda sobe a esta Corte para deliberar sobre o feito como Exceção de Suspeição. Inteligência do art. 146 do RISTM. Com efeito, não se aplica o instrumento processual 'Petição', cuja autuação só se presta aos pedidos que não tenham classificação específica, nem se tratarem de matéria afeita originariamente ao Tribunal (art. 156 do RISTM). Agravo não acolhido" (Agravo Interno 7000872-39.2019.7.00.0000, rel. Francisco Joseli Parente Camelo, julgado em 26.09.2019, v.u.).

Reconhecimento da suspeição alegada

> **Art. 132.** Se reconhecer a suspeição ou impedimento, o juiz sustará a marcha do processo, mandará juntar aos autos o requerimento do recusante com os documentos que o instruam e, por despacho, se declarará suspeito, ordenando a remessa dos autos ao substituto.[336]

336. Reconhecimento de pronto pelo juiz: pode o magistrado, tão logo receba a exceção aposta pela parte interessada, declarar-se suspeito ou impedido, admitindo o conteúdo da petição apresentada. Melhor que o faça desde logo, evitando-se a dilação probatória, especialmente nos casos em que os motivos alegados são verdadeiros. Enviará, então, os autos ao seu substituto legal. Determina este artigo que a marcha do processo seja sustada, o que é natural, pois não mais funcionará nos autos o juiz excepcionado. Assim, até que o outro magistrado receba a incumbência de dirigir o feito, estará este paralisado. Entretanto, tal reconhecimento não significa que a parte contrária deva aceitar os argumentos invocados e a decisão prolatada. Embora não haja recurso contra essa decisão, pode haver representação contra o juiz que, indevidamente, deu-se por suspeito ou impedido. Anote-se, ainda, que o magistrado receptor do processo pode suscitar conflito.

Arguição de suspeição não aceita pelo juiz

> **Art. 133.** Não aceitando a suspeição ou impedimento, o juiz mandará autuar em separado o requerimento,[337] dará a sua resposta dentro em 3 (três) dias, podendo instruí-la e oferecer testemunhas. Em seguida, determinará a remessa dos autos apartados, dentro em 24 (vinte e quatro) horas, ao Superior Tribunal Militar, que processará e decidirá a arguição.[338]

Juiz do Conselho de Justiça

> § 1.º Proceder-se-á, da mesma forma, se o juiz arguido de suspeito for membro de Conselho de Justiça.[339]

Manifesta improcedência da arguição

> § 2.º Se a arguição for de manifesta improcedência, o juiz ou o relator a rejeitará liminarmente.[340]

Reconhecimento preliminar da arguição do Superior Tribunal Militar

> § 3.º Reconhecida, preliminarmente, a relevância da arguição,[341] o relator, com intimação das partes, marcará dia e hora para inquirição das testemunhas, seguindo-se o julgamento, independentemente de mais alegações.[342]

337. Instrução do incidente processual: quando o juiz não acolhe, de pronto, os argumentos da parte, invocando sua suspeição ou impedimento, deve defender-se, determinando a autuação da petição em apenso, fornecendo a sua versão acerca dos fatos alegados, bem como, se for o caso, oferecendo rol de testemunhas e juntando documentos. Após, os autos seguem ao Superior Tribunal Militar.

338. Suspensão do trâmite processual: somente pode ocorrer se o relator entender cabível, vislumbrando chances potenciais de anulação dos atos praticados por magistrado suspeito ou impedido. Na jurisprudência: TRF-4.ª Região: "A oposição de exceção de suspeição não tem o condão de interromper o trâmite da ação penal, não havendo previsão legal para tanto" (TRF-4.ª Região, HC 2009.04.00.041419-3-PR, 8.ª T., rel. Guilherme Beltrami, 27.01.2010, v.u.).

339. Suspeição de integrante do colegiado: na Justiça Militar, o julgamento de mérito é realizado pelo Conselho de Justiça, razão pela qual um de seus membros pode ser considerado suspeito ou impedido por qualquer das partes. Diante disso, procede-se da mesma forma que a exceção ofertada contra o juiz auditor.

340. Rejeição liminar: pode o relator rejeitar liminarmente a exceção, embora, na maioria das vezes, prefira levar o caso ao Plenário, sem qualquer dilação probatória, para que haja o afastamento da exceção. É que, se rejeitada desde logo pelo relator, cabe agravo regimental para o colegiado, motivo pelo qual é mais seguro levar o caso ao conhecimento deste. A menção a *juiz* neste dispositivo perdeu a razão de ser, pois somente o Tribunal pode avaliar o mérito da exceção.

341. Relevância da arguição: trata-se da adequação entre o alegado pela parte e os requisitos expostos em lei para o reconhecimento da suspeição ou do impedimento. Por vezes, a parte argui a suspeição do magistrado, sem qualquer base legal, demonstrando ser irrelevante o seu reclamo. Portanto, o Tribunal somente determinará a citação das partes, com a consequente produção de provas, caso realmente seja adequada a alegação à pretensão de afastamento do magistrado. Não é raro acontecer de determinada parte insurgir-se contra o juiz, porque este é extremamente liberal ou muito rigoroso (o que acontece quando o magistrado determina a soltura ou a prisão do réu), o que é manifestamente inadequado e, portanto, irrelevante.

342. Produção de provas: pode o relator conduzir pessoalmente a instrução do incidente processual, embora, com maior frequência, termine valendo-se da carta de ordem, determinando que algum juiz auditor, normalmente da área onde se encontram as testemunhas, proceda à inquirição. Finda a colheita da prova, como preceitua este artigo, segue-se o julgamento, sem alegações finais.

Nulidade dos atos praticados pelo juiz suspeito

> **Art. 134.** Julgada procedente a arguição de suspeição ou impedimento, ficarão nulos os atos do processo principal.[343]

Art. 135

Código de Processo Penal Militar Comentado • **Nucci**   166

343. Nulidade dos atos praticados: impõe-se que, em caso de suspeição, sejam os atos praticados no processo principal considerados nulos. Para tanto, torna-se necessário não ter ficado paralisado o feito. Qualquer decisão ou despacho proferido por juiz suspeito, a partir do instante em que nasceu a causa de suspeição ou impedimento, deve ser renovado por seu substituto legal. A nulidade não surge no momento em que foi revelada durante a instrução, mas no instante em que ela foi gerada. Ilustrando: se o juiz é amigo íntimo do réu, refaz-se o processo desde o princípio. Se o magistrado, no entanto, aconselhou uma das partes durante a instrução, ocorre a partir desse momento.

Suspeição declarada de Ministro do Superior Tribunal Militar

> **Art. 135.** No Superior Tribunal Militar, o ministro que se julgar suspeito ou impedido declará-lo-á em sessão. Se relator ou revisor, a declaração será feita nos autos, para nova distribuição.[344]

Arguição de suspeição de ministro ou do procurador-geral. Processo

> **Parágrafo único.** Arguida a suspeição ou o impedimento de ministro ou do procurador-geral, o processo, se a alegação for aceita, obedecerá às normas previstas no Regimento do Tribunal.[345]

344. Suspeição ou impedimento no STM: tratando-se de colegiado, no momento da sessão de julgamento, o Ministro se declara, oralmente, suspeito ou impedido de participar da decisão. Automaticamente, retira-se do julgamento. Respeita-se, como regra, tal afirmação, embora a última palavra caiba ao Tribunal, se vislumbrar ausência completa de fundamento para tanto. Quando o Ministro atuar como relator ou revisor do caso, deve fazê-lo nos autos do processo, tendo em vista a necessidade de estudá-lo e prepará-lo para a sessão.

345. Procedimento no STM: seguem-se as regras estabelecidas pelo Regimento Interno (artigos 141 a 148).

Suspeição declarada do procurador-geral

> **Art. 136.** Se o procurador-geral se der por suspeito ou impedido, delegará a sua função no processo, ao seu substituto legal.[346]

346. Suspeição do Procurador-Geral: se afirmada de ofício, os autos seguem ao seu substituto legal nos termos da Lei Orgânica do Ministério Público. Caso alegada pela parte interessada, deve ser processada conforme prevê o Regimento Interno do STM para o Ministro.

Suspeição declarada de procurador, perito, intérprete ou auxiliar de justiça

> **Art. 137.** Os procuradores, os peritos, os intérpretes e os auxiliares da Justiça Militar poderão, motivadamente, dar-se por suspeitos ou impedidos, nos casos previstos neste Código; os primeiros e os últimos, antes da prática

> de qualquer ato no processo, e os peritos e intérpretes, logo que nomeados. O juiz apreciará de plano os motivos da suspeição ou impedimento; e, se os considerar em termos legais, providenciará imediatamente a substituição.[347]

347. Autoafirmação de suspeição ou impedimento: os membros do Ministério Público, peritos, intérpretes e serventuários da justiça, quando preencherem os motivos de suspeição ou impedimento descritos para o magistrado, devem afirmar, nos autos, tal situação para que o juiz auditor providencie a substituição. Quanto ao Ministério Público, cabe à própria instituição, nos termos previstos na lei orgânica, providenciar o substituto. Peritos e intérpretes, quando oficiais, também possuem formas legais para a substituição; quando nomeados pelo magistrado, basta que este providencie outro. Funcionários da justiça são facilmente repostos por outros.

Arguição de suspeição de procurador

> **Art. 138.** Se arguida a suspeição ou impedimento de procurador, o auditor, depois de ouvi-lo, decidirá, sem recurso, podendo, antes, admitir a produção de provas no prazo de 3 (três) dias.[348]

348. Suspeição ou impedimento de membro do Ministério Público: admite-se a exceção, tendo em vista que o órgão do Ministério Público, atuando como parte ou como fiscal da lei, deve agir com imparcialidade. Defende, afinal, interesse que não lhe é próprio ou particular, mas de toda a sociedade, razão pela qual a vinculação de suas atitudes à correta aplicação da lei ao caso concreto é não somente desejável, como exigível. Por isso, a parte interessada pode buscar o afastamento do promotor, valendo-se, para tanto, das mesmas razões que a lei prevê para o magistrado. Interposta a exceção, deve o juiz encaminhá-la ao promotor, para que responda. Se afirmar a causa de impedimento ou suspeição, os autos devem ser encaminhados ao seu substituto legal. Caso recuse as razões oferecidas, julgará o juiz, que pode produzir provas. A decisão tomada pelo magistrado, afastando o promotor ou mantendo-o nos autos não se submete a recurso, embora possa, no futuro, ser alegada nulidade, quando do julgamento de eventual apelação, caso fique demonstrada a ocorrência de prejuízo à parte. Por outro lado, caso o promotor se dê por suspeito ou impedido, os autos seguem ao seu substituto legal, mas o juiz pode, discordando do ocorrido, comunicar o fato ao Procurador-Geral de Justiça para as providências cabíveis. Os atos praticados pelo promotor considerado suspeito ou impedido não são anulados, nem o processo tem o curso suspenso, enquanto se decide a exceção.

Arguição de suspeição de perito e intérprete

> **Art. 139.** Os peritos[349] e os intérpretes[350] poderão ser, pelas partes, arguidos de suspeitos ou impedidos; e os primeiros, por elas impugnados, se não preencherem os requisitos de capacidade técnico-profissional para as perícias que, pela sua natureza, os exijam, nos termos dos arts. 52, letra c, e 318.[351]

349. Suspeição ou impedimento de peritos: como especialistas em determinados assuntos, auxiliando o magistrado a decidir a causa, é natural que lhes seja exigida imparcialidade no desempenho de suas funções. Não são poucas as vezes em que a decisão do juiz é baseada, fundamentalmente, no laudo pericial apresentado, até porque outra não pode ser a

Art. 140

fonte de conhecimento do julgador, diante da especialização do tema. Por isso, embora a lei não estipule expressamente, convém ao perito, considerando-se impedido ou suspeito, declinar da nomeação, devendo o juiz aceitar a recusa, tendo em vista o interesse maior da produção isenta da prova. Quando não o fizer, pode alguma das partes recusá-lo, ingressando com a exceção pertinente. Embora diga a lei que o magistrado decidirá de plano, em face da matéria ventilada e da prova oferecida, nada impede a oitiva do experto e, se for o caso, a produção de alguma outra prova, como a testemunhal. O processo não se paralisa, enquanto o incidente se desenvolve. Do decidido pelo juiz, não cabe recurso. Entretanto, se o perito for mantido, sendo ele suspeito ou impedido, poderá provocar, no futuro, a arguição de nulidade, demonstrando o prejuízo sofrido pela parte, em apelação ou outro recurso cabível. Aos peritos aplicam-se as causas de suspeição e impedimento dos juízes.

350. Suspeição ou impedimento de intérpretes: são eles equiparados, para todos os efeitos, aos peritos, razão pela qual também devem agir com imparcialidade no seu trabalho. Podem afirmar, assim que nomeados, a suspeição ou o impedimento, devendo o juiz substituí-los. Caso não o façam, podem ser recusados por qualquer das partes, nos mesmos moldes aventados na nota anterior.

351. Exceção de incapacidade técnica: trata-se de uma específica previsão do Código de Processo Penal Militar, sem igual precedente na legislação processual comum, possibilitando à parte interessada levantar, em incidente apropriado, a incapacidade do perito para a função que lhe foi designada. A bem da verdade, sendo o perito um auxiliar direto do juiz, caso seja por este nomeado, significa ser de sua confiança; dificilmente, a parte terá ousadia de questionar a sua capacidade técnica, mormente sabendo que cabe ao próprio magistrado decidir o incidente. Sob outro aspecto, cuidando-se de perito oficial, por ocupar um cargo público, admitir-se a sua incapacidade seria o mesmo que reconhecer a impropriedade de tê-lo nos quadros do funcionalismo. E tal atribuição não compete ao juiz.

Decisão do plano irrecorrível

> **Art. 140.** A suspeição ou impedimento, ou a impugnação a que se refere o artigo anterior, bem como a suspeição ou impedimento arguidos, de serventuário ou funcionário da Justiça Militar, serão decididas pelo auditor, de plano e sem recurso, à vista da matéria alegada e prova imediata.[352-353]

352. Funcionários e serventuários da justiça: embora disponha este Código ser aplicável aos auxiliares da justiça o mesmo quadro sobre a suspeição de juízes, parece-nos exagerada tal disciplina. Não tomam eles nenhuma providência decisória, nem são apoios do juiz para decidir a causa. Não promovem a ação penal, nem a fiscalizam. Logo, ainda que um escrevente seja amigo íntimo ou inimigo capital do réu, nenhum prejuízo poderia disso advir. É certo que os funcionários lavram certidões, expedem ofícios e executam atos determinados pelo juiz, mas isso é apenas a formalização de decisões previamente tomadas. Se as certidões forem falsas, os ofícios, atrasados ou os fatos do processo, revelados a terceiros, pode o funcionário ser punido administrativa e criminalmente, embora pouca influência tenha na causa. Mesmo o oficial de justiça, que deve lavrar certidões gozando de fé pública, mesmo vinculado a uma das partes, por relações de amizade, por exemplo, pode ser afastado por simples ato administrativo do juiz corregedor do ofício, não merecendo haver questionamento jurisdicional nos autos, quanto à sua atuação. Assim, parece-nos excessiva a possibilidade de interposição de exceção para afastar funcionários ou serventuários. Mas, como a lei prevê essa alternativa, segue-se o mesmo procedimento já descrito para o perito, em nota anterior.

353. Inexistência de instrução: como regra, a prova para a exceção de suspeição ou impedimento é documental, não sendo necessária a produção de outra. Além disso, a decisão do magistrado não se submete a recurso, pois seria postergar em demasia a solução da questão; de toda forma, se o juiz errar, a parte pode levantar tal ponto em preliminar de apelação e, se o Tribunal considerá-la pertinente, determinará a anulação dos atos processuais a partir do momento em que passou a atuar o suspeito ou impedido.

Declaração de suspeição quando evidente

> **Art. 141.** A suspeição ou impedimento poderá ser declarada pelo juiz ou Tribunal, se evidente nos autos.[354]

354. Reconhecimento de ofício: se o promotor, perito, intérprete ou funcionário não se declarar suspeito ou impedido, nem houver arguição pela parte, ainda assim o juiz ou Tribunal pode reconhecer tal situação de ofício, afastando-o.

Suspeição de encarregado de inquérito

> **Art. 142.** Não se poderá opor suspeição ao encarregado do inquérito, mas deverá este declarar-se suspeito quando ocorrer motivo legal, que lhe seja aplicável.[355]

355. Suspeição ou impedimento das autoridades encarregadas do inquérito: expressamente, a lei menciona não ser cabível essa exceção. Entretanto, em aparente contradição, prevê que elas devem declarar-se suspeitas, ocorrendo motivo legal. Ora, se a parte interessada não pode reclamar da presidência do inquérito ser feita por autoridade suspeita, por que haveria a lei de recomendar que esta assim o declare? Pensamos que, sendo o inquérito peça de investigação, mas onde se produzem importantíssimas provas – como as periciais, não renovadas ao longo da instrução em juízo – deveria ser admitida a exceção de suspeição ou de impedimento. Diz-se ser o inquérito meramente informativo ao promotor, embora se constate, na prática, muitos juízes levando em consideração o que lá foi produzido. Há casos em que o magistrado, baseando-se no princípio da livre convicção na avaliação das provas, acredita muito mais na versão oferecida por uma testemunha na fase policial, do que o alegado pela mesma testemunha em juízo. E mais: uma autoridade suspeita pode fraquejar na investigação, para que nada seja descoberto contra determinado indivíduo ou pode buscar provas exclusivamente contra certo suspeito, abandonando outros, cujos nomes lhe chegam ao conhecimento, somente para prejudicar o desafeto. Enfim, não vemos sentido para uma autoridade militar suspeita não poder ser afastada pelo juiz, fiscal da investigação, quando alguém se sentir prejudicado. Mais correta é a afirmação de que a autoridade *deve* declarar-se suspeita, havendo motivo legal. Entretanto, não é suficiente deixar-se ao critério da autoridade fazê-lo. Cremos, pois, que, havendo motivação para a consideração da suspeição do encarregado, não podendo o magistrado afastá-lo, por falta de previsão legal, deve a parte interessada solicitar o seu afastamento diretamente ao oficial superior. A questão torna-se, então, administrativa, pois existe recomendação legal para que o afastamento ocorra. Por ordem superior, tal pode

Art. 143

ocorrer. Igualmente a posição de Badaró: "no campo administrativo, poderão ser tomadas providências contra a autoridade policial que, sendo suspeita, não tenha assim se declarado, cabendo, inclusive, recurso ao seu superior hierárquico" (*Direito processual penal*, p. 183). No mesmo sentido: TJSP: Ap. 00496575.3/8, São Paulo, 8.ª C., 4.º Grupo, rel. Eduardo Braga, 24.01.2008, v.u.

Seção II
Da exceção de incompetência[356]

356. Exceção de incompetência: é a defesa indireta interposta pela parte contra o juízo, alegando sua incompetência para julgar o feito, fundamentada no princípio constitucional do juiz natural. Embora todo magistrado possua jurisdição, a delimitação do seu exercício é dada pelas regras de competência, que devem ser respeitadas. Não fosse assim o juízo decidiria qualquer matéria, infringindo-se o espírito da Constituição, que garantiu expressamente a divisão dos órgãos judiciários, cada qual atuando na sua esfera de competência. Na jurisprudência: STM: "Compete ao Conselho Permanente de Justiça processar e julgar acusados que, após a deflagração da Ação Penal, são licenciados das fileiras do Exército Brasileiro, considerando que, no momento do crime, os réus eram militares. Deve prevalecer a condição dos agentes no momento em que praticaram a conduta delitiva, em tese, para se determinar o juiz natural que irá processá-los e julgá-los, conforme o brocardo *tempus comissi delict*. Recurso desprovido para manter a Decisão hostilizada que rejeitou a exceção de incompetência oposta pela defesa com o escopo de que os acusados, licenciados após a prática delitiva, fossem julgados sob a condução monocrática do Juiz Federal da JMU, e assim, confirmar a competência do Conselho Permanente de Justiça para o processamento e o julgamento da Ação Penal Militar. Recurso em Sentido Estrito desprovido" (Recurso em Sentido Estrito 7000486-72.2020.7.00.0000, rel. Francisco Joseli Parente Camelo, julgado em 19.11.2020, por maioria).

Oposição da exceção de incompetência

> **Art. 143.** A exceção de incompetência poderá ser oposta verbalmente ou por escrito, logo após a qualificação do acusado. No primeiro caso, será tomada por termo nos autos.[357]

357. Formalidade para a interposição: embora mencione a lei poder a exceção de incompetência ser oposta verbalmente ou por escrito, o comum é que se faça por petição escrita, juntada aos autos, pelo interessado. O momento para argui-la é a primeira oportunidade que a parte possui para manifestar-se no processo. Logo, na maioria dos casos será no instante da defesa prévia. Cumpre ao réu fazê-lo em peça separada, pois a exceção correrá em apenso aos autos principais. A não apresentação da declinatória no prazo implica aceitação do juízo, prorrogando-se a competência quando se tratar de território. No caso de competência absoluta, em razão da matéria ou da prerrogativa de função, não há preclusão. A qualquer momento a questão pode ser novamente ventilada. Quanto ao promotor, sendo ele o titular da ação penal, é natural que ofereça a denúncia no foro considerado competente para conhecer da causa. Portanto, não lhe cabe ingressar com exceção de incompetência. Aliás, se a matéria tiver que ser ventilada, por ocasião da distribuição do inquérito, podendo prevenir o juiz, deve o representante do Ministério Público questionar a incompetência do juízo diretamente a este. Pode fazê-lo, ainda, por ocasião do oferecimento da denúncia.

Aceita a argumentação, remeter-se-ão os autos ao juízo natural. Recusada, não cabe recurso, embora posteriormente possa ser questionada a decisão, pois fonte de nulidade. É possível, no entanto, que o Ministério Público provoque o outro juiz a se manifestar – aquele que entende competente para conhecer do feito –, instaurando-se um conflito positivo de competência. Essa provocação pode ocorrer, instaurando-se igualmente inquérito na outra Circunscrição, podendo redundar em outro processo, razão pela qual criado estará o referido conflito positivo de competência. Na jurisprudência: STM: "O *habeas corpus* não pode substituir os recursos, as ações e as exceções previstas em lei, sob pena de banalização de sua utilização, quando existir recurso próprio. A via adequada a ser escolhida deveria ter sido a da oposição da exceção de incompetência prevista nos arts. 143 e seguintes do Código de Processo Penal Militar a ser oferecida perante o Juízo de primeira instância. Preliminar acolhida. Decisão unânime" (HC 0000214-08.2017.7.00.0000, rel. Alvaro Luiz Pinto, data de julgamento: 18.12.2017, data de publicação: 22.01.2018, v.u.).

Vista à parte contrária

> **Art. 144.** Alegada a incompetência do juízo, será dada vista dos autos à parte contrária, para que diga sobre a arguição, no prazo de 48 (quarenta e oito) horas.[358]

358. Contraditório: tratando-se de *exceção*, capaz de dilatar a instrução, é fundamental ouvir a parte contrária, inclusive porque está em jogo a eleição do juiz natural da causa. Como regra, interpõe a exceção o acusado, pois o acusador elege o juízo ao propor a demanda.

Aceitação ou rejeição da exceção. Recurso em autos apartados. Nulidade de autos

> **Art. 145.** Se aceita a alegação, os autos serão remetidos ao juízo competente. Se rejeitada, o juiz continuará no feito. Mas, neste caso, caberá recurso, em autos apartados, para o Superior Tribunal Militar, que, se lhe der provimento, tornará nulos os atos praticados pelo juiz declarado incompetente, devendo os autos do recurso ser anexados aos do processo principal.[359]

359. Aceitação e recusa da exceção: a aceitação da exceção, considerando-se incompetente o juiz, propicia a qualquer das partes, a utilização de recurso em sentido estrito (art. 516, *f*, CPPM). A não aceitação, igualmente, gera o recurso inominado previsto neste artigo, encaminhando-se os autos apartados ao Superior Tribunal Militar.

Alegação antes do oferecimento da denúncia. Recurso nos próprios autos

> **Art. 146.** O órgão do Ministério Público poderá alegar a incompetência do juízo, antes de oferecer a denúncia. A arguição será apreciada pelo auditor, em primeira instância; e, no Superior Tribunal Militar, pelo relator, em se tratando de processo originário. Em ambos os casos, se rejeitada a arguição, poderá, pelo órgão do Ministério Público, ser impetrado recurso, nos próprios autos, para aquele Tribunal.[360-361]

Art. 147

Código de Processo Penal Militar Comentado • Nucci

360. Arguição pelo Ministério Público: como mencionado em nota anterior, raramente o membro do Ministério Público levantará a exceção de incompetência, tendo em vista ser da sua atribuição propor a ação e, por consequência, eleger o juízo cabível. Eventualmente, por prevenção, ocorrida desde a fase do inquérito, atua um juiz considerado, pela acusação, incompetente para conduzir o feito, justificando-se a arguição.

361. Aceitação da exceção e remessa ao foro competente: caso o juiz acolha os argumentos do excipiente, remeterá os autos ao juízo considerado competente. Se este não acolher os motivos do magistrado, que lhe encaminhou os autos, suscitará conflito negativo de competência. Caso aceite, deverá renovar os atos decisórios, porventura praticados, ratificando os demais e determinando o prosseguimento do feito. Logicamente, querendo, pode o juiz que recebeu os autos renovar todos os atos praticados anteriormente no juízo incompetente.

Declaração de incompetência de ofício

> **Art. 147.** Em qualquer fase do processo, se o juiz reconhecer a existência de causa que o torne incompetente declará-lo-á nos autos e os remeterá ao juízo competente.[362-364]

362. Conhecimento de ofício pelo juiz: pode ser feito. Na fase do recebimento da denúncia, o magistrado é o primeiro juiz de sua própria competência. Entendendo não ser o indicado pela lei para julgar o feito, deve remeter os autos a quem considerar competente. Eventualmente, feita a remessa e não aceita a competência pelo juízo receptor, instala-se assim um conflito negativo de competência. Caso o juízo receptor aceite a competência, ainda assim a parte interessada pode ingressar com a exceção de incompetência, se entender que o primeiro magistrado era o competente para decidir a causa.

363. Ratificação dos atos anteriores pelo juiz e não pelo Ministério Público: quando o feito é encaminhado a juízo diverso, em decorrência de incompetência territorial (relativa), cabe ao magistrado a ratificação dos atos instrutórios e a renovação dos decisórios. Não há necessidade de se adotar o mesmo procedimento quanto ao Ministério Público (ex.: oferecida denúncia em juízo incompetente, quanto ao território, remetido o feito ao magistrado competente, cabe a este renovar o recebimento da denúncia, não havendo necessidade de ser ratificado o oferecimento da peça acusatória pelo representante do MP). Nessa ótica: STF: "No ponto, asseverou-se que a ratificação é ato do juízo competente, que pode, ou não, aproveitar atos instrutórios praticados perante o incompetente e que o ato processual de oferecimento da denúncia, em foro incompetente, por um representante, prescinde, para ser válido e eficaz, de ratificação de outro do mesmo grau funcional e do mesmo Ministério Público, lotado em foro diverso e competente, porquanto em nome da instituição, que é una e indivisível" (HC 85.137-MT, 1.ª T., rel. Cezar Peluso, 13.09.2005, m. v., *Informativo* 401).

364. Reconhecimento posterior da incompetência: trata-se de possibilidade aberta pela lei ao juiz, que é o primeiro a julgar sua própria competência. Por isso, se durante o processo alguma nova questão lhe permitir avaliar sua incompetência para julgar a causa, deve reconhecer a situação, enviando os autos ao juízo cabível. Contra a decisão que reconhece a incompetência, cabe recurso em sentido estrito (art. 516, *e*, CPPM).

Seção III
Da exceção de litispendência[365]

365. Exceção de litispendência: é a defesa indireta, apresentada por qualquer das partes, demonstrando a determinado juízo que há causa idêntica em andamento, em outro foro, ainda pendente de julgamento, razão pela qual o processo deve ser extinto. Não é cabível que o Estado deduza a pretensão punitiva contra o réu em duas ações penais de igual objeto, fundadas no mesmo fato criminoso. Leva-se em consideração, para verificar a hipótese de litispendência, se o acusado nas duas ou mais ações é o mesmo e se a imputação coincide, pouco importando quem incorpore a acusação. Tendo em vista que a *exceção* é medida com finalidade de obstaculizar o andamento de determinado processo, não é possível valer-se dela para impedir o trâmite de um inquérito, que tenha por base exatamente o mesmo fato e idêntico réu, já denunciado. Para tanto, utiliza-se o *habeas corpus*, trancando-se a investigação policial repetitiva. Segundo cremos, a litispendência está caracterizada a partir do ajuizamento da segunda demanda, sendo prescindível a citação do réu, pois o Código de Processo Penal Militar silenciou a esse respeito, sendo admissível supor que, havendo dois processos em trâmite, contra o mesmo réu, um deles deve ser extinto – com ou sem citação válida. Na jurisprudência: TRF-4.ª Região: "A litispendência ocorre nas hipóteses em que caracterizada a tríplice identidade entre as ações em trâmite, ou seja, a similitude de partes, causa de pedir e pedido. A descrição de fatos diversos nas denúncias impossibilita a litispendência entre as Ações Penais, ante a ausência de causas de pedir idênticas. A teor do art. 82 do Código de Processo Penal o encerramento de um dos processos criminais em primeira instância impossibilita o reconhecimento da conexão, viabilizando apenas a unificação de penas em caso de eventual condenação" (ACR 2008.71.00.024629-6-RS, 8.ª T., rel. Luiz Fernando Wowk Penteado, 06.05.2010, v.u.).

Litispendência, quando existe. Reconhecimento e processo

> **Art. 148.** Cada feito somente pode ser objeto de um processo. Se o auditor ou o Conselho de Justiça reconhecer que o litígio proposto a seu julgamento já pende de decisão em outro processo, na mesma Auditoria, mandará juntar os novos autos aos anteriores. Se o primeiro processo correr em outra Auditoria, para ela serão remetidos os novos autos, tendo-se, porém, em vista, a especialização da Auditoria e a categoria do Conselho de Justiça.[366]

366. Declaração de ofício pelo juiz: possibilidade. Há interesse público em evitar que duas ações penais contra o mesmo réu, cuidando de idêntica imputação, tenham andamento concomitante, logo, o magistrado, detectando a situação, deve extinguir um dos processos. Para a escolha, levam-se em consideração os critérios da prevenção ou da distribuição. Assim, se um juiz tornou-se prevento em primeiro lugar, porque decretou uma preventiva ainda na fase do inquérito, ele é o competente para processar o réu. Caso não tenha havido motivo para a prevenção, utiliza-se o critério da distribuição, prevalecendo o juízo que preceder o outro. Quando o magistrado, sem o ingresso da exceção, termina um processo, o recurso cabível é a apelação (art. 526, *b*, CPPM).

Arguição de litispendência

> **Art. 149.** Qualquer das partes poderá arguir, por escrito, a existência de anterior processo sobre o mesmo feito.[367]

Art. 150

367. Prazo para interposição de exceção de litispendência: podem as partes fazê-lo a qualquer tempo. Como no caso de incompetência absoluta, a matéria não preclui, diante do interesse público envolvido.

Instrução do pedido

> **Art. 150.** A arguição de litispendência será instruída com certidão passada pelo cartório do juízo ou pela Secretaria do Superior Tribunal Militar, perante o qual esteja em curso o outro processo.[368]

368. Procedimento: usa-se o mesmo da exceção de incompetência. Em petição à parte, argui-se a exceção, podendo fazê-lo qualquer das partes, sempre determinando o juiz a oitiva da outra. Admite-se a suscitação verbal, embora seja raro. Cabe recurso em sentido estrito, quando o juiz a acolher (art. 516, *f*, CPPM), mas não quando julgá-la improcedente. Entretanto, por configurar nítido constrangimento ilegal o andamento concomitante de duas ações penais, pode ser impetrado *habeas corpus* para o trancamento de uma delas.

Prazo para a prova da alegação

> **Art. 151.** Se o arguente não puder apresentar a prova da alegação, o juiz poderá conceder-lhe prazo para que o faça, ficando-lhe, nesse caso, à discrição, suspender ou não o curso do processo.[369]

369. Prova da alegação: como regra, prova-se a afirmação de litispendência apresentando-se a certidão cartorária relativa ao outro processo. O ideal, entretanto, é o oferecimento de peças daquele feito, para que se possa conferir exatamente qual a imputação realizada contra o acusado.

Decisão de plano irrecorrível

> **Art. 152.** O juiz ouvirá a parte contrária a respeito da arguição, e decidirá de plano, irrecorrivelmente.[370]

370. Contraditório e decisão imediata: a exceção de litispendência, quando procedente, gera a imediata extinção do processo, razão pela qual é essencial ouvir a parte contraria a seu respeito. Não se admite instrução probatória, especialmente pelo fato de se cuidar de prova documental, a ser ofertada juntamente com a arguição. Quanto à decisão judicial, preceitua o dispositivo ser irrecorrível, embora exista contradição nesta afirmativa. Se julgada procedente, cabe recurso em sentido estrito; se improcedente, pode o prejudicado impetrar *habeas corpus*, pois a continuidade do feito representaria um constrangimento ilegal.

Seção IV

Da exceção de coisa julgada[371-372]

371. Exceção de coisa julgada: é a defesa indireta contra o processo, visando à sua extinção, tendo em vista que idêntica causa já foi definitivamente julgada em outro foro.

Art. 153

Título XII • Capítulo I – Das exceções em geral

175

Ninguém pode ser punido duas vezes pelo mesmo fato, razão pela qual, havendo nova ação, tendo por base idêntica imputação de anterior, já decidida, cabe a arguição de coisa julgada.

372. Coisa julgada material e coisa julgada formal: cuida-se da coisa julgada *material*, quando o mérito da causa foi decidido, reconhecendo ou afastando a pretensão punitiva do Estado, não havendo mais a possibilidade de interposição de qualquer recurso, razão pela qual se torna imutável. Exemplificando: se o réu é absolvido da prática de um estelionato, transitada esta decisão em julgado, pelo mesmo fato não pode ser novamente processado. Diferente é a coisa julgada *formal*, que é somente a imutabilidade da decisão final de um processo, embora se possa ajuizar outra ação, conforme previsão legal. Ex.: se a denúncia é rejeitada por ausência de justa causa, havendo provas novas, pode ser novamente apresentada, ajuizando ação distinta contra o réu. Note-se que a parte da decisão a se tornar imutável é o dispositivo da sentença, isto é, o comando emanado do Estado-juiz, julgando procedente ou improcedente a ação, mas não a sua fundamentação, que envolve unicamente o raciocínio utilizado pelo magistrado. Por vezes, no entanto, é preciso levar em conta a motivação da sentença para se compreender o sentido e o alcance do dispositivo, razão pela qual esses motivos podem fazer parte da coisa julgada. Exemplo disso seria a absolvição do réu pela ocorrência de legítima defesa. É preciso examinar a fundamentação para saber exatamente quais fatos foram considerados absorvidos pela excludente. Leva-se em conta, para a análise da exceção de coisa julgada, como se faz na litispendência, se o fato criminoso imputado (não a classificação feita) e o réu são os mesmos de ação anterior. Na jurisprudência: STM: "I. O instituto da remessa obrigatória ou do reexame necessário não tem natureza jurídica de recurso, mas sim de condição de eficácia da sentença, razão pela qual devolve ao Tribunal toda a matéria, sem limitações. II. Embora a Justiça comum Estadual não possua competência para processar e julgar crimes militares federais definidos em lei, consoante se verifica do art. 124 da Constituição Federal, o trânsito em julgado de Sentença naquela esfera opera a coisa julgada material para a Justiça Castrense. III. Contudo, incumbe à Justiça Militar da União exercer a sua jurisdição em relação aos delitos não abarcados pela Decisão proferida em sede da Justiça comum Estadual. V. Recurso provido para cassar, parcialmente, o Decisum atacado e determinar o prosseguimento da APM" (Recurso em Sentido Estrito 0000113-02.2017.7.01.0401, rel. Marco Antônio de Farias, julgado em 30.06.2017, v.u.).

Existência de coisa julgada. Arquivamento de denúncia

> **Art. 153.** Se o juiz reconhecer que o feito sob seu julgamento já foi, quanto ao fato principal, definitivamente julgado por sentença irrecorrível, mandará arquivar a nova denúncia, declarando a razão por que o faz.[373-378]

373. Terminologia imprópria: se o magistrado reconhecer que o feito *sob seu julgamento* já foi julgamento anteriormente, mandará *arquivar* a denúncia. Em primeiro lugar, se o processo se encontra *sob seu julgamento* significa ter sido ofertada e recebida a denúncia; assim sendo, não há cabimento algum em simplesmente mandar arquivá-la, como se o processo pudesse permanecer em aberto. Portanto, os caminhos são os seguintes: a) se, oferecida a denúncia, o magistrado constatar a existência de julgamento definitivo anterior, relativo ao acusado, rejeitará a peça acusatória, aí sim, determinando o arquivamento; b) se a denúncia foi recebida e uma das partes – como regra, o acusado – ingressar com a exceção de coisa julgada, considerando-a procedente, automaticamente, extingue o feito principal; c) caso a denúncia tenha sido recebida e nenhuma das partes arguiu a coisa julgada, cabe ao juiz, detectando-a, proclamar nulos todos os atos processuais (nulidade absoluta por ausência de justa causa), desde o ajuizamento da demanda, determinando o arquivamento do feito.

Art. 153

Código de Processo Penal Militar Comentado • **Nucci**

374. Declaração de ofício pelo juiz: possibilidade. Como já visto anteriormente, há evidente interesse público em evitar que uma segunda ação penal contra o mesmo réu, cuidando de idêntica imputação, tenha andamento, uma vez que a primeira já conta com decisão de mérito, com trânsito em julgado. Quando o magistrado, sem o ingresso da exceção, termina um processo, o recurso cabível é a apelação (art. 526, *b*, CPPM). Ainda assim, de maneira incompreensível, visto não haver o mesmo procedimento para outras causas de extinção do feito, deve o juiz submeter a sua decisão de reconhecimento da coisa julgada ao duplo grau de jurisdição (recurso de ofício), nos termos do art. 154, parágrafo único.

375. Flexibilidade da coisa julgada: na esfera criminal, não se pode sustentar o caráter absoluto da coisa julgada. Em relação ao sentenciado, sempre há a possibilidade de ingressar com revisão criminal, para rever a condenação, a qualquer tempo. No tocante ao natural curso da execução penal, igualmente, não se mantém a pena e o regime aplicados na sentença de maneira imutável. Conforme o progresso obtido pelo condenado, no processo de individualização executória da pena, altera-se o regime e é viável a diminuição da sanção penal. Para isso, existem os benefícios aplicáveis em execução: progressão de regime, livramento condicional, indulto, comutação, remição, dentre outros. Aliás, da mesma forma que o sentenciado pode ser beneficiado pela progressão de regime (por ex., do fechado para o semiaberto), caso descumpra qualquer das condições estabelecidas pelo juiz, torna-se viável a regressão, com o retorno ao regime mais gravoso. Cuida-se da flexibilidade da coisa julgada em sede criminal. Na jurisprudência: STF: "A adoção, pelo Poder Judiciário, dessas medidas de caráter regressivo não ofende a coisa julgada, não atinge o direito adquirido nem afeta o ato jurídico perfeito, pois a exigência de satisfatório comportamento prisional do sentenciado – que revele a participação ativa do próprio condenado em seu processo de reeducação – constitui pressuposto essencial e necessário à execução progressiva da pena privativa de liberdade" (HC 93554-SP, 2.ª T., rel. Celso de Mello, 14.04.2009, v.u.).

376. Coisa julgada e coisa soberanamente julgada: os termos são utilizados para demonstrar que a *coisa julgada*, no processo penal, cuidando-se de sentença condenatória ainda pode ser alterada pela ação rescisória, que se chama *revisão criminal*. Entretanto, a *coisa soberanamente julgada*, no caso de sentença absolutória, jamais pode ser alterada, por qualquer tipo de ação ou recurso. É a nomenclatura utilizada por Pimenta Bueno e adotada, também, por Frederico Marques (*Elementos de direito processual penal*, v. 3, p. 82).

377. Fundamento da coisa julgada: como bem alerta Tornaghi, o fundamento da coisa julgada "não é a presunção ou a ficção de acerto do juiz, mas uma razão de pura conveniência" (*Compêndio de processo penal*, t. I, p. 107). Assim, reconhece-se a imutabilidade de uma decisão para que a insegurança na solução de determinado conflito não se perpetue. O mal de uma injustiça imutável pode ser menor do que a busca incessante de uma justiça, no fundo, igualmente impalpável e sempre discutível. É bem verdade que, no processo penal, se abre a possibilidade de revisão da coisa julgada, quando se tratar de erro judiciário, em favor do réu. Isso em virtude dos valores que estão em confronto: segurança do julgado e direito à liberdade, prevalecendo este último. Trata-se a coisa julgada, pois, de matéria de ordem pública, podendo ser reconhecida de ofício pelo juiz.

378. Diferença entre coisa julgada e preclusão: esta última é a imutabilidade de matéria secundária do processo, enquanto a primeira diz respeito à matéria principal, provocando o encerramento do processo. Pode gerar coisa julgada material ou formal. Assemelha-se a preclusão à coisa julgada formal, em certos aspectos. Exemplificando: se contra a decisão de rejeição da denúncia nenhum recurso for interposto, diz-se que ocorreu preclusão consumativa ou máxima, justamente a coisa julgada formal. O mérito não foi julgado, podendo ser reaberta a discussão, se surgirem novas provas. Caso a questão seja renovada, outra denúncia deve ser apresentada, instaurando-se novo processo. Por outro lado, se a parte deixa de impugnar a incompetência em razão do território, diz-se que houve apenas preclusão, prorrogando-se a competência do juízo. Não se fala em coisa julgada formal, pois o processo não se encerrou. Rigorosamente falando, portanto, a autêntica coisa julgada é a material, pois a chamada coisa julgada formal não passa de uma modalidade de preclusão. Como assinala Frederico Marques, a preclusão "é um fato impeditivo destinado a garantir o avanço progressivo da relação processual e a obstar o seu recuo para fases anteriores do procedimento", sendo também "a perda de uma faculdade ou de um direito processual que, por se haver esgotado ou por não ter sido exercido em tempo oportuno, fica praticamente extinto" (*Elementos de direito processual penal*, v. 3, p. 88). Na ótica de Borges da Rosa, "com as *preclusões* processuais, o poder público manifesta a sua vontade de ordenar e dominar, no interesse público, o desenvolvimento do processo, segundo o critério do mínimo dispêndio suficiente de atividade funcional e da maior celeridade possível. As *preclusões* consistem, essencialmente, em limitações legais postas à livre disponibilidade, concedida às partes, do conteúdo formal do processo. São proibições impostas ao exercício de determinadas atividades processuais, desde um certo momento, ou em certas condições, motivadas: a) pela inatividade anterior das partes, ou b) pela irregularidade da sua ação ou da sua conduta" (*Nulidades do processo*, p. 81).

Arguição de coisa julgada

> **Art. 154.** Qualquer das partes poderá arguir, por escrito, a existência de anterior sentença passada em julgado, juntando-lhe certidão.[379-380]

Arguição do acusado. Decisão de plano. Recurso de ofício

> **Parágrafo único.** Se a arguição for do acusado, o juiz ouvirá o Ministério Público e decidirá de plano, recorrendo de ofício para o Superior Tribunal Militar, se reconhecer a existência da coisa julgada.[381-382]

379. Prazo para interposição de exceção de coisa julgada: podem as partes fazê-lo a qualquer tempo. Como no caso de incompetência absoluta, a matéria não preclui, diante do interesse público envolvido.

380. Procedimento: usa-se o mesmo da exceção de incompetência. Em petição à parte, argui-se a exceção, podendo fazê-lo qualquer das partes, sempre determinando o juiz a oitiva da outra. Admite-se a suscitação verbal, o que não é comum. Cabe recurso em sentido estrito, quando o juiz a acolher (art. 516, *f*, CPPM), mas não quando julgá-la improcedente. Entretanto, por configurar nítido constrangimento ilegal o andamento de nova ação penal, após a matéria já ter sido decidida anteriormente, pode ser impetrado *habeas corpus* para o seu trancamento.

381. Duplo grau de jurisdição obrigatório: como já expusemos em nota anterior, de maneira peculiar, impôs a lei o denominado *recurso de ofício*, quando o magistrado reconhecer a existência de coisa julgada. Esse reconhecimento pode se dar de ofício ou mediante provocação da parte (exceção de coisa julgada). Logo, a despeito de poder a parte ingressar com o recurso próprio, o juiz deve remeter o feito à apreciação superior.

Art. 155

Código de Processo Penal Militar Comentado • **Nucci**

382. Petição única contendo mais de uma exceção: se a parte desejar invocar várias causas de defesa indireta contra o processo, deve fazê-lo em uma única peça à parte, articulando, separadamente, cada uma delas. O juiz, então, terá uma visão de conjunto de todas as exceções, podendo tomar o melhor caminho para solucionar as questões, ou seja, remete o processo para outro foro, extingue o feito ou se mantém no caso, rejeitando todas elas.

Limite de efeito da coisa julgada

> **Art. 155.** A coisa julgada opera somente em relação às partes, não alcançando quem não foi parte no processo.[383-388]

383. Limites subjetivos da coisa julgada: como regra, a coisa julgada somente pode produzir efeito em relação às partes envolvidas no processo. O Estado, como titular único do direito de punir, é sempre envolvido pela coisa julgada. Quanto ao polo passivo, havendo mais de um réu, é possível que a coisa julgada estenda ou não os seus efeitos aos demais, conforme o caso. Assim, decidida a causa em relação a um corréu, inocentando-o por falta de provas, por exemplo, isto não significa que outro concorrente do delito não possa ser julgado, pelo mesmo fato, posteriormente, sendo condenado. O fato criminoso é o mesmo, mas as provas foram produzidas em processos distintos, tendo repercussão diversa em cada um deles. Contudo, conforme a situação, a decisão proferida em relação a um corréu pode abranger pessoa que não faz parte do processo. Exemplificando: *A* e *B* cometem, em concurso de agentes, um determinado crime; *A* é identificado e processado; *B*, partícipe, está foragido; posteriormente, elimina-se a figura incriminadora, extinguindo-se a punibilidade de *A*. Essa decisão, entretanto, faz coisa julgada também no tocante a *B*, ainda que, somente muito tempo depois, seja ele encontrado e identificado.

384. Limites objetivos da coisa julgada: é natural que possam existir outros fatos, julgados por diversos magistrados, envolvendo questões incidentais no processo, mas não a imputação principal. Não são essas decisões que proporcionam a formação da coisa julgada, impondo a lei deva a exceção dizer respeito ao fato principal, em outra causa avaliado. Assim, em matéria de questões prejudiciais, apreciadas por diferentes juízos, não se pode invocar a coisa julgada, para evitar que a decisão seja proferida em determinado processo-crime em andamento. É esse o denominado limite objetivo da coisa julgada. Acrescente-se, ainda, que o fato principal deve ser avaliado concretamente, segundo a imputação feita, não se levando em conta a classificação apresentada pelo órgão acusatório, até mesmo porque o juiz pode alterá-la (*emendatio libelli*).

385. Absolvição da instância: é a denominação utilizada para caracterizar uma das hipóteses de crise da instância, isto é, a anormal paralisação do curso procedimental, de forma temporária (como ocorre nas questões prejudiciais) ou de forma definitiva, o que ocorre no caso de exceção de coisa julgada (Frederico Marques, *Elementos de direito processual penal*, v. 2, p. 220).

386. Coisa julgada e conflito aparente de normas: denomina-se *conflito aparente de normas* a hipótese de incidência sobre um determinado fato de duas ou mais normas penais, aparentemente gerando um conflito, mas que, com a utilização de certos critérios, vê-se aplicável somente uma delas. Exemplificando com o critério da subsidiariedade, se houver processo pelo crime mais grave (uma tentativa de homicídio), absolvido ou condenado o réu por isso, não poderá ser novamente acusado da prática de exposição a perigo de vida (delito subsidiário), quando se tratar do mesmo fato. Na hipótese de absorção, se o acusado é processado por homicídio e absolvido, não poderá ser novamente acusado da prática de porte ilegal de arma, referentemente ao idêntico fato, já que este crime foi absorvido pelo primeiro.

Art. 156

179 Título XII • Capítulo II – Do incidente de insanidade mental do acusado

387. Coisa julgada e crime continuado: o delito continuado é uma ficção, voltada a beneficiar o acusado, considerando-se várias infrações penais da mesma espécie, praticadas em circunstâncias de tempo, lugar e modo de execução semelhantes, formando um único crime em continuidade delitiva. Com tal reconhecimento, as penas dos vários delitos serão reduzidas. Logo, se houver, por exemplo, processo criminal pela prática de três furtos, olvidando-se um quarto, ainda não descoberto, mas na mesma continuidade delitiva dos primeiros, após a condenação, pode ser iniciado novo processo pela prática do quarto furto, aplicando-se a pena isoladamente. Note-se que o fato é novo e diverso daqueles que foram antes julgados, mas, por ficção jurídica, voltada à aplicação da pena, deverá ser incluído dentre os demais. Faz-se, então, na execução penal, a unificação das penas, embora a coisa julgada do primeiro processo (onde se julgou os três furtos) não possa afastar a instauração de ação penal contra o réu pelo quarto furto.

388. Coisa julgada e crime permanente: a hipótese de crime permanente cuida de uma só infração penal, embora com o prolongamento da consumação no tempo. Assim, trata-se, em verdade, de fato único. Julgado este, não se pode instaurar processo criminal contra o réu por qualquer questão a ele relativa. Imagine-se um sequestro que se arraste por várias cidades, já que os agentes mudam a vítima de cativeiro toda semana, até serem descobertos. Processados em uma Circunscrição, não podem, posteriormente, ser novamente processados em lugar diverso, a pretexto de que o sequestro lá também ocorreu. Há coisa julgada material impedindo a instauração da ação penal.

Capítulo II
Do incidente de insanidade mental do acusado[389]

389. Incidente de insanidade mental: é o procedimento incidente instaurado para apurar a inimputabilidade ou semi-imputabilidade do acusado, levando-se em conta a sua capacidade de compreensão do ilícito ou de determinação de acordo com esse entendimento à época da infração penal. Tal medida justifica-se, uma vez que não é possível a condenação, com a consequente aplicação de pena, ao inimputável. Este, assim reconhecido à época do crime, deve ser absolvido, recebendo medida de segurança, que é uma espécie de sanção penal, embora nitidamente voltada ao tratamento e cura do enfermo. Quanto ao semi-imputável, apurado o estado de doença ou deficiência mental, que lhe retira parcialmente o entendimento do ilícito ou da determinação de agir, de acordo com esse entendimento, poderá haver condenação, devendo, no entanto, o juiz reduzir a pena.

Dúvida a respeito de imputabilidade[390]

> **Art. 156.** Quando, em virtude de doença ou deficiência mental, houver dúvida a respeito da imputabilidade penal do acusado, será ele submetido a perícia médica.[391-392]

Ordenação de perícia

> § 1.º A perícia poderá ser ordenada pelo juiz, de ofício, ou a requerimento do Ministério Público, do defensor, do curador, ou do cônjuge, ascendente, descendente ou irmão do acusado, em qualquer fase do processo.[393]

Art. 156

Código de Processo Penal Militar Comentado • **Nucci**

Na fase do inquérito

> § 2.º A perícia poderá ser também ordenada na fase do inquérito policial militar, por iniciativa do seu encarregado ou em atenção a requerimento de qualquer das pessoas referidas no parágrafo anterior.[394]

390. Requisito da culpabilidade: segundo entendimento majoritário da doutrina, a culpabilidade é um dos elementos do crime, composto analiticamente de tipicidade, antijuridicidade e culpabilidade. Assim, para que se reconheça a existência de uma infração penal, torna-se indispensável que, além da tipicidade e da ilicitude, verifique-se a culpabilidade, um juízo de reprovação social, incidente sobre o fato e seu autor, pessoa imputável, com conhecimento potencial da ilicitude e possibilidade e exigibilidade de ter atuado conforme o Direito. O inimputável é capaz de cometer um injusto penal, isto é, algo não permitido pelo ordenamento (fato típico e antijurídico), mas não ser socialmente reprovado, por ausência de capacidade de entendimento do ilícito ou de determinação de agir conforme esse entendimento. Cabe-lhe, em vez da pena, típica sanção penal aplicável aos criminosos, a medida de segurança, espécie de sanção voltada à cura e ao tratamento. O semi-imputável, por sua vez, por ter entendimento parcial do injusto cometido, preenche os requisitos para sofrer juízo de culpabilidade, merecendo, pois, ser condenado e receber pena, apesar de reduzida.

391. Dúvida razoável: é preciso que a dúvida a respeito da sanidade mental do acusado ou indiciado seja razoável, demonstrativa de efetivo comprometimento da capacidade de entender o ilícito ou determinar-se conforme esse entendimento. Crimes graves, réus reincidentes ou com antecedentes, ausência de motivo para o cometimento da infração, narrativas genéricas de testemunhas sobre a insanidade do réu, entre outras situações correlatas, não são motivos suficientes para a instauração do incidente. Na jurisprudência: STM: "I – De acordo com o art. 156 do Código de Processo Penal Militar (CPPM), a instauração do Incidente de Insanidade Mental não decorre automaticamente de requerimento da parte, é necessário que haja dúvida sobre a imputabilidade penal do agente, em virtude de doença ou deficiência mental da qual seja portador. II – No caso em apreço, não se demonstrou que os alegados episódios pregressos de depressão guardam relação com a apreensão da droga dentro do aquartelamento. Assim, poderia o Réu ter se comportado conforme o ordenamento pátrio e não adentrado à Organização Militar com a substância entorpecente. Inexistia dúvida quanto a sua higidez mental e capacidade de autodeterminação. III – Embargos rejeitados" (Embargos Infringentes e de Nulidade 7000189-02.2019.7.00.0000, rel. Péricles Aurélio Lima de Queiroz, julgado em 15.08.2019, v.u.); "O indeferimento de pedido de instauração de incidente de insanidade mental não configura cerceamento de defesa quando não há nos autos elementos que gerem dúvida quanto à imputabilidade do réu. Inteligência do art. 156 do Código de Processo Penal Militar. Hipótese em que, ademais, o acusado foi submetido a inspeções de saúde, uma delas após a sua apresentação voluntária, tendo sido considerado, em ambas as oportunidades, como pessoa hígida mentalmente. Rejeição dos embargos. Por maioria" (Embargos Infringentes e de Nulidade 0000066-50.2016.7.02.0202, rel. Luis Carlos Gomes Mattos, data de julgamento: 20.02.2018, data de publicação: 28.02.2018).

392. Denúncia com pedido de absolvição: pode ocorrer. Se o exame de insanidade mental for realizado durante o inquérito policial, comprovando a inimputabilidade do indiciado, quando o representante do Ministério Público oferecer denúncia, já ciente do resultado do referido exame, pode requerer, desde logo, a aplicação de medida de segurança ao denunciado, implicando, pois, em absolvição. Tal situação se dá, porque o insano tem direito ao devido

Art. 157

181 Título XII • Capítulo II – Do incidente de insanidade mental do acusado

processo legal, justamente pelo fato de a medida de segurança constituir uma espécie de sanção penal, que restringe direitos. Assim, para que seja aplicada, é preciso demonstrar ter o agente praticado o injusto penal (fato típico e antijurídico), o que se dá após a produção das provas, com a assistência do advogado.

393. Legitimidade para requerer o incidente: cabe ao juiz, de ofício, ao representante do Ministério Público, ao acusado, por seu defensor ou curador, bem como ao ascendente, descendente, irmão ou cônjuge do réu, o que demonstra o caráter defensivo da instauração do processo incidente. Na jurisprudência: STF: "1. No Código Penal Militar, assim como no Código Penal, adotou-se o critério biopsicológico para a análise da inimputabilidade do acusado. 2. A circunstância de o agente ter doença mental provisória ou definitiva, ou desenvolvimento mental incompleto ou retardado (critério biológico), não é suficiente para ser considerado penalmônte inimputável sem análise específica dessa condição para aplicação da legislação penal. 3. Havendo dúvida sobre a imputabilidade, é indispensável verificar-se, por procedimento médico realizado no incidente de insanidade mental, se, ao tempo da ação ou da omissão, o agente era totalmente incapaz de entender o caráter ilícito do fato ou de determinar-se de acordo com esse entendimento (critério psicológico). 4. O incidente de insanidade mental, que subsidiará o juiz na decisão sobre a culpabilidade ou não do réu, *é prova pericial constituída em favor da defesa, não sendo possível determiná-la compulsoriamente quando a defesa se opõe*. 5. Ordem concedida" (HC 133.078, 2.ª T., rel. Cármen Lúcia, julgado em 06.09.2016, v.u., grifamos).

394. Realização do exame na fase do inquérito: pode o exame ser determinado pelo juiz, ainda na fase investigatória, desde que haja representação do encarregado do inquérito. A autoridade militar não pode determinar esse tipo de exame, o que constitui uma nítida exceção. Lembremos que a instauração do incidente não serve para interromper a prescrição, nem na fase do inquérito, nem tampouco durante a instrução. Na jurisprudência: STJ: "1. De acordo com o artigo 156 do Código de Processo Penal Militar, 'quando, em virtude de doença ou deficiência mental, houver dúvida a respeito da imputabilidade penal do acusado, será ele submetido a perícia médica', sendo que o § 2.º do mencionado dispositivo legal dispõe que a perícia poderá ser também ordenada na fase do inquérito policial militar, por iniciativa do seu encarregado ou em atenção ao requerimento do juiz, do Ministério Público, do defensor, do curador, do cônjuge, ascendente, descendente ou irmão do acusado, o que revela a legalidade do procedimento ora impugnado. 2. Não há qualquer óbice à submissão da recorrente à perícia médica no curso do procedimento investigatório, uma vez que se trata de prova necessária ao esclarecimento do seu estado de saúde, sendo indispensável para que o Ministério Público forme sua *opinio delicti*. 3. No caso dos autos, a defesa não comprovou que algum dos profissionais do Centro Médico da Polícia Militar seria suspeito para proceder ao exame de sanidade mental da investigada, não se podendo admitir que se insurja contra todos os peritos do local porque os fatos teriam lá ocorrido. 4. O rito do *habeas corpus* pressupõe prova pré-constituída do direito alegado, devendo a parte demonstrar, de maneira inequívoca, por meio de documentos que evidenciem a pretensão aduzida, a existência do aventado constrangimento ilegal, ônus do qual não se desincumbiu o patrono da investigada. 5. Recurso desprovido" (RHC 65.336/SP, 5.ª T., rel. Jorge Mussi, julgado em 05.04.2016, v.u.).

Internação para a perícia

Art. 157. Para efeito da perícia, o acusado, se estiver preso, será internado em manicômio judiciário, onde houver;[395] ou, se estiver solto e o requererem os peritos, em estabelecimento adequado, que o juiz designará.

Art. 158

Código de Processo Penal Militar Comentado • **Nucci**

182

Apresentação do laudo

> § 1.º O laudo pericial deverá ser apresentado dentro do prazo de 45 (quarenta e cinco) dias, que o juiz poderá prorrogar, se os peritos demonstrarem a necessidade de maior lapso de tempo.[396-397]

Entrega dos autos a perito

> § 2.º Se não houver prejuízo para a marcha do processo, o juiz poderá autorizar a entrega dos autos aos peritos, para lhes facilitar a tarefa. A mesma autorização poderá ser dada pelo encarregado do inquérito, no curso deste.[398]

395. Internação em manicômio judiciário: utiliza o Código Penal comum, atualmente, a terminologia "hospital de custódia e tratamento", embora saibamos ser o local conhecido como manicômio judiciário. Trata-se de um lugar equivalente ao regime fechado das penas privativas de liberdade, onde o internado não tem liberdade para ir e vir e é constantemente vigiado. Ainda assim, é o melhor local para se colocar o sujeito preso, pois há condições para, desde logo, iniciar seu tratamento, além de ter condições para a realização do exame. Aliás, é no hospital de custódia e tratamento que deve permanecer internado o preso, ainda durante a instrução. Trata-se de constrangimento ilegal manter um doente mental, mesmo que detido cautelarmente, em presídio comum.

396. Prazo para a conclusão do exame: não é prazo fatal. Se houver necessidade, pode ser prorrogado, o que vem acontecendo, em muitas situações, por falta de estrutura do Estado para a pronta realização dos exames. Há tolerância da jurisprudência para a prorrogação: STJ: "A segregação deve ser mantida, pois, além de não ter havido negativa de autoria do crime, demonstrou-se ter o mesmo sido praticado com requintes de crueldade, sendo que a soltura do réu colocaria em risco a ordem pública" (HC 8.919-SP, 5.ª T., rel. Gilson Dipp, 04.05.1999, v.u., *DJ* 31.05.1999, p. 162).

397. Utilização de laudos produzidos em outros processos: é inadmissível. Deve-se apurar a inimputabilidade penal em cada caso, razão pela qual não é cabível a utilização de laudos produzidos em outros processos do mesmo acusado. Nessa situação, a *prova emprestada* é despicienda de valor.

398. Entrega dos autos ao perito: estando o processo suspenso, nada impede sejam os autos entregues ao perito. Afinal, a apuração e constatação da doença mental ou qualquer deficiência é tarefa árdua, que pode exigir o confronto das alegações do réu com o conteúdo das declarações de outras pessoas, já ouvidas durante o inquérito ou instrução.

Não sustentação do processo e caso excepcional

> **Art. 158.** A determinação da perícia, quer na fase policial militar quer na fase judicial, não sustará a prática de diligências que possam ficar prejudicadas com o adiamento, mas sustará o processo quanto à produção de prova em que seja indispensável a presença do acusado submetido ao exame pericial.[399]

399. Suspensão do processo: é cauteloso que se suspenda o curso do feito, o que se dá obrigatoriamente na legislação processual penal comum. Neste Código, prevê-se o meio-termo:

Art. 159

183 Título XII • Capítulo II – Do incidente de insanidade mental do acusado

diligências urgentes e indispensáveis são realizada; provas em geral não são colhidas. A medida é imperiosa, pois o réu tem direito à ampla defesa; se é considerado incapaz de entendimento, deve-se processá-lo quando já possuir curador para acompanhar a instrução. Na jurisprudência: STM: "O Órgão Ministerial requereu para que fosse oficiada a Unidade Militar, quanto à recuperação da *res furtiva*, embora estivesse em curso incidente de insanidade mental do réu. A Decisão do Juízo *a quo* atendeu ao disposto no art. 158, *in fine*, do CPPM, porquanto para a produção da prova sub examine não era indispensável a presença do acusado, a ponto de justificar a sustação do processo. Pleito defensivo indeferido. Decisão unânime" (Correição Parcial 0000045-80.2015.7.10.0010, rel. José Barroso Filho, data de julgamento: 22.09.2015, data de publicação: 14.10.2015, v.u.).

Quesitos pertinentes

> **Art. 159.** Além de outros quesitos que, pertinentes ao fato, lhes forem oferecidos, e dos esclarecimentos que julgarem necessários, os peritos deverão responder aos seguintes:[400]

Quesitos obrigatórios

> *a)* se o indiciado, ou acusado, sofre de doença mental, de desenvolvimento mental incompleto ou retardado;
>
> *b)* se no momento da ação ou omissão, o indiciado, ou acusado, se achava em algum dos estados referidos na alínea anterior;
>
> *c)* se, em virtude das circunstâncias referidas nas alíneas antecedentes, possuía o indiciado, ou acusado, capacidade de entender o caráter ilícito do fato ou de se determinar de acordo com esse entendimento;
>
> *d)* se a doença ou deficiência mental do indiciado, ou acusado, não lhe suprimindo, diminuiu-lhe, entretanto, consideravelmente, a capacidade de entendimento da ilicitude do fato ou a de autodeterminação, quando o praticou.
>
> **Parágrafo único.** No caso de embriaguez proveniente de caso fortuito ou força maior, formular-se-ão quesitos congêneres, pertinentes ao caso.

400. Quesitos e ingresso das partes: o disposto neste artigo evidencia quais os quesitos obrigatoriamente ofertados, pelo juízo, à perícia, embora constitua excesso de minúcia para constar em lei, além do que se cuida de matéria vinculada a Direito Penal Militar, devendo acompanhar as alterações porventura ocorridas nesta legislação. Portanto, inadequado inserir-se em lei processual penal. De todo modo, não se menciona a participação dos interessados – acusação e defesa. Na legislação processual penal comum, a partir da reforma de 2008, permite-se o oferecimento de quesitos pelas partes. Entendemos possível que se autorize idêntico procedimento no âmbito militar, não somente porque se pode utilizar, por analogia, o disposto no CPP comum, mas também pelos princípios constitucionais que norteiam a colheita de prova. Deve-se assegurar ampla defesa, contraditório pleno e a busca da verdade real, de forma que a apresentação de quesitos pelos interessados somente engrandece o contexto probatório. Por certo, cabe ao juiz deferir, ou não, o encaminhamento das indagações à avaliação pericial. Os quesitos impertinentes ou irrelevantes devem ser indeferidos.

Art. 160

Código de Processo Penal Militar Comentado • **Nucci**

Inimputabilidade. Nomeação de curador. Medida de segurança

> **Art. 160.** Se os peritos concluírem pela inimputabilidade penal do acusado, nos termos do art. 48 (preâmbulo) do Código Penal Militar, o juiz, desde que concorde com a conclusão do laudo, nomear-lhe-á curador e lhe declarará, por sentença, a inimputabilidade, com aplicação da medida de segurança correspondente.[401-402]

Inimputabilidade relativa. Prosseguimento do inquérito ou de processo. Medida de segurança

> **Parágrafo único.** Concluindo os peritos pela inimputabilidade relativa do indiciado, ou acusado, nos termos do parágrafo único do art. 48 do Código Penal Militar, o inquérito ou o processo prosseguirá, com a presença de defensor neste último caso. Sendo condenatória a sentença, será aplicada a medida de segurança prevista no art. 113 do mesmo Código.[403]

401. Curador do acusado: segundo o disposto neste artigo, somente se nomeia curador após a conclusão do laudo, para a continuidade do processo. Entretanto, como ocorre na legislação penal comum, deve-se proceder à nomeação assim que o incidente for instaurado, a fim de acompanhá-lo, apresentando quesitos e defendendo os seus interesses. Normalmente, a nomeação recai sobre o próprio defensor do acusado.

402. Avaliação judicial do laudo: o disposto neste artigo dá a entender que o magistrado tem integral liberdade para analisar o laudo pericial, a ponto de rejeitá-lo, se for o caso, considerando o réu imputável. A expressão *desde que concorde com a conclusão do laudo* assim estaria a demonstrar. Ocorre que, o juiz não é perito, nem detém conhecimento técnico suficiente para tanto. Por certo, a conclusão da perícia não deve ser aceita como obrigatória, pois o magistrado deve formar livremente o seu convencimento. O meio-termo é o caminho indispensável: se o juiz concordar com o laudo, deve homologá-lo para, na sequência, considerar o acusado inimputável, aplicando-lhe medida de segurança; se não concordar, deve nomear outro perito para o caso, até que se convença do caminho certo a seguir.

403. Semi-imputabilidade: não dá ensejo à absolvição, porque o acusado entende, mesmo parcialmente, o caráter ilícito do fato. Desse modo, deve ser condenado, prosseguindo-se o processo normalmente, com advogado, em lugar do curador, para ser aplicada a medida de segurança cabível, *se for o caso*. O art. 113 do CPM preceitua ser viável a sua internação em estabelecimento psiquiátrico *anexo ao manicômio judiciário*, ou seja, para que fique em local separado dos demais internos, quando estes forem considerados inimputáveis.

Doença mental superveniente

> **Art. 161.** Se a doença mental sobrevier ao crime, o inquérito ou o processo ficará suspenso, se já iniciado, até que o indiciado ou acusado se restabeleça, sem prejuízo das diligências que possam ser prejudicadas com o adiamento.[404]

185 Título XII • Capítulo II – Do incidente de insanidade mental do acusado

Art. 161

Internação em manicômio

> § 1.º O acusado poderá, nesse caso, ser internado em manicômio judiciário ou em outro estabelecimento congênere.[405]

Restabelecimento do acusado

> § 2.º O inquérito ou o processo retomará o seu curso, desde que o acusado se restabeleça, ficando-lhe assegurada a faculdade de reinquirir as testemunhas que houverem prestado depoimento sem a sua presença ou a repetição de diligência em que a mesma presença teria sido indispensável.[406]

404. Superveniência de doença mental, após a infração penal: é motivo de paralisação da instrução, suspendendo-se o processo. Aguarda-se que o réu obtenha melhora para que possa defender-se com eficácia. Trata-se da aplicação do princípio da ampla defesa. Quando as provas forem urgentes, podem ser realizadas, com a presença do curador. Após, suspende-se o andamento processual. Na jurisprudência: "O Plenário desta Corte Castrense já decidiu que o art. 161 do Código de Processo Penal Militar exige análise exegética para determinar a suspensão de processo, devendo ser levado em consideração o resultado do exame pericial e, ainda assim, quando se trate de doença incapacitante que possa frustrar o exercício da ampla defesa e do contraditório pelo acusado. Vale dizer que a suspensão do feito pela superveniência de doença mental somente se justifica se o réu não entender o caráter do processo a que está sendo submetido, de forma que a doença mental a que se refere o art. 161 do CPPM deve ser aquela com potencialidade de retirar essa capacidade, impossibilitando-o do exercício da ampla defesa. Denegação da ordem" (Habeas Corpus 7000232-02.2020.7.00.0000, rel. Carlos Vuyk de Aquino, julgado em 07.05.2020, por maioria).

405. Possibilidade de internação, antes da conclusão da culpa: quando a doença mental ficar evidenciada, mas tiver ocorrido após o cometimento do injusto penal, preceitua a lei poder o juiz determinar a internação do acusado, aguardando-se a sua cura, a fim de haver prosseguimento do feito. Logicamente, só se fala na possibilidade de internação, quando houver periculosidade. Há duas posições nesse sentido: (a) é medida inconstitucional, pois fere a presunção de inocência. Estaria o magistrado determinando a internação (medida coercitiva), sem a formação da culpa. Assim, o correto seria prosseguir o feito, até a sua conclusão, a despeito do previsto neste artigo; (b) é constitucional, pois a internação assegura a proteção devida ao doente mental, considerado perigoso, não somente à sociedade, mas também a si mesmo, se não tiver tratamento adequado e continuar solto. Por outro lado, ainda que a internação dure tempo razoável, não há ofensa à presunção de inocência, pois o fim visado é garantir justamente a ampla defesa e o contraditório. Afinal, um réu não consegue defender-se a contento se for considerado doente mental. É a posição que preferimos. Além disso, a constitucionalidade é sustentável, pois a Carta Magna assegura que não haverá prisão senão por ordem legal da autoridade judiciária. Ora, nessa hipótese, o juiz fundamenta e decreta uma internação, fruto de expressa previsão do Código de Processo Penal Militar. Note-se, inclusive, que o art. 161, § 2.º, prevê a possibilidade de reinquirição das testemunhas, quando elas tiverem prestado declarações longe da presença do acusado, o que demonstra a nítida preocupação legislativa com a proteção à ampla defesa. Lembremos, entretanto, que a prescrição não está suspensa. Logo, se decorrer o prazo prescricional previsto para a pena em abstrato do delito

Art. 162

em questão, o juiz deve julgar extinta a punibilidade, transferindo a questão da internação para o juízo cível. Conforme o caso, o Ministério Público poderá propor a interdição do réu e ele continuará seu tratamento. Na jurisprudência: TJSC: "Incidente de insanidade mental instaurado pelo magistrado somente após a sentença condenatória. Transtorno psicótico que sobreveio à infração penal. Anulação da sentença e suspensão do processo, até que o acusado se restabeleça. Exegese do art. 152 do CPP. Aplicação da medida de segurança de internação em hospital de custódia e tratamento psiquiátrico" (APc 2010.036590-7-SC. 1.ª CC., rel. Rui Fortes, 12.08.2010, v.u.).

406. Reinquirição das testemunhas: é a consagração dos princípios da ampla defesa e do contraditório, pois o réu, quando considerado insano, não teve a oportunidade efetiva de acompanhar a produção das provas contra sua pessoa. Merece, assim, rever o que já foi produzido.

Verificação em autos apartados

> **Art. 162.** A verificação de insanidade mental correrá em autos apartados, que serão apensos ao processo principal somente após a apresentação do laudo.[407]
>
> § 1.º O exame de sanidade mental requerido pela defesa, de algum ou alguns dos acusados, não obstará sejam julgados os demais, se o laudo correspondente não houver sido remetido ao Conselho, até a data marcada para o julgamento. Neste caso, aqueles acusados serão julgados oportunamente.[408]

Procedimento no inquérito

> § 2.º Da mesma forma se procederá no curso do inquérito, mas este poderá ser encerrado sem a apresentação do laudo, que será remetido pelo encarregado do inquérito ao juiz, nos termos do § 2.º do art. 20.[409]

407. Incidente processual: a instauração de incidente destina-se justamente a promover a autuação da portaria judicial em autos apartados, determinando-se a suspensão do feito principal, sem a inserção das peças referentes à insanidade mental no contexto probatório da imputação criminosa.

408. Cisão do processo: dentre as situações de separação do feito, mesmo existindo conexão ou continência, é a conveniência da instrução; dentre os principais motivos encontra-se a instauração do incidente de insanidade mental para um dos corréus, não abrangendo os demais. A suspensão do processo, porque não impede o curso da prescrição, somente deve atingir o acusado cuja sanidade é questionada; os demais devem ser julgados. A única possibilidade de haver um julgamento conjunto é a chegada do laudo pericial a tempo, vale dizer, enquanto a instrução não houver terminado em relação a todos.

409. Cisão do inquérito: não há necessidade, pois o laudo pericial, acerca da insanidade mental, somente ganha relevo no processo. Até que seja ajuizada a ação penal, a eventual constatação da inimputabilidade do indiciado não produz efeito jurídico. Ocasionalmente, tratando-se de indiciados presos, para garantir o rápido curso da investigação, pode-se desmembrar os autos do inquérito policial militar.

Capítulo III
Do incidente de falsidade de documento[410]

410. Incidente de falsidade: trata-se de um procedimento incidente, voltado à constatação da autenticidade de um documento, inclusive os produzidos eletronicamente (art. 11, *caput*, e § 2.º, Lei 11.419/2006), inserido nos autos do processo criminal principal, sobre o qual há controvérsia. A importância desse procedimento é nítida, pois visa à garantia da formação legítima das provas produzidas no processo penal, onde prevalece o princípio da verdade real, impedindo, pois, que esta seja obnubilada pela falsidade trazida por uma das partes. A despeito disso, apurando-se o falso e, se possível, o seu autor, pode-se determinar a instauração de investigação criminal para a futura responsabilização do agente da infração penal contra a fé pública. O procedimento incidente produz frutos desde logo, já que o magistrado, ao longo da instrução e antes da sentença, pode tomar medidas drásticas contra alguém – prisão ou indisponibilidade de bens – não se permitindo que essas providências de força baseiem-se em documento falso, até porque a prova documental costuma trazer mais segurança ao juiz do que outras, produzidas sempre sob a ótica subjetiva de quem narra algum fato, como ocorre com a prova testemunhal, ou de quem relata um ponto de vista técnico, como a prova pericial.

Arguição de falsidade

Art. 163. Arguida a falsidade[411] de documento[412] constante dos autos, o juiz, se o reputar necessário à decisão da causa:[413-414]

Autuação em apartado

a) mandará autuar em apartado a impugnação e, em seguida, ouvirá a parte contrária, que, no prazo de 48 (quarenta e oito) horas, oferecerá a resposta;[415-416]

Prazo para a prova

b) abrirá dilação probatória num tríduo, dentro do qual as partes aduzirão a prova de suas alegações;[417]

Diligências

c) conclusos os autos, poderá ordenar as diligências que entender necessárias, decidindo a final;[418]

Reconhecimento. Decisão irrecorrível. Desanexação do documento

d) reconhecida a falsidade, por decisão que é irrecorrível, mandará desentranhar o documento e remetê-lo, com os autos do processo incidente, ao Ministério Público.[419]

Art. 163

Código de Processo Penal Militar Comentado • **Nucci**

188

411. Falsidade: pode ser tanto a material, que é a ausência de autenticidade quanto à forma do documento, pois alterado por alguém, tornando-se algo diverso do original verdadeiro, bem como a ideológica, que é a alteração de conteúdo, possuindo uma aparência de autenticidade. Enquanto na falsidade material pode-se perceber a alteração produzida no corpo do documento, na falsidade ideológica a forma é verdadeira, enquanto o conteúdo é mentiroso.

412. Documento: é a base materialmente disposta a concentrar e expressar um pensamento, uma ideia ou qualquer manifestação de vontade do ser humano, que sirva para expressar e provar um fato juridicamente relevante. São documentos os escritos, fotos, fitas de vídeo e som, desenhos, esquemas, gravuras, disquetes, CDs, *e-mails*, entre outros. Entretanto, não podemos olvidar que, em sentido estrito, documento é apenas o escrito em papel. Para o fim deste Capítulo, cremos que qualquer documento, cuja base material seja expressão de uma ideia ou manifestação de vontade, cujo autor seja passível de identificação, comporte o incidente de falsidade. Embora existam posições em sentido contrário, sustentando que somente o escrito comporta o referido incidente, não vemos como afastar, atualmente, o procedimento especial para apurar a autenticidade de uma fita de áudio ou vídeo, cujo conteúdo pode ser essencial para a busca da verdade real. Aliás, cremos que aquela posição, defensora apenas do *papel*, como base documental, deve ser considerada superada, a partir da edição da Lei 11.419/2006, que cuida da informatização do processo judicial, permitindo a prática de inúmeros atos por via eletrônica, inclusive a produção de documentos.

413. Incidente de falsidade documental contra laudo pericial: é incabível, quando se pretende questionar a conclusão extraída pelos peritos, que faz parte do seu convencimento, em nível técnico, não sujeito, pois, ao plano da falsidade, mas tão somente do erro. Pode-se impugnar um laudo, demonstrando ao juiz os equívocos das opiniões emitidas pelos expertos, diante de outras provas ou elementos coletados, embora não se possa considerar falsas as conclusões expostas. Aliás, sustentar que um convencimento é falso seria o mesmo que dizer que é um "não convencimento", algo ilógico por natureza. Do mesmo modo que não se levanta a falsidade da sentença do juiz, pode-se impugná-la, demonstrando o seu eventual erro. É possível, no entanto, que o laudo padeça de falsidade material, ou seja, foi emitido de um certo modo pelos peritos e modificado por alguém, posteriormente, que o retalhou, inserindo ou retirando trechos importantes. Quanto à falsidade ideológica, somente se admitiria, quando dados objetivos – por exemplo, em relação à pessoa examinada ou no tocante ao objeto analisado – fossem alterados. Nessa situação, não se estaria questionando o valor das conclusões dos peritos, mas os dados sobre os quais se basearam. Por outro lado, é preciso distinguir o laudo pericial, com seu conteúdo valorativo, como meio de prova, auxiliando ao convencimento do juiz, dos documentos, outro meio de prova, distinto do primeiro, que também auxilia a formação da convicção do magistrado. Logo, o laudo não pode ser considerado *documento propriamente dito*, não se prestando ao incidente de falsidade, exceto quando houver determinados tipos de falsidade, como acima exposto, não relacionados às opiniões dos técnicos. Mencione-se, nesse prisma: TJSP: "Não é possível a instauração do presente incidente, pois ele está centrado objetivamente nas informações e nos elementos de valoração dos peritos. Na realidade, mercê dos exames realizados, os peritos tiraram as conclusões emanadas de seu saber técnico. Se são elas exatas ou inexatas, se se acomodam ou não ao restante da prova, esses são aspectos que deverão ser sopesados, por ocasião da decisão final, depois de formuladas as críticas que as partes entenderem por bem apresentar. Sob esse ângulo de enfoque, o laudo não pode ser tido propriamente como documento, na mais legítima acepção do termo, como estabelece o art. 145 do Código de Processo Penal. Insuscetível de ser objeto de arguição de falsidade o laudo pericial, tal qual ocorre com outros elementos dos autos, como por exemplo certidões, memoriais, termos de serventuários ou auxiliares do juízo etc. Na maior parte das vezes, devem ser tidos como documentos aqueles papéis produzidos por uma parte contra a outra e não os que exteriorizam peça elaborada por técnico de confiança do juiz. (...) O conteúdo do laudo representa o pensamento técnico do perito, um juízo de valor sobre assunto de sua especialidade, e, suas conclusões são suscetíveis de avaliação e aceitação, ou não, depois de finda a instrução. O incidente de falsidade não vem a calhar na hipótese presente e não pode fazer as vezes de mera impugnação do laudo. O laudo pode ser impugnado, criticado e cotejado com as demais provas. Não pode, contudo, ser objeto de incidente de falsidade, repita-se" (Agravo Regimental em Incidente de Falsidade 51.812.0/0-02, São Paulo, Plenário, 13.10.1999, v.u.).

414. Procedimento facultativo: o incidente de falsidade pode ser dispensável, como procedimento à parte, desde que nenhuma das partes o tenha arguido, por petição escrita em separado, fazendo qualquer delas, ao contrário, nos autos principais. Para tanto, é preciso que a demonstração do falso torne-se simplificada e até entrelaçada com a prova a ser produzida ao longo da instrução. Assim, uma falsificação material evidente nem mesmo comportaria o incidente, cabendo ao magistrado reconhecê-la desde logo.

415. Autuação em apartado: é a regra para os processos incidentes, a fim de não conturbar o regular andamento do feito principal. Cuidando-se de documento eletrônico, preceitua o art. 11, § 2.º, da Lei 11.419/2006, que "a arguição de falsidade do documento original será processada eletronicamente na forma da lei processual em vigor".

416. Prazo para a apresentação de defesa: intima-se a parte contrária, que poderá impugnar o pedido, afirmando a validade do documento ou é possível que concorde com o pleito, facilitando o julgamento do juiz.

417. Tríduo para a apresentação de provas: os três dias, após as alegações iniciais – impugnação e resposta –, devem ser computados como o prazo necessário para cada uma das partes disponibilizar as provas que já detém, apresentando-as para juntada aos autos, como ocorre com os documentos, mas também podem referir-se ao momento para requerer a produção de outras, como a testemunhal ou pericial. Logo, não será em apenas três dias que as partes produzirão, efetivamente, toda a prova indispensável à apreciação do incidente.

418. Diligências indispensáveis: o magistrado não é obrigado a acolher os argumentos das partes, que podem ser unívocos no sentido de ser falso o documento impugnado, passivamente. Cabe-lhe, assim entendendo, determinar a produção da prova pertinente, normalmente a pericial, caso tenha alguma dúvida. O importante é formar no espírito do julgador a convicção de que lida com uma prova autêntica ou falsa, razão pela qual tal persuasão íntima não se alcança unicamente com argumentos das partes.

419. Providências do Ministério Público: tendo sido reconhecida a falsidade do documento, é preciso apurar o crime pertinente. Pode tratar-se de qualquer das modalidades de falsidade previstas no Código Penal Militar, bem como do simples uso de documento falso. Os autos do incidente seguem, juntamente com o documento desentranhado, às mãos do membro do Ministério Público, que poderá requisitar a instauração de inquérito ou, tendo provas suficientes, denunciar diretamente o autor da falsidade ou do uso do documento falso. Poderá, ainda, se entender que a falsidade praticada não constitui crime (ex.: falsidade grosseira) ou que não há provas suficientes da autoria ou mesmo da materialidade, requerer o arquivamento. Enfim, a decisão que se extrai no incidente não vincula o Ministério Público que deve analisar o eventual crime ocorrido.

Art. 164

Código de Processo Penal Militar Comentado • **Nucci**

190

Arguição oral

> **Art. 164.** Quando a arguição de falsidade se fizer oralmente, o juiz mandará tomá-la por termo, que será autuado em processo incidente.[420]

420. Arguição oral: a hipótese de levantamento da falsidade documental por via oral é praticamente inexistente, salvo quando o próprio acusado, no exercício da autodefesa, assim invocar diante do magistrado. Entretanto, para isso atua o seu defensor, não sendo necessário que ele aja dessa forma. Por outro lado, imaginando-se a arguição em audiência, quando se produz atos orais, não há razão para tomá-la por termo, visto constar no específico termo de audiência. Após, sendo o caso, o magistrado, por portaria, instaura o incidente.

Por procurador

> **Art. 165.** A arguição de falsidade, feita por procurador, exigirá poderes especiais.[421]

421. Poderes especiais do procurador: tratando-se de arguição de falso, que envolve a prática de crime, é salutar que a norma exija a procuração com poderes especiais, para que o requerente fique vinculado exatamente ao que está afirmando. Eventuais delitos contra a honra ou mesmo de denunciação caluniosa podem ser objeto de apuração posterior. Aceita-se, em lugar da procuração com especiais poderes, a petição de impugnação assinada em conjunto pelo procurador e pela parte interessada.

Verificação de ofício

> **Art. 166.** A verificação de falsidade poderá proceder-se de ofício.[422]

422. Instauração do incidente de ofício: nada impede que, seguindo-se o princípio da verdade real, bem como o da livre persuasão racional do magistrado, haja a instauração do incidente de falsidade de ofício, sem a provocação das partes. Segue-se o mesmo procedimento previsto no art. 163.

Documento oriundo de outro juízo

> **Art. 167.** Se o documento reputado falso for oriundo de repartição ou órgão com sede em lugar sob jurisdição de outro juízo, nele se procederá à verificação da falsidade, salvo se esta for evidente, ou puder ser apurada por perícia no juízo do feito criminal.[423]

Providências do juiz do feito

> **Parágrafo único.** Caso a verificação deva ser feita em outro juízo, o juiz do feito criminal dará, para aquele fim, as providências necessárias.[424]

423. Falsidade apurada por precatória: mencionando-se a procedência do documento advinda de repartição ou órgão com sede em lugar diverso, está-se referindo a documento público. Assim sendo, expede-se precatória para que o juízo competente determine as providências necessárias para apurar o falso, incluindo a realização de perícia. A ressalva feita no final deste artigo é limitada, de certo modo. Se a falsidade for evidente, por certo, inexiste qualquer propósito em se instaurar incidente, muito menos expedir precatória para isso. Basta determinar o desentranhamento do documento. No entanto, se a falsidade for duvidosa, havendo necessidade de apuração, parece-nos indispensável seja efetiva no juízo competente, conforme apontado por este dispositivo. Afinal, se couber ao juízo do feito livremente decidir *onde* se deve apurar a falsidade documental (documento público de repartição ou órgão com sede em lugar sob jurisdição diversa) – podendo optar pelo juízo deprecado ou pela sua própria competência – este artigo seria completamente inútil. Parece-nos tratar-se de competência firmada em lei, cabendo sempre a apuração do falso do documento público no lugar onde se encontra o órgão que o produziu. Aliás, como se dá com o falso testemunho, a ser apurado onde foi produzido.

424. Providências necessárias: a previsão formulada neste dispositivo, dentre tantas, é inócua, pois dispõe sobre o óbvio. Sem dúvida, se a apuração do falso ocorrer noutro juízo, haverá de ser expedida precatória para tal finalidade, provendo-a com todos os documentos e cópias do processo para instruir a carta.

Sustação do feito

> **Art. 168.** O juiz poderá sustar o feito até a apuração da falsidade, se imprescindível para a condenação ou absolvição do acusado, sem prejuízo, entretanto, de outras diligências que não dependam daquela apuração.[425]

425. Suspensão do processo: cuida-se de medida indispensável, caso o documento objeto do falso seja considerado imprescindível para a formação do convencimento do julgador. Não há como relevar o incidente, na medida em que se busca a verdade real. Portanto, o verbo utilizado neste dispositivo é inadequado: "o juiz *poderá* sustar o feito até a apuração da falsidade se *imprescindível* para a condenação ou absolvição do acusado". O julgador *deve* suspender o curso do feito, sob pena de gerar nulidade insanável.

Limite da decisão

> **Art. 169.** Qualquer que seja a decisão, não fará coisa julgada em prejuízo de ulterior processo penal.[426]

426. Efeitos limitados da decisão do incidente: corretamente, a norma processual penal estabelece que a decisão tomada nos autos do incidente de falsidade, crendo ser o documento não autêntico, por exemplo, é limitada às estreitas fronteiras do procedimento incidente, que justifica a sua existência apenas para haver a deliberação sobre a legitimidade de uma prova, formadora do convencimento do magistrado, sem envolver ampla dilação probatória, típica de uma instrução de conhecimento. Assim, reconhecida a falta de autenticidade da prova, desentranha-se esta e determina-se a apuração do falso, em processo principal. É possível que, ao final, seja na esfera criminal, seja na cível, verifique-se a inadequação da primeira decisão,

Art. 169

entendendo-se ser verdadeiro o que antes foi acoimado de falso. Se tal ocorrer, nada impede futura revisão criminal, caso tenha havido prejuízo para o réu. Entretanto, se o prejuízo tiver sido da acusação, tendo havido o trânsito em julgado da decisão proferida no processo de onde se extraiu o documento, nada mais se pode fazer, pois não há revisão em favor da sociedade. Dificilmente, no entanto, tomando-se todas as cautelas na produção das provas no incidente, especialmente, quando possível, a pericial, tal situação acontecerá. Especialmente por isso, é necessário que o juiz tenha particular empenho em verificar se o falso realmente ocorreu, não se contentando com as simples alegações das partes.

Título XIII
Das medidas preventivas e assecuratórias[427]

427. Medidas assecuratórias e preventivas: são as providências tomadas, no processo criminal, para garantir a captação de provas, a restituição de coisas, o confisco de bens ilícitos, a eventual indenização ou reparação à vítima da infração penal ou o pagamento de penas pecuniárias ao Estado. Na legislação processual penal comum, as medidas de busca e apreensão constam no capítulo das provas e de forma unida (busca e apreensão). Na realidade, a mais adequada terminologia encontra-se neste Código, pois a busca e a apreensão são movimentos distintos, que podem, eventualmente, ocorrer de maneira sequencial. Além disso, mais que *provas*, constituem autênticas medidas assecuratórias. Na designação desta legislação especial, tais medidas são também *preventivas*, o que é correto, visto garantirem a produção de provas e a colheita de outros bens. No mais, constituem medidas assecuratórias o sequestro, o arresto e a especialização de hipoteca. Na jurisprudência: TRF-4.ª Região: "As medidas assecuratórias previstas na legislação processual penal não justificam que seja mantido sob a custódia do Poder Judiciário bem cuja finalidade precípua, em princípio, não é a atividade criminosa, mas sim a subsistência de seu proprietário e de sua família, mormente apresentando-se a constrição inteiramente desnecessária à elucidação das investigações" (ACr 2005.71.00.012807-9, 8.ª T., rel. Salise Monteiro Sanchotene, 01.02.2006, v.u., *Boletim AASP* 2.492, p. 1.258).

Capítulo I
Das providências que recaem sobre coisas ou pessoas

Seção I
Da busca[428-429]

428. Busca: significa o movimento desencadeado pelos agentes do Estado para a investigação, descoberta e pesquisa de algo interessante para o processo penal, realizando-se em pessoas ou lugares. Cleunice A. Valentim Bastos Pitombo conceitua *busca* como o "ato do procedimento persecutivo penal, restritivo de direito individual (inviolabilidade da intimidade, vida privada, domicílio e da integridade física ou moral), consistente em procura, que pode ostentar-se na *revista* ou no *varejamento*, conforme a hipótese: de *pessoa* (vítima de crime, suspeito, indiciado, acusado, condenado, testemunha e perito), *semoventes*, *coisas* (objetos, papéis e documentos), bem como de *vestígios* (rastros, sinais e pistas) da infração" (*Da busca e da apreensão no processo penal*, p. 96). Sobre a viabilidade de se realizar a busca juntamente com a apreensão, ver a nota relativa à definição de apreensão.

429. Natureza jurídica: trata-se de medida de natureza mista. Conforme o caso, a busca pode significar um ato preliminar à apreensão de produto de crime, razão pela qual se destina

Art. 170

Código de Processo Penal Militar Comentado • **Nucci**

194

à devolução à vítima. Pode significar, ainda, um meio de prova, quando a autorização é dada pelo juiz para se proceder a uma perícia em determinado domicílio. A apreensão tem os mesmos ângulos. Pode representar a tomada de um bem para acautelar o direito de indenização da parte ofendida, como pode representar a apreensão da arma do delito para fazer prova. Assim, tanto a busca, quanto a apreensão, podem ser vistos, individualmente, como meios assecuratórios ou como meios de prova, ou ambos.

Espécies de busca

> **Art. 170.** A busca poderá ser domiciliar ou pessoal.[430-431]

430. Momentos para a sua realização: podem ocorrer, tanto a busca quanto a apreensão, em fase preparatória a um procedimento policial ou judicial (como ocorre quando, por fundada suspeita, um policial aborda alguém, encontra uma arma proibida, detendo a pessoa e apreendendo o objeto), durante a investigação policial, com ou sem inquérito (por vezes, após o registro de uma ocorrência e, antes mesmo da instauração do inquérito, a autoridade policial militar realiza uma busca e apreensão), durante a instrução do processo judicial e ao longo da execução penal (estando o sentenciado em liberdade, nada impede que o juiz determine uma busca em seu domicílio, para constatar se ele se encontra lá recolhido no período estabelecido como condição para o livramento condicional ou para a prisão albergue domiciliar).

431. Busca ilegal: tratando-se de busca domiciliar, pune-se o agente com base no art. 226 do Código Penal Militar (violação de domicílio) ou com fundamento na Lei de Abuso de Autoridade, conforme o caso concreto.

Busca domiciliar

> **Art. 171.** A busca domiciliar consistirá na procura material portas adentro da casa.[432-434]

432. Fundamento e proteção constitucional: preceitua o art. 5.º, XI, da Constituição Federal que "a casa é asilo inviolável do indivíduo, ninguém nela podendo penetrar sem consentimento do morador, salvo em caso de flagrante delito ou desastre, ou para prestar socorro, ou, durante o dia, por determinação judicial", razão pela qual as buscas domiciliares, em se tratando de processo penal, somente poderão ser feitas nas seguintes situações: a) durante o dia, com autorização do morador, havendo ou não mandado judicial; b) durante o dia, sem autorização do morador, mas com mandado judicial; c) durante a noite, com ou sem mandado judicial, mas com autorização do morador; d) durante o dia ou a noite, por ocasião de flagrante delito, com ou sem autorização do morador. As outras hipóteses constitucionais não se destinam ao processo penal (desastre e prestação de socorro).

433. Conceito de domicílio: o termo deve ser interpretado com a maior amplitude possível e não como se faz, restritivamente, no Código Civil (art. 70, referindo-se à residência com ânimo definitivo). Equipara-se, pois, domicílio a casa ou habitação, isto é, o local onde a pessoa vive, ocupando-se de assuntos particulares ou profissionais. Serve para os cômodos de um prédio, abrangendo o quintal, bem como envolve o quarto de hotel, regularmente ocupado, o escritório do advogado ou de outro profissional, o consultório do médico, o quarto

Art. 171

195 Título XIII • Capítulo I – Das providências que recaem sobre coisas ou pessoas

de pensão, entre outros lugares fechados destinados à morada de alguém. Confira-se: STF: "O conceito de 'casa', para os fins da proteção constitucional a que se refere o art. 5.º, XI, da CF ('*XI – a casa é asilo inviolável do indivíduo, ninguém nela podendo penetrar sem consentimento do morador, salvo em caso de flagrante delito ou desastre, ou para prestar socorro, ou, durante o dia, por determinação judicial;*'), reveste-se de caráter amplo e, por estender-se a qualquer aposento ocupado de habitação coletiva, compreende o quarto de hotel ocupado por hóspede. Com base nesse entendimento, a Turma deu provimento a recurso ordinário em *habeas corpus* para restabelecer a sentença penal absolutória proferida nos autos de processo-crime instaurado contra acusado pela suposta prática dos delitos de estelionato e de falsificação de documento particular. No caso, o tribunal de justiça local reformara a sentença que, por reconhecer a ilicitude da prova, absolvera o recorrente da ação penal originada de documentos obtidos em diligência realizada por agentes policiais que, sem autorização judicial, ingressaram no quarto de hotel por ele ocupado. Inicialmente, salientou-se que os órgãos e agentes da polícia judiciária têm o dever de observar, para efeito do correto desempenho de suas prerrogativas, os limites impostos pela Constituição e pelo ordenamento jurídico. Assim, entendeu-se que, tais sujeitos, ao ingressarem no compartimento sem a devida autorização judicial, transgrediram a garantia individual pertinente à inviolabilidade domiciliar (CF, art. 5.º, XI), que representa limitação ao poder do Estado e é oponível aos próprios órgãos da Administração Pública. Asseverou-se que, em consequência dessa violação, ter-se-ia a ilicitude material das provas obtidas com a questionada diligência (CF, art. 5.º, LVI). Aduziu-se, ainda, que a cláusula constitucional do devido processo legal possui, no dogma da inadmissibilidade das provas ilícitas, uma de suas projeções concretizadoras mais expressivas, na medida em que o réu tem o direito de não ser denunciado, julgado e condenado com apoio em elementos instrutórios obtidos ou produzidos de forma incompatível com os limites impostos pelo ordenamento ao poder persecutório e ao poder investigatório do Estado" (RHC 90.376-RJ, 2.ª T., rel. Celso de Mello, 03.04.2007, v.u., *Informativo* 462).

434. Inviolabilidade do escritório do advogado: a anterior redação do art. 7.º, II, da Lei 8.906/94 (Estatuto da Advocacia) dizia: "II – ter respeitada, em nome da liberdade de defesa e do sigilo profissional, a inviolabilidade de seu escritório ou local de trabalho, de seus arquivos e dados, de sua correspondência e de suas comunicações, inclusive telefônicas ou afins, salvo caso de busca ou apreensão determinada por magistrado e acompanhada de representante da OAB". Com a edição da Lei 11.767/2008, introduziu-se a seguinte redação: "II – a inviolabilidade de seu escritório ou local de trabalho, bem como de seus instrumentos de trabalho, de sua correspondência escrita, eletrônica, telefônica e telemática, desde que relativas ao exercício da advocacia". Nota-se, pois, que nada se alterou substancialmente. Porém, a parte mais relevante adveio pela introdução do § 6.º ao art. 7.º: "Presentes indícios de autoria e materialidade da prática de crime por parte de advogado, a autoridade judiciária competente poderá decretar a quebra da inviolabilidade de que trata o inciso II do *caput* deste artigo, em decisão motivada, expedindo mandado de busca e apreensão, específico e pormenorizado, a ser cumprido na presença de representante da OAB, sendo, em qualquer hipótese, vedada a utilização dos documentos, das mídias e dos objetos pertencentes a clientes do advogado averiguado, bem como dos demais instrumentos de trabalho que contenham informações sobre clientes". Neste dispositivo, ressaltaram-se importantes pontos para o exercício livre da advocacia. Em primeiro lugar, para ocorrer a invasão, por agentes do Estado, em escritórios de advocacia ou locais de trabalho do advogado (pode ser em sua própria casa ou em uma empresa), torna-se imprescindível que o causídico esteja envolvido na prática de infração penal. Para tanto, é preciso provas mínimas de autoria e materialidade. Se tal ocorrer, somente a autoridade judiciária poderá expedir o mandado de busca e apreensão, em decisão *fundamentada*, bem como devendo ser o mandado *específico* e *pormenorizado*. Na realidade, como sói acontecer

Art. 172

no Brasil, edita-se uma novel lei para fazer valer o conteúdo de leis anteriores, que não vêm sendo aplicadas na prática. Qualquer decisão judicial precisa ser fundamentada (art. 93, IX, CF), em particular, a gravosa expedição de mandado de busca e apreensão, que irá romper a inviolabilidade de algum lugar. Por outro lado, o art. 243 do CPP já estipula dever o mandado ser específico e detalhado, embora não o faça com tais palavras. Afinal, mencionar o motivo e a finalidade da diligência é torná-lo determinado e pormenorizado. Não se vem cumprindo tal preceito e o Judiciário, muitas vezes, silencia a respeito. Por isso, edita-se a Lei 11.767/2008 para reiterar, no âmbito das prerrogativas do advogado, o que deveria valer para todos os cidadãos. Especificando-se e detalhando-se o motivo e a finalidade da diligência, não se fará uma busca genérica, causando dissabor ao profissional que tiver o seu local de trabalho invadido. A polícia deverá dirigir-se exatamente à fonte da sua diligência, permanecendo o menor tempo possível no lugar, sob pena de se configurar abuso de autoridade. A parte final do § 6.º também é importante. Não se podem utilizar documentos, mídias, objetos e instrumentos variados pertencentes a clientes do advogado averiguado, o que é correto. Está-se buscando prova contra o causídico e não contra seus clientes. Seria, aliás, absurda a ideia de se colher provas contra um réu, procurando-a justamente no escritório do seu defensor. Ninguém é obrigado a produzir prova contra si mesmo, razão pela qual a confiança estabelecida entre réu e advogado faz com que o acusado confie determinados valores seus a quem vai defendê-lo. Por isso, não cabe ao Estado diligenciar nesse sentido em escritórios de advocacia. Se os clientes também forem averiguados, abre-se a possibilidade de busca e apreensão de material, nos termos do § 7.º do art. 7.º. Finalmente, convém mencionar que todas as coisas guardadas pelos clientes nos escritórios de seus advogados devem ser de posse e uso lícito, ou seja, ilustrando, não teria o menor cabimento o traficante depositar a droga no escritório de seu defensor, o mesmo podendo fazer o receptador, no tocante aos objetos adquiridos criminosamente e, muito menos, por absurdo que possa parecer, ocultar um cadáver nesses lugares. Todo material capaz de formar o corpo de delito da infração penal não pode ser considerado inviolável, sob pena de se impedir o Estado de punir a prática de crime, vez que este nem mesmo seria descoberto. As coisas que não devem ser buscadas e apreendidas são as que digam respeito a clientes, passíveis de evidenciar a autoria de delitos variados. Esta atividade persecutória deve ser realizada pelos agentes estatais em outras fontes e não no escritório do advogado, que cuida da causa.

Finalidade

> **Art. 172.** Proceder-se-á à busca domiciliar, quando fundadas razões a autorizarem, para:[435-436]
>
> a) prender criminosos;[437]
>
> b) apreender coisas obtidas por meios criminosos ou guardadas ilicitamente;[438-439]
>
> c) apreender instrumentos de falsificação ou contrafação;[440]
>
> d) apreender armas e munições e instrumentos utilizados na prática de crime ou destinados a fim delituoso;[441]
>
> e) descobrir objetos necessários à prova da infração ou à defesa do acusado;[442]
>
> f) apreender correspondência destinada ao acusado ou em seu poder, quando haja fundada suspeita de que o conhecimento do seu conteúdo possa ser útil à elucidação do fato;[443-444]
>
> g) apreender pessoas vítimas de crime;[445]
>
> h) colher elemento de convicção.[446]

435. Rol exemplificativo: trata-se de rol exemplificativo, nada impedindo que outras hipóteses semelhantes às apresentadas sejam vislumbradas, podendo o juiz expedir mandado de busca (e apreensão, se for o caso) para tanto. Deve-se ter em vista a natureza da busca, que serve para a obtenção de provas, inclusive formação do corpo de delito, bem como para, cautelarmente, apreender coisas. Bento de Faria, cuja lição é aceita por Espínola Filho, também admite que o rol não é taxativo, embora estipule que a sua ampliação deva ser feita por outros preceitos legais e não por analogia (*Código de Processo Penal*, v. 1, p. 355). Defendemos, no entanto, a utilização da analogia, se for preciso, para ampliar o rol mencionado, o que é expressamente autorizado por este Código, salientando, no entanto, que a relação já é extensa o suficiente para prescindir do processo analógico.

436. Mandado judicial certo e determinado: tratando-se de decorrência natural dos princípios constitucionais que protegem tanto o domicílio, quanto a vida privada e a intimidade do indivíduo, torna-se indispensável que o magistrado expeça mandados de busca e apreensão com objetivo certo e contra pessoa determinada. Não é possível admitir-se ordem judicial genérica, conferindo ao agente da autoridade liberdade de escolha e de opções a respeito dos locais a serem invadidos e vasculhados. Trata-se de abuso de autoridade de quem assim concede a ordem e de quem a executa, indiscriminadamente. Note-se que a lei exige *fundadas* razões para que o domicílio de alguém seja violado e para que a revista pessoal seja feita, não se podendo acolher o mandado genérico, franqueando amplo acesso a qualquer lugar. Excepcionalmente, pode-se expedir um mandado de busca indeterminado, mas cujo objeto ou local é determinável. Exemplo disso seria a denúncia, baseada em elementos previamente colhidos, de que provas do crime estão guardadas em uma casa situada na Rua X, número Y, desconhecendo-se o morador. A polícia poderia seguir ao lugar, sem conhecer os habitantes, embora tendo por determinado o local. E vice-versa: conhece-se a pessoa, mas não exatamente onde fica o seu domicílio.

437. Prisão de criminosos: esta hipótese deve ser utilizada tanto para o caso de prisão em flagrante, quando a busca é autorizada, em domicílio, sem mandado judicial, diretamente pela Constituição Federal (art. 5.º, XI), em diligência diurna ou noturna, como para a hipótese de existência de mandado de prisão expedido por autoridade judiciária (art. 5.º, XI, parte final, e LXI), situação que exige a observância da diligência diurna, não havendo consentimento do morador. Note-se que, neste caso, a busca tem a finalidade de garantir a aplicação da lei penal, a ordem pública ou econômica, ou por conveniência da instrução, o que não deixa de ser, em qualquer situação, uma medida cautelar. Destaquemos que a busca, como regra, realiza-se, em domicílio, se houver expedição de mandado judicial. Entretanto, havendo necessidade de prisão em flagrante ou prisão em decorrência de mandado judicial, não há necessidade de outro mandado para a busca. Pode ocorrer, no entanto, dúvida por parte da polícia a respeito do destino do procurado. Se apenas indícios derem conta de estar ele escondido na residência de alguém, não existindo certeza, é importante conseguir do juiz um mandado de busca domiciliar, a fim de não constituir abuso de autoridade a invasão, sem o encontro do indivíduo a ser preso.

438. Coisas insusceptíveis de apreensão: dividem-se, segundo Cleunice A. Valentim Bastos Pitombo, em três ramos: a) coisas que, normalmente, não são passíveis de apropriação por ninguém (ex.: sangue, saliva, esperma, cabelo, impressão digital, pelo, unha), embora possam ser coletados para exame, interessando ao processo; b) palavras faladas, que podem ser registradas em base material, esta sim passível de apreensão (ex.: fita de gravador); c) coisas móveis intransportáveis, visto que a apreensão implica retirar algo de alguém. Tal não se dá, por absoluta impossibilidade material, no caso de uma imensa plantação de maconha, por exemplo (*Da busca e apreensão no processo penal*, p. 207-210).

Art. 172

439. Coisas obtidas por meios criminosos: são as coisas apreendidas não somente para servir de prova, mas também para resguardar a indenização ou restituição futura à vítima ou o confisco do Estado. Nesse prisma, a apreensão é um meio de prova e também medida assecuratória.

440. Instrumentos do crime: a apreensão dos instrumentos usados para a falsificação (construção de algo novo) ou para a contrafação (imitação de algo verdadeiro), bem como dos objetos falsificados ou contrafeitos é consequência natural do confisco indispensável do material ilícito.

441. Armas, munições e outros instrumentos: *armas* são os engenhos especialmente feitos para ataque ou defesa (armas próprias), não abrangendo, naturalmente, os objetos eventualmente usados para o cometimento de uma infração penal, como ocorre com um machado ou com um martelo (armas impróprias). Ocorre que esta alínea permite que se apreenda, também, o instrumento usado para a prática do crime, ao menos para que se proceda à perícia (meio de prova), razão pela qual se poderia recolher o machado ou o martelo, com o qual o agente matou a vítima, por exemplo. Futuramente, ele pode ser restituído a quem de direito. *Munição* é o material destinado a abastecer armas, como projéteis, pólvoras e outros artefatos explosivos. Logicamente, deve ser apreendida para servir de prova (note-se que é crime manter, em desacordo com autorização legal, artefatos explosivos, como indica o art. 12 da Lei 10.826/2003) ou como medida assecuratória (imagine-se o furto de grande quantidade de projéteis de uma loja especializada em venda de munição), para futura devolução ao lesado ou ainda para confisco. Não sendo arma ou munição, como já mencionado, pode tratar-se de qualquer outro instrumento usado para a prática de infrações penais (como o martelo, para a prática de homicídio).

442. Objetos necessários à prova: trata-se de item genérico, somente vindo a comprovar a natureza mista da busca e da apreensão (meio de prova e assecuratório). Qualquer material que possa fornecer ao julgador uma avaliação correta do fato delituoso, abrangendo materialidade e autoria, pode ser apreendido (como roupas com sangue ou esperma, material pornográfico, diários e anotações, com conteúdo vinculado ao fato, entre outros). Observe-se que a busca e apreensão deve voltar-se à descoberta da *verdade real*, podendo ser de interesse tanto da acusação, quanto da defesa.

443. Apreensão de cartas e violação do seu conteúdo: a matéria, após a edição da Constituição Federal de 1988, tornou-se polêmica e confusa. Analisando-se a letra da lei, o Código de Processo Penal Militar reconhece, nesta alínea, o direito de apreender cartas destinadas ao acusado ou em seu poder, quando houver suspeita de que seu conteúdo pode favorecer o conhecimento útil de fato criminoso. As cartas podem já estar abertas ou não. De outra parte, analisando-se, literalmente, o art. 5.º, XII, da Constituição, tem-se que "é inviolável o sigilo da correspondência e das comunicações telegráficas, de dados e das comunicações telefônicas, *salvo, no último caso*, por ordem judicial, nas hipóteses e na forma que a lei estabelecer para fins de investigação criminal ou instrução processual penal" (grifamos). Assim, parte da doutrina encaminhou-se no sentido de ter por revogado, tacitamente, o art. 240, § 1.º, *f*, do CPP, que é idêntico ao art. 172, *f*, deste Código, alegando que a Constituição tornou inviolável, sem exceções, qualquer correspondência, destinada ou não a pessoas acusadas da prática de crimes. Aliás, a única possibilidade de violação estaria relacionada às comunicações telefônicas, como expressamente prevê o texto constitucional. Outra parte, no entanto, sustenta que o texto constitucional não deve ser analisado de modo irrestrito, havendo até a postura dos que sustentam a inconstitucionalidade formal, por problemas concernentes ao

Art. 172

199 Título XIII • Capítulo I – Das providências que recaem sobre coisas ou pessoas

processo legislativo de elaboração desta norma: "O certo é que a Assembleia Nacional Constituinte aprovou texto diverso do que veio afinal a ser promulgado. A redação aprovada em segundo turno, no plenário, foi a seguinte: 'É inviolável o sigilo da correspondência e das comunicações de dados, telegráficas e telefônicas, salvo por ordem judicial, nas hipóteses e na forma que a lei estabelecer, para fins de investigação criminal ou instrução processual'. Foi a Comissão de Redação que, exorbitando de seus poderes, acrescentou ao texto as palavras 'comunicações', 'no último caso' e 'penal', limitando consideravelmente o alcance da norma constitucional legitimamente aprovada em plenário. (...) No meu sentir, a redação restritiva do inc. XII do art. 5.º da CF é formalmente inconstitucional, por vício de competência e afronta ao processo legislativo" (Ada Pellegrini Grinover, *O regime brasileiro das interceptações telefônicas*, p. 113). Além disso, é preciso ponderar que os direitos e garantias individuais não são absolutos, nem foram idealizados ou estabelecidos para proteger criminosos. Seu sentido é a proteção contra os abusos *indevidos* do Estado e não criar um escudo para dignificar o delito e seus praticantes. Daí por que a inviolabilidade de correspondência cederia espaço ao interesse maior, que é a garantia à segurança pública (art. 5.º, *caput*, CF) e ao acerto das decisões do Poder Judiciário, evitando-se, a qualquer custo, o erro (art. 5.º, LXXV, CF). Entretanto, são partidários da corrente da absoluta inviolabilidade da correspondência: Mirabete (*Processo penal*, p. 319-320); Cleunice A. Valentim Bastos Pitombo (*Da busca e da apreensão no processo penal*, p. 218); Rogério Lauria Tucci (citado por Cleunice A. Valentim Bastos Pitombo, ob. cit., p. 216); Tourinho (*Comentários ao Código de Processo Penal*, v. 1, p. 445); Demercian e Maluly (*Curso de processo penal*, p. 288); Paulo Heber de Morais e João Batista Lopes (*Da prova penal*, p. 141-143); Antonio Magalhães Gomes Filho (*Direito à prova no processo penal*, p. 123); Celso Ribeiro Bastos e Ives Gandra Martins (*Comentários à Constituição do Brasil*, v. 2, p. 72). Em posição diversa, defendem a possibilidade de violação da correspondência, caso tenha por finalidade evitar ou apurar o cometimento de crimes: Alexandre de Moraes (*Direito constitucional*, p. 77); Scarance Fernandes (*Processo penal constitucional*, p. 82, alegando que, para tanto, deve ser usado o princípio da proporcionalidade e cita o exemplo da violação da correspondência dos presos para impedir fuga de presídio ou evitar o sequestro de um juiz); César Dario Mariano da Silva (*Das provas obtidas por meios ilícitos e seus reflexos no âmbito do direito processual penal*, p. 69-71). Ensina Alexandre de Moraes, em relação à inviolabilidade de correspondência, prevista na Constituição Federal: "A interpretação do presente inciso deve ser feita de modo a entender que a lei ou a decisão judicial poderão, excepcionalmente, estabelecer hipóteses de quebra das inviolabilidades da correspondência, das comunicações telegráficas e de dados, sempre visando salvaguardar o interesse público e impedir que a consagração de certas liberdades públicas possa servir de incentivo à prática de atividades ilícitas" (*Direitos humanos fundamentais*, p. 145). E, ainda, que "os direitos humanos fundamentais não podem ser utilizados como um *verdadeiro escudo protetivo* da prática de atividades ilícitas, nem tampouco como argumento para afastamento ou diminuição da responsabilidade civil ou penal por atos criminosos, sob pena de total consagração do desrespeito a um verdadeiro Estado de Direito. (...) Desta forma, quando houver conflito entre dois ou mais direitos ou garantias fundamentais, o intérprete deve utilizar-se do *princípio da concordância prática ou da harmonização*, de forma a coordenar e combinar os bens jurídicos em conflito, evitando o sacrifício total de uns em relação aos outros, realizando uma redução proporcional do âmbito de alcance de cada qual (*contradição de princípios*), sempre em busca do verdadeiro significado da norma e da harmonia do texto constitucional com sua finalidade precípua" (*Provas ilícitas e proteção aos direitos humanos fundamentais*, p. 13). Convém citar, também, Marco Antonio de Barros: "Não concordo com a mantença da inviolabilidade quando se trate de apurar a ocorrência de um crime, notadamente se a revelação do conteúdo da correspondência ou da comunicação telegráfica for imprescindível para a

Art. 172

Código de Processo Penal Militar Comentado • **Nucci**

revelação da verdade. Negar a realização de diligências investigatórias nesse sentido, com apoio no que afirma o dispositivo constitucional, por certo não traduz nenhum absurdo jurídico. Tal decisão certamente seria a mais cômoda, mas nem sempre a mais justa. Parece cristalino que a norma em comento tem por objetivo proteger a pessoa de bem, o cidadão comum, ou a intimidade deste retratada na correspondência ou na comunicação telegráfica. Por outra versão, não pode ser destinatário de tão acentuado direito quem tenha cometido ou seja suspeito de haver cometido um crime. Nenhuma lógica seria capaz de explicar o argumento de que inviolabilidade impede a legítima repressão estatal. A tanto ela não chega" (*A busca da verdade no processo penal*, p. 226). Segundo pensamos, nenhum direito ou garantia fundamental é absoluto. Fosse assim e haveríamos de impedir, terminantemente, que o diretor de um presídio violasse a correspondência dirigida a um preso, ainda que se tratasse de ardiloso plano de fuga, pois a "inviolabilidade de correspondência" seria taxativa e não comportaria exceção alguma na Constituição Federal. Nem mesmo poderia devassar a correspondência para saber se, no seu interior, há drogas, o que configura um despropósito. Há quem defenda que a violação da correspondência é o conhecimento da carta escrita em seu interior, mas não é essa a melhor exegese. O simples fato de alguém abrir um envelope fechado, dirigido a outrem, tomando conhecimento do que há em seu interior faz incidir na figura da violação de correspondência. Conhece-se a intimidade de uma pessoa lendo-se uma carta ou vendo-se uma foto enviada ao destinatário, por exemplo. Por isso, para saber se a correspondência contém algo ilícito, é preciso abri-la, devassá-la. E mais: mesmo que se tivessem seríssimas suspeitas de que determinada carta, recebida por pessoa acusada de crime, contivesse a solução para a apuração da autoria do delito, podendo até inocentar terceiros, não se poderia, ainda que com mandado judicial, devassar o seu conteúdo. Cremos injustificável tal postura, pois até o direito à vida – principal bem jurídico protegido do ser humano – comporta violação, garantida em lei ordinária (como o aborto, fruto de gestação produzida por estupro ou a morte do agressor na legítima defesa, entre outros exemplos). O Supremo Tribunal Federal já teve oportunidade de decidir que cartas de presidiários podem ser violadas pela administração penitenciária, respeitando-se o disposto no art. 41, parágrafo único, da Lei 7.210/84 (lei ordinária), visto que o sigilo epistolar não pode servir de instrumento para a salvaguarda de práticas ilícitas (HC 70.814-SP, 1.ª T., rel. Celso de Mello, 01.03.1994, v.u, *DJ* 24.06.1994, *RT* 709/418). Aliás, a respeito, confira-se o disposto no Decreto Federal 6.049/2007, disciplinando o funcionamento dos presídios federais: "Art. 100. A correspondência escrita entre o preso e seus familiares e afins será efetuada pelas vias regulamentares. § 1.º É livre a correspondência, *condicionada a sua expedição e recepção às normas de segurança e disciplina do estabelecimento penal federal*. § 2.º A troca de correspondência não poderá ser restringida ou suspensa a título de sanção disciplinar" (grifamos). De fato, se alguém é acusado ou indiciado, qualquer prova que o juiz mande apreender é lícita, pois o sentido maior da norma é apurar o verdadeiro culpado, garantindo-se tanto a segurança pública, quanto o acerto judiciário, que não permitirá leve-se ao cárcere um inocente. Deixar de abrir a correspondência de um suspeito de crime, somente porque se está seguindo, cegamente, o disposto na Constituição Federal, seria privilegiar uma norma constitucional em detrimento a outras. Descobrir o verdadeiro culpado de um crime elimina a possibilidade de se punir um inocente, algo que, muitas vezes, ocorre no sistema penal brasileiro, situação com a qual devemos demonstrar séria preocupação. Pode-se aplicar a teoria da proporcionalidade, como sustentam alguns, mas cremos que nem é preciso que dela se use mão. Não se trata de ponderar qual bem jurídico é mais importante – se a intimidade, a inviolabilidade da correspondência e da vida privada ou a segurança pública e o interesse em punir criminosos – mas sim de garantir a perfeita *harmonia* entre os princípios, direitos e garantias constitucionais. Um direito não deve sobrepujar outro em hipótese alguma, pois inexiste hierarquia entre eles, mormente quando todos estão previstos

Art. 172

201 Título XIII • Capítulo I – Das providências que recaem sobre coisas ou pessoas

na Constituição Federal. Deve o aplicador da lei ajustar um ao outro, compreendendo o exato espírito da norma e seu alcance. Tivemos oportunidade de discorrer sobre o tema em nosso *Júri – Princípios constitucionais*, asseverando que "se dentre os direitos e garantias individuais aparentemente houver uma antinomia, deve o intérprete, necessariamente, buscar a conciliação, conforme o caso concreto, pois não há qualquer prevalência de um sobre outro. Se algo for permitido por um princípio e vedado por outro, um dos princípios deve recuar, o que não significa ter sido considerado nulo ou revogado" (p. 30). Assim, quando a proteção constitucional da inviolabilidade de correspondência foi construída, jamais teve por fim proteger a pessoa que comete crimes, mas sim o cidadão honesto, que não merece ter sua intimidade violada pelo Estado, gratuitamente. Nem mesmo a presunção de inocência pode aqui ser aplicada, pois esta garante, primordialmente, que o ônus da prova é da acusação e não do acusado, não impedindo nem mesmo a prisão cautelar, como, cotidianamente, decidem os tribunais pátrios. Portanto, ao investigar um crime, com fundadas suspeitas e baseando-se a prova, sobretudo, na correspondência legalmente apreendida, parece-nos lógico deva o juiz autorizar a sua abertura e juntada aos autos para a descoberta da verdade real, imprimindo-se um autêntico conteúdo de razoabilidade ao devido processo legal. É evidente que, nada encontrando de relevante ou pertinente na carta aberta, deve a autoridade resguardar a intimidade do réu ou investigado, devolvendo-a ao destinatário. Diante disso, sustentamos a constitucionalidade do disposto nesta alínea do Código de Processo Penal Militar.

444. Suspeita e utilidade na violação: é preciso que se respeitem os requisitos indispensáveis para a violação ter lugar: *suspeita* de que o conhecimento do conteúdo da correspondência possa ser *útil* à elucidação do fato. Assim, somente pode autorizar o juiz a apreensão da carta, com sua consequente abertura (caso esteja fechada, pois aberta não haveria violação alguma), caso exista a fundada suposição de que contribua de modo vantajoso à apuração da infração penal. Qualquer desvio, nesse caso, configura abuso de autoridade. Pode o magistrado, por exemplo, determinar a apreensão e abertura de carta enviada por um banco estrangeiro ao acusado da prática de remessa ilegal de moeda ao exterior, pois é componente indispensável à apuração do fato. Aliás, se pode o juiz determinar a quebra do sigilo fiscal e do sigilo bancário, não teria o menor sentido lógico ser impedido de tomar conhecimento de um mero extrato, contido dentro de um envelope. Se for para se manter inviolável a intimidade, as duas outras atitudes (violações dos sigilos fiscal e bancário) são muito mais graves do que a simples abertura da correspondência bancária. Isso não significa, no entanto, autorizar a abertura de cartas pessoais, contendo assuntos estritamente familiares, juntando-as no processo ou no inquérito. Por vezes, poderá haver necessidade de apreender e abrir a correspondência para saber se o seu conteúdo interessa à apuração do crime. Entretanto, cientificando-se de que o conteúdo é irrelevante ao feito, deve-se devolver a missiva ao destinatário, sem manter o seu recolhimento.

445. Apreensão de vítimas: é medida que não visa, obviamente, à prisão ou recolhimento da pessoa ofendida pela prática criminosa, mas trata-se de uma medida de libertação ou salvamento de pessoa vítima de maus-tratos, privada da liberdade, entre outras situações análogas. Narra Pontes de Miranda que será utilizada a busca e apreensão para retirar da ilegal detenção o paciente beneficiado por ordem de *habeas corpus* não cumprida de pronto pelo detentor ou carcereiro, estando ele em casa particular qualquer. Além disso, no caso específico do *habeas corpus*, tendo em vista que a sentença que o concede tem o caráter *mandamental*, desnecessária será a expedição de mandado de busca e apreensão (*História e prática do* habeas corpus, p. 389-390).

446. Colheita de elemento de convicção: trata-se de autorização genérica e residual, isto é, não se encaixando a hipótese às alíneas anteriores, mas voltando-se à produção de provas,

Art. 173

Código de Processo Penal Militar Comentado • Nucci

é permitida a colheita de material ou instrumento, que sirva para formar a convicção do juiz. Exemplo disso é a colheita de sangue ou pelos para submissão a exame pericial.

Compreensão do termo "casa"

> **Art. 173.** O termo casa compreende:[447]
>
> *a)* qualquer compartimento habitado;
>
> *b)* aposento ocupado de habitação coletiva;
>
> *c)* compartimento não aberto ao público, onde alguém exerce profissão ou atividade.

447. Norma explicativa: é incomum à legislação processual penal a definição de elementos como *casa*, para compor a norma legitimadora à expedição de mandado de busca domiciliar. O Código Penal, comum e militar, conceituam *casa*, para fins de invasão de domicílio, fazendo-o exatamente nos mesmos termos.

Não compreensão

> **Art. 174.** Não se compreende no termo casa:[448]
>
> *a)* hotel, hospedaria ou qualquer outra habitação coletiva, enquanto abertas, salvo a restrição da alínea *b* do artigo anterior;
>
> *b)* taverna, boate, casa de jogo e outras do mesmo gênero;
>
> *c)* a habitação usada como local para a prática de infrações penais.

448. Norma explicativa: nos termos já expostos na nota anterior, o Código Penal, comum e militar, ocupa-se da conceituação do que se pode considerar *casa* e o que não está abrangido por esse termo, fazendo-o no mesmo sentido.

Oportunidade de busca domiciliar

> **Art. 175.** A busca domiciliar será executada de dia, salvo para acudir vítimas de crime ou desastre.[449]
>
> **Parágrafo único.** Se houver consentimento expresso do morador, poderá ser realizada à noite.[450]

449. Busca domiciliar durante o dia: é a regra estabelecida não somente pelo Código de Processo Penal, comum e militar, mas pela Constituição Federal (art. 5.º, XI). Entretanto, pode o morador admitir que a polícia ingresse em seu domicílio, durante a noite, para realizar qualquer tipo de busca, embora o consentimento deva ser expresso e efetivo. Configura o abuso de autoridade, caso a concordância seja extraída mediante ameaça ou qualquer tipo de logro, como, por exemplo, ocorreria se houvesse a promessa de retornar no dia seguinte com um mandado de busca e outro de prisão por desobediência. Ensinam Bento de Faria e Espínola Filho que se considera *dia* o período que decorre entre as seis horas da manhã às seis horas da tarde (*Código de Processo Penal*, v. 1, p. 358; *Código de Processo Penal brasileiro anotado*, v. 3, p. 223-224, respectivamente), por significar mais garantia ao padecente da diligência. Em igual sentido, Tourinho Filho (*Comentários ao Código de Processo Penal*, v. 1, p. 449). Mira-

Título XIII • Capítulo I – Das providências que recaem sobre coisas ou pessoas

Art. 176

bete e alguns outros processualistas afirmam adotar o mesmo período, dizendo estar fazendo analogia ao disposto no art. 172 do CPC/73 (art. 212 do CPC/2015), o que, entretanto, não está correto, visto que a lei processual civil menciona o período das 6 às 20 horas e não das 6 às 18 (*Processo penal*, p. 321 e *Código de Processo Penal interpretado*, p. 321). Preferimos, no entanto, o período que medeia o alvorecer e o anoitecer. O critério fixo das horas não nos parece o melhor, visto que há a adoção do *horário de verão*, bem como regiões do Brasil onde o sol se põe mais tarde e surge mais cedo. Inclinam-se pelo entendimento que adotamos, segundo Espínola Filho, Macedo Soares, João Vieira, Galdino Siqueira, Costa e Silva e Perdigão (ob. cit., p. 223), além de Magalhães Noronha (*Curso de direito processual penal*, p. 96). Lembra Cleunice A. Valentim Bastos Pitombo que há lugares no mundo onde o sol, em certa fase do ano, nunca desaparece e nem por isso deve-se admitir a entrada a qualquer hora pela simples ausência de escuridão. Por isso, recomenda que o Código de Processo Penal deveria ter fixado um horário rígido para a realização da busca e da apreensão, fazendo diminuir o risco de arbítrio (*Da busca e da apreensão no processo penal*, p. 176). Embora possamos igualmente defender que, futuramente, a lei seja alterada para estabelecer um horário determinado para a diligência ter lugar, não podemos aquiescer com o exemplo sugerido, visto que, no Brasil, onde se aplica a lei processual penal em comento, não se dá o fenômeno da ausência de escuridão, em qualquer época do ano. Além disso, se o Código de Processo Penal Militar preferiu o termo *dia*, não nos cabe, como intérpretes, fixar um horário rígido. Se o sol estiver saliente e a claridade visível, não se pode sustentar ser *noite*.

450. Consentimento do morador e cessação da autorização: sem mandado judicial, ausente o flagrante, ou com mandado judicial, ausente o flagrante, mas à noite, somente pode ingressar a polícia no domicílio, se houver consentimento do morador. Essa autorização deve ser, como já mencionado, expressa e comprovável, inadmitindo-se a forma tácita ou presumida. Por outro lado, já que o executor está sem mandado judicial ou, possuindo-o, procede à diligência durante a noite, a qualquer momento pode o morador interromper o consentimento dado, expulsando os agentes da autoridade de seu domicílio. É o que se dá, também, no sistema britânico (Carr, *Criminal procedure in magistrates' courts*, p. 28).

Ordem de busca

> **Art. 176.** A busca domiciliar poderá ser ordenada pelo juiz, de ofício ou a requerimento das partes, ou determinada pela autoridade policial militar.[451-453]
>
> **Parágrafo único.** O representante do Ministério Público, quando assessor no inquérito, ou deste tomar conhecimento, poderá solicitar do seu encarregado a realização da busca.[454]

451. Determinação da busca: quanto à ordem judicial, pode dar-se de ofício ou mediante pleito das partes; entretanto, não há possibilidade de ser *determinada* pela autoridade policial militar. Somente a autoridade judiciária pode expedir o mandado de busca, após a edição da Constituição Federal de 1988.

452. Busca determinada de ofício pelo juiz: tal providência faz parte da busca da verdade real, princípio que rege a atuação do magistrado no processo penal, bem como ao impulso oficial, que comporta o procedimento. Não deve, no entanto, o juiz exceder-se na avaliação da prova, antecipando julgamentos e buscando culpados a qualquer custo. Somente se a diligência se mostrar imprescindível à formação do seu convencimento, não tendo havido requerimento das partes, pode o julgador intervir, determinando seja feita a busca, fazendo-o de modo fundamentado.

Art. 177

Código de Processo Penal Militar Comentado • **Nucci**

453. Requerimento das partes sob o crivo judicial: não basta a parte interessada solicitar a diligência, sendo indispensável que a justifique ao magistrado, dando-lhe seus fundados motivos e procurando convencê-lo da sua necessidade. Alerta, com razão, Espínola Filho que "é à autoridade que cumpre, cônscia da gravidade da diligência, em ordem a acarretar ofensa à liberdade individual ou à inviolabilidade do domicílio, julgar da seriedade e da consistência das suspeitas, em forma a, mesmo quando a parte, ou, até, o Ministério Público, haja requerido a medida, deferi-la, ou não, usando de todo o critério, que o poder discricionário não elimina nunca, no aferir se há fundadas razões. Para isso, é óbvio, deve o requerente, nas suas petições, que têm de ser escritas, oferecer os elementos capazes de, como argumento ou prova, focalizarem o bem fundado das suas suspeitas, ficando livre ao juiz exigir, se não bastarem, para convencê-lo, os apresentados, um complemento de elementos de convicção, que podem consistir em prova documental ou testemunhal" (*Código de Processo Penal brasileiro anotado*, v. 3, p. 210).

454. Inaplicabilidade do dispositivo: o membro do Ministério Público não é *assessor* do inquérito, mas fiscaliza e controla a atividade policial militar; além disso, se entender necessária a realização de busca, apresentará seu requerimento diretamente ao juiz, única autoridade que pode decretá-la.

Precedência de mandado

> **Art. 177.** Deverá ser precedida de mandado a busca domiciliar que não for realizada pela própria autoridade judiciária ou pela autoridade que presidir o inquérito.[455-457]

455. Exigência do mandado judicial para a autoridade presidente do inquérito: não mais vige a possibilidade do encarregado do inquérito, pessoalmente e sem mandado, invadir um domicílio, visto que a Constituição Federal garantiu a necessidade de determinação judicial. O juiz, obviamente, quando acompanha a diligência, faz prescindir do mandado, pois não teria cabimento ele autorizar a si mesmo ao procedimento da busca.

456. Desnecessidade de mandado em caso de flagrante: é indiscutível que a ocorrência de um delito no interior do domicílio autoriza a sua invasão, a qualquer hora do dia ou da noite, mesmo sem o mandado, o que, aliás, não teria mesmo sentido exigir fosse expedido. Assim, a polícia pode ingressar em casa alheia para intervir num flagrante delito, prendendo o agente e buscando salvar, quando for o caso, a vítima. Em caso de crimes permanentes (aqueles cuja consumação se prolonga no tempo), como é o caso do tráfico de entorpecentes, na modalidade "ter em depósito" ou "trazer consigo", pode a polícia penetrar no domicílio efetuando a prisão cabível.

457. Ingresso abusivo e constatação posterior de crime permanente: cuida-se de questão controversa, tanto na doutrina quanto na jurisprudência, saber se a invasão injustificada, a princípio, pois sem mandado e sem qualquer denúncia de flagrante, poderia consolidar e legitimar a descoberta da prática de um crime no seu interior, como é o caso, justamente, da guarda de substância entorpecente. Cremos que o caso concreto é o melhor fator de discernimento para a solução do aparente impasse. Se a polícia tem algum tipo de denúncia, suspeita fundada ou razão para ingressar no domicílio, preferindo fazê-lo por sua conta e risco, sem mandado – porque às vezes a situação requer urgência – pode ingressar no domicílio, mas a legitimidade de sua ação depende da efetiva descoberta do crime. Do contrário, pode-se ca-

Art. 178

racterizar o crime de abuso de autoridade ou mesmo infração funcional. Se o agente policial agir em gritante desrespeito à inviolabilidade de domicílio de pessoa, que nem sequer provoca suspeita, está cometendo, logo de início, um crime, razão pela qual deve ser por isso punido. A prova colhida no interior da casa, no entanto, segundo nos parece, é lícita, pois a infração penal estava em andamento, justificando a prisão e a punição do delinquente. Difere esta situação da obtenção da prova por meios ilícitos, quando não se está impedindo a ocorrência de um delito em franco desenvolvimento. Assim, quando o policial tortura o preso para que confesse, ainda que obtenha elementos significativos de investigação e prova com tal admissão de culpa, devem esses dados ser considerados ilícitos, diante da sua origem viciada. Note-se que, na hipótese da tortura, comete a autoridade policial um crime para *descobrir* outro pretérito, o que é bem diferente de praticar um abuso de autoridade, mas terminar impedindo a continuidade da consumação de outro. Na primeira situação (tortura), o réu ou indiciado não mais praticava ilícito algum, quando sofreu a violência. No segundo caso (crime permanente descoberto por acaso), havia o desenrolar de uma atividade criminosa, que cessou graças à interferência da polícia. Assim, tendo havido abuso de autoridade, nitidamente demonstrado, merecem punição tanto o agente policial, quanto o delinquente, cujas ações foram cortadas.

Conteúdo do mandado

> **Art. 178.** O mandado de busca deverá:
>
> *a)* indicar, o mais precisamente possível, a casa em que será realizada a diligência e o nome do seu morador ou proprietário; ou, no caso de busca pessoal, o nome da pessoa que a sofrerá ou os sinais que a identifiquem;[458]
>
> *b)* mencionar o motivo e os fins da diligência;[459]
>
> *c)* ser subscrito pelo escrivão e assinado pela autoridade que o fizer expedir.[460]
>
> **Parágrafo único.** Se houver ordem de prisão, constará do próprio texto do mandado.[461]

458. Busca domiciliar precisa e determinada: como já se mencionou, o mandado de busca, por importar em violação de domicílio, deve ser preciso e determinado, indicando, *o mais precisamente possível* a casa onde a diligência será efetuada, bem como o nome do proprietário ou morador (neste caso, podendo ser o locatário ou comodatário). Admitir-se o mandado genérico torna impossível o controle sobre os atos de força do Estado contra direito individual, razão pela qual é indispensável haver fundada suspeita e especificação. A busca pessoal, como regra, é feita sem a necessidade de mandado, embora neste caso, inexistindo prisão em flagrante ou suspeita de carregar consigo arma ou outro objeto criminoso, possa o magistrado expedir autorização para que a revista corporal seja realizada em determinada pessoa, cujo nome e os sinais característicos precisam identificar, para a busca de outras provas. Imagine-se o caso da suspeita da prática de um crime sexual recair sobre alguém que possua uma tatuagem, situada em ponto do corpo encoberto pelas vestes, podendo haver a busca pessoal, a fim de se descobrir tal elemento.

459. Motivação e finalidade da diligência: outra característica fundamental do mandado de busca, decorrente da necessidade de ser preciso e determinado, é indicar o motivo gerador da diligência, bem como o objetivo a ser alcançado. Sem essa menção, pode a busca tornar-se genérica e insegura. Se algum lugar necessita ser revistado ou se alguém precisa ser investigado diretamente, é curial que a pessoa, cujo interesse vai ser violado, saiba a razão e o fim. Buscas indeterminadas somente demonstram ser a diligência inútil, pois o Estado-inves-

Art. 179

Código de Processo Penal Militar Comentado • **Nucci**

tigação ou o Estado-acusação nem mesmo sabe o que procurar ou apreender. Ao contrário, quando o mandado é específico em todos os seus termos, o inconformismo do padecente torna-se menor, evidenciando o estrito cumprimento do dever por parte da autoridade que o cumpre. Aliás, como lembra Espínola Filho, "apresentando-se quaisquer agentes policiais, oficiais ou serventuários da justiça, com o propósito de realizarem uma busca, é autorizada a recusa, mesmo violenta, desde que não estejam munidos do mandado em ordem, com as formalidades extrínsecas e os requisitos substanciais, que o tornam legal. Contra os invasores, estará o morador defendendo, legitimamente, o seu domicílio inviolável" (*Código de Processo Penal brasileiro anotado*, v. 3, p. 212).

460. Autoridade judiciária: a autoridade que o expede, de acordo com o disposto no art. 5.º, XI, da Constituição Federal, é sempre a judiciária. Logo, o escrivão mencionado neste dispositivo é o serventuário da justiça.

461. Separação dos mandados: apesar do preceituado neste parágrafo, urge separar o mandado de busca do mandado de prisão, pois este deve ser expedido em três vias, além do que necessitam obedecer ao modelo padronizado. Não existe prejuízo algum na separação, embora a autoridade que for cumpri-los faça a exibição conjunta à pessoa, que será presa e cujo domicílio será violado. Além disso, é preciso entregar cópia do mandado de prisão à pessoa detida, bem como disponibilizá-lo na rede de informações, o que não é preciso para o mandado de busca.

Procedimento

> **Art. 179.** O executor da busca domiciliar procederá da seguinte maneira:[462]

Presença do morador

> I – se o morador estiver presente:[463]
>
> *a)* ler-lhe-á o mandado, ou, se for o próprio autor da ordem, identificar-se-á e dirá o que pretende;
>
> *b)* convidá-lo-á a franquear a entrada, sob pena de a forçar se não for atendido;
>
> *c)* uma vez dentro da casa, se estiver à procura de pessoa ou coisa, convidará o morador a apresentá-la ou exibi-la;
>
> *d)* se não for atendido ou se se tratar de pessoa ou coisa incerta, procederá à busca;[464]
>
> *e)* se o morador ou qualquer outra pessoa recalcitrar ou criar obstáculo usará da força necessária para vencer a resistência ou remover o empecilho e arrombará, se necessário, quaisquer móveis ou compartimentos em que, presumivelmente, possam estar as coisas ou pessoas procuradas;[465]

Ausência do morador

> II – se o morador estiver ausente:[466]
>
> *a)* tentará localizá-lo para lhe dar ciência da diligência e aguardará a sua chegada, se puder ser imediata;

b) no caso de não ser encontrado o morador ou não comparecer com a necessária presteza, convidará pessoa capaz que identificará para que conste do respectivo auto, a fim de testemunhar a diligência;

c) entrará na casa, arrombando-a, se necessário;

d) fará a busca, rompendo, se preciso, todos os obstáculos em móveis ou compartimentos onde, presumivelmente, possam estar as coisas ou pessoas procuradas;

Casa desabitada

III – se a casa estiver desabitada, tentará localizar o proprietário, procedendo da mesma forma como no caso de ausência do morador.[467]

Rompimento de obstáculo

§ 1.º O rompimento de obstáculos deve ser feito com o menor dano possível à coisa ou compartimento passível da busca, providenciando-se, sempre que possível, a intervenção de serralheiro ou outro profissional habilitado, quando se tratar de remover ou desmontar fechadura, ferrolho, peça de segredo ou qualquer outro aparelhamento que impeça a finalidade da diligência.[468]

Reposição

§ 2.º Os livros, documentos, papéis e objetos que não tenham sido apreendidos devem ser repostos nos seus lugares.[469]

§ 3.º Em casa habitada, a busca será feita de modo que não moleste os moradores mais do que o indispensável ao bom êxito da diligência.[470]

462. Procedimento para a busca domiciliar: diversamente do disposto pela legislação processual penal comum, estabelece-se neste Código o método para executar a busca em domicílio, de modo a respeitar os direitos fundamentais do morador, além de bem exercer a ordem judicial. Na prática, no entanto, não é tarefa fácil seguir todos esses comandos, mormente em situações de urgência, envolvendo locais nitidamente inóspitos à autoridade.

463. Morador presente: em primeiro lugar, o agente da autoridade, encarregado da busca, deve ler o conteúdo do mandado judicial ao morador (cuidando-se da autoridade judiciária, basta identificar-se), solicitando a sua cooperação, bem como a franquia da entrada; avisa-se que a colaboração para todos os atos executórios significará a abstenção de qualquer violência contra a pessoa ou coisa. Ingressando no local, demanda-se do morador a exibição da pessoa ou objeto procurado; não atendido o executor, empreende-se a busca. O emprego da força física está autorizado no exato limite do rompimento da resistência ou para a remoção do empecilho. Portanto, se for necessário, trata-se do estrito cumprimento do dever legal, excludente de ilicitude. O disposto neste inciso I do art. 179 encontra-se em perfeita harmonia com o respeito à intimidade, integridade física e patrimônio do morador, observando-se que atos de coerção somente serão viáveis ante a ausência de colaboração ou oposição deliberada.

Art. 179

Código de Processo Penal Militar Comentado • **Nucci**   208

464. Localização de outros objetos ilícitos e a descoberta de crime desconhecido: questão controversa e de difícil solução é a localização de outros objetos, desvendando a polícia delito até então ignorado ou cujo autor é desconhecido. Pode apreender a nova prova localizada validamente ou, se o fizer, torna-se ilícita por ter sido obtida em desacordo com o contido no mandado de busca? Segundo nos parece, deve-se buscar o meio-termo. Caso a polícia esteja procurando por documentos falsificados e localizar uma arma que faz crer, por suas peculiares características (um punhal manchado de sangue e devidamente escondido, por exemplo), ser o instrumento usado para o cometimento de outro delito ou, então, localiza várias fotos do morador na companhia de menores de idade, em atividade sexual, não deve simplesmente ignorar o que está vendo, mas deve preservar o local e as coisas encontradas, solicitando, de imediato, ao juiz de plantão uma autorização legal para proceder à apreensão. Assim, não se despreza a nova prova, mas também não se apreende algo que não é objeto do mandado de busca e apreensão. Destaque-se que esse procedimento somente é razoável, caso os objetos encontrados digam respeito ao morador, contra quem se autorizou a busca. Em se tratando de pertences de terceiros, ainda não indiciados ou acusados, não deve a polícia efetuar qualquer tipo de apreensão, nem o magistrado autorizar. A lei britânica é ainda mais severa: qualquer objeto não constante do mandado de busca e apreensão, portanto, alheio à autorização judicial não pode ser apreendido de modo algum. A polícia deve deixar o local e obter nova audiência com o juiz para, se for o caso, novo mandado específico ser expedido (Carr, *Criminal procedure in magistrates' courts*, p. 26-27).

465. Consequência da desobediência: autoriza-se o arrombamento da porta e a entrada forçada no interior do domicílio. Não se trata de sanção civil ou administrativa, que afasta o crime de desobediência, em nosso entender, razão pela qual, conforme o caso concreto, pode haver a prisão em flagrante do recalcitrante. Poder-se-ia argumentar que o morador, quando for o próprio suspeito, indiciado ou acusado, estaria no seu direito de não se autoacusar, como faria ao recusar-se a fornecer material para a realização de exame de sangue ou grafotécnico, ou mesmo calando-se. Ocorre que a situação é diferenciada: justamente porque o Estado não pode obrigar o indiciado ou acusado a produzir prova contra si mesmo, tem a obrigação – e o poder para isso – de buscar os elementos de formação da culpa por sua conta. Dessa forma, ainda que o sujeito investigado não queira colaborar, não tem o direito de impedir a entrada no seu domicílio, quando a ordem foi regularmente expedida por juiz de direito. Além disso, a entrada forçada não é sanção ao recalcitrante, mas somente a consequência natural da sua resistência. Por isso, parece-nos possível a prisão por desobediência. Aliás, havendo resistência violenta ou ameaçadora do morador contra os policiais, pode configurar-se o crime previsto no art. 177 do Código Penal Militar.

466. Morador ausente: a primeira providência é a sua localização, dando-lhe ciência da diligência e aguardando a sua chegada, caso imediata. Essa medida é de difícil realização, pois o Estado não pode ficar à mercê da boa vontade do morador ausente; diante disso, somente em situação de imediatidade – chamamento e comparecimento – pode-se aguardar a sua chegada. Por outro lado, não deve o executor do mandado de busca escolher, propositalmente, um horário em que saiba estar o morador ausente para a diligência. Seria abuso de autoridade, pois implicaria desvio da finalidade da lei. Havendo necessidade de ingressar, sem a presença do habitante do local, convoca-se (o termo *convidar* é ilógico diante da gravidade da situação; toda pessoa tem o dever de colaborar com o Poder Judiciário) pessoa maior e capaz para testemunhar a entrada e os demais atos. Arromba-se o obstáculo para o ingresso, se indispensável. Faz-se a busca, rompendo o aparato necessário para encontrar a pessoa ou objeto procurado.

467. Local desabitado: deve-se proceder, na medida do possível, nos termos fixados para a situação de morador ausente, embora seja praticamente inviável, ante a urgência demandada, como regra, pela busca, retardá-la para que se espere eventual chegada do proprietário. A ordem judicial é mais que suficiente para o ingresso, independentemente da presença do responsável.

468. Detalhismo procedimental: cremos excessiva a previsão de tais pormenores para a diligência; o comedimento para o exercício do poder estatal é inerente à função pública, sob pena de configurar abuso de autoridade, não havendo necessidade de se dispor *como fazer*, imaginando-se o executor como alguém incapaz de tomar decisões concretas e imediatas para o bom andamento da diligência. Mencionar *em lei* a demanda por *serralheiro* para desmontar ou abrir fechadura é demasiado apego à forma; a legislação não deve ser *cartilha* de bons procedimentos do funcionalismo público.

469. Arrumação oficial: atinge-se, neste dispositivo, o máximo do idealismo na busca pela *diligência perfeita*. Pretende-se que o oficial de justiça ou o oficial encarregado da busca *arrume* os livros, documentos, papéis e objetos não apreendidos. Não vemos o menor cabimento nessa empreitada normativa. É preciso lembrar que a busca domiciliar somente foi autorizada pelo juiz porque absolutamente indispensável, tratando-se de lugar suspeito de ocultar provas, instrumentos ou produtos do crime. Não se cuida da *casa dos inocentes*, onde se invade sem causa. Além do mais, se o morador não cooperar, entregando o que se procura, deve haver a busca, sendo necessário a desorganização dos objetos, o que não implica abuso, nem excesso, mas pura necessidade.

470. Objetivo específico da busca e o desvio de finalidade: a regra é que o mandado deve conter, como já mencionado anteriormente, o que se procura e qual a motivação. Evita-se, com isso, abusos porventura praticados pela polícia ou outros agentes. Logo, é ilícita a atitude dos executores do mandado vasculhando, tomando conhecimento, fazendo troça ou divulgando objetos e pertences do morador, totalmente incompatíveis com a finalidade da diligência. Quem busca documentos falsificados não deve devassar o guarda-roupa do padecente, expondo ou apreendendo peças íntimas, por exemplo. Ensina Cleunice A. Valentim Bastos Pitombo que "as autoridades e seus agentes limitam-se a procurar o objetivo, o alvo da medida, nada mais. Devem evitar o varejamento inútil. Devem molestar e importunar o morador o mínimo possível, ao bom sucesso da procura. Necessitam respeitar o recato das pessoas e segredo; e, também, tudo que desinteresse à persecução penal" (*Da busca e da apreensão no processo penal*, p. 182). Na mesma ótica, diz Rogério Lauria Tucci ser imprescindível que a autoridade aja "criteriosamente e com a necessária discrição, de sorte que a medida, realmente violenta, não se degenere, transfundindo-se o ato constritivo num insuportável constrangimento à liberdade de quem deva sofrer os respectivos efeitos" (Habeas corpus, *ação e processo penal*, p. 223).

Busca pessoal

> **Art. 180.** A busca pessoal consistirá na procura material feita nas vestes, pastas, malas e outros objetos que estejam com a pessoa revistada e, quando necessário, no próprio corpo.[471-472]

471. Conceito de *pessoal*: é o que se refere ou pertence à pessoa humana. Pode-se falar em busca com contato direto ao corpo humano ou a pertences íntimos ou exclusivos do indivíduo, como a bolsa ou o carro.

472. Busca em veículo: o veículo (automóvel, motocicleta, navio, avião etc.) é coisa pertencente à pessoa, razão pela qual deve ser equiparada à busca pessoal. A única exceção fica

Art. 181

Código de Processo Penal Militar Comentado • **Nucci**

por conta do veículo destinado à habitação do indivíduo, como ocorre com os trailers, cabines de caminhão, barcos, entre outros, obedecendo as regras da busca domiciliar.

Revista pessoal

> **Art. 181.** Proceder-se-á à revista, quando houver fundada suspeita de que alguém oculte consigo:[473]
>
> *a)* instrumento ou produto do crime;[474]
>
> *b)* elementos de prova.[475]

473. Fundamento e proteção constitucional: a busca pessoal tem como escudo protetor o art. 5.º, X, da Constituição Federal, ao preceituar que "são invioláveis a intimidade, a vida privada, a honra e a imagem das pessoas, assegurado o direito à indenização pelo dano material ou moral decorrente de sua violação". Entretanto, não se vislumbra específica proteção no Código Penal Militar, salvo, genericamente, tratando-se dos crimes de constrangimento ilegal ou de sequestro ou cárcere privado, conforme a situação concreta. Em se tratando de autoridade, pode-se usar o disposto, também em caráter genérico, a lei de abuso de autoridade, conforme o caso. Na jurisprudência: STM: "1. A fundada suspeita, por ocasião da revista pessoal, mostrou-se verdadeira, considerando que foi encontrada, em poder do Apelante, substância entorpecente, conforme foi, posteriormente, comprovado por laudo pericial, não havendo que se falar em ilicitude da prova, estando o procedimento amparado legalmente na Lei Processual Castrense vigente, mais precisamente, no que prescreve os arts. 180 e 181, ambos do CPPM. Preliminar rejeitada" (Apelação 7000705-22.2019.7.00.0000, rel. Lúcio Mário de Barros Góes, 04.12.2019, v.u.); "Preliminar de nulidade do processo pela não observância do art. 181 do CPPM por ocasião da realização da revista pessoal. Restou comprovado nos autos que o militar responsável pela revista foi alertado de que o réu havia escondido algo nas calças. Com fundadas suspeitas recaindo sobre o réu, o militar procedeu à revista pessoal, logrando êxito em encontrar o entorpecente. As revistas são previstas na vida militar, sendo prática comum nas Organizações Militares, não se vislumbrando, no presente caso, constrangimento ilegal a caracterizar lesão às garantias constitucionais do réu. Preliminar rejeitada" (Apelação 0000094-18.2013.7.06.0006, rel. Marcus Vinicius Oliveira dos Santos, 10.10.2016, v.u.).

474. Instrumento ou produto do crime: cabe revista pessoal, entendida esta como a procura feita nas vestes, pastas, malas, bolsas, pacotes, sacolas, dentre outros, bem como junto ao corpo, nos termos do art. 180, para encontrar *instrumento* (objeto utilizado para a execução do delito, como a arma de fogo para a prática do roubo) ou *produto* (resultado obtido pelo cometimento do delito, tal como a carteira subtraída da vítima). Por vezes, achar o instrumento ou o produto do crime significa a possibilidade de se dar voz de prisão em flagrante, pois a revista acontece logo após a sua prática ou cuida-se de delito permanente, cuja consumação se protrai no tempo. Esta hipótese não exige mandado judicial, mas é preciso haver fundada suspeita, sob pena de gerar abuso de autoridade.

475. Elemento de prova: conforme exposto na nota anterior, pode-se revistar a pessoa com a finalidade de encontrar qualquer dado significativo para a produção de prova – a favor ou contra os interesses do revistado. Exemplo: imagine-se a descrição de testemunha, afirmando ser autor do delito a pessoa que possui determinada tatuagem nas costas; é preciso certificar-se disso, quando outros indícios apontam para o indivíduo revistado. Esta situação demanda mandado judicial para tanto.

Art. 182

Revista independentemente de mandado

> **Art. 182.** A revista independe de mandado:[476]
>
> a) quando feita no ato da captura de pessoa que deve ser presa;[477]
>
> b) quando determinada no curso da busca domiciliar;[478]
>
> c) quando ocorrer o caso previsto na alínea a do artigo anterior;[479]
>
> d) quando houver fundada suspeita de que o revistando traz consigo objetos ou papéis que constituam corpo de delito;[480]
>
> e) quando feita na presença da autoridade judiciária ou do presidente do inquérito.[481]

476. Mandado judicial: a ordem expedida pela autoridade judiciária competente é fundamental para que os agentes estatais realizem a revista pessoal, nos mesmos moldes demandados para a busca domiciliar. Afinal, tutela-se o direito à intimidade e à privacidade, bens constitucionalmente assegurados. Nos casos enumerados nas alíneas deste artigo dispensa-se o mandado judicial, por força de lei.

477. Flagrante ou mandado de prisão: a captura de pessoa pode dar-se, validamente, em situação de flagrante ou em virtude de mandado de prisão expedido pela autoridade judiciária competente. Torna-se natural que a autoridade e seus agentes, no ato da prisão, possam revistar (e devem fazê-lo) o preso, evitando-se que carregue consigo, para dentro do cárcere, objetos indevidos. Além disso, havendo flagrância ou mandado de prisão, torna-se legítima a detenção – que é o *mais* – sendo decorrência lógica caber a revista – que é o *menos*. Seria demasiado apego à forma exigir mandado judicial de busca pessoal para uma situação prisional legalmente autorizada.

478. Decorrência da busca domiciliar: se o magistrado já expediu mandado de busca em domicílio, não há sentido para se exigir outra ordem, agora voltada a quem estiver nesse local. De uma situação decorre logicamente a seguinte. Havendo autorização para vasculhar a morada de alguém, rompe-se a intimidade, de modo que a busca pessoal é consequência natural. Ademais, a busca domiciliar é o *mais*, constituindo a revista pessoal o *menos*, que pode até ser realizada sem mandado judicial nos casos apontados neste artigo.

479. Suspeita ligada à materialidade: portar o instrumento ou o produto do crime dá ensejo à prova da existência do crime, de modo que se prescinde do mandado judicial para a busca pessoal. Permite, em muitos casos, a prisão em flagrante (como ocorre ao se deparar o agente com drogas ilícitas carregadas pelo revistado). É fundamental, no entanto, exista suspeita fundada de que o sujeito tem consigo o instrumento do delito ou o seu produto.

480. Objetos e papéis vinculados à materialidade: conforme expusemos na nota anterior, o instrumento ou o produto do crime pode evidenciar a existência do delito (corpo de delito), mas também outros objetos e papéis, como exposto nesta alínea. Note-se que, nesta hipótese, a lei menciona, claramente, a *fundada suspeita* para a revista pessoal, significando uma dúvida razoável, calcada em elementos fáticos evidentes (ex.: o revistado carrega algo na cintura, devidamente camuflado, mas permitindo à autoridade deduzir tratar-se de arma de fogo). Objetos em geral – além do instrumento ou produto do crime – podem expor a existência do delito, como coisas falsificadas, infringindo direitos autorais, por exemplo. Os papéis demonstrativos do corpo de delito estão presentes em inúmeras ocasiões, como os documentos de porte obrigatório falsificados (ex.: carteira de habilitação).

Art. 183

Código de Processo Penal Militar Comentado • **Nucci**

212

481. Presença da autoridade judiciária: a busca pessoal prescinde de mandado apenas quando for realizada na presença de autoridade judiciária, pois a Constituição Federal garante o direito à intimidade de maneira expressa; somente cede tal garantia, como ocorre no tocante à inviolabilidade de domicílio, por conta de ordem judicial. Não foi recepcionada pela atual Constituição a parte relativa ao presidente do inquérito. Com relação ao juiz, não teria sentido que ele expedisse mandado para ser executado na sua presença.

Busca em mulher

> **Art. 183.** A busca em mulher será feita por outra mulher, se não importar retardamento ou prejuízo da diligência.[482]

482. Busca pessoal em mulher: espelha-se, nesse caso, o preconceito existente de que a mulher é sempre objeto de molestamento sexual por parte do homem, até porque não se previu o contrário, isto é, que a busca em homem seja sempre feita por homem. Seria dispensável tal dispositivo, caso o agente da autoridade atuasse sempre com extremo profissionalismo e mantendo-se dentro do absoluto respeito à intimidade alheia. Entretanto, a norma destaca que, se houver impossibilidade de achar uma mulher para revistar a suspeita ou acusada, a diligência pode ser feita por homem, a fim de não haver retardamento ou prejuízo. Daí porque cremos dispensável este artigo, cuidando-se de preservar sempre o abuso, de que parte for: do homem contra o homem, da mulher contra mulher ou de pessoas de sexos diferentes. Confira-se a respeito: TJRS: "Caso em que não se vê ilegalidade. Primeiro, porque não havia policial de sexo feminino quando do flagrante, mas apenas os policiais J., M. e C. Segundo, porque não há nos autos qualquer indício de que os policias abusaram das pacientes quando da revista pessoal. Terceiro, porque nas vestes da paciente I. foram encontradas 'cerca de 30 pedras de *crack* (pesando aproximadamente 5,1 gramas)" (HC 70030689715/RS, 2.ª C.C., rel. Marco Aurélio de Oliveira Canosa, 25.06.2009); TJSP: "Revista pessoal – Ofensa à dignidade da mulher – Inocorrência – Entorpecente localizado no bolso da jaqueta – Busca realizada por policiais do sexo masculino, limitada às vestes, não alcançando o corpo – Inexistência de policial feminina no local – Validade da prova – Interpretação do art. 249 do Código de Processo Penal" (Ap. 326.059-3, São Paulo, 2.ª C., rel. Djalma Lofrano, 18.12.2000, v.u., *JUBI* 56/01).

Busca no curso do processo ou do inquérito

> **Art. 184.** A busca domiciliar ou pessoal por mandado será, no curso do processo, executada por oficial de justiça; e, no curso do inquérito, por oficial, designado pelo encarregado do inquérito, atendida a hierarquia do posto ou graduação de quem a sofrer, se militar.[483]

Requisição a autoridade civil

> **Parágrafo único.** A autoridade militar poderá requisitar da autoridade policial civil a realização da busca.[484]

483. Atribuição para a busca: diversamente da legislação processual penal comum, que prevê apenas a realização das buscas por *executores* do mandado judicial, este Código indica

Título XIII • Capítulo I – Das providências que recaem sobre coisas ou pessoas

Art. 185

quem deve efetivar tal diligência. Quando houver processo instaurado, cabe ao oficial de justiça, situação lógica, pois é o executor primário das ordens judiciais; pode fazer-se acompanhar de força militar, se o caso. Na fase de investigação, respeitada a hierarquia, um oficial fará a busca, o que é, sem dúvida, correto e cauteloso.

484. Polícia civil: confere a lei a possibilidade de a autoridade militar *requisitar* (exigir legalmente que desempenhe determinada atividade) à autoridade policial civil (delegado de polícia) a efetivação da busca, domiciliar ou pessoal. Quer-se crer seja a autoridade militar encarregada do inquérito, pois o juiz possui sempre o oficial de justiça à disposição. Essa requisição somente tem sentido quando se cuidar de investigado civil.

Seção II
Da apreensão[485-486]

485. Apreensão: é medida asseguratória que toma algo de alguém ou de algum lugar, com a finalidade de produzir prova ou preservar direitos. Mencionamos a lição de Cleunice A. Valentim Bastos Pitombo, no sentido de ser o "ato processual penal, subjetivamente complexo, de apossamento, remoção e guarda de coisas – objetos, papéis ou documentos –, de semoventes e de pessoas, 'do poder de quem as retém ou detém'; tornando-as indisponíveis, ou as colocando sob custódia, enquanto importarem à instrução criminal ou ao processo" (ob. cit., p. 192). Para Tornaghi, no entanto, *busca e apreensão* são medidas que sempre caminham juntas, vale dizer, a finalidade da busca é sempre a apreensão (*Compêndio de processo penal*, t. III, p. 1.006), com o que não aquiescemos, tendo em vista a possibilidade de se determinar uma busca, implicando colheita (algo diverso de apreensão) ou mesmo de simples libertação da vítima (não significando, também, apreensão, mas recolhê-la do local para a liberdade). Um mandado de busca pode significar, ainda, a mera tomada de fotografias do lugar, havendo utilidade para a prova, o que não quer dizer ter havido apreensão.

486. Natureza jurídica: trata-se de medida de natureza mista. A apreensão pode representar a tomada de um bem para acautelar o direito de indenização da parte ofendida, como pode simbolizar a apreensão de instrumento do crime para constituir prova, dentre outras finalidades úteis tanto à produção de prova como para assegurar a preservação de bens. Assim, tanto a busca, quanto a apreensão, podem ser vistos, individualmente, como meios asseguratórios ou como meios de prova, ou ambos.

Apreensão de pessoas ou coisas

> **Art. 185.** Se o executor da busca encontrar as pessoas ou coisas a que se referem os arts. 172 e 181, deverá apreendê-las. Fá-lo-á, igualmente, de armas ou objetos pertencentes às Forças Armadas ou de uso exclusivo de militares, quando estejam em posse indevida, ou seja incerta a sua propriedade.[487]

Correspondência aberta

> § 1.º A correspondência aberta ou não, destinada ao indiciado ou ao acusado, ou em seu poder, será apreendida se houver fundadas razões para suspeitar que pode ser útil à elucidação do fato.[488]

Art. 186

Documento em poder do defensor

> § 2.º Não será permitida a apreensão de documento em poder do defensor do acusado, salvo quando constituir elemento do corpo de delito.[489]

487. Objetivo da apreensão: deve-se recolher todos os elementos interessantes ao processo, desde a produção da prova até a captação de coisas ilícitas ou o produto do crime. O rol exposto no art. 172, referente às finalidades da busca, serve para o contexto da apreensão, no que for cabível, como, por exemplo, *apreender* coisas obtidas por meios criminosos (alínea *b*), armas e munições (alínea *d*), pessoas vítimas de crimes (alínea *g*) etc. Ratifica-se o intuito da diligência, firmando a necessidade de coligir todo o material pertencente às Forças Armadas ou de uso exclusivo de militares (como as armas de grosso calibre), independentemente de ter sido usado para a prática de crime, desde que esteja em poder de quem não poderia mantê-lo.

488. Apreensão de correspondência: ver a nota correspondente à alínea *f* do art. 172, *supra*.

489. Corpo de delito e ampla defesa: a formação do *corpo de delito* – prova da existência do crime ou materialidade – é indispensável à segura aplicação das leis penais ao caso concreto. Por isso, exceto o autor da infração penal, ninguém pode ocultar elementos probatórios para a sua concretização. O defensor, em sua atuação, representa o réu em juízo e pode guardar vários documentos – e outros objetos – importantes para o caso. Entretanto, não haveria sentido em se consagrar a ampla defesa mediante o impedimento da atuação estatal, como ocorreria se o agente entregasse ao seu advogado, impunemente, os documentos por ele falsificados ou a droga ilícita, objeto do tráfico. Aliás, seria um grave precedente, visto que advogados podem atuar em causa própria, razão pela qual seus escritórios – invioláveis por conta da atividade – seriam perfeitos locais para armazenamento do produto do crime, em particular aqueles que são aptos a formar a materialidade do delito. Em suma, documentos e outros elementos estão *imunes* à apreensão quando estiverem em poder do defensor do réu, desde que figurem como fatores ligados à prova da autoria ou de outras circunstâncias. Podem ser apreendidos quando se prestarem à prova da existência da infração penal.

Território de outra jurisdição

> **Art. 186.** Quando, para a apreensão, o executor for em seguimento de pessoa ou coisa, poderá penetrar em território sujeito a outra jurisdição.[490]
>
> **Parágrafo único.** Entender-se-á que a autoridade ou seus agentes vão em seguimento de pessoa ou coisa, quando:
>
> *a)* tendo conhecimento de sua remoção ou transporte, a seguirem sem interrupção, embora depois a percam de vista;
>
> *b)* ainda que não a tenham avistado, mas forem em seu encalço, sabendo, por informações fidedignas ou circunstâncias judiciárias que está sendo removida ou transportada em determinada direção.

490. Busca em território alheio: nenhum impedimento há para que a norma processual penal, editada pela União, preveja e estabeleça autorização para os agentes da autoridade (ou mesmo esta, pessoalmente), de uma unidade federativa ou de determinada Circunscrição, possam penetrar no território de outra para proceder à apreensão de pessoa ou coisa. A cautela, no entanto, é exigir que se apresentem à autoridade local, antes ou depois, dando ciência do que houve. Se houver urgência no ato, a apresentação se faz posteriormente. Não havendo, devem os executores apresentar-se antes. O art. 250, § 1.º, do CPP comum, dispõe a esse respeito o seguinte: "Entender-se-á que a autoridade ou seus agentes vão em seguimento da pessoa ou coisa, quando: *a)* tendo conhecimento direto de sua remoção ou transporte, a seguirem sem interrupção, embora depois a percam de vista; *b)* ainda que não a tenham avistado, mas sabendo, por informações fidedignas ou circunstâncias indiciárias, que está sendo removida ou transportada em determinada direção, forem ao seu encalço". Pode ser utilizada, empregando-se analogia, para a apreensão realizada de acordo com o Código de Processo Penal Militar.

Apresentação à autoridade local

> **Art. 187.** O executor que entrar em território de jurisdição diversa deverá, conforme o caso, apresentar-se à respectiva autoridade civil ou militar, perante a qual se identificará. A apresentação poderá ser feita após a diligência, se a urgência desta não permitir solução de continuidade.

Pessoa sob custódia

> **Art. 188.** Descoberta a pessoa ou coisa que se procura, será imediatamente apreendida e posta sob custódia da autoridade ou de seus agentes.[491]

491. Custódia: trata-se da guarda de algo ou alguém, servindo para identificar o resultado da apreensão. Recolhidas as coisas procuradas (ou a pessoa), lavra-se o auto, conforme dispõe o art. 189, colocando-as sob guarda da autoridade executora da diligência ou de seus agentes. Quando a apreensão ocorrer em lugar diverso do território de quem a autorizou, o executor se apresenta à autoridade civil ou militar local, para identificação, embora a coisa ou pessoa fique sob custódia de quem cumpriu o mandado. Lembremos que a apreensão de pessoa é rara e diz respeito à vítima de crime, como regra. A detenção de indiciados ou acusados decorre de mandado de prisão – e não de apreensão.

Requisitos do auto

> **Art. 189.** Finda a diligência, lavrar-se-á auto circunstanciado da busca e apreensão, assinado por duas testemunhas, com declaração do lugar, dia e hora em que se realizou, com citação das pessoas que a sofreram e das que nelas tomaram parte ou as tenham assistido, com as respectivas identidades, bem como de todos os incidentes ocorridos durante a sua execução.[492]

Conteúdo do auto

> **Parágrafo único.** Constarão do auto, ou dele farão parte em anexo devidamente rubricado pelo executor da diligência, a relação e descrição das coisas apreendidas, com a especificação:[493]

Art. 190

> a) se máquinas, veículos, instrumentos ou armas, da sua marca e tipo e, se possível, da sua origem, número e data da fabricação;
>
> b) se livros, o respectivo título e o nome do autor;
>
> c) se documentos, a sua natureza.

492. Auto circunstanciado: menciona este dispositivo que, após a diligência, deve-se lavrar *auto circunstanciado* (termo formal, por escrito, onde se registram todos os detalhes de determinada ocorrência) da *busca e apreensão*. Geralmente, como já expusemos, ambos os movimentos caminham juntos: a busca (procura por algo) precede a apreensão (recolhimento de coisa ou pessoa). É importante ressaltar a possibilidade de se realizar somente a busca ou apenas a apreensão, devendo-se lavrar o auto de todo modo. O registro pormenorizado da diligência, assinado por, pelo menos, duas testemunhas que a tenham acompanhado (de preferência) ou por pessoas que tenham ciência da apreensão logo após a sua consumação, serve para comprovar a lisura do procedimento e o respeito às normas processuais em vigor. Em caso de dúvida, relacionada a eventual abuso de poder, tem-se nesse auto relevante fonte de prova.

493. Relação e descrição das coisas apreendidas: cuida-se de cautela necessária para que o material recolhido não sofra desvio, preservando-se a sua integridade não somente como meio de prova, mas, sobretudo, para eventual devolução a quem de direito. O rol dos bens passíveis de registro no auto circunstanciado (alíneas *a, b* e *c*) é exemplificativo. Tudo o que for apreendido comporta a inserção na listagem geral. Somente para ilustrar, atualmente, pode-se apreender CDs, DVDs e outros objetos de informática, que não constam da relação deste parágrafo único.

Seção III
Da restituição

Restituição de coisas[494]

494. Restituição de coisas apreendidas: é o procedimento legal de devolução a quem de direito de objeto apreendido, durante diligência policial militar ou judiciária, não mais interessante ao processo criminal. Pode constituir-se em procedimento incidente, quando houver litígio ou dúvida sobre a propriedade da coisa.

> **Art. 190.** As coisas apreendidas[495] não poderão ser restituídas enquanto interessarem ao processo.[496]
>
> § 1.º As coisas a que se referem o art. 109, II, letra *a*, e o art. 119, I e II, do Código Penal Militar, não poderão ser restituídas em tempo algum.[497-498]
>
> § 2.º As coisas a que se refere o art. 109, II, letra *b*, do Código Penal Militar, poderão ser restituídas somente ao lesado ou a terceiro de boa-fé.[499]

495. Coisas apreendidas: são aquelas que, de algum modo, interessam à elucidação do crime e de sua autoria, podendo configurar tanto elementos de prova, quanto elementos sujeitos a futuro confisco, pois coisas de fabrico, alienação, uso, porte ou detenção ilícita, bem como as obtidas pela prática do delito. A autoridade deverá, tão logo tenha conhecimento da prática da infração penal, dirigir-se ao local e providenciar a apreensão dos objetos relacionados com o

Art. 190

Título XIII • Capítulo I – Das providências que recaem sobre coisas ou pessoas

fato, além de colher as provas que servirem para o esclarecimento do fato e de suas circunstâncias. Nesse procedimento de recolhimento de coisas em geral, é possível que terceiros de boa-fé sejam prejudicados, e mesmo o acusado, quando objeto de pouco ou nenhum interesse para a causa seja apreendido. Por isso, instaura-se o incidente processual denominado restituição de coisas apreendidas para a liberação do que foi recolhido pelo Estado. Na jurisprudência: TJSE: "Incontroversa a propriedade do bem apreendido, aliado ao fato de inexistir ação penal apurando a responsabilidade penal da Apelante pelo crime de facilitação, *ex vi* do art. 118 do CPP, mostra-se desarrazoada a manutenção da apreensão" (ACr 0501/2009-SE, CC., rel. Edson Ulisses de Melo, 17.08.2009, v.u.).

496. Interesse ao processo: é o fator limitativo da restituição das coisas apreendidas. Enquanto for útil ao processo, não se devolve a coisa recolhida, até porque, fazendo-o, pode-se não mais obtê-la de volta. Imagine-se a arma do crime, que necessitaria ser exibida aos jurados, num processo que apure crime doloso contra a vida. Não há cabimento na sua devolução, antes do trânsito em julgado da sentença final, pois é elemento indispensável ao feito, ainda que pertença a terceiro de boa-fé e não seja coisa de posse ilícita. Porém, inexistindo interesse ao processo, cabe a restituição imediatamente após a apreensão ou realização de perícia. Conferir: TJPR: ACr 0657714-4-PR, 5.ª CC., rel. Rogério Etzel, 15.07.2010, v.u. TRF-4.ª Região: "Apreendidos os ônibus em procedimento criminal a fim de se averiguar eventual modificação para ocultação de mercadorias que possam implicar a prática de contrabando ou descaminho, demonstrando os exames periciais que os veículos não apresentam adulteração para aquele fim, resta desautorizada a manutenção do confisco" (ACr. 2005.70.02.006450-0-0-PR, 8.ª T., rel. Marcelo Malucelli, 19.07.2006, v.u., *Boletim AASP* 2.496, p. 1.272). Em outro ângulo: TRF-3.ª Região: "Uma vez periciados e não mais interessando ao processo, devem ser restituídos os bens cujo fabrico, alienação, uso, porte ou detenção não constituam fato ilícito, que não configuram produtos do crime e a respeito dos quais não haja qualquer reivindicação de terceiro" (ACr 15440-SP, 2.ª T., rel. Nelton dos Santos, 21.03.2006, v.u., *Boletim AASP* 2.492, p. 1.259).

497. Confisco: os instrumentos do crime cuja utilização é proibida, como ocorre com as armas de uso privativo do Exército, por exemplo, não retornarão jamais ao acusado, mesmo que seja ele absolvido. Ocorre o confisco. Ressalva-se a posição do lesado ou terceiro de boa-fé, como pode acontecer com o sujeito que tem a arma proibida retirada de sua coleção autorizada, para utilização em um roubo. Pode pleitear a devolução, pois, no seu caso, a posse é lícita. Quanto ao produto do crime, o mesmo pode dar-se. Se joias são furtadas, é natural que não mais sejam restituídas ao agente do crime, caso seja ele condenado. Eventualmente, elas podem ser devolvidas ao lesado ou terceiro de boa-fé, desde que a propriedade seja comprovada. Não surgindo ninguém para reclamá-las, serão confiscadas pela União. Convém mencionar que, no tocante ao produto do crime, caso seja diretamente a coisa subtraída ou conseguida pela prática do delito, pode ser apreendida; porém tratando-se de bens ou valores auferidos pela transformação do produto direto do crime devem ser objeto de sequestro. Assim, a quantia em dinheiro retirada da vítima pode ser objeto de apreensão, mas o veículo comprado com esse montante será objeto de sequestro.

498. Impossibilidade de restituição, no caso de arquivamento ou absolvição: as coisas apreendidas, que forem de fabrico, alienação, uso, porte ou detenção proibida serão igualmente confiscadas pela União, pois não teria cabimento restituir objetos ilícitos a quem quer que seja, como seriam os casos de entorpecentes ou armas de uso vedado ao particular. Assim, ainda que o juiz nada mencione na decisão de arquivamento do inquérito ou na sentença absolutória, as coisas apreendidas ilícitas ficam confiscadas.

Art. 191

499. Interesse da vítima ou de terceiro de boa-fé: como já mencionado em nota anterior, o direito de propriedade da parte ofendida ou de terceiro, quando atuar de boa-fé, deve ser resguardado. Por isso, quando se cuidar de "produto do crime ou de qualquer bem ou valor que constitua proveito auferido pelo agente com a sua prática" (art. 109, II, *b*, CPM), é preciso verificar a quem pertence, realmente, a coisa ou o valor apreendido para a correta restituição, antes de repassar ao Estado.

Ordem de restituição

> **Art. 191.** A restituição poderá ser ordenada pela autoridade policial militar[500] ou pelo juiz, mediante termo nos autos, desde que:[501]
>
> *a)* a coisa apreendida não seja irrestituível, na conformidade do artigo anterior;
>
> *b)* não interesse mais ao processo;
>
> *c)* não exista dúvida quanto ao direito do reclamante.

500. Autoridade policial militar determinando a restituição: tal pode dar-se, caso não haja dúvida alguma sobre a propriedade da coisa apreendida e não seja ela de fabrico, alienação, uso, porte ou detenção proibida. Envolvendo, no entanto, o interesse de terceiro de boa-fé, estranho ao processo criminal, a autoridade policial deve abster-se de efetuar a devolução, remetendo o caso à apreciação do juiz. Portanto, o encarregado do inquérito somente ordena a restituição para o indiciado ou para a vítima.

501. Inaplicabilidade do procedimento incidente: quando é certa a propriedade da coisa apreendida, não sendo ela mais útil ao processo, deve ser devolvida a quem de direito, não existindo, nesse procedimento, a instauração de um incidente processual.

Direito duvidoso

> **Art. 192.** Se duvidoso o direito do reclamante, somente em juízo poderá ser decidido, autuando-se o pedido em apartado[502] e assinando-se o prazo de 5 (cinco) dias para a prova, findo o qual o juiz decidirá, cabendo da decisão recurso para o Superior Tribunal Militar.[503]

Questão de alta indagação

> **Parágrafo único.** Se a autoridade judiciária militar entender que a matéria é de alta indagação, remeterá o reclamante para o juízo cível, continuando as coisas apreendidas até que se resolva a controvérsia.[504]

502. Incidente processual: tem início, em autuação à parte, para não tumultuar o curso do processo principal, quando duvidosa for a propriedade da coisa apreendida. Pode ser autor do pedido o próprio réu, a vítima ou terceiro não interessado no deslinde do feito, mas unicamente na devolução do que julga pertencer-lhe. Deve o reclamante, seja quem for, demonstrar a propriedade, apresentando os documentos que possuir ou requerer a produção de outro tipo de prova em juízo. Assim, o prazo assinalado de cinco dias significa a apresentação da prova ou o requerimento para que seja produzida, mas não quer dizer tenha o magistrado que encerrar o incidente no quinquídio.

503. Recurso da parte: em primeira leitura, poder-se-ia concluir a existência de *reexame necessário* (recurso de ofício) para instância superior, em face da expressão *cabendo da decisão recurso para o Superior Tribunal Militar*. Porém, não há sentido para isso. Inexiste matéria de interesse público relevante para ser reanalisada obrigatoriamente. Na realidade, o legislador apenas assinalou caber recurso dessa decisão, o que era dispensável. Deve a parte valer-se da apelação.

504. Dúvida intransponível: havendo necessidade de ampla dilação probatória, o que é nitidamente incompatível com o procedimento incidental instaurado, até para não turbar, mais do que o necessário, o processo criminal principal, remete-se a questão ao juízo cível. O magistrado determina o depósito em mãos de alguém confiável, podendo ser até uma das partes em litígio, até que a propriedade do bem seja definida. Na jurisprudência: TJMG: "Se o órgão acusador não comprova que o dinheiro apreendido na residência do réu é produto de crime, impõe-se a sua imediata restituição. III. Ao decidir o incidente de restituição de coisa apreendida, o juiz deve compor a lide e somente no caso de ser necessária maior dilação probatória pode remeter os litigantes ao juízo cível" (APc. 1.0079.08.407240-8/001(1)-MG, 5.ª CC., rel. Adilson Lamounier, 23.02.2010, v.u.).

Coisa em poder de terceiro

> **Art. 193.** Se a coisa houver sido apreendida em poder de terceiro de boa-fé, proceder-se-á da seguinte maneira:
>
> *a)* se a restituição for pedida pelo próprio terceiro, o juiz do processo poderá ordená-la, se estiverem preenchidos os requisitos do art. 191;[505]
>
> *b)* se pedida pelo acusado ou pelo lesado e, também, pelo terceiro, o incidente autuar-se-á em apartado e os reclamantes terão, em conjunto, o prazo de 5 (cinco) dias para apresentar provas e o de 3 (três) dias para arrazoar, findos os quais o juiz decidirá, cabendo da decisão recurso para o Superior Tribunal Militar.[506]

Persistência de dúvida

> § 1.º Se persistir dúvida quanto à propriedade da coisa, os reclamantes serão remetidos para o juízo cível, onde se decidirá aquela dúvida, com efeito sobre a restituição no juízo militar, salvo se motivo superveniente não tornar a coisa irrestituível.[507]

Nomeação de depositário

> § 2.º A autoridade judiciária militar poderá, se assim julgar conveniente, nomear depositário idôneo, para a guarda da coisa, até que se resolva a controvérsia.[508]

505. Terceiro de boa-fé: é possível que determinado bem ou valor, produto do crime, termine em mãos de terceira pessoa, que o tenha adquirido do acusado ou de intermediário.

Art. 194

Atuando de boa-fé, sem a menor noção do caráter criminoso do produto, não há sentido em perder, para o Estado, o bem. Pode requerer a restituição da coisa apreendida, cabendo ao juízo ordená-la, de imediato, desde que não se trate de bem irrestituível (de posse ilícita, por exemplo), não haja interesse para o processo e inexista dúvida quanto à propriedade, nos termos do preceituado pelo art. 191 deste Código. Nesta hipótese, somente o magistrado pode determinar a restituição – e não a autoridade policial militar.

506. Bem litigioso: apreendido em poder de terceiro de boa-fé, é possível que o pedido de restituição seja realizado não somente por este, mas igualmente pelo acusado ou pela vítima, instaurando-se a litigiosidade. Instaura-se o incidente processual, com autuação em apartado e a produção de provas, cujo requerimento se dá no prazo de cinco dias, após a intimação dos interessados; finda a instrução, as partes têm três dias para alegações finais. A decisão do juiz, em favor de um dos requerentes, negando a restituição a ambos ou remetendo-os ao juízo cível submete-se ao reexame necessário. A parte que desejar recorrer deve valer-se da apelação. O incidente não comporta extensa dilação probatória, mas também não se pode coibir o direito dos interessados de demonstrar ao juízo criminal que o bem ou valor lhes pertence. O meio-termo é a solução ideal. Permite-se a produção de provas, mas não se adentra em detalhes, estendendo-se para perícia, expedição de precatória e outros meios dilatados. A prova documental é a recomendada para o caso; excepcionalmente, a oitiva de alguma testemunha.

507. Dúvida de alta indagação: nos termos já aventados pelo art. 192, parágrafo único, deste Código, quando surgir matéria de complexa solução, dependente, por exemplo, de perícia, não cabe ao juiz criminal persistir na instrução da causa. O incidente processual não se presta a tal finalidade, devendo resolver controvérsia simples, de fácil comprovação.

508. Depositário: se o bem foi apreendido supõe-se tenha interesse para o processo; desse modo, deve ficar à disposição do juízo, em mão de agente estatal, como regra. Entretanto, se perder o interesse para o feito, não se podendo entregá-lo a alguém, em face da litigiosidade, cabe a nomeação de depositário da confiança do juízo. Nada impede seja designado o acusado, a vítima ou o terceiro de boa-fé, a depender do caso concreto.

Audiência do Ministério Público

> **Art. 194.** O Ministério Público será sempre ouvido em pedido ou incidente de restituição.[509]
>
> **Parágrafo único.** Salvo o caso previsto no art. 195, caberá recurso, com efeito suspensivo, para o Superior Tribunal Militar, do despacho do juiz que ordenar a restituição da coisa.[510]

509. Ouvida obrigatória do Ministério Público: sempre que alguém ingressar com pedido de restituição de coisa apreendida, seja duvidosa ou não a propriedade, deve-se colher o parecer do Ministério Público, até porque é importante saber se o objeto é útil ao processo. O titular da ação penal é a parte mais indicada a pronunciar-se a esse respeito. Portanto, havendo inquérito, remete o seu encarregado os autos a juízo, para que seja ouvido o promotor. No caso de processo, abre-se imediatamente vista ao representante do Ministério Público. Somente após, um ou outro (autoridade policial militar ou juiz) determina a devolução ou a indefere.

510. Direito a recurso: o previsto neste parágrafo único é de interpretação duvidosa, pois se insere no artigo referente ao direito de audiência do Ministério Público no âmbito da

Art. 196

restituição de coisa apreendida. Portanto, poder-se-ia entender que somente o membro do Ministério Público teria direito a recorrer da decisão concessiva da restituição. Assim não vemos. Inexiste clareza nesse sentido e não se pode retirar da parte interessada o seu direito ao recurso somente porque mal localizada a disposição no Código de Processo Penal Militar. À parte interessada, cabe interpor apelação. Este parágrafo permite concluir que este recurso, ofertado pelo Ministério Público, como fiscal da lei, ou por outro interessado, tem efeito suspensivo, no caso de deferida a restituição. Em suma, havendo apelação, será esta processada com efeito suspensivo. Entretanto, tratando-se de coisa deteriorável (art. 195), não haverá o efeito suspensivo, que realmente seria incabível, sob pena de tornar inútil a restituição.

Coisa deteriorável

> **Art. 195.** Tratando-se de coisa facilmente deteriorável, será avaliada e levada a leilão público, depositando-se o dinheiro apurado em estabelecimento oficial de crédito determinado em lei.[511]

511. Coisas facilmente deterioráveis: o procedimento para a sua restituição é o mesmo descrito nos artigos anteriores. Entretanto, abre-se a possibilidade de o juiz determinar a avaliação dos bens, bem como a sua venda em leilão público, depositando-se o dinheiro auferido à disposição do juízo, evitando-se, com isso, a sua perda irreparável. Não seria cabível disputar-se a propriedade de algo que já não existe mais, justamente pela lentidão na decisão. Outra alternativa – aliás, a mesma que se adota quando a questão for complexa e remetida ao cível – é entregar as coisas em mãos do terceiro que as detinha, lavrando-se o respectivo termo.

Sentença condenatória

> **Art. 196.** Decorrido o prazo de 90 (noventa) dias, após o trânsito em julgado de sentença condenatória, proceder-se-á da seguinte maneira em relação aos bens apreendidos:[512]

Destino das coisas

> *a)* os referidos no art. 109, II, letra *a*, do Código Penal Militar, serão inutilizados ou recolhidos a Museu Criminal ou entregues às Forças Armadas, se lhes interessarem;
>
> *b)* quaisquer outros bens serão avaliados e vendidos em leilão público, recolhendo-se ao fundo da organização militar correspondente ao Conselho de Justiça o que não couber ao lesado ou terceiro de boa-fé.

512. Prazo máximo para requerer a restituição: tem a parte interessada na devolução do bem apreendido o período de até noventa dias, após o trânsito em julgado da sentença condenatória, para requerer a restituição ou liberação da constrição. Caso ninguém se habilite a tanto, o juiz decreta a perda em favor da União do que foi apreendido, seja lícito ou ilícito, determinando seja tudo vendido em leilão, revertendo-se o dinheiro para os cofres públicos. Logicamente, se feita a venda, surgir o interessado – vítima ou terceiro de boa-fé – o montante

Art. 197

lhe será destinado. Algumas coisas ilícitas podem ser vendidas em leilão, como alguns tipos de armas que interessem a colecionadores; outras, como drogas, devem ser incineradas.

Destino em caso de sentença absolutória

> **Art. 197.** Transitando em julgado sentença absolutória, proceder-se-á da seguinte maneira:[513]
>
> *a)* se houver sido decretado o confisco (Código Penal Militar, art. 119), observar-se-á o disposto na letra *a* do artigo anterior;
>
> *b)* nos demais casos, as coisas serão restituídas àquele de quem houverem sido apreendidas.

513. Norma de escassa utilidade: já se dispôs, claramente, no Código Penal Militar (arts. 109 e 119) o que será objeto de confisco, sendo desnecessário repetir no Código de Processo Penal Militar o mesmo quadro. Por óbvio, o material não confiscado será devolvido a quem de direito. Não existindo, reverte-se ao Estado. Além disso, idêntica previsão se encontra no art. 190, § 1.º, deste Código, evidenciando as coisas que não serão restituídas *em tempo algum*, mesmo em caso de absolvição. Portanto, muitos dispositivos deste Código poderiam ser unificados, conferindo maior precisão à legislação e evitando-se repetições, que tem aptidão para gerar dúvida no operador do Direito.

Venda em leilão

> **Art. 198.** Fora dos casos previstos nos artigos anteriores, se, dentro do prazo de 90 (noventa) dias, a contar da data em que transitar em julgado a sentença final, condenatória ou absolutória, os objetos apreendidos não forem reclamados por quem de direito, serão vendidos em leilão, depositando-se o saldo à disposição do juiz de ausentes.

Capítulo II
Das providências que recaem sobre coisas

Seção I
Do sequestro[514]

514. Sequestro: é a medida assecuratória consistente em reter os bens imóveis e móveis do indiciado ou acusado, ainda que em poder de terceiros, quando adquiridos com o proveito da infração penal, para que deles não se desfaça, durante o curso da ação penal, a fim de se viabilizar a indenização da vítima ou impossibilitar ao agente que tenha lucro com a atividade criminosa. Não utiliza o Código de Processo Penal Militar o termo *sequestro* no seu sentido mais técnico, que seria a retenção de *coisa litigiosa*, até que se eleja o seu autêntico dono. Vale o sequestro, no processo penal, para recolher os proventos do crime – tudo aquilo que o agente adquiriu, valendo-se do produto do delito (ex.: carros, joias, apartamentos, terrenos, comprados com o dinheiro subtraído da vítima) –, visando-se à indenização à parte lesada, mas também tendo por finalidade impedir que alguém aufira lucro com a prática de uma infração penal. Logo, se não houver ofendido a requerer a indenização, são os proventos do delito confiscados pela União.

Bens sujeitos a sequestro

> **Art. 199.** Estão sujeitos a sequestro os bens adquiridos com os proventos da infração penal,[515] quando desta haja resultado, de qualquer modo, lesão a patrimônio sob administração militar,[516] ainda que já tenham sido transferidos a terceiros por qualquer forma de alienação, ou por abandono ou renúncia.
>
> § 1.º Estão, igualmente, sujeitos a sequestro os bens de responsáveis por contrabando, ou outro ato ilícito, em aeronave ou embarcação militar, em proporção aos prejuízos e riscos por estas sofridos, bem como os dos seus tripulantes, que não tenham participado da prática do ato ilícito.[517]

Bens insusceptíveis de sequestro

> § 2.º Não poderão ser sequestrados bens, a respeito dos quais haja decreto de desapropriação da União, do Estado ou do Município, se anterior à data em que foi praticada a infração penal.

515. Proventos da infração: é o lucro auferido pelo produto do crime, podendo constituir-se de bens móveis ou imóveis. Destaca Sérgio Marcos de Moraes Pitombo que o produto da infração pode ser direto, quando for o "resultado útil imediato da operação delinquencial: bens, ou bem, produzidos pela indústria do infrator" e indireto, quando for o "resultado útil mediato da operação delinquencial: o ganho, o lucro, o benefício que ao delinquente adveio da utilização econômica do produto direto do crime" (*Do sequestro no processo penal brasileiro*, p. 9). E completa que são sequestráveis todos os bens adquiridos pelo indiciado com o produto indireto do crime (ob. cit., p. 10). Em síntese, pois, conclui que os bens móveis, quando constituírem o produto do crime, são objeto de apreensão, o que já foi visto nas notas à restituição de coisas apreendidas.

516. Lesão a patrimônio sob administração militar: há uma evidente restrição para o uso da medida de sequestro, apontando para os delitos cujo resultado afete o patrimônio militar ou sob administração militar. Não vemos razão para tal cerceamento. O sequestro é cabível para apreender qualquer bem adquirido com o proveito da infração penal militar, afetando ou não o patrimônio administrado por órgão militar. O importante é não permitir que o agente do crime obtenha lucro indevido à custa da infração.

517. Extensão do sequestro: a medida assecuratória se volta, basicamente, à tomada de bens adquiridos com o proveito do crime. Este parágrafo cria estranha extensão do sequestro para abranger o contrabando, delito previsto no art. 334-A do Código Penal comum, bem como *outro ato ilícito*, não necessariamente penal (atos ilícitos penais têm a denominação própria de *crime*), cometidos por tripulantes de aeronave ou embarcação militar. Imagina-se que o "prejuízo ou risco" sofrido pelos aparelhos concentre-se na possibilidade de apreensão por conta do referido ato ilícito.

Requisito para o sequestro

> **Art. 200.** Para decretação do sequestro é necessária a existência de indícios veementes da proveniência ilícita dos bens.[518-519]

Art. 201

Código de Processo Penal Militar Comentado • **Nucci**

518. Requisito para o sequestro: deve estar demonstrada, nos autos, a existência de indícios veementes da procedência ilícita dos bens. Indícios são meios indiretos de prova, por meio dos quais se chega, por indução, ao conhecimento de um fato. Além de prova indiciária, torna-se indispensável que seja ela *veemente*, ou seja, forte, intensa, cristalina. Não são quaisquer indícios que servem para sustentar o sequestro, privação incidente sobre o direito de propriedade, constitucionalmente assegurado, mas somente aqueles que forem vigorosos. Em outros cenários, a lei exige indícios *suficientes* de autoria, algo, por contraposição, mais leve. No caso presente, os indícios veementes devem apontar para a origem ilícita dos bens e não para a responsabilidade do autor da infração penal. A norma fala em *indícios veementes* buscando uma quase certeza da proveniência ilícita do bem sequestrável, não se referindo à certeza, pois esta, por óbvio que seja, propicia, ainda mais, a decretação da medida assecuratória.

519. Recurso cabível contra o sequestro: é a apelação. Aliás, quando o juiz indeferir a medida requerida também é cabível apelação.

Fases de sua determinação

> **Art. 201.** A autoridade judiciária militar, de ofício ou a requerimento do Ministério Público, poderá ordenar o sequestro, em qualquer fase do processo; e, antes da denúncia, se o solicitar, com fundado motivo, o encarregado do inquérito.[520]

520. Iniciativa para o sequestro: há variada possibilidade de provocação, uma vez que a lei conferiu a iniciativa ao representante do Ministério Público, à autoridade policial condutora das investigações e ao próprio magistrado. Olvidou, no entanto, a figura da vítima, que pode ter interesse em futura indenização, motivo pelo qual também tem o direito de pleitear a medida assecuratória. Nesse caso, o ofendido oferta o requerimento e o magistrado pode encampá-lo, decretando de ofício o sequestro.

Providências a respeito

> **Art. 202.** Realizado o sequestro, a autoridade judiciária militar providenciará:
>
> *a)* se de imóvel, a sua inscrição no Registro de Imóveis;[521]
>
> *b)* se de coisa móvel, o seu depósito, sob a guarda de depositário nomeado para esse fim.[522]

521. Inscrição do sequestro no Registro de Imóveis: decretado o sequestro nos autos do procedimento incidente, é suficiente que determine o juiz a expedição de mandado para a sua inscrição no Registro de Imóveis, nos termos do disposto no art. 239 da Lei 6.015/73 (Registros Públicos): "As penhoras, arrestos e sequestros de imóveis serão registrados depois de pagas as custas do registro pela parte interessada, em cumprimento de mandado ou à vista de certidão do escrivão, de que constem, além dos requisitos exigidos para o registro, os nomes do juiz, do depositário, das partes e a natureza do processo. Parágrafo único. A certidão será lavrada pelo escrivão do feito, com a declaração do fim especial a que se destina, após a entrega, em cartório, do mandado devidamente cumprido." Assim fazendo, não é possível que o imóvel seja vendido a terceiros de boa-fé, uma vez que qualquer certidão extraída do

Registro de Imóveis, essencial para a garantia da boa transação, acusará a indisponibilidade do bem. Caso seja o imóvel objeto de compra e venda, a despeito do sequestro, o terceiro que o detiver, perderá o bem, que será vendido em hasta pública, encaminhando-se o apurado para a vítima ou para a União, ao término do processo criminal.

522. Depositário e outras comunicações: tratando-se de bens móveis, cabe a sua guarda a depositário nomeado pelo juiz, embora outras comunicações sejam viáveis. Ilustrando, quando se cuida de veículo automotor, comunica-se a sua indisponibilidade ao órgão de trânsito competente.

Autuação em embargos

> **Art. 203.** O sequestro autuar-se-á em apartado[523] e admitirá embargos, assim do indiciado ou acusado[524] como de terceiro,[525] sob os fundamentos de:
>
> I – se forem do indiciado ou acusado:[526]
>
> *a)* não ter ele adquirido a coisa com os proventos da infração penal;
>
> *b)* não ter havido lesão a patrimônio sob administração militar.
>
> II – se de terceiro:[527]
>
> *a)* haver adquirido a coisa em data anterior à da infração penal praticada pelo indiciado ou acusado;
>
> *b)* havê-la, em qualquer tempo, adquirido de boa-fé.

Prova. Decisão. Recurso

> § 1.º Apresentada a prova da alegação dentro em 10 (dez) dias e ouvido o Ministério Público, a autoridade judiciária militar decidirá de plano, aceitando ou rejeitando os embargos, cabendo da decisão recurso para o Superior Tribunal Militar.[528-529]

Remessa ao juízo cível

> § 2.º Se a autoridade judiciária militar entender que se trata de matéria de alta indagação, remeterá o embargante para o juízo cível e manterá o sequestro até que seja dirimida a controvérsia.[530]
>
> § 3.º Da mesma forma procederá, desde logo, se não se tratar de lesão ao patrimônio sob administração militar.[531]

523. Autuação em separado: tratando-se de procedimento incidente, sobre o qual pode haver litígio, é preciso que seja autuado à parte. Logo, ainda que seja o juiz a autoridade provocadora, deve fazê-lo em separado, contendo os motivos que o levam a decretar o sequestro e permitindo a ciência das partes, inclusive das interessadas em contrariar a decisão tomada.

524. Embargos do acusado ou indiciado: rigorosamente, trata-se de impugnação ou contestação ao sequestro, pois é parte interessada na questão criminal. De todo modo, abre-se o incidente processual, autuando-se à parte, para instrução e decisão.

Art. 203

Código de Processo Penal Militar Comentado • **Nucci**

525. Embargos de terceiro: é a defesa apresentada pelo terceiro de boa-fé, completamente alheio à prática da infração penal, conforme disposição feita pelo art. 674 do Código de Processo Civil: "Quem, não sendo parte no processo, sofrer constrição ou ameaça de constrição sobre bens que possua ou sobre os quais tenha direito incompatível com o ato constritivo, poderá requerer seu desfazimento ou sua inibição por meio de embargos de terceiro. § 1.º Os embargos podem ser de terceiro proprietário, inclusive fiduciário, ou possuidor. § 2.º Considera-se terceiro, para ajuizamento dos embargos: I – o cônjuge ou companheiro, quando defende a posse de bens próprios ou de sua meação, ressalvado o disposto no art. 843; II – o adquirente de bens cuja constrição decorreu de decisão que declara a ineficácia da alienação realizada em fraude à execução; III – quem sofre constrição judicial de seus bens por força de desconsideração da personalidade jurídica, de cujo incidente não fez parte; IV – o credor com garantia real para obstar expropriação judicial do objeto de direito real de garantia, caso não tenha sido intimado, nos termos legais dos atos expropriatórios respectivos". Estes embargos devem ser julgados tão logo termine a instrução do procedimento incidente, sem aguardar o trânsito em julgado da sentença condenatória do processo-crime. Na hipótese tratada neste artigo, não há razão de se reter o bem imóvel de terceiro inocente, que relação alguma tem com o crime, por tempo demasiado.

526. Fundamentos dos embargos do indiciado ou acusado: indicam-se, neste dispositivo, as razões que sustentam os embargos, constituindo a primeira de fundo razoável – não ter adquirido o bem com os proventos do crime – mas a segunda não tem sentido – não ter havido lesão a patrimônio sob administração militar. Como já mencionado, o sequestro busca assegurar não possa o autor do delito fazer uso do proveito do crime, pois nítido enriquecimento ilícito. Diante disso, pouco importa se houve, ou não, lesão a patrimônio militar, pois existem várias infrações geradoras de proveito material ao criminoso, sem dano patrimonial militar.

527. Fundamentos dos embargos de terceiro: uma das razões de sustentação desses embargos espelha um fator concreto, de prova simplificada, constante da alínea *a* do inciso II (ter adquirido a coisa em data anterior à do crime cometido pelo acusado), passível de demonstração documental. No entanto, a outra razão é de complexa demonstração, visto exigir a boa-fé do adquirente. Aliás, a expressão *em qualquer tempo* é desnecessária, pois se o bem foi adquirido antes do delito aplica-se a hipótese da alínea anterior. Desse modo, somente há interesse em provar a boa-fé do embargante, quando a aquisição for feita após a prática do crime. Para esse tipo de alegação, é possível aplicar o disposto no § 2.º. do art. 203 (remessa ao cível por se tratar de questão de alta indagação).

528. Procedimento dos embargos: em visão literal do conteúdo deste dispositivo, o embargante apresenta as provas que possui juntamente com a inicial e tem dez dias para efetivar a prova faltante, como testemunhal. Após, ouvido o Ministério Público, o magistrado julga. Não nos parece crível outra interpretação, afinal, ingressar com os embargos em simples petição, sem nenhum documento, para, depois, em dez dias, apresentar a prova documental não tem sentido. Por isso, quer-se crer deva o embargante ofertar, com a inicial, todas as provas que tiver; as demais, no decêndio seguinte, devem ser produzidas. Trata-se de prazo impróprio, que, uma vez ultrapassado, não provoca sanção processual.

529. Recurso da parte: em primeira leitura, poder-se-ia concluir a existência de *reexame necessário* (recurso de ofício) para instância superior, em face da expressão *cabendo da decisão recurso para o Superior Tribunal Militar*. Porém, não há sentido para isso. Inexiste matéria de interesse público relevante para ser reanalisada obrigatoriamente. Na realidade, o legislador

227 Título XIII • Capítulo II – Das providências que recaem sobre coisas

Art. 205

apenas assinalou caber recurso dessa decisão, o que era dispensável. Deve a parte valer-se da apelação.

530. Questão de alta indagação: seguindo a mesma linha da restituição de coisa apreendida, é fundamental que a prova quanto à propriedade do bem seja facilmente produzida para que o juízo criminal deslinde a questão. Do contrário, remete-se a controvérsia para o cível.

531. Remessa indevida: se a questão é de simples solução, não tem o menor sentido enviar o caso ao juízo cível somente pelo fato de não se cuidar de lesão patrimonial militar. Afinal, o sequestro busca captar o produto do crime (ou proveito do delito), pouco importando se pertencente à administração militar.

Levantamento de sequestro

> **Art. 204.** O sequestro será levantado no juízo penal militar:[532]
>
> *a)* se forem aceitos os embargos, ou negado provimento ao recurso da decisão que os aceitou;
>
> *b)* se a ação penal não for promovida no prazo de 60 (sessenta) dias, contado da data em que foi instaurado o inquérito;
>
> *c)* se o terceiro, a quem tiverem sido transferidos os bens, prestar caução real ou fidejussória que assegure a aplicação do disposto no art. 109, n. I e II, letra *b*, do Código Penal Militar;
>
> *d)* se for julgada extinta a ação penal ou absolvido o acusado por sentença irrecorrível.

532. Levantamento do sequestro: tratando-se de medida constritiva e excepcional, pode ser revista, desde que ocorra uma das quatro hipóteses enumeradas neste artigo. Por óbvio, se os embargos forem julgados procedentes o sequestro será levantado; nem precisa constar de lei tal hipótese. Quando decretado durante a fase investigatória, há um prazo máximo de 60 dias para que seja a ação penal intentada, o que é bastante razoável para apurar a materialidade e indícios suficientes de autoria. Quando decretado em qualquer fase, o terceiro de boa-fé pode oferecer garantia para assegurar eventual retorno do bem ou seu valor em dinheiro. Provada a boa-fé, o terceiro levanta a caução. Quando for julgada extinta a punibilidade do réu ou for este absolvido, por decisão definitiva, é natural que a origem ilícita do bem não foi evidenciada, merecendo cessar a constrição.

Sentença condenatória

> **Art. 205.** Transitada em julgado a sentença condenatória, a autoridade judiciária militar, de ofício ou a requerimento do Ministério Público, determinará a avaliação e a venda dos bens em leilão público.[533]

Recolhimento de dinheiro

> § 1.º Do dinheiro apurado, recolher-se-á ao Tesouro Nacional o que se destinar a ressarcir prejuízo ao patrimônio sob administração militar.[534]

Art. 206

> § 2.º O que não se destinar a esse fim será restituído a quem de direito, se não houver controvérsia; se esta existir, os autos de sequestro serão remetidos ao juízo cível, a cuja disposição passará o saldo apurado.[535]

533. Finalização da medida assecuratória: realizado o sequestro, tornando indisponível o bem imóvel ou móvel, uma vez que a condenação se dê, com trânsito em julgado, é preciso finalizar a constrição, promovendo-se a venda pública do que foi recolhido, destinando-se o dinheiro à União, no caso de confisco. Porventura, poderá ser encaminhado à vítima ou ao terceiro de boa-fé. Trata-se de diligência a ser empreendida pelo juiz da condenação, aquele que decretou o sequestro, pois é a sequência lógica adotada pela lei processual penal. O juiz da esfera cível nada tem a ver com a constrição, não lhe sendo cabível interferir na disposição dos bens. Note-se, ademais, que quando o Código quer referir-se ao juízo cível torna isso bem claro. Assim, o produto do crime e os proventos da infração penal irão à venda pública, ao final, caso deferida pelo juiz criminal.

534. Destinação do dinheiro apurado: tratando-se de fruto do sequestro – indisponibilidade do proveito do crime – há confisco, devendo o montante ser destinado à União. Por isso, pouco importa tenha havido prejuízo ao patrimônio sob administração militar. Não se compreende o preceituado no § 2.º deste artigo, ao mencionar que a quantia não voltada a indenizar o prejuízo patrimonial militar, será restituída *a quem de direito*. Se o sequestro foi mantido e, por isso, os bens foram a leilão, o valor apurado segue à União. Outro ponto incompreensível é a remessa de controvérsia ao cível, para onde passará o saldo apurado. Ora, o proveito do crime, inexistindo embargos de terceiro de boa-fé ou do próprio acusado, não é controverso. Nada há a ser deliberado pelo juízo cível.

535. Restituição a quem de direito: ver a nota anterior.

Seção II
Da hipoteca legal

Bens sujeitos a hipoteca legal[536]

536. Hipoteca legal: ensina Pitombo que "hipoteca legal é instrumento protetivo. Emerge como favor legal, outorgado a certas pessoas, em dada situação jurídica, merecedoras do amparo. Na lei, pois, lhes nasce o direito real de garantia" (*Do sequestro no processo penal brasileiro*, p. 42). Destina-se a assegurar a indenização do ofendido pela prática do crime, bem como ao pagamento das custas e das despesas processuais. Não é confisco, nem se destina o apurado pela eventual venda do imóvel à União. É uma medida cautelar, prevista em lei, não dependente de requerimento para existir, cujo procedimento para sua utilização depende da especialização, logo, sujeito ao pedido da parte interessada, podendo ser o imóvel *sequestrado* – arrestado ou tornado indisponível, seriam termos preferíveis – desde logo, para garantir que a própria especialização tenha sucesso. Preceitua o Código Civil, no art. 1.489, III, que "a lei confere hipoteca: (...) III – ao ofendido, ou aos seus herdeiros, sobre os imóveis do delinquente, para satisfação do dano causado pelo delito e pagamento das despesas judiciais (...)". Neste cenário, de fato, somente tem sentido requerer a especialização caso seja necessário indenizar o patrimônio da administração militar.

> **Art. 206.** Estão sujeitos a hipoteca legal os bens imóveis do acusado, para satisfação do dano causado pela infração penal ao patrimônio sob administração militar.[537]

537. Incidência sobre imóveis do acusado: a hipoteca dos bens imóveis, conseguidos licitamente, sem origem no crime, decorre de lei. O cometimento da infração penal faz nascer o direito real sobre o patrimônio imóvel do autor; o procedimento da especialização da hipoteca destina-se apenas a apontar qual imóvel deve ficar indisponível. Na lição de Pitombo: "A hipoteca legal, porque nascente na lei, existe em potência e desde o cometimento da infração penal, em ato. No crime cometido incide diretamente a norma e os bens imóveis do infrator já se lhe sujeitam (art. 1.518, CC [cuida-se atualmente do art. 942]). Ao ofendido, ao mesmo tempo, cabe o direito de nela procurar a garantia do justo e total ressarcimento. Desnecessário, por conseguinte, requerimento a lhe dar vivência jurídica. Pede-se, requer-se, isto sim, a especialização da hipoteca e a inscrição, que se lhe segue (arts. 828, 838, 842, 845 e 848, CC [são, na essência, atualmente, os arts. 1.492, parágrafo único, 1.497, e seus parágrafos, e 1.498] e art. 135, CPP)" (*Do sequestro no processo penal brasileiro*, p. 45-46).

Inscrição e especialização da hipoteca

> **Art. 207.** A inscrição e a especialização da hipoteca legal[538] serão requeridas à autoridade judiciária militar, pelo Ministério Público, em qualquer fase do processo, desde que haja certeza da infração penal e indícios suficientes de autoria.[539]

538. Especialização da hipoteca: é o procedimento adotado para individualizar o imóvel – ou imóveis – sobre o qual deve incidir a garantia à futura indenização da parte ofendida, tornando-o indisponível. Para isso, urge estabelecer, aproximadamente, o valor da reparação do dano.

539. Interesse de agir e fundamento: na legislação processual penal comum cabe à vítima requerer a especialização de hipoteca legal; neste Código, o Estado ocupa tal posição, em face da natureza do crime militar, concernindo ao Ministério Público zelar pela recomposição do patrimônio lesado. Para que se possa tornar indisponíveis os imóveis do acusado é preciso *prova da materialidade* (certeza da existência da infração penal) e *indícios suficientes de autoria* (seguras evidências de que o réu é o autor do delito). A cautela é imprescindível, pois se invade o direito patrimonial de quem não é considerado culpado por sentença condenatória definitiva, devendo-se respeitar a presunção de inocência.

Estimação do valor da obrigação e do imóvel

> **Art. 208.** O requerimento estimará o valor da obrigação resultante do crime, bem como indicará e estimará o imóvel ou imóveis, que ficarão especialmente hipotecados; será instruído com os dados em que se fundarem as estimativas e com os documentos comprobatórios do domínio.[540]

540. Requerimento de especialização de hipoteca legal: o Ministério Público deve pleitear a *especialização* da hipoteca, pois esta advém de lei, não necessitando ser deferida pelo juiz. O que se pretende é apontar quais imóveis do acusado devem restar indisponíveis, razão pela qual a petição deve conter a estimativa da indenização pretendida. Apresenta-se a documentação pertinente aos imóveis, bem como qualquer elemento sobre o qual se basear a referida estimativa. Convém mencionar a lição de Sérgio Marcos de Moraes

Art. 209

Pitombo: "A hipoteca legal, porque nascente na lei, existe em potência e desde o cometimento da infração penal, em ato. No crime cometido incide diretamente a norma e os bens imóveis do infrator já se lhe sujeitam (art. 1.518, CC [cuida-se atualmente do art. 942]). Ao ofendido, ao mesmo tempo, cabe o direito de nela procurar a garantia do justo e total ressarcimento. Desnecessário, por conseguinte, requerimento a lhe dar vivência jurídica. Pede-se, requer-se, isto sim, a especialização da hipoteca e a inscrição, que se lhe segue (arts. 828, 838, 842, 845 e 848, CC [são, na essência, atualmente, os arts. 1.492, parágrafo único, 1.497, e seus parágrafos, e 1.498] e art. 135, CPP)" (*Do sequestro no processo penal brasileiro*, p. 45-46).

Arbitramento

> **Art. 209.** Pedida a especialização, a autoridade judiciária militar mandará arbitrar o montante da obrigação resultante do crime e avaliar o imóvel ou imóveis indicados, nomeando perito idôneo para esse fim.[541]
>
> § 1.º Ouvidos o acusado e o Ministério Público, no prazo de 3 (três) dias, cada um, a autoridade judiciária militar poderá corrigir o arbitramento do valor da obrigação, se lhe parecer excessivo ou deficiente.[542]

Liquidação após a condenação

> § 2.º O valor da obrigação será liquidado definitivamente após a condenação, podendo ser requerido novo arbitramento se o acusado ou o Ministério Público não se conformar com o anterior à sentença condenatória.[543]

Oferecimento de caução

> § 3.º Se o acusado oferecer caução suficiente, real ou fidejussória, a autoridade judiciária militar poderá deixar de mandar proceder à inscrição da hipoteca.[544]

Limite da inscrição

> § 4.º Somente deverá ser autorizada a inscrição da hipoteca dos imóveis necessários à garantia da obrigação.[545]

541. Avaliação preliminar do valor da responsabilidade: cabe ao juiz, tomando conhecimento do laudo pericial, envolvendo tanto o montante que seria cabível a título de indenização civil, quanto o valor do patrimônio imobiliário do acusado, fixar, conforme seu prudente critério, o valor de um e de outro, caso entenda excessivo ou distorcido os apresentados pelo experto. O ideal é não submeter os bens imóveis do réu a constrição injusta e desmedida, pois ele poderá necessitar de parte deles para constituir um fundo de sustentação de sua própria defesa, enquanto durar a demanda. Somente serão inscritos no Registro de Imóveis os bens necessários à garantia da indenização, deixando livres os demais. Se o acusado oferecer caução, nem mesmo a inscrição da hipoteca será realizada.

542. Estabelecimento final pelo juiz: apresentado o laudo pericial com o arbitramento do valor indenizatório cabível, em nível provisório, cabe ao magistrado, ouvidas as partes, fixar o montante a ser correlacionado com os imóveis do acusado. Ilustrando, se a indenização atingir o valor de R$ 500.000,00, deve-se tornar indisponível um imóvel, ou mais de um, até alcançar tal patamar.

543. Liquidação definitiva: somente após a condenação, com trânsito em julgado, pode-se conhecer exatamente a extensão do dano causado pelo delito, razão pela qual se pode atingir o valor exato da indenização. Portanto, como o anterior montante foi provisório, é cabível a qualquer das partes pleitear a sua revisão – para mais ou para menos.

544. Caução: o acusado pode evitar a indisponibilidade de seu patrimônio imóvel, caso oferte ao juízo garantia real (depósito em dinheiro; joias; bens móveis de valor) ou fidejussória (fiança de terceiro).

545. Proibição do excesso: tratando-se de indisponibilidade de bens imóveis, que afeta o direito de propriedade, é preciso cautela para não haver excesso. Por isso, faz-se o arbitramento prévio do valor potencial da indenização e também do valor atual dos imóveis do acusado; deve o juiz respeitar a estreita correlação entre ambos. A tomada indiscriminada de imóveis configure abuso inaceitável, lesando o princípio da presunção de inocência, que demanda a necessariedade das medidas cautelares constritivas aos direitos do réu.

Processos em autos apartados

> **Art. 210.** O processo da inscrição e especialização correrá em autos apartados.[546]

Recurso

> § 1.º Da decisão que a determinar, caberá recurso para o Superior Tribunal Militar.[547]
>
> § 2.º Se o caso comportar questão de alta indagação, o processo será remetido ao juízo cível, para a decisão.[548]

546. Procedimento incidente: como os demais, a especialização de hipoteca legal não deve afetar o andamento do processo principal, nem tampouco tumultuá-lo, motivo pelo qual se autua em apartado.

547. Recurso da parte: em primeira leitura, poder-se-ia concluir a existência de *reexame necessário* (recurso de ofício) para instância superior, em face da expressão *da decisão que a determinar, caberá recurso para o Superior Tribunal Militar*. Porém, não há sentido para isso. Inexiste matéria de interesse público relevante para ser reanalisada obrigatoriamente. Na realidade, o legislador apenas assinalou caber recurso dessa decisão, o que era dispensável. Deve a parte valer-se da apelação.

548. Alta indagação em hipoteca legal: não vemos como tal situação possa ocorrer, pois o patrimônio imóvel do autor do crime está hipotecado legalmente após a sua prática;

Art. 211

Código de Processo Penal Militar Comentado • **Nucci**

232

portanto, basta especializar o(s) imóvel(is) que ficará indisponível. Cuida-se de medida assecuratória essencialmente criminal e precisa ser tomada pelo juízo do feito. Não tem cabimento algum remeter o caso ao cível.

Imóvel clausulado de inalienabilidade

> **Art. 211.** A hipoteca legal não poderá recair em imóvel com cláusula de inalienabilidade.

Caso de hipoteca anterior

> **Art. 212.** No caso de hipoteca anterior ao fato delituoso, não ficará prejudicado o direito do patrimônio sob administração militar à constituição da hipoteca legal, que se considerará segunda hipoteca, nos termos da lei civil.[549]

549. Hipoteca anterior: segue-se o disposto em lei civil, assegurando-se o ingresso da segunda inscrição de hipoteca no Registro de Imóveis, razão pela qual esta norma é desnecessária.

Renda dos bens hipotecados

> **Art. 213.** Das rendas dos bens sob hipoteca legal, poderão ser fornecidos recursos, arbitrados pela autoridade judiciária militar, para a manutenção do acusado e sua família.[550]

550. Manutenção do acusado: o ideal é tornar indisponível o patrimônio imóvel necessário para a satisfação da indenização potencialmente devida, permitindo que o restante fique livre; desse modo, não seria preciso destinar renda ao acusado ou sua família. Porém, se for especializado imóvel que produza aluguel, por exemplo, renda essa conveniente ao sustento do réu, pode-se permitir que este receba o proveito. Convém destacar que tal renda, a ser destinada ao acusado e família, deve ser arbitrada pelo juiz militar, como se fossem alimentos, não necessitando ser a renda total do imóvel indisponível. Finalmente, a referida renda ao réu somente tem sentido até o trânsito em julgado da sentença condenatória, a partir do que se deve dispor do bem para satisfazer a indenização.

Cancelamento da inscrição

> **Art. 214.** A inscrição será cancelada:
> *a)* se, depois de feita, o acusado oferecer caução suficiente, real ou fidejussória;
> *b)* se for julgada extinta a ação penal ou absolvido o acusado por sentença irrecorrível.

Seção III
Do arresto

Bens sujeitos a arresto[551]

> **Art. 215.** O arresto de bens do acusado poderá ser decretado pela autoridade judiciária militar, para satisfação do dano causado pela infração penal ao patrimônio sob a administração militar:[552]
>
> *a)* se imóveis, para evitar artifício fraudulento que os transfira ou grave, antes da inscrição e especialização da hipoteca legal;
>
> *b)* se móveis e representarem valor apreciável, tentar ocultá-los ou deles tentar realizar tradição que burle a possibilidade da satisfação do dano, referida no preâmbulo deste artigo.

Revogação do arresto

> § 1.º Em se tratando de imóvel, o arresto será revogado, se, dentro em 15 (quinze) dias, contados da sua decretação, não for requerida a inscrição e especialização da hipoteca legal.[553]

Na fase do inquérito

> § 2.º O arresto poderá ser pedido ainda na fase de inquérito.[554]

551. Arresto do imóvel: trata-se de medida assecuratória de urgência para tornar indisponíveis os bens de origem lícita do acusado, móveis ou imóveis, para assegurar futura indenização à vítima. Não se trata de coisa litigiosa, nem tampouco adquirida com os proventos do crime, para se falar em sequestro, mas sim de patrimônio lícito do acusado, sujeito ao arresto, para que dele não se desfaça, fornecendo garantia ao ofendido de que não estará insolvente ao final do processo criminal. A medida cautelar é salutar, uma vez que o procedimento de especialização de hipoteca legal pode demorar, razão pela qual se torna, de antemão, indisponível o bem (ou os bens imóveis), até que seja feita a inscrição do que for cabível no Registro de Imóveis.

552. Cabimento do arresto: destina-se a arrecadar o patrimônio imóvel ou móvel do acusado, não proveniente do crime – nesse caso, utiliza-se o sequestro – para satisfazer o dano causado ao patrimônio sob administração militar. Só há pertinência para o arresto, caso o delito militar cometido tenha reflexo patrimonial efetivo. Além disso, pode representar medida cautelar provisória ou definitiva: a) tratando-se de imóveis, decreta-se o arresto para tornar indisponíveis, rapidamente, os imóveis do acusado, sem preocupação de atingir, em excesso, o seu patrimônio; a partir daí, segue-se a especialização de hipoteca legal, que tornará definitiva a constrição; b) cuidando-se de móveis, o arresto é a medida cautelar definitiva para torná-los indisponíveis, como veículos, aeronaves, barcos etc. Note-se ser passível de arresto apenas os móveis de *valor apreciável*, ou seja, de expressivo montante, para que não se transforme em simples arrecadação de bens pessoais, utilidades domésticas e objetos inócuos para sustentar a indenização. Equivale, nesse campo, à penhora. Lembremos que a medida constritiva, nesta

Art. 216

Código de Processo Penal Militar Comentado • **Nucci**

hipótese, só pode ser decretada sobre bens penhoráveis, segundo a lei processual civil. Preceitua o art. 833 do CPC: "São impenhoráveis: I – os bens inalienáveis e os declarados, por ato voluntário, não sujeitos à execução; II – os móveis, os pertences e as utilidades domésticas que guarnecem a residência do executado, salvo os de elevado valor ou que ultrapassem as necessidades comuns correspondentes a um médio padrão de vida; III – os vestuários, bem como os pertences de uso pessoal do executado, salvo se de elevado valor; IV – os vencimentos, os subsídios, os soldos, os salários, as remunerações, os proventos de aposentadoria, as pensões, os pecúlios e os montepios; bem como as quantias recebidas por liberalidade de terceiro e destinadas ao sustento do devedor e de sua família, os ganhos de trabalhador autônomo e os honorários de profissional liberal, ressalvado o § 2.º; V – os livros, as máquinas, as ferramentas, os utensílios, os instrumentos ou outros bens móveis necessários ou úteis ao exercício da profissão do executado; VI – o seguro de vida; VII – os materiais necessários para obras em andamento, salvo se essas forem penhoradas; VIII – a pequena propriedade rural, assim definida em lei, desde que trabalhada pela família; IX – os recursos públicos recebidos por instituições privadas para aplicação compulsória em educação, saúde ou assistência social; X – a quantia depositada em caderneta de poupança, até o limite de 40 (quarenta) salários mínimos; XI – os recursos públicos do fundo partidário recebidos, por partido político, nos termos da lei". Além desses, outros podem ser considerados impenhoráveis, como ocorre, por exemplo, com o disposto na Lei 8.009/90: "Art. 1.º O imóvel residencial próprio do casal, ou da entidade familiar, é impenhorável e não responderá por qualquer tipo de dívida civil, comercial, fiscal, previdenciária ou de outra natureza, contraída pelos cônjuges ou pelos pais ou filhos que sejam seus proprietários e nele residam, salvo nas hipóteses previstas nesta Lei. Parágrafo único. A impenhorabilidade compreende o imóvel sobre o qual se assentam a construção, as plantações, as benfeitorias de qualquer natureza e todos os equipamentos, inclusive os de uso profissional, ou móveis que guarnecem a casa, desde que quitados".

553. Provisoriedade do arresto: como mencionado na nota anterior, o arresto, no contexto dos imóveis, é medida provisória, dependente da especialização de hipoteca legal. Por isso, se o Ministério Público o requer, quando o juiz o decretar, passa-se a contar 15 dias para o ingresso do pedido de especialização de hipoteca legal (prazo que se conta desde da decretação e não da efetivação da medida). Não o fazendo, libera-se o patrimônio.

554. Oportunidade: tratando-se de medida cautelar, por óbvio, pode ser requerido o arresto de bens tanto na fase do inquérito como em juízo, a qualquer tempo.

Preferência

> **Art. 216.** O arresto recairá de preferência sobre imóvel, e somente se estenderá a bem móvel se aquele não tiver valor suficiente para assegurar a satisfação do dano; em qualquer caso, o arresto somente será decretado quando houver certeza da infração e fundada suspeita da sua autoria.[555]

555. Pressupostos do arresto e objetivo: para a sua decretação, nos mesmos termos das medidas assecuratórias anteriores, é fundamental estar comprovado, nos autos, a *certeza da infração* – prova inequívoca da existência do crime –, bem como *fundada suspeita da autoria*, que equivale aos indícios suficientes de autoria, vale dizer, a existência de razoáveis elementos apontando para o acusado como autor do delito. O objetivo é assegurar a indenização do dano causado ao patrimônio militar, motivo pelo qual se deve dar preferência aos bens imóveis, mais valiosos e seguros. Não havendo o imóvel, segue-se para o móvel, na perspectiva apontada na nota anterior (bens penhoráveis).

Bens insuscetíveis de arresto

> **Art. 217.** Não é permitido arrestar bens que, de acordo com a lei civil, sejam insuscetíveis de penhora, ou, de qualquer modo, signifiquem conforto indispensável ao acusado e à sua família.[556]

556. Inviabilidade do arresto: ver a nota supra, que trata do cabimento do arresto.

Coisas deterioráveis

> **Art. 218.** Se os bens móveis arrestados forem coisas facilmente deterioráveis, serão levadas a leilão público, depositando-se o dinheiro apurado em conta corrente de estabelecimento de crédito oficial.[557]

557. Coisas de fácil deterioração: seguindo-se a mesma linha do sequestro, é preciso dar um destino rápido e eficiente às coisas deterioráveis, evitando-se a sua perda, que não é interessante nem para o réu, nem para o Estado. Assim sendo, mesmo antes de findo o processo criminal, vende-se em leilão o bem móvel e deposita-se o dinheiro em conta. A *facilidade* da deterioração, se for objeto de controvérsia, deve o juiz permitir às partes que a debatam e produzam provas, no incidente em apartado.

Processos em autos apartados

> **Art. 219.** O processo de arresto correrá em autos apartados, admitindo embargos, se se tratar de coisa móvel, com recurso para o Superior Tribunal Militar da decisão que os aceitar ou negar.[558]

Disposições de sequestro

> **Parágrafo único.** No processo de arresto seguir-se-ão as disposições a respeito do sequestro, no que forem aplicáveis.

558. Incidente processual: corre em apartado como as demais medidas assecuratórias, evitando-se tumulto no processo principal, mas, ao mesmo tempo, garantindo-se às partes a produção de provas no cenário cautelar. O arresto de móveis dá ensejo ao ingresso de embargos do acusado ou de terceiro de boa-fé, nos lindes já traçados para o sequestro. A decisão neste incidente pode ser impugnada por apelação.

Capítulo III

Das providências que recaem sobre pessoas

Seção I

Da prisão provisória

Disposições gerais[559]

559. Conceito de prisão: é a privação da liberdade, tolhendo-se o direito de ir e vir, por meio do recolhimento da pessoa humana ao cárcere. Não se distingue, nesse conceito, a

Art. 220

Código de Processo Penal Militar Comentado • **Nucci**

prisão provisória, enquanto se aguarda o deslinde da instrução criminal, daquela que resulta de cumprimento de pena. Enquanto o Código Penal Militar regula a prisão proveniente de condenação, estabelecendo as suas espécies, forma de cumprimento e regimes de abrigo do condenado, o Código de Processo Penal Militar cuida da prisão cautelar e provisória, destinada unicamente a vigorar, quando necessário, até o trânsito em julgado da decisão condenatória.

Definição

> **Art. 220.** Prisão provisória é a que ocorre durante o inquérito, ou no curso do processo, antes da condenação definitiva.[560]

560. Conceito de prisão provisória: estabelece o art. 220 deste Código, o primeiro da Seção relativa à prisão provisória, a sua definição. Embora correta, não cremos conveniente nem adequado inserir conceitos doutrinários típicos em lei. Não é função da legislação torna-se um *manual* de conhecimento jurídico. Deve-se regrar a prisão provisória e outros institutos em lei, mas não defini-los. Afinal, a ciência se altera com o passar célere do tempo e a legislação, com conceitos muitas vezes antiquados, prejudica a sua evolução ou dá ensejo a dúvidas desnecessárias.

Legalidade da prisão

> **Art. 221.** Ninguém será preso senão em flagrante delito ou por ordem escrita de autoridade competente.[561]

561. Fundamento constitucional da prisão: preceitua o art. 5.º, LXI, que "ninguém será preso senão em flagrante delito ou por ordem escrita e fundamentada de autoridade judiciária competente, salvo nos casos de transgressão militar ou crime propriamente militar, definidos em lei". A regra, pois, é que a prisão, no Brasil, deve basear-se em decisão de magistrado competente, devidamente motivada e reduzida a escrito, ou necessita decorrer de flagrante delito, neste caso cabendo a qualquer do povo a sua concretização. Portanto, o disposto neste artigo deve ser *atualizado* conforme o texto constitucional vigente.

Comunicação ao juiz

> **Art. 222.** A prisão ou detenção de qualquer pessoa será imediatamente levada ao conhecimento da autoridade judiciária competente, com a declaração do local onde a mesma se acha sob custódia e se está, ou não, incomunicável.[562-563]

562. Controle da legalidade da prisão: é impositivo constitucional que toda prisão seja fielmente fiscalizada pelo Judiciário. Estipula o art. 5.º, LXV, que "a prisão ilegal será imediatamente relaxada pela autoridade judiciária". Além disso, não se pode olvidar que, mesmo a prisão decretada por magistrado, fica sob o crivo de autoridade judiciária superior, através da utilização dos instrumentos cabíveis, entre eles o *habeas corpus*: "conceder-se-á *habeas corpus* sempre que alguém sofrer ou se achar ameaçado de sofrer violência ou coação em sua liberdade de locomoção, por ilegalidade ou abuso de poder" (art. 5.º, LXVIII, CF). Constitui abuso de autoridade efetuar

Título XIII • Capítulo III – Das providências que recaem sobre pessoas

Art. 225

prisão ilegal, deixar de relaxar – nesse caso, como regra, válido apenas para o juiz – prisão ilegalmente realizada, bem como deixar de comunicar ao magistrado a prisão efetivada, ainda que legal. Quando a prisão for indevidamente concretizada, por pessoa não considerada autoridade, trata-se de crime comum (constrangimento ilegal ou sequestro ou cárcere privado).

563. Incomunicabilidade: não mais subsiste, após a edição da Constituição Federal de 1988, que nem mesma a admite no estado de defesa (art. 136, § 3.º, IV).

Prisão de militar

> **Art. 223.** A prisão de militar deverá ser feita por outro militar de posto ou graduação superior; ou se igual, mais antigo.[564]

564. Efetivação da prisão e hierarquia: regendo a vida militar encontra-se o princípio da hierarquia, alçado, inclusive, à posição de bem jurídico penalmente tutelado. Portanto, é natural supor não possa o militar de graduação inferior *lavrar* e *formalizar* a prisão de superior. Sob outro aspecto, não teria cabimento conferir ao militar uma *imunidade* não prevista em lei, impedindo a sua prisão em flagrante, realizada por qualquer pessoa, inclusive militar inferior. Há crimes graves, como o homicídio, cujo flagrante é fundamental para determinar a prisão cautelar, de modo que o objeto desta norma é vedar a lavratura do auto de prisão por autoridade militar inferior.

Relaxamento da prisão

> **Art. 224.** Se, ao tomar conhecimento da comunicação, a autoridade judiciária verificar que a prisão não é legal, deverá relaxá-la imediatamente.[565]

565. Relaxamento da prisão ilegal: a fiscalização judicial acerca da prisão cautelar é constitucionalmente imposta, como se viu na nota referente ao *controle de legalidade da prisão*. *Relaxar* a prisão significa determinar a imediata soltura do preso, sem impor qualquer condição. Reconhece-se ter sido ilegal a detenção, motivo pelo qual ele precisa ser posto em liberdade, apurando-se, quando o caso, a responsabilidade de quem o prendeu. Não se confunda o relaxamento da prisão com a concessão de liberdade provisória ou mesmo com a simples revogação da prisão preventiva. São institutos diversos, que serão analisados em tópicos próprios. A legalidade da prisão deve ser analisada sob dois prismas: a) intrínseco, dizendo respeito aos requisitos da prisão em flagrante, vale dizer, se cabível ou não; b) extrínseco, ligado aos aspectos formais da lavratura do auto de prisão em flagrante, isto é, se foram respeitadas todas as regras fixadas em lei.

Expedição de mandado

> **Art. 225.** A autoridade judiciária ou o encarregado do inquérito que ordenar a prisão fará expedir em duas vias o respectivo mandado, com os seguintes requisitos:[566-567]

Requisitos

> *a)* será lavrado pelo escrivão do processo ou do inquérito, ou *ad hoc*, e assinado pela autoridade que ordenar a expedição;
>
> *b)* designará a pessoa sujeita a prisão com a respectiva identificação e moradia, se possível;

Art. 226

c) mencionará o motivo da prisão;

d) designará o executor da prisão.

Assinatura do mandado

Parágrafo único. Uma das vias ficará em poder do preso, que assinará a outra; e, se não quiser ou não puder fazê-lo, certificá-lo-á o executor do mandado, na própria via deste.[568-569]

566. Exigência de expedição do mandado de prisão: a Constituição Federal é explícita ao determinar que "ninguém será preso senão em flagrante delito ou por ordem escrita e fundamentada de autoridade judiciária competente" (art. 5.º, LXI), significando ser exigível que a ordem *escrita* e *fundamentada*, embora produzida nos autos do processo ou do inquérito, materialize-se em mandado, para que o preso possa dela tomar ciência.

567. Requisitos formais do mandado de prisão: devem ser detalhados e o mais completo possível de prisão a ser exibido no momento da detenção: a) lavratura por escrivão ou escrevente, com assinatura do juiz, cuja autenticidade é certificada pelo escrivão-diretor; b) designação da pessoa a ser presa, com seus dados qualificadores (RG, nomes do pai e da mãe, alcunha, sexo, cor da pele, data do nascimento, naturalidade, endereço residencial e endereço comercial); c) menção da infração penal por ele praticada; d) declaração do valor da fiança, se tiver sido arbitrada, quando possível; e) emissão à autoridade policial militar, seus agentes ou oficial de justiça, competentes para cumpri-lo. Outros dados a estes se acrescentam, como praxe: f) colocação da Auditoria e Ofício de onde é originário; g) número do processo e/ou do inquérito, onde foi proferida a decisão decretando a prisão; h) nome da vítima do crime; i) teor da decisão que deu origem à ordem de prisão (preventiva, temporária, sentença); j) data da decisão; k) data do trânsito em julgado (quando for o caso); l) pena aplicada (quando for o caso); m) prazo de validade do mandado, que equivale ao lapso prescricional.

568. Duplicidade do original do mandado: é fundamental existirem duas cópias originais do mandado, ambas assinadas pela autoridade judiciária, não se executando mandado de prisão expedido em fotocópia. Lembremos que a Constituição Federal se preocupou com a identificação dos responsáveis pela sua prisão (art. 5.º, LXIV), o que, naturalmente, abrange a autoridade judiciária autora do decreto de segregação. Trata-se de garantia fundamental para aquele que, injustamente detido, pretende apurar a responsabilidade penal dos mandantes da prisão.

569. Recibo do preso em uma das cópias: a cópia do mandado cumprido, que retornará aos autos, de onde foi expedido, deve trazer a assinatura do preso, na forma de recibo. Se houver recusa ou impossibilidade de assinar, deve-se valer do auxílio de testemunhas instrumentárias, que certificarão a entrega. Em caso de dúvida, podem essas pessoas ser ouvidas em juízo, comprovando ou não os dados relativos ao dia, hora e local mencionados.

Tempo e lugar da captura

Art. 226. A prisão poderá ser efetuada em qualquer dia e a qualquer hora, respeitadas as garantias relativas à inviolabilidade do domicílio.[570-571]

570. Momento para a realização da prisão: inexiste fixação de dia e hora para prender alguém, quando há ordem judicial para tanto. Se a prisão é cautelar e indispensável, não

Art. 227

239 Título XIII • Capítulo III – Das providências que recaem sobre pessoas

é cabível determinar momentos especiais para a sua realização. Assim, onde quer que seja encontrado o procurado, deve ser regularmente preso. A exceção fica por conta de preceito constitucional. Ver nota abaixo.

571. Inviolabilidade de domicílio: preceitua o art. 5.º, XI, da Constituição Federal, que "a casa é asilo inviolável do indivíduo, ninguém nela podendo penetrar sem consentimento do morador, salvo em caso de flagrante delito ou desastre, ou para prestar socorro, ou, durante o dia, por determinação judicial". Assim, havendo a situação de flagrância, pode qualquer um invadir o domicílio, de dia ou de noite, para efetuar uma prisão. Cuida-se do flagrante próprio (art. 244, *a* e *b*, CPPM) e não do impróprio (alínea *c*), nem do presumido (alínea *d*). A proteção ao domicílio, sendo garantia constitucional, não merece ser alargada indevidamente. Muito fácil seria a invasão de um domicílio pela polícia, a pretexto de verificar se o procurado, lá encontrado, não estaria com a arma do crime, situação que faça presumir ser ele o autor do delito (alínea *d* do art. 244). Aliás, ressalve-se que o flagrante verdadeiro (próprio), uma vez ocorrendo, possibilita, ainda, que a vítima seja socorrida, adaptando-se, com perfeição, à autorização constitucional para ingressar no domicílio, durante a noite ("para prestar socorro"). Na ótica que sustentamos: Tales Castelo Branco (*Da prisão em flagrante*, p. 148), Demercian e Maluly (*Curso de processo penal*, p. 155). Contra, aceitando qualquer hipótese de flagrante: Tourinho Filho (*Comentários ao Código de Processo Penal*, v. 1, p. 506). No mais, ainda que a polícia possua mandado de prisão, expedido por autoridade judiciária, deve invadir o domicílio do morador recalcitrante apenas durante o dia. Entretanto, caso alguém, procurado, esconda-se na residência de pessoa que permita a entrada da autoridade policial, durante a noite, a prisão pode regularmente ser efetivada. Caso contrário, mesmo que a casa seja do próprio procurado, se este não concordar com a entrada dos policiais para a prisão, resta cercar o local, impedindo a fuga, para, quando houver o alvorecer, cumprir-se a ordem.

Desdobramento do mandado

> **Art. 227.** Para cumprimento do mandado, a autoridade policial militar ou a judiciária poderá expedir tantos outros quantos necessários às diligências, devendo em cada um deles ser fielmente reproduzido o teor do original.[572]

572. Desdobramento do mandado: atualmente, com a informatização do processo, não há necessidade de se reproduzir o mandado em inúmeras cópias; basta acessar um terminal, em qualquer ponto e auferir a cópia necessária para efetuar a prisão. A reforma introduzida pela Lei 12.413/2011 buscou dar uniformidade e eficiência à expedição do mandado. Eis a redação do art. 289-A do CPP: "O juiz competente providenciará o imediato registro do mandado de prisão em banco de dados mantido pelo Conselho Nacional de Justiça para essa finalidade. § 1.º Qualquer agente policial poderá efetuar a prisão determinada no mandado de prisão registrado no Conselho Nacional de Justiça, ainda que fora da competência territorial do juiz que o expediu. § 2.º Qualquer agente policial poderá efetuar a prisão decretada, ainda que sem registro no Conselho Nacional de Justiça, adotando as precauções necessárias para averiguar a autenticidade do mandado e comunicando ao juiz que a decretou, devendo este providenciar, em seguida, o registro do mandado na forma do *caput* deste artigo. § 3.º A prisão será imediatamente comunicada ao juiz do local de cumprimento da medida o qual providenciará a certidão extraída do registro do Conselho Nacional de Justiça e informará ao juízo que a decretou. § 4.º O preso será informado de seus direitos, nos termos do inciso LXIII do art. 5.º da Constituição Federal e, caso o autuado não informe o nome de seu advogado, será comunicado à Defensoria Pública. § 5.º Havendo dúvidas das autoridades locais sobre a

Art. 228

Código de Processo Penal Militar Comentado • **Nucci**   240

legitimidade da pessoa do executor ou sobre a identidade do preso, aplica-se o disposto no § 2.º do art. 290 deste Código.§ 6.º O Conselho Nacional de Justiça regulamentará o registro do mandado de prisão a que se refere o *caput* deste artigo".

Expedição de precatória ou ofício

> **Art. 228.** Se o capturando estiver em lugar estranho à jurisdição do juiz que ordenar a prisão, mas em território nacional, a captura será pedida por precatória, da qual constará o mesmo que se contém nos mandados de prisão; no curso do inquérito policial militar a providência será solicitada pelo seu encarregado, com os mesmos requisitos, mas por meio de ofício, ao comandante da Região Militar, Distrito Naval ou Zona Aérea, respectivamente.[573]

Via telegráfica ou radiográfica

> **Parágrafo único.** Havendo urgência, a captura poderá ser requisitada por via telegráfica ou radiográfica, autenticada a firma da autoridade requisitante, o que se mencionará no despacho.[574]

573. Prisão por precatória: estando a pessoa procurada em lugar diverso daquele onde a autoridade judiciária emitiu a ordem de prisão, por uma questão de respeito à competência, expede-se precatória, solicitando que o juiz local aponha o "cumpra-se", tornando legal a prisão. O conteúdo da precatória deve ser completo, isto é, expedida no original, constará o inteiro teor do mandado de prisão, com todos os seus requisitos, inclusive com duas cópias. Preferindo, pode o juiz deprecante solicitar a prisão e enviar, juntamente com a precatória, duas vias originais do mandado de prisão, para que seja, uma delas, entregue à pessoa presa.

574. Requisição por qualquer meio: a urgência pode impor qualquer meio idôneo de transmissão do mandado, pois a via normal pode ser burocrática e lenta, que é a expedição da precatória. É viável utilizar, inclusive, os meios eletrônicos, hoje disponíveis, como o e-mail. Entretanto, ao receber a comunicação, deve o juiz, que determinará o cumprimento, providenciar a reprodução do mesmo em duas vias, para que uma seja entregue ao detido. Atualmente, tem-se utilizado o fax, desde que a autoridade judiciária, receptora do mandado, certifique a sua origem e coloque o "cumpra-se" em duas vias dele extraídas. Nesses casos, há posição jurisprudencial validando o procedimento. Conferir: STF: "A prisão preventiva efetivada sem envio de carta precatória, em comarca diversa do juízo competente que expede a ordem devidamente fundamentada, configura mera irregularidade sanável. Com base nesse entendimento, a Turma indeferiu *habeas corpus* em que se pretendia a revogação de prisão preventiva do paciente, sob alegação de ilegalidade do decreto de prisão cumprido fora da comarca do juízo da causa sem a expedição de carta precatória e sem a presença de autoridades locais, o que violaria o art. 289 do CPP. A impetração sustentava, ainda, excesso de prazo para conclusão da instrução criminal. Considerou-se, que, embora constatadas controvérsias acerca da presença ou não de autoridades locais no momento da prisão do paciente, tal discussão não influenciaria a resolução da questão, visto que o art. 290 do CPP autoriza a prisão em comarca diversa daquela na qual fora expedido o mandado, em determinadas situações de perseguição (alíneas *a* e *b*), além de constar do parágrafo único do art. 289 [antes da redação dada pela Lei 12.403/2011] a possibilidade de requisição de prisão, pelo

Título XIII • Capítulo III – Das providências que recaem sobre pessoas

Art. 230

juiz, por telegrama, em casos urgentes, desde que presentes os requisitos do inciso LXI do art. 5.º da CF. Ressaltou-se, ainda, que admitir-se o relaxamento da prisão cautelar em face de mera irregularidade administrativa seria apegar-se a formalismos excessivos, salientando-se, ademais, a necessidade de se assegurar a ordem pública, considerada a extrema gravidade do crime praticado pelo paciente (homicídio duplo com esquartejamento). Asseverou-se, também, que a discussão posta no *writ* perderia relevo, na medida em que, persistindo os pressupostos e fundamentos da prisão preventiva, constantes dos arts. 311 e 312 do CPP, a eventual invalidação da prisão do paciente não impediria a imediata expedição de novo decreto prisional, pelos mesmos fundamentos. Por fim, afastou-se o alegado excesso de prazo, porquanto este se dera por culpa da defesa, notadamente em razão do incidente de insanidade mental por ela instaurado" (HC 85.712/GO, 2.ª T., rel. Min. Joaquim Barbosa, 03.05.2005, *Informativo* 386).

Captura no estrangeiro

> **Art. 229.** Se o capturando estiver no estrangeiro, a autoridade judiciária se dirigirá ao Ministro da Justiça para que, por via diplomática, sejam tomadas as providências que no caso couberem.

Caso de flagrante

> **Art. 230.** A captura se fará:[575]
> *a)* em caso de flagrante, pela simples voz de prisão;

Caso de mandado

> *b)* em caso de mandado, pela entrega ao capturando de uma das vias e consequente voz de prisão dada pelo executor, que se identificará.

Recaptura

> **Parágrafo único.** A recaptura de indiciado ou acusado evadido independe de prévia ordem da autoridade, e poderá ser feita por qualquer pessoa.[576]

575. Duas formas legais de prisão: embora desnecessário, este artigo repisa as formas para a realização da prisão de alguém: a) por flagrante, dando-se voz de prisão e lavrando-se o auto de prisão em flagrante; b) por mandado, entregando-se cópia do mandado ao preso, após o anúncio da voz de prisão.

576. Recaptura de foragido: por certo, a recaptura não depende de ordem expressa da autoridade judiciária, mas é preciso que se expeça o mandado de prisão. Por outro lado, não nos parece caiba a *qualquer pessoa* efetivar a prisão de quem está em fuga. É preciso ter, em mãos, o mandado, algo não compatível com o particular. Exige-se o exercício de função pública para a formalização da prisão de foragido, por meio do mandado. Lembremos ser viável que qualquer pessoa realize a prisão em flagrante, pois esta prescinde de mandado.

Art. 231

Código de Processo Penal Militar Comentado • **Nucci**

Captura em domicílio

> **Art. 231.** Se o executor verificar que o capturando se encontra em alguma casa, ordenará ao dono dela que o entregue, exibindo-lhe o mandado de prisão.[577]

Caso de busca

> **Parágrafo único.** Se o executor não tiver certeza da presença do capturando na casa, poderá proceder à busca, para a qual, entretanto, será necessária a expedição do respectivo mandado, a menos que o executor seja a própria autoridade competente para expedi-lo.[578]

577. Intimação do morador que acolhe o procurado: em virtude da inviolabilidade de domicílio, que é a regra, não deve o executor, tão logo constate o ingresso da pessoa buscada em morada alheia, invadi-la, sem qualquer vacilo. Necessita-se intimar o morador a entregar o procurado, mostrando-lhe o mandado de prisão. Não havendo obediência, poderá ocorrer a invasão, desde que seja à luz do dia e acompanhado o ato por duas testemunhas. Se inexistirem testemunhas, o ingresso forçado poderá ocorrer do mesmo modo, embora, nesse caso, possa haver maior problema para o executor da ordem, em caso de acusação de abuso, por parte do morador. Não há necessidade de autorização judicial (mandado de busca) para o arrombamento das portas e ingresso forçado no ambiente, que guarda o procurado, pois o mandado de prisão e a própria lei dão legitimidade a tal atitude.

578. Mandado de busca para a prisão: somente se torna necessária a expedição de um mandado judicial de busca, quando for indispensável ingressar no domicílio de alguém, sem ter absoluta certeza de que o procurado ali se encontra. A dúvida razoável demanda a autorização judicial, evitando-se, com isso, a configuração de abuso de autoridade, caso a casa seja vasculhada e ninguém tenha sido localizado.

Recusa da entrega do capturado

> **Art. 232.** Se não for atendido, o executor convocará duas testemunhas e procederá da seguinte forma:[579]
>
> *a)* sendo dia, entrará à força na casa, arrombando-lhe a porta, se necessário;
>
> *b)* sendo noite, fará guardar todas as saídas, tornando a casa incomunicável, e, logo que amanheça, arrombar-lhe-á a porta e efetuará a prisão.
>
> **Parágrafo único.** O morador que se recusar à entrega do capturando será levado à presença da autoridade, para que contra ele se proceda, como de direito, se sua ação configurar infração penal.

579. Formalidades para o ingresso forçado: há diferenças essenciais entre o dia e a noite para efeito de invasão de domicílio. Durante o dia, com mandado judicial, pode-se fazê-lo; durante a noite, não. Nesta hipótese, somente em flagrante delito. Por isso, sendo período noturno – em nossa visão, é o que medeia entre o pôr do sol e o amanhecer, independentemente da hora – torna-se fundamental extrema cautela, não se admitindo o ingresso forçado. Cerca-se

Título XIII • Capítulo III – Das providências que recaem sobre pessoas

Art. 234

o local e aguarda-se o dia chegar. A partir daí, pode-se invadir, inclusive prendendo o morador em flagrante por favorecimento pessoal. Sob outro aspecto, durante a noite, o morador, impedindo a entrada de qualquer pessoa, inclusive autoridade, está no exercício regular de direito.

Flagrante no interior de casa

> **Art. 233.** No caso de prisão em flagrante que se deva efetuar no interior de casa, observar-se-á o disposto no artigo anterior, no que for aplicável.[580]

580. Flagrante e invasão: a aplicação do disposto no art. 232, no que for cabível, é relativa: a) em primeiro lugar, no caso de flagrante delito, pode-se invadir o domicílio, durante o dia ou à noite, sem autorização do morador; b) não é necessário aguardar o amanhecer, cercando a casa; c) em qualquer hipótese, necessitando-se ingressar à força, mediante arrombamento, convém convocar testemunhas para isso.

Emprego de força

> **Art. 234.** O emprego de força só é permitido quando indispensável, no caso de desobediência, resistência ou tentativa de fuga.[581] Se houver resistência da parte de terceiros, poderão ser usados os meios necessários para vencê-la ou para defesa do executor e auxiliares seus, inclusive a prisão do ofensor. De tudo se lavrará auto subscrito pelo executor e por duas testemunhas.[582-583]

Emprego de algemas

> § 1.º O emprego de algemas deve ser evitado, desde que não haja perigo de fuga ou de agressão da parte do preso, e de modo algum será permitido, nos presos a que se refere o art. 242.[584]

Uso de armas

> § 2.º O recurso ao uso de armas só se justifica quando absolutamente necessário para vencer a resistência ou proteger a incolumidade do executor da prisão ou a de auxiliar seu.[585]

581. Resistência à prisão: pode dar-se de forma ativa ou passiva. No primeiro caso, o preso investe contra o executor da ordem de prisão, autorizando que este não somente use a força necessária para vencer a resistência, como também se defenda. Há, nessa situação, autêntica legítima defesa. Se a agressão do sujeito a ser detido ameaçar a vida do executor, pode este, se indispensável, tirar a vida do primeiro. É o que ocorre quando marginais trocam tiros com a polícia e são mortalmente atingidos. Por outro lado, a resistência pode ser passiva, com o preso debatendo-se, para não colocar algemas, não ingressar na viatura ou não ir ao distrito policial. Nessa hipótese, a violência necessária para dobrar sua resistência caracteriza, por parte do executor, o estrito cumprimento do dever legal. Qualquer abuso no emprego da legítima defesa ou do estrito cumprimento do dever legal caracteriza o excesso, pelo qual é

Art. 234

Código de Processo Penal Militar Comentado • Nucci

244

responsável o executor da prisão. Note-se, por derradeiro, que o delito de resistência somente se perfaz na modalidade de resistência ativa.

582. Auto circunstanciado: determina a lei que, havendo resistência, consequentemente o emprego de violência contra terceiros ou contra o próprio detido, para justificar os danos ocorridos – em pessoas ou coisas – lavra-se um termo, contendo todas as circunstâncias do evento, subscrito por duas testemunhas que tenham assistido ao ato, evitando-se, com isso, qualquer responsabilização do executor da prisão – ou pelo menos, documentando o que houve, para futura utilização.

583. Regra de atuação para a prisão: impõe o Código de Processo Penal Militar deva a prisão ser feita sem violência gratuita e desnecessária, especialmente quando há aquiescência do procurado. Entretanto, especifica, expressamente, que a força pode ser utilizada, no caso de haver desobediência, resistência ou tentativa de fuga. Trata-se de causa garantidora de um dever legal, com reflexos no contexto penal, significando a possibilidade de, havendo lesões ou outro tipo de dano ao preso, alegue, em seu favor, a autoridade policial, o estrito cumprimento do dever legal. Não se autoriza, em hipótese alguma, a violência extrema, consistente na morte do procurado. Logo, se esta ocorrer, não há viabilidade em alegar o estrito cumprimento do dever legal. Eventualmente, resistindo ativamente o preso e investindo contra os policiais, podem estes alegar legítima defesa e, nessa hipótese, se houver necessidade, dentro dos critérios de moderação regentes da excludente, até matar o agressor.

584. Uso de algemas: dispõe este artigo que o emprego de algemas deve ser evitado, como regra; excepcionalmente, utiliza-se para os casos de risco de fuga ou agressão por parte do preso. E veda-se, de qualquer modo, aos que têm direito a prisão especial (art. 242, CPPM). A cautela no emprego de algema é positiva, mas jamais a discriminação formulada em relação aos presos especiais. Ilustrando, se um juiz é preso e tenta fugir ou agredir a escolta, não se poderia algemá-lo, o que configura um disparate. Na Lei de Execução Penal, dispõe o art. 199: "o emprego de algemas será disciplinado por decreto federal". O Decreto 8.858/2016 regulamentou o disposto nesse artigo: "Art. 2.º É permitido o emprego de algemas apenas em casos de resistência e de fundado receio de fuga ou de perigo à integridade física própria ou alheia, causado pelo preso ou por terceiros, justificada a sua excepcionalidade por escrito. Art. 3.º É vedado emprego de algemas em mulheres presas em qualquer unidade do sistema penitenciário nacional durante o trabalho de parto, no trajeto da parturiente entre a unidade prisional e a unidade hospitalar e após o parto, durante o período em que se encontrar hospitalizada". A ordem legislativa implícita nesse artigo do CPPM é: não será permitido o emprego de força. A exceção: desde que não haja perigo de fuga ou de agressão de parte do preso. Ora, parece cristalina a meta da norma processual penal militar: a prisão deve realizar-se *sem* violência, exceto quando o preso resistir ou tentar fugir. Logo, parece-nos injustificável, ilegal e inconstitucional (art. 5.º, XLIX, CF) o uso indiscriminado de algemas, mormente quando se tratar de presos cuja periculosidade é mínima ou inexistente. Por isso, algemar (emprego de força) quem não apresenta risco algum para a efetivação do ato, pode constituir delito de abuso de autoridade. Por unanimidade, o Supremo Tribunal Federal decidiu que o uso de algemas deve ser adotado em situações excepcionalíssimas, pois, do contrário, violam-se importantes princípios constitucionais, dentre eles a dignidade da pessoa humana (HC 91.952-SP, Pleno, 07.08.2008, rel. Marco Aurélio). Aproveitando-se da nova redação dada ao art. 474, § 3.º, do CPP, pela Lei 11.689/2008, a Corte resolveu editar súmula vinculante a respeito, de modo a não mais gerar dúvida, quanto ao tema, na sua aplicação. A decisão do Plenário do STF espelha exatamente o que vimos defendendo acerca do uso indiscriminado de algemas no Brasil. A saber, Súmula Vinculante 11: "Só é lícito o uso de algemas em casos de resistência e de fundado

Título XIII • Capítulo III – Das providências que recaem sobre pessoas

Art. 236

receio de fuga ou de perigo à integridade física própria ou alheia, por parte do preso ou de terceiros, justificada a excepcionalidade por escrito, sob pena de responsabilidade disciplinar, civil e penal do agente ou da autoridade e de nulidade da prisão ou do ato processual a que se refere, sem prejuízo da responsabilidade civil do Estado".

585. Emprego de armas: a previsão feita neste artigo é anômala, pois o uso de força somente é admissível para efetuar a prisão; utilizar armas para isso é temeroso e pode levar à morte, o que jamais seria acolhido como *estrito cumprimento do dever legal*. Por outro lado, quando se menciona ser viável utilizar armas para proteger a incolumidade do executor da prisão ou auxiliar seu, torna-se previsão inócua, pois seria o mesmo que inserir, no Código de Processo Penal Militar, normas relativas à legítima defesa, adequadas ao direito material.

Captura fora da jurisdição

> **Art. 235.** Se o indiciado ou acusado, sendo perseguido, passar a território de outra jurisdição, observar-se-á, no que for aplicável, o disposto nos arts. 186, 187 e 188.[586]

586. Possibilidade de ultrapassar a fronteira do local originário da ordem de prisão: autoriza o Código de Processo Penal Militar, com plena razoabilidade, que, havendo perseguição, esta não se interrompa por fatores exclusivamente formais, consistentes, por exemplo, na competência da autoridade judiciária expedidora do mandado. Assim, policiais ou militares de uma Circunscrição ou Estado podem invadir área de outra para prender o procurado, desde que haja uma situação de flagrância (perseguição do autor da infração penal) ou mesmo quando a pessoa a ser detida for identificada e, vislumbrando a aproximação da polícia, colocar-se em fuga, adentrando local vizinho. A perseguição é autorizada sem interrupção, embora com lapsos de localização e recebimento de informações confiáveis sobre o paradeiro recente do procurado. A cautela a seguir, quando alcançado e preso o procurado, é apresentá-lo à autoridade local, pois não é a área de atuação da autoridade, que efetuou a prisão. Se houver mandado de prisão, vale a apresentação à polícia do lugar. Mas, não havendo, cremos ser indispensável apresentar o detido ao juiz.

Cumprimento de precatória

> **Art. 236.** Ao receber precatória para a captura de alguém, cabe ao auditor deprecado:[587]
>
> *a)* verificar a autenticidade e a legalidade do documento;
>
> *b)* se o reputar perfeito, apor-lhe o cumpra-se e expedir mandado de prisão;
>
> *c)* cumprida a ordem, remeter a precatória e providenciar a entrega do preso ao juiz deprecante.

Remessa dos autos a outro juiz

> **Parágrafo único.** Se o juiz deprecado verificar que o capturando se encontra em território sujeito à jurisdição de outro juiz militar, remeter-lhe-á os autos da precatória. Se não tiver notícia do paradeiro do capturando, devolverá os autos ao juiz deprecante.[588]

Art. 237

587. Precatória para prisão: cuida-se de procedimento antiquado, substituído por meios avançados de transmissão de comunicações. Pode-se passar a ordem de prisão por mecanismos de informática, armazenando-se o mandado de prisão em banco de dados, de acesso viável às autoridades e seus agentes.

588. Precatória itinerante: por economia processual, em lugar de devolver a precatória ao juiz de origem, encaminha-se a carta ao magistrado competente. Entretanto, como já frisamos, não se perde mais tempo com precatória para a prisão.

Entrega de preso. Formalidade

> **Art. 237.** Ninguém será recolhido à prisão sem que ao responsável pela custódia seja entregue cópia do respectivo mandado, assinada pelo executor, ou apresentada guia expedida pela autoridade competente, devendo ser passado recibo da entrega do preso, com declaração do dia, hora e lugar da prisão.[589]

Recibo

> **Parágrafo único.** O recibo será passado no próprio exemplar do mandado, se este for o documento exibido.

589. Exigência de exibição do mandado ao responsável pela custódia: é fundamental o controle de entrada de presos, evitando-se que o estabelecimento prisional possa acolher alguém sem expressa ordem judicial. Por isso, é indispensável a apresentação de cópia do mandado de prisão, expedido pela autoridade judiciária. Em lugar do mandado de prisão, é possível substituí-lo a guia de recolhimento, expedida em face da condenação definitiva do réu, demonstrativa do cumprimento de pena.

Transferência de prisão

> **Art. 238.** Nenhum preso será transferido de prisão sem que o responsável pela transferência faça a devida comunicação à autoridade judiciária que ordenou a prisão, nos termos do art. 18.[590]

Recolhimento a nova prisão

> **Parágrafo único.** O preso transferido deverá ser recolhido à nova prisão com as mesmas formalidades previstas no art. 237 e seu parágrafo único.

590. Comunicação de transferência: a estrita legalidade da prisão cautelar exige que toda transferência de preso para outra localidade, diversa daquela inicialmente comunicada ao magistrado que a ordenou, precisa ser avisada à autoridade judiciária. O importante é jamais perder de vista o preso, que não pode ficar incomunicável, nem sua detenção sem controle judicial permanente.

Separação de prisão

> **Art. 239.** As pessoas sujeitas a prisão provisória deverão ficar separadas das que estiverem definitivamente condenadas.[591]

591. Separação entre presos provisórios e condenados definitivos: trata-se de uma obrigação do Estado, evitando-se a promiscuidade nefasta dos presídios e amenizando-se o trauma daquele que, não sendo ainda considerado culpado, merece ser afastado dos presos já sentenciados com trânsito em julgado. A Lei 7.210/84 (Lei de Execução Penal) também determina que o preso provisório fique separado do condenado definitivamente (art. 84, *caput*).

Local da prisão

> **Art. 240.** A prisão deve ser em local limpo e arejado, onde o detento possa repousar durante a noite, sendo proibido o seu recolhimento a masmorra, solitária ou cela onde não penetre a luz do dia.[592]

592. Condições da prisão: não somente a prisão cautelar, mas todas as prisões deveriam ser locais limpos e arejados, sem jamais existir masmorra, solitária ou cela sem luz solar. A Lei de Execução Penal segue os mesmos parâmetros para estabelecer um local salubre e decente aos presos. O ponto principal, no Brasil, é seguir fielmente a lei. Afinal, muitos presídios apresentam-se em estado lastimável, longe do preceituado na norma penal e processual penal, sem que se tome alguma providência a respeito. O Judiciário deve fazer cumprir a lei, considerando constrangimento ilegal, sujeito a *habeas corpus*, o preso recolhido em lugar indevido.

Respeito à integridade do preso e assistência

> **Art. 241.** Impõe-se à autoridade responsável pela custódia o respeito à integridade física e moral do detento, que terá direito a presença de pessoa da sua família e a assistência religiosa, pelo menos uma vez por semana, em dia previamente marcado, salvo durante o período de incomunicabilidade, bem como à assistência de advogado que indicar, nos termos do art. 71, ou, se estiver impedido de fazê-lo, à do que for indicado por seu cônjuge, ascendente ou descendente.[593]
>
> **Parágrafo único.** Se o detento necessitar de assistência para tratamento de saúde, ser-lhe-á prestada por médico militar.

593. Respeito ao preso: não são poucas as leis a preceituar o absoluto respeito à integridade física e moral da pessoa detida; assim ocorre, igualmente, na Lei de Execução Penal, bem como no Código Penal comum. Entretanto, a prática desmente a previsão legal, o que necessita ser rigidamente controlado pelo Judiciário. No tocante a militares presos, no entanto, a regularidade das prisões é bem superior às existentes para civis, que cometem crimes comuns.

Prisão especial

> **Art. 242.** Serão recolhidos a quartel ou a prisão especial, à disposição da autoridade competente, quando sujeitos a prisão, antes de condenação irrecorrível:[594-595]

Art. 242

Código de Processo Penal Militar Comentado • **Nucci**

a) os ministros de Estado;

b) os governadores[596] ou interventores[597] de Estado, ou Territórios, o prefeito[598] do Distrito Federal, seus respectivos secretários e chefes de Polícia;[599]

c) os membros do Congresso Nacional, dos Conselhos da União e das Assembleias Legislativas dos Estados;

d) os cidadãos inscritos no Livro de Mérito das ordens militares ou civis reconhecidas em lei;[600]

e) os magistrados;[601]

f) os oficiais das Forças Armadas, das Polícias e dos Corpos de Bombeiros, Militares, inclusive os da reserva, remunerada ou não, e os reformados;

g) os oficiais da Marinha Mercante Nacional;

h) os diplomados por faculdade ou instituto superior de ensino nacional;

i) os ministros do Tribunal de Contas;

j) os ministros de confissão religiosa.

Prisão de praças

Parágrafo único. A prisão de praças especiais e a de graduados atenderá aos respectivos graus de hierarquia.

594. Prisão especial: mais uma vez, associando-se aos casos de foro privilegiado, cria-se uma categoria diferenciada de brasileiros, aqueles que, presos, devem dispor de um tratamento especial, ao menos até o trânsito em julgado da sentença condenatória. Menciona-se, na doutrina, para justificar a distinção, levar a lei em consideração não a pessoa, mas o cargo ou a função por ela exercida. Não vemos, com a devida vênia, o menor sentido nisso. Quem vai preso é o indivíduo e não seu cargo ou sua função. Quem sofre os males do cárcere antecipado e cautelar é o ser humano e não o seu título. Em matéria de liberdade individual, devemos voltar os olhos à pessoa e não aos seus padrões sociais ou econômicos, que a transformem em alguém diferenciado. O correto seria garantir prisão especial – leia-se, um lugar separado dos condenados – a todo e qualquer brasileiro que, sem ter experimentado a condenação definitiva, não deve misturar-se aos criminosos, mormente os perigosos. Entretanto, faz a lei uma discriminação injusta e elitista. Por mais que se argumente que determinadas pessoas, por deterem diploma de curso superior ou qualquer outra titulação, muitas vezes não acessíveis ao brasileiro médio, merecem um tratamento condigno destacado, porque a detenção lhes é particularmente dolorosa, é fato que qualquer pessoa primária, sem antecedentes, encontra na prisão provisória igual trauma e idêntico sofrimento. Bastaria bom senso e boa vontade ao legislador e ao administrador dos estabelecimentos penitenciários para executar uma política humana de detenção, reservando-se celas e até mesmo pavilhões para os presos provisórios, separando-se, dentre esses, aqueles que são primários, sem qualquer antecedente, dos que já possuem condenações e, consequentemente, maior vivência no cárcere. A lei busca assegurar tal divisão entre provisórios e definitivamente condenados. Ainda assim, manteve-se a prisão especial, demonstrativo do desequilíbrio das relações políticas e sociais no Brasil. Além disso, o caminho ideal é assegurar-se a todos, indiscriminadamente, condições decentes de vida, sem equiparar seres humanos a animais, como se vivessem em jaulas, sem qualquer salubridade. Nenhum mal – além daquele que a prisão em si causa – pode haver para um engenheiro dividir o espaço com um marceneiro, por exemplo, se ambos são pessoas acusadas da prática de

Art. 242

249 Título XIII • Capítulo III – Das providências que recaem sobre pessoas

um delito pela primeira vez. Por que haveria o portador de diploma de curso superior de merecer melhor tratamento do que o outro? Somos da opinião que toda e qualquer forma de discriminação deveria ser abolida, inclusive a prisão especial. Criticando, igualmente, a prisão especial e os argumentos demagógicos na sua manutenção, Maurício Zanoide de Moraes faz apenas uma ressalva importante, com a qual somos levados a concordar. Deve-se garantir a prisão especial unicamente às pessoas que, em virtude da função exercida, antes de serem levadas ao cárcere, possam ter sua integridade física ameaçada em convívio com outros presos. É o caso dos policiais, promotores, juízes, defensores, entre outros, que atuaram na justiça criminal. Fora daí, é manifesta confissão de inépcia do Estado de fornecer a todos os presos a mesma qualidade de vida dentro da prisão (*Leis penais especiais e sua interpretação jurisprudencial*, 7. ed., p. 2.826). Anote-se, em igual ótica, a visão de Marcelo Semer: "Na vigência das Ordenações (entre 1603 e 1830), a mesma prisão que para um homem do povo seria *em ferros*, para nobres e autoridades, ou *Doutores em Leis, Cânones ou Medicina*, poderia ser domiciliar. (...) Continua sendo destinada aos ocupantes de certos cargos públicos, membros de algumas atividades profissionais e aos portadores de diploma de curso superior. As penas já não podem mais ser diferentes entre ricos e pobres (ou diplomados e não instruídos), afinal todos somos iguais perante a lei. A forma de cumpri-las, no entanto, acaba sendo diversa e privilegia a não promiscuidade dos eventuais presos da elite com os incultos" (*A síndrome dos desiguais*, p. 11).

595. Possibilidade de progressão de regime durante prisão especial: esta modalidade de prisão, como já comentamos, é autêntica regalia legal a uma categoria privilegiada de brasileiros, quando deveria valer para todos, ou seja, a separação dos presos mereceria um critério único, sem distinção por grau universitário ou outro título qualquer. A despeito disso, os réus sujeitos à prisão especial contam com mais um benefício – e dos mais importantes – que é a possibilidade de auferir a progressão de regime, quando ainda estão confinados nessas celas privativas. É o teor da Súmula 717 do STF: "Não impede a progressão de regime de execução da pena, fixada em sentença não transitada em julgado, o fato de o réu se encontrar em prisão especial". Com a devida vênia, com isso não podemos concordar. O acusado colocado em prisão especial não conta com o mesmo tratamento dos demais presos provisórios. Estes, quando almejam a progressão de regime, são transferidos para o sistema penitenciário, para que possam ser avaliados pela Comissão Técnica de Classificação (merecimento para a progressão – art. 33, § 2.º, CP), quando necessário, bem como para que possam trabalhar regularmente (obrigação de todo preso para poder pleitear a progressão de regime – arts. 31 e 39, V, da Lei 7.210/84 – Lei de Execução Penal). É certo que o art. 31, parágrafo único, da Lei de Execução Penal, abre exceção para o preso provisório, ou seja, preceitua ser facultativo o trabalho para essa categoria de presos (registre-se que essa norma foi elaborada quando não se imaginava possível a progressão de regime em plena custódia cautelar). Ocorre que, nos demais casos, quando o custodiado pretende a progressão, ele é levado ao sistema penitenciário justamente para que possa trabalhar, como qualquer outro, na medida em que pleiteia benefício típico de quem já se encontra cumprindo pena. Em verdade, permitir a progressão de regime ao preso sujeito à prisão especial representará, no Brasil, cujo sistema processual é lento e repleto de recursos procrastinatórios, praticamente o impedimento do cumprimento da pena em regime carcerário severo. Como exemplo: determinada autoridade, condenada a 6 anos de reclusão, em regime fechado inicial, por ter cometido variados delitos, encontra-se presa preventivamente, recolhida em prisão especial. Enquanto aguarda o arrastado trâmite processual, seu tempo de "cumprimento de pena" encontra-se em decurso. Assim, antes mesmo de transitar em julgado a decisão condenatória, quase certamente já atingiu o regime aberto (cumprido um ano – um sexto – pode pedir o semiaberto; depois, outro sexto cumprido, tem direito ao aberto). Sai da prisão especial diretamente para a liberdade (lembremos que, em muitos lugares, não há Casa

Art. 242

Código de Processo Penal Militar Comentado • **Nucci**

250

do Albergado, como ocorre em São Paulo, que concentra o maior número de condenados do país), recolhido no sistema denominado de *prisão albergue domiciliar*.

596. Governador de Estado: o substrato da prisão especial para o Governador é a preservação da figura do chefe do Poder Executivo Estadual.

597. Interventores: a figura do interventor está mantida, conforme se vê do art. 36, § 1.º, da Constituição Federal, onde consta: "O decreto de intervenção, que especificará a amplitude, o prazo e as condições de execução e que, se couber, nomeará o interventor, será submetido à apreciação do Congresso Nacional ou da Assembleia Legislativa do Estado, no prazo de vinte e quatro horas".

598. Governador do Distrito Federal: é a correta denominação do Chefe do Poder Executivo do Distrito Federal.

599. Chefe de Polícia: entendendo-se ser o Secretário da Segurança Pública, já está abrangido pela referência aos secretários do Governador, neste inciso; enquadra-se, então, o Delegado Geral de Polícia, já está, também, envolvo pela alínea *h*.

600. Livro de Mérito: foi criado pelo Decreto-Lei 1.706/39, destinando-se a receber a "inscrição dos nomes das pessoas que, por doações valiosas ou pela prestação desinteressada de serviços relevantes, hajam notoriamente cooperado para o enriquecimento do patrimônio material ou espiritual da Nação e merecido o testemunho público do seu reconhecimento" (art. 1.º). "A inscrição será ordenada por decreto, mediante parecer de uma comissão permanente de cinco membros, nomeados pelo Presidente da República" (art. 2.º). Regulamentou-se o procedimento de concessão da regalia e as atribuições da Comissão Permanente pelo Decreto 5.244/40. Demonstra, nitidamente, a intenção de conceder o privilégio da prisão especial não somente em função de cargos importantes, mas também a pessoas que tenham merecido uma particular distinção, o que, frise-se, não se coaduna com a igualdade que deve reinar entre brasileiros perante o sistema criminal. Está em vigor. Ilustrando, uma das pessoas a ser inscrita no Livro do Mérito, por decreto do Presidente da República, datado de 21 de abril de 1985, foi Risoleta Guimarães Tolentino Neves, considerando que "encarna em sua vida exemplar e em hora extrema de sofrimento e adversidade" – referindo-se à enfermidade do Presidente eleito Tancredo Neves – "os valores de abnegação, coragem e fortaleza moral que exaltam e enobrecem a mulher brasileira", bem como pelo exemplo que inspirou a toda a Nação, acompanhando o marido em todos os momentos da doença.

601. Prisão especial dos magistrados: dispõe o art. 33 da Lei Complementar 35/79 (Lei Orgânica da Magistratura Nacional) que constituem prerrogativas do magistrado: "(...) II – não ser preso senão por ordem escrita do Tribunal ou do Órgão Especial competente para o julgamento, salvo em flagrante de crime inafiançável, caso em que a autoridade fará imediata comunicação e apresentação do magistrado ao Presidente do Tribunal a que esteja vinculado (*vetado*); III – ser recolhido a prisão especial ou a sala especial de Estado-Maior, por ordem e à disposição do Tribunal ou do Órgão Especial competente, quando sujeito a prisão antes do julgamento final; (...)". Em complemento a essa disposição legal, há possibilidade de o Regimento Interno do Tribunal, ao qual se vincula o magistrado, especificar exatamente onde deva ser recolhido o juiz que tiver a prisão decretada.

Seção II
Da prisão em flagrante[602-603]

602. Conceito de prisão em flagrante: *flagrante* significa o manifesto ou evidente e o ato que se pode observar no exato momento de sua ocorrência. Nesse sentido, pois, prisão em flagrante é a modalidade de prisão cautelar, de natureza administrativa, realizada no instante em que se desenvolve ou termina de se concluir a infração penal. Autoriza-se essa modalidade de prisão, inclusive na Constituição Federal (art. 5.º, LXI), sem a expedição de mandado de prisão pela autoridade judiciária, demonstrando o seu caráter administrativo, pois seria incompreensível e ilógico que qualquer pessoa – autoridade policial ou não – visse um crime desenvolvendo-se à sua frente e não pudesse deter o autor de imediato. O fundamento da prisão em flagrante é justamente poder ser constatada a ocorrência do delito de maneira manifesta e evidente, sendo desnecessária, para a finalidade cautelar e provisória da prisão, a análise de um juiz de direito. Por outro lado, assegura-se, prontamente, a colheita de provas da materialidade e da autoria, o que também é salutar para a verdade real, almejada pelo processo penal. Certamente, o realizador da prisão fica por ela responsável, podendo responder pelo abuso porventura cometido. De outra parte, essa prisão, realizada sem mandado, está sujeita à avaliação imediata do magistrado, que poderá relaxá-la, quando vislumbrar ilegalidade (art. 5.º, LXV, CF). Ressalte-se, no entanto, que, analisada e mantida pelo juiz, por meio da conversão em preventiva, passa a ter conteúdo jurisdicional. Seu responsável (e autoridade coatora) é o magistrado – e não mais a autoridade militar, que lavrou o auto de prisão em flagrante.

603. Natureza jurídica da prisão em flagrante: é medida cautelar de segregação provisória, com caráter administrativo, do autor da infração penal. Assim, exige apenas a aparência da tipicidade, não se exigindo nenhuma valoração sobre a ilicitude e a culpabilidade, outros requisitos para a configuração do crime. É o *fumus boni juris* (fumaça do bom direito), expressão advinda do processo civil, considerada o *fumus commissi delicti* (fumaça do cometimento do delito). Tem, inicialmente, natureza administrativa, pois o auto de prisão em flagrante, formalizador da detenção, é realizado pela Polícia Judiciária, mas se torna jurisdicional, quando o juiz, tomando conhecimento dela, ao invés de relaxá-la, prefere mantê-la, pois considerada legal, convertendo-a em preventiva. Tanto assim que, havendo a prisão em flagrante, sem a formalização do auto pela polícia, que recebe o preso em suas dependências, cabe a impetração de *habeas corpus* contra a autoridade policial, perante o juiz de direito. Se o magistrado a confirmar, no entanto, sendo ela ilegal, torna-se a autoridade coatora e o *habeas corpus* deve ser impetrado no Tribunal. Quanto ao *periculum in mora* (perigo na demora), ou *periculum libertatis* (perigo na liberdade), típico das medidas cautelares, é ele presumido quando se tratar de infração penal em pleno desenvolvimento, pois ferida estão sendo a ordem pública e as leis. Entretanto, cabe ao juiz, após a consolidação do auto de prisão em flagrante, decidir, efetivamente, se o *periculum* existe, permitindo, ou não, que o indiciado fique em liberdade.

Pessoas que efetuam prisão em flagrante

> **Art. 243.** Qualquer pessoa poderá e os militares deverão prender quem for insubmisso ou desertor, ou seja encontrado em flagrante delito.[604-605]

604. Flagrante facultativo e flagrante obrigatório: conferiu a lei a possibilidade de que qualquer pessoa do povo – inclusive a vítima do crime – prenda aquele que for encontrado em flagrante delito, num autêntico exercício de cidadania, em nome do cumprimento das leis do País. Quanto aos militares, impôs o dever de efetivá-la, sob pena de responder criminal e funcionalmente pelo seu descaso. E deve fazê-lo durante as 24 horas do dia, quando possível. Quando qualquer pessoa do povo prende alguém em flagrante, está agindo sob a excludente de ilicitude denominada *exercício regular de direito*; quando a prisão for realizada por policial, trata-se de *estrito cumprimento de dever legal*. Quanto à menção relativa ao insubmisso ou

Art. 244

desertor, na realidade, é desnecessária, pois ambos se encontram em flagrante delito, visto serem permanentes os crimes.

605. Exceções constitucionais e legais: há pessoas que, em razão do cargo ou da função exercida, não podem ser presas em flagrante ou somente dentro de limitadas opções. É o que ocorre com os diplomatas, não submetidos à prisão em flagrante, por força de convenção internacional, assegurando-lhes imunidade. Há, ainda, o caso dos parlamentares federais e estaduais, que somente podem ser detidos em flagrante de crime inafiançável, e ainda assim devem, logo após a lavratura do auto, ser imediatamente encaminhados à sua respectiva Casa Legislativa. Os magistrados e membros do Ministério Público, igualmente, somente podem ser presos em flagrante de crime inafiançável, sendo que, após a lavratura do auto, devem ser apresentados, respectivamente, ao Presidente do Tribunal ou ao Procurador Geral de Justiça ou da República, conforme o caso.

Sujeição a flagrante delito

> **Art. 244.** Considera-se em flagrante delito aquele que:
>
> *a)* está cometendo o crime;[606]
>
> *b)* acaba de cometê-lo;[607]
>
> *c)* é perseguido logo após o fato delituoso em situação que faça acreditar ser ele o seu autor;[608-609]
>
> *d)* é encontrado, logo depois, com instrumento, objetos, material ou papéis que façam presumir a sua participação no fato delituoso.[610-614]

Infração permanente

> **Parágrafo único.** Nas infrações permanentes, considera-se o agente em flagrante delito enquanto não cessar a permanência.[615]

606. Flagrante próprio ou perfeito (alínea *a*): ocorre quando o agente está em pleno desenvolvimento dos atos executórios da infração penal. Nessa situação, normalmente havendo a intervenção de alguém, impedindo, pois, o prosseguimento da execução, pode redundar em tentativa. Mas, não é raro que, no caso de crime permanente, cuja consumação se prolonga no tempo, a efetivação da prisão ocorra para impedir, apenas, o prosseguimento do delito já consumado.

607. Flagrante próprio ou perfeito (alínea *b*): ocorre quando o agente terminou de concluir a prática da infração penal, em situação de ficar evidente a prática do crime e da autoria. Embora consumado o delito, não se desligou o agente da cena do crime, podendo, por isso, ser preso. A esta hipótese não se subsume o autor que consegue se afastar da vítima e do lugar do delito, sem que tenha sido detido.

608. Flagrante impróprio ou imperfeito (alínea *c*): ocorre quando o agente conclui a infração penal – ou é interrompido pela chegada de terceiros – mas sem ser preso no local do delito, pois consegue fugir, fazendo com que haja perseguição por parte da polícia, da vítima ou de qualquer pessoa do povo. Note-se que a lei faz uso da expressão "em situação que faça acreditar ser ele o seu autor", demonstrando, com isso, a impropriedade do flagrante, já que não foi surpreendido em plena cena do crime. Mas, é razoável a autorização

Art. 244

253 Título XIII • Capítulo III – Das providências que recaem sobre pessoas

legal para a realização da prisão, pois a evidência da autoria e da materialidade se mantém, fazendo com que não se tenha dúvida a seu respeito. Exemplo disso é o do agente que, dando vários tiros na vítima, sai da casa desta com a arma na mão, sendo perseguido por vizinhos do ofendido. Não foi detido no exato instante em que terminou de dar os disparos, mas a situação é tão clara que autoriza a perseguição e prisão do autor. A hipótese é denominada pela doutrina de *quase flagrante*.

609. Análise da expressão "logo após": evitando-se conferir larga extensão à situação imprópria de flagrante, para que não se autorize a perseguição de pessoas simplesmente suspeitas, mas contra as quais não há certeza alguma da autoria, utilizou a lei a expressão *logo após*, querendo demonstrar que a perseguição deve iniciar-se em ato contínuo à execução do delito, sem intervalos longos, demonstrativos da falta de pistas. Nas palavras de Roberto Delmanto Junior, "a perseguição há que ser *imediata* e *ininterrupta*, não restando ao indigitado autor do delito qualquer momento de tranquilidade" (*As modalidades de prisão provisória e seu prazo de duração*, p. 101). Eis porque é ilegal a prisão de alguém que consegue ficar escondido, sem que sua identidade seja conhecida, por horas seguidas, até que a polícia, investigando, consegue chegar a ele. No mais, cabe ao bom senso de cada magistrado, ao tomar conhecimento da prisão em flagrante impróprio, no caso concreto, avaliar se, realmente, seguiu-se o contido na expressão "logo após".

610. Flagrante presumido ou ficto (alínea *d*): não deixa de ser igualmente impróprio ou imperfeito. Constitui-se na situação do agente que, logo depois da prática do crime, embora não tenha sido perseguido, é encontrado portando instrumentos, armas, objetos ou papéis que demonstrem, por presunção, ser ele o autor da infração penal. É o que comumente ocorre nos crimes patrimoniais, quando a vítima comunica a ocorrência de um roubo e a viatura sai pelas ruas do bairro à procura do carro subtraído, por exemplo. Visualiza o autor do crime algumas horas depois, em poder do veículo, dando-lhe voz de prisão.

611. Abrangência da expressão "logo depois": também neste contexto não se pode conferir à expressão uma larga extensão, sob pena de se frustrar o conteúdo da prisão *em flagrante*. Trata-se de uma situação de imediatidade, que não comporta mais do que algumas horas para findar-se. O bom senso da autoridade – policial e judiciária –, em suma, terminará por determinar se é caso de prisão em flagrante. Convém registrar a posição de Roberto Delmanto Júnior, conferindo a este caso uma interpretação ainda mais restrita que a do inciso anterior: "É que, devido à maior fragilidade probatória, a expressão 'logo depois' do inciso IV [alínea *d* do art. 244, CPPM] deve ser interpretada, ao contrário do que foi acima afirmado, de forma ainda mais restritiva do que a expressão 'logo após' do inciso III [alínea *c* do art. 244, CPPM]. Em outras palavras, se o indigitado autor está sendo ininterruptamente perseguido, desde o momento da suposta prática do delito, aí sim admitir-se-ia elastério temporal maior" (*As modalidades de prisão provisória e seu prazo de duração*, p. 105). Na jurisprudência: TJSC: "Há flagrante ficto ou presumido (CPP, art. 302, IV) quando, embora não exista encalço, o agente é encontrado 'logo depois' do cometimento do crime com instrumentos ou objetos que, por presunção, relacionem o contexto fático em que inserido o suspeito com a autoria do delito (vide Nucci, Guilherme de Souza. *Código de Processo Penal Comentado*. 4. ed. rev. atual. e ampl., São Paulo: Ed. RT, 2005, p. 563-564), a ponto de ser inviável cogitar acerca de sua ocorrência quando os acusados, malgrado estivessem de posse da *res furtiva*, sejam abordados pela polícia militar mais de 16 (dezesseis) horas após a ocorrência do roubo narrado na denúncia, em uma bairro diverso daquele em que se consumou o crime, e por circunstâncias estranhas ao acontecimento do delito" (AP. Crim. 2009.067381-7-SC, 2.ª C., rel. Salete Silva Sommariva, j. 29.10.2010, v.u.).

Art. 245

Código de Processo Penal Militar Comentado • **Nucci**

612. Flagrante preparado ou provocado: trata-se de um arremedo de flagrante, ocorrendo quando um agente provocador induz ou instiga alguém a cometer uma infração penal, somente para assim poder prendê-la. Trata-se de crime impossível, pois inviável a sua consumação. Ao mesmo tempo em que o provocador leva o provocado ao cometimento do delito, age em sentido oposto para evitar o resultado. Estando totalmente na mão do provocador, não há viabilidade para a constituição do crime. Disciplina o tema a Súmula 145 do Supremo Tribunal Federal: "Não há crime quando a preparação do flagrante pela polícia torna impossível a sua consumação". É certo que esse preceito menciona apenas a polícia, mas nada impede que o particular também provoque a ocorrência de um flagrante somente para prender alguém. A armadilha é a mesma, de modo que o delito não tem possibilidade de se consumar. Ex.: policial disfarçado, com inúmeros outros igualmente camuflados, exibe relógio de alto valor na via pública, aguardando alguém para assaltá-lo. Apontada a arma para a pessoa atuando como isca, os demais policiais prendem o agente. Inexiste crime, pois impossível sua consumação.

613. Flagrante forjado: trata-se de um flagrante totalmente artificial, pois integralmente composto por terceiros. É fato atípico, tendo em vista que a pessoa presa jamais pensou ou agiu para compor qualquer trecho da infração penal. Imagine-se a hipótese de alguém colocar no veículo de outrem certa porção de entorpecente, para, abordando-o depois, dar-lhe voz de prisão em flagrante por transportar ou trazer consigo a droga.

614. Flagrante esperado: essa é uma hipótese viável de autorizar a prisão em flagrante e a constituição válida do crime. Não há agente provocador, mas simplesmente chega à polícia a notícia de que um crime será, em breve, cometido. Deslocando agentes para o local, aguarda-se a sua ocorrência, que pode ou não se dar da forma como a notícia foi transmitida. Logo, é viável a sua consumação, pois a polícia não detém certeza absoluta quanto ao local, nem tampouco controla a ação do agente criminoso. Enfim, poderá haver delito consumado ou tentado, conforme o caso, sendo válida a prisão em flagrante, se efetivamente o fato ocorrer. Cabe mencionar, no entanto, ser possível uma hipótese de flagrante esperado transformar-se em crime impossível. Caso a polícia obtenha a notícia de que um delito vai ser cometido em algum lugar e consiga armar um esquema tático infalível de proteção ao bem jurídico, de modo a não permitir a consumação da infração de modo nenhum, trata-se de tentativa inútil e não punível.

615. Crime permanente: é o delito que possui a consumação prolongada na linha do tempo, enquanto perdurar a lesão ao bem jurídico. Exemplo: havendo sequestro, priva-se a liberdade da vítima. Enquanto estiver presa, encontra-se em franco desenvolvimento a atividade delituosa, cabendo flagrante a qualquer tempo. Na jurisprudência: STF: "*Habeas corpus*. 2. Prisão em flagrante. Alegação de não configuração do estado de flagrância. Inexistência. Caráter permanente do crime de associação para o tráfico. 3. Constrangimento ilegal não caracterizado. 4. Ordem denegada" (HC 101.095-SC, 2.ª T., rel. Gilmar Mendes, j. 31.08.2010, v.u.); STJ: "A CF, art. 5.º, XI, assegura a inviolabilidade do lar, à exceção de hipóteses de prisão em flagrante, desastre, e prestação de socorro ou determinação judicial. O tráfico de entorpecentes é crime permanente, prescindindo, assim, da prévia expedição de mandado judicial. Não é ilegal a apreensão de entorpecentes e arma ilegalmente mantida, efetuada quando da prisão em flagrante do acusado" (HC 11.108-SP, 5.ª T., rel. Min. Edson Vidigal, 16.12.1999, v.u., *DOU* 21.02.2000, p. 147).

Lavratura do auto

Art. 245. Apresentado o preso ao comandante ou ao oficial de dia, de serviço ou de quarto, ou autoridade correspondente, ou autoridade judiciária, será, por qualquer deles, ouvido o condutor[616] e as testemunhas[617] que o acompanharem, bem como inquirido o indiciado[618] sobre a imputação que lhe é feita, e especialmente sobre o lugar e hora em que o fato aconteceu, lavrando-se de tudo auto, que será por todos assinado.[619-621]

§ 1.º Em se tratando de menor inimputável, será apresentado, imediatamente, ao juiz de menores.[622]

Ausência de testemunhas

§ 2.º A falta de testemunhas não impedirá o auto de prisão em flagrante, que será assinado por duas pessoas, pelo menos, que hajam testemunhado a apresentação do preso.[623]

Recusa ou impossibilidade de assinatura do auto

§ 3.º Quando a pessoa conduzida se recusar a assinar não souber ou não puder fazê-lo, o auto será assinado por duas testemunhas, que lhe tenham ouvido a leitura na presença do indiciado, do condutor e das testemunhas do fato delituoso.[624]

Designação do escrivão

§ 4.º Sendo o auto presidido por autoridade militar, designará esta, para exercer as funções de escrivão, um capitão-tenente, primeiro ou segundo-tenente, se o indiciado for oficial. Nos demais casos, poderá designar um subtenente, suboficial ou sargento.

Falta ou impedimento de escrivão

§ 5.º Na falta ou impedimento de escrivão ou das pessoas referidas no parágrafo anterior, a autoridade designará, para lavrar o auto, qualquer pessoa idônea, que, para esse fim, prestará o compromisso legal.

616. Condutor: é a pessoa (autoridade ou não) que deu voz de prisão ao agente do fato criminoso.

617. Testemunhas: utiliza a lei o termo no plural, dando indicações de ser preciso mais do que uma para que o flagrante seja formalizado no auto respectivo. Entretanto, atualmente, tem-se admitido que o condutor – tendo ele também acompanhado o fato – possa ser admitido no contexto como testemunha. Assim, é preciso haver, pelo menos, o condutor e mais uma testemunha. Por outro lado, embora o ideal seja que as testemunhas se refiram ao fato criminoso, é possível a admissão de pessoas que tenham apenas presenciado o momento da detenção. Um crime ocorrido no interior de uma residência, onde estavam somente agente e vítima, sem testemunhas, pode comportar flagrante. Nessa hipótese, as testemunhas ouvidas

Art. 245

Código de Processo Penal Militar Comentado • **Nucci**

dirão respeito ao momento da prisão, confirmando a apresentação do detido à autoridade que lavrar o auto de prisão em flagrante.

618. Interrogatório do indiciado: o interrogatório não é obrigatório, já que a Constituição Federal admite, expressamente, o direito do preso de permanecer calado (art. 5.º, LXIII). Entretanto, querendo prestar declarações, elas serão colhidas nos termos preceituados para o interrogatório judicial, com as adaptações necessárias. É assegurada, ainda, a assistência da família e de advogado, assim desejando o preso, bem como será comunicada a sua prisão à pessoa por ele indicada.

619. Impossibilidade de interrogatório: por vezes, não é só a invocação do direito ao silêncio a obstaculizar a realização do interrogatório. Podem ocorrer outras situações impeditivas, sendo a mais comum o fato de o indiciado estar hospitalizado, porque, por exemplo, trocou tiros com a polícia e não está em condições de depor. Essa menção será feita no auto, que será considerado válido.

620. Ônus do indiciado em demonstrar o não cumprimento dos preceitos constitucionais: se for feita a menção, no auto de prisão em flagrante, de que as normas constitucionais foram devidamente cumpridas, tais como a comunicação da prisão aos familiares ou à pessoa indicada pelo preso e também garantida a assistência de advogado, cabe ao indiciado demonstrar que tal não se deu. Nesse sentido: STJ: "Para que se configure o defeito no auto de prisão em flagrante pela omissão da autoridade policial em advertir o preso da faculdade de exercício de seus direitos constitucionais é necessário que tal circunstância seja adequadamente demonstrada" (HC 8.690-GO, 6.ª T., rel. Min. Vicente Leal, 18.05.1999, v.u., *DJ* 07.06.1999, p. 133).

621. Formalidade do auto de prisão em flagrante: sendo a prisão em flagrante uma exceção à regra da necessidade de existência de ordem escrita e fundamentada de autoridade judiciária, é preciso respeitar, fielmente, os requisitos formais para a lavratura do auto, que substitui o mandado de prisão expedido pelo juiz. Assim, a ordem de inquirição deve ser exatamente a exposta no artigo: condutor, em primeiro lugar, testemunhas, em seguida, e, por último, o indiciado. A inversão dessa ordem deve acarretar o relaxamento da prisão, apurando--se a responsabilidade funcional da autoridade. Na jurisprudência: TJPR: "Falta de assinatura de perito no laudo de constatação provisória de substância entorpecente. Omissão que, aliada à falta de outras provas, invalida o ato que comprova a materialidade. Falta de assinatura do condutor, de testemunhas e do escrivão. Nulidade que atinge o auto de prisão em flagrante e impõe o relaxamento" (RSE 0609957-2-PR, 3.ª C.C., rel. Leonardo Lustosa, 17.12.2009, v.u.).

622. Menor inimputável: a Justiça Criminal não abrange atos infracionais praticados por menores de 18 anos; assim que localizado algum menor dentre os autores de crime, envolvidos no flagrante, devem ser imediatamente encaminhados à Vara da Infância e Juventude.

623. Testemunhas de apresentação: o ideal é a inquirição de pessoas que tenham presenciado o momento da prisão, para que se possa constatar a legalidade do ato. Entretanto, caso a detenção se faça em local ermo, envolvendo apenas o condutor e o preso, torna-se necessário ouvir testemunhas que acompanhem o momento da apresentação do indiciado à autoridade encarregada do flagrante. Essas pessoas podem atestar o que o condutor e o preso dizem assim que chegam à presença da autoridade, em particular, se o detido ouve a proclamação de seus direitos e os utiliza livremente, dentre os quais o de permanecer calado.

624. Testemunhas de leitura: não podendo o conduzido assinar (analfabeto, por exemplo) ou não querendo (por qualquer razão), o conteúdo do auto de prisão em flagrante deve ser lido integralmente a ele; como não pretende assinar, convocam-se testemunhas de leitura. Estas podem ser as mesmas pessoas que testemunhem a apresentação do preso, mas não as mesmas que testemunhem o fato. As pessoas precisam ser isentas para atestar, quando necessário, inclusive ao juiz, a idoneidade da apresentação e da leitura. Por tal motivo, não se deve convocar para isso policiais ou militares ligados à autoridade encarregada do flagrante.

Recolhimento à prisão. Diligências

Art. 246. Se das respostas resultarem fundadas suspeitas contra a pessoa conduzida, a autoridade mandará recolhê-la à prisão, procedendo-se, imediatamente, se for o caso, a exame de corpo de delito, à busca e apreensão dos instrumentos do crime e a qualquer outra diligência necessária ao seu esclarecimento.[625]

625. Relaxamento do flagrante pela autoridade policial militar: a norma processual penal não está bem redigida, a nosso ver. Não é crível que a autoridade policial comece, formalmente, a lavratura do auto de prisão em flagrante, sem se certificar, antes, pela narrativa oral do condutor, das testemunhas presentes e até mesmo do preso, de que houve, realmente, flagrante em decorrência de um fato típico. Assim, quando se inteira do que houve, ao ser apresentada uma pessoa presa, inicia a lavratura do auto. Afinal, se a prisão foi nitidamente ilegal, deve dar voz de prisão em flagrante ao condutor e lavrar contra este o auto. Mas, excepcionalmente, pode ocorrer que, conforme o auto de prisão em flagrante desenvolver-se, com a colheita formal dos depoimentos, observe a autoridade policial que a pessoa presa não é a agente do delito. Afastada a autoria, tendo constatado o erro, não recolhe o sujeito, determinando sua soltura. É a excepcional hipótese de se admitir que a autoridade policial *relaxe* a prisão. Ao proceder desse modo, pode deixar de dar voz de prisão ao condutor, porque este também pode ter-se equivocado, sem a intenção de realizar prisão ilegal. Instaura-se, apenas, inquérito para apurar, com maiores minúcias, todas as circunstâncias da prisão. Note-se que isso se dá no tocante à avaliação da autoria, mas não quando a autoridade percebe ter havido alguma excludente de ilicitude ou de culpabilidade, pois cabe ao juiz proceder a essa análise. Maurício Henrique Guimarães Pereira explica que "o Delegado de Polícia pode e deve relaxar a prisão em flagrante, com fulcro no art. 304, § 1.º [art. 246, CPPM], interpretado *a contrario sensu*, correspondente ao primeiro contraste de legalidade obrigatório" quando não estiverem presentes algumas condições somente passíveis de verificação ao final da formalização do auto, como, por exemplo, o convencimento, pela prova testemunhal colhida, de que o preso não é o autor do delito; ou, ainda, quando chega à conclusão de que o fato é atípico (Habeas corpus e *polícia judiciária*, p. 233-234). No mesmo prisma, Roberto Delmanto Júnior, citando Câmara Leal, menciona que "se as provas forem falhas, não justificando fundada suspeita de culpabilidade, a autoridade, depois da lavratura do auto de prisão em flagrante, fará pôr o preso em liberdade" (*As modalidades de prisão provisória e seu prazo de duração*, p. 121).

Nota de culpa

Art. 247. Dentro em 24 (vinte e quatro) horas após a prisão será dada ao preso nota de culpa assinada pela autoridade, com o motivo da prisão, o nome do condutor e os das testemunhas.[626]

Art. 248

Código de Processo Penal Militar Comentado • **Nucci**

Recibo de nota de culpa

> § 1.º Da nota de culpa o preso passará recibo que será assinado por 2 (duas) testemunhas, quando ele não souber, não puder ou não quiser assinar.[627]

Relaxamento da prisão

> § 2.º Se, ao contrário da hipótese prevista no art. 246, a autoridade militar ou judiciária verificar a manifesta inexistência de infração penal militar ou a não participação da pessoa conduzida, relaxará a prisão. Em se tratando de infração penal comum, remeterá o preso à autoridade civil competente.[628]

626. Nota de culpa: é o documento informativo oficial, dirigido ao indiciado, que lhe faz a comunicação do motivo de sua prisão, demonstrando, também, a autoridade responsável pela lavratura do auto, o nome da pessoa que o prendeu (condutor) e os das testemunhas presenciais. Aliás, é direito constitucional tomar conhecimento dos responsáveis por sua prisão e por seu interrogatório (art. 5.º, LXIV, CF).

627. Recibo da nota de culpa: o recibo é essencial para comprovar que o preso foi comunicado dos detalhes do flagrante. Não sendo possível assinar – ou não querendo – é indispensável a colheita de duas testemunhas para tanto.

628. Outras considerações sobre o relaxamento: como já exposto na nota ao art. 246, ao término do flagrante, se ficar evidente não ter sido o preso o autor da infração penal, a autoridade militar o coloca em liberdade. Do mesmo modo, tanto a militar, encarregada do inquérito, quanto o juiz podem, também, relaxar a prisão, em duas situações: a) inexistência de crime militar (fato atípico); b) constatação da não participação do conduzido. Notando-se haver infração penal comum, mantém-se o flagrante, encaminhando-o a autoridade civil competente (delegado de polícia responsável).

Registro das ocorrências

> **Art. 248.** Em qualquer hipótese, de tudo quanto ocorrer será lavrado auto ou termo, para remessa à autoridade judiciária competente, a fim de que esta confirme ou infirme os atos praticados.[629]

629. Comunicação à autoridade judiciária: cabe a esta, em definitivo, decidir acerca da prisão cautelar do agente; portanto, mesmo tendo a autoridade militar relaxado o flagrante, pode o magistrado, inclusive a pedido do Ministério Público, manter o flagrante e determinar a recaptura do indiciado.

Fato praticado em presença da autoridade

> **Art. 249.** Quando o fato for praticado em presença da autoridade, ou contra ela, no exercício de suas funções, deverá ela própria prender e autuar em flagrante o infrator, mencionando a circunstância.[630]

630. Autoridade agredida ou testemunha do fato criminoso: tanto a autoridade militar como o juiz podem ser objeto da conduta delinquente (ex.: desacato), razão pela qual, de pronto, dão voz de prisão ao autor e lavram o flagrante. O mesmo pode ocorrer quando a autoridade militar ou judiciária *presenciar* o crime; dará voz de prisão em flagrante e lavrará o auto. Pode figurar como condutor ou determinar que outro agente assim o faça, dependendo de quem realiza efetivamente a prisão. Na jurisprudência: STM: "A lavratura do auto de prisão em flagrante feito pela mesma autoridade que presenciou os agentes praticando a conduta delituosa encontra respaldo legal no art. 249 do CPPM" (Apelação 0000059-60.2016.7.09.0009, rel. Odilson Sampaio Benzi, 08.08.2017, v.u.)

Prisão em lugar não sujeito à administração militar

> **Art. 250.** Quando a prisão em flagrante for efetuada em lugar não sujeito à administração militar, o auto poderá ser lavrado por autoridade civil, ou pela autoridade militar do lugar mais próximo daquele em que ocorrer a prisão.[631]

631. Extensão da atribuição para a lavratura do auto: trata-se de providência correta, pois as unidades militares não possuem sede em todos os locais do país, ao passo que há delegacias em quase todas as cidades. Diante disso, é cabível a lavratura do auto de prisão em flagrante por delegado civil ou federal, transmitindo-se o auto à autoridade judiciária militar competente para sua avaliação. O mesmo se faz no tocante à autoridade militar do lugar mais próximo daquele onde ocorre a prisão.

Remessa do auto de flagrante ao juiz

> **Art. 251.** O auto de prisão em flagrante deve ser remetido imediatamente ao juiz competente, se não tiver sido lavrado por autoridade judiciária, e, no máximo, dentro em 5 (cinco) dias, se depender de diligência prevista no art. 246.[632-632-A]
>
> **Parágrafo único.** Lavrado o auto de flagrante delito, o preso passará imediatamente à disposição da autoridade judiciária competente para conhecer do processo.

632. Controle jurisdicional do auto: cabe ao magistrado a fiscalização acerca da regularidade da prisão em flagrante efetivada e do auto respectivo. Menciona o artigo não ser tal remessa necessária quando a lavratura for feita por autoridade judiciária, tendo em vista que esta seria a responsável pela fiscalização. Diante disso, quando o juiz lavrar o auto, torna-se autoridade responsável e, quem não concordar com a sua manutenção, deve impetrar *habeas corpus* a instância superior.

632-A. Audiência de custódia: o Conselho Nacional de Justiça havia determinado que, após a prisão em flagrante, o indiciado deveria ser apresentado imediatamente ao juiz, em audiência de custódia. Porém, essa formalidade foi incorporada no CPP pela Lei 13.964/2019. Poder-se-ia dizer que o CPPM é lei especial e não se submete a essa modificação. No entanto, o STF tem acolhido a posição de que alterações na lei processual penal geral, em benefício do réu ou indiciado, deve ser aplicada a toda a legislação especial. Há decisões do próprio STM apontando que o juiz deve justificar a prisão preventiva a cada 90 dias, conforme a nova redação dada ao art. 316, parágrafo único, do CPP. Ora, tudo está a indicar que a audiência de custódia

Art. 252

precisa ser implementada, igualmente, na esfera militar, para que se decida o destino da prisão cautelar. O juiz não pode mais mantê-la de ofício e deve respeitar o pedido do órgão acusatório para que isto seja feito. Se o MP não requerer a preventiva, o indiciado deve ser libertado.

Devolução do auto

> **Art. 252.** O auto poderá ser mandado ou devolvido à autoridade militar, pelo juiz ou a requerimento do Ministério Público, se novas diligências forem julgadas necessárias ao esclarecimento do fato.[633]

633. Retorno dos autos para outras diligências: o auto de prisão em flagrante constitui o início e o corpo principal do inquérito, motivo pelo qual é plenamente possível que as provas nele colhidas sejam insuficientes para instruir a denúncia. Do mesmo modo que se dá com o inquérito, podem os autos do flagrante retornar à autoridade militar para complemento das diligências. O importante é não submeter o indiciado muito tempo preso, extrapolando os lapsos legais, podendo-se configurar constrangimento ilegal.

Concessão de liberdade provisória

> **Art. 253.** Quando o juiz verificar pelo auto de prisão em flagrante que o agente praticou o fato nas condições dos arts. 35, 38, observado o disposto no art. 40, e dos arts. 39 e 42, do Código Penal Militar, poderá conceder ao indiciado liberdade provisória, mediante termo de comparecimento a todos os atos do processo, sob pena de revogar a concessão.[634]

634. Excludentes de crime: embora tenha havido fato típico, é possível que se note, desde a leitura do auto de prisão em flagrante, a probabilidade de existência de causas excludentes de ilicitude ou culpabilidade. Assim sendo, deve o juiz conceder ao indiciado a liberdade provisória, sem fiança. As hipóteses retratadas neste dispositivo são o erro de direito (art. 35), coação moral irresistível e obediência hierárquica (art. 38), estado de necessidade exculpante (art. 39), estado de necessidade, legítima defesa, estrito cumprimento do dever legal e exercício regular de direito (art. 42), todas do Código Penal Militar.

Seção III

Da prisão preventiva[635]

635. Conceito de prisão preventiva: é uma medida cautelar de constrição à liberdade do indiciado ou réu, por razões de necessidade, respeitados os requisitos estabelecidos em lei. No ensinamento de Frederico Marques, possui quatro pressupostos: a) natureza da infração (alguns delitos não a admitem, como ocorre com os delitos culposos), b) probabilidade de condenação (*fumus boni juris*), c) perigo na demora (*periculum in mora*) e d) controle jurisdicional prévio (*Elementos de direito processual penal*, v. IV, p. 58).

Competência e requisitos para a decretação

> **Art. 254.** A prisão preventiva pode ser decretada pelo auditor ou pelo Conselho de Justiça, de ofício, a requerimento do Ministério Público ou median-

Título XIII • Capítulo III – Das providências que recaem sobre pessoas | **Art. 254**

> te representação da autoridade encarregada do inquérito policial-militar, em qualquer fase deste ou do processo, concorrendo os requisitos seguintes.[636-639]
>
> *a)* prova do fato delituoso;[640]
>
> *b)* indícios suficientes de autoria.[641]

No Superior Tribunal Militar

> **Parágrafo único.** Durante a instrução de processo originário do Superior Tribunal Militar, a decretação compete ao relator.

636. Duração da prisão preventiva e princípio da razoabilidade: inexiste um prazo determinado para a duração dessa modalidade de prisão cautelar. A regra é perdurar até quando seja necessária, durante o curso do processo, não podendo, é lógico, ultrapassar eventual decisão absolutória – que faz cessar os motivos determinantes de sua decretação – bem como o trânsito em julgado de decisão condenatória, pois, a partir desse ponto, está-se diante de prisão-pena. A prisão preventiva tem a finalidade de assegurar o bom andamento da instrução criminal, não podendo esta prolongar-se indefinidamente, por culpa do juiz ou por provocação do órgão acusatório. Se assim acontecer, configura constrangimento ilegal. Por outro lado, dentro da *razoabilidade*, havendo necessidade, não se deve estipular um prazo fixo para o término da instrução. Alguns critérios formaram-se, na jurisprudência, para apontar a maior extensão do procedimento instrutório, sem gerar excesso de prazo, tais como: a) elevado número de corréus, especialmente, quando há diversos defensores; b) provas produzidas por carta precatória; c) provas periciais variadas; d) diligências solicitadas pela defesa do acusado. Nesse sentido: STF: "A jurisprudência desta Corte é firme no sentido de que não procede a alegação de excesso de prazo quando a complexidade do feito, as peculiaridades da causa ou a defesa contribuem para eventual dilação do prazo. Precedentes" (RHC 120.133-PA, 2.ª T., rel. Ricardo Lewandowski, 18.02.2014, v.u.); STM: "A alta periculosidade, diante do envolvimento em várias ocorrências policiais, a presença do *fumus comissi delicti* e as fortes suspeitas recaídas sobre o indiciado, em face de diversos reconhecimentos, a gravidade do delito, praticado contra militares federais fardados, em concurso de agente, à mão armada, são mais que suficientes para autorizar a expedição de mandado de prisão e de busca domiciliar, tudo em consonância com os arts. 254 e 255 do CPPM. *Habeas corpus* conhecido e denegada a ordem. Decisão unânime" (HC 7000089-18.2017.7.00.0000, rel. Francisco Joseli Parente Camelo, 06.03.2018, v.u.).

637. Decretação da prisão preventiva de ofício: é mais uma mostra de que o juiz, no processo penal brasileiro, afasta-se de sua posição de absoluta inatividade, invadindo seara alheia, que é a do órgão acusatório, decretando medida cautelar de segregação sem que qualquer das partes, envolvidas no processo, tenha solicitado. Entretanto, após a edição da Lei 13.964/2019 (pacote anticrime), no processo penal comum, o juiz não pode mais decretar a prisão cautelar de ofício. Este Código de Processo Penal Militar, em tese, é lei especial, significando que não se submeteria à nova norma indicada no CPP comum. Porém, o STF tem apontado para a utilização de lei processual penal geral benéfica ao réu a toda a legislação especial. E o STM tem julgado indicando dever o juiz justificar a prisão a cada 90 dias, nos termos do art. 316, parágrafo único, do CPP. Logo, há de se considerar que o juiz, na esfera militar, não possa mais decretar prisão preventiva de ofício.

638. Requerimento do Ministério Público: é o órgão acusatório a parte legítima por excelência para, verificando a inviabilidade de se manter o réu solto, requerer ao magistrado

Art. 255

a decretação da sua prisão provisória. Indeferido o pedido da acusação, cabe a interposição de recurso em sentido estrito (art. 516, *h*, CPPM).

639. Representação da autoridade encarregada do inquérito: é o modo pelo qual essa autoridade faz ver ao juiz a necessidade de realização de alguma diligência ou de decretação de alguma medida indispensável, no interesse da investigação criminal, sem que, com isso, adquira o direito de questionar, depois, a decisão tomada pela autoridade judiciária. Assim, caso seja desacolhida a proposta, nada resta ao delegado fazer. Por vezes, quando o representante do Ministério Público, ouvido previamente, recomenda, também, a decretação da preventiva, não acolhida a proposta pelo juiz, pode haver recurso do órgão acusatório. Entende-se, nessa hipótese, que o parecer favorável do Ministério Público implica autêntico requerimento pela decretação da prisão, legitimando-o a recorrer.

640. Prova da existência do crime: é a materialidade, isto é, a certeza de que ocorreu uma infração penal, não se determinando o recolhimento cautelar de uma pessoa, presumidamente inocente, quando há séria dúvida quanto à própria existência de evento típico. Essa prova, no entanto, não precisa ser feita, mormente na fase investigatória, de modo definitivo e fundada em laudos periciais. Admite-se haver a certeza da morte de alguém (no caso do homicídio, por exemplo), porque as testemunhas ouvidas no inquérito assim afirmaram, bem como houve a juntada da certidão de óbito nos autos. O laudo necroscópico, posteriormente, pode ser apresentado.

641. Indícios suficientes de autoria: trata-se da suspeita fundada de que o indiciado ou réu é o autor da infração penal. Não é exigida prova plena da culpa, pois isso é inviável num juízo meramente cautelar, muito antes do julgamento de mérito. Cuida-se de assegurar que a pessoa mandada ao cárcere, prematuramente, sem a condenação definitiva, apresente boas razões para ser considerada agente do delito. Indício é prova indireta, permitindo que, através do conhecimento de um fato, o juiz atinja, por indução, o conhecimento de outro de maior amplitude. Portanto, quando surge uma prova de que o suspeito foi encontrado com a arma do crime, sem apresentar versão razoável para isso, trata-se de um indício – não de uma prova plena – de que é o autor da infração penal. A lei utiliza a qualificação *suficiente* para demonstrar não ser qualquer indício demonstrador da autoria, mas aquele que se apresenta convincente, sólido. Sobre o tema, pronuncia-se Antonio Magalhães Gomes Filho, afirmando que o indício *suficiente* é aquele que autoriza "um *prognóstico* de um julgamento positivo sobre a autoria ou a participação" (*A motivação das decisões penais*, p. 223). Na jurisprudência: TJPE: "Os elementos que justificam a propositura da ação penal não se identificam com aqueles exigidos para decretação da prisão cautelar. 2. Um dos requisitos para decretação da prisão preventiva é a presença de indícios suficientes de autoria. Hipótese não configurada no caso em tela. 3. Não havendo indícios suficientes de autoria para ensejar a constrição da liberdade, não que se falar em necessidade da segregação preventiva para garantia da ordem pública. 4. As condições pessoais favoráveis, como primariedade, ocupação lícita e definida e residência fixa, não afastam por si sós, a segregação cautelar, mas devem ser valoradas quando inexistentes os motivos da decretação da ordem constritiva" (HC 205118-1-PE, 4.ª C.C., rel. Marco Antonio Cabral Maggi, 02.02.2010, v.u.).

Casos de decretação

> **Art. 255.** A prisão preventiva, além dos requisitos do artigo anterior, deverá fundar-se em um dos seguintes casos:
>
> *a)* garantia da ordem pública;[642-644]

> *b)* conveniência da instrução criminal;[645-646]
>
> *c)* periculosidade do indiciado ou acusado;[647-648]
>
> *d)* segurança da aplicação da lei penal militar;[649-652]
>
> *e)* exigência da manutenção das normas ou princípios de hierarquia e disciplina militares, quando ficarem ameaçados ou atingidos com a liberdade do indiciado ou acusado.[653]

642. Garantia da ordem pública: trata-se da hipótese de interpretação mais aberta e extensa na avaliação da necessidade da prisão preventiva. Entende-se pela expressão a necessidade de se manter a ordem na sociedade, que, como regra, é abalada pela prática de um delito. Se este for grave, de particular repercussão, com reflexos negativos e traumáticos na vida de muitos, propiciando àqueles que tomam conhecimento da sua realização um forte sentimento de impunidade e de insegurança, cabe ao Judiciário determinar o recolhimento do agente. Um furto simples não justifica histeria, nem abalo à ordem, mas um latrocínio repercute, negativamente, no seio social, demonstrando que as pessoas honestas podem ser atingidas, a qualquer tempo, pela perda da vida, diante de um agente interessado no seu patrimônio, gerando, em muitos casos, intranquilidade. Uma das causas de afetação da ordem pública é a própria credibilidade do Judiciário, como vêm decidindo os tribunais. Além disso, no contexto dos crimes militares, há outros fatores a considerar, como a segurança externa do Brasil e das instituições militares. Apura-se o abalo à ordem pública também, mas não somente, pela divulgação que o delito alcança nos meios de comunicação – escrito ou falado. Não se trata de dar crédito ao sensacionalismo de certos órgãos da imprensa, interessados em vender jornais, revistas ou chamar audiência para seus programas, mas não é menos correto afirmar que o juiz, como outra pessoa qualquer, toma conhecimento dos fatos do dia a dia acompanhando as notícias veiculadas pelos órgãos de comunicação. Por isso, é preciso apenas bom senso para distinguir quando há estardalhaço indevido sobre um determinado crime, inexistindo abalo real à ordem pública, da situação de mera divulgação real da intranquilidade da população, após o cometimento de grave infração penal. Nas palavras de Eugênio Pacelli de Oliveira, "a barbárie, como se sabe e se deve saber, não é privativa do Estado. Há violência por todos os lados, sobretudo em um mundo de grandes e intransponíveis desigualdades sociais. Daí não se poder afirmar seriamente que a violência ou o terror sejam *criações* da mídia, nelas interessada pelo baixo custo da produção de seus programas. A mensagem do pânico, por certo, pode ser e é ali frequentemente superdimensionada, em prejuízo até da apreciação judicial do caso (o que é mais grave), o que não significa que a coletividade (incluindo o Judiciário) não esteja preparada ou não saiba reduzi-la, pelo menos aos limites de seu conhecimento pessoal. Seria rematada ingenuidade, por exemplo, supor que *organizações criminosas* efetivamente organizadas e com liderança e atuação amplamente comprovadas (vide o PCC) formaram-se apenas para a reivindicação de melhores condições carcerárias. Obviamente, qualquer pretensão nesse sentido é absolutamente legítima. Não obstante, não se esgota aí, à evidência, o respectivo campo de atuação. Com ou sem manipulação da mídia" (*Regimes constitucionais da liberdade provisória*, p. 67). Outro fator responsável pela repercussão social que a prática de um crime adquire é a periculosidade (probabilidade de tornar a cometer delitos) demonstrada pelo réu e apurada pela análise de seus antecedentes e pela maneira de execução do crime. Assim, é indiscutível poder ser decretada a prisão preventiva daquele que ostenta, por exemplo, péssimos antecedentes, associando-se a isso a crueldade particular com que executou o crime. Confira-se na jurisprudência: STM: "IV – Pela ordem pública, não se pode afirmar que essa possa estar a perigo em caso de soltura se ausente maior certeza sobre a prova da suposta prática delitiva. Quanto ao risco de fuga, a manutenção de domicílio fixo e a apresentação voluntária à prisão são indicativos contrários à necessidade do aprisionamento. Ademais, tal indefinição sobre os crimes torna problemático afirmar pela existência de tal risco. V – Ainda, com indiciado preso, a conclusão do inquérito deve se dar em 20 dias (art. 20 do CPPM) e a consequente oferta da Peça Acusatória em 5 dias (art. 79 do CPPM). No caso sob análise, o estouro dos prazos aplicáveis, embora tenha vindo a ser ofertada a Denúncia, resulta no reconhecimento da possibilidade de que ocorresse um maior excesso de prazo, visto que constatada a insubsistência de provas e indícios a justificarem a prisão, bem como que a investigação ainda visava determinar os fatos inicialmente imputados. VI – Embora não sejam determinantes para revogação da prisão quando examinadas isoladamente, as circunstâncias pessoais favoráveis do sujeito alvo da investigação reforçam a desnecessidade do aprisionamento. No caso dos autos, o Paciente possui residência fixa, é primário e detém boa conduta no meio militar. Mais que isso, seus progenitores estão acometidos de males de saúde que os inserem no grupo de risco da doença do novo Coronavírus (COVID-19), o que aponta sua indispensabilidade para os ajudar. VII – Liminar ratificada. Revogação da prisão preventiva mantida, bem como a colocação em liberdade condicional. Ordem de *Habeas Corpus* concedida. Unanimidade" (Habeas Corpus nº 7000389-72.2020.7.00.0000, rel. Péricles Aurélio Lima de Queiroz, 20/08/2020, v.u.). Em suma, extrai-se da jurisprudência o seguinte conjunto de causas viáveis para autorizar a prisão preventiva, com base na garantia da ordem pública: a) gravidade concreta do crime; b) envolvimento com o crime organizado; c) reincidência ou maus antecedentes do agente e periculosidade; d) particular e anormal modo de execução do delito; e) repercussão efetiva em sociedade, gerando real clamor público. O ideal é a associação de, pelo menos, dois desses fatores.

643. Gravidade concreta do delito: é possível levar em consideração esse aspecto. O relevante é fugir à abstrata avaliação do delito, pois, do contrário, a prisão preventiva tornar-se-ia obrigatória para inúmeras infrações penais, indiscriminadamente. Por certo, um homicídio qualificado é crime grave, mas nem sempre, levando-se em conta as condições pessoais do agente, torna-se imprescindível a preventiva. De outra parte, o homicídio qualificado pode vitimar um oficial superior, quando praticado pelo subalterno, provocando efetiva comoção na unidade militar. Abala-se a ordem pública, compreendida esta como a ordem militar, merecendo o decreto de prisão preventiva. Conferir: STM: "I – Os requisitos da prisão preventiva se mantêm, mediante o *periculum libertatis* e o *fumus comissi delicti*. A aparência do delito se estabelece por meio da prova da existência do crime e indícios suficientes de autoria. A garantia da ordem pública deve ser assegurada em caso do perigo de novas infrações. II – *A gravidade em concreto dos delitos perpetrados mediante violência e associação criminosa impõe a exatidão da lei, a fim de garantir a ordem pública e a aplicabilidade da legislação penal.* III – O decreto cautelar se mantém em análise as máximas da necessidade, da adequação e da proporcionalidade em sentido estrito. A necessidade relaciona-se ao risco social verificado no caso e a adequação focaliza a pertinência em abstrato da medida. O balanceamento se opera em face dos atos realizados. IV – A regra do art. 390 do Código de Processo Penal Militar não traz um prazo absoluto. Considerá-lo taxativo é desconsiderar os inúmeros fatores que decorrem do processo, como os sucessivos eventos da Ação Penal em 1ª instância de conflito de competência, além da própria complexidade fática, mediante diversos Réus, e legal, tentativa de homicídio qualificado em concurso de delitos, igualmente, equiparados a crimes atrozes especificados em lei. V – O tempo de prisão dos Recorridos é proporcional ao grave crime perpetrado, cuja pena mínima é de 8 anos de reclusão, considerada a tentativa na fração máxima de 2/3. Assim, o excesso de prazo não é uma simples soma aritmética, mas deve ser reconhecida a complexidade jurídica e fática do processo. VI – Inexistem dúvidas acerca da prova do fato delitivo e dos indícios suficientes de autoria, atendidas as exigências das alíneas "a" e "d" do art. 255 do CPPM, quais sejam: a garantia da ordem pública e a segurança da aplicação da lei penal militar. VII – Determinação ao Juízo de primeiro grau que analise, com periodicidade máxima de 90 dias, a conveniência do acautelamento preventivo dos Réus, nos termos do art. 316, parágrafo único, do Código de Processo Penal. VIII – Recurso provido" (Recurso em Sentido Estrito nº 7000448-60.2020.7.00.0000, rel. Péricles Aurélio Lima de Queiroz, 03/09/2020, v.u., grifamos); "O requisito da periculosidade do agente, para fins de decretação da custódia preventiva, deve observar a gravidade concreta do crime imputado, o que não se verifica na espécie, haja vista a fragilidade das provas até então colhidas, no que se refere à demonstração da autoria delitiva. Negado provimento ao Recurso em Sentido Estrito" (Recurso em Sentido Estrito nº 7001406-80.2019.7.00.0000, rel. Carlos Vuyk de Aquino, 03/03/2020, v.u.); "5. A garantia da ordem pública, calcada em potenciais consequências do crime, ou seja, sem dado real nesse sentido, não serve para fundamentar a decretação da prisão preventiva. 6. A ameaça indireta aos Princípios da Hierarquia e da Disciplina não justifica a prisão cautelar e, menos ainda, se o recorrido já foi licenciado do serviço ativo de sua Força Singular. 7. A segregação cautelar provisória submete-se à cláusula *rebus sic stantibus*, pois o juiz poderá decretá-la se sobrevierem razões que a justifiquem, bem como revogar a prisão preventiva se, no curso do feito, verificar a ausência de seus requisitos. 8. Recurso ministerial não provido" (Recurso em Sentido Estrito nº 7001155-62.2019.7.00.0000, rel. Marco Antônio de Farias, 03/12/2019, v.u.). Em igual prisma, admitindo que se leve em conta a gravidade do delito para a decretação da prisão preventiva, está o magistério de Antonio Magalhães Gomes Filho, ressaltando, inclusive, que a gravidade é constatada pela natureza da pena abstratamente cominada e permite que, quanto a esse ponto da decisão, a motivação do juiz seja *implícita* (*A motivação das decisões penais*, p. 221).

644. Reiteração na prática criminosa: é motivo suficiente para constituir gravame à ordem pública, justificador da decretação da prisão preventiva. Somos da opinião de ser imprescindível barrar a reiteração de delitos, verificando-se, pela análise da folha de antecedentes, possuir o indiciado ou acusado vários outros processos em andamento, todos por infrações penais graves. Não se trata de colocar em risco o princípio da presunção de inocência, mas de conferir segurança à sociedade. O prisma da prisão cautelar é diverso do universo da fixação da pena. Neste último caso, não deve o julgador levar em conta processos em andamento, por exemplo, para agravar a pena do réu; porém, para analisar a necessidade de prisão provisória, por certo, tais fatores auxiliam a formação do convencimento do magistrado. Conferir: TJSP: "*Habeas Corpus*. Furto qualificado. Prisão em flagrante. Pretendida liberdade provisória. Inviabilidade. Presença dos pressupostos e requisitos autorizadores da custódia cautelar (art. 312, do CPP). Prisão necessária à garantia da ordem pública. Paciente que apresenta condenação anterior por crime contra o patrimônio. Reiteração delitiva. Decisão bem fundamentada. Constrangimento ilegal não configurado. Ordem denegada" (HC 990.10.374844-1, 16.ª Câm. Crim., rel. Almeida Toledo, j. 19.10.2010, v.u.); "A prisão preventiva é justificada quando há reiteração da prática criminosa e a manifesta possibilidade de perseverança no comportamento delituoso demonstram que a ordem pública está em perigo" (HC 348.114-3, Santa Rita do Passa Quatro, 4.ª C., rel. Hélio de Freitas, 29.05.2001, v.u., JUBI 60/01).

645. Conveniência da instrução criminal: trata-se do motivo resultante da garantia de existência do devido processo legal, no seu aspecto procedimental. A conveniência de todo processo é realização da instrução criminal de maneira lisa, equilibrada e imparcial, na busca da verdade real, interesse maior não somente da acusação, mas, sobretudo, do réu. Diante disso, abalos provocados pela atuação do acusado, visando à perturbação do desenvolvimento da instrução criminal, que compreende a colheita de provas de um modo geral, é motivo a ensejar a prisão preventiva. Configuram condutas inaceitáveis a ameaça a testemunhas (ver

Art. 255

Código de Processo Penal Militar Comentado • **Nucci**

a nota *infra*), a investida contra provas buscando desaparecer com evidências, ameaças ao órgão acusatório, à vítima ou ao juiz do feito, a fuga deliberada do local do crime, mudando de residência ou de cidade, para não ser reconhecido, nem fornecer sua qualificação, dentre outras. Na jurisprudência: STF: "A prática de atos concretos voltados a obstaculizar, de início, a apuração dos fatos mediante inquérito conduz à prisão preventiva de quem nela envolvido como investigado, pouco importando a ausência de atuação direta, incidindo a norma geral e abstrata do art. 312 do Código de Processo Penal. A prisão preventiva prescinde da ciência prévia do destinatário, quer implementada por Juiz, por Relator, ou por Tribunal. O fato de o envolvido no inquérito ainda não ter sido ouvido surge neutro quanto à higidez do ato acautelador de custódia preventiva" (HC 102.732-DF, T.P., rel. Marco Aurélio, j. 04.03.2010, m.v.).

646. Ameaça a testemunhas: é indiscutível constituir tal ameaça formulada pelo réu ou por pessoas a ele ligadas um dos principais fatores a autorizar a decretação da prisão preventiva, tendo em vista que a instrução criminal pode ser seriamente abalada pela coerção. Se as testemunhas não tiverem ampla liberdade de depor, narrando o que efetivamente sabem e compondo o quadro da verdade real, não se está assegurando a *conveniente instrução criminal*, motivo pelo qual a prisão preventiva tem cabimento. Nesse sentido: STF: "A ameaça a testemunhas constitui base fática que se ajusta à necessidade da prisão cautelar por conveniência da instrução criminal. Precedentes: HC 105614/RJ, rel. Min. Ayres Britto, 2.ª Turma, *DJ* de 10.06.2011; HC 106236-AgR/RJ, rel. Min. Ayres Britto, 2.ª Turma, *DJ* de 06.04.2011; HC 101934/RS, rel. Min. Joaquim Barbosa, *DJ* de 14.09.2010; e HC 101309/PE, rel. Min. Ayres Britto, 1.ª Turma, *DJ* de 07.05.2010" (HC 108201/SP, 1.ª T., rel. Luiz Fux, 08.05.2012, v.u.).

647. Antecedentes e reincidência do indiciado ou réu como demonstrativos da periculosidade: é possível considerar, como fator hábil a demonstrar a necessidade de garantir a ordem pública, a constatação dos maus antecedentes do indiciado ou réu, incluindo-se esse fator na repercussão social causada pelo delito, cometido por pessoa perigosa. Nesse sentido: STF: "Logo, o que se depreende é que o paciente exibe uma história de vida que se caracteriza pela delituosidade, cuida-se de pessoa que já deu mostras de haver optado pela criminalidade como estilo de vida". Em relação à soltura do acusado da prática de roubo, continuou o relator: "revela-se temerária ou particularmente contrária à garantia da ordem pública" (HC 88.114-PB, 1.ª T., rel. Carlos Ayres Britto, 03.10.2006, v.u., *DJ* 17.11.2006). STJ: "A periculosidade do réu, evidenciada pelas circunstâncias em que o crime foi cometido, e por seus antecedentes penais, por si só, basta para embasar a custódia" (RHC 8.383-SP, 5.ª T., rel. Edson Vidigal, 18.03.1999, v.u., *DJ* 21.06.1999, p. 174). Idem: STJ, HC 8.478-SP, 6.ª T., rel. Vicente Leal, 20.04.1999, v.u. *DJ* 24.05.1999).

648. Primariedade, bons antecedentes e residência fixa não são obstáculos para a decretação da preventiva: as causas enumeradas no art. 255 são suficientes para a decretação da custódia cautelar de indiciado ou réu. O fato de o agente ser primário, não ostentar antecedentes e ter residência fixa não o levam a conseguir um alvará permanente de impunidade, livrando-se da prisão cautelar, visto ter esta outros fundamentos. A garantia da ordem pública e da ordem econômica, bem como a conveniência da instrução criminal e do asseguramento da aplicação da lei penal fazem com que o juiz tenha base para segregar de imediato o autor da infração penal grave. Nessa linha: TJPI: "As circunstâncias de ser o Paciente primário e possuir residência fixa não impedem a custódia preventiva, quando presentes os pressupostos do art. 312 do Código de Processo Penal." (HC 201000010009112-PI, 2.ª C.E.C., rel. Sebastião Ribeiro Martins, 12.04.2010, v.u.); TJMG: "(...) o fato do paciente ser primário, ter emprego certo e endereço conhecido não pode implicar na sua automática libertação, pois, na espécie, subsistem razões que recomendam a decretação e manutenção da sua prisão em flagrante,

Art. 255

267 Título XIII • Capítulo III – Das providências que recaem sobre pessoas

como o fato (fortes indícios) de o crime ser definido como hediondo, o resguardo da ordem pública, e conveniência da instrução criminal, sendo que tais elementos devem ser levados em conta para que se negue o pleito. Portanto, não há que se falar em direito de responder ao processo em liberdade, se não há nulidades processuais ou constrangimento ilegal, tratando-se o caso de crime hediondo que, conforme, expresso na Lei 8.072/90, não admite a liberdade provisória [após a Lei 11.464/2007, a vedação é exclusiva em relação à liberdade provisória com fiança], descabendo, portanto, o pedido do Paciente" (HC 1.0000.05.417178-0, 1.ª C., rel. Sérgio Braga, 15.03.2005, v.u.).

649. Asseguração da aplicação da lei penal militar: significa garantir a finalidade útil do processo penal, que é proporcionar ao Estado o exercício do seu direito de punir, aplicando a sanção devida a quem é considerado autor de infração penal. Não tem sentido o ajuizamento da ação penal, buscando respeitar o devido processo legal para a aplicação da lei penal ao caso concreto, se o réu age contra esse propósito, tendo, nitidamente, a intenção de frustrar o respeito ao ordenamento jurídico. Não bastasse já ter ele cometido o delito, que abala a sociedade, volta-se, agora, contra o processo, tendo por finalidade evitar a consolidação do direito de punir estatal. Exemplo maior disso é a fuga deliberada da cidade ou do País, demonstrando não estar nem um pouco interessado em colaborar com a justa aplicação da lei. É certo que a fuga pode ser motivo também, como já exposto em nota *supra*, de decretação da preventiva por conveniência da instrução. Depende, pois, do móvel da escapada. Se o acusado tem por fim não comparecer aos atos do processo, apenas para não ser reconhecido, reflete na conveniência da instrução. Se pretende fugir do País para não ser alcançado pela lei penal, insere-se neste contexto. Entretanto, pode ser dúplice o motivo, ou seja, tanto a fuga prejudica a instrução criminal, quanto a aplicação da lei penal. É o que fundamenta a decretação da prisão preventiva para o processo de extradição, instaurado no Supremo Tribunal Federal – garantia de aplicação da lei penal (art. 84 da Lei 13.445/2017). Conferir: STF: "Conforme remansosa jurisprudência desta Suprema Corte, a fuga do réu do distrito da culpa justifica o decreto ou a manutenção da prisão preventiva" (HC 103.124-PE, 1.ª T., rel. Ricardo Lewandowski, j. 10.08.2010, m. v.); "Conforme remansosa jurisprudência desta Suprema Corte, a fuga do réu do distrito da culpa justifica o decreto ou a manutenção da prisão preventiva." (HC 97.887-CE, 1.ª T., rel. Ricardo Lewandowski, j. 04.05.2010, v.u.); "Conforme remansosa jurisprudência desta Suprema Corte, a fuga do réu do distrito da culpa justifica o decreto ou a manutenção da prisão preventiva. II – O excesso de prazo na formação da culpa, caso existente, deve-se ao fato de o paciente ter sido preso em outro Estado da Federação. III – Ordem denegada" (HC 95.159-SP, 1.ª T., rel. Ricardo Lewandowski, 12.05.2009, m. v.); TJSP: "*Habeas Corpus* – Prisão preventiva fundamentada – Homicídio triqualificado e homicídio biqualificado este na forma tentada – Suspeito que se evadiu do local dos fatos, indo para local incerto e não sabido – Logo depois, teve sua prisão temporária decretada de forma fundamentada – Prisão preventiva idem – Crimes hediondos – Resguardo da ordem pública e da instrução criminal – Ordem denegada" (HC 990.10.277922-0, 16.ª C., rel. Pedro Menin, j. 05.10.2010, v.u.).

650. Mudança de endereço: a simples alteração de endereço não significa que o indiciado ou acusado pretende fugir, subtraindo-se à aplicação da lei penal. Na jurisprudência: STF: "A simples mudança, para o exterior, de domicílio ou residência de indiciado, com a devida comunicação à autoridade competente, não justifica, por si só, a prisão preventiva. Com base nesse entendimento, a 2.ª Turma, concedeu *habeas corpus* a acusada por suposto crime de estelionato na modalidade emissão de cheque sem fundo cuja segregação cautelar tivera como exclusivo fundamento o fato de ela haver se mudado para outro país por efeito de casamento. Considerou-se não se estar diante de nenhuma das hipóteses enquadradas no art. 312 do CPP" (HC 102.460-SP, 2.ª T., rel. Ayres Britto, j. 23.11.2010, v.u.).

651. Fuga do agente logo após o fato: é motivo para a decretação da prisão preventiva. Havendo fundamentos razoáveis de que o indiciado ou réu praticou fato grave e evadiu-se, torna-se viável a custódia cautelar, por estar nitidamente preenchido o requisito do "asseguramento da aplicação da lei penal". Nessa ótica: STF: "Em conclusão de julgamento, a Turma, por maioria, indeferiu *habeas corpus* em que denunciado pela suposta prática do crime de roubo qualificado pelo porte de arma de fogo pleiteava a revogação de sua prisão preventiva, cuja decretação fundara-se na sua fuga do distrito da culpa e no fato de haver sido posteriormente preso em flagrante pelo cometimento de outro ilícito – v. *Informativo* 442. Preliminarmente, afastou-se a aplicação do Enunciado da Súmula 691 do STF. No ponto, ressalvaram seu entendimento os Ministros Carlos Britto, que não vislumbrava situação de patente constrangimento ilegal, e Sepúlveda Pertence, para quem os temperamentos ao referido Enunciado têm acarretado duplo julgamento, pelo STF, de *habeas* impetrados contra tribunais de 2.º grau, quando indeferida liminar no STJ. No mérito, considerou-se não se estar diante de simples revelia ou de não localização dos acusados depois da citação, mas sim de evasão logo após a prática dos delitos. Daí a invocação da fuga e a demonstração objetiva do risco à instrução criminal e à aplicação da lei penal. Afastou-se, também, o argumento de excesso de prazo, tendo em conta a prolação de sentença condenatória. Ademais, asseverou-se que, se ocorrente o aludido excesso, este somente poderia ser atribuído à defesa, haja vista a fuga do paciente e o arrolamento de várias testemunhas por precatória. Por fim, ressaltou-se que a segregação decorreria de prisão em flagrante pelo cometimento posterior de outro crime. Vencidos os Ministros Marco Aurélio, relator, e Cármen Lúcia que deferiam o *writ* ao fundamento de que a evasão, por si só, não seria motivo suficiente para a decretação da prisão e de que restaria caracterizado o excesso de prazo" (HC 88.229-SE, rel. orig. Marco Aurélio, rel. p/ o acórdão Ricardo Lewandowski, 10.10.2006, m.v., *Informativo* 444); TJSP: "S., além disso, deixou o distrito da culpa logo após os fatos e, ao contrário do que alega a impetrante, a sua não localização não se deve à falta de diligência da autoridade policial ou dos serventuários da Justiça, transparecendo, na verdade, dos elementos de convicção carreados aos autos, a clara intenção de S. de evitar a sua citação. Com efeito, conforme consta de fls. 62, um investigador compareceu ao endereço que a impetrante afirma ser o da paciente. Não obstante, chegando ao local, encontrou o irmão de S., que disse que ela e o filho não eram mais vistos no local havia mais de um ano. O tio da paciente, por sua vez, ouvido às fls. 97, afirmou que ela sabe que está sendo procurada pela polícia e que seus familiares a ajudam a se esconder. Por fim, cumpre consignar que, como S. ainda não foi encontrada, determinou-se a sua citação por edital (documentação anexa). Evidente, portanto, o intuito da paciente de se subtrair à sua responsabilidade e impedir o bom andamento do feito, justificando-se, portanto, a decretação de sua prisão preventiva para assegurar a futura aplicação da lei penal. Desse modo, em vista dos elementos constantes dos autos e, ainda, da bem fundamentada decisão proferida pela autoridade impetrada, não há dúvidas de que a prisão preventiva da paciente consiste em medida absolutamente necessária à garantia da ordem pública e da futura aplicação da lei penal, que traduzem, enfim, o *periculum libertatis*" (HC 990.10.462971-3, 16.ª C., rel. Almeida Toledo, 14.12.2010, v.u.); TFR-1.ª Região: "A prisão preventiva, somente pode ser decretada quando houver prova da existência do crime (materialidade delitiva), indícios suficientes de autoria e quando ocorrerem pelo menos um dos fundamentos presentes no art. 312 do Código de Processo Penal: garantia da ordem pública ou econômica, conveniência de instrução criminal e aplicação da lei penal. 2. 'Havendo fundamentos razoáveis de que o indiciado ou réu praticou fato grave e evadiu-se, torna-se viável a custodia cautelar, por estar nitidamente preenchido o requisito do 'asseguramento da aplicação da lei penal' (Guilherme de Souza Nucci)" (HC 0019738-57.2010.4.01.0000-PA, 4.ª T., rel. Mário César Ribeiro, 06.07.2010, v.u.).

652. Fuga justificada: em princípio, como se expôs na nota anterior, a fuga do agente do crime é motivo suficiente para decretar a sua prisão preventiva, tanto para assegurar a aplicação da lei penal, como, em outros casos, por conveniência da instrução. Entretanto, nunca é demais ressaltar que, em certas situações excepcionais, a fuga do autor da infração penal é justificável. Uma das escusas razoáveis é o temor de ser agredido – ou até linchado – por terceiros. Portanto, foge do local para se proteger, em típica reação configuradora de legítima defesa. Pode ocorrer, ainda, um chamamento de urgência, para atender um parente gravemente enfermo, o que faria surgir o estado de necessidade. Nesses casos, não caberia a prisão preventiva. Se tiver sido decretada num primeiro momento, deve ser revista e revogada. Nesse prisma: STF: "A prisão preventiva para assegurar a aplicação da lei penal, considerada a fuga do paciente após a prática delituosa, foi, num primeiro momento, a medida adequada. Esclarecimentos posteriores evidenciaram que a evasão do distrito da culpa ocorreu por receio de vingança dos parentes da vítima, o que acabou confirmado pelo ato de vandalismo perpetrado contra sua tia, na semana seguinte ao evento criminoso. O art. 316 do CPP autoriza o juiz a revogar a custódia cautelar se, no correr do processo, verificar a falta de motivo para que subsista. No caso concreto, cessado o receio justificador da fuga, o paciente se apresentou à autoridade policial, desautorizando, com essa atitude, ilações de que pretendia furtar-se à aplicação da pena" (HC 85.453-AL, 1.ª T., rel. Eros Grau, 17.05.2005, v.u., Boletim AASP 2465, p. 1.174).

653. Hierarquia e disciplina: tais princípios são fundamentais para o cenário dos crimes militares, constituindo autênticos bens jurídicos a preservar. Portanto, significando uma modalidade de garantia da ordem pública, esta causa de decretação da prisão preventiva volta-se a práticas delituosas específicas, tais como insubordinação, motim, entre outros). Na jurisprudência: STM: "A prisão preventiva é medida excepcional. Todavia, *in casu*, a referida medida se faz necessária, mormente levando-se em consideração que o acusado foi posto em liberdade e procura não se submeter às regras impostas, em total desapreço à função militar e à própria Justiça Militar da União" (Recurso em sentido estrito 0000045-61.2017.7.01.0301, rel. José Barroso Filho, 09.05.2017, v.u.); "A liberdade precoce do paciente denotaria graves máculas aos preceitos da exigência da manutenção das normas ou dos princípios de hierarquia e disciplina. Contudo, não se mostra razoável o emprego do encarceramento cautelar como medida penalizadora. O melhor entendimento doutrinário segue a linha de que a prisão cautelar deve estar obrigatoriamente comprometida com a instrumentalização do processo criminal. Tendo em vista que o encarceramento perdurou por 16 (dezesseis) dias, e estando revestida da cláusula *rebus sic stantibus*, denota-se suficiente aos fins propostos, sob pena de antecipação da reprimenda penal. *Writ* conhecido e concedido. Decisão à unanimidade" (HC 7000010-05.2018.7.00.0000, rel. Carlos Augusto de Sousa, 27.02.2018, v.u.).

Fundamentação do despacho

> **Art. 256.** O despacho que decretar ou denegar a prisão preventiva será sempre fundamentado; e, da mesma forma, o seu pedido ou requisição, que deverá preencher as condições previstas nas letras *a* e *b*, do art. 254.[654]

654. Fundamentação da prisão preventiva: exige a Constituição Federal que toda decisão judicial seja fundamentada (art. 93, IX), razão pela qual, para a decretação da prisão preventiva, é indispensável que o magistrado apresente as suas razões para privar alguém de sua liberdade. Tais razões não se limitam a enumerar os requisitos legais (ex.: "Para garantia da ordem pública, decreto a prisão preventiva..."). Exige-se a explicitação fática dos fundamentos da prisão cautelar (ex.: Tendo em vista [fatos], para garantia da ordem pública, decreto a prisão

Art. 257

preventiva...). Nesse sentido: STF: "O decreto de prisão preventiva há que fundamentar-se em elementos fáticos concretos, que demonstrem a necessidade da medida constritiva" (HC 101.244-MG, 1.ª T., rel. Ricardo Lewandowski, 16.03.2010, v.u.); TJSP: "*Habeas Corpus* – Liberdade provisória – Deferimento – Possibilidade – Falta de fundamentação para a prisão cautelar – Prisão cautelar que se mostra como exceção no nosso sistema – Inexistência de elementos que, concretamente, justifiquem a prisão preventiva – Liberdade provisória concedida – Ordem concedida – (voto n. 9875) (...) Logo, a regra é a liberdade provisória, até mesmo em observância ao princípio constitucional da presunção da inocência (CF de 1988, art. 5.º, LXVI), sendo a prisão, ou manutenção da prisão, a exceção. (...) Para a manutenção da segregação cautelar deve o Juiz analisar elementos concretos que emergem da empreitada criminosa sem se divorciar das características individuais do paciente, sob pena de se contemplar todos os acusados por determinado delito com a prisão processual, o que não se admite. (...) Além disso, a manutenção da prisão preventiva calcada na fundamentação abstrata da ofensa ao objeto jurídico tutelado pelo tipo penal ao paciente imputado não merece acolhida. Finalmente, imprescindível que demonstre o Juízo, com fatos concretos, os motivos pelos quais necessária a prisão para a garantia da aplicação da lei penal e para a regular instrução criminal, insuficiente a mera repetição do texto legal, como feito." (HC 990.10.249.947-2, 16.ª Câm. Crim., rel. Newton Neves, 21.09.2010, v.u.). Essa fundamentação pode ser concisa, sem implicar nulidade ou constrangimento ilegal: TJSP: "A decisão ora questionada, em que pese *concisa – e concisão não é defeito, é qualidade, é arte de expressão e compreensão* – não padece da ilegalidade afirmada, não sendo as circunstâncias pessoais ressaltadas, óbice legal a impedir a imposição da referida custódia" (HC 232.121-3, São Paulo, 1.ª C., rel. Raul Motta, 09.06.1997, v.u.).

Desnecessidade da prisão

> **Art. 257.** O juiz deixará de decretar a prisão preventiva, quando, por qualquer circunstância evidente dos autos, ou pela profissão, condições de vida ou interesse do indiciado ou acusado, presumir que este não fuja, nem exerça influência em testemunha ou perito, nem impeça ou perturbe, de qualquer modo, a ação da justiça.[655]

Modificações de condições

> **Parágrafo único.** Essa decisão poderá ser revogada a todo o tempo, desde que se modifique qualquer das condições previstas neste artigo.

655. Visão contrária aos requisitos da preventiva: este artigo é o simbolismo do oposto dos requisitos da decretação da preventiva. Resume a ideia de que a prisão cautelar é excepcional. Na jurisprudência: STM: "V – Prisão preventiva reanalisada de ofício, conforme autorizado pelo art. 257, parágrafo único, do Código de Processo Penal Militar (CPPM). O Condenado é civil, de forma que responderá segundo os consectários da legislação comum, inclusive no que concerne à progressão de regime. Considerada sua redução de pena e que se encontra preso continuamente há mais de 2 anos e meio, restou forçosa a libertação, visto que já teria progredido de regime, caso estivesse em cumprimento da pena. VI – Ademais, não constatada a subsistência das causas de decretação: ausência de demonstração, concretamente, de que exista risco à ordem pública; ou que possa interferir na instrução criminal, pois já finalizada; ou que possua periculosidade acentuada, pois não detém antecedentes; ou que não se conseguirá aplicar a lei penal militar em caso de sua soltura. Prisão preventiva revogada na forma do art. 257, parágrafo único, do CPPM. VII – Recurso conhecido, por unanimidade. No mérito, por maioria, parcialmente provido para reformar a Sentença *a quo*, com a manutenção da condenação, mas com a redução da pena imposta de 20 anos para 9 anos de reclusão, em regime inicialmente fechado, com o direito de recorrer em liberdade" (Apelação 7000982-72.2018.7.00.0000, rel. para acórdão: Péricles Aurélio Lima de Queiroz, 21.05.2020, maioria).

Proibição

> **Art. 258.** A prisão preventiva em nenhum caso será decretada se o juiz verificar, pelas provas constantes dos autos, ter o agente praticado o fato nas condições dos arts. 35, 38, observado o disposto no art. 40, e dos arts. 39 e 42, do Código Penal Militar.[656]

656. Vedação à prisão preventiva: da mesma forma que se deve conceder liberdade provisória aos presos em flagrante nas hipóteses previstas no art. 253 *supra*, veda-se a decretação da prisão preventiva nas mesmas situações. São as seguintes: erro de direito (art. 35), coação moral irresistível e obediência hierárquica (art. 38), estado de necessidade exculpante (art. 39), estado de necessidade, legítima defesa, estrito cumprimento do dever legal e exercício regular de direito (art. 42), todas do Código Penal Militar. Entretanto, a proibição deve ser relativa, pois o acusado poderia ameaçar testemunhas ou fugir, antes da conclusão do processo, merecendo a decretação da prisão cautelar. O objetivo do art. 258 é impedir a leviana decretação da preventiva, mormente em casos de possível absolvição.

Revogação e nova decretação

> **Art. 259.** O juiz poderá revogar a prisão preventiva se, no curso do processo, verificar a falta de motivos para que subsista, bem como de novo decretá-la, se sobrevierem razões que a justifiquem.[657]
>
> **Parágrafo único.** A prorrogação da prisão preventiva dependerá de prévia audiência do Ministério Público.

657. Modificações fáticas da situação determinante da prisão ou da soltura do réu: é possível que o juiz tenha indeferido o pedido do Ministério Público de decretação da prisão preventiva do réu, por não ter constatado causa válida para isso, espelhando-se nas provas do processo, naquele momento. Entretanto, surgindo nova prova, é natural possa a situação fática alterar-se, justificando outro pedido e, consequentemente, a decretação da medida cautelar. O mesmo raciocínio deve ser aplicado em via inversa. Se o acusado foi preso, logo no início da instrução, porque se dizia que ele ameaçava testemunhas, é possível, em seguida aos depoimentos destas, negando ao juiz as pretensas ameaças, caiba a revisão da medida, colocando-se o acusado em liberdade. Na jurisprudência: STM: "Desconstituição de prisão domiciliar. Ex--militar que responde a IPM instaurado para apurar o cometimento dos crimes de violência contra inferior e lesão leve, em tese, praticado juntamente com outros militares, consistentes em golpes de remo de madeira nas nádegas dos novos soldados. "Trote" ocorrido em Unidade do Exército. Ausência dos requisitos para a decretação de prisão preventiva. Inaplicabilidade das medidas cautelares diversas à prisão em razão da especialidade da Justiça Militar da União.

Art. 260

Precedente STM. Eventual mudança do panorama fático-jurídico possibilita a decretação de prisão (art. 259 do CPPM). Ordem concedida" (Habeas Corpus 7000394-94.2020.7.00.0000, rel. Lúcio Mário de Barros Góes, 03.09.2020, v.u.).

Execução da prisão preventiva

Art. 260. A prisão preventiva executar-se-á por mandado, com os requisitos do art. 225. Se o indiciado ou acusado já se achar detido, será notificado do despacho que a decretar pelo escrivão do inquérito, ou do processo, que o certificará nos autos.

Passagem à disposição do juiz

Art. 261. Decretada a prisão preventiva, o preso passará à disposição da autoridade judiciária, observando-se o disposto no art. 237.

Capítulo IV
Do comparecimento espontâneo

Tomada de declarações

Art. 262. Comparecendo espontaneamente o indiciado ou acusado, tomar-se-ão por termo as declarações que fizer. Se o comparecimento não se der perante a autoridade judiciária, a esta serão apresentados o termo e o indiciado ou acusado, para que delibere acerca da prisão preventiva ou de outra medida que entender cabível.[658]

Parágrafo único. O termo será assinado por duas testemunhas presenciais do ocorrido; e, se o indiciado ou acusado não souber ou não puder assinar, sê-lo-á por uma pessoa a seu rogo, além das testemunhas mencionadas.

658. Comparecimento espontâneo: na legislação processual penal comum, antes da reforma de 2008, o comparecimento espontâneo do indiciado era indicativo de impedimento para a prisão em flagrante e para a decretação da preventiva, pois demonstraria o seu intuito de colaboração. Entretanto, não mais vige esse dispositivo no CPP. No Código de Processo Penal Militar, visualiza-se de maneira integralmente inócua o instituto, pois o comparecimento do indiciado ou acusado é tomado por termo, podendo o juiz deliberar livremente a respeito, vale dizer, pode determinar a prisão preventiva ou outra medida, que entender cabível. Questiona-se, então, qual a razão para se disciplinar o referido *comparecimento espontâneo*. Em nosso entendimento, não tem sentido. Fosse norma a indicar eventual vedação de medida constritiva contra o indiciado ou acusado que se apresentasse, poder-se-ia compreender. Porém, podendo o magistrado agir como bem entende, de nada adianta o comparecimento *formalizado* por termo. Por certo, pode-se sustentar que, comparecendo, daria mostra de que a preventiva, por exemplo, não seria razoável. Mas, para tanto, não se torna necessária a solenidade, bastando que o réu ou indiciado aponte seu defensor, que ingressará nos autos para tomar as medidas legais cabíveis. Ademais, o simples comparecimento espontâneo, por si só, não representa segurança para nada, pois o sujeito pode fugir em seguida ou perturbar a instrução do mesmo modo.

Capítulo V
Da menagem[659]

659. Menagem: é uma modalidade de medida cautelar no âmbito militar, voltada a autores de crimes cuja pena privativa de liberdade não ultrapasse quatro anos, evitando-se os males do encarceramento, com a finalidade de manter o indiciado ou acusado em lugar determinado, de onde não deve sair sem autorização judicial. Há nítida equivalência entre a menagem e a liberdade provisória. Esta é mais ampla, pois o beneficiado pode ir aonde bem quiser, desde que compareça em juízo quando chamado. Na jurisprudência: STF: "5. Instituto da menagem. Incabível. Ausência do requisito objetivo exigido: pena cominada ao delito superior a 4 anos. 6. Aplicabilidade das medidas cautelares previstas na Lei 12.403/2011 na Justiça Militar. Não incidência. Princípio da especialidade. 7. Ausência de constrangimento ilegal. Ordem denegada" (HC 135047, rel. Gilmar Mendes, 2.ª T., 27.09.2016, v.u.).

Competência e requisitos para a concessão

> **Art. 263.** A menagem poderá ser concedida pelo juiz, nos crimes cujo máximo da pena privativa da liberdade não exceda a 4 (quatro) anos, tendo-se, porém, em atenção a natureza do crime e os antecedentes do acusado.[660]

660. Requisitos da menagem: a menção à *natureza do crime* e aos *antecedentes* do acusado demonstram a preocupação em não conceder a menagem, quando cabível a prisão preventiva. A natureza do delito equivale à sua gravidade concreta, determinante do elemento *garantia da ordem pública*, para efeito de prisão cautelar (art. 255, *a*, CPPM). Quanto aos antecedentes do indiciado ou acusado, focaliza-se a *periculosidade*, outro dos requisitos da prisão preventiva (art. 255, *c*, CPPM).

Lugar da menagem

> **Art. 264.** A menagem a militar poderá efetuar-se no lugar em que residia quando ocorreu o crime ou seja sede do juízo que o estiver apurando, ou, atendido o seu posto ou graduação, em quartel, navio, acampamento, ou em estabelecimento ou sede de órgão militar. A menagem a civil será no lugar da sede do juízo, ou em lugar sujeito à administração militar, se assim o entender necessário a autoridade que a conceder.[661]

Audiência do Ministério Público

> § 1.º O Ministério Público será ouvido, previamente, sobre a concessão da menagem, devendo emitir parecer dentro do prazo de 3 (três) dias.

Pedido de informação

> § 2.º Para a menagem em lugar sujeito à administração militar, será pedida informação, a respeito da sua conveniência, à autoridade responsável pelo respectivo comando ou direção.[662]

Art. 265

661. Local da menagem: ao militar, nada mais lógico e adequado que cumpri-la confinado em quartel, navio, acampamento ou outra unidade militar. Ao civil, a sua residência. Embora a lei não indique, claramente, o lugar da menagem, é preciso ressaltar tratar-se de medida constritiva à liberdade, decorrente da prática de um crime, razão pela qual deve existir um local exato para que o indiciado ou acusado fique, passível de fiscalização pela autoridade judiciária que a concedeu. Pode-se determinar que o civil fique em unidade sob administração militar, desde que sua residência situe-se fora da sede do juízo.

662. Cautela de cumprimento de local militar: a conveniência da unidade militar deve ser preservada, de modo que a autoridade judiciária precisa consultar a direção militar antes de determinar o cumprimento da menagem.

Cassação da menagem

> **Art. 265.** Será cassada a menagem àquele que se retirar do lugar para o qual foi ela concedida, ou faltar, sem causa justificada, a qualquer ato judicial para que tenha sido intimado ou a que deva comparecer independentemente de intimação especial.[663]

663. Revogação do benefício: nos mesmos termos das condições estabelecidas para a liberdade provisória, o indiciado ou acusado deve comparecer a todos os atos procedimentais para os quais for convocado. E, no particular cenário da menagem, além disso, não deve o beneficiário ausentar-se do local de confinamento sem autorização judicial. Revogada, torna-se a impor a prisão cautelar.

Menagem do insubmisso

> **Art. 266.** O insubmisso terá o quartel por menagem, independentemente de decisão judicial, podendo, entretanto, ser cassada pela autoridade militar, por conveniência de disciplina.[664]

664. Menagem por força de lei: ao insubmisso ("art. 183. Deixar de apresentar-se o convocado à incorporação, dentro do prazo que lhe foi marcado, ou, apresentando-se, ausentar-se antes do ato oficial de incorporação", CPM), quando não houver de medida cautelar mais séria, impõe-se a menagem necessariamente no quartel por força de determinação legal. Ao juiz cabe somente fiscalizar o seu cumprimento. Além disso, a autoridade militar do local onde estiver o insubmisso pode cassar o benefício, em função da disciplina reinante no quartel. Nesse caso, será o insubmisso recolhido ao cárcere. De todo modo, deve-se comunicar ao juízo e a este concerne a deliberação definitiva quanto ao destino do acusado.

Cessação da menagem

> **Art. 267.** A menagem cessa com a sentença condenatória, ainda que não tenha passado em julgado.[665]
>
> **Parágrafo único.** Salvo o caso do artigo anterior, o juiz poderá ordenar a cessação da menagem, em qualquer tempo, com a liberação das obrigações dela decorrentes, desde que não a julgue mais necessária ao interesse da Justiça.[666]

665. Cessação da menagem e presunção de inocência: dispõe este artigo que a menagem deve cessar assim que proferida a sentença condenatória, mesmo antes do trânsito em julgado. Somente para argumentar, seguindo-se estritamente o disposto nessa norma, afastada a menagem, deve-se cumprir o disposto na decisão, eventualmente com o recolhimento do acusado ao cárcere. Entretanto, o estado de inocência perdura até o trânsito em julgado, de forma que a menagem, como medida cautelar, deve ser mantida até que isto se dê.

666. Desnecessidade da menagem: tratando-se de medida cautelar constritiva à liberdade individual, somente tem sentido mantê-la quando o indiciado ou acusado tiver sido preso em flagrante e, após, for conveniente colocá-lo em situação de vigilância, até que se decida o seu destino processual. No entanto, a menagem é uma medida intermediária entre a prisão preventiva e a liberdade provisória. A qualquer momento processual, o magistrado pode ordenar a sua cessação, substituindo-a por liberdade provisória.

Contagem para a pena

> **Art. 268.** A menagem concedida em residência ou cidade não será levada em conta no cumprimento da pena.[667]

667. Exceção não recepcionada pela Constituição Federal: a menagem é uma forma de prisão cautelar, embora cumprida em residência ou em unidade militar. Deve receber o mesmo tratamento que a prisão provisória em matéria de detração (art. 67, CPM: "computam-se na pena privativa de liberdade o tempo de prisão provisória..."). Portanto, é ilógico o disposto neste artigo, vedando a consideração do tempo da menagem em residência para o cálculo total da pena. É preciso destacar a relevância constitucional de dois princípios: a) igualdade perante a lei; b) vedação à dupla punição pelo mesmo fato. Se o indiciado ou acusado permaneceu *preso em domicílio* durante o curso do processo, por óbvio, esse tempo merece ser computado na pena final, se condenado. Na jurisprudência: STM: "A menagem, embora destituída do rigor do encarceramento, constitui espécie de prisão cautelar. Tanto é assim que, salvo quando for concedida em residência ou cidade (art. 268 do CPPM), a menagem deve ser computada na pena definitiva, realizando-se a detração do período passado nessa forma de prisão" (HC 7000750-60.2018.7.00.0000, rel. Maria Elizabeth Guimarães Teixeira Rocha, 04.10.2018, v.u.).

Reincidência

> **Art. 269.** Ao reincidente não se concederá menagem.[668]

668. Vedação ao reincidente: um dos pontos principais para considerar cabível a prisão preventiva diz respeito à periculosidade do indiciado ou acusado (art. 255, *c*, CPPM), razão pela qual a reincidência é um obstáculo à menagem.

Capítulo VI

Da liberdade provisória[669]

669. Conceito de liberdade provisória: é a liberdade concedida ao indiciado ou réu, preso em flagrante, que, por não necessitar ficar segregado, em homenagem ao princípio da

Art. 270

presunção de inocência, deve ser liberado, sob determinadas condições, para responder ao processo. O fundamento constitucional é encontrado no art. 5.º, LXVI.

Casos de liberdade provisória

> **Art. 270.** O indiciado ou acusado livrar-se-á solto no caso de infração a que não for cominada pena privativa de liberdade.[670-671]
>
> **Parágrafo único.** Poderá livrar-se solto:[672]
>
> *a)* no caso de infração culposa, salvo se compreendida entre as previstas no Livro I, Título I, da Parte Especial, do Código Penal Militar;
>
> b) no caso de infração punida com pena de detenção não superior a 2 (dois) anos, salvo as previstas nos arts. 157, 160, 161, 162, 163, 164, 166, 173, 176, 177, 178, 187, 192, 235, 299 e 302, do Código Penal Militar.

670. Livrar-se solto: significa a concessão de liberdade provisória a quem praticar infração penal cuja pena não for privativa de liberdade, bem como aos agentes de crimes culposos, exceto os descritos na nota abaixo, e os autores de delitos, com penas não superiores a dois anos, excetuando os mencionados na nota infra.

671. Outras hipóteses de liberdade provisória: a lei processual penal militar prevê, expressamente, poucas hipóteses de concessão de liberdade provisória a quem é preso em flagrante. Além das situações que envolvem o *livrar-se solto*, concede-se liberdade provisória nos termos do art. 253 deste Código. Fora desses casos, seria vedada a sua concessão. Entretanto, a nova ordem constitucional, instaurada a partir da Constituição Federal de 1988, impõe a presunção de inocência como princípio fundamental e, com ele, a necessidade de se aplicar a prisão cautelar em último caso. Não há sentido, portanto, para manter-se detido o indiciado ou acusado, sem culpa definitiva, se os requisitos da prisão preventiva não estão presentes. Cremos viável aplicar o disposto na legislação processual comum, por analogia, pois mais favorável ao acusado, inclusive no tocante às medidas cautelares alternativas. Além do mais, a prevalecer a vedação da liberdade provisória, a prisão se tornaria uma autêntica *loteria*. Quem fosse preso em flagrante pela prática de homicídio, por exemplo, ficaria detido durante todo o processo. Quem praticasse idêntico homicídio, sem prisão em flagrante, responderia todo o processo em liberdade, pois a decretação da prisão preventiva não é obrigatória. Não há lógica nem razoabilidade nesse quadro. Em resumo, é viável conceder liberdade provisória, mediante termo de comparecimento a todos os atos do processo, quando não for indispensável a prisão provisória. Nos termos do art. 319 do CPP, "são medidas cautelares diversas da prisão: I – comparecimento periódico em juízo, no prazo e nas condições fixadas pelo juiz, para informar e justificar atividades; II – proibição de acesso ou frequência a determinados lugares quando, por circunstâncias relacionadas ao fato, deva o indiciado ou acusado permanecer distante desses locais para evitar o risco de novas infrações; III – proibição de manter contato com pessoa determinada quando, por circunstâncias relacionadas ao fato, deva o indiciado ou acusado dela permanecer distante; IV – proibição de ausentar-se da Comarca quando a permanência seja conveniente ou necessária para a investigação ou instrução; V – recolhimento domiciliar no período noturno e nos dias de folga quando o investigado ou acusado tenha residência e trabalho fixos; VI – suspensão do exercício de função pública ou de atividade de natureza econômica ou financeira quando houver justo receio de sua utilização para a prática de infrações penais; VII – internação provisória do acusado nas hipóteses de crimes praticados com violência ou grave ameaça, quando os peritos concluírem ser inimputável ou semi-imputável (art. 26 do Código Penal) e houver risco de reiteração; VIII – fiança, nas infrações que a admitem, para

Art. 272

assegurar o comparecimento a atos do processo, evitar a obstrução do seu andamento ou em caso de resistência injustificada à ordem judicial; IX – monitoração eletrônica".

672. Inaplicabilidade da soltura: não se aplica a liberdade provisória ao indiciado ou acusado incurso em delito culposo no contexto dos *crimes contra a segurança externa do país* ou na infração dolosa, mesmo com pena não superior a dois anos nas hipóteses de *violência contra superior*, art. 157; *desrespeito a superior*, art. 160; *desrespeito a símbolo nacional*, art. 161; *despojamento desprezível*, art. 162; *recusa de obediência*, art. 163; *oposição a ordem de sentinela*, art. 164; *publicação ou crítica indevida*, art. 166; *abuso de requisição militar*, art. 173; *ofensa aviltante a inferior*, art. 176; *resistência mediante ameaça ou violência*, art. 177; *fuga de preso ou internado*, art. 178; *deserção*, art. 187; *deserção por evasão ou fuga*, art. 192; *pederastia ou outro ato de libidinagem*, art. 235; *desacato a militar*, art. 299; *ingresso clandestina*, art. 302, todos do CPM. Na jurisprudência: STM: "Soldado preso em flagrante por, em tese, ter apresentado resistência a ordem de seus superiores hierárquicos para que entrasse em forma juntamente com o pelotão para atividades de instrução. A respeito da indicação do art. 270, parágrafo único, letra 'b', do CPPM, utilizado para fundamentar a decretação da prisão preventiva, sob o entendimento de que a mencionada norma não permitiria a concessão de liberdade provisória ao crime definido no art. 163 do CPM, muito embora a literalidade da lei seja nesse sentido, a jurisprudência desta Corte admite a concessão de liberdade provisória aos Acusados pela prática dos delitos relacionados no dispositivo citado. Ordem deferida" (Habeas Corpus 7000694-56.2020.7.00.0000, rel. Lúcio Mário de Barros Góes, 19.11.2020, v.u.). TJMSP: "A letra *b* do parágrafo único do art. 270 do CPPM veda a concessão da liberdade provisória aos acusados pela prática do delito tipificado no art. 160 do Código Penal Militar. Ordem denegada" (HC 0002160-24.2017.9.26.0000, rel. Paulo Prazak, 2.ª Câmara, 17.08.2017, v.u.).

Suspensão

> **Art. 271.** A superveniência de qualquer dos motivos referidos no art. 255 poderá determinar a suspensão da liberdade provisória, por despacho da autoridade que a concedeu, de ofício ou a requerimento do Ministério Público.[673]

673. Suspensão e preventiva: a terminologia é inadequada, pois a incidência das hipóteses do art. 255 leva à decretação da preventiva, implicando revogação da liberdade provisória – e não mera suspensão, como indicada neste artigo. Na jurisprudência: STM: "O descumprimento dos compromissos assumidos quando da concessão da liberdade provisória para responder ao processo em liberdade, com a prática de outras deserções, obsta o andamento das ações penais em curso, e caracteriza afronta à disciplina e hierarquia. A superveniência de qualquer dos motivos autorizadores da prisão preventiva pode determinar a suspensão da liberdade provisória. Inteligência do art. 271 do CPPM" (HC 0000025-35.2014.7.00.0000-RJ, rel. Marcus Vinicius Oliveira dos Santos, 19.03.2014, v.u.).

Capítulo VII
Da aplicação provisória de medidas de segurança

Casos de aplicação

> **Art. 272.** No curso do inquérito, mediante representação do encarregado, ou no curso do processo, de ofício ou a requerimento do Ministério Público,

Art. 272

enquanto não for proferida sentença irrecorrível, o juiz poderá, observado o disposto no art. 111, do Código Penal Militar, submeter às medidas de segurança que lhes forem aplicáveis:[674]

a) os que sofram de doença mental, de desenvolvimento mental incompleto ou retardado, ou outra grave perturbação de consciência;[675]

b) os ébrios habituais;[676]

c) os toxicômanos;[677]

d) os que estejam no caso do art. 115, do Código Penal Militar.[678]

Interdição de estabelecimento ou sociedade

§ 1.º O juiz poderá, da mesma forma, decretar a interdição, por tempo não superior a 5 (cinco) dias, de estabelecimento industrial ou comercial, bem como de sociedade ou associação, que esteja no caso do art. 118, do Código Penal Militar, a fim de ser nela realizada busca ou apreensão ou qualquer outra diligência permitida neste Código, para elucidação de fato delituoso.[679]

Fundamentação

§ 2.º Será fundamentado o despacho que aplicar qualquer das medidas previstas neste artigo.[680]

674. Medida de segurança provisória: no âmbito da legislação processual penal comum, após a reforma introduzida pela Lei 7.210/84 (Lei de Execução Penal), não há mais a possibilidade da aplicação de medida de segurança provisória. Entretanto, permanece viável no contexto militar. Equivale à prisão preventiva, devendo ser decretada apenas se absolutamente imprescindível para o curso da investigação ou do processo. Não possuindo requisitos específicos que a norteiem, cabe ao julgador valer-se dos expostos no art. 255, voltados à preventiva.

675. Inimputáveis e semi-imputáveis: é a hipótese adequada para a imposição de medida de segurança provisória, determinando o juiz a internação do indiciado ou acusado em hospital de custódia e tratamento. Enfermos mentais de toda ordem, se cometerem crime grave, podem representar um perigo efetivo à sociedade e a si mesmos, motivo pelo qual precisam ser afastados do convívio social. Segregá-los em cárcere comum é inviável, pois gera problema incontornável aos demais presos e constitui medida indigna do ser humano enfermo.

676. Ebriedade habitual: não se trata da embriaguez frequente, mas do alcoolismo, que significa *doença mental*, nos termos atuais, assim considerados pela medicina. Por isso, encaixa-se, igualmente, na hipótese anterior da alínea *a*.

677. Toxicômano: é o viciado em drogas diversas do álcool, vitimado pelo transtorno mental. Encaixa-se, também, na hipótese da alínea *a*, pois é considerado doente mental, para todos os fins.

678. Motoristas: a medida de segurança apropriada para a hipótese de crime cometido na direção de veículo motorizado é a suspensão do direito de dirigir. Há idêntica previsão no Código de Trânsito Brasileiro para os casos em geral, embora com nomenclatura diversa.

679. Interdição de estabelecimento, sociedade ou associação: embora seja viável aplicar essa medida de segurança provisória, há raras oportunidades para tanto, levando-se em conta os tipos penais que assim admitem. Afinal, a medida somente é cabível se o estabelecimento, sociedade ou associação serve de meio ou pretexto para a prática delitiva.

680. Motivação: todas as decisões do Poder Judiciário devem ser fundamentadas, nos termos do art. 93, IX, da Constituição Federal. Este dispositivo segue exatamente o preceito constitucional. Aliás, tratando-se de medida constritiva da liberdade individual, é indispensável forneça o magistrado as razões que o levam a fazer uso desse instrumento.

Irrecorribilidade de despacho

> **Art. 273.** Não caberá recurso do despacho que decretar ou denegar a aplicação provisória da medida de segurança, mas esta poderá ser revogada, substituída ou modificada, a critério do juiz, mediante requerimento do Ministério Público, do indiciado ou acusado, ou de representante legal de qualquer destes, nos casos das letras *a* e *c* do artigo anterior.[681]

681. Irrecorribilidade da decisão: a decretação ou denegação da aplicação de medida de segurança provisória dá-se por meio de *decisão* (e não mero despacho, como consta do artigo) judicial fundamentada. Segundo este dispositivo, é irrecorrível. Entretanto, sempre cabe *habeas corpus* para questionar qualquer decisão proferida contra os interesses do indiciado ou acusado, desde que afete a sua liberdade de locomoção.

Necessidade da perícia médica

> **Art. 274.** A aplicação provisória da medida de segurança, no caso da letra *a* do art. 272, não dispensa nem supre a realização da perícia médica, nos termos dos arts. 156 e 160.[682]

682. Inimputabilidade e perícia médica: adota-se, no sistema legislativo penal brasileiro, o critério biopsicológico para apurar a inimputabilidade ou semi-imputabilidade. Deve-se, segundo o aspecto biológico, contar com o perito médico para atestar a existência de enfermidade mental (ou similar); na sequência, segundo o lado psicológico, outras provas podem demonstrar que a doença mental se manifestava à época da prática criminosa. A associação de ambas as situações leva à conclusão de inimputabilidade ou semi-imputabilidade. Por isso, não se admite possa o juiz decidir sozinho a questão. É indispensável o concurso do perito.

Normas supletivas

> **Art. 275.** Decretada a medida, atender-se-á, no que for aplicável, às disposições relativas à execução da sentença definitiva.[683]

683. Execução penal: segue-se, no que for aplicável, o disposto na Lei de Execução Penal.

Suspensão do pátrio poder, tutela ou curatela

> **Art. 276.** A suspensão provisória do exercício do pátrio poder, da tutela ou da curatela, para efeito no juízo penal militar, deverá ser processada no juízo civil.[684]

Art. 276

684. Suspensão do poder familiar, tutela ou curatela: nos comentários feitos a essa medida de segurança, prevista no Código Penal Militar, tecemos várias críticas, sendo a principal a completa falta de harmonia com o contexto militar. Nem mesmo na legislação penal comum tais efeitos da condenação merecem aplausos. Neste cenário, no entanto, quando aplicados, decorrem da execução de sentença condenatória, com direta ordem do magistrado ao cartório de registro civil para averbação. Entretanto, neste artigo do Código de Processo Penal Militar, remete-se a matéria ao juízo cível, o que não deixa de ser estranho. Se o magistrado criminal assim decretou, inexiste motivo para seguir ao cível. Não vislumbramos tal necessidade.

Título XIV

Capítulo Único
Da citação, da intimação
e da notificação

Formas de citação[685]

> **Art. 277.** A citação far-se-á por oficial de justiça:
>
> I – mediante mandado, quando o acusado estiver servindo ou residindo na sede do juízo em que se promove a ação penal;[686-687]
>
> II – mediante precatória, quando o acusado estiver servindo ou residindo fora dessa sede, mas no País;[688]
>
> III – mediante requisição, nos casos dos arts. 280 e 282;[689]
>
> IV – pelo correio, mediante expedição de carta;[690]
>
> V – por edital:[691]
>
> *a)* quando o acusado se ocultar ou opuser obstáculo para não ser citado;[692]
>
> *b)* quando estiver asilado em lugar que goze de extraterritorialidade de país estrangeiro;[693]
>
> *c)* quando não for encontrado;[694]
>
> *d)* quando estiver em lugar incerto ou não sabido;[695]
>
> *e)* quando incerta a pessoa que tiver de ser citada.[696]
>
> **Parágrafo único.** Nos casos das letras *a, c* e *d*, o oficial de justiça, depois de procurar o acusado por duas vezes, em dias diferentes, certificará, cada vez, a impossibilidade da citação pessoal e o motivo. No caso da letra *b*, o oficial de justiça certificará qual o lugar em que o acusado está asilado.

685. Conceito de citação: é o chamamento do réu a juízo, dando-lhe ciência do ajuizamento da ação, imputando-lhe a prática de uma infração penal, bem como lhe oferecendo a oportunidade de se defender pessoalmente e por meio de defesa técnica. Trata-se de um corolário natural do devido processo legal, funcionalmente desenvolvido através do contraditório e da ampla defesa (art. 5.º, LIV e LV, CF). Embora tenha sido editada a Lei 11.419/2006 (informatização do processo judicial), para efeito de citação, no processo penal, nada se altera. Preceitua o art. 6.º da referida Lei: "Observadas as formas e as cautelas do art. 5.º desta Lei, as citações, inclusive da Fazenda Pública, *excetuadas as dos Direitos Processuais Criminal e Infracional*, poderão ser feitas por meio eletrônico, desde que a íntegra dos autos seja acessível ao citando" (grifamos).

Art. 277

686. Citação por mandado: é a forma usual de citação, valendo-se o juiz do oficial de justiça, que busca o acusado, dando-lhe ciência, pessoalmente, do conteúdo da acusação, bem como colhendo o seu *ciente*. Chama-se, ainda, citação pessoal.

687. Comunicação diretamente ao réu: deve-se realizar a citação pessoalmente ao acusado, não se admitindo a citação através de procurador, mas aceitando-se uma exceção quando o réu é inimputável, circunstância já conhecida, o que leva a citação à pessoa do seu curador.

688. Citação por precatória: estando o réu no território de outra Comarca, cabe a citação por precatória. Considerando-se ser o juiz do processo incompetente para empreender qualquer ato processual em território alheio à sua jurisdição, expede a precatória para o juízo competente, *delegando* a diligência referente à citação.

689. Citação por requisição: é a exigência legal expedida pelo juiz à autoridade militar sob cujo comando se encontra o acusado para que este receba o mandado, ouça sua leitura e firme a contrafé. Garante-se a hierarquia militar, sem qualquer interferência direta do magistrado junto ao citado.

690. Citação pelo correio: na Justiça Militar, a citação pelo correio se dá, exclusivamente, para acusado no exterior, em lugar sabido. Conta-se com o auxílio do Ministério das Relações Exteriores para a entrega da carta ao citando, nos termos do art. 285. Na legislação comum, a citação se faz por meio de carta rogatória que, nos moldes da precatória, é remetida de um juízo brasileiro a um estrangeiro para tal finalidade, contando com o auxílio do mesmo Ministério.

691. Citação por edital: é a modalidade de citação denominada ficta, porque não é realizada pessoalmente, presumindo-se que o réu dela tomou conhecimento. Pode-se publicar em jornal de grande circulação, na imprensa oficial ou afixar-se o edital no átrio do fórum, admitindo-se a possibilidade de que o acusado, ou pessoa a ele ligada, leia, permitindo a ciência da existência da ação penal. A nosso ver, é forma vetusta e inútil de se proceder à citação de alguém. Merece ser abolida, pois trabalhar com esse tipo de ficção em nada contribui para o aprimoramento do processo. Se o acusado forneceu um endereço, quando foi investigado e ouvido no inquérito, deve ser cientificado de que eventual mudança precisa ser comunicada. Não o fazendo, deve arcar com o ônus da alteração sem aviso à Justiça. Por outro lado, não sendo encontrado na fase policial, logo, não tendo endereço nos autos, deve ser procurado por todos os meios possíveis. Evidenciando outra razão, Roberto Delmanto Junior diz que a citação por edital merece ser abolida "por ensejar a circunstância de o acusado, uma vez suspensa a persecução penal, nunca mais ser procurado por nenhum agente ou órgão estatal, a não ser que se envolva em outra persecução penal, comunicando-se o seu paradeiro ao juízo do processo suspenso, por exemplo" (*Inatividade no processo penal brasileiro*, p. 155). Na jurisprudência: STM: "1. Não há que se cogitar em nulidade da citação editalícia e aplicação subsidiária do art. 366 do Código de Processo Penal ao rito processual castrense. Há dispositivos no CPPM que disciplinam a matéria e se encontram em plena vigência, não havendo que se falar em aplicação suplementar por lacuna normativa" (Apelação nº 7000934-79.2019.7.00.0000, rel. Artur Vidigal de Oliveira, 10/09/2020, maioria); "I – Não é cabível o emprego do art. 366 do Código de Processo Penal ordinário. II – O procedimento citatório foi realizado com a observância dos trâmites legais, pois os mandados foram expedidos regularmente, na forma do art. 277 do Código de Processo Penal Militar (CPPM). III – A solução opera-se pelo metacritério da *lex posterior generalis non derogat priori speciali*. A Legislação Adjetiva Militar rege-se por normas próprias e sua integração com a legislação de Processo Penal Comum, que só é possível quando houver omissão, situação diversa do caso vertente. IV – Prevalece na antinomia de normas, o Princípio da Especialidade. Precedentes desta Corte e do Supremo Tribunal Federal. (...)" (Embargos Infringentes e de Nulidade nº 7000649-86.2019.7.00.0000, rel. Péricles Aurélio Lima de Queiroz, 18/09/2019, maioria).

692. Ocultação ou oposição de obstáculo: após a reforma processual penal de 2008, na legislação comum, adotou-se a citação por hora certa, voltada ao réu que se oculta para não ser encontrado (art. 362, CPP). Diversamente, a legislação militar impõe a citação por edital, que não deixa de ser ficta, imaginando-se tenha o acusado tomado conhecimento da publicação do chamamento pela imprensa ou pela publicidade dada no átrio do fórum.

693. Asilo estrangeiro: a hipótese tem fundamento histórico, pois o Código data de 1969, quando ainda era possível exilar brasileiros, por questões políticas. Atualmente, não mais é necessária esta situação, pois não se tem conhecimento de brasileiro em asilo político no exterior.

694. Esgotamento dos meios de localização: é providência indispensável para validar a fictícia citação por edital. Se o acusado tiver vários endereços nos autos, incluindo os constantes no inquérito, deve ser procurado em todos eles, sem qualquer exceção. Caso haja alguma referência, feita por vizinho ou parente, de onde se encontra, também deve aí ser procurado. Se possível, os ofícios de localização devem ser expedidos, quando pertinentes (ex.: o réu é médico, podendo-se obter seu endereço no Conselho Regional de Medicina ou em algum hospital onde tenha trabalhado).

695. Local incerto ou não sabido: a hipótese desta alínea já está incluída na anterior, pois quem não é encontrado para citação, está em lugar desconhecido ou duvidoso.

696. Incerteza quanto à pessoa: esta situação não nos parece viável para justificar a citação por edital, pois o sujeito *incerto* não deve ser criminalmente processado. Ilustrando, pode-se argumentar que um mendigo, sem identificação, mate outra pessoa; se estiver em liberdade, pode não mais ser localizado e sua pessoa seria incerta. Entretanto, há um relevante fator a considerar: se o sujeito não possui identificação, deve ser preso preventivamente, para garantia de aplicação da lei penal militar. Se fugiu, cabe aguardar a sua detenção para então processá-lo com a segurança necessária. Expedir uma citação ficta (edital) para um indivíduo ficto (incerto) é o ápice da lesão à ampla defesa.

Requisitos do mandado

Art. 278. O mandado, do qual se extrairão tantas duplicatas quantos forem os acusados, para servirem de contrafé, conterá:[697]

a) o nome da autoridade judiciária que o expedir;

b) o nome do acusado, seu posto ou graduação, se militar; seu cargo, se assemelhado ou funcionário de repartição militar, ou, se for desconhecido, os seus sinais característicos;

c) a transcrição da denúncia, com o rol das testemunhas;

d) o lugar, dia e hora em que o acusado deverá comparecer a juízo;

e) a assinatura do escrivão e a rubrica da autoridade judiciária.

Art. 279

Assinatura do mandado

> **Parágrafo único.** Em primeira instância a assinatura do mandado compete ao auditor, e, em ação originária do Superior Tribunal Militar, ao relator do feito.[698]

697. Requisitos do mandado de citação: deve conter todos os elementos descritos nas alíneas deste artigo, dentre os quais o nome do juiz, o nome do acusado (conforme o caso, seus sinais identificadores, além de posto ou graduação, quando militar), a transcrição da denúncia, com o rol das testemunhas (ou fotocópia da denúncia), a finalidade da citação (lugar, dia e hora de comparecimento a juízo), bem como as assinaturas do juiz e do escrivão. São os requisitos intrínsecos do mandado de citação.

698. Assinatura eletrônica: após a edição da Lei de Informatização do Processo, cada vez se busca eliminar o papel, bem como outros escritos. Nesse contexto, já se tem utilizado a assinatura eletrônica, feita pelo emprego de cartão pessoal do magistrado, com dados criptografados. No mandado, portanto, consta apenas o informe de que o documento foi assinado digitalmente.

Requisitos da citação por mandado

> **Art. 279.** São requisitos da citação por mandado:[699]
> *a)* a sua leitura ao citando pelo oficial de justiça, e entrega da contrafé;
> *b)* declaração do recebimento da contrafé pelo citando, a qual poderá ser feita na primeira via do mandado;
> *c)* declaração do oficial de justiça, na certidão, da leitura do mandado.

Recusa ou impossibilidade da parte do citando

> **Parágrafo único.** Se o citando se recusar a ouvir a leitura do mandado, a receber a contrafé ou a declarar o seu recebimento, o oficial de justiça certificá-lo-á no próprio mandado. Do mesmo modo procederá, se o citando, embora recebendo a contrafé, estiver impossibilitado de o declarar por escrito.[700]

699. Requisitos da citação: além dos previstos no art. 278 (que são os intrínsecos ao mandado), existem estes: (a) o oficial deve fazer a leitura do mandado ao citando, entregando-lhe a contrafé, onde será mencionado o dia e a hora da diligência; (b) o oficial necessita lançar a certidão, onde consta a sua declaração de que o réu foi citado, bem como houve a entrega da contrafé, ou mesmo recusa de seu recebimento. São os requisitos extrínsecos da citação.

700. Fé pública: goza o oficial de justiça de fé pública, significando que a sua *palavra* tem valor, independentemente de prova documental a acompanhá-la. Não se trata de presunção *absoluta* de veracidade, que não comportaria prova em contrário, mas relativa. Se o servidor certificar ter sido o acusado citado, mesmo que este não assine a contrafé, esse atestado valerá por presunção de veracidade. Entretanto, se for falsa a certidão, pode o réu acusar tal fato ao juiz, valendo-se dos meios de prova admitidos. Aliás, poderia levantar o incidente de ilicitude de prova, tendo em vista a falsidade ideológica cometida.

Art. 282

285 Título XIV • Capítulo Único – Da citação, da intimação e da notificação

Citação a militar

> **Art. 280.** A citação a militar em situação de atividade ou a assemelhado far-se-á mediante requisição à autoridade sob cujo comando ou chefia estiver, a fim de que o citando se apresente para ouvir a leitura do mandado e receber a contrafé.[701]

701. Citação do militar: trata-se de providência que tem em vista resguardar a intangibilidade do quartel, bem como a hierarquia e a disciplina, características inerentes à conduta militar. Assim, evitando-se que o oficial de justiça ingresse em dependências militares, à procura do réu, encaminha-se a requisição do juiz, por ofício, ao superior, que a fará chegar ao destinatário, no momento propício. O referido ofício deve estar instruído com os mesmos requisitos do mandado (art. 278), para que não haja prejuízo à defesa. O militar superior, como regra, oficia de volta ao juiz, comunicando-lhe que autorizou o comparecimento do subordinado no dia e hora marcados. Excepcionalmente, pode solicitar nova data, caso o subalterno esteja em missão ou fora da Circunscrição, temporariamente.

> **Art. 281.** A citação a funcionário que servir em repartição militar deverá, para se realizar dentro desta, ser precedida de licença do seu diretor ou chefe, a quem se dirigirá o oficial de justiça, antes de cumprir o mandado, na forma do art. 279.[702]

702. Citação do funcionário público: parte-se, nesse caso, do pressuposto de que a ausência do funcionário público de seu posto, ainda que para comparecer a interrogatório criminal, pode trazer graves danos ao serviço público e, portanto, ao interesse geral da sociedade. Assim, quando se faz a citação do funcionário público, expede-se, concomitantemente, um ofício de requisição ao seu superior, para que tenha ciência da ausência e providencie substituto. Excepcionalmente, não sendo possível a substituição, nem tampouco a vacância do cargo, pode oficiar ao juiz, solicitando outra data para o interrogatório. Note-se que há dupla exigência: mandado e ofício requisitório. Faltando um dos dois, não está o funcionário obrigado a comparecer, nem pode padecer das consequências de sua ausência. Se necessário, vale-se o juiz da precatória, no caso de pessoa citada fora de sua Comarca.

Citação a preso

> **Art. 282.** A citação de acusado preso por ordem de outro juízo ou por motivo de outro processo, far-se-á nos termos do art. 279, requisitando-se, por ofício, a apresentação do citando ao oficial de justiça, no recinto da prisão, para o cumprimento do mandado.[703]

703. Citação de réu preso: nos moldes da citação do acusado solto, deve ser feita pessoalmente, por mandado, recebendo cópia da denúncia e podendo preparar-se, a tempo, para o interrogatório, que será sua primeira manifestação defensiva (autodefesa) perante o juiz. O mínimo que se espera para a consagração da ampla defesa e do contraditório, garantias constitucionais, é que a citação seja feita com tempo antecedente suficiente para o preparo da defesa e, sem dúvida, pessoalmente. A requisição não é a citação, mas apenas a exigência para que o preso fique à disposição do oficial a fim de recebê-la.

Art. 283

Código de Processo Penal Militar Comentado • **Nucci**

Requisitos da precatória

> **Art. 283.** A precatória de citação indicará:[704]
>
> *a)* o juiz deprecado e o juiz deprecante;
>
> *b)* a sede das respectivas jurisdições;
>
> *c)* o fim para que é feita a citação, com todas as especificações;
>
> *d)* o lugar, dia e hora de comparecimento do acusado.

Urgência

> **Parágrafo único.** Se houver urgência, a precatória, que conterá em resumo os requisitos deste artigo, poderá ser expedida por via telegráfica, depois de reconhecida a firma do juiz, o que a estação expedidora mencionará.[705]

704. Conteúdo da carta precatória: quando a solicitação para a citação partir de um juiz dirigida a outro, dentro do País, usa-se a carta precatória, que deve conter os requisitos elencados neste artigo: a) indicação dos juízes, deprecante e deprecado; b) lugar onde cada um se situa; c) finalidade da citação, fazendo-se acompanhar de cópia da denúncia (quando houver pedido de interrogatório, enviam-se mais peças, para auxiliar o juízo deprecado); d) dia, hora e lugar onde o réu deve comparecer (o que não mais vem sendo usado, pois o juízo deprecante tem solicitado a realização do interrogatório na Circunscrição deprecada. Ademais, quando se realiza o interrogatório, tem-se solicitado ao juízo deprecado, que ouviu o réu, que providencie a sua intimação para a defesa prévia, bem como a de seu defensor).

705. Expedição urgente: a precatória pode ser expedida de variadas maneiras, inclusive por fax ou e-mail. Não mais se utiliza a via telegráfica. De todo modo, exige-se o reconhecimento de quem o expediu. Quando utilizada a assinatura digital, nem é necessário, pois o método é seguro (aliás, mais do que a assinatura por escrito).

Cumprimento da precatória

> **Art. 284.** A precatória será devolvida ao juiz deprecante, independentemente de traslado, depois de lançado o cumpra-se e de feita a citação por mandado do juiz deprecado, com os requisitos do art. 279.[706]
>
> § 1.º Verificado que o citando se encontra em território sujeito à jurisdição de outro juiz, a este o juiz deprecado remeterá os autos, para efetivação da diligência, desde que haja tempo para se fazer a citação.[707]
>
> § 2.º Certificada pelo oficial de justiça a existência de qualquer dos casos referidos no inciso V, do art. 277, a precatória será imediatamente devolvida, para o fim previsto naquele artigo.[708]

706. Forma de cumprimento: ao receber a carta precatória, o juiz deprecado coloca o "cumpra-se", se todos os requisitos legais estiverem presentes, sua ordem para que a citação seja realizada na sua Circunscrição. Após a realização do ato processual, feita pelo oficial de justiça, lançada a certidão deste, retorna a precatória à origem, sem maior formalidade.

707. Precatória itinerante: é o nome que se dá à precatória enviada pelo juízo deprecado diretamente a outro juízo, onde provavelmente encontra-se o réu. Assim, quando o juiz deprecante, crendo estar o acusado na Comarca X, envia-lhe a precatória, para a citação e interrogatório, pode ocorrer do juiz desta última Comarca verificar que o acusado está, de fato, na Comarca Y, para onde enviará, diretamente, os autos da precatória, sem haver necessidade desta voltar à origem para nova emissão. Trata-se de medida que privilegia o princípio da economia processual.

708. Hipóteses do edital: não se expede edital para a citação do réu no juízo deprecado; por isso, se qualquer das situações enumeradas no art. 277 (não ser o acusado localizado; ocultar-se para não receber a citação etc.) ocorrer, devolve-se a carta para que o juízo deprecante, que conduz o processo, providencie a expedição do edital.

Carta citatória

> **Art. 285.** Estando o acusado no estrangeiro, mas em lugar sabido, a citação far-se-á por meio de carta citatória, cuja remessa a autoridade judiciária solicitará ao Ministério das Relações Exteriores, para ser entregue ao citando, por intermédio de representante diplomático ou consular do Brasil, ou preposto de qualquer deles, com jurisdição no lugar onde aquele estiver. A carta citatória conterá o nome do juiz que a expedir e as indicações a que se referem as alíneas *b*, *c* e *d*, do art. 283.[709]

Caso especial de militar

> § 1.º Em se tratando de militar em situação de atividade, a remessa, para o mesmo fim, será solicitada ao Ministério em que servir.[710]

Carta citatória considerada cumprida

> § 2.º A citação considerar-se-á cumprida desde que, por qualquer daqueles Ministérios, seja comunicada ao juiz a entrega ao citando da carta citatória.[711]

Ausência do citando

> § 3.º Se o citando não for encontrado no lugar, ou se ocultar ou opuser obstáculo à citação, publicar-se-á edital para este fim, pelo prazo de 20 (vinte) dias, de acordo com o art. 286, após a comunicação, naquele sentido, à autoridade judiciária.[712]

Exilado ou foragido em país estrangeiro

> § 4.º O exilado ou foragido em país estrangeiro, salvo se internado em lugar certo e determinado pelo Governo desse país, será citado por edital, conforme o parágrafo anterior.[713]

> § 5.º A publicação do edital a que se refere o parágrafo anterior somente será feita após a certidão do oficial de justiça, afirmativa de estar o citando exilado ou foragido em lugar incerto e não sabido.

709. Carta citatória: é o meio empregado, na Justiça Militar, para citar o réu que se encontre no exterior, em lugar conhecido. Expede-se a carta, que será remetida pelo correio ao Ministério das Relações Exteriores. Um representante diplomático ou consular do Brasil fará a entrega ao réu. O conteúdo dessa carta equivale ao da precatória, embora seja dispensável a menção do juízo deprecante, pois não se trata de um pedido de magistrado a magistrado, mas apenas um *comunicado oficial* para cientificar o réu acerca da demanda criminal. Na jurisprudência: STM: "Caso confirmada a morada da ré fora do território nacional, a citação deve ser realizada nos termos do art. 285 do CPPM e não por edital" (Embargos Infringentes e de Nulidade 0000130-47.2017.7.01.0301, rel. para acórdão: Maria Elizabeth Guimarães Teixeira Rocha, 15.04.2019, maioria).

710. Militar da ativa: em lugar de se encaminhar a carta citatória para o Ministério das Relações Exteriores, remete-se ao Ministério Militar responsável (Exército, Marinha ou Aeronáutica), que se encarregará de encaminhar ao acusado.

711. Entrega da carta: da mesma forma que o oficial de justiça goza de fé pública nas suas certidões, outros servidores públicos também. Por isso, em caso de civil ou militar inativo, o diplomata o agente consular faz a entrega e certifica ao juiz; em caso de militar ativo, o servidor militar faz o mesmo.

712. Alternativa do edital: se o acusado não for localizado, ocultar-se ou opuser obstáculo à citação, encaminha-se a citação para o edital, a ser publicado no juízo condutor do processo.

713. Exílio e fuga: são situações típicas da época de edição deste Código – 1969 – quando ainda era viável expulsar brasileiro do território nacional, bem como havia motivo para a fuga do Brasil. Atualmente, o Estado Democrático de Direito expurgou tais hipóteses.

Requisitos do edital

> **Art. 286.** O edital de citação conterá, além dos requisitos referidos no art. 278, a declaração do prazo, que será, contado do dia da respectiva publicação na imprensa, ou da sua afixação.[714]
>
> § 1.º Além da publicação por três vezes em jornal oficial do lugar ou, na falta deste, em jornal que tenha ali circulação diária, será o edital afixado em lugar ostensivo, na portaria do edifício onde funciona o juízo. A afixação será certificada pelo oficial de justiça que a houver feito e a publicação provada com a página do jornal de que conste a respectiva data.[715]

Edital resumido

> § 2.º Sendo por demais longa a denúncia, dispensar-se-á a sua transcrição, resumindo-se o edital às indicações previstas nas alíneas *a, b, d,* e *e,* do art. 278 e à declaração do prazo a que se refere o preâmbulo deste artigo. Da mesma forma se procederá, quando o número de acusados exceder a cinco.

714. Requisitos do edital: deve o edital conter os elementos descritos no art. 278 (mandado de citação), que são seus requisitos intrínsecos. Afixa-se o edital no átrio do fórum, publicando-se pela imprensa oficial, onde houver. É o que basta, não sendo necessário, conforme orientação já firmada pelo Supremo Tribunal Federal, que seja publicado na imprensa comum.

715. Citação ficta: como já expusemos anteriormente, a citação por edital é uma singela ficção, que deveria ser eliminada. Réus não leem jornais em busca de chamamentos ao processo, nem tampouco o fazem no átrio do fórum. Portanto, o caminho correto é envidar todos os esforços para a sua localização pessoal. Não sendo possível, paralisa-se o feito, suspendendo-se a prescrição. Periodicamente, por meio de consultas a órgãos oficiais, busca-se o seu paradeiro. Na jurisprudência: STM: "Não viola os princípios constitucionais do devido processo legal, do contraditório e da ampla defesa a citação editalícia que segue os requisitos estabelecidos no art. 286 do Código de Processo Penal Militar. Ante a existência de norma especial prevista no CPPM, não há que falar na aplicação do art. 366 do Código de Processo Penal comum. Decisão majoritária" (Apelação 0000059-67.2016.7.12.0012, rel. William de Oliveira Barros, 12.06.2018, v.u.).

Prazo do edital

> **Art. 287.** O prazo do edital será conforme o art. 277, V:
>
> *a)* de 5 (cinco) dias, nos casos das alíneas *a* e *b*;
>
> *b)* de 15 (quinze) dias, no caso da alínea *c*;
>
> *c)* de 20 (vinte) dias, no caso da alínea *d*;
>
> *d)* de 20 (vinte) a 90 (noventa) dias, no caso da alínea *e*.
>
> **Parágrafo único.** No caso da alínea *a*, deste artigo, bastará publicar o edital uma só vez.

Intimação e notificação pelo escrivão

> **Art. 288.** As intimações e notificações, para a prática de atos ou seu conhecimento no curso do processo, poderão, salvo determinação especial do juiz, ser feitas pelo escrivão às partes, testemunhas e peritos, por meio de carta, telegrama ou comunicação telefônica, bem como pessoalmente, se estiverem presentes em juízo, o que será certificado nos autos.[716]

Residente fora da sede do juízo

> § 1.º A intimação ou notificação a pessoa que residir fora da sede do juízo poderá ser feita por carta ou telegrama, com assinatura da autoridade judiciária.

Intimação ou notificação a advogado ou curador

> § 2.º A intimação ou notificação ao advogado constituído nos autos com poderes *ad juditia*, ou de ofício, ao defensor dativo ou ao curador judicial, supre a do acusado, salvo se este estiver preso, caso em que deverá ser intimado ou

Art. 288

> notificado pessoalmente, com conhecimento do responsável pela sua guarda, que o fará apresentar em juízo, no dia e hora designados, salvo motivo de força maior, que comunicará ao juiz.[717]

Intimação ou notificação a militar

> § 3.º A intimação ou notificação de militar em situação de atividade, ou assemelhado, ou de funcionário lotado em repartição militar, será feita por intermédio da autoridade a que estiver subordinado. Estando preso, o oficial deverá ser apresentado, atendida a sua hierarquia, sob a guarda de outro oficial, e a praça sob escolta, de acordo com os regulamentos militares.[718]

Dispensa de comparecimento

> § 4.º O juiz poderá dispensar a presença do acusado, desde que, sem dependência dela, possa realizar-se o ato processual.[719]

716. Conceitos de intimação e notificação: *intimação* é o ato processual pelo qual se dá ciência à parte da prática de algum outro ato processual já realizado ou a realizar-se, importando ou não na obrigação de fazer ou não fazer alguma coisa. Não vemos diferença alguma entre os termos *intimação* e *notificação*, por vezes usado na lei processual penal. Aliás, se fôssemos adotar uma posição que os distinguisse, terminaríamos contrapondo normas do próprio Código de Processo Penal Militar, que não respeitou um padrão único. Há quem aprecie dizer ser a intimação apenas a ciência de algo e a notificação a convocação a fazer algo, mas nota-se, em várias passagens, que o Código usa, indiscriminadamente, os termos. Logo, cremos correto unificá-los, considerando-os sinônimos. Na jurisprudência: STM: "O art. 288 do CPPM deve ser interpretado à luz dos tempos atuais, sendo certo que o *e-mail* consubstancia-se em meio de comunicação por via eletrônica utilizado no âmbito desta Justiça Castrense e, em especial, no caso em análise, na conformidade do Provimento 3/2016, que regula as atividades dos Oficiais de Justiça no âmbito da Justiça Militar da União" (HC 7000069-27.2017.7.00.0000, rel. Cleonilson Nicácio Silva, 15.02.2018, v.u.).

717. Intimação dos atos processuais ao acusado: pode ser feita por seu advogado, caso constituído ou dativo, desde que solto. Se estiver preso, a intimação deve ser, além de feita ao advogado, e à pessoa do acusado. Na jurisprudência: STM: "2. A intimação do Defensor Público, oficiante no feito, supre aquela destinada ao acusado, já citado e em gozo de liberdade, diante das casuais dificuldades impostas para a sua posterior localização. A situação se coaduna com o estabelecido no § 2º do art. 288 do CPPM. A proximidade entre o Defensor e o seu assistido possibilita a interação necessária ao planejamento da melhor estratégia, sob a qual se estruturará a tese defensiva. Neste viés, é benfazeja a estreita comunicação entre ambos, sendo lícito inferir a existência de canal ativo de contato. Diante deste panorama, a eventual ausência do acusado na consecução dos atos processuais, mormente quando dispensável, não acarreta prejuízo, diante do pressuposto de que a defesa técnica está aparelhada para o desempenho de seu múnus, sobretudo para o exercício do contraditório e da ampla defesa. Arguição de Nulidade rejeitada" (Apelação 7000526-25.2018.7.00.0000, rel. Marco Antônio de Farias, 06.06.2019, v.u.).

Art. 292

718. Utilização da requisição: preservando-se a hierarquia militar, procede-se do mesmo modo que no cenário da citação. Ver os comentários na nota acima. Na jurisprudência: STM: "Consoante a dicção do § 3.º do art. 288 do CPPM, a intimação ou notificação de militar em situação de atividade será feita por intermédio da autoridade a que estiver subordinado. Nulidade não verificada" (Recurso em sentido estrito 0000101-22.2016.7.01.0401, rel. Cleonilson Nicácio Silva, 05.09.2016, v.u.).

719. Direito de audiência e não obrigação: o acusado tem direito de estar presente nos atos de seu processo, não se cuidando de um dever. Portanto, não se trata de *faculdade* do juiz *dispensar* a sua presença. Considerando-se o direito ao silêncio e de não produzir prova contra si mesmo, o réu comparece se assim quiser.

Agregação de oficial processado

> **Art. 289.** Estando solto, o oficial sob processo será agregado em unidade, força ou órgão, cuja distância da sede do juízo lhe permita comparecimento imediato aos atos processuais. A sua transferência, em cada caso, deverá ser comunicada à autoridade judiciária processante.

Mudança de residência do acusado civil

> **Art. 290.** O acusado civil, solto, não poderá mudar de residência ou dela ausentar-se por mais de 8 (oito) dias, sem comunicar à autoridade judiciária processante o lugar onde pode ser encontrado.

Antecedência da citação

> **Art. 291.** As citações, intimações ou notificações serão sempre feitas de dia e com a antecedência de 24 (vinte e quatro) horas, pelo menos, do ato a que se referirem.

Revelia do acusado

> **Art. 292.** O processo seguirá à revelia do acusado que, citado, intimado ou notificado para qualquer ato do processo, deixar de comparecer sem motivo justificado.[720]

720. Ausência do acusado: não consideramos acertado o uso do termo *revelia*, pois implica uma forma de insurgência ou recusa, podendo gerar consequências negativas, tal como ocorre no processo civil. Nesta hipótese, quando citado, em vários casos, pode dar-se à revelia, presumindo-se verdadeiros os fatos narrados na inicial e, por via de consequência, gerar a procedência da ação, sem dilação probatória. Isso jamais ocorre no âmbito criminal. Por isso, quando citado, se não comparecer pessoalmente, torna-se apenas ausente. De qualquer forma, o magistrado lhe nomeia um defensor e garante-se a defesa técnica. Na jurisprudência: STM: "A citação na modalidade 'por edital' é forma válida e expressamente prevista no CPPM.

Art. 293

Satisfeitos os requisitos legais estabelecidos pela legislação, impõe-se a decretação da revelia do Acusado que, regularmente citado, não atende o chamado judicial. Não prospera o pleito defensivo de aplicação subsidiária do art. 366 do CPP comum. A previsão inserta no CPPM (arts. 292 e 412) é plenamente compatível com a Constituição Federal de 1988, diante da índole do processo penal militar. Rejeitados os Embargos de Nulidade e Infringentes do Julgado, no tocante à nulidade do processo por ausência de citação válida, ante a aplicação subsidiária do art. 366 do CPP comum" (Embargos Infringentes e de Nulidade 7000289-20.2020.7.00.0000, rel. Lúcio Mário de Barros Góes, 10.09.2020, maioria); "Prevalece, no âmbito desta Corte, a inviabilidade da aplicação do art. 366 do CPP, uma vez que o CPPM dispõe expressamente que o processo seguirá à revelia do acusado que, citado, intimado ou notificado para ato do processo, deixar de comparecer sem motivo justificado. Preliminar rejeitada" (Apelação nº 7000824-80.2019.7.00.0000, rel. para acórdão: Maria Elizabeth Guimarães Teixeira Rocha, 05.03.2020, maioria); "*In casu*, o Diploma Adjetivo Castrense possui disposição específica acerca da matéria – os artigos 292 e 412, ambos do CPPM. Por força do princípio da Especialidade, não se admite a mescla da norma penal comum com a norma penal castrense, ao argumento de que esta ou aquela norma é mais favorável ao Réu. Diante dos consistentes argumentos doutrinários e da firme jurisprudência acerca da matéria, é imperioso concluir que a não aplicação do art. 366 do CPP comum, de forma subsidiária ao CPPM, não viola os princípios do devido processo legal, do contraditório e da ampla defesa (art. 5.º, incisos LIV e LV da CF). O prosseguimento do processo em relação ao Réu revel, citado por edital, nos termos dos artigos 292 e 412 do CPPM, não denota afronta à Convenção Interamericana de Direitos Humanos (Pacto de São José da Costa Rica) ou ao Pacto Internacional sobre Direitos Civis e Políticos. Embargos rejeitados" (Embargos Infringentes e de Nulidade 7001194-59.2019.7.00.0000, rel. Lúcio Mário de Barros Góes, 11.02.2020, maioria).

Citação inicial do acusado

> **Art. 293.** A citação feita no início do processo é pessoal, bastando, para os demais termos, a intimação ou notificação do seu defensor, salvo se o acusado estiver preso, caso em que será, da mesma forma, intimado ou notificado.[721]

721. Garantias de ampla defesa: este dispositivo contém garantias básicas de ampla defesa, assegurando a citação pessoal, no início do processo, bem como a ciência dos demais atos por meio do defensor, se estiver o réu solto; caso esteja preso, além do defensor, deve-se intimar o réu pessoalmente.

Título XV
Dos atos probatórios

Capítulo I
Disposições gerais[722-725]

722. Conceito de prova: o termo *prova* origina-se do latim – *probatio* –, que significa ensaio, verificação, inspeção, exame, argumento, razão, aprovação ou confirmação. Dele deriva o verbo *provar* – *probare* –, significando ensaiar, verificar, examinar, reconhecer por experiência, aprovar, estar satisfeito com algo, persuadir alguém a alguma coisa ou demonstrar.

723. Sentidos da prova: há, fundamentalmente, três sentidos para o termo *prova*: a) *ato de provar*: é o processo pelo qual se verifica a exatidão ou a verdade do fato alegado pela parte no processo (ex.: fase probatória); b) *meio*: trata-se do instrumento pelo qual se demonstra a verdade de algo (ex.: prova testemunhal); c) *resultado da ação de provar*: é o produto extraído da análise dos instrumentos de prova oferecidos, demonstrando a verdade de um fato. Neste último senso, pode dizer o juiz, ao chegar à sentença: "Fez-se prova de que o réu é autor do crime". Portanto, é o clímax do processo. Segundo Antonio Magalhães Gomes Filho, os dois primeiros sentidos dizem respeito à ótica objetiva, enquanto o terceiro refere-se à ótica subjetiva, decorrente da atividade probatória desenvolvida (*Direito à prova no processo penal*, p. 33-34).

724. Sistemas de avaliação da prova: são basicamente três sistemas: a) *livre convicção*: é o método concernente à valoração livre ou à íntima convicção do magistrado, significando não haver necessidade de motivação para suas decisões. É o sistema que prevalece no Tribunal do Júri, visto que os jurados não motivam o voto; b) *prova legal*: é o método ligado à valoração taxada ou tarifada da prova, significando o preestabelecimento de um determinado valor para cada prova produzida no processo, fazendo com que o juiz fique adstrito ao critério fixado pelo legislador, bem como restringido na sua atividade de julgar. Era a época em que se considerava nula a força probatória de um único testemunho (*unus testis, nullus testis* ou *testis unius, testis nullius*). Há resquícios desse sistema, como ocorre quando a lei exigir determinada forma para a produção de alguma prova, *v.g.*, art. 314, CPPM, demandando o exame de corpo de delito para a formação da materialidade da infração penal, que deixar vestígios, vedando a sua produção através da confissão; c) *persuasão racional*: é o método misto, também chamado de convencimento racional, livre convencimento motivado, apreciação fundamentada ou prova fundamentada. Trata-se do sistema adotado, majoritariamente, pelo processo penal brasileiro, que encontra, inclusive, fundamento na Constituição Federal (art. 93, IX), significando a permissão dada ao juiz para decidir a causa de acordo com seu livre convencimento, devendo, no entanto, cuidar de fundamentá-lo, nos autos, buscando persuadir as partes e a comunidade em abstrato.

Art. 294

Código de Processo Penal Militar Comentado • **Nucci**

725. Finalidade e objeto da prova: a finalidade da prova é convencer o juiz a respeito da verdade de um fato litigioso. Busca-se a *verdade processual*, ou seja, a verdade *atingível* ou *possível* (*probable truth*, do direito anglo-americano). A verdade processual emerge durante a lide, podendo corresponder à realidade ou não, embora seja com base nela que o magistrado deve proferir sua decisão (sobre o tema, ver Amaral Santos, *Prova judiciária no cível e comercial*, v. 1, p. 11). O objeto da prova, primordialmente, são os fatos, que as partes pretendem demonstrar. Excepcionalmente, a parte deve fazer prova quanto à existência e conteúdo de um preceito legal, desde que se trate de norma internacional, estadual ou municipal (nestes últimos dois casos, caso se trate de unidade da Federação diversa daquela onde está o magistrado), bem como no que toca a estatutos e regras internas de pessoas ou personalidades jurídicas. Provam-se, ainda, regras de experiência, porque, na essência, são fatos reiterados.

Irrestrição da prova

> **Art. 294.** A prova no juízo penal militar, salvo quanto ao estado das pessoas, não está sujeita às restrições estabelecidas na lei civil.[726-730]

726. Restrições à prova: todas as provas que não contrariem o ordenamento jurídico podem ser produzidas no processo penal, salvo as que disserem respeito, por expressa vedação deste artigo, ao estado das pessoas (casamento, menoridade, filiação, cidadania, entre outros). Nesta hipótese, deve-se acatar o disposto na lei civil. Exemplo disso é a prova do estado de casado, que somente se faz pela apresentação da certidão do registro civil, de nada valendo outro meio probatório. No mais, as restrições fixadas na lei civil não valem no processo penal. Ilustrando, podemos lembrar que a lei processual civil autoriza que o juiz indefira a produção de prova testemunhal, quando versar sobre fatos "já provados por documento ou confissão da parte" ou quando "só por documento ou por exame pericial puderem ser provados" (art. 443, CPC). Tal restrição não vige em processo penal, pois, não dizendo respeito ao estado das pessoas – única limitação admitida – pode a parte pretender ouvir testemunhas, ainda que seja para contrariar algo constante em qualquer tipo de documento ou mesmo para confirmar ou afastar a credibilidade da confissão, cujo valor é relativo na esfera criminal.

727. Provas ilícitas: dispõe o art. 5.º, LVI, da Constituição Federal que "são inadmissíveis, no processo, as provas obtidas por meios ilícitos". O processo penal deve formar-se em torno da produção de provas legais e legítimas, inadmitindo-se qualquer prova colhida por meio ilícito. O conceito de ilícito advém do latim (*illicitus = il + licitus)*, possuindo dois sentidos: a) sob o significado restrito, quer dizer o proibido por lei; b) sob o prisma amplo, tem o sentido de ser contrário à moral, aos bons costumes e aos princípios gerais de direito. Constitucionalmente, preferimos o entendimento amplo do termo *ilícito*, vedando-se a prova ilegal e a ilegítima. Nesse contexto, abrem-se duas óticas, envolvendo o que é materialmente ilícito (a forma de obtenção da prova é proibida por lei) e o que é formalmente ilícito (a forma de introdução da prova no processo é vedada por lei). Este último enfoque (formalmente ilícito), como defendemos, é o ilegítimo. Assim: Luiz Alberto David Araújo e Vidal Nunes Serrano Júnior (*Curso de direito constitucional*, p. 123). Em outro sentido, baseado nas lições de Nuvolone, citado por Ada Pellegrini Grinover, Antonio Magalhães Gomes Filho e Antonio Scarance Fernandes (*As nulidades no processo penal*, p. 113; *Processo penal constitucional*, p. 78, somente do último autor), está o magistério de Alexandre de Moraes, para quem "as provas ilícitas não se confundem com as provas ilegais e as ilegítimas. Enquanto, conforme já analisado, as *provas ilícitas* são aquelas obtidas com infringência ao direito material, as *provas ilegítimas* são as obtidas com desrespeito ao direito processual. Por sua vez, as *provas ilegais* seriam o gênero do qual as espécies são as provas ilícitas e as ilegítimas, pois se configuram pela obtenção com violação de natureza material ou processual ao ordenamento jurídico" (*Direito constitucional*, p. 117). Há, também, os que defendem haver o gênero, denominado de *provas vedadas*, do qual brotam as espécies *ilícitas* (ofensivas a normas ou princípios de direito material – constitucional ou penal) e as *ilegítimas* (ofensivas às demais normas) (Luiz Francisco Torquato Avolio, *Provas ilícitas – Interceptações telefônicas, ambientais e gravações clandestinas*, p. 42). Sustentamos, todavia, que o gênero é a *ilicitude* – assim em Direito Penal, quanto nas demais disciplinas, inclusive porque foi o termo utilizado na Constituição Federal – significando o que é *contrário ao ordenamento jurídico*, contrário ao Direito de um modo geral, que envolve tanto o ilegal quanto o ilegítimo, isto é, tanto a infringência às normas legalmente produzidas, de direito material quanto as de processo. Observamos a tendência de considerar gênero o termo *ilicitude* no próprio acórdão citado por Moraes linhas após, relatado pelo Ministro Celso de Mello: "A prova ilícita é prova inidônea. Mais do que isso, prova ilícita é prova imprestável. Não se reveste, por essa explícita razão, de qualquer aptidão jurídico-material. Prova ilícita, sendo providência instrutória eivada de inconstitucionalidade, apresenta-se destituída de qualquer grau, *por mínimo que seja*, de eficácia jurídica". Ao final, menciona o ilustre Ministro que o banimento processual de prova ilicitamente colhida destina-se a proteger os réus contra a *ilegítima produção* ou a *ilegal colheita* de prova incriminadora (ob. cit., p. 118), dando a entender que o ilícito abarca o ilegal e o ilegítimo. Em conclusão: conforme cremos, o ilícito envolve o ilegalmente colhido (captação da prova ofendendo o direito material, *v.g.*, a escuta telefônica não autorizada) e o ilegitimamente produzido (fornecimento indevido de prova no processo, *v.g.*, a prova da morte da vítima através de simples confissão do réu). Se houver a inversão dos conceitos, aceitando-se que ilicitude é espécie de ilegalidade, então a Constituição estaria vedando somente a prova produzida com infringência às normas de natureza material e não cuidando, por força da natural exclusão, das provas ilegítimas, proibidas por normas processuais, o que se nos afigura incompatível com o espírito desenvolvido em todo o capítulo dos direitos e garantias individuais. A partir da nova redação conferida ao art. 157, *caput*, do CPP, soa-nos nítida a inclusão, no termo maior *provas ilícitas*, daquelas que forem produzidas ao arrepio das normas constitucionais ou legais. Logo, infringir a norma constitucional ou *qualquer* lei infraconstitucional (direito material ou processual), pois não fez o referido art. 157 nenhuma distinção, torna a prova *ilícita*. Este é, pois, o gênero e não a espécie. Este Código de Processo Penal Militar não traz nenhum dispositivo específico cuidando das provas ilícitas, pois editado anteriormente à Constituição de 1988, razão pela qual entendemos deva ser aplicado por analogia o disposto no referido art. 157 do Código de Processo Penal comum.

728. Aceitabilidade da prova ilícita: havemos de promover melhor esclarecimento neste tópico, quanto à utilização das teorias da proporcionalidade e da prova ilícita por derivação. Em verdade, não se tratam, necessariamente, de teses contrapostas, embora se possa observar que o adepto da teoria da proporcionalidade tem a tendência de não acatar a ilicitude por derivação, assim como quem sustenta a ilicitude por derivação busca o afastamento da teoria da proporcionalidade. Pensamos que a prova obtida por meio ilícito deve ser considerada, sempre, inaceitável, ao menos para amparar a condenação do réu. O Estado não deve promover, em hipótese alguma, a violação da lei para garantir a efetividade da punição em matéria criminal. Chega a ser um contrassenso permitir a prática de um crime (como, por exemplo, a realização de grampo, sem ordem judicial) para apurar outro delito qualquer. Infração penal por infração penal, a sociedade não se tornará mais justa porque uma foi punida e a outra, cometida sob amparo estatal, serviu de base para a condenação da primeira. A denominada *teoria da proporcionalidade* ("teoria da razoabilidade" ou "teoria do interesse predominante") tem por

Art. 294

Código de Processo Penal Militar Comentado • **Nucci**

finalidade equilibrar os direitos individuais com os interesses da sociedade, não se admitindo, pois, a rejeição contumaz das provas obtidas por meios ilícitos. Sustentam os defensores dessa posição que é preciso ponderar os interesses em jogo, quando se viola uma garantia qualquer. Assim, para a descoberta de um sequestro, libertando-se a vítima do cativeiro, prendendo-se e processando-se criminosos perigosos, por exemplo, seria admissível a violação do sigilo das comunicações, como a escuta clandestina. Essa teoria vem ganhando muitos adeptos atualmente, sendo originária da Alemanha. Sob nosso ponto de vista, não é momento para o sistema processual penal brasileiro, imaturo ainda em assegurar, efetivamente, os direitos e garantias individuais, adotar a teoria da proporcionalidade. Necessitamos manter o critério da proibição *plena* da prova ilícita, salvo nos casos em que o preceito constitucional se choca com outro de igual relevância. Sabemos que "nenhum direito reconhecido na Constituição pode revestir-se de um caráter absoluto" (Celso Bastos, *Curso de direito constitucional*, p. 228), razão pela qual, se o texto constitucional rejeita o erro judiciário, é natural que não seja possível sustentar a proibição da prova ilícita contra os interesses do réu inocente. Dessa forma, se uma prova for obtida por mecanismo ilícito, destinando-se a absolver o acusado, é de ser admitida, tendo em vista que o erro judiciário precisa ser, a todo custo, evitado. Ada Pellegrini Grinover, Antonio Magalhães Gomes Filho e Antonio Scarance Fernandes sustentam que, quando o próprio réu colhe a prova ilícita para sua absolvição está, na realidade, agindo em legítima defesa, mas não deixam de destacar que essa aceitação é fruto da proporcionalidade (*As nulidades no processo penal*, p. 116). Nesse caminho, encontra-se, ainda, a lição de Luiz Francisco Torquato Avolio: "A aplicação do princípio da proporcionalidade sob a ótica do direito de defesa, também garantido constitucionalmente, e de forma prioritária no processo penal, onde impera o princípio do *favor rei* é de aceitação praticamente unânime pela doutrina e pela jurisprudência. Até mesmo quando se trata de prova ilícita colhida pelo próprio acusado, tem-se entendido que a ilicitude é eliminada por causas de justificação legais da antijuridicidade, como a legítima defesa" (*Provas ilícitas – Interceptações telefônicas, ambientais e gravações clandestinas*, p. 67). Tal posição é, de fato, justa, fazendo-nos crer ser caso até de inexigibilidade de conduta diversa por parte de quem está sendo injustamente acusado, quando não for possível reconhecer a legítima defesa. No exemplo supracitado do sequestro, é até possível argumentar-se com outra excludente, que é o estado de necessidade, para absolver quem faz uma escuta clandestina, destinada a localizar o cativeiro da vítima, proporcionando a sua libertação, embora não se possa utilizar tal prova para incriminar os autores da infração penal. Logo, são situações diversas e o próprio Direito Penal, em nossa visão, fornece instrumentos para resolvê-los, sendo desnecessário agir contrariamente à lei. E mais: basta que o direito processual penal crie mecanismos mais flexíveis de investigação policial, sempre sob a tutela de um magistrado, controlando a legalidade do que vem sendo produzido, para que o Estado se torne mais atuante e protetor, sem abrir mão dos direitos e garantias fundamentais. Não conseguimos, com a devida vênia dos que pensam em sentido contrário, admitir uma liberdade maior para a atuação policial, desgarrada das proteções constitucionais, em nome da segurança pública, pois ainda não possuímos um Estado-investigação preparado e equilibrado. Não se pode conceder *carta branca* a quem não se educou, sob a era da democrática Constituição de 1988, razão pela qual somos favoráveis à manutenção dos critérios da proibição da prova ilícita integralmente. Encerramos, no entanto, argumentando que pouco se discute tal prova no direito brasileiro, visto que são raros os casos em que se apura, efetivamente, o abuso policial. Preferem os operadores do direito ignorar muitas alegações de violações dos direitos individuais a perder uma boa prova, que possa produzir a condenação de alguém, considerado perigoso à sociedade. Pouco se apura, por exemplo, a tortura na investigação policial, quando se sabe que ela é uma realidade inexorável e constante. Se o réu alega ter sido violentado e agredido na fase policial, muitas vezes, produz-se uma investigação superficial, muito tempo depois, que realmente nada levanta de concreto – seja porque a prova desfez-se pelo passar do tempo, seja porque o Estado não tem interesse efetivo em detectar suas falhas –, razão pela qual a prova termina sendo aceita e o acusado condenado, na prática, com base em prova obtida por meio ilícito.

729. A prova ilícita por derivação: além de apoiarmos o sistema de exclusão, por completo, da prova considerada ilícita, devemos atentar para a prova advinda da ilícita. É o que se denomina de "frutos da árvore envenenada" ou "efeito à distância", originário do preceito bíblico de que a "árvore envenenada não pode dar bons frutos". Assim, quando uma prova for produzida por mecanismos ilícitos, tal como a escuta ilegalmente realizada, não se pode aceitar as provas que daí advenham. Imagine-se que, graças à escuta ilegal efetivada, a polícia consiga obter dados para a localização da coisa furtada. Conseguindo um mandado, invade o lugar e apreende o material. A apreensão está eivada do *veneno* gerado pela prova primária, isto é, a escuta indevidamente operada. Se for aceita como lícita a segunda prova, somente porque houve a expedição de mandado de busca por juiz de direito, em última análise, estar-se-ia compactuando com o ilícito, pois se termina por validar a conduta ilegal da autoridade policial. De nada adianta, pois, a Constituição proibir a prova obtida por meios ilícitos, uma vez que a prova secundária serviu para condenar o réu, ignorando-se a sua origem em prova imprestável. Comentando a teoria da prova ilícita por derivação, majoritariamente aceita nos Estados Unidos, Manuel da Costa Andrade explica que a maneira encontrada pela justiça americana para dar fim aos abusos cometidos por policiais foi tornando ineficaz e inútil a prova produzida por mecanismos ilícitos, sejam elas primárias ou secundárias (*Sobre as proibições da prova em processo penal*, p. 144). "É tradicional, contudo, a doutrina cunhada pela Suprema Corte norte--americana dos 'frutos da árvore envenenada' – *fruits of the poisonous tree* –, segundo a qual o vício da planta se transmite a todos os seus frutos. Assim, a partir da decisão proferida no caso 'Silverthorne Lumber Co. v. United States' (251 US 385; 40 S. Ct. 182; 64 L. Ed. 319), de 1920, as cortes passaram a excluir a prova derivadamente obtida a partir de práticas ilegais" (Luiz Francisco Torquato Avolio, *Provas ilícitas – Interceptações telefônicas, ambientais e gravações clandestinas*, p. 68). Nessa ótica, há decisões do Supremo Tribunal Federal e de outros tribunais: STF: "A doutrina da ilicitude por derivação (teoria dos 'frutos da árvore envenenada') repudia, por constitucionalmente inadmissíveis, os meios probatórios, que, não obstante produzidos, validamente, em momento ulterior, acham-se afetados, no entanto, pelo vício (gravíssimo) da ilicitude originária, que a eles se transmite, contaminando-os, por efeito de repercussão causal. Hipótese em que os novos dados probatórios somente foram conhecidos, pelo Poder Público, em razão de anterior transgressão praticada, originariamente, pelos agentes estatais, que desrespeitaram a garantia constitucional da inviolabilidade domiciliar. – Revelam-se inadmissíveis, desse modo, em decorrência da ilicitude por derivação, os elementos probatórios a que os órgãos estatais somente tiveram acesso em razão da prova originariamente ilícita, obtida como resultado da transgressão, por agentes públicos, de direitos e garantias constitucionais e legais, cuja eficácia condicionante, no plano do ordenamento positivo brasileiro, traduz significativa limitação de ordem jurídica ao poder do Estado em face dos cidadãos. – Se, no entanto, o órgão da persecução penal demonstrar que obteve, legitimamente, novos elementos de informação a partir de uma fonte autônoma de prova – que não guarde qualquer relação de dependência nem decorra da prova originariamente ilícita, com esta não mantendo vinculação causal –, tais dados probatórios revelar-se-ão plenamente admissíveis, porque não contaminados pela mácula da ilicitude originária" (HC 93.050-RJ, 2.ª T., rel. Celso de Mello, 10.06.2008, v.u.); "O conceito de 'casa', para os fins da proteção constitucional a que se refere o art. 5.º, XI, da CF ('*XI – a casa é asilo inviolável do indivíduo, ninguém nela podendo penetrar sem consentimento do morador, salvo em caso de flagrante delito ou desastre, ou para prestar socorro, ou, durante o dia, por determinação judicial), reveste-se de caráter amplo e, por estender-se a qualquer

Art. 294

Código de Processo Penal Militar Comentado • **Nucci**

298

aposento ocupado de habitação coletiva, compreende o quarto de hotel ocupado por hóspede. Com base nesse entendimento, a Turma deu provimento a recurso ordinário em *habeas corpus* para restabelecer a sentença penal absolutória proferida nos autos de processo-crime instaurado contra acusado pela suposta prática dos delitos de estelionato e de falsificação de documento particular. No caso, o Tribunal de Justiça local reformara a sentença que, por reconhecer a ilicitude da prova, absolvera o recorrente da ação penal originada de documentos obtidos em diligência realizada por agentes policiais que, sem autorização judicial, ingressaram no quarto de hotel por ele ocupado. Inicialmente, salientou-se que os órgãos e agentes da polícia judiciária têm o dever de observar, para efeito do correto desempenho de suas prerrogativas, os limites impostos pela Constituição e pelo ordenamento jurídico. Assim, entendeu-se que, tais sujeitos, ao ingressarem no compartimento sem a devida autorização judicial, transgrediram a garantia individual pertinente à inviolabilidade domiciliar (CF, art. 5.º, XI), que representa limitação ao poder do Estado e é oponível aos próprios órgãos da Administração Pública. Asseverou-se que, em consequência dessa violação, ter-se-ia a ilicitude material das provas obtidas com a questionada diligência (CF, art. 5.º, LVI). Aduziu-se, ainda, que a cláusula constitucional do devido processo legal possui, no dogma da inadmissibilidade das provas ilícitas, uma de suas projeções concretizadoras mais expressivas, na medida em que o réu tem o direito de não ser denunciado, julgado e condenado com apoio em elementos instrutórios obtidos ou produzidos de forma incompatível com os limites impostos pelo ordenamento ao poder persecutório e ao poder investigatório do Estado" (RHC 90.376-RJ, 2.ª T., rel. Celso de Mello, 03.04.2007, v.u., *Informativo* 462).

730. Prova ilícita por derivação e critério da prova separada: a reforma introduzida no Código de Processo Penal comum, pela Lei 11.690/2008, optou pelo sistema da prova ilícita por derivação, que sempre nos pareceu o ideal para o atual estágio da persecução penal no Brasil, como expusemos na nota anterior. O mesmo critério deve ser usado na legislação processual penal militar, pelo emprego da analogia. Por outro lado, era, também, a tendência majoritária da jurisprudência dos nossos tribunais. Adotou, ainda, o critério da prova separada, já consagrado em vários sistemas legislativos estrangeiros. Portanto, a prova derivada da ilícita deve ser expurgada do processo, pois é inadmissível para a formação da convicção judicial. Há duas exceções: a) inexistência de nexo causal entre a prova ilícita e a prova acoimada de derivada da primeira. É possível que determinada prova seja apontada por qualquer das partes como derivada de outra, considerada ilícita. Entretanto, feita uma verificação detalhada, observa-se que não existe nexo de causa e efeito entre elas. Por isso, não se pode desentranhar a denominada prova derivada. Ex.: afirma-se que a apreensão do objeto furtado somente se deu em razão da confissão do indiciado, extraída sob tortura. Seria a referida apreensão uma prova ilícita por derivação. Ocorre que, pela data do auto de apreensão, constata-se originar-se antes da medida assecuratória e, somente depois, o indiciado confessou a prática da infração. Logo, inexiste nexo causal entre ambas; b) prova separada (ou fonte independente): significa que a prova obtida *aparenta* ser derivada de outra, reputada ilícita, porém, em melhor e mais detida análise, deduz-se que ela seria conseguida de qualquer jeito, independentemente da produção da referida prova ilícita. Deve ser validada. Exemplificando: o indiciado confessa, sob tortura e indica onde estão guardados os bens furtados. Enquanto determinada equipe policial parte para o local, de modo a realizar a apreensão, ao chegar, depara-se com outro time da polícia, de posse de mandado de busca, expedido por juiz de direito, checando e apreendendo o mesmo material. Ora, não se pode negar que o indiciado foi torturado e, por isso, confessou e apontou o lugar onde estavam os bens subtraídos. Porém, não se pode, também, olvidar que o Estado-investigação, por *fonte independente,* já havia conseguido o dado faltante para encontrar a *res furtiva.* Em suma, não se pode desprezar o auto de apreensão, uma vez que se trata de prova separada. Ilícita será apenas a confissão, mas não a apreensão realizada.

Admissibilidade do tipo de prova

> **Art. 295.** É admissível, nos termos deste Código, qualquer espécie de prova, desde que não atente contra a moral, a saúde ou a segurança individual ou coletiva, ou contra a hierarquia ou a disciplina militares.[731-732]

731. Prova emprestada: é aquela produzida em outro processo e, por meio da reprodução documental, juntada no processo criminal pendente de decisão. O juiz pode levá-la em consideração, embora deva ter a especial cautela de verificar como foi formada no outro feito, de onde foi importada, para saber se houve o indispensável devido processo legal. Essa verificação inclui, naturalmente, o direito indeclinável ao contraditório, razão pela qual abrange o fato de ser constatado se as mesmas partes estavam envolvidas no processo onde a prova foi efetivamente produzida. Ex.: o depoimento de uma testemunha pode ser extraído de um feito e juntado em outro, mas se torna indispensável saber se se tratavam das mesmas partes envolvidas, pois, do contrário, deve a testemunha ser novamente inquirida, permitindo-se que a parte ausente promova as suas reperguntas. Solução diversa iria ferir o devido processo legal. Conferir: STF: HC 95.186, 1.ª T., rel. Ricardo Lewandowski, 26.05.2009, v.u.; STJ: "A Turma denegou a ordem, reiterando o entendimento de ser admissível a prova emprestada no processo penal, desde que não constitua o único elemento de convicção do juiz" (HC 94.624-SP, 5.ª T., rel. Felix Fischer, 26.05.2009, v.u.); "A prova emprestada é admissível no âmbito do processo penal, quando colhida em feito entre as mesmas partes, foi produzida com obediência aos procedimentos legais, diz respeito aos mesmos fatos objetos da acusação que se busca provar, com ampla oportunidade de manifestação do acusado em ambas as ações, inexistindo, assim, ofensa ao princípio do contraditório. Precedentes do STJ" (HC 63.658-RS, 5.ª T., rel. Napoleão Nunes Maia Filho, 07.08.2007, v.u.); TJSE: "A interceptação telefônica deve observar o preceito do art. 5.º, XII, da CF, sob pena de estar toda a prova extraída a partir de tal ato maculada de nulidade. No caso *sub examine*, a interceptação foi devidamente autorizada, embora com intuito de se perquirir outro tipo de crime. Neste caso, prevalece o instituto da 'prova emprestada' que, segundo jurisprudência dominante, é perfeitamente aceitável no processo criminal, desde que uníssona com outras provas instrutórias" (AP. Crim. 0198/2007 – SE, C.C., rel. Edson Ulisses de Melo, 09.06.2009, v.u.).

732. Alcance da atividade probatória: diversamente da legislação processual penal comum, estabelece este Código o limite da atividade probatória desenvolvida pela parte, com o objetivo de convencer o juiz acerca da verdade dos fatos. Além da expressa vedação quanto ao estado das pessoas (art. 294), não se permite a produção da prova atentatória à moral, à saúde ou à segurança individual ou coletiva, bem como no tocante à afronta da hierarquia e da disciplina militares. Em verdade, o preceito constitucional, quanto à produção da prova, é o mais importante, proibindo o acolhimento, no processo, de provas obtidas por meio ilícito. Diante disso, perde o relevo o preceituado neste artigo. Ademais, a vagueza de alguns termos pode comprometer a busca da verdade real, tais como *moral, saúde, segurança*. Em suma, não há cabimento em se vedar o alcance da atividade probatória, deduzindo-se o seguinte: a) somente provas ilícitas (obtidas em contrariedade do disposto em lei ou na Constituição) são afastadas do processo; b) mesmo provas ilícitas, pelo princípio da proporcionalidade, devem ser admitidas para provar a inocência do acusado, embora se possa apurar, paralelamente, a responsabilidade penal de quem as produziu.

Ônus da prova. Determinação de diligências

> **Art. 296.** O ônus da prova[733] compete a quem alegar o fato, mas o juiz poderá, no curso da instrução criminal ou antes de proferir sentença, determinar,

Art. 296

Código de Processo Penal Militar Comentado • **Nucci**

> de ofício,[734] diligências para dirimir dúvida sobre ponto relevante. Realizada a diligência, sobre ela serão ouvidas as partes, para dizerem nos autos, dentro em 48 (quarenta e oito) horas,[735] contadas da intimação por despacho do juiz.[736-737]

Inversão do ônus da prova

> § 1.º Inverte-se o ônus de provar se a lei presume o fato até prova em contrário.[738]

Isenção

> § 2.º Ninguém está obrigado a produzir prova que o incrimine, ou ao seu cônjuge, descendente, ascendente ou irmão.[739]

733. Ônus da prova: o termo *ônus* provém do latim – *onus* – e significa carga, fardo ou peso. Assim, ônus da prova quer dizer encargo de provar. Ônus não é dever, em sentido específico, pois este é uma obrigação, cujo não cumprimento acarreta uma sanção. Quanto ao ônus de provar, trata-se do interesse que a parte que alega o fato possui de produzir prova ao juiz, visando fazê-lo crer na sua argumentação. Como ensinam Paulo Heber de Morais e João Batista Lopes, o ônus é a "subordinação de um interesse próprio a outro interesse próprio", enquanto a obrigação significa a "subordinação de um interesse próprio a outro, alheio" (*Da prova penal*, p. 33). Ônus da prova, em outro enfoque, é uma "posição jurídica na qual o ordenamento jurídico estabelece determinada conduta para que o sujeito possa obter um resultado favorável. Em outros termos, para que o sujeito onerado obtenha o resultado favorável, deverá praticar o ato previsto no ordenamento jurídico, sendo que a não realização da conduta implica a exclusão de tal benefício, sem, contudo, configurar um ato ilícito" (Gustavo Badaró, *Ônus da prova no processo penal*, p. 173). Como regra, no processo penal, o ônus da prova é da acusação, que apresenta a imputação em juízo através da denúncia ou da queixa-crime. Entretanto, o réu pode chamar a si o interesse de produzir prova, o que ocorre quando alega, em seu benefício, algum fato que propiciará a exclusão da ilicitude ou da culpabilidade. Imagine-se que afirme ter matado a vítima, embora o tenha feito em legítima defesa. É preciso provar a ocorrência da excludente, não sendo atribuição da acusação fazê-lo, até por que terá esta menos recursos para isso, pois o fato e suas circunstâncias concernem diretamente ao acusado, vale dizer, não foram investigados previamente pelo órgão acusatório. Saliente-se, no entanto, que tal ônus de prova da defesa não deve ser levado a extremos, em virtude do princípio constitucional da presunção de inocência e, consequentemente, do *in dubio pro reo*. Com isso, alegada alguma excludente, como a legítima defesa, por exemplo, feita prova razoável pela defesa e existindo dúvida, deve o réu ser absolvido e não condenado. Assim, embora a acusação tenha comprovado o fato principal – materialidade e autoria –, a dúvida gerada pelas provas produzidas pelo acusado, a respeito da existência da justificativa, deve beneficiar a defesa. Na jurisprudência: STM: "Requerimento da defesa de diligência para auferir a condição de militar do réu, às vésperas do julgamento. Indeferimento. O ônus da prova compete a quem alega. Inteligência do art. 296 do CPPM. Diligência desnecessária. (Apelação 0000043-02.2016.7.06.0006, rel. José Barroso Filho, 08.03.2018, v.u.). TJMRS: "É cediço que o ônus da prova compete a órgão estatal acusador, conforme prevê o art. 296 do CPPM. Não se desincumbindo o Estado de produzir prova com suficiente robustez, com entusiasmo bastante para alicerçar um juízo de certeza sobre a conduta imputada ao acusado, torna-se imperiosa a manutenção da decisão absolutória, com base no princípio constitucional da presunção da inocência e do axioma jurídico do *in dubio pro reo*. (Embargos infringentes 1000010-91.2017.9.21.0000, rel. Paulo Roberto Mendes Rodrigues, 02.03. 2017, v.u.).

734. Atuação de ofício pelo juiz: trata-se de decorrência natural dos princípios da verdade real e do impulso oficial. Em homenagem à *verdade real*, que necessita prevalecer no processo penal, deve o magistrado determinar a produção das provas que entender pertinentes e razoáveis para apurar o fato criminoso. Não deve ter a preocupação de beneficiar, com isso, a acusação ou a defesa, mas única e tão somente atingir a verdade. O impulso oficial também é princípio presente no processo, fazendo com que o juiz provoque o andamento do feito, até final decisão, queiram as partes ou não. O procedimento legal deve ser seguido à risca, designando-se as audiências previstas em lei e atingindo o momento culminante do processo, que é a prolação da sentença.

735. Acompanhamento da prova: quando o juiz atuar de ofício na produção de provas, como regra, deve intimar as partes *antes* da atividade instrutória, para que possam acompanhar, garantindo-se o contraditório e a ampla defesa. Imagine-se a inquirição de uma testemunha, por iniciativa do magistrado; deve-se designar audiência e intimar as partes para comparecimento. O mesmo se diga da produção da prova pericial. Excepcionalmente, um documento pode ser requisitado diretamente pelo juiz e, após a sua juntada, intimados os interessados para ciência.

736. Fatos que independem de prova: são os seguintes: a) *fatos notórios*, que envolvem os evidentes e intuitivos; b) fatos que contêm uma *presunção legal absoluta*; c) *fatos impossíveis*; d) *fatos irrelevantes* ou *impertinentes*. Os fatos notórios são os nacionalmente conhecidos, não se podendo considerar os relativos a uma comunidade específica, bem como os atuais, uma vez que o tempo faz com que a notoriedade esmaeça, levando a parte à produção da prova. Dentre os notórios, situam-se, ainda, os *evidentes* – extraídos das diversas ciências (ex.: lei da gravidade) – e os *intuitivos* – decorrentes da experiência e da lógica (ex.: o fogo queima). Os fatos que contêm presunção legal absoluta são os que não comportam prova em sentido contrário (ex.: o menor de 18 anos é penalmente inimputável). Os fatos impossíveis são aqueles que causam aversão ao espírito de uma pessoa informada (ex.: dizer o réu que estava na Lua no momento do crime). Por derradeiro, os fatos irrelevantes ou impertinentes são os que não dizem respeito à solução da causa (ex.: verificação do passatempo preferido da vítima, se não guarda correspondência com o fato imputado ao réu).

737. Álibi: é a alegação feita pelo réu, como meio de provar a sua inocência, de que estava em local diverso de onde ocorreu o delito, razão pela qual não poderia tê-lo cometido. É, como regra, ônus seu provar o álibi. Entretanto, essa regra não pode levar a acusação à isenção de demonstrar o que lhe compete, isto é, ainda que o réu afirme ter estado, na época do crime, em outra cidade, por exemplo, tendo interesse em produzir a prova cabível, tal situação jamais afastará o encargo da parte acusatória de demonstrar ao juiz a materialidade e a autoria da infração penal. Por outro lado, sabe-se ser impossível fazer *prova negativa*, ou seja, demonstrar que nunca se esteve em um determinado local, razão pela qual é preciso cuidado para não levar o acusado a ter o ônus de fazer prova irrealizável. Na jurisprudência: TJSC: "A comprovação de álibi para fulcrar a tese de negativa de autoria é ônus da defesa, nos moldes do art. 156 do CPP, de sorte que, se esta não fundamenta sua assertiva por meio de quaisquer elementos, limitando-se a meras alegações, faz derruir a versão apresentada" (AP. Crim. 2009.004387-0 – SC, 2.ª C., rel. Salete Silva Sommariva, 22.04.2010, v.u.).

738. Inversão do ônus da prova: essa questão é despropositada em matéria criminal. O ônus da prova é sempre da acusação; eventualmente, se o réu alegar um fato relevante, como

Art. 297

um álibi, cabe a ele demonstrar. Mas isto não significa, em hipótese alguma, *inversão* do ônus da prova. Sob outro aspecto, presunções constantes em lei somente podem ter alcance em favor do acusado, tal como a presunção de irresponsabilidade penal do menor de 18 anos. Inexiste razoabilidade para que a lei promova presunções contra os interesses do acusado. Uma das mais debatidas situações legais nesse campo é a *presunção de violência* (art. 236, CPM), embora a lei não estabeleça nenhuma ressalva sobre existir ou não *possibilidade de prova em contrário*. Há posição sustentando ser relativa a presunção (admitir prova em contrário) e outra, absoluta (não admitir prova em contrário). De toda forma, o disposto neste § 1.º não resolve a questão.

739. Imunidade à autoacusação: em posição avançada para a sua época, este Código estabelece o direito do réu de não produzir prova contra si mesmo, nem tampouco contra seus familiares. A Constituição Federal prevê, expressamente, o direito ao silêncio, que, juntamente com a presunção de inocência, estabelecem tal imunidade. Na jurisprudência: STM: "Não merece reparos a decisão proferida pelo Juízo de origem, consubstanciada no indeferimento de pergunta formulada pelo Parquet, por ocasião da oitiva de testemunha, quanto à disponibilização dos respectivos extratos bancários com a finalidade de confirmar o recebimento de transferências financeiras. Em observância ao princípio do devido processo legal, a atividade persecutória estatal sujeita- se a limitações, pois não deve se afastar da busca da verdade processual constitucionalmente válida, garantindo a aplicação de pena legítima e justa aos réus comprovadamente culpados e responsáveis pela prática criminosa. O pleito formulado pelo Requerente encontra óbice não apenas no § 2.º do art. 296 do CPPM, mas também na garantia fundamental da não autoincriminação, decorrente da norma disposta no art. 5.º, inciso LXIII, da Constituição Federal, e do art. 8.º, número 2, alínea 'g', do Pacto de São José da Costa Rica, por encontrar-se implícita na previsão do direito ao silêncio. Portanto, caso o titular da ação penal considere necessária a obtenção das referidas informações bancárias, poderá valer-se dos meios próprios de investigação. Correição Parcial indeferida" (Correição Parcial 7001487-29.2019.7.00.0000, rel. William de Oliveira Barros, 14.05.2020, maioria).

Avaliação da prova

> **Art. 297.** O juiz formará convicção pela livre apreciação[740] do conjunto das provas colhidas em juízo.[740-A] Na consideração de cada prova, o juiz deverá confrontá-la com as demais, verificando se entre elas há compatibilidade e concordância.[741]

740. Liberdade de apreciação da prova: não significa que o magistrado possa fazer a sua opinião ou vivência acerca de algo integrar o conjunto probatório, tornando-se, pois, prova. O juiz extrai a sua convicção das provas produzidas legalmente no processo, mas não presta depoimento pessoal, nem expõe suas ideias como se fossem fatos incontroversos. Imagine-se o magistrado que, julgando um delito de trânsito, declare, nos autos, que o local do acidente é, de fato, perigoso, pois ele mesmo já foi vítima de uma colisão naquele sítio, razão pela qual entende estar certa a posição desta ou daquela parte. Trata-se de um depoimento prestado sem o devido contraditório e distante da ampla defesa, uma vez que não contrariado pelas partes. É natural que possa o julgador extrair da sua vivência a experiência e o discernimento necessários para decidir um caso, embora deva estar fundamentado, exclusivamente, nas provas constantes dos autos. No exemplo supramencionado, se ele sabe que o local é realmente perigoso, deve determinar a produção de prova nesse sentido, valendo-se de outros elementos, diversos da situação fática por ele vivida. Na jurisprudência: STF: "1. O suporte probatório apto à condenação não pode lastrear-se exclusivamente em elementos indiciários, sob pena de ofensa ao art. 155 do Código de Processo Penal, bem como ao art. 297 do Código de Processo Penal Militar, notadamente quando as provas produzidas sob o crivo do contraditório não confirmam o quadro fático descrito na denúncia" (AP 954, rel. Alexandre de Moraes, 1.ª T., 29.08.2017, v.u.). STM: "13. Ao apreciar as provas dos autos deve-se fazer o cotejo de todo o conjunto de provas colhidas, mormente o confronto entre aquelas produzidas em Juízo e as demais contidas no Inquérito, a fim de verificar a compatibilidade entre elas, tendo-se em conta o princípio do livre convencimento motivado do magistrado, encartado no art. 297 do CPPM" (Apelação 7000045-62.2018.7.00.0000, rel. Carlos Augusto de Sousa, 13.02.2020, v.u.).

740-A. Provas produzidas na fase investigatória: destinam-se à formação da *opinio delicti* (convicção acerca do fato) do Ministério Público, para que possa oferecer – ou não – a denúncia. Se forem suficientes, demonstrando a justa causa para a ação penal, oferta-se a peça acusatória. Algumas provas pré-constituídas, como as periciais, são produzidas na fase investigatória em caráter definitivo. No mais, o Judiciário deve formar o seu convencimento por meio do conjunto probatório produzido durante a instrução. Excepcionalmente, uma prova colhida no inquérito pode servir de auxílio ao juízo, desde que devidamente confirmada pelo material firmado sob o crivo do contraditório. Nesse prisma: STM: "O Juiz deve vincular a sua decisão às provas produzidas na instrução processual penal; as provas produzidas na fase inquisitorial servem para convicção do Ministério Público Militar oferecer denúncia" (AP 0000013-12.2007.7.05.0005-PR, rel. Artur Vidigal de Oliveira, 19.03.2014, v.u.).

741. Confronto de provas: a mais adequada maneira de formação do convencimento do julgador é por meio do confronto entre as provas produzidas. O quadro probatório se torna mais seguro quando há harmonia entre elas, apontando na direção da condenação ou da absolvição. No cenário da confissão, tal contraste é particularmente relevante, tanto que mencionado em lei: "para que tenha valor de prova, a confissão deve: (…) *e*) ter compatibilidade e concordância com as demais provas do processo" (art. 307). Na legislação processual penal comum, existe a mesma preocupação: "o valor da confissão se aferirá pelos critérios adotados para os outros elementos de prova, e para a sua apreciação o juiz deverá confrontá-la com as demais provas do processo, verificando se entre ela e estas existe compatibilidade ou concordância" (art. 197, CPP).

Prova na língua nacional

Art. 298. Os atos do processo serão expressos na língua nacional.[742]

Intérprete

§ 1.º Será ouvido por meio de intérprete[743] o acusado, a testemunha ou quem quer que tenha de prestar esclarecimento oral no processo, desde que não saiba falar a língua nacional ou nela não consiga, com exatidão, enunciar o que pretende ou compreender o que lhe é perguntado.

Tradutor

§ 2.º Os documentos em língua estrangeira serão traduzidos para a nacional, por tradutor público ou por tradutor nomeado pelo juiz, sob compromisso.[744-745]

Art. 299

742. Língua nacional: é obrigatória para todos os atos orais e escritos do processo. Mesmo que as partes ou o juiz conheçam idioma estrangeiro, é vedada a produção de qualquer ato instrutório em língua diversa da nacional. O motivo é evidente: a colheita das provas não se destina ao juiz do feito, mas também a outros tribunais. Além disso, é público, podendo outras pessoas acompanhar o seu andamento e avaliar a sentença proferida. Enfim, deve ser integralmente inteligível.

743. Intérprete: é, para todos os fins, equiparado ao perito, razão pela qual será nomeado pelo magistrado, devidamente compromissado e estará sujeito às regras da suspeição aplicáveis aos juízes. Por isso, segundo cremos, não deve ser nomeado parente do depoente, que dificilmente terá imparcialidade suficiente para proceder à tradução do que lhe for dito. Nesse prisma, não admitindo a nomeação da avó materna do réu surdo-mudo e analfabeto como intérprete: TJSP, HC 310.823-3, Taubaté, 3.ª C. Extraordinária, rel. Geraldo Xavier, 12.04.2000, v.u., *JUBI* 47/00.

744. Tradutor público ou nomeado: quando possível, deve o magistrado nomear tradutor público, isto é, a pessoa profissionalizada e reconhecida pelo próprio Poder Público, especialmente pelo Judiciário, como perito apto a fazer traduções. Lembremos que o tradutor e o intérprete devem ser equiparados aos peritos. Na sua falta, o magistrado nomeará pessoa de confiança e idônea para proceder à tradução, mediante compromisso.

745. Outros documentos passíveis de tradução: indica Espínola Filho a possibilidade de submeter à tradução outros documentos, que não estejam propriamente em língua estrangeira, mas, sim, em linguagem cifrada ou estenografada (*Código de Processo Penal brasileiro anotado*, v. 3, p. 173). O juiz apontará pessoa habilitada a realizar a conversão em linguagem conhecida, sob pena de desentranhamento dos autos. Há, ainda, a hipótese dos documentos escritos em péssima letra, tornados ininteligíveis. Nesse caso, o melhor a fazer é convocar a juízo o autor do escrito, para que possa esclarecer o seu conteúdo. Poderá, ainda, o magistrado, tratando-se de funcionário público, determinar a produção de outra cópia do mesmo documento. Finalmente, quando a pessoa que o produziu estiver ausente, por qualquer razão (ex.: falecimento), pode o juiz empregar os conhecimentos de perito para "traduzir" o documento.

Interrogatório ou inquirição do mudo, do surdo ou do surdo-mudo

> **Art. 299.** O interrogatório ou inquirição do mudo, do surdo, ou do surdo-mudo será feito pela forma seguinte:[746]
>
> *a)* ao surdo, serão apresentadas por escrito as perguntas, que ele responderá oralmente;
>
> *b)* ao mudo, as perguntas serão feitas oralmente, respondendo-as ele por escrito;
>
> *c)* ao surdo-mudo, as perguntas serão formuladas por escrito, e por escrito dará ele as respostas.
>
> § 1.º Caso o interrogado ou inquirido não saiba ler ou escrever, intervirá no ato, como intérprete, pessoa habilitada a entendê-lo.[747]
>
> § 2.º Aplica-se ao ofendido o disposto neste artigo e § 1.º.

746. Redução a termo: fugindo à forma oral, o interrogatório, em casos excepcionais como os apresentados pelo art. 299, pode ser feito pela modalidade escrita ou através desta, associada à oralidade. Entretanto, as perguntas escritas pelo juiz ao surdo serão consignadas no termo, normalmente, em conjunto com as respostas dadas, sem necessidade de se juntar o papel específico, em que elas foram inicialmente colocadas. O mesmo se dá com as respostas escritas dadas pelo mudo e com relação às perguntas e respostas feitas e realizadas, no tocante ao surdo-mudo. Todos assinarão, depois, o termo de interrogatório, que será a peça válida para a formação da prova.

747. Utilização de mímica: quando o surdo, o mudo ou o surdo-mudo for alfabetizado é vedada qualquer forma de utilização de mímica, sob pena de se ofender o método de colheita do depoimento, expressamente previsto em lei. Caso seja ele analfabeto, o interrogatório feito por intermédio do intérprete será, logicamente, realizado através de mímica, entendida esta não como gestos teatrais, para buscar "adivinhar" o que pensa e o que diz o réu, mas sim através de uma linguagem estabelecida na forma de gesticulações precisas e adequadas à expressão de uma ideia ou sentimento. Não se trata de um jogo, mas de uma linguagem concretizada por gestos, não deixando de ser uma mímica.

Consignação das perguntas e respostas

> **Art. 300.** Sem prejuízo da exposição que o ofendido, o acusado ou a testemunha quiser fazer, a respeito do fato delituoso ou circunstâncias que tenham com este relação direta, serão consignadas as perguntas que lhes forem dirigidas, bem como, imediatamente, as respectivas respostas, devendo estas obedecer, com a possível exatidão, aos termos em que foram dadas.[748]

Oralidade e formalidades das declarações

> § 1.º As perguntas e respostas serão orais, podendo estas, entretanto, ser dadas por escrito, se o declarante, embora não seja mudo, estiver impedido de enunciá-las. Obedecida esta condição, o mesmo poderá ser admitido a respeito da exposição referida neste artigo, desde que escrita no ato da inquirição e sem intervenção de outra pessoa.[749]
>
> § 2.º Nos processos de primeira instância compete ao auditor e nos originários do Superior Tribunal Militar ao relator fazer as perguntas ao declarante e ditar as respostas ao escrivão. Qualquer dos membros do Conselho de Justiça poderá, todavia, fazer as perguntas que julgar necessárias e que serão consignadas com as respectivas respostas.[750]
>
> § 3.º As declarações do ofendido, do acusado e das testemunhas, bem como os demais incidentes que lhes tenham relação, serão reduzidos a termo pelo escrivão, assinado pelo juiz, pelo declarante e pelo defensor do acusado, se o quiser. Se o declarante não souber escrever ou se recusar a assiná-lo, o escrivão o declarará à fé do seu cargo, encerrando o termo.[751]

748. Forma de inquirição: este artigo encontra-se deslocado no contexto das disposições gerais, pois deveria constar nos capítulos relativos a cada uma dessas provas. De todo modo, espelha o formato básico das oitivas: a) primeiramente, o acusado, a vítima ou a testemunha faz a narrativa dos fatos como lhe convém, embora o juiz possa intermediar com suas perguntas, pois a prova se destina a formar o seu convencimento; b) na sequência, abre-se a fase das reperguntas; se a testemunha for arrolada pela acusação, repergunta o acusador, depois a defesa; se arrolada pela defesa, primeiro o defensor, depois o órgão acusatório. O dispositivo ainda cuida do modelo tradicional, em que se registra a pergunta e a resposta em papel. Hoje,

Art. 301

com o avanço tecnológico, já é possível consignar em audiovisual o depoimento. O importante é manter exatamente a narrativa do inquirido.

749. Depoimento oral: é a única forma de avaliar a sinceridade da testemunha, apurando-se se fala a verdade. O depoimento por escrito tem a impessoalidade como marca, impossibilitando ao magistrado averiguar a sua fidelidade aos fatos, bem como impossibilitaria as reperguntas, ferindo o princípio do contraditório, e, do ponto de vista do réu, também a ampla defesa. Há exceção prevista na lei processual penal comum, no entanto: o art. 221, § 1.º, do Código de Processo Penal, autoriza que o Presidente, o Vice-Presidente da República, os presidentes do Senado Federal, da Câmara dos Deputados e do Supremo Tribunal Federal optem por prestar o depoimento, na qualidade de testemunhas, por escrito. Nesse caso, buscar-se-ia preservar o contraditório, enviando-se as perguntas formuladas pelo juiz e pelas partes por ofício. Nada impede que, vindo as respostas, sejam remetidas outras reperguntas, para o esclarecimento da verdade real. São as autoridades mencionadas devidamente compromissadas a dizer a verdade, consistindo o privilégio apenas em fazê-lo por escrito. Entendemos indevida tal prerrogativa, pois o Estado Democrático de Direito deve estruturar-se em termos de plena igualdade, inexistindo razão para que essas autoridades, por mais importantes na organização do Estado, algo inegável, não possam dispor de seu tempo, ainda que o magistrado possa ir até elas para ouvi-las, acompanhado das partes, para depor oralmente. Outra não pode ser a razão (falta de tempo de se deslocarem até o fórum) para a concessão da regalia, pois é incompreensível supor que haveria desprestígio no ato de colaborar com a Justiça, sendo ouvido por magistrado. A outra exceção elencada como depoimento escrito é o prestado por surdo, mudo ou surdo-mudo, que, no entanto, é apenas relativa. A pessoa com tal deficiência nada deve levar por escrito, nem enviar ofício ou carta ao juiz. Apresenta-se à sua frente e, recebendo por escrito (ou oralmente, conforme o caso) as perguntas, responde-as, na hora, por escrito. Terão as partes a oportunidade de presenciar o ocorrido e fazer suas reperguntas. Logo, até mesmo expressões de inverdade, evidenciadas pelo nervosismo e outros gestos específicos, podem ser captadas pelo juiz quando da colheita do depoimento. Não se compreende a razão deste dispositivo ter previsto a possibilidade de qualquer pessoa – não sendo muda – apresentar seu depoimento por escrito. Situação diversa é a consulta a breves notas ou documentos para responder ao magistrado alguma indagação.

750. Instrução em colegiado: havendo mais de um juiz envolvido no julgamento, compete ao auditor, em primeiro grau, e ao relator, em segundo, inquirir as testemunhas, a vítima e o acusado, não se podendo retirar dos demais a possibilidade de reperguntar para formar o seu próprio convencimento.

751. Redução a termo e outros meios de registro: como já expusemos, atualmente há inúmeras outras formas mais modernas de consignação dos relatos, além do escrito em papel. A reforma processual penal de 2008, introduziu expressa autorização, no Código de Processo Penal, para a colheita da prova oral por meio magnético, especialmente audiovisual. Nada impede que se utilize do mesmo meio, por analogia, no processo penal militar.

Observância no inquérito

> **Art. 301.** Serão observadas no inquérito as disposições referentes às testemunhas e sua acareação, ao reconhecimento de pessoas e coisas, aos atos periciais e a documentos, previstas neste Título, bem como quaisquer outras que tenham pertinência com a apuração do fato delituoso e sua autoria.[752]

Art. 302

307 Título XV • Capítulo II – Da qualificação e do interrogatório do acusado

752. Equiparação: seria desnecessário repetir todas as regras relativas à produção de provas, estabelecidas em juízo, para o contexto do inquérito. Por isso, basta a norma geral determinando a sua utilização, no que for aplicável.

Capítulo II
Da qualificação e do interrogatório do acusado[753-754]

753. Conceito de interrogatório judicial: trata-se do ato processual que confere oportunidade ao acusado de se dirigir diretamente ao juiz, apresentando a sua versão defensiva aos fatos que lhe foram imputados pela acusação, podendo inclusive indicar meios de prova, bem como confessar, se entender cabível, ou mesmo permanecer em silêncio, fornecendo apenas dados de qualificação. O interrogatório policial é o que se realiza durante o inquérito, quando a autoridade policial militar ouve o indiciado, acerca da imputação indiciária.

754. Natureza jurídica do interrogatório: há quatro posições: a) é meio de prova, fundamentalmente (Camargo Aranha); b) é meio de defesa (Galdino Siqueira, Pimenta Bueno, Manzini, Clariá Olmedo, João Mendes Júnior, Ada Pellegrini Grinover, Tourinho Filho, Adriano Marrey, Alberto Silva Franco, Rui Stoco, Bento de Faria, Antonio Magalhães Gomes Filho, Jorge Alberto Romeiro. Alguns desses deixam entrever a possibilidade de considerá-lo, em segundo plano, como *fonte* de prova); c) é meio de prova e de defesa (Vicente de Azevedo, Frederico Marques, Hélio Tornaghi, Paulo Heber de Morais e João Batista Lopes, Fernando de Almeida Pedroso, Mirabete, Greco Filho, Carnelutti, Florian, David Teixeira de Azevedo, Borges da Rosa, Paulo Lúcio Nogueira, Ary Azevedo Franco, Guglielmo Sabatini, Carlos Henrique Borlido Haddad, Marcos Alexandre Coelho Zilli); d) é meio de defesa, primordialmente; em segundo plano, é meio de prova (Hernando Londoño Jiménez, Ottorino Vannini). Esta última é a posição que adotamos. Note-se que o interrogatório é, fundamentalmente, um meio de defesa, pois a Constituição assegura ao réu o direito ao silêncio. Logo, a primeira alternativa que se avizinha ao acusado é calar-se, daí não advindo consequência alguma. Defende-se apenas. Entretanto, caso opte por falar, abrindo mão do direito ao silêncio, seja lá o que disser, constitui *meio de prova* inequívoco, pois o magistrado poderá levar em consideração suas declarações para condená-lo ou absolvê-lo.

Tempo e lugar do interrogatório

> **Art. 302.** O acusado será qualificado e interrogado[755] num só ato, no lugar, dia e hora designado pelo juiz, após o recebimento da denúncia;[755-A] e, se presente à instrução criminal ou preso, antes de ouvidas as testemunhas.[756]

Comparecimento no curso do processo

> **Parágrafo único.** A qualificação e o interrogatório do acusado que se apresentar ou for preso no curso do processo serão feitos logo que ele comparecer perante o juiz.[757]

755. Obrigatoriedade do interrogatório: durante o curso do processo penal, que segue até o trânsito em julgado da decisão condenatória ou absolutória, a autoridade judiciária de 1.º

Art. 303

ou 2.º grau, a qualquer momento, fora do instante próprio, que é o da realização da audiência de instrução e julgamento, pode ouvir o réu. É possível que esteja foragido e seja preso, ou se torne ausente e, tomando conhecimento do processo, compareça espontaneamente, bem como que seja encontrado e intimado a tanto. Por isso, é imprescindível o oferecimento, pelo magistrado, da oportunidade de ser ouvido, qualificando-o e colhendo dados pessoais (interrogatório de qualificação), bem como lhe oferecendo a ocasião de apresentar a sua versão sobre a acusação (interrogatório de mérito). Ainda que possua o direito ao silêncio, este não abrange o momento da sua qualificação, razão pela qual é sempre indispensável proporcionar ao acusado o instante do interrogatório. Naturalmente, se o processo já estiver em 2.º grau, aguardando para ser julgado, pode o Tribunal determinar seja o réu ouvido pelo juiz de 1.º grau ou, se houver preferência, pode ser ouvido pelo relator. A falta do interrogatório, quando o réu se torna presente após o momento próprio, é nulidade relativa, isto é, somente deve ser reconhecida se houver provocação da parte interessada, demonstrando ter sofrido prejuízo.

755-A. Momento do interrogatório: em nosso entendimento, deveria continuar a ser, no âmbito da legislação processual militar, o primeiro ato da instrução, não se aplicando a regra geral, hoje alterada, do CPP. Entretanto, outra é a posição do STF: "O art. 400 do Código de Processo Penal, com a redação dada pela Lei n.º 11.719/2008, fixou o interrogatório do réu como ato derradeiro da instrução penal, sendo certo que tal prática, benéfica à defesa, deve prevalecer nas ações penais em trâmite perante a Justiça Militar, em detrimento do previsto no art. 302 do Decreto-Lei n.º 1.002/69, como corolário da máxima efetividade das garantias constitucionais do contraditório e da ampla defesa (CRFB, art. 5.º, LV), dimensões elementares do devido processo legal (CRFB, art. 5.º, LIV) e cânones essenciais do Estado Democrático de Direito (CRFB, art. 1º, *caput*). Precedente do Supremo Tribunal Federal (Ação Penal n.º 528-AgR, rel. Min. Ricardo Lewandowski, Tribunal Pleno, j. em 24.03.2011, *DJe*-109 divulg. 07.06.2011)" (HC 115.530-PR, 1.ª T., rel. Luiz Fux, 25.06.2013, v.u.).

756. Condução coercitiva para interrogatório: é admissível, especialmente porque, como já frisamos, o réu não tem direito ao silêncio no tocante à sua qualificação. Por isso, o juiz pode determinar que o acusado seja levado à sua presença para ser qualificado e expressar, diretamente, o seu desejo de permanecer calado, se for o caso. Entretanto, se o acusado for conhecido e devidamente qualificado, pode optar por não comparecer, fazendo valer seu direito ao silêncio, sem a necessidade de qualquer medida coercitiva para obrigá-lo a ir a juízo.

757. Interrogatório a qualquer tempo: constituindo ato processual obrigatório, mesmo quando não realizado no momento procedimental previsto, deve ser realizado a qualquer tempo. Tão logo o acusado compareça em juízo, ou seja, encontrado para citação ou intimação, deve-se inquiri-lo.

Interrogatório pelo juiz

Art. 303. O interrogatório será feito, obrigatoriamente, pelo juiz, não sendo nele permitida a intervenção de qualquer outra pessoa.[758]

Questões de ordem

Parágrafo único. Findo o interrogatório, poderão as partes levantar questões de ordem, que o juiz resolverá de plano, fazendo-as consignar em ata com a respectiva solução, se assim lhe for requerido.

309 Título XV • Capítulo II – Da qualificação e do interrogatório do acusado

Art. 305

758. Interrogatório como ato judicial exclusivo: cabe ao magistrado, de modo imparcial, conduzir o interrogatório do acusado, quando ele decide expressar-se, em lugar de permanecer calado. A vantagem da exclusividade do magistrado concentra-se na impossibilidade de se promover indagações tendenciosas, por parte da acusação, buscando a confissão, ou mesmo perguntas desatenciosas, pela defesa, levando o réu a contradições. Permite-se às partes que, ao final do interrogatório, possam colaborar com o juiz, lembrando-o de que alguma indagação importante deixou de ser feita. Ou mesmo alguma outra questão, ali não relacionada, mas fundamental para o esclarecimento da verdade. Entretanto, não dispõem elas de direito *absoluto* à obtenção de respostas a tais questões, cabendo ao magistrado, dentro do seu poder discricionário, sem dúvida fundamentada, deliberar se são pertinentes e relevantes. Logo, deve coibir as perguntas tendentes a constranger o réu ou provocá-lo a confessar, bem como as que forem inadequadas ao caso, como as gratuitamente invasoras de sua intimidade. Essa viabilidade de propor indagações foi denominada pela legislação processual penal militar como *questões de ordem*; na realidade, fazem parte do cenário do interrogatório, buscando a sua complementação.

Interrogatório em separado

> **Art. 304.** Se houver mais de um acusado, será cada um deles interrogado separadamente.[759]

759. Interrogatório em separado: é a forma correta de se evitar a influência de um corréu sobre outro, levando-o, muitas vezes, à confissão ou à falsa acusação. Entretanto, aqueles que já foram ouvidos, podem permanecer na sala, ouvindo as declarações do acusado seguinte, exceto se houver algum tipo de pressão psicológica, quando, então, será retirado da sala de audiência quem prejudicar os trabalhos. O objetivo maior é evitar que, no mesmo instante em que um corréu está sendo ouvido, o outro absorva a narrativa, podendo ser influenciado emocional ou psicologicamente pelas declarações, alterando as suas, por sua conta e risco, podendo representar, para a sua defesa técnica, a pior opção. Não se tem por meta fazer com que o interrogatório seja uma peça imparcial e genuinamente idônea, porque não faz parte da sua natureza, mas sim que não existam influências momentâneas, prejudiciais à defesa daquele que altera a sua versão, somente porque ouviu o interrogatório precedente do corréu.

Observações ao acusado

> **Art. 305.** Antes de iniciar o interrogatório, o juiz observará ao acusado que, embora não esteja obrigado a responder às perguntas que lhe forem formuladas, o seu silêncio poderá ser interpretado em prejuízo da própria defesa.[760]

Perguntas não respondidas

> **Parágrafo único.** Consignar-se-ão as perguntas que o acusado deixar de responder e as razões que invocar para não fazê-lo.[761]

760. Direito do acusado ou indiciado ao silêncio e derrogação do art. 305: consagrado pela Constituição Federal de 1988, no art. 5.º, LXIII, o direito de permanecer calado, em qualquer fase procedimental (extrajudicial ou judicial), choca-se com a redação do art.

Art. 306

305, *caput*, em sua parte final, que diz: "o seu silêncio poderá ser interpretado em prejuízo da própria defesa". Não houve recepção desse trecho pelo texto constitucional de 1988. É possível que, no espírito do magistrado, o silêncio invocado pelo réu possa gerar a suspeita de ser ele realmente o autor do crime, embora, mesmo assim, lhe é defeso externar o seu pensamento na sentença. Ora, como toda decisão deve ser fundamentada, o silêncio jamais deve compor o contexto de argumentos do julgador para sustentar a condenação do acusado. É preciso abstrair, por completo, esse silêncio, porque o processo penal deve ter instrumentos suficientes para comprovar a culpa do acusado, sem a menor necessidade de se valer do próprio interessado para compor o quadro probatório da acusação. Na jurisprudência: STF: "Em sede de persecução penal, o interrogatório judicial – notadamente após o advento da Lei 10.792/2003 – qualifica-se como ato de defesa do réu, que, além de não ser obrigado a responder a qualquer indagação feita pelo magistrado processante, também não pode sofrer qualquer restrição em sua esfera jurídica em virtude do exercício, sempre legítimo, dessa especial prerrogativa" (HC 94.601-CE, 2.ª T., rel. Celso de Mello, 04.08.2009, v.u.).

761. Derrogação do parágrafo: a ordem constitucional de 1988, permitindo expressamente o direito ao silêncio, sem que possa resultar qualquer prejuízo ao acusado, impõe a inviabilidade de se consignar as questões não respondidas no interrogatório. Afinal, se o réu pode simplesmente calar-se, por óbvio, desejando manifestar-se, fala o que bem quiser. Inexiste sentido para registrar tais perguntas e muito menos as razões para não responder.

Formas e requisitos do interrogatório

> **Art. 306.** O acusado será perguntado sobre o seu nome, naturalidade, estado, idade, filiação, residência, profissão ou meios de vida e lugar onde exerce a sua atividade, se sabe ler e escrever e se tem defensor.[762-763] Respondidas essas perguntas, será cientificado da acusação pela leitura da denúncia e estritamente interrogado da seguinte forma:
>
> *a)* onde estava ao tempo em que foi cometida a infração e se teve notícia desta e de que forma;[764]
>
> *b)* se conhece a pessoa ofendida e as testemunhas arroladas na denúncia, desde quando e se tem alguma coisa a alegar contra elas;[765]
>
> *c)* se conhece as provas contra ele apuradas e se tem alguma coisa a alegar a respeito das mesmas;[766]
>
> *d)* se conhece o instrumento com que foi praticada a infração, ou qualquer dos objetos com ela relacionados e que tenham sido apreendidos;[767]
>
> *e)* se é verdadeira a imputação que lhe é feita;[768]
>
> *f)* se, não sendo verdadeira a imputação, sabe de algum motivo particular a que deva atribuí-la ou conhece a pessoa ou pessoas a que deva ser imputada a prática do crime e se com elas esteve antes ou depois desse fato;[769]
>
> *g)* se está sendo ou já foi processado pela prática de outra infração e, em caso afirmativo, em que juízo, se foi condenado, qual a pena imposta e se a cumpriu;[770]
>
> *h)* se tem quaisquer outras declarações a fazer.[771-772]

Nomeação de defensor ou curador

> § 1.º Se o acusado declarar que não tem defensor, o juiz dar-lhe-á um, para assistir ao interrogatório.[773] Se menor de 21 (vinte e um) anos, nomear-lhe-á curador, que poderá ser o próprio defensor.[774]

Art. 306

311 Título XV • Capítulo II – Da qualificação e do interrogatório do acusado

Caso de confissão

> § 2.º Se o acusado confessar a infração, será especialmente interrogado:
>
> *a)* sobre quais os motivos e as circunstâncias da infração;[775]
>
> *b)* sobre se outras pessoas concorreram para ela, quais foram e de que modo agiram.[776]

Negativa da imputação

> § 3.º Se o acusado negar a imputação, no todo ou em parte, será convidado a indicar as provas da verdade de suas declarações.[777]

762. Interrogatório de qualificação: *qualificar-se* perante a autoridade significa fornecer seus dados identificadores, como o nome, a naturalidade, o estado civil, a idade, a filiação, a residência, a profissão ou o meio de vida, o lugar que a exerce e se sabe ler e escrever. Outros dados, como vida pregressa e inserção social fazem parte dos elementos de individualização do réu. Em relação à qualificação, não cabe direito ao silêncio, nem o fornecimento de dados falsos, sem que haja consequência jurídica, impondo sanção. O direito ao silêncio não é ilimitado, nem pode ser exercido abusivamente. As implicações, nessa situação, podem ser graves, mormente quando o réu fornece, maldosamente, dados de terceiros, podendo responder pelo seu ato.

763. Diferença entre qualificação e identificação: a qualificação é a colheita de dados pessoais do acusado ou indiciado, buscando individualizá-lo (nome, filiação, naturalidade etc.), enquanto a identificação criminal volta-se à colheita das impressões dactiloscópicas e da fotografia do imputado, tornando-o indivíduo certo. Esclarece, com pertinência, Mário Sérgio Sobrinho que "a qualificação não pode ser considerada como método de identificação humana, pois não atende ao requisito da imutabilidade, porque, em algumas situações, até o nome da pessoa, dado essencial anotado durante a tomada da qualificação, pode sofrer alterações, sem falar nos demais dados qualificativos, frequentemente alteráveis, como o local de residência e a profissão" (*A identificação criminal*, p. 105).

764. Momento de invocação do álibi: se não deseja confessar, é o instante em que deve o acusado alegar o seu álibi, demonstrando ao juiz não ter cometido o crime, pois estava em local diverso no momento de sua ocorrência.

765. Conhecimento das testemunhas e vítima: a suspeição de qualquer testemunha ou alguma particular circunstância que envolva a atuação da vítima poderá ser levantada pelo próprio acusado, auxiliando a formação do convencimento do magistrado. Convém anotar o importante alerta feito por Eduardo Espínola Filho: "As referências do acusado sobre a indigitada vítima devem, outrossim, ser registradas com cuidado, pois não é possível, na investigação de um crime, desinteressar-se o julgador da personalidade de um dos participantes do fato, sem o risco de alhear-se, inteiramente, dos motivos e causas determinantes da infração, com a perspectiva de fazer injustiça séria. Ora, para saber-se quem é, realmente, o ofendido, qual a sua índole, o seu caráter, os seus antecedentes, o delinquente pode fornecer dados dos mais preciosos, com indicação de elementos, que será fácil verificar, visando a formar uma convicção sobre a pessoa, que sofreu, diretamente, a influência da ação ou omissão delituosas" (*Código de Processo Penal brasileiro anotado*, v. 3, p. 28-29).

Art. 306

Código de Processo Penal Militar Comentado • **Nucci**

766. Provas já apuradas: esta indagação deve abranger todas as provas colhidas até então, seja na fase extrajudicial, seja na judicial. Pode o juiz, no entanto, demonstrar ao réu que há provas incriminando-o, como depoimentos contrários à sua versão. Apesar disso, deve facilitar-lhe a defesa, permitindo que contraponha o já produzido com sua argumentação, sem o indevido duelo, que, muitas vezes, estabelece-se entre interrogante e interrogado. Se o interrogatório for realizado ao final da instrução em juízo, não deve o magistrado confrontar, com veemência, o que foi colhido na fase judicial, com as alegações do réu, por mais pueris que estas lhe possam parecer. Manter o equilíbrio é dever do juiz, não se envolvendo, em momento impróprio, na avaliação da prova produzida. Caso o faça, isto é, se resolver contrapor, no ato, o afirmado pelo réu em seu interrogatório, por vezes qualificando-o de mentiroso, estará coibindo seu direito de defesa, ferindo a livre produção da prova e prejulgando o feito. Constitui caso de nulidade absoluta.

767. Apresentação do instrumento do crime ou outro objeto relacionado: trata-se de medida raramente utilizada pelos magistrados, seja porque o instrumento do crime está bem guardado, não sendo levado à sala de audiências, no dia do interrogatório, seja porque não há interesse em fazê-lo. Entretanto, em alguns casos seria medida salutar, pois há instrumentos particularizados, concernentes diretamente ao réu, merecendo dele uma explicação razoável para ter sido utilizado para a prática do delito (ex.: um sabre antigo e raro de sua coleção particular). Assim, mesmo negando o cometimento da infração penal, poderá oferecer a sua versão para o uso de determinado instrumento apreendido. Pode haver, também, objeto relacionado ao instrumento usado para a prática do crime, sendo útil ouvir o acusado a respeito. Exemplo disso seria encontrar em sua casa a bainha da faca utilizada para a o cometimento de homicídio.

768. Sobre a veracidade da imputação: esta deveria ser a primeira pergunta a ser feita pelo juiz, caso o réu deseje manifestar-se sobre o conteúdo da denúncia. Admitida ou negada a verdade da imputação, as demais perguntas ganham um contorno diferenciado e mais objetivo. Torna-se, então, coerente indagar, na sequência, ao interrogado se ele estava no local do crime, se conhece as provas apuradas, se conhece a vítima e as testemunhas, se conhece o instrumento do crime, entre outros dados.

769. Busca da origem da imputação: se o acusado negar a imputação, o juiz cuida de lhe perguntar a que pode atribuí-la, isto é, qual seria o motivo fundamentador da investigação criminal, que legitimou o órgão acusatório a processá-lo, porque, às vezes, cuida-se de uma armação, concretizada por inimigo seu, proporcionando ao magistrado melhor visão do caso, preparando-se para a fase de colheita da prova testemunhal.

770. Antecedentes: *antecedentes* são os fatos criminosos anteriores, permitindo avaliar, com melhor precisão, os que lhe seguem. Possibilita-se ao acusado mencionar o que fez e os seus motivos para tanto. Por certo, a prova do antecedente criminal se faz por documento, mas é sempre relevante permitir ao próprio interessado descrever a sua vida pregressa. Obtém o julgador dados mais detalhados do que simplesmente ocorre com a leitura da folha de antecedentes.

771. Indagação residual: finalizando o interrogatório de mérito, o juiz deve colocar-se à disposição do réu para ouvir qualquer outra explicação ou alegação que queira apresentar, nem sempre já envolvida nas questões anteriores. Trata-se de instrumento hábil a valorizar o caráter defensivo do interrogatório, permitindo ao acusado dizer o que bem entende. Por exemplo, o fato de estar arrependido, de nunca se ter imaginado envolvido em situação como aquela – mormente quando está preso, entre outros argumentos que pretenda destacar ao magistrado, certamente úteis para o julgamento ou, pelo menos, para a fixação da pena.

Art. 306

313 Título XV • Capítulo II – Da qualificação e do interrogatório do acusado

772. Direito de mentir: sustentamos ter o réu o *direito* de mentir em seu interrogatório de mérito. Em primeiro lugar, porque ninguém é obrigado a se autoacusar. Se assim é, para evitar a admissão de culpa, há de afirmar o réu algo que sabe ser contrário à verdade. Em segundo lugar, o direito constitucional à ampla defesa não poderia excluir a possibilidade de narrar inverdades, no intuito cristalino de fugir à incriminação. Aliás, o que não é vedado pelo ordenamento jurídico é permitido. E se é permitido, torna-se direito. A despeito disso, há judiciosas opiniões em sentido contrário, inadmitindo o direito de mentir do acusado: Tornaghi, Camargo Aranha e Mirabete (ver, a respeito, o nosso *O valor da confissão como meio de prova no processo penal*, p. 86). Adotando esta última linha, Badaró menciona que "não há um *direito de mentir* para o acusado. Há uma irrelevância jurídica na mentira do acusado, posto que de tal ato não lhe poderão advir consequências negativas" (*Direito processual penal*, t. I, p. 233). Acrescemos, entretanto, cuidar-se de um eufemismo dizer que a mentira narrada pelo acusado é uma "irrelevância jurídica", a ponto de não lhe trazer nenhuma consequência negativa. Ora, somente para argumentar, o fato atípico também é, para o Direito Penal, uma irrelevância jurídica, porém, de suma importância, uma vez que sinaliza não ser o ato praticado um crime. Logo, parece-nos relevante aquilatar quais condutas são típicas (potencialmente delituosas) e as que não o são. No campo processual penal, quando o réu, para se defender, narra mentiras ao magistrado, sem incriminar ninguém, constitui seu *direito* de refutar a imputação. O contrário da *mentira* é a *verdade*. Por óbvio, o acusado está protegido pelo princípio de que não é obrigado a se autoincriminar, razão pela qual pode declarar o que bem entender ao juiz. É, pois, um direito.

773. Nomeação de defensor e ampla defesa: embora a lei mencione ser viável nomear um defensor ao acusado que não o tenha, o correto é a nomeação de um dativo, para conversar com ele *antes* do interrogatório, assumindo a defesa. Ou permitir o contato direto entre réu e defensoria pública. Não vemos cabimento na nomeação de mero defensor *ad hoc* (para o ato), somente para acompanhar o interrogatório, pois reduz drasticamente a ampla defesa.

774. Curador ao menor de 21 anos: não é mais necessário. A partir da edição do novo Código Civil, prevendo maioridade a quem completar 18 anos, para todos os atos da vida civil, por certo, pode o acusado, entre 18 e 21, prestar suas declarações sem qualquer auxílio. Além disso, no Código de Processo Penal, a partir da Lei 10.792/2003, não mais se exige o curador para tais casos no interrogatório judicial.

775. Confissão do acusado: se o interrogando resolver admitir a prática da infração penal, por óbvio, o juiz indagará todos os detalhes plausíveis, não sendo necessário que lei – como a presente – indique tais pormenores. Ainda assim, o correto seria preocupar-se o legislador com os *motivos da confissão* e não com os do crime, afinal, admitir a culpa é ato incomum; buscar o fundamento da confissão pode evidenciar se é falsa ou verdadeira.

776. Impulso à delação: indagar do réu confitente se outras pessoas concorreram para o crime, quais foram e de que modo atuaram é um *convite* à delação, que significa exatamente admitir a prática delituosa e entregar os comparsas. Atualmente, há várias figuras normativas autorizando *prêmios* para os delatores, desde redução da pena até o perdão judicial. No âmbito militar, ainda não se incorporou esse fator premial.

777. Derrogação da norma: após a edição da Constituição Federal de 1988, acolhendo, expressamente, o direito ao silêncio e a presunção de inocência, o acusado pode calar-se, sem prejuízo algum à sua defesa, bem como pode somente negar o fato. Não é obrigado a indicar prova alguma em seu favor, pois o ônus cabe à acusação. O verbo utilizado *convidar* é um mero eufemismo para buscar, por intermédio do réu, provas para a instrução, o que é inadequado.

Art. 307

Capítulo III
Da confissão[778-780]

778. Conceito de confissão: é a admissão da prática de fato criminoso, por quem seja suspeito ou acusado de um crime, tendo pleno discernimento, fazendo-o de maneira voluntária, expressa e pessoal, diante da autoridade competente, em ato solene e público, reduzido a termo. Deve-se considerar confissão apenas o ato voluntário (produzido livremente pelo agente, sem qualquer coação), expresso (manifestado, sem sombra de dúvida, nos autos) e pessoal (inexiste confissão, no processo penal, feita por preposto ou mandatário, o que atentaria contra a segurança do princípio da presunção de inocência). Além disso, é incorreto dizer que alguém, não suspeito, nem acusado pelo Estado, ao admitir a prática de um fato considerado criminoso, está *confessando*. Na realidade, nessa hipótese, trata-se da autodenúncia ou autoacusação. Considera-se, também, como requisito essencial para caracterizá-la o discernimento, que é a faculdade de julgar as coisas com clareza e equilíbrio, pois um indivíduo insano não pode admitir sua culpa validamente. Exigir-se a sua produção diante da autoridade competente implica afastar do cenário da confissão os peculiares *depoimentos* feitos a policiais fora da delegacia, como, por exemplo, durante o trajeto do local do crime para o distrito policial. Esta situação deve ser considerada um testemunho e não confissão. O ato precisa ser solene, público e reduzido a termo, justamente porque o interrogatório é o momento ideal para a sua ocorrência, respeitando-se as formalidades legais. Finalmente, a confissão pressupõe a admissão de fato criminoso e não de qualquer fato prejudicial ao réu. O afastamento de qualquer desses requisitos pode acarretar a indevida aceitação e valoração de atos inconciliáveis com o devido processo legal.

779. Natureza jurídica e objeto da confissão: trata-se de um meio de prova, isto é, um dos instrumentos disponíveis para que o juiz atinja a verdade do acontecimento imputado ao réu. Seu objeto são os fatos, inadmitindo-se questões relativas ao direito e às regras de experiência.

780. Espécies de confissão: há, fundamentalmente, duas espécies: a) *quanto ao local*, ela pode ser judicial ou extrajudicial. Se produzida diante da autoridade judicial competente para julgar o caso, trata-se da confissão judicial própria. Se for produzida perante qualquer outra autoridade judicial, incompetente para o deslinde do processo criminal, trata-se da confissão judicial imprópria. No mais, quando a admissão de culpa é formulada diante de autoridades policiais, parlamentares ou administrativas, competentes para ouvir o depoente em declarações, trata-se da *confissão extrajudicial*; b) *quanto aos efeitos gerados*, a confissão pode ser simples ou qualificada. A primeira ocorre quando o confitente admite a prática do crime sem qualquer outra alegação que possa beneficiá-lo. A segunda liga-se à admissão da culpa, quanto ao fato principal, levantando o réu outras circunstâncias, de modo a excluir sua responsabilidade ou atenuar sua pena. Exemplo desta última: quando o réu admite ter furtado o bem, invocando, entretanto, o estado de necessidade.

Validade da confissão

> **Art. 307.** Para que tenha valor de prova, a confissão deve:[781]
> *a)* ser feita perante autoridade competente;[782]
> *b)* ser livre, espontânea e expressa;[783]
> *c)* versar sobre o fato principal;[784]
> *d)* ser verossímil;[785]
> *e)* ter compatibilidade e concordância com as demais provas do processo.[786]

781. Conceito de delação: *delatar* significa acusar, denunciar ou revelar. Processualmente, somente tem sentido falarmos em *delação*, quando alguém, admitindo a prática criminosa, revela que outra pessoa também o ajudou de qualquer forma. Esse é um testemunho qualificado, feito pelo indiciado ou acusado. Naturalmente, tem valor probatório, especialmente porque houve admissão de culpa pelo delator. Nunca, entretanto, deve o magistrado deixar de atentar para os aspectos negativos da personalidade humana, pois não é impossível que alguém, odiando outrem, confesse um crime somente para envolver seu desafeto, na realidade, inocente. Essa situação pode ser encontrada quando o confitente já está condenado a vários anos de cadeia, razão pela qual a delação não lhe produzirá maiores consequências, o mesmo não se podendo dizer quanto ao delatado. No mais, quando o réu nega a prática do crime ou a autoria e indica ter sido outro o autor, está, em verdade, prestando um autêntico testemunho, mas não se trata de delação. Pode estar agindo dessa forma para se proteger, indicando qualquer outro para figurar como autor do crime, como pode também estar narrando um fato verdadeiro, ou seja, que o verdadeiro agente foi outra pessoa. De qualquer modo, envolvendo outrem e para garantir o direito à ampla defesa do denunciado, é preciso que o juiz permita, caso seja requerido, a realização de reperguntas pelo defensor do delatado no interrogatório do delator. Essas reperguntas terão conteúdo e amplitude limitados, devendo haver rígido controle do juiz. Assim, somente serão admitidas questões envolvendo o delatado e não a situação do delator, tudo para preservar a este último o direito de não ser obrigado a se autoacusar. Em semelhante posição, está o magistério de Carlos Henrique Borlido Haddad: "A chamada de corréu, a mais das vezes, tem sede no interrogatório e por ser comum impedir a intervenção das partes, a prova é produzida em flagrante violação do direito de defesa. Se o terceiro a quem é imputado o cometimento do delito não puder intervir no interrogatório do confitente, fazendo perguntas elucidativas ou infirmativas das declarações increpantes, não se obedecerá ao princípio que adota o contraditório na instrução criminal. Inexplicavelmente, reconhece-se ao defensor a faculdade de dirigir perguntas a testemunhas e ao ofendido, de modo a assegurar a contrariedade na instrução criminal, mas se lhe veda participar de ato cujas consequências podem ser ainda mais danosas, como na hipótese de inculpação desapaixonada do corréu, por estar acompanhada da confissão. (...) Deve-se adotar o sistema angular de inquirição: o defensor do corréu inquire o acusado através do juiz, que negará ou indeferirá perguntas impertinentes ou dará forma regular as que se apresentem mal formuladas. O fato de não se permitir reperguntas ao corréu acarreta a necessidade de o acusado, incriminado pelo comparsa, ter que produzir prova negativa da culpabilidade, sendo impedido de fazê-lo através da inquirição do próprio autor das declarações. Portanto, caso não se permita ao defensor do corréu intervir no interrogatório do comparsa delator, a incriminação não poderá ser considerada para embasar a condenação. Produzida a chamada de corréu, o juiz deve abrir vista ao defensor do denunciado para pronunciar-se. Caso este requeira, deverá ser marcada nova data para reinterrogar o denunciante. A solução apontada é preferível à desconsideração da delação, pois evita impor um obstáculo à elucidação da verdade material" (*O interrogatório no processo penal*, p. 202-203).

782. Autoridade competente: ver a nota supra referente ao conceito de confissão.

783. Voluntária, espontânea e expressa: ver a nota supra referente ao conceito de confissão. Desses três elementos, discordamos do fator *espontaneidade*, que significa algo proveniente do íntimo, sinceramente desejado, fruto do arrependimento. Para valer como meio de prova, basta a voluntariedade (constituir ato livre do réu); para servir como atenuante, pode-se sustentar a necessidade de ser espontânea.

784. Fato principal: sem dúvida, a confissão deve cingir-se à imputação central, vale dizer, o tipo básico. De nada adianta a admissão de certas circunstâncias, quando se nega

Art. 308

Código de Processo Penal Militar Comentado • **Nucci**

316

o principal. Mesmo assim, aceitar a prática de determinados fatos secundários, desde que auxilie na colheita da prova e signifique elemento contrário ao interesse da defesa é também confissão, embora parcial.

785. Verossimilhança: é a qualidade do que é provável ou plausível; noutros termos, a admissão da culpa deve ser coerente e basear-se em fatos que parecem verdadeiros.

786. Critério de avaliação da confissão e confronto com outras provas: a admissão de culpa, por ser ato contrário à essência do ser humano, deve ser avaliada com equilíbrio e prudência. Não pode mais ser considerada, como no passado, a *rainha das provas*, visto ser inconsistente e impura em muitos casos. O Estado não se deve conformar em mandar para o cárcere a pessoa inocente que, envolvida por uma série de erros e constrangimentos, termina admitindo a prática de algo que não fez. É meta indispensável de o juiz confrontar a confissão com as outras provas existentes nos autos, jamais aceitando que ela, isoladamente, possa significar a condenação do réu. Por isso, consta deste artigo, claramente, a advertência para que haja confronto e a extração da conclusão de existir *compatibilidade* e *concordância* com o quadro probatório. Sem isso, deve-se desprezar a admissão da culpa produzida nos autos. Segundo Michel Foucault, em feliz apreciação do valor da confissão em matéria criminal, apontando os prós e contras de sua aceitação, "no interior do crime reconstituído por escrito, o criminoso que confessa vem desempenhar o papel da verdade viva. A confissão, ato do sujeito criminoso, responsável e que fala, é a peça complementar de uma informação escrita e secreta. Daí a importância dada à confissão por todo esse processo de tipo inquisitorial. Daí também as ambiguidades de seu papel. Por um lado, tenta-se fazê-lo entrar no cálculo geral das provas; ressalta-se que ela não passa de uma delas; ela não é a *evidentia rei*; assim como a mais forte das provas, ela sozinha não pode levar à condenação, deve ser acompanhada de indícios anexos, e de presunções; pois já houve acusados que se declararam culpados de crimes que não tinham cometido; o juiz deverá então fazer pesquisas complementares, se só estiver de posse da confissão regular do culpado. Mas, por outro lado, a confissão ganha qualquer outra prova. Até certo ponto ela as transcende; elemento no cálculo da verdade, ela é também o ato pelo qual o acusado aceita a acusação e reconhece que esta é bem fundamentada; transforma uma afirmação feita sem ele em uma afirmação voluntária. Pela confissão, o próprio acusado toma lugar no ritual de produção de verdade penal. Como já dizia o direito medieval, a confissão torna a coisa notória e manifesta. (...) Ela conserva alguma coisa de uma transação; por isso exige-se que seja 'espontânea', que seja formulada diante do tribunal competente, que seja feita com toda consciência, que não se trate de coisas impossíveis etc. Pela confissão, o acusado se compromete em relação ao processo; ele assina a verdade da informação" (*Vigiar e punir*, p. 35). Na jurisprudência: STM: "A confissão isolada dos réus não se mostra apta a subsidiar a condenação, devendo haver compatibilidade e concordância com as demais provas do processo, nos termos do art. 307, alínea *e*, do CPPM" (Apelação 0000158-13.2011.7.12.0012, rel. Cleonilson Nicácio Silva, 06.02.2018, v.u.).

Silêncio do acusado

> **Art. 308.** O silêncio do acusado não importará confissão, mas poderá constituir elemento para a formação do convencimento do juiz.[787-788]

787. Direito ao silêncio: o princípio de que *ninguém será obrigado a testemunhar contra si próprio num processo criminal* advém da Inglaterra do final do século XVI, como protesto aos métodos inquisitoriais desenvolvidos pelos tribunais eclesiásticos. Atualmente, a Constituição Federal de 1988 expressamente o consagra ao preceituar que "o preso será informado de seus direitos, entre os quais o de permanecer calado, sendo-lhe assegurada a assistência da família e de advogado" (art. 5.º, LXIII). É preciso dar ao termo "preso" uma interpretação extensiva, para abranger toda pessoa indiciada ou acusada da prática de um crime, pois se o preso possui o direito, é evidente que o réu também o tenha. O direito ao silêncio é formulado, constitucionalmente, sem qualquer condição ou exceção, de modo que não pode o legislador limitá-lo de qualquer maneira. Assim, como consequência, deve-se reputar *não recepcionada* a parte final deste artigo, mencionando poder o silêncio do réu *constituir elemento para a formação do convencimento do juiz*. Ora, se a pessoa pode se calar, torna-se de manifesta inconstitucionalidade extrair desse ato alguma consequência negativa. É lógico que o magistrado deve decidir a causa de acordo com seu livre convencimento, embora seja este fundamentado e limitado à legalidade das provas, conforme estipulem a Constituição e a legislação ordinária. Não é porque uma escuta telefônica ilícita foi realizada que o juiz pode nela fiar-se para dar uma sentença, simplesmente alegando valer-se do seu livre convencimento. Destarte, para o caso do silêncio dá-se o mesmo: assegurado pela Carta Magna o direito, nenhum prejuízo pode trazer ao acusado. Não fosse assim, não teria o menor sentido dar ao réu o *direito* de se calar, ao mesmo tempo em que se usa tal ato contra sua própria defesa. Ninguém, em sã consciência, permaneceria em silêncio, sabendo que, somente por isso, o juiz poderia crer na sua culpa. Esse entendimento é, hoje, posição predominante na doutrina processual brasileira.

788. Silêncio e qualificação do réu: o direito de se manter calado não envolve o momento da qualificação, quando o réu deve identificar-se, corretamente, à autoridade que o ouve. Afinal, nesse caso, não está envolvida a sua defesa, mas, ao contrário, está em jogo a segurança processual e do sistema judiciário, que não deseja levar ao cárcere pessoa errada. A Constituição Federal posiciona-se contrariamente ao erro judiciário, tanto que admite de modo expresso que o Estado indenizará o condenado pelo erro cometido (art. 5.º, LXXV). Logo, é preciso obter a autêntica qualificação do acusado ou indiciado, para que não se processe um inocente no lugar do culpado.

Retratabilidade e divisibilidade

> **Art. 309.** A confissão é retratável[789] e divisível,[790] sem prejuízo do livre convencimento do juiz, fundado no exame das provas em conjunto.[791]

789. Retratabilidade da confissão: a lei expressamente admite a possibilidade de o réu retratar-se, a qualquer momento, narrando a versão correta dos fatos, na sua visão. Nem poderia ser de outra forma, pois a admissão de culpa envolve direitos fundamentais, em que se inserem o devido processo legal, a ampla defesa e, até mesmo, o direito à liberdade. Entretanto, admitida a possibilidade de o réu retratar-se, não quer isso dizer seja o magistrado obrigado a crer na sua nova versão. O livre convencimento do juiz deve ser preservado e fundado no exame global das provas colhidas durante a instrução. Portanto, a retratação pode dar-se ainda na fase extrajudicial, como pode ocorrer somente em juízo. Excepcionalmente, pode ocorrer, ainda, em grau de recurso, a contar com o deferimento do relator. A confissão pode ser retratada integral ou parcialmente, significando que o indiciado ou acusado pode renovar, inteiramente, o seu depoimento anterior ou somente parte dele. Como já visto, não é adequado dar o mesmo valor às confissões extrajudicial e judicial. A primeira é somente um indício de culpa, necessitando ser confirmada em juízo por outras provas, enquanto a segunda é meio de prova direto, mas também confirmada pelas demais provas.

Art. 310

Código de Processo Penal Militar Comentado • **Nucci**

318

790. Divisibilidade da confissão: admite, claramente, a lei ser permitida a divisibilidade da confissão, isto é, pode o juiz aproveitá-la por partes, acreditando num trecho e não tendo a mesma impressão quanto a outro. É muito comum o réu admitir a prática do fato criminoso para levantar, em seu benefício, alguma causa de exclusão de ilicitude ou da culpabilidade. Nesse caso, é permitido ao juiz dividi-la em partes, aceitando a admissão da culpa no tocante à autoria e à materialidade, mas rejeitando-a no que pertine à excludente. Entretanto, é defeso ao magistrado repartir a confissão em porções estanques, sem sentido e com quebra de contexto. Assim, não se pode dividir frases ou mesmo uma narrativa que possui um contexto único, pois, nesse caso, deturpa-se por completo a ideia exposta pelo interrogado. Nesse sentido: Manzini, *Istituzioni di diritto processuale penale*, p. 159, e *Trattato di diritto processuale penale italiano*, v. 3, p. 421; Girolamo Bellavista, *Studi sul processo penale*, v. 3, p. 225.

791. Confissão qualificada: chama-se *qualificada* a confissão que apresenta a admissão de culpa, acompanhada de uma justificativa qualquer benéfica ao acusado. É a hipótese de admitir a prática do fato, invocando alguma excludente de ilicitude ou culpabilidade. Embora creiamos ser perfeitamente admissível a divisibilidade dessa confissão, há posição em sentido contrário: Galdino Siqueira (*Curso de processo criminal*, p. 198) e Camargo Aranha (*Da prova no processo penal*, p. 91).

Confissão fora do interrogatório

> **Art. 310.** A confissão, quando feita fora do interrogatório, será tomada por termo nos autos, observado o disposto no art. 304.[792]

792. Confissão como ato solene, reduzido a termo, diante da autoridade competente: confirmando a definição de *confissão*, que prevê tais elementos como inerentes à sua própria conceituação, a lei estabelece que, extraída a admissão de culpa fora do interrogatório – reduzido sempre por escrito –, é preciso que seja tomada por termo, nos autos, logicamente diante da autoridade competente. Eis porque é um erro considerar-se *confissão* a admissão de culpa feita a policiais fora da delegacia. Nesse caso, trata-se de mero depoimento, que irá fazer parte da prova testemunhal, consolidada pela colheita das declarações dos agentes da autoridade.

Capítulo IV
Das perguntas ao ofendido[793]

793. Conceito de ofendido: é o sujeito passivo do crime – a vítima –, ou seja, a pessoa que teve *diretamente* o seu interesse ou bem jurídico violado pela prática da infração penal. É certo que o Estado é considerado o sujeito passivo constante ou formal, sempre presente em todos os delitos, pois detém o direito de punir, com exclusividade. Entretanto, leva-se em conta, para os fins processuais deste capítulo, o sujeito passivo eventual ou material, isto é, a pessoa diretamente lesada. Nas palavras de Scarance Fernandes, ofendido é a *vítima em sentido processual* (*A vítima no processo penal brasileiro*, p. 123). Entretanto, há quem faça diferença entre vítima, ofendido e prejudicado pelo crime. Rodríguez Manzanera, citado por Raúl Tavolari Oliveros, ensina que vítima é o gênero, do qual são espécies o *sujeito passivo*, que é o titular do bem jurídico protegido pelo tipo penal, o *ofendido*, aquele que sofre um prejuízo por causa do cometimento do crime, tendo direito à reparação do dano, e o *prejudicado*, que é todo aquele que sofre um prejuízo diante do cometimento do delito, ainda que não tenha direito à reparação do dano. Seriam, pois, no caso do homicídio, vítimas as seguintes pessoas: o sujeito passivo (morto), ofendido (familiares do morto) e prejudicado (familiares do criminoso, caso este seja preso, privados do seu convívio e sustento) (*La situación de la víctima del delito en el proceso penal chileno*, p. 167). Sob outro aspecto, no entanto, há posição generalizadora: "Vítimas são, além do sujeito passivo da infração, todas as pessoas físicas e jurídicas que direta ou indiretamente sofrem um dano considerável como consequência imediata ou mediata da infração, e que, na realidade, são credoras de importantes novos direitos que muitas legislações atuais, todavia, ignoram ou lhe negam" (Antonio Beristain, *Victimología*, p. 459).

Qualificação do ofendido. Perguntas

> **Art. 311.** Sempre que possível, o ofendido será qualificado e perguntado sobre as circunstâncias da infração, quem seja ou presuma ser seu autor, as provas que possa indicar, tomando-se por termo as suas declarações.[794-796]

Falta de comparecimento

> **Parágrafo único.** Se, notificado para esse fim, deixar de comparecer sem motivo justo, poderá ser conduzido à presença da autoridade, sem ficar sujeito, entretanto, a qualquer sanção.[797]

794. Obrigatoriedade da sua inquirição: este artigo, expressamente, menciona que o ofendido será ouvido *sempre que possível* (quando não esteja morto ou desaparecido), além de, no processo penal, como se sabe, viger o princípio da verdade real, isto é, deve o juiz buscar todos os meios lícitos e plausíveis para atingir o estado de certeza subjetivo, dando-lhe condições para proferir o veredicto. Assim, caso as partes não arrolem a parte ofendida, deve o magistrado determinar, de ofício, a sua inquirição, sob pena de se enfraquecer a colheita da prova. Deixando de fazê-lo, não se trata de nulidade absoluta, mas relativa, podendo uma das partes apontar o prejuízo sofrido e invocar a anulação do feito. No mesmo prisma, de ser obrigatória a inquirição da vítima, está o magistério de René Ariel Dotti (*Bases e alternativas para o sistema de penas*, p. 417).

795. Valor probatório da palavra da vítima: trata-se de ponto extremamente controverso e delicado na avaliação da prova. Primeiramente, convém mencionar que as declarações do ofendido constituem *meio de prova*, tanto quanto o é o interrogatório do réu, quando este resolve falar ao juiz. Entretanto, não se pode dar o mesmo valor à palavra da vítima, que se costuma conferir ao depoimento de uma testemunha, esta, presumidamente, imparcial. Por outro lado, a prática forense nos mostra haver vítimas muito mais desprendidas e imparciais do que as próprias testemunhas, de forma que suas declarações podem se tornar fontes valorosas de prova. Assim, cumpre apenas destacar alguns pontos de cautela para o juiz analisar a fala do ofendido. Lembra-nos, inicialmente, Altavilla ser a vítima pessoa diretamente envolvida pela prática do crime, pois algum bem ou interesse seu foi violado, razão pela qual pode estar coberta por emoções perturbadoras do seu processo psíquico, levando-a à ira, ao medo, à mentira, ao erro, às ilusões de percepção, ao desejo de vingança, à esperança de obter vantagens econômicas e à vontade expressa de se desculpar – neste último caso, quando termina contribuindo para a prática do crime (*Psicologia judiciária*, v. 2, p. 155-157). Por outro lado, há aspectos ligados ao sofrimento pelo qual passou a vítima, quando da prática do delito,

Art. 311

Código de Processo Penal Militar Comentado • Nucci

podendo, então, haver distorções naturais em suas declarações. A pessoa sequestrada, por exemplo, diante da dor e da aflição suportadas, pode elevar sobremaneira o período em que ficou sob poder do sequestrador, justamente porque perde a noção real de tempo, estando com a liberdade privada. Outro aspecto a ser considerado são as exposições pormenorizadas do fato criminoso, nem sempre frutos da verdade, pois o ofendido tem a capacidade de inventar muitas circunstâncias, até, como já se frisou, para atenuar a sua responsabilidade na ocorrência do delito. O sujeito agressivo, sempre provocando terceiros, em outro exemplo, ao ser fisicamente atacado, poderá construir na sua mente um universo de escusas para a sua atitude inicial, que o leva a omitir tal afronta, criando, em seu lugar, outros dados inexistentes. Outro elemento curioso da psicologia humana é a tendência natural de pessoas violentadas ou agredidas por entes queridos de amenizar ou desculpar, totalmente, o ataque sofrido. A ânsia de permanecer com os seres amados, mormente porque dá como certo e acabado o crime ocorrido, faz com que se voltem ao futuro, querendo, de todo modo, absolver o culpado. É a situação enfrentada, muitas vezes, por mulheres agredidas por seus maridos, por filhos violentados por seus pais e, mesmo, por genitores idosos atacados ou enganados por seus descendentes. Ao magistrado só resta exercer ao máximo a sua capacidade de observação, a sua sensibilidade para captar verdades e inverdades, a sua particular tendência de ler nas entrelinhas e perceber a realidade na linguagem figurada ou propositadamente distorcida. Acima de tudo, não deve o juiz permitir qualquer forma de preconceito em sua avaliação sobre a palavra da vítima, nem deve ser rigoroso demais, desacreditando-a por completo. O ofendido nada mais é do que o *réu visto ao contrário*, vale dizer, a pessoa que foi agredida querendo justiça, enquanto o outro, a ser julgado, pretendendo mostrar a sua inocência, almeja despertar as razões para que não lhe seja feita injustiça com uma condenação. Em conclusão, pois, sustentamos poder a palavra isolada da vítima dar margem à condenação do réu, desde que resistente e firme, além de harmônica com as demais circunstâncias colhidas ao longo da instrução. Em sentido contrário, afirmando ser impossível aceitar a palavra isolada da vítima para escorar um decreto condenatório: Paulo Heber de Moraes e João Batista Lopes (*Da prova penal*, p. 118). Na jurisprudência: TJSE: "Em determinados crimes, a palavra da vítima tem maior relevância, principalmente quando está de acordo com as demais provas acostadas aos autos, pois, caso contrário, a impunidade seria uma constante, visto que nesses delitos a prova da testemunha ocular é, muitas das vezes, inviável" (AP. Crim. 0198/2007-SE, C.C., rel. Edson Ulisses de Melo, 09.06.2009, v.u.).

796. Vítima não comete falso testemunho: parece-nos fundamental deixar bem clara a posição do ofendido nesse contexto. Não sendo ele testemunha, não estando sujeito ao compromisso de dizer a verdade, sendo figura naturalmente parcial na disputa travada no processo, inexiste possibilidade lógico-sistemática de se submeter o ofendido a processo por falso testemunho, o que constitui, hoje, posição majoritária na doutrina e na jurisprudência. Nesse prisma, ver Antonio Scarance Fernandes, *A vítima no processo penal brasileiro*, p. 145-146; Marco Antonio de Barros, *A busca da verdade no processo penal*, p. 185. O juiz deve avaliar as suas declarações da mesma forma que o faz com o interrogatório do réu. Eventualmente, pode a vítima responder por denunciação caluniosa, caso tenha, deliberadamente, dado causa à instauração de ação penal contra pessoa que sabia inocente. Aliás, do mesmo modo que não está obrigada a falar a verdade, pode também se calar. Muitas vezes, o ofendido quer permanecer em silêncio não por afronta à Justiça, mas por real e fundado temor de sofrer represálias, mormente num País que não consegue assegurar proteção efetiva às testemunhas, nem às autoridades que investigam crimes graves. Deve ser respeitada sua vontade, pois já sofreu com o crime e não pode novamente ser vitimada pelo próprio Poder Judiciário ou pela polícia. É certo que tanto o magistrado quanto a autoridade policial militar devem exercer seu poder de influência, buscando saber qual a motivação do ofendido para se calar, o que também poderá constituir-se em fonte útil de prova.

797. Condução coercitiva e processo por desobediência: sem dúvida, pode a vítima ser conduzida coercitivamente à presença do juiz para dar suas declarações, não somente porque a sua oitiva, como já afirmado, é essencial para a busca da verdade real, como, também, pelo fato de que ninguém se exime de colaborar com o Poder Judiciário. Diversamente do que ocorre na legislação processual penal comum, onde há o debate a respeito, neste artigo prevê-se a impossibilidade de sujeitar a vítima recalcitrante em comparecer a qualquer processo por desobediência.

Presença do acusado

> **Art. 312.** As declarações do ofendido serão feitas na presença do acusado, que poderá contraditá-las no todo ou em parte, após a sua conclusão, bem como requerer ao juiz que o ofendido esclareça ou torne mais precisa qualquer das suas declarações, não podendo, entretanto, repergunta-lo.[798]

798. Posição peculiar da vítima no processo: diferentemente de toda legislação processual penal comum, este Código confere ao ofendido uma *autêntica* posição de *parte* no processo, embora de maneira anômala. No tocante à colheita de suas declarações, devem ser feitas na presença do acusado – aliás, o que acontece sempre, inclusive no que se refere às testemunhas, pois se trata do direito de audiência do réu. Após a conclusão, o réu poderá *contraditá-las* (impugnação, contestação), o que é nitidamente anômalo. Além disso, veda-se o direito do acusado de promover reperguntas. Há vários defeitos, que precisam ser corrigidos: a) o autor da ação penal é o Ministério Público; o direito material – interesse punitivo – é do Estado; b) a vítima é parte secundária, podendo ingressar no feito, se desejar, por meio de assistência à acusação; c) o acusado não somente tem o direito de audiência, mas também o de promover, por seu defensor, as reperguntas que entender necessárias, sob pena de lesão ao princípio da ampla defesa. A ideia inserida nesta norma é *contrapor* acusado e vítima, como se estivessem no mesmo plano, praticamente ignorando que a parte principal é o Ministério Público. O ofendido certamente tem interesse no deslinde da causa, mas não a ponto de ter as suas declarações *impugnadas* pelo acusado. Em suma, o correto é ouvir a vítima, sem o compromisso de dizer a verdade, permitindo que o defensor faça as reperguntas desejadas, de modo a compor a *ampla defesa*. Na jurisprudência: STM: "Retirada dos acusados da sala de audiência. Possibilidade. (...) I – Em que pese a aparente literalidade do art. 312 do CPPM, a omissão no seu disposto decorre da ausência de expressa previsão quanto à possibilidade ou não de retirada do Acusado durante a oitiva do Ofendido. Percepção que se reforça pela redação dos artigos 358 e 389 do Código Penal Militar (CPPM), além do art. 217 do Código de Processo Penal (CPP) comum. Integração que se faz por meio dos mesmos dispositivos. II – O princípio da especialidade, enquanto regra hermenêutica, serve para solucionar aparentes antinomias do processo penal militar com as normas de caráter geral. Ainda assim, o primado não é um fim em si mesmo, nem pode ser empregado de forma a criar uma separação total entre a seara castrense e o restante do ordenamento pátrio. Precedentes deste Superior Tribunal Militar (STM) e do Supremo Tribunal Federal (STF) que aceitam a incidência de previsões da legislação comum no procedimento penal militar. III – Dessa forma, o Acórdão embargado não padeceu de contradição em seus fundamentos, pois foram explicadas a lacuna constatada e a necessidade de integração a ser feita. A eventual não abordagem ao princípio da especialidade configura tese não suscitada ao tempo da Correição Parcial, e que, ainda assim, não influiria nos fundamentos do Decisum, tampouco no resultado do julgamento. IV – Embargos de Declaração rejeitados" (Embargos de Declaração 7001395-51.2019.7.00.0000,

Art. 313

rel. Péricles Aurélio Lima de Queiroz, 19.12.2019, v.u.); "I – O art. 312 do Código de Processo Penal Militar (CPPM) garante direito ao Acusado em presenciar a oitiva do Ofendido, sem prever a possibilidade ou não de sua retirada da sala de audiência. Prerrogativa que configura desdobramento dos princípios da ampla defesa e do contraditório. II – A ausência de previsão quanto à remoção caracteriza, na verdade, lacuna da lei a ser integrada nas formas autorizadas pelo art. 3º do CPPM. Omissão que se supre mediante emprego de analogia com os dispostos no art. 358 e art. 389, ambos do CPPM, e no art. 217 do Código de Processo Penal comum (CPP). III – Dessa forma, no feito regido pelo CPPM, estende-se ao Ofendido a prerrogativa de requerer a retirada do(s) Acusado(s) da sala de audiência, quando pressentir humilhação, temor ou sério constrangimento, devidamente fundamentados, que possam influir na tomada do depoimento, com a garantia da manutenção do Defensor no recinto. IV – No caso concreto, alegou-se a presença de possível nulidade decorrente do ato de retirada dos Acusados da sala de audiência, porém sem esclarecer o prejuízo vivenciado, uma vez que o Advogado permaneceu durante o ato, além de lhe ter sido facultado interromper a oitiva para consultar seus representados quando entendesse necessário. V – Correição Parcial conhecida e não provida" (Correição Parcial 7001028-27.2019.7.00.0000, rel. Péricles Aurélio Lima de Queiroz, 12.11.2019, v.u.).

Isenção de resposta

> **Art. 313.** O ofendido não está obrigado a responder pergunta que possa incriminá-lo, ou seja estranha ao processo.[799]

799. Autoincriminação: ninguém é obrigado a produzir prova contra si mesmo, conforme assegura o princípio constitucional da presunção de inocência; logo, não é somente a vítima que tem *imunidade* quanto a não responder qualquer pergunta que possa incriminá-la, mas as testemunhas e os acusados em geral.

Capítulo V
Das perícias e exames[800-801]

800. Exame de corpo de delito: é a verificação da prova da existência do crime, feita por peritos, diretamente, ou por intermédio de outras evidências, quando os vestígios, ainda que materiais, desapareceram. O *corpo de delito* é a materialidade do crime, isto é, a prova da sua existência. Como ensina Rogério Lauria Tucci, "corresponde ao conjunto de elementos físicos, materiais, contidos, explicitamente, na definição do crime, isto é, no modelo legal" (*Do corpo de delito no direito processual penal brasileiro*, p. 14). A inspeção ou a observação rigorosa feita por técnicos é o exame de corpo de delito, analisando-se os vestígios materiais deixados pela infração penal. Materiais são os vestígios que os sentidos acusam (ex.: a constatação do aborto pela visualização do feto expulso e morto). Há, ainda, os vestígios imateriais, ou seja, o rastro do crime que se perde tão logo a conduta criminosa finde, pois não mais captáveis, nem passíveis de registro pelos sentidos humanos (ex.: a injúria verbal proferida). Explica Tucci que há fatos permanentes (*facti permanentis*), ou seja, "aqueles de que sobram marcas indeléveis, temporária ou permanentemente, como os de lesões corporais leves ou graves, estupro etc." e fatos transitórios (*facti transeuntis*), isto é, que possuem "vida efêmera, embora determinados, momentaneamente que seja, ao tempo do evento delitivo, de elementos físicos, próprios e inconfundíveis, *e.g.*, a injúria verbal". Por isso, corpo de delito não passa da "necessidade de cognoscer e documentar, procedimentalmente, mediante a observância de regras específicas, a prática criminosa" (ob. cit., p. 15-16). É próprio afirmar que toda infração penal possui corpo de delito, isto é, prova da sua existência, pois se exige materialidade para condenar qualquer pessoa, embora nem todas fixem o corpo de delito por vestígios materiais. Em relação a estes últimos é que se preocupou o artigo em questão, exigindo que se faça a inspeção pericial, com a emissão de um laudo, para comprovar a materialidade. Portanto, em crimes que deixam vestígios materiais deve haver, sempre, exame de corpo de delito. Preferencialmente, os peritos devem analisar o rastro deixado pessoalmente. Em caráter excepcional, no entanto, admite-se que o façam por outros meios de prova em direito admitidos, tais como o exame da ficha clínica do hospital que atendeu a vítima, fotografias, filmes, atestados de outros médicos, entre outros. É o que se chama de exame de corpo de delito indireto.

801. Diferença entre exame de corpo de delito e corpo de delito: o *corpo de delito* é a prova da existência do crime. Essa prova pode ser feita de modo direto ou indireto, isto é, pela verificação de peritos do rastro deixado nitidamente pelo delito, como o exame necroscópico, bem como pela narrativa de testemunhas, que viram, por exemplo, o réu matando a vítima, sem, no entanto, manter-se o cadáver para exame. Como ensina Rogério Lauria Tucci, a respeito de exame do corpo de delito, "o vocábulo *exame* parece-nos corretamente empregado, por isso que não há confundir *corpus delicti* – conjunto dos elementos físicos ou materiais, principais ou acessórios, permanentes ou temporários, que corporificam a prática criminosa – com a sua verificação existencial, mediante atividade judicial de natureza probatória e cautelar, numa persecução penal em desenvolvimento. Configura ele, com efeito, uma das espécies de *prova pericial*, consistente na colheita, por pessoa especializada, de elementos instrutórios sobre fato cuja percepção dependa de conhecimento de ordem técnica ou científica (...). É o *exame do corpo de delito*, em nosso processo penal, uma espécie de *prova pericial* constatatória da materialidade do crime investigado, realizada, em regra, por *peritos oficiais*, [atualmente, basta um perito oficial] ou *técnicos*, auxiliares dos agentes estatais da *persecutio criminis...*" (*Do corpo de delito no direito processual penal brasileiro*, p. 180-181). No artigo em comento exige-se, para a infração que deixa vestígios, a realização do exame de corpo de delito, direto ou indireto, isto é, a emissão de um laudo pericial atestando a materialidade do delito. Esse laudo pode ser produzido de maneira direta – pela verificação pessoal do perito – ou de modo indireto – quando o profissional se serve de outros meios de provas. Note-se que, de regra, a infração que deixa vestígio precisa ter o exame de corpo de delito direto ou indireto (que vai constituir o corpo de delito direto, isto é, a prova da existência do crime atestada por peritos). Somente quando não é possível, aceita-se a prova da existência do crime de maneira indireta, isto é, sem o exame e apenas por testemunhas. Não nos parece, pois, correta a lição daqueles que, como Tourinho Filho e Magalhães Noronha, dizem que o *exame de corpo de delito indireto* é o composto pelos depoimentos das testemunhas (*Código de Processo Penal comentado*, v. 1, p. 361; *Curso de direito processual penal*, p. 104-105). O exame de corpo de delito é sempre produzido por peritos, de maneira direta ou indireta, como já abordado. O corpo de delito, no entanto, pode resultar de forma direta ou indireta. Quando o perito vê o cadáver, analisa-o e atesta ao juiz que houve a morte e como esta se deu, prova-se a materialidade de maneira direta. Quando o cadáver se perde, contando-se com a mera narrativa de leigos que, de longe, viram o réu desferindo tiros na vítima, por exemplo, caindo o corpo no mar e perdendo-se, há a prova indireta da ocorrência da morte. É o corpo de delito indireto. Se o Código de Processo Penal considerasse *exame de corpo de delito* também os depoimentos testemunhais, não teria colocado no art. 167 que, não sendo possível realizá-lo, a *prova testemunhal poderá suprir-lhe a falta*. O mesmo consta do art. 328, parágrafo único, do Código de Processo Penal Militar. Aliás, neste Código, o título desse parágrafo é bem claro: *corpo de delito indireto*. Na ótica que

Art. 314

sustentamos, estão os ensinamentos de Hélio Tornaghi, para quem o "exame indireto não se confunde com o mero depoimento de testemunhas, o qual pode suprir o exame de corpo de delito (art. 167)" (*Curso de processo penal*, v. 1, p. 319), Borges da Rosa, que diz obter-se o corpo de delito indireto, inquirindo-se as testemunhas (*Comentários ao Código de Processo Penal*, p. 283) e Demercian e Maluly (*Curso de processo penal*, p. 264). Anote-se, ainda, a lição de Sérgio Marcos de Moraes Pitombo: "O corpo de delito indireto produz-se mediante a prova pessoal, quer dizer, interrogatório ao réu, perguntas ao ofendido e depoimento de testemunhas" (*Do sequestro no processo penal brasileiro*, p. 77). Eduardo Espínola Filho, a título de exemplo, ora chama de exame de corpo de delito indireto, ora de corpo de delito indireto a prova da materialidade do crime constituída por intermédio de testemunhas (*Código de Processo Penal brasileiro anotado*, v. 2, p. 464-496). Admitindo a nossa conceituação, na jurisprudência: TJDF: "'Quando a infração deixar vestígios, será indispensável o exame de corpo de delito, direto ou indireto, não podendo supri-lo a confissão do acusado' (art. 158 CPP). 2.1 O corpo de delito é a prova da existência do crime; sua materialidade, enquanto que o exame de corpo de delito é a inspeção ou a observação rigorosa feita pelos experts que analisam os vestígios deixados pela infração penal" (Ap. Crim. 20030710098292-DF, 1.ª T.C., rel. João Egmont, 03.09.2009).

Objeto da perícia

> **Art. 314.** A perícia[802] pode ter por objeto os vestígios materiais deixados pelo crime ou as pessoas e coisas, que, por sua ligação com o crime, possam servir-lhe de prova.[803]

802. Perícia: é o exame de algo ou alguém realizado por técnicos ou especialistas em determinados assuntos, podendo fazer afirmações ou extrair conclusões pertinentes ao processo penal. Trata-se de um *meio de prova*. Quando ocorre uma infração penal que deixa vestígios materiais, deve a autoridade policial, tão logo tenha conhecimento da sua prática, determinar a realização do exame de corpo de delito. Não sendo feito, por qualquer razão, nessa fase, pode ser ordenado pelo juiz. Na jurisprudência: "Conforme normatividade ínsita no parágrafo único do art. 9º do Código de Processo Penal Militar, as provas periciais realizadas em sede de Inquérito Policial Militar, procedidas em observância às determinações legais, são efetivamente instrutórias da ação penal. Verifica-se que, em fase pré-processual, a perícia técnica foi elaborada por *experts* oficiais, em estrita observância aos mandamentos insculpidos nos arts. 314 e seguintes do CPPM, não tendo sido obstaculizada a apresentação de quesitos pelas partes. Desmerecem guarida os argumentos despendidos pelo impetrante, de modo que não restou evidenciada a extrema falha no laudo pericial acostado aos autos ou que a ausência de repetição da perícia importaria em grave risco à efetividade dos princípios processuais. Pelo contrário, constatou-se mero inconformismo com as conclusões dos laudos técnicos. Consabido é que o exame pericial, quando elaborado em conformidade com o Diploma adjetivo castrense, dispensa a renovação em fase processual. Ademais, não se revela o presente *writ* a via adequada para a discussão do conteúdo fático-probatório da Ação Penal Militar em curso. Ordem denegada por falta de amparo legal" (Habeas Corpus 7000406-11.2020.7.00.0000, rel. Maria Elizabeth Guimarães Teixeira Rocha, 26.08.2020, maioria).

803. Conceito de vestígio: é o rastro, a pista ou o indício deixado por algo ou alguém. Há delitos que deixam sinais aparentes da sua prática, como ocorre com o homicídio, uma vez que se pode visualizar o cadáver. Outros delitos não os deixam, tal como ocorre com o crime de ameaça, quando feita oralmente. Preocupa-se a lei com os crimes que deixam rastros passíveis de constatação e registro, obrigando-se, no campo das provas, à realização do exame de corpo de delito. Trata-se de uma prova imposta por lei (prova tarifada), de modo que não obedece à regra da ampla liberdade na produção das provas no processo criminal.

Determinação

> **Art. 315.** A perícia pode ser determinada pela autoridade policial militar ou pela judiciária, ou requerida por qualquer das partes.[804]

Negação

> **Parágrafo único.** Salvo no caso de exame de corpo de delito, o juiz poderá negar a perícia, se a reputar desnecessária ao esclarecimento da verdade.[805]

804. Iniciativa para a perícia: todos os exames periciais que permitirem formar a materialidade da infração penal devem ser determinados de ofício pela autoridade policial militar responsável pelo inquérito, de imediato. Raramente, as partes o solicitam. Entretanto, outros tipos de perícia podem ser solicitados pelos interessados, bem como determinada de ofício pelo juiz. Na jurisprudência: STM: "O indeferimento de diligência considerada desnecessária é uma das prerrogativas do Conselho de Justiça. Inteligência do art. 315 do CPPM" (Apelação 0000145-43.2013.7.12.0012, rel. Lúcio Mário de Barros Góes, 13.08.2015, v.u.).

805. Deferimento da perícia: está submetido ao crivo judicial, como todas as demais provas requeridas pelas partes. Entretanto, quando disser respeito ao exame de corpo de delito (perícia para atestar a existência do crime), deve o magistrado deferir a sua realização. O disposto neste artigo é inócuo na prática, pois a efetivação dessa perícia é o primeiro passo tomado pela autoridade encarregado do inquérito.

Formulação de quesitos

> **Art. 316.** A autoridade que determinar perícia formulará os quesitos que entender necessários. Poderão, igualmente, fazê-lo: no inquérito, o indiciado; e, durante a instrução criminal, o Ministério Público e o acusado, em prazo que lhes for marcado para aquele fim, pelo auditor.[806]

806. Quesitos pelas partes: a possibilidade de apresentar quesitos pelas partes, no processo, e pelo indiciado no inquérito, é um avanço conquistado desde 1969 em face da edição deste Código, pois, na legislação processual penal comum, esse direito somente foi adquirido por meio da reforma havida em 2008. De todo modo, parece-nos correta a atuação das partes, na formulação de quesitos a serem respondidos pela perícia oficial.

Requisitos

> **Art. 317.** Os quesitos devem ser específicos, simples e de sentido inequívoco, não podendo ser sugestivos nem conter implícita a resposta.[807]

Art. 318

Exigência de especificação e esclarecimento

> § 1.º O juiz, de ofício ou a pedido de qualquer dos peritos, poderá mandar que as partes especifiquem os quesitos genéricos, dividam os complexos ou esclareçam os duvidosos, devendo indeferir os que não sejam pertinentes ao objeto da perícia, bem como os que sejam sugestivos ou contenham implícita a resposta.[808]

Esclarecimento de ordem técnica

> § 2.º Ainda que o quesito não permita resposta decisiva do perito, poderá ser formulado, desde que tenha por fim esclarecimento indispensável de ordem técnica, a respeito de fato que é objeto da perícia.[809]

807. Formato dos quesitos: devem ser objetivos e claros, sem duplo sentido ou contendo qualquer indagação sugestiva. Entretanto, não há necessidade de tanta cautela para o seu oferecimento ao perito oficial, pois não se trata de pessoa leiga, como ocorre com os jurados. Porém, cabe ao juiz controlar a admissibilidade da quesitação proposta, indeferindo os que lhe parecerem incabíveis.

808. Saneamento dos quesitos: se houver excesso de quesitos apresentados, muitos dos quais em proposições inadequadas, deve o magistrado saneá-los, contando com a atuação das partes interessadas, sob pena de indeferimento.

809. Excesso de objetividade: não se exige a formulação de quesito rigorosamente objetivo, que implique resposta afirmativa ou negativa apenas; é viável o oferecimento de indagações vagas, em virtude do conteúdo indispensável das mesmas para o esclarecimento de certos fatos. Em busca da verdade real, por vezes, é fundamental permitir maior flexibilidade na produção da prova do que estreitá-la, em prejuízo das partes, em particular do acusado.

Número dos peritos e habilitação

> **Art. 318.** As perícias serão, sempre que possível, feitas por dois peritos, especializados no assunto ou com habilitação técnica, observado o disposto no art. 48.[810]

810. Número de peritos: a lei processual penal militar prevê a realização do exame por dois peritos, *sempre que possível*. E, também, especializados ou habilitados na área da perícia. Segundo o disposto no art. 48, a nomeação deve recair, preferencialmente, em oficiais da ativa, conforme a especialidade. Em suma, nada disso é *obrigatório*. Portanto, na esfera militar, para qualquer perícia, pode o juiz nomear oficiais ou civis; pode indicar dois, ou apenas um; pode apontar pessoa especializada ou habilitada na área da perícia, ou leigo no assunto. A abertura é incompatível com a segurança exigida pela prova pericial. Na legislação processual penal comum, exige-se um perito oficial ou duas pessoas, necessariamente. E estas devem possuir diploma de curso superior. Na jurisprudência: STF: "Nos termos do art. 318 do Código de Processo Penal Militar, 'as perícias serão, sempre que possível, feitas por dois peritos, especializados no assunto ou com habilitação técnica, observado o disposto no art. 48'. 5. A exigência de que a perícia seja subscrita por dois peritos admite exceções, não se tratando de imposição absoluta, razão por que é irrelevante que o laudo definitivo tenha sido subscrito por apenas um perito oficial. Precedentes" (HC 128894, rel. Dias Toffoli, 2.ª T., j. 23.08.2016, v.u.). STM: "A jurisprudência castrense é pacífica no sentido de que é possível que a ata de inspeção de saúde seja assinada por apenas um perito, eis que a legislação processual penal militar deixa entrever tal possibilidade (art. 318 do CPPM). Preliminar de nulidade rejeitada. Decisão unânime" (Apelação 7000113-12.2018.7.00.0000, rel. Lúcio Mário de Barros Góes, 14.06.2018, v.u.).

Resposta aos quesitos

> **Art. 319.** Os peritos descreverão minuciosamente o que examinarem e responderão com clareza e de modo positivo aos quesitos formulados, que serão transcritos no laudo.[811]

Fundamentação

> **Parágrafo único.** As respostas poderão ser fundamentadas, em sequência a cada quesito.

811. Conteúdo do laudo: deve ser minucioso, claro e objetivo, devendo o perito responder os quesitos de maneira fundamentada, embora no parágrafo único pareça constituir mera faculdade.

Apresentação de pessoas e objetos

> **Art. 320.** Os peritos poderão solicitar da autoridade competente a apresentação de pessoas, instrumentos ou objetos que tenham relação com o crime, assim como os esclarecimentos que se tornem necessários à orientação da perícia.[812]

812. Auxílio ao perito: como regra, o perito retira os autos do processo do cartório e realiza a consulta às provas produzidas, acessando depoimentos, documentos etc. Por isso, raramente precisa da apresentação de pessoas, instrumentos ou objetos.

Requisição de perícia ou exame

> **Art. 321.** A autoridade policial militar e a judiciária poderão requisitar dos institutos médico-legais, dos laboratórios oficiais e de quaisquer repartições técnicas, militares ou civis, as perícias e exames que se tornem necessários ao processo, bem como, para o mesmo fim, homologar os que neles tenham sido regularmente realizados.[813]

813. Exame de corpo de delito indireto: por vezes, o exame pericial se faz de maneira indireta; requisitando-se fichas clínicas, prontuários e outros dados, tais documentos são encaminhados ao perito nomeado pelo juiz, ocasião em que ele, de posse desse material, efetiva o exame indireto.

Art. 322

Divergência entre os peritos

> **Art. 322.** Se houver divergência entre os peritos, serão consignadas no auto de exame as declarações e respostas de um e de outro, ou cada um redigirá separadamente o seu laudo, e a autoridade nomeará um terceiro. Se este divergir de ambos, a autoridade poderá mandar proceder a novo exame por outros peritos.[814]

814. Divergência entre peritos: tendo em vista a possibilidade de elaboração do exame pericial por dois peritos, é possível que, entre eles, em tese, haja divergência. Assim ocorrendo, faculta-se que apresentem, no mesmo laudo, as suas opiniões em seções diferenciadas, com respostas separadas aos quesitos ou, caso prefiram, elabore cada qual o seu laudo. O magistrado *pode* – não sendo obrigatório – nomear um terceiro, chamado *perito desempatador*. Havendo nova divergência, o juiz *pode* determinar a realização de outra perícia, recomeçando o processo. Cremos haver as seguintes opções: a) os peritos discordam entre si e o juiz pode optar por uma das versões ou rejeitar ambas, calcando sua decisão nas demais provas produzidas nos autos; b) os peritos discordam e o juiz nomeia o desempatador. Ainda assim, havendo um resultado de dois contra um, o magistrado decidirá livremente qual corrente seguir; c) os peritos discordam, o juiz nomeia o experto desempatador, que apresenta uma terceira versão, ficando o juiz livre para produzir nova perícia ou acreditar numa das três.

Suprimento do laudo

> **Art. 323.** No caso de inobservância de formalidade ou no caso de omissão, obscuridade ou contradição, a autoridade policial militar ou judiciária mandará suprir a formalidade, ou completar ou esclarecer o laudo. Poderá igualmente, sempre que entender necessário, ouvir os peritos, para qualquer esclarecimento.[815]

Procedimento de novo exame

> **Parágrafo único.** A autoridade poderá, também, ordenar que se proceda a novo exame, por outros peritos, se julgar conveniente.[816]

815. Oitiva do perito: o laudo pode ser complementado, retificado ou esclarecido por meio de informes escritos prestados pelo perito, a partir de requisição da autoridade policial militar ou do juiz, bem como por meio da inquirição do experto em audiência. Nesta hipótese, ele não é ouvido como testemunha, mas como perito, vale dizer, um complemento oral em relação ao laudo produzido.

816. Novo exame: a qualquer tempo, pode-se determinar a realização de outros exames periciais. Ver a nota ao art. 322, cuidando da divergência entre peritos.

Ilustração dos laudos

> **Art. 324.** Sempre que conveniente e possível, os laudos de perícias ou exames serão ilustrados com fotografias, microfotografias, desenhos ou esquemas, devidamente rubricados.[817]

817. Ilustração dos laudos: quanto mais bem guarnecido de ilustrações, desenhos, fotos, filmes, esquemas e todos os dados para a completa visualização da conclusão do perito, melhor será a eficiência do laudo.

Prazo para apresentação do laudo

> **Art. 325.** A autoridade policial militar ou a judiciária, tendo em atenção a natureza do exame, marcará prazo razoável, que poderá ser prorrogado, para a apresentação dos laudos.[818]

Vista do laudo

> **Parágrafo único.** Do laudo será dada vista às partes, pelo prazo de 3 (três) dias, para requererem quaisquer esclarecimentos dos peritos ou apresentarem quesitos suplementares para esse fim, que o juiz poderá admitir, desde que pertinentes e não infrinjam o art. 317 e seu § 1º.[819]

818. Prazo para o laudo: não há prazo fatal para a produção do laudo. O magistrado pode fixar um período para o perito desenvolver as suas atividades; caso não o faça, prorroga-se. Em caso de desídia, deve-se substituir o perito. No caso de réu ou indiciado preso, torna-se fundamental realizar o laudo em breve tempo, para não submeter o detido a constrangimento ilegal. Na jurisprudência: STM: "I – Pedido de perícia negado pelo Juízo *a quo* sob o fundamento de inexistência de mácula na confecção do exame pericial em questão. II – Foi assegurada à Defesa a oportunidade, em sede de IPM, de apresentar quesitos para a elaboração do referido laudo pericial, em observância ao art. 325 do CPPM. III – Portanto, não se verifica cerceamento de defesa, uma vez que o Órgão julgador decidiu com observância às disposições processuais penais. IV – Correição Parcial indeferida" (Correição Parcial 7000488-76.2019.7.00.0000, rel. José Coêlho Ferreira, 07.08.2019, v.u.).

819. Esclarecimentos ou quesitação suplementar: além da possibilidade de poderem as partes requerer esclarecimentos ao perito, inclusive por meio de quesitos suplementares, o ideal seria permitir a admissão de assistentes técnicos, como já é autorizado na legislação processual penal comum.

Liberdade de apreciação

> **Art. 326.** O juiz não ficará adstrito ao laudo, podendo aceitá-lo ou rejeitá-lo, no todo ou em parte.[820]

820. Vinculação do juiz ao laudo pericial: é natural que, pelo sistema do livre convencimento motivado ou da persuasão racional, adotado pelo Código, possa o magistrado decidir a matéria que lhe é apresentada de acordo com sua convicção, analisando e avaliando a prova sem qualquer freio ou método previamente imposto pela lei. Seu dever é fundamentar a decisão, dando-lhe, pois, respaldo constitucional. Por tal motivo, preceitua o art. 326 que o juiz não está adstrito ao laudo, podendo acolher totalmente as conclusões dos experts ou apenas parcialmente, além de poder rejeitar integralmente o laudo ou apenas parte dele. O conjunto probatório é o guia do magistrado e não unicamente o exame pericial. Ex.: é possível

Art. 327

que o julgador despreze o laudo de exame do local, porque acreditou na versão oferecida por várias testemunhas ouvidas na instrução de que a posição original do corpo no momento do crime, por exemplo, não era a retratada pelo laudo. Assim, o juiz rejeitará o trabalho pericial e baseará sua decisão nos depoimentos coletados, que mais o convenceram da verdade real. Ocorre que não se pode dar ao art. 326 uma extensão indevida. Lembremos que o Código de Processo Penal Militar estabelece, em alguns casos, provas tarifadas, como é o caso do exame de corpo de delito para os crimes que deixam vestígios. Ora, em se tratando de um laudo toxicológico, comprovando que o material apreendido não é substância entorpecente, não pode o juiz rejeitá-lo, condenando o réu. Trata-se de prova indispensável para a materialidade da infração penal, de forma que, no máximo, pode o juiz, não concordando com a conclusão da perícia, determinar a realização de outra, mas não deve substituir-se ao experto. Por outro lado, equívoco comum encontramos naqueles que sustentam ser admissível, em um exame de insanidade mental, que o juiz afaste o laudo decidindo em sentido contrário ao proposto pelo perito. Não pode fazê-lo, pois o Código Penal Militar adota o sistema biopsicológico, exigindo que haja dupla avaliação para a situação de inimputabilidade, isto é, o perito atesta a parte biológica, demonstrando que o réu tem uma doença mental, enquanto o juiz avalia a parte psicológica, analisando se a doença se manifestava à época do crime, o que poderá fazer pela colheita das demais provas. Entretanto, caso o magistrado não concorde com a parte biológica, deve mandar fazer outro exame, mas não pode dizer que é saudável aquele que o perito disse ser doente ou vice-versa. É possível, no entanto, que afaste a conclusão do laudo relativa à manifestação da enfermidade no instante do cometimento do delito, mas sem ingressar no mérito da existência da doença. Portanto, embora o art. 326 seja explícito ao dar possibilidade ao juiz para avaliar o laudo, deve a norma ser interpretada em consonância com as demais regras do sistema penal e processual penal. De qualquer forma, ainda quando lhe seja possível distanciar-se do exame pericial, deve-se seguir o alerta feito por Espínola Filho de que "ao juiz não é lícito nunca enveredar pelo terreno do capricho e do arbitrário, e, obrigado sempre a motivar e fundamentar o que decide, terá de justificar, com razões mais fortes, a sua orientação, no sentido de desprezar as razões, com que se sustenta o parecer técnico dos peritos especializados" (*Código de Processo Penal brasileiro anotado*, v. 2, p. 571).

Perícias em lugar sujeito à administração militar ou repartição

> **Art. 327.** As perícias, exames ou outras diligências que, para fins probatórios, tenham que ser feitos em quartéis, navios, aeronaves, estabelecimentos ou repartições, militares ou civis, devem ser precedidos de comunicações aos respectivos comandantes, diretores ou chefes, pela autoridade competente.[821]

821. Disciplina e hierarquia: são princípios preservados em qualquer situação, inclusive quando necessário produzir provas em unidades militares; portanto, nenhuma diligência se realiza *antes* de comunicação expressa aos comandantes, diretores ou chefes do local. Conforme o caso, deve-se obter autorização para realizar o trabalho, a fim de não conturbar o serviço militar.

Infração que deixa vestígios

> **Art. 328.** Quando a infração deixar vestígios, será indispensável o exame de corpo de delito, direto ou indireto, não podendo supri-lo a confissão do acusado.[822-823]

Corpo de delito indireto

> **Parágrafo único.** Não sendo possível o exame de corpo de delito direto, por haverem desaparecido os vestígios da infração, supri-lo-á a prova testemunhal.[824]

822. Confissão e corpo de delito: a lei é clara ao mencionar que a confissão do réu não pode suprir o exame de corpo de delito, direto ou indireto. A única fórmula legal válida para preencher a sua falta é a colheita de depoimentos de testemunhas, nos termos do parágrafo único deste artigo. Como já se mencionou, trata-se de um tema desenvolvido com especial cuidado pelo legislador, tendo em vista as inúmeras razões que podem conduzir uma pessoa a confessar falsa ou erroneamente, colocando em grave risco a segurança exigida pelo processo penal. Assim, se o cadáver, no caso do homicídio, desapareceu, ainda que o réu confesse ter matado a vítima, não havendo exame de corpo de delito, nem tampouco prova testemunhal, não se pode punir o autor. A confissão isolada não presta para comprovar a existência das infrações que deixam vestígios materiais. Compatíveis com o texto legal estão os magistérios de Malatesta e Carrara (*A lógica das provas em matéria criminal*, v. 2, p. 153; *Programa del curso de derecho criminal dictado en la Real Universidad de Pisa*, v. 2, p. 320). No sentido que sustentamos: Tourinho Filho, *Código de Processo Penal comentado*, v. 1, p. 361.

823. Recebimento de denúncia sem o exame de corpo de delito: possibilidade. A indispensabilidade do exame diz respeito ao julgamento da ação penal e não ao mero recebimento da denúncia, que pode ocorrer antes da remessa do laudo a juízo. No caso do início da ação penal, devem existir no inquérito provas suficientes para demonstrar a materialidade, ainda que não sejam definitivas, o que somente será alcançado pela apresentação do exame de corpo de delito ou, na sua falta, pela produção das provas em direito admitidas. Nesse sentido: STF: "Tentativa de homicídio. Denúncia oferecida sem o auto de exame de corpo de delito. O art. 525 do Código de Processo Penal não se aplica aos crimes dolosos contra a vida. O laudo pericial pode ser apresentado ao longo da instrução do feito" (RHC 59.560-RJ, 1.ª T., rel. Néri da Silveira, 17.12.1981, v.u., *RTJ* 101/609. Essa posição mantém-se até hoje).

824. Suprimento do corpo de delito direto: o *corpo de delito* é a prova da existência do crime; nos crimes que deixam vestígios, forma-se o corpo de delito de maneira direta pelo exame de corpo de delito (perícia); quando os delitos desapareceram, especialmente por atuação do próprio agente, forma-se, de maneira indireta, por testemunhas que tenham visto a infração penal. Por outro lado, o exame de corpo de delito (perícia) pode ser feito de maneira direta, pelo contato pessoal entre o perito e a pessoa ou coisa examinada, bem como de maneira indireta, pelo contato entre o perito e o material providenciado de outros especialistas. Na jurisprudência: STM: "1. A conduta do militar, consistente em apresentar certificado de qualificação sabidamente falso, para a sua habilitação em processo seletivo das Forças Armadas, caracteriza o crime do art. 315 do CPM. 2. Se o exame de corpo de delito direto é impossível, a materialidade do crime de uso de documento falso pode ser suprida por outros elementos de convicção, como a prova documental e a testemunhal, nos termos do parágrafo único do art. 328 do CPPM. Precedentes do STM e do STF" (Embargos Infringentes e de Nulidade 7001270-83.2019.7.00.0000, rel. Marco Antônio de Farias, 10.06.2020, maioria); "4. Nos delitos de falso, o exame pericial é um dos elementos que o magistrado tem por dever observar durante a formação do seu convencimento. Contudo, à luz do art. 328 do CPPM, quando não for possível a sua realização, a ausência deve ser suprida pela análise dos demais elementos aptos a ensejar a convicção do juízo, tais como prova documental ou testemunhal" (Apelação nº 7000848-

45.2018.7.00.0000, rel. Carlos Augusto de Sousa, 14.08.2019, v.u.); "Nos termos do parágrafo único do art. 328 do Código de Processo Penal Militar, restando impossível a realização de exame de corpo de delito direto, a materialidade do crime de uso de documento falso pode ser suprida por outros elementos de convicção, tais como a prova documental e testemunhal. Precedentes do Superior Tribunal Militar e Superior Tribunal de Justiça" (Apelação 7000395-50.2018.7.00.0000, rel. Péricles Aurélio Lima de Queiroz, 04.12.2018, *DJe* 18.12.2018, v.u.).

Oportunidade do exame

> **Art. 329.** O exame de corpo de delito poderá ser feito em qualquer dia e a qualquer hora.[825]

825. Liberalidade quanto ao momento de realização do exame: é razoável que assim seja, pois a necessidade da verificação feita pelos peritos é que deve impor os limites para a concretização do exame. É possível que uma necropsia precise ser feita durante um feriado ou na madrugada para que o cadáver possa ser logo liberado para as cerimônias funerárias, incomodando o mínimo possível a família da vítima.

Exame nos crimes contra a pessoa

> **Art. 330.** Os exames que tiverem por fim comprovar a existência de crime contra a pessoa abrangerão:[826]
>
> *a)* exames de lesões corporais;
>
> *b)* exames de sanidade física;
>
> *c)* exames de sanidade mental;
>
> *d)* exames cadavéricos, precedidos ou não de exumação;
>
> *e)* exames de identidade de pessoa;
>
> *f)* exames de laboratório;
>
> *g)* exames de instrumentos que tenham servido à prática do crime.

826. Formação da materialidade: o artigo em comento apresenta hipóteses para a realização de exame pericial, *que tiverem por fim comprovar a existência de crime contra a pessoa*. Entretanto, lista alguns exames cujo objeto é diverso desse objetivo. São exames de corpo de delito: a) lesões corporais; b) cadavérico. Cuida-se de exame voltado à avaliação da imputabilidade penal – nada tendo a ver com a prova da existência do crime: sanidade mental. Faz parte do exame necroscópico: identidade de pessoa. Trata-se de exame voltado à materialidade de crimes diversos: laboratório (ex.: drogas). É exame focado nas circunstâncias do crime: instrumentos. E, finalmente, há o estranho exame de *sanidade física*. Pelo descrito no art. 331, § 1.º, cuida-se apenas de exame de lesões corporais complementar. Essa terminologia é particular do Código de Processo Penal Militar, não encontrando similar na legislação comum. Em nosso entendimento, o art. 330 contém várias impropriedades, que merecem correção, como acima exposto.

Exame pericial incompleto

> **Art. 331.** Em caso de lesões corporais, se o primeiro exame pericial tiver sido incompleto, proceder-se-á a exame complementar, por determinação

da autoridade policial militar ou judiciária, de ofício ou a requerimento do indiciado, do Ministério Público, do ofendido ou do acusado.

Suprimento de deficiência

§ 1.º No exame complementar, os peritos terão presente o auto de corpo de delito, a fim de suprir-lhe a deficiência ou retificá-lo.

Exame de sanidade física

§ 2.º Se o exame complementar tiver por fim verificar a sanidade física do ofendido, para efeito da classificação do delito, deverá ser feito logo que decorra o prazo de 30 (trinta) dias, contado da data do fato delituoso.[827]

Suprimento do exame complementar

§ 3.º A falta de exame complementar poderá ser suprida pela prova testemunhal.[828]

Realização pelos mesmos peritos

§ 4.º O exame complementar pode ser feito pelos mesmos peritos que procederam ao de corpo de delito.

827. Exame complementar: trata-se apenas de exame de lesões corporais complementar, a fim de apurar a qualificadora de incapacidade para as ocupações habituais por mais de trinta dias (art. 209, § 1.º, CPM). Não se trata de exame de *sanidade física* (saúde do corpo físico), mas uma verificação do período em que o ofendido permaneceu incapacitado para suas ocupações, o que é bem diferente.

828. Suprimento por testemunhas: exceção a ser vista com cautela, pois a lesão corporal é crime que deixa vestígio, impondo-se, por força de lei, o exame pericial. Somente se os vestígios desaparecerem, não por desídia estatal em produzir o laudo, pode-se suprir por testemunhas.

Exame de sanidade mental

Art. 332. Os exames de sanidade mental obedecerão, em cada caso, no que for aplicável, às normas prescritas no Capítulo II, do Título XII.[829]

829. Exame de sanidade mental: cuida-se de terminologia errônea, pois o que se busca é apontar eventual *insanidade*. Logo, o correto é tratá-lo como exame de insanidade mental, nos moldes aventados pelo Capítulo II do Título XII (arts. 156 a 162, CPPM).

Art. 333

Autópsia

> **Art. 333.** Haverá autópsia:[830-831]
>
> *a)* quando, por ocasião de ser feito o corpo de delito, os peritos a julgarem necessária;
>
> *b)* quando existirem fundados indícios de que a morte resultou, não da ofensa, mas de causas mórbidas anteriores ou posteriores à infração;
>
> *c)* nos casos de envenenamento.

830. Autópsia (necropsia): é o exame feito por perito em relação às partes de um cadáver. Tem por finalidade principal constatar a causa da morte, mas também serve para verificar outros aspectos, como a trajetória do projétil, que determinou a morte da vítima. Excepcionalmente, pode ser dispensável a autópsia, quando a morte for violenta e inexistindo qualquer dúvida quanto à sua causa (ex.: explodir o corpo). Nessa hipótese, faz-se somente o exame externo do cadáver, como determina o parágrafo único.

831. Hipóteses para a autopsia: o rol previsto nas alíneas *a*, *b* e *c* deste artigo é peculiar, para dizer o mínimo. Considerando-se a autopsia o exame do cadáver para apurar a causa da morte, porque esta se deu em situação suspeita, indicando a existência de crime, não se compreende o sentido da alínea *a*. O que seria *fazer o corpo de delito*? Uma expressão bizarra, pois pode representar: a) a prova da existência do crime (corpo de delito) e, nesse caso, sendo homicídio, é obrigatória a necropsia. Então, os peritos não têm que julgar necessário o que é indispensável; b) o exame de corpo de delito (perícia), que, por si só, já significa o trabalho pericial de autopsia. Sob outro aspecto, o previsto na alínea *b* também se está diante de algo pitoresco. Se a morte resultou de *ofensa*, entendendo-se por agressão de terceiro, por óbvio, a autopsia é imprescindível para a formação do corpo de delito. Portanto, não tem nada a ver com causas mórbidas anteriores ou posteriores à infração. Essas eventuais causas mórbidas serão apuradas pelos peritos necessariamente, quando verificarem o corpo. A alínea *c* é outra peculiaridade, pois não se faz autopsia só nos casos de envenenamento, mas em todas as mortes suspeitas. O envenenamento é apenas uma dessas várias situações.

Ocasião da autópsia

> **Art. 334.** A autópsia será feita pelo menos 6 (seis) horas[832] depois do óbito, salvo se os peritos, pela evidência dos sinais da morte,[833] julgarem que possa ser feita antes daquele prazo, o que declararão no auto.[834-835]

Impedimento de médico

> **Parágrafo único.** A autópsia não poderá ser feita por médico que haja tratado o morto em sua última doença.[836]

832. Período de segurança: estabeleceu-se o tempo mínimo de seis horas, que é o necessário para o surgimento dos incontroversos sinais tanatológicos, demonstrativos da morte da vítima, evitando-se qualquer engano fatal.

833. Morte aparente: é a situação do indivíduo dado por morto pelo médico e assim tratado por familiares e amigos, mas que, em verdade, está vivo. Embora sejam casos raros, os livros registram tais ocorrências, normalmente originárias de inadequada verificação dos sinais tanatológicos. Estados como embriaguez, catalepsia, coma epilético, asfixia, anestesia, comoção cerebral, síncope, entre outros, podem levar a uma simulação da morte.

834. Exceção ao período de seis horas: conforme o tipo de morte sofrida pela vítima, é natural que os peritos possam realizar a autópsia mais cedo. Se a morte foi nitidamente violenta, de modo a não suscitar qualquer tipo de dúvida (ex.: nos casos de separação da cabeça do resto do corpo) e, havendo necessidade da abertura do corpo, é possível que seja feita antes das seis horas.

835. Sinais de morte: há sinais comuns e especiais. Dentre os comuns, temos o aspecto do corpo (face cadavérica, imobilidade, relaxamento dos esfíncteres), a cessação da circulação (verificação da pulsação, auscultação do coração), a parada da respiração de modo prolongado (auscultação, prova do espelho – colocado perto das narinas ou da boca, não se embaçando se houver a parada respiratória –, prova da vela – colocada perto das narinas ou da boca para haver a checagem da vacilação da chama), morte cerebral, modificação dos olhos (insensibilidade, perda da tonicidade, alteração pupilar, depressão, formação da tela viscosa), resfriamento do corpo (leva aproximadamente 22 horas para completar-se o processo, em ambiente de temperatura de 24° C), formação dos livores (concentração do sangue em determinadas regiões do corpo pela ação da gravidade), rigidez cadavérica (leva cerca de 8 horas para completar-se e dura cerca de 1 ou 2 dias) e putrefação (destruição do cadáver pelos micróbios, o que se pode constatar pela chamada *mancha verde abdominal*, que surge 1 ou 2 dias após a morte). Dentre os sinais especiais, encontram-se a cardiopunctura (colocação de uma fina agulha no tórax até atingir o coração; se este estiver batendo a ponta da agulha vibrará), arteriotomia (abertura de artéria superficial para ver se está cheia de sangue ou vazia), prova da fluoresceína (injeção de solução na veia ou nos músculos para constatar se se arrasta para o sangue, corando de amarelo a superfície cutânea, o que somente ocorre se a pessoa está viva), prova do acetato de chumbo (colocação na narina de um papel com acetato de chumbo; havendo morte, desprende-se hidrogênio sulfurado da narina e o papel ficará enegrecido), prova do papel de tornassol (um papel de tornassol é colocado sobre os olhos e ficará vermelho se a pessoa estiver morta). Os sinais da morte, enfim, somente são seguros quando analisados em conjunto, em especial aqueles que surgem com o passar do tempo (Almeida Júnior e Costa Júnior, *Lições de medicina legal*, 140-245). Essa é a razão pela qual se aguarda um período de, pelo menos, 6 horas para dar início à autópsia.

836. Cautela: o médico que cuida do paciente, até a sua morte, encontra-se *impedido* de realizar a autópsia, já que esta somente se faz quando há suspeita de homicídio. Logo, não tem cabimento permitir a perícia por quem, eventualmente, contribuiu, de algum modo, para o evento *morte*.

Casos de morte violenta

> **Art. 335.** Nos casos de morte violenta, bastará o simples exame externo do cadáver, quando não houver infração penal que apurar, ou quando as lesões externas permitirem precisar a causa da morte e não houver necessidade de exame interno, para a verificação de alguma circunstância relevante.[837]

837. Exceção à autópsia: como já visto, havendo morte violenta, cujas causas são evidentes, dispensa-se o exame cauteloso das partes internas do cadáver, bastando o exame externo.

Art. 336

O mesmo procedimento será aplicado no caso de não existir infração penal a apurar. É o que ocorre nos casos de *morte natural*, que se divide em *patológica* (fruto de doença) e *teratológica* (originária de defeito congênito grave, que impossibilita a vida prolongada).

Fotografia de cadáver

> **Art. 336.** Os cadáveres serão, sempre que possível, fotografados na posição em que forem encontrados.[838-839]

838. Fotografia dos cadáveres: torna-se essencial para a verificação de uma série de fatores pertinentes à investigação instaurada, quando a morte é suspeita ou violenta. Pode-se, analisando as fotos, determinar se houve suicídio ou homicídio, bem como se constituiu um mero acidente. Embora não sejam as fotografias uma prova derradeira e suficiente, elas contribuem para a formação da convicção das autoridades que irão analisar o inquérito. Justamente porque as fotos são importantes, incumbe à autoridade policial militar dirigir-se ao local do crime, providenciando para que nada seja alterado até que os peritos cheguem para fotografar o corpo tal como encontrado.

839. Demais objetos das fotografias: além do cadáver, da forma como for achado, os peritos devem fotografar as lesões externas, o que significa, depois de extrair as primeiras fotos, descobrir o corpo, promovendo a aproximação do foco para registrar as lesões, os orifícios de entrada e saída dos projéteis, os demais sinais havidos, como as poças de sangue, zonas de chamuscamento, objetos deixados no local, entre outros. Tudo irá constituir importante fonte de prova para as partes, desde a demonstração da própria materialidade, até para a comprovação da autoria.

Identidade do cadáver

> **Art. 337.** Havendo dúvida sobre a identidade do cadáver, proceder-se-á ao reconhecimento pelo Instituto de Identificação e Estatística, ou repartição congênere, pela inquirição de testemunhas ou outro meio de direito, lavrando-se auto de reconhecimento e identidade, no qual se descreverá o cadáver, com todos os sinais e indicações.[840]

Arrecadação de objetos

> **Parágrafo único.** Em qualquer caso, serão arrecadados e autenticados todos os objetos que possam ser úteis para a identificação do cadáver.

840. Identificação do corpo: uma das providências essenciais para o reconhecimento do cadáver, quando houver dúvida, é a participação dos parentes e conhecidos. Entretanto, os modernos métodos de identificação permitem apurar com maior facilidade a identidade do morto, sem necessidade de inquirição de testemunhas ou outra prova menos segura.

Exumação

> **Art. 338.** Haverá exumação, sempre que esta for necessária ao esclarecimento do processo.[841-842]

Designação de dia e hora

> § 1.º A autoridade providenciará para que, em dia e hora previamente marcados, se realize a diligência e o exame cadavérico, dos quais se lavrará auto circunstanciado.

Indicação de lugar

> § 2.º O administrador do cemitério ou por ele responsável indicará o lugar da sepultura, sob pena de desobediência.[843]

Pesquisas

> § 3.º No caso de recusa ou de falta de quem indique a sepultura, ou o lugar onde esteja o cadáver, a autoridade mandará proceder às pesquisas necessárias, o que tudo constará do auto.

841. Exumação: significa desenterrar ou tirar o cadáver da sepultura. É um procedimento que necessita de autorização legal, não podendo ser feito sem causa. Havendo infração aos dispositivos legais que autorizam a exumação ou inumação, ocorre contravenção penal (art. 67 da Lei das Contravenções Penais). A exumação pode ser necessária para realizar-se a autópsia, quando surge dúvida sobre a ocorrência da *causa mortis*, o que até o momento do sepultamento não havia. Pode servir, ainda, para o refazimento da perícia ou para a complementação dos dados que os experts já colheram. Aliás, pode ser fruto do inconformismo de qualquer das partes diante de um exame malfeito, determinando o magistrado a reparação pelos peritos das falhas encontradas.

842. Inumação: significa enterrar ou sepultar. O artigo em questão cuida somente da exumação, embora também possa existir infração penal quando um corpo é sepultado sem autorização (art. 67 da Lei das Contravenções Penais).

843. Dever legal: trata-se de uma das raras hipóteses de imposição de dever a particular, no contexto criminal. Por isso, deixando de cumprir, responde por desobediência. Por outro lado, quando violar a sepultura, embora constitua fato típico, não é ilícito, pois se encontra no estrito cumprimento do dever legal.

Conservação do local do crime

> **Art. 339.** Para o efeito de exame do local onde houver sido praticado o crime, a autoridade providenciará imediatamente para que não se altere o estado das coisas, até a chegada dos peritos.[844]

844. Exame do local: trata-se do desdobramento natural da atribuição da autoridade policial militar, revelando-se, em grande número de casos, importante fonte de prova para o processo. Lamentavelmente, sabe-se que nem sempre a autoridade policial cumpre o determinado na lei processual, razão pela qual o lugar do crime é alterado de tal maneira que a

Art. 340

Código de Processo Penal Militar Comentado • **Nucci**

338

perícia torna-se inviável. Por outro lado, se não houver preservação do local, pode a perícia transformar-se em meio de desvirtuamento da verdade real.

Perícias de laboratório

> **Art. 340.** Nas perícias de laboratório, os peritos guardarão material suficiente para a eventualidade de nova perícia.[845-846]

845. Perícia de laboratório: é o exame especializado realizado em lugares próprios ao estudo experimental e científico. Assim, em muitos crimes, como ocorre com os delitos contra a saúde pública, é imprescindível que se faça o exame laboratorial, para que os peritos, contando com aparelhos adequados e elementos químicos próprios, possam apresentar suas conclusões. Ex.: exame toxicológico para detecção de substâncias entorpecentes proibidas; exame de dosagem alcoólica; exame de substância venenosa; exame de constatação de produto farmacêutico falsificado, dentre outros.

846. Contraprova: determina a lei que os experts, ao findarem o exame, guardem material suficiente do produto analisado, para a realização, se for o caso, da contraprova, que significa uma nova perícia para confirmar a primeira, quando nesta se encontrarem falhas insuperáveis, ou para que alguma das partes possa questionar a conclusão obtida pelos peritos, através de uma segunda verificação. A cautela de guardar o material examinado não possui um prazo certo estabelecido em lei, mas deve respeitar o limite do razoável, ou seja, no mínimo até que o juiz profira a sentença, embora o ideal seja aguardar o trânsito em julgado da decisão.

Danificação da coisa

> **Art. 341.** Nos crimes em que haja destruição, danificação ou violação da coisa, ou rompimento de obstáculo ou escalada para fim criminoso, os peritos, além de descrever os vestígios, indicarão com que instrumentos, por que meios e em que época presumem ter sido o fato praticado.[847-850]

847. Furto qualificado: como regra, o disposto neste artigo é utilizado no contexto do furto qualificado, nada impedindo que outra figura típica qualquer, prevendo a mesma situação, possa valer-se desta norma. É imperioso que, existindo rompimento ou destruição de obstáculo, possam os peritos atestar tal fato, pois facilmente perceptíveis. O mesmo se diga do furto cometido mediante escalada, ainda que, nesta hipótese, os rastros do crime possam ter desaparecido ou nem ter existido. Tal ocorrência não afasta, em nosso entender, a realização da perícia, pois o lugar continua sendo propício para a verificação. Ex.: caso o agente ingresse em uma casa pelo telhado, retirando cuidadosamente as telhas, recolocando-as depois do crime; pode ser que a perícia não encontre os vestígios da remoção, mas certamente conseguirá demonstrar que o local por onde ingressou o ladrão é alto e comporta a qualificadora da escalada. Sabe-se, por certo, que tal não se dá quando o agente salta um muro baixo, sem qualquer significância para impedir-lhe a entrada, algo que a perícia tem condições de observar e atestar. Por isso, as testemunhas somente podem ser aceitas para suprir a prova pericial, no caso da escalada, quando for para indicar o percurso utilizado pelo agente para ingressar na residência, mas não para concluir que o lugar é, de fato, sujeito à escalada, salvo se a casa tiver sido, por alguma razão, demolida. Em síntese, pois, o exame pericial é indispensável nesses dois casos (destruição ou rompimento de obstáculo e escalada), podendo ser suprido pela prova testemunhal somente quando os vestígios tiverem desaparecido por completo e o lugar se tenha tornado impróprio para a constatação dos peritos. Nessa visão: STJ: "O exame de corpo de delito direto, por expressa determinação legal, é indispensável nas infrações que deixam vestígios, podendo apenas supletivamente ser suprido pela prova testemunhal quando os vestígios tenham desaparecido. Portanto, se era possível sua realização, e esta não ocorreu de acordo com as normas pertinentes (art.159 do CPP), a prova testemunhal não supre sua ausência" (REsp 901.856-RS, 5.ª T., rel. Felix Fischer, 26.06.2007, v.u. O acórdão cuidava exatamente da hipótese de furto qualificado, com análise do disposto no art. 171, CPP).

848. Destruição e rompimento: *destruição* implica fazer desaparecer ou aniquilar, enquanto *rompimento* quer dizer partir, quebrar ou estragar. Assim, ao voltar-se contra um obstáculo, o agente poderá acabar com ele, fazendo-o sumir (destruição) ou simplesmente afastá-lo, danificando-o (rompimento). Em qualquer dos casos, a perícia tem condições de certificar-se disso. Excepcionalmente, como já se disse, a prova testemunhal pode suprir-lhe a falta.

849. Escalada: significa, em sentido estrito, subir em algum lugar. Admite-se, no entanto, para fins penais, que o agente ingresse no local desejado por meio impróprio, como, por exemplo, por túnel. Tal situação pode ser comprovada pela perícia. Se o agente deixar vestígios, como telhas quebradas – caso tenha entrado pelo telhado – o exame pericial é suficiente. Do contrário, podem os experts certificar a altura da casa e a localização das telhas, para, depois, as testemunhas narrarem que foi por este local que o agente invadiu a morada.

850. Conteúdo do exame pericial: devem os peritos descrever os vestígios (rastros deixados pela concretização do delito, como, por exemplo, os estilhaços do vidro espalhados pelo chão da casa invadida), indicando os instrumentos utilizados (quando possível, naturalmente), os meios e a época do ingresso. Note-se que a lei utiliza o termo "julgarem" neste último caso, deixando os peritos à vontade para exercerem um juízo de probabilidades, tecendo conjecturas. Pela experiência que detêm, podem estabelecer, aproximadamente, o momento da destruição ou do rompimento, que pode ser relevante para saber se ocorreu antes ou depois da subtração, o que irá provocar reflexo na aceitação ou não da qualificadora.

Avaliação direta

> **Art. 342.** Proceder-se-á à avaliação de coisas destruídas, deterioradas ou que constituam produto de crime.[851-852]

Avaliação indireta

> **Parágrafo único.** Se impossível a avaliação direta, os peritos procederão à avaliação por meio dos elementos existentes nos autos e dos que resultem de pesquisas ou diligências.[853]

851. Laudo de avaliação: como regra, nos crimes patrimoniais, efetua-se a avaliação do bem, determinando-se o seu valor de mercado, para apurar qual foi o montante do prejuízo causado à vítima. A finalidade e a aplicação do laudo são variadas, servindo para constatar se cabe a aplicação do privilégio no furto ou na apropriação ou se cabe o estelionato privilegiado, bem como para constatar se foi totalmente reparado o dano. Além disso, havendo o laudo de avaliação nos autos, torna-se mais fácil para o juiz, em oportunidade futura, determinar o

Art. 343

valor da reparação, que é devida à vítima, como, por exemplo, para a concessão do livramento condicional.

852. Coisas destruídas, deterioradas ou produto de crime: *coisas destruídas* são bens ou valores aniquilados ou extintos; *deterioradas* são as coisas estragadas ou degeneradas; *produto de crime* é a coisa que foi obtida pelo agente em decorrência de sua atuação criminosa. Nota-se que o artigo está fazendo menção a coisas que possuem valor econômico, tornando clara a origem patrimonial dos delitos. No furto, por exemplo, avalia-se o produto do crime, ou seja, aquilo que foi levado da vítima, fazendo-o por referência, uma vez que não mais estão presentes para a verificação do perito. Em outras situações, como no crime de dano, é possível que a coisa tenha sido destruída e também não esteja ao alcance do perito, que utilizará a comparação para fazer o laudo. Enfim, somente no caso de coisa deteriorada, apreendida, é que poderá o experto checar diretamente.

853. Avaliação direta e indireta: a melhor forma de proceder ao estabelecimento do valor de um bem é checando-o pessoal e diretamente. É a avaliação direta. Entretanto, em grande parte dos casos, a coisa subtraída, danificada ou destruída desaparece das vistas do perito, razão pela qual, como já dissemos, pode haver a elaboração do laudo por simples referência, valendo-se o experto de dados que coletou nos autos – como o estado de conservação da coisa, sua origem, idade etc. – além dos elementos que conseguir amealhar em suas diligências – checagem dos preços no mercado, através de revistas especializadas e consultores de um modo geral.

Caso de incêndio

> **Art. 343.** No caso de incêndio, os peritos verificarão a causa e o lugar em que houver começado, o perigo que dele tiver resultado para a vida e para o patrimônio alheio, e, especialmente, a extensão do dano e o seu valor, quando atingido o patrimônio sob administração militar, bem como quaisquer outras circunstâncias que interessem à elucidação do fato. Será recolhido no local o material que os peritos julgarem necessário para qualquer exame, por eles ou outros peritos especializados, que o juiz nomeará, se entender indispensáveis.[854]

854. Crime de incêndio: possui várias particularidades, que podem tornar a pena mais elevada ou mais leve. Algumas causas de aumento, como colocar fogo em casa habitada, em depósito de explosivo, em lavoura, dentre outras, precisam ser analisadas pelo experto. Aliás, o modo pelo qual o incêndio teve início, os instrumentos utilizados para causá-lo, bem como suas consequências, podem auxiliar na determinação se houve dolo ou culpa na conduta do agente. E mais: é viável determinar se a intenção do agente era causar um incêndio ou praticar um homicídio, conforme a maneira pela qual foi executado o ato criminoso. Por fim, é possível que se verifique tratar-se somente de um incêndio fortuito, portanto não criminoso.

Reconhecimento de escritos

> **Art. 344.** No exame para o reconhecimento de escritos, por comparação de letra, observar-se-á o seguinte:[855]
>
> *a)* a pessoa, a quem se atribua ou se possa atribuir o escrito, será intimada para o ato, se for encontrada;[856-857]

> b) para a comparação, poderão servir quaisquer documentos que ela reconhecer ou já tiverem sido judicialmente reconhecidos como de seu punho, ou sobre cuja autenticidade não houver dúvida;[858-859]

Requisição de documentos

> c) a autoridade, quando necessário, requisitará, para o exame, os documentos que existirem em arquivos ou repartições públicas, ou neles realizará a diligência, se dali não puderem ser retirados;[860]
>
> d) quando não houver escritos para a comparação ou forem insuficientes os exibidos, a autoridade mandará que a pessoa escreva o que lhe for ditado;[861]

Ausência da pessoa

> e) se estiver ausente a pessoa, mas em lugar certo, esta última diligência poderá ser feita por precatória, em que se consignarão as palavras a que a pessoa será intimada a responder.[862]

855. Reconhecimento de escritos: é o denominado exame grafotécnico (ou caligráfico), que busca certificar, admitindo como certo, por comparação, que a letra, inserida em determinado escrito, pertence à pessoa investigada. Tal exame pode ser essencial para apurar, por exemplo, o crime de estelionato ou de falsificação, determinando a autoria. Logicamente, da mesma maneira que a prova serve para incriminar alguém, também tem a finalidade de afastar a participação de pessoa cuja letra não for reconhecida. O procedimento acima pode ser utilizado, atualmente, como parâmetro para as perícias de escritos envolvendo datilografia ou impressão por computador. Nesse prisma: Mirabete, *Código de Processo Penal interpretado*, p. 257.

856. Intimação da pessoa interessada para o ato: a intimação tem por finalidade promover o comparecimento do pretenso autor do escrito a ser examinado para que possa reconhecer documentos diversos provenientes do seu punho, que servirão como padrão de comparação, ou para que forneça diretamente à autoridade material emanado de seu punho, conforme lhe for ditado. A autoridade policial, que normalmente conduz tal colheita, aproveitará frases e palavras semelhantes àquelas sobre as quais pende dúvida, mandando que o investigado as escreva várias vezes.

857. Proteção contra autoincriminação: ninguém é obrigado, segundo emana do sistema constitucional e é reconhecido pelo Supremo Tribunal Federal, a produzir prova contra si mesmo. Portanto, se o investigado é o suspeito ou indiciado, conforme orientação de sua defesa, pode preferir não fornecer o material para o exame ser realizado. Tal conduta jamais poderá ser considerada crime de desobediência, do contrário estar-se-ia subvertendo a ordem jurídica, obrigando o indivíduo a produzir prova contra seu próprio interesse. E se assim ocorresse, nada impediria que alguém fosse, um dia, obrigado a confessar, sob pena de responder por falso testemunho, o que iria consagrar a ilogicidade no campo da autodefesa. A lei prevê hipóteses para contornar a falta de colaboração do interessado, propiciando à autoridade que se valha de outros documentos emanados do punho do investigado, cuja autenticidade já tiver sido evidenciada em juízo ou por qualquer outro meio de prova em direito admitido. Além

Art. 344

Código de Processo Penal Militar Comentado • **Nucci**

disso, deverá requisitar documentos constantes de arquivos ou estabelecimentos públicos ou privados para proceder à comparação. Por outro lado, o indiciado ou suspeito poderá estar contribuindo para a formação de indício contra si mesmo. Embora não seja ele obrigado a formar prova contra sua pessoa, não possui, como ocorre com o direito ao silêncio, garantia expressa na Constituição, impedindo de ser levado em conta seu ato negando a colaboração. Enquanto no caso do direito ao silêncio, o texto constitucional assegura claramente a garantia, sem qualquer consequência negativa em retorno, a proibição da obrigação de se autoincriminar não é expressa, de modo que podem fluir consequências dessa atitude. Ninguém pode obrigar o suspeito a fornecer material grafotécnico, embora inexista proibição expressa para o juiz deixar de levar tal conduta em consideração, no conjunto geral de avaliação da prova. Aliás, antes do advento da Constituição de 1988 era o que se fazia, inclusive, com referência ao silêncio do réu ou indiciado, podendo o magistrado, à época, interpretar o fato em prejuízo da sua defesa.

858. Documentos judicialmente reconhecidos: procedendo ao exame comparativo, a autoridade pode valer-se de documentos cuja procedência já tenha sido judicialmente atestada como sendo do punho da pessoa investigada. É natural que se trata de prova emprestada, pois não se exige seja feito o reconhecimento de um documento em juízo, em processo específico, para que ele possa ser usado. Extrai-se de outro feito qualquer escrito para ser utilizado. Ex.: o contrato preenchido de próprio punho pelo investigado, juntado numa ação cível qualquer, para a prova de um direito e, nessa demanda, reconhecido como sendo seu.

859. Ausência de dúvida quanto à autenticidade: trata-se de fórmula genérica, passível de ser alcançada por todos os meios lícitos de produção de prova. Logo, até mesmo testemunhas podem indicar, sem sombra de dúvida, que determinado documento, a servir de padrão comparativo, emanou do punho do investigado.

860. Realização da diligência no local onde estão os documentos: trata-se de hipótese excepcional, mas que possui abrigo legal. A Lei 6.015/73 (Registros Públicos) dispõe que "os livros de registro, bem como as fichas que os substituam, somente sairão do respectivo cartório mediante autorização judicial" (art. 22). Por outro lado, a Lei 8.935/94 (Serviços Notariais) determina que "os livros, fichas, documentos, papéis, microfilmes e sistemas de computação deverão permanecer sempre sob a guarda e responsabilidade do titular de serviço notarial ou de registro, que zelará por sua ordem, segurança e conservação" e também que "se houver necessidade de serem periciados, o exame deverá ocorrer na própria sede do serviço, em dia e hora adrede designados, com ciência do titular e autorização do juízo competente" (art. 46 *caput* e parágrafo único). Portanto, diante do disposto nesses dois diplomas legais, os livros, fichas, documentos, papéis, microfilmes e sistemas de computação não serão retirados dos cartórios extrajudiciais para serem periciados, por qualquer razão. Devem os expertos ir ao local onde se encontram os objetos do exame, devidamente autorizados pelo Juiz Corregedor Permanente e com ciência do notário. É viável que o magistrado, presidindo o feito, onde se apura um crime relacionado a tais documentos e livros, determine a apresentação dos mesmos para a sua direta inspeção na Vara onde se encontra, se considerar imprescindível, *desde* que conte com a autorização do corregedor do cartório, como determina a lei. Do contrário, não sendo autorizada a saída dos objetos, poderá ir pessoalmente ao lugar onde estão para proceder à vistoria.

861. Produção de escrito pelo próprio investigado: como já abordado, trata-se de uma faculdade, pois ninguém é obrigado a produzir prova contra si mesmo, embora a negativa possa constituir-se indício válido para compor o quadro probatório. O ditado da autoridade policial deve ser feito de modo a evitar que o investigado simplesmente copie o conteúdo do documento sob análise. É preciso que sejam ditadas palavras semelhantes àquelas que constam no mencionado documento, mas não exatamente as mesmas. Nessa ótica, é importante mencionar a lembrança feita por Tourinho Filho de que "há o mau vezo de se mostrar o escrito a quem se suspeita seja o autor, determinando-lhe procurar, tanto quanto possível, reproduzi--lo. Trata-se, repetimos, de um mau costume. Existem pessoas que sabem imitar muito bem e que podem, portanto, dependendo do perito, conduzi-lo a erro" (*Código de Processo Penal comentado*, v. 1, p. 375).

862. Diligência por precatória: caso a pessoa investigada, que deva reconhecer o documento ou fornecer o material necessário para a perícia, resida em outra cidade, fora da área de atribuição da autoridade policial ou da competência do juiz, deverá ser expedida carta precatória (documento pelo qual o órgão policial ou judiciário solicita a outro a realização de um ato nos limites de sua área de atribuição ou competência territorial) para que a diligência possa concretizar-se.

Exame de instrumentos do crime

> **Art. 345.** São sujeitos a exame os instrumentos[863] empregados para a prática de crime, a fim de se lhes verificar a natureza e a eficiência[864] e, sempre que possível, a origem e propriedade.[865]

863. Instrumentos: são os objetos que servem de agente mecânico para a realização do crime. Ex.: revólver, faca, pedaço de madeira, estilete, entre outros.

864. Natureza e eficiência: *natureza* significa estabelecer a espécie e a qualidade. Ex.: determinar que o revólver é de calibre 38. *Eficiência* quer dizer a verificação de sua força ou eficácia para produzir determinado resultado. Ex.: estabelecer se o revólver está apto a desferir tiros. É importante tal prova, pois a arma utilizada pelo agente pode ser inapta para o fim almejado, sendo tal conclusão capaz até de gerar a hipótese do crime impossível, por absoluta ineficácia do meio.

865. Alcance do exame dos instrumentos do crime: por meio dessa análise, que não é indispensável, pois o instrumento pode perder-se ou ser ocultado pelo próprio agente após a prática da infração penal, chega a perícia a conclusões valiosas para a futura avaliação do quadro probatório a ser feita pelo magistrado – ou mesmo pelo Promotor na conclusão do inquérito. Investigando-se a arma do crime, é possível detectar, inclusive, se há impressão digital passível de identificar quem a empunhou, auxiliando na descoberta do autor, como pode ser realizado exame no material sanguíneo encontrado em uma faca, por exemplo, atestando-se se pertence à vítima ou não. Ressalte-se, ainda, a valia existente no exame do instrumento do crime para o fim de se determinar o grau da reação, no contexto da legítima defesa, concluindo-se pela moderação ou não. Enfim, há variada utilidade para esse exame, que, no entanto, caso esteja ausente dos autos, não conduz à nulidade. Nessa linha: Espínola Filho, *Código de Processo Penal brasileiro anotado*, v. 2, p. 558.

Precatória

> **Art. 346.** Se a perícia ou exame tiver de ser feito em outra jurisdição, policial militar ou judiciária, expedir-se-á precatória, que obedecerá, no que lhe for aplicável, às prescrições dos arts. 283, 359, 360 e 361.[866]

Art. 346

Parágrafo único. Os quesitos da autoridade deprecante e os das partes serão transcritos na precatória.

866. Exame por precatória: não somente a colheita de material para o exame grafotécnico pode ser feita por precatória, mas todo o exame pericial, cujo objeto ou material a ser analisado se encontre em Circunscrição diversa daquela onde se situa a autoridade policial ou o juiz. Como regra, nomeia o perito, sem qualquer intervenção das partes, livremente, o juiz ou a autoridade policial do local onde a diligência vai realizar-se, ou seja, do lugar deprecado. Tal disposição é correta, uma vez que, sendo o experto órgão auxiliar da justiça, tanto faz que seja nomeado pela autoridade deprecante ou pela deprecada. Ademais, a nomeação no juízo deprecado evita o deslocamento inútil do perito para outra cidade.

Capítulo VI
Das testemunhas[867-870]

867. Conceito de testemunha: é a pessoa que toma conhecimento de algo juridicamente relevante, podendo, pois, confirmar a veracidade do ocorrido, agindo sob o compromisso de estar sendo imparcial e dizendo a verdade.

868. Natureza jurídica: no processo penal, é meio de prova, tanto quanto a confissão, os documentos, a perícia e outros elementos.

869. Classificação das testemunhas: entendemos não ser cabível classificar as testemunhas, como sustentam alguns, em diretas (aquelas que viram fatos) e indiretas (aquelas que souberam dos fatos por intermédio de outras pessoas), próprias (as que depõem sobre fatos relativos ao objeto do processo) e impróprias (as que depõem sobre fatos apenas ligados ao objeto do processo), numerárias (que prestam compromisso), informantes (que não prestam o compromisso de dizer a verdade) e referidas (aquelas que são indicadas por outras testemunhas). Testemunhas são pessoas que depõem sobre fatos, sejam eles quais forem. Se viram ou ouviram dizer, não deixam de ser testemunhas, dando declarações sobre a ocorrência de alguma coisa. A pessoa que presencia um acidente automobilístico, por exemplo, narra ao juiz os fatos, tais como se deram na sua visão. Qualquer depoimento implica uma dose de interpretação indissociável da avaliação de quem o faz, significando, pois, que, apesar de ter visto, não significa que irá contar, exatamente, *como* tudo ocorreu. Por outro lado, quando a testemunha depõe sobre o que ouviu dizer de outra pessoa, continua a declarar um fato, isto é, está narrando aquilo que lhe contou um terceiro, não deixando de ser isso uma ocorrência. Entre uma situação e outra, a mudança se dá no contexto da avaliação da prova, ou seja, o instrumento para demonstrar ao juiz a veracidade de algo. O depoimento de uma pode ser mais valioso que o de outra, embora a testemunha esteja sempre depondo sobre fatos dos quais *diretamente* tomou conhecimento. Quanto às denominadas próprias e impróprias, todas depõem sobre fatos dos quais tiveram notícia, sejam tais ocorrências objetos principais do processo, sejam objetos secundários. Logo, não merecem ser chamadas de próprias (adequadas, exatas, convenientes ou autênticas) e impróprias (inadequadas, inexatas, inconvenientes ou não autênticas). No mais, informantes não são testemunhas, como veremos na nota seguinte. *Numerária* é somente uma adjetivação indevida para a testemunha, quando arrolada pela parte. Afinal, dentro da *classificação* proposta, a testemunha, cuja inquirição foi determinada de ofício pelo juiz, seria numerária (aquela que presta compromisso) ou informante (a pessoa que não está compromissada)? Se ela prestar compromisso, tornar-se-ia *numerária*, embora não houvesse qualquer *número* ao qual estivesse vinculada, pois o magistrado pode ouvir tantas pessoas quanto achar necessário para o seu convencimento. Quanto à testemunha *referida*, trata-se somente de uma adjetivação, mas não uma classificação. Por isso, preferimos considerar como testemunha, genericamente, a pessoa que dá o seu depoimento imparcial sobre um fato.

870. Informante ou declarante: é a pessoa que informa ou fornece um parecer acerca de algo, sem qualquer vínculo com a imparcialidade e com a obrigação de dizer a verdade. Por isso, o informante não presta compromisso, razão pela qual não deve ser considerado uma testemunha, ainda que a disciplina sobre a sua inquirição esteja sendo tratada no capítulo pertinente às testemunhas. Aliás, se alguém merece a qualificação de *testemunha imprópria* é o informante.

Notificação de testemunhas

> **Art. 347.** As testemunhas serão notificadas em decorrência de despacho do auditor ou deliberação do Conselho de Justiça, em que será declarado o fim da notificação e o lugar, dia e hora em que devem comparecer.[871]

Comparecimento obrigatório

> § 1.º O comparecimento é obrigatório, nos termos da notificação, não podendo dele eximir-se a testemunha, salvo motivo de força maior, devidamente justificado.[872]

Falta de comparecimento

> § 2.º A testemunha que, notificada regularmente, deixar de comparecer sem justo motivo, será conduzida por oficial de justiça e multada pela autoridade notificante na quantia de 1/20 (um vigésimo) a 1/10 (um décimo) do salário mínimo vigente no lugar. Havendo recusa ou resistência à condução, o juiz poderá impor-lhe prisão até 15 (quinze) dias, sem prejuízo do processo penal por crime de desobediência.[873]

871. Notificação e intimação: segundo já expusemos, não vemos diferença, para fins processuais penais, entre ambos os institutos. A *intimação* pode significar a ciência que se dá de algum ato processual à parte ou a convocação para algo, como se faz com a testemunha para comparecer em juízo. A *notificação*, segundo cremos, no processo penal, tem o mesmo fim, embora alguns busquem apontar que seria o ato pelo qual se convoca alguém.

872. Comparecimento obrigatório: ninguém se exime de colaborar com o Poder Judiciário, mormente na esfera penal, onde se apura a verdade real. A testemunha, quando intimada (notificada) *deve* comparecer, mesmo que seja para afirmar sua impossibilidade de depor, por suspeição, por exemplo. A ausência somente é aceita em caso excepcional, por motivo de força maior. Mesmo assim, pode não ir a uma determinada audiência, mas deve comparecer em outra data.

873. Sanções à testemunha faltosa: se devidamente intimada, não comparecer, deixando de apresentar justo motivo, o juiz determina a sua condução coercitiva, que se faz por meio

Art. 348

Código de Processo Penal Militar Comentado • Nucci

do oficial de justiça (se necessário, com força policial). Além disso, recebe uma multa. A parte final do artigo demonstra que, havendo recusa ou resistência quanto à condução coercitiva, o magistrado pode impor prisão de até 15 dias, sem prejuízo do processo por desobediência. Não se adequa à atual ordem constitucional a referida *prisão de até 15 dias*, aplicada sem o devido processo legal, como se fosse uma penalidade administrativa. Por isso, pode-se apenas processar a testemunha por desobediência.

Oferecimento de testemunhas

> **Art. 348.** A defesa poderá indicar testemunhas, que deverão ser apresentadas independentemente de intimação, no dia e hora designados pelo juiz para inquirição, ressalvado o disposto no art. 349.[874]

874. Comparecimento independente de intimação: cuida-se de *faculdade* da defesa apresentar seu rol de testemunhas, alegando que elas comparecerão em juízo, independentemente de intimação. Porém, assim agindo, caso não estejam presentes na audiência, considera-se ter havido desistência de sua oitiva por parte da defesa. Desse modo, quando elas forem realmente importantes, devem ser arroladas com pedido expresso para a sua intimação; se não forem no dia marcado, poderá a defesa requerer a sua condução coercitiva, insistindo na sua inquirição. Não se pode interpretar o conteúdo deste artigo como sendo uma *obrigação* da defesa apresentar suas testemunhas em audiência *sem qualquer intimação*, pois seria um desequilíbrio nítido entre as partes. Enquanto o órgão acusatório teria à sua disposição o aparato judicial para intimar e forçar o comparecimento das testemunhas arroladas, a defesa teria que levar as suas a juízo por seus próprios meios. Tal medida é incompatível com o princípio da ampla defesa.

Requisição de militar ou funcionário

> **Art. 349.** O comparecimento de militar,[875] assemelhado, ou funcionário público será requisitado ao respectivo chefe, pela autoridade que ordenar a notificação.[876]

Militar de patente superior

> **Parágrafo único.** Se a testemunha for militar de patente superior à da autoridade notificante, será compelida a comparecer, sob as penas do § 2.º do art. 347, por intermédio da autoridade militar a que estiver imediatamente subordinada.[877]

875. Requisição de militar ao seu superior: para a regularidade da inquirição de militar, evitando-se que sejam perturbados no exercício de suas peculiares funções, dentro dos quartéis, onde não se admite a entrada de civis, é imprescindível que o juiz o requisite à autoridade superior. Se não comparecer, sem motivo justificado, torna-se a proceder à requisição, podendo o magistrado determinar a intimação pessoal do superior para que faça a apresentação, sob pena de desobediência.

876. Intimação do funcionário público: faz-se pessoalmente, como no caso das demais testemunhas. Entretanto, para a regularidade do ato, é preciso que o juiz faça a comunicação ao seu superior, que irá providenciar a sua substituição, no dia da audiência. Assim, não basta a intimação do funcionário, sendo imprescindível a requisição ao superior. Se esta não for feita, está o intimado desobrigado de comparecer. Trata-se de interesse público, pois a ausência do funcionário, sem qualquer aviso, poderá inviabilizar algum serviço essencial prestado à população. O superior possui, portanto, tempo suficiente para providenciar a continuidade da atividade, quando lhe é comunicada a futura ausência do subordinado.

877. Hierarquia: tendo em vista que a testemunha militar deve ser requisitada para comparecimento em juízo, o ofício segue ao seu oficial superior; este, sim, pode determinar o seu comparecimento, sob pena de ser conduzida, sofrer multa e ser processada.

Dispensa de comparecimento

> **Art. 350.** Estão dispensados de comparecer para depor:
>
> *a)* o presidente e o vice-presidente da República, os governadores e interventores dos Estados, os ministros de Estado, os senadores, os deputados federais e estaduais, os membros do Poder Judiciário e do Ministério Público, o prefeito do Distrito Federal,[878] e dos Municípios, os secretários dos Estados, os membros dos Tribunais de Contas da União e dos Estados, o presidente do Instituto dos Advogados Brasileiros e os presidentes do Conselho Federal e dos Conselhos Seccionais da Ordem dos Advogados do Brasil, os quais serão inquiridos em local, dia e hora previamente ajustados entre eles e o juiz;[879]
>
> *b)* as pessoas impossibilitadas por enfermidade ou por velhice, que serão inquiridas onde estiverem.[880]

878. Governador do Distrito Federal: não existe Prefeito no Distrito Federal, mas sim Governador (art. 32, § 2.º, CF), a quem se aplica o disposto neste artigo.

879. Acerto de data: as autoridades e ocupantes de certos cargos gozam da prerrogativa de ajustar com o juízo militar o local, o dia e a hora para a sua inquirição. O ideal é que possam ir depor no fórum, não obrigando as partes a se deslocarem a lugar distante e estranho. Na legislação processual penal comum, algumas autoridades podem optar pelo depoimento por escrito, tal como o Presidente da República (art. 221, 1.º, CPP). Esta possibilidade não foi prevista para o contexto militar.

880. Deslocamento do juiz: de maneira acertada, possibilita-se a colheita do depoimento de pessoas enfermas ou idosas no local onde se encontrem, desde que estejam realmente *impossibilitadas* de ir ao fórum. Portanto, não se trata de qualquer doença ou simplesmente por se tratar de idoso; a enfermidade necessita ser grave e impedir a locomoção, o mesmo se exigindo da idade avançada, sem condições de movimentação.

Capacidade para ser testemunha

> **Art. 351.** Qualquer pessoa[881] poderá ser testemunha.[882-883]

881. Pessoa: trata o artigo da pessoa natural, isto é, o ser humano, homem ou mulher, capaz de direitos e obrigações. Dispensa-se, neste caso, a pessoa jurídica, pois, ao prestar depoimento, compromissa-se a testemunha a dizer a verdade, sob pena de responder pelo crime de

Art. 352

falso testemunho. Tendo em vista que a responsabilidade penal, salvo expressa disposição em contrário, concerne somente à pessoa humana, não há possibilidade de se considerar a pessoa jurídica testemunha de qualquer coisa. Aliás, o próprio ato de dar uma declaração implica a viabilização por meio de uma pessoa natural.

882. Diversidade das pessoas que podem ser testemunhas: a norma processual é bastante clara ao estipular que *toda* pessoa pode ser testemunha, não se podendo excluir senão os sujeitos que o próprio Código permite seja feito (arts. 354 e 355, CPPM). Assim, as pessoas consideradas de má reputação (prostitutas, drogados, travestis, marginais, entre outras), imaturas, interessadas no deslinde do processo (amigos ou inimigos do réu, policiais que fizeram a prisão em flagrante, autoridades policiais que concluíram o inquérito, indiciando o acusado, entre outras), mitômanas, emotivas ou de qualquer outro modo afetadas, podem ser testemunhas, devidamente compromissadas, embora o juiz tenha plena liberdade para avaliar a prova produzida. Uma prostituta pode não ser a testemunha ideal para um caso de rufianismo, tornando-se suspeita, embora possa narrar, com imparcialidade, um homicídio presenciado. O mesmo se diga dos policiais que efetuaram a prisão do réu. Enfim, não se pode colocar impedimento gratuito a qualquer pessoa para atuar como testemunha, salvo quando a própria lei assim o determine.

883. Corréu: não pode ser testemunha, pois não presta compromisso, nem tem o dever de dizer a verdade. Entretanto, quando há delação (assume o acusado a sua culpa e imputa também parte dela a outro corréu), sustentamos poder haver reperguntas do defensor do corréu delatado, unicamente para aclarar pontos pertinentes à sua defesa. Nesse caso, haverá, durante o interrogatório, um momento propício a isso ou, então, marcará o juiz uma audiência para que o corréu seja ouvido em declarações, voltadas, frise-se, a garantir a ampla defesa do delatado e não para incriminar de qualquer modo o delator. Sobre a impossibilidade de se arrolar como testemunha o corréu: TJSP: "Impedimento decorrente do direito daquele de se manter em silêncio. Inteligência do art. 5.º, LXIII, da Constituição da República. Exclusão do rol de testemunhas determinada. Correição parcial deferida. É inadmissível a inquirição de corréu como testemunha de outro acusado" (Correição parcial 247.297-SP, 2.ª C., rel. Silva Pinto, 02.03.1999, m.v., *JUBI* 20/98).

Declaração de testemunha

> **Art. 352.** A testemunha deve declarar seu nome, idade, estado civil, residência, profissão e lugar onde exerce atividade, se é parente, e em que grau, do acusado e do ofendido, quais as suas relações com qualquer deles,[884] e relatar o que sabe ou tem razão de saber, a respeito do fato delituoso narrado na denúncia e circunstâncias que com o mesmo tenham pertinência, não podendo limitar o seu depoimento à simples declaração de que confirma o que prestou no inquérito.[885] Sendo numerária ou referida,[886] prestará o compromisso de dizer a verdade sobre o que souber e lhe for perguntado.[887-889]

Dúvida sobre a identidade da testemunha

> § 1.º Se ocorrer dúvida sobre a identidade da testemunha, o juiz procederá à verificação pelos meios ao seu alcance, podendo, entretanto, tomar-lhe o depoimento desde logo.[890]

Não deferimento de compromisso

> § 2.º Não se deferirá o compromisso aos doentes e deficientes mentais, aos menores de 14 (quatorze) anos, nem às pessoas a que se refere o art. 354.[891-892]

Contradita de testemunha antes do depoimento

> § 3.º Antes de iniciado o depoimento, as partes poderão contraditar[893] a testemunha ou arguir circunstâncias ou defeitos que a tornem suspeita de parcialidade ou indigna de fé.[894] O juiz fará consignar a contradita ou arguição e a resposta da testemunha, mas só não lhe deferirá compromisso ou a excluirá, nos casos previstos no parágrafo anterior e no art. 355.[895]

Após o depoimento

> § 4.º Após a prestação do depoimento, as partes poderão contestá-lo, no todo ou em parte, por intermédio do juiz, que mandará consignar a arguição e a resposta da testemunha, não permitindo, porém, réplica a essa resposta.[896]

884. Recusa da testemunha em fornecer dados qualificadores ou grau de parentesco ou afinidade: entendemos tratar-se de crime de desobediência, se houver dolo e, portanto, a nítida vontade de desatender e desprestigiar a autoridade do funcionário do Estado, que colhe tais dados, fundamentado em lei. Reserva-se a figura típica da contravenção penal do art. 68 do Decreto-lei 3.688/41 para recusas meramente voluntárias, embora sem o ânimo de afrontar a administração, isto é, sem a clara intenção de *desobedecer* a ordem legal de funcionário público. As contravenções, segundo o disposto no art. 3.º, do mesmo decreto-lei, são punidas pela mera ação ou omissão voluntária, salvo quando o dolo ou a culpa expressamente integrar o tipo penal. Não é o caso presente. Assim, a pessoa que negar ao policial, na via pública, por exemplo, seus dados para evitar ser arrolada como testemunha de um acidente qualquer, pode responder pela contravenção. A testemunha que, em juízo ou na polícia, é alertada, claramente, da sua obrigação de se qualificar, para a segurança da administração da justiça, recusando-se a fazê-lo e ciente das consequências, deve responder por crime e não por mera contravenção penal. Sustentando configurar a recusa em fornecer dados qualificadores o crime de falso testemunho, está a lição de Tornaghi: "A obrigação de dizer a verdade se refere não só ao fato sobre o qual a testemunha depõe, como também à qualificação dela, testemunha. A lei brasileira pune a ação de fazer afirmação falsa, negar ou calar a verdade, sem distinguir" (*Compêndio de processo penal*, t. III, p. 889).

885. Confirmação de anterior depoimento: é vedada a mera ratificação de declaração anteriormente prestada em qualquer feito, podendo tratar-se do inquérito policial ou de outro processo. É imprescindível que a testemunha narre, com suas palavras, tudo o que sabe diretamente ao juiz. Afinal, nem seria possível processá-la por falso testemunho se o depoimento é uma ratificação singela de anterior declaração.

886. Numerária e referida: *numerária* é a testemunha que consta do rol das partes, respeitando-se o *número* legal máximo; *referida* é a testemunha mencionada no depoimento de outra.

887. Compromisso: a norma processual penal menciona que a testemunha *prestará o compromisso de dizer a verdade*. Trata-se do *compromisso* de dizer a verdade ou do *juramento*. O magistrado, antes do depoimento, deve *compromissar* a testemunha, tornando claro o seu dever de dizer somente a verdade, sob pena de ser processada por falso testemunho. Trata-se de formalidade legal, demonstrando à pessoa a ser ouvida o dever jurídico imposto: dizer a

Art. 352

Código de Processo Penal Militar Comentado • **Nucci**

verdade a qualquer custo. A importância do compromisso é vital para o depoente responder, eventualmente, pelo crime de falso testemunho. Embora a matéria não seja pacífica, ao contrário, é extremamente polêmica – alguns defendendo que somente com compromisso pode a testemunha responder pelo delito de falso testemunho e outros sustentando que o compromisso é *pro forma*, respondendo sempre pelo crime aquele que faltar com a verdade – cremos que o Código de Processo Penal Militar foi bem claro ao prever testemunhas, prestando o compromisso e com o dever de narrar tudo o que sabem, distintas de meros informantes. Por outro lado, fixou o entendimento de que há outros indivíduos, ouvidos como meros declarantes, sem o compromisso, por fatores variados. Na jurisprudência, confira-se a importância do compromisso: TJDF: "Considera-se violada a garantia prevista no inciso LXIII do art. 5.º da Constituição Federal, se a paciente, *somente no encerramento de suas declarações* prestadas a Promotor de Justiça, foi advertida de que estaria a incorrer na prática de fato tipificado como crime" (HC 2005.00.2.004040-DF, 2.ª T., rel. designado Getulio Pinheiro, 18.08.2005, m.v., *Boletim AASP* 2.493, p. 1.263).

888. Testemunha de *ouvir dizer:* trata-se de autêntico testemunho. Cabe ao juiz analisar a narrativa, conferindo-lhe a credibilidade merecida, pois a testemunha está contando um fato que, com relação ao delito, é conseguido por intermédio de outra pessoa. Por vezes, pode ser de maior valor um depoimento dado por testemunha que ouviu algo, preciso e relevante, de outra pessoa, do que a declaração de quem tomou conhecimento direto do fato delituoso, embora de maneira desatenta, dando margem a um depoimento pobre de elementos e inútil. O mais importante, nesse tipo de depoimento, é buscar a fonte do *ouvir dizer*, impedindo-se que a testemunha baseie-se em meros e infiéis boatos, sem causa, sem origem e sem possibilidade de comprovação. O direito não pode dar crédito a fofocas e rumores, muito embora tenha pleno cabimento a narrativa do sujeito que esteve com uma testemunha presencial do crime, por exemplo, momentos antes de ela ser brutalmente assassinada, tomando conhecimento de tudo.

889. Recusa em depor: é crime de falso testemunho e não desobediência, como sustenta parte da doutrina. O tipo penal do falso testemunho é claro ao preceituar que, comete o delito a testemunha ao *calar a verdade*. Assim, sabendo o havido em relação ao fato delituoso e negando-se a prestar depoimento está, na prática, calando (emudecendo, ficando em silêncio) e deixando de narrar a verdade. Seria muito fácil à testemunha escapar de uma pena maior (falso testemunho) para atingir uma menor (desobediência), ao se calar. O despropósito seria evidente, pois o que fala e mente responderia por falso e o que permanece em silêncio, trazendo idêntico prejuízo à descoberta da verdade real, responderia por desobediência, levando-se, ainda, em conta ser o objeto jurídico protegido, no caso do falso testemunho, justamente a administração da justiça, lesionada pela mudez da testemunha.

890. Identidade da testemunha: algo raro de acontecer é a inexistência ou dúvida quanto à identidade da testemunha. Em primeiro lugar, o órgão acusatório arrola pessoas já ouvidas no inquérito – logo, devidamente identificadas. Quanto à defesa, igualmente, arrola pessoas do seu conhecimento. Porém, se houver a dúvida, ouve-se a pessoa e, na sequência, cuida o juízo de providenciar a sua perfeita identificação.

891. Impedimento legal para o compromisso: o juramento de dizer a verdade, formador do perfil de testemunha, *não será realizado* no tocante aos doentes e deficientes mentais, aos menores de 14 anos e às pessoas referidas no art. 354 (o ascendente ou descendente, o afim em linha reta, o cônjuge, mesmo que separado, o irmão e o pai, a mãe, ou o filho adotivo do acusado). Se for indispensável ouvir qualquer um deles, será inquirido como mero informante.

892. Deferimento do compromisso feito pelo juiz: trata-se de mera irregularidade, não sendo motivo capaz de gerar nulidade. Entretanto, como já visto, é preciso que as partes, estando presentes, impugnem eventual compromisso que o magistrado queira impor a tais pessoas. Não o fazendo, não poderão alegar, mais tarde, que o pai do réu, por exemplo, foi obrigado pelo juiz a depor *sob compromisso* de dizer a verdade, prejudicando seu filho.

893. Contradita: é a impugnação ou objeção apresentada pela parte, geralmente, em relação à testemunha arrolada pelo adversário. Diz respeito, especificamente, às pessoas que não podem depor (art. 355, CPPM) ou às que não devem ser compromissadas (art. 352, § 2.º, CPPM). Nada impede que, excepcionalmente, a parte que arrolou a testemunha apresente contradita ao juiz. Exemplo disso é a atuação do Promotor de Justiça, arrolando, na denúncia, para prestar depoimento, o médico que cuidou do réu, embora outro representante do Ministério Público compareça à audiência. Constatando a irregularidade do depoimento, que está em vias de se realizar, nada obstaculiza a apresentação da contradita ao magistrado para excluir a testemunha, dentro da independência funcional, regente da sua atuação e visando a não produção de prova ilícita, em face do sigilo imposto. As partes, tendo acesso aos dados de qualificação da testemunha, previamente passados no rol, ou então pelo que colhem no momento em que a pessoa os fornece ao magistrado, podem arguir qualquer impedimento, falsa identidade ou outro motivo, de forma a tornar a testemunha impedida de depor ou de fazê-lo sob compromisso.

894. Suspeição ou indignidade: não deixam tais hipóteses de configurar, também, uma contradita, isto é, uma impugnação à testemunha a ser ouvida. Entretanto, os elementos são diversos. Chama-se de *arguição de defeitos* a contestação à imparcialidade ou confiabilidade da testemunha. Assim, circunstâncias (situações específicas ou particularidades) ou defeitos (deficiências ou vícios) podem cercar a testemunha, devendo ser esses aspectos devidamente ressaltados ao juiz. Não para que sejam impedidas de depor ou para que o façam sem o compromisso de dizer a verdade, mas para que o magistrado fique ciente do que cerca a pessoa a ser ouvida, dando ao seu depoimento valoração cuidadosa. Se a testemunha é amiga íntima do réu (circunstância que a envolve, comprometendo sua imparcialidade) ou já foi condenada por falso testemunho (defeito que a torna indigna de fé), é natural que a parte deseje que o julgador tome conhecimento de tais situações para não crer, integral e ingenuamente, na narrativa. Embora pareça, à primeira vista, que a lei foi contraditória, exigindo o compromisso de dizer a verdade de quem pode ser parcial ou não confiável, é preciso destacar que, no processo penal, vigendo a verdade real, deve-se buscá-la a todo custo, razão pela qual até mesmo o amigo íntimo do acusado ou a pessoa já condenada por falso tem o *dever* de dizer a verdade, sujeitando-se às penas do crime de falso testemunho se não o fizer. Entretanto, ainda assim, nada impede que o magistrado saiba com quem está lidando para a posterior avaliação da prova. Nesse prisma, está a posição de Cabral Netto: "A contradita, em si, não dá causa à não audiência da testemunha. Ao Juiz cabe consignar a contradita e a resposta da testemunha, compromissando-a e inquirindo-a a seguir. O valor de seu testemunho será, então, verificado quando da sentença de mérito, em face da prova carreada para o processo e dos termos da contradita" (*Instituições de processo penal*, p. 128).

895. Procedimento para a contradita: após a qualificação da testemunha, a parte interessada solicitará a palavra, pela ordem, ao juiz para manifestar a sua impugnação, que será devidamente reduzida a termo. Em seguida, o magistrado, em homenagem ao contraditório, ouve a parte contrária. Passa, então, a indagar da testemunha, a respeito dos fundamentos da contradita realizada. Se a pessoa confirmar os dados que impugnam seu depoimento, o juiz a afastará ou colherá seu depoimento sem o compromisso. Não confirmando, é possível que a

Art. 353

parte impugnante deseje provar o alegado. Para tanto, pode apresentar, no ato, documentos a respeito ou levar à presença do juiz testemunhas que possam, em breve depoimento, confirmar o conteúdo da contradita. Sanado o incidente, o depoimento será ou não colhido, com ou sem o compromisso.

896. Contestação do depoimento: cuida-se de figura particular da legislação processual penal militar, embora de significativo interesse. Considerando-se que a testemunha pode responder por falso testemunho, pode a parte interessada impugnar o conteúdo do depoimento, apontando ao magistrado contradições e incoerências. A testemunha, ciente disso, tem a oportunidade de voltar atrás, refazer o que disse ou manter a declaração. Após, não mais haverá replica. Segundo dispõe este parágrafo, consignam-se, nos autos, a arguição feita e a alegação da testemunha, tudo para posterior análise do magistrado e do tribunal, em grau de recurso.

Inquirição separada

> **Art. 353.** As testemunhas serão inquiridas cada uma de per si, de modo que uma não possa ouvir o depoimento da outra.[897]

897. Depoimentos prestados em separado: é a correta regra processual adotada. A imparcialidade do depoimento da testemunha vincula-se, especialmente, ao fato de uma não saber o que outra está dizendo ou já declarou. Por isso, os prédios dos fóruns buscam manter salas específicas para as testemunhas ficarem, antes dos seus depoimentos – e, excepcionalmente, depois, quando houver necessidade de uma acareação, por exemplo. Dentro desse espírito, complementa Bento de Faria, com o que concordamos, que "para maior segurança, as testemunhas deveriam ser ouvidas imediatamente e no mesmo dia, o que, realmente, possa, talvez, ser difícil. Daí a impossibilidade de evitar que, *fora do Juízo*, umas comuniquem as outras o teor dos seus depoimentos. Mas, se tal se provar, não caberá, a meu ver, ser aceita a deposição de quem assim procurou pautá-la pelas declarações de outrem" (*Código de Processo Penal*, v. 1, p. 313).

Obrigação e recusa de depor

> **Art. 354.** A testemunha não poderá eximir-se da obrigação de depor.[898] Excetuam-se o ascendente, o descendente, o afim em linha reta, o cônjuge, ainda que desquitado,[899] e o irmão do acusado, bem como pessoa que, com ele, tenha vínculo de adoção, salvo quando não for possível, por outro modo, obter-se ou integrar-se a prova do fato e de suas circunstâncias.[900-903]

898. Obrigação de depor: a própria lei impõe à testemunha – pessoa que tomou conhecimento de fato relevante para o processo – o *dever* de testemunhar. Não se trata de um direito, mas de uma obrigação, passível de punição em caso de negativa. Como já analisamos em nota anterior, a recusa implica calar-se diante do juiz, omitindo a verdade que sabe sobre um fato, configurando, então, o crime de falso testemunho. Aliás, esse é um dos motivos pelos quais não se deve processar a pessoa que se recusa a depor, por desobediência, visto partir a ordem para depor diretamente da lei e não do juiz. Logo, se algo foi desobedecido, é a lei e não o funcionário público.

899. Desquitado: leia-se, a pessoa separada judicialmente. Cremos que, tendo havido o divórcio – à época da edição do Código de Processo Penal Militar era inexistente no Brasil –, o vínculo está dissolvido, de modo que a pessoa não mais tem o direito de se recusar a depor.

900. Recusa legal a depor: autoriza a lei escapem determinadas pessoas da obrigação de depor e, consequentemente, de falar a verdade do que sabem a respeito de fatos relevantes do processo. São indivíduos vinculados intimamente ao réu, dos quais não se pode exigir o esforço sobre-humano de ferirem a quem amam. Concordamos, plenamente, com o ensinamento de Espínola Filho: "Compreende-se que, pelo interesse evidente na sorte de quem é acusado num processo criminal, o seu cônjuge, os seus ascendentes e descendentes, consanguíneos ou afins, os seus pais, ou filhos adotivos, os seus irmãos, não podem, sem contrassenso e desumanidade (além de uma exigência estulta e ineficiente), ser forçados a um compromisso de dizer a verdade, mesmo contra aquele, podendo levá-lo à condenação, e, pois, quando se não dispensem, totalmente, do comparecimento essas pessoas, por ocorrer a hipótese encarada no final do art. 206, são ouvidas como elementos, que apenas se consideram capazes de prestar informações úteis à justiça, mas prevenido, de antemão, o juiz sobre a impossibilidade de contar com uma completa isenção de ânimo de tais informantes, por isso mesmo isentas do compromisso" (*Código de Processo Penal brasileiro anotado*, v. 3, p. 96-97). No máximo, como se verá em nota seguinte, podem ser ouvidos como informantes, sem o compromisso. Lembremos que os laços de parentesco e afinidade devem ser constatados no momento do depoimento e não na data do fato criminoso.

901. Alerta do juiz: o magistrado, antes de iniciada a colheita das declarações das pessoas enumeradas neste artigo, deve advertir o parente ou cônjuge do réu de que não está ele obrigado a depor. Abrindo mão desse direito, poderá favorecer ou prejudicar o acusado. Caso não haja tal alerta, mera irregularidade, pode a parte interessada intervir, solicitando que tal advertência seja feita e o direito da pessoa a ser ouvida, respeitado. Se as partes não interferirem, nem o juiz fizer o alerta e as declarações forem colhidas, deve-se considerá-las meras informações, sem o caráter de um depoimento.

902. Cônjuge ou companheiro(a): abrigada a união estável entre o homem e a mulher como *entidade familiar* (art. 226, § 3.º, CF), é preciso estender esse direito também ao companheiro ou companheira da pessoa acusada, por uma questão de lógica e justiça. No caso presente, busca-se evitar o constrangimento de uma pessoa, vinculada intimamente ao réu, em especial pelos laços de família, ser obrigada a prestar depoimento contra quem ama e com quem divide a vida. Não se trata de norma penal, prevendo uma figura típica incriminadora, nem tampouco escusas, imunidades ou proteções à prática de crimes, quando o termo "cônjuge" ganha relevo especial, não se admitindo qualquer emprego de analogia, sob pena de se colocar em risco a segurança gerada pelo princípio da legalidade. Ao contrário, em processo penal militar, admite-se a aplicação analógica, inexistindo prejuízo. No mesmo caminho: Mirabete (*Código de Processo Penal interpretado*, p. 285). Havendo dúvida quanto à existência da união estável, para justificar a recusa de alguém a depor, faz-se prova, pelos meios admissíveis, antes do início do depoimento. Poderá, pois, a parte interessada levar testemunhas para a prova do alegado, que serão ouvidas no termo, somente para apontar a união existente entre a pessoa arrolada e o réu ou ré.

903. Impossibilidade de obtenção ou integração da prova do fato e de suas circunstâncias: a norma processual faz uma expressa ressalva ao direito de recusa das pessoas intimamente vinculadas ao réu, que é a impossibilidade (situação irrealizável, sem outra opção) de se obter (alcançar ou conseguir) ou de se integrar (completar ou inteirar) a prova do fato (entenda-se este como a imputação principal feita ao acusado – tipo básico) e de suas circunstâncias (tipo derivado e outras circunstâncias, como agravantes e atenuantes) de outro modo, senão ouvindo tais indivíduos. Nota-se, pois, como sempre afirma a doutrina, inexistir direito absoluto, sendo indispensável a existência de harmonia entre direitos e deveres. As-

Art. 355

Código de Processo Penal Militar Comentado • **Nucci**

sim, é possível que um crime tenha sido cometido no seio familiar, como ocorre com várias modalidades de delitos passionais, tendo sido presenciado pelo filho do réu, que matou sua esposa. A única pessoa a conhecer detalhes do ocorrido é o descendente, razão pela qual o juiz não lhe permitirá a escusa de ser inquirido. Tal pessoa, no entanto, não será ouvida sob o compromisso de dizer a verdade, mas como mero informante. Se insistir em calar-se, deve ser processado por desobediência. Não cabe o falso testemunho, pois o filho do réu é informante e não testemunha. Deve o magistrado cercar-se de cautela nessa avaliação, deixando de exigir de parentes do acusado declarações indevidas, simplesmente porque considerou indispensável o que, efetivamente, não é. Assim, caso o marido mate a mulher no meio da rua, existindo várias outras testemunhas, não é cabível que se exija do filho de ambos (acusado e vítima) as declarações. Para tranquilizar a pessoa, emocionalmente vinculada à causa, mas cuja oitiva é necessária, o juiz deve alertá-la de que a sua inquirição é fundamental para o processo, podendo o declarante falar livremente. Nem o obriga a prestar juramento de dizer a verdade, que é ilegal, nem o alerta de que pode mentir, algo antiético. Deixa-o à vontade para contar o que sabe.

Proibição de depor

> **Art. 355.** São proibidas[904] de depor as pessoas que, em razão de função,[905] ministério,[906] ofício[907] ou profissão,[908] devam guardar segredo, salvo se, desobrigadas pela parte interessada,[909] quiserem dar o seu testemunho.[910-911]

904. Proibição de depor: não se trata, neste caso, de mera faculdade ou direito, mas de imposição legal a determinadas pessoas, que, em razão da sua qualidade, não podem prestar depoimento, nem declarações. O sigilo lhes é exigência, em nome de interesses maiores, igualmente protegidos pela norma processual penal. Nessa circunstância, ressalte-se, trata-se de outra exceção ao princípio da verdade real, pois não se vai extrair qualquer prova de pessoas de quem se espera segredo e jamais divulgação. A obrigação de guardar sigilo advém de normas específicas, regulamentos, costumes, estatutos etc.

905. Função: trata-se do conjunto de atividades inerentes a determinado cargo, emprego ou serviço, demandando objetivos determinados, bem como um certo preparo. Ex.: o programador de computação autônomo, que presta serviços a escritórios de advocacia, deve guardar sigilo sobre o encontrado no banco de dados do computador, de quem lhe contrata o serviço, justamente porque o profissional interessado também possui idêntica obrigação. Não pode, pois, prestar depoimento, como testemunha, sobre documentos dos quais tomou conhecimento por ocasião do desempenho do seu contrato de trabalho. O mesmo se diga do escrevente que acompanhou uma audiência em segredo de justiça ou que manipula os autos de um processo qualquer.

906. Ministério: é o exercício de uma atividade religiosa, com regularidade, implicando no contato sigiloso com pessoas que, em função da fé, narram seus problemas, crédulas no segredo do ato. Ex.: padres, pastores, bispos, rabinos, entre outros.

907. Ofício: é o desempenho de uma ocupação manual ou mecânica, que exige habilidade, constituindo ou não atividade profissional. Ex.: a secretária, o auxiliar de escritório ou o arquivista do escritório de advocacia, tomando conta com provas sigilosas do causídico, tem o dever de guardar sigilo sobre elas, não lhe sendo possível depor a esse respeito.

908. Profissão: é a atividade especializada, que demanda preparo e habilitação técnica, de onde se extrai a subsistência. Ex.: advogado ou médico, que devem guardar segredo sobre os assuntos ouvidos de seus clientes ou pacientes.

909. Liberação do dever de guardar sigilo: a norma prevê a possibilidade de a parte interessada na mantença do segredo desobrigar o seu detentor para prestar o depoimento, sendo, nessa hipótese, devidamente compromissado. Aliás, a parte final do artigo estipula que a pessoa dará o seu *testemunho*, caso seja possível. Assim, o empregado do escritório de advocacia pode ser liberado pelo profissional e pelo cliente interessado, para que narre algum fato relevante a respeito do que viu e ouviu, na sua função ou ofício. O mesmo se dá com o psicólogo, liberado pelo paciente, a contar, em juízo, os detalhes da terapia aplicada ao interessado.

910. Caso peculiar do advogado: estipula o Estatuto da Advocacia ser direito do advogado "recusar-se a depor como testemunha em processo no qual funcionou ou deva funcionar, ou sobre fato relacionado com pessoa de quem seja ou foi advogado, *mesmo quando autorizado ou solicitado pelo constituinte*, bem como sobre fato que constitua sigilo profissional" (art. 7.º, XIX, com grifo nosso). Portanto, o advogado tem o direito de não depor como testemunha, ainda que seu cliente o libere do dever de sigilo e mesmo que seu depoimento produza algum interesse para o constituinte. Trata-se de medida salutar, pois o causídico deve ser o único censor da sua possibilidade de prestar declarações. Afinal, muitas vezes, a liberação do dever de guardar segredo é *pro forma*, isto é, provocada por alguém – inclusive por autoridade policial ou judiciária – interessado em formar prova contra o cliente que, com temor de parecer culpado pela negativa de desobrigação, termina concordando com o depoimento de seu ex-defensor, por exemplo.

911. Impossibilidade de liberação: há casos em que a desobrigação pela *parte interessada* não pode produzir efeito, porque o dever de guardar sigilo interessa à sociedade e não a alguém determinado. É o caso, por exemplo, do juiz que ouve a confissão de um réu no interrogatório que preside. Não pode, ainda que desobrigado pelo acusado, depor em outro processo, afirmando ser verdadeira ou falsa a confissão prestada. O interesse é público de que o magistrado preserve o sigilo funcional.

Testemunhas suplementares

> **Art. 356.** O juiz, quando julgar necessário, poderá ouvir outras testemunhas, além das indicadas pelas partes.[912-916]

Testemunhas referidas

> § 1.º Se ao juiz parecer conveniente, ainda que não haja requerimento das partes, serão ouvidas as pessoas a que as testemunhas se referirem.[917]

Testemunha não computada

> § 2.º Não será computada como testemunha a pessoa que nada souber que interesse à decisão da causa.[918]

912. Produção de prova testemunhal de ofício: trata-se de decorrência do princípio da busca da verdade real, vigente no processo penal, além de ser, ainda, consequência do princípio do impulso oficial. Prática comum, devendo ser evitada, é a burla ao número legal imposto às partes, produzindo-se, por intermédio do juiz, sem qualquer fundamento ou necessariedade

Art. 356

Código de Processo Penal Militar Comentado • **Nucci**

356

real, a inquirição de maior número de testemunhas do que o fixado em lei. Assim, por vezes, o representante do Ministério Público arrola suas oito testemunhas na denúncia e, na mesma peça, "indica" ao magistrado as testemunhas que deverão ser ouvidas como "do juízo". Sem qualquer análise mais detida, o juiz defere o rol agigantado e inclui na audiência a inquirição das referidas testemunhas, extrapolando o número legal. Tomando ciência, a defesa, inconformada, arrola, também, mais testemunhas do que o permitido, quando, então, pode acabar sendo surpreendida por decisão do juiz, indeferindo sua oitiva, a pretexto de que a avaliação da necessidade é exclusivamente sua. Em síntese: o magistrado somente pode saber se a inquirição de determinadas pessoas, além daquelas arroladas pelas partes, é importante, depois de produzir a prova testemunhal padrão. Ademais, deferir de imediato a oitiva de testemunhas do juízo, somente porque arroladas pela acusação, termina por fornecer razões para a defesa exigir o mesmo tratamento. Assim, o disposto neste artigo não se deve tornar instrumento de desigualdade no processo, mas sim de autêntica busca da verdade real. Merece o magistrado avaliar a prova que detém, *após* a sua produção, como regra, para decidir quantas pessoas mais vai ouvir e quais são as verdadeiramente relevantes, indicadas pelas partes. Reservar-se para decidir acerca das testemunhas do juízo, após o início da instrução, é a solução mais adequada e prudente. Na jurisprudência: TRF-4.ª Região: "1. Não há falar em nulidade da prova emprestada quando o juízo submete o referido material probatório ao contraditório. 2. A faculdade conferida pelo art. 209 do CPP ao magistrado penal decorre, consoante o escólio de Guilherme de Souza Nucci (*Código de Processo Penal Comentado*. São Paulo: RT, 2006, p. 464), 'do princípio da busca da verdade real, vigente no processo penal, além de ser, ainda consequência do princípio do impulso oficial" (TRF-4.ª Região, ACR 2008.70.02.007084-7-PR., 8.ª T, rel. Paulo Afonso Brum Vaz, 30.09.2009, m.v.).

913. Conveniência da oitiva: envolve somente as testemunhas fora do número legal permitido à parte, de modo que o magistrado não pode indeferir a inquirição de quem quer que seja, tempestivamente arrolado pela acusação ou pela defesa, a pretexto de ser depoimento irrelevante. Somente poderá fazê-lo, em se tratando de pessoa impedida de depor. Caso a intenção da parte seja unicamente procrastinar o término da instrução, arrolando pessoa que nada sabe sobre os fatos, o juiz tem instrumentos suficientes para contornar o problema. Lembremos que inquirições por precatória devem ser deferidas com prazo certo. Ultrapassado este, pode o juiz julgar o feito, independentemente do retorno da deprecata. Quando se tratar de pessoa a ser intimada dentro da própria Comarca, cumpre ao magistrado providenciar celeridade para sua inquirição. Indeferir, no entanto, está fora de seu poder instrutório. Em igual posição, sugerindo o recurso da correição parcial, para corrigir tal procedimento indevido do juiz, está Mirabete: *Código de Processo Penal interpretado*, p. 289.

914. Momento para ouvir as testemunhas do juízo: cremos deva ser realizada a inquirição, como regra, após o término da produção da prova requerida pelas partes. Antes do julgamento, pois, é o instante adequado para avaliar a conveniência de ouvir outras pessoas, além daquelas arroladas pela acusação e pela defesa. Entretanto, não pensamos seja essa uma regra absoluta. Pode o juiz, vislumbrando a necessidade de ouvir determinada pessoa, que fornecerá subsídios para a demonstração da autoria, por exemplo, fazê-lo diretamente na audiência de instrução, após as testemunhas de acusação e de defesa. Outra possibilidade é ouvir as testemunhas do juízo ao término da instrução, convertendo-se o julgamento em diligência, designando-se audiência específica para tanto. Tanto é verdade não haver norma absoluta nesse cenário, que o julgamento em plenário do júri, cuja instrução se dá regida pelo princípio da concentração, não comporta a avaliação da necessidade de ouvir uma testemunha do juízo somente ao término da instrução. Se o Conselho de Sentença sentir a necessidade de ouvir alguém, que já poderia ter sido inquirido por ordem do juiz, como testemunha do juízo, inviabilizado estará o julgamento. Caso tal situação ocorra, será preciso dissolver o Conselho, marcar nova data e determinar o juiz a intimação da pessoa a ser ouvida, como se do juízo fosse, renovando-se a longa instrução em plenário. Mais uma vez, deve prevalecer o bom senso do magistrado que, vislumbrando a importância da prova, determina a sua oitiva, a ser feita no plenário, diante dos jurados, mesmo antes de findar a instrução. Sustentando seja feita a inquirição apenas ao término da instrução e antes do julgamento, está o posicionamento de Tourinho Filho: *Comentários ao Código de Processo Penal*, v. 1, p. 415-416. Na jurisprudência: STF: "A 1.ª Turma, por maioria, indeferiu *habeas corpus* em que se pleiteava a anulação de ação penal desde a audiência de oitiva de testemunhas, ao argumento de que testemunha, não arrolada na denúncia, teria sido ouvida, em primeiro lugar, pelo juízo processante. De início, ao salientar a condenação definitiva do paciente a 2 anos de reclusão por furto qualificado, substituída por pena restritiva de direitos e multa, observou-se não estar prejudicado o *writ*. No ponto, apurou-se, em contato com o juízo da execução, que a pena ainda não teria sido totalmente solvida, a possibilitar, caso não cumprida, eventual conversão em pena privativa de liberdade. Registrou-se que a primeira testemunha inquirida – patrulhador que abordara o paciente – realmente não fora arrolada na denúncia, comparecera à audiência e o juízo a ouvira como sua testemunha. Enfatizou-se que o CPP e a teoria jurídica processual penal não determinariam uma ordem necessária para a oitiva de testemunha do juízo. Avaliou-se que sua inquirição em momento anterior teria favorecido a defesa. Realçou-se a ausência de indicação de eventual prejuízo. Constatou-se, ainda, a preclusão da matéria, haja vista a presença, naquele momento, de defensora do réu, a qual, de acordo com o termo de deliberação da audiência, não teria impugnado imediatamente a inquirição da testemunha ou oferecido resistência ou oposição a esse fato, nem interposto recurso. O Min. Ricardo Lewandowski ressaltou que a busca da verdade real pelo juízo criminal permitiria uma atuação com certa amplitude, sendo possível ao juiz ouvir, como se fossem suas, tanto as testemunhas arroladas a destempo pelas partes quanto quaisquer outras. Vencido o Min. Marco Aurélio que deferia o *writ* ao fundamento de que o devido processo legal, no que se refere ao direito de defesa, seria sagrado e que a nulidade seria absoluta. Entendia desnecessária, ao versar matéria sobre o exercício do direito de defesa, a demonstração do prejuízo, por reputá-lo presumido, não obstante reconhecer que o próprio título condenatório poderia consistir certidão judicial pública desse prejuízo. Considerava, ainda, a possibilidade de oitiva nos termos do art. 209 do CPP, mas não na forma realizada no caso presente, em que a acusação indicara extemporaneamente a testemunha, segundo a decisão do STJ, tendo o juiz afastado a inércia do Estado, ao ouvi-la sob a roupagem de testemunha do juízo" (HC 95.319-SP, 1.ª T., rel. para acórdão Dias Toffoli, 19.10.2010, m.v.).

915. Perda do prazo oportuno para a parte arrolar a testemunha: pode ser suprido pelo juiz, sem dúvida. Embora a parte não tenha mais o *direito* de exigir a oitiva de determinada pessoa, não arrolada no momento propício, é importante não olvidar que, no processo penal, vigora a busca da verdade real, passível de realização com eficácia, caso o magistrado participe ativamente da colheita das provas realmente interessantes ao deslinde da causa. Assim, se a testemunha não foi arrolada pela acusação (na denúncia) ou pela defesa (na defesa prévia), pode haver a sugestão ao juiz para ouvi-la, ficando ao seu prudente critério deferir ou não.

916. Reinquirição de testemunha já ouvida: é possível, conforme o critério judicial. Se ao magistrado cabe o poder de determinar a inquirição de pessoa não arrolada pelas partes, é natural poder ouvir, novamente, qualquer testemunha já inquirida, para formar o seu convencimento. Entretanto, resguardados devem ser os princípios do contraditório e da ampla defesa, razão pela qual é preciso designar audiência específica para tal propósito, intimando-se

Art. 357

Código de Processo Penal Militar Comentado • Nucci

as partes e permitindo-se reperguntas dos interessados. Não se trata de ato privativo do juiz, pois não se está em procedimento inquisitório.

917. Inquirição das testemunhas referidas: trata-se de outra hipótese de oitiva de testemunhas do juízo, pois o critério de deferimento é, exclusivamente, do magistrado. Entretanto, quando alguma testemunha arrolada pela parte fizer expressa referência a pessoa não constante no rol das partes, nem tampouco nos autos do inquérito, é preciso que o magistrado tenha sensibilidade suficiente para avaliar a conveniência e a necessidade de ouvi-la. A inquirição descontrolada de várias pessoas, somente porque foram citadas por outras, produz *excesso de prova*, conturbando a instrução e provocando o inconveniente de obrigar o julgador ou o tribunal a ler volumes inteiramente inúteis para o desfecho da causa. Tal situação não contribui para a descoberta da verdade real, podendo, isto sim, ocultá-la diante da complexidade inútil atingida pela instrução. Por outro lado, o mero indeferimento, a pretexto de estar o magistrado satisfeito com a prova produzida até então, poderá privar futura avaliação de importante prova por tribunal superior ou por outro juiz, caso o feito seja anulado e submetido a novo julgamento, sob a competência de julgador diverso. Insista-se, pois, que a prudência do juiz na colheita da prova é fundamental para o *devido processo legal*.

918. Cômputo de testemunha: refere-se, naturalmente, ao rol oferecido pelas partes, que possuem um número preestabelecido pela lei. Não se pode considerar que este parágrafo diga respeito ao juiz e às testemunhas do juízo, pois estas não podem ser limitadas. Como regra, pois, as partes somente podem substituir suas testemunhas, caso elas não sejam encontradas, mas é preciso destacar que, havendo a inquirição de pessoas que nada sabem sobre os fatos, frustrando a parte que a arrolou, deve o magistrado permitir a substituição. Mais uma vez a cautela se impõe, para não haver burla ao espírito da lei. Se o órgão acusatório arrola para depor uma pessoa já ouvida no inquérito, nada dizendo de relevante, não pode pretender substituí-la, após sua inquirição em juízo. Sabendo do conteúdo do depoimento, previamente, arrolou-a porque quis e não houve surpresa alguma. Entretanto, pode a acusação fiar-se no depoimento de pessoa inserida no Boletim de Ocorrência que, no entanto, não foi ouvida ao longo do inquérito. Nessa hipótese, desconhecendo totalmente o conteúdo da narrativa da testemunha, verificando-se que absolutamente nada sabe sobre os fatos interessantes à decisão da causa, pode o acusador pedir a substituição ao juiz, visto ser a letra da lei clara: *não será computada como testemunha* a pessoa que nada souber, permitindo-se, assim, o complemento do rol, dentro do número máximo permitido. Quanto à defesa, diga-se o mesmo. Arrolando pessoa desconhecida, inserida num documento qualquer, por exemplo, mas que decepciona ao ser ouvida, pode a parte pedir a substituição. Situação diversa ocorrerá, caso arrole pessoa indicada pelo próprio réu, que nada saiba. Agiu desse modo por sua própria conta e risco, não lhe sendo permitido exigir a substituição.

Manifestação de opinião pessoal

> **Art. 357.** O juiz não permitirá que a testemunha manifeste suas apreciações pessoais, salvo quando inseparáveis da narrativa do fato.[919]

919. Apreciação pessoal da testemunha: é vedada, como regra. O conceito de testemunha é incompatível com a emissão de opinião pessoal acerca de um fato. Entretanto, há situações que não prescindem da avaliação subjetiva do depoente. O juiz deverá dar o crédito merecido à opinião emitida. Difícil saber se alguém está ou não nervoso ou emocionado, complexa é a prova da velocidade excessiva para o local onde ela se desenvolve, intrincada é a avaliação do estado de embriaguez de alguém, sem o exame médico ou de laboratório. Assim, em muitas situações, torna-se essencial ouvir a apreciação pessoal da testemunha. Se houvesse vedação total a esse tipo de depoimento, seria impossível ouvir as chamadas *testemunhas de antecedentes*, que prestam, em grande parte, a sua opinião a respeito da sua conduta social e de sua personalidade. Embora creiamos que, muitas das chamadas testemunhas de antecedentes, de fato, não poderiam nem ter o rótulo de *testemunhas*, porque prestam depoimentos orquestrados e dissociados da realidade, entendemos que nem toda prova testemunhal se volta à avaliação da materialidade e da autoria, pois, para a fixação da pena, exige a lei avaliação do juiz, em cada caso concreto, da personalidade, da conduta social, dos motivos, dentre outros fatores subjetivos, dizendo respeito a tais depoimentos. Como saber se o acusado é bom pai ou marido, sem ouvir seus familiares e conhecidos? Como atestar ter ou não o réu boa conduta social, sem ouvir pessoas do seu bairro ou do seu ambiente de trabalho? Enfim, o que existe é prova malfeita, mas a responsabilidade por tal situação é dos profissionais do direito (juízes, promotores e advogados), que compactuam com tais falaciosos depoimentos, e não da legislação. Assim, da mesma forma que vários advogados insistem em arrolar *testemunhas* inconsistentes, cuja missão é unicamente elogiar, de qualquer modo, o réu, muitos promotores não se preocupam em arrolar outras, com a tarefa de contrapor-se a tais depoimentos, nem tampouco chegam a participar ativamente da colheita dessas declarações. Já tivemos a oportunidade de presidir audiências em que o Promotor, inconformado com a superficialidade dos depoimentos das testemunhas de antecedentes oferecidas pela defesa, começou a reperguntar com tamanha precisão que abalou a testemunha, resultando, pois, na transformação do conteúdo da sua narrativa, terminando ela por contar que o réu, de fato, nunca foi boa pessoa e era pessimamente considerado em sua comunidade. Por outro lado, juízes também têm responsabilidade, por ignorar por completo tais depoimentos em suas decisões, visto que pouco individualizam a pena. Afinal, se todos agissem com detalhismo na colheita da prova, não haveria tantas críticas a enfrentar nesse contexto. Pensamos, pois, deverem ser as testemunhas de antecedentes ou de conduta social mantidas com tal designação, embora as finalidades de sua inquirição não sejam fazer prova da materialidade ou da autoria, mas sim do grau de reprovação social do fato e do réu, por ocasião de eventual condenação, influindo na quantificação da pena.

Caso de constrangimento da testemunha

> **Art. 358.** Se o juiz verificar que a presença do acusado, pela sua atitude, poderá influir no ânimo de testemunha, de modo que prejudique a verdade do depoimento, fará retirá-lo, prosseguindo na inquirição, com a presença do seu defensor. Neste caso, deverá constar da ata da sessão a ocorrência e os motivos que a determinaram.[920]

920. Presença influenciadora do réu: buscando o processo penal a verdade real e firmando a lei que a testemunha deve ser o mais imparcial possível no seu relato, é natural e lógico que o distúrbio eventualmente causado pela presença do réu – com singelos gestos, olhares ameaçadores, constantes falas ao seu advogado, inquietude na cadeira – pode constranger o depoente a ponto de prejudicar sua narrativa. Nesse caso, o juiz pode determinar a retirada do acusado da sala de audiências, permanecendo, somente, o seu defensor. A sensibilidade do magistrado, agindo de ofício, associada ao pedido formulado por qualquer das partes – e também diretamente pela testemunha ou pela vítima –, pode determinar a saída do réu do recinto. É evidente que algumas ameaças podem ter sido proferidas muito antes da realização da audiência, razão pela qual a testemunha, somente por ver o acusado na sala, constrange-se

Art. 359

e começa a titubear, vacilar, gaguejar e dar mostras de nítido incômodo. Sem nada perguntar à testemunha – o que somente aumenta o seu constrangimento – o juiz pode determinar a retirada do acusado da sala. Por outro lado, é defeso ao juiz ou aos funcionários do Judiciário e às partes, antes mesmo do depoimento ter início, perguntar se a pessoa a ser ouvida prefere fazê-lo com ou sem a presença do réu na sala. Ora, nessa hipótese, longe de se afigurar uma proteção, torna-se uma agressão gratuita contra o direito de acompanhar a instrução, que todo réu possui. A testemunha (ou o ofendido) pode optar pela ausência do réu do recinto por medida de cautela ou por pura ingenuidade, imaginando que, se a pergunta foi feita, é porque pode existir algum perigo. Não deve, pois, o magistrado imiscuir-se na atuação da testemunha, impingindo-lhe um temor inexistente, mas também não deve ignorar sua clara manifestação de inquietude diante da presença do acusado. Na jurisprudência: TJSC: "Partindo da premissa de que a presença do acusado na audiência de inquirição das testemunhas decorre do princípio da ampla defesa, na medida em que deverá conhecer as provas contra si produzidas, sobretudo quando há possibilidade de esclarecimento de determinado ponto mediante a formulação de perguntas ao final, a sua eventual dispensa amparada no art. 217 do CPP deverá preceder de fundamentação judicial idônea, que deverá se amparar em dados concretos no sentido de que a presença do réu pode se reputar danosa à própria persecução da verdade real" (AP. Crim. 2008.030351-5 – SC, 2.ª C., rel. Salete Silva Sommariva, 26.05.2010, v.u.).

Expedição de precatória

> **Art. 359.** A testemunha que residir fora da jurisdição do juízo poderá ser inquirida pelo auditor do lugar da sua residência, expedindo-se, para esse fim, carta precatória, nos termos do art. 283, com prazo razoável, intimadas as partes,[921] que formularão quesitos, a fim de serem respondidos pela testemunha.[922-924]

Sem efeito suspensivo

> § 1.º A expedição da precatória não suspenderá a instrução criminal.[925]

Juntada posterior

> § 2.º Findo o prazo marcado, e se não for prorrogado, poderá realizar-se o julgamento, mas, a todo tempo, a carta precatória, uma vez devolvida, será junta aos autos.[926]

921. Intimação das partes: firmou-se jurisprudência no sentido de que basta a intimação das partes da expedição da carta precatória, cabendo ao interessado diligenciar no juízo deprecado a data da realização do ato, a fim de que, desejando, possa estar presente. Cremos acertada essa providência, a despeito de posições em sentido contrário (por todos, Tourinho Filho, *Comentários ao Código de Processo Penal*, v. 1, p. 426-429). A complexidade dos serviços judiciários e a burocracia reinante recomendam que o juiz deprecante comunique formalmente às partes a remessa da precatória e nada mais. Incumbe-lhes, a partir daí, as diligências necessárias para obter os dados da audiência. Não nos parece providência insuperável, nem tampouco dificultosa. O Ministério Público, possuindo o seu representante em cada Comarca, pode estabelecer contato e passar dados específicos do caso, a fim de que as devidas reperguntas sejam feitas. O advogado tem ao seu dispor, também, os serviços prestados pela Ordem dos Advogados do Brasil, que poderia diligenciar no juízo deprecado, através da subseção respectiva ou de seção irmanada, a data da audiência, remetendo-a ao colega interessado. No mais, havendo a ausência do advogado interessado, sempre será nomeado um defensor *ad hoc* para acompanhar o ato e fazer as reperguntas cabíveis. Essas providências são muito mais viáveis e rápidas, do que exigir que o juízo deprecado designe uma audiência com celeridade e, ao mesmo tempo, providencie um ofício, comunicando ao deprecante a data da realização do ato. Este, por sua vez, recebendo o ofício semanas ou meses depois – o que vem ocorrendo diante das longas distâncias e lentos serviços cartorários no Brasil – para providenciar a intimação das partes, sai em busca da intimação almejada. Sem dúvida, após a edição da Lei 11.419/2006, tratando da informatização do processo judicial, essa situação tende a ser alterada. Poderá, pois, o juízo deprecado, por meio eletrônico, intimar os interessados acerca da data designada para a audiência (art. 4.º). Entretanto, como no processo criminal, o representante do Ministério Público e o defensor público ou dativo precisam ser intimados pessoalmente, entendemos deva, ainda, prevalecer a intimação feita dessa forma, no juízo deprecante, em relação à expedição da precatória. Após, o juízo deprecado, a título de mera complementação, providenciaria a intimação por meio eletrônico, sem prejuízo das providências das partes para diligenciar a respeito da data marcada, como acima exposto. A publicação eletrônica também foi regulada: "A publicação eletrônica na forma deste artigo [art. 4.º, § 2.º, Lei 11.419/2006] substitui qualquer outro meio e publicação oficial, para quaisquer efeitos legais, à exceção dos casos que, por lei, exigem intimação ou vista pessoal". Por isso, continuaria não bastando, quanto ao defensor público ou dativo e ao representante do Ministério Público, a intimação por meio eletrônico, providenciada pelo juízo deprecado. Assim, esta última modalidade (meio eletrônico) deve ser considerada, para fins de precatória, mera complementação. A propósito, veja-se o conteúdo da Súmula 155 do Supremo Tribunal Federal: "É relativa a nulidade do processo criminal por falta de intimação da expedição de precatória para inquirição de testemunha". Portanto, se até mesmo a intimação da expedição constitui nulidade somente reconhecível após a demonstração de efetivo prejuízo, o que dizer da intimação da data designada para a realização do ato? Cremos ser, de fato, prescindível. Assim tem sido a orientação do STF: HC 79.446-SP, 2.ª T., rel. Mauricio Corrêa, 21.09.1999, v.u., *DJ* 26.11.1999, p. 85. Editou-se, ainda, a Súmula 273 do Superior Tribunal de Justiça: "Intimada a defesa da expedição da carta precatória, torna-se desnecessária intimação da data da audiência no juízo deprecado".

922. Depoimento por carta precatória, de ordem ou rogatória: quando a testemunha residir em Circunscrição diversa daquela onde deva ser ouvida, a fim de se evitar seu deslocamento, muitas vezes por longas distâncias e a elevados custos, determina a lei seja expedida carta precatória (solicitação feita a juiz de igual nível) e carta de ordem (determinação feita por magistrado de instância superior a outro, de instância inferior, quando, na espécie, o ato poderia ser realizado diretamente pelo competente).

923. Falso testemunho cometido em carta precatória: o foro competente é o do juízo deprecado. Tal se dá porque o crime de falso testemunho é formal, ou seja, consuma-se ao final do depoimento, quando a testemunha o assinar, não dependendo da produção de qualquer efetivo resultado danoso – o que seria típico dos delitos materiais.

924. Presença do réu no juízo deprecado para a inquirição das testemunhas: é dispensável, conforme o caso. Há duas posições a esse respeito: a) a jurisprudência, majoritariamente, vem reconhecendo que a presença do réu, no juízo deprecado, é dispensável, podendo

Art. 359

Código de Processo Penal Militar Comentado • **Nucci**

ser colhido o depoimento somente com a participação da acusação e da defesa técnica; b) grande parte da doutrina insurge-se contra esse procedimento, argumentando que a ampla defesa e o contraditório ficam arranhados, inexistindo razão para haver dois métodos: garantir a presença do réu no juízo natural da causa e torná-la irrelevante no juízo deprecado. Afirma Antonio Magalhães Gomes Filho que tal situação de dispensa configura "inequívoca e grave violação do contraditório, pois a defesa ampla, assegurada pela Constituição, exige não somente que os atos instrutórios sejam praticados na presença e com a participação do defensor técnico, mas também que seja assegurado ao acusado o direito de participar pessoalmente dos mesmos; aliás, é ele, acusado, quem presumivelmente teve contato direto com os fatos e possui melhores condições para fornecer ao advogado as informações necessárias para a definição da linha de perguntas e reperguntas à testemunha; se está custodiado, não pode ter esse direito cerceado e a irregularidade, no caso, diz respeito à infringência de normas constitucionais (garantias da ampla defesa e do contraditório) e da disposição da Convenção Americana sobre Direitos Humanos (art. 8, 2, letra *f*), que assegura o direito de inquirir as testemunhas, devendo dar lugar ao reconhecimento de nulidade *absoluta*" (*Direito à prova no processo penal*, p. 154-155). Em idêntico prisma, Antonio Scarance Fernandes (*Processo penal constitucional*, p. 71). Preferimos, nesse caso, sustentar posição intermediária. Nem sempre a presença do réu no juízo deprecado é indispensável. Devemos observar que o processo penal não pode ficar alheio à realidade do país continental como o Brasil. Além disso, temos seriíssimas deficiências em nosso sistema judiciário. Atualmente, para haver a simples transferência de um réu, preso, por exemplo, na Região Norte para a Região Sul, demora-se período impressionante, atingindo vários meses, quiçá anos. Logo, são muitos os casos de instruções paralisadas e de acusados detidos provisoriamente sem julgamento, por longos períodos, porque não se realiza a sua transferência para o distrito da culpa. Nada disso, por certo, justifica massacrar o direito à audiência, nem tampouco o direito à ampla defesa e ao contraditório, embora tenhamos que buscar soluções razoáveis para atender à nossa realidade, deixando de sustentar o inatingível. Por isso, quando o réu está respondendo a um processo em determinada localidade, é de todo conveniente que se providencie a sua transferência para essa Comarca, a fim de que possa acompanhar a instrução. No mínimo, precisa ser apresentado para tal finalidade, mesmo que continue preso em outro lugar. Entretanto, imagine-se o caso de alguém respondendo a processo em São Paulo e arrolando testemunhas em todo o Brasil, certo de que o Estado jamais conseguirá, a tempo, remeter precatórias para esses lugares, *garantindo* a sua presença para acompanhar a audiência. Estará plantando, propositadamente, uma nulidade no processo, com o que não se pode aquiescer. Para que estar presente durante o depoimento de testemunhas de antecedentes, por exemplo? Que grande auxílio poderá prestar, no local, ao seu advogado, que não possa ser feito de antemão? Cremos que, na maior parte dos casos, é dispensável ser o réu apresentado, no juízo deprecado, para ouvir uma ou outra pessoa, mormente quando não se refira diretamente a um depoimento essencial para o deslinde da causa. Fazemos, no entanto, ressalva a tal postura, quando estivermos diante de um depoimento a envolver o reconhecimento do réu. Se alguém for ouvido em outra Comarca e necessitar-se do reconhecimento, para que a autoria seja provada, parece-nos que o Estado deve garantir a presença do réu para tal finalidade, pois o reconhecimento por fotografia é extremamente claudicante e nem mesmo é previsto em lei. Em conclusão, nesses casos, deve prevalecer o bom senso, evitando-se que o impossível seja atingido, ou seja, *garantir* a presença do réu em todas as audiências deprecadas, em qualquer ponto do Brasil, bem como não se pode extrair do acusado o direito inexorável de estar, face a face, com a pessoa que pretende reconhecê-lo como autor de crime grave. A ausência do réu na audiência do juízo deprecado, pois, para nós, pode constituir-se nulidade relativa, que depende da demonstração efetiva do prejuízo e da provocação da parte interessada. Na jurisprudência: STM: "Nosso ordenamento jurídico não prevê a presença do acusado

Art. 361

Título XV • Capítulo VI – Das testemunhas

no local do juízo deprecado, conforme leitura do art. 359 do CPPM. Ademais, o réu, que se encontra preso à disposição da Justiça Comum e seu deslocamento ocasionaria risco para a sociedade e para si próprio, estará representado por seu defensor no momento da audiência de oitiva da testemunha" (HC 0000073-23.2016.7.00.0000, rel. Francisco Joseli Parente Camelo, 19.05.2016, *DJe* 31.05.2016, v.u.).

925. Prazo para cumprimento: tendo em vista que a instrução não é interrompida pela expedição da carta precatória, nem tampouco o julgamento será adiado, indefinidamente, pelo não retorno da deprecada, deve o juiz fixar-lhe um prazo para cumprimento. Dependendo da situação e conforme seu prudente critério, o magistrado estabelece algo em torno de 30 a 90 dias para o retorno da carta precatória. Atualmente, fixar menos de 30 dias inviabiliza a produção da prova, enquanto um período superior a 90 dias pode obstaculizar o célere término da instrução, mormente quando se tratar de réu preso. Por outro lado, o juiz que receber a precatória para o cumprimento deve dar-lhe prioridade na pauta de julgamentos, pois está lidando com a produção de uma prova destinada a outro juízo, razão pela qual o pronto atendimento faz parte da sua colaboração, exigida por lei. A parte interessada na oitiva da testemunha, também, deve contribuir para o cumprimento da carta precatória, solicitando, no juízo deprecado, o seu ligeiro processamento.

926. Juntada da precatória a qualquer tempo: o retorno da precatória após o prazo fixado pelo juiz deprecante pode significar a inutilidade da prova para o julgamento naquela instância. Afinal, não se aguarda indefinidamente a produção da prova testemunhal no juízo deprecado. Se a sentença já tiver sido proferida, o depoimento colhido fora da Circunscrição poderá não ser útil. Entretanto, não se despreza o que foi produzido, juntando-se a precatória aos autos. Havendo recurso, ainda poderá ser viável a exploração da prova pelo tribunal.

Precatória a juiz do foro comum

> **Art. 360.** Caso não seja possível, por motivo relevante, o comparecimento da testemunha perante auditor, a carta precatória poderá ser expedida a juiz criminal de comarca onde resida a testemunha ou a esta seja acessível, observado o disposto no artigo anterior.[927]

927. Juízo militar para juízo comum: o número de auditorias é muito inferior ao de Comarcas onde há Varas Criminais, razão pela qual, por conforto da testemunha, pode-se ouvi-la em foro diverso do militar.

Precatória a autoridade militar

> **Art. 361.** No curso do inquérito policial militar, o seu encarregado poderá expedir carta precatória à autoridade militar superior do local onde a testemunha estiver servindo ou residindo, a fim de notificá-la e inquiri-la, ou designar oficial que a inquira, tendo em atenção as normas de hierarquia, se a testemunha for militar. Com a precatória, enviará cópias da parte que deu origem ao inquérito e da portaria que lhe determinou a abertura, e os quesitos formulados, para serem respondidos pela testemunha, além de outros dados que julgar necessários ao esclarecimento do fato.[928]

Art. 362

Inquirição deprecada do ofendido

> **Parágrafo único.** Da mesma forma, poderá ser ouvido o ofendido, se o encarregado do inquérito julgar desnecessário solicitar-lhe a apresentação à autoridade competente.

928. Precatória na fase de investigação: tanto quanto o juiz, a autoridade policial militar também pode expedir precatória para outra, a fim de ouvir testemunhas noutra localidade, impedindo o seu deslocamento.

Mudança de residência da testemunha

> **Art. 362.** As testemunhas comunicarão ao juiz, dentro de 1 (um) ano, qualquer mudança de residência, sujeitando-se, pela simples omissão, às penas do não comparecimento.[929]

929. Mudança de residência: as testemunhas devem comunicar ao juiz a mudança de residência, mas a simples omissão, segundo o disposto neste artigo, sujeita-as às sanções do não comparecimento: condução coercitiva e multa, podendo resultar em processo por desobediência. Assim não nos parece viável. Para a imposição da condução coercitiva, multa ou processo por desobediência há que se *intimar* pessoalmente a testemunha; a simples alteração de endereço pode decorrer de esquecimento ou algo similar, sendo incompatível a imposição de penalidade sem maior cautela.

Antecipação de depoimento

> **Art. 363.** Se qualquer testemunha tiver de ausentar-se ou, por enfermidade ou idade avançada, inspirar receio de que, ao tempo da instrução criminal, esteja impossibilitado de depor, o juiz poderá, de ofício ou a requerimento de qualquer das partes, tomar-lhe antecipadamente o depoimento.[930]

930. Produção antecipada de prova: é um procedimento incidente, de natureza cautelar, determinado de ofício pelo juiz, quando entender indispensável a produção de provas, consideradas urgentes e relevantes, antes de iniciada a ação penal, pautando-se pelos critérios de necessidade, adequação e proporcionalidade. Deve-se adotar, por analogia, o disposto nos arts. 381 e seguintes do CPC, no que for aplicável. De todo modo, autua-se à parte o procedimento de colheita antecipada de provas, intimando-se as partes interessadas (Ministério Público e defensor) para acompanhar o seu trâmite. Não tendo sido iniciada a ação penal, pode até mesmo não ter ocorrido, ainda, o formal indiciamento. Por isso, parece-nos fundamental que o juiz indique um defensor público para acompanhar a produção da prova. Se houver alguém indiciado, deve ser intimado para a produção cautelar da prova, devendo comparecer acompanhado de advogado. Se não o fizer, um defensor dativo (ou público) deve ser indicado pelo magistrado. Trata-se de uma prova determinada pelo juiz e, como já se frisou, de natureza cautelar, razão pela qual as partes podem participar ativamente. Cuidando-se da oitiva de testemunhas, têm elas o direito de fazer reperguntas.

Afirmação falsa de testemunha

> **Art. 364.** Se o Conselho de Justiça ou o Superior Tribunal Militar, ao pronunciar sentença final,[931] reconhecer[932] que alguma testemunha fez afirmação falsa, calou ou negou a verdade, remeterá cópia do depoimento à autoridade policial competente, para a instauração de inquérito.[933]

931. Sentença final: é a decisão definitiva e terminativa de mérito, decidindo acerca do direito de punir do Estado. Logo, cabe ao magistrado, ao condenar ou absolver o réu, mencionar expressamente se entendeu que alguma testemunha mentiu, calou ou negou a verdade, providenciando peças e remetendo-as à autoridade policial, requisitando a instauração de inquérito para apurar o delito de falso testemunho. Termina nesse ato a possibilidade de haver a retratação por parte da testemunha criminosa.

932. Reconhecimento pelo juiz do processo em que o falso foi proferido: não implica condenação, nem é julgamento de mérito desse delito. O magistrado, que cuidou do processo em que o falso foi cometido, apenas reconhece a sua existência, salientando o prejuízo causado para a administração da justiça, situação indispensável para a configuração do crime de falso testemunho. Assim, após tal declaração, cabe ao juiz competente, sob o crivo do contraditório e da ampla defesa, avaliar se o delito aperfeiçoou-se – tipicidade, antijuridicidade e culpabilidade – condenando o réu (testemunha mentirosa).

933. Dispensabilidade do inquérito: é admissível. Caso o representante do Ministério Público obtenha todas as provas cabíveis para apresentar denúncia contra a testemunha mentirosa, dispensa-se a instauração do inquérito. Assim, pode o juiz, verificando a gravidade do fato e a farta prova já existente no processo, extrair cópias deste, enviando-as ao Promotor de Justiça, que poderá ingressar com a ação penal diretamente. Instaura-se o inquérito somente quando há necessidade de melhor averiguar a razão das contradições apresentadas pela testemunha no seu depoimento. Havendo dúvida quanto à configuração do tipo penal do falso testemunho, o melhor caminho é a investigação policial.

Capítulo VII
Da acareação[934-935]

934. Conceito de acareação: é o ato processual, presidido pelo juiz, que coloca frente a frente declarantes, confrontando e comparando manifestações contraditórias ou divergentes, no processo, visando à busca da verdade real.

935. Natureza jurídica: trata-se de meio de prova, porque, por seu intermédio, o magistrado conseguiria eliminar do processo declarações e depoimentos divergentes, que constituem autênticos obstáculos à descoberta da verdade material.

Admissão da acareação

> **Art. 365.** A acareação é admitida, assim na instrução criminal como no inquérito, sempre que houver divergência em declarações sobre fatos ou circunstâncias relevantes:[936-938]
>
> a) entre acusados;

Art. 366

> b) entre testemunhas;
>
> c) entre acusado e testemunha;
>
> d) entre acusado ou testemunha e a pessoa ofendida;
>
> e) entre as pessoas ofendidas.

936. Valor da acareação: teoricamente, é um meio de prova dos mais promissores, uma vez que serviria para contornar as mais intrincadas contradições entre testemunhas, entre estas e vítima, entre corréus, entre estes e o ofendido ou testemunhas, entre vítimas, enfim, possibilitaria o reequilíbrio das provas colhidas em autêntica desarmonia, permitindo o correto deslinde da causa. Na prática, no entanto, é inócua e sem utilidade, uma vez que, raramente, as pessoas confrontadas voltam atrás e narram, de fato, a verdade do que sabem.

937. Admissão da acareação: pode dar-se, como prevê a norma, entre todos os sujeitos envolvidos no processo: a) entre corréus – respeitado, naturalmente o direito ao silêncio e a possibilidade que têm de não se autoacusar; b) entre réu e testemunha – respeitado, também nesse caso, o direito ao silêncio e o privilégio contra a autoacusação; c) entre testemunhas – nesta hipótese, é de se destacar dois pontos fundamentais: a possibilidade de retratação de uma delas, que estiver mentindo, eliminando a tipicidade do delito anteriormente cometido, bem como o privilégio contra autoacusação. Assim, as testemunhas podem evitar a retificação do que já disseram, antes, para não se envolverem em hipótese de autoincriminação. Por outro lado, na prática, terminam mantendo exatamente o declarado, para que, na sua visão, não piorem o já realizado. Seria extremamente conveniente que, feita acareação entre testemunhas, o magistrado explicasse, com detalhes, as duas alternativas referidas (retratação e proteção contra autoincriminação), além de, como é óbvio, tratando-se de testemunhas, repetir o dever de falar somente a verdade; d) entre vítima e acusado – hipótese de remoto sucesso, pois são partes antagônicas no processo e com relação ao fato delituoso, ambos prestando esclarecimentos sem o compromisso de dizer a verdade; e) entre vítima e testemunha – trata-se de alternativa envolvendo a ausência do dever de dizer a verdade, do lado do ofendido, com a possibilidade da testemunha se retratar ou proteger-se contra a autoincriminação; f) entre vítimas – situação que envolve duas partes sem o compromisso de narrar a verdade, logo, de difícil proveito.

938. Fatos e circunstâncias relevantes: o objeto da acareação há de ser fato (qualquer acontecimento) ou circunstância (particularidades ou peculiaridades, que acompanham o acontecimento) relevante (importante ou valoroso) para o deslinde da causa. Logo, não deve o juiz deferir acareação sobre fatos periféricos, irrelevantes para a apuração do crime e de suas circunstâncias, nem tampouco sobre fatos importantes, mas que não revelem contradições fundamentais, visto que pequenas divergências são naturais às narrativas das pessoas. Mereceriam, isto sim, uma acareação as testemunhas que oferecessem depoimentos extremamente precisos e detalhados, sem qualquer falha, indicadores de fraude ou inverdades programadas. Nessa linha, anote-se o ensinamento de Altavilla, que considera o testemunho absolutamente exato uma exceção, razão pela qual pode gerar a natural suspeita do juiz (*Psicologia judiciária*, v. 2, p. 325).

Pontos de divergência

> **Art. 366.** A autoridade que realizar a acareação explicará aos acusados quais os pontos em que divergem e, em seguida, os reinquirirá, a cada um de per si e em presença do outro.[939-940]

> § 1.º Da acareação será lavrado termo, com as perguntas e respostas, obediência às formalidades prescritas no § 3.º do art. 300 e menção na ata da audiência ou sessão.
>
> § 2.º As partes poderão, por intermédio do juiz, reperguntar as testemunhas ou os ofendidos acareados.

939. Requerimento das partes ou procedimento de ofício: pode a acareação ser requerida por qualquer das partes e, também, determinada de ofício pelo magistrado. A sua realização fica ao prudente critério do julgador, visto ser a ele que o conjunto probatório se destina. Portanto, nem sempre o indeferimento da produção da prova configura algum tipo de cerceamento. Nesse prisma: TJSC: "O juiz é o destinatário das provas, uma vez que estas servem para a formação de seu convencimento, de modo que lhe é permitido o indeferimento de diligência que entender protelatória ou desnecessária. Assim, a necessidade de se proceder à acareação entre coacusados e testemunhas, nos moldes dos arts. 229 e 230 do CPP, ampara--se em juízo de mera conveniência do magistrado, caso considere relevante as discrepâncias existentes entre os depoimentos, o que não ocorreu na hipótese vertente, razão pela qual motivadamente negou a realização de tal ato" (AP. Crim. 2009.022154-6-SC, 2.ª C.C., rel. Salete Silva Sommariva, 14.12.2010, v.u.).

940. Procedimento do magistrado na condução da acareação: após a colocação frente a frente, na presença das partes (acusação e defesa), das pessoas que devem aclarar as divergências apresentadas em suas declarações, deve o juiz destacar, ponto por ponto, as contradições existentes. Paulatinamente, obtém de ambos os esclarecimentos necessários, fazendo *reperguntas* – como diz a lei –, ou seja, reinquirindo exatamente a questão controversa. Conforme as reperguntas forem sendo respondidas pelos envolvidos, o juiz vai ditando as explicações, compondo o termo. Alerta, com pertinência, Bento de Faria que as testemunhas não "devem se limitar a manter o quanto já disseram, mas hão de dar as razões que justifiquem suficientemente os seus ditos, podendo, prestar, novos esclarecimentos ou retificar os anteriores" (*Código de Processo Penal*, v. 1, p. 327).

Ausência de testemunha divergente

> **Art. 367.** Se ausente alguma testemunha, cujas declarações divirjam das de outras que esteja presente, a esta se darão a conhecer os pontos da divergência, consignando-se no respectivo termo o que explicar.[941]

941. Acareação à distância: é possível promover a acareação entre pessoas que não estão face a face, fazendo com que os pontos divergentes sejam esclarecidos diretamente pela pessoa presente, através das reperguntas feitas pelo juiz. Segundo cremos, se algum valor pode haver na acareação é justamente a colocação de duas pessoas, cujos depoimentos são contraditórios, frente a frente, para que o magistrado tenha a oportunidade de perceber, inclusive através de pequenos gestos corporais e faciais, frases e estado de espírito, quem está mentindo e quem fala a verdade. Quando realizado o ato por precatória, a prova é esvaziada em grande parte, restando pouca chance de ter sucesso. Assim, inicialmente, o magistrado colhe as respostas acerca das contradições da pessoa presente, para, depois, expedir precatória à autoridade judiciária, onde se encontra a pessoa ausente, que poderá esclarecer, na sua visão, as divergências existentes. É possível ocorrer duas situações: a) a pessoa presente está na localidade do juiz do feito e a ausente em outra. Convoca o magistrado a residente na sua esfera de jurisdição, ouvindo-a sobre

Art. 367
Código de Processo Penal Militar Comentado • **Nucci**

as contradições existentes. Se tudo ficar esclarecido devidamente, nenhuma outra providência é tomada; b) ouve o juiz a pessoa presente; persistindo as contradições, expede-se precatória para outro magistrado ouvir a pessoa ausente, porque reside em Circunscrição diversa.

Capítulo VIII
Do reconhecimento de pessoa e de coisa[942-945]

942. Reconhecimento: é o ato pelo qual uma pessoa admite e afirma como certa a identidade de outra ou a qualidade de uma coisa. No ensinamento de Altavilla, o "reconhecimento é o resultado de um juízo de identidade entre uma percepção presente e uma passada. Reconhece-se uma pessoa ou uma coisa quando, vendo-a, se recorda havê-la visto anteriormente" (*Psicologia judiciária*, v. 1, p. 386).

943. Natureza jurídica: é meio de prova. Através do processo de reconhecimento, que é formal, como se verá a seguir, a vítima ou a testemunha tem condições de *identificar* (tornar individualizada) uma pessoa ou uma coisa, sendo de valorosa importância para compor o conjunto probatório.

944. Reconhecimento fotográfico: tem sido admitido como prova, embora deva ser analisado com muito critério e cautela. A identificação de uma pessoa ou o reconhecimento de uma coisa por intermédio da visualização de uma fotografia pode não espelhar a realidade, dando margem a muitos equívocos e erros. Entretanto, se for essencial que assim se proceda, é preciso que a autoridade policial ou judicial busque seguir o disposto nas alíneas *a*, *b* e *c*, do art. 368. Torna-se mais confiável, sem nunca ser absoluta essa forma de reconhecimento. Em nossa avaliação, o reconhecimento fotográfico não pode ser considerado uma prova direta, mas sim indireta, ou seja, um mero indício. Com a cautela que lhe é natural, diz Frederico Marques, nesse contexto, que "tudo depende, em cada caso, das circunstâncias que rodearam o reconhecimento e dos dados que forem fornecidos pela vítima ou testemunha para fundamentar suas afirmativas" (*Elementos de direito processual penal*, v. 2, p. 308). Registre-se: STM: "2. A doutrina e a jurisprudência convergem que o reconhecimento fotográfico de pessoas pode ser considerado prova indireta, como indício relacionado ao fato em apuração. 3. A jurisprudência do STM e do STF admite que o reconhecimento fotográfico, mesmo sem percorrer o rito estabelecido no art. 368 do CPPM, tem validade na formação do convencimento do magistrado. 4. Inexiste lacuna, no âmbito do Processo Penal Militar, no que diz respeito ao reconhecimento de pessoas – art. 368 do CPPM. Dessa forma, tendo em vista o Princípio da Especialidade da Legislação Penal Castrense, não cabe a aplicação do art. 226 do CPP" (Apelação 0000044-28.2015.7.09.0009, rel. Marco Antônio de Farias, 23.08.2018, v.u.). TRF-4.ª Região: "O reconhecimento fotográfico de pessoas tem sido admitido como prova, devendo ser analisado com a devida cautela, não se podendo valer-se do expediente efetuado em inobservância ao art. 226, II, do Código de Processo Penal, quando não evidenciada a impossibilidade de sua realização de acordo com o preceito legal" (ACR 2002.72.00.004269-1 - SC, 8.ª T., rel. Victor Luiz dos Santos Laus, 27.05.2010, m.v.). TJPR: "Convém salientar que o reconhecimento de pessoas, disposto no art. 226, do CPP, o que também vale para o reconhecimento fotográfico, é meio de prova (Florian, Eugênio. *Elementos de Derecho Penal*. Trad. Prietro Castro, Barcelona, Bosch, s.d.), já que fornece condições de se verificar a identidade física da pessoa, no entanto, é mais precária, porque o disfarce, a má observação, os erros por semelhança, não a tornam absoluta. Quando o reconhecimento é produzido na fase policial, seu valor como prova, será bem reduzido, torna-se uma prova longe do crivo do contraditório. (Nucci, Guilherme de Souza. *Manual de Processo e Execução Penal*, 3. ed. 2007, RT e Tourinho Filho, Fernando da

Costa. *Processo Penal*. 24. ed., São Paulo: Saraiva, 2002, vol. 1, 4)." (AP. Crime 0649396-1 – PR, 5.ª C.C., rel. Rogério Etzel, 08.07.2010, v.u.).

945. Reconhecimento de imagens e vozes: não ingressa no contexto do art. 368 do CPPM, pois inexiste a previsão de quais as formalidades a observar. Por isso, havendo necessidade de ser realizado o reconhecimento de alguma imagem ou de voz, existirão duas possibilidades: a) prova pericial (o exame será feito por especialista e transformar-se-á em laudo); b) prova testemunhal (a testemunha fornece a sua impressão à autoridade competente).

Formas do procedimento

> **Art. 368.** Quando houver necessidade de se fazer o reconhecimento de pessoa, proceder-se-á pela seguinte forma:[946-947]
>
> *a)* a pessoa que tiver de fazer o reconhecimento será convidada a descrever a pessoa que deva ser reconhecida;[948]
>
> *b)* a pessoa cujo reconhecimento se pretender, será colocada, se possível, ao lado de outras que com ela tiverem qualquer semelhança, convidando-se a apontá-la quem houver de fazer o reconhecimento;[949-951]
>
> *c)* se houver razão para recear[952] que a pessoa chamada para o reconhecimento, por efeito de intimação ou outra influência, não diga a verdade em face da pessoa que deve ser reconhecida, a autoridade providenciará para que esta não seja vista por aquela.[953]
>
> § 1.º O disposto na alínea *c* só terá aplicação no curso do inquérito.
>
> § 2.º Do ato de reconhecimento lavrar-se-á termo pormenorizado, subscrito pela autoridade, pela pessoa chamada para proceder ao reconhecimento e por duas testemunhas presenciais.[954-955]

946. Reconhecimento informal: a lei impõe, como se observa nos incisos do artigo em comento, uma forma específica para a prova produzir-se, não se podendo afastar desse contexto. Assim, para que se possa invocar ter havido o reconhecimento de alguém ou de algo, é fundamental a preservação da forma legal. Não tendo sido possível, o ato não foi perdido por completo, nem deve ser desprezado. Apenas não receberá o cunho de *reconhecimento de pessoa ou coisa*, podendo constituir-se numa prova meramente testemunhal, de avaliação subjetiva, que contribuirá ou não para a formação do convencimento do magistrado. Logicamente, perde sua força, embora não seja desprezível. Ensina Tornaghi que "a forma se exige para a existência do *reconhecimento*; a inobservância da forma acarreta a inexistência *deste ato*, mas não a inexistência de todo e qualquer ato. E se o outro ato praticado convence o juiz, não é possível dizer que ele não está convencido. A lei prevê determinados meios de prova, mas não impede outros" (*Compêndio de processo penal*, t. III, p. 929). Em igual posição, está o magistério de Camargo Aranha (*Da prova no processo penal*, p. 170). Na jurisprudência: STM: "3. A jurisprudência do STM e do STF admite que o reconhecimento fotográfico, mesmo sem percorrer o rito estabelecido no art. 368 do CPPM, tem validade na formação do convencimento do magistrado. 4. Inexiste lacuna, no âmbito do Processo Penal Militar, no que diz respeito ao reconhecimento de pessoas – art 368 do CPPM. Dessa forma, tendo em vista o Princípio da Especialidade da Legislação Penal Castrense, não cabe a aplicação do art. 226 do CPP. (Apelação 0000044-28.2015.7.09.0009, rel. Marco Antônio de Farias, julgado em 23.08.2018, v.u.); "1. O reconhecimento informal, ou seja, sem as formalidades previstas no CPPM, mesmo não sendo classificado como 'reconhecimento de pessoa', previsto no art. 368 do CPPM, pode ser

Art. 368

Código de Processo Penal Militar Comentado • **Nucci**

370

considerado como prova testemunhal na formação do convencimento do magistrado" (Apelação 0000055-53.2016.7.08.0008, rel. Lúcio Mário de Barros Góes, 22.02.2018, v.u.).

947. Reconhecimento feito em sala de audiência pela testemunha ou vítima: trata-se do *reconhecimento informal*, que configura um mero desdobramento do depoimento ou das declarações prestadas. Se o juiz preterir as formalidades exigidas neste artigo para empreender o reconhecimento – o que se faz cotidianamente em muitos fóruns – estaremos diante de prova testemunhal. Embora não se possa considerar um autêntico reconhecimento, é mais do que certo que os magistrados o levam em consideração para proferir os seus veredictos. Cremos, no entanto, que, havendo condições para a realização da prova tal como a lei requer, caso o juiz abra mão do procedimento legal, em caso de gerar dúvida quanto à autoria, deve prevalecer a incerteza em favor do réu, jamais se podendo dizer que ele foi *reconhecido* pela vítima em audiência, por exemplo. Mas, excepcionalmente, não havendo profundas divergências entre acusação e defesa, quanto à autoria, a maneira informal de reconhecimento pode ser admitida como um complemento à prova gerada (exemplo disso ocorre quando o debate está em torno de ter havido ou não legítima defesa, mas não nega a defesa a autoria do fato). Na jurisprudência: TJRS: "Se a vítima aponta, com segurança, em audiência judicial, o réu presente ao ato como coautor do roubo, essa prova tem valor a considerar. Possui eficácia jurídico-processual idêntica àquela que emerge do reconhecimento efetuado com as formalidades prescritas pelo art. 226 do Código de Processo Penal [art. 368, CPPM]. Este meio probatório, cuja validade é inquestionável, reveste-se de aptidão suficiente para legitimar um decreto condenatório, especialmente quando apoiado em outros elementos de convicção" (Apelação 70007652472, 8.ª C., rel. Sylvio Baptista, 18.02.2004, v.u.).

948. Descrição inicial do reconhecendo: essa providência é importante para que o processo fragmentário da memória se torne conhecido, vale dizer, para que o juiz perceba se o reconhecedor tem a mínima fixidez (guarda o núcleo central da imagem da pessoa que pretende identificar) para proceder ao ato. Se descrever uma pessoa de dois metros de altura, não pode, em seguida, reconhecer como autor do crime um anão. É a lei da lógica aplicada ao processo de reconhecimento, sempre envolto nas naturais falhas de percepção de todo ser humano.

949. Colocação ao lado de outras semelhantes: na esteira do declinado na nota anterior, o reconhecedor precisa se valer do processo de comparação para buscar no fundo da consciência a imagem efetiva daquele que viu cometer algo relevante para o processo. Seja ele testemunha, seja vítima, precisa estabelecer um padrão de confronto para extrair a identificação certa ou, então, colocar-se em profunda dúvida, sendo incapaz de proceder ao reconhecimento. O ideal, pois, é colocar pessoas semelhantes para serem apresentadas em conjunto ao reconhecedor. Na jurisprudência: TJMSP: "Formalidade prevista no art. 368 do CPPM a ser observada quando possível – Impossibilidade no caso da colocação de pessoas com características físicas semelhantes – Pacífica jurisprudência do Superior Tribunal de Justiça entendendo tratar-se de recomendação e não de exigência – Inexistência de ilegalidade e/ou abuso de poder – Ordem denegada" (Apelação 002487/2015, 1.ª C., rel. Fernando Pereira, 02.06.2015, v.u.).

950. Abrandamento da regra: aquiescemos, nesse prisma, com a lição de Tourinho Filho, quando menciona que a expressão "se possível" refere-se "à exigência de serem colocadas pessoas que guardem certa semelhança com a que deve ser reconhecida" (*Comentários ao Código de Processo Penal*, v. 1, p. 432) e não com a obrigatoriedade de colocação de várias pessoas lado a lado. Realmente, o abrandamento da regra deve ser visto com relação ao aspecto visual de colaboradores do processo de reconhecimento, visto ser possível inexistir, no local, quem tenha parecença com o reconhecendo, razão pela qual outros serão eleitos para o ato. Não se deve proceder ao reconhecimento individualizado, ou seja, somente entre reconhecedor

371 Título XV • Capítulo VIII – Do reconhecimento de pessoa e de coisa **Art. 368**

e reconhecendo. Se assim for feito, como já mencionado, não se trata de reconhecimento, mas de mero testemunho. Em sentido contrário, permitindo o reconhecimento isolado do réu, ver: STJ: "Não se reconhece ilegalidade no posicionamento do réu sozinho para o reconhecimento, pois o art. 226, II, do Código de Processo Penal, determina que o agente será colocado ao lado de outras pessoas que com ele tiverem semelhança 'se possível', sendo tal determinação, portanto, recomendável mas não essencial." (HC 7.802-RJ, 5.ª T., rel. Gilson Dipp, 20.05.1999, v.u., *DJ* 21.06.1999, p. 172).

951. Processo fragmentário do reconhecimento: a imagem de algo ou alguém, que se pode guardar na memória, vai perdendo a intensidade (precisão dos seus contornos), a fixidez (núcleo central) e a regularidade (harmonia estrutural) com o passar do tempo, razão pela qual o processo de reconhecimento vale-se de elementos lógicos, auxiliares da natural deformação da imagem na consciência. Por isso, torna-se interessante a colocação de pessoas semelhantes lado a lado para o indivíduo, que pretende fazer o reconhecimento, ter elementos de comparação que, associados à lógica do seu raciocínio, permitam chegar à conclusão de ser determinada pessoa a procurada ou, então, de não ser nenhuma das que lhe foram apresentadas. A respeito, ver Altavilla, *Psicologia judiciária*, v. 1, p. 387-388.

952. Receio de intimidação ou influência: a cautela estabelecida pela norma processual penal é salutar e aplica-se, atualmente, na maioria dos casos. Crescendo o crime organizado e fortalecendo-se o delinquente diante da vítima e da testemunha, é preciso que o Estado garanta a fiel aplicação da lei penal, protegendo aqueles que colaboram com a descoberta da verdade real. Assim, havendo fundamento plausível, é preciso que a autoridade policial – trata-se do reconhecimento na fase extrajudicial neste caso – providencie o isolamento do reconhecedor. Cumpre mencionar que tal regra já se tornou habitual nos processos de reconhecimento, o que deflui natural, em nosso entender, pelo aumento da criminalidade e da violência com que agem os delinquentes.

953. Isolamento visual: procura-se evitar que o reconhecedor sofra a influência do reconhecendo e, por qualquer tipo de constrangimento ou mesmo sentimento de piedade, não diga a verdade. Por isso deve a autoridade providenciar o isolamento visual, para que o último não veja o primeiro, sempre que houver o temor da influência negativa de um sobre o outro.

954. Auto pormenorizado: é o registro, por escrito, de tudo quanto ocorrer no processo de reconhecimento. Devem ser anotadas as reações do reconhecedor e todas as suas manifestações, de modo a se poder analisar qual o processo mental utilizado para chegar à conclusão de que o reconhecendo é – ou não – a pessoa procurada. Há necessidade de duas testemunhas presenciais do reconhecimento, além da autoridade policial e do reconhecedor. Essas pessoas podem ser chamadas a depor em juízo para confirmar e narrar o constatado no momento do reconhecimento, ratificando-o como prova válida ou infirmando-o pela precariedade de elementos com que foi produzido. É fundamental que a autoridade policial não se utilize de subordinados seus para validar tão importante prova.

955. Valor do reconhecimento como meio de prova: quando produzido na polícia, torna-se uma prova longe do crivo do contraditório, embora possa ser confirmada em juízo não só por outro reconhecimento, mas também pela inquirição das testemunhas, que assinaram o auto pormenorizado na fase extrajudicial. Tem, como as demais provas colhidas no inquérito, valor relativo, necessitando de confirmação. Quanto ao reconhecimento feito em juízo, é prova direta, mas sempre subjetiva e merecedora de análise cautelosa. Se testemunhas são capazes de mentir em seus depoimentos, é natural que reconhecedores também podem fazê-lo, durante o reconhecimento de alguém. Além disso, é preciso contar com o fator de

Art. 369

Código de Processo Penal Militar Comentado • **Nucci**

deturpação da memória, favorecendo o esquecimento e proporcionando identificações casuísticas e falsas. O juiz jamais deve condenar uma pessoa única e tão somente com base no reconhecimento feito pela vítima, por exemplo, salvo se essa identificação vier acompanhada de um depoimento seguro e convincente, prestado pelo próprio ofendido, não demovido por outras evidências. Confira-se o seguinte julgado: STJ: "Tendo a fundamentação da sentença condenatória, no que se refere à autoria do ilícito se apoiado no conjunto das provas, e não apenas no reconhecimento por parte da vítima, na delegacia, não há que se falar, *in casu*, em nulidade por desobediência às formalidades insculpidas no art. 226, II, do CPP" (RHC 8.594-SP, 5.ª T., rel. Felix Fischer, 17.08.1999, v.u., *DJ* 04.10.1999, p. 63).

Reconhecimento de coisa

> **Art. 369.** No reconhecimento de coisa, proceder-se-á com as cautelas estabelecidas no artigo anterior, no que for aplicável.[956]

956. Objetos passíveis de reconhecimento: fornece-nos a relação Espínola Filho: a) coisas que, sob variada forma, relacionem-se com o fato delituoso; b) coisas sobre as quais recaiu a ação do criminoso; c) coisas com as quais levou-se a efeito a infração penal, tais como ocorre com os instrumentos do delito; d) coisas que, acidentalmente, foram alteradas, modificadas ou deslocadas pela ação criminosa, direta ou indiretamente; e) coisas que se constituíram no cenário da ocorrência do fato punível (*Código de Processo Penal brasileiro anotado*, v. 3, p. 146).

Variedade de pessoas ou coisas

> **Art. 370.** Se várias forem as pessoas chamadas a efetuar o reconhecimento de pessoa ou coisa, cada uma o fará em separado, evitando-se qualquer comunicação entre elas. Se forem várias as pessoas ou coisas que tiverem de ser reconhecidas, cada uma o será por sua vez.[957]

957. Reconhecimento coletivo ou em grupo: é inadmissível. Não se pode aceitar que várias pessoas, ao mesmo tempo, umas influenciando as outras, o que seria natural diante da situação gerada, possam reconhecer pessoas ou coisas. O processo é individualizado, cada qual tendo a sua oportunidade de se manifestar livremente a respeito da pessoa ou da coisa a ser reconhecida. Torna-se importante, ainda, que a autoridade providencie a incomunicabilidade daquele que já participou da diligência com o que ainda vai empreendê-la, de modo a livrar a prova de qualquer mácula. A infringência ao disposto neste artigo torna inviável a aceitação da prova como *reconhecimento*, podendo-se dar a ela, no entanto, o valor que o juiz achar conveniente.

Capítulo IX
Dos documentos[958]

958. Conceito de documento: é toda base materialmente disposta a concentrar e expressar um pensamento, uma ideia ou qualquer manifestação de vontade do ser humano, que sirva para expressar e provar um fato ou acontecimento juridicamente relevante. São documentos, portanto: escritos, fotos, fitas de vídeo e som, desenhos, esquemas, gravuras, disquetes, CDs, DVDs, *pen drives, e-mails,* entre outros. Trata-se de uma visão amplificada do tradicional conceito de documento – simples escrito em papel – tendo em vista a evolução da tecnologia e, aos poucos, a substituição da estrutura material tradicional por outras inovadoras e que, igualmente, permitem a fixação de uma base de conhecimento. À sua época, já fixava Espínola Filho de maneira ampla o conceito de documento, mencionando o seguinte: "Pouco importa a forma, por que se objetive a manifestação da vontade ou do pensamento; pode tratar-se de uma declaração manuscrita, datilografada, impressa, desenhada, esculpida, gravada, por meio de letras, de cifras, de figuras, de notas musicais, de hieróglifos, de sinais telegráficos, estenográficos etc. (...) Em suma, não é possível estabelecer limitações, devendo aceitar-se qualquer elemento material apto a receber e conservar uma declaração de vontade ou de pensamento, expresso por qualquer modo capaz de ser compreendido, traduzido, interpretado" (*Código de Processo Penal brasileiro anotado*, v. 3, p. 160). Vale registrar, ainda, o disposto na Lei 11.419/2006, a respeito da informatização do processo judicial: "Os documentos produzidos eletronicamente e juntados aos processos eletrônicos com garantia de origem e de seu signatário, na forma estabelecida nesta Lei, serão considerados originais para todos os efeitos legais" (art. 11, *caput*). Os demais parágrafos do referido art. 11 disciplinam a validade de utilização do documento produzido eletronicamente e seu acesso pelas partes. Torna-se, pois, mais uma confirmação de que o antigo conceito de documento como singelo *papel* já não mais pode ser adotado. Avança-se na modernidade e, mesmo que o Código de Processo Penal Militar, continue a visualizar somente o *papel* como forma documental, é preciso levar em conta as demais bases materiais dispostas a receber e registrar informes importantes para servir de prova.

Natureza

> **Art. 371.** Consideram-se documentos[959] quaisquer escritos,[960] instrumentos[961] ou papéis,[962] públicos ou particulares.[963-965]

959. Documento nominativo ou anônimo: o documento pode ser, segundo cremos, nominativo – que possui o nome de quem o produziu – ou anônimo – que não possui a indicação de quem o materializou. Há doutrina sustentando que o documento anônimo não pode ser assim considerado, como ocorre com os escritos anônimos (Bento de Faria, *Código de Processo Penal*, v. 1, p. 329), embora não seja essa a melhor opinião. Uma fotografia, por exemplo, retratando determinada situação importante para o desfecho de um processo pode ser juntada aos autos, mesmo que não se saiba quem a produziu. Ainda assim é um documento. Logicamente, um escrito anônimo terá de ser cuidadosamente avaliado pelo magistrado, visto não ter o mesmo valor do documento nominativo. Entretanto, o fato de não se saber quem o escreveu não o torna inútil, nem lhe retira o aspecto documental de uma ideia reduzida em base material. Imagine-se alguém que tenha presenciado um homicídio e, não desejando ser reconhecido, envia carta anônima à polícia; graças a isso, localiza-se o autor, que ampla e espontaneamente confessa seu ato. Torna-se importante fator de prova aquela carta, pois justifica o fato de o Estado-investigação ter chegado a desvendar a autoria da infração penal, legitimando-a de alguma forma. Não se quer absolutamente dar a esse documento anônimo o mesmo valor que possui o nominativo, passível de confirmação, mas não deixa de ser, no contexto probatório, um elemento a mais para a avaliação judicial. Somente não se deve excluí-lo do conjunto das provas, visto que ilícito não é.

960. Escrito: trata-se de um papel ou de outra base material contendo a representação de palavras ou ideias através de sinais. Pode ou não constituir um documento, conforme seja ou

Art. 372

Código de Processo Penal Militar Comentado • **Nucci**

não destinado a conter fato juridicamente relevante (rabiscos de frases sem finalidade e sem nexo que se faça sobre um papel, por exemplo, não constituem fato relevante).

961. Instrumento: é o documento pré-constituído para a formação de prova. Entendemos ser algo mais do que um simples escrito (como recibos, procurações, termos etc.), tendo em vista que, atualmente, há várias bases materialmente dispostas para receber sinais, expressando pensamentos e ideias, tais como arquivos de computador, passíveis de serem abertos em equipamentos de informática, comprovando nitidamente situações e fatos relevantes.

962. Papel: o termo *papel* precisa ser interpretado residualmente, vale dizer, excluídos os elementos anteriores (escritos e instrumentos). Uma folha de papel em branco não significa nada, razão pela qual necessitamos estabelecer o conceito de *papel,* como sendo a base constituída de matéria fibrosa, de origem vegetal, tratada e destinada à formação de folhas aptas a receber gráficos, desenhos, ilustrações, entre outros. Logo, se escrito já foi abordado em termo anterior, resta ao *papel* o sentido de base para conter outras manifestações de pensamento, ideias ou fatos diversos da escrita, tal como ocorre com as fotografias, que são imagens registradas em papel, via de regra, sob processo especial.

963. Públicos ou particulares: conforme a origem, o documento pode ser público – quando produzido por funcionário público, no exercício das suas funções, possuindo maior credibilidade (certidões, atestados etc.) – ou privado, quando realizado por particular, sem qualquer intervenção do Estado.

964. *E-mail* deve ser considerado documento: baseado no critério ampliativo do conceito de documento, abrangendo outras bases suficientes para registrar pensamentos ou outras manifestações de vontade, é de ser considerado documento o *e-mail* armazenado dentro de um computador, no disco rígido.

965. Valoração do documento: para que seja considerado efetivo meio de prova, ensina a doutrina dever ser o documento apresentado, no processo, por inteiro – sem fragmentações que possam comprometer o seu sentido –, livre de defeitos ou vícios – sem rasuras, borrões ou emendas, tornando-o insuspeito e inteligível – compreensível por quem o visualiza. Se for obscuro ou apresentado em linguagem codificada, depende do parecer de um técnico, tornando-se prova pericial e não documental.

Presunção de veracidade

> **Art. 372.** O documento público tem a presunção de veracidade, quer quanto à sua formação quer quanto aos fatos que o serventuário, com fé pública, declare que ocorreram na sua presença.[966]

966. Documento público: é o produzido por funcionário público, no exercício da sua função; tendo em vista que o servidor goza de fé pública no tocante aos atos praticados na sua atividade, o conteúdo do documento por ele gerado tem presunção de veracidade. Ex.: carteira de identidade, carteira de habilitação. Na jurisprudência: TJMRS: "1. Conforme sólida jurisprudência do STJ, '[...] os documentos públicos gozam de presunção de veracidade, [...]' (REsp 696386/RS), fazendo '[…] prova até prova em contrário' (REsp 436555/CE), sendo que 'simples alegação, despida de prova cabal, não pode afastar a presunção *juris tantum* de lisura e veracidade que reveste os documentos públicos [...]' (RMS 13602/SP), '[...], sendo invalidáveis por via de incidente de falsidade'" (REsp 198132/CE) (...) (HC 100937/2007, rel. Antonio Carlos Maciel Rodrigues, v.u.).

Identidade de prova

> **Art. 373.** Fazem a mesma prova que os respectivos originais:
>
> *a)* as certidões textuais de qualquer peça do processo, do protocolo das audiências ou de outro qualquer livro a cargo do escrivão, sendo extraídas por ele, ou sob sua vigilância e por ele subscritas;[967]
>
> *b)* os traslados e as certidões extraídas por oficial público, de escritos lançados em suas notas;[968]
>
> *c)* as fotocópias de documentos, desde que autenticadas por oficial público.[969]

967. Certidão: é o documento público, retratando uma situação relevante, atinente ao processo, tal como a denominada *certidão de objeto e pé*, que atesta qual o objeto do feito, as partes envolvidas e o estado processual da causa.

968. Traslado e certidão de notas: os cartórios de notas e registros possuem livros, que inscrevem os atos relevantes (compra e venda, nascimento, óbito etc.); pode-se extrair uma certidão do teor desse registro, bem como cópias fiéis dessas certidões, denominadas traslados.

969. Fotografia do documento: é a fotocópia ("xerox"), hoje, amplamente utilizada por todos para reproduzir um documento original. Almeja o Código de Processo Penal que ela seja autenticada, isto é, reconhecida como verdadeira por agentes do serviço público, conforme fórmula legalmente estabelecida. Não se veda, no entanto, a consideração de uma fotocópia como documento, embora preceitue a lei que ela não terá o mesmo valor probatório do original. Ao juiz cabe a avaliação da prova, tornando-se a fotocópia livre de controvérsias se, juntada por uma parte, não tiver sido impugnada pela outra. Na jurisprudência: STM: "O Laudo Pericial foi realizado em cópia não autenticada, todavia, mesmo sem a força de prova conferida pelo art. 373, alínea 'c', do CPPM, no contexto dos autos preenche a condição de indício" (Embargos infringentes e de nulidade nº 0000013-49.2007.7.07.0007, rel. Fernando Sérgio Galvão, julgado em 15.05.2012, v.u.); "O crime de uso de documento falso somente se caracteriza se a documentação corrompida for idônea, com potencial de enganar. E tal idoneidade somente pode ser aferida por meio de perícia feita nos originais ou pela autenticação de cópias por oficial público, a teor do art. 373 do CPPM" (Apelação. 2008.01.051120-2, rel. Maria Elizabeth Guimarães Teixeira Rocha, 09.06.2009, v.u.).

Declaração em documento particular

> **Art. 374.** As declarações constantes de documento particular escrito e assinado, ou somente assinado, presumem-se verdadeiras em relação ao signatário.[970]
>
> **Parágrafo único.** Quando, porém, contiver declaração de ciência, tendente a determinar o fato, documento particular prova a declaração, mas não o fato declarado, competindo o ônus de provar o fato a quem interessar a sua veracidade.[971]

970. Documento particular: é o produzido por qualquer pessoa que não seja funcionário público no exercício da função, pretendendo fixar, em base material, um pensamento, uma declaração ou uma vontade. Pode ser escrito integralmente pelo próprio assinante, ou pode ser

Art. 375

datilografado ou produzido em computador pelo próprio assinante ou por terceiro. De todo modo, o importante é que o conteúdo exposto nesse documento é presumido verdadeiro em relação a quem o assina, mas não *erga omnes* (para o público em geral), como acontece com o documento público.

971. Ônus da prova: o documento particular pode conter a declaração de ocorrência de um fato, mas, em verdade, o que o declarante produz é a afirmação de que *tomou ciência* desse fato, não se podendo assumir ser ele verdadeiro. O que se pretende demonstrar, nesta norma, é a impossibilidade de substituição da prova testemunhal pelo *documento particular* produzido para o fim de fixar o conhecimento de algo relevante para o processo. Imagine-se a declaração de próprio punho de alguém, declarando ter visto o réu em determinado lugar. Não quer dizer que o acusado ali estava, realmente, mas apenas que aquele declarante teve ciência disso. O ônus da prova continua em relação a quem deseja provar o referido fato.

Correspondência obtida por meios criminosos

> **Art. 375.** A correspondência particular,[972] interceptada ou obtida por meios criminosos, não será admitida em juízo, devendo ser desentranhada dos autos se a estes tiver sido junta para a restituição a seus donos.[973-974]

972. Correspondência particular: é o escrito, produzido por um particular, dirigido a terceiros. Difere da *carta pública*, normalmente denominado ofício, que é a comunicação formal estabelecida entre funcionários públicos, não resguardada pela privacidade.

973. Interceptação de correspondência particular: *interceptar* significa interromper o seu curso, demonstrando que alguém impediu a carta de chegar ao seu autêntico destinatário. Por si só é conduta ilícita, razão pela qual bastaria a norma ter-se referido à obtenção por *meio criminoso*. A proteção advém tanto da Constituição Federal (art. 5.º, XII), quanto da legislação penal.

974. Inadmissibilidade da produção em juízo de prova ilícita: tal como já comentado, a Constituição Federal veda a produção, no processo, de provas obtidas por meios ilícitos, razão pela qual o disposto neste artigo está em plena harmonia com o sistema adotado em 1988. Naturalmente, qualquer carta particular, cujo conhecimento do conteúdo é liberado pelas partes envolvidas (remetente e destinatário), pode ser juntado no processo e torna-se documento legítimo.

Exibição de correspondência em juízo

> **Art. 376.** A correspondência de qualquer natureza poderá ser exibida em juízo pelo respectivo destinatário, para defesa do seu direito, ainda que não haja consentimento do signatário ou remetente.[975-976]

975. Diferença entre violação de correspondência e violação de segredo: há dois objetos jurídicos protegidos pelo Código Penal, com supedâneo na Constituição Federal: a inviolabilidade da correspondência (art. 227, CPM, e art. 5.º, XII, CF) e a inviolabilidade de segredo (art. 228, CPM, e art. 5.º, X, CF). Enquanto o art. 375 em comento evita a produção de uma modalidade de prova ilícita, como seria a interceptação de carta, violando-se a correspondência alheia, para a juntada nos autos do processo, o art. 376 busca garantir que segredos não sejam violados, sem justa causa. Note-se que uma pessoa pode remeter a outra uma correspondência confidencial, não lhe dando autorização para divulgação, porque danos podem advir a alguém. Nesse caso, há proibição legal para que o conteúdo seja comunicado a terceiros, o que naturalmente aconteceria se a carta fosse exibida no processo. Entretanto, como nenhum direito é absoluto, estabelece o Código de Processo Penal Militar, em franca sintonia com o disposto na Constituição, privilegiando a ampla defesa e almejando evitar, a qualquer custo, o erro judiciário, a possibilidade de se juntar a carta, no feito em trâmite, para a defesa de direito pertinente ao destinatário da carta, *ainda que não haja consentimento do signatário*, isto é, mesmo que prejudique alguém. Nesse caso, a correspondência não foi violada, porque já estava aberta por quem de direito – que é o destinatário –, mas somente houve autorização para que seu *conteúdo* fosse divulgado. Fornecemos, como exemplo, a situação do destinatário, que apresenta à polícia carta enviada por alguém, confessando a prática de um crime. Essa divulgação não é feita *sem justa causa*, mas no interesse de se apurar o verdadeiro culpado, inclusive tendo em vista que essa descoberta poderá auxiliar na defesa de direito do destinatário, eventualmente considerado suspeito. Estabelecendo nítida diferença entre a violação de correspondência e a divulgação de conteúdo de carta já recebida, está a lição de Bento de Faria: "Durante essa condução, essa transmissão, essa comunicação, ou se efetue postal, ou particularmente, não pode a Justiça (como diz Milton) *interceptar* a correspondência, embora dirigida a pessoas indiciadas em delitos, ou deles suspeitas. Concluindo esse trajeto e consumado esse destino com a chegada e a abertura das cartas pelos seus legítimos donos, ultimada se acha a função peculiar à *correspondência*, a função que lhe dá o caráter, a que lhe constitui a missão, a que lhe resume a utilidade: pôr em contato, em relação, em conversa recíproca, indivíduos distantes um do outro. Feito isso as cartas decaíram da sua expressão, e ultimaram o seu papel de *correspondência*. São agora – *documentos* –, mais ou menos como os demais, registro de impressões, memórias escritas de fatos, títulos de compromissos, elementos de prova em direito, obrigações e contratos. A inviolabilidade constitucional já não as protege do mesmo modo contra a interferência averiguada ou repressiva da Justiça. Esta maneira de entender a nossa lei constitucional não diversifica da que se tem adotado em outros países, onde a linguagem das Constituições escritas se assemelha ou iguale a da nossa Constituição atual" (*Código de Processo Penal*, v. 1, p. 338).

976. Sigilo profissional: constitui uma exceção ao mencionado neste artigo. Se o profissional tem o dever de não prestar depoimento, quando possa revelar segredo auferido no exercício da sua função, também não está autorizado a juntar no processo uma correspondência que tenha recebido em razão da profissão, expondo seu cliente ou paciente a risco de processo. Assim, caso o advogado receba carta de seu cliente, preso, expondo aspectos relevantes da sua conduta criminosa, não está autorizado a exibi-la no processo.

Exame pericial de letra e firma

> **Art. 377.** A letra e firma dos documentos particulares serão submetidas a exame pericial, quando contestada a sua autenticidade.[977]

977. Exame grafotécnico: trata-se de hipótese de prova pericial realizada sobre prova documental, ambas para a busca da verdade real, devendo-se atestar se, efetivamente, determinado documento particular é autêntico ou falsificado. Como exemplo, pode-se citar a juntada aos autos de uma carta, devidamente assinada pelo remetente, apresentada pelo destinatário, nos termos do autorizado pelo art. 376, mas cuja autenticidade é questionada pela pessoa a

Art. 378

quem se imputa a sua escrita. Faz-se, então, o exame caligráfico. Esse artigo chega a ser desnecessário, pois qualquer escrito passível de questionamento pode ser submetido a exame pericial. Acrescente-se, apenas, a questão da autenticação da firma, isto é, o reconhecimento de assinatura manuscrita de alguém como verdadeiro, feita por funcionário público especialmente encarregado. Trata-se de crime (art. 300, CP) o reconhecimento falso de firma, razão pela qual torna-se lógica a hipótese de verificação da sua autenticidade, mormente quando questionada pela parte interessada. Na jurisprudência: TJMSP: "Policial militar – Ameaça – Apelação da defesa pleiteando a absolvição por insuficiência de provas – Prova testemunhal e pericial – Temor incutido às vítimas – Exame grafotécnico que comprovou a autoria do manuscrito – Conjunto probatório hábil para a condenação – Apelo não provido" (Apelação nº 006896/2014, 1.ª C., rel. Orlando Eduardo Geraldi, 07.10.2014, v.u.).

Apresentação de documentos

> **Art. 378.** Os documentos poderão ser apresentados em qualquer fase do processo, salvo se os autos deste estiverem conclusos para julgamento, observado o disposto no art. 379.[978]

Providências do juiz

> § 1.º Se o juiz tiver notícia da existência de documento relativo a ponto relevante da acusação ou da defesa, providenciará, independentemente de requerimento das partes, para a sua juntada aos autos, se possível.[979-980]

Requisição de certidões ou cópias

> § 2.º Poderá, igualmente, requisitar às repartições ou estabelecimentos públicos as certidões ou cópias autênticas necessárias à prova de alegações das partes. Se, dentro do prazo fixado, não for atendida a requisição, nem justificada a impossibilidade do seu cumprimento, o juiz representará à autoridade competente contra o funcionário responsável.[981]

Providências do curso do inquérito

> § 3.º O encarregado de inquérito policial militar poderá, sempre que necessário ao esclarecimento do fato e sua autoria, tomar as providências referidas nos parágrafos anteriores.[982]

978. Regra para apresentação de documentos no processo: qualquer fase admite a juntada de documentos, sempre se providenciando a ciência das partes envolvidas, exceto quando a lei dispuser em sentido diverso. Cuida-se de prova fácil de ser apresentada em juízo, bastando juntá-la aos autos, sem maiores delongas.

979. Diligência de ofício: naturalmente pode – e deve – o juiz, em busca da verdade real, como já se afirmou anteriormente, coligir provas indispensáveis ao deslinde do feito. Sendo ele o destinatário da prova, nada mais justo do que colhê-la, diretamente, quando disso tomar conhecimento. Aliás, muitos documentos somente poderão ser conseguidos por intermédio de requisição judicial, como ocorre com a quebra do sigilo fiscal ou bancário, razão pela qual é plausível que o próprio magistrado os busque para a juntada nos autos.

980. Possibilidade jurídica e de fato: a ressalva feita pela norma, a respeito da *possibilidade* de juntada do documento aos autos, refere-se tanto à autorização legal para tanto, como a outras circunstâncias de fato. O juiz não pode determinar a apreensão de carta em trâmite pelo serviço postal, como também não pode providenciar a juntada de carta destruída pela parte interessada. Assim, respeitadas as hipóteses de direito e de fato, o mais pode ser conseguido pelo magistrado.

981. Poder de requisição: a norma preceitua o óbvio; havendo a requisição de qualquer documento por parte do juiz a repartições ou estabelecimentos públicos, deve ser fielmente atendida. Se não for, não somente cabe representação na órbita administrativa, mas também é viável processo por desobediência.

982. Requisição na fase do inquérito: o encarregado do inquérito dispõe de poder de requisição de documentos, desde que não haja informação resguardada pelo sigilo. Nessa hipótese, somente o juiz pode quebrá-lo. Se for o caso, o presidente do inquérito oficia ao magistrado, solicitando a sua intervenção para tanto. Exemplos disso: quebra do sigilo fiscal, quebra do sigilo bancário, quebra do sigilo de dados.

Audiências das partes sobre documento

> **Art. 379.** Sempre que, no curso do processo, um documento for apresentado por uma das partes, será ouvida, a respeito dele, a outra parte. Se junto por ordem do juiz, serão ouvidas ambas as partes, inclusive o assistente de acusação e o curador do acusado, se o requererem.[983]

983. Contraditório: este dispositivo cuida da evidente aplicação do princípio do contraditório; aliás, mesmo não existindo o art. 379, o mesmo procedimento deveria ser adotado pelo juiz. Sempre que um documento for juntado aos autos por uma parte, a outra tem o direito de se manifestar sobre o mesmo; se o magistrado determinar a juntada, de ofício, do documento, deve dar ciência às partes. Enfim, trata-se do simples cumprimento do contraditório.

Conferência da pública-forma

> **Art. 380.** O juiz, de ofício ou a requerimento das partes, poderá ordenar diligência para a conferência de pública-forma de documento que não puder ser exibido no original ou em certidão ou cópia autêntica revestida dos requisitos necessários à presunção de sua veracidade. A conferência será feita pelo escrivão do processo, em dia, hora e lugar previamente designados, com ciência das partes.[984]

984. Pública-forma: trata-se da cópia autenticada por oficial público de papel avulso, servindo para substituir-se a este, na grande maioria das vezes. Estaria o artigo em comento referindo-se à certidão e ao traslado também? Cremos que não. Valemo-nos das definições expostas pelo magistrado Francisco Eduardo Loureiro, em parecer aprovado pela Corregedoria

Art. 381

Geral da Justiça de São Paulo (*DOE*, Poder Judiciário, Caderno 1, 14.02.1997, p. 34), definindo *pública-forma* como a cópia autenticada de documento, que difere da certidão (cópia extraída de livro de notas, em formato integral, parcial ou de breve relato, feita por oficial público, dentro das formalidades legais) e do traslado (cópia do original, constituindo a *2.ª via* ou a duplicata, extraída no momento de produção do documento nos livros do notário). Assim, as certidões e os traslados, para os fins deste artigo, não são considerados *públicas-formas* e sim documentos originais. Por outro lado, já que o Código de Processo Penal Militar admite, com o mesmo valor do original, a fotografia do documento, devidamente autenticada (pública-forma), é desta fotocópia que se trata neste texto. Assim, quando a autoridade judiciária tiver alguma dúvida, quanto à autenticidade da fotocópia autenticada, poderá exigir a apresentação do original para sua conferência. Exemplificando: para a decretação da extinção da punibilidade por morte do agente, exige-se a apresentação da certidão de óbito. Juntando-se aos autos uma cópia autenticada, que teria o mesmo valor do original, pode o magistrado, considerando útil para sua apreciação, determinar a exibição da certidão original para conferência.

Devolução de documentos

> **Art. 381.** Os documentos originais, juntos a processo findo, quando não exista motivo relevante que justifique a sua conservação, nos autos, poderão, mediante requerimento, e depois de ouvido o Ministério Público, ser entregues à parte que os produziu, ficando traslado nos autos; ou recibo, se se tratar de traslado ou certidão de escritura pública. Neste caso, do recibo deverão constar a natureza da escritura, a sua data, os nomes das pessoas que a assinaram e a indicação do livro e respectiva folha do cartório em que foi celebrada.[985]

985. Restituição de documentos: se a parte necessitar, poderá obter os documentos juntados ao processo de volta, desde que este se encontre findo, definitivamente. Mantém-se cópia nos autos. A norma é de cunho administrativo e não processual penal.

Capítulo X
Dos indícios[986]

986. Conceito de indício: o indício é um fato secundário, conhecido e provado, que, tendo relação com o fato principal, autorize, por raciocínio indutivo-dedutivo, a conclusão da existência de outro fato secundário ou outra circunstância. É prova indireta, embora não tenha, por causa disso, menor valia. O único fator – e principal – a ser observado é que o indício, solitário nos autos, não tem força suficiente para levar a uma condenação, visto que esta não prescinde de segurança. Assim, valemo-nos, no contexto dos indícios, de um raciocínio indutivo, que é o conhecimento amplificado pela utilização da lógica para justificar a procedência da ação penal. A indução nos permite aumentar o campo do conhecimento, razão pela qual a existência de vários indícios torna possível formar um quadro de segurança compatível com o almejado pela verdade real, fundamentando uma condenação ou mesmo uma absolvição. Trataremos, em nota abaixo, do conceito de indução e de sua utilização no processo penal.

Definição

> **Art. 382.** Indício é a circunstância ou fato conhecido e provado, de que se induz a existência de outra circunstância ou fato, de que não se tem prova.[987-988]

987. Indução: é o "raciocínio no qual de dados singulares ou parciais suficientemente enumerados se infere uma verdade universal", nas palavras de Jacques Maritain (*A ordem dos conceitos – Lógica menor*, p. 283). Tivemos oportunidade de escrever sobre o tema, anteriormente, razão pela qual somos da opinião de que o legislador empregou o termo exato neste artigo, vale dizer, o raciocínio utilizado pelo magistrado, utilizando os indícios para chegar a uma conclusão qualquer no processo, é realmente indutivo. Ressalvamos que há alguns doutrinadores sustentando ter havido um erro de redação, usando-se a palavra *indução* em lugar do que consideram correto, que seria *dedução* (por todos nessa crítica, veja-se Tornaghi, *Compêndio de processo penal*, t. III, p. 945). A objeção é incorreta, pois a dedução é um raciocínio mais simples, que não permite a ampliação do conhecimento, mas estabelece a conjunção do que já é conhecido, *afirmando,* pois, a noção que se tem de algo. A indução faz crescer o conhecimento do ser humano, unindo-se dados parciais para formar um quadro mais amplo. Ainda assim, é preciso ressaltar não produzir a indução *verdades absolutas*, mas nenhuma decisão judicial pode chamar a si tal qualidade. O juiz decide, ainda que fundamentado em provas diretas, como a confissão judicial ou a pericial, com uma grande probabilidade de acerto, mas jamais em caráter absoluto, visto que confissões podem ser falsas, assim como o perito pode ter-se equivocado. Anote-se o alerta de Fábio Ulhoa Coelho: "A comprovação processual de um acontecimento não significa a sua efetiva verificação. É claro que o homem desenvolveu várias técnicas de reprodução de fatos (perícias, depoimento de testemunhas oculares, documentação fotográfica, cinematográfica etc.), mas o julgador imparcial, obrigatoriamente ausente no momento da ocorrência, tem da realidade apenas a versão processualmente construída. E, para o direito, interessa apenas esta versão. Se uma parte não conseguir provar um determinado acontecimento, a decisão jurídica deve considerá-lo inocorrente. Portanto, para a aplicação de uma norma jurídica a um caso concreto, leva-se em conta simplesmente a versão processual desse caso" (*Lógica jurídica – Uma introdução*, p. 70). Dessa forma, ao pronunciar uma sentença, o julgador leva em conta tanto a indução, quanto a dedução, a intuição e o silogismo. Quanto ao processo indutivo, ele seleciona os dados singulares interessantes ao seu conceito de justo, conforme sua experiência de vida e seus valores, determinando a formação de um raciocínio próprio. Para condenar ou absolver o réu, julgando procedente ou improcedente uma causa, o magistrado pode trabalhar com a indução generalizadora de dois modos diversos, fazendo a conclusão caminhar para um lado (condenação ou procedência) ou para outro (absolvição ou improcedência). Ele pode usar, ainda, inicialmente a intuição (sentindo se o réu é ou não culpado), caminhar para a indução e findar com a dedução. Exemplo: no caso de furto, raciocinando o juiz: a) o réu confessou, na polícia, a prática do crime; b) ostenta antecedentes criminais; c) a apreensão da *res furtiva* foi feita em seu poder; d) instrumentos normalmente usados para a prática de furto foram encontrados no seu domicílio; e) o réu tem um nível de vida elevado, incompatível com sua renda declarada; f) foi visto nas imediações do local onde o furto foi cometido no dia do fato. Ninguém o viu furtando, nem ele, em juízo, admitiu essa prática. Mas esses indícios (prova indireta) fazem com que o juiz conclua, em processo indutivo, ter sido ele o autor do furto. Finaliza, então, com a dedução: o tipo penal do art. 155 prevê constituir furto a subtração de coisa alheia móvel para si; o réu foi o autor da subtração; logo, deve ser condenado (dedução). Ensina Miguel Reale que a indução envolve, concomitantemente, elementos obtidos *dedutivamente*, além de trabalhar nesse contexto a intuição, restando, pois, claro que "todo raciocínio até certo ponto implica em uma sucessão de 'evidências'" (*Filosofia do direito*, p. 145). E mais: "O certo é que, na indução amplificadora, realizamos sempre uma conquista, a conquista de algo novo, que se refere a objetos reais e a relações entre objetos reais, tendo como ponto de partida a observação dos fatos. Na base da indução está, portanto, a experiência, a observação dos fatos que deve obedecer a determinados requisitos, cercada de rigorosas precauções críticas, tal como o exige o conhecimento indutivo

Art. 383

de tipo científico, inconfundível com as meras generalizações empíricas" (ob. cit., p. 145). Por isso, a utilização de indícios, no processo penal, é autorizada não só pelo artigo em comento, mas também pelo processo de raciocínio lógico, que é a indução. A respeito, ver o nosso artigo *A indução generalizadora nos trabalhos jurídicos*, *Revista de Processo*, n. 84, p. 314-323. Na jurisprudência: STM: "VI. Os indícios em exame induzem a autoria do Réu na consumação do crime descrito na Denúncia, porquanto existe coincidência e nexo de causalidade entre as provas e os fatos imputados ao Réu, em perfeita consonância com o disposto nos arts. 382 e 383, ambos do Código de Processo Penal Militar" (Apelação nº 7000284-66.2018.7.00.0000, rel. José Barroso Filho, julgado em 12.04.2018).

988. Integração entre indução e dedução: não são compartimentos estanques do raciocínio lógico. Assim, devemos visualizar o fenômeno descrito no art. 382 do Código de Processo Penal Militar, na forma de integração entre as duas formas de conhecimento. Dizemos que alguém, encontrado, por regra de experiência, com o objeto furtado, logo após a subtração, é o autor do crime (premissa maior). Depois, diz-se que o réu foi encontrado com a *res furtiva* em seu poder (premissa menor). Deduz-se, então, que ele é provavelmente o autor do delito. Em verdade, esse processo é uma dedução, mas é insuficiente para a condenação. Usamos, então, a indução, que significa estabelecer várias deduções como esta até chegar a uma conclusão mais ampla, isto é, que o réu é, realmente, o autor da infração penal. O termo *indução*, insistimos, é o cerne do processo, na utilização dos indícios, razão pela qual não se deve substituí-lo por *dedução*.

Requisitos

> **Art. 383.** Para que o indício constitua prova, é necessário:[989-991]
>
> *a)* que a circunstância ou fato indicante tenha relação de causalidade, próxima ou remota, com a circunstância ou fato indicado;[992]
>
> *b)* que a circunstância ou fato coincida com a prova resultante de outro ou outros indícios, ou com as provas diretas colhidas no processo.[993-994]

989. Valor probatório dos indícios: como já afirmamos em nota anterior, os indícios são perfeitos tanto para sustentar a condenação, quanto para a absolvição. Há autorização legal para a sua utilização e não se pode descurar que há muito preconceito contra essa espécie de prova, embora seja absolutamente imprescindível ao juiz utilizá-la. Nem tudo se prova diretamente, pois há crimes camuflados – a grande maioria – que exigem a captação de indícios para a busca da verdade real. Lucchini, mencionado por Espínola Filho, explica que a "eficácia do indício não é menor que a da prova direta, tal como não é inferior a certeza racional à histórica e física. O indício é somente subordinado à prova, porque não pode subsistir sem uma premissa, que é a circunstância indiciante, ou seja, uma circunstância provada; e o valor crítico do indício está em relação direta com o valor intrínseco da circunstância indiciante. Quando esteja esta bem estabelecida, pode o indício adquirir uma importância predominante e decisiva no juízo" (*Elementi di procedura penale*, n. 131, apud *Código de Processo Penal brasileiro anotado*, v. 3, p. 175). Assim também Bento de Faria, apoiado em Malatesta (*Código de Processo Penal*, v. 1, p. 347). Realmente, o indício *apoia-se* e *sustenta-se* numa outra prova. No exemplo citado na nota anterior, quando se afirma que a coisa objeto do furto foi encontrada em poder do réu não se está provando o fato principal, que consiste na subtração, mas tem-se efetiva demonstração de que a circunstância ocorreu, através do auto de apreensão e de testemunhas. Em síntese, o indício é um fato provado e secundário (circunstância) que somente se torna útil para a construção do conjunto probatório ao ser usado o processo lógico da indução. Na jurisprudência: STM: "VI. Os indícios em exame induzem a autoria do réu na consumação do crime descrito na denúncia, porquanto existe coincidência e nexo de causalidade entre as provas e os fatos imputados ao réu, em perfeita consonância com o disposto nos arts. 382 e 383, ambos do Código de Processo Penal Militar. VII. Destarte, em sendo o fato típico, ilícito e culpável, inexistindo quaisquer causas legais ou supralegais de exclusão do crime, a reforma da sentença se impõe, para condenar o réu como incurso no art. 303, § 2.º, do CPM" (Apelação 7000284-66.2018.7.00.0000, T. Pleno, rel. Marco Antônio de Farias, 16.11.2018, v.u.).

990. Diferença entre indício e presunção: esta última não é um meio de prova válido, pois constitui uma mera opinião baseada numa suposição ou suspeita. É um simples processo dedutivo. Pode-se utilizar a presunção para fundamentar uma condenação unicamente quando a lei autorizar, como ocorre com a presunção de violência de quem mantém relação sexual com menor de 14 anos. Como afirma, com razão, Bento de Faria, os indícios possibilitam atingir o estado de certeza no espírito do julgador, mas as presunções apenas impregnam-no de singelas probabilidades e não podem dar margem à condenação (*Código de Processo Penal*, v. 1, p. 349-350).

991. Contraindícios: são as circunstâncias provadas, que servem para justificar ou fundamentar a invalidade dos indícios colhidos contra alguém. Assim, se a coisa furtada foi encontrada em poder do réu, este pode produzir a prova de um fato secundário, demonstrativo de que a adquiriu, através da emissão de nota fiscal e recibo, de uma loja. O indício é derrubado pelo contraindício. O álibi – justificativa apresentada pelo acusado para negar a autoria – é um contraindício ou indício negativo.

992. Relação de causalidade: basta conhecer o significado de *indução* para se saber necessária a relação de causalidade entre o fato indicante provado e o fato indicado a ser provado. Portanto, o disposto na alínea *a* do art. 383 nada mais representa do que simples norma explicativa do fenômeno da indução.

993. Suficiência dos indícios: o processo indutivo é uma colheita de vários indícios, que possam atingir a suficiência em matéria de conhecimento, permitindo desvendar circunstâncias fáticas até então desconhecidas.

994. Coincidência com a prova direta: o indício, isoladamente considerado, pode valer como prova para a condenação, desde que ligado a outra prova produzida de maneira direta (testemunha, documento, perícia etc.).

Livro II

Dos Processos em Espécie[995-998]

Título I
Do processo ordinário

Capítulo Único
Da instrução criminal

Seção I
Da prioridade de instrução. Da polícia e ordem das sessões.
Disposições gerais

995. Processo e procedimento: enquanto o processo é uma sequência de atos, vinculados entre si, tendentes a alcançar a finalidade de propiciar ao juiz a aplicação da lei ao caso concreto, o procedimento é o modo pelo qual se desenvolve o processo, no seu aspecto interno. Segundo Greco Filho, "não há processo sem procedimento e não há procedimento que não se refira a um processo. Mesmo nos casos de processo nulo ou procedimentos incidentais o procedimento não existe em si mesmo, mas para revelar um processo, ainda que falho" (*Manual de processo penal*, p. 345). Nas palavras de Borges da Rosa: "o Processo diz-se um conjunto de atos, porque é da sua reunião e ordenação metódica, procedendo em íntima harmonia, em seguimento uns aos outros, que se pode tê-lo mesmo, segundo a sua etimologia: *pro* = adiante, *cedere* = ir, marchar" (*Nulidades do processo,* p. 29).

996. Impropriedade da terminologia do Código de Processo Penal: segundo a diferença estabelecida na nota anterior, o correto seria intitular esta parte do Código como "Dos procedimentos em espécie".

997. Procedimento e devido processo legal: quando a lei fixa um determinado procedimento para a instrução criminal, torna-se imprescindível que o magistrado o respeite, ainda que haja concordância das partes para sua inversão ou para sua supressão. Ensina Scarance Fernandes haver duas garantias vinculadas ao devido processo legal, nele realizando-se plenamente: a garantia ao procedimento integral e a garantia ao procedimento tipificado. "Estabelecidos esses procedimentos há para a parte a garantia de que o juiz irá observá-los integralmente e, ainda, de que levará em conta a coordenação e vinculação estabelecidas entre os atos da cadeia procedimental. (...) Em virtude da garantia ao procedimento tipificado, não se admite a inversão da ordem processual ou a adoção de um procedimento por outro. Resultando prejuízo, deve ser declarada a nulidade" (*Processo penal constitucional*, p. 104-105). O mesmo autor, complementando a importância do *procedimento* no processo penal, menciona que "o procedimento deixou de ser considerado instituto de menor relevância no direito processual e passou a ser visto como elemento essencial da noção de processo, sendo a expressão de sua unidade. Mais do que isso, o direito ao procedimento foi alçado a garantia fundamental, estabelecendo-se uma conexão entre direitos fundamentais, organização e procedimento, sendo estes apontados como meios essenciais para a eficácia das normas que asseguram os direitos

Art. 384

fundamentais" (*Teoria geral do procedimento e o procedimento no processo penal*, p. 303). Na jurisprudência: STF: "A exigência de fiel observância, por parte do Estado, das formas processuais estabelecidas em lei, notadamente quando instituídas em favor do acusado, representa, no âmbito das persecuções penais, inestimável garantia de liberdade, pois o processo penal configura expressivo instrumento constitucional de salvaguarda dos direitos e garantias assegurados ao réu" (HC 98382-SP, 2.ª T., rel. Celso de Mello, 02.06.2009, v.u.).

998. Procedimento de lei especial: deve prevalecer o procedimento previsto no Código de Processo Penal Militar em relação ao disposto pelo Código de Processo Penal comum; afinal, lei especial afasta a aplicação de lei geral. Na jurisprudência: STM: "A Lei 11.719, de 20 de junho de 2008, que trouxe significativa mudança no artigo 394 e seguintes do Código de Processo comum, possibilitando a defesa preliminar nos procedimentos ordinário e sumário logo após o recebimento da denúncia, não se aplica no âmbito da Justiça Castrense em face do princípio da especialidade" (Ap. 0000100-78.2009.7.12.0012-AM, Plenário, rel. William de Oliveira Barros, 02.08.2012, v.u.).

Preferência para a instrução criminal

Art. 384. Terão preferência para a instrução criminal:[999]

a) os processos, a que respondam os acusados presos;

b) dentre os presos, os de prisão mais antiga;

c) dentre os acusados soltos e os revéis, os de prioridade de processo.

Alteração da preferência

Parágrafo único. A ordem de preferência poderá ser alterada por conveniência da justiça ou da ordem militar.[1000]

999. Preferência para instrução e julgamento: a norma em comento guarda similitude com previsão formulada para o Tribunal do Júri, na esfera da justiça comum, buscando impedir o excesso de prazo para o transcurso do processo, em particular no tocante ao réu preso. É preciso considerar a expressa garantia constitucional da celeridade processual, insculpida no art. 5.º, LXXVIII, da Constituição Federal: "a todos, no âmbito judicial e administrativo, são assegurados a razoável duração do processo e os meios que garantem a celeridade de sua tramitação".

1000. Alteração da ordem: pode ser determinada pelo juiz, sempre que motivo relevante surja, tal como a ocorrência de prescrição, no tocante a algum processo de réu solto.

Polícia das sessões

Art. 385. A polícia e a disciplina das sessões da instrução criminal serão, de acordo com o art. 36 e seus §§ 1º e 2º, exercidas pelo presidente do Conselho de Justiça, e pelo auditor, nos demais casos.[1001]

1001. Polícia processual: cabe exclusivamente ao juiz auditor, quando coleta a prova, bem como ao presidente do Conselho de Justiça, por ocasião do julgamento. É preciso respeitar a sua autoridade, como emanada da própria lei, a fim de se conferir regular aplicação à lei processual penal.

Conduta da assistência

Art. 386. As partes, os escrivães e os espectadores poderão estar sentados durante as sessões. Levantar-se-ão, porém, quando se dirigirem aos juízes ou quando estes se levantarem para qualquer ato do processo.[1002]

Prerrogativas

Parágrafo único. O representante do Ministério Público e os advogados poderão falar sentados, e estes terão, no que for aplicável, as prerrogativas que lhes assegura o art. 89 da Lei 4.215, de 27 de abril de 1963.

1002. Normas de conduta formal: não nos parece seja cabível e adequado constar no Código de Processo Penal as *normas de conduta* de partes, assistentes e público no tocante a julgamentos e outros atos processuais. Muitas dessas *atuações* advêm da tradição forense, que evolui e altera-se com frequência, sendo incompatível com a sua inscrição em lei. Ademais, se houvesse alguma necessidade para prever tais pontos, deveria constar simplesmente em regimentos de tribunais, muito mais flexíveis. Por derradeiro, vale ressaltar serem muitas delas normas de pura cortesia para com a corte; inserindo em lei, caso a parte resolva falar sentada, poderia o juiz recusar-se a ouvi-la, configurando situação teratológica pela flagrante disparidade entre o direito e a realidade.

Publicidade da instrução criminal

Art. 387. A instrução criminal será sempre pública, podendo, excepcionalmente, a juízo do Conselho de Justiça, ser secreta a sessão, desde que o exija o interesse da ordem e disciplina militares, ou a segurança nacional.[1003]

1003. Princípio da publicidade: significa que os atos processuais serão publicamente realizados, de modo a conferir legitimidade à atuação do Judiciário, que poderá ser fiscalizado pelas partes e pelo público. Há duas formas de publicidade: a) geral, em relação ao público; b) especial, no tocante às partes. A publicidade especial jamais pode ser limitada ou cerceada. Apenas a geral, mesmo assim no interesse público ou para preservar a intimidade, nos termos afirmados pelo art. 5.º, LX, da Constituição Federal. No caso deste artigo do CPPM, nota-se emergir o interesse público, onde se inserem a ordem e disciplina militares ou a segurança nacional.

Sessões fora da rede

Art. 388. As sessões e os atos processuais poderão, em caso de necessidade, realizar-se fora da sede da Auditoria, em local especialmente designado pelo auditor, intimadas as partes para esse fim.[1004]

Art. 389

1004. Atos externos: a sua realização respeita o critério da busca da verdade real, possibilitando que o juiz procure a produção da prova em área diversa da sede da Auditoria. Exemplos disso são as audiências realizadas em lugar acertado entre o juiz e a autoridade constante do rol do art. 350, *a*, deste Código, bem como as realizadas no local onde se encontrarem as testemunhas enfermas ou idosas, conforme alínea *b* do mesmo artigo.

Conduta inconveniente

> **Art. 389.** Se o acusado, durante a sessão, se portar de modo inconveniente, será advertido pelo presidente do Conselho; e, se persistir, poderá ser mandado retirar da sessão, que prosseguirá sem a sua presença, perante, porém, o seu advogado ou curador. Se qualquer destes se recusar a permanecer no recinto, o presidente nomeará defensor ou curador *ad hoc* ao acusado, para funcionar até o fim da sessão. Da mesma forma procederá o auditor, em se tratando de ato da sua competência.[1005]

Caso de desacato

> **Parágrafo único.** No caso de desacato a juiz, ao procurador ou ao escrivão, o presidente do Conselho ou o auditor determinará a lavratura do auto de flagrante delito, que será remetido à autoridade judiciária competente.

1005. Retirada do acusado do recinto: o comportamento equilibrado do réu, acompanhando a instrução, é seu dever, razão pela qual se houver interferência agressiva e inoportuna pode ser retirado da sala. Aliás, o mesmo se prevê para o momento de oitiva da testemunha (art. 358, CPPM). Jamais se poderá privá-lo do acompanhamento da sessão por seu advogado. Se este se retirar, em solidariedade ao réu, o magistrado está autorizado a nomear defensor *ad hoc* (para o ato). Sob outro aspecto, a menção a curador (para acompanhar réu menor de 21 anos), não mais subsiste, como já esclarecido em outros itens, pois o maior de 18 anos é plenamente capaz para todos os atos da vida civil, inclusive depor sem a presença de curador. Na jurisprudência: STM: "Retirada dos acusados da sala de audiência. Possibilidade. (...) I - Em que pese a aparente literalidade do art. 312 do CPPM, a omissão no seu disposto decorre da ausência de expressa previsão quanto à possibilidade ou não de retirada do Acusado durante a oitiva do Ofendido. Percepção que se reforça pela redação dos artigos 358 e 389 do Código Penal Militar (CPPM), além do art. 217 do Código de Processo Penal (CPP) comum. Integração que se faz por meio dos mesmos dispositivos" (Embargos de declaração 7001395-51.2019.7.00.0000, rel. Péricles Aurélio Lima de Queiroz, j. em 19.12.2019).

Prazo para instrução criminal

> **Art. 390.** O prazo para a conclusão da instrução criminal é de 50 (cinquenta) dias, estando o acusado preso, e de 90 (noventa), quando solto, contados do recebimento da denúncia.[1006]

Não computação de prazo

> § 1.º Não será computada naqueles prazos a demora determinada por doença do acusado ou defensor, por questão prejudicial ou por outro motivo

de força maior justificado pelo auditor, inclusive a inquirição de testemunhas por precatória ou a realização de exames periciais ou outras diligências necessárias à instrução criminal, dentro dos respectivos prazos.[1007]

Doença do acusado

§ 2.º No caso de doença do acusado, ciente o seu advogado ou curador e o representante do Ministério Público, poderá o Conselho de Justiça ou o auditor, por delegação deste, transportar-se ao local onde aquele se encontrar, procedendo aí ao ato da instrução criminal.[1008]

Doença e ausência do defensor

§ 3.º No caso de doença do defensor, que o impossibilite de comparecer à sede do juízo, comprovada por atestado médico, com a firma de seu signatário devidamente reconhecida, será adiado o ato a que aquele devia comparecer, salvo se a doença perdurar por mais de 10 (dez) dias, caso em que lhe será nomeado substituto, se outro defensor não estiver ou não for constituído pelo acusado. No caso de ausência do defensor, por outro motivo ou sem justificativa, ser-lhe-á nomeado substituto, para assistência ao ato e funcionamento no processo, enquanto a ausência persistir, ressalvado ao acusado o direito de constituir outro defensor.[1009]

Prazo para devolução de precatória

§ 4.º Para a devolução de precatória, o auditor marcará prazo razoável, findo o qual, salvo motivo de força maior, a instrução criminal prosseguirá, podendo a parte juntar, posteriormente, a precatória, como documento, nos termos dos arts. 378 e 379.[1010]

Atos procedidos perante o auditor

§ 5.º Salvo o interrogatório do acusado, a acareação nos termos do art. 365 e a inquirição de testemunhas, na sede da Auditoria, todos os demais atos da instrução criminal poderão ser procedidos perante o auditor, com ciência do advogado, ou curador, do acusado e do representante do Ministério Público.

§ 6.º Para os atos probatórios em que é necessária a presença do Conselho de Justiça, bastará o comparecimento da sua maioria. Se ausente o presidente, será substituído, na ocasião, pelo oficial imediato em antiguidade ou em posto.

1006. Prazos impróprios: o prazo para a instrução é impróprio, ou seja, ultrapassado, não gera nulidade, nem qualquer sanção processual. Entretanto, quando se tratar de réu preso, ultrapassar os 50 dias, sem motivo plausível, gera constrangimento ilegal, devendo ser o acusado posto em liberdade. Na jurisprudência: STM: "Concernente ao alegado excesso de prazo, é bem verdade que o art. 390 do CPPM estabelece o prazo de 50 (cinquenta) dias para o encer-

Art. 390

Código de Processo Penal Militar Comentado • **Nucci**

ramento da instrução criminal, estando o acusado preso, contados do recebimento da exordial. Sucede que o prazo legal funciona como um parâmetro geral, uma vez que pode variar à luz da dificuldade ou da menor complexidade de cada processo, bem assim em razão da prática de atos processuais pela própria defesa. Desse modo, o mero transcurso, por si só, dos prazos processuais legalmente previstos não tem o condão de acarretar o automático relaxamento da reclusão cautelar, devendo ser ponderado o caso concreto, no qual o Juízo a quo efetivamente empreendeu esforços para o término da instrução processual em lapso temporal bastante razoável. Ordem denegada, na parte em que conhecida" (HC 7000507-48.2020.7.00.0000, rel. Maria Elizabeth Guimarães Teixeira Rocha, julgado em 15.10.2020, m.v.); "IV – A regra do art. 390 do Código de Processo Penal Militar não traz um prazo absoluto. Considerá-lo taxativo é desconsiderar os inúmeros fatores que decorrem do processo, como os sucessivos eventos da Ação Penal em 1ª instância de conflito de competência, além da própria complexidade fática, mediante diversos Réus, e legal, tentativa de homicídio qualificado em concurso de delitos, igualmente, equiparados a crimes atrozes especificados em lei. V – O tempo de prisão dos Recorridos é proporcional ao grave crime perpetrado, cuja pena mínima é de 8 anos de reclusão, considerada a tentativa na fração máxima de 2/3. Assim, o excesso de prazo não é uma simples soma aritmética, mas deve ser reconhecida a complexidade jurídica e fática do processo. VI – Inexistem dúvidas acerca da prova do fato delitivo e dos indícios suficientes de autoria, atendidas as exigências das alíneas 'a' e 'd' do art. 255 do CPPM, quais sejam: a garantia da ordem pública e a segurança da aplicação da lei penal militar. VII – Determinação ao Juízo de primeiro grau que analise, com periodicidade máxima de 90 dias, a conveniência do acautelamento preventivo dos Réus, nos termos do art. 316, parágrafo único, do Código de Processo Penal. VIII – Recurso provido" (RESE 7000448-60.2020.7.00.0000, rel. Péricles Aurélio Lima de Queiroz, julgado em 03.09.2020, v.u.).

1007. Desnecessidade da previsão: como já mencionado, os prazos para terminar a instrução são impróprios, motivo pelo qual pouco importa tenha havido causa justa para a interrupção. Mas, quando se cuidar de réu preso, várias situações interruptivas são determinantes para gerar constrangimento ilegal, quando o feito passar de 50 dias. Doença do acusado preso não deve obstar, pois ele será tratado no presídio onde se encontra; doença do defensor não pode prejudicar o réu, devendo-se substituí-lo. As questões prejudiciais – suspender o feito para decidir questão relevante na esfera cível – não podem segurar o acusado detido cautelarmente por prazo indefinido. Qualquer motivo de força maior precisa ser realmente importante para justificar a extensão da prisão provisória além dos 50 dias. Porém, a inquirição de testemunhas por precatória, salvo quando a solicitação couber à defesa, não é pretexto para deter o réu além dos 50 dias. Exames periciais e outras diligências podem ser motivo para ultrapassar os 50 dias se absolutamente imprescindíveis para a solução da demanda e caso houver justificativa para o atraso.

1008. Enfermidade do acusado: admite-se a realização da audiência no local onde estiver o réu doente, o que não deixa de ser promissor para a celeridade da instrução e o respeito à ampla defesa e ao devido processo legal.

1009. Ausência do defensor: em caso de enfermidade, se não puder comparecer e seu estado não durar mais de 10 dias, adia-se o ato, desde que comprove por atestado médico; se a doença perdurar, deve-se intimar o réu a constituir outro defensor, alertando-o de que, não o fazendo, ser-lhe-á nomeado dativo. Havendo ausência do defensor para a audiência, sem motivo justo, deve o juiz nomear substituto para o ato (*ad hoc*). E, a qualquer momento, o acusado pode apresentar novo defensor. Essas regras são justas, mantendo o equilíbrio entre o direito de defesa e o célere andamento da instrução.

1010. Repetição: essa norma já consta deste Código (art. 359), não havendo necessidade de reiteração. Sempre que expedir precatória, o que acontece, como regra, para ouvir testemunhas em outra Circunscrição, o auditor deve fixar um prazo para o cumprimento, dentro da razoabilidade; a instrução não se detém caso a carta não retorne; deve o processo chegar à sua conclusão; quando a precatória voltar, a qualquer tempo, será juntada aos autos como se faz com qualquer outro documento. Entretanto, se o juiz não estabelecer o prazo para o cumprimento da precatória, supõe-se seja indefinido, razão pela qual se deve aguardar o seu retorno para julgar o feito, sob pena de gerar nulidade, embora relativa.

Juntada da fé de ofício ou antecedentes

> **Art. 391.** Juntar-se-á aos autos do processo o extrato da fé de ofício ou dos assentamentos do acusado militar. Se o acusado for civil será junta a folha de antecedentes penais e, além desta, a de assentamentos, se servidor de repartição ou estabelecimento militar.[1011]

Individual datiloscópica

> **Parágrafo único.** Sempre que possível, juntar-se-á a individual datiloscópica do acusado.[1012]

1011. Antecedentes criminais e funcionais: de ofício, providenciará o juiz a juntada, aos autos, do prontuário e da folha de antecedentes dos acusados militares ou civis. Permitir-se-á a mais adequada individualização da pena, por ocasião de eventual sentença condenatória. Não há necessidade de ser um requerimento de qualquer das partes.

1012. Desnecessidade como regra: estabelece o art. 5.º, LVIII, da Constituição Federal o seguinte: "o civilmente identificado não será submetido a identificação criminal, salvo nas hipóteses previstas em lei". A lei da qual trata a norma constitucional é a Lei 12.037/2009, que prevê as situações em que se admite a identificação criminal. Portanto, como regra, quando o acusado apresentar identificação civil, não se colhe nenhum outro dado seu (como impressões datiloscópicas). Assim sendo, não haverá "individual datiloscópica do acusado".

Proibição de transferência ou remoção

> **Art. 392.** O acusado ficará à disposição exclusiva da Justiça Militar, não podendo ser transferido ou removido para fora da sede da Auditoria, até a sentença final, salvo motivo relevante que será apreciado pelo auditor, após comunicação da autoridade militar, ou a requerimento do acusado, se civil.[1013]

1013. Réu preso ou militar: essa norma, determinando fique o acusado à disposição da Justiça Militar, torna-se útil ao preso e ao militar, visto que ambos podem ser transferidos por conveniência administrativa. Na jurisprudência: TJMSP: "O retromencionado dispositivo legal diz respeito, exclusivamente, aos acusados que se encontrem, durante todo o processamento criminal, até a sentença final, no serviço ativo da polícia militar. Obviamente, o óbice imposto pelo art. 392 do CPPM, diz respeito àquelas transferências e remoções impostas pela autoridade

Art. 393

administrativa militar aos policiais militares do serviço ativo, no âmbito da corporação, entre as unidades organizacionais. Neste diapasão, impossível a transferência ou remoção do policial militar inativo. No mesmo sentido, poder-se-ia ainda cogitar de obstáculo legal à transferência do oficial do serviço ativo para a inatividade da polícia militar, pretendendo-se aplicação do contido do art. 393 do Código de Processo Penal Militar. 'In verbis': "O oficial processado ou sujeito a inquérito policial militar, não poderá ser transferido para a reserva, salvo se atingir a idade-limite de permanência no serviço ativo". Entretanto, mais uma vez, há de ser observada a relevância do art. 5º, incisos XXXVI, LIV e LVII, da Constituição Federal. E, então, diante de tais preceitos fundamentais, a derrogação do art. 392 do Código de Processo Penal Militar, tornando defeso à Administração Militar impedir a transferência para a reserva do policial militar, dês que preenchidos os requisitos necessários à passagem à inatividade, mormente o lapso de tempo legalmente requerido para o cabal exercício profissional. Aliás, proibição esta, também constante do art. 138, § 6.º, da Constituição do Estado de São Paulo" (Indignidade para o oficialato 000012/2004, Pleno, rel. Avivaldi Nogueira Junior, julgado em 22.11.2006, v.u.).

Proibição de transferência para a reserva

> **Art. 393.** O oficial processado, ou sujeito a inquérito policial militar, não poderá ser transferido para a reserva, salvo se atingir a idade-limite de permanência no serviço ativo.[1013-A]

1013-A. Transferência para reserva: TJMMG: "Hoje, através do Parecer n. 15.292-AGE-MG, datado de 22 de novembro de 2013, a própria Administração Militar reconhece que o art. 393 do CPPM não foi recepcionado pela Constituição Federal, uma vez que ele contraria direta e frontalmente o disposto na garantia individual do inciso LVII do art. 5º da mesma Constituição da República, a denominada presunção de inocência; bem como que o artigo 134 do Estatuto dos Militares de Minas Gerais não foi recepcionado pela Constituição da República, não possuindo tal artigo mais eficácia a partir da data da promulgação desta, uma vez que seu teor afronta com as dicções constitucionais federais do § 7.º do art. 37 e do inciso II do artigo 71" (Apelação 1000003-83.2015.9.13.0003, rel. Jadir Silva, julgado em 26.11.2015, v.u.).

Dever de exercício de função ou serviço militar

> **Art. 394.** O acusado solto não será dispensado do exercício das funções ou do serviço militar, exceto se, no primeiro caso, houver incompatibilidade com a infração cometida.

Lavratura de ata

> **Art. 395.** De cada sessão será, pelo escrivão, lavrada ata, da qual se juntará cópia autêntica aos autos, dela constando os requerimentos, decisões e incidentes ocorridos na sessão.

Retificação de ata

> **Parágrafo único.** Na sessão seguinte, por determinação do Conselho ou a requerimento de qualquer das partes, a ata poderá ser retificada, quando omitir ou não houver declarado fielmente fato ocorrido na sessão.

Seção II
Do início do processo ordinário

Início do processo ordinário

> **Art. 396.** O processo ordinário inicia-se com o recebimento da denúncia.[1014]

1014. Início da ação penal e do processo: a ação penal tem início com o oferecimento da denúncia; se esta for recebida, entende-se por ajuizada a demanda, inaugurando-se a relação processual. Cuida-se, então, de citar o réu, chamando-o a juízo. Na jurisprudência: STM: "Incorre em *error in procedendo* a Magistrada que, após o recebimento da denúncia, monocraticamente, extingue o feito, usurpando a competência do Conselho Permanente de Justiça e ferindo o princípio do juiz natural. Correição Parcial deferida, à unanimidade, determinando-se a baixa dos autos ao Juízo de origem para que o Conselho Permanente de Justiça para o Exército manifeste-se como de direito. Recomendação à Juíza-Auditora que observe as disposições contidas no art. 396 do CPPM, combinadas com os arts. 27 e 28 da Lei de Organização da Justiça Militar, aprovada por maioria; e ao Juiz-Auditor Corregedor que baixe provimento sobre a matéria" (Correição parcial 0000032-97.2010.7.01.0401, rel. Marcus Vinicius Oliveira dos Santos, j. em 20.10.2011, v.u.).

Falta de elementos para a denúncia

> **Art. 397.** Se o procurador, sem prejuízo da diligência a que se refere o art. 26, I, entender que os autos do inquérito ou as peças de informação não ministram os elementos indispensáveis ao oferecimento da denúncia, requererá ao auditor que os mande arquivar. Se este concordar com o pedido, determinará o arquivamento;[1007] se dele discordar, remeterá os autos ao procurador-geral.[1015-1019]

Designação de outro procurador

> § 1.º Se o procurador-geral entender que há elementos para a ação penal, designará outro procurador, a fim de promovê-la; em caso contrário, mandará arquivar o processo.

Avocamento do processo

> § 2.º A mesma designação poderá fazer, avocando o processo, sempre que tiver conhecimento de que, existindo em determinado caso elementos para a ação penal, esta não foi promovida.

1015. Natureza jurídica do arquivamento do inquérito ou outras peças de informação: cuida-se de decisão judicial, revestida de caráter administrativo ou jurisdicional, conforme a situação concreta. A lei processual penal poderia – e deveria – ter melhor explorado (e explicado) a natureza jurídica de tão importante ato do magistrado. Não o fez. Observa-se,

Art. 397

Código de Processo Penal Militar Comentado • Nucci

entretanto, que o juiz pode, acolhendo parecer do Ministério Público, no sentido de haver insuficiência de provas para o oferecimento da denúncia, determinar o arquivamento como providência meramente administrativa. Em outras palavras, age apenas como órgão controlador da atividade do Ministério Público, em primeira instância, em função do princípio da obrigatoriedade da ação penal pública. Nesse cenário, insere-se a Súmula 524 do STF ("Arquivado o inquérito policial por despacho do juiz, a requerimento do promotor de justiça, não pode a ação penal ser iniciada sem novas provas"). Por vezes, no entanto, o parecer do membro do Ministério Público é nítido ao apontar, ilustrando, atipicidade da conduta do indiciado. Acolhendo tal motivação e determinando o arquivamento, entendemos tratar-se de decisão de contorno jurisdicional. Fecha-se a questão definitivamente. Não há mais sentido em, no futuro, *havendo novas provas*, reabrir-se o caso. Afinal, de maneira anômala, por certo, mas sem sombra de dúvida, o Poder Judiciário declarou ser o fato atípico. Se houve acerto ou erro por parte do juiz, não é ponto que sirva de argumento, nem de instrumento adequado a prejudicar o indivíduo. O Estado-juiz proclamou oficial e solenemente não ser o fato da órbita de interesse do Direito Penal. Seria o mesmo que rejeitar a denúncia com tal fundamentação, transitando em julgado a decisão. Nada mais haveria a ser feito. Como se mencionou, se o legislador não previu recurso contra essa modalidade de decisão – por parte da vítima, por exemplo – cuida-se de lacuna, inviável de ser suprida por outro ato jurisdicional subsequente. Essa é uma das razões pelas quais, como garantia individual, o arquivamento determinado pelo Judiciário, acolhendo tese do órgão acusatório, titular da ação penal, de que *não há crime* algum a apurar, consolida a coisa julgada material. Se o arquivamento fosse controlado exclusivamente na esfera do Ministério Público, como alguns pretendem, inexistiria *decisão de conteúdo jurisdicional*, motivo pelo qual, no futuro, poderia ser reaberto o caso, ainda que se proclamasse, anteriormente, ter sido feito o arquivamento com base na inexistência de infração penal. Não vemos sentido em tratamento diverso. O Judiciário *declara* acolher a fundamentação de que não existe crime. O indiciado vê-se, pois, tranquilizado de que cessou qualquer investigação quanto ao fato concretizado. A reabertura da discussão, fundada em posição teórica ou doutrinária diversa, buscando-se *novas provas* contra o suspeito, é inadequada e torna inútil a atuação anterior do próprio Estado, por seus órgãos competentes. O Supremo Tribunal Federal já se posicionou nesse sentido.

1016. Recurso contra decisão judicial determinando o arquivamento de inquérito: inexiste. Como já exposto acima, o titular da ação penal pública é o Ministério Público, razão pela qual somente esse órgão tem a possibilidade de ingressar com a demanda, se entender suficientes os elementos existentes nos autos do inquérito. Do mesmo modo, vislumbrando insuficiência probatória, cabe-lhe requerer o arquivamento. O controle judicial é feito pelo magistrado – e somente por ele. Está-se, ainda, na esfera administrativa. Por isso, inexiste recurso contra tal decisão. Se, porventura, houver qualquer grave deslize nas condutas tanto do promotor como do juiz, arquivando inquérito indevidamente, deve-se apurar tal fato em âmbito administrativo, no tocante às condutas funcionais de ambos. O particular, mesmo o ofendido, não tem legitimidade para impedir o arquivamento. Conferir: TRF-1.ª Região: "É irrecorrível a decisão judicial que provê manifestação do Ministério Público no sentido do arquivamento dos autos de inquérito (precedentes STJ – RMS 24238/PR – e TRF-1.ª Região – RSE 2006.35.00.002242-9/GO)" (CT 0021511-23.2009.4.01.3800-MG, 3.ª T., rel. Tourinho Neto, 02.02.2010, v.u.).

1017. Recurso contra decisão judicial determinando o arquivamento de inquérito: inexiste. Como já exposto acima, o titular da ação penal pública é o Ministério Público, razão pela qual somente esse órgão tem a possibilidade de ingressar com a demanda, se entender suficientes os elementos existentes nos autos do inquérito. Do mesmo modo, vislumbrando insuficiência probatória, cabe-lhe requerer o arquivamento. O controle judicial é feito pelo magistrado – e somente por ele. Está-se, ainda, na esfera administrativa. Por isso, inexiste recurso contra tal decisão. Se, porventura, houver qualquer grave deslize nas condutas tanto do promotor como do juiz, arquivando inquérito indevidamente, deve-se apurar tal fato em âmbito administrativo, no tocante às condutas funcionais de ambos. O particular, mesmo o ofendido, não tem legitimidade para impedir o arquivamento. Conferir: TRF-1.ª Região: "É irrecorrível a decisão judicial que provê manifestação do Ministério Público no sentido do arquivamento dos autos de inquérito (precedentes STJ – RMS 24238/PR – e TRF-1.ª Região – RSE 2006.35.00.002242-9/GO)" (CT 0021511-23.2009.4.01.3800-MG, 3.ª T., rel. Tourinho Neto, 02.02.2010, v.u.).

1018. Requerimento de arquivamento em competência originária: quando o inquérito é controlado diretamente pelo Procurador-Geral de Justiça (ou da República, conforme o caso), por se tratar de feito de competência originária (crime cometido por juiz, por exemplo), o pedido de arquivamento é dirigido diretamente ao Tribunal (cabe ao relator determinar o arquivamento, segundo a maioria dos Regimentos Internos dos Tribunais). Não há, nesse caso, como utilizar o art. 397, sendo obrigatório o acolhimento do pedido. Conferir: TJSP: "Sendo o Procurador-Geral de Justiça o titular da ação penal e havendo pedido dele pelo arquivamento do inquérito, o Tribunal de Justiça deve aceitar a sua manifestação, sem examinar o mérito" (Inquérito 115.740-0/0, Órgão Especial, rel. Barbosa Pereira, 10.11.2004, v.u., *JUBI* 101/05); Inquérito 116.066-0/1, Órgão Especial, rel. Barbosa Pereira, 20.04.2005, v.u., *JUBI* 108/05. O mesmo critério é utilizado quando o arquivamento tiver por fim outras peças de informação, não constitutivas de inquérito policial (ex.: investigação de Comissão Parlamentar de Inquérito). Nesse sentido: TJSP: Representação contra autoridade 115.780-0/2, Órgão Especial, rel. Walter de Almeida Guilherme, 27.10.2004, v.u., *JUBI* 101/05. E mais, não tendo sido requerido o arquivamento pelo Ministério Público, não é possível ao Tribunal encerrar a investigação de ofício: STJ: "Se não há requerimento do Ministério Público, *a Corte não pode determinar o arquivamento do inquérito sob o argumento de delonga para seu encerramento*, pena de coarctar a atuação do titular da ação penal, mormente quando, como no caso dos autos, a apuração das provas é por demais complexa e específica. Ademais, inexiste previsão regimental para este fim. Agravo regimental provido. Se o Ministério Público informa à Corte as razões pelas quais promove reiteradas diligências para buscar elementos suficientes a formar sua convicção, incabível é a concessão de *habeas corpus* de ofício, notadamente se o réu não é indigente, não está preso e possui nobres e excelentes advogados, como vê-se no presente caso. Ordem denegada" (AgRg no Inq. 140/DF, rel. Vicente Cernicchiaro, 15.04.1998, v.u., *DJ* 24.05.1999, Seção 1, p. 87).

1019. Arquivamento implícito: inviabilidade. Cabe ao representante do Ministério Público oferecer razões para sustentar o seu pedido de arquivamento. Sem elas, devem os autos retornar ao promotor, a mando do juiz, para que haja a regularização. O mesmo procedimento deve ser adotado, quando há vários indiciados e o órgão acusatório oferece denúncia contra alguns, silenciando no tocante aos outros. Não deve haver pedido de arquivamento implícito ou tácito. É indispensável que o promotor se manifeste claramente a respeito de cada um dos indiciados, fazendo o mesmo no que concerne a cada um dos delitos imputados a eles durante o inquérito. Assim, não pode, igualmente, denunciar por um crime e calar quanto a outro ou outros. Recusando-se a oferecer suas razões, devem os autos ser remetidos ao Procurador-Geral para as medidas administrativas cabíveis, uma vez que o promotor não está cumprindo, com zelo, a sua função. Contrariamente, admitindo a hipótese de pedido de arquivamento implícito, está a lição de Mirabete (*Código de Processo Penal interpretado*, p. 71-72). No sentido que defendemos: STF: "O sistema processual penal brasileiro não prevê a figura do arquivamento implícito de inquérito policial. Ao reafirmar esse entendimento, a 1.ª Turma denegou *habeas corpus* em que se sustentava a sua ocorrência em razão de o Ministério Público estadual haver denunciado o paciente e corréu, os quais não incluídos em

Art. 398

denúncia oferecida anteriormente contra terceiros. Alegava a impetração que o paciente, por ter sido identificado antes do oferecimento da primeira peça acusatória, deveria dela constar. Inicialmente, consignou-se que o Ministério Público esclarecera que não incluíra o paciente na primeira denúncia porquanto, ao contrário do que afirmado pela defesa, não dispunha de sua identificação, o que impediria a propositura da ação penal naquele momento. Em seguida, aduziu-se não importar, de qualquer forma, se a identificação do paciente fora obtida antes ou depois da primeira peça, pois o pedido de arquivamento deveria ser explícito (CPP, art. 28). Nesse sentido, salientou-se que a ocorrência de arquivamento deveria se dar após o requerimento expresso do *parquet*, seguido do deferimento, igualmente explícito, da autoridade judicial (CPP, art. 18 e Enunciado 524 da Súmula do STF). Ressaltou-se que a ação penal pública incondicionada submeter-se-ia a princípios informadores inafastáveis, especialmente o da indisponibilidade, segundo o qual incumbiria, obrigatoriamente, ao Ministério Público o oferecimento de denúncia, quando presentes indícios de autoria e prova de materialidade do delito. Explicou-se que a indisponibilidade da denúncia dever-se-ia ao elevado valor social dos bens tutelados por meio do processo penal, ao se mostrar manifesto o interesse da coletividade no desencadeamento da persecução sempre que as condições para tanto ocorrerem. Ademais, registrou-se que, de acordo com a jurisprudência do Supremo, o princípio da indivisibilidade não se aplicaria à ação penal pública. Concluiu-se pela higidez da segunda denúncia. Alguns precedentes citados: RHC 95141/RJ (*DJe* de 23.10.2009); HC 92445/RJ (*DJe* de 03.04.2009)" (HC 104.356-RJ, 1.ª T., rel. Ricardo Lewandowski, 19.10.2010, v.u.).

Alegação de incompetência do juízo

> **Art. 398.** O procurador, antes de oferecer a denúncia, poderá alegar a incompetência do juízo, que será processada de acordo com o art. 146.[1020]

1020. Arquivamento indireto: é a hipótese de o promotor deixar de oferecer denúncia por entender que o juízo é incompetente para a ação penal. Cremos que tal situação é inadmissível, pois o Ministério Público deve buscar, sempre que possível, a solução que lhe compete para superar obstáculos processuais. Assim, caso entenda que o juízo é incompetente, mas há justa causa para a ação penal (materialidade e indícios de autoria), deve solicitar a remessa dos autos ao magistrado competente e não simplesmente deixar de oferecer denúncia, restando inerte. Caso o juiz, após o pedido de remessa, julgue-se competente, poderá invocar o preceituado no art. 397, para que o Procurador-Geral se manifeste. Entendendo este ser o juízo competente, designará outro promotor para oferecer denúncia. Do contrário, insistirá na remessa. Caso, ainda assim, o magistrado recuse-se a fazê-lo, cabe ao Ministério Público providenciar as cópias necessárias para provocar o juízo competente. Assim providenciando, haverá, certamente, a suscitação de conflito positivo de competência caso ambos os juízes se proclamem competentes para julgar o caso. Logo, a simples inércia da instituição, recusando-se a denunciar, mas sem tomar outra providência não deve ser aceita como *arquivamento indireto*.

Seção III
Da instalação do Conselho de Justiça

Providências do auditor

> **Art. 399.** Recebida a denúncia, o auditor:[1020-A]

Sorteio do Conselho

> *a)* providenciará, conforme o caso, o sorteio do Conselho Especial ou a convocação do Conselho Permanente de Justiça;

Instalação do Conselho

> *b)* designará dia, lugar e hora para a instalação do Conselho de Justiça;

Citação do acusado e do procurador militar

> *c)* determinará a citação do acusado, de acordo com o art. 277, para assistir a todos os termos do processo até decisão final, nos dias, lugar e horas que forem designados, sob pena de revelia,[1021] bem como a intimação do representante do Ministério Público;

Intimação das testemunhas arroladas e do ofendido

> *d)* determinará a intimação das testemunhas arroladas na denúncia, para comparecerem no lugar, dia e hora que lhes for designado, sob as penas da lei; e se couber, a notificação do ofendido, para os fins dos arts. 311 e 312.

1020-A. Competência decisória após o ajuizamento da demanda: recebida a peça acusatória, encontra-se ajuizada a ação; a partir daí, inicia-se a atuação do colegiado, razão pela qual as decisões passam ao Conselho. Se houver atuação isolada do juiz, falta-lhe competência, gerando nulidade. Na jurisprudência: STM: "É cediço o entendimento segundo o qual, a partir da instauração do Processo Penal Militar, os atos processuais subsequentes serão levados a efeito pelo Conselho de Justiça, consoante a dicção do inciso V do artigo 28 da Lei de Organização Judiciária Militar. A simples constatação de que a Decisão vergastada foi prolatada monocraticamente, em total dissonância com o que prescreve a legislação de regência, dá ensejo à nulidade descrita no inciso I do artigo 500 do CPPM, pois falece competência ao magistrado. Somente a falta de um regramento específico possibilita a aplicação subsidiária da legislação comum, sendo impossível mesclar-se o regime processual penal comum e o regime processual penal especificamente militar, mediante a seleção das partes mais benéficas de cada um deles, postura essa incompatível com o princípio da especialidade das leis" (CP 0000233-14.2013.7.01.0101-RJ, rel. Cleonilson Nicácio Silva, 27.03.2014, v.u.).

1021. Revelia: como já expusemos, não há *revelia* no processo penal, mas simples ausência. Se o réu, citado, não comparecer, terá defensor nomeado pelo juiz para garantir o contraditório e a ampla defesa. Ademais, é sempre importante lembrar ter o acusado o *direito* de audiência e não o dever. Portanto, inexiste no processo a advertência *sob pena de revelia*, como se pudesse gerar danos à defesa, tal como se dá no processo civil, no qual pode o magistrado, inclusive, julgar procedente a demanda, reputando verdadeiros os fatos narrados na inicial.

Compromisso legal

> **Art. 400.** Tendo à sua direita o auditor, à sua esquerda o oficial de posto mais elevado ou mais antigo e, nos outros lugares, alternadamente, os demais

Art. 401

Código de Processo Penal Militar Comentado • **Nucci**

> juízes, conforme os seus postos ou antiguidade, ficando o escrivão em mesa próxima ao auditor e o procurador em mesa que lhe é reservada – o presidente, na primeira reunião do Conselho de Justiça, prestará em voz alta, de pé, descoberto, o seguinte compromisso: "Prometo apreciar com imparcial atenção os fatos que me forem submetidos e julgá-los de acordo com a lei e a prova dos autos". Esse compromisso será também prestado pelos demais juízes, sob a fórmula: "Assim o prometo".[1022-1023]
>
> **Parágrafo único.** Desse ato, o escrivão lavrará certidão nos autos.

1022. Similitude com o Tribunal do Júri: tratando-se de colegiado de juízes, tal como ocorre no júri, muitos dos quais não são magistrados de carreira, é preciso um juramento de bem exercer a função judicante. No Tribunal Popular, no entanto, o juramento é diverso: "em nome da lei, concito-vos a examinar esta causa com imparcialidade e a proferir a vossa decisão de acordo com a vossa consciência e os ditames da justiça" (art. 472, CPP). No colegiado militar, o juramento se volta a apreciar com imparcialidade os fatos e julgá-los de acordo *com a lei* e a *prova dos autos*. Observa-se a concentração do júri na consciência e no bom senso dos jurados, enquanto no Conselho de Justiça demanda-se observância à lei e às provas produzidas.

1023. Avaliação dos juízes: é o momento adequado para que as partes, tomando conhecimento dos integrantes do colegiado, possam alegar qualquer exceção de suspeição ou impedimento, sob pena de preclusão (ao menos no tocante à suspeição).

Assento dos advogados

> **Art. 401.** Para o advogado será destinada mesa especial, no recinto, e, se houver mais de um, serão, ao lado da mesa, colocadas cadeiras para que todos possam assentar-se.

Designação para a qualificação e interrogatório

> **Art. 402.** Prestado o compromisso pelo Conselho de Justiça, o auditor poderá, desde logo, se presentes as partes e cumprida a citação prevista no art. 277, designar lugar, dia e hora para a qualificação e interrogatório do acusado, que se efetuará pelo menos 7 (sete) dias após a designação.

Presença do acusado

> **Art. 403.** O acusado preso assistirá a todos os termos do processo, inclusive ao sorteio do Conselho de Justiça, quando Especial.[1024]

1024. Direito de audiência: não somente o acusado preso, mas também o solto tem o direito de acompanhar todos os atos processuais, inclusive o sorteio do Conselho ou mesmo a instalação do Conselho. Possivelmente, o que esta norma pretende apontar é o *dever* de o Estado providenciar a presença do preso a todos os atos.

Seção IV
Da qualificação e do interrogatório do acusado.
Das exceções que podem ser opostas.
Do comparecimento do ofendido

Normas da qualificação e interrogatório

> **Art. 404.** No lugar, dia e hora marcados[1024-A] para a qualificação e interrogatório do acusado, que obedecerão às normas prescritas nos arts. 302 a 306, ser-lhe-ão lidos, antes, pelo escrivão, a denúncia e os nomes das testemunhas nela arroladas, com as respectivas identidades.[1025]

Solicitação da leitura de peças do inquérito

> § 1.º O acusado poderá solicitar, antes do interrogatório ou para esclarecer qualquer pergunta dele constante, que lhe seja lido determinado depoimento, ou trechos dele, prestado no inquérito, bem como as conclusões do relatório do seu encarregado.[1026]

Dispensa de perguntas

> § 2.º Serão dispensadas as perguntas enumeradas no art. 306 que não tenham relação com o crime.[1027]

1024-A. Primeiro ato do processo: no âmbito militar, tal como prevê este Código, o primeiro ato instrutório é o interrogatório do acusado, como se dava na legislação processual penal comum, antes do advento da Lei 11.719/2008. Tratando-se de lei especial, assim deveria continuar, em nosso entendimento. Entretanto, outra é a visão do STF: "O art. 400 do Código de Processo Penal, com a redação dada pela Lei n.º 11.719/2008, fixou o interrogatório do réu como ato derradeiro da instrução penal, sendo certo que tal prática, benéfica à defesa, deve prevalecer nas ações penais em trâmite perante a Justiça Militar, em detrimento do previsto no art. 302 do Decreto-Lei n.º 1.002/1969, como corolário da máxima efetividade das garantias constitucionais do contraditório e da ampla defesa (CRFB, art. 5.º, LV), dimensões elementares do devido processo legal (CRFB, art. 5º LIV) e cânones essenciais do Estado Democrático de Direito (CRFB, art. 1º, *caput*). Precedente do Supremo Tribunal Federal (Ação Penal n.º 528-AgR, rel. Min. Ricardo Lewandowski, Tribunal Pleno, j. em 24.03.2011, *DJe*-109 divulg. 07.06.2011)" (HC 115.530-PR, 1.ª T., rel. Luiz Fux, 25.06.2013, v.u.).

1025. Providência preliminar: este artigo busca disciplinar o formato do interrogatório, razão pela qual está deslocado, devendo situar-se no capítulo referente ao *interrogatório* (art. 302 e seguintes, CPPM). Não se deveria ter normas cuidando do mesmo tema em lugares distintos do Código, obrigando o leitor a pesquisar em pontos diversos para saber como proceder em determinado ato processual. De todo modo, a primeira providência não é a leitura da denúncia, como preceitua este artigo. Deve o juiz alertar o réu do seu direito ao silêncio, podendo simplesmente calar-se, sem qualquer prejuízo para a sua defesa (art. 305, primeira parte, CPPM). Depois, se ele desejar manifestar-se, lê-se a denúncia para que possa se inteirar da imputação e responder nos termos que entender corretos.

Art. 405

1026. Providências incompatíveis com a natureza jurídica do interrogatório: trata-se o interrogatório de meio de defesa e meio de prova. Primeiramente, meio de defesa, pois o réu pode simplesmente calar-se ou responder laconicamente somente o que lhe interessar. Em segundo plano, caso deseje narrar a sua versão dos fatos, assim o faz com plena liberdade. Mas jamais buscando confrontar provas (depoimentos colhidos no inquérito), nem tampouco a conclusão do relatório do encarregado. Seria o mesmo que *impugnar* a *opinio delicti* do presidente da investigação, que é completamente irrelevante para a instrução.

1027. Regra deslocada: mais uma vez, estipula-se um regramento para o interrogatório que deveria constar do capítulo próprio. Aliás, a bem da verdade, nem precisaria existir em lei tal regra, pois de obviedade lancinante: o juiz somente faz as perguntas que forem pertinentes ao fato imputado.

Interrogatórios em separado

> **Art. 405.** Presentes mais de um acusado, serão interrogados separadamente, pela ordem de autuação no processo, não podendo um ouvir o interrogatório do outro.[1028]

1028. Repetição e formalismo inútil: esta norma é pura repetição do art. 304 deste Código, que já estipula o interrogatório separado de corréus. Por outro lado, o formalismo de serem interrogados na ordem de autuação do processo é despiciendo de qualquer fundamento. O juiz interroga o acusado que bem quiser, na ordem que entender cabível para o esclarecimento dos fatos. Não se vai atrelar a uma simples *autuação* de processo ou à ordem inserida na denúncia. Além de tudo, conforme os réus forem interrogados é mais que óbvio poderem ficar no recinto, ouvindo as declarações dos seguintes. Nada mais haverá a influenciar no interrogatório já realizado.

Postura do acusado

> **Art. 406.** Durante o interrogatório o acusado ficará de pé, salvo se o seu estado de saúde não o permitir.[1029]

1029. Formalismo ultrapassado: constar em lei a postura corporal do réu para ser interrogado é atingir as raias do preciosismo, algo que, no máximo, poderia ser previsto no regimento interno do tribunal. Não vemos nenhum sentido nisso, razão pela qual cada juiz deve proporcionar ao acusado a liberdade e o conforto necessários para o bom desempenho do interrogatório, se ele desejar manifestar-se, não se valendo do direito ao silêncio.

Exceções opostas pelo acusado

> **Art. 407.** Após o interrogatório e dentro em 48 (quarenta e oito) horas, o acusado poderá opor as exceções de suspeição do juiz, procurador ou escrivão, de incompetência do juízo, de litispendência ou de coisa julgada, as quais serão processadas de acordo com o Título XII, Capítulo I, Seções I a IV do Livro I, no que for aplicável.[1030]

Matéria de defesa

> **Parágrafo único.** Quaisquer outras exceções ou alegações serão recebidas como matéria de defesa para apreciação no julgamento.

1030. Prazo para as exceções: embora fosse desnecessário constar, pois todas elas devem ser apresentadas *tão logo* a parte toma conhecimento do fato que as justifica, estabelece-se o prazo de 48 horas após o interrogatório. Aliás, deveria constar no capítulo referente às exceções.

Exceções opostas pelo procurador militar

> **Art. 408.** O procurador, no mesmo prazo previsto no artigo anterior, poderá opor as mesmas exceções em relação ao juiz ou ao escrivão.

Presunção da menoridade

> **Art. 409.** A declaração de menoridade do acusado valerá até prova em contrário. Se, no curso da instrução criminal, ficar provada a sua maioridade, cessarão as funções do curador, que poderá ser designado advogado de defesa. A verificação da maioridade não invalida os atos anteriormente praticados em relação ao acusado.[1031]

1031. Desnecessidade de curador: como já explicitamos em comentários anteriores, a figura do curador foi abolida do processo penal, em todos os cenários. O maior de 18 anos, após a edição do novo Código Civil, é plenamente capaz para todos os atos da vida civil, podendo ser parte passiva (ou ativa) de processo sem qualquer tipo de assistência. No Código de Processo Penal, a Lei 10.792/2003 já aboliu o artigo que previa o curador para o interrogatório do réu em juízo. Em suma, despicienda a participação do curador ao menor de 21 anos.

Comparecimento do ofendido

> **Art. 410.** Na instrução criminal em que couber o comparecimento do ofendido, proceder-se-á na forma prescrita nos arts. 311, 312 e 313.

Seção V

Da revelia

Revelia do acusado

> **Art. 411.** Se o acusado preso recusar-se comparecer à instrução criminal, sem motivo justificado, ser-lhe-á designado o advogado de ofício para defendê-lo, ou outro advogado se este estiver impedido, e, independentemente da qualificação e interrogatório, o processo prosseguirá à sua revelia.[1032]

Art. 412

Código de Processo Penal Militar Comentado • **Nucci**

Qualificação e interrogatório posteriores

> **Parágrafo único.** Comparecendo mais tarde, será qualificado e interrogado, mas sem direito a opor qualquer das exceções previstas no art. 407 e seu parágrafo único.[1033]

1032. Revelia de réu preso: trata-se de assunto já ventilado em outros artigos deste Código, que, aliás, é excessivamente repetitivo. Tornamos a frisar que *não há revelia* em processo penal, mas somente *ausência*. Em primeiro lugar, o termo *revelia* advém da esfera cível, com forte conotação de rebeldia, insurgência, contumácia. Em segundo, no campo criminal, o acusado tem o *direito* de audiência – e não o dever. Pode participar de todos os atos processuais, se quiser. Em terceiro, jamais será o réu processado sem defesa eficiente e técnica. Se for citado e não comparecer nem nomear advogado, cabe ao juízo nomear-lhe defensor ou encaminhar o feito à Defensoria Pública. De todo modo, haverá defesa, o que já elimina a tal *revelia*. Em quarto, no processo civil, a contumácia do réu pode levá-lo a perder a ação de pronto, sem maiores delongas, presumindo-se verdadeiros os fatos narrados na inicial. Tal não se dá em processo penal, em hipótese alguma. Em suma, é preciso cessar a terminologia equivocada da *revelia* no feito criminal.

1033. Cerceamento inadequado: se o réu, citado, inicialmente não comparece para ser interrogado, mas, mais adiante, surge no processo, por óbvio, poderá questionar matéria de extrema relevância, como o impedimento do juiz para julgá-lo, algo que o defensor dativo não sabia. Poderá indicar, também, a coisa julgada ou a litispendência. Enfim, não tem sentido algum a vedação feita neste artigo, como se fosse autêntica *punição* ao *revel*. Acima da norma ordinária, encontra-se o princípio constitucional da ampla defesa.

Revelia do acusado solto

> **Art. 412.** Será considerado revel o acusado que, estando solto e tendo sido regularmente citado, não atender ao chamado judicial para o início da instrução criminal, ou que, sem justa causa, se previamente cientificado, deixar de comparecer a ato do processo em que sua presença seja indispensável.[1034]

1034. Revelia de réu solto: ver a nota supra, tratando da revelia do réu preso. Na jurisprudência: STF: "1. O princípio da especialidade impede a incidência do art. 366 do Código de Processo Penal comum, no caso dos autos. O art. 412 do Código de Processo Penal Militar é o regramento específico do tema no âmbito da Justiça castrense. Somente a falta de um regramento específico em sentido contrário é que possibilitaria a aplicação da legislação comum. Impossibilidade de se mesclar o regime processual penal comum e o regime processual penal especificamente militar, mediante a seleção das partes mais benéficas de cada um deles, pena de incidência em postura hermenêutica tipificadora de hibridismo ou promiscuidade regratória incompatível com o princípio da especialidade das leis . Precedentes: HCs 76.368, da relatoria do ministro Maurício Corrêa; e 91.225, da relatoria do ministro Eros Grau. 2. Ordem indeferida" (HC 105925, 2.ª T., rel. Ayres Brito, 05.04.2011, v.u.).

Acompanhamento posterior do processo

> **Art. 413.** O revel que comparecer após o início do processo acompanhá-lo-á nos termos em que este estiver, não tendo direito à repetição de qualquer ato.[1035]

1035. Direito de audiência: trata-se do exercício do *direito* de audiência do acusado – e não dever, podendo comparecer quando quiser, embora o seu defensor esteja atuante desde o início. Portanto, o disposto neste artigo é incompatível com o direito de defesa. Noutros termos, se o defensor do acusado, público ou dativo, encontra-se nos autos, em plena atuação, inexiste revelia alguma; apenas a ausência do réu de determinados atos.

Defesa do revel. Recursos que pode interpor

> **Art. 414.** O curador do acusado revel se incumbirá da sua defesa até o julgamento, podendo interpor os recursos legais, excetuada a apelação de sentença condenatória.[1036]

1036. Curador: é um *termo* inadequado e uma figura ultrapassada. O acusado, quando citado pessoalmente, não se apresentando para interrogatório, nem constituindo defensor, terá defensor indicado pelo Estado. O polo passivo está devidamente preenchido. Inexiste revelia alguma, como ocorre no cível. Apenas ausência do réu, que pode aparecer quando bem quiser. Diante disso, inexiste *curador* para cuidar de seus interesses, mas o defensor, público ou dativo. O mesmo se dá com relação ao menor de 21 anos: não há mais a figura do curador.

Seção VI
Da inquirição de testemunhas, do reconhecimento de pessoa ou coisa e das diligências em geral

Normas de inquirição

> **Art. 415.** A inquirição das testemunhas obedecerá às normas prescritas nos arts. 347 a 364, além dos artigos seguintes.[1037]

1037. Inutilidade: qual a razão de existir uma norma estabelecendo que se deve cumprir outras? A nosso ver, absolutamente nenhuma. Se as regras de inquirição das testemunhas estão delineadas nos arts. 347 a 364, insculpe-se no vazio ao redigir o art. 415 deste Código e a lei não deve conter palavras inúteis, muito menos textos inócuos.

Leitura da denúncia

> **Art. 416.** Qualificada a testemunha, o escrivão far-lhe-á a leitura da denúncia, antes da prestação do depoimento. Se presentes várias testemunhas, ouvirão todas, ao mesmo tempo, aquela leitura, finda a qual se retirarão do recinto da sessão as que não forem depor em seguida, a fim de que uma não possa ouvir o depoimento da outra, que a preceder.[1038]

1038. Inadequada leitura da denúncia: em posição peculiar, no sistema legislativo processual penal brasileiro, estipula-se, por este artigo, deva o escrivão ler o inteiro teor da denúncia a todas as testemunhas. Somente após, serão elas ouvidas, separadamente. Em nossa experiência na magistratura, vislumbramos que o mais isento e desapegado depoimento é o que

Art. 417

brota da memória da testemunha naturalmente. O juiz, na abertura do depoimento, relembra à testemunha que ela foi arrolada porque houve um crime, no dia X, no lugar Y, praticado por A contra B. Após, indaga o que a testemunha sabe sobre isso. Maiores detalhes da denúncia podem levar a depoimentos de confirmação, simplesmente dizendo que *é exatamente isso*, ou seja, limita-se a confirmar os fatos que lhe foram lidos. Por isso, esse formalismo de leitura da denúncia não deve ser utilizado.

Leitura de peças do inquérito

> **Parágrafo único.** As partes poderão requerer ou o auditor determinar que à testemunha seja lido depoimento seu prestado no inquérito, ou peça deste, a respeito da qual seja esclarecedor o depoimento prestado na instrução criminal.[1039]

1039. Leitura de confronto: trata-se de procedimento comum nas instruções criminais, pois, muitas vezes, a testemunha inquirida em juízo já prestou anterior depoimento na fase policial. Torna-se fácil confrontar as suas declarações a fim de extrair a verdade real. O que a testemunha não pode fazer é simplesmente *confirmar* o depoimento prestado na investigação, sem fornecer a versão integral da narrativa em juízo.

Procedência da inquirição

> **Art. 417.** Serão ouvidas, em primeiro lugar, as testemunhas arroladas na denúncia e as referidas por estas, além das que forem substituídas ou incluídas posteriormente pelo Ministério Público, de acordo com o § 4º deste artigo. Após estas, serão ouvidas as testemunhas indicadas pela defesa.[1040]

Inclusão de outras testemunhas

> § 1.º Havendo mais de três acusados, o procurador poderá requerer a inquirição de mais três testemunhas numerárias, além das arroladas na denúncia.[1041]

Indicação das testemunhas de defesa

> § 2.º As testemunhas de defesa poderão ser indicadas em qualquer fase da instrução criminal, desde que não seja excedido o prazo de 5 (cinco) dias, após a inquirição da última testemunha de acusação. Cada acusado poderá indicar até três testemunhas, podendo ainda requerer sejam ouvidas testemunhas referidas ou informantes, nos termos do § 3.º.[1042]

Testemunhas referidas e informantes

> § 3.º As testemunhas referidas, assim como as informantes, não poderão exceder a três.[1043]

Substituição, desistência e inclusão

> § 4.º Quer o Ministério Público, quer a defesa poderão requerer a substituição ou desistência de testemunha arrolada ou indicada, bem como a inclusão de outras, até o número permitido.[1044]

1040. Testemunhas referidas: são as mencionadas nos depoimentos de outras testemunhas. Segundo consta deste artigo, as referidas devem ser ouvidas logo após as testemunhas que as mencionaram, o que nos soa inviável. É preciso marcar uma data específica para isso e intimar as referidas. Afinal, não se pode adivinhar que, no depoimento de determinada testemunha, surgirá uma referência a outra pessoa.

1041. Número de testemunhas de acusação: até três acusados, o órgão acusatório somente pode arrolar seis testemunhas, nos termos do art. 77, *h*, deste Código. Havendo mais de três réus, o promotor pode solicitar a inquirição de mais três testemunhas. Por óbvio, contando-se com o princípio da busca da verdade real, pode o órgão acusatório requerer a inquirição de outras testemunhas, como do juízo, quando indispensáveis para apurar convenientemente os fatos.

1042. Número de testemunhas de defesa: há disparidade entre acusação e defesa, pois aquela pode arrolar até seis testemunhas na denúncia, enquanto esta somente pode indicar três para cada réu. Por outro lado, se forem muitos acusados, a acusação chega ao máximo de nove testemunhas, enquanto cada réu pode apontar três. Ilustrando: a) havendo um só acusado, a acusação ingressa com seis testemunhas e o réu, com três; b) havendo cinco réus, a acusação aponta nove testemunhas e os acusados, quinze.

1043. *Civilização* do processo penal: não se deve buscar impor ao processo penal as regras do processo civil, como a conhecida ideia de *três testemunhas para cada fato*. Por isso, havendo testemunhas referidas ou informantes (pessoas sem o compromisso), somente se ouvirá o número de três. Essa disposição é totalmente incompatível com os princípios constitucionais do processo penal. Em primeiro lugar, se a defesa apontar mais de três testemunhas (referidas ou informantes) para ouvir, justificando a sua importância para o réu, elas *devem* ser inquiridas, pois vigora o princípio da ampla defesa. Em segundo, mesmo a acusação pode valer-se de mais de três, em função do princípio processual da busca da verdade real. A limitação do número de testemunhas precisa atender a *necessidade* do processo criminal; não é a lei o seu teto, mas a verdade.

1044. Discricionariedade da substituição: a parte interessada em substituir a testemunha arrolada pode apresentar petição, ofertando outro nome, desde que respeite o número legal. Não há necessidade de fundamentar o pedido. Na legislação processual penal comum, previa-se a substituição, caso a testemunha não fosse localizada para intimação; atualmente, após a reforma de 2008, nem mesmo se prevê a substituição, passando a doutrina a sustentar ser ela viável, nos mesmos termos anteriores.

Inquirição pelo auditor

> **Art. 418.** As testemunhas serão inquiridas pelo auditor e, por intermédio deste, pelos juízes militares, procurador, assistente e advogados. As testemu-

Art. 419

Código de Processo Penal Militar Comentado • **Nucci**

408

> nhas arroladas pelo procurador, o advogado formulará perguntas por último. Da mesma forma o procurador, às indicadas pela defesa.[1045-1046]

1045. Sistema presidencialista: mantém-se nesta legislação o sistema presidencialista de inquirição, concentrando-se a atividade na figura do juiz auditor (ou relator). Este faz as indagações que reputar convenientes às testemunhas, permitindo que os demais juízes do colegiado o façam também. Tudo por seu intermédio. Após, cuidando-se de testemunha arrolada pela acusação, o promotor faz reperguntas, valendo-se do juiz (dirige a ele a questão e o magistrado a repassa à testemunha, que então responde). Na sequência, repergunta a defesa, do mesmo modo. Tratando-se de testemunha de defesa, o defensor faz reperguntas, por intermédio do juiz. Depois, o promotor faz as que entender cabíveis. O sistema presidencialista foi abolido na legislação processual penal comum, após a reforma de 2008, permitindo-se que as partes, quando desejarem reperguntar, façam-no diretamente à testemunha, o que é mecanismo mais célere e adequado.

1046. Não seguir o sistema presidencialista: trata-se de mera irregularidade, não sendo motivo suficiente para gerar nulidade. Logo, se o juiz permitir que outros magistrados e as partes dirijam-se diretamente às testemunhas, desde que ele controle o teor das perguntas, não gera vício fatal ao processo.

Recusa de perguntas

> **Art. 419.** Não poderão ser recusadas as perguntas das partes, salvo se ofensivas ou impertinentes ou sem relação com o fato descrito na denúncia, ou importarem repetição de outra pergunta já respondida.[1047]

Consignação em ata

> **Parágrafo único.** As perguntas recusadas serão, a requerimento de qualquer das partes, consignadas na ata da sessão, salvo se ofensivas e sem relação com o fato descrito na denúncia.[1048]

1047. Indeferimento de perguntas das partes: o juiz deve controlar a regularidade e a adequação das indagações formuladas pelas partes, devendo indeferir as perguntas ofensivas à testemunha ou sua vida privada; as impertinentes ou sem relação com o fato descrito na denúncia, vale dizer, completamente dissociadas do objeto da prova; as repetidas, pois já respondidas. No cenário das impertinentes, devem ser acrescidas as irrelevantes, que não prestam à apuração da verdade.

1048. Consignação do indeferimento: as perguntas recusadas pelo juiz devem ser anotadas no termo da audiência para que, no futuro, o tribunal possa tomar conhecimento, avaliando se houve eventual cerceamento na produção da prova. Embora a norma em comento preceitue que não se deva registrar as indagações ofensivas ou impertinentes, não há sentido algum nisso. Se a parte entende cabível a pergunta e o juiz a avalia como impertinente, o indeferimento deve constar em ata para que possibilite o recurso. O mesmo se diga da considerada *ofensiva*. Não é porque o magistrado a reputou como tal que realmente é. Por isso, deve-se registrar todos os indeferimentos, quando a parte requerer, fazendo constar a pergunta.

Testemunha em lugar incerto. Caso de prisão

> **Art. 420.** Se não for encontrada, por estar em lugar incerto, qualquer das testemunhas, o auditor poderá deferir o pedido de substituição. Se averiguar que a testemunha se esconde para não depor, determinará a sua prisão para esse fim.[1049]

1049. Testemunha não localizada: por certo, deve o juiz permitir que a parte a substitua, quando a testemunha não for encontrada, afinal, as partes podem fazê-lo, por qualquer razão, a qualquer tempo, nos termos do art. 417, § 4.º. Por outro lado, se a testemunha se ocultar, o correto é determinar a sua condução coercitiva, que não deixa de ser uma modalidade de prisão, além de processá-la por desobediência.

Notificação prévia

> **Art. 421.** Nenhuma testemunha será inquirida sem que, com 3 (três) dias de antecedência pelo menos, sejam notificados o representante do Ministério Público, o advogado e o acusado, se estiver preso.[1050]

1050. Preparo para contradita: tendo em vista a viabilidade de substituição de testemunhas a qualquer momento, é preciso que se conceda um prazo mínimo (três dias antes da inquirição) para a ciência da parte contrária, a fim de conhecer a pessoa arrolada e, quando for o caso, preparar a contradita, apontando suspeição ou outro defeito. Há particular cautela no tocante à autodefesa, pois se garante a intimação do réu, a esse respeito, quando estiver preso, além de seu advogado. Estando solto, basta intimar seu defensor.

Redução a termo, leitura e assinatura de depoimento

> **Art. 422.** O depoimento será reduzido a termo pelo escrivão e lido à testemunha que, se não tiver objeção, assiná-lo-á após o presidente do Conselho e o auditor. Assinarão, em seguida, conforme se trate de testemunha de acusação ou de defesa, o representante do Ministério Público e o assistente ou o advogado e o curador. Se a testemunha declarar que não sabe ler ou escrever, certificá-lo-á o escrivão e encerrará o termo, sem necessidade de assinatura a rogo da testemunha.

Pedido de retificação

> **§ 1.º** A testemunha poderá, após a leitura do depoimento, pedir a retificação de tópico que não tenha, em seu entender, traduzido fielmente declaração sua.[1051-1051-A]

Recusa de assinatura

> **§ 2.º** Se a testemunha ou qualquer das partes se recusar a assinar o depoimento, o escrivão certificará, bem como o motivo da recusa, se este for expresso e o interessado requerer que conste por escrito.

Art. 423

Código de Processo Penal Militar Comentado • **Nucci**

1051. Pedido de retificação: trata-se de hipótese extremamente rara, pois o juiz dita à escrevente as palavras que lhe foram dirigidas pela testemunha, de modo que esta pode questionar o conteúdo desde logo. Além disso, os modernos métodos de captação já não pedem a transcrição, por ditado do magistrado, da narrativa da testemunha: o depoimento pode ser gravado ou colhido em estenotipia.

1051-A. Audiovisual: embora não prevista expressamente neste Código, é viável a colheita de depoimentos pelo meio audiovisual, sem necessidade de transcrição, para garantir a celeridade. Na jurisprudência: STM: "A ausência da degravação dos atos realizados por meio audiovisual não fere os arts. 422 e 432 do Código de Processo Penal Militar, pois esses artigos não determinam a realização da degravação, prescrevem, apenas, que seja feita a redução a termo e a leitura de peças do processo. A determinação da transcrição de depoimentos tomados pelo sistema audiovisual, por magistrado integrante de tribunal, caracteriza, segundo a Resolução 105, de 06.04.2010, do Conselho Nacional de Justiça, ofensa à independência funcional do juiz de primeiro grau. Correição parcial indeferida. Decisão unânime" (Correição parcial 000038-62.2014.7.12.0012, T. Pleno, rel. Alvario Luiz Pinto, 25.06.2014, v.u.).

Termo de assinatura

> **Art. 423.** Sempre que, em cada sessão, se realizar inquirição de testemunhas, o escrivão lavrará termo de assentada, do qual constarão lugar, dia e hora em que se iniciou a inquirição.

Período de inquirição

> **Art. 424.** As testemunhas serão ouvidas durante o dia, das 7 (sete) às 18 (dezoito) horas, salvo prorrogação autorizada pelo Conselho de Justiça, por motivo relevante, que constará da ata da sessão.

Determinação de acareação

> **Art. 425.** A acareação entre testemunhas poderá ser determinada pelo Conselho de Justiça, pelo auditor ou requerida por qualquer das partes, obedecendo ao disposto nos arts. 365, 366 e 367.[1052]

1052. Determinação de acareação: constituindo a acareação um meio de prova, disciplinado no capítulo próprio, torna-se irrelevante a previsão feita neste artigo.

Determinação de reconhecimento de pessoa ou coisa

> **Art. 426.** O reconhecimento de pessoa e de coisa, nos termos dos arts. 368, 369 e 370, poderá ser realizado por determinação do Conselho de Justiça, do auditor ou a requerimento de qualquer das partes.[1053]

1053. Determinação de reconhecimento: constituindo o reconhecimento de pessoa ou coisa um meio de prova, disciplinado no capítulo próprio, torna-se irrelevante a previsão feita neste artigo.

Conclusão dos autos ao auditor

> **Art. 427.** Após a inquirição da última testemunha de defesa, os autos irão conclusos ao auditor, que deles determinará vista em cartório às partes, por 5 (cinco) dias, para requererem, se não o tiverem feito, o que for de direito, nos termos deste Código.[1054]

Determinação de ofício e fixação de prazo

> **Parágrafo único.** Ao auditor, que poderá determinar de ofício as medidas que julgar convenientes ao processo, caberá fixar os prazos necessários à respectiva execução, se, a esse respeito, não existir disposição especial.

1054. Fase das diligências: finda a colheita da prova, abre-se vista às partes para que se manifestem, a fim de, querendo, requerer diligências complementares. Na jurisprudência: STM: "No julgamento do Habeas Corpus nº 127.900/AM, o Supremo Tribunal Federal, ao reafirmar a especialidade da Justiça Castrense, decidiu que o interrogatório do acusado deve ser realizado ao final da instrução criminal, mantendo inalterado o restante dos demais procedimentos da norma adjetiva castrense. 2. Os artigos 427 e 428 do CPPM oportunizam às Partes requererem a produção de diligências complementares e apresentarem as suas alegações finais, momentos processuais que garantem o exercício do contraditório e da ampla defesa, que não podem ser suprimidos pelo magistrado, sob pena de configurar ato ao total arrepio da lei. 3. A sistemática adotada no âmbito da Justiça Militar da União, com o interrogatório do acusado após a inquirição da última testemunha de defesa, antes de eventuais perícias requeridas na fase do art. 427 do CPPM, está em conformidade com o precedente do Supremo Tribunal Federal e não causa prejuízo ao réu. Nesse contexto, a Defesa pode, sempre que julgar pertinente, solicitar a reinquirição do acusado, pleito que será oportunamente analisado pelo condutor da lide. 4. *In casu*, a decisão recorrida foi prolatada em obediência aos princípios constitucionais e em consonância com os ditames procedimentais previstos no Código de Processo Penal Militar, não havendo que se falar em qualquer prejuízo ao requerente. 5. Correição Parcial conhecida e indeferida, com a retomada regular do curso da ação penal" (Correição parcial 7000802-85.2020.7.00.0000, rel. Celso Luiz Nazareth, julgado em 10.12.2020, m.v.).

Vista para as alegações escritas

> **Art. 428.** Findo o prazo aludido no art. 427 e se não tiver havido requerimento ou despacho para os fins nele previstos, o auditor determinará ao escrivão abertura de vista dos autos para alegações escritas, sucessivamente, por 8 (oito) dias, ao representante do Ministério Público e ao advogado do acusado. Se houver assistente, constituído até o encerramento da instrução criminal, ser-lhe-á dada vista dos autos, se o requerer, por 5 (cinco) dias, imediatamente após as alegações apresentadas pelo representante do Ministério Público.[1055]

Art. 429

Dilatação do prazo

> § 1.º Se ao processo responderem mais de cinco acusados e diferentes forem os advogados, o prazo de vista será de 12 (doze) dias, correndo em cartório e em comum para todos. O mesmo prazo terá o representante do Ministério Público.[1056]

Certidão do recebimento das alegações. Desentranhamento

> § 2.º O escrivão certificará, com a declaração do dia e hora, o recebimento das alegações escritas, à medida da apresentação. Se recebidas fora do prazo, o auditor mandará desentranhá-las dos autos, salvo prova imediata de que a demora resultou de óbice irremovível materialmente.[1057]

1055. Alegações finais: são peças escritas, ofertadas pelas partes ao juiz, fornecendo a avaliação da prova e a sugestão de aplicação do direito. Sob o prisma da ampla defesa, é peça obrigatória do defensor. Não o fazendo, pode ser o réu declarado indefeso e nomeado outro defensor para que apresente alegações finais. Na legislação processual penal comum, após a reforma de 2008, aboliu-se, como regra, o sistema da alegação final escrita, substituindo-a pelo debate oral. Na jurisprudência: STM: "Situação em que as partes concordaram, livremente, em não apresentar as suas alegações escritas, previstas na fase do art. 428 do CPPM, optando por fazê-las oralmente durante a sessão de julgamento. Não há que se falar em violação aos primados constitucionais do devido processo legal, da ampla defesa e do contraditório, eis que as partes tiveram tratamento paritário e apresentaram suas razões de forma oral, atendendo os ditames dos referidos princípios. Além da anuência das partes, o processo teve duração razoável, o acesso à justiça foi garantido, as concretizações do devido processo legal e de seu conteúdo mínimo foram observadas, além do que não restou demonstrado qualquer prejuízo para as partes. Não se observa prejuízo aos direitos e garantias constitucionais quando as partes, de comum acordo, dispensam o oferecimento das alegações escritas previstas no art. 428 do CPPM. Precedentes desta Corte. Embargos rejeitados. Decisão majoritária" (Embargos Infringentes 0000133-17.2016.7.09.0009, rel. Lúcio Mário de Barros Góes, 15.10.2018, v.m.).

1056. Prazo comum: quando há vários réus, com diferentes defensores, por mais que se dilate o prazo para oferecimento de alegações finais, se for comum, nunca será suficiente. Afinal, todos deverão consultar os autos no cartório, sem poder retirá-los em carga. Diante disso, o mais razoável é permitir o prazo sucessivo, podendo ser 5 dias para cada defensor.

1057. Desentranhamento indevido: a apresentação de alegações finais deve ser feita em determinado prazo, mas não nos parece seja prazo próprio, sujeito a sanção. Cuida-se de prazo impróprio, vale dizer, se não cumprido, inexiste penalidade. Noutros termos, não gera preclusão, motivo pelo qual é inviável desentranhar a peça dos autos. Sob outro aspecto, enfocando-se, em particular, a alegação final defensiva, com maior razão, calcado no princípio da ampla defesa, não se pode desentranhá-la em hipótese alguma.

Observância de linguagem decorosa nas alegações

> **Art. 429.** As alegações escritas deverão ser feitas em termos convenientes ao decoro dos tribunais e à disciplina judiciária e sem ofensa à autoridade pública,

> às partes ou às demais pessoas que figuram no processo, sob pena de serem riscadas, de modo que não possam ser lidas, por determinação do presidente do Conselho ou do auditor, as expressões que infrinjam aquelas normas.[1058]

1058. Norma de decoro processual: as partes devem respeitar umas às outras e, por óbvio, o juiz. Exigir-se comedimento e profissionalismo nas peças é medida natural. Diante disso, preceitua este artigo a possibilidade de se riscar dos autos os termos e expressões considerados inadequados. Entretanto, os ofensivos, em lugar de eliminados, devem ser encaminhados para as providências legais cabíveis, pois podem configurar crime contra a honra. Na jurisprudência: TJMSP: "A utilização de expressões chulas, endereçadas a autoridades públicas ou seus agentes, revelam a falta de senso ético e decoro do subscritor e afrontam a disciplina judiciária, devendo ser riscadas para que não possam mais ser lidas, conforme preceituam o art. 429 do CPPM e art. 3.º, alíneas *a* e *e* do CPPM c/c art. 15 do CPC. Não configura constrangimento ilegal por falta de justa causa a instauração de procedimento administrativo de natureza persecutória visando à apuração de fatos que, em tese, constituem crimes. O *habeas corpus* não constitui meio próprio para a análise de questões que exigem exame aprofundado de provas" (HC 0016832003, 2.ª C., rel. Paulo Prazak, 26.06.2003, v.u.).

Sanção de nulidade ou falta. Designação de dia e hora do julgamento

> **Art. 430.** Findo o prazo concedido para as alegações escritas, o escrivão fará os autos conclusos ao auditor, que poderá ordenar diligência para sanar qualquer nulidade ou suprir falta prejudicial ao esclarecimento da verdade. Se achar o processo devidamente preparado, designará dia e hora para o julgamento, cientes os demais juízes do Conselho de Justiça e as partes, e requisição do acusado preso à autoridade que o detenha, a fim de ser apresentado com as formalidades previstas neste Código.[1059]

1059. Finalização: recebidas todas as alegações finais e não havendo qualquer diligência necessária, o juiz auditor designa data para a reunião do Conselho de Justiça, afinal, o julgamento, na Justiça Militar, é colegiado. Na jurisprudência: STM: "Não se verifica a nulidade do processo em razão de decisão monocrática que indefere a juntada de documentos, por usurpação de competência do Conselho Especial de Justiça, haja vista competir ao Juiz-Auditor deferir, a seu critério, motivadamente, a produção de provas requerida pelas partes, a teor do art. 30, inciso V, da Lei 8.457/92 e arts. 427, parágrafo único, e 430, ambos do CPPM" (Apelação Criminal 0000026-26.2015.7.11.0211, T. Pleno, rel. Francisco Joseli Parente Camelo, 21.06.2018, v.u.); "Ademais, a aplicação do art. 430 do CPPM (despacho saneador), como requer a defesa, é ato discricionário do magistrado. Desta feita, a referida decisão está em harmonia com a norma processual castrense e com os princípios constitucionais do Devido Processo Legal (art. 5º, inciso LIV), e do Contraditório e Ampla Defesa (art. 5º, inciso LV), da CF/88. Correição Parcial indeferida" (Correição parcial 0000130-22.2015.7.05.0005, rel. Odilson Sampaio Benzi, julgado em 24.11.2015, v.u.).

Seção VII
Da sessão do julgamento e da sentença

Abertura da sessão

> **Art. 431.** No dia e hora designados para o julgamento, reunido o Conselho de Justiça e presentes todos os seus juízes e o procurador, o presidente declarará aberta a sessão e mandará apresentar o acusado.[1060]

Art. 431

Comparecimento do revel

> § 1.º Se o acusado revel comparecer nessa ocasião sem ter sido ainda qualificado e interrogado, proceder-se-á a estes atos, na conformidade dos arts. 404, 405 e 406, perguntando-lhe antes o auditor se tem advogado. Se declarar que não o tem, o auditor nomear-lhe-á um, cessando a função do curador, que poderá, entretanto, ser nomeado advogado.[1061]

Revel de menor idade

> § 2.º Se o acusado revel for menor, e a sua menoridade só vier a ficar comprovada na fase de julgamento, o presidente do Conselho de Justiça nomear-lhe-á curador, que poderá ser o mesmo já nomeado pelo motivo da revelia.[1062]

Falta de apresentação de acusado preso

> § 3.º Se o acusado, estando preso, deixar de ser apresentado na sessão de julgamento, o auditor providenciará quanto ao seu comparecimento à nova sessão que for designada para aquele fim.[1063]

Adiamento de julgamento no caso de acusado solto

> § 4.º O julgamento poderá ser adiado por uma só vez, no caso de falta de comparecimento de acusado solto. Na segunda falta, o julgamento será feito à revelia, com curador nomeado pelo presidente do Conselho.[1064]

Falta de comparecimento de advogado

> § 5.º Ausente o advogado, será adiado o julgamento uma vez. Na segunda ausência, salvo motivo de força maior devidamente comprovado, será o advogado substituído por outro.[1065]

Falta de comparecimento de assistente ou curador

> § 6.º Não será adiado o julgamento, por falta de comparecimento do assistente ou seu advogado, ou de curador de menor ou revel, que será substituído por outro, de nomeação do presidente do Conselho de Justiça.[1066]

Saída do acusado por motivo de doença

> § 7.º Se o estado de saúde do acusado não lhe permitir a permanência na sessão, durante todo o tempo em que durar o julgamento, este prosseguirá

	com a presença do defensor do acusado. Se o defensor se recusar a permanecer na sessão, a defesa será feita por outro, nomeado pelo presidente do Conselho de Justiça, desde que advogado.[1067]

1060. Julgamento de mérito: em moldes similares ao Tribunal do Júri da justiça comum, os julgamentos militares possuem duas fases: *formação da culpa* e *julgamento de mérito*. O auditor colhe as provas necessárias sob o crivo do contraditório, assegurada a ampla defesa, para submetê-las ao Conselho de Justiça.

1061. Réu ausente: como já explicitamos em notas anteriores, inexiste *revelia e seus efeitos* no processo penal. Apenas a ausência do réu, que foi citado, por meio válido, e deixou de comparecer. O Código de Processo Penal Militar ainda menciona o *curador* (nos moldes do *curador de ausentes* da esfera cível) para defender seus interesses, mas, na realidade, trata-se somente do defensor dativo ou defensor público. Por isso, para a sessão de julgamento, esse defensor deve ter sido intimado. Se, porventura, o réu ausente comparecer, será qualificado e interrogado, podendo apresentar defensor constituído. Não possuindo, continua a atuar o defensor dativo ou público.

1062. Curador de menor de 21 anos: como já esclarecido em várias outras notas, não mais existe essa figura, após a edição do Código Civil de 2002. O maior de 18 anos tem plena capacidade para todos os atos da vida civil, inclusive prestar qualquer depoimento e ser acusado em qualquer processo. Tratando-se do menor de 18 (e maior de 16), não há mais a possibilidade de ser processado criminalmente, após a edição da CF de 1988.

1063. Direito de audiência do preso: o Estado tem o dever de conduzir o acusado preso à sessão de seu julgamento – aliás, deve fazer o mesmo para acompanhar a colheita da prova –, razão pela qual, em caso de ausência, designa-se outra data para o julgamento de mérito.

1064. Direito de audiência do solto: o réu solto deve ser intimado para a sessão de julgamento – como também para a fase anterior de colheita da prova – comparecendo se quiser. O correto é que seu defensor avise a Corte se o acusado não estará presente porque assim deseja ou se ocorreu algo grave (uma enfermidade, por exemplo), havendo necessidade de outra data para a sessão. Neste último caso, o julgamento será adiado uma só vez. Admite-se o transcurso da sessão para a decisão de mérito sem a presença física do réu, bastando a de seu defensor. O mesmo procedimento, hoje, é adotado no Tribunal do Júri. É importante frisar que a simples falta do réu solto, devidamente intimado, sem qualquer justificativa, não deve promover o adiamento da sessão, caso seu advogado esteja presente. Na jurisprudência: TJDFT: "1. O art. 431, § 4.º, do Código de Processo Penal Militar não impõe o adiamento da sessão de julgamento ante a ausência do acusado, mas apenas autoriza este adiamento, o qual, em respeito ao princípio da razoável duração do processo, somente pode ser realizado diante de graves razões, o que não ocorre no caso em apreço" (Apelação Criminal 0029095-07.2013.8.07.0016, 2.ª T. C., rel. Silvanio Barbosa dos Santos, 16.02.2017, v.u.).

1065. Ausência do defensor: se ele se ausentar da sessão, por motivo justificado, adia-se; sem nenhum fundamento, deve-se intimar o réu a constituir outro defensor, pena de nomeação de dativo ou indicação de defensor público. Havendo justificativa, no entanto, apenas adia-se a sessão. Não haverá mais de um adiamento, salvo se houver outro motivo grave comprovado.

Art. 432

1066. Ausência do assistente ou curador: é preciso cautela na análise deste dispositivo. Em primeiro lugar, não há que se separar, para fins de adiamento do julgamento, o assistente *ou* seu advogado, afinal, a vítima somente funciona no processo *por seu advogado*. Desse modo, se este faltar, como regra, não se adita o julgamento. Mas, se houver motivo fundado e relevante, deve-se postergá-lo, para dar chance de sua participação. Por outro lado, a falta da vítima, comparecendo seu advogado, por óbvio, não adita a sessão. Quanto a curador de menor ou revel, como já foi mencionado, não mais subsiste tal figura.

1067. Acusado enfermo: é direito do réu acompanhar a sessão de seu julgamento, como desdobramento natural da ampla defesa. Havendo enfermidade, sendo grave, mas passageira, nada impede o adiamento para outra data, de modo a permitir que ele participe. Porém, se a doença não for de rápida cura, o julgamento deve continuar com a ausência do réu, mas com a presença de seu defensor. Este somente pode recusar a permanência na sessão se o adiamento for injustificado, vale dizer, se a enfermidade do réu for grave, mas temporária, e ele desejar acompanhar seu julgamento. Porém, se o aditamento for justificado, mas o advogado se retirar, outro será nomeado para assumir a causa (dativo ou público).

Leitura de peças do processo

> **Art. 432.** Iniciada a sessão de julgamento, o presidente do Conselho de Justiça ordenará que o escrivão proceda à leitura das seguintes peças do processo:[1068]
>
> *a)* a denúncia e seu aditamento, se houver;
>
> *b)* o exame de corpo de delito e a conclusão de outros exames ou perícias fundamentais à configuração ou classificação do crime;
>
> *c)* o interrogatório do acusado;
>
> *d)* qualquer outra peça dos autos, cuja leitura for proposta por algum dos juízes, ou requerida por qualquer das partes, sendo, neste caso, ordenada pelo presidente do Conselho de Justiça, se deferir o pedido.

1068. Leitura de peças: os juízes do Conselho devem ter acesso aos autos, inclusive cópias das peças que desejarem, razão pela qual a leitura seria desnecessária; porém, o julgamento é público e os presentes, inclusive o réu, devem ter ampla noção do conteúdo do processo. Eis a razão pela qual há leitura em voz alta das principais peças.

Sustentação oral da acusação e defesa

> **Art. 433.** Terminada a leitura, o presidente do Conselho de Justiça dará a palavra, para sustentação das alegações escritas ou de outras alegações, em primeiro lugar ao procurador, em seguida ao assistente ou seu procurador, se houver, e, finalmente, ao defensor ou defensores, pela ordem de autuação dos acusados que representam, salvo acordo manifestado entre eles.[1069]

Tempo para acusação e defesa

> § 1.º O tempo, assim para a acusação como para a defesa, será de 3 (três) horas para cada uma, no máximo.[1070]

Réplica e tréplica

§ 2.º O procurador e o defensor poderão, respectivamente, replicar e tre-plicar por tempo não excedente a 1 (uma) hora, para cada um.

Prazo para o assistente

§ 3.º O assistente ou seu procurador terá a metade do prazo concedido ao procurador para a acusação e a réplica.

Defesa de vários acusados

§ 4.º O advogado que tiver a seu cargo a defesa de mais de um acusado terá direito a mais 1 (uma) hora, além do tempo previsto no § 1.º, se fizer a defesa de todos em conjunto, com alteração, neste caso, da ordem prevista no preâmbulo do artigo.

Acusados excedentes a dez

§ 5.º Se os acusados excederem a dez, cada advogado terá direito a uma hora para a defesa de cada um dos seus constituintes, pela ordem da respectiva autuação, se não usar da faculdade prevista no parágrafo anterior. Não poderá, entretanto, exceder a seis horas o tempo total, que o presidente do Conselho de Justiça marcará, e o advogado distribuirá como entender, para a defesa de todos os seus constituintes.

Uso da tribuna

§ 6.º O procurador, o assistente ou seu procurador, o advogado e o curador desenvolverão a acusação ou a defesa, da tribuna para esse fim destinada, na ordem que lhes tocar.[1071]

Disciplina dos debates

§ 7.º A linguagem dos debates obedecerá às normas do art. 429, podendo o presidente do Conselho de Justiça, após a segunda advertência, cassar a palavra de quem as transgredir, nomeando-lhe substituto *ad hoc*.[1072]

Permissão de apartes

§ 8.º Durante os debates poderão ser dados apartes, desde que permitidos por quem esteja na tribuna, e não tumultuem a sessão.[1073]

Art. 434

1069. Sustentação oral: como se faz em qualquer tribunal, as partes têm o direito de sustentar suas alegações oralmente perante o colegiado. Na jurisprudência: STM: "O *Decisum* do Juízo de piso, que suprimiu a realização de sustentação oral na forma do art. 433 do CPPM, não macula de ilegalidade o feito. Vê-se que a sustentação oral é facultada às partes após a apresentação das alegações escritas, tratando-se de ato discricionário e não essencial à defesa. Preliminar suscitada de ofício rejeitada. Decisão por maioria" (Embargos infringentes e de nulidade 7000430-39.2020.7.00.0000, rel. Maria Elizabeth Guimarães Teixeira Rocha, julgado em 11.02.2021, m.v.).

1070. Tempo para alegações: parece-nos demasiado o período de três horas para sustentar oralmente perante a corte. Em primeiro lugar, as provas já foram colhidas em fase anterior e as partes ofereceram alegações escritas. Cuida-se apenas de uma exposição oral do que já consta dos autos. Além disso, as partes não se dirigem a pessoas leigas, pois são oficiais militares e juízes togados. Por ora, entretanto, é o prazo legal.

1071. Norma regimental: o conteúdo deste dispositivo é típico de regime interno de um tribunal, mas não de norma processual penal.

1072. Norma regimental: ver a nota anterior.

1073. Direito aos apartes: o aparte é esclarecedor e serve para ilustrar o juiz. Entendemos que o aparte deve ser solicitado, primeiramente, à parte contrária, que se manifesta aos magistrados. Havendo consenso e, sobretudo, bom senso, o direito à breve intervenção será concedido e superado em pouco tempo. Lembremos que o aparte não é um discurso paralelo, tampouco pode estar deslocado do contexto da fala do adversário. O excesso no uso do aparte pode ser coibido tanto pela parte adversa, que não o concede espontaneamente, como pelo juiz presidente que, captando o abuso, pode indeferi-lo. No entanto, o indeferimento sistemático e imotivado pelo magistrado constitui cerceamento de um direito expressamente reconhecido a qualquer das partes, devendo ser inscrito o protesto no termo para posterior avaliação do tribunal. Conforme o caso, pode dar-se a anulação do julgamento. De toda forma, a negativa à concessão do aparte, se for realizada de modo continuado pelo juiz, pode gerar um clima de instabilidade e, consequentemente, a impossibilidade de continuação da sessão plenária. A acusação, a defesa e o juiz devem conscientizar-se que o aparte é um direito e, mais que isso, um fator de esclarecimento e elemento a conferir dinâmica aos debates. Bem utilizado, gera frutos positivos e não pode ser considerado como mera estratégia subversiva à ordem dos trabalhos.

Conclusão dos debates

> **Art. 434.** Concluídos os debates e decidida qualquer questão de ordem levantada pelas partes, o Conselho de Justiça passará a deliberar em sessão secreta, podendo qualquer dos juízes militares pedir ao auditor esclarecimentos sobre questões de direito que se relacionem com o fato sujeito a julgamento.[1074]

1074. Sessão secreta: reputamos não recepcionada essa parte do dispositivo pela Constituição Federal de 1988, que consagrou a publicidade nos julgamentos do Poder Judiciário. Diversamente do que ocorre no Tribunal do Júri, em que há norma constitucional expressa, assegurando o sigilo das votações (art. 5.º, XXXVIII, *b*, CF), o colegiado militar não possui nenhuma razão para se reunir em segredo. Há dois preceitos constitucionais cuidando da publicidade. O art. 5.º, LX, indica: "a lei só poderá restringir a publicidade dos atos processuais quando a defesa da intimidade ou o interesse social o exigirem". O art. 93, IX, aponta: "todos os julgamentos dos órgãos do Poder Judiciário serão públicos (...) podendo a lei limitar a presença, em determinados atos, às próprias partes e a seus advogados, ou somente a estes, em casos nos quais a preservação do direito à intimidade do interessado no sigilo não prejudique o interesse público à informação". Não se vislumbra qualquer hipótese para o julgamento proferido pelo Conselho de Justiça se dar a portas fechadas. Inexiste intimidade a resguardar, nem se pode sustentar o interesse social; ao contrário, é de interesse de todos que o julgamento se dê publicamente.

Pronunciamento dos juízes

> **Art. 435.** O presidente do Conselho de Justiça convidará os juízes a se pronunciarem sobre as questões preliminares e o mérito da causa, votando em primeiro lugar o auditor; depois, os juízes militares, por ordem inversa de hierarquia, e finalmente o presidente.[1074-A]

Diversidade de votos

> **Parágrafo único.** Quando, pela diversidade de votos, não se puder constituir maioria para a aplicação da pena, entender-se-á que o juiz que tiver votado por pena maior, ou mais grave, terá virtualmente votado por pena imediatamente menor ou menos grave.[1075]

1074-A. Ordem de votação: deve ser fielmente seguida, sob pena de nulidade. Na jurisprudência: STF: "Código de Processo Penal Militar, art. 435. Ordem de votação. O Conselho de Justiça assentou exegese no sentido de que, no julgamento da causa penal, o Juiz Auditor (hoje Juiz de Direito, de acordo com a EC 45/2004) é o primeiro votar, seguindo-se os Juízes Militares na ordem inversa de antiguidade, manifestando-se por último o Oficial de maior patente" (RE 720.124-AgR-SP, 2.ª T., rel. Ricardo Lewandowski, 20.10.2013, v.u.). STM: "I – De acordo com o art. 435 do CPPM, os Juízes Militares são chamados a proferir seus votos após o Juiz Togado, tendo a livre escolha para concordar ou discordar dele e de sua fundamentação, respeitando, assim, o inciso IX do art. 93 da Constituição Federal, não havendo nulidade da sentença" (Apelação 7000480-65.2020.7.00.0000, rel. José Coelho Ferreira, 11.02.2021, v.u.); "Descabe, por inteiro, sequer a suposição de que o Juiz-Auditor – por votar em primeiro e por estar obrigado a se pronunciar de forma fundamentada sobre as questões preliminares e sobre o mérito da causa (art. 435, *caput*, do CPPM) – possa ter induzido categoricamente os Juízes militares a acompanhá-lo, como se jejunos fossem em tudo o que ocorreu no desenvolvimento do processo. Não é demasia pontuar que, como é evidente, a necessidade de o Magistrado togado manifestar-se em primeiro lugar e estar obrigado a fundamentar o seu voto – principalmente em seu aspecto técnico – é um imperativo da figura do Escabinato, de composição mista, como sói acontecer na Justiça Militar; e isso, como é igualmente óbvio, nada tem a ver com desrespeito à ampla defesa, ao contraditório e, principalmente, à independência e ao conhecimento da causa por parte dos Juízes militares; e, por aí, de nenhum modo há como reconhecer que tenha ocorrido na espécie qualquer violação aos preceitos constitucionais invocados pela Defesa no seu denominado 'prequestionamento'. Por unanimidade, rejeição da preliminar, na qual a Defesa argui a nulidade do julgamento, sob o argumento de que o voto do Juiz togado influenciou os Juízes militares" (Apelação 7000756-67.2018.7.00.0000, rel. Luis Carlos Gomes Mattos, j. em 05.09.2019, v.u.).

Art. 436

1075. Maioria para a pena: se a maioria não se forma em torno de uma única pena, colhe-se o montante que seria aceito para a maior parte, fixando-o. Ilustrando: juiz 1 vota por 10 anos; juiz 2 vota por 8 anos; juiz 3 volta por 5 anos; juiz 4 vota por 5 anos; juiz 5 vota por 3 anos. A pena deve ser estabelecida em 5 anos, pois quem votou por 10 e por 8, naturalmente prefere 5 em lugar de 3.

Interrupção da sessão na fase pública

> **Art. 436.** A sessão de julgamento será permanente. Poderá, porém, ser interrompida na fase pública por tempo razoável, para descanso ou alimentação dos juízes, auxiliares da Justiça e partes. Na fase secreta não se interromperá por motivo estranho ao processo, salvo moléstia de algum dos juízes, caso em que será transferida para dia designado na ocasião.[1076]

Conselho Permanente. Prorrogação de jurisdição

> **Parágrafo único.** Prorrogar-se-á a jurisdição do Conselho Permanente de Justiça, se o novo dia designado estiver incluído no trimestre seguinte àquele em que findar a sua jurisdição, fazendo-se constar o fato de ata.

1076. Sessão contínua: vigora o mesmo princípio da concentração existente no Tribunal do Júri, não se interrompendo a sessão iniciada até atingir o veredito final, salvo interrupções para descanso ou motivo de força maior.

Definição do fato pelo Conselho

> **Art. 437.** O Conselho de Justiça poderá:
>
> *a)* dar ao fato definição jurídica diversa da que constar na denúncia, ainda que, em consequência, tenha de aplicar pena mais grave, desde que aquela definição haja sido formulada pelo Ministério Público em alegações escritas e a outra parte tenha tido a oportunidade de respondê-la;[1077-1079]

Condenação e reconhecimento de agravante não arguida

> *b)* proferir sentença condenatória por fato articulado na denúncia, não obstante haver o Ministério Público opinado pela absolvição, bem como reconhecer agravante objetiva, ainda que nenhuma tenha sido arguida.[1080-1081]

1077. Correlação entre acusação e sentença: é a regra segundo a qual o fato imputado ao réu, na peça inicial acusatória, deve guardar perfeita correspondência com o fato reconhecido pelo juiz, na sentença, sob pena de grave violação aos princípios do contraditório e da ampla defesa, consequentemente, ao devido processo legal. Gustavo Henrique Righi Ivahy Badaró descreve, com precisão, tal princípio, fazendo diferença entre o fato processual – que é o concreto acontecimento na história – e o fato penal – um modelo abstrato de conduta, ou seja, o tipo penal. A violação incide justamente no campo do fato processual, que é o utilizado pelo réu para a sua defesa. E não se pode discorrer, abstratamente, sobre o tema. Torna-se impossível, segundo demonstra, debater o assunto em torno de exemplos irreais: "Inútil, portanto, discutir, por exemplo, se de uma imputação por receptação é possível passar a outra por furto, mas examinar, caso a caso, se o fato imputado, qualificado erroneamente como receptação, contém todos os elementos de fato para ser qualificado como furto. Pensar de outra forma é admitir que um mesmo fato concreto pode ser adequado, simultaneamente, ao tipo penal da receptação e do furto, o que é um verdadeiro absurdo (...) O tema da correlação entre acusação e sentença é pertinente ao fato processual, isto é, ao acontecimento histórico imputado ao réu. A importância está na relevância *processual* do fato. Por isso, concretamente, o que pode ser indiferente em relação a uma imputação pode ser relevante em relação à outra, ainda que se trate do mesmo tipo penal. Assim, o que é acidental em relação ao tipo penal – por exemplo, uma agravante – pode modificar o fato processual, isto é, o objeto do processo. Já a alteração do fato que se mostre relevante penalmente sempre o será para o processo penal, visto não ser possível condenar alguém sem que o fato concreto imputado apresente todos os elementos que abstratamente integram o tipo penal" (*Correlação entre acusação e sentença*, p. 129-130). Sobre a importância do tema, conferir na jurisprudência: STF: "Viola os princípios da ampla defesa e do contraditório o julgamento de apelação que, a partir de elementos não constantes da denúncia e sem oitiva do réu, dá nova definição jurídica ao fato. Art. 437 do Código de Processo Penal Militar" (HC 116.607-RJ, 2.ª T., rel. Ricardo Lewandowski, 25.03.2014, v.u.). STM: "Ao analisar detidamente a dicção do artigo 437, alínea 'a', do CPPM, que versa sobre a *emendatio libelli*, verifica-se que o requisito essencial e intransponível para a sua aplicação reside na comprovação de que os fatos arrolados na inicial acusatória permaneceram inalterados. No caso dos vertentes autos, os fatos imputados ao Acusado são rigorosamente os mesmos que foram exaustivamente descritos na Peça ministerial, notadamente naquilo que se refere à ocultação de coisa proveniente do crime. A nova capitulação jurídica levada a efeito pelo Órgão Julgador de primeiro grau, a pedido do Ministério Público Militar, em absoluto contrariou o sistema jurídico pátrio, cuja essência exige a fundamentação das decisões judiciais, consoante o comando constitucional insculpido no inciso IX do artigo 93 da Carta Magna e, bem assim, a correlação entre os fatos descritos pela acusação e aqueles considerados pelo juiz na sentença para a prolação de um veredicto de condenação, sob pena de ofensa aos princípios constitucionais do contraditório e da ampla defesa" (Embargos infringentes e de nulidade 7000897-18.2020.7.00.0000, rel. Carlos Vuyk de Aquino, julgado em 18.03.2021, m.v.).

1078. Definição jurídica do fato: é a tipicidade, ou seja, o processo pelo qual o juiz subsume o fato ocorrido ao modelo legal abstrato de conduta proibida. Assim, dar a definição jurídica do fato significa transformar o fato ocorrido em juridicamente relevante. Quando *A* agride *B*, visando a matá-lo, sem conseguir o seu intento, dá-se a definição jurídica de "tentativa de homicídio". A partir disso, surge a classificação do crime, que é o resultado desse processo mental. No exemplo apresentado, temos o réu como incurso no art. 205, *caput*, c/c o art. 30, II, do Código Penal Militar. Portanto, neste artigo, o que os julgadores podem fazer, na fase da sentença, é levar em consideração o fato narrado pela acusação na peça inicial (denúncia), sem se preocupar com a definição jurídica dada, pois o réu se defendeu, ao longo da instrução, dos fatos a ele imputados e não da classificação feita. O juízo pode alterá-la, sem qualquer cerceamento de defesa, pois o que está em jogo é a sua visão de tipicidade, que pode variar conforme o seu livre convencimento. Se o promotor descreveu, por exemplo, um furto com fraude, mas terminou classificando como estelionato, nada impede que o Conselho de Justiça corrija essa classificação, condenando o réu por furto qualificado – convenientemente descrito na denúncia – embora tenha que aplicar pena mais grave. É a chamada *emendatio libelli*. Conferir, ainda, o teor da Súmula 5 do STM: "a desclassificação de crime capitulado na denúncia pode ser operada pelo Tribunal ou pelos Conselhos de Justiça, mesmo sem manifestação neste

Art. 437

sentido do Ministério Público Militar nas alegações finais, desde quando importe em benefício para o réu e conste da matéria fática".

1079. Ressalva inócua das alegações finais: a definição jurídica do fato, como se explicitou na nota anterior, nada mais é do que um juízo de tipicidade, que não altera os fatos, nem a imputação feita. Por isso, na formação do seu livre convencimento, o Conselho de Justiça pode tipificar o caso de maneira diversa da constante na denúncia. Não se compreende, no entanto, a ressalva formulada na segunda parte da alínea *a* do art. 437, que não possui correspondente no Código de Processo Penal comum: "desde que aquela definição haja sido formulada pelo Ministério Público em alegações escritas e a outra parte tenha tido a oportunidade de respondê-la". Se a imputação feita pelo órgão acusatório, na denúncia, compreende todos os fatos relativos à conduta incriminada do réu, pouco importa tenha sido repetida em alegações finais. Aliás, somente tem sentido entender como *alegações escritas* as alegações finais, pois a peça inicial possui denominação própria (denúncia) e já consta da primeira parte desta alínea.

1080. Independência do juiz para julgar: do mesmo modo que está o promotor livre para pedir a absolvição, demonstrando o seu convencimento, fruto da sua independência funcional, outra não poderia ser a postura do magistrado. Afinal, no processo penal, cuida-se da ação penal pública nos prismas da obrigatoriedade e da indisponibilidade, não podendo o órgão acusatório dela abrir mão, de modo que também não está fadado o juiz a absolver o réu, se as provas apontam em sentido diverso. Ademais, pelo princípio do impulso oficial, desde o recebimento da peça inicial acusatória, está o magistrado obrigado a conduzir o feito ao seu deslinde, proferindo-se decisão de mérito. E tudo isso a comprovar que o direito de punir do Estado não é regido pela oportunidade, mas pela necessidade de se produzir a acusação e, consequentemente, a condenação, desde que haja provas a sustentá-la. Na jurisprudência: STM: "IV – O artigo 437, alínea 'b', do Código de Processo Penal Militar (CPPM), permite a prolação de Sentença condenatória por fato articulado na Denúncia, não obstante o membro do Ministério Público tenha opinado pela absolvição. V – Embargos rejeitados" (Embargos Infringentes e de Nulidade 7000598-41.2020.7.00.0000, rel. Péricles Aurélio Lima de Queiroz, julgado em 12.11.2020, m.v.); "1. Considerando o Princípio do Livre Convencimento Motivado, o Colegiado de Justiça não se encontra vinculado ao pedido de absolvição formulado em alegações escritas pelo *Parquet* das armas. Dispositivo processual penal castrense em harmonia com a Carta da República. Precedentes do STM. Preliminar rejeitada por unanimidade" (Apelação criminal 7000294-13.2018.7.00.0000, 4ª T., rel. Marco Antônio de Farias, 06.12.2018, v.u.).

1081. Reconhecimento, de ofício, de agravantes: as agravantes são causas legais e genéricas de aumento da pena, não pertencentes ao tipo penal, razão pela qual não necessitam fazer parte da imputação. São de conhecimento das partes, que, desejando, podem, de antemão, sustentar a existência de alguma delas ou rechaçá-las todas. O fato é que o magistrado não está vinculado a um pedido da acusação para reconhecê-las. Em posição contrária, conferir o magistério de Antonio Scarance Fernandes: "Deve-se, assim, entender que o juiz não pode, sem pedido do promotor, aplicar as circunstâncias agravantes típicas, interpretando-se o art. 385, do Código de Processo Penal, de maneira condizente com as regras do devido processo legal. O juiz poderia, com base nesse dispositivo, aplicar as circunstâncias judiciais, não as legais, sem pedido do promotor. Com essa leitura do art. 385, seria necessário debate contraditório prévio sobre as circunstâncias agravantes para serem levadas em conta pelo juiz" (*Teoria geral do procedimento e o procedimento no processo penal*, p. 313). E, também, a lição de Aramis Nassif: "O que mais aflige nesse dispositivo legal é constatar que o magistrado pode, legalmente, ampliar a acusação, reconhecendo na sentença uma agravante, embora nenhuma tenha sido alegada, o que significa dizer que dela não se defendeu, o que contraria o espírito do próprio Código" (*Sentença penal*, p. 11). Preferimos manter o nosso entendimento de que o magistrado não está atrelado ao pedido de reconhecimento das agravantes, feito pela acusação, para poder aplicar uma ou mais das existentes no Código Penal Militar. Se o juiz pode o mais, que é aplicar as circunstâncias judiciais, em que existe um poder criativo de larga extensão, é natural que possa o menos, isto é, aplicar expressas causas agravantes, bem descritas na lei penal. Conferir: STF: "As agravantes, ao contrário das qualificadoras, sequer precisam constar da denúncia para serem reconhecidas pelo Juiz. É suficiente, para que incidam no cálculo da pena, a existência nos autos de elementos que as identifiquem. No caso sob exame, consta na sentença que a paciente organizou a cooperação no crime, dirigindo a atividade criminosa. Ordem denegada" (HC 93.211-DF, 2.ª T., rel. Eros Grau, 12.02.2008, v.u.).

Conteúdo da sentença

> **Art. 438.** A sentença conterá:[1082]
>
> *a)* o nome do acusado e, conforme o caso, seu posto ou condição civil;[1083]
>
> *b)* a exposição sucinta da acusação e da defesa;[1084]
>
> *c)* a indicação dos motivos de fato e de direito em que se fundar a decisão;[1085]
>
> *d)* a indicação, de modo expresso, do artigo ou artigos de lei em que se acha incurso o acusado;[1086-1087]
>
> *e)* a data e as assinaturas dos juízes do Conselho de Justiça, a começar pelo presidente e por ordem de hierarquia e declaração dos respectivos postos, encerrando-as o auditor.[1088]

Declaração de voto

> § 1.º Se qualquer dos juízes deixar de assinar a sentença, será declarado, pelo auditor, o seu voto, como vencedor ou vencido.

Redação da sentença

> § 2.º A sentença será redigida pelo auditor, ainda que discorde dos seus fundamentos ou da sua conclusão, podendo, entretanto, justificar o seu voto, se vencido, no todo ou em parte, após a assinatura. O mesmo poderá fazer cada um dos juízes militares.[1089-1090]

Sentença datilografada e rubricada

> § 3.º A sentença poderá ser datilografada, rubricando-a, neste caso, o auditor, folha por folha.

1082. Conteúdo obrigatório da sentença: estipula o Código de Processo Penal Militar os requisitos intrínsecos da sentença – aplicando-se o mesmo às decisões tomadas por órgãos colegiados – sem os quais se pode considerar o julgado viciado, passível de anulação.

Art. 438

Código de Processo Penal Militar Comentado • **Nucci**

1083. Identificação do acusado: da mesma forma que se exige na denúncia a qualificação do acusado ou dados que possam identificá-lo, para que a ação penal seja movida contra pessoa certa, também na sentença demanda-se do magistrado que especifique quais são as partes envolvidas na relação processual.

1084. Relatório: deve a sentença conter um relatório, que é descrição sucinta do alegado pela acusação, abrangendo desde a imputação inicial (denúncia), até o exposto nas alegações finais, bem como o afirmado pela defesa, envolvendo a defesa prévia e as alegações finais. É um fator de segurança, demonstrativo de que o magistrado tomou conhecimento do contido nos autos, além de representar, para quem lê a sentença, um parâmetro para saber do que se trata a decisão judicial. Cremos ser componente excessivamente dispendioso para o tempo do magistrado brasileiro, hoje assoberbado de feitos, que não chega a servir de prova de que o processo foi lido na íntegra. O relatório pode ser feito por funcionário do cartório, estagiário ou qualquer outra pessoa; até mesmo o juiz pode elaborá-lo, sem prestar a menor atenção ao que está simplesmente relatando, como se fizesse mera cópia das peças constantes nos autos. A Lei 9.099/95, que buscou desburocratizar a Justiça, garantindo a economia processual, dispensou o magistrado do relatório: "A sentença, dispensado o relatório, mencionará os elementos de convicção do juiz" (art. 81, § 3.º). Embora se possa dizer que essa decisão é proferida na audiência e, por isso, dispensa-se o relatório, nada impediria que toda sentença fosse contemplada com igual disposição. Sendo público por natureza o processo, nenhum obstáculo existe para o interessado tomar conhecimento das alegações das partes por si mesmo, lendo, em seguida, a decisão do magistrado, que abordaria diretamente a fundamentação e o dispositivo. O juiz cônscio de suas obrigações fará uma motivação bem feita, repleta de detalhes e demonstrativa de que está, efetivamente, a par do que foi alegado pelas partes. Logo, o relatório, segundo nos parece, deveria ser considerado pela lei facultativo. Atualmente, no entanto, continua sendo componente obrigatório.

1085. Fundamentação: é a parte essencial da sentença. Trata-se da motivação do juízo para aplicar o direito ao caso concreto da maneira como fez, acolhendo ou rejeitando a pretensão de punir do Estado. É preciso que constem os motivos de fato (advindos da prova colhida) e os motivos de direito (advindos da lei, interpretada pelo juiz), norteadores do dispositivo (conclusão). Trata-se da consagração, no processo penal, do princípio da persuasão racional ou livre convicção motivada. Como regra, o magistrado deve formar o seu convencimento por meio da livre interpretação da prova constante dos autos, aplicando seus conhecimentos jurídicos, a fim de extrair a justa solução para a questão. E, para tanto, as teses expostas pelas partes merecem apreciação, com o afastamento daquelas que o julgador considere indevidas e o acolhimento de outras, que comunguem com seu entendimento. Não é obrigado, entretanto, a analisar uma por uma das alegações formuladas pelas partes, rejeitando-as ou aceitando-as, individualmente. Por óbvio, o raciocínio adotado para condenar ou absolver o acusado pode trazer, implicitamente, a avaliação das teses das partes, sem que seja necessário conferir individualizada análise a cada uma delas. Nesse prisma: TJPR: "Deveras, para cumprir a determinação constitucional de fundamentação das decisões judiciais, é desnecessário que o Magistrado transcreva ou responda a toda sorte de alegações suscitadas no transcorrer do processo penal, bastando que examine as circunstâncias fáticas e jurídicas relevantes, podendo, na fundamentação, apresentar tese contrastante com aquela defendida pelas partes, valer-se da doutrina e da jurisprudência, além, por óbvio, das provas produzidas, desde que fique claro, pela sua exposição, as razões que embasaram o seu convencimento" (Rec. de Agravo 0692070-9/PR, 3.ª C.C., rel. Marques Cury, 21.10.2010, v.u.). Conferir ainda: Ap. Crim. 0612926-2/PR, 5.ª C.C., rel. Rogério Etzel, 08.04.2010, v.u.

1086. Indicação dos artigos de lei aplicados: trata-se da referência legal dos fundamentos. O juiz, ao eleger as normas que lastreiam o seu julgamento, deve mencioná-las na decisão, aprimorando a visualização dos fundamentos eleitos para guiá-lo.

1087. Dispositivo: faltou mencionar neste artigo, mas é a conclusão alcançada pelo juiz, após ter elaborado raciocínio exposto e fundamentado, para julgar procedente ou improcedente a ação e, consequentemente, presente ou ausente o direito de punir do Estado. É no dispositivo (conclusão) que irá fixar a sanção ou, simplesmente, declarar a inocência do réu.

1088. Data e assinatura dos juízes: trata-se da individualização do órgão julgador, conferindo forma autêntica ao julgado, bem como estabelecendo o momento temporal em que foi proferida.

1089. Redação do julgado: em qualquer colegiado, um dos magistrados é o encarregado de redigir a decisão. Geralmente, em órgãos superiores, cabe ao relator tal função, de modo que todos os componentes da corte, vez ou outra, devem fazê-lo. No caso do Conselho de Justiça, atribuiu-se ao auditor essa tarefa, sempre garantida a possibilidade de apresentação de voto vencido a qualquer dos magistrados. Na jurisprudência: STM: "2. A relatoria e a redação das sentenças e das decisões dos Conselhos Especial e Permanente de Justiça competem ao Juiz Federal da Justiça Militar da União – art. 30, inciso VII, da Lei nº 8.457, de 1992. A sentença será redigida pelo Juiz Federal, ainda que discorde dos seus fundamentos ou da sua conclusão, podendo, entretanto, justificar o seu voto, se vencido, no todo ou em parte, após a assinatura. O mesmo poderá fazer cada um dos juízes militares – art. 438, § 2.º, do CPPM. Preliminar de nulidade por ausência de fundamentação rejeitada por unanimidade" (Apelação 7001448-32.2019.7.00.0000, rel. Marco Antônio de Farias, julgado em 25.11.2020, v.u.).

1090. Defeito na sentença: inexiste a possibilidade, como se dá no tocante à decisão proferida por juiz singular, de refazimento, com correção do defeito. Por isso, havendo falha grave, deve-se anulá-la, para que outro julgamento seja proferido. Na jurisprudência: STM: "Na Justiça Militar da União, em razão da impossibilidade de nova sentença ser proferida pelo I. Conselho de Justiça, pelo decurso de prazo, declara-se a nulidade da sentença e via de consequência a nulidade do julgamento com retorno dos autos à 1.ª Instância para a realização de novo julgamento do processo." (Ap. 0000034-38.2008.7.01.0401-RJ, Plenário, rel. Artur Vidigal de Oliveira, 19.04.2012, m.v.).

Sentença absolutória. Requisitos

> **Art. 439.** O Conselho de Justiça absolverá o acusado, mencionando os motivos na parte expositiva da sentença, desde que reconheça:
>
> *a)* estar provada a inexistência do fato,[1091] ou não haver prova da sua existência;[1092]
>
> *b)* não constituir o fato infração penal;[1093]
>
> *c)* não existir prova de ter o acusado concorrido para a infração penal;[1094]
>
> *d)* existir circunstância que exclua a ilicitude do fato ou a culpabilidade ou imputabilidade do agente (arts. 38, 39, 42, 48 e 52 do Código Penal Militar);[1095]
>
> *e)* não existir prova suficiente para a condenação;[1096]
>
> *f)* estar extinta a punibilidade.[1097]

Especificação

> § 1.º Se houver várias causas para a absolvição, serão todas mencionadas.[1098]

Art. 439

Código de Processo Penal Militar Comentado • **Nucci**

426

Providências

> § 2.º Na sentença absolutória, determinar-se-á:
>
> *a)* pôr o acusado em liberdade, se for o caso;[1099]
>
> *b)* a cessação de qualquer pena acessória e, se for o caso, de medida de segurança provisoriamente aplicada;[1100]
>
> *c)* a aplicação de medida de segurança cabível.[1101]

1091. Inexistência do fato: é hipótese das mais seguras para a absolvição, pois a prova colhida está a demonstrar não ter ocorrido o fato sobre o qual se baseia a imputação feita pela acusação. Assim, desfaz-se o juízo de tipicidade, uma vez que o fato utilizado para a subsunção ao modelo legal de conduta proibida não existiu. Se a acusação é no sentido de ter havido, por exemplo, um constrangimento violento de mulher à conjunção carnal (estupro), provado não ter havido nem mesmo a relação sexual, está excluído o fato sobre o qual se construiu a tipicidade, promovendo-se a absolvição do réu. Exclui-se, nesse caso, igualmente, a responsabilidade civil.

1092. Inexistência de prova da ocorrência do fato: não com a mesma intensidade e determinação do primeiro caso (estar provada a inexistência do fato), neste caso falecem provas suficientes e seguras de que o fato tenha, efetivamente, ocorrido. Segue o rumo do princípio da prevalência do interesse do réu – *in dubio pro reo*. Permite o ajuizamento de ação civil para, com novas provas, demonstrar a ocorrência do ilícito.

1093. Inexistência de infração penal: nesta situação, o fato efetivamente ocorreu, mas não é típico. Assim, o juiz profere que há impossibilidade de condenação por ausência de uma das elementares do crime. Permite-se o ajuizamento de ação civil para debater-se o ilícito em outra esfera do direito.

1094. Inexistência de prova da concorrência do réu: a hipótese retratada neste inciso evidencia a existência de um fato criminoso, embora não se tenha conseguido demonstrar que o réu dele tomou parte ativa. Pode haver coautores responsabilizados ou não. A realidade das provas colhidas no processo demonstra merecer o acusado a absolvição, por não se ter construído um universo sólido de provas contra sua pessoa. Pode-se ajuizar ação civil, para, depois, provar a participação do réu no ilícito civil. Nesse sentido: TJPR: Ap. Crime 0597298-5- PR, 5.ª C.C., rel. Eduardo Fagundes, 15.04.2010, v.u.

1095. Excludentes de ilicitude e de culpabilidade: Se estiver provada a excludente de ilicitude ou de culpabilidade, cabe a absolvição do réu. Por outro lado, caso esteja evidenciada a dúvida razoável, resolve-se esta em benefício do acusado, impondo-se a absolvição (*in dubio pro reo*). Mas, a obviedade nem sempre é tão clara em institutos jurídicos, fomentando a discussão na jurisprudência. A ressalva introduzida, portanto, consagra o princípio do *favor rei*, deixando consignado que é causa de absolvição tanto a prova certa de que houve alguma das excludentes mencionadas no inciso VI, como também se alguma delas estiver apontada nas provas, mas de duvidosa assimilação. Resolve-se a dúvida em favor da absolvição do acusado.

1096. Prova insuficiente para a condenação: é outra consagração do princípio da prevalência do interesse do réu – *in dubio pro reo*. Se o juiz não possui provas sólidas para a formação do seu convencimento, sem poder indicá-las na fundamentação da sua sentença, o melhor caminho é a absolvição. Logicamente, neste caso, há possibilidade de se propor ação indenizatória na esfera cível. Na jurisprudência: STM: "O Réu, Servidor Municipal, Secretário da Junta do Serviço Militar, foi denunciado como incurso no art. 307 do CPM, tendo o Juízo proferido sentença absolutória, com fulcro no art. 439, alínea 'e', do CPPM. Para uma condenação penal faz-se necessária a certeza de que o delito esteja provado em todas as suas elementares, não se admitindo, sequer, a alta probabilidade de sua ocorrência. Em caso de dúvida, impõe- se a absolvição do Réu, com fulcro no art. 439, 'e', do CPPM, em homenagem ao princípio do *in dubio pro reo*, consagrado na doutrina e na jurisprudência pátrias. *In casu*, o conjunto probatório se mostrou insuficiente para a responsabilização penal do Acusado, de maneira que a Sentença absolutória deve ser mantida, em razão do princípio do *in dubio pro reo*. Desprovimento do recurso ministerial" (Apelação 7000238-09.2020.7.00.0000, rel. Lúcio Mário de Barros Góes, 22.09.2020, v.u.); TJMMG: "Se os elementos constantes no caderno probatório deixam dúvida acerca da ocorrência do suposto crime de desacato a militar, deve-se manter a absolvição imposta, mas por insuficiência de provas" (Apelação criminal 00008763220179130003, C.C., rel. Sócrates Edgard dos Anjos, 07.05.2018, v.u.).

1097. Extinção da punibilidade: trata-se de evidente erro a inclusão da extinção da punibilidade como fator de absolvição. A decisão absolutória envolve o mérito em sentido estrito, ou seja, se há crime e se o réu é o autor. Porém, quando o Estado perde a pretensão punitiva, por razões de política criminal, tal como ocorre com o reconhecimento da prescrição, não há que se falar em *absolvição*, mas apenas em sentença declaratória de extinção da punibilidade. Esta decisão é avaliatória do mérito em sentido amplo.

1098. Cumulação de causas: de maneira peculiar, sem encontrar figura similar na legislação processual penal comum, exige-se a menção de mais de uma causa de absolvição, se houver. Não vemos viabilidade para a sua aplicação, pois sempre há a *causa determinante* para a decisão absolutória. Ilustrando, se o fato não existiu, este é o motivo, pouco importando, por exemplo, que esse fato também não é típico. Inexiste fundamento lógico – nem prático – para a referência a ambas as causas.

1099. Liberdade do réu: é sempre uma providência necessária, em decorrência da sentença absolutória. Não mais vige qualquer hipótese de se segurar no cárcere o réu considerado inocente, após absolvição.

1100. Cessação das medidas cautelares: é possível, durante a fase investigatória ou durante a instrução em juízo, que o magistrado promova medidas cautelares constritivas, atingindo o acusado. Exemplo disso são as medidas assecuratórias, como o sequestro, a especialização de hipoteca legal, dentre outras. Se houver absolvição, deve o juiz ordenar a cessação de todas as medidas cautelares provisoriamente aplicadas. Conferir: TRF-4.ª Região: "Prolatada sentença penal absolutória, devem ser imediatamente revogadas as medidas assecuratórias decretadas pelo juízo criminal, nos termos do artigo 386, parágrafo único, inciso II, do Código de Processo Penal, com a redação dada pela Lei 11.690/2008, porquanto, na tensão estabelecida entre a efetividade do processo penal e o princípio constitucional da presunção de inocência, há de ser prestigiado esse direito fundamental consagrado no artigo 5.º, inciso LVII, da Constituição da República" (MS 2009.04.00.031197-5-PR, 4.ª S., rel. Paulo Afonso Brum Vaz, 26.11.2010, v.u.).

1101. Aplicação da medida de segurança cabível: é a chamada sentença *absolutória imprópria*, quando o juiz reconhece não ter havido crime, por ausência de culpabilidade, mas, tendo o acusado praticado um injusto penal (fato típico e antijurídico) no estado de inimputabilidade, merece ser sancionado, com a finalidade de não tornar a perturbar a sociedade. Daí por que se sustenta que a medida de segurança é uma espécie de sanção penal, cuja finalidade não é castigar ou simplesmente reeducar o acusado, mas curá-lo, pois se trata de um doente mental. Por ser medida constritiva da liberdade, não deve ser aplicada senão após o devido

Art. 440

Código de Processo Penal Militar Comentado • **Nucci**

processo legal. Justamente em virtude disso considera-se a sentença que a aplica como absolutória imprópria.

Sentença condenatória. Requisitos

> **Art. 440.** O Conselho de Justiça ao proferir sentença condenatória:[1101-A]
>
> *a)* mencionará as circunstâncias apuradas e tudo o mais que deva ser levado em conta na fixação da pena, tendo em vista obrigatoriamente o disposto no art. 69 e seus parágrafos do Código Penal Militar;[1102]
>
> *b)* mencionará as circunstâncias agravantes ou atenuantes definidas no citado Código, e cuja existência reconhecer;[1103]
>
> *c)* imporá as penas, de acordo com aqueles dados, fixando a quantidade das principais e, se for o caso, a espécie e o limite das acessórias;[1104]
>
> *d)* aplicará as medidas de segurança que, no caso, couberem.

1101-A. Desconstituição da sentença: proferida a decisão condenatória, com trânsito em julgado, seus efeitos penais e extrapenais perduram, a menos que seja desconstituída, por força de revisão criminal. Há, igualmente, causas de extinção da punibilidade, que provocam o mesmo efeito: a) anistia: por força de lei, os fatos criminosos são apagados; b) prescrição retroativa: essa modalidade de prescrição afeta a pretensão punitiva do Estado, de modo que desconstitui a sentença condenatória; c) *abolitio criminis*: significa que lei nova deixa de considerar determinada conduta como crime, motivo pelo qual a condenação não subsiste. Nesse sentido: STM: "Inexiste obrigação de a Sentença tratar, explicitamente, de todos os argumentos da Defesa. Requisitos previstos nos arts. 438 e 440, ambos do CPPM. Leitura lógica da Sentença que demonstra, implicitamente, que os argumentos foram analisados e rejeitados, por serem insuficientes para alterar a convicção dos julgadores, formada de acordo com o art. 297 do CPPM. Preliminar rejeitada. Por maioria" (Apelação nº 0000046-26.2015.7.01.0201, rel. José Barroso Filho, julgado em: 15.02.2017); "A sentença penal condenatória transitada em julgado pode ser destruída através de três causas extintivas da punibilidade: a anistia, a prescrição retroativa e a *abolitio criminis*, todas elas com efeito retro-operante e demolidor da própria condenação em si, com o desfazimento da perda da primariedade e de todos os demais efeitos condenatórios do *decisum*, que, simplesmente, desaparecem do mundo jurídico (Doutrina)" (RSE 0000152-35.2013.7.12.0012-AM, rel. Marcus Vinicius Oliveira dos Santos, 25.03.2014, m.v).

1102. Circunstâncias judiciais: além das agravantes e atenuantes, que compõem a segunda fase da fixação da pena, as circunstâncias judiciais fazem parte da primeira fase da individualização da pena. São denominadas circunstâncias judiciais pelo fato de não fazerem parte do tipo penal, mas servirem de fundamento para o estabelecimento da pena-base, isto é, a primeira opção do magistrado na transformação da pena abstrata em pena concreta, além de não encontrarem referência explícita na lei penal. É da concepção do juiz que elas brotam, por isso, circunstâncias *judiciais*.

1103. Menção às circunstâncias legais genéricas: as agravantes e atenuantes são circunstâncias legais, embora genéricas, porque previstas na Parte Geral do Código Penal Militar. Dessa forma, não integram a tipicidade, podendo ser reconhecidas pelo juiz, mesmo que não alegadas ou solicitadas pelas partes. Entretanto, deve o magistrado mencioná-las, expressamente, na sentença condenatória, até porque fazem parte da segunda fase da fixação da pena.

A referência deve ser feita sob o ponto de vista fático, indicando quais provas a sustentam, bem como os artigos que as representam.

1104. Obviedade *útil*: é o mesmo que dizer: o juiz deve decidir segundo sua própria convicção e conforme a conclusão a que ele mesmo chegou analisando a prova. Em outros termos, ainda, preceitua que deve ser feito o que o magistrado achar correto. Impõe a pena principal e, se for o caso, as acessórias. Não cremos haver necessidade de norma para explicitar o óbvio.

Proclamação do julgamento e prisão do réu

> **Art. 441.** Reaberta a sessão pública e proclamado o resultado do julgamento pelo presidente do Conselho de Justiça,[1105] o auditor expedirá mandado de prisão contra o réu, se este for condenado a pena privativa de liberdade, ou alvará de soltura, se absolvido. Se presente o réu, ser-lhe-á dada voz de prisão pelo presidente do Conselho de Justiça, no caso de condenação. A aplicação de pena não privativa de liberdade será comunicada à autoridade competente, para os devidos efeitos.[1106]

Permanência do acusado absolvido na prisão

> § 1.º Se a sentença for absolutória, por maioria de votos, e a acusação versar sobre crime a que a lei comina pena, no máximo por tempo igual ou superior a 20 (vinte) anos, o acusado continuará preso, se interposta apelação pelo Ministério Público, salvo se se tiver apresentado espontaneamente à prisão para confessar crime, cuja autoria era ignorada ou imputada a outrem.[1107]

Cumprimento anterior do tempo de prisão

> § 2.º No caso de sentença condenatória, o réu será posto em liberdade se, em virtude de prisão provisória, tiver cumprido a pena aplicada.[1108]
>
> § 3.º A cópia da sentença, devidamente conferida e subscrita pelo escrivão e rubricada pelo auditor, ficará arquivada em cartório.

1105. Publicação da decisão na sessão: constitui formalidade essencial do ato, representando o final solene do julgamento, tal como se faz no julgamento pelo Tribunal do Júri. Na jurisprudência: STM: "No Processo Penal Militar, a Sentença só tem existência jurídica e produz seus efeitos intrínsecos após a publicação, que se efetiva no momento da sua leitura em audiência, não podendo substituí-lo o mero comparecimento da maioria dos membros do Conselho Permanente de Justiça para assinatura do Julgado, mesmo que presentes as partes. A ausência de publicidade do julgado constitui omissão de formalidade essencial, restando maculado o procedimento legal" (Correição Parcial, 0000066-72.2010.7.01.0401-DF, Plenário, rel. Maria Elizabeth Guimarães Teixeira Rocha, 17.08.2012, v.u.); "A leitura e publicação da sentença, logo após a sessão de julgamento, é medida que atende a todos os requisitos processuais e princípios, em especial de celeridade, inexistindo nulidade da sentença por esse motivo" (AP 0000013-12.2007.7.05.0005-PR, rel. Artur Vidigal de Oliveira, 19.03.2014, v.u.).

1106. Derrogação pela Constituição Federal de 1988: não mais subsiste qualquer norma ordinária impondo a prisão cautelar obrigatória. Portanto, enquanto não transitar em

Art. 442

julgado a decisão condenatória, aplicando pena privativa de liberdade, não se pode executar a sentença. Vigora o princípio constitucional da presunção de inocência. Não cabe ao Conselho de Justiça expedir, automaticamente, mandado de prisão ou dar voz de prisão ao acusado. Por certo, é viável a imposição de prisão preventiva, a qualquer tempo, motivo pelo qual, se preenchidos os seus requisitos – ou se o réu já estava preso em virtude disso –, pode-se impedir que ele recorra em liberdade.

1107. Não recepção pela Constituição Federal de 1988: inexiste qualquer possibilidade de se manter preso, ainda que cautelarmente, o réu absolvido. Deve ser posto em liberdade de imediato, fazendo valer o princípio constitucional da presunção de inocência. Não teria qualquer sentido, quando o Judiciário proclama a inocência, por sentença, segurar o réu no cárcere, a fim de que outra decisão, em grau superior, possa ser proferida.

1108. Detração: é o desconto na pena do tempo de prisão provisória; por isso, se a pena aplicada não superar o período de prisão cautelar, o acusado, mesmo condenado, deve ser imediatamente libertado, independentemente de outros fatores.

Indícios de outro crime

> **Art. 442.** Se, em processo submetido a seu exame, o Conselho de Justiça, por ocasião do julgamento, verificar a existência de indícios de outro crime, determinará a remessa das respectivas peças, por cópia autêntica, ao órgão do Ministério Público competente, para os fins de direito.[1109]

1109. Indícios de outro crime: tratando-se de delito de ação pública incondicionada, deve o Conselho de Justiça, detectado o cometimento de crime diverso do apurado naquele processo, determinar a remessa de cópias ao Ministério Público para apurar a responsabilidade cabível. Cuida-se do zelo ao princípio da obrigatoriedade da ação penal.

Leitura da sentença em sessão pública e intimação

> **Art. 443.** Se a sentença ou decisão não for lida na sessão em que se proclamar o resultado do julgamento, sê-lo-á pelo auditor em pública audiência, dentro do prazo de 8 (oito) dias, e dela ficarão, desde logo, intimados o representante do Ministério Público, o réu e seu defensor, se presentes.[1110]

1110. Formalidade (in)dispensável: por economia processual, garantindo-se a duração razoável do processo, deve-se ler a decisão ao final da sessão de julgamento; se, por algum motivo, tal não ocorrer, cremos bastar a sua publicação nos termos legais (em mãos do escrivão no cartório, intimando-se as partes). Em sentido contrário, conferir na jurisprudência: STM: "I. O art. 443 do CPPM possui caráter geral e define o ato processual do réu quando representado por defensor constituído. *In casu*, o Réu é representado pela DPU e, nesse sentido, regido pelo princípio da especialidade, conforme o art. 44, inciso I, da Lei Complementar nº 80 que garante ao defensor público a prerrogativa da intimação pessoal e contagem em dobro do prazo recursal" (Apelação 7000066-04.2019.7.00.0000, rel. José Barroso Filho, julgado em 06.06.2019, v.u.); "Ocorre omissão de formalidade essencial a não realização de audiência pública para dar publicidade à Sentença, contrariando o que prevê o artigo 443 do Código de Processo Penal Militar e ensejando sua nulidade, consoante o prescrito no art. 500, inciso IV, do CPPM" (Correição Parcial 0000209-70.2010.7.01.0301-DF, Plenário, rel. Artur Vidigal de Oliveira, 13.01.2012, m.v.).

Intimação do representante do Ministério Público

> **Art. 444.** Salvo o disposto no artigo anterior, o escrivão, dentro do prazo de 3 (três) dias, após a leitura da sentença ou decisão, dará ciência dela ao representante do Ministério Público, para os efeitos legais.

Intimação da sentença condenatória

> **Art. 445.** A intimação da sentença condenatória será feita, se não o tiver sido nos termos do art. 443:
>
> *a)* ao defensor de ofício ou dativo;[1111]
>
> *b)* ao réu, pessoalmente, se estiver preso;[1112]
>
> *c)* ao defensor constituído pelo réu.[1113]

1111. Defensor público ou dativo: deve ser intimado pessoalmente, pois prerrogativa de sua função.

1112. Intimação pessoal do réu preso e seu defensor: é consequência natural do direito de autodefesa e da possibilidade que tem de recorrer diretamente, sem que seja por meio de sua defesa técnica. Por isso, quando estiver detido, o oficial de justiça leva o termo de recurso e o apresenta ao acusado, juntamente com cópia da decisão. Ele pode, então, recorrer de pronto. Exige-se, no entanto, que também o defensor seja intimado, para assegurar a ampla defesa. Conforme o caso, será intimado pela imprensa, se constituído, ou pessoalmente, se nomeado. Segundo nos parece, há prazos distintos para a interposição do recurso: um para o réu e outro para o defensor, pois a legitimidade é concorrente. Na jurisprudência: STM: "Conforme preceitua o art. 445, alínea 'b', do CPPM, a intimação da sentença condenatória será feita, pessoalmente, caso o réu esteja na condição de preso. No presente caso, o réu encontrava-se em liberdade. Ausente disposição legal que implique na intimação pessoal do réu solto que não se apresente à sessão de leitura e publicação da sentença, não há que ser declarada a nulidade da decisão que considerou o réu intimado da sentença penal condenatória, tampouco, que se promova a intimação pessoal do sentenciado quanto ao teor da sentença que o condenou. Ordem denegada" (HC nº 7000177-85.2019.7.00.0000, rel. Alvaro Luiz Pinto, julgado em 23.04.2019, m.v.); "O réu somente será intimado pessoalmente da sentença condenatória quando se encontrar na condição de preso, *ex vi* do art. 445, alínea *b*, do Código de Processo Penal Militar. Inexiste disposição legal que imponha a intimação pessoal de réu solto que deixa de comparecer à sessão de leitura e publicação da sentença condenatória" (HC 0000119-75.2017.7.00.0000, rel. Luis Carlos Gomes Mattos, 29.07.2017, v.u.).

1113. Defensor constituído: pode ser intimado pela imprensa.

Intimação a réu solto ou revel

> **Art. 446.** A intimação da sentença condenatória a réu solto ou revel far-se-á após a prisão, e bem assim ao seu defensor ou advogado que nomear por ocasião da intimação, e ao representante do Ministério Público.[1114]

Art. 447

Código de Processo Penal Militar Comentado • **Nucci**

Requisitos da certidão de intimação

> **Parágrafo único.** Na certidão que lavrar da intimação, o oficial de justiça declarará se o réu nomeou advogado e, em caso afirmativo, intimá-lo-á também da sentença. Em caso negativo, dará ciência da sentença e da prisão do réu ao seu defensor de ofício ou dativo.

1114. Prisão para intimação: não há previsão para intimação por edital neste Código. Por isso, se solto ou ausente, não tendo comparecido à sessão de julgamento, pode-se expedir mandado de prisão, ao menos para localizá-lo, intimando-o pessoalmente. Depois, se não houver necessidade de mantê-lo preso, pode-se determinar a sua soltura até o trânsito em julgado da decisão condenatória.

Certidões nos autos

> **Art. 447.** O escrivão lavrará nos autos, em todos os casos, as respectivas certidões de intimação, com a indicação do lugar, dia e hora em que houver sido feita.

Lavratura de ata

> **Art. 448.** O escrivão lavrará ata circunstanciada de todas as ocorrências na sessão de julgamento.[1115]

Anexação de cópia da ata

> **Parágrafo único.** Da ata será anexada aos autos cópia autêntica datilografada e rubricada pelo escrivão.

1115. Conteúdo da ata: de ser o retrato fiel da sessão de julgamento, resumindo todos os acontecimentos, o conteúdo dos debates orais, com as teses ofertadas, bem como registrar todos os incidentes. Deve-se incluir os pleitos das partes e as decisões tomadas pelo presidente do Conselho de Justiça. Tal situação permitirá ao Tribunal Superior Militar apreciar eventual inconformismo da parte no tocante a ponto controverso relevante.

Efeitos da sentença condenatória

> **Art. 449.** São efeitos da sentença condenatória recorrível:[1116]
> *a)* ser o réu preso ou conservado na prisão;
> *b)* ser o seu nome lançado no rol dos culpados.

Aplicação de artigos

> **Art. 450.** Aplicam-se à sessão de julgamento, no que couber, os arts. 385, 386 e seu parágrafo único, 389, 411, 412 e 413.

1116. Efeitos inaplicáveis: a sentença condenatória recorrível, em virtude do princípio constitucional da presunção de inocência, não mais pode gerar a prisão obrigatória do réu, nem tampouco o lançamento de seu nome no rol dos culpados. O cumprimento da pena aplicada somente pode dar-se após o trânsito em julgado da decisão condenatória; o mesmo quanto ao registro da condenação na folha de antecedentes.

Título II
Dos processos especiais[1117]

1117. Procedimento especial: o rito procedimental nos processos criminais que apuram os crimes de deserção e insubmissão é especial em relação ao procedimento geral previsto neste Código. Com maior razão, será especialíssimo no tocante ao procedimento adotado no Código de Processo Penal comum, mesmo depois da reforma introduzida pela Lei 11.719/2008. Aliás, esta lei dispôs dever-se respeitar os preceitos de lei especial. Na jurisprudência: STM: "O crime de deserção no Processo Penal Militar possui rito especial e não constitui cerceamento de defesa a inaplicabilidade da Lei 11.719/08." (Ap. 0000034-30.2011.7.12.0012-AM, Plenário, rel. Marcos Martins Torres, 06.08.2012).

Capítulo I
Da deserção em geral

Termos de deserção. Formalidades

> **Art. 451.** Consumado o crime de deserção, nos casos previstos na lei penal militar, o comandante da unidade, ou autoridade correspondente, ou ainda autoridade superior, fará lavrar o respectivo termo, imediatamente, que poderá ser impresso ou datilografado, sendo por ele assinado e por duas testemunhas idôneas, além do militar incumbido da lavratura.[1118]
>
> § 1.º A contagem dos dias de ausência, para efeito da lavratura do termo de deserção, iniciar-se-á à zero hora do dia seguinte àquele em que for verificada a falta injustificada do militar.
>
> § 2.º No caso de deserção especial, prevista no art. 190 do Código Penal Militar, a lavratura do termo será, também, imediata.

1118. Comprovação da deserção: a ausência do militar, sem licença, da unidade em que serve, por mais de oito dias configura o crime de deserção (art. 187 do CPM). Por isso, para viabilizar a denúncia, com justa causa, sem haver necessidade de prova testemunhal, a partir do momento da ausência, o comandante da unidade ou oficial responsável deve iniciar a contagem dos dias. Atingindo oito dias, lavra-se o termo, assinando pelo comando, duas testemunhas idôneas e pelo militar que o constituiu. Envia-se ao Ministério Público, que ofertará denúncia.

Efeitos do termo de deserção

> **Art. 452.** O termo de deserção tem o caráter de instrução provisória e destina-se a fornecer os elementos necessários à propositura da ação penal, sujeitando, desde logo, o desertor à prisão.[1119]

Art. 453

Código de Processo Penal Militar Comentado • **Nucci**

1119. Instrução provisória: tal como se utiliza o inquérito para constituir prova suficiente a dar suporte à denúncia, o termo de deserção representa prova documental para dar justa causa à ação penal. Não significa prova definitiva, que será formada durante a instrução, sob o crivo do contraditório e da ampla defesa. Na jurisprudência: STF: "Não há nulidade no prosseguimento da instrução provisória de deserção no Juízo de primeiro grau quando presente a condição de procedibilidade referente ao praça sem estabilidade excluído do serviço ativo, que está foragido desde a suposta prática do crime de deserção" (RHC 120.309-AgR-RJ, 2.ª T., rel. Cármen Lúcia, 11.03.2014, v.u.).

Retardamento do processo

> **Art. 453.** O desertor que não for julgado dentro de 60 (sessenta) dias, a contar do dia de sua apresentação voluntária ou captura, será posto em liberdade, salvo se tiver dado causa ao retardamento do processo.[1120]

1120. Prisão obrigatória do desertor: uma das primeiras providências, quando se constata a deserção, é a captura do foragido. Por isso, o processo deve ter um rito célere, sob pena de gerar constrangimento ilegal. Abrandando a prisão obrigatória: STF: "A prisão processual prevista no dispositivo inscrito no art. 453 do CPPM não prescinde da demonstração da existência de situação de real necessidade, apta a ensejar, ao Estado, quando efetivamente configurada, a adoção – sempre excepcional – dessa medida constritiva de caráter pessoal, a significar que a Justiça Militar deve justificar, em cada caso ocorrente, a imprescindibilidade da medida constritiva do *status libertatis* do indiciado ou do acusado, sob pena de caracterização de ilegalidade ou de abuso de poder na decretação de prisão meramente processual" (HC 112.487-PR, 2.ª T., rel. Celso de Mello, 24.09.2013, v.u.). STM: "O art. 453 do CPPM determina que o desertor que não for julgado dentro do prazo de 60 (sessenta) dias, a contar da data da prisão, será colocado em liberdade. A prisão do paciente encontra-se dentro do prazo previsto no mesmo compêndio legal, afastando qualquer descumprimento legal. Denegação da ordem" (HC nº 7000791-90.2019.7.00.0000, rel. Alvaro Luiz Pinto, julgado em 20.08.2019, v.u.).

Capítulo II
Do processo de deserção de oficial

Lavratura do termo de deserção e sua publicação em boletim

> **Art. 454.** Transcorrido o prazo para consumar-se o crime de deserção, o comandante de unidade, ou autoridade correspondente, ou ainda a autoridade superior, fará lavrar o termo de deserção circunstanciadamente, inclusive com a qualificação do desertor, assinando-o com duas testemunhas idôneas, publicando-se, em boletim ou documento equivalente, o termo de deserção, acompanhado da parte de ausência.[1121]
>
> § 1.º O oficial desertor será agregado, permanecendo nessa situação ao apresentar-se ou ser capturado, até decisão transitada em julgado.

Remessa do termo de deserção e documentos à Auditoria

> § 2.º Feita a publicação, a autoridade militar remeterá, em seguida, o termo de deserção à Auditoria competente, juntamente com a parte de ausência, o

> inventário do material permanente da Fazenda Nacional e as cópias do boletim ou documento equivalente e dos assentamentos do desertor.

Autuação e vista ao Ministério Público

> § 3.º Recebido o termo de deserção e demais peças, o juiz-auditor mandará autuá-los e dar vista do processo, por 5 (cinco) dias, ao procurador, podendo este requerer o arquivamento, ou o que for de direito, ou oferecer denúncia, se nenhuma formalidade tiver sido omitida, ou após o cumprimento das diligências requeridas.[1122]
>
> § 4.º Recebida a denúncia, o juiz-auditor determinará seja aguardada a captura ou apresentação voluntária do desertor.[1123]

1121. Termo da deserção: a ausência do oficial, sem licença, da unidade em que serve, por mais de oito dias configura o crime de deserção (art. 187 do CPM). Por isso, para viabilizar a denúncia, com justa causa, sem haver necessidade de prova testemunhal, a partir do momento da ausência, o comandante da unidade ou oficial responsável deve iniciar a contagem dos dias. Atingindo oito dias, lavra-se o termo circunstanciado, com a qualificação do desertor, assinado pelo comando, duas testemunhas idôneas e pelo militar que o constituiu. Publica-se em boletim específico.

1122. Substituto do inquérito: o termo circunstanciado contém elementos suficientes para demonstrar a deserção, quando for o caso, de modo que o Ministério Público pode oferecer denúncia, sem a necessidade de inquérito.

1123. Condição de procedibilidade: a prisão ou apresentação voluntária do desertor é condição para o processo tramitar. Recebida a denúncia, aguarda-se. Quando o desertor for localizado, prossegue-se, devendo o juiz auditor convocar o Conselho de Justiça e determinar a citação do réu.

Apresentação ou captura do desertor. Sorteio do Conselho

> **Art. 455.** Apresentando-se ou sendo capturado o desertor, a autoridade militar fará a comunicação ao juiz-auditor, com a informação sobre a data e o lugar onde o mesmo se apresentou ou foi capturado, além de quaisquer outras circunstâncias concernentes ao fato. Em seguida, procederá o juiz-auditor ao sorteio e à convocação do Conselho Especial de Justiça, expedindo o mandado de citação do acusado, para ser processado e julgado. Nesse mandado, será transcrita a denúncia.

Rito processual[1124]

> § 1.º Reunido o Conselho Especial de Justiça, presentes o procurador, o defensor e o acusado, o presidente ordenará a leitura da denúncia, seguindo-se o interrogatório do acusado, ouvindo-se, na ocasião, as testemunhas arroladas pelo Ministério Público. A defesa poderá oferecer prova documental e requerer

Art. 456

a inquirição de testemunhas, até o número de três, que serão arroladas dentro do prazo de 3 (três) dias e ouvidas dentro do prazo de 5 (cinco) dias, prorrogável até o dobro pelo Conselho, ouvido o Ministério Público.

Julgamento

§ 2.º Findo o interrogatório, e se nada for requerido ou determinado, ou finda a inquirição das testemunhas arroladas pelas partes e realizadas as diligências ordenadas, o presidente do Conselho dará a palavra às partes, para sustentação oral, pelo prazo máximo de 30 (trinta) minutos, podendo haver réplica e tréplica por tempo não excedente a 15 (quinze) minutos, para cada uma delas, passando o Conselho ao julgamento, observando-se o rito prescrito neste Código.

1124. Rito mais célere: o julgamento do desertor obedece a um rito especial, em face de alguns detalhes específicos. Além de aguardar a captura ou apresentação do acusado, há um trâmite mais rápido, com menor tempo para a sustentação oral das partes.

Capítulo III

Do processo de deserção de praça com ou sem graduação e de praça especial

Inventário dos bens deixados ou extraviados pelo ausente

Art. 456. Vinte e quatro horas depois de iniciada a contagem dos dias de ausência de uma praça, o comandante da respectiva subunidade, ou autoridade competente, encaminhará parte de ausência ao comandante ou chefe da respectiva organização, que mandará inventariar o material permanente da Fazenda Nacional, deixado ou extraviado pelo ausente, com a assistência de duas testemunhas idôneas.

§ 1.º Quando a ausência se verificar em subunidade isolada ou em destacamento, o respectivo comandante, oficial ou não, providenciará o inventário, assinando-o com duas testemunhas idôneas.

Parte de deserção

§ 2.º Decorrido o prazo para se configurar a deserção, o comandante da subunidade, ou autoridade correspondente, encaminhará ao comandante, ou chefe competente, uma parte acompanhada do inventário.

Lavratura do termo de deserção

§ 3.º Recebida a parte de que trata o parágrafo anterior, fará o comandante, ou autoridade correspondente, lavrar o termo de deserção, onde se

Título II • Capítulo III – Do processo de deserção de praça — Art. 457

> mencionarão todas as circunstâncias do fato. Esse termo poderá ser lavrado por uma praça, especial ou graduada, e será assinado pelo comandante e por duas testemunhas idôneas, de preferência oficiais.[1124-A]

Exclusão do serviço ativo, agregação e remessa à Auditoria

> § 4.º Consumada a deserção de praça especial ou praça sem estabilidade, será ela imediatamente excluída do serviço ativo. Se praça estável, será agregada, fazendo-se, em ambos os casos, publicação, em boletim ou documento equivalente, do termo de deserção e remetendo-se, em seguida, os autos à auditoria competente.[1124-B]

1124-A. Nulidade do termo: é preciso esperar pelo prazo de oito dias de ausência para a lavratura do termo de deserção, sob pena de nulidade. Conferir: STF: "A lavratura antecipada e equivocada do termo de deserção acarreta a perda da condição de militar, antes de findar o oitavo dia de ausência, passando a ostentar o Paciente a condição de civil, situação impeditiva da consumação da figura delitiva, ressaltando-se que a retificação do termo de deserção não pode produzir efeitos pretéritos prejudiciais ao administrado" (HC 121.190-BA, 2.ª T., rel. Cármen Lúcia, 1.º.04.2014, v.u.); STM: "III. A argumentação apresentada pela DPU, no sentido de que o Termo de Deserção esteja eivado por erro apto a torná-lo inválido, por ter sido assinado por apenas uma testemunha (e não por duas testemunhas, como determina o art. 456, § 3.º, do CPM), não procede, pois mera irregularidade administrativa procedimental presente no Termo não gera nulidade" (HC 7000869-21.2018.7.00.0000, rel. José Barroso Filho, julgado em 04.12.2018, v.u.); "Pela sistemática penal e processual militar, sabe-se que, para a consumação do crime de deserção, deve ser verificado o primeiro dia da falta do militar ao serviço, o transcurso do período de graça, que compreende 8 dias de ausência, e a consumação do delito no nono dia de ausência. É nulo, sem renovação, o Termo de Deserção que considerou como consumado o crime de deserção no oitavo dia de ausência do militar relativo ao denominado prazo de graça, considerando-se inócuo o segundo Termo de Deserção lavrado após a apresentação voluntária do desertor" (AP 0000111-71.2013.7.01.0401-RJ, rel. José Coêlho Ferreira, 25.02.2014, v.u.).

1124-B. Exclusão do serviço ativo após a consumação do crime: mantém-se o processo, pois o delito já se consumou. Conferir: STF: "O militar estável não perde essa condição ao desertar; torna-se antes agregado, *ex vi* do art. 456, § 4.º, do CPPM. Apresentando-se voluntariamente ou capturado, a Praça estável retorna ao respectivo Corpo, Quadro, Arma ou Serviço, por meio do ato administrativo da reversão, nos termos do art. 86 do Estatuto dos Militares. Em relação à Praça estável, a condição de procedibilidade é o retorno à atividade, com a regular reversão, sendo despicienda a inspeção de saúde para avaliar eventual incapacidade para o serviço militar" (HC 0071890-80.2018.1.00.0000-DF, 1.ª T., Rel. Luiz Fux, 05.06.2018, v.u.). STM: "Não há que falar em atipicidade da conduta delitiva, tão somente porque o militar desertor foi excluído no nono dia de ausência da Unidade Militar, ou seja, imediatamente à consumação desse delito, inteligência do art. 456, § 4.º, do CPPM" (AP 0000018-34.2010.7.01.0201-RJ, rel. José Coêlho Ferreira, 11.03.2014, v.u.).

Vistas ao Ministério Público Militar

> **Art. 457.** Recebidos do Comandante da unidade, ou da autoridade competente, o termo de deserção e a cópia do boletim, ou documento equivalente

Art. 457

que o publicou, acompanhados dos demais atos lavrados e dos assentamentos, o juiz-auditor mandará autuá-los e dar vista do processo, por 5 (cinco) dias, ao procurador, que requererá o que for de direito, aguardando-se a captura ou apresentação voluntária do desertor, se nenhuma formalidade tiver sido omitida, ou após o cumprimento das diligências requeridas.[1124-C]

Inspeção de saúde, para fins de reinclusão

§ 1.º O desertor sem estabilidade que se apresentar ou for capturado deverá ser submetido a inspeção de saúde e, quando julgado apto para o serviço militar, será reincluído.[1125]

Incapacidade para serviço ativo

§ 2.º A ata de inspeção de saúde será remetida, com urgência, à Auditoria a que tiverem sido distribuídos os autos, para que, em caso de incapacidade definitiva, seja o desertor sem estabilidade isento da reinclusão e do processo, sendo os autos arquivados, após o pronunciamento do representante do Ministério Público Militar.[1125-A]

Notícia de reinclusão ou reversão. Denúncia

§ 3.º Reincluída que seja a praça especial ou a praça sem estabilidade, ou procedida à reversão da praça estável, o comandante da unidade providenciará, com urgência, sob pena de responsabilidade, a remessa à Auditoria de cópia do ato de reinclusão ou do ato de reversão. O juiz-auditor determinará sua juntada aos autos e deles dará vista, por 5 (cinco) dias, ao procurador, que requererá o arquivamento, ou o que for de direito, ou oferecerá denúncia, se nenhuma formalidade tiver sido omitida, ou após o cumprimento das diligências requeridas.

Citação, interrogatório e inquirição de testemunha

§ 4.º Recebida a denúncia, determinará o juiz-auditor a citação do acusado, realizando-se em dia e hora previamente designados, perante o Conselho Permanente de Justiça, o interrogatório do acusado, ouvindo-se, na ocasião, as testemunhas arroladas pelo Ministério Público. A defesa poderá oferecer prova documental e requerer a inquirição de testemunhas, até o número de três, que serão arroladas dentro do prazo de 3 (três) dias e ouvidas dentro de 5 (cinco) dias, prorrogáveis até o dobro pelo Conselho, ouvido o Ministério Público.

Julgamento

§ 5.º Feita a leitura do processo, o presidente do Conselho dará a palavra às partes, para sustentação oral, pelo prazo máximo de 30 (trinta) minutos podendo haver réplica e tréplica por tempo não excedente a 15 (quinze) minutos, para cada uma delas, passando o Conselho ao julgamento, observando-se o rito prescrito neste Código.

Comunicação de sentença condenatória

§ 6.º Em caso de condenação do acusado, o juiz-auditor fará expedir, imediatamente, a devida comunicação à autoridade competente, para os devidos fins e efeitos legais.

Sentença absolutória. Alvará de soltura

§ 7.º Sendo absolvido o acusado, ou se este já tiver cumprido a pena imposta na sentença, o juiz-auditor providenciará, sem demora, para que seja posto em liberdade, mediante alvará de soltura, se por outro motivo não estiver preso.

Vista dos autos

§ 8º O curador ou advogado do acusado terá vista dos autos para examinar suas peças e apresentar, dentro do prazo de três dias, as razões de defesa.

Dia e hora do julgamento

§ 9º Voltando os autos ao presidente, designará este dia e hora para o julgamento.

Interrogatório

§ 10. Reunido o Conselho, será o acusado interrogado, em presença do seu advogado, ou curador se for menor, assinando com o advogado ou curador, após os juízes, o auto de interrogatório, lavrado pelo escrivão.

Defesa oral

§ 11. Em seguida, feita a leitura do processo pelo escrivão, o presidente do Conselho dará a palavra ao advogado ou curador do acusado, para que, dentro do prazo máximo de trinta minutos, apresente defesa oral, passando o Conselho a funcionar, desde logo, em sessão secreta.

Comunicação de sentença condenatória ou alvará de soltura

§ 12. Terminado o julgamento, se o acusado for condenado, o presidente do Conselho fará expedir imediatamente a devida comunicação à autoridade

Art. 457

> competente; e, se for absolvido ou já tiver cumprido o tempo de prisão que na sentença lhe houver sido imposto, providenciará, sem demora, para que o acusado seja, mediante alvará de soltura, posto em liberdade, se por outro motivo não estiver preso. O relator, no prazo de quarenta e oito horas, redigirá a sentença, que será assinada por todos os juízes.

1124-C. Condição de procedibilidade: convém, inicialmente, reproduzir o teor da Súmula 12 do STM: "a praça sem estabilidade não pode ser denunciada por deserção sem ter readquirido o *status* de militar, condição de procedibilidade para a *persecutio criminis*, através da reinclusão. Para a praça estável, a condição de procedibilidade é a reversão ao serviço ativo". Portanto, essa é uma das primeiras cautelas do Ministério Público: verificar o *status* de militar do indiciado. Conferir ainda: STM: A despeito de o Supremo Tribunal Federal (STF) possuir alguns precedentes em sentido contrário, o entendimento da Primeira Turma, firmado em diversos julgados, é de que a condição de militar do agente há de ser aferida somente no momento do recebimento da denúncia. Em interpretação sistemática, os §§ 1º a 3º do art. 457 do Código de Processo Penal Militar (CPPM), c/c o art. 187 do Código Penal Militar e o enunciado 12 de Súmula deste Tribunal indicam como condição de procedibilidade somente a legitimidade passiva quando do recebimento da denúncia, sem menção a qualquer condição de prosseguibilidade após essa fase processual" (HC 7000500-56.2020.7.00.0000, rel. Francisco Joseli Parente Camelo, julgado em 03.09.2020, m.v.); "Consoante o entendimento jurisprudencial majoritário desta Corte Castrense e, nos termos do Enunciado n.º 12 da Súmula de Jurisprudência do STM, tendo sido noticiada a consumação de novo delito de deserção pelo Juízo *a quo*, deve ser sustado o julgamento do recurso interposto até a definição administrativa do militar, haja vista que a condição de militar do Réu é indispensável para a persecução penal no crime de deserção" (Ap. 0000061-39.2008.7.01.0201-RJ, rel. Cleonilson Nicácio Silva, 30.10.2013, m.v.).

1125. Outra condição de procedibilidade: um dos principais fatores para justificar a permanência do militar em serviço é a perfeita saúde. Por isso, determina-se a inspeção de saúde, cuidando-se de condição de procedibilidade para o ingresso da ação penal. Na jurisprudência: STM: "O rito estabelecido pelo Código de Processo Penal Militar para o processamento do delito tipificado no art. 187 do CPM estabelece que, sendo a Praça sem estabilidade considerada apta para o serviço militar em inspeção de saúde, será reincluída no serviço ativo, nos termos do § 1.º do art. 457 do CPPM" (Recurso em Sentido Estrito 0000099-86.2015.7.01.0401, rel. Cleonilson Nicácio Silva, 10.05.2016, v.u.). Conferir, ainda, o teor da Súmula 8 do STM: "o desertor sem estabilidade e o insubmisso que, por apresentação voluntária ou em razão de captura, forem julgados em inspeção de saúde, para fins de reinclusão ou incorporação, incapazes para o Serviço Militar, podem ser isentos do processo, após o pronunciamento do representante do Ministério Público".

1125-A. Carência superveniente: iniciado o processo, caso o réu, a quem se imputou o delito de deserção, não seja reintegrado à vida militar, gera-se falta de justa causa para o prosseguimento do feito, devendo ser extinto. Na jurisprudência: STM: "Segundo a inteligência do art. 457, § 2.º, do CPPM, é indispensável ao regular curso da ação penal militar o acusado pelo crime de deserção ostentar a condição de militar da ativa, do contrário, será isento do processo. Logo, a superveniência de licenciamento da Força faz do denunciado pela prática de deserção um cidadão do povo, suprimindo-lhe o *status* de militar, o que impede o processamento de eventual recurso em face de absoluta impossibilidade jurídica do pedido (carência de ação)" (AgReg 0000040-63.2008.7.01.0201-DF, 18.03.2014. m.v.).

Art. 458. (*Revogado pela Lei 8.236/1991.*)

Art. 459. (*Revogado pela Lei 8.236/1991.*)

Capítulo IV
Do processo de deserção de praça, com ou sem graduação, e de praça especial, na Marinha e na Aeronáutica

* Capítulo IV revogado pela Lei 8.236/1991.

Art. 460. (*Revogado pela Lei 8.236/1991.*)

Art. 461. (*Revogado pela Lei 8.236/1991.*)

Art. 462. (*Revogado pela Lei 8.236/1991.*)

Capítulo V
Do processo de crime de insubmissão

Lavratura de termo de insubmissão

Art. 463. Consumado o crime de insubmissão, o comandante, ou autoridade correspondente, da unidade para que fora designado o insubmisso, fará lavrar o termo de insubmissão, circunstanciadamente, com indicação de nome, filiação, naturalidade e classe a que pertencer o insubmisso e a data em que este deveria apresentar-se, sendo o termo assinado pelo referido comandante, ou autoridade correspondente, e por 2 (duas) testemunhas idôneas, podendo ser impresso ou datilografado.[1126]

* Artigo com redação determinada pela Lei 8.236/1991.

Efeitos do termo de insubmissão

§ 1.º O termo, juntamente com os demais documentos relativos à insubmissão, tem o caráter de instrução provisória, destina-se a fornecer os elementos necessários à propositura da ação penal e é o instrumento legal autorizador da captura do insubmisso, para efeito da incorporação.

Remessa do termo de insubmissão e documentos à Auditoria

§ 2.º O comandante ou autoridade competente que tiver lavrado o termo de insubmissão remetê-lo-á à Auditoria, acompanhado de cópia autêntica do documento hábil que comprove o conhecimento pelo insubmisso da data e local de sua apresentação, e demais documentos.

Art. 464

Código de Processo Penal Militar Comentado · Nucci

> § 3.º Recebido o termo de insubmissão e os documentos que o acompanham, o juiz-auditor determinará sua autuação e dará vista do processo, por 5 (cinco) dias, ao procurador, que requererá o que for de direito, aguardando-se a captura ou apresentação voluntária do insubmisso, se nenhuma formalidade tiver sido omitida ou após cumprimento das diligências requeridas.[1127]

1126. Termo de insubmissão: o delito de insubmissão (art. 183, CPM) é similar ao de deserção (art. 187, CPM), pois implica não comparecer ao serviço militar, cumprindo o dever legal, quando convocado. A deserção, por seu turno, representa a ausência indevida no posto de trabalho. De qualquer forma, elabora-se um termo circunstanciado, consignando-se os dados necessários a evidenciar o não comparecimento, além de possuir o nome de testemunhas. Com isso, dispensa-se a feitura do inquérito, provocando célere instauração da demanda criminal. Não bastasse, o termo permite fundamentar a decretação da prisão cautelar, vez que ilustra materialidade e autoria.

1127. Formalização da denúncia: o recebimento do termo de insubmissão, pela Auditoria, proporciona a sua autuação, tal como se faz com o inquérito, enviando-se os autos ao Ministério Público. Menciona a lei que este órgão *requererá o que for de direito*, compreendendo-se o oferecimento da denúncia, a requisição de novas diligências ou até mesmo o pedido de arquivamento, se entender não haver provas suficientes. Tendo em vista a decretação da prisão cautelar, aguarda-se a sua captura.

Menagem a inspeção de saúde

> **Art. 464.** O insubmisso que se apresentar ou for capturado terá o direito ao quartel por menagem e será submetido a inspeção de saúde. Se incapaz, ficará isento do processo e da inclusão.[1128]
>
> * Artigo com redação determinada pela Lei 8.236/1991.

Incapacidade para o serviço militar

> § 1.º A ata de inspeção de saúde será, pelo comandante da unidade, ou autoridade competente, remetida, com urgência, à Auditoria a que tiverem sido distribuídos os autos, para que, em caso de incapacidade para o serviço militar, sejam arquivados, após pronunciar-se o Ministério Público Militar.

Inclusão de insubmissão

> § 2.º Incluído o insubmisso, o comandante da unidade, ou autoridade correspondente, providenciará, com urgência, a remessa à Auditoria de cópia do ato de inclusão. O juiz-auditor determinará sua juntada aos autos e deles dará vista, por 5 (cinco) dias, ao procurador, que poderá requerer o arquivamento, ou o que for de direito, ou oferecer denúncia, se nenhuma formalidade tiver sido omitida ou após o cumprimento das diligências requeridas.

Art. 465

Título II • Capítulo VI – Do *habeas corpus*

Liberdade do insubmisso

> § 3.º O insubmisso que não for julgado no prazo de 60 (sessenta) dias, a contar do dia de sua apresentação voluntária ou captura, sem que para isso tenha dado causa, será posto em liberdade.[1129]

1128. Direito a menagem e inspeção de saúde: não há necessidade de se colocar o acusado em cárcere, devendo-se inseri-lo no quartel. Assim ocorrendo, faz-se a inspeção de saúde, com o fito de se apurar a aptidão – ou não – para o serviço militar. Cuida-se de condição objetiva de punibilidade, pois *sem saúde* não há incorporação, nem mesmo insubmissão.

1129. Procedimento célere: cuidando-se de acusado preso cautelarmente, deve-se concluir o feito em, no máximo, 60 dias, sob pena de gerar constrangimento ilegal. Na jurisprudência: STM: "Aliás, imprópria a interpretação de que a regra do art. 464 , § 3.º, do CPPM , sujeita o insubmisso, irrevogavelmente, ao encarceramento. Ela somente determina a duração máxima da menagem, que não poderá ultrapassar 60 (sessenta) dias, condicionando sua libertação após esse prazo se não for ele julgado. Na espécie, contudo, o magistrado de primeiro grau, ao tomar conhecimento da apresentação voluntária e do recolhimento ao quartel do insubmisso, concedeu a menagem ao insubmisso, com fundamento, exclusivamente, no art. 464 do CPPM" (HC 7000750-60.2018.7.00.0000, T. Pleno, rel. Maria Elizabeth Guimarães Teixeira Rocha, 04.10.2018, v.u.).

Equiparação ao processo de deserção

> **Art. 465.** Aplica-se ao processo de insubmissão, para sua instrução e julgamento, o disposto para o processo de deserção, previsto nos §§ 4.º, 5.º, 6.º e 7.º do art. 457 deste Código.
>
> * Artigo com redação determinada pela Lei 8.236/1991.
>
> **Parágrafo único.** Na Marinha e na Aeronáutica, o processo será enviado à Auditoria competente, observando-se o disposto no art. 461 e seus parágrafos, podendo o Conselho de Justiça, na mesma seção, julgar mais de um processo.

Capítulo VI
Do *habeas corpus*[1130-1131]

1130. Conceito de *habeas corpus*: trata-se de ação de natureza constitucional, destinada a coibir qualquer ilegalidade ou abuso de poder voltado à constrição da liberdade de locomoção. Encontra-se previsto no art. 5.º, LXVIII, da Constituição, e regulado neste capítulo do Código de Processo Penal Militar. Não se trata de recurso, mas de autêntica garantia humana fundamental, cuja utilização se dá por meio de ação autônoma, podendo, inclusive ser proposto contra decisão que já transitou em julgado. Sobre o tema, já tivemos oportunidade de anotar a existência de diferença entre direito e garantia fundamental. O primeiro é meramente declaratório – como o direito à liberdade – enquanto o segundo é assecuratório – como o devido processo legal. E dissemos: "Logicamente, a garantia não deixa de ser um direito. No exemplo já mencionado, o devido processo legal é uma garantia do direito à liberdade, mas também é um direito, garantido pela ampla defesa e pelo contra-

Art. 466 — Código de Processo Penal Militar Comentado · **Nucci**

ditório. Até mesmo o *habeas corpus*, que é uma garantia, pode ser visto como um direito: o direito de utilizar um instrumento constitucional. Entretanto, ainda assim, a diferença entre *direito* e *garantia* é sensível. Há direitos que não são garantias, como é o caso do direito à vida, embora todas as garantias sejam também direitos. Eis por que José Afonso da Silva chama as garantias fundamentais de *direitos-instrumentais*, já que destinados a tutelar um *direito principal*" (*Júri – Princípios constitucionais*, p. 25). O termo *habeas corpus*, etimologicamente, significa "toma o corpo", isto é, faz-se a apresentação de alguém, que esteja preso, em juízo, para que a ordem de constrição à liberdade seja justificada, podendo o magistrado mantê-la ou revogá-la. Embora atualmente não mais se tenha que fazer a apresentação do preso ao juiz, como regra, continua este analisando a legalidade do ato ameaçador ou constringente à liberdade de ir e vir do indivíduo. Acrescentemos a lição de Antonio Magalhães Gomes Filho, demonstrando que *habeas corpus* vem do latim (*habeo, habere* = ter, exibir, tomar, trazer; *corpus, corporis* = corpo), significando simplesmente um meio de se obter o comparecimento físico de alguém perante uma corte. Dentre as espécies históricas, destacam-se os seguintes tipos: a) *habeas corpus ad respondendum*: destinava-se a assegurar a transferência do preso de um lugar a outro para responder a uma ação penal; b) *habeas corpus ad testificandum*: destinava-se a trazer uma pessoa sob custódia para prestar um testemunho; c) *habeas corpus ad satisfaciendum*: destinava-se à transferência de um preso já condenado a um tribunal superior, a fim de se executar a sentença; d) *habeas corpus ad subjiciendum*: voltado a assegurar plenamente a legalidade de qualquer restrição ao direito de liberdade, apresentando-se o preso à Corte e os motivos do encarceramento, para apreciação judicial (*O habeas corpus como instrumento de proteção do direito à liberdade de locomoção*, p. 60). Em igual prisma, Pontes de Miranda, *História e prática do* habeas corpus, p. 43-44; Galdino Siqueira, *Curso de processo criminal*, p. 375.

1131. Natureza jurídica: trata-se de ação de conhecimento. Aliás, note-se o disposto no art. 5.º, LXXVII, da Constituição, que a ela se refere expressamente como *ação* e não como recurso. Como bem esclarecem Ada, Magalhães e Scarance, pode objetivar um provimento meramente declaratório (extinção de punibilidade), constitutivo (anulação de ato jurisdicional) ou condenatório (condenação nas custas da autoridade que agiu de má-fé). Para nós, entretanto, inexiste o *habeas corpus* com finalidade condenatória, pois o art. 5.º, LXXVII, da Constituição, prevê a gratuidade desse tipo de ação. Logo, jamais há custas a pagar. Destacam os autores supramencionados, ainda, que possui o caráter mandamental, envolvendo a ordem dada pelo juiz para que a autoridade coatora cesse imediatamente a constrição, sob pena de responder por desobediência (*Recursos no processo penal*, p. 346). Considerando-o como autêntica ação e não recurso igualmente: Pontes de Miranda, *História e prática do* habeas corpus – *Direito constitucional e processual comparado*, p. 126-127; Antonio Magalhães Gomes Filho, O habeas corpus *como instrumento de proteção do direito à liberdade de locomoção*, p. 68; Rogério Lauria Tucci, Habeas corpus, *ação e processo penal*, p. 4-6; Marco Antonio de Barros, *Ministério Público e o* habeas corpus: *tendências atuais*, p. 119; Dante Busana, *Habeas corpus*, p. 106; Dante Busana e Laerte Sampaio, *O Ministério Público no processo de* habeas corpus, p. 316. Em sentido contrário, sustentando tratar-se de um *recurso especial*: Galdino Siqueira, *Curso de processo criminal*, p. 384.

Cabimento da medida[1132]

> **Art. 466.** Dar-se-á *habeas corpus* sempre que alguém sofrer ou se achar ameaçado de sofrer violência ou coação em sua liberdade de locomoção, por ilegalidade ou abuso de poder.[1133-1137]

Exceção

> **Parágrafo único.** Excetuam-se, todavia, os casos em que a ameaça ou a coação resultar:[1138]
>
> *a)* de punição aplicada de acordo com os Regulamentos Disciplinares das Forças Armadas;
>
> *b)* de punição aplicada aos oficiais e praças das Polícias e dos Corpos de Bombeiros, Militares, de acordo com os respectivos Regulamentos Disciplinares;
>
> *c)* da prisão administrativa, nos termos da legislação em vigor, de funcionário civil responsável para com a Fazenda Nacional, perante a administração militar;
>
> *d)* da aplicação de medidas que a Constituição do Brasil autoriza durante o estado de sítio;
>
> *e)* nos casos especiais previstos em disposição de caráter constitucional.

1132. Espécies de *habeas corpus*: pode ser liberatório, quando a ordem dada tem por finalidade a cessação de determinada ilegalidade já praticada, ou preventivo, quando a ordem concedida visa a assegurar que a ilegalidade ameaçada não chegue a se consumar.

1133. Ampliação do seu alcance: se, originalmente, o *habeas corpus* era utilizado para fazer cessar a prisão considerada ilegal – e mesmo no Brasil essa concepção perdurou por um largo período –, atualmente seu alcance tem sido estendido para abranger qualquer ato constritivo direta ou indiretamente à liberdade, ainda que se refira a decisões jurisdicionais não referentes à decretação da prisão. Note-se o que ocorre com a utilização do *habeas corpus* para trancar o inquérito policial ou a ação penal, quando inexista justa causa para o seu trâmite, bem como quando se utiliza esse instrumento constitucional para impedir o indiciamento injustificado, entre outras medidas. Nada mais lógico, pois são atos ou medidas proferidas em processos (ou procedimentos) criminais, que possuem clara repercussão na liberdade do indivíduo, mesmo que de modo indireto. Afinal, o ajuizamento de ação penal contra alguém provoca constrangimento natural, havendo registro em sua folha de antecedentes, bem como servindo de base para, a qualquer momento, o juiz decretar medida restritiva da liberdade, em caráter cautelar. Explica Florência de Abreu que a ampliação do alcance do *habeas corpus* deveu-se a "ausência, no nosso mecanismo processual, de outros remédios igualmente enérgicos e expeditos para o amparo de outros direitos primários do indivíduo" (*Comentários ao Código de Processo Penal*, v. V, p. 558).

1134. Exigência de direito líquido e certo: embora nem a lei nem a Constituição prevejam expressamente que a utilização do *habeas corpus* demande a existência de direito líquido e certo, tal postura restou consagrada doutrinária e jurisprudencialmente, não admitida, como regra, qualquer dilação probatória. Conferir em Pontes de Miranda: "Direito líquido e certo é aquele que não desperta dúvidas, que está isento de obscuridades, que não precisa ser aclarado com o exame de provas em dilações, que é de si mesmo concludente e inconcusso" (*História e prática do* habeas corpus – *Direito constitucional e processual comparado*, p. 327). Exigindo igualmente a constatação de direito líquido e certo: Galdino Siqueira, *Curso de processo criminal*, p. 390.

1135. Liberdade de ir e vir: não se esgota o *habeas corpus* na proteção da liberdade de ir e vir, pois há também o direito de ficar e o de reunir-se pacificamente, não deixando de ser um desdobramento do direito de locomoção. É o conteúdo do art. 5.º da Constituição Federal:

"Todos são iguais perante a lei, sem distinção de qualquer natureza, garantindo-se aos brasileiros e aos estrangeiros residentes no País a inviolabilidade do direito à vida, à liberdade, à igualdade, à segurança e à propriedade, nos termos seguintes: (...) XVI – todos podem reunir-se pacificamente, sem armas, em locais abertos ao público, independentemente de autorização, desde que não frustrem outra reunião anteriormente convocada para o mesmo local, sendo apenas exigido prévio aviso à autoridade competente". Vale citar o *habeas corpus* preventivo impetrado por Artur Pinto da Rocha em favor do Senador Rui Barbosa, candidato à Presidência da República, bem como o de correligionários ameaçados, por abuso de autoridades estaduais da Bahia, em função de seu direito de reunião e livre manifestação do pensamento. O *habeas corpus* teve por finalidade permitir que os pacientes pudessem se reunir nas ruas, praças, teatros ou recintos, em comício em prol da candidatura de Rui Barbosa. A ordem foi concedida, por unanimidade, pelo Supremo Tribunal Federal, reconhecendo o direito de qualquer indivíduo de "permanecer em qualquer lugar, à sua escolha, desde que seja franqueado ao público; o de ir de qualquer parte para esse lugar e também o de vir, para ele, também, de qualquer outro ponto" (STF, HC 4.781, rel. Edmundo Lins, 05.04.1919, v.u., *Revista Forense*, v. XXXI, p. 212-216).

1136. *Habeas corpus* e exame de mérito: incompatibilidade. A ação de impugnação (*habeas corpus*) não se destina a analisar o mérito de uma condenação ou a empreender um exame acurado e minucioso das provas constantes dos autos. É medida urgente, para fazer cessar uma coação ou abuso à liberdade de ir, vir e ficar. Nesse sentido: STJ: "A alegação de legítima defesa invocada em favor do paciente exige acurado exame das circunstâncias da conduta delitiva e demanda dilação probatória, o que é vedado na via exígua do *habeas corpus*" (HC 31.281-SP, 5.ª T., rel. Laurita Vaz, 22.03.2005, v.u., *DJ* 02.05.2005, p. 383); TJSP: "Ataque à sentença condenatória – Matéria não passível de discussão em sede do presente *writ* – Precedentes do STJ – Inadequação da via eleita – Ausência de ilegalidade – Ordem não concedida" (HC 990.10.319839-5, 16.ª C., rel. Newton Neves, 21.09.2010, v.u.).

1137. Existência de recurso legal para impugnar a decisão considerada abusiva: não impede a utilização do *habeas corpus*, tendo em vista que este é, seguramente, meio mais ágil para fazer cessar qualquer constrição à liberdade de ir e vir. Não se admite, no entanto, o *habeas corpus*, quando envolver exame aprofundado das provas, como ocorre no caso de progressão de regime de réu condenado, por exigir a análise de laudos e colheita de vários pareceres. Nesta última hipótese, somente cabe a impetração e conhecimento do *writ*, quando a decisão de indeferimento do juiz é considerada teratológica, pois todos os exames foram feitos e todos os pareceres favoráveis já constam dos autos.

1138. Restrições constitucionais à sua utilização: expressamente, prevê o art. 142, § 2.º, da Constituição Federal, que "não caberá *habeas corpus* em relação a punições disciplinares militares" (Forças Armadas e Polícia Militar). Além disso, é preciso anotar que, durante o estado de defesa (art. 136, CF) e ao longo do estado de sítio (art. 137, CF), muitos direitos e garantias individuais são suspensos, razão pela qual várias ordens e medidas podem resultar em constrições à liberdade, que terminam por afastar, na prática, a utilização do *habeas corpus*, por serem consideradas, durante a vigência da época excepcional, legítimas.

Abuso de poder e ilegalidade. Existência

> **Art. 467.** Haverá ilegalidade ou abuso de poder:
> *a)* quando o cerceamento da liberdade for ordenado por quem não tinha competência para tal;[1139]

> *b)* quando ordenado ou efetuado sem as formalidades legais;[1140]
>
> *c)* quando não houver justa causa para a coação ou constrangimento;[1141-1143]
>
> *d)* quando a liberdade de ir e vir for cerceada fora dos casos previstos em lei;[1144]
>
> *e)* quando cessado o motivo que autorizava o cerceamento;[1145]
>
> *f)* quando alguém estiver preso por mais tempo do que determina a lei;[1146]
>
> *g)* quando alguém estiver processado por fato que não constitua crime em tese;[1147]
>
> *h)* quando estiver extinta a punibilidade;[1148]
>
> *i)* quando o processo estiver evidentemente nulo.[1149-1150]

1139. Incompetência da autoridade coatora: quem ordena a constrição à liberdade, por certo, precisa ter competência a tanto. Do contrário, é nítido o constrangimento ilegal, cabendo a impetração de *habeas corpus*.

1140. Não observância das formalidades legais: esta hipótese encaixa-se, com perfeição, à falta de justa causa para a prisão, de modo que seria desnecessária esta alínea. De todo modo, a execução da detenção cautelar ou definitiva (para cumprimento de pena), obedece a formalidades especificamente previstas em lei, tais como, na prisão em flagrante, avisar a família, identificar quem é o responsável pela prisão, conceder o direito ao silêncio, dentre outros fatores. Ausentes tais formalidades, configura-se o constrangimento ilegal.

1141. Ausência de justa causa: desdobra-se a questão em dois aspectos: a) justa causa para a ordem proferida, que resultou em coação contra alguém; b) justa causa para a existência de processo ou investigação contra alguém, sem que haja lastro probatório suficiente. Na primeira situação, a falta de justa causa baseia-se na inexistência de provas ou de requisitos legais para que alguém seja detido ou submetido a constrangimento (ex.: decreta-se a preventiva sem que os motivos legais estejam nitidamente demonstrados nos autos). Na segunda hipótese, a ausência de justa causa concentra-se na carência de provas a sustentar a existência e manutenção da investigação policial ou do processo criminal. Se a falta de justa causa envolver apenas uma decisão, contra esta será concedida a ordem de *habeas corpus*. Caso diga respeito à ação ou investigação em si, concede-se a ordem para o trancamento do processo ou procedimento investigatório que, normalmente, é o inquérito policial. Na jurisprudência: STM: "Art. 467, *c*, do CPPM. Há constrangimento ilegal à liberdade de locomoção do paciente quando, embora em dia com suas obrigações militares, é indiciado em IPI, unicamente em decorrência de erro na confecção do Termo de Insubmissão. Ordem concedida para anular o Termo de Insubmissão e trancar a Instrução Provisória de Insubmissão. Unânime" (HC 33791, rel. José Julio Pedrosa, 06.02.2003, v.u.).

1142. Excepcionalidade do trancamento: o deferimento de *habeas corpus* para trancar ação penal (ou investigação policial) é medida excepcional. Somente deve o juiz ou tribunal conceder a ordem quando manifestamente indevida a investigação ou o ajuizamento da ação. A falta de tipicidade, por exemplo, é fonte de trancamento. Verifique-se na jurisprudência: STF: "O trancamento da ação penal, em *habeas corpus*, constitui medida excepcional que só deve ser aplicada quando evidente a ausência de justa causa, o que não ocorre se a denúncia descreve conduta que configura, em tese, crime de difamação" (HC 98.703-MG, 1.ª T., rel. Ricardo Lewandowski, 06.10.2009, m.v., *DJ* 16.10.2009); STJ: "O trancamento de ação penal pela via estreita do *habeas corpus* é medida de exceção, só admissível quando emerge dos autos,

Art. 467

Código de Processo Penal Militar Comentado • **Nucci**

de forma inequívoca e sem a necessidade de valoração probatória, a inexistência de autoria por parte do indiciado ou a atipicidade da conduta" (HC 39.231-CE, 5.ª T., rel. Laurita Vaz, 01.03.2005, v.u., *DJ* 28.03.2005, p. 300).

1143. Ausência ou deficiência de fundamentação da prisão cautelar: configura-se a falta de justa causa para sustentar a medida restritiva de liberdade. É dever do juiz motivar todas as suas decisões, em particular, as que restringem ou suprimem direitos fundamentais; por isso, a constatação de inexistência ou carência de motivos para a decretação da prisão cautelar implica constrangimento ilegal. Nessa ótica: TJSP: "*Habeas Corpus*. Liberdade Provisória. Deferimento. Possibilidade. Falta de fundamentação para a prisão cautelar. Prisão cautelar que se mostra como exceção no nosso sistema. Inexistência de elementos que, concretamente, justifiquem a prisão preventiva. Liberdade provisória concedida. Ordem concedida (...) Isso porque não cuidou o Magistrado de subsumir a situação fática a ele submetida à disciplina legal acerca da prisão processual" (HC 990.10.371813-5, 16.ª Câmara Criminal, rel. Newton Neves, 19.10.10, v.u.).

1144. Cerceamento ilegal da liberdade: esta hipótese é desnecessária, pois já consta do art. 466 (coação da liberdade por ilegalidade), além de se inserir, também, na falta de justa causa para a coação ou constrangimento, prevista na alínea *c* deste artigo.

1145. Cessação do motivo autorizador da coação: sendo a prisão uma exceção e a liberdade, a regra, deve-se considerar que, findo o motivo gerador da coação, deve esta ser revista e afastada. Exemplo disso seria a decretação da prisão preventiva por conveniência da instrução criminal, sob a alegação de estar o réu ameaçando determinada testemunha. Ouvida esta, pode não haver mais razão de manter a custódia cautelar. Tudo depende, naturalmente, do tipo de ameaça que foi feita e do réu que está em julgamento (ilustrando: acusado pertencente a associação criminosa, quando ameaça testemunha, deve continuar detido, mesmo que esta já tenha sido ouvida, pois possui contatos externos e, uma vez solto, pode valer-se de suas conexões para perseguir a pessoa que depôs, sem necessidade de contato direto com a mesma).

1146. Excesso de prazo na privação da liberdade: o investigado ou réu, quando preso, deve ter o procedimento acelerado, de modo que não fique detido por mais tempo do que o razoável. Há de se verificar tal hipótese no caso concreto. Na doutrina, parece-nos válida a referência de Aury Lopes Jr. e Gustavo Henrique Badaró: "A natureza do delito e pena a ela cominada, enquanto critérios da razoabilidade de duração do processo, representam, em essência, o critério da proporcionalidade. Processos que tenham por objeto delitos mais graves e, consequentemente, apenados mais severamente, poderão durar mais tempo do que outros feitos por delitos de pequena gravidade. Todavia, embora o critério da proporcionalidade seja fundamental, na ponderação da duração do processo em relação ao binômio 'natureza do delito – pena cominada', não poderá ser aceito, de forma isolada, como índice de razoabilidade. Levado ao extremo, delitos apenados com prisão perpétua teriam como razoável um processo que durasse toda a vida..." (*Direito ao processo penal no prazo razoável*, p. 56-57). Deve-se obedecer a razoabilidade e a proporcionalidade para findar a colheita de provas, sem períodos preestabelecidos de maneira rígida. Na jurisprudência: STF: "O Supremo Tribunal Federal entende que a aferição de eventual excesso de prazo é de se dar em cada caso concreto, atento o julgador às peculiaridades do processo em que estiver oficiando. 2. No caso, a prisão preventiva do paciente foi decretada há mais de oito anos, sendo que nem sequer foram ouvidas as testemunhas arroladas pela defesa. Embora a defesa haja insistido na oitiva de testemunhas que residem em comarca diversa do Juízo da causa, nada justifica a falta de realização do ato por mais de cinco anos. A evidenciar que a demora na conclusão da instrução criminal não decorre de 'manobras protelatórias defensivas'. 3. A gravidade da imputação não é obstáculo ao direito subjetivo à razoável duração do processo (inc. LXXVIII do art. 5.º da CF). 4. Ordem concedida" (HC 93.786-ES, 1.ª T., rel. Carlos Britto, 17.06.2008, v.u.); "O prazo de prisão preventiva configura-se excessivo porque o paciente ficou em custódia cautelar por mais de dois anos, sem que tivesse sido realizada a oitiva de testemunhas arroladas pela acusação e o excesso de prazo é atribuível ao aparelho judiciário" (HC 86.850-PA, 2.ª T., rel. Joaquim Barbosa, 16.05.2006, v.u., *DJ* 06.11.2006). Idem: "nada justifica a projeção indeterminada no tempo de uma ação criminal sem que se possa imaginar a data do julgamento. (...) Os acusados viram-se pronunciados em 26 de março de 2004 e já são passados mais de dois anos sem que fosse designada data para o Júri" (HC 89.479-PR, 1.ª T., rel. Marco Aurélio, 21.11.2006, m.v.); "A Turma deferiu *habeas corpus* em que condenado a cumprimento de pena em regime integralmente fechado pretendia o relaxamento de sua prisão, sob alegação de excesso de prazo, a fim de que pudesse aguardar, em liberdade, o julgamento da apelação por ele interposta. Na espécie, a interposição da apelação se dera em 21.08.2001, tendo sido suspenso seu julgamento, em virtude de pedido de vista. Considerou-se que o pedido de vista, apesar de legítimo, implicara novo retardamento no julgamento da apelação, e que essa demora sobrepujaria os juízos de razoabilidade, sobretudo porque o paciente já se encontrava preso há mais de 5 anos e 4 meses. Precedentes citados: HC 84.921/SP (*DJU* 11.03.2005) e HC 84.539 MC-QO/SP (*DJU* 14.10.2005)" (HC 88.560-SP, 1.ª T., rel. Sepúlveda Pertence, 08.08.2006, v.u., *Informativo* 435); "Por entender caracterizado excesso de prazo, a Turma deferiu *habeas corpus* impetrado em favor de acusado pela suposta prática dos crimes de quadrilha ou bando, sequestro e homicídio qualificado, cuja prisão preventiva subsistia por quase sete anos. No caso, a custódia preventiva do paciente fora mantida, não obstante ele haver sido beneficiado, por extensão, com a anulação, pelo STJ, da sentença de pronúncia de corréu. Considerou-se não existir motivo plausível para que a prisão do paciente perdurasse aquele período. Asseverou-se que, antes da decisão do STJ, já se encontrava patenteado o excesso de prazo, apto a desconstituir qualquer fundamento do decreto preventivo. Além disso, tendo em conta a inércia do órgão judicante estadual, o Presidente da Turma, Min. Sepúlveda Pertence, deferiu requerimento do Subprocurador-Geral da República para encaminhamento de cópia integral dos autos à Presidente do Conselho Nacional de Justiça e ao Procurador-Geral da República, para que apurem eventuais desvios de comportamento que possam, em tese, configurar infrações penais ou disciplinares" (HC 87.913-PI, rel. Cármen Lúcia, 05.09.2006, *Informativo* 439). Há decisão, no entanto, mantendo a prisão cautelar de quem já se encontra há três anos detido: "Por fim, não obstante o paciente esteja preso há mais de 3 anos, rejeitou-se a alegação de excesso de prazo, tendo em conta que este não poderia ser atribuído exclusivamente ao Poder Judiciário e que a complexidade do feito justificaria a demora – homicídio envolvendo 4 réus, além de pedido de desaforamento pelo Ministério Público" (HC 85.868-RJ, rel. Joaquim Barbosa, 11.4.2006, *Informativo* 423); STJ: "Esta Corte mantém entendimento que o prazo para conclusão da instrução criminal não é algo submetido às rígidas diretrizes matemáticas. Deve ser analisado o feito em face de duas peculiaridades para aferir a existência de constrangimento ilegal. A complexidade da causa, presença de vários corréus e expedição de carta precatória justificam dilação no prazo para conclusão da instrução criminal" (HC 42.894-SP, 6.ª T., rel. Hélio Quaglia Barbosa, 31.08.2005, v.u., *DJ* 10.09.2005, p. 390); STJ, HC 38.958-SE, 6.ª T., rel. Hélio Quaglia Barbosa, 31.08.2005, v.u., *DJ* 19.09.2005, p. 388. TRF-3.ª Região: "A jurisprudência dos Tribunais Superiores e desta Corte firmou-se no sentido de que, para a configuração do excesso de prazo, não basta a extrapolação da soma aritmética dos prazos dos atos processuais, porquanto a demora no trâmite processual deve ser verificada à luz do princípio da razoabilidade, uma vez que somente a demora injustificada para o término da instrução autoriza a soltura do réu" (HC 38002-2009.03.00.034471-1/SP, 2.ª T., rel. Nelton dos

Art. 467

Código de Processo Penal Militar Comentado · **Nucci**

Santos, 08.12.2009, v.u.); TJSP: "*Habeas Corpus*. Prisão preventiva. Excesso de prazo. Paciente preso há 1 ano e 9 meses. Instrução ainda não concluída. Pendência de devolução de carta precatória para a oitiva de uma das duas testemunhas de acusação. Feito que não ostenta complexidade compatível com tamanho prolongamento da instrução. Constrangimento ilegal configurado. Ordem concedida para revogar a prisão preventiva" (HC 990.10.348177-1, 16.ª Câmara Criminal, rel. Almeida Toledo, 28.09.2010, v.u.); "*Habeas Corpus*. Tráfico. Prisão em flagrante ocorrida em março de 2010. Excesso de prazo. Paciente preso há oito meses, sem que tenha sido, sequer, iniciada a instrução criminal. Delonga injustificada para a notificação do réu e deliberação sobre o recebimento da denúncia. Constrangimento ilegal configurado. Ordem concedida. (...) A hipótese é de abuso do poder estatal, pois a necessidade da prisão processual, à luz do princípio da razoabilidade, sucumbe ao *jus libertatis*. A custódia cautelar deve ser útil ao processo, não sendo um fim em si mesma, de modo que, em respeito à dignidade da pessoa humana, todo acusado preso deve ter o procedimento acelerado, para que não fique detido processualmente por mais tempo do que o razoável. Afinal, 'a todos, no âmbito judicial e administrativo, são assegurados a razoável duração do processo e os meios que garantam a celeridade de sua tramitação' (art. 5.º, LXXVIII, da CF)" (HC. 990.10.404760-9, 16.ª C., rel. Almeida Toledo, 21.09.2010, v.u.); TJDF: "A caracterização do excesso de prazo no encerramento da instrução criminal não exige apenas a soma aritmética de tempo para a realização dos atos processuais instrutivos, sendo necessário verificar as peculiaridades do caso concreto, impondo-se a aplicação do princípio da razoabilidade. Todavia, a demora no encerramento da instrução processual causada exclusivamente pela falta de estrutura do Poder Judiciário para dar vazão à demanda de processos criminais, ante a patente ausência de razoabilidade, configura constrangimento ilegal a ensejar a concessão de liberdade provisória" (HC 2006.00.2.000461-4, 2.ª T., rel. Benito Tiezzi, v.u., *Boletim AASP* 2500, p. 1.283); TJPI: "A demora injustificada da formação da culpa, sem colaboração da defesa, impõe o imediato relaxamento da prisão pela autoridade judiciária, atendendo-se, assim, aos preceitos do art. 648, II, do CPP, e do art. 5º, LXV, da Constituição Federal." (HC 2010.0001.006833-5/PI, 2.ª C.E.C., rel. Erivan José da Silva Lopes, 14.12.2010, v.u.).

1147. Carência de ação: configura-se constrangimento ilegal o ajuizamento de ação penal contra alguém, se inexiste possibilidade jurídica do pedido (o fato não constitui crime, por lhe faltar tipicidade, ilicitude ou culpabilidade). As demais condições de ação (interesse de agir e legitimidade de parte), quando ausentes, também permitem a impetração de *habeas corpus*, por falta de justa causa (alínea *c*).

1148. Extinção da punibilidade: não havendo, para o Estado, direito de punir ou de executar a pena, é incabível manter-se alguém detido. Logo, caso não seja reconhecida a extinção da punibilidade do réu ou do condenado, pelo juiz do processo de conhecimento ou da execução criminal, estando ele preso, cabe a impetração do *habeas corpus*.

1149. Processo manifestamente nulo: pode estar em andamento ou findo. Se o processo for evidentemente nulo, não pode produzir efeitos negativos ao réu ou condenado. Logicamente, somente se utiliza o *habeas corpus*, em lugar da revisão criminal, no caso de processo findo, quando houver prisão ou quando a situação for teratológica, passível de verificação nítida pelas provas apresentadas com a impetração. No caso do processo em andamento, somente se usa o *habeas corpus*, em lugar do recurso regularmente cabível, quando o prejuízo para o réu for irreparável. Tal pode dar-se pela lentidão no processamento do recurso interposto em se tratando de acusado preso.

1150. *Habeas corpus* com natureza de revisão criminal: é inadmissível, se impetrado em favor da sociedade e não do réu. Exemplo disso é o caso de assaltante de agência da Caixa

Econômica Federal, que deveria ter sido julgado por juízo federal, tendo em vista o nítido interesse da União, conforme art. 109, IV, da Constituição, mas terminou apenado pela Justiça Estadual, por decisão com trânsito em julgado. O *habeas corpus* impetrado pelo Ministério Público Federal não foi conhecido pelo Superior Tribunal de Justiça: "Em se cuidando de *habeas corpus* com natureza de revisão criminal, negada pelo nosso sistema de direito positivo à sociedade, faz-se manifesto o seu incabimento. Pelo exposto, não conheço do pedido" (HC 8.991-SP, 6.ª T., rel. Hamilton Carvalhido, 21.09.2000, v.u., *DJ* 25.09.2000, p. 138, com os últimos grifos nossos).

Concessão após sentença condenatória

> **Art. 468.** Poderá ser concedido *habeas corpus*, não obstante já ter havido sentença condenatória:[1151]
>
> *a)* quando o fato imputado, tal como estiver narrado na denúncia, não constituir infração penal;
>
> *b)* quando a ação ou condenação já estiver prescrita;
>
> *c)* quando o processo for manifestamente nulo;
>
> *d)* quando for incompetente o juiz que proferiu a condenação.

1151. Habeas corpus após sentença condenatória: este artigo é desnecessário, pois as hipóteses nele previstas já estão inseridas no artigo anterior. Se houver atipicidade e alguém foi processado e condenado, constata-se nulidade absoluta. Caso a ação esteja prescrita, significa estar extinta a punibilidade. Se o processo é manifestamente nulo, por óbvio, gera constrangimento, mas a previsão consta da alínea *i* do art. 467. Finalmente, se o juiz é incompetente, há nítida nulidade. Enfim, trata-se de mais uma norma supérflua, dentre tantas outras.

Competência para concessão

> **Art. 469.** Compete ao Superior Tribunal Militar o conhecimento do pedido de *habeas corpus*.[1152-1153]

1152. Competência do STM e outros tribunais: quando a autoridade coatora for magistrado dos quadros da União, certamente cabe ao Superior Tribunal de Justiça, como órgão superior único. E contra as decisões deste tribunal, impetra-se *habeas corpus* no Supremo Tribunal Federal. Porém, não deveria ser, mas ainda é, da competência do STM os atos coatores emanados de autoridades militares submetidas à jurisdição do juiz auditor. Na esfera estadual, cabe ao Tribunal de Justiça Militar, onde houver, julgar atos coatores de juiz auditor (ou Conselho de Justiça); se não existir, ao Tribunal de Justiça do Estado. E compete ao juiz de direito militar conhecer e julgar o *habeas corpus* contra ato de autoridade policial militar, submetida à sua jurisdição. No mesmo sentido, Jorge César de Assis, *Direito militar: aspectos penais, processuais penais e administrativos*, p. 50-51.

1153. Transgressões disciplinares: na esfera federal, ainda compete aos juízes federais, embora devesse caber aos juízes auditores; no âmbito estadual, compete aos juízes de direito militares. Não se adentra o mérito das decisões punitivas, mas apenas a sua forma e legalidade.

Art. 470

Pedido. Concessão de ofício

> **Art. 470.** O *habeas corpus* pode ser impetrado por qualquer pessoa em seu favor ou de outrem, bem como pelo Ministério Público.[1154-1158] O Superior Tribunal Militar pode concedê-lo de ofício, se, no curso do processo submetido à sua apreciação, verificar a existência de qualquer dos motivos previstos no art. 467.[1159]
>
> Rejeição do pedido
>
> § 1.º O pedido será rejeitado se o paciente a ele se opuser.[1160]
>
> § 2.º *(Revogado pela Lei 8.457/1992.)*

1154. Legitimidade ativa: qualquer pessoa, física ou jurídica, nacional ou estrangeira, pode impetrar *habeas corpus*, seja em seu próprio benefício, seja em favor de outrem, independentemente de possuir habilitação técnica para tanto. Admitindo a impetração feita por pessoa jurídica em favor de pessoa física: STF, HC 79.535-MS, 2.ª T., rel. Maurício Corrêa, 16.11.1999, v.u., *DJ* 10.12.1999, p. 3. Em sentido contrário, somente admitindo pessoa física como impetrante: Pontes de Miranda (*História e prática do* habeas corpus, p. 443). Denomina-se *impetrante* aquele que ajuíza a ação de *habeas corpus* e *paciente*, a pessoa em favor de quem a ordem é solicitada, nada impedindo que ambos se concentrem no mesmo indivíduo. Para impetrar *habeas corpus*, não é necessário o patrocínio da causa por advogado. Aliás, o próprio Estatuto da Advocacia (Lei 8.906/94), reconhecendo a importância desse remédio constitucional, estabelece que "não se inclui na atividade privativa de advocacia a impetração de *habeas corpus* em qualquer instância ou Tribunal" (art. 1.º, § 1.º).

1155. Paciente indeterminado: inadmissibilidade de utilização do *habeas corpus*. Salienta Bento de Faria que "não tem cabimento quando se tratar de pessoas indeterminadas, *v.g.*, os sócios de certa agremiação, os empregados de determinado estabelecimento, os moradores de alguma casa, os membros de indicada corporação, os componentes de uma classe etc., ainda quando referida uma das pessoas com o acréscimo de – *e outros*. Somente em relação a essa será conhecido o pedido" (*Código de Processo Penal*, v. 2, p. 381). No mesmo prisma: Espínola Filho (*Código de Processo Penal brasileiro anotado*, v. VII, p. 216).

1156. Paciente residente ou domiciliado no estrangeiro: há possibilidade de se impetrar *habeas corpus* em seu favor, até porque existe a ordem preventiva (salvo-conduto), destinado a prevenir a ocorrência de coação ilegal. Pensam assim: Bento de Faria (*Código de Processo Penal*, v. 2, p. 382), ressaltando que o pedido deve ter por objetivo assegurar a entrada do sujeito no país; Espínola Filho (*Código de Processo Penal brasileiro anotado*, v. VII, p. 216).

1157. Legitimidade passiva: no polo passivo da ação de *habeas corpus* está a pessoa – autoridade ou não – apontada como coatora, que deve defender a legalidade do seu ato, quando prestar as informações. Pode, ainda, ser o corpo estatal, como ocorre com tribunais, Comissões Parlamentares de Inquérito e outros colegiados. Para Frederico Marques, no entanto, quando se tratar de autoridade, o verdadeiro sujeito passivo é o Estado (*Elementos de direito processual penal*, v. IV, p. 376). Parece-nos, no entanto, que no polo passivo, está mesmo a pessoa, ainda que seja autoridade, pois esta será a responsável pelo abuso. As informações gozam de presunção de veracidade, devendo ser acompanhadas das cópias pertinentes do processo ou inquérito, conforme o caso. Ressalte-se que, em muitos casos, tratando-se de autoridade, esta se limita a fazer um mero relatório do feito, deixando de sustentar a medida coercitiva empregada, o que nos soa irregular. Entretanto, se enviar cópia de decisão devidamente fundamentada, demonstrativa da legalidade da decisão tomada, supre-se a falha. Note-se que, deixando de evidenciar a correção do seu ato, pode ser processada por abuso de poder, conforme o caso, tornando saliente o seu interesse de que seja considerada legal a medida determinada. Sobre o tema, professa Pontes de Miranda que "se a autoridade coatora se esquiva a prestar esclarecimentos que lhe foram reiteradamente exigidos, deve ser interpretada tal omissão como tácita confirmação das alegações do impetrante. (...) A informação oficial é crida, salvo prova em contrário; e a autoridade informante responde pela sua veracidade, sob pena de responsabilidade" (*História e prática do habeas corpus*, p. 390). Comungando do mesmo entendimento, confira-se em Dante Busana: "Infelizmente, alguns magistrados consideram tarefa menor prestar informações em *habeas corpus* e a confiam ao escrivão, limitando-se a assinar peça por aquele redigida. Esquecem-se de que a impetração imputa-lhes ilegalidade ou abuso de poder e não tem sentido o juiz, cuja missão é cumprir e fazer cumprir a lei, transferir a terceiros a tarefa de dar contas dessa missão aos tribunais superiores" (*Habeas corpus*, p. 119).

1158. Legitimidade do Ministério Público: o promotor, que funcione em primeiro grau, acompanhando o desenrolar da investigação criminal ou do processo, tem legitimidade para impetrar *habeas corpus* em favor do indiciado ou acusado. É preciso, no entanto, que ele demonstre efetivo interesse em *beneficiar* o réu e não simplesmente em prejudicá-lo por via indireta. Naturalmente, na qualidade de qualquer do povo, pode impetrar *habeas corpus* em favor de quem queira sem qualquer limitação territorial. No mesmo sentido, Celso Delmanto, *Da impetração de* habeas corpus *por juízes, promotores e delegados*, p. 287.

1159. *Habeas corpus* de ofício: é admissível que, tomando conhecimento da existência de uma coação à liberdade de ir e vir de alguém, o juiz ou o tribunal determine a expedição de ordem de *habeas corpus* em favor do coato. Trata-se de providência harmoniosa com o princípio da indisponibilidade da liberdade, sendo dever do magistrado zelar pela sua manutenção. Ex.: pode chegar ao conhecimento do magistrado que uma testemunha de processo seu foi irregularmente detida pela autoridade policial, para complementar suas declarações a respeito do caso. Pode expedir, de ofício, ordem de *habeas corpus* para liberar o sujeito. Quanto ao tribunal, pode, também, conceder a ordem sem qualquer provocação, não havendo necessidade, por ausência de previsão legal, de recorrer a órgão jurisdicional superior.

1160. Oposição do paciente: este dispositivo deve ser interpretado com cautela. Em primeiro plano, deve-se destacar que a liberdade constitui direito indisponível, razão pela qual não há cabimento para se aceitar eventual oposição nesse sentido. Entretanto, tem sido previsão dos regimentos internos dos tribunais que o paciente, quando tiver defesa constituída, deve ser consultado a respeito de *habeas corpus* impetrado por terceiro desconhecido, com o fito de não atrapalhar estratégia de defesa já elaborada. Portanto, depende do caso concreto a rejeição do pedido, havendo oposição do paciente. Aliás, será o caso de *não conhecimento* do pedido.

Petição: requisitos

Art. 471. A petição de *habeas corpus* conterá:[1161-1162]

a) o nome da pessoa que sofre ou está ameaçada de sofrer violência ou coação e o de quem é responsável pelo exercício da violência, coação ou ameaça;[1163]

b) a declaração da espécie de constrangimento ou, em caso de ameaça de coação, as razões em que o impetrante funda o seu temor;[1164-1165]

Art. 471

Código de Processo Penal Militar Comentado • Nucci

> *c)* a assinatura do impetrante, ou de alguém a seu rogo, quando não souber ou não puder escrever, e a designação das respectivas residências.[1166]
>
> **Forma do pedido**
>
> **Parágrafo único.** O pedido de *habeas corpus* pode ser feito por telegrama, com as indicações enumeradas neste artigo e a transcrição literal do reconhecimento da firma do impetrante, por tabelião.[1167]

1161. Liminar: é cabível a concessão de liminar. Exige-se, para tanto, a constatação do *periculum in mora* (perigo na demora) e do *fumus boni juris* (fumaça do bom direito). Na realidade, para que o juiz ou tribunal conceda, liminarmente, uma ordem para coibir o ato impugnado, torna-se fundamental analisar se a espera pelo julgamento do mérito poderá ser fatal, isto é, não decidida a questão com a urgência merecida e vislumbrando-se, desde logo, a viabilidade jurídica do pedido, seria inútil o prosseguimento da demanda ou traria prejuízos irreparáveis. Não é hipótese expressamente prevista em lei, mas admitida com tranquilidade pela jurisprudência. A primeira liminar ocorreu no *Habeas Corpus* 27.200, impetrado no Superior Tribunal Militar por Arnoldo Wald em favor de Evandro Moniz Corrêa de Menezes, dada pelo Ministro Almirante de Esquadra José Espíndola, em 31 de agosto de 1964; logo, em pleno regime militar. Seus termos foram os seguintes: "Como preliminar, determino que o Sr. Encarregado do Inquérito se abstenha de praticar qualquer ato contra o paciente, até definitivo pronunciamento deste E. Tribunal, telegrafando-se ao mesmo, com urgência, para o referido fim". Tratava-se de *habeas corpus* voltado a impedir que o paciente fosse investigado por fato ocorrido em repartição sem qualquer relação com a administração militar. Posteriormente, no Supremo Tribunal Federal, no HC 41.296, impetrado por Sobral Pinto em favor do Governador de Goiás Mauro Borges, foi concedida liminar pelo Ministro Gonçalves de Oliveira, em 14 de novembro de 1964, para que não fosse processado o paciente sem autorização prévia da Assembleia Legislativa do Estado. Argumentou o prolator da decisão: "O *habeas corpus*, do ponto de vista da sua eficácia, é irmão gêmeo do mandado de segurança. (...) Se o processo é o mesmo, e se no mandado de segurança *pode o relator conceder a liminar* até em casos de interesses patrimoniais, não se compreenderia que, em casos em que está em jogo a liberdade individual ou as liberdades públicas, a liminar, no *habeas corpus preventivo não pudesse ser concedida, principalmente, quando o fato ocorre* em dia de sábado, feriado forense, em que o Tribunal, nem no dia seguinte, abre as suas portas" (Arnoldo Wald, *As origens da liminar em* habeas corpus *no direito brasileiro,* p. 804). E mais, acresce Alberto Silva Franco poder o juiz ou tribunal conceder a tutela cautelar de ofício: "A tutela cautelar mostra-se, nesse caso, de cogente incidência, sendo aplicável até mesmo de ofício. Não se argumente no sentido de que o exercício dessa tutela possa redundar num abuso judicial. As atitudes abusivas, se ocorrentes, serão sempre extraordinárias e não poderão, por isso, representar a contenção do uso normal e regular do poder de cautela" (*Medida liminar em* habeas corpus, p. 72).

1162. Requisitos da petição: são os estabelecidos neste artigo, ressaltando-se que a peça deve ser feita em português, embora o *habeas corpus* possa ser impetrado por estrangeiro.

1163. Paciente e autoridade coatora: é fundamental que a pessoa a ser beneficiada pela ordem seja apontada (paciente), podendo-se aceitar a identificação por qualquer meio, ainda que não se disponha do nome do coato. Deve ser indicada, ainda, a autoridade coatora, que exerce a violência, coação ou ameaça, ou dá a ordem para que isso seja feito. Quando não possuir o impetrante o seu nome, indica-se somente o cargo que exerce, o que é suficiente para ser buscada a sua identificação.

1164. Declaração da espécie de constrangimento: esclarece Pontes de Miranda que o termo adequado, em lugar de declaração, seria *comunicação*. "As nossas leis ainda se ressentem de terminologia defeituosa, em que se confundem *comunicação de fato, comunicação de vontade e declaração de vontade*; também se *declaram* algumas daquelas. No texto citado faz-se *clara*, declara-se, a comunicação de conhecimento daqueles fatos" (*História e prática do* habeas corpus, p. 375).

1165. Fundamento do *habeas corpus*: é o corpo da petição, uma vez que expõe ao órgão julgador as razões pelas quais teria havido – ou estaria para ocorrer – um abuso, consistente em coação à liberdade de locomoção de alguém.

1166. Identificação do impetrante: exige-se não somente a sua assinatura, mas também a indicação de sua residência, para quem não é advogado, que pode simplesmente apontar o seu número de inscrição na OAB e o endereço do escritório. Não se aceita impetração anônima, devendo ser indeferida *in limine*. Nada impede, no entanto, conforme a gravidade do relato que a petição contiver, que o magistrado ou tribunal verifique de ofício se o constrangimento, realmente, está ocorrendo. Afinal, não se pode olvidar que o órgão jurisdicional pode conceder *habeas corpus* de ofício.

1167. Meio de interposição: embora o dispositivo refira-se a telegrama, como meio célere de se propor *habeas corpus*, atualmente, há vários outros, tais como *e-mail*, *fax*, acesso direto ao site do tribunal etc.

Pedido de informações

> **Art. 472.** Despachada a petição e distribuída, serão, pelo relator, requisitadas imediatamente informações ao detentor ou a quem fizer a ameaça, que deverá prestá-las dentro do prazo de 5 (cinco) dias, contados da data do recebimento da requisição.[1168]

Prisão por ordem de autoridade superior

> § 1.º Se o detentor informar que o paciente está preso por determinação de autoridade superior, deverá indicá-la, para que a esta sejam requisitadas as informações, a fim de prestá-las na forma mencionada no preâmbulo deste artigo.

Soltura ou remoção de preso

> § 2.º Se informar que não é mais detentor do paciente, deverá esclarecer se este já foi solto ou removido para outra prisão. No primeiro caso, dirá em que dia e hora; no segundo, qual o local da nova prisão.

Vista ao procurador-geral

> § 3.º Imediatamente após as informações, o relator, se as julgar satisfatórias, dará vista do processo, por 48 (quarenta e oito) horas, ao procurador-geral.

1168. Informações da autoridade apontada como coatora: são imprescindíveis, pois servem para complementar o conteúdo da inicial. O *habeas corpus* não comporta dilação

Art. 473

Código de Processo Penal Militar Comentado · **Nucci**

probatória, devendo ser instruído com documentos acompanhando a inicial. As alegações do impetrante não gozam de presunção de veracidade, mas a resposta da autoridade, sim. Por isso, são relevantes. Sustentar o ato coator é dever do impetrado, a fim de demonstrar não ter havido nenhum abuso ou ilegalidade. Pode também enviar peças e documentos ao tribunal para comprovar o conteúdo das informações.

Julgamento de pedido

> **Art. 473.** Recebido de volta o processo, o relator apresentá-lo-á em mesa, sem demora, para o julgamento, que obedecerá ao disposto no Regimento Interno do Tribunal.[1169]

1169. Julgamento célere: impõe-se rapidez no julgamento dos pedidos de *habeas corpus*, podendo o tribunal incluir o feito na pauta, independentemente de prévia publicação, com ciência ao impetrante. A urgência se sobrepõe, nesse caso, à publicidade do ato, pois o defensor pode não ficar ciente. Conferir a Súmula 431 do Supremo Tribunal Federal: "É nulo o julgamento de recurso criminal, na segunda instância, sem prévia intimação, ou publicação da pauta, salvo em *habeas corpus*". Assim também: STJ: RHC 9.259-SP, 5.ª T., rel. José Arnaldo da Fonseca, 07.12.1999, v.u., *DOU* 21.02.2000, p. 141. Entretanto, o STF apresentou entendimento mais abrangente, em consonância com o princípio da ampla defesa, determinando ao STJ que divulgasse, por meio de sua página na internet, com 48 horas de antecedência, a data do julgamento do *habeas corpus*, de modo a viabilizar a sustentação oral pretendida pelo advogado do impetrante (HC 92.253, 1.ª T., rel. Carlos Ayres Britto, 27.11.2007, v.u.).

Determinação de diligências

> **Art. 474.** O relator ou o Tribunal poderá determinar as diligências que entender necessárias, inclusive a requisição do processo e apresentação do paciente, em dia e hora que designar.[1170]

1170. Restrição à produção de prova no *habeas corpus*: não se produz prova, como regra, no procedimento do *habeas corpus*, devendo o impetrante apresentar, com a inicial, toda a documentação necessária para instruir o pedido. Pode, porventura, o magistrado ou o tribunal, conforme o caso, requisitar da autoridade coatora, além das informações, outros documentos imprescindíveis à formação do seu convencimento, cabendo, também, à autoridade coatora, de ofício, enviar as peças que entender pertinentes para sustentar sua decisão. Entretanto, nada deve ultrapassar esse procedimento, sendo incabível qualquer colheita de prova testemunhal ou pericial, desde que a questão demande urgência, como ocorre no *habeas corpus* liberatório. Nessa ótica: STM: "Não cabe à Justiça Militar apreciar o mérito da questão referente à condição de arrimo de família, quando ainda não apreciada definitivamente pela esfera Administrativa. 2. Qualquer excludente de ilicitude ou de culpabilidade deverá ser analisada quando da apreciação do recurso de apelação interposto pela Defesa, momento adequado para a reapreciação das provas produzidas durante a instrução criminal. 3. A condição de arrimo apenas exime o militar da prestação do serviço militar e não da ação penal por deserção preexistente àquela condição. 4. Em sede estreita de *habeas corpus*, as provas têm de estar devidamente apresentadas, pois nessa via não se admite dilação probatória. Ordem conhecida e denegada" (HC 0000017-58.2014.7.00.0000-RJ, rel. Artur Vidigal de Oliveira, 20.03.2014, v.u.); STJ: "Na via estreita do *habeas corpus*, não se pode aprofundar a dilação probatória e, assim sendo, não há como conhecer a pretensão de causa excludente de ilicitude consubstanciada no estado de necessidade em razão de alegada crise financeira pela qual os pacientes passavam. No caso, os pacientes foram surpreendidos por policiais quando comercializavam DVDs e CDs adulterados e reproduzidos com violação de direito autoral. A tese alegada de que a conduta do paciente é socialmente adequada não deve prosperar, pois o fato de que parte da população adquire referidos produtos não leva à conclusão de impedir a incidência do tipo previsto no art. 184, § 2º, do CP. Os pacientes foram condenados a dois anos de reclusão, por lhes serem favoráveis as circunstâncias judiciais e, deferida a substituição da pena por restritiva de direito, não se justifica o regime prisional fechado, devendo-se estabelecer o regime aberto. Assim, a Turma denegou a ordem pela atipicidade da conduta e expediu *habeas corpus* de ofício para conceder o regime aberto mediante condições a serem estabelecidas pelo juiz da execução" (HC 147.837-MG, 5ª. T., rel. Napoleão Maia Filho, 16.11.2010, v.u.); "A alegação de que a condenação está fundada em depoimentos falsos, precisamente por demandar profunda incursão no conjunto fático-probatório, é de todo inaceitável na augusta via do remédio heroico, mormente quando, além de desacompanhada de qualquer demonstração, já foi arredada inclusive em sede de revisão criminal" (HC 20.835-SP, 6.ª T., rel. Hamilton Carvalhido, 11.06.2002, v.u., *DJ* 19.12.2002, p. 445). Idem: "É vedado o exame do material cognitivo e o minucioso cotejo da prova na via estreita do *habeas corpus*" (HC 15.184-PI, 5.ª T., rel. Felix Fischer, 16.08.2001, v.u., *RSTJ* 149/440); TJSP: "Na esfera do *habeas corpus*, como não existe dilação probatória, compete ao impetrante – *ex vi* do art. 156 do Código de Processo Penal – a demonstração prévia da existência do fato alegado" (HC 476.400-3/4, 5.ª C., rel. Carlos Biasotti, 17.06.2005, v.u., *JUBI* 108/05); TJGO: "O *habeas corpus*, ação constitucional de natureza sumaríssima, não admite dilação probatória, cabendo ao impetrante demonstrar as suas alegações no ato de aforamento, instruindo o pedido com a s provas necessárias ao exame da pretensão posta em Juízo, por meio de documentos pré-constituídos, capazes de evidenciar a ilegalidade da coação, conforme previsão contida no § 2.º, do art. 660, do Código de Processo Penal" (HC 201094061492/GO, 2.ª C.C., rel. Luiz Claudio Veiga Braga, 25.11.2010, v.u.). Ampliando esse entendimento, no entanto, estão as posições de Ada, Magalhães e Scarance: "Também não está excluída, por completo, a possibilidade de produção de outras provas, a testemunhal por exemplo, especialmente quando se trata de pedido visando à expedição da ordem em caráter preventivo, pois nessa situação é preferível dilatar-se o procedimento, para melhor esclarecimento dos fatos, ao invés de não conhecer do *writ* por falta de prova cabal da ameaça" (*Recursos no processo penal*, p. 374). Parece-nos razoável esse entendimento, desde que efetivamente se trate de *habeas corpus* preventivo. Se a pessoa já está presa, deve ser suficiente a documentação existente no procedimento ou no processo para fundamentar essa medida coercitiva, sem necessidade de outras colheitas. Convém, ainda, mencionar o ensinamento de Hermínio Alberto Marques Porto, destacando que não se deve confundir falta de direito líquido e certo com questão complexa, merecedora de exame mais acurado: "O exame das provas, nos limites permissíveis para uma decisão sobre pedido em ordem de *habeas corpus*, certo que não pode ser aprofundado, com análises minudentes e valorativas de fontes informativas colocadas em analítico confronto. Mas, para o necessário exame de coação ilegal, tida na impetração como presente, indispensável sejam as provas – e todas elas – examinadas, ou então restaria a proteção, de fonte constitucional, restrita, com sérios gravames à liberdade individual, às hipóteses nas quais a violência ou a coação ilegal, por ilegitimidade ou abuso de poder, sejam prontamente, à primeira vista, em rápida apreciação superficial do articulado na impetração, identificáveis como ocorrendo ou com a suspeita de possível ocorrência. Não pode ser confundida a 'inexistência de direito líquido e certo com a complexidade do pleito', por isso não constituindo obstáculo a uma decisão jurisdicional de proteção reclamada, a necessidade de estudo de provas, ainda que mais profundo, para a verificação da notícia de direito denun-

Art. 475

Código de Processo Penal Militar Comentado · **Nucci**

ciado como ameaçado ou violado" (*Procedimento do júri e* habeas corpus, p. 103). Igualmente as posições de Maria Thereza Rocha de Assis Moura e Cleunice A. Valentim Bastos Pitombo: "Impossível e inviável, de igual modo, no âmbito de cognição do *habeas corpus*, estabelecer-se o contraditório ou admitir-se dilação probatória. Esta deve vir pré-constituída e, sempre, documental. Mesmo porque, na maior parte das vezes, a coação ou o constrangimento ilegal está, intimamente, relacionado com questões, exclusivamente, de direito. Tal não significa, contudo, que o Poder Judiciário esteja impedido de examinar prova em *habeas corpus*, em determinadas situações" (Habeas corpus e *advocacia criminal: ordem liminar e âmbito de cognição*, p. 157).

Apresentação obrigatória do preso

> **Art. 475.** Se o paciente estiver preso, nenhum motivo escusará o detentor de apresentá-lo, salvo:[1171]
>
> *a)* enfermidade que lhe impeça a locomoção ou a não aconselhe, por perigo de agravamento do seu estado mórbido;
>
> *b)* não estar sob a guarda da pessoa a quem se atribui a detenção.

Diligência no local da prisão

> **Parágrafo único.** Se o paciente não puder ser apresentado por motivo de enfermidade, o relator poderá ir ao local em que ele se encontrar; ou, por proposta sua, o Tribunal, mediante ordem escrita, poderá determinar que ali compareça o seu secretário ou, fora da Circunscrição Judiciária de sua sede, o auditor que designar, os quais prestarão as informações necessárias, que constarão do processo.

1171. Apresentação do preso: a expressão *habeas corpus* significa *toma o corpo*, representando justamente a possibilidade de se apresentar o preso ao juiz para mais adequadamente se apurar eventual constrangimento ilegal. Porém, nos tempos atuais, trata-se de providência praticamente inexistente. A prisão cautelar é sempre formalizada, motivo pelo qual há documentação a respeito, não havendo necessidade de contar com a presença física do detido para explicar o ocorrido.

Prosseguimento do processo

> **Art. 476.** A concessão de *habeas corpus* não obstará o processo nem lhe porá termo, desde que não conflite com os fundamentos da concessão.[1172-1173]

1172. Obstáculo ao andamento do processo: como regra, o *habeas corpus* tem por finalidade coibir uma ilegalidade relativa à liberdade de locomoção, razão pela qual não coloca fim ao processo. Entretanto, há vários fundamentos ligados ao trancamento da ação penal ou da investigação, por ausência de justa causa, colocando fim ao feito se a ordem for concedida. Além disso, se for reconhecida a extinção da punibilidade, igualmente, finaliza-se o processo. Enfim, o disposto neste artigo deve ser analisado com cautela.

1173. Reiteração do *habeas corpus*: não há impedimento algum em ingressar com nova impetração, ainda que baseada nos mesmos fatos, uma vez que a decisão proferida, considerando-se em especial a denegatória, motivadora de outro pedido, não produz coisa julgada material. É lógico que o Tribunal, já tendo decidido exatamente a mesma questão, poderá não conhecer do pedido, aguardando, por exemplo, que o indiciado, réu ou condenado cerque-se de novas provas para ingressar com o *habeas corpus*. Eventualmente, no entanto, alterada a composição da Câmara, é possível que o pedido seja concedido. Diz Pontes de Miranda que "o pedido pode ser renovado tantas vezes quantas forem as denegações, ainda que pelos mesmos fundamentos, recorrendo-se, ou não, para a instância superior, quando a houver, ou renovando-se o pedido, quando se originar dessa a denegação. (...) Não vale, portanto, o *ne bis in idem*, se denegatória a decisão. A concessão pode fazer coisa julgada *material*" (Pontes de Miranda, *História e prática do* habeas corpus – *Direito constitucional e processual comparado*, p. 377-378). Exemplo de formação de coisa julgada material seria a decisão que anula o processo criminal, findo ou em andamento, por falta de justa causa para a ação penal, fundada na impossibilidade jurídica do pedido. Mas, como regra, a decisão concessiva ou denegatória de *habeas corpus* produz apenas coisa julgada formal. Exemplo disso seria a concessão da ordem para a soltura de réu preso por mais tempo do que determina a lei. Pode haver nova prisão, por outra causa qualquer, cabendo, então, a reiteração do pedido de *habeas corpus*. Quando houver denegação da ordem, é possível que, existindo fato ou prova nova, o pedido seja reiterado ao juiz ou tribunal. Logicamente, sem o requisito inédito (fato ou prova), não será conhecido o pedido.

Renovação do processo

> **Art. 477.** Se o *habeas corpus* for concedido em virtude de nulidade do processo, será este renovado, salvo se do seu exame se tornar evidente a inexistência de crime.[1174]

1174. Nulidade e renovação do processo: este dispositivo é desnecessário, pois a concessão da ordem para anular o processo, por óbvio, permite – e exige – a renovação dos atos. Além disso, se o motivo da nulidade foi a constatação da inexistência do crime, mais uma razão lógica para não se renovar o feito. Não somente essa, mas outros fundamentos também obstam a renovação dos atos processuais, de forma que o artigo em comento nem é exaustivo nas hipóteses, nem é indispensável.

Forma da decisão

> **Art. 478.** As decisões do Tribunal sobre *habeas corpus* serão lançadas em forma de sentença nos autos. As ordens necessárias ao seu cumprimento serão, pelo secretário do Tribunal, expedidas em nome do seu presidente.

Salvo-conduto

> **Art. 479.** Se a ordem de *habeas corpus* for concedida para frustrar ameaça de violência ou coação ilegal, dar-se-á ao paciente salvo-conduto, assinado pelo presidente do Tribunal.[1175]

1175. *Habeas corpus* preventivo: antes da efetivação do constrangimento ilegal, pode o interessado impetrar a ordem para prevenir-se; concedida, expede-se *salvo-conduto*, um documento impeditivo da eventual ação da autoridade.

Art. 480

Sujeição ao processo

> **Art. 480.** O detentor do preso ou responsável pela sua detenção ou quem quer que, sem justa causa, embarace ou procrastine a expedição de ordem de *habeas corpus*, as informações sobre a causa da prisão, a condução e apresentação do paciente, ou desrespeite salvo-conduto expedido de acordo com o artigo anterior, ficará sujeito a processo pelo crime de desobediência a decisão judicial.

Promoção da ação penal

> **Parágrafo único.** Para esse fim, o presidente do Tribunal oficiará ao procurador-geral para que este promova ou determine a ação penal, nos termos do art. 28, letra *c*.

Capítulo VII
Do processo para restauração de autos[1176]

1176. Incidente processual: não se trata de um *processo especial*, mas de um incidente relativo ao processo principal, cujos autos desapareceram de alguma forma. Na jurisprudência: STM: "O procedimento de restauração de autos consubstancia-se em incidente relativo ao processo principal, cujos autos desapareceram de alguma forma. Recuperados os principais documentos dos autos extraviados e cumpridas as formalidades previstas nos arts. 481 a 488 do Código de Processo Penal Militar, as peças restauradas passam a valer como originais, restabelecendo-se o curso normal do feito. Autos restaurados" (ResAut 7000108-24.2017.7.00.0000, rel. Cleonilson Nicácio Silva, 10.05.2018, v.u.).

Obrigatoriedade da restauração

> **Art. 481.** Os autos[1177] originais de processo penal militar extraviados ou destruídos,[1178] em primeira ou segunda instância, serão restaurados.[1179]

Existência de certidão ou cópia autenticada

> § 1.º Se existir e for exibida cópia autêntica ou certidão do processo,[1180] será uma ou outra considerada como original.

Falta de cópia autenticada ou certidão

> § 2.º Na falta de cópia autêntica ou certidão do processo,[1181] o juiz mandará, de ofício ou a requerimento de qualquer das partes, que:

Certidão do escrivão

> *a)* o escrivão certifique o estado do processo, segundo a sua lembrança, e reproduza o que houver a respeito em seus protocolos e registros;[1182]

Requisições

b) sejam requisitadas cópias do que constar a respeito do processo no Instituto Médico Legal, no Instituto de Identificação e Estatística, ou em estabelecimentos congêneres, repartições públicas, penitenciárias, presídios ou estabelecimentos militares;[1183]

Citação das partes

c) sejam citadas as partes pessoalmente ou, se não forem encontradas, por edital, com o prazo de 10 (dez) dias, para o processo de restauração.[1184]

Restauração em primeira instância. Execução

§ 3.º Proceder-se-á à restauração em primeira instância, ainda que os autos se tenham extraviado na segunda, salvo em se tratando de processo originário do Superior Tribunal Militar, ou que nele transite em grau de recurso.[1185]

Auditoria competente

§ 4.º O processo de restauração correrá em primeira instância perante o auditor, na Auditoria onde se iniciou.

1177. Autos do processo: são os documentos e demais escritos (petições) que formam o volume a ser compulsado pelo juiz e pelas partes. Registrados, nos autos, estão os atos processuais. Logo, o que se restaura são os autos e não o processo.

1178. Extravio ou destruição: *extravio* é a perda ou o desaparecimento, enquanto *destruição* é a ruína ou extinção. Portanto, para que sejam restaurados podem os autos simplesmente perder-se, sem que se saiba onde estão, embora ainda existam, como também podem extinguir-se de vez. Como bem salienta Espínola Filho, a restauração será determinada "quer provenha de má-fé, isto é, seja intencional, deliberada, quer de caso fortuito, sendo acidental, a perda dos autos originais, que se processam em juízo de primeira ou de segunda instância" (*Código de Processo Penal Brasileiro anotado*, v. V, p. 343). Independentemente da punição dos responsáveis pelo sumiço, é preciso que ocorra a restauração para o prosseguimento do processo, ou para que determinada sentença, solucionando a lide, tenha documentada a sua origem.

1179. Restauração do inquérito policial: após o oferecimento da denúncia, o inquérito passa a integrar os autos do processo, razão pela qual também passa pelo procedimento de restauração, caso haja perda do feito.

1180. Cópias autenticadas ou certidões do processo: têm a força do original. No primeiro caso, porque expressamente as cópias autenticadas são equiparadas aos documentos originais. No segundo caso, porque a certidão extraída por funcionário público goza de presunção de veracidade (fé pública). Se as partes mantiverem, em seu poder, cópias autenticadas dos autos, a restauração torna-se muito mais fácil.

Art. 482

1181. Ausência de cópias autenticadas: faz nascer um procedimento mais complexo, a ser determinado de ofício ou a pedido das partes, envolvendo a reprodução dos principais atos processuais, conforme a previsão feita nas alíneas deste artigo.

1182. Certidão do estado do processo: preceitua a lei que o escrivão expedirá certidão, buscando reproduzir o estado em que se encontrava o processo, a partir do momento em que sumiu, *segundo sua lembrança.* Trata-se, pois, de um procedimento cuja segurança não é absoluta, pois depende da memória do escrivão – nada impedindo que seja feito pelo escrevente responsável pelo processo, tendo em vista que os ofícios dividem os serviços, conforme o final numérico do feito entre os vários servidores, além de se valer dos registros que possuir.

1183. Requisições de cópias: os autos do processo formam-se a partir da juntada de vários documentos, muitos dos quais provêm de diversos órgãos públicos, que mantêm, em seus arquivos, cópias do que remeteram a juízo. É o que ocorre com o Instituto Médico Legal, no tocante aos laudos emitidos, bem como pelo Instituto de Criminalística, com relação aos seus laudos e perícias.

1184. Intimação das partes: embora o Código faça referência à citação das partes, o ideal é falar em intimação, pois se trata de um chamamento para participar de um procedimento incidental e não na formação de uma nova relação processual, visando à condenação de alguém. A intimação por edital é possível unicamente para o réu e para o ofendido, quando este for parte, pois o Ministério Público é sempre localizado pessoalmente.

1185. Restauração no juízo de competência originária: devem ser recuperados os escritos que documentam os atos processuais no juízo onde tramitou o feito em competência originária. Assim, caso desapareçam os autos, quando o processo está em grau de recurso, a restauração ocorrerá no juízo de primeira instância. Porém, em se tratando de crime de competência originária do tribunal, não tendo os autos tramitado em instância inferior, não teria sentido determinar-se que o juiz singular conduzisse a restauração. Logo, faz-se o procedimento de recuperação no próprio tribunal. Na jurisprudência: STM: "I – É estabelecida a competência do Tribunal para o processamento e julgamento da restauração de autos quando o extravio se dá por ocasião do cumprimento do acórdão prolatado na apelação, porquanto o processo encontrava-se sob sua jurisdição, em grau recursal. Inteligência do art. 481, § 3.º, *in fine,* do CPPM" (Restauração dos autos 0000245-67.2013.7.00.0000, T. Pleno, rel. Fernando Sérgio Galvão, 05.06.2014, v.u.).

Audiência das partes

> **Art. 482.** No dia designado, as partes serão ouvidas, mencionando-se em termo circunstanciado os pontos em que estiverem acordes e a exibição e a conferência das certidões e mais reproduções do processo, apresentadas e conferidas.[1186]

1186. Audiência de restauração: designa o juiz uma audiência para ouvir as partes, que, como o escrivão, poderão fornecer importantes elementos provenientes da lembrança dos atos processuais. Nas partes em que houver concordância, dá-se como certo o evento, de tudo lavrando-se um termo, que passará a integrar os autos restaurados. Além disso, cabe às partes, consultando os escritos já fornecidos pelo escrivão e por outros órgãos públicos, manifestar sua concordância ou discordância dos mesmos. Os documentos em poder das partes serão apresentados nessa audiência (como as cópias do processo que possam ter).

Art. 484

Título II • Capítulo VII – Do processo para restauração de autos

Instrução

> **Art. 483.** O juiz determinará as diligências necessárias para a restauração, observando-se o seguinte:[1187]
>
> *a)* caso ainda não tenha sido proferida a sentença, reinquirir-se-ão as testemunhas, podendo ser substituídas as que tiverem falecido ou se encontrarem em lugar não sabido;
>
> *b)* os exames periciais, quando possível, serão repetidos, e de preferência pelos mesmos peritos;
>
> *c)* a prova documental será reproduzida por meio de cópia autêntica ou, quando impossível, por meio de testemunhas;
>
> *d)* poderão também ser inquiridas, sobre os autos do processo em restauração, as autoridades, os serventuários, os peritos e mais pessoas que tenham nele funcionado;
>
> *e)* o Ministério Público e as partes poderão oferecer testemunhas e produzir documentos, para provar o teor do processo extraviado ou destruído.

1187. Diligências do juízo: deve o magistrado providenciar, se ainda não houver sentença, a reinquirição das testemunhas, inclusive substituindo-se as que já faleceram ou não forem mais encontradas. Além disso, com ou sem sentença proferida, determina-se a realização dos exames periciais novamente, preferencialmente pelos mesmos peritos. Nesta hipótese, no entanto, é preciso considerar que, possuindo o Instituto Médico Legal ou o Instituto de Criminalística, cópia do que já foi feito, é dispensável refazer a perícia. Podem ser ouvidos, ainda, todos os funcionários da justiça e de outros órgãos que lidaram com o processo (ex.: oficial de justiça que fez a citação e outras intimações, autoridade policial que efetuou alguma diligência complementar, não constante do inquérito, como busca e apreensão, entre outros). Apesar de todas essas providências, é possível ter havido discordância das partes numa série de pontos, quando realizado o processo de lembrança, previsto no artigo anterior, sendo-lhes facultada a juntada de rol de testemunhas, especialmente para provar o que no processo constava. Exemplo disso pode se arrolar os estagiários, atuantes no processo, para que reproduzam o que lembram do caso. Note-se que a prova deve ser conduzida para reproduzir os autos perdidos e não para refazer a instrução sob outros enfoques.

Conclusão

> **Art. 484.** Realizadas as diligências que, salvo motivo de força maior, deverão terminar dentro em 40 (quarenta) dias, serão os autos conclusos para julgamento.[1188]
>
> **Parágrafo único.** No curso do processo e depois de subirem os autos conclusos para sentença, o juiz poderá, dentro em 5 (cinco) dias, requisitar de autoridades ou repartições todos os esclarecimentos necessários à restauração.[1189]

1188. Prazo para a restauração: cuida-se de prazo impróprio, ou seja, pode ser prorrogado sem que haja qualquer sanção processual. Caso o atraso seja injustificável, o magistrado, responsável pelo andamento, pode responder funcionalmente.

1189. Diligências complementares: depois de todo o processado, ainda permite a lei que, conclusos os autos para a sentença de restauração, possa o juiz requisitar maiores

Art. 485

Código de Processo Penal Militar Comentado • **Nucci**

esclarecimentos, demonstrando a particular cautela que deve haver para recuperar aquilo que foi perdido. Aliás, tal providência poderia ser determinada pelo magistrado de qualquer modo, independentemente da previsão feita neste parágrafo único, pois faz parte do poder geral de produção de provas, para a formação do seu convencimento.

Eficácia probatória

> **Art. 485.** Julgada a restauração, os autos respectivos valerão pelos originais.
>
> **Parágrafo único.** Se no curso da restauração aparecerem os autos originais, nestes continuará o processo, sendo a eles apensos os da restauração.

Prosseguimento da execução

> **Art. 486.** Até a decisão que julgue restaurados os autos, a sentença condenatória em execução continuará a produzir efeito, desde que conste da respectiva guia arquivada na prisão onde o réu estiver cumprindo pena, ou de registro que torne inequívoca a sua existência.

Restauração no Superior Tribunal Militar

> **Art. 487.** A restauração perante o Superior Tribunal Militar caberá ao relator do processo em andamento, ou a ministro que for sorteado para aquele fim, no caso de não haver relator.

Responsabilidade criminal

> **Art. 488.** O causador do extravio ou destruição responderá criminalmente pelo fato, nos termos do art. 352 e seu parágrafo único, do Código Penal Militar.[1190]

1190. Apuração da responsabilidade pelo extravio: pode ocorrer que, durante o procedimento de restauração, fique demonstrada a responsabilidade pela perda dos autos. Nessa hipótese, tendo havido desleixo ou má-fé, responderá a parte causadora pela parte funcional.

Capítulo VIII
Do processo de competência originária do Superior Tribunal Militar

Seção I
Da instrução criminal

Denúncia. Oferecimento

> **Art. 489.** No processo e julgamento dos crimes da competência do Superior Tribunal Militar, a denúncia será oferecida ao Tribunal e apresentada ao seu presidente para a designação de relator.[1191]

Art. 492

Título II • Capítulo VIII – Do processo de competência originária

1191. Princípio do juiz natural: deve ser resguardado em todas as instâncias, motivo pelo qual, ofertada a denúncia, a indicação do relator deve fundar-se no critério da distribuição (sorteio aleatório, sem escolha nominal e pessoal), respeitado o disposto no Regimento Interno do STM.

Juiz instrutor

> **Art. 490.** O relator será um ministro togado, escolhido por sorteio, cabendo-lhe as atribuições de juiz instrutor do processo.[1192]

1192. Instrução em colegiado: quando o processo é instruído diretamente em tribunal, havendo necessidade de colher provas, proferir decisões cautelares e assegurar o direito de manifestação das partes, é fundamental a existência de um responsável, dentre os integrantes da corte, que, no caso, é o relator. Não haveria condições de se promover uma instrução por colegiado, razão pela qual um só magistrado ocupa-se disso.

Recurso do despacho do relator

> **Art. 491.** Caberá recurso do despacho do relator que:[1193]
> *a)* rejeitar a denúncia;
> *b)* decretar a prisão preventiva;
> *c)* julgar extinta a ação penal;
> *d)* concluir pela incompetência do foro militar;
> *e)* conceder ou negar menagem.

1193. Agravo: nos termos do art. 123 do Regimento Interno do STM, "cabe Agravo Interno: I – sem efeito suspensivo, contra decisão do relator que causar prejuízo às partes; II – sem efeito suspensivo, contra decisão do relator proferida nos casos do art. 112 deste Regimento; III – contra decisão do Presidente nos casos do inciso XXVIII do art. 6º deste Regimento; IV – contra decisão do Presidente que aplica a sistemática da repercussão geral na admissibilidade do Recurso Extraordinário. § 1º Será de quinze dias, contados da intimação, o prazo de interposição do Agravo Interno. Após registro eletrônico, será submetido ao relator ou ao Presidente, conforme o caso. Nas hipóteses dos incisos I e III, o prolator da decisão agravada ouvirá a Procuradoria-Geral da Justiça Militar, que se manifestará no prazo de cinco dias. Na incidência dos incisos II e IV, as partes terão o prazo de quinze dias para contra-arrazoar o Agravo interposto. § 2º O Presidente ou o relator, conforme o caso, poderá reconsiderar a decisão impugnada; caso contrário, submeterá o Agravo ao julgamento do Plenário, computando-se, também, o seu voto. § 3º A decisão do Plenário constará de acórdão lavrado de acordo com o artigo 52, aplicando-se, no que couber, as disposições constantes dos artigos 53, 54 e 55".

Recebimento da denúncia

> **Art. 492.** Recebida a denúncia, mandará o relator citar o denunciado e intimar as testemunhas.[1194]

Art. 493

1194. Recebimento da denúncia por órgão singular: estabelece este Código ser da competência do relator, em decisão monocrática, receber a denúncia em processo originário. Entretanto, na Lei 8.038/90, que cuida dos feitos originários no STF e no STJ, o recebimento se faz pelo plenário da Corte – e não pelo relator – o que nos parece correto. A visão do colegiado é muito mais ampla e segura do que de um único magistrado; considerando-se o processo de competência originária de particular relevo, deveria ser da competência do tribunal.

Função do Ministério Público, do escrivão e do oficial de justiça

Art. 493. As funções do Ministério Público serão desempenhadas pelo procurador-geral. As de escrivão por um funcionário graduado da Secretaria, designado pelo presidente, e as de oficial de justiça, pelo chefe da portaria ou seu substituto legal.

Rito da instrução criminal

Art. 494. A instrução criminal seguirá o rito estabelecido para o processo dos crimes da competência do Conselho de Justiça, desempenhando o ministro instrutor as atribuições conferidas a esse Conselho.

Despacho saneador

Art. 495. Findo o prazo para as alegações escritas, o escrivão fará os autos conclusos ao relator, o qual, se encontrar irregularidades sanáveis ou falta de diligências que julgar necessárias, mandará saná-las ou preenchê-las.

Seção II
Do julgamento

Julgamento

Art. 496. Concluída a instrução, o Tribunal procederá, em sessão plenária, ao julgamento do processo, observando-se o seguinte:

Designação de dia e hora

a) por despacho do relator, os autos serão conclusos ao presidente, que designará dia e hora para o julgamento, cientificados o réu, seu advogado e o Ministério Público;

Resumo do processo

b) aberta a sessão, com a presença de todos os ministros em exercício, será apregoado o réu e, presente este, o presidente dará a palavra ao relator, que fará o resumo das principais peças dos autos e da prova produzida;

Título II • Capítulo VIII – Do processo de competência originária

Art. 496

> *c)* se algum dos ministros solicitar a leitura integral dos autos de parte deles, poderá o relator ordenar seja ela efetuada pelo escrivão;

Acusação e defesa

> *d)* findo o relatório, o presidente dará, sucessivamente, a palavra ao procurador-geral e ao acusado, ou a seu defensor, para sustentarem oralmente as suas alegações finais;[1195]

Prazo para as alegações orais

> *e)* o prazo tanto para a acusação como para a defesa será de 2 (duas) horas, no máximo;
>
> Réplica e tréplica
>
> *f)* as partes poderão replicar e treplicar em prazo não excedente de 1 (uma) hora;
>
> Normas a serem observadas para o julgamento
>
> *g)* encerrados os debates, passará o Tribunal a funcionar em sessão secreta, para proferir o julgamento, cujo resultado será anunciado em sessão pública;[1196]
>
> *h)* o julgamento efetuar-se-á em uma ou mais sessões, a critério do Tribunal;
>
> *i)* se for vencido o relator, o acórdão será lavrado por um dos ministros vencedores, observada a escala.

Revelia

> **Parágrafo único.** Se o réu solto deixar de comparecer, sem causa legítima ou justificada, será julgado à revelia, independentemente de publicação de edital.[1197]

1195. Debates orais: embora se trate de julgamento de processo de competência originária da Corte, assemelha-se a fase de debate entre as partes do previsto para o Tribunal do Júri, havendo manifestações originais, seguidas de réplica e tréplica. Busca-se, realmente, instruir os magistrados presentes à sessão, embora já tenham recebido cópia do voto do relator.

1196. Princípio da publicidade: o disposto nesta alínea deve ser considerado não recepcionado pela Constituição Federal de 1988, pois não há mais espaço para julgamentos ocorridos em *sessão secreta* – excetuando-se a sala secreta do Tribunal do Júri, por expressa previsão constitucional. Nos moldes já adotados pelo Supremo Tribunal Federal, todos os julgamentos e debates são públicos.

1197. Direito de audiência: o acusado, devidamente intimado, tem o direito de comparecer à sessão de seu julgamento – e não a obrigação. Por isso, caso não o faça, consuma-se a ausência, mas não a revelia, que possui conteúdo mais grave, implicando alguma forma de sanção.

Art. 497

Recurso admissível das decisões definitivas ou com força de definitivas

> **Art. 497.** Das decisões definitivas ou com força de definitivas, unânimes ou não, proferidas pelo Tribunal, cabem embargos, que deverão ser oferecidos dentro em 5 (cinco) dias, contados da intimação do acórdão. O réu revel não pode embargar, sem se apresentar à prisão.[1198]

1198. Embargos de declaração: o recurso cabível são os embargos de declaração, com a finalidade de aclarar alguma contradição, omissão, obscuridade ou ambiguidade. Segundo cremos, o réu ausente pode, sem dúvida, embargar sem se recolher à prisão. Em primeiro lugar, porque a ausência não pode trazer nenhum prejuízo. Em segundo lugar, porque a decisão ainda não transitou em julgado, podendo, inclusive, ser absolutória. Em terceiro, porque o STF já proclamou inconstitucional a indispensabilidade de se recolher ao cárcere para ter o seu recurso conhecido e julgado.

Capítulo IX
Da correição parcial[1199-1200]

1199. Conceito de correição parcial: trata-se de recurso, à disposição das partes, voltado à correção dos erros de procedimento adotados pelo juiz de primeira instância, na condução do processo, quando provocam inversão tumultuária dos atos e fórmulas legais. É um recurso de natureza residual, somente sendo cabível utilizá-lo se não houver outro recurso especificamente previsto em lei. Na jurisprudência: "O art. 498, *caput*, do CPPM, prevê que, a requerimento das partes, o STM poderá proceder à Correição Parcial para corrigir ato tumultuário em processo, cometido ou consentido por Magistrado. 2. No âmbito da JMU, os atos processuais tramitam normalmente por meio eletrônico, sem qualquer prejuízo para as partes. Medida cautelar requerida pelo *Parquet* consubstanciada em risco prescricional e na observância do Princípio Constitucional da Razoável Duração do Processo. Deferimento do pleito em sede liminar. Precedentes. 3. A Resolução CNJ nº 329/2020 autoriza a realização de audiências e de outros atos processuais por videoconferência, em processos penais e de execução, durante o estado de calamidade pública, no qual se contextualiza a Pandemia da SARS-CoV-2. Neste cenário, as ferramentas tecnológicas constituem-se em importantes e promissores instrumentos de modernização da Justiça. 4. A despeito da calamidade de ordem sanitária, a qual expõe fragilidades na Saúde Pública, o Poder Judiciário preserva a sua funcionalidade, promovendo o impulso processual destinado à adequada prestação jurisdicional. Nesse mister, busca-se, sobretudo, o equilíbrio entre as garantias do devido processo legal e das demais normas estruturantes do Estado Democrático de Direito. 5. Decisão liminar confirmada. Correição Parcial deferida" (Correição parcial 7000100-08.2021.7.00.0000, rel. Marco Antônio de Farias, 08.04.2021, v.u.).

1200. Natureza jurídica da correição: entendemos tratar-se de autêntico recurso, embora com a possibilidade de se averiguar a conduta funcional do magistrado, determinando a turma julgadora sejam tomadas as medidas cabíveis para, no âmbito disciplinar próprio, ser analisado o caminho a seguir. Outros, no entanto, sustentam seu caráter puramente administrativo ou disciplinar. Em nossa visão, cuida-se de um recurso, com fundo correcional.

Casos de correição

> **Art. 498.** O Superior Tribunal Militar poderá proceder à correição parcial:
>
> *a)* a requerimento das partes, para o fim de ser corrigido erro ou omissão inescusáveis, abuso ou ato tumultuário, em processo, cometido ou consentido por juiz, desde que, para obviar tais fatos, não haja recurso previsto neste Código;[1200-A]
>
> *b)* mediante representação do ministro corregedor-geral, para corrigir arquivamento irregular em inquérito ou processo.[1201-1201-A]
>
> § 1.º É de 5 (cinco) dias o prazo para o requerimento ou a representação, devidamente fundamentados, contados da data do ato que os motivar.[1201-B]

Disposição regimental

> § 2.º O Regimento do Superior Tribunal Militar disporá a respeito do processo e julgamento da correição parcial.

1200-A. Cabimento por requerimento das partes: STM: "I – Proceder-se-á à Correição Parcial mediante 'requerimento das partes, para o fim de ser corrigido erro ou omissão inescusáveis, abuso ou ato tumultuário, em processo, cometido ou consentido por juiz, desde que, para obviar tais fatos, não haja recurso previsto neste Código' (art. 498 do CPPM); II – Pedido de retomada do andamento de Ação Penal Militar, com a designação e a adoção das demais providências necessárias para a realização da sessão de julgamento por videoconferência, diante do cenário resultante da Pandemia promovida pela Covid-19; III – A Resolução 329 do CNJ, de 30.07.2020, que trata sobre o trâmite dos processos penais e de execução penal durante o estado de calamidade pública em razão da pandemia decorrente do Covid-19, permite expressamente a realização de audiências por meio de videoconferência voltada à continuidade da prestação jurisdicional. IV – A Resolução 275 do STM prevê o cabimento de sustentações orais por meio eletrônico em tempos normais. V – A Lei 11.900/2009 prevê a possibilidade de realização de interrogatório e outros atos processuais por meio do sistema de videoconferência. VI – Correição Parcial deferida" (Correição parcial nº 7000008-30.2021.7.00.0000, rel. José Coelho Ferreira, j. em 11/03/2021, v.u.); "Por óbvio, a decisão do Conselho Permanente de Justiça que decretou a revelia dos réus, determinando o prosseguimento do feito, não se adequa como ato abusivo ou tumultuário proferido por juiz no processo, a que alude o art. 498, alínea *a*, do CPPM. Nesse diapasão, é importante destacar que a Correição Parcial somente será cabível em casos de *error in procedendo*. Desse modo, conclui-se ser a presente Correição manifestamente incabível, devendo não ser conhecida, por não se adequar à hipótese do art. 498, alínea *a*, do Código de Processo Penal Militar" (Correição parcial 0000049-49.2017.7.10.0010, T. Pleno, rel. José Barroso Filho, 05.10.2017, v.m.).

1201. Arquivamento irregular: essa hipótese é exclusiva da justiça criminal, não encontrando similar noutras esferas. O arquivamento de inquérito, requerido pelo Ministério Público, submete-se ao crivo do juiz; se este não concordar, envia-se ao Procurador-Geral para deliberação; concordando com o promotor, insiste no arquivamento e o juiz deve acolher. Portanto, a única possibilidade de haver alguma *irregularidade* no arquivamento de inquérito seria o juiz determiná-lo, por exemplo, sem passar pelo Ministério Público. Por outro lado, determinar o arquivamento de processo de maneira irregular, igualmente, é muito raro, pois as partes podem controlar tal situação. Em suma, a hipótese retratada nesta alínea parece-nos de

Art. 498

Código de Processo Penal Militar Comentado • Nucci

pouco utilidade. Na jurisprudência: STF: "1. Não caracteriza constrangimento ilegal a decisão do Superior Tribunal Militar que, constatando existentes indícios de crime e de sua autoria, acolhe a representação do Juiz Auditor Corregedor na correição parcial. Precedentes. 2. É firme a jurisprudência deste Supremo Tribunal no sentido da compatibilidade da correição parcial com o art. 129, inc. I, da Constituição da República. Precedentes. 3. Ordem denegada" (HC 109.047-DF, 2.ª T., rel. Cármen Lúcia, 12.11.2013, v.u.); STM: "A Decisão de arquivamento preclui somente a partir da correição nos autos do inquérito arquivado, pelo Juiz-Auditor Corregedor da Justiça Militar da União, consoante entendimento do STF quanto à correição parcial arguida pelo Juiz-Auditor Corregedor. O arquivamento do inquérito, na lei processual militar, só se aperfeiçoa depois de exaurido o prazo para a representação do Corregedor (art. 498, § 1.º, do CPPM), ou, oferecida essa, com a decisão do STM que a indeferir ou com o novo despacho do Juiz que, insistindo o Procurador-Geral, determinar o arquivamento (STF. HC 68.739-DF, rel. Min. Sepúlveda Pertence, j. 12.11.1991)" (Correição Parcial 0000178 – 16.2011.7.01.0301-DF, Plenário, rel. Raymundo Nonato de Cerqueira Filho, 28.06.2012, m.v.).

1201-A. Inaplicabilidade para hipóteses diversas do arquivamento: STF: "Não cabe a interposição pelo Juiz Auditor Corregedor da Justiça Militar da União de correição parcial contra a decisão que declara extinta a punibilidade de desertor em face da consumação da prescrição da pretensão punitiva, a qual não se confunde com o simples deferimento do arquivamento de inquérito requerido pelo Ministério Público. A coisa julgada, seja formal ou material, conforme o fundamento da decisão, impede que a inércia da parte, no caso, o MPM, seja suprida pelo órgão judiciário legitimado para proceder à correição parcial" (HC 116.364-DF, 1.ª T., rel. Dias Toffoli, 28.05.2013, v.u.).

1201-B. Prazo para a correição parcial: STF: "O Supremo Tribunal Federal assentou ser o prazo para a correição parcial de cinco dias contados entre a conclusão dos autos do inquérito arquivado ao juiz auditor e o protocolo no Superior Tribunal Militar. Precedentes" (HC 112.977-RJ, 2.ª T., rel. Cármen Lúcia, 25.02.2014, v.u.).

Livro III

Das Nulidades
e Recursos em Geral

Título I

Capítulo Único
Das nulidades[1202-1203]

1202. Conceito de nulidade: é o vício, que impregna determinado ato processual, praticado sem a observância da forma prevista em lei, podendo levar à sua inutilidade e consequente renovação. Na lição de Borges da Rosa, "nulidade é o defeito jurídico que torna sem valor ou pode invalidar o ato ou o processo, no todo ou em parte" (*Nulidades do processo*, p. 97). Dividem-se em: a) *nulidades absolutas*, aquelas que devem ser proclamadas pelo magistrado, de ofício ou a requerimento de qualquer das partes, porque produtoras de nítidas infrações ao interesse público na produção do *devido processo legal*. Ex.: não conceder o juiz ao réu *ampla defesa*, cerceando a atividade do seu advogado; b) *nulidades relativas*, aquelas que somente serão reconhecidas caso arguidas pela parte interessada, demonstrando o prejuízo sofrido pela inobservância da formalidade legal prevista para o ato realizado. Ex.: o defensor não foi intimado para comparecer à audiência de inquirição de uma última testemunha de defesa, cujos esclarecimentos referem-se apenas aos antecedentes do réu, tendo havido a nomeação de defensor *ad hoc* para acompanhar o ato. Nessa hipótese, inexistindo demonstração de prejuízo, mantém-se a validade do ato, que foi incapaz de gerar uma desconsideração e renovação do ato, vale dizer, embora irregular a colheita do depoimento, sem a presença do defensor constituído, disso nenhum mal resultou ao acusado, até pelo fato da testemunha ter pouco a esclarecer. Confira-se o critério fornecido por Borges da Rosa para diferenciá-las: "se o *espírito* da lei foi atingido pela violação, esta é *intolerável*, ocorre *nulidade*, porque ocorre *prejuízo*, porque o *fim* colimado pela lei não foi conseguido. Mas, se ao invés, somente o *texto* da lei foi violado, porém não o seu *espírito*, visto como o *fim* colimado foi conseguido, então a violação é *tolerável*, não há motivo, de ordem superior, que exija a decretação da *nulidade*" (*Nulidades do processo*, p. 77).

1203. Atos inexistentes e irregulares: à margem das nulidades, existem atos processuais que, por violarem tão grotescamente a lei, são considerados inexistentes. Nem mesmo de nulidade se trata, uma vez que estão distantes do mínimo aceitável para o preenchimento das formalidades legais. Não podem ser convalidados, nem necessitam de decisão judicial para invalidá-los. Ex.: audiência presidida por promotor de justiça ou por advogado. Como partes que são no processo, não possuindo poder jurisdicional, é ato considerado inexistente. Deve, logicamente, ser integralmente renovado. Atos irregulares, por sua vez, são *infrações superficiais*, não chegando a contaminar a forma legal a ponto de merecerem renovação. São convalidados pelo simples prosseguimento do processo, embora devam ser evitados. Exemplo de irregularidade: a ausência de assinatura do advogado no termo de audiência, onde esteve presente.

Sem prejuízo não há nulidade

> **Art. 499.** Nenhum ato judicial será declarado nulo se da nulidade não resultar prejuízo para a acusação ou para a defesa.[1204-1206]

Art. 499

1204. Princípio geral das nulidades: neste cenário, atua o princípio geral de que, inexistindo prejuízo, não se proclama a nulidade do ato processual, embora produzido em desacordo com as formalidades legais (*pas de nullité sans grief*). Vale ressaltar que, de tanto se decretar nulidades, surgiu o brocardo "mais vale um mau acordo do que uma boa demanda". Anote-se o ensinamento de Borges da Rosa: "quando ditos litigantes conseguiam, afinal, ver vitoriosas as suas pretensões e reconhecidos os seus direitos, a vitória lhes tinha custado tão cara que as despesas, as delongas e os incômodos do processo anulavam as vantagens do ganho da causa. Em geral, tais despesas excessivas, delongas e incômodos provinham, principalmente, de frequentes decretações de nulidade de parte ou de todo o processo. Estas, mais do que outras causas de origem diversa, deram nascença ao conselho da sabedoria prática: 'mais vale um mau acordo do que uma boa demanda'. As frequentes decretações de nulidade, em consequência de não terem sido seguidas, ao pé da letra da lei, as formalidades, quer substanciais, quer secundárias, por elas prescritas, para a regularidade dos atos forenses, tornavam os processos morosos, complicados e caros. Compreendendo a extensão destes malefícios, surgiu já em 1667, com a ordenação de Tolosa, um primeiro protesto contra a decretação de nulidades (...) expresso na máxima: '*pas de nullité sans grief*', não há nulidade quando não há *prejuízo*" (*Nulidades do processo*, p. 128-129). A forma prevista em lei para a concretização de um ato processual não é um fim em si mesmo, motivo pelo qual se a finalidade para a qual se pratica o ato for atingida, inexiste razão para anular o que foi produzido. Logicamente, tal princípio deve ser aplicado com maior eficiência e amplitude no tocante às nulidades relativas, uma vez que o prejuízo, para o caso das nulidades absolutas, é presumido pela lei, inadmitindo prova em contrário. Assim, quando houver uma nulidade absoluta, deve ela ser reconhecida tão logo seja cabível, pois atentatória ao interesse público de se manter o *devido processo legal*. Entretanto, havendo uma nulidade relativa, somente será ela proclamada, caso requerida pela parte prejudicada, tendo esta o ônus de evidenciar o mal sofrido pelo não atendimento à formalidade legal. Contrário ao entendimento de que, nas nulidades absolutas, há um prejuízo *presumido*, mas tão somente *evidente*, porque a presunção inverte o ônus da prova, o que não ocorre nessas situações, está o magistério de Ada, Scarance e Magalhães (*As nulidades no processo penal*, p. 24). Na verdade, o que se vem alterando com o passar do tempo é a consideração de determinadas falhas processuais como sendo absolutas ou relativas. A tendência, hoje, é estreitar o campo das absolutas e alargar o campo das relativas. Embora na situação geradora de uma nulidade absoluta continue a ser presumido o prejuízo, sem admitir prova em contrário, o que se vem fazendo é transferir determinadas situações processuais, antes tidas como de prejuízo nítido, para o campo dos atos processuais cujo prejuízo é sujeito à comprovação. Assim, o conceito de nulidade absoluta fica inalterado. Muda-se, no entanto, a classificação do ato processual, transformando-o de absolutamente viciado em relativamente falho. Na jurisprudência: STF: "Não havendo demonstração do dano causado pela ausência de oitiva de uma das testemunhas arroladas pela defesa, incide a máxima do *pas de nullité sans grief* (CPPM, art. 499)" (HC 85812, 1.ª T., rel. Carlos Britto, 17.11.2005, v.u.). STM: "A jurisprudência desta Corte Castrense firmou entendimento no sentido de que é incabível a discussão de inépcia da denúncia em sede de Apelação. Além disso, como cediço, a alegação de nulidade, além de requerer a demonstração cabal do prejuízo suportado pela Parte, em atenção ao brocardo *pas de nullite sans grief*, consoante a dicção do art. 499 do CPPM, segue o rito processual estabelecido no art. 504 do referido Código Processual, de sorte que, atendendo ao comando da alínea 'a' do citado dispositivo, as nulidades da instrução devem ser indicadas até a apresentação das alegações escritas, o que de fato ocorreu nos presentes autos, de sorte que, devidamente analisados pelo Juízo de primeiro grau em sua Sentença, os argumentos foram enfrentados e devidamente refutados" (Apelação nº 7000514-40.2020.7.00.0000, rel. Carlos Vuyk de Aquino, j. em 17/12/2020, v.u.); "O fato de se ter constatado erro cartorário, ao não ser franqueado à Defesa o acesso aos Pedidos de Quebra de Sigilo Bancário em momento oportuno, não é suficiente para se declarar a nulidade dos atos processuais, eis que, após essa constatação, o Juízo deferiu o pedido defensivo de acesso à prova pericial, bem como concedeu prazo razoável para que os causídicos examinassem os autos, não havendo qualquer prejuízo para a defesa, o que, nos termos do art. 499 do CPPM, impede a declaração de nulidade. Não há como aceitar o argumento de cerceamento de defesa e de violação ao princípio da paridade de armas, uma vez que, os advogados tiveram amplo acesso aos PQS's, e tempo suficiente para que pudessem contraditar a prova produzida, da mesma forma que o Ministério Público. Ausência de constrangimento ilegal à liberdade dos pacientes. Ordem de habeas corpus denegada" (HC nº 7000451-15.2020.7.00.0000, rel. Odilson Sampaio Benzi, 03/09/2020, v.u.); A inofensiva irregularidade na coleta de depoimentos na fase policial não autoriza o reconhecimento de qualquer nulidade, sobretudo em face da ausência de prejuízo à defesa e à tramitação do processo, devendo-se invocar o princípio do *pas de nullité sans grief*, consagrado no art. 499 do CPPM. Contudo, a fim de evitar eventuais questionamentos quanto ao tema, é razoável que essas declarações sejam desentranhadas dos autos" (Embargos infringentes e de nulidade nº 7001014-43.2019.7.00.0000, rel. José Coelho Ferreira, julgado em 10.06.2020, m.v.).

1205. Finalidade da lei e nulidades: o sistema da *finalidade da lei*, dentre os vários existentes para avaliar se determinada falha processual acarreta nulidade absoluta ou relativa, torna-se, atualmente, fundamental, em especial diante da excessiva morosidade com que atua o Poder Judiciário. Varas repletas de processos, tribunais sobrecarregados de recursos e um aparelho judiciário ainda antiquado transformam o princípio da economia processual, por vezes, em ficção jurídica. Uma das formas de se combater a lentidão exagerada em relação ao trâmite processual é evitar, sempre que possível, a decretação de nulidades, pois tal medida implicará no refazimento dos atos já praticados, acarretando, por óbvio, um atraso significativo na conclusão do feito. Por isso, quando o ato processual deixou de ser praticado conforme a fórmula legalmente prevista, porém, terminou por atingir a *finalidade da lei* (ou o *espírito da lei*), inexiste plausibilidade para ser anulado. Necessita-se mantê-lo, por uma questão de lógica e praticidade. Conforme ensina Borges da Rosa, "anular o ato que atingiu o *fim* colimado pela lei, só pelo motivo dele não ter obedecido o *texto* da mesma lei, e mandar que o seu autor pratique de novo o ato, de acordo com o dito texto, para novamente conseguir o *fim* que já tinha conseguido, é tão insensato e antieconômico, como mandar o oficial, que o inferior, seu subalterno, faça de novo, por via férrea, a viagem, que fizera de automóvel, para chegar novamente ao mesmo ponto que atingira pela estrada de rodagem e cumprir novamente a mesma missão que já tinha cumprido. (...) A *sanção de nulidade* só tem aplicação, quando, com a *violação do texto* da lei processual, se viola também o *espírito* do texto legal, isto é, quando ocorre *violação de fundo*, quando o *fim* colimado pelo texto legal não é conseguido, quando ocorre *prejuízo* para uma ou outra das partes, para o Direito, para a Justiça. A *sanção de nulidade* pode vir acompanhada também de *sanção disciplinar*" (*Nulidades do processo*, p. 143-150).

1206. Nulidade em inquérito policial militar: inexiste. Trata-se de procedimento administrativo, destinado, primordialmente, a formar a opinião do Ministério Público, a fim de saber se haverá ou não acusação contra alguém. Logo, não há razão alguma para proclamar-se a nulidade de ato produzido durante a investigação. Se algum elemento de prova for produzido em desacordo com o preceituado em lei, cabe ao magistrado, durante a instrução – e mesmo antes, se for preciso –, determinar que seja refeito (ex.: um laudo juntado aos autos do inquérito foi produzido por um só perito. Deve ser novamente realizado, embora permaneça válido o inquérito). Nesse sentido: STF: "Por se tratar de peça meramente informativa da denúncia ou da queixa, eventual irregularidade no inquérito policial não contamina o processo nem enseja a sua anulação" (HC 77.357-PA, 2.ª T., rel. Carlos Velloso, 27.10.1998, v.u., *RTJ* 176/1221); TJGO:

Art. 500

"A ausência do advogado durante o inquérito policial, por si só, não tem o condão de trazer nulidade para o processo. Ademais, eventual irregularidade ocorrida no inquérito policial não contagia a ação penal superveniente" (HC 201093009888-GO, 2.ª C., rel. Prado, 21.09.2010, v.u.). Em posição diversa, sustentando a possibilidade de haver vícios no inquérito capazes de contaminar o processo, conferir o magistério de Eneida Orbage de Britto Taquary e Arnaldo Siqueira de Lima: "Ressalte-se que o constituinte, ao não admitir provas ilícitas no processo, referiu-se a este de forma *lato sensu*, incluindo-se aí, portanto, o inquérito, apesar do sistema processual brasileiro ser acusatório, adotando como prova, *stricto sensu*, aquela produzida em juízo. Não podendo haver outro raciocínio, vez que o Código de Processo Penal, no seu art. 6.º, III, prevê que a autoridade policial deve colher de ofício todas as provas que servirem para o esclarecimento do fato e de suas circunstâncias. Finalmente, em consonância com a doutrina, com o preceito acima citado e em homenagem ao princípio da árvore envenenada, que é adotado pelo nosso ordenamento jurídico, as provas ilícitas, obtidas diretamente ou derivadas de outras, são fulminadas de nulidades independentemente do momento em que foram produzidas" (*Temas de direito penal e processual penal*, p. 109-110). Temos sustentado que o sistema processual brasileiro é misto, vale dizer, inicia-se de maneira inquisitiva (inquérito policial, como regra) e finda no modelo acusatório (processo). Porém, independentemente disso, como já mencionamos, os vícios eventualmente ocorridos no inquérito policial não têm o condão de macular o processo, já que o magistrado possui o poder (dever) de determinar o refazimento da prova irregularmente produzida na fase policial ou mandar que seja desentranhada dos autos do processo a prova ilicitamente obtida. Tornamos, pois, a insistir: não existe nulidade a ser proclamada oficialmente pelo Judiciário em atos produzidos na fase do inquérito policial.

Casos de nulidade

> **Art. 500.** A nulidade ocorrerá nos seguintes casos:[1207]
>
> I – por incompetência,[1208-1211] impedimento, suspeição[1212] ou suborno do juiz;[1213]
>
> II – por ilegitimidade de parte;[1214]
>
> III – por preterição das fórmulas ou termos seguintes:
>
> *a)* a denúncia;[1215]
>
> *b)* o exame de corpo de delito nos crimes que deixam vestígios, ressalvado o disposto no parágrafo único do art. 328;[1216]
>
> *c)* a citação do acusado para ver-se processar e o seu interrogatório, quando presente;[1217]
>
> *d)* os prazos concedidos à acusação e à defesa;[1218-1219]
>
> *e)* a intervenção do Ministério Público em todos os termos da ação penal;[1220]
>
> *f)* a nomeação de defensor ao réu presente que não o tiver,[1221-1222] ou de curador ao ausente e ao menor de 18 (dezoito) anos;[1223]
>
> *g)* a intimação das testemunhas arroladas na denúncia;[1224]
>
> *h)* o sorteio dos juízes militares e seu compromisso;[1225]
>
> *i)* a acusação e a defesa nos termos estabelecidos por este Código;[1226]
>
> *j)* a notificação do réu ou seu defensor para a sessão de julgamento;[1227]
>
> *l)* a intimação das partes para a ciência da sentença ou decisão de que caiba recurso;[1228]
>
> IV – por omissão de formalidade que constitua elemento essencial do processo.[1229]

1207. Rol exemplificativo: outras nulidades podem ser reconhecidas, advindas de princípios constitucionais e processuais, embora não expressamente constantes no rol deste artigo.

1208. Incompetência: em cumprimento ao princípio do juiz natural, garantido constitucionalmente, ninguém será processado ou julgado senão pelo juiz indicado previamente pela lei ou pela própria Constituição. Assim, é fundamental que as regras de competência sejam observadas, sob pena de nulidade. Ocorre que a doutrina vem sustentando o seguinte: em se tratando de competência constitucional, a sua violação importa na inexistência do ato e não simplesmente na anulação (ex.: processar criminalmente um deputado federal em uma vara comum de primeira instância, em vez de fazê-lo no STF). No mais, não sendo competência prevista diretamente na Constituição, deve-se dividir a competência em absoluta (em razão da matéria e de foro privilegiado), que não admite prorrogação, logo, se infringida é de ser reconhecido o vício como nulidade absoluta, e relativa, aquela que admite prorrogação, pois referente apenas ao território. Não aventada pelas partes, nem proclamada pelo juiz, é incabível a anulação dos atos praticados, uma vez que se considera prorrogada. A justificativa para essa postura é dada por Frederico Marques, ao mencionar que "na distribuição dos poderes jurisdicionais, *ratione loci*, as atribuições judiciárias se diversificam em virtude de fatores acidentais e de valor relativo. Tanto o juiz da comarca *B*, como o da comarca *A* estão investidos de poderes jurisdicionais para conhecer e julgar o delito, sendo iguais as esferas de atribuições de ambos. Circunstâncias decorrentes de melhor divisão do trabalho, e de natureza toda relativa, é que lhes discriminam a capacidade para conhecer dos casos concretos submetidos a processo e julgamento". Mas faz uma advertência, ainda com relação à incompetência territorial, tida como relativa: "É claro que, em se tratando de erro grosseiro, a incompetência é insanável. Suponha-se, por exemplo, que o crime tenha ocorrido na comarca *A* e que, sem nenhum motivo, por mínimo que fosse, o processo corresse na comarca *B*, muito distante daquela. Nessa hipótese, nem o silêncio e a aquiescência do réu sanariam a nulidade" (*Da competência em matéria penal*, p. 218-219). E assim deve mesmo ser, sob pena de se ferir, irreparavelmente, o princípio constitucional do juiz natural, que envolve, com certeza, além da competência em razão da matéria e da prerrogativa de foro, a competência territorial. Afinal, como regra, estabeleceu o legislador o foro do lugar da infração não por acaso, mas para que o criminoso seja julgado no local onde seu ato atingiu a maior repercussão, servindo, inclusive, em caso de condenação, a efetivar o caráter preventivo geral da pena. Na jurisprudência: STM: "IV – A competência dos Conselhos de Justiça é de caráter absoluto para processar e julgar civil que ostentava a condição de militar ao tempo do fato, pois se fixa *ratione personae*, natureza a qual não varia em virtude da norma que a institui ser de ordem infraconstitucional. Precedentes desta Corte. V – A atuação do Juízo Monocrático fere o direito do Acusado ex-militar ao seu juiz natural, como disposto no art. 5º, LIII, da Constituição da República de 1988, e acarreta nulidade absoluta ao procedimento judicial. VI – A matéria não preclui, portanto, passível de conhecimento e declaração pelo Tribunal até mesmo de ofício, conforme dicção do art. 500, inciso I, c/c o art. 504, parágrafo único, ambos do Código de Processo Penal Militar (CPPM). VII – Embargos de Declaração conhecidos e, no mérito, desprovidos" (Embargos de declaração nº 7000551-67.2020.7.00.0000, rel. Péricles Aurélio Lima de Queiroz, julgado em 08.10.2020, m.v.).

1208-A. Decisão singular em vez da colegiada: gera nulidade absoluta, por faltar competência ao juiz. Conferir: STM: "É cediço o entendimento segundo o qual, a partir da instauração do Processo Penal Militar, os atos processuais subsequentes serão levados a efeito pelo Conselho de Justiça, consoante a dicção do inciso V do artigo 28 da Lei de Organização Judiciária Militar. A simples constatação de que a Decisão vergastada foi prolatada monocraticamente, em total dissonância com o que prescreve a legislação de regência, dá ensejo à nulidade

Art. 500

Código de Processo Penal Militar Comentado • **Nucci**

480

descrita no inciso I do artigo 500 do CPPM, pois falece competência ao magistrado. Somente a falta de um regramento específico possibilita a aplicação subsidiária da legislação comum, sendo impossível mesclar-se o regime processual penal comum e o regime processual penal especificamente militar, mediante a seleção das partes mais benéficas de cada um deles, postura essa incompatível com o princípio da especialidade das leis" (CP 0000233-14.2013.7.01.0101-RJ, rel. Cleonilson Nicácio Silva, 27.03.2014, v.u.).

1209. Infringência à regra da prevenção: trata-se de nulidade relativa, pois a prevenção é vinculada à competência territorial que provoca, quando violada, nulidade relativa. Nesses termos, conferir a Súmula 706 do STF: "É relativa a nulidade decorrente da inobservância da competência penal por prevenção". Assim deve ser, pois a prevenção é somente o conhecimento antecipado de determinada questão jurisdicional por juiz que poderia apreciar o feito caso houvesse regular distribuição. Exemplo: em uma Circunscrição, há três auditorias com igual competência para os diversos feitos da área penal. Para a eleição do juiz natural, o caminho natural é a distribuição, embora possa ocorrer uma situação de urgência, como a necessidade de se obter uma prisão preventiva em plena investigação policial. Dessa forma, estando presente, no final de semana, o juiz da 1.ª Auditoria, a autoridade policial militar com ele despacha o pedido de prisão cautelar e obtém a medida constritiva. Está a 1.ª Auditoria preventa para o conhecimento de eventual ação penal a ser ajuizada. Pode ocorrer, no entanto, que não se obedeça a esse critério, distribuindo-se o feito, quando o inquérito for concluído, razão pela qual cai nas mãos do juiz da 2.ª Auditoria. Caso ninguém questione, nem provoque a exceção de incompetência, não é motivo de anulação do processo futuramente, a pretexto de ter havido nulidade absoluta. Repita-se: nesse caso, tratando-se de competência relativa, a violação causa, igualmente, nulidade relativa.

1210. Coisa julgada e incompetência: normalmente, a coisa julgada convalida as eventuais nulidades do processo. E somente o réu, por meio da revisão criminal e do *habeas corpus*, pode rever o julgado, sob a alegação de ter havido nulidade absoluta (isso não ocorre quando se trata de nulidade relativa). Entretanto, a incompetência constitucional, que considera o praticado pelo juiz como atos inexistentes, em tese, não poderia ser sanada pela coisa julgada, justamente porque a sentença que colocou fim ao processo não existiu juridicamente. Assim ocorrendo, quando em favor do acusado, não há dúvida de que o processo deve ser renovado. Mas, e se a incompetência constitucional, se reconhecida, prejudicar o réu? Respondem Ada Pellegrini Grinover, Antonio Scarance Fernandes e Antonio Magalhães Gomes Filho que, nessa hipótese, há de se convalidar a sentença absolutória, sem haver a renovação dos atos processuais, embora inexistentes, em nome dos princípios maiores do *favor rei* e do *favor libertatis* (*As nulidades no processo penal*, p. 46). De fato, como os princípios constitucionais devem harmonizar-se, o fato de haver, na Constituição, a garantia do juiz natural, não significa que seja um princípio absoluto e imperativo. Em sintonia com os demais, não pode o réu ser prejudicado porque foi processado em vara incompetente, o que não foi alegado a tempo pela acusação. A coisa julgada, que confere segurança às relações jurídicas, especialmente quando houver absolvição, deve ser respeitada.

1211. Incompetência da autoridade policial militar: não vicia o ato ou a diligência efetuada. Autoridades policiais não exercem poder jurisdicional, limitado pela competência. Logo, é incabível aplicar-se as regras de competência aos agentes do Estado-investigação, integrantes do Poder Executivo. Ex.: se uma autoridade policial lavrar um auto de prisão em flagrante em área diversa da sua zona de atuação, pode-se considerá-lo válido. Nesse prisma: STJ: RHC 16.189-SP, 5.ª T., rel. Felix Fischer, 03.08.2004, v.u., *DJ* 06.09.2004, p. 272.

1212. Suspeição e impedimento: quando houver impedimento, por estar o magistrado proibido de exercer, no processo, a sua jurisdição, trata-se de ato inexistente se o fizer. Em sentido contrário, crendo ser causa de nulidade absoluta, está a posição de Greco Filho: "É costume repetir-se que o impedimento retira do juiz a jurisdição. Essa assertiva, contudo, não é verdadeira. Jurisdição ele continua tendo, porque não está desinvestido. Ele somente está proibido de exercê-la naquele processo com o qual tem um dos vínculos relacionados no art. 252. A distinção é importante porque se o juiz não tivesse jurisdição (aliás, então, ele não seria juiz) seus atos seriam inexistentes, ao passo que, na realidade, o que ocorre é que seus atos são nulos, absolutamente nulos" (*Manual de processo penal*, p. 215). Entendemos, no entanto, que a lei veda o exercício jurisdicional ao magistrado em determinado processo, o que torna inexistente o ato por ele praticado justamente nesse feito. Não se trata de um mero vício, mas de uma grave infração à lei, equivalente ao magistrado de vara cível resolver despachar processos na vara criminal. Seus atos não são nulos, mas inexistentes naquele processo. Ainda que produza algum efeito, será fruto do erro de outras pessoas, envolvidas no processo, em cumpri-los. No sentido de serem inexistentes, como sustentamos: Mirabete (*Código de Processo Penal interpretado*, p. 699). Entretanto, tratando-se de suspeição, é motivo de nulidade, desde que a parte interessada assim reclame, por meio da exceção cabível. Se o juiz suspeito for aceito, deixa de existir razão para anulação dos atos por ele praticados.

1213. Suborno do juiz: *subornar* é dar dinheiro ou alguma vantagem para obter favores indevidos. Insere-se, pois, no contexto da corrupção, razão pela qual não deixa de ser um motivo especial de suspeição. Assim, conhecido pela parte, a qualquer momento, pode ser invocado para anular o que foi praticado pelo magistrado subornado. Se o réu, no entanto, foi absolvido, com trânsito em julgado, inexistindo revisão em favor da sociedade, nada se pode fazer para reabrir o processo. Responde, apenas, o juiz, nas esferas criminal e administrativa.

1214. Ilegitimidade de parte: não distingue a lei se a ilegitimidade é para a causa (*ad causam*) ou para o processo (*ad processum*), razão pela qual ambas podem gerar nulidade. Entretanto, quando a ilegitimidade referir-se à ação penal – como dar início à ação penal pública incondicionada não sendo membro do Ministério Público, nem a vítima, em caráter subsidiário, por exemplo –, não há como convalidar, motivo pelo qual é nulidade absoluta. Quando se cuidar de ilegitimidade para a relação processual – como uma representação irregular, por exemplo –, é possível corrigi-la, tratando-se de nulidade relativa.

1215. Denúncia: a falta de denúncia impossibilita o início da ação penal, razão pela qual este inciso, na realidade, refere-se à ausência das fórmulas legais previstas para essas peças processuais. Uma denúncia formulada sem os requisitos indispensáveis, certamente é nula. Entretanto, a nulidade pode ser absoluta – quando a peça é insuficiente para garantir a defesa do réu –, devendo ser refeita, ou relativa – quando a peça proporciona a defesa, embora precise de ajustes –, podendo ser convalidada.

1216. Exame de corpo de delito: quando o crime deixa vestígios, é indispensável a realização do exame de corpo de delito, direto ou indireto. Assim, havendo um caso de homicídio, por exemplo, sem laudo necroscópico, nem outra forma válida de produzir a prova de existência da infração penal, deve ser decretada a nulidade do processo. Trata-se de nulidade absoluta. O inciso em comento, entretanto, estabelece a possibilidade de se formar o corpo de delito de modo indireto, ou seja, por meio de testemunhas. De um modo ou de outro, não pode faltar o corpo de delito. Outra possibilidade é a realização do exame sem o respeito às fórmulas legais, como a participação de peritos nomeados pelo juiz, sem deter os requisitos devidos. Pode ser causa de nulidade, neste caso, no entanto, relativa.

1217. Ampla defesa e contraditório: essa causa de nulidade – ausência de citação – é corolário natural dos princípios constitucionais da ampla defesa e do contraditório. Natu-

Art. 500

ralmente, sem ser citado ou se a citação for feita em desacordo com as normas processuais, prejudicando ou cerceando o réu, é motivo para anulação do feito a partir da ocorrência do vício. Trata-se de nulidade absoluta. Na jurisprudência: STM: "A citação por edital é medida excepcional devendo ser precedida de todas as diligências necessárias à localização do Acusado, haja vista que constitui nulidade a preterição da citação do Réu para ver-se processar e o seu interrogatório, na forma da alínea 'c' do inciso III do artigo 500 do Código de Processo Penal Militar. Preliminar acolhida" (Apelação 7001293-29.2019.7.00.0000, rel. Carlos Vuyk de Aquino, julgado em 24.09.2020, v.u.).

1218. Concessão de prazos à acusação e à defesa: ao longo da instrução, vários prazos para manifestações e produção de provas são concedidos às partes. Deixar de fazê-lo pode implicar um cerceamento de acusação ou de defesa, resultando em nulidade relativa, ou seja, se houver prejuízo demonstrado.

1219. Intimação do réu para constituir outro defensor antes do julgamento de recurso: como decorrência natural da aplicação da garantia constitucional da ampla defesa, sempre que o defensor constituído do acusado renunciar, é obrigatória a sua intimação para eleger outro de sua confiança, antes que o juiz possa nomear-lhe um dativo. Portanto, o mesmo deve ocorrer em grau de recurso, ou seja, caso a renúncia ocorra quando o processo está no tribunal, aguardando julgamento de apelação ou outro recurso, é fundamental que o relator providencie a intimação do acusado para constituir outro defensor assim que tomar conhecimento da renúncia do anterior. Não o fazendo – e havendo prejuízo – é nulo o julgamento da apelação. É o teor da Súmula 708 do STF: "É nulo o julgamento da apelação se, após a manifestação nos autos da renúncia do único defensor, o réu não foi previamente intimado para constituir outro". Parece-nos que a nulidade deve ser considerada relativa, até porque, embora a apelação seja julgada, pode levar a uma decisão de interesse do acusado, não merecendo, pois, ser desconsiderada.

1220. Intervenção do Ministério Público: menciona o inciso que é causa de nulidade se o representante do Ministério Público não interferir nos feitos por ele intentados (ação pública), bem como naqueles que foram propostos pela vítima, em atividade substitutiva do Estado-acusação (ação privada subsidiária da pública). Entendemos, no entanto, que a intervenção do Ministério Público também é obrigatória, nos casos de ação exclusivamente privada, uma vez que a pretensão punitiva é somente do Estado (sujeito passivo formal de todas as infrações penais). Por isso, nas hipóteses em que é o titular da ação penal, a sua não intervenção causa nulidade absoluta, mas, naqueles feitos conduzidos pelo ofendido, trata-se de relativa, necessitando-se da prova do prejuízo. Sustentando que a não intervenção do Ministério Público em todos os termos da ação por ele intentada é nulidade absoluta, estão as posições de Tourinho Filho (*Código de Processo Penal comentado*, v. 2, p. 237) e Mirabete (*Código de Processo Penal interpretado*, p. 702).

1221. Defesa ao réu: é imprescindível. Preceitua a Constituição Federal que "aos litigantes, em processo judicial ou administrativo, e aos acusados em geral são assegurados o contraditório e ampla defesa, com os meios e recursos a ela inerentes" (art. 5.º, LV). Nessa esteira, o Código de Processo Penal Militar prevê que nenhum acusado, ainda que ausente ou foragido, será processado ou julgado sem defensor. Assim, a falta de defesa é motivo de nulidade absoluta.

1222. Ausência de defesa ou deficiência de defesa: há natural distinção entre as duas hipóteses. No primeiro caso, não tendo sido nomeado defensor ao réu, caso este não possua advogado constituído, gera-se nulidade absoluta, mesmo porque presumido é o prejuízo. Na segunda situação, a deficiência de defesa não é causa obrigatória de nulidade, relativa neste caso, devendo ser evidenciado o prejuízo sofrido pelo acusado. É o conteúdo da Súmula 523 do STF: "No processo penal, a falta de defesa constitui nulidade absoluta, mas a sua deficiência só o anulará se houver prova de prejuízo para o réu". Deve-se salientar, no entanto, que há casos de deficiência tão grosseira que podem equivaler à ausência de defesa, razão por que deve o juiz zelar pela amplitude de defesa, no processo penal, considerando o réu indefeso e nomeando-lhe outro defensor. Caso não o faça, constituída está uma nulidade absoluta, inclusive pelo fato de ter infringido preceito constitucional, natural consequência do devido processo legal (ampla defesa). Checar: STF: "*Habeas corpus*. Extorsão mediante sequestro. Paciente presa em São Paulo, respondendo à ação penal no Rio de Janeiro. Condenação. Cerceamento de defesa: ausência da ré nos atos processuais. Impossibilidade de entrevistar-se com a defensora nomeada em outra unidade da Federação. 1. Paciente condenada por crime de extorsão mediante sequestro. Ação penal em curso no Rio de Janeiro. Paciente presa em São Paulo. Ausência de contato com o processo em que figurou como ré. Impossibilidade de indicar testemunhas e de entrevistar-se com a Defensora Pública designada no Rio de Janeiro. Cerceamento de defesa. 2. A falta de recursos materiais a inviabilizar as garantias constitucionais dos acusados em processo penal é inadmissível, na medida em que implica disparidade dos meios de manifestação entre a acusação e a defesa, com graves reflexos em um dos bens mais valiosos da vida, a liberdade. 3. A circunstância de que a paciente poderia contatar a Defensora Pública por telefone e cartas, aventada no ato impugnado, não tem a virtude de sanar a nulidade alegada, senão o intuito de contorná-la, resultando franco prejuízo à defesa, sabido que a comunicação entre presos e pessoas alheias ao sistema prisional é restrita ou proibida. Ordem concedida" (HC 85200-RJ, 1.ª T., rel. Eros Grau, 08.11.2005, v.u., *DJ* 03.02.2006, p. 31).

1223. Curador ao réu menor de 21 anos e ao menor de 18: primeiramente, cumpre destacar que, segundo entendemos, não há mais sentido em se nomear curador ao réu menor de 21 anos, diante da edição da Lei 10.406/2002 (Código Civil), que passou a considerar plenamente capaz, para todos os atos da vida civil, o maior de 18 anos. Logo, a proteção almejada a quem era considerado relativamente incapaz e imaturo desapareceu. Quanto ao menor de 18, ele não pode ser criminalmente processado, em face da expressa vedação imposta pela Constituição Federal. Não há mais curador em caso algum.

1224. Intimação das testemunhas arroladas na denúncia: deve-se incluir, também, as de defesa, por uma questão de paridade. Desse modo, não tendo havido a intimação solicitada pelas partes, o julgamento está prejudicado. Nova sessão deve ser agendada, caso alguma das testemunhas falte. Entretanto, se todas comparecerem, mesmo que não intimadas, o julgamento pode realizar-se. Por outro lado, se, a despeito de não intimadas e sem terem comparecido, a sessão ocorrer, configura-se nulidade relativa, ou seja, anula-se desde que as partes reclamem, demonstrando prejuízo.

1225. Sorteio do Conselho de Justiça e os compromissos: mais uma vez, demonstra o Código a preocupação com as formalidades existentes na composição do Conselho da Justiça Militar, para não haver qualquer tipo de burla ao espírito que norteia a instituição. Logo, não pode haver, em hipótese alguma, pois o prejuízo é presumido, um Conselho de Justiça formado por número inferior de magistrados. Se houver, é nulidade absoluta. Quanto ao compromisso, parece-nos falha geradora de nulidade relativa.

1226. Acusação e defesa no julgamento pelo Conselho de Justiça: é fundamental que acusação e defesa estejam presentes e participando ativamente da sessão de julgamento, informando todos os juízes componentes do Conselho acerca de suas alegações. Logo, se faltar defesa ou esta atuar de modo deficiente pode gerar prejuízo irreparável e causa de nulidade.

Art. 501

Código de Processo Penal Militar Comentado • **Nucci**

1227. Ausência do réu e realização da sessão: é possível a realização do julgamento, mesmo estando o réu ausente. Entretanto, é direito do acusado ter ciência de que se realizará a sessão, podendo exercer o seu direito de comparecimento. Logo, a falta de intimação pode gerar nulidade, porém relativa. Por outro lado, se o acusado, ainda que não intimado, comparecer para a sessão, supera-se a falta de intimação, pois a finalidade da norma processual foi atingida.

1228. Intimação para recurso: as partes têm o direito a recorrer de sentenças e despachos, quando a lei prevê a possibilidade, motivo pelo qual devem ter ciência do que foi decidido. Omitindo-se a intimação, o que ocorrer, a partir daí, é nulo, por evidente cerceamento de acusação ou de defesa, conforme o caso. Cuida-se de nulidade relativa.

1229. Atos processuais e sua formalidade: os atos processuais são realizados conforme a forma prevista em lei. Se algum ato for praticado, desrespeitada a forma legal, desde que seja a formalidade essencial à sua existência e validade, a nulidade deve ser reconhecida. Entretanto, trata-se de nulidade relativa, que somente se reconhece havendo prejuízo para alguma das partes. Exemplo: o mandado de citação deve ser expedido contendo o nome do juiz, o nome do querelante, quando for o caso, o nome do réu, a sua residência, o fim da citação, o juízo e o lugar em que deve comparecer para interrogatório, a subscrição do escrivão e a rubrica do juiz. Faltando no mandado o juízo e o lugar em que deve o réu comparecer, é natural que a principal finalidade do ato processual não será atingida. O acusado deixará de comparecer ao seu interrogatório, cuja oportunidade de realização é inafastável, gerando nulidade. Entretanto, caso o réu compareça ao interrogatório, porque se informou com outras pessoas ou com seu defensor a respeito, sana-se o defeito. Por outro lado, a residência do réu não é da essência do ato processual, mormente se o oficial de justiça o encontrou. Faltando, não anula o ato. Na jurisprudência: STM: "As alegações escritas constituem passo indispensável na *persecutio in judicio*, ou seja, fazem parte das formalidades essenciais do processo cuja inobservância implica nulidade. Sua supressão caracteriza violação ao disposto no art. 500, inciso IV, do CPPM. Trata-se de mera irregularidade a apresentação intempestiva das alegações escritas ministeriais, haja vista ser impróprio o prazo previsto no art. 428 do CPPM, à luz dos precedentes do STM e STJ. Assim, o seu descumprimento não acarreta eventual nulidade. Correição Parcial indeferida" (Correição parcial 7000520-47.2020.7.00.0000, rel. Francisco Joseli Parente Camelo, julgado em 08.10.2020, v.u.).

Impedimento para arguição da nulidade

> **Art. 501.** Nenhuma das partes poderá arguir a nulidade a que tenha dado causa ou para que tenha concorrido, ou referente a formalidade cuja observância só à parte contrária interessa.[1230]

1230. Interesse para o reconhecimento da nulidade: do mesmo modo que é exigido interesse para a prática de vários atos processuais, inclusive para o início da ação penal, exige-se tenha a parte prejudicada pela nulidade interesse no seu reconhecimento. Logo, não pode ser ela a geradora do defeito, plantado unicamente para servir a objetivos escusos. Por outro lado, ainda que não seja a causadora do vício processual, não cabe a uma parte invocar nulidade que somente beneficiaria a outra, mormente quando esta não se interessa em sua decretação (ex.: argui nulidade o promotor por não ter sido a defesa intimada da expedição de carta precatória para ouvir testemunhas em outra comarca, embora afirme o defensor que nenhum prejuízo sofreu a defesa do réu. Ainda que possa representar um ponto de cerceamento de defesa, somente a ela interessa levantá-la). Está correta a previsão legal, uma vez que dar causa à nulidade, pretendendo o seu reconhecimento, ou pedir que o juiz considere nulo determinado ato, quando não há interesse algum, seria a utilização dos mecanismos legais para conturbar o processo e não para garantir o devido processo legal. Logicamente, esse é o contexto das nulidades relativas, pois as absolutas devem ser reconhecidas a qualquer tempo, inclusive de ofício. Por derradeiro, destaque-se a lição de Borges da Rosa: "As nulidades, por terem um caráter odioso, por constituírem uma sanção ou pena, devem ser alegadas e aplicadas *restritivamente*, só quando se destinem a reparar um *prejuízo* decorrente da violação da lei. Só pode, portanto, alegar nulidade quem sofreu esse *prejuízo*" (*Nulidades do processo*, p. 176). Na jurisprudência: STM: "Não é dado à defesa, nessas circunstâncias, questionar a inexistência do exame de corpo de delito direto, porquanto o art. 501 do Código de Processo Penal Militar é expresso ao dispor que 'nenhuma das partes poderá arguir a nulidade a que tenha dado causa ou para que tenha concorrido'" (Apelação Criminal 7000395-50.2018.7.00.0000, T. Pleno, rel. Péricles Aurélio Lima de Queiroz, 04.12.2018, v.u.).

Nulidade não declarada

> **Art. 502.** Não será declarada a nulidade de ato processual que não houver influído na apuração da verdade substancial ou na decisão da causa.[1231]

1231. Nulidade irrelevante: baseado no princípio geral de que, sem prejuízo, não há que se falar em nulidade, é possível haver um ato processual praticado sem as formalidades legais que, no entanto, foi irrelevante para chegar-se à verdade real no caso julgado. Assim, preserva-se o praticado e mantém-se a regularidade do processo. Exemplo: a testemunha que se pronunciar em idioma estrangeiro deve ter intérprete. É a formalidade do ato. Se ela for ouvida sem o intérprete, mas seu depoimento foi considerado irrelevante pelo juiz e pelas partes, não se proclama a nulidade. Na jurisprudência: STM: "1. O ato de ratificação da denúncia por membro do Ministério Público Militar dotado de atribuições para oferecê-la não viola os princípios do Promotor natural ou da Independência funcional, máxime quando não há demonstração concreta de prejuízo a qualquer das partes. Aplicação dos arts. 499 e 502 do Código de Processo Penal Militar" (Recurso em *Habeas Corpus* 7000698-64.2018.7.00.0000, T. Pleno, rel. Péricles Aurélio Lima de Queiroz, 08.11.2018, v.u.).

Falta ou nulidade da citação, da intimação ou da notificação. Presença do interessado. Consequência

> **Art. 503.** A falta ou a nulidade da citação, da intimação ou notificação ficará sanada com o comparecimento do interessado antes de o ato consumar-se, embora declare que o faz com o único fim de argui-la. O juiz ordenará, todavia, a suspensão ou adiamento do ato, quando reconhecer que a irregularidade poderá prejudicar o direito da parte.[1232]

1232. Regularização da falta ou nulidade da citação, intimação ou notificação: outra vez fundado no princípio de que não se declara nulidade quando inexistir prejuízo à parte, torna o Código de Processo Penal Militar a permitir que eventuais defeitos possam ser sanados. É o que se dá neste caso, quando houver falta ou nulidade da citação ou das intimações de um modo geral. Se o réu, embora não citado, por exemplo, comparece no processo e, por seu advogado, apresenta a defesa prévia, inexiste razão para considerá-lo nulo. Por outro lado,

Art. 504

se comparecer no processo, após ter sido oferecida a defesa prévia por defensor dativo, pode pleitear a reabertura do prazo, para que o defensor constituído se manifeste, anulando-se o ato anteriormente praticado, evitando-se qualquer cerceamento de defesa. Se a parte não foi intimada da sentença condenatória, em outro exemplo, mas, ainda na fluência do prazo recursal, apresenta o apelo, está sanada a falha. Caso o prazo já tenha decorrido, o juiz deve reabri-lo, anulando o que foi praticado depois disso. Na jurisprudência: STM: "Convém explicitar que o fato de o acusado ter sido citado por intermédio de videoconferência não implicou qualquer nulidade processual, uma vez que ele acompanhou a instrução criminal, tendo, inclusive, apresentado a sua versão dos fatos em juízo" (Apelação 7000003-13.2018.7.00.0000, rel. Carlos Augusto de Sousa, 14.06.2018, v.u.).

Oportunidade para a arguição

> **Art. 504.** As nulidades deverão ser arguidas:
>
> *a)* as da instrução do processo, no prazo para a apresentação das alegações escritas;[1233]
>
> *b)* as ocorridas depois do prazo das alegações escritas, na fase do julgamento ou nas razões de recurso.[1234]
>
> **Parágrafo único.** A nulidade proveniente de incompetência do juízo pode ser declarada a requerimento da parte ou de ofício, em qualquer fase do processo.

1233. Alegações finais no processo comum: argui-se a nulidade em preliminar, antes de se adentrar o mérito da causa. Na jurisprudência: STM: "1. As nulidades da instrução do processo devem ser arguidas na fase das alegações escritas, sob pena de preclusão consumativa (art. 504, alínea 'a', do CPPM), tornando inócuas discussões extemporâneas sobre a matéria. Precedentes. Preliminar rejeitada por unanimidade" (Apelação nº 7001448-32.2019.7.00.0000, rel. Marco Antônio de Farias, julgado em 25.11.2020, v.u.); "Rejeita-se preliminar de nulidade por ausência de intimação da defesa, uma vez que os vícios havidos ao longo da instrução processual devem ser arguidos no prazo de alegações escritas (art. 504, alínea *a*, do CPPM). Portanto, na atual fase recursal, eventuais causas de nulidade foram alcançadas pela preclusão. Decisão unânime" (Apelação 7000003-13.2018.7.00.0000, rel. Francisco Joseli Parente Camelo, 29.09.2015, v.u.).

1234. Sustentação oral ou recurso: os vícios do processo, após a fase das alegações escritas, devem ser arguidos na sustentação oral, perante o Conselho de Justiça; após o veredicto, eventuais nulidades devem ser inseridas nas preliminares do recurso.

Silêncio das partes

> **Art. 505.** O silêncio das partes sana os atos nulos, se se tratar de formalidade de seu exclusivo interesse.[1235]

1235. Convalidação das nulidades relativas: *convalidar* significa restabelecer a validade. Assim, quando houver algum vício – nulidade relativa – que possa ser sanado ou superado pela falta de pedido da parte interessada para o seu reconhecimento, dá-se por convalidada a nulidade. A preclusão – que é a falta de alegação no tempo oportuno – é motivo de validação do defeito contido em determinado ato processual. Estabelece o art. 504 os momentos para a alegação das nulidades, após os quais, quando relativas, serão consideradas sanadas. O trânsito em julgado da sentença pode levar, ainda, à impossibilidade de reconhecimento das nulidades. Quando condenatória a decisão, não havendo revisão em favor da sociedade, o princípio é absoluto. Entretanto, no caso da defesa, há a possibilidade de ajuizamento de revisão criminal ou de *habeas corpus*, desde que se trate de nulidade absoluta. Além da preclusão, há possibilidade de se convalidar a nulidade, quando o ato processual viciado atingir a sua finalidade. Na jurisprudência: TJMSP: "Preliminar arguindo nulidade decorrente da ausência de intimação do defensor para acompanhar ato no juízo deprecado afastada. oportunidade de a defesa manifestar inconformismo, não o fazendo no momento pertinente. Súmula 273, STJ" (Apelação Criminal 0075372018, rel. Avivaldi Nogueira Junior, 2.ª C., 28.08.2018, v.u.).

Renovação e retificação

> **Art. 506.** Os atos, cuja nulidade não houver sido sanada, serão renovados ou retificados.[1236]

Nulidade de um ato e sua consequência

> § 1.º A nulidade de um ato, uma vez declarada, envolverá a dos atos subsequentes.[1237]

Especificação

> § 2.º A decisão que declarar a nulidade indicará os atos a que ela se estende.[1238]

1236. Renovação ou retificação do ato anulado: é consequência natural da decretação da nulidade. Se o vício não foi consertado na forma prevista nos artigos anteriores, é preciso que o juiz considere nulo o realizado e determine a sua renovação (quando se pratica novamente o ato) ou a sua retificação (quando se conserta o que estava errado).

1237. Princípio da causalidade: significa que a nulidade de um ato pode ocasionar a nulidade de outros que dele decorram, constituindo mostra da natural conexão dos atos realizados no processo, objetivando a sentença. É o que se denomina, também, de *nulidade originária* e *nulidade derivada*. A norma processual penal utiliza o termo "causará", demonstrando que a nulidade de um ato *deve* provocar a de outros, quando estes dele *dependam* diretamente ou sejam *consequência* natural do anulado. Assim, é preciso verificar, na cadeia de realização dos vários atos processuais, se o eivado de nulidade trouxe, como decorrência, outros, ou não. O interrogatório do réu é feito com base na denúncia. Se esta é anulada, naturalmente o interrogatório também precisa ser refeito. Entretanto, se uma testemunha é ouvida sem a presença do réu, não intimado, provocando a impossibilidade do reconhecimento, por exemplo, anula-se o ato, o que não prejudica outra audiência que se tenha seguido àquela, cujas partes compareceram regularmente. Ada, Scarance e Magalhães afirmam, com razão, que a nulidade de atos postulatórios (como a denúncia) propaga-se para os atos subsequentes, enquanto a nulidade dos atos instrutórios (como a produção de provas) nem sempre infecta os demais (*As nulidades no processo penal*, p. 26).

Art. 507

1238. Extensão da nulidade: cabe ao magistrado ou tribunal que reconhecer a nulidade ocorrida mencionar, expressamente, todos os atos que serão renovados ou retificados, ou seja, cabe-lhe proclamar a extensão da nulidade.

Revalidação de atos

> **Art. 507.** Os atos da instrução criminal, processados perante juízo incompetente, serão revalidados, por termo, no juízo competente.[1239]

1239. Revalidação por termo: a revalidação por termo, sem necessidade de refazimento completo dos atos, segundo cremos, somente deve ser feita em situação de concordância das partes, não demonstrado prejuízo. Na jurisprudência: STF: "O magistrado competente pode, mercê do art. 507 do CPPM, aproveitar os atos processuais anteriormente praticados pelo juiz incompetente" (HC 114.225-CE, 1.ª T., rel. Luiz Fux, 25.06.2013, v.u.).

Anulação dos atos decisórios

> **Art. 508.** A incompetência do juízo anula somente os atos decisórios, devendo o processo, quando for declarada a nulidade, ser remetido ao juiz competente.[1240]

1240. Anulação de atos decisórios: ensinam Grinover, Magalhães e Scarance que "agora, em face do texto expresso da Constituição de 1988, que erige em garantia do juiz natural a competência para *processar e julgar* (art. 5.º, LIII, CF), não há como aplicar-se a regra do art. 567 do Código de Processo Penal [art. 508, CPM] aos casos de incompetência constitucional: não poderá haver aproveitamento dos atos não decisórios, quando se tratar de competência de jurisdição, como também de competência funcional (hierárquica e recursal), ou de qualquer outra, estabelecida pela Lei Maior" (*As nulidades no processo penal*, p. 45-46). E, por conta disso, defende Scarance que "se um processo correu pela Justiça Militar castrense, sendo os autos remetidos à Justiça Comum, perante esta o processo deve ser reiniciado, não sendo possível o aproveitamento dos atos instrutórios" (*Processo penal constitucional*, p. 118). Parece-nos correta a visão adotada. Assim, somente em casos de competência relativa (territorial), pode-se aproveitar os atos instrutórios, que serão ratificados, anulando-se os decisórios para que sejam renovados pelo juízo competente. Na jurisprudência: STM: "Dito isso, entendo que somente o ato decisório deve ser declarado nulo, nos termos do art. 508 do CPPM ('A incompetência do juízo anula somente os atos decisórios, devendo o processo, quando for declarada a nulidade, ser remetido ao juiz competente'). Inexiste prejuízo aos atos processuais anteriores à sentença praticados pelo Conselho de Justiça, razão pela qual, quanto a eles, incide o princípio *pas de nullité sans grief*" (Apelação 0000014-82.2017.7.07.0007, rel. Maria Elizabeth Guimarães Teixeira Rocha, 29.11.2018, v.u.).

Juiz irregularmente investido, impedido ou suspeito

> **Art. 509.** A sentença proferida pelo Conselho de Justiça com juiz irregularmente investido, impedido ou suspeito, não anula o processo, salvo se a maioria se constituir com o seu voto.[1241]

1241. Juiz irregular, impedido ou suspeito em colegiado: a decisão proferida pelo Conselho de Justiça, embora conte com o voto de magistrado que ali não deveria estar, pode ser validada, caso o referido voto não sirva para determinar a maioria. Exemplo: a votação é de 4 votos contra 1, sendo este 1 o proferido de maneira irregular. Mantém-se o julgamento.

Título II
Dos recursos[1242-1243]

1242. Conceito de recurso: é o direito que possui a parte, na relação processual, de insurgir-se contra decisões judiciais, requerendo a sua revisão, total ou parcial, em instância superior. Segundo Borges da Rosa, o "recurso tem seu fundamento na contingência humana, na falibilidade da cultura, da inteligência, da razão e da memória do homem, por mais culto, perspicaz e experiente que seja". Destina-se, pois, a sanar "os defeitos graves ou substanciais da decisão", "a injustiça da decisão", "a má apreciação da prova", "a errônea interpretação e aplicação da Lei, ou da norma jurídica", "a errônea interpretação das pretensões das partes" e "a errônea apreciação dos fatos e das suas circunstâncias" (*Comentários ao Código de Processo Penal*, p. 693). Não nos parece adequado, pois, classificar como recurso o instrumento processual voltado ao mesmo órgão prolator da decisão, para que a reveja ou emende. Excepcionalmente, no entanto, surgem instrumentos com essa conformação, considerados por alguns processualistas como recursos, mas que, em verdade, são autênticos pedidos de reconsideração ou revisão dirigidos ao mesmo órgão prolator, como ocorre com os embargos de declaração. Entende-se que ganhem a denominação de recurso uma vez que possibilitam ao magistrado rever a decisão proferida, mesmo que seja somente para sanar algum erro (obscuridade, omissão, contradição, ambiguidade, entre outros), podendo, ao fazê-lo, alterar o rumo do que havia sido decidido. Dessa maneira, se o juiz, reconhecendo que deixou de apreciar uma alegação ou um pedido feito por uma das partes, fazendo-o então nos embargos de declaração, pode alterar o decidido, transmudando o dispositivo condenatório para absolutório (ou vice-versa).

1243. Natureza jurídica do recurso: é um desdobramento do direito de ação, que se inicia em primeira instância, pleiteando a aplicação do direito ao caso concreto; proferida a sentença, havendo inconformismo da parte perdedora, apresenta o recurso, para que o tribunal, novamente, aplique o direito ao caso concreto. Para Ada, Magalhães e Scarance, trata-se de "aspecto, elemento ou modalidade do próprio direito de ação e de defesa" (*Recursos no processo penal*, p. 32), acrescentando Frederico Marques que não se trata de uma espécie autônoma de ação, mas apenas o poder de rever decisões proferidas dentro do mesmo processo (*Elementos de direito processual penal*, v. 4, p. 181).

Capítulo I
Regras gerais[1244-1245]

1244. Características fundamentais dos recursos: devem ser: a) *voluntários*: a interposição depende, exclusivamente, do desejo da parte de contrariar a decisão proferida. Exceções existem, no contexto do processo penal, diante dos chamados *recursos de ofício* e da possibilidade de extensão dos efeitos do recurso ao corréu, desde que o beneficie; b) *tempestivos* (também é um pressuposto de admissibilidade): não é viável a interposição de recurso, após o prazo estabelecido, expressamente, em lei. Por isso, não se deve considerar recursos as ações autônomas – como o *habeas corpus,* o mandado de segurança e a revisão criminal –, que têm

Art. 510

por finalidade apresentar inconformismo contra certas decisões. Nesta hipótese, as ações impugnativas podem voltar-se tanto contra decisões com trânsito em julgado – ou simplesmente precluídas a outro recurso –, como contra decisões suscetíveis de serem impugnadas por recurso específico; c) *taxativos*: o recurso deve estar expressamente previsto em lei, para que a parte interessada dele lance mão. Não fosse assim e inexistiria segurança jurídica, visto que toda e qualquer decisão, sob qualquer circunstância, desagradando uma das partes, permitiria ser questionada em instância superior. A ampla possibilidade recursal certamente terminaria por fomentar atitudes protelatórias, impedindo o equilibrado andamento do processo.

1245. Efeitos dos recursos: o efeito *devolutivo* é regra geral, permitindo que o tribunal superior reveja integralmente a matéria controversa, sobre a qual houve o inconformismo. Naturalmente, cabe à instância superior avaliar, ainda, matéria que lhe permite conhecimento de ofício, sem a impugnação expressa de qualquer das partes (ex.: nulidade absoluta, mormente quando há prejuízo para o réu). O efeito *suspensivo* é excepcional, impedindo que a decisão produza consequências desde logo. Há situações que comportam imediata eficácia, como a sentença absolutória, a provocar imediata soltura do réu; outras, no entanto, submetem-se à eficácia contida, como a sentença condenatória, impondo pena privativa de liberdade, que não se executa, senão após o trânsito em julgado (há hipóteses, também, excepcionais de recolhimento provisório ao cárcere, embora seja fruto de medida cautelar e não da sentença propriamente dita). Aliás, como bem lembram Ada, Magalhães e Scarance, não é o recurso que possui efeito suspensivo, pois a decisão sujeita a recurso não tem eficácia, até que a instância superior se manifeste. Ele é o instrumento para prorrogar a condição de ineficácia da decisão (*Recursos no processo penal*, p. 51). Pode-se mencionar, ainda, o efeito regressivo, que significa devolver ao mesmo órgão prolator da decisão a possibilidade de seu reexame, o que acontece com os embargos declaratórios e outros recursos (recurso em sentido estrito e agravo em execução).

Cabimento dos recursos

> **Art. 510.** Das decisões do Conselho de Justiça ou do auditor poderão as partes interpor os seguintes recursos:[1246]
>
> *a)* recurso em sentido estrito;
>
> *b)* apelação.

1246. Taxatividade dos recursos: preveem-se apenas dois recursos das decisões do Conselho de Justiça ou do auditor, órgãos de primeira instância: a) recurso em sentido estrito; b) apelação.

Os que podem recorrer

> **Art. 511.** O recurso poderá ser interposto pelo Ministério Público, ou pelo réu, seu procurador, ou defensor.[1247-1248]
>
> Inadmissibilidade por falta de interesse
>
> **Parágrafo único.** Não se admitirá, entretanto, recurso da parte que não tiver interesse na reforma ou modificação da decisão.[1249-1250]

1247. Voluntariedade e autodefesa: os recursos são voluntários, ofertados pela parte que se julga prejudicada pela decisão proferida pelo juiz ou Conselho de Justiça. Nota-se a especial atenção dada ao réu, que pode recorrer, diretamente, mesmo sem a assistência de seu defensor.

1248. Múltipla legitimidade para interposição: admite o processo penal que o recurso seja diretamente interposto pelo réu. Entretanto, possibilita, ainda, a apresentação por procurador com poderes específicos ou pelo defensor. No caso de divergência – o réu deseja recorrer, mas o defensor, não, por exemplo – deve prevalecer a vontade de quem quer sujeitar a decisão ao duplo grau de jurisdição. Conferir o teor da Súmula 705 do STF: "A renúncia do réu ao direito de apelação, manifestada sem a assistência do defensor, não impede o conhecimento da apelação por este interposta". É preciso destacar, no entanto, que a renúncia do acusado, contando com a assistência do defensor, *a contrario sensu*, produz o efeito de renúncia ao direito ao duplo grau de jurisdição, constituindo autêntico obstáculo ao processamento ou conhecimento do recurso. Nesse sentido: TJSP: "Ademais, como bem consignado pela d. Procuradora de Justiça oficiante, o pedido formulado pelo impetrante é desprovido de 'sentido' lógico, porque se o paciente renunciou ao direito de recorrer da decisão de pronúncia e, assim, contribuiu explicitamente para que o *decisum* transitasse em julgado (fls. 55), não há que se falar em direito de recorrer em liberdade. Frise-se, por primeiro, que não se vislumbra qualquer irregularidade na manifestação da vontade de renunciar ao direito de interpor recurso contra a decisão de pronúncia, pois tal declaração foi acompanhada por oficial de justiça, serventuário que possui fé pública (fls. 54). Ademais, se o Defensor do paciente com ele anuiu e não requereu a reapreciação da decisão, mais uma vez, nenhuma mácula se extrai do procedimento" (HC 990.10.439905-0, 16.ª C., rel. Almeida Toledo, 14.12.2010, v.u.). Em casos excepcionais, quando a interposição do recurso mais prejudicar do que auxiliar o acusado – razão pela qual a defesa não quis recorrer – pode o magistrado alertar o recorrente dos argumentos de seu defensor, enviando-lhe cópia da manifestação, mormente quando se trata de dativo, que possui contato dificultado com o patrocinado, renovando a possibilidade de que renuncie à interposição ou mantenha seu intento. Não vemos fundamento na simples rejeição do recurso do acusado, somente pelo fato de que a vontade da defesa técnica, pelo conhecimento que detém, deva prevalecer. Por outro lado, se o defensor quer recorrer, mas o réu não deseja, renunciando ao direito quando receber a intimação da sentença, deve-se dar prosseguimento ao recurso, salvo se houver prejuízo evidente para o acusado. Nessa hipótese, é possível que o juiz dê ciência ao interessado, que poderá, querendo, constituir outro defensor, a fim de desistir do recurso interposto, ou mesmo, sendo o caso de dativo, requerer ao magistrado a nomeação de outro. Sobre o tema, manifestam-se Ada, Magalhães e Scarance pela análise do binômio *interesse-utilidade*, sustentando que, no caso concreto, "seria a pedra de toque para dirimir o conflito entre a vontade de recorrer do acusado e a renúncia do defensor, ou vice-versa. Se houver, nas circunstâncias concretas, vantagem prática que se possa alcançar pelo recurso, prevalecerá a vontade de recorrer, tenha sido ela manifestada no exercício da autodefesa ou da defesa técnica, e seja esta desempenhada por advogado constituído ou nomeado. Mas se a vantagem concreta for duvidosa, ou houver valores contrastantes em jogo, prevalecerá a vontade do defensor técnico, salvo manifestação de renúncia do réu tomada por termo, na presença de seu defensor, que deverá esclarecê-lo sobre as consequências da renúncia e os benefícios do recurso" (*Recursos no processo penal*, p. 80). Confira-se a possibilidade de haver a justa composição dos interesses recursais, tanto do réu, quanto de seu defensor: TJSP: "As duas tendências opostas admitem, porém, conciliação adequada, capaz de assegurar o equilíbrio da autodefesa (defesa como direito) e da defesa técnica (defesa como garantia do correto exercício da jurisdição). De fato, há que impedir, a pretexto de assegurar um julgamento justo, o sacrifício da liberdade do cidadão-réu (notadamente o que não tem meios para constituir e destituir Advogados e assegurar assim o predomínio de sua vontade) e cumpre também

Art. 512

evitar que o despreparo técnico e o conhecimento imperfeito da utilidade e mecanismo de impugnação das decisões judiciais possam prejudicar os menos afortunados" (Ap. 152.945-3, São Bento do Sapucaí, 5.ª C., rel. Dante Busana, 25.08.1994. m.v., *JTJ* 168/311, embora antigo, apresenta uma solução muito equilibrada).

1249. Interesse recursal: trata-se de um dos pressupostos subjetivos para a admissibilidade dos recursos. É natural que a parte somente poderá provocar o reexame da matéria já decidida por determinado órgão, remetendo o feito à instância superior, quando eventual modificação da decisão lhe trouxer algum tipo de benefício. Recorrer por recorrer é algo inútil, constitutivo de obstáculo à economia processual, além do que o Judiciário é voltado à solução de conflitos e não simplesmente a proferir consultas ou esclarecer questões puramente acadêmicas.

1250. Interesse na modificação da fundamentação da sentença: como regra, não se reconhece interesse para a parte que deseje, apenas, alterar os fundamentos tomados pelo julgador para proferir determinada decisão. Nesse caso, seria completamente inútil reavaliar-se a questão, se o dispositivo da sentença permanecer inalterado. Entretanto, caso a fundamentação produza efeito consequencial concreto no direito da parte, é possível o recurso. É o que ocorre com a sentença absolutória por reconhecimento de legítima defesa, bem diversa de outra, também absolutória, que se sustenta na insuficiência de provas. Esta última não encerra a discussão, que pode estender-se à esfera cível, em ação autônoma de indenização. A outra, por sua vez, não permite mais que se debata a responsabilidade do réu. Na jurisprudência: STM: "I – A Decisão do Colegiado veio ao encontro do pretendido pela Defesa, o que revela, de plano, a ausência de sucumbência. O eventual conhecimento das preliminares ora suscitadas ou alteração dos fundamentos legais da absolvição, tal como requerido pela Defesa, não produziria modificação concreta na situação jurídica do Réu, o que configura clara ausência de interesse recursal. Preliminar Ministerial acolhida. Apelação da Defesa não conhecida por ausência de interesse recursal, nos termos do art. 511, parágrafo único, do Código de Processo Penal Militar (CPPM)" (Apelação 7001255-17.2019.7.00.0000, rel. Péricles Aurélio Lima de Queiroz, julgado em 05.11.2019, v.u.).

Proibição da desistência

> **Art. 512.** O Ministério Público não poderá desistir do recurso que haja interposto.[1251]

1251. Impossibilidade de desistência do recurso do Ministério Público: no contexto da obrigatoriedade do ajuizamento da ação penal, que vige no processo penal, para os crimes de ação pública incondicionada, não pode o representante do Ministério Público, uma vez interposto o recurso, dele desistir. Logicamente, não é obrigatório o oferecimento do recurso, mas, feita a opção, desistência não haverá. É possível, no entanto, que um promotor apresente a petição de interposição do apelo, abrindo-se, depois, vista a outro representante do Ministério Público para oferecer as razões. Este último, não concordando com o recurso em andamento, dele não pode desistir, mas suas razões podem espelhar entendimento diverso do que seria compatível com o desejo de recorrer. Trata-se da independência funcional do membro do Ministério Público. Imagine-se que o réu tenha sido absolvido por falta de provas. O promotor toma ciência e apresenta apelação, sem as razões. Posteriormente, quando outro representante do Ministério Público recebe os autos para oferecer os fundamentos do apelo, aceita os argumentos do magistrado e, não podendo desistir, apresenta razões concordantes com os fundamentos da sentença.

Interposição e prazo

> **Art. 513.** O recurso será interposto por petição e esta, com o despacho do auditor, será, até o dia seguinte ao último do prazo, entregue ao escrivão, que certificará, no termo da juntada, a data da entrega; e, na mesma data, fará os autos conclusos ao auditor, sob pena de sanção disciplinar.[1252-1253]

1252. Pressupostos de admissibilidade: os recursos necessitam ser, para o recebimento e encaminhamento à instância superior: a) cabíveis (haver previsão legal para a sua interposição); b) adequados (deve-se respeitar o recurso exato indicado na lei para cada tipo de decisão impugnada); c) tempestivos (interpostos no prazo legal). São os três pressupostos objetivos. Devem, ainda, ser: a) envoltos pelo interesse da parte (se for vencedora em todos os pontos sustentados, não havendo qualquer tipo de sucumbência, inexiste motivo para provocar outra instância a reavaliar a matéria); b) abarcados pela legitimidade (o recurso precisa ser oferecido por quem é parte na relação processual, estando capacitado a fazê-lo ou quando a lei expressamente autorize a interposição por terceiros). Concordamos com Ada, Magalhães e Scarance, quando sustentam não ser a competência pressuposto de admissibilidade, pois é "mero requisito de conhecimento por parte de determinado juiz ou tribunal" (*Recursos no processo penal*, p. 91).

1253. Formalidade para a interposição: exige o Código de Processo Penal Militar que os recursos sejam apresentados por petição ou por termo nos autos, não se aceitando, pois, a forma verbal. Entretanto, não se pode dar apego desmesurado às formalidades processuais. É possível que um réu manifeste seu desejo de recorrer, oralmente, assim que toma conhecimento, na audiência ou no plenário do júri, da sentença condenatória, merecendo seu apelo ser devidamente processado, ainda que não tenha havido a redução a termo. Outra situação comum é tomar ciência da decisão – seja o acusado, seu defensor e até mesmo o promotor – colocando a expressão "recorro", o que possibilita considerar interposto o apelo, aguardando-se a formalização. Quando oferecido em segundo grau, deve-se respeitar a forma legal, com petição e razões, sob pena de indeferimento, pois, como regra, submete-se a criterioso exame de admissibilidade.

Erro na interposição

> **Art. 514.** Salvo a hipótese de má-fé, não será a parte prejudicada pela interposição de um recurso por outro.[1254]

Propriedade do recurso

> **Parágrafo único.** Se o auditor ou o Tribunal reconhecer a impropriedade do recurso, mandará processá-lo de acordo com o rito do recurso cabível.

1254. Princípio da fungibilidade dos recursos: significa que a interposição de um recurso por outro, inexistindo má-fé ou erro grosseiro, não impedirá que seja ele processado e conhecido. Assim, caso a parte esteja em dúvida, por exemplo, se é caso de interposição de recurso em sentido estrito ou apelação, mesmo porque a matéria é inédita ou controversa na doutrina ou na jurisprudência, é plausível que a opção feita seja devidamente encaminhada

Art. 515

Código de Processo Penal Militar Comentado • Nucci

496

para a instância superior, merecendo ser devidamente avaliada. Erro grosseiro é aquele que evidencia completa e injustificável ignorância da parte, isto é, havendo nítida indicação na lei quanto ao recurso cabível e nenhuma divergência doutrinária e jurisprudencial, torna-se absurdo o equívoco, justificando-se a sua rejeição. Na jurisprudência: STM: "II – A aplicação do princípio da fungibilidade recursal, insculpido no art. 514 do Código de Processo Penal Militar, exige que no momento da interposição do recurso inadequado ainda não se tenha extrapolado o prazo legal para o manuseio do recurso correto" (Rese 0000034-17.2016.7.10.0010, rel. Péricles Aurélio Lima de Queiroz, julgado em 10.11.2016, v.u.).

Efeito extensivo

> **Art. 515.** No caso de concurso de agentes, a decisão do recurso interposto por um dos réus, se fundada em motivos que não sejam de caráter exclusivamente pessoal, aproveitará aos outros.[1255]

1255. Recurso e concurso de agentes: adotada, no Brasil, a teoria unitária ou monística em relação ao concurso de pessoas, cabe observar que não importa o número de agentes colaborando para a prática da infração penal, pois haverá o reconhecimento de somente um delito. Assim, *quem, de qualquer modo, concorre para o crime incide nas penas a este cominadas* (art. 53, *caput*, CPM). Logicamente, se assim é, caso um dos coautores recorra e o Tribunal reconheça a atipicidade da conduta, por exemplo, não tem sentido manter a condenação dos demais – ou mesmo a prisão – somente porque eles não teriam interposto apelo. Nesse caso, está-se alterando elemento constitutivo e essencial da configuração do crime, relativo ao fato e não ao autor, razão pela qual deve aproveitar a todos o julgamento proferido. Trata-se da extensão subjetiva do efeito devolutivo do recurso. Por outro lado, excepciona o artigo a hipótese de benefícios de caráter pessoal. Assim, como exemplo, se um dos coautores é menor de 21 anos, a prescrição lhe será computada pela metade. Pode ocorrer, portanto, que sua punibilidade seja julgada extinta, enquanto a dos demais coautores permaneça íntegra. Na jurisprudência: STF: "A Turma, com base no art. 580 do CPP ['*No caso de concurso de agentes (Código Penal, art. 25), a decisão do recurso interposto por um dos corréus, se fundado em motivos que não sejam de caráter pessoal, aproveitará aos demais.*'], deferiu *habeas corpus* para que seja estendida ao paciente decisão proferida pelo juízo de execuções criminais da justiça militar que computara os dias remidos pelo trabalho de corréu como pena efetivamente cumprida. No caso, militar condenado pela prática dos crimes previstos nos arts. 225, § 2.º e 233 do CPM tivera seu pedido de extensão indeferido pelo STJ ao fundamento de que as normas contidas na Lei de Execução Penal (Lei 7.210/84) não se aplicam a condenado que cumpre pena em estabelecimento penal militar. Considerou-se que, não obstante a discussão acerca da adoção do instituto da remição, seja para acrescer à pena cumprida, seja para subtrair à imposta, o ponto fundamental, na espécie, seria a concessão desse benefício ao corréu. Assim, tendo em conta que o paciente se encontra na mesma situação jurídico-processual daquele, entendeu-se que igual tratamento a ele deveria ser conferido" (HC 85940-SP, 1.ª T., rel. Cezar Peluso, 20.06.2006, *Informativo* 432).

Capítulo II
Dos recursos em sentido estrito[1256]

1256. Conceito de recurso em sentido estrito: é o recurso cabível para impugnar as decisões interlocutórias do magistrado, expressamente previstas em lei. Embora essa seja a

Art. 516

Título II • Capítulo II – Dos recursos em sentido estrito

regra, o Código de Processo Penal Militar terminou por criar exceções: a) decisão de absolvição do réu, em caso de inimputabilidade (art. 48, CPM); b) rejeição da denúncia; c) julgar extinta a punibilidade. Essas três decisões, em verdade, colocam fim ao processo e deveriam ser impugnadas por apelação. O ideal seria considerar o recurso em sentido estrito como agravo, valendo para todas as decisões interlocutórias – e não somente as enumeradas em lei – aplicando-se, ainda, a apelação para as decisões definitivas, especialmente as que envolverem o mérito.

Cabimento

> **Art. 516.** Caberá recurso em sentido estrito da decisão ou sentença que:[1257-1258]
>
> *a)* reconhecer a inexistência de crime militar, em tese;[1259]
>
> *b)* indeferir o pedido de arquivamento, ou a devolução do inquérito à autoridade administrativa;[1260]
>
> *c)* absolver o réu no caso do art. 48 do Código Penal Militar;[1261]
>
> *d)* não receber a denúncia no todo ou em parte, ou seu aditamento;[1262-1265]
>
> *e)* concluir pela incompetência da Justiça Militar, do auditor ou do Conselho de Justiça;[1266]
>
> *f)* julgar procedente a exceção, salvo de suspeição;[1267-1268]
>
> *g)* julgar improcedente o corpo de delito ou outros exames;[1269]
>
> *h)* decretar, ou não, a prisão preventiva, ou revogá-la;[1270]
>
> *i)* conceder ou negar a menagem;[1271]
>
> *j)* decretar a prescrição, ou julgar, por outro modo, extinta a punibilidade;[1272-1274]
>
> *l)* indeferir o pedido de reconhecimento da prescrição ou de outra causa extintiva da punibilidade;[1275]
>
> *m)* conceder, negar, ou revogar o livramento condicional ou a suspensão condicional da pena;[1276-1277]
>
> *n)* anular, no todo ou em parte, o processo da instrução criminal;[1278]
>
> *o)* decidir sobre a unificação das penas;[1279]
>
> *p)* decretar, ou não, a medida de segurança;[1280]
>
> *q)* não receber a apelação ou recurso.[1281]

Recursos sem efeito suspensivo

> **Parágrafo único.** Esses recursos não terão efeito suspensivo, salvo os interpostos das decisões sobre matéria de competência, das que julgarem extinta a ação penal, ou decidirem pela concessão do livramento condicional.[1282]

1257. Decisão ou sentença: como já mencionado em nota anterior, o ideal seria reservar-se, exclusivamente, às decisões interlocutórias o uso do recurso em sentido estrito, que passaria a denominar-se agravo. Não sendo assim, termina-se utilizando o referido recurso para contrariar sentenças, quando o correto seria a apelação.

1258. Utilização da interpretação extensiva, mas não da analogia: a própria denominação de recurso *em sentido estrito* evidencia a necessidade de se encaixar a decisão

Art. 516

Código de Processo Penal Militar Comentado • **Nucci**

498

impugnada no rol previsto no art. 516. Esse rol é taxativo, "não comportando ampliação por analogia, porque é exceptivo da regra da irrecorribilidade das interlocutórias. Todavia, como qualquer norma jurídica, podem as hipóteses receber a chamada interpretação extensiva. Esta não amplia o rol legal; apenas admite que determinada situação se enquadre no dispositivo interpretado, a despeito de sua linguagem mais restrita. A interpretação extensiva não amplia o conteúdo da norma; somente reconhece que determinada hipótese é por ela regida, ainda que a sua expressão verbal não seja perfeita" (Vicente Greco Filho, *Manual de processo penal*, p. 320). Nessa ótica: STM: "A doutrina e a jurisprudência dos Pretórios entendem que não deve prevalecer a interpretação literal nas hipóteses de cabimento do recurso em sentido estrito, devendo ser utilizada, tanto quanto possível, a técnica da interpretação extensiva" (Recurso em Sentido Estrito 0000114-76.2016.7.03.0203, T. Pleno, 12.09.2017, v.u.). Há corrente jurisprudencial que não admite qualquer modalidade de ampliação do rol previsto no art. 516, embora minoritária.

1259. Inexistência de crime militar: esta hipótese é, no mínimo, peculiar. Se o juiz reconhece a inexistência de delito militar, assim o faz nos seguintes cenários: a) rejeita a denúncia, encaixando-se, então, na alínea *d* deste artigo; b) conclui pela incompetência da Justiça Militar, inserindo-se na alínea *e* deste artigo; c) julga procedente a exceção de incompetência por não se tratar de crime militar, ingressando na alínea *f* deste artigo. Eventualmente, pode reconhecer a inexistência de delito militar em sentença final, o que daria margem a apelação. Em suma, inexiste razão para a alínea *a*.

1260. Indeferimento de arquivamento ou devolução do inquérito: a hipótese não se coaduna com o sistema processual penal no qual cabe a titularidade da ação penal ao Ministério Público. Não cabe ao juiz *indeferir* o pedido de arquivamento do inquérito, mas, se for o caso, remeter os autos à apreciação do Procurador-Geral, que decidirá se haverá denúncia ou não. Portanto, não se cuida de decisão de caráter jurisdicional; o controle do arquivamento do inquérito é de cunho administrativo, que se encontra nas mãos do magistrado de forma anômala. Parece-nos inviável possa ele *indeferir* o pleito ministerial, de modo que, se o fizer, implica inversão tumultuária, passível de correição parcial. Sob outro prisma, também não cabe ao juiz *indeferir* o retorno do inquérito à autoridade administrativa, pois a formação da *opinio delicti* é do Ministério Público; somente esta instituição sabe quando as provas estão concluídas para apresentar a denúncia ou pedir o arquivamento. Se, porventura, o promotor tem elementos para a denúncia e requer a devolução somente para procrastinar, por exemplo, cabe ao magistrado oficiar ao Procurador-Geral, mas não indeferir a devolução dos autos à autoridade administrativa. Imagine-se que o tribunal negue provimento ao recurso em sentido estrito, quando o juiz indeferir o arquivamento; noutros termos, confirma o indeferimento. Tal decisão não vincula o Ministério Público, obrigando-o a denunciar, logo é inócua. Por isso, o correto é enviar o inquérito à apreciação do Procurador-Geral e não submeter o caso ao STM. Enfim, esta alínea também é despropositada.

1261. Absolvição imprópria: a decisão absolutória é terminativa de mérito, razão pela qual deveria ser impugnada por via da apelação. Optou-se pelo recurso em sentido estrito. Esta hipótese se volta ao reconhecimento da inimputabilidade do acusado, impondo-lhe medida de segurança.

1262. Recurso contra decisão que recebe denúncia: não há, como regra. Entretanto, pode-se usar o *habeas corpus* para fazer cessar o constrangimento ilegal gerado pelo recebimento de denúncia, sem haver a correspondente justa causa para a ação penal. A razão de ser do inquérito, além de formar a *opinio delicti* do promotor, é também instruir a denúncia, possibilitando que o magistrado faça uma avaliação preliminar da admissibilidade da acusação. Não existindo motivo suficiente para o Estado-acusação ingressar com a ação penal, pode o Judiciário trancá-la, caso tenha havido o recebimento da denúncia. Tal se dá por intermédio do *habeas corpus*. Embora seja boa solução prever recurso contra o recebimento da denúncia ou queixa, a melhor saída ainda é a utilização do *habeas corpus*, pois mais célere o seu processamento e conhecimento. Reiteremos que o ajuizamento de ação penal sem justa causa representa nítido constrangimento ilegal ao acusado, motivo pelo qual o seu eventual trancamento precisa ser logo avaliado.

1263. Recebimento parcial da denúncia: admitindo-se que, quanto aos fatos narrados, possa o juiz receber a denúncia parcialmente, cabe recurso em sentido estrito em caso de afastamento de fatos, que tenham base no inquérito policial, portanto, justa causa. Não cabe, por parte do magistrado, a alteração da classificação feita pelo promotor, no momento de receber a denúncia, de forma que inexiste recurso para tanto. Excepcionalmente, caso o juiz modifique a classificação, é preciso considerar duas situações: a) se alterou a classificação por mero erro material do Ministério Público, problema algum há. Imagine-se que o promotor descreveu um homicídio qualificado, mas terminou classificando como simples. Basta indicar que está recebendo com base no qualificado; b) caso o juiz altere a classificação, porque modifica, de ofício, os fatos narrados na denúncia, estará prejulgando, o que é inadmissível. Implica rejeição parcial da denúncia, proporcionando recurso em sentido estrito.

1264. Recebimento da denúncia pelo Tribunal: não configura supressão de instância. Ao contrário, se o juiz de 1.ª Instância rejeitou a peça acusatória, por não aceitar o seu cabimento, o mais indicado é que o Tribunal, crendo viável, profira decisão recebendo-a. Nessa ótica: Súmula 709 do STF: "Salvo quando nula a decisão de primeiro grau, o acórdão que provê o recurso contra a rejeição da denúncia vale, desde logo, pelo recebimento dela". Na jurisprudência: TJSP: "Recurso em sentido estrito. Acusada denunciada pelo crime de furto qualificado tentado. Denúncia rejeitada mediante incursões prematuras em questões de mérito. Considerações profundas acerca do *iter criminis* percorrido, resultando em conclusão contrária aos elementos colhidos no caderno investigativo. Inadmissibilidade. Presentes indícios de autoria. Presentes, também, elementos bastantes da existência material de crime. Observância ao disposto na Súmula 709 do STF. Recurso ministerial provido para receber a denúncia, prosseguindo-se com o feito" (RESE 990.09.201371-8, 16.ª C., rel. Almeida Toledo, 21.09.2010, v.u.).

1265. Rejeição da denúncia e ciência ao denunciado: ver a nota que trata da intimação do denunciado para oferecer contrarrazões no art. 520.

1266. Incompetência do juízo: é decisão interlocutória, pois apenas altera o juízo competente para julgar a causa, sem colocar fim ao processo. O reconhecimento da incompetência, neste caso, é feito de ofício pelo magistrado. Quando houver a interposição de exceção de incompetência aplica-se a hipótese prevista na alínea *f*. No caso de o juiz concluir pela competência do juízo, não há recurso, salvo se a decisão for de flagrante ilegalidade, podendo-se ingressar com *habeas corpus*, pois o réu não deve ser processado senão pelo juiz natural.

1267. Procedência das exceções: a decisão do juiz que julgar procedente a exceção de coisa julgada, litispendência ou ilegitimidade de parte é terminativa, sem julgamento do mérito. Logo, deveria caber apelação, mas o Código fixa o recurso em sentido estrito. Rejeitando a exceção relativa a qualquer dessas matérias, não há recurso cabível, podendo a parte prejudicada valer-se de *habeas corpus*, em caso de flagrante ilegalidade, ou aguardar futura e eventual apelação, para reiterar a impugnação. Note-se que a procedência da exceção de

Art. 516

Código de Processo Penal Militar Comentado • **Nucci**

incompetência não é terminativa, logo é autenticamente interlocutória, cabendo recurso em sentido estrito. Entretanto, se o magistrado rejeita a exceção, não cabe recurso, exceto em casos de situações teratológicas, evidenciando juízo nitidamente incompetente (ofensivo ao princípio do juiz natural), cabendo *habeas corpus* por parte do réu. Conferir: TFR-1: "Assim, contra a decisão que rejeita a exceção de ilegitimidade de parte é incabível qualquer recurso, seja porque não prevista tal hipótese no art. 581 do CPP, seja a *contrario sensu* do inciso III do aludido art. 581 do diploma adjetivo penal, podendo a matéria ser ventilada tão somente em sede de *habeas corpus*, em caso de flagrante ilegalidade, ou por ocasião de eventual recurso de apelação" (ACR 2008.39.00.011093-0/PA, 3.ª T., rel. Assusete Magalhães, 06.07.2009, v.u.).

1268. Exceção de suspeição: se for aceita a causa de suspeição levantada, segundo dispõe o art. 99, deverá o magistrado suspender o curso do processo e enviar os autos ao substituto. Há controle do Tribunal de Justiça, pois a designação de magistrado para substituir o suspeito é feita pela Presidência. Logo, o juiz não deve acolher exceção quando a suspeição não for autêntica, sob pena de responsabilidade funcional. Por outro lado, caso não reconheça a suspeição aventada, segue-se o disposto no art. 100 deste Código, determinando-se a remessa dos autos apartados à Instância Superior. Em qualquer caso, não cabe recurso em sentido estrito.

1269. Improcedência de exames: trata-se de outra hipótese inadequada, pois não cabe ao juiz julgar *procedente* ou *improcedente* um exame pericial; pode o magistrado acolher o resultado da perícia ou determinar a realização de outro laudo. Ademais, somente avaliará o conteúdo desse laudo pericial por ocasião da sentença. Não há espaço para julgar procedente ou improcedente o *corpo de delito*, entendido este como o exame de corpo de delito. Sob outro aspecto, somente para argumentar, se a expressão *corpo de delito* disser respeito à materialidade do crime, igualmente, não cabe ao juiz julgá-lo antes da sentença e esta é passível de impugnação por via da apelação. Argumentando-se com os incidentes de insanidade ou falsidade documental, nos quais o magistrado deve homologar o laudo – ou não, cuidando-se de procedimentos autônomos, deveria ser impugnada a referida homologação por apelação. Em suma, não nos parece cabível o uso desta alínea.

1270. Decisão que envolve a liberdade do acusado: trata-se de decisão interlocutória, pois diz respeito a uma questão incidental de crucial importância, até porque concernente à possibilidade do réu – ou indiciado, ainda – aguardar a decisão do feito em liberdade, situação que deve ser a regra geral. Quando a decisão de decretar a prisão preventiva for proferida, é mais propício ao acusado impetrar *habeas corpus*, visto ser mais rápido e eficiente. Porém, quando indeferido o pedido formulado pelo Ministério Público pela decretação da preventiva – ou revogar essa prisão – cabe ao órgão acusatório interpor recurso em sentido estrito.

1271. Decisão acerca da menagem: trata-se de decisão interlocutória, que diz respeito ao *status libertatis* do réu. Embora se cuide de restrição à liberdade, conceder ou negar a menagem envolve a possibilidade de encarceramento do acusado. Por isso, quando negada, implicando prisão, possibilita ao réu interpor *habeas corpus*, mais célere que o recurso em sentido estrito.

1272. Extinção da punibilidade: segundo nos parece, é decisão terminativa e de mérito, pois considera afastada a pretensão punitiva do Estado. Pode-se até discutir que não é verdadeiramente o mérito da imputação (fato típico, antijurídico e culpável), mas, ainda assim, o ideal seria a apelação. Além do mais, é incompreensível, como vem apontando a doutrina, a redação do inciso em questão. Fala-se da decisão que decretar a prescrição *ou* julgar extinta a punibilidade, por outra causa, sendo certo que a prescrição não deixa de ser uma das causas de extinção da punibilidade. Logo, há nítida redundância.

Título II • Capítulo II – Dos recursos em sentido estrito — **Art. 516**

1273. Recurso contra decretação da extinção da punibilidade pelo juiz: se o magistrado de 1.º grau julga extinta a punibilidade pela prescrição está avaliando o mérito, mas superficialmente, sem ingressar na questão que deu origem à pretensão punitiva do Estado, ou seja, a prática da infração penal. Logo, o ideal é que o tribunal, dando provimento ao recurso, determine o retorno dos autos para julgamento de 1.º grau. Assim também o entendimento de Ada, Magalhães e Scarance: "para o processo penal, o mérito propriamente dito jamais terá sido examinado em profundidade e, afastada a causa de extinção da punibilidade pelo tribunal, o processo deverá voltar ao primeiro grau para o julgamento do mérito da pretensão punitiva" (*Recursos no processo penal*, p. 54).

1274. Extinção da punibilidade decretada durante o processo de execução da pena: cabe agravo (art. 197 da Lei 7.210/84 – Lei de Execução Penal).

1275. Indeferimento da decretação da extinção da punibilidade: cabe recurso em sentido estrito apresentado pela defesa. É a contraposição do inciso anterior, que autoriza o recurso em sentido estrito contra a decisão que julga extinta a punibilidade. No caso deste inciso (indefere a extinção da punibilidade), cremos correta a consideração da decisão como interlocutória, pois o processo prossegue normalmente. Bastaria, no entanto, ter feito menção ao indeferimento de causa extintiva da punibilidade, deixando de lado a prescrição, que já está inserida no contexto dos motivos de extinção da punibilidade do réu. Por outro lado, pode ser mais célere o emprego do *habeas corpus* para sanar esse indeferimento (art. 467, *h*, CPPM).

1276. Concessão, negativa ou revogação de livramento condicional: trata-se de matéria ligada à execução da pena. Pode-se questionar o critério judicial, conforme os requisitos para a concessão ou para a revogação desse benefício.

1277. Concessão, negativa ou revogação de *sursis*: a regra para a concessão da suspensão condicional da pena se dá na sentença condenatória. Logo, é caso de apelação, se indevidamente concedida ou mesmo se for negada. Excepcionalmente, quando o juiz da execução criminal alterar as condições do *sursis*, considerá-lo sem efeito, revogá-lo ou prorrogá-lo, provocará a possibilidade de interposição de recurso em sentido estrito. Por vezes, quando há revogação do *sursis*, gerando prisão, pode-se fazer uso do *habeas corpus*, mais célere e eficiente.

1278. Nulidade do processo: reconhecida essa hipótese, que é típica decisão interlocutória, cabe à parte inconformada em ter que reiniciar a instrução ou reproduzir determinados atos, impugnar a decisão anulatória pelo recurso em sentido estrito. É preciso ressaltar, no entanto, que dificilmente o recurso será julgado antes da reprodução dos atos processuais, perdendo o sentido prático a sua interposição. Negando o magistrado a anulação do processo, requerida por qualquer das partes, não cabe recurso, salvo, em casos teratológicos, a impugnação por *habeas corpus* – por parte do réu, como regra – ou mesmo a reiteração da questão em preliminar de futura apelação, pela parte prejudicada.

1279. Unificação de penas: trata-se de um autêntico incidente na execução da pena. Utiliza-se a unificação das penas para transformar vários títulos (sentenças condenatórias diversas) em um único, seja para produzir a soma de penas (quando há várias condenações em concurso material), seja para transformar várias penas em uma só (quando não foi anteriormente reconhecido o crime continuado ou o concurso formal) ou, ainda, para fixar o teto de cumprimento da pena (quando a pena ultrapassar o montante de 30 anos).

1280. Decretação da medida de segurança, após o trânsito em julgado: trata-se de um incidente da execução criminal, voltado a acompanhar o andamento das medidas aplicadas e impor outras, conforme a necessidade, nos termos do art. 659 e seguintes deste Código.

Art. 517

1281. Indeferir o processamento de apelação ou outro recurso: é decisão interlocutória, passível de recurso em sentido estrito. Caso o juiz receba, indevidamente, apelação (apresentada fora do prazo, por exemplo), cabe à parte contrária levantar em preliminar, das contrarrazões, a impossibilidade de conhecimento, mas não se interpõe recurso à parte. Na jurisprudência: TJSP: "Recurso em sentido estrito – Declaração de intempestividade do recurso ministerial – Necessidade de intimação pessoal – Início da contagem do prazo a partir da entrega do processo, mediante carga formalizada, no setor administrativo do Ministério Público – Precedentes do STJ e do STF – Apelação apresentada fora do prazo legal – Recurso improvido" (RESE 990.10.240175-8, 16.ª C., rel. Newton Neves, 21.09.2010, v.u.).

1282. Efeito suspensivo excepcional: a regra, para o recurso em sentido estrito, é o efeito devolutivo, ou seja, a devolução, ao Tribunal, da matéria objeto de controvérsia levantada no referido recurso. Entretanto, cumpre-se a decisão do magistrado de imediato, seja ela qual for. Em três hipóteses, dá-se o efeito suspensivo, vale dizer, a decisão tomada em primeiro grau não é implementada até que o Tribunal decida o recurso: a) tratando de competência (alíneas *e* e *f*, neste último caso, quando versar sobre competência); b) extinção da ação penal (alíneas *c*, *d*, *f*, quando cuidar de questão terminativa, tal como exceção de coisa julgada ou litispendência, *j*); c) concessão de livramento condicional (alínea *m*). A alínea *a* (reconhecimento de inexistência de crime militar) pode amoldar-se, eventualmente, em alguma das duas primeiras hipóteses, afinal, pode representar uma afirmação de incompetência ou uma rejeição de denúncia. Compreende-se o efeito suspensivo das questões envolvendo competência da Justiça Militar, com o objetivo de evitar o desnecessário processamento em outra esfera, quando ainda pendente de análise a própria competência do juízo. Seria perda de tempo. No tocante à extinção da ação, outra não poderia ser a situação, pois o feito não tem andamento algum. Finalmente, quanto à concessão do livramento condicional, trata-se de política criminal do Estado, em não libertar rapidamente quem o juiz de primeira instância entendeu apto ao benefício.

Recursos nos próprios autos

> **Art. 517.** Subirão, sempre, nos próprios autos, os recursos a que se referem as letras, *a*, *b*, *d*, *e*, *i*, *j*, *m*, *n* e *p* do artigo anterior.[1283]

1283. Subida nos próprios autos: significa a desnecessidade de se formar instrumento próprio para o recurso em sentido estrito; apresenta-se o referido recurso nos autos do feito principal e este sobe à superior instância. As hipóteses para a subida nos próprios autos concentram-se nos casos em que o processo ficaria mesmo paralisado: a) reconhecimento de inexistência de crime militar; b) indeferimento de arquivamento ou retorno dos autos à administração; c) rejeição da denúncia ou aditamento; d) incompetência da Justiça Militar; e) concessão ou negativa de menagem; f) decretação da extinção da punibilidade; g) concessão, negativa ou revogação de livramento ou *sursis*; h) anulação do processo; i) decretação, ou não, de medida de segurança. As situações descritas nas letras *a*, *b*, *c*, *d* e *f* provocam a paralisação do andamento processual. Porém, as situações das letras *e*, *g*, *h* e *i* não significam obstáculo ao trâmite do processo, razão pela qual o recurso em sentido estrito deveria ser processado por instrumento.

Prazo de interposição

> **Art. 518.** Os recursos em sentido estrito serão interpostos no prazo de 3 (três) dias, contados da data da intimação da decisão, ou da sua publicação

> ou leitura em pública audiência, na presença das partes ou seus procuradores, por meio de requerimento em que se especificarão, se for o caso, as peças dos autos de que se pretenda traslado para instruir o recurso.[1284-1285]

Prazo para extração de traslado

> **Parágrafo único.** O traslado será extraído, conferido e concertado no prazo de 10 (dez) dias, e dele constarão, sempre, a decisão recorrida e a certidão de sua intimação, se por outra forma não for possível verificar-se a oportunidade do recurso.

1284. Prazo do Ministério Público: conta-se a partir do momento em que se tem certeza de que os autos foram entregues ao setor competente pelo recebimento, conforme formalizado pela instituição. Conferir: TJSP: "Recurso em sentido estrito – Declaração de intempestividade do recurso ministerial – Necessidade de intimação pessoal – Início da contagem do prazo a partir da entrega do processo, mediante carga formalizada, no setor administrativo do Ministério Público – Precedentes do STJ e do STF – Apelação apresentada fora do prazo legal – Recurso improvido" (RESE 990.10.240175-8, 16.ª C., rel. Newton Neves, 21.09.2010, v.u.).

1285. Petição de interposição, sem razões: o recurso em sentido estrito é oferecido, dentro do prazo de 3 dias, em peça simples, manifestando o interesse da parte em recorrer e apontando a decisão em relação à qual há inconformismo. Esse prazo é fatal; ultrapassado, o recurso deve ser rejeitado. Indica-se, ainda, as peças a serem trasladadas para formar o instrumento, quando não for o caso de subir nos próprios autos do processo. O juiz deve admitir ou rejeitar o recurso, baseado no critério da tempestividade e do cabimento para a situação apontada. Recebendo, mandará processá-lo.

Prazo para as razões

> **Art. 519.** Dentro em 5 (cinco) dias, contados da vista dos autos, ou do dia em que, extraído o traslado, dele tiver vista o recorrente, oferecerá este as razões do recurso, sendo, em seguida, aberta vista ao recorrido, em igual prazo.[1286]
>
> **Parágrafo único.** Se o recorrido for o réu, será intimado na pessoa de seu defensor.

1286. Razões recursais: formado o instrumento, quando for preciso, abre-se vista para o recorrente oferecer suas razões, em cinco dias. Este prazo não é fatal; ultrapassado, ainda permite a apresentação das referidas razões. Na sequência, abre-se vista ao recorrido para a mesma finalidade.

Reforma ou sustentação

> **Art. 520.** Com a resposta do recorrido ou sem ela, o auditor ou o Conselho de Justiça, dentro em 5 (cinco) dias, poderá reformar a decisão recorrida ou mandar juntar ao recurso o traslado das peças dos autos, que julgar convenientes para a sustentação dela.[1287-1288]

Art. 521

Código de Processo Penal Militar Comentado • Nucci

Recurso da parte prejudicada

> **Parágrafo único.** Se reformada a decisão recorrida, poderá a parte prejudicada, por simples petição, recorrer da nova decisão, quando, por sua natureza, dela caiba recurso. Neste caso, os autos subirão imediatamente à instância superior, assinado o termo de recurso independentemente de novas razões.[1289]

1287. Juízo de retratação: também denominado *efeito regressivo*, permite ao juiz que, tomando conhecimento das razões e contrarrazões do recurso, possa manter a decisão tomada ou reformá-la. Havendo reforma, a parte que se sentir prejudicada, por simples petição, sem necessidade de novo recurso, pede a subida ao tribunal.

1288. Intimação do denunciado para oferecer contrarrazões: quando o magistrado rejeita a denúncia, possibilita ao órgão acusatório a interposição de recurso em sentido estrito (art. 516, *d*). Ainda não existe ação penal *ajuizada*, motivo pelo qual o eventual acusado não foi chamado a integrar a relação processual. Não deveria, em tese, portanto, responder ao recurso, pois nem faz parte do processo. Ocorre que, em homenagem à ampla defesa – aliás, o recebimento ou a rejeição da peça acusatória é de seu legítimo interesse –, sempre se possibilitou que tal situação fosse viabilizada. Nessa ótica, conferir a lição de Tourinho Filho, *Código de Processo Penal comentado*, v. 2, p. 287. Editou o Supremo Tribunal Federal a Súmula 707, nos seguintes termos: "Constitui nulidade a falta de intimação do denunciado para oferecer contrarrazões ao recurso interposto da rejeição da denúncia, não a suprindo a nomeação de defensor dativo". Cumprindo o teor da Súmula: STF: "Asseverou-se que o réu tem direito de ser regularmente citado para contra-arrazoar recurso em sentido estrito interposto contra a decisão que não recebe a denúncia. Nesse ponto, aplicou-se o Enunciado da Súmula 707 do Supremo" (HC 84.392-RJ, rel. Gilmar Mendes, 28.03.2006, *Informativo* 421). E também: STM: "No processo penal militar não se exige comunicação prévia do oferecimento da denúncia a quem será denunciado. Em caso de recurso contra a rejeição da denúncia os recorridos serão intimados a contrarrazoar, ocasião em que terão acesso ao teor da inicial acusatória e das provas que a fundamentam" (RSE 0000035-52.2010.7.01.0401-RJ, Plenário, rel. Cleonilson Nicácio Silva, 07.02.2012). Quanto à nulidade, segundo nos parece, é relativa, dependente, pois, da mostra de prejuízo. Pode ocorrer, por exemplo, de, não havendo a intimação, o Tribunal confirmar a rejeição. Logo, não se fala em nulidade, pois nenhum mal adveio ao denunciado.

1289. Inaplicabilidade de uma segunda retratação: mantendo-se a seriedade e o equilíbrio no trâmite processual, somente se admite a retratação do juiz uma vez. Caso tenha decidido pela decretação da preventiva, interposto recurso pela defesa, volta atrás e a revoga. Ainda que argumentos sólidos lhe sejam apresentados pelo promotor, não poderá o magistrado, outra vez, decretá-la. Deve mandar subir o recurso ao tribunal *ad quem*.

Prorrogação de prazo

> **Art. 521.** Não sendo possível ao escrivão extrair o traslado no prazo legal, poderá o auditor prorrogá-lo até o dobro.

Prazo para a sustentação

> **Art. 522.** O recurso será remetido ao Tribunal dentro em 5 (cinco) dias, contados da sustentação da decisão.

Julgamento na instância

> **Art. 523.** Distribuído o recurso, irão os autos com vista ao procurador--geral, pelo prazo de 8 (oito) dias, sendo, a seguir, conclusos ao relator que, no intervalo de duas sessões, o colocará em pauta para o julgamento.

Decisão

> **Art. 524.** Anunciado o julgamento, será feito o relatório, sendo facultado às partes usar da palavra pelo prazo de 10 (dez) minutos. Discutida a matéria, proferirá o Tribunal a decisão final.

Devolução para cumprimento do acórdão

> **Art. 525.** Publicada a decisão do Tribunal, os autos baixarão à instância inferior para o cumprimento do acórdão.

Capítulo III

Da apelação[1290]

1290. Conceito de apelação: trata-se de recurso contra decisões definitivas, que julgam extinto o processo, apreciando ou não o mérito, devolvendo ao Tribunal Superior amplo conhecimento da matéria. Essa seria, a nosso ver, a melhor maneira de conceituá-la, embora o Código de Processo Penal Militar tenha preferido considerar *apelação* como o recurso contra as sentenças definitivas, de condenação ou absolvição, e contra as decisões definitivas ou com força de definitivas, não abrangidas pelo recurso em sentido estrito. Cuida-se de um recurso de aplicação ambígua, justamente porque, conforme o caso, dá margem à confusão com o recurso em sentido estrito, permitindo-se a interposição de apelação até mesmo contra decisões interlocutórias. O ideal seria reservar o termo *agravo* para as decisões interlocutórias, não terminativas, e a apelação para as decisões terminativas, com ou sem julgamento de mérito, como no processo civil. O disposto nos arts. 516 e 526 demonstra a falta de uniformidade na previsão de uso dos dois recursos. Tanto o recurso em sentido estrito é usado para contrariar decisões extintivas do processo (ex.: extintiva de punibilidade), como a apelação acaba sendo utilizada para impugnar decisões interlocutórias (ex.: homologatórias de laudo de insanidade mental ou que autorizam o levantamento do sequestro).

Admissibilidade da apelação

> **Art. 526.** Cabe apelação:[1291-1292]
>
> *a)* da sentença definitiva de condenação ou de absolvição;[1293-1295]
>
> *b)* de sentença definitiva ou com força de definitiva, nos casos não previstos no capítulo anterior.[1296-1297]
>
> **Parágrafo único.** Quando cabível a apelação, não poderá ser usado o recurso em sentido estrito, ainda que somente de parte da decisão se recorra.[1298-1299]

Art. 526

Código de Processo Penal Militar Comentado • **Nucci**

1291. Legitimidade do Ministério Público para recorrer em favor do réu: existe essa possibilidade, pois o promotor não está vinculado estreitamente à acusação, podendo, respeitada a sua independência funcional, acreditar na inocência do acusado ou mesmo que a pena aplicada foi exagerada. Imagine-se a hipótese do representante do Ministério Público ter pedido a absolvição, mas o juiz ter condenado o réu. Pode o promotor recorrer da decisão. O Ministério Público não é obrigado a fazê-lo, nem quando o juiz julga improcedente a ação, nem tampouco quando a julga procedente, mas distante da pena almejada pelo acusador. Trata-se de uma faculdade, vinculada ao convencimento do representante da sociedade. Entretanto, se apresentar recurso, não mais poderá desistir, como consequência razoável da obrigatoriedade da ação penal e indisponibilidade do processo.

1292. Prazo do Ministério Público: conta-se a partir do momento em que se tem certeza de que os autos foram entregues ao setor competente pelo recebimento, conforme formalizado pela instituição. Conferir: TJSP: "Recurso em sentido estrito – Declaração de intempestividade do recurso ministerial – Necessidade de intimação pessoal – Início da contagem do prazo a partir da entrega do processo, mediante carga formalizada, no setor administrativo do Ministério Público – Precedentes do STJ e do STF – Apelação apresentada fora do prazo legal – Recurso improvido" (RESE 990.10.240175-8, 16.ª C., rel. Newton Neves, 21.09.2010, v.u.).

1293. Sentenças definitivas de mérito: o principal objetivo do processo criminal é atingir um julgamento a respeito da pretensão punitiva do Estado – se existente ou não –, razão pela qual é preciso decidir se a imputação feita pela acusação é correta ou incorreta. Portanto, as típicas decisões terminativas de mérito são as que julgam procedente (condenatórias) ou improcedente (absolutórias) a ação penal, isto é, a pretensão de punir apresentada pelo Estado--acusação. Pode-se falar, é verdade, em sentido lato, que a decisão de extinção da punibilidade do réu também decide o mérito, pois nega a pretensão punitiva do Estado, embora, nesse caso, não se refira diretamente à correção ou incorreção da imputação. Em sentido estrito, portanto, somente as sentenças que condenam ou absolvem o réu são decisões de mérito.

1294. Recurso do réu para alterar o fundamento da absolvição: cremos ser admissível, justamente pelos reflexos e consequências que a sentença provoca em outros campos do direito e também no contexto social. Se o juiz absolve o acusado, por insuficiência de provas, nada impede que a vítima ingresse com ação civil, pleiteando indenização pelo cometimento do pretenso crime e reinaugurando a fase probatória. Entretanto, se o juiz absolve o acusado por ter agido em legítima defesa, a vítima nada mais pode requerer na esfera civil. Por outro lado, para constar da sua folha de antecedentes – e lembremos que muitos juízes consideram como antecedentes decisões absolutórias, por falta de provas, ainda que não seja o ideal –, é efetivamente mais favorável que figure uma absolvição por exclusão da ilicitude do que uma absolvição por insuficiência probatória. A primeira afirma ser o réu autor de conduta lícita e correta, enquanto a segunda deixa em aberto a questão, não considerando o acusado culpado, mas também não aprovando, expressamente, o que fez. O reflexo social da decisão é diverso, o que torna justificável a pretensão daquele que deseja alterar o fundamento da decisão. Assim defendem, igualmente, Ada, Magalhães e Scarance (*Recursos no processo penal*, p. 128). Na Escócia, somente para ilustrar a situação, sob outro prisma, pode o juiz proferir três tipos de veredicto: culpado, inocente e não culpado. Significa esta última conclusão que não houve provas para condenar, mas também não se pode dizer que o réu é inocente, deixando uma margem de dúvida sobre o caso.

1295. Apelação do réu, com questão preliminar relativa à prescrição: é posição majoritária na jurisprudência pátria que não se decide, nesse caso, estando comprovada a ocorrência da prescrição da pretensão punitiva, o mérito propriamente dito (se culpado ou inocente). Assim, caso o tribunal *ad quem* perceba ter havido prescrição, não irá julgar a questão principal e decretará a extinção da punibilidade.

1296. Decisões definitivas ou com força de definitivas: são hipóteses que não julgam o mérito (pretensão punitiva do Estado), mas terminam colocando fim a uma controvérsia surgida no processo principal ou em processo incidental, podendo ou não o extinguir. São também chamadas de decisões interlocutórias mistas. Exemplos: a) decisão definitiva, que coloca fim ao processo: quando o juiz extingue, de ofício, o feito, por reconhecer a exceção da coisa julgada. Cabe apelação. Se reconhecer exceção interposta pela parte, o Código elegeu o recurso em sentido estrito; b) decisão definitiva, que coloca fim ao procedimento incidente: procedência ou improcedência da restituição de coisa apreendida. Cabe apelação; c) decisão com força de definitiva, que põe fim a procedimento incidente: improcedência do sequestro. Se ordenar o sequestro, cabem embargos por parte do interessado; d) decisão com força de definitiva, colocando fim a procedimento incidente: homologação do laudo, no incidente de insanidade mental. Outros exemplos que poderiam ser impugnados por apelação, mas a lei escolheu o recurso em sentido estrito: a) decisão com força de definitiva pondo fim a uma controvérsia, extinguindo o processo: procedência da exceção de ilegitimidade de parte; b) decisão que rejeita a denúncia, por algum vício de forma, provocando o fim do processo, o que lhe dá força de definitiva. Os termos "definitiva" e "com força de definitiva" são correlatos para o fim de interposição de apelação e torna-se, na prática, inútil buscar diferenciá-los. Aliás, com particular concisão, expõe Borges da Rosa que a verdadeira decisão definitiva é a sentença condenatória ou absolutória, portanto, hipótese prevista no inciso I deste artigo. É inadequada sua repetição no inciso II, com o que concordamos (*Comentários ao Código de Processo Penal*, p. 718). Existem, também, decisões definitivas ou com força de definitiva extraídas da legislação especial. Exemplo: cabe apelação da decisão do juiz, ao determinar a destruição do material coletado em interceptação telefônica (art. 9.º, parágrafo único, Lei 9.296/96). Na jurisprudência: STM: "Interposição de Apelo contra decisão que afastou, no caso de réu civil, a proibição de se aplicar a esta Justiça castrense os institutos despenalizadores da Lei nº 9.099/95, de modo a possibilitar, no caso, a suspensão condicional o processo após a manifestação do Ministério Público Militar. Decisão sem força de definitiva, requisito indispensável para o recebimento do recurso de apelação, previsto no art. 526, alínea 'b', do Código de Processo Penal Militar, ante à possibilidade de manifestação desfavorável ao *sursis* processual por meio do manejo de instrumento processual diverso, e, consequentemente, de prosseguimento da ação penal militar. Embargos Rejeitados" (Embargos Infringentes e de Nulidade 7000073-59.2020.7.00.0000, rel. Péricles Aurélio Lima de Queiroz, julgado em 13.08.2020, m.v.); "A apelação com supedâneo no art. 526, alínea *b*, do CPPM, tem natureza residual" (Recurso em Sentido Estrito 7000710-78.2018.7.00.0000, T. Pleno, rel. Marco Antônio de Farias, 06.11.2018, v.u.).

1297. Apelação como recurso residual: valeu-se o legislador da apelação como recurso residual, ou seja, quando não se tratar de despachos de mero expediente, que não admitem recurso algum, nem for o caso de interposição de recurso em sentido estrito, resta a aplicação da apelação, desde que importe em alguma decisão com força de definitiva, encerrando algum tipo de controvérsia.

1298. Princípio da unirrecorribilidade das decisões: como regra, para cada decisão existe um único recurso cabível, não sendo viável combater um julgado por variados mecanismos. Além de poder gerar decisões contraditórias, haveria insegurança e ausência de economia processual. Excepciona essa regra o fato de a decisão comportar mais de um fundamento, motivador de mais de um recurso. É possível que a parte interponha recursos extraordinário e especial, concomitantemente, contra acórdão, desde que a decisão contrarie, por um lado, a

Art. 527

Constituição e, por outro, der a lei federal interpretação diversa da que lhe tenha dado outro tribunal. Na jurisprudência: STM: "A admissão de ambos os feitos malferiu o disposto no parágrafo único do art. 526 do CPPM, que veda a interposição de recurso em sentido estrito, admitindo, tão só, a apelação" (Recurso em Sentido Estrito 0000142-50.2015.7.01.0101, T. Pleno, rel. Maria Elizabeth Guimarães Teixeira Rocha, 03.03.2016, v.u.).

1299. Inconformismo parcial: em função da unirrecorribilidade das decisões, havendo previsão expressa para a interposição de apelação, não pode a parte optar pelo recurso em sentido estrito, a pretexto de também estar prevista a matéria no contexto do art. 516. É o que ocorre, por exemplo, com a não concessão do *sursis*. Prevê o art. 516, *m*, do Código de Processo Penal Militar, ser cabível recurso em sentido estrito contra decisão que nega o benefício. Entretanto, se o juiz da condenação for o responsável pela negativa, cabe apelação, pois está sendo questionada parte da sentença de mérito.

Recolhimento à prisão

> **Art. 527.** O réu não poderá apelar sem recolher-se à prisão, salvo se primário e de bons antecedentes, reconhecidas tais circunstâncias na sentença condenatória.[1300]

1300. Recurso em liberdade: desde a edição da Constituição Federal de 1988, consagrando o princípio da presunção de inocência, ratifica-se o entendimento, antes já esposado por parcela considerável da doutrina, de que a liberdade é a regra, no processo penal, sendo a prisão cautelar uma nítida exceção. Esta modalidade de restrição somente tem sentido se estiverem presentes os requisitos da prisão preventiva. Por isso, não há mais fundamento para se determinar a prisão do réu, para recorrer, somente por ser reincidente ou ter maus antecedentes. O art. 594 do CPP, que previa exatamente o mesmo que este artigo do Código de Processo Penal Militar, foi revogado pela Lei 11.719/2008. Há que se considerar não recepcionado o art. 527 deste Código pela Constituição de 1988. Somente se determina a prisão para recorrer quando os elementos da preventiva se fizerem presentes. Portanto, segundo nos parece, a Súmula 11 do STM ("o recolhimento à prisão, como condição para apelar (art. 527, do CPPM), aplica-se ao réu foragido e, tratando-se de revel, só é aplicável se a sentença houver negado o direito de apelar em liberdade") tem aplicação relativa. Noutros termos, o foragido pode ter a sua prisão decretada com base nos requisitos da preventiva (para garantir a aplicação da lei penal militar, conforme art. 255, *d*, deste Código). Quanto ao *revel*, não nos parece cabível a decretação da prisão provisória somente por se encontrar em local incerto. Isto não significa, necessariamente, fuga. Assim sendo, depende do caso concreto: se a *ausência* verifica-se por conta de estar foragido, cabe a preventiva; se não for nessas condições, cremos inviável a sua prisão cautelar, mesmo para apelar. Na jurisprudência: TJMSP: "Decisão denegatória do direito de apelar em liberdade proferida de maneira suficientemente motivada em face da gravidade da conduta delitiva – Aplicação do princípio da presunção de inocência não inviabiliza a manutenção da prisão se esta medida é adotada de acordo com os requisitos legais – Inexistência de ilegalidade e/ou abuso de poder – Ordem denegada" (HC 0024652015, 1ª C., rel. Fernando Pereira, 27.01.2015, v.u.).

Recurso sobrestado

> **Art. 528.** Será sobrestado o recurso se, depois de haver apelado, fugir o réu da prisão.[1301]

Art. 529

1301. Sobrestamento do recurso: o antigo art. 595 do CPP – hoje, revogado pela Lei 12.413/2011 – estabelecia a deserção do apelo, caso o réu fugisse. Este artigo 528 do CPPM fixa o sobrestamento do processo, até que ele seja localizado e preso. Entretanto, o STF já havia decidido não ser mais aplicável o art. 595 (antes da revogação), sob o argumento de cercear a ampla defesa. Desse modo, cremos não mais ser viável a suspensão do feito mesmo que o acusado fuja do cárcere.

Interposição e prazo

> **Art. 529.** A apelação será interposta por petição escrita, dentro do prazo de 5 (cinco) dias, contados da data da intimação da sentença ou da sua leitura em pública audiência, na presença das partes ou seus procuradores.[1302]

Revelia e intimação

> § 1.º O mesmo prazo será observado para a interposição do recurso de sentença condenatória de réu solto ou revel. A intimação da sentença só se fará, entretanto, depois de seu recolhimento à prisão.[1303]

Apelação sustada

> § 2.º Se revel, solto ou foragido o réu, ficará sustado o seguimento da apelação do Ministério Público, sem prejuízo de sua interposição no prazo legal.[1304]

1302. Prazo fatal: a parte interessada tem 5 dias para apresentar a apelação, por petição, sendo esse prazo improrrogável. Não apresentada, a decisão transita em julgado. Basta uma petição, manifestando o intento de recorrer. As razões serão ofertadas depois do recebimento do apelo pelo juiz. Na jurisprudência: STM: "O art. 529 do Código de Processo Penal Militar preceitua que o Recurso de Apelação deve ser interposto dentro do prazo de 5 (cinco) dias, contados da data da intimação da sentença, evidenciando a intempestividade do Apelo apresentado após esse lapso temporal. O art. 5.º, §§ 1.º, 2.º e 3.º, da Lei 11.419/2006, estabelece que, se o patrono do Réu não acessar o Sistema de Processo Judicial Eletrônico em até 10 (dez) dias, contados do envio da intimação, esta será automaticamente realizada na data do término desse interregno. As intimações realizadas na forma do referido dispositivo serão consideradas pessoais, para todos os efeitos legais. Em consequência, as notificações levadas a efeito pelo Sistema de Processo Judicial Eletrônico amparam-se em expressa disposição legal, sobrepondo-se à Resolução nº 234/2016, do Conselho Nacional de Justiça, a qual tem o seu escopo de aplicação direcionado ao âmbito cível, não alcançando o Direito Penal. Tendo o Réu sido pessoalmente intimado da Decisão condenatória, quedando-se silente ao não manifestar o desejo de recorrer, não se pode atribuir unicamente ao causídico constituído a interposição extemporânea da Peça recursal, circunstância que impede o recebimento do Recurso. Recursos em Sentido Estrito a que se negam provimento" (Rese 7000386-54.2019.7.00.0000, rel. Carlos Vuyk de Aquino, julgado em 30.05.2019, v.u.); "Se as razões de apelação, ainda que não interposta a petição, são oferecidas durante o prazo legal previsto para esta, cabe ao magistrado, preenchidos os demais requisitos, aplicar os princípios de razoabilidade e do direito ao duplo grau de jurisdição para permitir o conhecimento do seu teor. Os arts. 529 e 531, ambos do

Art. 530

CPPM, estabelecem as peças processuais que compõem o recurso de apelação, ou seja, a petição e as razões recursais" (Apelação Criminal 0000021-72.2014.7.04.0004, T. Pleno, rel. Marco Antônio de Farias, 01.02.2017, v.u.).

1303. Intimação pessoal: não se prevê a intimação da sentença por edital para o caso de réu solto ou ausente, quando não localizado. Diante disso, como já exposto anteriormente, pode-se decretar a sua prisão, ao menos para intimá-lo pessoalmente da sentença, permitindo o apelo.

1304. Sobrestamento do apelo da acusação: este preceito não representa prejuízo para o acusado, pois o apelo do Ministério Público não será processado até que o réu seja localizado para intimação da sentença e, consequentemente, para contra-arrazoar o recurso ministerial.

Os que podem apelar

> **Art. 530.** Só podem apelar o Ministério Público e o réu, ou seu defensor.[1305]

1305. Legitimidade recursal: admite-se o apelo do órgão acusatório, do réu e da defesa, mas não do assistente de acusação, o que significa um atraso. Se a vítima tem o direito de participar, deveria ter também o de recorrer.

Razões. Prazo

> **Art. 531.** Recebida a apelação, será aberta vista dos autos, sucessivamente, ao apelante e ao apelado pelo prazo de 10 (dez) dias, a cada um, para oferecimento de razões.[1306]
>
> § 1.º Se houver assistente, poderá este arrazoar, no prazo de 3 (três) dias, após o Ministério Público.[1307]
>
> § 2.º Quando forem dois ou mais os apelantes, ou apelados, os prazos serão comuns.[1308]

1306. Prazo para razões: após ter sido recebida a apelação, deve-se abrir vista às partes para o oferecimento de razões e contrarrazões, em 10 dias. Esse prazo não é fatal, vale dizer, se ultrapassado, mesmo assim a parte pode apresentar seus argumentos. Corre o risco, no entanto, do recurso subir sem os fundamentos jurídicos.

1307. Atividade subsidiária do assistente: o assistente de acusação não tem o direito de apelar, mas apenas de arrazoar o recurso do Ministério Público. Parece-nos que, do mesmo modo, poderá contrarrazoar o recurso interposto pela defesa.

1308. Prazos comuns: embora seja a previsão legal, nada impede que os interessados dividam o prazo de 10 dias, para que obtenham períodos sucessivos. Exemplo: dois réus pleiteiam 5 dias para cada um ficar com os autos e ofertar razões.

Efeitos da sentença absolutória

> **Art. 532.** A apelação da sentença absolutória não obstará que o réu seja imediatamente posto em liberdade, salvo se a acusação versar sobre crime a

> que a lei comina pena de reclusão, no máximo, por tempo igual ou superior a 20 (vinte) anos, e não tiver sido unânime a sentença absolutória.[1309]

1309. Não recepcionado pela Constituição Federal de 1988: o princípio da presunção de inocência, expressamente adotado pelo texto constitucional, consagra a liberdade como regra e a prisão cautelar como exceção. Diante disso, havendo sentença absolutória, significa ter o Judiciário concluído pela mantença do estado de inocência, não mais existindo motivo para qualquer medida cautelar constritiva da liberdade. Se estiver preso, deve ser imediatamente solto, em qualquer hipótese.

Sentença condenatória. Efeito suspensivo

> **Art. 533.** A apelação da sentença condenatória terá efeito suspensivo, salvo o disposto nos arts. 272, 527 e 606.[1310]

1310. Efeito suspensivo: toda sentença condenatória deve ter, sempre, os efeitos devolutivo e suspensivo, não podendo produzir qualquer efeito constritivo à liberdade do réu a não ser quando transitar em julgado. Por isso, o artigo em comento deve ser analisado com cautela. As medidas de segurança provisórias (art. 272, CPPM) podem ser aplicadas com o caráter cautelar, tal como se faz com a prisão preventiva, mas jamais como antecipação da sanção. A vedação ao recurso em liberdade de quem é reincidente ou tem maus antecedentes (art. 527, CPPM), como já exposto, não mais subsiste, como regra, no direito processual penal brasileiro. Pode-se determinar a prisão cautelar, com fundamento nos requisitos da preventiva, mas jamais como antecipação da pena, razão pela qual a decisão condenatória tem sempre efeito suspensivo. Finalmente, a previsão do *sursis* (art. 606, CPPM) somente pode ser implementada após o trânsito em julgado, de forma que é inaplicável o disposto neste artigo 533.

Subida dos autos à instância superior

> **Art. 534.** Findos os prazos para as razões, com ou sem elas, serão os autos remetidos ao Superior Tribunal Militar, no prazo de 5 (cinco) dias, ainda que haja mais de um réu e não tenham sido, todos, julgados.[1311]

1311. Subida dos autos: conforme exposto anteriormente, o prazo de 10 dias para ofertar razões e contrarrazões não é fatal; mesmo ultrapassado, pode a parte apresentá-las. Entretanto, corre o risco de o juiz determinar a subida dos autos sem elas. Sob outro aspecto, havendo mais de um réu, quando algum deles não tiver sido julgado, deve-se desmembrar o feito, para que o recurso dos que foram sentenciados possa ser apreciado. Na jurisprudência: STM: "Na espécie, as razões recursais foram apresentadas no último dia do prazo previsto no art. 531 do Código de Processo Penal Militar. Ainda que assim não fosse, nos termos do art. 534 do CPPM, uma vez interposta a apelação, o exame da matéria é devolvido à apreciação do Tribunal, independentemente do oferecimento das respectivas razões de recurso" (Apelação Criminal 0000016-07.2008.7.09.0009, T. Pleno, rel. William de Oliveira Barros, 06.09.2012, v.u.).

Art. 535

Distribuição da apelação

> **Art. 535.** Distribuída a apelação, irão os autos imediatamente com vista ao procurador-geral e, em seguida, passarão ao relator e ao revisor.

Processo e julgamento

> § 1.º O recurso será posto em pauta pelo relator, depois de restituídos os autos pelo revisor.
>
> § 2.º Anunciado o julgamento pelo presidente, fará o relator a exposição do feito e, depois de ouvido o revisor, concederá o presidente, pelo prazo de 20 (vinte) minutos, a palavra aos advogados ou às partes que a solicitarem, e ao procurador-geral.[1312]
>
> § 3.º Discutida a matéria pelo Tribunal, se não for ordenada alguma diligência, proferirá ele sua decisão.
>
> § 4.º A decisão será tomada por maioria de votos; no caso de empate, prevalecerá a decisão mais favorável ao réu.
>
> § 5.º Se o Tribunal anular o processo, mandará submeter o réu a novo julgamento, reformados os termos invalidados.[1313]

Julgamento secreto

> § 6.º Será secreto o julgamento da apelação, quando o réu estiver solto.[1314]

1312. Procedimento na sessão: estabelece-se a manifestação do relator, em primeiro lugar, para a *exposição do feito*; depois, ouve-se o revisor. Na sequência, as partes poderão fazer sustentação oral. É preciso ressaltar que o relator não deve proferir seu voto integral, mas apenas expor o relatório do processo. Não se compreende o motivo de ouvir o revisor, tendo em vista que ele também não deve expor seu voto, afinal, se assim fizessem relator e revisor de nada serviriam as sustentações orais. Portanto, relator e revisor devem relatar o feito; somente depois das sustentações, ingressam no mérito dos votos.

1313. Alcance da anulação: pode dar-se desde o princípio (recebimento da denúncia) para refazimento de toda a instrução ou somente a decisão condenatória ou absolutória. Enfim, cabe ao tribunal determinar exatamente em qual ponto incide a nulidade e o que deve ser refeito.

1314. Publicidade do julgamento: como já frisamos em nota anterior, os julgamentos do Poder Judiciário, após a Constituição Federal de 1988, são públicos, salvo quando a intimidade ou o interesse social impuserem de modo diverso. Não é o caso do colegiado da Justiça Militar, de qualquer instância. Inexiste motivo para o julgamento em sala secreta; lembremos que, no Tribunal do Júri, há expressa previsão constitucional autorizando o sigilo das votações, o que inclui o *ato de votar*.

Comunicação de condenação

> **Art. 536.** Se for condenatória a decisão do Tribunal, mandará o presidente comunicá-la imediatamente ao auditor respectivo, a fim de que seja expedido mandado de prisão ou tomadas as medidas que, no caso, couberem.[1315]

> **Parágrafo único.** No caso de absolvição, a comunicação será feita pela via mais rápida, devendo o auditor providenciar imediatamente a soltura do réu.[1316]

1315. Trânsito em julgado: é fundamental aguardar o trânsito em julgado da decisão condenatória para que se possa expedir o mandado de prisão, com o objetivo de submeter o acusado ao cumprimento da pena. Antes disso, seria afronta ao princípio constitucional da presunção de inocência.

1316. Imediata soltura: nesta hipótese, sem dúvida, havendo absolvição, expede-se comunicação para a imediata soltura do réu, fazendo cessar de pronto os efeitos de qualquer prisão cautelar. Consagra-se o estado de inocência.

Intimação

> **Art. 537.** O diretor-geral da Secretaria do Tribunal remeterá ao auditor cópia do acórdão condenatório para que ao réu, seu advogado ou curador, conforme o caso, sejam feitas as devidas intimações.
>
> § 1.º Feita a intimação ao réu e ao seu advogado ou curador, será enviada ao diretor-geral da Secretaria, para juntada aos autos, a certidão da intimação passada pelo oficial de justiça ou por quem tiver sido encarregado da diligência.
>
> § 2.º O procurador-geral terá ciência nos próprios autos.

Capítulo IV
Dos embargos

Cabimento e modalidade

> **Art. 538.** O Ministério Público e o réu poderão opor embargos de nulidade, infringentes[1317] do julgado e de declaração,[1318] às sentenças finais proferidas pelo Superior Tribunal Militar.

1317. Conceito de embargos infringentes e de nulidade: trata-se de recurso privativo da defesa, na legislação processual penal comum, voltado a garantir uma segunda análise da matéria decidida pela turma julgadora, por ter havido maioria de votos e não unanimidade, ampliando-se o *quorum* do julgamento. Assim, o recurso obriga que o colegiado seja chamado a decidir por completo e não apenas com os votos dos magistrados que compuseram a turma julgadora. A segunda chance conferida ao acusado é salutar, uma vez que se trata de interesse individual, ligado à ampla defesa, com todos os recursos a ela inerentes. No CPPM, permite-se a atuação plena do MP para todos os embargos. Na jurisprudência: STM: "Segundo a dicção do art. 538 do Código de Processo Penal Militar, o Ministério Público Militar é parte legítima para opor Embargos Infringentes e de Nulidade *pro societate*, consagrando-se, portanto, o Princípio da Paridade de Armas sem que se possa falar em suposta violação ao Princípio da Isonomia. Nesse contexto, o citado dispositivo foi recepcionado pela ordem constitucional em vigor. Precedentes. Preliminar rejeitada" (Embargos Infringentes e de Nulidade nº 7000650-37.2020.7.00.0000, rel. Carlos Vuyk De Aquino, 04.03.2021, maioria); "I – Rejeita-se a preliminar

Art. 539

de inconstitucionalidade parcial/não recepção do art. 538 do CPPM, arguida pela Defesa, uma vez que o referido dispositivo processual castrense permanece plenamente dotado de eficácia, pois foi integralmente recepcionado pelo ordenamento jurídico constitucional, garantindo a paridade de armas entre o Órgão Ministerial e a Defesa. Decisão majoritária" (Embargos Infringentes e de Nulidade nº 7000619-17.2020.7.00.0000, rel. José Coêlho Ferreira, 19.11.2020, maioria); "1. O avanço legal reclamado pelo ordenamento jurídico seria inserir, no Código de Processo Penal comum, a possibilidade de o Ministério Público opor embargos infringentes do julgado, sem retirar, portanto, essa previsão do art. 538 do CPPM. Haveria retrocesso se, ao invés de ampliar os legitimados à oposição de embargos infringentes na seara comum, fossem inadvertidamente subtraídos do MPM. 2. A JMU, diversamente da comum, atua em apenas duas instâncias e inexistem os recursos especiais para o STJ. Isso reduz o aprofundamento processual dedicado a provar eventual culpa do agente. Prevalece, nesse prisma, o interesse da sociedade em obter decisões mais consistentes, em face de a JMU ter menos instâncias do que a comum. 3. Com a previsão dos embargos infringentes, evita-se a impunidade de réus que, em regra, são militares da ativa, os quais ocupam, mediante a confiança de seus superiores, sensíveis cargos castrenses e, sendo civis, atingem a mais eficiente ferramenta de proteção da sociedade – as Forças Armadas. Preliminar rejeitada por maioria. 4. Os embargos infringentes do julgado inauguram novo estudo das provas dos autos e, para a evolução do ordenamento jurídico, não se reduzem à simples confirmação do quanto decidido em sede de apelação, o que permite o eventual realinhamento dos arestos e dos pareceres aos ditames constitucionais" (Embargos Infringentes e de Nulidade 0000040-53.2014.7.01.0201, rel. Marco Antônio de Farias, 30.05.2018, maioria); "Os embargos somente serão admitidos quando as razões do recurso defensivo forem baseadas na parte não unânime do aresto e a argumentação for distinta da divergência ocorrida em Plenário (art. 119, §§ 1.º e 2.º, do RISTM)" (AgReg 0000087-37.2012.7.10.0010-DF, rel. Alvaro Luiz Pinto, 25.03.2014, v.u.).

1318. Conceito de embargos de declaração: trata-se de recurso posto à disposição de qualquer das partes, voltado ao esclarecimento de dúvidas surgidas no acórdão, quando configurada ambiguidade, obscuridade, contradição ou omissão, permitindo, então, o efetivo conhecimento do teor do julgado, facilitando a sua aplicação e proporcionando, quando for o caso, a interposição de recurso especial ou extraordinário. Na jurisprudência: TRF-2.ª Região: "Os embargos de declaração têm como característica a invocação do mesmo juízo, para que desfaça ambiguidade, obscuridade, contradição ou omissão que o acórdão contém. Ambiguidade existe quando a decisão, em qualquer ponto, permite duas ou mais interpretações. Há obscuridade quando não há clareza na redação, de modo que não é possível saber com certeza qual o pensamento exposto no acórdão. Pode também haver contradição, em que afirmações da decisão colidem, se opõem. Podem elas existir, por exemplo, entre a motivação e a conclusão. Há omissão quando não se escreveu no acórdão tudo o que era indispensável dizer" (ACR 5914 – 2004.50.01.008194-0/RJ, 2.ª T.E., rel. Liliane Roriz, 14.10.2008, v.u.).

Inadmissibilidade

> **Art. 539.** Não caberão embargos de acórdão unânime ou quando proferido em grau de embargos, salvo os de declaração, nos termos do art. 542.[1319]

Restrições

> **Parágrafo único.** Se for unânime a condenação, mas houver divergência quanto à classificação do crime ou à quantidade ou natureza da pena, os embargos só serão admissíveis na parte em que não houve unanimidade.

1319. Colegiado completo: quando o tribunal se reunir em sua composição integral – ou por meio do Órgão Especial – a condenação pode ser proferida por maioria de votos *sem* a possibilidade de ingresso de embargos infringentes e de nulidade. Afinal, não há viabilidade de se atingir maior número de integrantes da corte, porque todos participaram do julgamento. Na jurisprudência: STM: "Para que se admita os embargos infringentes, é necessário que a decisão embargada não seja unânime. Ademais, não há previsão legal para sua interposição em sede de embargos de declaração, como é o caso dos autos. Inteligência do art. 119, inciso I e § 1.º, do RISTM, c/c o art. 539 do CPPM. Assim, rejeita-se o presente Agravo Interno, para manter inalterada a decisão que negou seguimento aos citados Embargos de Nulidade" (Agravo Interno 7001294-14.2019.7.00.0000, rel. Francisco Joseli Parente Camelo, 16.12.2019, v.u.); "O art. 539 do Código de Processo Penal Militar é de clareza meridiana ao dispor que: 'Não caberão embargos de acórdão unânime e/ou quando proferido em grau de embargos, salvo os de declaração, nos termos do art. 542', razão pela qual se afigura manifestamente incabível os embargos infringentes opostos contra acórdão proferido em grau de embargos infringentes. Agravo Regimental rejeitado. Decisão unânime" (Agravo Regimental 0000013-50.2012.7.11.0011, rel. José Coêlho Ferreira, 10.12.2015, v.u.). TJMSP: "Agravo regimental criminal – Interposição de embargos de nulidade em face de decisão que não admitiu esse recurso em relação a acórdão unânime prolatado em embargos infringentes – Não cabem embargos de acórdão unânime ou quando proferido em grau de embargos, salvo os de declaração (art. 539 do CPPM) – Recurso não provido" (Agravo Regimental 000106/2006, Pleno, rel. Fernando Pereira, 01.02.2006, v.u.).

Prazo

> **Art. 540.** Os embargos serão oferecidos por petição dirigida ao presidente, dentro do prazo de 5 (cinco) dias, contados da data da intimação do acórdão.[1320]
>
> § 1.º Para os embargos será designado novo relator.

Dispensa de intimação

> § 2.º É permitido às partes oferecerem embargos independentemente de intimação do acórdão.

1320. Denominação do recurso: embora a aparência de se tratar de dois recursos – embargos *infringentes* e *de nulidade* – trata-se somente de um. A matéria em discussão pode ligar-se ao mérito propriamente dito, isto é, questão de direito material (infringentes), como pode estar vinculada a tema exclusivamente processual (de nulidade). Em outros termos, pode-se usar este recurso apenas para discutir matéria vinculada ao mérito (se culpado ou inocente o réu) ou somente em relação a eventual existência de nulidade ocorrida no processo. Porém, sempre quando houver voto vencido em favor do acusado. Na jurisprudência: STM: "1. A petição de embargos infringentes do julgado deve ser oferecida ao Presidente do Tribunal, no prazo de cinco dias contados da intimação eletrônica do acórdão, nos termos dos arts. 540 do CPPM e 120 do RISTM. A DPU dispõe da prerrogativa, em qualquer processo e grau de jurisdição, de contagem de seus prazos recursais em dobro, *ex vi* do art. 44, inciso I, da Lei Complementar 80/94. 2. À luz da doutrina e da jurisprudência pátrias, os prazos recursais são contínuos, peremptórios e improrrogáveis. Portanto, quando transcorre o lapso temporal previsto em lei, registrado desde a intimação da decisão até a protocolização do recurso, sem

Art. 541

Código de Processo Penal Militar Comentado • **Nucci**

a manifestação da parte interessada, ocorre a preclusão temporal. 3. Portarias discricionárias, expedidas pelo STF, CNJ e STJ, exarando diretrizes para o funcionamento de suas Secretarias no tocante à prorrogação de prazos processuais, não possuem eficácia no âmbito do STM, pois a CF/88, art. 96, inciso I, alínea *a* e *b*, estabeleceu a competência privativa para que os tribunais organizem as atividades dos seus respectivos órgãos jurisdicionais e administrativos. (...) Agravo Interno não acolhido. Decisão unânime" (Agravo Interno 7000143-47.2018.7.00.0000, rel. Marco Antônio de Farias, 09.05.2018, v.u.).

Embargos infringentes e de nulidade

> **Art. 541.** Os embargos de nulidade ou infringentes do julgado serão oferecidos juntamente com a petição, quando articulados, podendo ser acompanhados de documentos.[1320-A]

1320-A. Razões do recurso: devem ser apresentadas juntamente com a interposição do recurso, inclusive para se checar a sua admissibilidade. Se não forem apresentadas, cuidando-se do Ministério Público, o recurso deve ser indeferido. Caso se cuide da defesa, pode-se considerar o réu indefeso, nomeando-se outro para oferecimento das razões. Não nos parece cabível receber e processar o recurso sem fundamentação. Na jurisprudência: STM: "Embora o art. 541 do CPPM impõe a oposição dos embargos infringentes acompanhados dos respectivos fundamentos, o art. 547 desse diploma, a contrário senso, possibilita o entendimento da sua apresentação *a posteriori*. Recurso que deve ser conhecido independentemente da apresentação das respectivas razões por força do princípio da ampla defesa. Preliminar de não conhecimento rejeitada por unanimidade. Constado ter o embargante feito afirmações caluniosas em relação a colega de caserna, as quais resultaram na instauração de procedimento investigativo, deve a ação penal ser deflagrada diante da existência de indícios mínimos. A defesa não apresentou nenhum fato ou elemento capaz de alterar o acórdão guerreado. Embargos rejeitados. Decisão majoritária" (Embargos Infringentes e de Nulidade 2007.01.007420-5, rel. William de Oliveira Barros, 08.02.2008, maioria).

De declaração

> **Art. 542.** Nos embargos de declaração[1321] indicará a parte os pontos em que entende ser o acórdão ambíguo,[1322] obscuro,[1323] contraditório[1324] ou omisso.[1325-1330]
>
> **Parágrafo único.** O requerimento será apresentado ao Tribunal pelo relator e julgado na sessão seguinte à do seu recebimento.

1321. Extensão dos embargos a outras decisões: inadmissibilidade. Segundo nos parece, o sistema recursal não pode ser ampliado sem expressa autorização legal. Assim, verifica-se a impossibilidade de aplicação dos embargos de declaração a outras decisões que não configurem sentença ou acórdão. Decisões interlocutórias, de qualquer espécie, não comportam embargos. Se na sua aplicação houver dúvida, prejudicial ao réu, gerando algum tipo de constrangimento, o caminho é impugná-la por *habeas corpus*. No mais, se a dúvida atingir a acusação, dependendo do caso concreto, pode caber correição parcial – se tumulto processual advier – ou mesmo recurso em sentido estrito – caso a decisão comporte. Não sendo assim, eventual prejuízo pode ser destacado em preliminar de eventual apelação. Em contrário, a posição de Ada, Magalhães e Scarance: "Apesar de o Código referir-se apenas aos acórdãos proferidos pelos tribunais de apelação (art. 619, CPP) e às sentenças de primeiro grau (art. 382, CPP), o certo é que os embargos de declaração podem ser interpostos contra *qualquer* decisão judicial. É inconcebível que fique sem remédio a obscuridade, a ambiguidade, a contradição ou a omissão existente no pronunciamento, que podem chegar até a comprometer a possibilidade prática de cumpri-lo" (*Recursos no processo penal*, p. 229). Na jurisprudência: STM: "3. Conforme o art. 542 do CPPM, o recorrente deve especificar onde residem os supostos vícios no acórdão recorrido, sob pena de a oposição ser considerada manifestamente incabível. 4. A mera alegação de omissão no acórdão embargado, focada tão somente em prescrição da pretensão punitiva estatal manifestamente irreal, carece dos requisitos processuais exigidos. 5. Decisão que negou seguimento aos Embargos de Declaração integralmente mantida. 6. Agravo Interno rejeitado" (Agravo Interno 7000073-25.2021.7.00.0000, rel. Marco Antônio de Farias, 18.03.2021, v.u.); "Os Embargos de Declaração visam aperfeiçoar a prestação jurisdicional com o esclarecimento e eventual emenda das decisões judiciais que acaso ostentem vícios de omissão, ambiguidade, contradição ou obscuridade, *ex vi* do art. 542 do CPPM. Admissível, outrossim, para correção de eventuais erros materiais, nos moldes do art. 1.022, inciso III, do novo Código de Processo Civil. Na hipótese, contudo, o *Decisum* encontra-se devidamente fundamentado à luz do caso concreto, tendo sido efetivamente enfrentado o argumento defensivo de ausência de comprovação dos elementos subjetivos, embora em sentido diverso do pretendido pelos embargantes. Além disso, as razões de decidir deram conta da prática de delito doloso, o que tornou prejudicado o pedido defensivo de reconhecimento da modalidade culposa, porquanto um delito doloso não pode ser ao mesmo tempo culposo, salvo aqueles que admitem a forma preterdolosa, o que não é o caso do peculato. Ademais, a jurisprudência dos Tribunais Superiores é no sentido de não se encontrar o órgão julgador obrigado a manifestar-se acerca de todas as alegações firmadas pela parte, mas somente sobre aquelas que entenderem realmente necessárias ao deslinde da controvérsia. Recurso rejeitado" (Embargos de Declaração 7000893-78.2020.7.00.0000, rel. Maria Elizabeth Guimarães Teixeira Rocha, 24.02.2021, v.u).

1322. Ambiguidade: é o estado daquilo que possui duplo sentido, gerando equivocidade e incerteza, capaz de comprometer a segurança do afirmado. Assim, no julgado, significa a utilização, pelo magistrado, de termos com duplo sentido, que ora apresentam uma determinada orientação, ora seguem em caminho oposto, fazendo com que o leitor, seja ele leigo ou não, termine não entendendo qual o seu real conteúdo.

1323. Obscuridade: é o estado daquilo que é difícil de entender, gerando confusão e ininteligência, no receptor da mensagem. No julgado, evidencia a utilização de frases e termos complexos e desconexos, impossibilitando ao leitor da decisão, leigo ou não, captar-lhe o sentido e o conteúdo.

1324. Contradição: trata-se de uma incoerência entre uma afirmação anterior e outra posterior, referentes ao mesmo tema e no mesmo contexto, gerando a impossibilidade de compreensão do julgado. Logo, inexiste contradição, quando a decisão – sentença ou acórdão – está em desalinho com opiniões doutrinárias, outros acórdãos ou sentenças e mesmo com a prova dos autos. É preciso existir confronto entre afirmações interiores ao julgado.

1325. Omissão: é a lacuna ou o esquecimento. No julgado, traduz-se pela falta de abordagem do magistrado acerca de alguma alegação ou requerimento formulado, expressamente, pela parte interessada, merecedor de apreciação.

1326. Não caracterização da omissão: não se configura lacuna na decisão o fato de o juiz deixar de comentar argumento por argumento levantado pela parte, pois, no contexto geral do julgado, pode estar nítida a sua intenção de rechaçar todos eles.

Art. 542

1327. Reavaliação das provas e dos fatos: impossibilidade. Os embargos de declaração não têm o caráter de reavaliação da valoração feita aos fatos, nem tampouco das provas. Igualmente, não deve analisar fatos não alegados em recurso anterior. Trata-se de recurso exclusivo para situações excepcionais, quando há ambiguidade, obscuridade, contradição ou omissão. Assim: STF: "A Turma deferiu *habeas corpus* impetrado contra acórdão do STJ que, acolhendo embargos de declaração opostos pelo Ministério Público, emprestara-lhes efeito modificativo, para reformar acórdão que, em idêntica medida lá impetrada, declarara a incompetência da Justiça Federal para julgar ações penais em que envolvida a paciente, condenada por crime contra o sistema financeiro. Preliminarmente, aduziu-se que o fato de o *parquet* não haver opinado sobre o tema de fundo não seria óbice à sequência da apreciação do pedido. Em seguida, salientou-se a possibilidade desse mesmo órgão, como fiscal da lei, interpor recurso, ainda que se trate de impetração. Tendo em conta que os embargos de declaração não têm como objeto uniformizar a jurisprudência nem revisar o que decidido, considerou-se que o Tribunal *a quo*, ao admiti-los, conferira alcance à margem do disposto no art. 619 do CPP. No ponto, asseverou-se que inexistiria situação concreta a ensejar a integração do que anteriormente assentado e que ocorrera rejulgamento da matéria, sem que houvesse o deslocamento do feito para órgão diverso, detentor da atribuição de uniformizar a jurisprudência. Consignou-se, dessa forma, que os embargos declaratórios não tinham condições de serem providos como o foram. HC deferido para restabelecer o que decidido inicialmente pelo STJ" (HC 88.954-RS, 1.ª T., rel. Marco Aurélio, 14.11.2006, v.u., *Informativo* 448). STM: "O manejo dos embargos de declaração restringe-se aos casos de obscuridade, ambiguidade, contradição ou omissão das decisões recorridas, e cabe ao embargante a indicação desses pontos, conforme preceituam os arts. 542 do CPPM e 125 do RISTM. Não compete a esta Corte, quando do julgamento do recurso de apelação, reexaminar argumentos extemporaneamente suscitados pela defesa, contra os quais não foram interpostos recursos. Os embargos declaratórios opostos contra acórdão desta Corte não são cabíveis para examinar alegação extemporânea feita em sede de manifestação, quando da colocação do feito em mesa, que sequer foi questionada no momento oportuno. Os argumentos jurídicos ora levantados pelo embargante visam obter, de maneira inadequada, o exame de matéria não trazida em recurso e acobertada pelo manto da preclusão, o que é vedado por meio dos embargos de Declaração. Rejeitados os Embargos de Declaração. Decisão unânime" (Embargos de Declaração 7000934-16.2018.7.00.0000, rel. Lúcio Mário de Barros Góes, 19.12.2018, v.u.); STM: "Na hipótese, as matérias cuja apreciação é ora reclamada constituem inovações argumentativas trazidas pela Defensoria Pública da União, eis que não foram objeto de abordagem nas razões de apelo. O presente recurso traz à lume questões que nem ao menos foram tratadas no devido processo legal de conhecimento ocorrido em 1.º grau, o que equivale a dizer, no mínimo, que sequer foram submetidas ao contraditório e à inarredável regra da paridade d'armas. Mostra-se evidente que a via recursal escolhida não se presta para inaugurar debate acerca de matérias não mencionadas anteriormente, ainda que sob o pretexto de realizar prequestionamento. (...)" (Embargos de Declaração 7000336-62.2018.7.00.0000, rel. Luis Carlos Gomes Mattos, 07.06.2018, v.u.).

1328. Simples correção de erros materiais: não há necessidade da interposição dos embargos. Pode o relator determinar a modificação de meros equívocos materiais que podem ter constado no acórdão, por engano de datilografia ou de redação, sem a necessidade de procedimento recursal. O mesmo faz o juiz de primeiro grau, com relação à sentença. Entretanto, há quem assim admita. Verificar julgados na nota 1321.

1329. Validade para o prequestionamento: muitos embargos de declaração são interpostos com a finalidade exclusiva de prequestionar alguma matéria, não abordada pelo julgado, embora tenha sido levantada pela parte, durante a instrução ou na peça recursal, obrigando o tribunal a decidir expressamente sobre o assunto e, em consequência, possibilitar a interposição de recurso extraordinário. A respeito, confira-se a Súmula 356 do STF: "O ponto omisso da decisão, sobre o qual não foram opostos embargos declaratórios, não pode ser objeto de recurso extraordinário, por faltar o requisito do prequestionamento". Ver também a Súmula 211 do STJ: "Inadmissível recurso especial quanto à questão que, a despeito da oposição de embargos declaratórios, não foi apreciada pelo tribunal *a quo*". Entretanto, não cabem embargos de declaração, ainda que para o fim de prequestionamento, quando a matéria desejada não tiver sido anteriormente ventilada pela parte interessada. Na jurisprudência: STM: "Os Embargos de Declaração, para fins de prequestionamento, servem para suprir omissão do acórdão recorrido em relação à matéria suscitada no recurso cabível ou nas contrarrazões, e não para inovar matéria constitucional não debatida nos autos. Sendo o tema debatido nos autos, resta prontamente atendida a pretensão de prequestionamento da matéria, para fins de acesso à Suprema Corte. Embargos de Declaração rejeitados" (Embargos de Declaração 7000591-49.2020.7.00.0000, rel. Carlos Vuyk de Aquino, 08.10.2020, v.u.); "A via recursal escolhida não se presta para inaugurar debate acerca de questões constitucionais que não foram mencionadas anteriormente, ainda que sob o pretexto de se realizar prequestionamento. Rejeição dos embargos de declaração. Unânime" (Embargos de Declaração 0000028-22.2013.7.03.0103, rel. Luis Carlos Gomes Mattos, 03.08.2015, v.u.); "Embora a dicção dos arts. 542 do CPPM e 125 do RISTM indique que o manejo dos aclaratórios restringe-se aos casos de obscuridade, ambiguidade, contradição ou omissão das decisões recorridas, cabendo ao embargante, tão somente, a indicação desses pontos, a jurisprudência dos Pretórios tem entendido que é possível a aplicação de efeitos modificativos aos embargos de declaração, bem como que esse recurso pode ser utilizado para fins de prequestionamento, desde que presente situação que assim o justifique" (Embargos de Declaração 0000041-91.2007.7.11.0011, rel. Cleonilson Nicácio Silva, 02.03.2017, maioria).

1330. Abuso de direito: a reiterada interposição de embargos de declaração, com o intuito meramente protelatório, constitui nítido abuso de direito. Por isso, não serve para interromper os prazos e ainda justifica a imposição de multa, valendo-se da analogia com o processo civil. Nesse prisma: STJ: "A Turma rejeitou os quintos embargos de declaração por entender estar caracterizado seu intuito protelatório, razão pela qual aplicou a multa disposta no art. 538, parágrafo único, do CPC. Segundo o Ministro Relator, a sucessiva oposição do recurso integrativo, quando ausente ou falsamente motivada sua função declaratória, constitui abuso do direito de recorrer e não interrompe prazos, o que autoriza, nos termos da orientação adotada pelo STF, o retorno dos autos à origem para a execução imediata do julgado proferido no recurso especial. Precedentes citados do STF: AgRg no AI 222.179-DF, *DJe* 08.04.2010; AI 735.904-RS, *DJe* 19.11.2009; AO 1.407-MT, *DJe* 13.08.2009, e AI 567.171-SE, *DJe* 05.02.2009" (EDcl nos EDcl nos EDcl nos EDcl nos EDcl no AgRg no REsp 731.024-RN, 5.ª T., rel. Gilson Dipp, 26.10.2010, v.u.).

Apresentação dos embargos

> **Art. 543.** Os embargos deverão ser apresentados na Secretaria do Tribunal ou no cartório da Auditoria onde foi feita a intimação.[1331]
>
> **Parágrafo único.** Será em cartório a vista dos autos para oferecimento de embargos.

1331. Legitimidade: qualquer das partes que possua legitimidade para recorrer está autorizada a ingressar com embargos de declaração, desde que o esclarecimento pleiteado do julgado possa trazer-lhe algum benefício. Na jurisprudência: STM: "1. Na dicção do art. 543,

Art. 544

caput, do CPPM, o recurso de embargos de declaração pode ser protocolado no cartório da auditoria em que se deu a intimação, mesmo que este ato tenha sido efetivado por intermédio do *DJE*. Preliminar de intempestividade rejeitada por unanimidade" (Embargos de Declaração 7000084-93.2017.7.00.0000, rel. Carlos Augusto de Sousa, 08.03.2018, v.u.).

Remessa à Secretaria do Tribunal

> **Art. 544.** O auditor remeterá à Secretaria do Tribunal os embargos oferecidos, com a declaração da data do recebimento, e a cópia do acórdão com a intimação do réu e seu defensor.

Medida contra o despacho de não recebimento

> **Art. 545.** Do despacho do relator que não receber os embargos terá ciência a parte, que, dentro em 3 (três) dias, poderá requerer serem os autos postos em mesa, para confirmação ou reforma do despacho. Não terá voto o relator.[1332-1333]

1332. Indeferimento e avaliação pelo colegiado: o não recebimento dos embargos de declaração, porque não tem cabimento ou é intempestivo, na prática, de nada adianta, pois a parte tem o direito de pleitear o julgamento pelo colegiado. Portanto, mais simples que o próprio relator apresente voto à mesa, sugerindo o não conhecimento ou o indeferimento.

1333. Interrupção do prazo para outros recursos: trata-se de decorrência natural da interposição dos embargos, afinal, se a busca é pelo esclarecimento do que é confuso ou lacunoso, inexiste razão para apresentar outro recurso qualquer, antes de ser consertado o equívoco gerado. Se for oferecido, deve ser sobrestado o seu prosseguimento. Note-se, por fim, que não se trata de mera suspensão do prazo que já vinha correndo para a interposição de outro recurso, mas da sua interrupção, possibilitando à parte interessada, após a prolação da decisão dos embargos, retomá-lo por inteiro.

Juntada aos autos

> **Art. 546.** Recebidos os embargos, serão juntos, por termo, aos autos, e conclusos ao relator.

Prazo para impugnação ou sustentação

> **Art. 547.** É de 5 (cinco) dias o prazo para as partes impugnarem ou sustentarem os embargos.[1334-1335]

1334. Manifestação da parte contrária e prazo para impugnação: em tese, é dispensável a manifestação da outra parte, já que o propósito dos embargos de declaração é aclarar a matéria decidida e não inovar, modificando o julgado. Ressalva a doutrina a possibilidade de o relator, verificando a viabilidade de modificação do conteúdo do decidido, quando a questão obscura, ambígua, contraditória ou omissa for sanada, determinar a intimação da parte contrária. Nesse caso, diz-se terem os embargos o caráter infringente, ou seja, com capacidade para violar o anteriormente julgado. Na jurisprudência: STM: "Os embargos de declaração possuem o prazo recursal de 5 (cinco) dias, conforme dispõe o art. 547 do Código de Processo Penal Militar, devendo ser contado o prazo em dobro para a Defensoria Pública da União, ou seja, 10 (dez) dias. A forma de contagem dos prazos do processo penal mantém-se regida pelo art. 798 do Código de Processo Penal, que dispõe: 'todos os prazos correrão em cartório e serão contínuos e peremptórios, não se interrompendo por férias, domingo ou dia feriado'. Tal regramento é devido, tendo em vista que os recursos em matéria criminal seguem sistemática própria, naquilo em que houver regramento específico, não se valendo de suplementação por outro diploma legal. Agravo rejeitado. Decisão unânime" (Agravo Regimental 0000076-23.2014.7.04.0004, rel. José Coêlho Ferreira, 26.09.2017, v.u.). "Estabelecendo o art. 547 do CPPM o prazo de cinco dias para as partes impugnarem ou sustentarem os embargos, não há que se falar em ilegalidade pelo fato de a petição encontrar-se desacompanhada das razões, principalmente quando o relator concede prazo à defesa para a instrução do recurso, como no presente caso" (Embargos Infringentes e de Nulidade 2002.01.048900-8, rel. José Luiz Lopes da Silva, 10.12.2002, maioria).

1335. Efeito infringente: deve-se aceitar esse efeito, que é a modificação substancial do julgado, unicamente quando se cuidar de omissão ou contradição, pois os magistrados haverão de decidir sobre ponto que ainda não tinham abordado ou deverão sanar uma incoerência, situações capazes de alterar o rumo do decidido. Entretanto, a ambiguidade e a obscuridade representam a simples possibilidade de aclarar o que está implícito. Na jurisprudência: STM: "I – Os embargantes não obtiveram êxito em apontar os pontos em que entendem ser o acórdão embargado omisso ou contraditório, à luz do art. 540 do CPPM, pretendendo, sem amparo legal, conferir efeitos infringentes aos embargos declaratórios, o que só é admitido em se tratando de decisão considerada teratológica. II – Não há possibilidade jurídica de a Corte, em sede de embargos declaratórios, dar-lhe efeitos infringentes para cotejar a situação dos recorrentes com a de outros militares que sequer fizeram parte da relação jurídica processual no presente feito, não cabendo também discutir o acerto ou o desacerto do Órgão titular da ação penal militar em relação a essa pendência. Embargos de declaração rejeitados. Decisão unânime" (Embargos de Declaração 0000019-46.2013.7.07.0007, rel. José Coêlho Ferreira, 16.08.2016, v.u.).

Marcha do julgamento

> **Art. 548.** O julgamento dos embargos obedecerá ao rito da apelação.[1336]

1336. Embargos dos embargos: trata-se de situação viável, pois nada impede que o acórdão proferido no julgamento dos embargos de declaração propostos também padeça de algum vício autorizador de novo pedido de esclarecimento. A doutrina chega a admitir, ainda, que os segundos embargos possam questionar vícios decorrentes da decisão que originou os primeiros, desde que o assunto não tenha, ainda, sido ventilado.

Recolhimento à prisão

> **Art. 549.** O réu condenado a pena privativa de liberdade não poderá opor embargos infringentes ou de nulidade, sem se recolher à prisão, salvo se atendidos os pressupostos do art. 527.[1337]

Art. 549

Código de Processo Penal Militar Comentado • NUCCI

522

1337. Não recepcionado pela Constituição de 1988: inexiste viabilidade para vedar a interposição de recurso, ferindo-se a ampla defesa, obrigando-se o acusado a se recolher ao cárcere. Não há que se vincular a eventual necessidade da prisão cautelar ao direito de recurso. Assim já decidiu o STF, quando afastou o cumprimento ao art. 595 do CPP, que previa deserção do recurso, em caso de fuga do réu (hoje, esse artigo foi revogado pela Lei 12.403/2011).

Capítulo V
Da revisão[1338]

1338. Conceito de revisão criminal e natureza jurídica: é uma ação penal de natureza constitutiva e *sui generis*, de competência originária dos tribunais, destinada a rever decisão condenatória, com trânsito em julgado, quando ocorre erro judiciário. Trata-se de autêntica ação rescisória na esfera criminal, indevidamente tratada como recurso. Tem alcance maior do que o previsto na legislação ordinária, adquirindo, igualmente, o contorno de garantia fundamental do indivíduo, na forma de remédio constitucional contra injustas condenações. Eis porque é uma ação *sui generis*, onde não há parte contrária, mas somente o autor, questionando um erro judiciário que o vitimou. Extrai-se tal conclusão porque a Constituição Federal (art. 5.º, LXXV) preceitua que "o Estado indenizará o condenado por erro judiciário", além do que no § 2.º do mesmo art. 5.º, menciona-se que outros direitos e garantias podem ser admitidos, ainda que não estejam expressamente previstos no texto constitucional, desde que sejam compatíveis com os princípios nele adotados. Ora, é justamente essa a função da revisão criminal: sanar o erro judiciário, que é indesejado e expressamente repudiado pela Constituição Federal. Esse entendimento, elevando a revisão à categoria de garantia fundamental, é prestigiado por Frederico Marques, argumentando estar previsto expressamente o direito a essa ação na Constituição, no contexto da competência do Supremo Tribunal Federal (art. 102, I, *j*). Assim, se os condenados pela Suprema Corte têm direito constitucional à utilização desse instrumento, é natural que os demais, sentenciados por instâncias inferiores, também o possuam, garantindo-lhes a isonomia contra o erro judiciário (*Elementos de direito processual penal*, p. 308). Em contrário, sustentando tratar-se de um recurso, embora de caráter misto e *sui generis,* está a posição de Magalhães Noronha (*Curso de direito processual penal*, p. 382). Entendendo cuidar-se de ação penal e não de mero recurso, está a posição da maioria da doutrina e da jurisprudência. Sérgio de Oliveira Médici, no entanto, propõe outra conceituação, sem adotar o difundido caráter de ação, nem acolher ser a revisão criminal um mero recurso, merecendo registro: "Em nosso entendimento, a revisão constitui meio de impugnação do julgado que se aparta tanto dos recursos como das ações, pois a coisa julgada exclui a possibilidade de interposição de recurso, e, ao requerer a revista da sentença, o condenado não está propriamente *agindo*, mas *reagindo* contra o julgamento, com o argumento da configuração de erro judiciário. A ação penal anteriormente *vista* é então *revista* por meio da revisão que, entretanto, não implica inversão das partes (em sentido processual)" (*Revisão criminal*, p. 148). Na jurisprudência: STM: "Conforme os arts. 550 e ss. da Lei Processual Militar, é adequado o manejo da revisão criminal para que sejam reanalisadas as decisões que tenham transitado em julgado com algum tipo de erro judiciário, sem, entretanto, em detrimento à coisa julgada, poder se criar instância recursal não prevista ou reiterar pedidos anteriormente analisados sem a apresentação de novas provas. *In casu*, a Corte acolheu a preliminar de não conhecimento do recurso ante a sua flagrante inadequação às possibilidades de cabimento dispostas no art. 551 do CPPM, uma vez que a defesa não demonstrou qualquer circunstância que comprovasse o arrependimento posterior do réu e, por conseguinte, que tivesse o condão de fazer incidir a minorante requerida. Revisão criminal não conhecida. Decisão por unanimidade" (Revisão Criminal 7000015-27.2018.7.00.0000, rel. Alvaro Luiz Pinto, 26.04.2018, v.u.).

Cabimento

> **Art. 550.** Caberá revisão dos processos findos[1339] em que tenha havido erro quanto aos fatos, sua apreciação, avaliação e enquadramento.[1340]

1339. Trânsito em julgado de sentença condenatória: é requisito indispensável e fundamental para o ajuizamento de revisão criminal. Pendendo qualquer recurso contra a decisão condenatória, não cabe a admissão de revisão. Esse é o único sentido lógico que se deve dar à expressão "processo findo", não sendo possível considerar a decisão que julga extinto o processo, sem julgamento de mérito. Na jurisprudência: TRF-3.ª Região: "A desistência do recurso de apelação, pelo réu, implica no trânsito em julgado da sentença penal condenatória e, consequentemente, no pressuposto de admissibilidade do pedido de revisão criminal" (RvCr 630-2008.03.00.022901-2/SP, 1.ª S., rel. Ramza Tartuce, 15.04.2010, v.u.).

1340. Revisão criminal e coisa julgada: o respeito à coisa julgada constitui garantia individual do ser humano, inserta, expressamente, no art. 5.º, XXXVI, da Constituição Federal. Como poderia, então, haver revisão criminal de julgados contra os quais não mais cabe qualquer recurso? A resposta é encontrada justamente na natureza, também, de garantia constitucional atribuída à revisão criminal. E inexistindo hierarquia entre os direitos e garantias individuais, devendo reinar entre eles a harmonia e a flexibilidade, a fim de se alcançar o bem comum, é curial proporcionar, como regra, ao cidadão o fiel respeito à coisa julgada. Porém, em situações excepcionais, nada impede o uso da revisão criminal para sanar o erro judiciário, mal maior, que deve ser evitado a qualquer custo. Compõem-se, assim, dois institutos, sem que haja o predomínio, puro e simples, de um sobre o outro.

Casos de revisão

> **Art. 551.** A revisão dos processos findos será admitida:[1341-1342]
>
> *a)* quando a sentença condenatória for contrária à evidência dos autos;[1343-1345]
>
> *b)* quando a sentença condenatória se fundar em depoimentos, exames ou documentos comprovadamente falsos;[1346-1347]
>
> *c)* quando, após a sentença condenatória, se descobrirem novas provas que invalidem a condenação ou que determinem ou autorizem a diminuição da pena.[1348-1352]

1341. Rol taxativo: busca-se rever uma decisão abrigada pelo manto da coisa julgada (art. 5.º, XXXVI, CF), que é garantia constitucional de proteção ao indivíduo e aos conflitos já julgados e compostos pelo Poder Judiciário. Logo, o rol de possibilidades para o ajuizamento de revisão criminal deve ser considerado taxativo. STM: "O cabimento da Revisão Criminal é condicionado à observância do disposto no art. 550 do CPPM, devendo ser admitido apenas quando se verificar um dos casos constantes No rol do art. 551 do mesmo códex, razão pela qual a decisão monocrática de não conhecimento da Revisão Criminal deve permanecer incólume. *In casu*, é patente que a defesa busca apenas rediscutir matéria já amplamente vergastada na

Art. 551

Código de Processo Penal Militar Comentado • **Nucci**

524

via processual escorreita, além de arguir tese não aventada, nem na instrução processual, em instância *a quo*, nem em sede de Apelação, neste grau ad quem. Ademais, caso fosse permitido seguir a marcha processual, em sede revisional, estar-se-ia abrindo um precedente para que tal instituto se tornasse mais uma via recursal com efeito devolutivo, perpetuando-se a discussão já amiúde debatida pelo Poder Judiciário, situação essa que, além de insólita, é incabível por essa via eleita. Agravo Interno não acolhido" (Agravo Interno 7000639-08.2020.7.00.0000, rel. Odilson Sampaio Benzi, 19.11.2020, v.u.); "1. O princípio que rege a Ação de Revisão Criminal é o da absoluta excepcionalidade, visando a corrigir erro judiciário quanto aos fatos, à sua apreciação, à avaliação e ao enquadramento. 2. O cabimento da Revisão Criminal condiciona-se ao disposto no art. 550, devendo ser admitida apenas quando se verificar uma das hipóteses taxativamente descritas no art. 551, ambos do CPPM. 3. É inadmissível a Ação Revisional baseada em teses já debatidas e rejeitadas pelo Tribunal no processo revivido, especialmente quando desacompanhada de argumentação capaz de debilitar a certeza do acervo probatório confirmado no decreto condenatório. 4. A prova nova apta ao posterior ingresso com a Revisional é aquela submetida ao crivo do contraditório e da ampla defesa, por meio de Justificação Criminal. 5. Mantida inalterada a Decisão que negou seguimento ao pleito Revisional. 6. Agravo Interno rejeitado" (Agravo Interno 7000592-34.2020.7.00.0000. rel. Marco Antônio de Farias, 05.11.2020, v.u.); "II – O rol previsto no art. 551 do CPPM é taxativo, não sendo possível as partes utilizarem desta ação autônoma de impugnação com o fim de rediscutir toda a matéria já debatida nas instâncias inferiores. Negado provimento ao Agravo Interno" (Agravo Interno 7000729-16.2020.7.00.0000, rel. José Coêlho Ferreira, 10.12.2020, maioria); "Ação que busca desconstituir declaração de indignidade/incompatibilidade para com o Oficialato não está contemplada no rol taxativo do art. 550 do CPPM, o qual trata da revisão dos processos findos e prevê que a revisão é cabível dos feitos encerrados, discriminando no art. 551, também do CPPM, em quais casos ela é admitida" (Agravo Regimental 0000134-78.2016.7.00.0000, rel. Alvaro Luiz Pinto, 19.10.2016, v.u.). TJMSP: "Impõe-se o não conhecimento de revisão criminal que busca desconstituir decisão absolutória. Ação de impugnação restrita às hipóteses elencadas no art. 551 do CPPM, por se tratar de medida excepcional cuja finalidade é a desconstituição da coisa julgada" (Revisão 000290/2018, Pleno, rel. Fernando Pereira, 18.07.2018, v.u.).

1342. Sentença condenatória: embora seja pressuposto essencial para a revisão criminal a existência de uma sentença condenatória definitiva, deve-se incluir nesse contexto a sentença absolutória imprópria, isto é, aquela que impõe ao inimputável, autor de um injusto penal, uma medida de segurança. Fora deste caso, não há outra possibilidade de se ingressar com revisão criminal contra decisão absolutória.

1343. Contrariedade à evidência dos autos: entenda-se por evidência dos autos o conjunto probatório colhido. Para ser admissível a revisão criminal, torna-se indispensável que a decisão condenatória proferida ofenda frontalmente as provas constantes dos autos. Como ensina Bento de Faria, a "evidência significa a clareza exclusiva de qualquer dúvida, por forma a demonstrar de modo incontestável a certeza do que emerge dos autos em favor do condenado" (*Código de Processo Penal*, v. 2, p. 345). Seria o equivalente a dizer que todas as testemunhas idôneas e imparciais ouvidas afirmaram não ter sido o réu o autor do crime, mas o juiz, somente porque o acusado confessou na fase policial, resolveu condená-lo. Não tendo havido recurso, transitou em julgado a decisão. É caso de revisão criminal. Mas a hipótese é rara. Afinal, no mais das vezes, o réu não se contenta com a condenação proferida em primeiro grau, que, quando absurda, acaba sendo reformada em instância superior. Torna-se muito difícil a hipótese de duas decisões, proferidas por magistrados diversos, afrontarem a evidência dos autos. Por outro lado, convém salientar os abusos que muitas vezes ocorrem no contexto da revisão criminal, quando o pedido é fundado neste elemento. Há julgados que aceitam a revisão criminal para o fim de "reavaliar" toda a prova, embora a decisão condenatória com trânsito em julgado tenha analisado a matéria dentro de razoável interpretação da prova. O objetivo da revisão não é permitir uma "terceira instância" de julgamento, garantindo ao acusado mais uma oportunidade de ser absolvido ou ter reduzida sua pena, mas, sim, assegurar-lhe a correção de um erro judiciário. Ora, este não ocorre quando um juiz dá à prova uma interpretação aceitável e ponderada. Pode não ser a melhor tese ou não estar de acordo com a turma julgadora da revisão, mas daí a aceitar a ação rescisória somente para que prevaleça peculiar interpretação é desvirtuar a natureza do instituto. Na jurisprudência: STM: "O STF e o STM já pacificaram o entendimento no sentido de ser incabível a rediscussão de matéria fática e da individualização da pena, sem que haja novos fatos e provas a ensejar a revisão criminal. Preliminar acolhida. Revisão criminal não conhecida. Decisão unânime" (Revisão Criminal 0000180-33.2017.7.00.0000, rel. Artur Vidigal de Oliveira, 22.11.2017, v.u.); STM: "I – A revisão criminal é ação de fundamentação vinculada. Em razão da excepcionalidade do instrumento desconstitutivo da coisa julgada material, o legislador optou por restringir o rol das hipóteses em que se admite revisitar a sentença condenatória já acobertada pela regra constitucional da imutabilidade. II – Novas provas, nos termos do art. 551, alínea *c*, do Código de Processo Penal Militar, não se restringem àquelas surgidas posteriormente, mas a todas que não foram objeto de apreciação judicial anterior. (...) VI – Demonstrado que a ação revisional foi proposta com o intuito de provocar o reexame dos fatos e provas já apreciados no recurso de apelação, à míngua de apresentar qualquer fato novo ou comprovação que justifique a modificação do julgado, impõe-se o seu indeferimento. VII – Decisão unânime" (Revisão Criminal 0000166-49.2017.7.00.0000, rel. Péricles Aurélio Lima de Queiroz, 11.10.2017, v.u.).

1344. Contrariedade ao texto expresso de lei penal: esta hipótese encontra-se prevista no Código de Processo Penal comum, mas ausente deste. Não deixa de ser uma falha desta legislação, pois um dos erros judiciários possíveis de ocorrer concentra-se na expressa divergência à lei. Permitindo-se o debate acerca da *evidência dos autos* – algo muito mais subjetivo, por óbvio deveria ser viável o enfoque no tocante à infiel aplicação da lei penal.

1345. Alteração na jurisprudência: como regra, não deve provocar a revisão criminal. O entendimento acerca de diversos temas, questões fáticas e jurídicas, pode mudar ao longo do tempo, não sendo causa válida para justificar a revisão da pena aplicada. Aliás, da mesma forma que a jurisprudência minoritária pode passar a ser majoritária, ninguém garante que o caso do sentenciado não seria julgado, novamente, por magistrados integrantes da mesma corrente orientadora da anterior condenação. Nesse sentido: TRF-3.ª Região: "Em caso de mudança de entendimento dos tribunais, não se admite revisão criminal para se adequar decisão já transitada em julgado à nova orientação jurisprudencial. Precedentes" (RvCr 34–2000.03.00.038515-1/SP, 1.ª Seção, rel. Cecília Mello, 07.10.2010, v.u.). Entretanto, há uma ressalva. Se o Plenário do Supremo Tribunal Federal alterar o entendimento em relação a uma questão qualquer, em particular, de direito, quando favorável ao réu, deve provocar a alteração de todas as decisões anteriores, dando margem, se for o caso, ao ajuizamento de revisão criminal. Afinal, trata-se da Suprema Corte, responsável pela declaração de constitucionalidade da legislação ordinária. Desse modo, a modificação na interpretação de um instituto, tomada pelo Plenário da Corte Excelsa, deve ser observada tal como se houvesse lei penal benéfica, operando retroativamente. Tanto assim que, havendo negativa de aplicação da novel interpretação do STF, por juízos e tribunais inferiores, ainda que por via do *habeas corpus*, a questão chegará à apreciação do Pretório Excelso, quando se fará valer a posição tomada pelo Plenário. Logo, seria perda de tempo precioso travar a aplicação da inédita interpretação do Supremo Tribunal Federal desde cedo. É o que sustentamos em nosso *Princípios constitucionais penais e processuais penais*. Nessa ótica: TFR-3: "3. O afastamento da vedação à progressão de regime prisional não surgiu, no

Art. 551

Código de Processo Penal Militar Comentado • Nucci

cenário jurídico nacional, em razão do advento da Lei 11.464/2007 – que deu nova redação ao § 1.º do artigo 2.º da Lei n. 8.072/90 –, mas da declaração, pelo Supremo Tribunal Federal, de inconstitucionalidade do texto legal originário, por violação ao princípio da individualização da pena. 4. Assim, o pedido de afastamento da vedação à progressão de regime não se subordina à regra de competência estabelecida pelo artigo 66, inciso I, da Lei n. 7.210/1984, podendo ser apreciado em sede de revisão criminal, pelo tribunal" (RvCr 572-2007.03.00.048492-5/MS, 1.ª Seção, rel. Nelton dos Santos, 04.03.2010, m.v.).

1346. Depoimentos, exames ou documentos falsos: a lei utiliza a qualificação *comprovadamente* para denominar o falso dessas peças constitutivas do conjunto probatório, determinante para a condenação. Portanto, não é qualquer suspeita de fraude, vício ou falsidade que levará à reavaliação da condenação com trânsito em julgado. Torna-se nítida a exigência de uma falsidade induvidosa. Embora o ideal fosse apurar o falso testemunho, a falsa perícia ou a falsidade documental em processo à parte, trazendo para os autos da revisão a decisão formal e final, nada impede que, na ação revisional, seja apurado o falso. Tal se dá porque a reavaliação do erro judiciário necessita ser célere, implicando, em grande parte dos casos, constrangimento à liberdade individual do sentenciado, motivo pelo qual é possível verificá-la nos autos da revisão. Se assim desejar, pode determinar a produção de prova o relator, valendo-se, inclusive, de carta de ordem para que o juiz de 1.º grau colha os elementos necessários. Se procedente a revisão criminal, determina-se a apuração criminal da falsidade. Por outro lado, a própria parte interessada na revisão pode requerer ao juízo da condenação a realização de justificação, como procedimento prévio e preparatório da ação revisional. Na jurisprudência: TJPR: "Com efeito, a captação de declarações de testemunhas de forma unilateral e particular sem que se atentassem para as garantias constitucionais do contraditório, da ampla defesa e do devido processo legal, não se mostra hábil a desconstituir condenação pautada em um coeso conjunto probatório em que se observaram todas as referidas cautelas legais. Para que a prova trazida em sede revisional enseje a desconstituição de um decreto condenatório seria necessário que ela fosse comprovadamente falsa para levar à reavaliação da condenação com trânsito em julgado, ou seja, a prova supostamente nova deve evidenciar cabalmente a inocência do sentenciado, mostrando-se, assim, insuficiente o elemento probante que simplesmente levanta dúvidas acerca da condenação. Isto porque o ônus da prova é do condenado, de modo que, 'havendo condenação com trânsito em julgado, já não vige o princípio geral do *in dubio pro reo*, devendo o autor da ação revisional apresentar novos fatos e provas substancialmente novas, para que seu pedido possa ser acolhido. É a consagração, para a hipótese, do princípio do *in dubio pro societate*' (Guilherme de Souza Nucci, *Código de Processo Penal Comentado*, 6. ed., São Paulo: Ed. RT, 2007, p. 964)" (RvCr 0569462-4/PR, 4.ª C.C., rel. Antônio Martelozzo, 11.02.2010, v.u.).

1347. Pertinência do elemento falso para a condenação: é fundamental que o depoimento, o exame ou o documento comprovadamente falsos tenham sido utilizados para a formação do convencimento do juiz da condenação. Caso se trate de prova inútil, irrelevante ou impertinente, tendo sido desprezada pelo magistrado para sustentar a decisão condenatória, é natural que não caiba a revisão criminal.

1348. Novas provas da inocência: trata-se de mais uma situação, onde se buscam provas *substancialmente* novas, acerca da inocência do réu, abrangendo tanto autoria, quanto materialidade do crime. Se as provas inéditas, surgidas depois da sentença condenatória definitiva ter sido proferida, inocentarem o acusado, seja porque negam ser ele o autor, seja porque indicam não ter havido fato criminoso, é de se acolher a revisão criminal. Na jurisprudência: TRF-4.ª Região: "2. Da mesma forma, para a procedência do pedido revisional, com base no inciso III do artigo 621 do Diploma Processual Penal, as novas provas de inocência do condenado devem ter valor decisivo, não bastando aquelas que somente diminuam o valor probante do processo revidendo ou que apenas suscitem dúvida no espírito dos julgadores. 3. Ademais, em se tratando de ação revisional proposta com fundamento na existência de novas provas testemunhais capazes de infirmar o édito condenatório, estas devem ser previamente produzidas sob o manto do contraditório e da ampla defesa, por meio do procedimento da justificação criminal, a ser conduzido perante o primeiro grau de jurisdição, nos termos do art. 861 e seguintes do Código de Processo Civil, aplicável subsidiariamente conforme o disposto no art. 3.º do CPP. Precedente do STJ" (RvCr 2009.04.00.041422-3/RS, 4.ª Seção, Rel. Tadaaqui Hirose, 28.05.2010, v.u.); TJRS: "A revisão não é uma segunda apelação, não se prestando à mera reapreciação da prova já examinada pelo juízo de primeiro grau ou pelo Tribunal de Justiça, exigindo, pois, que o requerente apresente elementos probatórios que desfaçam o fundamento da condenação. Inexistência de prova nova a ensejar a revisão criminal. O documento que teria sido elaborado pelo réu contra os policiais, antes do fato, e que não foi trazido aos autos do processo criminal, não pode ser considerado prova nova para fins de Revisão Criminal. Conforme leciona Guilherme de Souza Nucci, somente podem ser consideradas para tanto as provas substancialmente novas, ou seja, que eram desconhecidas até então por parte do condenado e do estado, o que não é o caso dos autos. O referido documento – se é que esse existe – estava disponível para a defesa do réu durante todo o processo, todavia, não foi providenciada sua juntada aos autos" (RvCr 70032417164-RS, 1.º G.C.C., rel. Marcel Esquivel Hoppe, 04.12.2009).

1349. Absolvição posterior de corréu: os tribunais vêm decidindo, com acerto, não ser motivo para a procedência da revisão criminal apresentada por um corréu a existência de absolvição de outro coacusado em processo diverso. Por vezes, é possível que tenha havido desmembramento do feito em que se apura delito cometido por mais de um agente – exemplo disso seria um réu estar preso e o outro, solto e revel, demandando celeridade no primeiro julgamento – fazendo que ocorram decisões separadas. Se um deles for condenado, não significa, necessariamente, que a absolvição do segundo seja motivo suficiente para a revisão criminal da primeira decisão. Sem dúvida, haverá decisão conflituosa ou contraditória, justamente o que se busca evitar por meio da utilização da junção dos processos pela ocorrência de conexão e continência, mas nem sempre é possível manter-se essa união. Diante disso, somente seria viável a procedência de uma revisão criminal, caso tenha sido introduzida uma prova nova no processo que resultou em absolvição de corréu. Nessa hipótese, o que justificaria a revisão criminal da condenação do primeiro seria a prova nova e não simplesmente a decisão absolutória. Nessa linha: TJSP: "A sobrevinda de sentença absolutória em favor de corréu deixa de ser considerada como prova nova, para inocentar o revisionando, se diversas forem as respectivas situações no mesmo processo, v.g., por serem distintas e incomunicáveis as provas, ou a comportarem diferente valoração no sentido de fundamentar o *non liquet*" (RvCr 254.056-3, Limeira, 2.º Grupo de Câmaras Criminais, rel. Gonçalves Nogueira, 03.11.1998, v.u.).

1350. Circunstâncias que determinem ou autorizem diminuição da pena: na continuidade do primeiro elemento (provas da inocência), surge o segundo, também fundado em novas provas, porém voltadas a circunstância que permita a diminuição da pena. É possível que surjam provas inéditas de que o crime, em verdade, não se consumou, configurando hipótese de tentativa, com redução de pena. Merece, então, a revisão da sua pena, que fora firmada com base em delito consumado, sem qualquer diminuição.

1351. Revisão criminal para alterar a pena fixada: entendemos ser prática excepcional, somente justificável quando o órgão prolator da decisão contrariou o texto expresso da lei penal

Art. 552

(ex.: reconhece reincidência, aumentando a pena, para quem não se encaixa na figura legal) ou a evidência dos autos (ex.: reconhece péssima conduta social, aumentando a pena-base, fundado em presunções, não comprovadas pela prova colhida). Entretanto, simplesmente alterar o *quantum* da pena, porque a considerou exagerada, segundo entendimento particular e subjetivo, é de todo irregular. A revisão a isso não se presta. Quando o juiz decidir, fazendo valer sua atividade discricionária, justamente o processo que envolve a escolha da pena concreta ao réu, transitando em julgado a sentença – ou o acórdão – não há que se autorizar alteração, pois é uma ofensa à coisa julgada. Nessa ótica: TFR-3: "Quando a pena é fixada de acordo com as normas legais e de forma fundamentada, a revisão criminal não se presta à reavaliação do critério utilizado pelo magistrado na análise e no sopeso das circunstâncias previstas no artigo 59 do Código Penal" (RvCr 572-2007.03.00.048492-5/MS, 1.ª Seção, rel. Nelton dos Santos, 04.03.2010, m.v.).

1352. Busca da prova nova: pode ser ela introduzida diretamente nos autos da revisão criminal – quando se tratar de documento novo, por exemplo – como pode ser alcançada por meio do procedimento próprio, denominado justificação, que é uma medida cautelar, voltada à preparação de futura ação penal ou de julgamento. Desenvolve-se a justificação perante o juiz da condenação, como preceituado pelo art. 381, § 5.º do Código de Processo Civil. Conferir: STM: "A revisão criminal não se presta para colher retratação de confissão. O meio adequado para nova tomada de declarações do réu, com o intuito de retratação, é o pedido de justificação, considerando que não serve para a ação revisional prova produzida unilateralmente. Assim, deve ser proposto na instância de primeiro grau, uma vez que o juízo de revisão não admite fase instrutória, e em razão da necessidade de ser observado o princípio do contraditório, sob pena de causar insegurança jurídica. Revisão criminal indeferida. Decisão unânime" (Revisão Criminal 0000240-06.2017.7.00.0000, rel. Francisco Joseli Parente Camelo, 03.05.2018, v.u.).

Não exigência de prazo

> **Art. 552.** A revisão poderá ser requerida a qualquer tempo.[1353-1355]

Reiteração do pedido. Condições

> **Parágrafo único.** Não será admissível a reiteração do pedido, salvo se baseado em novas provas ou novo fundamento.[1356]

1353. Ônus da prova pertence ao condenado: havendo condenação com trânsito em julgado, já não vige o princípio geral do *in dubio pro reo*, devendo o autor da ação revisional apresentar novos fatos e provas substancialmente novas, para que seu pedido possa ser acolhido. É a consagração, para a hipótese, do princípio do *in dubio pro societate*. Nesse sentido: STM: "Incabível revisão criminal quando o pleito defensivo reveste-se de um reexame de provas e argumentos já exaustivamente debatidos nos autos, sob pena de se caracterizar nova via recursal. Em ações revisionais, é exigível que a defesa se desincumba do ônus de provar aquilo que alega" (Agravo Regimental 0000252-54.2016.7.00.0000, rel. Carlos Augusto de Sousa, 21.03.2017, v.u.). Em sentido contrário, amenizando esse ônus: "Outro importante reflexo de nosso entendimento recai sobre o chamado *ônus da prova*: como a revisão não consiste em nova ação, mas na reabertura da ação penal finda, inadequada a ampla exigência do encargo probatório por parte do condenado. Sem dúvida que, em alguns casos, o requerente deve juntar documentos ou atos de justificação (se a revisão fundar-se, *e.g.*, em falsidade ou descoberta de novas provas), para propiciar o processamento da revisão. Assim, incumbe ao revisionando a prova das alegações que lançar (art. 156 do Código de Processo Penal), mas sem acarretar inversão de todo o ônus probatório, como sustentado por doutrinadores e julgadores" (Sérgio de Oliveira Médici, *Revisão criminal*, p. 242). Secundando a posição de que o ônus da prova é do condenado, porque ele é o autor da ação, estão as vozes de Ada, Magalhães e Scarance (*Recursos no processo penal*, p. 326-327), embora salientem que isso não significa dizer que vigora o princípio do *in dubio pro societate*, substituindo o *in dubio pro reo*.

1354. Extinção da punibilidade: quando houver extinção da punibilidade no tocante à pretensão punitiva do Estado, ou seja, causas de extinção ocorrentes antes do trânsito em julgado da sentença condenatória, descabe o ajuizamento de revisão criminal. Isto se dá porque o Estado não tem o direito de punir, assim declarado em decisão judicial. Logo, não há motivo algum para o julgamento de uma revisão criminal, incidente sobre decisão que declara exatamente aquilo que o réu pretende obter: a ausência do *jus puniendi* estatal. Conferir: STJ: "Uma vez decretada a prescrição da pretensão punitiva, resta ausente o interesse processual de obter decisão de mérito em revisão criminal" (REsp 713.375-RS, 5.ª T., rel. José Arnaldo da Fonseca, 09.08.2005, v.u., *DJ* 12.09.2005, p. 361). Entretanto, quando a extinção da punibilidade atinge somente a pretensão executória do Estado, porque a causa de extinção da punibilidade ocorre depois do trânsito em julgado da sentença condenatória, cabe revisão criminal. Tal ocorre porque a decisão do juiz atinge somente os efeitos principais da decisão condenatória, afastando o cumprimento da pena, mas não elide a inscrição da condenação como mau antecedente, nem afeta a sua constituição como título executivo judicial, para a ação civil *ex delicto*, permitindo, ainda, a inscrição do nome do acusado no rol dos culpados. Há, assim, interesse para o ajuizamento da ação revisional.

1355. Revisão criminal ajuizada após o cumprimento da pena: é admissível, tendo em vista o nítido interesse do condenado em obter um decreto absolutório, que pode livrá-lo de incômodo antecedente criminal. Ainda que tenha sido o sentenciado indultado ou beneficiário de graça, pode ingressar com ação revisional. Embora parte da doutrina afirme que cabe a revisão, a despeito de ter sido extinta a punibilidade pela anistia, somos levados a discordar. Tendo em vista que a anistia é a clemência ou o esquecimento do Estado de *fatos* delituosos e não se volta a pessoas, funciona como se fosse autêntica *abolitio criminis*, sem deixar qualquer rastro. Desse modo, apagando-se qualquer antecedente do condenado, não teria ele interesse para obter pronunciamento favorável em ação de revisão. Entendendo-se cabível a revisão no caso de anistia, deveríamos admiti-la, também, quando houvesse *abolitio criminis*, o que não nos parece lógico.

1356. Novas provas que autorizam reiteração do pedido: certamente, quando uma ação é julgada, decidido o mérito, transitando em julgado, a regra é que o pedido não possa ser reiterado. Entretanto, como nesta hipótese cuida-se de ação revisional, fundada na ocorrência de erro judiciário, a qualquer tempo pode ser renovado o pleito, desde que baseado em *novas provas*. Entendam-se como tais as *substancialmente* novas e não as *formalmente* novas. As primeiras são as provas inéditas, desconhecidas até então do condenado e do Estado (ex.: o surgimento de um documento ao qual ninguém teve acesso anteriormente). As segundas são aquelas que ganham nova roupagem, nova versão, mas já eram conhecidas das partes (ex.: uma testemunha que altera seu depoimento, dizendo ter-se lembrado de algo mais, que não havia relatado antes). Na jurisprudência: STM: "Embora não seja previsto recurso contra decisão proferida em revisão criminal, o legislador demonstrou flexibilidade ao prever a possibilidade do requerimento de revisão a qualquer tempo, desde que não haja reiteração

Art. 553

Código de Processo Penal Militar Comentado • **Nucci**

530

do pedido, salvo se baseado em novas provas ou novo fundamento (art. 552, parágrafo único, do CPPM)" (Agravo Regimental 0000042-76.2011.7.00.0000, rel. William de Oliveira Barros, data de julgamento: 17.09.2013, data de publicação: 24.09.2013).

Os que podem requerer revisão

> **Art. 553.** A revisão poderá ser requerida pelo próprio condenado ou por seu procurador; ou, no caso de morte, pelo cônjuge, ascendente, descendente ou irmão.[1357-1360]

1357. Legitimidade ativa: como demonstra este artigo, trata-se de ação privativa do réu condenado, podendo ele ser substituído por seu representante legal ou seus sucessores, em rol taxativo – cônjuge, ascendente, descendente ou irmão. Atualmente, parece-nos viável também ser incluído no contexto do *cônjuge*, para a finalidade de ingresso de revisão criminal o companheiro(a), cuja união estável fique claramente demonstrada. Não nos afigura razoável, como entendem alguns (Ada, Magalhães e Scarance, *Recursos no processo penal*, p. 311), que o Ministério Público possa constituir parte ativa nessa modalidade de ação. A lei não o autoriza a agir, diferentemente do que ocorre no processo, quando atua como parte, podendo recorrer, inclusive, em favor do acusado. Finda a relação processual, transitada em julgado a sentença, não há mais cabimento em se admitir ação proposta por representante do Ministério Público. Perdeu o interesse, visto inexistir *direito de punir* do Estado nessa ação. Pudesse ele "recorrer" (como sustentam alguns, somente porque a revisão está prevista no contexto dos recursos no Código de Processo Penal Militar), então deveria também ser ouvido, quando a revisão criminal fosse proposta pelo condenado, o que não ocorre. Colhe-se o parecer da Procuradoria Geral de Justiça, mas não se busca a contestação ao pedido, feita pelo promotor. Logo, inexiste razão para que este ingresse com ação desse porte. Aliás, para quem concebe que, no polo passivo está o Ministério Público, como admitir a mesma instituição ingressando com a ação? Estaria ela nos dois polos ao mesmo tempo, o que não nos afigura razoável. Em casos extremados, quando o condenado não quiser ingressar com a ação revisional, mas houver flagrante demonstração de erro judiciário, entendemos cabível a nomeação de defensor, pelo juiz, para tutelar os interesses do sentenciado, a quem caberá, então, a propositura da ação. Afinal, do mesmo modo que, durante o processo, é inócua a recusa do réu em receber defensor técnico, do mesmo modo, quando houver erro judiciário, cabe ao Estado providenciar o patrocínio de seus interesses, ainda que a contragosto.

1358. Polo passivo na revisão criminal: embora se trate de ação, é uma modalidade *sui generis*, pois traz consigo o caráter de garantia constitucional instrumentalizada, de modo que não possui parte passiva. A revisão criminal tem por fim sanar um erro judiciário, razão pela qual, ao menos em tese, não teria o Ministério Público de 2.º grau interesse em contrariar o pedido, como se fosse autêntica parte passiva. Há intensa divergência na análise da natureza jurídica da revisão criminal, motivo pelo qual as opiniões não coincidem. Defendem Ada, Magalhães e Scarance que "legitimado passivo na ação é o Estado, representado pelo Ministério Público, sendo certo que, no sistema brasileiro, não se prevê, na revisão, a assistência do ofendido" (*Recursos no processo penal*, p. 311). E criticam, inclusive, a exclusão da parte ofendida do polo passivo, pois a decisão na revisão pode afetar seus interesses. Preferimos, nesse campo, o entendimento sustentado por Sérgio de Oliveira Médici: "O Ministério Público, chamado a opinar na revisão criminal, não representa o Estado ou a União. Manifesta-se livremente, a favor ou contra o pedido, não intervindo na revisão como *parte contrária* ao condenado. Conforme dispõe o art. 625, § 5.º, do Código de Processo Penal, se o requerimento não for indeferido *in* *limine*, abrir-se-á vista dos autos ao procurador-geral, que dará *parecer* no prazo de dez dias. Esta regra indica, claramente, que a função ministerial será de *custos legis*, propiciando ao oficiante opinar a respeito do cabimento do pedido e, no mérito, pronunciar-se favorável ou contrariamente à rescisão do julgado. O substantivo *parecer* tem significado de 'opinião acerca de algum problema, juízo, modo de apreciar jurídico'; 'opinião que o advogado, consultor jurídico, procurador de órgão da administração pública, ou qualquer funcionário competente, dá sobre determinada matéria, de acordo com os seus conhecimentos profissionais ou funcionais sobre a mesma. Modo de ver expresso por órgão do Ministério Público, ou de qualquer pessoa com função judicial, sobre questão a respeito da qual deve ser ouvida. Opinião técnica sobre determinado assunto'; 'a opinião escrita, ou mesmo verbal, dada por uma pessoa acerca de determinado negócio, mostrando as razões justas ou injustas, que possam determinar sua realização, ou não. E, nesta acepção, o parecer, na maioria dos casos, culmina em ser tomado como um voto dado a favor ou contra o mesmo negócio. Parecer, pois, é a manifestação de uma opinião, ou modo de pensar, acerca de um fato ou negócio. E, segundo as circunstâncias, pode ser favorável ou contrário a ele'. Quisesse a lei situar o Ministério Público como *parte*, na revisão criminal, teria empregado a palavra adequada para expressar tal posicionamento, como *resposta, contrarrazões, oposição*. Jamais *parecer*, que, como ficou claro, significa opinião ou manifestação favorável ou contrária ao requerimento do condenado. Em suma, o procurador de justiça não advoga, não representa a parte, não busca o triunfo. Fala pelo atendimento da lei, ao opinar em revisão criminal" (*Revisão criminal*, p. 236-237). Além disso, acrescentamos, se parte fosse, poderia ser chamado a integrar o polo passivo o representante do Ministério Público de primeiro grau, aquele que lutou e conseguiu a condenação com trânsito em julgado. Muitas vezes, enquanto o promotor se debate pela condenação, está o procurador de justiça oficiando no sentido de ser o réu absolvido. Logo, o real interessado na condenação é quem a sustentou desde o início da relação processual. Se este não é chamado a compor a nova demanda, não se tem que *adaptar* o procurador de justiça – que nunca, até então, atuou como tal – como parte na ação penal. Por outro lado, parte realmente interessada a figurar no polo passivo da revisão criminal é a Fazenda Pública (União ou Estado, a depender do juízo da condenação). Afinal, reconhecido o erro judiciário e absolvido o réu, caberá indenização, nos termos do art. 5.º, LXXV, CF. Nesse sentido, conferir a lição de Denilson Feitoza: "Em revisão criminal, além do Ministério Público, também deve ser citado, como sujeito passivo, o Estado ou a União, conforme respectivamente a condenação tenha sido feita por Justiça Estadual ou da União, que atuarão por meio das respectivas Advocacias-Gerais do Estado (ou Procuradoria-Geral do Estado) ou da União. A Constituição Federal, no artigo 5.º, inciso LXXV, é expressa a respeito: o Estado indenizará o condenado por erro judiciário, assim como o que ficar preso além do tempo fixado na sentença. Trata-se de responsabilidade objetiva do Estado de indenizar, independendo, portanto, de demonstração de dolo ou culpa do julgador" (*Direito Processual Penal – teoria, critica e práxis*, p. 1123).

1359. Patrocínio de defensor técnico: como a revisão criminal é uma ação especial, que deve ser devidamente instruída com documentos e provas pré-constituídas, sob pena de não ser acolhida, têm entendido os tribunais, com absoluta pertinência, merecer o condenado o patrocínio de um defensor habilitado – advogado dativo ou defensor público. Embora o art. 553 autorize o ingresso da ação revisional diretamente pelo réu, seu representante legal ou sucessor, é curial, para a garantia da ampla defesa, que o Estado, caso ele não tenha condições, providencie defensor técnico para promover o pedido. Na jurisprudência: STM: "1. Embora a Revisão Criminal também possa ser requerida por advogado legalmente habilitado, nos termos do art. 553 do CPPM, este deve apresentar o instrumento de procuração assinada pelo condenado. 2. A partir da implementação do processo eletrônico, a intimação para o cumprimento de atos dar-se-á por meio de publicação de eventos no sistema informatizado, cabendo ao advogado,

Art. 554

Código de Processo Penal Militar Comentado • Nucci

nos termos da Lei n° 11.419/16, o acesso periódico para inteirar-se da movimentação do feito. Para tanto, a citada lei confere um prazo de graça, o qual, vencido, materializa a intimação e, por conseguinte, consigna a abertura de contagem do prazo para a prática de ato processual subsequente, sobretudo o eventual recurso. 3. Da análise perfunctória da Inicial verifica-se a inexistência dos requisitos necessários e exigidos no art. 551 do CPPM para a admissão da via revisional. 4. Agravo Interno rejeitado" (Agravo Interno 7000115-45.2019.7.00.0000, rel. Marco Antônio de Farias, 25.04.2019, v.u.).

1360. Recolhimento do sentenciado à prisão: é desnecessário, como já deixou claro o disposto na Súmula 393 do Supremo Tribunal Federal: "Para requerer revisão criminal o condenado não é obrigado a recolher-se à prisão".

Competência

> **Art. 554.** A revisão será processada e julgada pelo Superior Tribunal Militar, nos processos findos na Justiça Militar.[1361]

1361. Prazo para julgamento da revisão criminal de réu preso e princípio da razoabilidade: atualmente, em matéria de duração da prisão cautelar de acusado, impera o princípio da razoabilidade. Portanto, embora não exista um período exato para ser mantido detido o réu, em decorrência de prisão preventiva, por exemplo, é fundamental respeitar o bom senso e a lógica. Em circunscrições mais tranquilas, sem tantos processos, deve-se exigir o cumprimento dos prazos tal como previsto no Código de Processo Penal Militar. Em outras, com excessivo número de feitos em trâmite, ao contrário, busca-se o limite do razoável, que é, logicamente, impreciso, mas depende da análise de cada caso concreto. No tocante à revisão criminal, trata-se de pessoa condenada, o que eliminaria o caráter cautelar da prisão, mas, se pensarmos em eventual inocente encarcerado, não deixaria de haver um constrangimento ilegal, caso a ação desconstitutiva do julgado deixe de ser apreciada em prazo razoável. O sentenciado poderia cumprir integralmente sua pena e, após, ser inocentado.

Processo de revisão

> **Art. 555.** O pedido será dirigido ao presidente do Tribunal e, depois de autuado, distribuído a um relator e a um revisor, devendo funcionar como relator, de preferência, ministro que não tenha funcionado anteriormente como relator ou revisor.[1362]
>
> § 1.º O requerimento será instruído com certidão de haver transitado em julgado a sentença condenatória e com as peças necessárias à comprovação dos fatos arguidos.[1363]
>
> § 2.º O relator poderá determinar que se apensem os autos originais, se dessa providência não houver dificuldade à execução normal da sentença.[1364]

1362. Julgador imparcial: a revisão criminal, sendo uma ação rescisória de julgado anteriormente proferido, merece ser avaliada por um relator desvinculado, completamente, do primeiro julgamento. É a busca do magistrado imparcial, que possa analisar o caso sem qualquer vínculo com anterior interpretação que já tenha dado à prova colhida.

1363. Peças necessárias e justificação: havendo necessidade de se produzir prova para ingressar com a revisão criminal, que não comporta instrução, deve o condenado, por seu defensor, valer-se da *justificação*, medida cautelar para a colheita de provas. Ouvir uma testemunha inédita ou produzir uma perícia igualmente nova é o cenário ideal desse instrumento. De posse da justificação, ingressa-se no STM com a revisão criminal. A justificação deve ser proposta no juízo de primeiro grau, onde foi proferida a condenação.

1364. Apensamento dos autos originais à revisão criminal: como regra, não há dificuldade alguma para que isso se dê, pois a execução da sentença é feita em autos apartados daqueles que deram origem à condenação, possuindo todas as peças cabíveis para a análise dos pedidos formulados pelo sentenciado. Aliás, a guia de recolhimento já possui vários dados, acompanhados de cópias do processo principal, onde são encontrados os dados informativos elementares ao juízo da execução. O que pode suceder é ter a sentença transitado em julgado para um dos corréus, continuando o trâmite em relação a outro, ainda não julgado. Não é incomum tal situação ocorrer nos processos do júri, onde se aguarda muito tempo para prender alguém, enquanto outro corréu já pode estar cumprindo sua pena. Assim, caso o relator requisite os autos principais, deverá ser feito o desmembramento.

Vista ao procurador-geral

Art. 556. O procurador-geral terá vista do pedido.[1365]

1365. Vista ao Ministério Público: como já explicitamos em nota anterior, a instituição é ouvida para emitir parecer, no sentido de se acolher ou rejeitar a revisão criminal. Funciona, pois, como fiscal da lei – e não como parte passiva.

Julgamento

Art. 557. No julgamento da revisão serão observadas, no que for aplicável, as normas previstas para o julgamento da apelação.

Efeitos do julgamento

Art. 558. Julgando procedente a revisão, poderá o Tribunal absolver o réu, alterar a classificação do crime, modificar a pena ou anular o processo.[1366-1367]

Proibição de agravamento da pena

Parágrafo único. Em hipótese alguma poderá ser agravada a pena imposta pela sentença revista.[1368-1369]

1366. Juízo rescindente e juízo rescisório: o primeiro é o juízo de desconstituição da decisão condenatória, enquanto o segundo cuida da sua substituição por outra decisão. Parece-nos que, quando o tribunal altera a classificação da infração ou absolve o réu, está proferindo um juízo rescindente, sempre constitutivo, seguido de um juízo rescisório meramente declaratório. Entretanto, quando modifica a pena, está proferindo um juízo rescindente e um juízo rescisório constitutivos. A importância da alteração da pena, no sistema de individualização previsto no

Art. 559

Código Penal Militar e legitimado pela Constituição Federal, faz crer que outra sanção, ao ser aplicada, leva o tribunal a proceder a uma minuciosa revisão do procedimento de aplicação da pena, o que não pode ser considerado simplesmente declaratório. Declara-se a inocência do réu (absolvição), bem como a mudança da classificação penal, mas, fixando-se nova pena, está-se alterando completamente a sanção cabível ao réu. E, por fim, quando o tribunal anula a decisão, limita-se a proferir um juízo rescindente constitutivo, sem qualquer juízo rescisório. Na jurisprudência: STM: "3. A requerente apresentou novas provas, principalmente relativas à entrega de documentos junto à Seção de Inativos e Pensionistas, informando a morte da falecida pensionista. 4. A ação de revisão criminal é cabível quando há erro judiciário ou que tenham surgido novas provas capazes de afastar a condenação imposta, tendo sido ambos demonstrados pela requerente. 5. Os demais pedidos relativos à execução na Vara da Justiça Federal e a responsabilização do verdadeiro autor do delito não se encontram na esfera de competência do STM. 6. Conhecido e deferido, em parte, o pedido revisional, para absolver a requerente, com fulcro no art. 439, alínea *e*, c/c o art. 558, tudo do CPPM, tendo em conta, também, as nulidades apontadas. Decisão unânime" (Revisão Criminal 0000183-85.2017.7.00.0000, rel. Lúcio Mário de Barros Góes, 07.08.2018, v.u.).

1367. Liberação provisória do réu: não é prevista no Código de Processo Penal Militar e, como regra, não deve ser admitida. Porém, excepcionalmente, em casos teratológicos de erros judiciários, pode-se admitir, diante de prova evidente da inocência do réu, que o relator suspenda a execução da pena, determinando que aguarde em liberdade o condenado. Imagine-se, retrocedendo no tempo, o famoso caso dos irmãos Naves, condenados por um latrocínio que, evidentemente, não ocorreu, pois o ofendido não havia morrido. Tão logo surgisse a pretensa vítima, mostrando estar viva, com prova clara disso, não haveria necessidade de se aguardar todo o trâmite da ação, para somente ao final serem libertados os inocentes.

1368. Impossibilidade de *reformatio in pejus*: inexiste viabilidade para que o tribunal, julgando a revisão criminal, agrave, de qualquer modo, a situação do condenado. Portanto, o recurso é privativo do réu e somente pode ser acolhido para melhorar a pena ou até mesmo para absolvê-lo, corrigindo um erro judiciário em seu benefício. Se o tribunal agravar, de qualquer modo, a situação do sentenciado, cabe a interposição de *habeas corpus*, dirigido a instância superior. Exemplo: se o STM prejudicar o condenado, promovendo a indevida *reformatio in pejus*, o *habeas corpus* deve ser ajuizado no STF.

1369. *Reformatio in pejus* indireta: é igualmente vedada. Configurar-se-ia no caso de o tribunal anular a decisão condenatória com trânsito em julgado, permitindo ao juiz proferir outra, que seria, então, mais severa do que a primeira. Normalmente, tal situação ocorre (anulação) quando o tribunal percebe que a sentença condenatória padece de vícios processuais insanáveis. Mas, ainda que a decisão tenha sido anulada, chamando-se o juiz a proferir outra, não é cabível a fixação de pena mais grave ao condenado, pois o art. 558, parágrafo único, é expresso ao dizer que "em hipótese alguma" é admissível o agravamento da pena.

Efeitos da absolvição

> **Art. 559.** A absolvição implicará no restabelecimento de todos os direitos perdidos em virtude da condenação, devendo o Tribunal, se for o caso, impor a medida de segurança cabível.[1370]

1370. Efeitos da revisão: este dispositivo contém o óbvio, num primeiro plano, ao mencionar que a absolvição gera o restabelecimento de todos os direitos perdidos em virtude da condenação. Ora, é justamente para isso que se ajuíza tal espécie de ação. Por outro lado, faz referência à imposição de medida de segurança. Esta última hipótese deve ser vista com reserva, pois essa aplicação pode constituir sensível piora na situação do sentenciado, logo, não poderia advir de revisão criminal. Diante disso, somente nos parece cabível cumprir este dispositivo quando houver pena a cumprir e for transformada em medida de segurança.

Providência do auditor

> **Art. 560.** À vista da certidão do acórdão que cassar ou modificar a decisão revista, o auditor providenciará o seu inteiro cumprimento.

Curador nomeado em caso de morte

> **Art. 561.** Quando, no curso da revisão, falecer a pessoa cuja condenação tiver de ser revista, o presidente nomeará curador para a defesa.[1371]

1371. Ação de cunho pessoal: somente o condenado pode propor revisão criminal. À sua falta, seu procurador. Se falecer, o cônjuge, ascendente, descendente ou irmão. Por isso, o disposto neste artigo não encontra amparo. Falecendo o sentenciado, não há que se nomear *curador*. Deve-se intimar seu sucessor legal (cônjuge, ascendente, descendente ou irmão) para prosseguir; se ninguém tiver interesse, extingue-se a demanda.

Recurso. Inadmissibilidade

> **Art. 562.** Não haverá recurso contra a decisão proferida em grau de revisão.[1372]

1372. Recurso contra a decisão proferida na revisão criminal: não existe recurso ordinário, pois a ação é sempre de competência originária. Logo, cabem apenas embargos de declaração ou recurso extraordinário, conforme o caso. Na jurisprudência: STM: "Não obstante, em seu art. 538, o CPPM faculte de forma genérica ao Ministério Público e à defesa a oposição dos referidos embargos contra as decisões finais proferidas pelo Superior Tribunal Militar, o art. 562 do mencionado Estatuto expressamente afasta a possibilidade de qualquer recurso em sede de revisão criminal. Igualmente, o art. 119 do Regimento Interno do STM [consultar o RISTM após alteração ocorrida em 2020] especificou, em *numerus clausus*, as hipóteses de cabimento de embargos de nulidade e infringentes, não contemplando entre elas a espécie em comento. A referida norma regimental admite a possibilidade dos embargos apenas contra decisão não uniforme em recurso em sentido estrito e em apelação e, bem assim, contra decisão definitiva ou com força de definitiva, unânime ou não, proferida pelo Tribunal em ação penal originária ou em representação para declaração de indignidade ou de incompatibilidade para com o Oficialato. Agravo rejeitado. Decisão unânime" (Agravo Regimental 0000042-76.2011.7.00.0000, rel. William de Oliveira Barros, 17.09.2013, v.u.); "Em sede de revisão criminal não cabem embargos [infringentes], tanto por falta de previsão do art. 119 do RISTM, quanto nos termos do art. 562 do Código de Processo Penal Militar, que expressamente veda a interposição de recurso. Inexiste previsão para a interposição de embargos infringentes contra decisão proferida em agravo regimental, incabível tal espécie

Art. 563

recursal" (Agravo Regimental 0000016-83.2008.7.00.0000, rel. Maria Elizabeth Guimarães Teixeira Rocha, 26.11.2009, maioria).

Capítulo VI
Dos recursos da competência do Supremo Tribunal Federal

Cabimento do recurso

> **Art. 563.** Cabe recurso para o Supremo Tribunal Federal:
>
> *a)* das sentenças proferidas pelo Superior Tribunal Militar, nos crimes contra a segurança nacional[1373] ou as instituições militares, praticados por civil ou governador de Estado[1374] e seus secretários;[1375]
>
> *b)* das decisões denegatórias de *habeas corpus*;[1376]
>
> *c)* quando extraordinário.[1377]

1373. Crimes contra a segurança nacional: são considerados crimes políticos e, após a Constituição de 1988, passaram à competência da Justiça Federal. Em primeiro grau, julgam os juízes federais; em grau de apelação, o Supremo Tribunal Federal.

1374. Governador do Estado: será sempre julgado, nos crimes comuns, pelo Superior Tribunal de Justiça (art. 105, I, CF). A expressão *crimes comuns* é o oposto dos *crimes de responsabilidade*, cuja jurisdição é mista: político-jurídica. Logo, a prática de crimes militares sujeita o Governador ao STJ.

1375. Não recepção pela CF de 1988: inexiste hipótese de recurso ordinário ao STF, após decisão proferida pelo STM.

1376. Denegação de *habeas corpus*: esta hipótese permanece válida (art. 102, I, *i*, CF).

1377. Recurso extraordinário: as hipóteses estão enumeradas no art. 102, III, CF.

Capítulo VII
Do recurso nos processos contra civis e Governadores de Estado e seus secretários[1378]

1378. Não recepção pela CF de 1988: inexiste hipótese de recurso ordinário ao STF, após decisão proferida pelo STM.

Recurso ordinário

> **Art. 564.** É ordinário o recurso a que se refere a letra *a* do art. 563.

Prazo para a interposição

> **Art. 565.** O recurso será interposto por petição dirigida ao relator, no prazo de 3 (três) dias, contados da intimação ou publicação do acórdão, em pública audiência, na presença das partes.

Prazo para as razões

> **Art. 566.** Recebido o recurso pelo relator, o recorrente e, depois dele, o recorrido, terão o prazo de 5 (cinco) dias para oferecer razões.

Subida do recurso

> **Parágrafo único.** Findo esse prazo, subirão os autos ao Supremo Tribunal Federal.

Normas complementares

> **Art. 567.** O Regimento Interno do Superior Tribunal Militar estabelecerá normas complementares para o processo do recurso.

Capítulo VIII
Do recurso das decisões denegatórias de *habeas corpus*

Recurso em caso de *habeas corpus*

> **Art. 568.** O recurso da decisão denegatória de *habeas corpus* é ordinário e deverá ser interposto nos próprios autos em que houver sido lançada a decisão recorrida.

Subida ao Supremo Tribunal Federal

> **Art. 569.** Os autos subirão ao Supremo Tribunal Federal logo depois de lavrado o termo de recurso, com os documentos que o recorrente juntar à sua petição, dentro do prazo de 15 (quinze) dias, contado da intimação do despacho, e com os esclarecimentos que ao presidente do Superior Tribunal Militar ou ao procurador-geral parecerem convenientes.

Capítulo IX
Do recurso extraordinário[1379]

1379. Recurso extraordinário: trata-se de recurso excepcional, voltado a garantir a harmonia da aplicação da legislação infraconstitucional em face da Constituição Federal, evitando-se que as normas constitucionais sejam desautorizadas por decisões proferidas nos casos concretos pelos tribunais do País. Tem cabimento o recurso extraordinário nas seguintes hipóteses: a) decisão que contraria dispositivo constitucional; b) decisão que declara a inconsti-

Art. 570

Código de Processo Penal Militar Comentado • **Nucci**

538

tucionalidade de tratado ou de lei federal; c) decisão que julga válida lei ou ato de governo local contestado em face da Constituição; d) decisão que julga válida lei local contestada em face de lei federal (art. 102, III, CF). Merece registro o fato de, após o advento da Lei 11.419/2006, cuidando da informatização do processo, o Supremo Tribunal Federal já ter recebido o primeiro recurso extraordinário (RE 564.821) inteiramente eletrônico. Todas as fases da sua tramitação se deram em ambiente eletrônico, sem papel.

Competência

> **Art. 570.** Caberá recurso extraordinário para o Supremo Tribunal Federal das decisões proferidas em última ou única instância pelo Superior Tribunal Militar, nos casos previstos na Constituição.[1380-1381]

1380. Situações que autorizam o recurso extraordinário: a) decisão que contraria dispositivo constitucional: é a mais lógica das possibilidades, uma vez que o Supremo Tribunal Federal, órgão máximo do Poder Judiciário, tem por finalidade precípua justamente fazer valer as normas constitucionais. Não se busca o reexame de questões fáticas, pois a Corte Suprema é guardiã da Constituição Federal e não um simples órgão de reavaliação do acerto ou desacerto dos diversos julgados das demais cortes brasileiras, quando analisam as provas constantes dos autos. A questão de direito é a sua meta, sempre que ela entrar em choque com norma constitucional. Ex.: avaliar o conteúdo de um depoimento e, portanto, se determinada testemunha falou a verdade, e em que grau, compete ao juiz de primeira instância e, posteriormente, ao tribunal de segundo grau. Porém, indeferir o depoimento da testemunha, arrolada pelo acusado, sem qualquer justificativa, mantida a decisão pelo tribunal, pode ensejar recurso extraordinário, pois fere a garantia constitucional da ampla defesa; b) decisão que declara a inconstitucionalidade de tratado ou lei federal: se o tribunal, analisando uma lei federal, deixa de aplicá-la por entender que é inconstitucional, está, em última análise, ingressando na seara do STF, guardião da Constituição Federal. Logo, cabe recurso extraordinário. Muito embora vários colegiados (Câmaras, Grupos e Turmas de Tribunais Estaduais ou Regionais) terminem considerando alguma lei federal ou tratado inconstitucional, durante o julgamento de um caso concreto, o ideal, segundo o art. 97 da Constituição, é que "somente pelo voto da maioria absoluta de seus membros ou dos membros do respectivo órgão especial poderão os tribunais declarar a inconstitucionalidade de lei ou ato normativo do Poder Público". Para tanto, o correto seria seguir o disposto nos arts. 948 a 950 do Código de Processo Civil: arguida a inconstitucionalidade de lei ou ato normativo, a câmara ou turma (órgão fracionário da Corte) submeteria a questão ao Plenário. Quando este decidisse, optando pela inconstitucionalidade, obrigaria a câmara ou turma a decidir nesse sentido. Logo, caberia, contra esta decisão, recurso extraordinário. É o teor da Súmula 513 do STF: "A decisão que enseja a interposição de recurso ordinário ou extraordinário não é a do Plenário, que resolve o incidente de inconstitucionalidade, mas a do órgão (Câmaras, Grupos ou Turmas) que completa o julgamento do feito"; c) decisão que julga válida lei ou ato de governo local contestado em face da Constituição: quando uma lei municipal ou estadual, por exemplo, for contestada em face da Constituição, porém mantida e aplicada pela instância inferior, pode a parte interessada ingressar com recurso extraordinário. Note-se que, além de norma local, permite-se o recurso excepcional quando a instância inferior julgar válido ato de governo (em interpretação ampla, isto é, proveniente de qualquer órgão público, estadual ou municipal) local, considerado, naturalmente, inconstitucional; d) julgar válida lei local contestada em face de lei federal: essa era uma hipótese adstrita ao Superior Tribunal de Justiça; porém, ao longo dos anos, notou-se que, para validar uma lei estadual ou municipal em confronto com a lei federal, terminava-se invadindo a área de competência legislativa da União, que possui fundo nitidamente constitucional, abrindo-se a porta para o recurso extraordinário. Afinal, validando a lei local, considera-se, por via oblíqua, inconstitucional a lei federal (cf. Ada, Magalhães e Scarance, *Recursos no processo penal*, 4. ed., p. 279).

1381. Repercussão geral da questão constitucional: estabelece o art. 102, § 3.º, da Constituição que, no recurso extraordinário, deverá o recorrente demonstrar a *repercussão geral das questões constitucionais* discutidas no caso concreto, nos termos legais, para que o Tribunal possa examinar a admissão do recurso, somente podendo rejeitá-lo pela manifestação de dois terços de seus membros. Cuida-se da criação de um obstáculo ao processamento do recurso extraordinário, ainda que todos os requisitos estejam preenchidos. Em outros termos, entendeu-se, após a edição da Emenda 45/2004, que o STF poderia evitar o conhecimento de recurso extraordinário, cuja significação política para o Brasil seja irrelevante. Torna-se, pois, fundamental demonstrar à Corte – o que cabe à parte recorrente em sua petição – ter a questão constitucional debatida enorme importância, com tendência a se repetir, no futuro, em vários outros casos. No exemplo já mencionado linhas acima, se o magistrado indefere a produção de determinada prova testemunhal, requerida pela defesa, tempestivamente, mas o caso é julgado do mesmo modo, valendo-se o juiz e o tribunal de várias outras provas, muito embora se possa falar em ofensa à ampla defesa, o recurso extraordinário poderia ser recusado pela insignificância da questão constitucional levantada. Porém, se o juiz indefere toda a prova proposta pela defesa e pela acusação, encerrando a instrução após o interrogatório, onde obteve a confissão do réu, condenando-o, mantendo-se o julgado pelo tribunal, é natural que há repercussão da questão constitucional, no tocante à garantia da ampla defesa. Afinal, mantida essa decisão, poderá influenciar inúmeros outros julgados por todo o País, representando uma séria lesão à norma constitucional. Dispõe o art. 1.035, § 1.º, do CPC: "Para efeito da repercussão geral, será considerada a existência ou não de questões relevantes do ponto de vista econômico, político, social ou jurídico que ultrapassem os interesses subjetivos do processo. § 2.º O recorrente deverá demonstrar a existência de repercussão geral para apreciação exclusiva pelo Supremo Tribunal Federal. § 3.º Haverá repercussão geral sempre que o recurso impugnar acórdão que: – contrarie súmula ou jurisprudência dominante do Supremo Tribunal Federal; II – (Revogado); III - tenha reconhecido a inconstitucionalidade de tratado ou de lei federal, nos termos do art. 97 da Constituição Federal. § 4.º O relator poderá admitir, na análise da repercussão geral, a manifestação de terceiros, subscrita por procurador habilitado, nos termos do Regimento Interno do Supremo Tribunal Federal. § 5.º Reconhecida a repercussão geral, o relator no Supremo Tribunal Federal determinará a suspensão do processamento de todos os processos pendentes, individuais ou coletivos, que versem sobre a questão e tramitem no território nacional. § 6.º O interessado pode requerer, ao presidente ou ao vice-presidente do tribunal de origem, que exclua da decisão de sobrestamento e inadmita o recurso extraordinário que tenha sido interposto intempestivamente, tendo o recorrente o prazo de 5 (cinco) dias para manifestar-se sobre esse requerimento. § 7.º Da decisão que indeferir o requerimento referido no § 6.º ou que aplicar entendimento firmado em regime de repercussão geral ou em julgamento de recursos repetitivos caberá agravo interno. § 8.º Negada a repercussão geral, o presidente ou o vice-presidente do tribunal de origem negará seguimento aos recursos extraordinários sobrestados na origem que versem sobre matéria idêntica. § 9.º O recurso que tiver a repercussão geral reconhecida deverá ser julgado no prazo de 1 (um) ano e terá preferência sobre os demais feitos, ressalvados os que envolvam réu preso e os pedidos de habeas corpus. § 10. (Revogado). § 11. A súmula da decisão sobre a repercussão geral constará de ata, que será publicada no Diário Oficial e valerá como acórdão.". Prosseguindo, preceitua o art. 1.036 do CPC: "Sempre que houver multiplicidade de recursos extraordinários ou especiais com fundamento em idêntica questão de direito, haverá afetação para julgamento de acordo

Art. 571

Código de Processo Penal Militar Comentado • Nucci 540

com as disposições desta Subseção, observado o disposto no Regimento Interno do Supremo Tribunal Federal e no do Superior Tribunal de Justiça. § 1.º O presidente ou o vice-presidente de tribunal de justiça ou de tribunal regional federal selecionará 2 (dois) ou mais recursos representativos da controvérsia, que serão encaminhados ao Supremo Tribunal Federal ou ao Superior Tribunal de Justiça para fins de afetação, determinando a suspensão do trâmite de todos os processos pendentes, individuais ou coletivos, que tramitem no Estado ou na região, conforme o caso. § 2.º O interessado pode requerer, ao presidente ou ao vice-presidente, que exclua da decisão de sobrestamento e inadmita o recurso especial ou o recurso extraordinário que tenha sido interposto intempestivamente, tendo o recorrente o prazo de 5 (cinco) dias para manifestar-se sobre esse requerimento. § 3.º Da decisão que indeferir o requerimento referido no § 2.º, caberá apenas agravo interno. § 4.º A escolha feita pelo presidente ou vice--presidente do tribunal de justiça ou do tribunal regional federal não vinculará o relator no tribunal superior, que poderá selecionar outros recursos representativos da controvérsia. § 5.º O relator em tribunal superior também poderá selecionar 2 (dois) ou mais recursos representativos da controvérsia para julgamento da questão de direito independentemente da iniciativa do presidente ou do vice-presidente do tribunal de origem. § 6.º Somente podem ser selecionados recursos admissíveis que contenham abrangente argumentação e discussão a respeito da questão a ser decidida". A partir de 3 de maio de 2007, há necessidade de se levantar, em preliminar, para a análise da admissibilidade do recurso extraordinário pelos tribunais de origem, a repercussão geral da questão constitucional discutida no caso, seja de natureza cível, criminal, trabalhista ou eleitoral. Sem tal requisito formal, não se admitirá o processamento. Caberá ao Presidente ou Vice-Presidente da corte de origem, em decisão fundamentada, avaliar a referida admissibilidade, com expressa manifestação de haver ou não repercussão geral da questão constitucional. Porém, o tribunal não invadirá o mérito da arguição de repercussão geral, pois é prerrogativa exclusiva do STF. Segundo o disposto no art. 322, parágrafo único, do Regimento Interno do STF, "para efeito da repercussão geral, será considerada a existência, ou não, de questões que, relevantes do ponto de vista econômico, político, social ou jurídico, ultrapassem os interesses subjetivos das partes" (conforme alteração promovida pela Emenda Regimental de 30 de abril de 2007). Na visão de Luiz Guilherme Marinoni e Daniel Mitidiero, a repercussão geral é formada por um binômio, consistente em "relevância + transcendência". A questão debatida "tem que contribuir, em outras palavras, para persecução da unidade do Direito no Estado Constitucional brasileiro, compatibilizando e/ou desenvolvendo soluções de problemas de ordem constitucional. Presente o binômio, caracterizada está a repercussão geral da controvérsia". E mais: "O fato de estarmos diante de um conceito jurídico indeterminado, que carece de valoração objetiva no seu preenchimento, e não de um conceito que implique poder discricionário para aquele que se encontra encarregado de julgar, pode permitir, ademais, um controle social, pelas partes e demais interessados, da atividade do Supremo Tribunal Federal mediante um cotejo de casos já decididos pela própria Corte. Com efeito, a partir de uma paulatina e natural formação de catálogo de casos pelos julgamentos do Supremo Tribunal Federal permite-se o controle em face da própria atividade jurisdicional da Corte, objetivando-se cada vez mais o manejo dos conceitos de relevância e transcendência ínsitos à ideia de repercussão geral" (*Repercussão geral no recurso extraordinário*, p. 33 e 35).

Interposição

> **Art. 571.** O recurso extraordinário será interposto dentro em 10 (dez) dias, contados da intimação da decisão recorrida ou da publicação das suas conclusões no órgão oficial.[1381-A]

1381-A. Alteração legislativa: STF: "Revogação do art. 571 do CPPM pela Lei 8.038/90. Circunstância prejudicial ao recorrente. Inobservância do prazo de 15 (quinze) dias. Agravo improvido. É de 15 dias o prazo de interposição de recurso extraordinário contra acórdão da Justiça Militar" (AI 722719 AgR, 2.ª T., rel. Cezar Peluso, 16.09.2008, v.u.).

A quem deve ser dirigido

> **Art. 572.** O recurso será dirigido ao presidente do Superior Tribunal Militar.

Aviso de seu recebimento e prazo para impugnação

> **Art. 573.** Recebida a petição do recurso publicar-se-á aviso de seu recebimento. A petição ficará na Secretaria do Tribunal à disposição do recorrido, que poderá examiná-la e impugnar o cabimento do recurso, dentro em 3 (três) dias, contados da publicação do aviso.

Decisão sobre o cabimento do recurso

> **Art. 574.** Findo o prazo estabelecido no artigo anterior, os autos serão conclusos ao presidente do Tribunal, tenha ou não havido impugnação, para que decida, no prazo de 5 (cinco) dias, do cabimento do recurso.[1382-1383]

Motivação

> **Parágrafo único.** A decisão que admitir, ou não, o recurso, será sempre motivada.

1382. Prequestionamento: exige-se que a matéria objeto do recurso especial ou extraordinário tenha sido apreciada, de algum modo, na decisão recorrida. Não fosse assim e seria transferido o conhecimento do tema diretamente ao Tribunal Superior, o que é incompatível com a natureza excepcional dos recursos. Afinal, não se olvide, cuida-se de recurso, isto é, inconformismo com o conteúdo da decisão recorrida. Ora, se esta nada decidiu a respeito de certa matéria, é natural que não possa a parte insurgir-se contra isso, apresentando "recurso" ao Supremo Tribunal Federal. É o conteúdo da Súmula 282 do STF: "É inadmissível o recurso extraordinário, quando não ventilada, na decisão recorrida, a questão federal suscitada". E, ainda, da Súmula 356, também do STF: "O ponto omisso da decisão, sobre o qual não foram opostos embargos declaratórios, não pode ser objeto de recurso extraordinário, por faltar o requisito do prequestionamento". Observe-se, pela leitura da última súmula, que os embargos de declaração podem ser utilizados justamente para provocar o prequestionamento, caso a matéria não tenha sido expressamente analisada pelo acórdão recorrido. Faça-se, no entanto, uma ressalva: se a omissão da decisão recorrida foi fruto da omissão da parte em solicitar a análise do tema, torna-se incabível a interposição dos embargos de declaração, uma vez que o tribunal não pode decidir acerca do que não foi solicitado a fazer. Logo, não se omitiu, sendo incabíveis os embargos de declaração.

1383. Reexame de matéria de fato: é inadmissível. Deve-se cuidar de questões puramente de direito, a fim de não vulgarizar a sua utilização, tornando o STF um órgão de reava-

Art. 575

liação da prova, como já fazem os Tribunais Estaduais ou Regionais. A propósito, confira-se o disposto na Súmula 279, STF: "Para simples reexame de prova, não cabe recurso extraordinário".

Prazo para a apresentação de razões

> **Art. 575.** Admitido o recurso e intimado o recorrido, mandará o presidente do Tribunal abrir vista dos autos, sucessivamente, ao recorrente e ao recorrido, para que cada um, no prazo de 10 (dez) dias, apresente razões, por escrito.[1384]

Traslado

> **Parágrafo único.** Quando o recurso subir em traslado, deste constará cópia de denúncia, do acórdão, ou da sentença, assim como das demais peças indicadas pelo recorrente, devendo ficar concluído dentro em 60 (sessenta) dias.

1384. Juízo de admissibilidade: dispõe este artigo que o Presidente do STM deve fazer o juízo de admissibilidade do recurso extraordinário diante de mera petição de interposição. Não vemos como pode analisar a questão, a fim de saber se houve efetiva lesão a ser apreciada pelo STF sem os argumentos da parte. Entretanto, assim está fixado em lei. Tanto é verdade que, não apresentadas as razões, depois de já ter sido recebido, ocorrerá a deserção.

Deserção

> **Art. 576.** O recurso considerar-se-á deserto se o recorrente não apresentar razões dentro do prazo.

Subida do recurso

> **Art. 577.** Apresentadas as razões do recorrente, e findo o prazo para as do recorrido, os autos serão remetidos, dentro do prazo de 15 (quinze) dias, à Secretaria do Supremo Tribunal Federal.[1385]

1385. Indeferimento de recurso extraordinário: cabe, primordialmente, ao relator. Nas hipóteses de intempestividade, perda de objeto, recurso manifestamente incabível ou improcedente, bem como nos casos que contrariem, nas questões de direito, súmula do Tribunal respectivo, haverá indeferimento *in limine*. Dessa decisão, cabe agravo, no prazo de cinco dias, dirigido ao órgão especial, Seção ou Turma, conforme o caso (art. 39 da mesma Lei).

Efeito

> **Art. 578.** O recurso extraordinário não tem efeito suspensivo.[1386]

1386. Efeito meramente devolutivo, que não mais pode acarretar prisão: o recurso especial extraordinário não possui efeito suspensivo, razão pela qual, decidida a questão no

STM, impondo-se prisão ao acusado, deveria ele recolher-se para continuar recorrendo. Essa posição alterou-se em face da decisão do Plenário do Supremo Tribunal Federal, avaliando somente ser possível expedir o mandado de prisão quando esgotados todos os recursos oferecidos pelo acusado. Logo, torna-se preciso aguardar o trânsito em julgado da decisão condenatória. Tal medida não elimina a possibilidade de decretação de prisão cautelar, com base nos requisitos da preventiva (HC 84.078-MG, Pleno, rel. Eros Grau, 05.02.2009, m.v.).

Agravo da decisão denegatória

> **Art. 579.** Se o recurso extraordinário não for admitido, cabe agravo de instrumento da decisão denegatória.

Cabimento do mesmo recurso

> **Art. 580.** Cabe, igualmente, agravo de instrumento da decisão, que, apesar de admitir o recurso extraordinário, obste a sua expedição ou seguimento.

Requerimento das peças do agravo

> **Art. 581.** As peças do agravo, que o recorrente indicará, serão requeridas ao diretor-geral da Secretaria do Superior Tribunal Militar, nas 48 (quarenta e oito) horas seguintes à decisão que denegar o recurso extraordinário.

Prazo para a entrega

> **Art. 582.** O diretor-geral dará recibo da petição à parte, e, no prazo máximo de 60 (sessenta) dias, fará a entrega das peças, devidamente conferidas e concertadas.

Normas complementares

> **Art. 583.** O Regimento Interno do Superior Tribunal Militar estabelecerá normas complementares para o processamento do agravo.

Capítulo X
Da reclamação[1387-1388]

1387. Conceito de reclamação: trata-se de recurso, à disposição das partes, interposto contra decisões que deixem de cumprir os julgados dos tribunais, ofendendo a sua autoridade ou usurpando-lhes competência. Encontra-se previsto no CPC (art. 988 e seguintes). Os Regimentos Internos dos Tribunais, igualmente, a preveem e disciplinam a sua utilização. Embora tenha forte conotação disciplinar, assim como a correição, pois medidas administrativas po-

Art. 584

Código de Processo Penal Militar Comentado • **Nucci**

dem ser tomadas contra o magistrado, após o seu julgamento, é um autêntico recurso. Afinal, nem sempre está a Corte obrigada a oficiar ao órgão competente para solicitar a punição do magistrado. Por vezes, o equívoco não representa intenção de desatender o julgado superior, sendo inútil tomar providências disciplinares. Além disso, representações contra juízes não comportam pareceres das partes interessadas, uma vez que o interesse é da Administração e não da parte no processo. Lembremos que, após a edição da Emenda 45/2004 (Reforma do Judiciário), instituindo a súmula vinculante (atualmente regulamentada pela Lei 11.417/2006), estipulou o art. 103-A, § 3.º, que, "do ato administrativo ou decisão judicial que contrariar a súmula aplicável ou que indevidamente a aplicar, caberá reclamação ao Supremo Tribunal Federal que, julgando-a procedente, anulará o ato administrativo ou cassará a decisão judicial reclamada, e determinará que outra seja proferida com ou sem a aplicação da súmula, conforme o caso".

1388. Fundamento constitucional: encontra-se prevista no art. 102, I, *l*, no tocante ao Supremo Tribunal Federal, e no art. 105, I, *f*, no que se refere ao Superior Tribunal de Justiça. Destaquemos o conteúdo da Súmula 734 do STF: "Não cabe reclamação quando já houver transitado em julgado o ato judicial que se alega tenha desrespeitado decisão do Supremo Tribunal Federal".

Admissão da reclamação

> **Art. 584.** O Superior Tribunal Militar poderá admitir reclamação do procurador-geral ou da defesa, a fim de preservar a integridade de sua competência ou assegurar a autoridade do seu julgado.[1389]

1389. Alguns enfoques sobre a súmula vinculante: cuida-se de uma realidade jurídica a sua existência. Anteriormente à Emenda Constitucional 45/2004, as súmulas editadas pelo Supremo Tribunal Federal não obrigavam os demais Tribunais e juízos singulares a as acolherem em suas decisões. Eventualmente, poderia o julgado de um Tribunal, por exemplo, contrariar, na literalidade, o conteúdo da súmula do STF. O máximo a que se poderia chegar seria a parte interessada, por meio de recurso extraordinário (ou *habeas corpus*, em casos criminais), atingir o Pretório Excelso e provocar a revisão do julgado. Passa-se a uma nova situação. Por força constitucional, as súmulas denominadas *vinculantes* terão vigor de lei ou de decisão final do STF acerca de qualquer assunto relevante. Dispõe o art. 103-A da Constituição Federal: "O Supremo Tribunal Federal poderá, de ofício ou por provocação, mediante decisão de dois terços dos seus membros, após reiteradas decisões sobre matéria constitucional, aprovar súmula que, a partir de sua publicação na imprensa oficial, terá efeito vinculante em relação aos demais órgãos do Poder Judiciário e à administração pública direta e indireta, nas esferas federal, estadual e municipal, bem como proceder à sua revisão ou cancelamento, na forma estabelecida em lei. § 1.º A súmula terá por objetivo a validade, a interpretação e a eficácia de normas determinadas, acerca das quais haja controvérsia atual entre órgãos judiciários ou entre esses e a administração pública que acarrete grave insegurança jurídica e relevante multiplicação de processos sobre questão idêntica. § 2.º Sem prejuízo do que vier a ser estabelecido em lei, a aprovação, revisão ou cancelamento de súmula poderá ser provocada por aqueles que podem propor a ação direta de inconstitucionalidade. § 3.º Do ato administrativo ou decisão judicial que contrariar a súmula aplicável ou que indevidamente a aplicar, caberá reclamação ao Supremo Tribunal Federal que, julgando-a procedente, anulará o ato administrativo ou cassará a decisão judicial reclamada, e determinará que outra seja proferida com ou sem a aplicação da súmula, conforme o caso". Justamente pela força com que a súmula com efeito vinculante ingressará no mundo jurídico, não poderá ser descumprida, sob pena de ajuizamento de *reclamação* junto ao STF, conforme já exposto na nota anterior. Não se pretende, em tese, *engessar* o Poder Judiciário. As súmulas dessa natureza somente deverão ser editadas em matérias extremamente polêmicas e de relevância notória. Com isso, almeja-se evitar o processamento de inúmeros recursos inúteis, discutindo, de maneira protelatória, matéria pacificada pela Suprema Corte. Repita-se o teor do art. 103-A, § 1.º, da CF, bem como o art. 2.º, § 1.º, da Lei 11.417/2006, no tocante às bases para a edição de súmula com efeito vinculante: "grave insegurança jurídica e relevante multiplicação de processos sobre idêntica questão". A evolução da sociedade, a mudança de leis infraconstitucionais e as alterações da própria Constituição Federal, por Emenda, podem provocar o cancelamento dessa espécie de súmula ou sua modificação. São legitimados a propor a edição, a revisão ou o cancelamento de enunciado de súmula vinculante: o Presidente da República, a Mesa do Senado Federal, a Mesa da Câmara dos Deputados, o Procurador-Geral da República, o Conselho Federal da Ordem dos Advogados do Brasil, o Defensor Público-Geral da União, qualquer partido político com representação no Congresso Nacional, qualquer confederação sindical ou entidade de classe de âmbito nacional, a Mesa de Assembleia Legislativa ou da Câmara Legislativa do Distrito Federal, o Governador de Estado ou do Distrito Federal, os Tribunais Superiores, os Tribunais de Justiça de Estados ou do Distrito Federal e Territórios, os Tribunais Regionais Federais, os Tribunais Regionais do Trabalho, os Tribunais Regionais Eleitorais e os Tribunais Militares (art. 3.º, *caput*, Lei 11.417/2006). Eventualmente, o Município, quando incidentalmente ao curso de processo em que seja parte (art. 3.º, § 1.º, Lei 11.417/2006). Naturalmente, não se pode olvidar a atuação do STF de ofício (art. 2.º, § 3.º, Lei 11.417/2006). Outro ponto relevante a destacar: "A súmula com efeito vinculante tem eficácia imediata, mas o Supremo Tribunal Federal, por decisão de 2/3 (dois terços) dos seus membros, poderá restringir os efeitos vinculantes ou decidir que só tenha eficácia a partir de outro momento, tendo em vista razões de segurança jurídica ou de excepcional interesse público" (art. 4.º, Lei 11.417/2006). Essa cautela é fundamental. Há questões já decididas, com trânsito em julgado, não merecedoras de revisão, somente porque o STF editou súmula vinculante a respeito. Outras, sob temática diversa, podem dar ensejo à revisão, mormente na área criminal e em benefício do réu. A Lei 11.417/2006 não descartou a possibilidade de se utilizar, além da reclamação, outros recursos disponíveis para fazer valer o efeito vinculante da súmula (art. 7.º, *caput*). Devemos incluir, neste campo, desde logo, o *habeas corpus*, que pode ser impetrado pelo próprio réu ou sentenciado a qualquer tempo.

Avocamento do processo

> **Art. 585.** Ao Tribunal competirá, se necessário:
>
> *a)* avocar o conhecimento do processo em que se verifique manifesta usurpação de sua competência, ou desrespeito de decisão que haja proferido;[1390]
>
> *b)* determinar lhe sejam enviados os autos de recurso para ele interposto e cuja remessa esteja sendo indevidamente retardada.[1391]

1390. Avocação: significa chamar a si o processo, com a finalidade de preservar a sua competência. Se determinada questão deveria ser decidida pelo STM, mas se encontra inserida em feito que transcorre em primeiro grau, uma das possibilidades oferecidas pela reclamação é a avocação.

1391. Remessa dos autos: esta não é a finalidade precípua da reclamação, vale dizer, determinar o STM a subida de algum recurso, obstado em primeira instância. Afinal, não se trata de assegurar a autoridade de seu julgado, nem mesmo de preservar a sua competência

Art. 586

para o caso. De todo modo, na esfera militar – não havendo figura similar na legislação comum – pode-se utilizar a reclamação para provocar o seguimento de determinado recurso.

Sustentação do pedido

Art. 586. A reclamação, em qualquer dos casos previstos no artigo anterior, deverá ser instruída com prova documental dos requisitos para a sua admissão.

Distribuição

§ 1.º A reclamação, quando haja relator do processo principal, será a este distribuída, incumbindo-lhe requisitar informações da autoridade, que as prestará dentro em 48 (quarenta e oito) horas. Far-se-á a distribuição por sorteio, se não estiver em exercício o relator do processo principal.[1392]

Suspensão ou remessa dos autos

§ 2.º Em face da prova, poderá ser ordenada a suspensão do curso do processo, ou a imediata remessa dos autos ao Tribunal.

Impugnação pelo interessado

§ 3.º Qualquer dos interessados poderá impugnar por escrito o pedido do reclamante.

Audiência do procurador-geral

§ 4.º Salvo quando por ele requerida, o procurador-geral será ouvido, no prazo de 3 (três) dias, sobre a reclamação.

1392. Relator da reclamação: como regra, deve ser o mesmo relator do processo em relação ao qual se questiona a autoridade do julgado, pois, melhor que ninguém, ele saberá exatamente qual o alcance da decisão tomada, agora colocada em discussão.

Inclusão em pauta

Art. 587. A reclamação será incluída na pauta da primeira sessão do Tribunal que se realizar após a devolução dos autos, pelo relator, à Secretaria.

Cumprimento imediato

Parágrafo único. O presidente do Tribunal determinará o imediato cumprimento da decisão, lavrando-se depois o respectivo acórdão.[1393]

1393. Teor da decisão: julgada procedente a reclamação, o tribunal determina o imediato cumprimento da decisão, objeto do recurso, podendo tomar medida contra o magistrado que não cumpriu o anterior julgado. Essa medida não representa imediata punição, mas se trata de determinar a apuração, em sede administrativa, das causas do descumprimento.

LIVRO IV

Da Execução[1394]

1394. Conceito de execução penal: trata-se da fase processual em que o Estado faz valer a pretensão executória da pena, tornando efetiva a punição do agente e buscando a concretude das finalidades da sanção penal. Não há necessidade de nova citação, tendo em vista que o condenado já tem ciência da ação penal contra ele ajuizada, bem como foi intimado da sentença condenatória, quando pôde exercer o seu direito ao duplo grau de jurisdição. Além disso, a pretensão punitiva do Estado é cogente e indisponível. Com o trânsito em julgado da decisão, a sentença torna-se título executivo judicial, passando-se do processo de conhecimento ao processo de execução. Embora seja este um processo especial, com particularidades que um típico processo executório não possui (ex.: tem o seu início determinado de ofício pelo juiz, na maior parte dos casos), é a fase do processo penal em que o Estado faz valer a sua pretensão punitiva, desdobrada em pretensão executória.

Título I
Da execução da sentença[1395]

1395. Natureza jurídica da execução penal: cuida-se da atividade jurisdicional, voltada a tornar efetiva a pretensão punitiva do Estado, em associação à atividade administrativa, fornecedora dos meios materiais para tanto. Nessa ótica, está a posição de Ada Pellegrini Grinover, para quem "a execução penal é atividade complexa, que se desenvolve, entrosadamente, nos planos jurisdicional e administrativo. Nem se desconhece que dessa atividade participam dois Poderes estatais: o Judiciário e o Executivo, por intermédio, respectivamente, dos órgãos jurisdicionais e dos estabelecimentos penais" (Natureza jurídica da execução penal, p. 7). Destacando a inviabilidade de se pensar o processo de execução penal distante da atuação do Poder Judiciário, está, também, a lição de Sidnei Agostinho Beneti (*Execução penal*, p. 6-7). O ponto de encontro entre as atividades judicial e administrativa ocorre porque o Judiciário é o órgão encarregado de proferir os comandos pertinentes à execução da pena, embora o efetivo cumprimento se dê em estabelecimentos administrados pelo Executivo e sob sua responsabilidade. É certo que o juiz é o corregedor do presídio, mas a sua atividade fiscalizatória não supre o aspecto de autonomia administrativa plena de que gozam os estabelecimentos penais no Estado, bem como os hospitais de custódia e tratamento. Por outro lado, é impossível dissociar-se o Direito de Execução Penal do Direito Penal e do Processo Penal, pois o primeiro regula vários institutos de individualização da pena, úteis e utilizados pela execução penal, enquanto o segundo estabelece os princípios e formas fundamentais de se regular o procedimento da execução, impondo garantias processuais penais típicas, como o contraditório, a ampla defesa, o duplo grau de jurisdição, entre outros. Por isso, é preciso frisar que cabe à União, privativamente, a competência para legislar em matéria de execução penal, quando as regras concernirem à esfera penal ou processual penal (art. 22, I, CF). Sob outro aspecto, quando envolver matéria pertinente a direito penitenciário, vinculada à organização e funcionamento de estabelecimentos prisionais, normas de assistência ao preso ou ao egresso, órgãos auxiliares da execução penal, entre outros temas correlatos à parte administrativa da execução, a competência legislativa é da União, mas concorrentemente com os Estados e Distrito Federal (art. 24, I, CF).

Capítulo I
Disposições gerais

Competência

> **Art. 588.** A execução da sentença[1396] compete ao auditor da Auditoria por onde correu o processo, ou, nos casos de competência originária do Superior Tribunal Militar, ao seu presidente.

1396. Sentença e decisão criminal: a sentença condenatória é o título principal a ser executado pelo juízo próprio, mas há, também, decisões criminais (interlocutórias), proferidas

Art. 589

durante a execução da pena, que devem ser efetivadas. Portanto, iniciada a execução, baseia-se esta na sentença condenatória. Posteriormente, decisões interlocutórias são proferidas pelo juiz da execução penal, transferindo o preso para regime mais favorável (ex.: passagem do regime fechado ao semiaberto) ou concedendo qualquer outro benefício (ex.: livramento condicional). Todas essas decisões judiciais têm uma finalidade comum: a ressocialização do preso ou do internado (este último é a pessoa sujeita à medida de segurança). Na jurisprudência: STM: "Dado o trânsito em julgado do *decisum* que condenou o Paciente à pena privativa de liberdade de 3 (três) anos de reclusão, com regime prisional inicialmente aberto e sem o benefício do *sursis*, não incorre em abuso de poder ou em ilegalidade o magistrado que, por não existir casa de albergado na região, determina a expedição do mandado de prisão domiciliar contra o sentenciado civil antes de encaminhar os autos à Vara de Execuções Penais. Compete ao Juiz-Auditor da Auditoria onde correu o processo executar a Sentença condenatória (art. 588 do CPPM) e, quando o réu tiver que cumprir pena em estabelecimento civil, expedir o mandado de prisão e a carta guia de recolhimento à Vara de Execuções Penais e ao diretor do estabelecimento prisional estadual (arts. 594 e 598 do CPPM). Por força do art. 62 do CPM e do parágrafo único do art. 2º da Lei de Execução Penal, incumbe à Vara de Execuções Penais do Estado executar o cumprimento da pena imposta ao civil (ou ao ex-militar) pela Justiça Militar da União, quando recolhido a estabelecimento sujeito à jurisdição ordinária. Ordem parcialmente concedida" (Habeas Corpus 7000207-57.2018.7.00.0000, rel. Alvaro Luiz Pinto, 29.06.2018, v.u.); "Compete ao Juiz-Auditor da Auditoria onde correu o processo executar a sentença condenatória (art. 588 do CPPM) e, quando o réu tiver que cumprir pena em estabelecimento civil, expedir o mandado de prisão e a carta guia de recolhimento à Vara de Execuções Penais e ao diretor do estabelecimento prisional estadual (arts. 594 e 598 do CPPM). Por força do art. 62 do CPM e do parágrafo único do art. 2º da Lei de Execução Penal, incumbe à Vara de Execuções Penais do Estado executar o cumprimento da pena imposta ao civil (ou ao ex-militar) pela Justiça Militar da União, quando recolhido a estabelecimento sujeito à jurisdição ordinária. Ordem parcialmente concedida. Decisão unânime" (HC 7000207-57.2018.7.00.0000, rel. Alvaro Luiz Pinto, 29.06.2018, v.u.); "À luz do art. 588 do CPPM, a autoridade judiciária perante a qual o feito foi processado constitui-se o juiz natural da execução da pena, cabendo a ele a competência para instaurá-la, bem como a decisão sobre eventuais incidentes. Contudo, não há óbice legal para a expedição de Carta Precatória a outro Juízo, a fim de que este fiscalize o cumprimento da pena por parte do condenado. Conflito de competência conhecido para declarar competente o Juízo da 1.ª Auditoria da 3.ª CJM. Decisão unânime" (Conflito de Competência 0000040-31.2016.7.03.0103, rel. Artur Vidigal de Oliveira, 23.05.2017, v.u.).

Tempo de prisão

> **Art. 589.** Será integralmente levado em conta, no cumprimento da pena, o tempo de prisão provisória, salvo o disposto no art. 268.[1397-1398]

1397. Detração: cuida-se de um benefício ao sentenciado, implicando o desconto do tempo de prisão ou internação provisória na pena aplicada. Ilustrando: se o réu ficou detido, em prisão preventiva, por 6 meses e terminou condenado a 2 anos, cumprirá somente 1 ano e 6 meses. Sobre a ressalva feita no tocante ao art. 268, sustentamos não ter sido este artigo recepcionado pela Constituição Federal de 1988. Afinal, a menagem é uma forma de prisão cautelar, cumprida em residência ou em unidade militar, e deve receber o mesmo tratamento que a prisão provisória em matéria de detração (art. 67, CPM: "Computam-se na pena privativa de liberdade o tempo de prisão provisória..."). Portanto, é ilógico o disposto no art. 268, vedando a consideração do tempo da menagem em residência para o cálculo total da pena. É preciso destacar a relevância constitucional de dois princípios: a) igualdade perante a lei; b) vedação à dupla punição pelo mesmo fato. Se o indiciado ou acusado permaneceu *preso em domicílio* durante o curso do processo, por óbvio, esse tempo merece ser computado na pena final, se condenado.

1398. Execução provisória da pena: iniciemos a abordagem do tema mencionando a Súmula 716 do Supremo Tribunal Federal: "Admite-se a progressão de regime de cumprimento da pena ou a aplicação imediata de regime menos severo nela determinada, antes do trânsito em julgado da sentença condenatória". O advento da referida Súmula decorre da consolidada jurisprudência formada em inúmeros tribunais, cuja origem remonta ao início dos anos 90. Não é demais ressaltar que a lentidão da Justiça é evidente. Uma decisão condenatória pode levar anos para transitar em julgado, bastando que o réu se valha de todos os recursos permitidos pela legislação processual penal. Por isso, o que vinha ocorrendo era o seguinte, a título de exemplo: o acusado era condenado a seis anos de reclusão por roubo, preso preventivamente, inserido no regime fechado, apresentava apelação. Até que esta fosse julgada pelo tribunal e computando-se o tempo de prisão cautelar, para o fim de aplicar a detração, era possível que ele atingisse mais da metade da pena no regime fechado, quando, então, transitaria em julgado a sentença. Ora, a partir daí, requeria a progressão para o regime semiaberto, em procedimento que levava outro extenso período para ser apreciado. Em suma, iria para a colônia penal quando já tivesse cumprido muito mais que metade da pena, embora ele tivesse direito à progressão ao atingir um sexto no regime fechado. Outro preso, em igual situação, se não oferecesse apelação, poderia obter a progressão de regime muito tempo antes. A lentidão da Justiça transformou-se, então, em obstáculo ao exercício do direito de recorrer, pois, se tal se desse, a progressão seria postergada indefinidamente. Diante disso, os juízes de execução penal, apoiados pelos tribunais, adotaram medida justa. Passaram a conceder ao condenado, ainda que pendente recurso seu contra a decisão condenatória, a progressão do regime fechado para o semiaberto, se preenchidos os requisitos legais (ter cumprido um sexto no fechado e ter merecimento). Alguns doutrinadores objetaram, alegando lesão ao princípio constitucional da presunção de inocência. Como se poderia promover de regime um preso provisório, logo, considerado inocente até o trânsito em julgado da decisão, sem ferir a presunção estabelecida pelo art. 5.º, LVII, da Constituição Federal? Como poderia um preso provisório *cumprir pena*? Seria o mesmo que considerá-lo *condenado antes do trânsito em julgado*. Tais alegações não nos convenceram, desde o princípio. Os direitos e garantias fundamentais (art. 5.º, CF) são escudos protetores do indivíduo contra o Estado e não podem, jamais, ser usados contra os seus interesses. Portanto, não se pode alegar que, em homenagem à presunção de inocência, mantém-se o preso no regime fechado porque em decorrência de prisão cautelar, quando ele poderia ir para regime mais favorável, sem nenhum prejuízo à sua ampla possibilidade de defesa. Em função da presunção de inocência, ninguém pode ser prejudicado. Logo, a consolidação da progressão de regime do preso provisório é uma vitória dos direitos humanos fundamentais contra a lamentável lentidão da Justiça brasileira. A viabilidade, segundo entendíamos, somente estaria presente quando a decisão, no tocante à pena, tivesse transitado em julgado para o Ministério Público, pois, assim, haveria um teto máximo para a sanção penal, servindo de base ao juiz da execução penal para o cálculo de um sexto. Por outro lado, ainda que o órgão acusatório apresentasse apelo para elevar a pena, o juiz da execução penal poderia determinar a progressão de regime, levando em conta o máximo em abstrato previsto para o delito. Se o condenado já tivesse atingido um sexto do máximo, como regra, seria óbvio que pudesse progredir, mesmo que pendente recurso da acusação. Hoje, cremos ser viável a concessão da progressão de regime, fazendo-se a execução provisória, mesmo quando o órgão acusatório oferecer recurso pretendendo a elevação da pena. O apelo é uma mera probabilidade de alteração do *quantum* da pena, muitas vezes interposto somente para

Art. 590

Código de Processo Penal Militar Comentado • **Nucci**

554

impedir o direito do acusado à execução provisória. Além do mais, do mesmo modo que há progressão, existe a regressão. Se, provido o recurso ministerial, houver substancial mudança na pena, conforme o caso, pode aplicar-se o regresso do condenado a regime menos favorável. Na jurisprudência: STF: "Não se admite, enquanto pendente de julgamento apelação interposta pelo Ministério Público com a finalidade de agravar a pena do réu, a progressão de regime prisional sem o cumprimento de, pelo menos, 1/6 da pena máxima atribuída em abstrato ao crime. Com base nesse entendimento, a Turma, por maioria, deferiu, em parte, *habeas corpus* para que, mantido o regime inicial semiaberto de cumprimento de pena, seja afastado o óbice à progressão para o regime aberto a paciente que, preso cautelarmente há 3 anos, fora condenado à pena de 4 anos pela prática do crime de corrupção ativa (CP, art. 333). No caso, os recursos interpostos por ambas as partes contra a sentença condenatória encontram-se pendentes de julgamento e a impetração impugnava acórdão do STJ que, ao fundamento de se tratar de prisão cautelar, denegara o pedido de progressão de regime prisional e de concessão de saída temporária. Considerou-se que, no caso, eventual provimento do recurso do *parquet* não seria empecilho para o reconhecimento do requisito objetivo temporal para a pretendida progressão, porquanto, levando-se em conta ser de 12 anos a pena máxima cominada em abstrato para o delito de corrupção ativa, o paciente deveria cumprir, pelo menos, 2 anos da pena para requerer, à autoridade competente, a progressão para o regime prisional aberto, o que já ocorrera. Aduziu-se, por fim, caber ao juízo da execução criminal competente avaliar se, na espécie, estão presentes os requisitos objetivos e subjetivos para o benefício, devendo, se possível, proceder ao acompanhamento disciplinar do paciente até o cumprimento final da pena. Vencido, parcialmente, o Min. Marco Aurélio, que deferia o *writ* em maior extensão, concedendo-o, de ofício, pelo excesso de prazo. Precedente citado: HC 90.864-MG (*DJU* 17.04.2007)" (HC 90.893-SP, 1.ª T., rel. Cármen Lúcia, 05.06.2007, *Informativo* 470); STJ: "A doutrina e a jurisprudência têm admitido a execução provisória em favor do condenado preso, sempre que houver definitividade da sentença para a acusação, mas ainda pender julgamento do recurso interposto pela defesa" (HC 230.694-SP, 5.ª T., rel. Gilson Dipp, 24.04.2012, v.u.). Atualmente, encontra-se em vigor resolução do Conselho Nacional de Justiça disciplinando a matéria referente à guia de recolhimento provisória, formalizando a execução provisória da pena.

Incidentes da execução

> **Art. 590.** Todos os incidentes da execução serão decididos pelo auditor, ou pelo presidente do Superior Tribunal Militar, se for o caso.

Apelação do réu que já sofreu prisão

> **Art. 591.** Verificando nos processos pendentes de apelação, unicamente interposta pelo réu, que este já sofreu prisão por tempo igual ao da pena a que foi condenado, mandará o relator pô-lo imediatamente em liberdade.[1399]

1399. Aplicação prática da detração: nem haveria necessidade de constar tal norma, pois se cuida de mera decorrência do art. 589 deste Código e do art. 67 do Código Penal Militar. Se a prisão provisória deve ser descontada na pena, por óbvio, assim que detectado ter o réu cumprido o que lhe cabia, compete ao magistrado determinar a sua soltura, em qualquer grau de jurisdição.

Quando se torna exequível

> **Art. 592.** Somente depois de passada em julgado, será exequível a sentença.[1400]

1400. Presunção de inocência: em virtude desse princípio constitucional, somente se considera o réu culpado após o trânsito em julgado de sentença condenatória, motivo pelo qual é a partir desse ponto que se torna exequível. Na jurisprudência: STM: "Não há que se falar em ilegalidade na ameaça de prisão que paira sobre o réu que tem contra si uma sentença condenatória transitada em julgado. Tal decisão, por razões óbvias, é passível de ser imediatamente executada pela autoridade judiciária competente. Inteligência dos arts. 588 (1.ª parte) e 592, ambos do CPPM, c/c o art. 5.º, inciso LVII, da Constituição Federal. Conhecido do pedido e denegada a Ordem, por falta de amparo legal. Decisão unânime" (HC 2005.01.034091-2, rel. Flávio de Oliveira Lencastre, 20.10.2005, v.u.).

Comunicação

> **Art. 593.** O presidente, no caso de sentença proferida originariamente pelo Tribunal, e o auditor, nos demais casos, comunicarão à autoridade, sob cujas ordens estiver o réu, a sentença definitiva, logo que transite em julgado.

Capítulo II
Da execução das penas em espécie

Carta de guia

> **Art. 594.** Transitando em julgado a sentença que impuser pena privativa da liberdade, se o réu já estiver preso ou vier a ser preso, o auditor ordenará a expedição da carta de guia, para o cumprimento da pena.[1401]

1401. Início formal da execução da pena: dá-se com a expedição da carta de guia ou guia de recolhimento. Esta, por seu turno, somente será emitida quando o réu, após o trânsito em julgado da sentença condenatória, vier a ser preso ou já se encontrar detido. Deve o cartório do juízo da condenação providenciar a expedição da guia, enviando-a, com as peças necessárias, ao juízo da execução penal. Cópias serão igualmente remetidas à autoridade administrativa onde se encontra preso o condenado. Nesse prisma: STJ: "Não há como se expedir a guia de recolhimento e, assim, iniciar-se o processo de execução se, na hipótese, está pendente de cumprimento o mandado de prisão expedido pelo juízo sentenciante, em razão do fato de o paciente se encontrar há mais de 14 anos foragido. A teor do disposto no art. 105 da Lei 7.210/84, o processo de execução somente poderá ser instaurado, pelo juízo competente, após o recolhimento do condenado" (RHC 17.737-SP, 5.ª T., rel. Laurita Vaz, 18.08.2005, v.u., *DJU* 03.10.2005, *RT* 844/528).

Formalidades

> **Art. 595.** A carta de guia, extraída pelo escrivão e assinada pelo auditor, que rubricará todas as folhas, será remetida para a execução da sentença:

Art. 596

a) ao comandante ou autoridade correspondente da unidade ou estabelecimento militar em que tenha de ser cumprida a pena, se esta não ultrapassar de 2 (dois) anos, imposta a militar ou assemelhado;

b) ao diretor da penitenciária em que tenha de ser cumprida a pena, quando superior a 2 (dois) anos, imposta a militar ou assemelhado ou a civil.

Conteúdo

Art. 596. A carta de guia deverá conter:[1402-1402-A]

a) o nome do condenado, naturalidade, filiação, idade, estado civil, profissão, posto ou graduação;

b) a data do início e da terminação da pena;

c) o teor da sentença condenatória.

1402. Carta de guia: constitui não somente a petição inicial da execução penal, como a comunicação formal e detalhada à autoridade administrativa, responsável pela prisão do condenado, do teor da sentença (pena aplicada, regime, benefícios etc.). Deve conter todos os dados descritos nas alíneas do art. 596, acompanhada das cópias das peças que instruíram o processo principal, de onde se originou a condenação. Os detalhes, em especial quanto às datas (fato, sentença, acórdão, trânsito em julgado etc.), são úteis para o cálculo da prescrição, uma das primeiras providências a ser tomada pelo juiz da execução penal. Não há sentido em se providenciar a execução de pena prescrita. Na jurisprudência: STM: "I. Omissão inexistente no Acórdão embargado quanto ao regime da pena, uma vez que a Carta Guia, na forma do art. 596 do Código Processual Penal Militar, é documento formal de comunicação detalhada da execução da reprimenda, cuja competência para expedi-la é estritamente da Justiça Militar da União, e encaminhada à autoridade responsável pela prisão do condenado para ciência da pena aplicada, do regime prisional e de eventuais benefícios concedidos. II. A competência para se declarar a viabilidade ou não de prisão domiciliar é do Juiz responsável pela execução penal. No presente caso, magistrado do Tribunal de Justiça do Distrito Federal e Territórios. Decisão Unânime" (Embargos de Declaração nº 7000102-80.2018.7.00.0000, rel. Péricles Aurélio Lima de Queiroz, 08/05/2018, v.u.).

1402-A. Regime aberto: tornou-se pacífico na jurisprudência nacional que, à falta de casas do albergado, o condenado cumpra sua pena em prisão domiciliar – a denominada *prisão albergue domiciliar*. Na jurisprudência: STM: "1. Transitada em julgado a sentença condenatória que impõe a ex-militar, ou a civil, pena superior a dois anos, compete ao Juiz-Auditor, antes de encaminhar os autos à VEP, expedir o respectivo mandado de prisão e a decorrente carta de guia, nos termos do art. 594 e seguintes do CPPM. 2. Tratando-se de imposição de regime aberto, no mandado de prisão deverá constar, expressamente, aquela forma de execução da pena, bem como a determinação de que o sentenciado seja recolhido à casa de albergado ou, na falta desta ou na indisponibilidade de vagas, assegure-se a prisão em domicílio. Decisão majoritária" (Recurso em Sentido Estrito 0000003-49.2017.7.03.0303, rel. Marco Antônio de Farias, 30.06.2017, maioria); "Descabe falar em antinomia entre o regime aberto, fixado para o cumprimento da pena de 1 ano de reclusão estabelecida na sentença, e a competência do Juiz-auditor para expedir o mandado de prisão e a carta de guia correspondente. Mandado em que deverá constar, expressamente, o regime aberto de cumprimento da pena, bem como a determinação de que na impossibilidade de o sentenciado cumpri-la em casa de albergado,

Título I • Capítulo II – Da execução das penas em espécie

Art. 600

seja pela sua falta, seja pela indisponibilidade de vagas, ser-lhe-á assegurado o direito à prisão domiciliar. Provimento do Recurso Ministerial. Unânime" (Recurso em Sentido Estrito 0000059-88.2016.7.11.0111, rel. Luis Carlos Gomes Mattos, 31.10.2017, v.u.).

Início do cumprimento

> **Art. 597.** Expedida a carta de guia para o cumprimento da pena, se o réu estiver cumprindo outra, só depois de terminada a execução desta será aquela executada. Retificar-se-á a carta de guia sempre que sobrevenha modificação quanto ao início ou ao tempo de duração da pena.[1403]

1403. Soma e unificação da pena: a execução das penas do condenado não é cumprida na sequência, como dá a entender a redação deste artigo. Na realidade, as penas do sentenciado devem ser somadas (concurso material) ou unificadas (concurso formal ou crime continuado), para que exista um só cálculo e, em relação a ele, o cômputo dos benefícios aplicáveis. Por certo, conforme chegam as cartas de guia (diversas condenações), autuam-se em separado, mas o cálculo é único.

Conselho Penitenciário

> **Art. 598.** Remeter-se-ão ao Conselho Penitenciário cópia da carta de guia e de seus aditamentos, quando o réu tiver de cumprir pena em estabelecimento civil.

Execução quando impostas penas reclusão e de detenção

> **Art. 599.** Se impostas cumulativamente penas privativas de liberdade, será executada primeiro a de reclusão e depois a de detenção.[1404]

1404. Execução das mais graves: as penas privativas de liberdade foram divididas em reclusão e detenção, considerando-se a gravidade dos crimes: às infrações mais graves, comina-se reclusão; às mais brandas, detenção. Um dos propósitos para tal separação seria o recolhimento do sentenciado em estabelecimentos diferenciados, evitando-se a indevida mistura entre reclusos e detentos. Entretanto, jamais se conseguiu viabilizar, na prática, a referida divisão no cumprimento das penas de reclusão e detenção. Em face disso, o disposto neste artigo constitui mera teoria.

Internação por doença mental

> **Art. 600.** O condenado a que sobrevier doença mental, verificada por perícia médica, será internado em manicômio judiciário ou, à falta, em outro estabelecimento adequado, onde lhe sejam assegurados tratamento e custódia.[1405]
>
> **Parágrafo único.** No caso de urgência, o comandante ou autoridade correspondente, ou o diretor do presídio, poderá determinar a remoção do

Art. 601

> sentenciado, comunicando imediatamente a providência ao auditor, que, tendo em vista o laudo médico, ratificará ou revogará a medida.

1405. Superveniência de doença mental: há duas situações para a superveniência de enfermidade mental: duradoura e temporária. Constatada ser doença de contenção rápida, o condenado pode ser transferido a hospital de custódia e tratamento (manicômio judiciário), mantendo-se a pena inalterada. Advindo melhora, retorna ao estabelecimento penal. Caso seja doença duradoura, sem possibilidade de cura a curto prazo, o correto é a conversão da pena em medida de segurança, aplicando-se, por analogia, o disposto no art. 183 da Lei de Execução Penal (Lei 7.210/84). Essa conversão respeitará, no entanto, o montante da pena aplicada. Ilustrando: se a condenação é de 10 anos e, após 5, o sentenciado adoece, havendo conversão em medida de segurança, será pelos outros 5 anos. Findo tal prazo, extingue-se a punibilidade, transferindo-se a situação do enfermo para a órbita civil, onde poderá ser interditado e tratado.

Fuga ou óbito do condenado

> **Art. 601.** A autoridade militar ou o diretor do presídio comunicará imediatamente ao auditor a fuga, a soltura ou o óbito do condenado.[1406]
>
> **Parágrafo único.** A certidão de óbito acompanhará a comunicação.

1406. Fuga, soltura e óbito: tais comunicações, feitas ao auditor, são importantes para acertar a execução penal. Em caso de fuga, anota-se para o fim de início da prescrição da pretensão punitiva. A soltura somente ocorre com o conhecimento do auditor, pois deve ser por ele determinada, quando se tratar de cumprimento de pena. A morte gera a extinção da punibilidade e, consequentemente, a finalização da execução.

Recaptura

> **Art. 602.** A recaptura do condenado evadido não depende de ordem judicial, podendo ser efetuada por qualquer pessoa.[1407]

1407. Recaptura: autoriza a Constituição Federal a prisão de qualquer pessoa em flagrante delito ou por ordem escrita e fundamentada da autoridade judiciária competente. A legislação processual penal comum autoriza qualquer pessoa do povo a realizar a prisão em flagrante. Deduz-se que mandados de prisão somente podem (e devem) ser executados por agentes da autoridade. Presos foragidos da justiça criminal comum devem ser recapturados por servidor público, por ausência de autorização legal para o particular. Na órbita do processo penal militar, a norma do art. 602 deste Código expressamente autoriza qualquer pessoa a realizar a prisão do foragido, independentemente de ordem judicial. Não se pode reputá-lo inconstitucional, pois há um mandado de prisão expedido para o foragido, logo, calcado em ordem escrita e fundamentada de autoridade judiciária competente, nos termos constitucionais. Há, na verdade, uma autorização legal para o particular efetuar a prisão do foragido da justiça militar. Assim efetivada, o preso deve ser imediatamente apresentado à autoridade policial da área para encaminhamento e cumprimento do mandado de prisão, que constará do sistema de dados.

Cumprimento da pena

> **Art. 603.** Cumprida ou extinta a pena, o condenado será posto imediatamente em liberdade, mediante alvará do auditor, no qual se ressalvará a hipótese de dever o sentenciado continuar na prisão, caso haja outro motivo legal.[1408]

Medida de segurança

> **Parágrafo único.** Se houver sido imposta medida de segurança detentiva, irá o condenado para estabelecimento adequado.

1408. Cumprimento ou extinção da pena: dando sequência a uma série de artigos contendo preceitos óbvios e, por isso, desnecessários, em lugar de prever detalhes técnico-jurídicos mais relevantes, como fez a Lei de Execução Penal (Lei 7.210/84), este artigo determina que, cumprida ou extinta a pena, seja o sentenciado colocado em liberdade, salvo se por outro motivo não estiver também detido. Enfim, situação mais importante é o rigoroso controle do cumprimento da pena para que o condenado não permaneça um dia a mais detido ou submetido a qualquer restrição.

Capítulo III
Das penas principais não privativas
de liberdade e das acessórias

Comunicação

> **Art. 604.** O auditor dará à autoridade administrativa competente conhecimento da sentença transitada em julgado, que impuser a pena de reforma ou suspensão do exercício do posto, graduação, cargo ou função, ou de que resultar a perda de posto, patente ou função, ou a exclusão das forças armadas.[1409]
>
> Inclusão na folha de antecedentes e rol dos culpados
>
> **Parágrafo único.** As penas acessórias também serão comunicadas à autoridade administrativa militar ou civil, e figurarão na folha de antecedentes do condenado, sendo mencionadas, igualmente, no rol dos culpados.

1409. Efetivação administrativa: a reforma, suspensão do exercício do posto, graduação, cargo ou função, bem como a perda de posto, patente ou função e a exclusão das forças armadas são medidas extrapenais, embora advindas de sentença penal condenatória. Precisam ser efetivadas na órbita administrativa, dependendo, pois, da comunicação feita pela autoridade judiciária, assim que a decisão transitar em julgado.

Comunicação complementar

> **Art. 605.** Iniciada a execução das interdições temporárias, o auditor, de ofício, ou a requerimento do Ministério Público ou do condenado, fará as devidas comunicações do seu termo final, em complemento às providências determinadas no artigo anterior.

Título II
Dos incidentes da execução[1410]

1410. Incidentes de execução: os incidentes processuais são as questões e os procedimentos secundários, que incidem sobre o procedimento principal, merecendo solução antes de a decisão da causa ser proferida, quando tratamos do processo penal de conhecimento. Na execução, não há de ser diferente. Há questões e procedimentos secundários à execução da pena principal, merecedores de solução antes que esta termine. São os *incidentes de execução*. Podem ser nominados ou inominados. Os constantes do Título III, Capítulo I, são nominados e autênticos incidentes: indulto, comutação e anistia. Os demais não podem ser denominados incidentes de execução. A suspensão condicional da pena e o livramento condicional constituem autênticas fases de execução da pena, jamais incidentes. A reabilitação nem mesmo faz parte da execução penal, constituindo instituto autônomo.

Capítulo I
Da suspensão condicional
da pena[1411-1412]

1411. Conceito de suspensão condicional da pena: trata-se de um instituto de política criminal, tendo por fim a suspensão da execução da pena privativa de liberdade, evitando o recolhimento do condenado não reincidente em crime doloso ao cárcere, quando a pena não é superior a dois anos, sob determinadas condições, fixadas pelo juiz, bem como dentro de um período de prova predefinido. Conferir a Súmula 16 do STM: "A suspensão condicional da pena (*sursis*) não é espécie de pena; portanto, o transcurso do período de prova, estabelecido em audiência admonitória, não atende ao requisito objetivo exigível para a declaração de extinção da punibilidade pelo indulto". Na jurisprudência: STM: "No caso de Réu ex-militar, a jurisprudência recente da Corte admite a suspensão condicional da pena, pois não mais se justifica a incidência da vedação legal. Consoante um critério de individualização da pena, socialmente adequado à ressocialização do sentenciado, não seria razoável negar ao Réu, condenado por um crime propriamente militar, agora ex-militar, o direito subjetivo que poderia ser concedido a qualquer civil, igualmente condenado pela Justiça Militar, nos termos do art. 84 do CPM, c/c o art. 606 do CPPM. Impelir um ex-militar, condenado por deserção, a cumprir sua pena em estabelecimento prisional comum viola os Princípios da Razoabilidade, da Proporcionalidade e da Legalidade. Na condição de civil, os efeitos complementares da proibição de suspensão condicional da pena não coexistem, sendo juridicamente plausível afastar a vedação legal em questão. Precedente: Apelação 11-03.2014.7.01.0201. Sendo o Réu ex-militar, a Sentença deve ser reformada para excluir a conversão da pena de detenção em prisão, *ex vi* do disposto no art. 59 do CPM. Apelo ministerial. Reforma da Sentença a quo para fixar o regime fechado como inicial para o cumprimento da pena, evitando incorrer em afronta aos dispositivos legais do art. 33, § 2.º, alínea *c*, e § 3.º, bem como do art. 59, inciso III, todos do Código Penal comum. O Órgão Ministerial insurgiu-se contra o fato de o Juízo *a quo* ter fixado na Sentença o regime aberto para o início do cumprimento de pena, por entender ser o Réu reincidente na

Art. 606

Código de Processo Penal Militar Comentado • **Nucci**

prática do crime de deserção. A questão controvertida está adstrita à classificação do crime de deserção, se permanente ou instantâneo de efeitos permanentes, o que influenciará no reconhecimento ou não da situação de reincidência do Réu. O momento de consumação do delito se dá 'quando nele se reúnem todos os elementos de sua definição legal' (Art. 30, inciso I, do CPM e art. 14, inciso I, do CP comum). No que tange à classificação dos crimes, nesse ponto, refere-se ao momento em que o crime se consuma. No crime de deserção, a consumação se dá no exato momento cujo período de ausência do militar é superior a 8 (oito) dias. É o que se extrai da literalidade do art. 187 do CPM, não havendo que falar em crime permanente. Após a lavratura do Termo de Deserção, o trânsfuga é excluído das Forças Armadas. Caso o delito fosse permanente, consoante tal situação, seria bizarro sustentar a tese de que um civil (ex-militar) estaria desenvolvendo atos de consumação do crime de deserção cujo sujeito ativo é somente o militar. Destarte, à luz de interpretação sistêmica e literal dos dispositivos mencionados, impõe-se a classificação do crime de deserção como sendo instantâneo de efeitos permanentes. Negado apelo do MPM e parcialmente provido apelo da Defesa" (Apelação 7000515-59.2019.7.00.0000, rel. José Barroso Filho, 28.05.2020, maioria).

1412. Inadequação do instituto no CPPM: a suspensão condicional da pena, embora diga respeito a uma forma específica e alternativa de cumprimento da pena, é um instituto de natureza penal, não se compreendendo o motivo de se inserir, no processo penal, os seus requisitos e forma, que já constam do Código Penal Militar. Cuida-se de pura repetição do teor da lei penal material e, por vezes, pode até representar alguma forma de contradição, o que não é desejável para um sistema harmônico.

Competência e requisitos para a concessão do benefício

> **Art. 606.** O Conselho de Justiça, o Auditor ou o Tribunal poderão suspender, por tempo não inferior a 2 (dois) anos nem superior a 6 (seis) anos, a execução da pena privativa de liberdade que não exceda a 2 (dois) anos, desde que:
>
> *a)* não tenha o sentenciado sofrido, no País ou no estrangeiro, condenação irrecorrível por outro crime a pena privativa da liberdade, salvo o disposto no § 1.º do art. 71 do Código Penal Militar;[1413]
>
> *b)* os antecedentes e a personalidade do sentenciado, os motivos e as circunstâncias do crime, bem como sua conduta posterior, autorizem a presunção de que não tornará a delinquir.[1414]

Restrições

> **Parágrafo único.** A suspensão não se estende às penas de reforma, suspensão do exercício do posto, graduação ou função, ou à pena acessória, nem exclui a medida de segurança não detentiva.

1413. Reincidência: é fator impeditivo da concessão da suspensão condicional da pena, cuidando-se de requisito objetivo, a ser demonstrado por certidão cartorária, onde conste a condenação anterior, com trânsito em julgado. O Código Penal Militar não exige a reincidência em crime doloso – como ocorre com o Código Penal comum –, razão pela qual se pode afastar o *sursis*, quando o sentenciado reincidir em delito culposo. O ponto fundamental para a condenação anterior é a existência de pena privativa de liberdade. Por outro lado, excepciona-se o período depurador, ou seja, a condenação pretérita perde seu valor para gerar reincidência se decorridos 5 anos entre a extinção da pena e a nova prática criminosa.

1414. Requisitos subjetivos: repetem-se alguns dos fatores constantes do art. 69 do Código Penal Militar, tais como *antecedentes* (condenações anteriores com trânsito em julgado, não utilizadas para gerar reincidência), *personalidade* (conjunto de caracteres comportamentais específicos da pessoa humana, parte herdado, parte adquirido), *motivos* (precedentes e objetivos que impulsionam o agente à atividade criminosa) e *circunstâncias* (de conteúdo residual, abrangem todos os fatores de destaque, positivos ou negativos, no cometimento da infração penal) do crime. Por outro lado, diversamente do que consta no CP comum, para efeito de concessão do *sursis* deve-se avaliar a *conduta posterior* do réu, significando, de certo modo, como agiu ou sentiu após a prática do delito. Aponta para alguns elementos do art. 69 do CPM, como insensibilidade, indiferença ou arrependimento após o crime. Além desses, outros podem ser avaliados, tais como a reparação do dano ou outra medida para atenuar o prejuízo causado. Finalmente, de modo peculiar, indica-se que todos os fatores subjetivos devem ser valorados para se chegar à *presunção de que não tornará a delinquir*. Neste ponto, há flagrante equívoco legal, pois na fixação da pena deve o julgador empreender uma diagnose do preso (o que ele fez), e não uma prognose (o que poderá fazer). Na jurisprudência: STM: "Suspensão condicional da pena. A matéria se acha exaurida, de forma minudente e precisa, não oferecendo ensejo à reforma do aresto. O embargante não satisfaz ao disposto no art. 84, II, do CPM e ao ínsito 606, *b*, do CPPM. Não há como presumir-se, validamente, segundo a perspectiva jurídica penal das regras que regulam o instituto do *sursis*, que o embargante não voltará a delinquir. Nem os antecedentes enumerados no acórdão hostilizado, menos ainda a personalidade – desajustada em face da baixa tolerância a situações adversas – nem os motivos – fúteis, adite-se – nem as circunstâncias que gravitam em torno do fato autorizam a presumir-se que não reincidirá. Ainda que, em regra, constitua direito subjetivo do condenado, na espécie, tal incidência não ocorre, não se lhe podendo reconhecer-se a titularidade desse direito. Embargos rejeitados, para manter-se o acórdão vergastado. Decisão unânime" (Embargos Infringentes e de Nulidade 2000.01.048292-3, rel. José Sampaio Maia, 09.03.2000, v.u.).

Pronunciamento

> **Art. 607.** O Conselho de Justiça, o Auditor ou o Tribunal, na decisão que aplicar pena privativa de liberdade não superior a 2 (dois) anos, deverão pronunciar-se, motivadamente, sobre a suspensão condicional, quer a concedam, quer a deneguem.[1415]

1415. Obrigatoriedade de abordagem na decisão condenatória: sempre que a pena não ultrapassar 2 anos, *deve* o magistrado fazer expressa referência ao *sursis*, seja para concedê-lo, seja para denegá-lo. E, como todas as decisões do Judiciário, motivadamente. Afinal, cuida-se de direito subjetivo do réu obter tal benefício, desde que preencha os requisitos legais; desse modo, cabe ao Judiciário expressar-se pelo sim ou pelo não.

Condições e regras impostas ao beneficiário

> **Art. 608.** No caso de concessão do benefício, a sentença estabelecerá as condições[1416] e regras a que ficará sujeito o condenado durante o prazo fixado, começando este a correr da audiência em que for dado conhecimento da sentença ao beneficiário.[1417]

Art. 608

§ 1.º As condições serão adequadas ao delito, ao meio social e à personalidade do condenado.

§ 2.º Poderão ser impostas, como normas de conduta e obrigações, além das previstas no art. 626 deste Código, as seguintes condições:[1418-1419]

I – frequentar curso de habilitação profissional ou de instrução escolar;[1420]

II – prestar serviços em favor da comunidade;[1421]

III – atender aos encargos de família;[1422]

IV – submeter-se a tratamento médico.[1423]

§ 3.º Concedida a suspensão, será entregue ao beneficiário um documento similar ao descrito no art. 641 ou no seu parágrafo único, deste Código, em que conste, também, o registro da pena acessória a que esteja sujeito, e haja espaço suficiente para consignar o cumprimento das condições e normas de conduta impostas.[1424]

§ 4.º O Conselho de Justiça poderá fixar, a qualquer tempo, de ofício ou a requerimento do Ministério Público, outras condições além das especificadas na sentença e das referidas no parágrafo anterior, desde que as circunstâncias o aconselhem.[1425]

§ 5.º A fiscalização do cumprimento das condições será feita pela entidade assistencial penal competente segundo a lei local, perante a qual o beneficiário deverá comparecer, periodicamente, para comprovar a observância das condições e normas de conduta a que está sujeito, comunicando, também, a sua ocupação, os salários ou proventos de que vive, as economias que conseguiu realizar e as dificuldades materiais ou sociais que enfrenta.[1426]

§ 6.º A entidade fiscalizadora deverá comunicar imediatamente ao Auditor ou ao representante do Ministério Público Militar, qualquer fato capaz de acarretar a revogação do benefício, a prorrogação do prazo ou a modificação das condições.

§ 7.º Se for permitido ao beneficiário mudar-se, será feita comunicação à autoridade judiciária competente e à entidade fiscalizadora do local da nova residência, aos quais deverá apresentar-se imediatamente.

1416. *Sursis* incondicionado: não há mais na legislação penal, exceto na Lei de Contravenções Penais. Antes da reforma penal de 1984, concedia-se a suspensão condicional da pena, sem qualquer condição, representando ao condenado que nenhuma punição teria havido. Atualmente, todo *sursis* é obrigatoriamente sujeito a condições para o sentenciado, sob pena de revogação.

1417. Audiência admonitória: após o trânsito em julgado da decisão condenatória, onde se impôs o *sursis*, o juiz designa audiência específica para informar ao condenado a sua pena, bem como o benefício auferido, consistente na suspensão condicional da pena, desde que ele cumpra determinadas condições. A aceitação do *sursis* é opção do beneficiário; se ele recusar, deverá cumprir a pena privativa de liberdade, nos termos impostos na sentença.

1418. Condições obrigatórias: são as mesmas do livramento condicional (art. 626, CPPM).

1419. Condições facultativas: as condições previstas nos incisos I a IV do § 2.º deste artigo *podem* ser impostas pelo magistrado, embora a lei não esclareça se elas são alternativas ou podem ser cumulativas. Cremos deva haver bom-senso e equilíbrio por parte do julgador, a fim de não sobrecarregar o sentenciado. Note-se o disposto no § 1.º supra, determinando deverem as condições ser adequadas ao delito cometido, ao meio social do autor e à sua personalidade. Em alguns casos, cabem condições facultativas cumuladas; noutros, devem ser impostas isoladamente.

1420. Frequência a cursos: compreende-se a fixação da condição de frequentar um curso de habilitação profissional, especialmente no cenário da habilitação para dirigir veículo, quando o crime se relacionar à desastrada conduta do réu nesse cenário. Entretanto, torna-se mais difícil captar o sentido da condição de frequência a curso de *instrução escolar*. Não nos parece caiba ao julgador obrigar o sentenciado a se alfabetizar, por exemplo, pois isso em nada se vincula ao crime.

1421. Prestação de serviços à comunidade: essa é uma das mais adequadas penas alternativas existentes na legislação penal comum, além de servir como condição do *sursis*, tanto no cenário militar, como na esfera extramilitar. Consiste na atribuição de tarefas gratuitas ao condenado a serem prestadas em entidades assistenciais públicas ou privadas. Pode ser aplicada a qualquer condenado, independentemente da espécie de crime cometido.

1422. Encargos de família: essa condição é vaga e inadequada, pois não se tem noção do que pode ser exigido do sentenciado. Somente para argumentar, não teria sentido obrigar o condenado a sustentar sua família, pois isso concerne ao direito civil, com as sanções cabíveis à espécie nessa esfera.

1423. Submissão a tratamento médico: trata-se de condição razoável para certos delitos, podendo significar a obrigação de se desintoxicar, quando o condenado for viciado em álcool ou drogas análogas. Na jurisprudência: STM: "A despeito da previsão legal inserta no art. 608, § 2º, inciso IV, do CPPM, a imposição de tratamento médico como condição para a suspensão condicional da pena não pode consubstanciar-se em uma opção do Magistrado, devendo estar calcada em elementos constantes nos autos que apontem a necessidade da medida. Recurso conhecido e provido" (Apelação 0000106-62.2016.7.11.0111, rel. Artur Vidigal De Oliveira, 03.05.2018, v.u.); "O artigo 608, § 2.º, inciso IV, do CPPM foi recepcionado pela Constituição Federal de 1988, possibilitando a imposição de tratamento médico como condição especial para a concessão do benefício do *sursis*. As condições para a concessão da suspensão condicional da pena podem não ser aceitas pelo condenado na Audiência Admonitória, implicando, em consequência, o cumprimento da reprimenda fixada pelo decreto condenatório. A aceitação das condições estabelecidas para a concessão do benefício constitui-se, portanto, em mera faculdade" (Recurso em Sentido Estrito 0000138-07.2016.7.03.0203, rel. Cleonilson Nicácio Silva, 10.10.2016, v.u.).

1424. Identificação do condenado: o cumprimento do *sursis* não deixa de ser a execução da pena, razão pela qual há condições estabelecidas, que ficam registradas na carteira do sentenciado para conferência das autoridades policiais. Se o sentenciado for surpreendido infringindo as condições, deverá isso ser imediatamente comunicado ao magistrado, que tomará as providências cabíveis, inclusive a revogação do benefício.

1425. Alteração das condições do *sursis*: verificando qualquer inviabilidade de cumprimento, o Conselho de Justiça pode, de ofício, ou por provocação do Ministério Público, modificar as condições, substituindo as que não surtirem efeitos por outras. A alteração não ofenderia a coisa julgada, já que está expressamente autorizada em lei, e a execução penal, por natureza, é flexível, respeitada a individualização executória da pena. Em homenagem à ampla defesa, deve-se ouvir previamente o sentenciado.

Art. 609

1426. Fiscalização: quando o condenado presta serviços à comunidade, a fiscalização é realizada pela entidade que o recebe para as tarefas gratuitas. Atualmente, o Executivo tem se incumbido de encaminhar os sentenciados, que prestam serviços à comunidade, a diversos órgãos públicos, criando, para isso, uma central de penas alternativas. Portanto, essa central cuida da fiscalização. Quando tiver de frequentar cursos, cabe a este local controlar a frequência para comunicar o juízo da execução penal. O mesmo se diga do tratamento médico. Outras condições (tomar ocupação em tempo razoável, não se ausentar do território da execução penal, não frequentar determinados lugares) cabe ao juízo controlar e fiscalizar.

Coautoria

> **Art. 609.** Em caso de coautoria, a suspensão poderá ser concedida a uns e negada a outros.[1427]

1427. *Sursis* como benefício individual: a concessão da suspensão condicional da pena faz parte do processo de individualização da pena, motivo pelo qual não deve ser padronizada. Pouco importa que existam coautores, cometendo exatamente a mesma infração penal, pois é fundamental aplicar a cada um deles a pena justa, conforme requisitos de ordem pessoal.

Leitura da sentença

> **Art. 610.** O auditor, em audiência previamente marcada, lerá ao réu a sentença que concedeu a suspensão da pena, advertindo-o das consequências de nova infração penal e da transgressão das obrigações impostas.[1428]

1428. Audiência admonitória: ver a nota específica ao art. 608.

Concessão pelo Tribunal

> **Art. 611.** Quando for concedida a suspensão pela superior instância, a esta caberá estabelecer-lhe as condições, podendo a audiência ser presidida por qualquer membro do Tribunal ou por Auditor designado no acórdão.

Suspensão sem efeito por ausência do réu

> **Art. 612.** Se, intimado pessoalmente ou por edital, com o prazo de 10 (dez) dias, não comparecer o réu à audiência, a suspensão ficará sem efeito e será executada imediatamente a pena, salvo prova de justo impedimento, caso em que será marcada nova audiência.[1429]

1429. *Sursis* sem efeito: quando o réu não é encontrado para participar da audiência admonitória, deve ser intimado por edital; de todo modo, ainda que intimado pessoalmente, não comparecendo, entende-se não ter aceitado o benefício, considerado, então, *sem efeito*. Não é caso de revogação, pois, na realidade, o sentenciado nem mesmo o aceitou. O mesmo ocorre se ele comparecer e não acolher as condições do *sursis*: fica sem efeito.

Suspensão sem efeito em virtude de recurso

> **Art. 613.** A suspensão também ficará sem efeito se, em virtude de recurso interposto pelo Ministério Público, for aumentada a pena, de modo que exclua a concessão do benefício.

Revogação obrigatória

> **Art. 614.** A suspensão será revogada se, no curso do prazo, o beneficiário:
>
> I – for condenado, na justiça militar ou na comum, por sentença irrecorrível, a pena privativa de liberdade;[1430]
>
> II – não efetuar, sem motivo justificado, a reparação do dano;[1431]
>
> III – sendo militar, for punido por crime próprio ou por transgressão disciplinar considerada grave.[1432]

Revogação facultativa

> § 1.º A suspensão poderá ser revogada, se o beneficiário:
>
> *a)* deixar de cumprir qualquer das obrigações constantes da sentença;[1433]
>
> *b)* deixar de observar obrigações inerentes à pena acessória;[1434]
>
> *c)* for irrecorrivelmente condenado à pena que não seja privativa de liberdade.[1435]

Declaração de prorrogação

> § 2.º Quando, em caso do parágrafo anterior, o Juiz não revogar a suspensão, deverá:
>
> *a)* advertir o beneficiário; ou
>
> *b)* exacerbar as condições ou, ainda,
>
> *c)* prorrogar o período de suspensão até o máximo, se esse limite não foi o fixado.
>
> § 3.º Se o beneficiário estiver respondendo a processo, que, no caso de condenação, poderá acarretar a revogação, o Juiz declarará, por despacho, a prorrogação do prazo da suspensão até sentença passada em julgado, fazendo as comunicações necessárias nesse sentido.[1436]

1430. Condenação por crime: a primeira causa de revogação obrigatória do *sursis* é a condenação irrecorrível, na Justiça Militar ou comum, em virtude de *crime*, pouco importando a pena aplicada, se doloso ou culposo, podendo tratar-se de delito cometido antes de vigorar o *sursis*. Não deixa de ser hipótese injusta em certos casos, o mesmo ocorrendo na legislação penal comum. Imagine-se tenha o réu sido condenado por um crime militar, sujeito à pena de um ano de reclusão, recebendo o *sursis*. Enquanto o cumpre, recebe outra condenação, também à pena de um ano. Ora, somadas as duas, seria atingido o montante de dois anos, ainda dentro do teto imposto pelo art. 84, *caput*, do CPM, para a concessão do benefício. Por

Art. 614

Código de Processo Penal Militar Comentado • **Nucci**

568

isso, o ideal seria verificar, no caso concreto, se a condenação advinda inviabiliza a suspensão condicional da pena. Na jurisprudência: STM: "Ademais, no art. 614, inciso I, do CPPM, não há exigência de certidão de trânsito em julgado para revogação do *sursis*. Apenas se fala em condenação, em sentença irrecorrível, à pena privativa de liberdade. Recurso conhecido e não provido. Decisão unânime" (Recurso em Sentido Estrito 7000420-63.2018.7.00.0000, rel. Carlos Augusto de Sousa, 20.11.2018, v.u.).

1431. Ausência de reparação do dano: essa preocupação concernente à indenização da vítima em face do cometimento do crime é correta e também prevista na legislação penal comum. Entretanto, há fatores a ponderar: a) o condenado precisa ser solvente, podendo arcar com a reparação, não o fazendo de modo injustificado; b) é preciso existir vítima e esta ter pleiteado a indenização; c) torna-se essencial haver um *quantum* judicialmente estabelecido para ser reparado, pois o condenado não pode indenizar valor indefinido. Na jurisprudência: STM: "Inexiste a obrigação do ressarcimento dos valores à Administração Militar como condições de cumprimento do *sursis*. Requer-se, apenas, a comprovação da reparação ou da impossibilidade de fazê-lo, de modo a que o magistrado possa atender ao previsto no art. 614, inciso II, do CPPM. Apelo parcialmente provido. Decisão unânime" (Apelação 0000075-05.2008.7.01.0401, rel. Raymundo Nonato de Cerqueira Filho, 18.04.2011, v.u.).

1432. Punição por infração disciplinar grave: trata-se de causa de revogação exclusiva do militar, de quem se exige rigorosa disciplina; por isso, parece-nos razoável como motivo revogador do benefício. Entretanto, é justo considerar que tal falta grave tenha ocorrido *durante* o período de prova do *sursis*, sob pena de haver injusta punição na órbita penal.

1433. Descumprimento das condições: é justo considerar causa para a revogação do *sursis* tal situação, pois o período de prova sujeita o condenado ao obrigatório cumprimento de condições, lembrando que ele as aceitou voluntariamente. Por outro lado, constituir causa facultativa de revogação também é acertado, visto que o juiz pode encontrar motivação plausível para o não cumprimento; pode ainda notar ter havido descumprimento parcial. Enfim, o magistrado, em lugar de revogar o benefício, pode reiterar as condições, em outra audiência admonitória, conferindo outra oportunidade ao sentenciado. Ademais, pode ainda prorrogar o período de prova até o máximo. Na jurisprudência: STF: "1. O paciente aceitou as condições impostas na audiência admonitória para a concessão do *sursis* (art. 614, § 1.º, *a*, do CPPM). Iniciado o período probatório, deixou de cumprir a que exigia seu comparecimento trimestral em juízo. A propositada inércia do condenado, que, devidamente intimado, não apresentou justificativa, descaracteriza eventual cerceamento de defesa a justificar a nulidade da decisão que revogou a benesse. Nesse contexto, torna-se inviável, em sede de *habeas corpus*, restaurar benefício do qual não se mostrou merecedor. Precedente. 2. Ordem denegada" (HC 116554, 2.ª T., rel. Teori Zavascki, 23.09.2014, v.u.). STM: "2. O jurisdicionado que, mesmo intimado, deixa de comparecer ao Juízo de execução, por diversas vezes, sem dar qualquer satisfação, bem como não mantém atualizadas suas informações de contato, revela total descompromisso para com a Justiça, de modo que se afigura adequada e proporcional a revogação do benefício que a ele fora concedido. Embargos conhecidos e não acolhidos. Decisão unânime" (Embargos Infringentes e de Nulidade 0000170-63.2016.7.11.0211, rel. Carlos Augusto de Sousa, 09.08.2018, v.u.).

1434. Penas acessórias: esta causa de revogação não se encontra prevista no Código Penal Militar, mas, em tese, o previsto neste artigo é inaplicável, na prática. Afinal, as penas acessórias (art. 98, CPM) são cumpridas por determinação judicial, independentemente da vontade do sentenciado, tais como perda de posto e patente, indignidade para o oficialato,

Título II • Capítulo I – Da suspensão condicional da pena — Art. 615

incompatibilidade com o oficialato, exclusão das forças armadas, perda da função pública, inabilitação para o exercício da função pública, suspensão do pátrio poder [poder familiar], tutela ou curatela e suspensão dos direitos políticos.

1435. Condenação irrecorrível a pena não privativa de liberdade: esta causa de revogação também não consta do Código Penal Militar, embora possa ser aplicada, pois este Código é mais recente e igualmente lei federal. São penas diversas da prisão: impedimento, suspensão do posto, graduação, cargo ou função e reforma.

1436. Prorrogação automática e declaração judicial: este artigo deve ser interpretado em harmonia com o art. 86, § 3.º, do Código Penal Militar, que considera prorrogado *automaticamente* o prazo da suspensão condicional da pena se o beneficiário estiver respondendo a processo, cuja eventual condenação pode levar à revogação. Por isso, o magistrado apenas *declara*, por despacho, a prorrogação do prazo até sentença passada em julgado. Não se trata de decisão constitutiva, mas meramente declaratória. Na jurisprudência: STM: "Decisão de 1.º grau que prorrogou o período de prova do *sursis* até o julgamento definitivo do sentenciado pelo cometimento de nova infração em outro processo. Decisão *a quo* que encontra respaldo na regra ínsita no art. 614, § 3.º, do CPPM, e no direito jurisprudencial, no sentido de que havendo sentença condenatória irrecorrível, ainda que encerrado o lapso probatório, fica revogado o benefício do *sursis*. Improvido o recurso. Decisão unânime" (Recurso em Sentido Estrito 0000005-53.2006.7.12.0012, rel. Francisco José da Silva Fernandes, 02.02.2010, v.u.).

Extinção da pena

> **Art. 615.** Expirado o prazo da suspensão, ou da prorrogação, sem que tenha havido motivo de revogação, a pena privativa de liberdade será declarada extinta.[1437]

1437. Finalização da suspensão condicional da pena: a decisão que considera extinta a pena privativa de liberdade, uma vez expirado o prazo do *sursis*, é *declaratória*. Entretanto, a finalização do benefício não escapa da polêmica, pois é possível descobrir uma causa de revogação após o término do prazo. Seria possível revogar o *sursis*? Existem *duas posições*: a) aceitando a possibilidade de revogação, mesmo depois de findo o prazo, mormente quando ocorrerem hipóteses de revogação *obrigatória*; b) negando essa possibilidade, pois a lei, e não o juiz, considera extinta a pena, de modo que, sem a revogação feita no prazo, não há mais fundamento para fazê-lo a destempo. Cremos deva haver conciliação. O Código Penal Militar considera prorrogado o período de prova, automaticamente, quando o condenado está respondendo por outro crime ou contravenção (art. 86, § 2.º), de modo que, nessa hipótese, havendo condenação, é natural poder o juiz revogar o *sursis*, porque não está findo o período de prova – foi ele prorrogado. Entretanto, se outras hipóteses acontecerem (frustração do pagamento da reparação de dano; descumprimento das condições), sendo descobertas depois de expirado o prazo, não pode o juiz revogar a suspensão condicional da pena – o prazo não foi automaticamente prorrogado. O art. 87 do CPM e este artigo são claros: "fica extinta a pena" ou "será declarada extinta", se não tiver havido revogação dentro do prazo. Na jurisprudência: STM: "I – O período de prova do *sursis* deve ser supervisionado pelo Ministério Público Militar durante sua realização. II – Eventual prorrogação ou revogação do benefício deve ocorrer antes do término de seu prazo de cumprimento. III – Caso ultrapassado o período de prova sem a revogação ou a prorrogação do *sursis*, opera-se a extinção da pena privativa de liberdade,

Art. 616

por não ser possível prorrogar um prazo que já se encontra extinto. Embargos Infringentes rejeitados" (Embargos Infringentes e de Nulidade 7001144-33.2019.7.00.0000, rel. José Coêlho Ferreira, 21.05.2020, maioria); "Conforme sólida corrente jurisprudencial desta Corte, exaurido o prazo do *sursis* é descabida e inócua a requisição feita pelo MPM de certidões criminais e da Folha de Antecedentes Criminais – FAC – do apenado, para aferição do cumprimento dos requisitos inseridos nos arts. 614 e 615 do CPPM, eis que já operada a extinção da pena ante os efeitos jurídicos do art. 87 do CPM. Na esteira dos arts. 87 do CPM e 615 do CPPM, diante da inocorrência de causa ensejadora da prorrogação ou revogação do *sursis*, durante o prazo estabelecido para o seu cumprimento, não se percebe motivos para reformar a decisão *a quo*, que extinguiu a pena privativa de liberdade imposta ao apenado. Recurso em sentido estrito a que se nega provimento. Decisão unânime" (Recurso em Sentido Estrito 7000880-50.2018.7.00.0000, rel. Lúcio Mário de Barros Góes, 06.12.2018, v.u.).

Averbação

> **Art. 616.** A condenação será inscrita, com a nota de suspensão, em livro especial do Instituto de Identificação e Estatística ou repartição congênere, civil ou militar, averbando-se, mediante comunicação do auditor ou do Tribunal, a revogação da suspensão ou a extinção da pena. Em caso de revogação, será feita averbação definitiva no Registro Geral.
>
> § 1.º O registro será secreto, salvo para efeito de informações requisitadas por autoridade judiciária, em caso de novo processo.
>
> § 2.º Não se aplicará o disposto no § 1.º quando houver sido imposta, ou resultar de condenação, pena acessória consistente em interdição de direitos.

Crimes que impedem a medida

> **Art. 617.** A suspensão condicional da pena não se aplica:[1438]
>
> I – em tempo de guerra;
>
> II – em tempo de paz:
>
> *a)* por crime contra a segurança nacional, de aliciação e incitamento, de violência contra superior, oficial de serviço, sentinela, vigia ou plantão, de desrespeito a superior e desacato, de insubordinação, insubmissão ou de deserção;
>
> *b)* pelos crimes previstos nos arts. 160, 161, 162, 235, 291 e parágrafo único, I a IV, do Código Penal Militar.

1438. Vedação ao *sursis*: o disposto pelo art. 88 do CPM e neste artigo do CPPM é coerente com o rigor exigido da vida militar. De fato, seria ilógica a concessão da suspensão condicional da pena para condenações por crimes em tempo de guerra. Dispensa maiores comentários. Quanto ao tempo de paz, veda-se o sursis para delitos particularmente graves no contexto do serviço militar, algo compreensível. A única parte com a qual não se pode concordar diz respeito aos crimes contra a segurança nacional, previstos atualmente na Lei 7.170/83 e julgados pela Justiça comum (Federal). Logo, estão fora da alçada militar, de modo que não mais se aplica a proibição da suspensão condicional da pena. Na jurisprudência: STF: "Vedação do *sursis*. Crime de deserção. Compatibilidade com a Constituição Federal. 1. A jurisprudência do Supremo Tribunal Federal inclina-se pela constitucionalidade do tratamento processual penal mais gravoso aos crimes submetidos à justiça militar, em virtude da hierarquia e da disciplina próprias das Forças Armadas. Nesse sentido, há o precedente que cuida da suspensão condicional do processo relativo a militar responsabilizado por crime de deserção (HC 99.743, Pleno, rel. Min. Luiz Fux). 2. Com efeito, no próprio texto constitucional, há discrímen no regime de disciplina das instituições militares. Desse modo, como princípio de hermenêutica, somente se deveria declarar um preceito normativo conflitante com a Lei Maior se o conflito fosse evidente. Ou seja, deve-se preservar o afastamento da suspensão condicional da pena por ser opção política normativa. 3. Em consequência, entende-se como recepcionadas pela Constituição as normas previstas na alínea *a* do inciso II do art. 88 do Código Penal Militar e na alínea *a* do inciso II do art. 617 do Código de Processo Penal Militar. 4. Denegação da ordem de *habeas corpus*" (STF, HC 119567, Pleno, rel. Roberto Barroso, 22.05.2014, maioria). STM: "A própria Carta Magna preconiza o tratamento diferenciado que deve ser dispensado ao jurisdicionado militar, sobretudo nos arts. 122, 123 e 124, ao criar uma Justiça Militar própria para julgá-lo, de acordo com uma codificação especialmente orientada para tutelar bens jurídicos próprios da Caserna. Nessa linha de excepcionalidade estão as dicções do art. 88, inciso II, alínea *a*, do CPM, e do art. 617, inciso II, alínea *a*, do CPPM, sendo certo que, ao ditá-las, levou o legislador em conta a especial repercussão altamente nociva de determinados crimes propriamente militares na vida castrense, no que toca à preservação do dever militar, do serviço militar e, principalmente, dos seus pilares fundamentais, quais sejam, a hierarquia e a disciplina; e, nesse fio, criou um requisito objetivo negativo, perfeitamente ajustado a essas nuances da vida militar, que, a nenhum título, pode ser compreendido e comparado a qualquer regra do *sursis* previsto no direito penal e processual penal comum. Desse modo – isso é, tendo sido recebida sem qualquer redução pela Carta Maior –, não há que se falar que a normatização penal que nega a concessão do *sursis* ao acusado tenha afrontado qualquer dos princípios elencados pela Defesa. Denegação do apelo. Unânime" (Apelação 7000609-41.2018.7.00.0000, rel. Luis Carlos Gomes Mattos, 21.11.2018, v.u.); "A jurisprudência do STM sedimentou o entendimento, em consonância com a jurisprudência do STF, de ser incabível a concessão do benefício do *sursis* aos condenados por crimes de deserção, tendo em vista que o art. 88, inciso II, alínea *a*, do CPM, e a alínea *a* do inciso II do art. 617 do CPPM foram recepcionados pela Constituição Federal de 1988. Apelo desprovido. Decisão unânime" (Apelação 0000227-90.2016.7.11.0111, rel. José Barroso Filho, 17.05.2018, v.u.).

Capítulo II
Do livramento condicional[1439-1440]

1439. Conceito de livramento condicional: trata-se de um instituto de política criminal, destinado a permitir a redução do tempo de prisão com a concessão antecipada e provisória da liberdade do condenado, quando é cumprida pena privativa de liberdade, mediante o preenchimento de determinados requisitos e a aceitação de certas condições.

1440. Natureza jurídica do livramento condicional: é medida penal restritiva da liberdade de locomoção, que se constitui num benefício ao condenado e, portanto, consiste em um direito subjetivo de sua titularidade, integrando um estágio do cumprimento da pena.

Condições para a obtenção do livramento condicional

> **Art. 618.** O condenado à pena de reclusão ou detenção por tempo igual ou superior a 2 (dois) anos pode ser liberado condicionalmente, desde que:[1441]
>
> I – tenha cumprido:[1442]

Art. 618

a) a 1/2 (metade) da pena, se primário;

b) 2/3 (dois terços), se reincidente;

II – tenha reparado, salvo impossibilidade de fazê-lo, o dano causado pelo crime;[1443]

III – sua boa conduta durante a execução da pena,[1444] sua adaptação ao trabalho[1445] e às circunstâncias atinentes à sua personalidade, ao meio social e à sua vida pregressa permitam supor que não voltará a delinquir.[1446]

Atenção à pena unificada

§ 1.º No caso de condenação por infrações penais em concurso, deve ter-se em conta a pena unificada.[1447]

Redução do tempo

§ 2.º Se o condenado é primário e menor de 21 (vinte e um) ou maior de 70 (setenta) anos, o tempo de cumprimento da pena pode ser reduzido a 1/3 (um terço).[1448]

1441. Duração do livramento: é o tempo restante da pena privativa de liberdade a ser cumprida. Ex.: condenado a 10 anos de reclusão, o sentenciado obtém livramento condicional ao atingir 5 anos de cumprimento da pena. O tempo do benefício será de 5 anos. Sobre a pena mínima para receber o benefício: STM: "O Código Penal Militar e o Código Processual Penal Militar exigem como requisito objetivo para a concessão do livramento condicional a condenação por tempo igual ou superior a 2 anos, pressuposto não preenchido pelo ora paciente, condenado a 1 ano de prisão. Inteligência do art. 89, *caput*, do CPM e do art. 618, *caput*, do CPPM. Ordem Conhecida e Denegada. Decisão Unânime" (HC 0000092-39.2010.7.00.0000, rel. Maria Elizabeth Guimarães Teixeira Rocha, 30.06.2010, v.u.).

1442. Requisito objetivo do tempo de pena cumprida: a legislação penal militar, cuidando-se de livramento condicional, é mais rigorosa que a legislação penal comum, prevendo o cumprimento de metade da pena (primário) e dois terços (reincidente) para que o benefício seja concedido.

1443. Requisito objetivo da reparação do dano: é preciso que o sentenciado tenha reparado o prejuízo causado à vítima, salvo a efetiva demonstração de que não pôde fazê-lo, em face de sua precária situação econômica. Há muitos condenados que são evidentemente pessoas pobres, de modo que fica dispensada a prova de reparação do dano. Leva-se também em conta o desaparecimento da vítima ou seu desinteresse pelo ressarcimento.

1444. Bom comportamento carcerário: o sentenciado deve apresentar um comportamento acima do razoável, sem registro de faltas graves, ao menos recentes. Não deve o magistrado levar em consideração a gravidade do crime cometido, nem as condições pessoais do réu, por ocasião do delito – afinal, elas já foram consideradas para a fixação da pena.

1445. Adaptação ao trabalho: em primeiro plano, deve-se ressaltar que o trabalho do preso é obrigatório, durante o cumprimento da pena – em regime fechado, semiaberto ou aberto; se o condenado não trabalhar, comete falta grave. Na legislação penal comum, exige-se *bom desempenho no trabalho*, enquanto no Código Penal Militar e neste artigo do Código de Processo Penal Militar a situação é mais amena: *adaptação ao trabalho*. Noutros termos, deve o sentenciado apenas exercer a atividade que lhe foi destinada, mesmo sem desempenho acima da média.

1446. Condições e circunstâncias pessoais e prognose: os elementos *personalidade*, *meio social* e *vida pregressa* representam fatores de ordem individual já avaliados por ocasião da fixação da pena, de modo que não mais deveriam vir à tona durante a execução. Nesse ponto, tanto este Código quanto o Código Penal Militar se equivocaram, demandando uma prognose – suposição de atuação do agente no futuro – lastreada em fatos do passado. Melhor atuou a legislação penal comum ao mencionar, de maneira ampla, deva o juiz analisar as condições pessoais do condenado, buscando vislumbrar se ele tornará a delinquir. Tais condições ligam-se ao cumprimento da pena e, atualmente, dependem da realização de exame criminológico.

1447. Concurso de crimes: para verificar o requisito objetivo relativo à condenação à pena de 2 ou mais anos, deve-se levar em conta a pena unificada.

1448. Primário e menor de 21 ou maior de 70 anos: não há dispositivo similar na legislação penal comum, prevendo a diminuição do tempo de prisão para a concessão do livramento condicional, embora os prazos sejam menores como regra (1/3 para primários; 1/2 para reincidentes).

Os que podem requerer a medida

> **Art. 619.** O livramento condicional poderá ser concedido mediante requerimento do sentenciado, de seu cônjuge ou parente em linha reta, ou por proposta do diretor do estabelecimento penal, ou por iniciativa do Conselho Penitenciário, ou órgão equivalente, incumbindo a decisão ao auditor, ou ao Tribunal se a sentença houver sido proferida em única instância.[1449]
>
> § 1.º A decisão será fundamentada.
>
> § 2.º São indispensáveis a audiência prévia do Ministério Público e a do Conselho Penitenciário, ou órgão equivalente, se deste não for a iniciativa.[1450]

1449. Legitimidade ativa: segundo o disposto neste artigo, podem requerer o livramento condicional o próprio sentenciado, seu cônjuge (ou companheiro[a]), parente em linha reta, bem como pode ser feita a proposta pelo diretor do presídio onde se encontra o condenado, pelo Conselho Penitenciário e órgão equivalente. Atualmente, a Defensoria Pública é órgão da execução penal e pode requerer o benefício em favor do sentenciado. Pode, ainda, o juiz dar início ao procedimento de ofício.

1450. Pareceres do Ministério Público e do Conselho Penitenciário: embora seja obrigatória a oitiva de ambos os órgãos, os pareceres não vinculam o juízo, que pode decidir livremente, fazendo-o de maneira fundamentada. Em caso de crimes violentos, admite-se a produção de exame criminológico.

Verificação das condições

> **Art. 620.** As condições de admissibilidade, conveniência e oportunidade da concessão da medida serão verificadas em cada caso pelo Conselho Peni-

Art. 621

Código de Processo Penal Militar Comentado • **Nucci**

tenciário ou órgão equivalente, a cujo parecer não ficará, entretanto, adstrito o juiz ou Tribunal.

Relatório do diretor do presídio

> **Art. 621.** O diretor do estabelecimento penal remeterá ao Conselho Penitenciário minucioso relatório sobre:
>
> a) o caráter do sentenciado, tendo em vista os seus antecedentes e a sua conduta na prisão;
>
> b) a sua aplicação ao trabalho, trato com os companheiros e grau de instrução e aptidão profissional;
>
> c) a sua situação financeira e propósitos quanto ao futuro.

Prazo para a remessa do relatório

> **Parágrafo único.** O relatório será remetido, dentro em 20 (vinte) dias, com o prontuário do sentenciado. Na falta deste, o Conselho opinará livremente, comunicando à autoridade competente a omissão do diretor da prisão.

Medida de segurança detentiva. Exame para comprovar a cessação da periculosidade

> **Art. 622.** Se tiver sido imposta medida de segurança detentiva, não poderá ser concedido o livramento, sem que se verifique, mediante exame das condições do sentenciado, a cessação da periculosidade.[1451]

Exame mental no caso de medida de segura nça detentiva

> **Parágrafo único.** Se consistir a medida de segurança na internação em casa de custódia e tratamento, proceder-se-á a exame mental do sentenciado.

1451. Duplo binário: admitido o sistema da aplicação de pena e também medida de segurança, somente se pode conceder o livramento condicional, que diz respeito à pena, quando a medida de segurança puder ser contornada pela cessação da periculosidade, justificando, então, a soltura do sentenciado.

Petição ou proposta de livramento

> **Art. 623.** A petição ou proposta de livramento será remetida ao auditor ou ao Tribunal pelo Conselho Penitenciário, com a cópia do respectivo parecer e do relatório do diretor da prisão.

Remessa ao juiz do processo

§ 1.º Para emitir parecer, poderá o Conselho Penitenciário requisitar os autos do processo.

§ 2.º O juiz ou o Tribunal mandará juntar a petição ou a proposta com os documentos que acompanharem os autos do processo, e proferirá a decisão, depois de ouvido o Ministério Público.

Indeferimento *in limine*

Art. 624. Na ausência de qualquer das condições previstas no art. 618, será liminarmente indeferido o pedido.

Especificação das condições

Art. 625. Sendo deferido o pedido, a decisão especificará as condições a que ficará subordinado o livramento.

Normas obrigatórias para obtenção do livramento

Art. 626. Serão normas obrigatórias impostas ao sentenciado que obtiver o livramento condicional:[1452]

a) tomar ocupação, dentro de prazo razoável, se for apto para o trabalho;

b) não se ausentar do território da jurisdição do juiz, sem prévia autorização;

c) não portar armas ofensivas ou instrumentos capazes de ofender;

d) não frequentar casas de bebidas alcoólicas ou de tavolagem;

e) não mudar de habitação, sem aviso prévio à autoridade competente.

1452. Condições obrigatórias: a) *obter ocupação lícita*, dentro de prazo razoável, se for apto ao trabalho. É mais do que natural deva o Estado agir com cautela. Em primeiro lugar, buscando dar ao egresso assistência para procurar um emprego lícito. Em segundo lugar, da parte do magistrado, compreender as limitações existentes a todos os trabalhadores, em relação à falta de postos de trabalho, motivo pelo qual é fundamental interpretar com cautela o "prazo razoável"; b) *não se ausentar do local da execução penal sem prévia autorização*: é um modo de exercer controle sobre o liberado. Caso ele precise viajar, por exemplo, o juiz deve analisar o motivo e a conveniência, concedendo-lhe autorização; c) *não portar armas ofensivas ou instrumentos capazes de ofender*: essa condição nos parece muito vaga; referindo-se a arma de fogo, por óbvio, respeita-se a lei própria, podendo-se portá-la, se autorizado; do contrário, é crime e não precisa figurar como condição do livramento condicional. Por outro lado, incluir armas brancas ou impróprias (faca, machado etc.) torna a condição de difícil fiscalização, mesmo porque não é ilegal portá-las; d) *não frequentar casas de bebidas alcoólicas ou de tavolagem*: essa condição é ultrapassada e inócua. Nos dias de hoje, é absolutamente impossível controlar tal situação, pois a venda de bebida alcoólica se faz em inúmeros lugares (restaurantes, bares, casas de shows, recintos de diversão pública etc.); não existe local exclusivo

Art. 627

para bebidas alcoólicas, de modo que a condição é despicienda; e) *não mudar de habitação, sem aviso prévio à autoridade competente*: trata-se da alteração do endereço residencial, onde o sentenciado deve ser localizado a qualquer momento pelo juízo; portanto, somente pode mudar, avisando antecipadamente. Na jurisprudência: STM: "As condições estabelecidas pelo art. 626 do CPPM são legais, obrigatórias e cumulativas, não cabendo ao beneficiado pela medida de política criminal escolher a que melhor lhe aprouver e rejeitar as demais. Antes disso, já lhe é facultada a possibilidade de escolha entre o cumprimento da pena privativa de liberdade ou a submissão às condições cumulativas insculpidas na mencionada norma. Recursos não providos" (Apelação 7000494-49.2020.7.00.0000, rel. Maria Elizabeth Guimarães Teixeira Rocha, 22.10.2020, maioria).

Residência do liberado fora da jurisdição do juiz de execução

> **Art. 627.** Se for permitido ao liberado residir fora da jurisdição do juiz da execução, será remetida cópia da sentença à autoridade judiciária do local para onde se houver transferido, ou ao patronato oficial, ou órgão equivalente.[1453]

Vigilância da autoridade policial

> **Parágrafo único.** Na falta de patronato oficial ou órgão equivalente, ou de particular, dirigido ou inspecionado pelo Conselho Penitenciário, ficará o liberado sob observação cautelar realizada por serviço social penitenciário ou órgão similar.[1454]

1453. Fiscalização à distância: caso o juiz da execução penal permita que o liberado resida em comarca diversa, deve comunicar ao magistrado dessa região, para que possa fiscalizar o cumprimento das condições impostas.

1454. Vigilância insuficiente: na prática, inexiste órgão para controlar e fiscalizar o liberado, do mesmo modo que não há para os mesmos fins no tocante ao *sursis*, ao regime aberto e outros benefícios. O Estado carece de agentes especialmente voltados a tal finalidade. Os patronatos também são em número insuficiente. Em suma, a vigilância deixa a desejar.

Pagamento de custas e taxas

> **Art. 628.** Salvo em caso de insolvência, o liberado ficará sujeito ao pagamento de custas e taxas penitenciárias.

Carta de guia

> **Art. 629.** Concedido o livramento, será expedida carta de guia com a cópia de sentença em duas vias, remetendo-se uma ao diretor da prisão e a outra ao Conselho Penitenciário, ou órgão equivalente.

Finalidade da vigilância

Art. 630. A vigilância dos órgãos dela incumbidos exercer-se-á para o fim de:[1455]

a) proibir ao liberado a residência, estada ou passagem nos locais indicados na sentença;

b) permitir visitas e buscas necessárias à verificação do procedimento do liberado;

c) deter o liberado que transgredir as condições estabelecidas na sentença, comunicando o fato não só ao Conselho Penitenciário, como também ao juiz da execução, que manterá, ou não, a detenção.

Transgressão das condições impostas ao liberado

Parágrafo único. Se o liberado transgredir as condições que lhe foram impostas na sentença, poderá o Conselho Penitenciário representar ao auditor, ou ao Conselho de Justiça, ou ao Tribunal, para o efeito de ser revogado o livramento.

1455. Modernização das condições e aparelhamento estatal: em primeiro lugar, é preciso alterar o cenário das condições do livramento condicional, pois, exemplificando, exigir a fiscalização do sentenciado para que não ingresse em nenhum local onde se venda bebida alcoólica é tarefa impossível. Em segundo, é fundamental constituir órgãos específicos de vigilância para atuar na execução penal, em todos os contextos, o que inexiste na atualidade.

Revogação da medida por condenação durante a sua vigência

Art. 631. Se por crime ou contravenção penal vier o liberado a ser condenado à pena privativa de liberdade, por sentença irrecorrível, será revogado o livramento condicional.[1456]

1456. Condenação por infração penal cometida durante o curso do livramento: embora este artigo não mencione, é preciso considerar, para fins de revogação, apenas as penas advindas de infrações penais cometidas *durante* o livramento. Cometido o delito, o juiz pode ordenar a prisão cautelar imediata do liberado, suspendendo o livramento, ouvidos o Ministério Público e o Conselho Penitenciário, até final decisão da Justiça quanto à infração cometida. Nessa linha a jurisprudência: STJ: "É possível mandar recolher o liberado de imediato quando o imponham as circunstâncias para depois ouvi-lo a respeito" (*RT* 668/332). A revogação somente ocorrerá em caso de condenação irrecorrível. E enquanto o liberado responder pelo crime não se decreta extinta a pena, aguardando-se passar em julgado a sentença que deu causa à suspensão.

Revogação por outros motivos

Art. 632. Poderá também ser revogado o livramento se o liberado:

a) deixar de cumprir quaisquer das obrigações constantes da sentença;[1457]

Art. 633

> *b)* for irrecorrivelmente condenado, por motivo de contravenção penal, embora a pena não seja privativa de liberdade;[1458]
>
> *c)* sofrer, se militar, punição por transgressão disciplinar considerada grave.[1459]

1457. Falta de cumprimento das obrigações fixadas: o juiz pode revogar o benefício, devendo, sempre que for possível, além de ouvir antes o liberado, fazer nova advertência, reiterando-lhe as condições estabelecidas ou até mesmo agravando tais condições. O termo *sentença* é equivocado, pois se trata de decisão interlocutória, proferida no curso da execução penal, concedendo o livramento condicional e estabelecendo as condições para o seu cumprimento, conforme previsão legal.

1458. Condenação por contravenção a pena não privativa de liberdade: geralmente, trata-se de multa ou restrição a direitos. Nessa hipótese, no entanto, deve prevalecer o prudente critério do juiz, pois uma condenação por contravenção penal, cometida durante o prazo do livramento, pode ser grave, permitindo a revogação ou não. Lembre-se que, para haver coerência, é preciso que a contravenção, de onde se originou a pena restritiva de direitos ou multa, deve ser praticada durante a vigência do livramento.

1459. Transgressão disciplinar: para o militar, caso sofra alguma penalidade de ordem administrativa, há fundamento para a revogação do livramento condicional. Afinal, a rigorosa disciplina militar assim determina. Parece-nos, no entanto, deva a falta ser cometida *durante* o gozo do livramento condicional.

Novo livramento. Soma do tempo de infrações

> **Art. 633.** Se o livramento for revogado por motivo de infração penal anterior à sua vigência, computar-se-á no tempo da pena o período em que esteve solto, sendo permitida, para a concessão do novo livramento, a soma do tempo das duas penas.[1460]

1460. Efeitos da revogação: são os seguintes: a) réu condenado por crime ou contravenção cometido anteriormente à concessão do livramento condicional, cujo montante da pena não permita que continue em liberdade, pode obter novo livramento, e o período em que esteve no gozo do benefício é computado como cumprimento de pena; b) réu condenado por crime ou contravenção cometido durante a vigência do livramento não pode obter novo livramento, e o tempo em que ficou em liberdade é desprezado para fins de cumprimento de pena. Em tese, poderá obter livramento condicional na segunda condenação; c) réu perde o benefício do livramento porque descumpriu as condições impostas ou foi condenado por contravenção a pena de multa ou restritiva de direitos durante o prazo do livramento: não pode mais obter livramento quanto a esta pena e não se computa o tempo em que esteve solto como cumprimento da pena.

Tempo em que esteve solto o liberado

> **Art. 634.** No caso de revogação por outro motivo, não se computará na pena o tempo em que esteve solto o liberado, e tampouco se concederá, em relação à mesma pena, novo livramento.[1461]

Título II • Capítulo II – Do livramento condicional — Art. 637

1461. Sobre os efeitos da revogação: ver a nota ao artigo anterior.

Órgãos e autoridades que podem requerer a revogação

> **Art. 635.** A revogação será decretada a requerimento do Ministério Público ou mediante representação do Conselho Penitenciário, ou dos patronatos oficiais, ou do órgão a que incumbir a vigilância, ou de ofício, podendo ser ouvido antes o liberado e feitas diligências, permitida a produção de provas, no prazo de 5 (cinco) dias, sem prejuízo do disposto no art. 630, letra c.[1462]

1462. Ampla defesa: como temos sustentado em várias oportunidades, tem o condenado direito à ampla defesa, da mesma forma que os demais réus. Logo, seja rico ou pobre, deve o Estado garantir-lhe acesso ao advogado, para promover a sua defesa técnica. Não é cabível a revogação do benefício sem a prévia oitiva do liberado.

Modificação das condições impostas

> **Art. 636.** O auditor ou o Tribunal, a requerimento do Ministério Público ou do Conselho Penitenciário, dos patronatos ou órgão de vigilância, poderá modificar as normas de conduta impostas na sentença, devendo a respectiva decisão ser lida ao liberado por uma das autoridades ou um dos funcionários indicados no art. 639, letra *a*, com a observância do disposto nas letras *b* e *c*, e §§ 1.º e 2.º do mesmo artigo.

Processo no curso do livramento

> **Art. 637.** Praticando o liberado nova infração, o auditor ou o Tribunal poderá ordenar a sua prisão, ouvido o Conselho Penitenciário, ficando suspenso o curso do livramento condicional, cuja revogação, entretanto, dependerá da decisão final do novo processo.[1463-1466]

1463. Recolhimento cautelar e revogação posterior: a prática de infração penal, mormente grave, por parte do liberado impõe ao juiz que tome uma medida célere, determinando o seu retorno à prisão. Trata-se de um *recolhimento cautelar*, independente de outra medida igualmente de ordem cautelar que tenha sido tomada (lavratura de auto de prisão em flagrante ou decretação de prisão preventiva por outro juízo). Aguarda-se, então, o término do processo-crime instaurado para apurar o caso. Se for definitivamente condenado, revoga-se o livramento condicional e o tempo em que permaneceu solto será ignorado como cumprimento de pena. Caso seja absolvido, será novamente posto em liberdade condicional e o tempo em que esteve solto, bem como o período do recolhimento cautelar, serão computados como cumprimento de pena. É natural que, demorando o processo-crime para ter um fim, torna-se hipótese viável que o condenado, em recolhimento cautelar, termine a sua pena. Se não houver prisão cautelar decretada, deve ser, de qualquer modo, colocado em liberdade. Note-se que o magistrado *poderá* ordenar o seu recolhimento cautelar. Eventualmente, o juiz pode mantê-lo em liberdade, mas adverti-lo, novamente, bem como aplicar-lhe outras obrigações. Na jurisprudência: STF: "Para maior respeito à finalidade reeducativa da pena, o livramento condicional constitui a última etapa da execução penal, timbrada, esta, pela ideia central da liberdade

Art. 637

Código de Processo Penal Militar Comentado • **Nucci**

responsável do condenado, de modo a permitir-lhe melhores condições de reinserção social. 2. A Lei de Execução Penal é de ser interpretada com os olhos postos em seu art. 1.º. Artigo que institui a lógica da prevalência de mecanismos de reinclusão social (e não de exclusão do sujeito apenado) no exame dos direitos e deveres dos sentenciados. Isso para favorecer, sempre que possível, a redução de distância entre a população intramuros penitenciários e a comunidade extramuros. 3. Essa particular forma de parametrar a interpretação da lei (no caso, a LEP) é a que mais se aproxima da Constituição Federal, que faz da cidadania e da dignidade da pessoa humana dois de seus fundamentos (incisos II e III do art. 1.º). A reintegração social dos apenados é, justamente, pontual densificação de ambos os fundamentos constitucionais. 4. No caso, o livramento condicional do paciente foi suspenso, sob o fundamento da acusação de prática de crime doloso no curso do período de prova. Increpação da qual o paciente foi absolvido por sentença transitada em julgado. 5. Ordem concedida para restabelecer o livramento condicional" (HC 99652-RS, 1.ª T., rel. Carlos Britto, 03.11.2009, v.u.); STJ: "A jurisprudência deste Tribunal é firme no sentido de que o cometimento de outro delito pelo condenado, no decorrer do livramento condicional, autoriza a suspensão cautelar do benefício, a teor dos arts. 145 da Lei de Execução Penal e 732 do Código de Processo Penal" (HC 144784-RJ, 6.ª T., rel. Haroldo Rodrigues, 20.04.2010, v.u.); "Expirado o prazo do livramento condicional sem suspensão ou prorrogação (art. 90 do CP), a pena é automaticamente extinta, sendo flagrantemente ilegal a sua revogação posterior ante a constatação do cometimento de delito durante o período de prova. (Precedentes desta Corte e do c. Pretório Excelso). II – Cabe ao Juízo da Vara de Execuções Penais, nos termos do art. 145 da LEP, quando do cometimento de novo delito pelo beneficiado, suspender cautelarmente o livramento condicional (durante o período de prova) para, posteriormente, revogá-lo, em caso de condenação com trânsito em julgado" (RHC 27578-RJ, 5.ª T., rel. Felix Fischer, 29.04.2010, v.u.); TJSP: "Nos termos dos arts. 86 do CP e 145 da Lei 7.210/84, a prática de delitos após a concessão de livramento condicional não implica a automática revogação do benefício, mormente se as condenações relativas aos crimes supervenientes não transitaram em julgado. Em tais hipóteses, deve ser suspensa a benesse até que sobrevenham as sentenças condenatórias trânsitas em julgado e, portanto, irrecorríveis" (HC 498.689-3/2-00, 1.ª C., rel. Mário Devienne Ferraz, 27.06.2005, v.u., *RT* 844/584).

1464. Suspensão do livramento condicional e presunção de inocência: nenhum prejuízo ocorre ao princípio constitucional da presunção de inocência a suspensão do livramento condicional, pois se trata de medida cautelar, como, aliás, no processo penal, acontece com frequência (ex.: decretação de prisão preventiva). Nesse prisma: TJRS: "A prática de nova infração durante o período de prova autoriza a suspensão do livramento condicional, consoante disposição do art. 145 da Lei de Execução Penal, até que sobrevenha julgamento definitivo acerca do novo delito cometido. A lei não exige a condenação do infrator e decisão transitada em julgado, para a imposição deste ônus de execução da pena. Inexiste violação ao princípio da presunção da inocência. Não se trata de revogação" (Ag. 70016344764, 3.ª C., rel. Elba Aparecida Nicolli Bastos, 14.09.2006, v.u.).

1465. Prorrogação automática: lembremos que a prática de nova infração penal, durante o período do livramento condicional, autoriza o juiz a ordenar a prisão do sentenciado, o que, por lógica, acarreta a suspensão do curso do benefício (não há como estar preso e solto ao mesmo tempo). Isso não significa que, findo o prazo do livramento condicional, mesmo que o magistrado não determine a prisão do liberado, a pena está extinta. Aplica-se ao caso o disposto no art. 95, parágrafo único, do Código Penal Militar. Nesse prisma: TJSP: "Livramento condicional – Decisão que decretou a extinção da pena privativa de liberdade após o decurso do período de prova – Hipótese, porém, em que a extinção somente poderá ser decretada após o trânsito em julgado da sentença pertinente a delito praticado no curso do benefício –

Inteligência dos arts. 89 do CP e 145 da Lei de Execução Penal. (...) Verifica-se, portanto, que a suspensão ou revogação do benefício somente não foi deliberada antes do término da pena, para que o paciente pudesse exercer o direito de defesa, justificando-se. Mas o despacho foi proferido, sim, em sede cautelar. E nesta sede sobreveio, após a fala da defesa, a decisão de suspensão, atacada nesta via. O argumento central está direcionado no sentido de que a extinção da pena, ultrapassado o prazo do livramento, é automática. Tenho para mim, contudo, que essa não é a melhor interpretação da previsão legal, respeitados, sempre, os ponderáveis argumentos postos em contrário. A Lei de Execução Penal, em seu art. 145, estabelece o seguinte: praticada pelo liberado outra infração penal, o juiz poderá ordenar sua prisão, ouvidos o Conselho Penitenciário e o Ministério Público, suspendendo o curso do livramento condicional, cuja revogação, entretanto, ficará dependendo da decisão final. O Pretório Excelso tem dispensado a prévia audiência do Conselho Penitenciário. Isso significa, não se tem dúvida, que o legislador teve por norte a inserção de obstáculo à extinção da pena em face de sentenciado que, no curso do benefício, não pautou sua conduta consoante as obrigações assumidas por ele. Não fosse esse o espírito da lei, por certo não se justificaria, no Código Penal, a previsão no sentido de que o juiz não poderá declarar extinta a pena, enquanto não passar em julgado a sentença em processo a que responde o liberado, por crime cometido na vigência do livramento (art. 89). E se a nova ação penal, no caso concreto, não foi definitivamente julgada – e nada há nos autos indicando que foi –, não se vê como a extinção da pena possa ser decretada, desde logo, sem ofensa frontal à norma de direito penal material. A prorrogação do prazo do livramento, assim, é automática, sem o que o preceito encerraria palavras inúteis. E é regra de hermenêutica que a lei não traz palavras inúteis. Prorrogado o prazo, indiscutível a legalidade da decisão de suspensão do livramento, com ordem de custódia, porque o paciente, condenado por tráfico de entorpecentes, foi preso em flagrante por delito da mesma natureza, lembrando-se que se trata de crime equiparado a hediondo. Melhor seria se o legislador tivesse previsto, expressamente, por exemplo, que a extinção da pena decorreria do vencimento do prazo sem causa anterior de suspensão ou revogação. Isso espancaria, de vez, qualquer discussão a respeito. Mas a não explicitação clara de seu intuito, peço vênia para afirmar, não tem o condão de criar vantagem que colide diretamente com o espírito do instituto. É preciso ficar claro que somente fará jus à extinção da pena o cidadão liberado condicionalmente que não torne a delinquir. Trata-se de prêmio real conferido ao cidadão que, pela conduta posterior, demonstrou ter havido, de sua parte, envolvimento isolado em fato típico penal ou plena assimilação dos efeitos da sanção. Não há campo para a extinção da pena (ao menos até o trânsito em julgado da sentença proferida na nova ação penal) do sentenciado que, no curso do benefício, sabendo das sérias implicações decorrentes do livramento, torna a delinquir. A solução mais razoável para o tema, penso, será aquela que admitir a prorrogação automática do prazo do livramento, mercê do disposto no art. 89 do CP, e sua suspensão, mesmo após o encerramento do curso do favor legal, mormente quando o atraso – como na hipótese – tenha decorrido da concessão de prazo para o exercício do direito de defesa, ainda que na fase de execução" (HC 848761.3/7, 5.ª C., rel. designado Pinheiro Franco, 17.11.2005, m.v., *RT* 847/569).

1466. Suspensão cautelar indispensável: a posição estampada na nota anterior, no sentido de que ocorre a prorrogação automática do período do livramento condicional, quando o condenado praticar novo delito durante o prazo do benefício, sem necessidade de suspensão cautelar imediata, é somente um dos entendimentos. Há outro, demonstrando que, se não houver a suspensão do livramento, decorrendo o seu período sem a revogação, pouco interessa que se fale em "prorrogação automática", pois está extinta a pena. Conferir: STJ: "1. O art. 86, I, do Código Penal explicita que se revoga o livramento condicional se o liberado vier a ser condenado à pena privativa de liberdade, em sentença irrecorrível, por crime cometido durante a vigência do benefício; contudo, o preceito deve ser confrontado com os arts. 145 e

Art. 638

146 da Lei de Execução Penal, 90 do Código Penal e 732 do Código de Processo Penal. 2. O livramento condicional deveria ter sido suspenso cautelarmente durante o seu curso, situação que seria mantida até o trânsito em julgado de eventual sentença condenatória, acarretando sua revogação por força do art. 89 do Código Penal. Não tendo havido a suspensão cautelar, transcorreu sem óbice o prazo do livramento, cujo termo, sem revogação, implica extinção da pena. Precedentes desta Corte e do Supremo Tribunal Federal. 3. *Habeas corpus* concedido para julgar extinta a punibilidade da ação penal" (HC 203.807-SP, 5.ª T., rel. Marco Aurélio Bellizze, 27.03.2012, v.u.). "Predomina no Superior Tribunal de Justiça, bem como no Supremo Tribunal, a orientação de que, expirado o prazo do livramento condicional sem suspensão/revogação ou prorrogação, a pena é automaticamente extinta, sendo flagrantemente ilegal a sua suspensão/revogação posterior ou prorrogação automática, ante a constatação do cometimento de delito durante o período de prova" (HC 217.646-RJ, 6.ª T., rel. Og Fernandes, 22.03.2012, v.u.). Diante disso, é recomendável ao juiz da execução penal que, sempre, suspenda cautelarmente o livramento condicional, recolhendo-se o preso, se houver o cometimento de infração penal durante o gozo do benefício. Caso não o faça, corre-se o risco de haver o decurso do período, enquanto se aguarda o julgamento da nova infração, e, conforme o entendimento retro exposto, estaria extinta a pena. Particularmente, entendemos haver prorrogação automática do período de prova do livramento até o julgamento definitivo do novo crime cometido, não se podendo falar de extinção da pena. Mas, existindo posição em sentido contrário, o ideal é não correr o risco: a suspensão cautelar do livramento condicional torna-se indispensável.

Extinção da pena

> **Art. 638.** O juiz, de ofício ou a requerimento do interessado, do Ministério Público ou do Conselho Penitenciário, julgará extinta a pena privativa de liberdade, se expirar o prazo do livramento sem revogação ou, na hipótese do artigo anterior, for o liberado absolvido por sentença irrecorrível.[1467]

1467. Extinção da punibilidade: findo o prazo do livramento condicional, sem ter havido qualquer hipótese de prorrogação, nem mesmo revogação, *considera-se*, por lei, extinta a pena privativa de liberdade (art. 95, CPM). Por isso, a decisão será meramente declaratória e não constitutiva. O ideal é haver um controle eficiente disso, a ponto de o juiz da execução penal fazê-lo de ofício, ouvido, antes, ao menos, o Ministério Público. Porém, cabe a provocação do MP e do Conselho Penitenciário para que tal decisão se concretize. Conferir a Súmula 617 do STJ: "A ausência de suspensão ou revogação do livramento condicional antes do término do período de prova enseja a extinção da punibilidade pelo integral cumprimento da pena". Ver ainda: STJ: "Expirado o prazo do livramento condicional sem suspensão ou prorrogação (art. 90 do CP) [art. 95, CPM], a pena é automaticamente extinta, sendo flagrantemente ilegal a sua revogação posterior ante a constatação do cometimento de delito durante o período de prova. (Precedentes desta Corte e do c. Pretório Excelso). II – Cabe ao Juízo da Vara de Execuções Penais, nos termos do art. 145 da LEP, quando do cometimento de novo delito pelo beneficiado, suspender cautelarmente o livramento condicional (durante o período de prova) para, posteriormente, revogá-lo, em caso de condenação com trânsito em julgado" (RHC 27578-RJ, 5.ª T., rel. Felix Fischer, 29.04.2010, v.u.).

Cerimônia do livramento

> **Art. 639.** A cerimônia do livramento condicional será realizada solenemente, em dia marcado pela autoridade que deva presidi-la, observando-se o seguinte:[1468]

a) a sentença será lida ao liberando, na presença dos demais presos, salvo motivo relevante, pelo presidente do Conselho Penitenciário, ou por quem o represente junto ao estabelecimento penal, ou na falta, pela autoridade judiciária local;

b) o diretor do estabelecimento penal chamará a atenção do liberando para as condições impostas na sentença que concedeu o livramento;

c) o preso deverá, a seguir, declarar se aceita as condições.

§ 1.º De tudo se lavrará termo em livro próprio, subscrito por quem presidir a cerimônia, e pelo liberando, ou alguém a rogo, se não souber ou não puder escrever.

§ 2.º Desse termo se enviará cópia à Auditoria por onde correu o processo, ou ao Tribunal.

1468. Cerimônia oficial: optou-se pela formalização do ato de concessão do livramento condicional, como método de incentivo aos demais presos para a busca do mesmo benefício. Por tal motivo, realiza-se em ato solene, acompanhado por outros condenados. Lembremos, entretanto, que, infelizmente, o livramento condicional vem rareando. Não há mais interesse na sua obtenção. Muitos presos têm preferido os regimes semiaberto e aberto. O semiaberto, em várias comarcas, tornou-se um arremedo de Casa do Albergado (o condenado sai durante o dia para trabalhar e retorna no início da noite para dormir na colônia penal); o aberto tornou-se uma aberração, implicando em *albergue domiciliar*, vale dizer, o sentenciado fica recolhido em sua própria casa, sem nenhuma fiscalização eficiente. Para que livramento condicional? Tornou-se, em muitos casos, desnecessário.

Caderneta e conteúdo para o fim de a exibir às autoridades

Art. 640. Ao deixar a prisão, receberá o liberado, além do saldo do seu pecúlio e do que lhe pertencer, uma caderneta que exibirá à autoridade judiciária ou administrativa, sempre que lhe for exigido.[1469]

1469. Identificação do liberado e condições do livramento: tratando-se de sentenciado em pleno cumprimento de pena, é mais que natural tenha ele um documento de identificação específico, contendo as condições do seu benefício. Dessa forma, as autoridades em geral, especialmente a polícia, caso o encontre em lugar inapropriado ou desenvolvendo atividades que lhe estão vetadas, poderão tomar as medidas cabíveis para encaminhá-lo ao juiz da execução penal. Este, conforme o caso, pode revogar o benefício.

Conteúdo na caderneta

Art. 641. A caderneta conterá:

a) a reprodução da ficha de identidade, com o retrato do liberado, sua qualificação e sinais característicos;

b) o texto impresso ou datilografado dos artigos do presente capítulo;

c) as condições impostas ao liberado.

Art. 642

Salvo-conduto

> **Parágrafo único.** Na falta da caderneta, será entregue ao liberado um salvo-conduto, de que constem as condições do livramento, podendo substituir-se a ficha de identidade e o retrato do liberado pela descrição dos sinais que o identifiquem.

Crimes que excluem o livramento condicional

> **Art. 642.** Não se aplica o livramento condicional ao condenado por crime cometido em tempo de guerra.[1470]

Casos especiais

> **Parágrafo único.** Em tempo de paz, pelos crimes referidos no art. 97 do Código Penal Militar, o livramento condicional só será concedido após o cumprimento de 2/3 (dois terços) da pena, observado ainda o disposto no art. 618, I, letra c,* II e III, e §§ 1.º e 2.º.[1471]
>
> * Na publicaçã o oficial consta a menção à letra c do inciso I do art. 618. Contudo, o art. 618, inc. I, não contém a alínea c.

1470. Vedação ao livramento: em tempo de guerra, havendo o cometimento de crime, de fato, não tem cabimento a aplicação desse benefício, diante da excepcionalidade da situação.

1471. Prazo diferenciado: em virtude da particular gravidade dos delitos enumerados no art. 97 do CPM, seguindo-se a mesma linha dos crimes hediondos e equiparados, na legislação comum, eleva-se o tempo para a obtenção do benefício do livramento condicional. *In verbis*: "Art. 97. Em tempo de paz, o livramento condicional por crime contra a segurança externa do país, ou de revolta, motim, aliciação e incitamento, violência contra superior ou militar de serviço, só será concedido após o cumprimento de 2/3 (dois terços) da pena, observado ainda o disposto no art. 89, preâmbulo, seus números II e III e §§ 1.º e 2.º".

Título III
Do indulto, da comutação da pena, da anistia e da reabilitação

Capítulo I
Do indulto,[1472-1473] da comutação da pena[1474] e da anistia[1475]

1472. Indulto coletivo: é a clemência concedida pelo Presidente da República, por decreto, a condenados em geral, desde que preencham determinadas condições objetivas e/ou subjetivas. Cuida-se, também, de ato discricionário do Chefe do Poder Executivo, sem qualquer vinculação a parecer de órgão da execução penal. Anualmente, no mínimo um decreto é editado (como regra, o denominado *indulto de natal*), podendo perdoar integralmente a pena, gerando a extinção da punibilidade, mas mantendo-se o registro da condenação na folha de antecedentes do beneficiário, para fins de reincidência e análise de antecedentes criminais, como pode perdoar parcialmente a pena, operando-se um desconto (comutação), sem provocar a extinção da punibilidade.

1473. Indulto individual: também conhecido por *graça*, é a clemência concedida pelo Presidente da República, por meio de decreto, a um condenado específico, levando-se em conta, em tese, seu mérito incomum no cumprimento da pena (ex.: ato de bravura ou heroísmo), mas também por questões humanitárias (ex.: está gravemente enfermo, à beira da morte). Pode ser provocado pelo próprio sentenciado, pelo Ministério Público, pelo Conselho Penitenciário e pela autoridade administrativa (diretor do presídio, por exemplo).

1474. Comutação de penas: é o indulto parcial, significando que, em lugar do perdão integral da pena, o Executivo concede apenas a redução do montante a cumprir. Pode significar, ainda, a troca de uma espécie de pena (reclusão) por outra (detenção).

1475. Anistia: é a declaração feita pelo Poder Público, através de lei, editada pelo Congresso Nacional, de que determinado fato, anteriormente considerado criminoso, se tornou impunível por motivo de utilidade social. Volta-se, primordialmente, a crimes políticos, mas nada impede a sua aplicação a outras infrações penais.

Requerimento

> **Art. 643.** O indulto e a comutação da pena são concedidos pelo presidente da República e poderão ser requeridos pelo condenado ou, se não souber escrever, por procurador ou pessoa a seu rogo.[1476]

1476. Requerimento do condenado: somente pode ser feito no tocante ao indulto individual, denominado *graça*. Este benefício também pode ser total ou parcial, quando se chama de comutação.

Art. 644

Código de Processo Penal Militar Comentado • **Nucci**

Caso de remessa ao ministro da Justiça

> **Art. 644.** A petição será remetida ao ministro da Justiça, por intermédio do Conselho Penitenciário, se o condenado estiver cumprindo pena em penitenciária civil.

Audiência do Conselho Penitenciário

> **Art. 645.** O Conselho Penitenciário, à vista dos autos do processo, e depois de ouvir o diretor do estabelecimento penal a que estiver recolhido o condenado, fará, em relatório, a narração do fato criminoso, apreciará as provas, apontará qualquer formalidade ou circunstância omitida na petição e exporá os antecedentes do condenado, bem como seu procedimento durante a prisão, opinando, a final, sobre o mérito do pedido.[1477]

1477. Parecer do Conselho Penitenciário: não vincula o Presidente da República, servindo, apenas, de base de dados para a formação do convencimento do Chefe do Poder Executivo. Ademais, somente é emitido nos casos de indulto individual.

Condenado militar. Encaminhamento do pedido

> **Art. 646.** Em se tratando de condenado militar ou assemelhado, recolhido a presídio militar, a petição será encaminhada ao Ministério a que pertencer o condenado, por intermédio do comandante, ou autoridade equivalente, sob cuja administração estiver o presídio.

Relatório de autoridade militar

> **Parágrafo único.** A autoridade militar que encaminhar o pedido fará o relatório de que trata o art. 645.

Faculdade do Presidente da República de conceder espontaneamente o indulto e a comutação

> **Art. 647.** Se o presidente da República decidir, de iniciativa própria, conceder o indulto ou comutar a pena, ouvirá, antes, o Conselho Penitenciário ou a autoridade militar a que se refere o art. 646.[1478]

1478. Faculdade do Executivo: a Constituição Federal prevê a possibilidade de ser concedido indulto, pelo Presidente da República, sem qualquer condição, de modo que a lei ordinária não pode impor-lhe requisito algum. Portanto, se o Presidente quiser, ouve o Conselho Penitenciário ou a autoridade militar. Mesmo assim, o parecer não o vincula.

Modificação da pena ou extinção da punibilidade

> **Art. 648.** Concedido o indulto ou comutada a pena, o juiz de ofício, ou por iniciativa do interessado ou do Ministério Público, mandará juntar aos

> autos a cópia do decreto, a cujos termos ajustará a execução da pena, para modificá-la, ou declarar a extinção da punibilidade.[1479]

1479. Consequência do indulto: cabe ao juiz, tomando conhecimento da publicação do decreto de indulto individual no Diário Oficial, declarar extinta a punibilidade do condenado. Nesse caso, apesar de dever ser o beneficiário colocado em liberdade, se preso estiver, ou cessar qualquer outra restrição, se em liberdade, não se apagará da sua folha de antecedentes a condenação. Esta, inclusive, pode gerar reincidência e ser considerada como antecedente criminal para todos os efeitos. Por outro lado, quando concedido indulto coletivo, tomando ciência do decreto, cabe ao juiz da execução verificar quais condenados se adaptam às condições estabelecidas, tomando as providências para a extinção da punibilidade ou redução das penas, conforme o caso.

Recusa

> **Art. 649.** O condenado poderá recusar o indulto ou a comutação da pena.[1480]

1480. Recusa do condenado: o indulto – individual ou coletivo – somente pode ser recusado se for condicionado. Do contrário, não tem cabimento algum tal preceito, pois o direito à liberdade é indisponível.

Extinção da punibilidade pela anistia

> **Art. 650.** Concedida a anistia, após transitar em julgado a sentença condenatória, o auditor, de ofício, ou por iniciativa do interessado ou do Ministério Público, declarará extinta a punibilidade.

Capítulo II
Da reabilitação[1481]

1481. Conceito de reabilitação: é a declaração judicial de reinserção do sentenciado ao gozo de determinados direitos que foram atingidos pela condenação. Ou, como ensinam REALE JÚNIOR, DOTTI, ANDREUCCI e PITOMBO, "é uma medida de Política Criminal, consistente na restauração da dignidade social e na reintegração no exercício de direitos, interesses e deveres, sacrificados pela condenação" (*Penas e medidas de segurança no novo Código*, p. 263). Na legislação penal comum, encontra-se inserida no Código Penal como instituto autônomo, não mais gerando a extinção da punibilidade. Na legislação militar, embora de conteúdo material, serve à extinção da punibilidade, eliminando qualquer penalidade ainda pendente, pois muitas decorrem do sistema do duplo binário.

Requerimentos e requisitos

> **Art. 651.** A reabilitação poderá ser requerida ao Auditor da Auditoria por onde correu o processo, após 5 (cinco) anos[1482] contados do dia em que

Art. 652

for extinta, de qualquer modo, a pena principal ou terminar sua execução, ou do dia em que findar o prazo de suspensão condicional da pena ou do livramento condicional, desde que o condenado tenha tido, durante aquele prazo, domicílio no País.

Parágrafo único. Os prazos para o pedido serão contados em dobro no caso de criminoso habitual ou por tendência.[1483]

1482. Prazo para a reabilitação: na legislação militar, fixa-se o prazo de cinco anos, mais que o dobro da legislação penal comum (dois anos), após a extinção da pena principal, medida de segurança, *sursis* ou livramento condicional. Na jurisprudência: STM: "Recurso de ofício interposto contra a decisão que concedeu reabilitação a militar condenado pelo crime previsto no art. 210 do CPM e que teve a pena extinta há mais de cinco anos, na forma do art. 134 do CPM e dos arts. 651 e seguintes do CPPM. Na hipótese dos autos, comprovado está que o sentenciado, durante o período de prova, manteve bom comportamento, público e privado, e não respondeu, nem está respondendo, a nenhum outro processo criminal. O reabilitando cumpriu os requisitos elencados nos arts. 651 e 652 do CPPM, razão pela qual a decisão recorrida merece ser mantida inalterada. Desprovimento do recurso de ofício. Decisão unânime" (Recurso em Sentido Estrito 7000389-43.2018.7.00.0000, rel. Lúcio Mário de Barros Góes, 29.06.2018, v.u.).

1483. Criminoso habitual ou por tendência: são as hipóteses previstas pelo art. 78 do CPM, cuidando, como regra, da reincidência ou de autores de delitos violentos contra a pessoa.

Instrução do requerimento

Art. 652. O requerimento será instruído com:

a) certidões comprobatórias de não ter o requerente respondido, nem estar respondendo a processo, em qualquer dos lugares em que houver residido durante o prazo a que se refere o artigo anterior;[1484]

b) atestados de autoridades policiais ou outros documentos que comprovem ter residido nos lugares indicados, e mantido, efetivamente, durante esse tempo, bom comportamento público e privado;[1485]

c) atestados de bom comportamento fornecidos por pessoas a cujo serviço tenha estado;[1486]

d) prova de haver ressarcido o dano causado pelo crime ou da absoluta impossibilidade de o fazer até o dia do pedido, ou documento que comprove a renúncia da vítima ou novação da dívida.[1487]

1484. Ausência de processos: os cinco anos exigidos devem ser completamente imunes a processos criminais, razão pela qual se demanda a juntada das certidões do distribuidor criminal ou folha de antecedentes.

1485. Atestados de autoridades policiais ou outros documentos: não se obtém, hoje em dia, atestado de boa conduta proveniente da polícia, a não ser uma certidão de inexistência de antecedentes criminais. Por isso, devem-se buscar outros meios de prova para demonstrar a residência em determinado local. Quanto à demonstração de bom comportamento público e privado, segundo cremos, basta explicitar trabalho honesto e ausência de vida pregressa criminal recente.

1486. Atestados de bom comportamento: são declarações inócuas, conseguidas de qualquer pessoa, simplesmente afirmando tratar-se o interessado de boa pessoa, com comportamento positivo. Melhor seria ouvir essas pessoas em audiência, se é que a prova realmente interessa à formação da convicção do juiz. Do contrário, cuida-se de documentação meramente formal.

1487. Reparação do dano: o propósito de ressarcimento da vítima é uma busca constante da legislação penal, embora se reconheça a sua desvinculação quando o sentenciado é insolvente ou não há vítima definida, ou ainda quando esta renunciou à reparação do dano. Em verdade, parece-nos exagerado demandar do condenado uma *declaração de renúncia* – basta que demonstre inexistir qualquer demanda judicial civil por parte do ofendido. Na jurisprudência: STM: "A exigência de reparação do dano, não impede a declaração da reabilitação, máxime quando o reabilitando apresenta Certidão Judicial Cível Negativa, inexiste nos autos notícia de pretensão indenizatória por parte do ofendido e decorrido lapso temporal que indica estar prescrito o direito à cobrança do débito no cível" (Recurso em Sentido Estrito 7000590-35.2018.7.00.0000, rel. Lúcio Mário de Barros Góes, 20.09.2018, v.u.); "No que se refere à alínea *d* do art. 652 do CPPM, verifica-se que o reabilitando foi condenado pelo crime de apropriação de coisa alheia móvel, previsto no art. 248, *caput*, do CPM, sendo-lhe, portanto, exigível a prova de haver ressarcido o dano causado pelo crime para o deferimento da reabilitação. A declaração emitida pelo Comando do 1º Distrito Naval de que o militar indenizou os valores recebidos indevidamente, e as fichas financeiras comprovando a restituição do objeto havido por apropriação indébita pelo ora reabilitando fazem prova suficiente de que também restou atendido o requisito da alínea *d* do art. 652 do CPPM. Infere-se dos documentos acostados aos autos que o requerente residiu no endereço apontado, nos últimos 05 (cinco) anos, satisfazendo, também, a alínea *b* do art. 652 da Lei Adjetiva Castrense. Com isso, verifica-se que o reabilitando comprovou, com a documentação acostada aos autos, que preenche todos os requisitos legalmente exigidos para a sua reabilitação. Desprovimento do recurso de ofício, mantendo a decisão que concedeu a reabilitação ao requerente" (Recurso em Sentido Estrito 0000075-78.2015.7.08.0008, rel. Marcus Vinicius Oliveira dos Santos, 17.12.2015, v.u.).

Ordenação de diligências

> **Art. 653.** O auditor poderá ordenar as diligências necessárias para a apreciação do pedido, cercando-as do sigilo possível e ouvindo, antes da decisão, o Ministério Público.

Recurso de ofício

> **Art. 654.** Haverá recurso de ofício da decisão que conceder a reabilitação.[1488-1489]

1488. Reexame obrigatório: o *recurso de ofício*, considerado duplo grau de jurisdição necessário, impõe ao juiz, concedendo a reabilitação, que submeta o seu julgado ao STM. Na legislação processual penal comum dá-se o mesmo. Não vemos sentido algum para tanto. A decisão não é tão relevante a ponto de suscitar um rigoroso controle por parte de instância superior.

1489. Recurso voluntário: a parte que desejar recorrer deve valer-se da apelação.

Comunicação ao Instituto de Identificação e Estatística

> **Art. 655.** A reabilitação, depois da sentença irrecorrível, será comunicada ao Instituto de Identificação e Estatística ou repartição congênere.

Menção proibida de condenação

> **Art. 656.** A condenação ou condenações anteriores não serão mencionadas na folha de antecedentes do reabilitado, nem em certidão extraída dos livros do juízo, salvo quando requisitadas por autoridade judiciária criminal.[1490]

1490. Desnecessidade da reabilitação para ocultação de antecedentes: o sigilo dos antecedentes criminais do sentenciado, para fins civis, decorre do simples cumprimento da pena (art. 202, Lei de Execução Penal), não mais sendo necessária a reabilitação para atingir tal efeito.

Renovação do pedido de reabilitação

> **Art. 657.** Indeferido o pedido de reabilitação, não poderá o condenado renová-lo, senão após o decurso de 2 (dois) anos, salvo se o indeferimento houver resultado de falta ou insuficiência de documentos.[1491]

1491. Novo requerimento: negada a reabilitação, estabelece-se o mínimo de 2 anos para ser novamente pleiteada. Parece-nos razoável o prazo, a fim de evitar pedidos seguidamente indeferidos, sem que o sentenciado consiga preencher os requisitos legais. Entretanto, conforme a natureza da situação fática, pode ser extenso demais. O Código Penal comum retirou o mínimo, estabelecendo que o interessado possa reiterar o pedido *a qualquer tempo*, desde que com novos elementos (art. 94, parágrafo único, CP). Em tese, esta opção seria a mais adequada a ser adotada também pelo ordenamento militar.

Revogação da reabilitação

> **Art. 658.** A revogação da reabilitação será decretada pelo auditor, de ofício ou a requerimento do interessado, ou do Ministério Público, se a pessoa reabilitada for condenada, por decisão definitiva, ao cumprimento de pena privativa de liberdade.[1492-1493]

1492. Reabilitação e reincidência: são institutos totalmente diferentes, embora possuam conexões: a) a reabilitação não extingue a condenação anterior para efeito de reincidência, de modo que o reabilitado, cometendo novo crime, pode tornar-se reincidente; b) a reincidência pode servir para revogar a reabilitação.

1493. Caráter pessoal da reabilitação: a reabilitação é pessoal e não pode ser requerida por sucessores ou herdeiros, diferentemente da revisão criminal.

Título IV

Capítulo Único
Da execução das medidas de segurança[1494]

1494. Conceito de medida de segurança: trata-se de uma espécie de sanção penal, com caráter preventivo e curativo, visando evitar que o autor de um fato havido como infração penal, inimputável ou semi-imputável, mostrando periculosidade, torne a cometer outro injusto e receba tratamento adequado. Porém, o Código Penal Militar mantém-se atrelado à medida de segurança como instrumento capaz de funcionar tanto para inimputáveis quanto para imputáveis, como forma de prevenir infrações penais, neste caso se valendo do duplo binário.

Aplicação das medidas de segurança durante a execução da pena

> **Art. 659.** Durante a execução da pena ou durante o tempo em que a ela se furtar o condenado, poderá ser imposta medida de segurança, se não a houver decretado a sentença, e fatos anteriores, não apreciados no julgamento, ou fatos subsequentes, demonstrarem a sua periculosidade.[1495]

1495. Oportunidade de aplicação: o correto é a sua aplicação na sentença condenatória ou absolutória imprópria, embora este artigo deixe clara a viabilidade de se impor qualquer medida de segurança durante a execução da pena, ainda que não constante na decisão judicial do processo de conhecimento. Considerando-se a adoção do sistema do duplo binário (pena + medida de segurança), não nos causa estranheza, porém, deve o juiz da execução valer-se de extrema cautela para não abusar dos meios corretivos. Além disso, algumas medidas de segurança, constantes do Código Penal Militar, são inócuas (proibição de frequentar determinados lugares) e não dão certo nem mesmo na legislação penal comum, onde atuam como meras penas alternativas.

Imposição da medida ao agente isento da pena, ou perigoso

> **Art. 660.** Ainda depois de transitar em julgado a sentença absolutória, poderá ser imposta medida de segurança, enquanto não decorrer tempo equivalente ao de sua duração mínima, ao agente absolvido no caso do art. 48 do Código Penal Militar, ou a que a lei, por outro modo, presuma perigoso.[1496]

1496. Não recepção pela CF de 1988: a hipótese retratada neste artigo configura autêntica teratologia. Se o juiz absolve o réu inimputável e, nesta decisão, considerada abso-

Art. 661

lutória imprópria, impõe medida de segurança, está-se seguindo fielmente o disposto em lei, de acordo com o perfil constitucional da legalidade. Porém, se o juiz absolve o acusado, sem impor medida de segurança, o que não nos parece adequado, transitando em julgado a decisão, nada mais pode ser feito. Desse modo, não tem cabimento algum impor medida de segurança enquanto não decorrer o prazo de um ano (duração mínima da medida de segurança) tanto ao inimputável quanto ao considerado perigoso. Quem foi absolvido, sem qualquer sanção, é considerado inocente e esse *status* constitucional abomina a aplicação de qualquer sanção sem o devido processo legal.

Aplicação pelo juiz

> **Art. 661.** A aplicação da medida de segurança, nos casos previstos neste capítulo, incumbirá ao juiz da execução e poderá ser decretada de ofício ou a requerimento do Ministério Público.

Fatos indicativos de periculosidade

> **Parágrafo único.** O diretor do estabelecimento que tiver ciência de fatos indicativos de periculosidade do condenado a quem não tiver sido imposta medida de segurança, deverá logo comunicá-los ao juiz da execução.

Diligências

> **Art. 662.** Depois de proceder às diligências que julgar necessárias, o juiz ouvirá o Ministério Público e o condenado, concedendo a cada um o prazo de 3 (três) dias para alegações.
>
> § 1.º Será dado defensor ao condenado que o requerer.[1497]
>
> § 2.º Se o condenado estiver foragido, o juiz ordenará as diligências que julgar convenientes, ouvido o Ministério Público, que poderá apresentar provas dentro do prazo que lhe for concedido.
>
> § 3.º Findos os prazos concedidos ao condenado e ao Ministério Público, o juiz proferirá a sua decisão.

1497. Ampla defesa: prevalece o entendimento de que, na execução penal, também se deve respeitar fielmente o devido processo legal, com todos os seus corolários, inclusive a ampla defesa. Logo, não se trata de pedido do condenado, mas de dever do Estado assegurá-la, sempre que houver a possibilidade de se aplicar alguma sanção ou majorar a existente.

Tempo de internação

> **Art. 663.** A internação, no caso previsto no art. 112 do Código Penal Militar, é por tempo indeterminado, perdurando enquanto não for averiguada, mediante perícia médica, a cessação da periculosidade do internado.[1498]

Art. 663

593 Título IV • Capítulo Único – Da execução das medidas de segurança

Perícia médica

> § 1.º A perícia médica é realizada no prazo mínimo fixado à internação e, não sendo esta revogada, deve ser repetida de ano em ano.[1499]
>
> § 2.º A desinternação é sempre condicional, devendo ser restabelecida a situação anterior se o indivíduo, dentro do decurso de 1 (um) ano, vier a praticar fato indicativo de persistência da periculosidade.[1500]

1498. Internação por prazo indeterminado: há quem sustente ser inconstitucional o prazo *indeterminado* para a medida de segurança, pois é vedada a pena de caráter perpétuo – e a medida de segurança, como se disse, é uma *forma* de sanção penal –, além do que o imputável é beneficiado pelo limite das suas penas em 40 anos (art. 75, CP). Dizem Zaffaroni e Pierangeli: "Pelo menos é mister reconhecer-se para as medidas de segurança o limite máximo da pena correspondente ao crime cometido, ou a que foi substituída, em razão da culpabilidade diminuída" (*Manual de direito penal brasileiro – Parte geral*, p. 862). Não nos parece assim, pois, além de a medida de segurança não ser pena, deve-se fazer uma interpretação restritiva do art. 75 do Código Penal, muitas vezes fonte de injustiças. Muitos condenados a vários anos de cadeia estão sendo interditados civilmente, para que não deixem a prisão, por serem perigosos, padecendo de enfermidades mentais, justamente porque atingiram o teto fixado pela lei (40 anos). Ademais, apesar de seu caráter de sanção penal, a medida de segurança não deixa de ter o propósito curativo e terapêutico. Ora, enquanto não for devidamente curado, deve o sujeito submetido à internação permanecer em tratamento, sob custódia do Estado. Seria demasiado apego à forma transferi-lo de um hospital de custódia e tratamento criminal para outro, onde estão abrigados insanos interditados civilmente, somente porque foi atingido o teto máximo da pena correspondente ao fato criminoso praticado, como alguns sugerem, ou o teto máximo de 40 anos, previsto no art. 75, como sugerem outros. Nessa ótica: STJ: "A medida de segurança prevista no estatuto repressivo possui prazo indeterminado, perdurando enquanto não for averiguada a cessação da periculosidade do agente" (RHC 20.599-BA, 5.ª T., rel. Felix Fischer, 28.05.2008, v.u.). Entretanto, vale ressaltar que o Supremo Tribunal Federal já chegou a considerar a possibilidade de haver, também para a medida de segurança, o teto de 30 anos [atualmente, 40 anos], por analogia ao disposto no art. 75 do Código Penal. Ao conceder parcialmente a ordem de *habeas corpus*, porém, com o objetivo de não permitir a soltura de mulher internada há mais de 30 anos [limite à época da decisão] no Hospital de Custódia e Tratamento de Franco da Rocha (SP), por ter matado, por afogamento, seus dois filhos, considerada perigosa, ressuscitou-se o art. 682, § 2.º, do Código de Processo Penal (revogado pela Lei 7.210/84 – Lei de Execução Penal), que assim prevê: "Se a internação se prolongar até o término do prazo restante da pena e não houver sido imposta medida de segurança detentiva, o indivíduo terá o destino aconselhado pela sua enfermidade, feita a devida comunicação ao juiz de incapazes" (HC 84.219-SP, 1.ª T., rel. Marco Aurélio, 16.08.2005, v.u.). Vale dizer, a pessoa presa, há mais de 30 anos [hoje, 40 anos], provavelmente terminará seus dias encarcerada, mas agora interditada pelo juízo cível. Entretanto, há, ainda, a posição de que a medida de segurança deve ter por limite o máximo em abstrato previsto para o delito. Conferir: STJ: "Trata a *quaestio juris* sobre a duração máxima da medida de segurança, a fim de fixar restrição à intervenção estatal em relação ao inimputável na esfera penal. A Turma entendeu que fere o princípio da isonomia o fato de a lei fixar o período máximo de cumprimento da pena para o inimputável (art. 97, § 1.º, do CP), pela prática de um crime, determinando que este cumpra medida de segurança por prazo indeterminado, condicionando seu término à cessação de periculosidade. Em razão da incerteza da duração máxima de medida de segurança, está-se tratando de forma mais gravosa o infrator inimputável quando comparado ao imputável, para o qual a lei limita o poder de atuação do Estado. Assim, o tempo de duração máximo da medida de segurança não deve ultrapassar o limite máximo de pena cominada abstratamente ao delito praticado, em respeito aos princípios da isonomia e da proporcionalidade" (HC 125.342-RS, 6.ª T., rel. Maria Thereza de Assis Moura, 19.11.2009).

1499. Exame de cessação da periculosidade: deve ser realizada a perícia médica, para comprovar a cura da pessoa submetida à medida de segurança (ou, pelo menos, o fim da sua periculosidade), propiciando a sua desinternação ou liberação do tratamento ambulatorial, como regra, após o prazo mínimo fixado pelo juiz (de um a três anos). Excepcionalmente, no entanto, surgindo algum fato superveniente, ainda no transcurso desse prazo, pode o juiz determinar a antecipação do exame de cessação da periculosidade. Essa antecipação pode ser fruto de requerimento fundamentado do Ministério Público, do interessado, de seu procurador ou defensor, mas também pode ser realizada de ofício.

1500. Desinternação: constatada a cessação de periculosidade, após o prazo mínimo fixado pelo juiz ou depois do tempo que for necessário para a eficácia do tratamento, ocorrerá a desinternação. É preciso destacar que a desinternação é sempre condicional. Durante um ano ficará o agente sob prova; caso pratique algum ato indicativo de sua periculosidade – que não precisa ser um fato típico e antijurídico –, poderá voltar à situação anterior. Normalmente, faz-se o controle mediante análise da folha de antecedentes do liberado, pois não há outra forma de acompanhamento mais eficaz. Conferir: STJ: "A desinternação ou liberação serão condicionadas à não ocorrência, no decurso de um ano, de prática de fato indicativo de persistência de periculosidade, nos termos do art. 97, § 3.º, do Código Penal. Na hipótese, constata-se que o agente voltou a apresentar comportamentos anormais, indicativos da doença que lhe acomete, causando temor e insegurança a seus familiares e à comunidade local, o que constitui motivo bastante para sua reinternação, face ao descumprimento das condições do salvo-conduto" (RHC 20.599-BA, 5.ª T., rel. Felix Fischer, 28.05.2008, v.u.).

Internação de indivíduos em estabelecimentos adequados

> **Art. 664.** Os condenados que se enquadrem no parágrafo único do art. 48 do Código Penal Militar, bem como os que forem reconhecidos como ébrios habituais ou toxicômanos, recolhidos a qualquer dos estabelecimentos a que se refere o art. 113 do referido Código, não serão transferidos para a prisão, se sobrevier a cura.

Novo exame mental

> **Art. 665.** O juiz, no caso do art. 661, ouvirá o curador já nomeado ou que venha a nomear, podendo mandar submeter o paciente a novo exame mental, internando-o, desde logo, em estabelecimento adequado.

Regime de internados

> **Art. 666.** O trabalho nos estabelecimentos referidos no art. 113 do Código Penal Militar será educativo e remunerado, de modo a assegurar ao internado meios de subsistência, quando cessar a internação.[1501]

Art. 669

1501. Semi-imputável: diversamente da legislação penal comum, o semi-imputável, segundo o disposto pelo art. 113 do CPM, quando tiver sua pena privativa de liberdade convertida em medida de segurança, não segue para o mesmo lugar onde se encontram os inimputáveis, mas a um anexo do manicômio judiciário ou seção especial de estabelecimento penal, onde receba tratamento e possa trabalhar e produzir, visando à futura reintegração social. A medida é, sem dúvida, positive e superior à legislação penal comum.

Exílio local

> **Art. 667.** O exílio local consiste na proibição ao condenado de residir ou permanecer, durante 1 (um) ano, pelo menos, na comarca, município ou localidade em que o crime foi praticado.[1502]

Comunicação

> **Parágrafo único.** Para a execução dessa medida, o juiz comunicará sua decisão à autoridade policial do lugar ou dos lugares onde o exilado está proibido de permanecer ou residir.

1502. Exílio: trata-se de uma sanção penal, consistente em medida de segurança, que pode ser aplicada em cumulação com a pena, pois se adota o sistema do duplo binário. Não se confunde com o banimento (expulsão do Brasil), que é vedado pela Constituição Federal (art. 5.º, XLVII). É modalidade de pena utilizada por Códigos Penais de outros países e não nos parece ser ofensiva ao princípio da humanidade, bastando que seja aplicada aos casos realmente relevantes.

Proibição de frequentar determinados lugares

> **Art. 668.** A proibição de frequentar determinados lugares será também comunicada à autoridade policial, para a devida vigilância.[1503]

1503. Proibição de frequentar determinados lugares: essa espécie de medida de segurança na legislação penal militar adquire vários outros aspectos na legislação penal comum, desde pena restritiva de direitos, substitutiva da privativa de liberdade, até condição para o *sursis* e para o livramento condicional. Nunca teve sucesso na prática. Há nítida falta de fiscalização, além de não se encontrar, de fato, lugares a serem proibidos para a frequência do condenado. A ausência de imaginação reduz às velhas e batidas opções do boteco, casa de prostituição, casa de jogo, lugar mal afamado e tantos outros completamente dissociados da realidade do mundo moderno. Precisa ser simplesmente suprimida.

Fechamento de estabelecimentos e interdições de associações

> **Art. 669.** A medida de fechamento de estabelecimento ou interdição de associação será executada pela autoridade policial, mediante mandado judicial.

Art. 670

Transgressão das medidas de segurança

> **Art. 670.** O transgressor de qualquer das medidas de segurança a que se referem os arts. 667, 668 e 669 será responsabilizado por crime de desobediência contra a administração da Justiça Militar, devendo o juiz, logo que a autoridade policial lhe faça a devida comunicação, mandá-la juntar aos autos, e dar vista ao Ministério Público, para os fins de direito.[1504]

1504. Admissibilidade da desobediência: a transgressão à medida de segurança não possui sanção específica, razão pela qual é possível processar o transgressor por desobediência.

Cessação da periculosidade. Verificação

> **Art. 671.** A cessação, ou não, da periculosidade é verificada ao fim do prazo mínimo da duração da medida de segurança, pelo exame das condições da pessoa a que tiver sido imposta, observando-se o seguinte:[1505]

Relatório

> *a)* o diretor do estabelecimento de internação ou a autoridade incumbida da vigilância, até 1 (um) mês antes de expirado o prazo da duração mínima da medida, se não for inferior a 1 (um) ano, ou a 15 (quinze) dias, nos outros casos, remeterá ao juiz da execução minucioso relatório que o habilite a resolver sobre a cessação ou permanência da medida;

Acompanhamento do laudo

> *b)* se o indivíduo estiver internado em manicômio judiciário ou em qualquer dos estabelecimentos a que se refere o art. 113 do Código Penal Militar, o relatório será acompanhado do laudo de exame pericial, feito por dois médicos designados pelo diretor do estabelecimento;

Conveniência ou revogação da medida

> *c)* o diretor do estabelecimento de internação, ou a autoridade policial, deverá, no relatório, concluir pela conveniência, ou não, da revogação da medida de segurança;

Ordenação de diligências

> *d)* se a medida de segurança for de exílio local, ou proibição de frequentar determinados lugares, o juiz da execução, até 1 (um) mês ou 15 (quinze) dias

Título IV • Capítulo Único – Da execução das medidas de segurança

Art. 673

antes de expirado o prazo mínimo de duração, ordenará as diligências necessárias, para verificar se desapareceram as causas da aplicação da medida;

Audiência das partes

e) junto aos autos o relatório, ou realizadas as diligências, serão ouvidos, sucessivamente, o Ministério Público e o curador ou defensor, no prazo de 3 (três) dias;

Ordenação de novas diligências

f) o juiz, de ofício, ou a requerimento de qualquer das partes, poderá determinar novas diligências, ainda que expirado o prazo de duração mínima da medida de segurança;

Decisão e prazo

g) ouvidas as partes ou realizadas as diligências a que se refere o parágrafo anterior, será proferida a decisão no prazo de 5 (cinco) dias.

1505. Avaliação da periculosidade: há que se distinguir a cessação da periculosidade do inimputável ou semi-imputável da que se refere aos demais condenados sujeitos a medidas de segurança. O primeiro caso envolve enfermidade mental, exigindo a realização de laudo médico. Somente por esse meio pode-se chegar a uma conclusão segura. Quanto aos demais casos, podem-se contar com relatório de outras autoridades e documentos diversos.

Revogação da licença para direção de veículo

Art. 672. A interdição prevista no art. 115 do Código Penal Militar poderá ser revogada antes de expirado o prazo estabelecido, se for averiguada a cessação do perigo condicionante da sua aplicação; se, porém, o perigo persiste ao término do prazo, será este prorrogado enquanto não cessar aquele.

Confisco

Art. 673. O confisco de instrumentos e produtos do crime, no caso previsto no art. 119 do Código Penal Militar, será decretado no despacho de arquivamento do inquérito.[1506]

1506. Confisco: trata-se de medida cautelar de cunho satisfativo, mas não medida de segurança. Os instrumentos e o produto do crime devem ser tomados do agente tanto na decisão condenatória quanto na absolutória. O mesmo se dá na decisão de arquivamento

Art. 674

do inquérito. Tal material, ainda que não se descubra quem é o autor, é considerado ilícito e merece ficar em poder do Estado.

Restrições quanto aos militares

> **Art. 674.** Aos militares ou assemelhados, que não hajam perdido essa qualidade, somente são aplicáveis as medidas de segurança previstas nos casos dos arts. 112 e 115 do Código Penal Militar.

LIVRO V

Título Único
Da Justiça Militar em tempo de guerra[1507]

1507. Tempo de guerra: deixamos de comentar esse Livro V do Código de Processo Penal Militar, por acreditarmos na veia pacífica que conduz nosso País nas relações internacionais, considerando a guerra um caminho totalmente inviável nos tempos atuais.

Capítulo I
Do processo

Remessa do inquérito à Justiça

Art. 675. Os autos do inquérito, do flagrante, ou documentos relativos ao crime serão remetidos à Auditoria, pela autoridade militar competente.

§ 1.º O prazo para a conclusão do inquérito é de 5 (cinco) dias, podendo, por motivo excepcional, ser prorrogado por mais 3 (três) dias.

§ 2.º Nos casos de violência praticada contra inferior para compeli-lo ao cumprimento do dever legal ou em repulsa a agressão, os autos do inquérito serão remetidos diretamente ao Conselho Superior, que determinará o arquivamento, se o fato estiver justificado; ou, em caso contrário, a instauração de processo.

Oferecimento da denúncia, o seu conteúdo e regras

Art. 676. Recebidos os autos do inquérito, do flagrante, ou documentos, o auditor dará vista imediata ao procurador que, dentro de 24 (vinte e quatro) horas, oferecerá a denúncia, contendo:

a) o nome do acusado e sua qualificação;

b) a exposição sucinta dos fatos;

c) a classificação do crime;

d) a indicação das circunstâncias agravantes expressamente previstas na lei penal e a de todos os fatos e circunstâncias que devam influir na fixação da pena;

e) a indicação de duas a quatro testemunhas.

Parágrafo único. Será dispensado o rol de testemunhas, se a denúncia se fundar em prova documental.

Recebimento da denúncia e citação

Art. 677. Recebida a denúncia, mandará o auditor citar incontinenti o acusado e intimar as testemunhas, nomeando-lhe defensor o advogado de ofício,

Art. 678

Código de Processo Penal Militar Comentado • **Nucci**

que terá vista dos autos em cartório, pelo prazo de 24 (vinte e quatro) horas, podendo, dentro desse prazo, oferecer defesa escrita e juntar documentos.

Parágrafo único. O acusado poderá dispensar a assistência de advogado, se estiver em condições de fazer sua defesa.

Julgamento à revelia

Art. 678. O réu preso será requisitado, devendo ser processado e julgado à revelia, independentemente de citação, se se ausentar sem permissão.

Instrução criminal

Art. 679. Na audiência de instrução criminal, que será iniciada 24 (vinte e quatro) horas após a citação, qualificação e interrogatório do acusado, proceder-se-á à inquirição das testemunhas de acusação, pela forma prescrita neste Código.

§ 1.º Em seguida, serão ouvidas até 2 (duas) testemunhas de defesa, se apresentadas no ato.

§ 2.º As testemunhas de defesa que forem militares poderão ser requisitadas, se o acusado o requerer, e for possível o seu comparecimento em juízo.

§ 3.º Será na presença do escrivão a vista dos autos às partes, para alegações escritas.

Dispensa de comparecimento do réu

Art. 680. É dispensado o comparecimento do acusado à audiência de julgamento, se assim o desejar.

Questões preliminares

Art. 681. As questões preliminares ou incidentes, que forem suscitadas, serão resolvidas, conforme o caso, pelo auditor ou pelo Conselho de Justiça.

Rejeição da denúncia

Art. 682. Se o procurador não oferecer denúncia, ou se esta for rejeitada, os autos serão remetidos ao Conselho Superior de Justiça Militar, que decidirá de forma definitiva a respeito do oferecimento.

Julgamento de praça ou civil

Art. 683. Sendo praça ou civil o acusado, o auditor procederá ao julgamento em outra audiência, dentro em 48 (quarenta e oito) horas. O procurador e o defensor terão, cada um, 20 (vinte) minutos, para fazer oralmente suas alegações.

Parágrafo único. Após os debates orais, o auditor lavrará a sentença, dela mandando intimar o procurador e o réu, ou seu defensor.

Julgamento de oficiais

Art. 684. No processo a que responder oficial até o posto de tenente-coronel, inclusive, proceder-se-á ao julgamento pelo Conselho de Justiça, no mesmo dia da sua instalação.

Lavratura da sentença

Parágrafo único. Prestado o compromisso pelos juízes nomeados, serão lidas pelo escrivão as peças essenciais do processo e, após os debates orais, que não excederão o prazo fixado pelo artigo anterior, passará o Conselho a deliberar em sessão secreta, devendo a sentença ser lavrada dentro do prazo de 24 (vinte e quatro) horas.

Certidão da nomeação dos juízes militares

Art. 685. A nomeação dos juízes do Conselho constará dos autos do processo, por certidão.

Parágrafo único. O procurador e o acusado, ou seu defensor, serão intimados da sentença no mesmo dia em que esta for assinada.

Suprimento do extrato da fé de ofício ou dos assentamentos

Art. 686. A falta do extrato da fé de ofício ou dos assentamentos do acusado poderá ser suprida por outros meios informativos.

Classificação do crime

Art. 687. Os órgãos da Justiça Militar, tanto em primeira como em segunda instância, poderão alterar a classificação do crime, sem todavia inovar a acusação.

Parágrafo único. Havendo impossibilidade de alterar a classificação do crime, o processo será anulado, devendo ser oferecida nova denúncia.

Julgamento em grupos no mesmo processo

Art. 688. Quando, na denúncia, figurarem diversos acusados, poderão ser processados e julgados em grupos, se assim o aconselhar o interesse da Justiça.

Art. 689

Procurador em processo originário perante o Conselho Superior

> **Art. 689.** Nos processos a que responderem oficiais generais, coronéis ou capitães de mar e guerra, as funções do Ministério Público serão desempenhadas pelo procurador que servir junto ao Conselho Superior de Justiça Militar.
>
> § 1.º A instrução criminal será presidida pelo auditor que funcionar naquele Conselho, cabendo-lhe ainda relatar os processos para julgamento.
>
> § 2.º O oferecimento da denúncia, citação do acusado, intimação de testemunhas, nomeação de defensor, instrução criminal, julgamento e lavratura da sentença, reger-se-ão, no que lhes for aplicável, pelas normas estabelecidas para os processos da competência do auditor e do Conselho de Justiça.

Crimes de responsabilidade

> **Art. 690.** Oferecida a denúncia, nos crimes de responsabilidade, o auditor mandará intimar o denunciado para apresentar defesa dentro do prazo de 2 (dois) dias, findo o qual decidirá sobre o recebimento, ou não, da denúncia, submetendo o despacho, no caso de rejeição, à decisão do Conselho.

Recursos das decisões do Conselho Superior da Justiça

> **Art. 691.** Das decisões proferidas pelo Conselho Superior de Justiça, nos processos de sua competência originária, somente caberá o recurso de embargos.

Desempenho da função de escrivão

> **Art. 692.** As funções de escrivão serão desempenhadas pelo secretário do Conselho, e as de oficial de justiça por uma praça graduada.

Processo e julgamento de desertores

> **Art. 693.** No processo de deserção observar-se-á o seguinte:
>
> I – após o transcurso do prazo de graça, o comandante ou autoridade militar equivalente, sob cujas ordens servir o oficial ou praça, fará lavrar um termo com todas as circunstâncias, assinado por duas testemunhas, equivalendo esse termo à formação da culpa;
>
> II – a publicação da ausência em boletim substituirá o edital;
>
> III – os documentos relativos à deserção serão remetidos ao auditor, após a apresentação ou captura do acusado, e permanecerão em cartório pelo prazo de 24 (vinte e quatro) horas, com vista ao advogado de ofício, para apresentar defesa escrita, seguindo-se o julgamento pelo Conselho de Justiça, conforme o caso.

Capítulo II
Dos recursos

Recursos das decisões do Conselho e do Auditor

Art. 694. Das sentenças de primeira instância caberá recurso de apelação para o Conselho Superior de Justiça Militar.

Parágrafo único. Não caberá recurso de decisões sobre questões incidentes, que poderão, entretanto, ser renovadas na apelação.

Prazo para a apelação

Art. 695. A apelação será interposta dentro em 24 (vinte e quatro) horas, a contar da intimação da sentença ao procurador e ao defensor do réu, revel ou não.

Recurso de ofício

Art. 696. Haverá recurso de ofício:

a) da sentença que impuser pena restritiva de liberdade superior a 8 (oito) anos;

b) quando se tratar de crime a que a lei comina pena de morte e a sentença for absolutória, ou não aplicar a pena máxima.

Razões do recurso

Art. 697. As razões do recurso serão apresentadas, com a petição, em cartório. Conclusos os autos ao auditor, este os remeterá, incontinenti, à instância superior.

Processo de recurso e seu julgamento

Art. 698. Os autos serão logo conclusos ao relator, que mandará abrir vista ao representante do Ministério Público, a fim de apresentar parecer, dentro em 24 (vinte e quatro) horas.

Estudos dos autos pelo relator

Art. 699. O relator estudará os autos no intervalo de duas sessões.

Exposição pelo relator

Art. 700. Anunciado o julgamento pelo presidente, o relator fará a exposição dos fatos.

Alegações orais

> **Art. 701.** Findo o relatório, poderão o defensor e o procurador fazer alegações orais por 15 (quinze) minutos, cada um.

Decisão pelo Conselho

> **Art. 702.** Discutida a matéria, o Conselho Superior proferirá sua decisão.
>
> § 1.º O relator será o primeiro a votar, sendo o presidente o último.
>
> § 2.º O resultado do julgamento constará da ata que será junta ao processo. A decisão será lavrada dentro em 2 (dois) dias, salvo motivo de força maior.

Não cabimento de embargos

> **Art. 703.** As sentenças proferidas pelo Conselho Superior, como Tribunal de segunda instância, não são suscetíveis de embargos.

Efeitos da apelação

> **Art. 704.** A apelação do Ministério Público devolve o pleno conhecimento do feito ao Conselho Superior.

Casos de embargos

> **Art. 705.** O recurso de embargos, nos processos originários, seguirá as normas estabelecidas para a apelação.

Não cabimento de *habeas corpus* ou revisão

> **Art. 706.** Não haverá *habeas corpus*, nem revisão.

Capítulo III

**Disposições especiais relativas à
Justiça Militar em tempo de guerra**

Execução da pena de morte

> **Art. 707.** O militar que tiver de ser fuzilado sairá da prisão com uniforme comum e sem insígnias, e terá os olhos vendados, salvo se o recusar,

no momento em que tiver de receber as descargas. As vozes de fogo serão substituídas por sinais.

§ 1.º O civil ou assemelhado será executado nas mesmas condições, devendo deixar a prisão decentemente vestido.

Socorro espiritual

§ 2.º Será permitido ao condenado receber socorro espiritual.

Data para a execução

§ 3.º A pena de morte só será executada 7 (sete) dias após a comunicação ao presidente da República, salvo se imposta em zona de operações de guerra e o exigir o interesse da ordem e da disciplina.

Lavratura de ata

Art. 708. Da execução da pena de morte lavrar-se-á ata circunstanciada que, assinada pelo executor e duas testemunhas, será remetida ao comandante-chefe, para ser publicada em boletim.

Sentido da expressão "forças em operação de guerra"

Art. 709. A expressão "forças em operação de guerra" abrange qualquer força naval, terrestre ou aérea, desde o momento de seu deslocamento para o teatro das operações até o seu regresso, ainda que cessadas as hostilidades.

Comissionamento em postos militares

Art. 710. Os auditores, procuradores, advogados de ofício e escrivães da Justiça Militar, que acompanharem as forças em operação de guerra, serão comissionados em postos militares, de acordo com as respectivas categorias funcionais.

Disposições Finais e Transitórias

Art. 711. Nos processos pendentes na data da entrada em vigor deste Código, observar-se-á o seguinte:

a) aplicar-se-ão à prisão provisória as disposições que forem mais favoráveis ao indiciado ou acusado;

b) o prazo já iniciado, inclusive o estabelecido para a interposição de recurso, será regulado pela lei anterior, se esta não estatuir prazo menor do que o fixado neste Código;

c) se a produção da prova testemunhal tiver sido iniciada, o interrogatório do acusado far-se-á de acordo com as normas da lei anterior;

d) as perícias já iniciadas, bem como os recursos já interpostos, continuarão a reger-se pela lei anterior.

Art. 712. Os processos da Justiça Militar não são sujeitos a custas, emolumentos, selos ou portes de correio terrestre, marítimo ou aéreo.

Art. 713. As certidões, em processos findos arquivados no Superior Tribunal Militar, serão requeridas ao diretor-geral da sua Secretaria, com a declaração da respectiva finalidade.

Art. 714. Os juízes e os membros do Ministério Público poderão requisitar certidões ou cópias autênticas de peças de processo arquivado, para instrução de processo em andamento, dirigindo-se, para aquele fim, ao serventuário ou funcionário responsável pela sua guarda. No Superior Tribunal Militar, a requisição será feita por intermédio do diretor-geral da Secretaria daquele Tribunal.

Art. 715. As penas pecuniárias cominadas neste Código serão cobradas executivamente e, em seguida, recolhidas ao erário federal. Tratando-se de militares, funcionários da Justiça Militar ou dos respectivos Ministérios, a execução da pena pecuniária será feita mediante desconto na respectiva folha de pagamento. O desconto não excederá, em cada mês, a 10% (dez por cento) dos respectivos vencimentos.

Art. 716. O presidente do Tribunal, o procurador-geral e o auditor requisitarão diretamente das companhias de transportes terrestres, marítimos ou aéreos, nos termos da lei e para fins exclusivos do serviço judiciário, que serão declarados na requisição, passagens para si, juízes dos Conselhos, procuradores e auxiliares da Justiça Militar. Terão, igualmente, bem como os procuradores, para os mesmos fins, franquia postal e telegráfica.

Art. 717. O serviço judicial pretere a qualquer outro, salvo os casos previstos neste Código.

Art. 718. Este Código entrará em vigor a 1.º de janeiro de 1970, revogadas as disposições em contrário.

Brasília, 21 de outubro de 1969; 148.º da Independência e 81.º da República.

Augusto Hamann Rademaker Grünewald
Aurélio de Lyra Tavares
Márcio de Souza e Mello
Luís Antônio da Gama e Silva

(*DOU* 21.10.1969)

Referências Bibliográficas

ABRAHAM, Henry J. *The judicial process*. 6. ed. New York: Oxford University Press, 1993.

AGESTA, Luis Sanchez. *Curso de derecho constitucional comparado*. 2. ed. Madrid: Nacional, 1965.

ALDERSON, John. Human rights and criminal procedure: a police view. In: ANDREWS, J. A. *Human rights in criminal procedure – A comparative study*. The Hague, Boston, London: Martinus Nijhoff Publishers, 1982.

ALMEIDA, Dario Martins de. *O livro do jurado*. Coimbra: Almedina, 1977.

ALMEIDA, Joaquim Canuto Mendes de. *Princípios fundamentais do processo penal*. São Paulo: RT, 1973.

ALMEIDA, Joaquim Canuto Mendes de. *Processo penal, ação e jurisdição*. São Paulo: RT, 1975.

ALMEIDA, José Raul Gavião de; MORAES, Maurício Zanoide de; FERNANDES, Antonio Scarance (coord.). *Sigilo no processo penal – eficiência e garantismo*. São Paulo: RT, 2008.

ALMEIDA JÚNIOR, A.; COSTA JÚNIOR, J. B. *Lições de medicina legal*. 9. ed. São Paulo: Companhia Editora Nacional, 1971.

ALMEIDA JÚNIOR, João Mendes. *Noções ontológicas de Estado, soberania, autonomia, federação, fundação*. São Paulo: Saraiva, 1960.

ALMEIDA JÚNIOR, João Mendes. *O processo criminal brasileiro*. 4. ed. Rio de Janeiro-São Paulo: Freitas Bastos, 1959. v. 1 e 2.

ALTAVILLA, Enrico. *Psicologia judiciária*. 3. ed. Trad. Fernando de Miranda. Coimbra: Arménio Amado, 1981. v. 1 e 2.

ALVES, Roque de Brito. *Crimes contra a vida e o questionário do júri*. Recife: Luci Artes Gráficas, 2006.

ANDRADE, Manuel da Costa. *Sobre as proibições de prova em processo penal*. Coimbra: Coimbra Editora, 1992.

ANDREWS, J. A. (Org.). *Human rights in criminal procedure – A comparative study*. The Hague, Boston, London: Martinus Nijhoff Publishers, 1982.

APPIO, Eduardo. *Mandado de segurança criminal*. Porto Alegre: Livraria do Advogado, 1995.

AQUINO, José Carlos G. Xavier de. *A prova testemunhal no processo penal*. 2. ed. São Paulo: Saraiva, 1994.

AQUINO, José Carlos G. Xavier de; NALINI, José Renato. *Manual de processo penal*. São Paulo: Saraiva, 1997.

ARANHA, Adalberto José Queiroz Teles de Camargo. *Da prova no processo penal*. 3. ed. São Paulo: Saraiva, 1994.

ARAUJO, Luiz Alberto David. *A proteção constitucional da própria imagem (pessoa física, pessoa jurídica e produto)*. Belo Horizonte: Del Rey, 1996.

ARAUJO, Luiz Alberto David; NUNES JÚNIOR, Vidal Serrano. *Curso de direito constitucional*. 3. ed. São Paulo: Saraiva, 1999.

ARAÚJO, Nádia de; ALMEIDA, Ricardo R. O Tribunal do Júri nos Estados Unidos – Sua evolução histórica e algumas reflexões sobre seu estado atual. *Revista Brasileira de Ciências Criminais*, v. 15, 1996.

ARRUDA, Geraldo Amaral. Da função correicional do juiz de direito como atividade independente do poder hierárquico ou disciplinar. *RJTJSP* 89/32, jul.-ago. 1984.

ARRUDA ALVIM. Correição parcial, *RT* 452/11-20.

ASSIS, Jorge César. *Código de Processo Penal Militar anotado*. 4. ed. Curitiba: Juruá, 2012.

ASSIS, Jorge César. *Direito militar, aspectos penais, processuais penais e administrativos*. 3. ed. Curitiba, Juruá, 2012.

AVOLIO, Luiz Francisco Torquato. *Provas ilícitas – Interceptações telefônicas, ambientais e gravações clandestinas*. 3. ed. São Paulo: RT, 2003.

AZAMBUJA, Darcy. *Teoria geral do Estado*. 4. ed. Porto Alegre: Globo, 1955.

AZEVEDO, David Teixeira de. *Atualidades no direito e processo penal*. São Paulo: Método, 2001.

AZEVEDO, David Teixeira de. O interrogatório do réu e o direito ao silêncio. *RT* 682/285.

AZEVEDO, Vicente de Paula Vicente de. *Curso de direito judiciário penal*. São Paulo: Saraiva, 1985. v. 1 e 2.

BADARÓ, Gustavo Henrique Righi Ivahy. *Correlação entre acusação e sentença*. São Paulo: RT, 2000 (Coleção de Estudos de Processo Penal Prof. Joaquim Canuto Mendes de Almeida, v. 3).

BADARÓ, Gustavo Henrique Righi Ivahy. *Direito processual penal*. Rio de Janeiro: Elsevier, 2008. t. I e II.

BADARÓ, Gustavo Henrique Righi Ivahy. Limites aos poderes investigatórios das Comissões Parlamentares de Inquérito. *Boletim do IBCCRIM*, n. 83, out. 1999.

BADARÓ, Gustavo Henrique Righi Ivahy. *Ônus da prova no processo penal*. São Paulo: RT, 2003.

BADARÓ, Gustavo Henrique Righi Ivahy; LOPES JR., Aury. *Direito ao processo penal no prazo razoável*. Rio de Janeiro: Lumen Juris, 2006.

BARBOSA, Marcelo Fortes. A acusação no plenário do júri. *Tribunal do júri – Estudo sobre a mais democrática instituição jurídica brasileira*. São Paulo: RT, 1999.

BARBOSA, Rui. *Comentários à Constituição Federal brasileira*. Org. Homero Pires. São Paulo: Saraiva, 1934. v. 6.

BARBOSA, Rui. *O júri sob todos os aspectos*. Org. Roberto Lyra Filho e Mário César da Silva. Rio de Janeiro: Editora Nacional de Direito, 1950.

BARROS, Hamilton Moraes. Notas sobre o júri. *Revista de Jurisprudência do Tribunal de Justiça do Estado da Guanabara*, n. 25, 1971.

BARROS, Marco Antonio de. *A busca da verdade no processo penal*. São Paulo: RT, 2002.

BARROS, Marco Antonio de. Ministério Público e o *habeas corpus*: tendências atuais. *Tortura, crime militar,* habeas corpus. *Justiça penal – Críticas e sugestões*, v. 5. Coord. Jaques de Camargo Penteado. São Paulo: RT, 1997.

BARROSO, Luís Roberto. Comissões Parlamentares de Inquérito e suas competências: política, direito e devido processo legal. *Revista Forense*, v. 350, abr.-jun. 2000.

BARROSO, Luís Roberto. Comissões Parlamentares de Inquérito – Limite de sua competência – Sentido da expressão constitucional "poderes de investigação próprios das autoridades judiciais" – Inadmissibilidade de busca e apreensão sem mandado judicial. *Revista Forense*, v. 335, jul.-set. 1996.

BARROSO, Luís Roberto. *Interpretação e aplicação da Constituição*. São Paulo: Saraiva, 1996.

BASTOS, Celso Ribeiro. *Curso de direito constitucional*. 18. ed. São Paulo: Saraiva, 1997.

BASTOS, Celso Ribeiro; MARTINS, Ives Gandra. *Comentários à Constituição do Brasil*. São Paulo: Saraiva, 1989. v. 2.

BASTOS, José Tavares. *O júri na República*. Rio de Janeiro-Paris: Garnier Livreiro, 1909. t. I.

BASTOS, Márcio Thomaz. Júri e mídia. *Tribunal do júri – Estudo sobre a mais democrática instituição jurídica brasileira*. São Paulo: RT, 1999.

BAZ, Marco Antonio Garcia; ROCHA, Luiz Otavio de Oliveira. *Fiança criminal e liberdade provisória*. São Paulo: RT, 1999.

BELING, Ernst. *Derecho procesal penal*. Trad. Roberto Goldschmidt e Ricardo C. Nuñez. Córdoba: Impressão da Universidade Nacional de Córdoba, 1943.

BELLAVISTA, Girolamo. *Studi sul processo penale*. Milão: Dott. A. Giuffrè, 1966. v. III.

BERISTAIN, Antonio. *Victimología – Nueve palabras clave*. Valencia: Tirant lo Blanch, 2000.

BERLINS, Marcel; DYER, Clare. *The law machine*. 4. ed. London: Penguin Books, 1994.

BERMÚDEZ. Víctor Hugo. La participación del damnificado (víctima) en el proceso penal uruguayo. *La víctima en el proceso penal – Su régimen legal en Argentina, Bolivia, Brasil, Chile, Paraguay, Uruguay.* Buenos Aires: Depalma, 1997.

BERTOLINO, Pedro J. La situación de la víctima del delito en el proceso penal de la Argentina. *La víctima en el proceso penal – Su régimen legal en Argentina, Bolivia, Brasil, Chile, Paraguay, Uruguay.* Buenos Aires: Depalma, 1997.

BETANHO, Luiz Carlos. Crimes falimentares. *Leis penais especiais e sua interpretação jurisprudencial.* 7. ed. Coord. Alberto Silva Franco e Rui Stoco. São Paulo: RT, 2001.

BETTIOL, Giuseppe; BETTIOL, Rodolfo. *Istituzioni di diritto e procedura penale.* 5. ed. Padova: Cedam, 1993.

BLACKBURN, Robert. *A written Constitution for the United Kingdom.* London: Mansell, 1995.

BICA, António. O poder de julgar em Portugal, Estado de Direito Democrático. *Cadernos Vega Universidade, Direito e Ciência Jurídica.*

BITTENCOURT, Edgard de Moura. *A instituição do júri.* São Paulo: Saraiva, 1939.

BONAVIDES, Paulo. *Ciência política.* 4. ed. Rio de Janeiro: Forense, 1978.

BONAVIDES, Paulo. *Curso de direito constitucional.* 7. ed. São Paulo: Malheiros, 1997.

BOSCHI, José Antonio Paganella. *Ação penal – Denúncia, queixa e aditamento.* Rio de Janeiro: Aide, 1993.

BÓSON, Gerson de Britto Mello. Conceituação jurídica da soberania do Estado. *Revista de Direito Público*, v. 21, 1972.

BÓSON, Gerson de Britto Mello. *Direito internacional público – O Estado em direito das gentes.* Belo Horizonte: Del Rey, 1994.

BOYLE, Kevin. Human rights and the Northern Ireland emergency. In: ANDREWS, J. A. *Human rights in criminal procedure – A comparative study.* The Hague, Boston, London: Martinus Nijhoff Publishers, 1982.

BRANCO, Fernando Castelo. *A pessoa jurídica no processo penal.* São Paulo: Saraiva, 2001.

BRANCO, Tales Castelo. *Da prisão em flagrante.* 5. ed. São Paulo: Saraiva, 2001.

BREWER, Albert P. et al. *Alabama constitucional law.* Birmingham: Samford University, 1992.

BROWN, David; FARRIER, David; WEISBROT, David. *Criminal laws.* 2. ed. Sidney: The Federation Press, 1996. v. 1 e 2.

BUENO, José Antônio Pimenta. *Apontamentos sobre o processo criminal brasileiro* (com anotações de José Frederico Marques). São Paulo: Saraiva, 1959.

BUONO, Carlos Eduardo de Athayde et al. *A reforma processual penal italiana – Reflexos no Brasil.* São Paulo: RT, 1991.

BUSANA, Dante. *O habeas corpus no Brasil.* São Paulo: Atlas, 2009.

BUSANA, Dante; SAMPAIO, Laerte J. Castro. O Ministério Público no processo de *habeas corpus. RT* 438/315, abr. 1972.

BUZZELLI, Silvia. Il contributo dell'imputato alla ricostruzione del fatto. In: UBERTIS, Giulio (Org.). *La conoscenza del fatto nel processo penale.* Milão: Giuffrè, 1992.

CABRAL NETTO, Joaquim. *Instituições de processo penal.* Belo Horizonte: Del Rey, 1997.

CAETANO, Marcelo. *Direito constitucional.* Rio de Janeiro: Forense, 1977. v. 1.

CAETANO, Marcelo. *Direito constitucional.* Rio de Janeiro: Forense, 1978. v. 2.

CAETANO, Marcelo. *Manual de ciência política e direito constitucional.* 6. ed. rev. e ampl. por Miguel Galvão Teles. Coimbra: Almedina, 1996. t. I.

CALMON, Pedro. *Curso de direito constitucional brasileiro.* 4. ed. Rio de Janeiro-São Paulo: Freitas Bastos, 1956.

CÂNDIDO, Joel José. *Direito eleitoral brasileiro.* 4. ed. Bauru: Edipro, 1994.

CANOTILHO, José Joaquim Gomes. *Direito constitucional.* 6. ed. Coimbra: Almedina, 1995.

CARD, Richard. Human rights and substantive criminal law. In: ANDREWS, J. A. *Human rights in criminal procedure – A comparative study.* The Hague, Boston, London: Martinus Nijhoff Publishers, 1982.

CARNEIRO, Athos Gusmão. *Jurisdição e competência.* 2. ed. São Paulo: Saraiva, 1983.

CARNELUTTI, Francesco. *Lecciones sobre el proceso penal.* Trad. Santiago Sentís Melendo. Buenos Aires: Bosch Y Cía. Editores, 1950. v. 1 e 2.

CARR, A. P. *Criminal procedure in magistrates' courts.* London: Butterworths, 1983.

CARRARA, Francesco. *Programa del curso de derecho criminal dictado en la Real Universidad de Pisa.* Trad. Sebastian Soler. Buenos Aires: Depalma, 1944. v. 2.

CARVALHO, Jefferson Moreira de. *Curso básico de processo penal.* São Paulo: Juarez de Oliveira, 1999. v. 1.

CARVALHO, Luís Gustavo Grandinetti Castanho de. *O processo penal em face da Constituição.* Rio de Janeiro: Forense, 1992.

CARVALHO, Márcia Dometila Lima de. *Fundamentação constitucional do direito penal.* Porto Alegre: Fabris, 1992.

CARVALHO, Roldão Oliveira de; CARVALHO NETO, Algomiro. *Comentários à Lei 9.099, de 26 de setembro de 1995.* Leme: LED, 1997.

CARVALHO, Virgílio J. Miranda de. *Constituição da República portuguesa, direitos humanos, Estatuto do Tribunal Constitucional, 3.ª revisão constitucional.* 2. ed. Coimbra: Ediliber.

CARVALHO NETO, Algomiro; CARVALHO, Roldão Oliveira de. *Comentários à Lei 9.099, de 26 de setembro de 1995.* Leme: LED, 1997.

CAVALCANTI, Themistocles Brandão. *A Constituição Federal comentada*. 3. ed. Rio de Janeiro: José Konfino, 1958. v. 3.

CASTILLO, Niceto Alcalá-Zamora Y et al. *Derecho procesal penal* (em conjunto com Ricardo Levene Hijo). Buenos Aires: Guillermo Kraft, 1945. t. I, II e III.

CASTRO, Araujo. *A nova Constituição brasileira*. 2. ed. Rio de Janeiro-São Paulo: Freitas Bastos, 1936.

CERVINI, Raúl; GOMES, Luiz Flávio. *Interceptação telefônica*. São Paulo: RT, 1997.

CESÁRIO, Ana Cleide Chiarotti. Hobbes e Rousseau: o problema da soberania. *Cadernos de Direito Constitucional e Ciência Política*, v. 6, São Paulo, RT, 1994.

CHÂTEL, Marc. Human rights and Belgian criminal procedure at pre-trial and trial level. In: ANDREWS, J. A. *Human rights in criminal procedure – A comparative study*. The Hague, Boston, London: Martinus Nijhoff Publishers, 1982.

CHIOVENDA, Giuseppe. *Instituições de direito processual civil*. 2. ed. Trad. J. Guimarães Menegale. São Paulo: Saraiva, 1965. t. I, II e III.

CINTRA, Antonio Carlos de Araújo; GRINOVER, Ada Pellegrini; DINAMARCO, Cândido Rangel. *Teoria geral do processo*. 25. ed. São Paulo: Malheiros, 2009.

COELHO, Fábio Ulhôa. *Lógica jurídica – Uma introdução*. São Paulo: Educ, 1995.

COLLIER, Christopher; COLLIER, James Lincoln. *Decision in Philadelphia – The constitutional convention of 1787*. 4. ed. New York: Ballantine Books, 1993.

COMPARATO, Fábio Konder. Por que não a soberania dos pobres? *Constituinte e democracia no Brasil hoje*. 4. ed. São Paulo: Brasiliense, 1986.

CORDERO, Franco. La confessione nel quadro decisório. In: NEUBURGER, Luisella de Cataldo (Org.). *La giustizia penale e la fluidità del sapere: ragionamento sul método*. Padova: Cedari, 1988.

CORWIN, Edward S. *A Constituição norte-americana e seu significado atual*. Trad. Lêda Boechat Rodrigues. Rio de Janeiro: Zahar, 1986.

COSSIO, Carlos. *Teoria de la verdad jurídica*. Buenos Aires: Losada, 1954.

COSTA, Hélio. Júri – Controle da magistratura togada. *Revista Forense*, v. 208, 1964.

COSTELLO, Declan. Rights of accused persons and the Irish Constitution of 1937. In: ANDREWS, J. A. *Human rights in criminal procedure – A comparative study*. The Hague, Boston, London: Martinus Nijhoff Publishers, 1982.

COUCEIRO, João Claudio. *A garantia constitucional do direito ao silêncio*. São Paulo: RT, 2004.

COUTURE, Eduardo J. *Fundamentos do direito processual civil*. Trad. Rubens Gomes de Sousa. São Paulo: Saraiva, 1946.

CRACKNELL, D. G. *Evidence*. Kent: Old Bailey, 1994.

CRAWFORD, James. *Australian courts of law*. 3. ed. Melbourne: Oxford University Press.

CRISTIANI, Antonio. Aspetti problematici del contraddittorio nel riesame dei provvedimenti restrittivi della libertà personale. *Studi in memoria di Giacomo Delitala*. Milão: Giuffrè, 1984. v. 1.

CURZON, L. B. *Dictionary of law*. 4. ed. London: Pitman, 1995.

DALLARI, Dalmo de Abreu. *Constituição e constituinte*. 3. ed. São Paulo: Saraiva, 1986.

DALLARI, Dalmo de Abreu. Constituição para o Brasil novo. *Constituinte e democracia no Brasil hoje*. 4. ed. São Paulo: Brasiliense, 1986.

DALLARI, Dalmo de Abreu. *Elementos de teoria geral do Estado*. 6. ed. São Paulo: Saraiva, 1979.

DALLARI, Pedro B. A. *Constituição e tratados internacionais*. São Paulo: Saraiva, 2003.

DARBYSHIRE, Penny. *Eddey on the English legal system*. 6. ed. London: Sweet & Maxwell, 1996.

DAVID, Marcel. Jury populaire et souveraineté. *Revue internationale de theorie du droit et de sociologie juridique*, v. 36/37, Paris, LGDJ, 1997.

DAVIES, Malcolm; CROALL, Hazel; TYRER, Jane. *Criminal Justice: an introduction to the criminal justice system in England and Wales*. London & New York: Longman, 1995.

DAVIS, Francis Selwyn. Contradição entre as respostas e soberania do júri. *Revista Brasileira de Ciências Criminais*, n. 10, abr.-jun. 1995.

DEL RE, Michele C. Modellamento psichico e diritto penale: la tutela penale dell'integrità psichica. *Studi in memoria di Giacomo Delitala*. Milão: Dott. A. Giuffrè, 1984. v. 1.

DEL VECCHIO, Giorgio. *Teoria do Estado*. Trad. portuguesa de António Pinto de Carvalho. São Paulo: Saraiva, 1957.

DÉLBIS, Tibúrcio. *Homicídio sem cadáver – O caso Denise Lafetá*. Belo Horizonte: Inédita, 1999.

DELMANTO JÚNIOR, Roberto. *Inatividade no processo penal brasileiro*. São Paulo: RT, 2004 (Coleção Estudos de Processo Penal Prof. Joaquim Canuto Mendes de Almeida, v. 7).

DELMANTO JÚNIOR, Roberto. *As modalidades de prisão provisória e seu prazo de duração*. 2. ed. Rio de Janeiro-São Paulo: Renovar, 2001.

DEMERCIAN, Pedro Henrique; MALULY, Jorge Assaf. *Curso de processo penal*. São Paulo: Atlas, 1999.

DEMERCIAN, Pedro Henrique. *A oralidade no processo penal brasileiro*. São Paulo: Atlas, 1999.

DEMERCIAN, Pedro Henrique. *Regime jurídico do Ministério Público no processo penal*. São Paulo: Verbatim, 2009.

DESQUIRON, G. C. *Trattato della prova testimoniale in materia criminale*. Palermo: Eredi Abbate, 1824.

DINAMARCO, Cândido Rangel; CINTRA, Antonio Carlos de Araújo; GRINOVER, Ada Pellegrini. *Teoria geral do processo*. 25. ed. São Paulo: Malheiros, 2009.

DINIZ, Maria Helena. *Norma constitucional e seus efeitos*. 3. ed. São Paulo: Saraiva, 1997.

DÓRIA, Sampaio. *Comentários à Constituição de 1946*. São Paulo: Max Limonad, 1960. v. 4.

DÓRIA, Sampaio. *Direito constitucional (curso e comentário à Constituição)*. 3. ed. São Paulo: Editora Nacional, 1953. t. I e II.

DOTTI, René Ariel. Anteprojeto do Júri. *Revista Forense*, v. 326.

DOTTI, René Ariel. *Bases e alternativas para o sistema de penas*. São Paulo: RT, 1998.

DOTTI, René Ariel. Esboço para a reforma do júri. *Revista Forense*, v. 322, 1993.

DOTTI, René Ariel. A publicidade dos julgamentos e a "sala secreta" do júri. *Revista Jurídica*, n. 186, 1993.

DOTTI, René Ariel. Reforma do procedimento do júri. *Revista Forense*, v. 334, 1995.

DRESSLER, Joshua. *Cases and materials on criminal law*. St. Paul: West Publishing Co., 1994.

DUARTE, José. *A Constituição brasileira de 1946*. Rio de Janeiro: Imprensa Nacional, 1947. v. 3.

DUTRA, Mário Hoeppner. A evolução do direito penal e o júri. *Revista Forense*, v. 249, 1975.

EDWARDS, Carlos Enrique. *Garantías constitucionales en materia penal*. Buenos Aires: Astrea, 1996.

ELLIOTT, Catherine; QUINN, Frances. *English legal system*. London-New York: Longman, 1996.

ELLIS, Elizabeth; GOLDRING, John; DIEKMAN, Chris. *Society, law and justice*. 2. ed. Melbourne: Oxford University Press, 1996. v. 1.

ESCAMILLA, Margarita Martinez. *La suspensión e intervención de las comunicaciones del preso*. Madrid: Tecnos, 2000.

ESPÍNOLA FILHO, Eduardo. *Código de Processo Penal brasileiro anotado*. 3. ed. Rio de Janeiro: Borsoi, 1955. v. 1 a 8.

EYMERICH, Nicolau. *Manual dos inquisidores*. Brasília: Rosa dos Tempos, 1993.

FARBER. Daniel A.; ESKRIDGE JR., William N.; FRICKEY, Philip. *Cases and materials on Constitutional Law – Themes for the Constitution's Third Century*. St. Paul: West Publishing Co., 1993.

FARIA, Bento de. *Código de Processo Penal*. 2. ed. Rio de Janeiro: Record, 1960. v. 1 a 3.

FARIA, José Eduardo. Um poder à beira de um ataque de nervos. *O Estado de S. Paulo*, Caderno Espaço Aberto, 4 set. 1997.

FARIA, José Eduardo. *Poder e legitimidade*. São Paulo: Perspectiva, 1978.

FAWCETT, J. E. S. *Criminal procedure and the European Convention on Human Rights.* In: ANDREWS, J. A. *Human rights in criminal procedure – A comparative study.* The Hague, Boston, London: Martinus Nijhoff Publishers, 1982.

FEDELI, Mario. *Temperamento, caráter, personalidade – Ponto de vista médico e psicológico.* Trad. José Maria de Almeida. São Paulo: Paulus, 1997.

FEITOZA, Denilson. *Direito Processual Penal – teoria, critica e práxis.* 5. ed. Niterói: Impetus, 2008.

FERNANDES, António José. *Os sistemas político-constitucionais português e espanhol (análise comparativa).* Lisboa: Europa Editora.

FERNANDES, Antonio Scarance. *Processo penal constitucional.* São Paulo: RT, 1999; 4. ed., 2005.

FERNANDES, Antonio Scarance. *Teoria geral do procedimento e o procedimento no processo penal.* São Paulo: RT, 2005.

FERNANDES, Antonio Scarance. A vítima no processo penal brasileiro. *La víctima en el proceso penal – Su régimen legal en Argentina, Bolivia, Brasil, Chile, Paraguay, Uruguay.* Buenos Aires: Depalma, 1997.

FERNANDES, Antonio Scaranc; GRINOVER, Ada Pellegrini; GOMES FILHO, Antonio Magalhães. *Recursos no processo penal.* São Paulo: RT, 1996.

FERNANDES, Antonio Scaranc; GRINOVER, Ada Pellegrini; GOMES FILHO, Antonio Magalhães. *As nulidades no processo penal.* 3. ed., 2. tir. São Paulo: Malheiros, 1994.

FERNANDES, Antonio Scaranc; GRINOVER, Ada Pellegrini; GOMES FILHO, Antonio Magalhães. *Juizados Especiais Criminais – Comentários à Lei 9.099, de 26.09.1995.* 3. ed., 2. tir. São Paulo: RT, 1999; 5. ed., 2005.

FERNANDES, Antonio Scaranc; ALMEIDA, José Raul Gavião de; MORAES, Maurício Zanoide de (coord.). *Sigilo no processo penal – eficiência e garantismo.* São Paulo: RT, 2008.

FERRARI, Eduardo Reale. *Código de Processo Penal – Comentários aos projetos de reforma legislativa.* Campinas: Millenium, 2003.

FERRAZ, Esther de Figueiredo. *Os delitos qualificados pelo resultado no regime do Código Penal de 1940.* Dissertação de livre docência. São Paulo: USP, 1948.

FERREIRA, Manuel Cavaleiro de. *A pronúncia.* Lisboa: Cruz-Braga, 1984.

FERREIRA FILHO, Manoel Gonçalves. *Comentários à Constituição brasileira de 1988.* 2. ed. São Paulo: Saraiva, 1997.

FERREIRA FILHO, Manoel Gonçalves. *Curso de direito constitucional.* 11. ed. São Paulo: Saraiva, 1982.

FERREIRA FILHO, Manoel Gonçalves. *O poder constituinte.* 2. ed. São Paulo: Saraiva, 1985.

FIGUEIRA JÚNIOR, Joel Dias; TOURINHO NETO, Fernando da Costa. *Juizados especiais cíveis e criminais*. São Paulo: RT, 2002.

FIORAVANTI, Maurizio. *Los derechos fundamentales*. Madrid: Editorial Trotta, 1996.

FIUZA, Ricardo Arnaldo Malheiros. *Direito constitucional comparado*. 3. ed. Belo Horizonte: Del Rey, 1997.

FLORIAN, Eugenio. *Delle prove penali*. Milão: Dottor Francesco Vallardi, 1924. v. 1.

FOUCAULT, Michel. *Vigiar e punir. Nascimento da prisão*. 25. ed. Trad. Raquel Ramalhete. Petrópolis: Vozes, 2002.

FRAGOSO, Heleno Cláudio. A questão do júri. *Revista Forense*, v. 193, 1961.

FRANCESCHINI, José Luiz Vicente de Azevedo. Da atuação dos juízes penais, de ambas as instâncias, na pesquisa da verdade real. *RT 409/23*.

FRANCO, Afonso Arinos de Melo. *Estudos de direito constitucional*. Rio de Janeiro: Forense, 1957.

FRANCO, Alberto Silva. Medida liminar em *habeas corpus*. *Revista Brasileira de Ciências Criminais*, número especial de lançamento, p. 70-74.

FRANCO, Alberto Silva; STOCO, Rui (Coord.). *Código de Processo Penal e sua interpretação jurisprudencial*. São Paulo: RT, 1999. v. 1 e 2.

FRANCO, Ary Azevedo. *O júri e a Constituição Federal de 1946*. 2. ed. Rio de Janeiro: Forense, 1956.

FREITAS, Gilberto Passos de; FREITAS, Vladimir Passos de. *Abuso de autoridade*. 5. ed. São Paulo: RT, 1993.

GALL, Gerald L. *The Canadian legal system*. 4. ed. Toronto: Carswell, 1995.

GARCIA, Maria. *Desobediência civil (direito fundamental)*. São Paulo: RT, 1994.

GEMIGNANI, Daniel; NUCCI, Guilherme de Souza; MARQUES, Ivan Luís; MONTEIRO, André Vinícius; SILVA, Raphael Zanon da. Ação civil *ex delicto*: problemática e procedimento após a Lei 11.719/2008. *RT*, v. 888, p. 395, out. 2009.

GENOFRE, Roberto Maurício. O papel do juiz criminal na investigação criminal. *Boletim da Associação dos Juízes para a Democracia*, n. 23, jan.-mar. 2001.

GERSÃO, Eliana. Jurados nos tribunais – Alguns dados da experiência portuguesa. *Cadernos da Revista do Ministério Público*, n. 5, Lisboa, 1991.

GERSÃO, Eliana. Júri e participação dos cidadãos na justiça. *Cadernos da Revista do Ministério Público*, n. 41, Lisboa.

GOITÍA, Carlos Alberto. La situación de la víctima del delito en el proceso penal boliviano. *La víctima en el proceso penal – Su régimen legal en Argentina, Bolivia, Brasil, Chile, Paraguay, Uruguay*. Buenos Aires: Depalma, 1997.

GOMES, Luiz Flávio; CERVINI, Raúl. *Interceptação telefônica*. São Paulo: RT, 1997.

GOMES, Luiz Flávio; GRINOVER, Ada Pellegrini; GOMES FILHO, Antonio Magalhães Gomes; FERNANDES, Antonio Scarance. *Juizados Especiais Criminais – Comentários à Lei 9.099, de 26.09.1995*. 3. ed., 2. tir. São Paulo: RT, 1999; 5. ed., 2005.

GOMES FILHO, Antonio Magalhães. *Direito à prova no processo penal*. São Paulo: RT, 1997.

GOMES FILHO, Antonio Magalhães. O *habeas corpus* como instrumento de proteção do direito à liberdade de locomoção. *Tortura, crime militar,* habeas corpus. *Justiça penal – Críticas e sugestões*, v. 5. Coord. Jaques de Camargo Penteado. São Paulo: RT, 1997.

GOMES FILHO, Antonio Magalhães. *A motivação das decisões penais*. São Paulo: RT, 2001.

GOMES FILHO, Antonio Magalhães. *Presunção de inocência e prisão cautelar*. São Paulo: Saraiva, 1991.

GOMES FILHO, Antonio Magalhães; GRINOVER, Ada Pellegrini; FERNANDES, Antonio Scarance. *As nulidades no processo penal*. 3. ed. rev. amp., 2. tir. São Paulo: Malheiros, 1994.

GOMES FILHO, Antonio Magalhães; GRINOVER, Ada Pellegrini; FERNANDES, Antonio Scarance. *Recursos no processo penal*. São Paulo: RT, 1996.

GOMES FILHO, Antonio Magalhães; GRINOVER, Ada Pellegrini; FERNANDES, Antonio Scarance; GOMES, Luiz Flávio. *Juizados Especiais Criminais – Comentários à Lei 9.099, de 26.09.1995*. 3. ed., 2. tir. São Paulo: RT, 1999; 5. ed., 2005.

GONÇALVES, Luiz Carlos dos Santos. *O Estatuto do Idoso e os Juizados Especiais Criminais*. Disponível em: <http://www.cpc.adv.br/doutrina>.

GONÇALVES, Manuel Lopes Maia. *Código de processo penal anotado*. 8. ed. rev. atual. Coimbra: Almedina, 1997.

GONÇALVES, Victor Eduardo Rios e REIS, Alexandre Cebrian Araújo. *Direito processual penal esquematizado*. São Paulo: Saraiva, 2012.

GONZALEZ, Fernando Gomez de Liaño. *El processo penal*. Oviedo, 1987.

GORPHE, François. *L'appréciation des preuves en justice*. Paris: Recueil Sirey, 1947.

GRAVEN, Jean. Évolution, déclin et transformation du jury. *Le jury face au droit pénal moderne*. Journée d'études juridiques Jean Dabin. Bruxelles: Émile Bruylant, 1967.

GRECO FILHO, Vicente. *Interceptação telefônica (considerações sobre a Lei 9.296/96, de 24 de julho de 1996)*. São Paulo: Saraiva, 1996.

GRECO FILHO, Vicente. *Manual de processo penal*. São Paulo: Saraiva, 1991.

GRECO FILHO, Vicente. Questões polêmicas sobre a pronúncia. *Tribunal do júri – Estudo sobre a mais democrática instituição jurídica brasileira*. São Paulo: RT, 1999.

GRECO FILHO, Vicente. *Tutela constitucional das liberdades*. São Paulo: Saraiva, 1989.

GREEN, Eric C.; NESSON, Charles R. *Federal rules of evidence*. Boston-New York-Toronto-London: Little, Brown & Company, 1994.

GRINOVER, Ada Pellegrini. A democratização dos tribunais penais: participação popular. *Revista de Processo*, n. 52, 1988.

GRINOVER, Ada Pellegrini. *Liberdades públicas e processo penal*. 2. ed. São Paulo: RT, 1982.

GRINOVER, Ada Pellegrini. Mandado de segurança contra ato jurisdicional penal. *Mandado de segurança*. Coord. Aroldo Plínio Gonçalves. Belo Horizonte: Del Rey, 1996.

GRINOVER, Ada Pellegrini. *O processo em sua unidade* – II. Rio de Janeiro: Forense, 1984.

GRINOVER, Ada Pellegrini. O regime brasileiro das interceptações telefônicas. *Revista Brasileira de Ciências Criminais*, n. 17, jan.-mar. 1997.

GRINOVER, Ada Pellegrini; GOMES FILHO, Antonio Magalhães; FERNANDES, Antonio Scarance. *As nulidades no processo penal*. 3. ed. rev. amp., 2. tir. São Paulo: Malheiros, 1994.

GRINOVER, Ada Pellegrini; GOMES FILHO, Antonio Magalhães; FERNANDES, Antonio Scarance. *Recursos no processo penal*. São Paulo: RT, 1996.

GRINOVER, Ada Pellegrini; GOMES FILHO, Antonio Magalhães; FERNANDES, Antonio Scarance; GOMES, Luiz Flávio. *Juizados Especiais Criminais – Comentários à Lei 9.099, de 26.09.1995*. 3. ed., 2. tir. São Paulo: RT, 1999; 5. ed., 2005.

GRINOVER, Ada Pellegrini; DINAMARCO, Cândido Rangel. CINTRA, Antonio Carlos de Araújo. *Teoria geral do processo*. 25. ed. São Paulo: Malheiros, 2009.

HADDAD, Carlos Henrique Borlido. *O interrogatório no processo penal*. Belo Horizonte: Del Rey, 2000.

INGMAN, Terence. *The English legal process*. 6. ed. London: Blackstone, 1996.

JACKSON, John; DORAN, Sean. *Judge without jury*. Oxford: Clarendon Press, 1995.

JACQUES, Paulino. *Curso de direito constitucional*. 3. ed. Rio de Janeiro: Forense, 1962.

JARDIM, Afrânio Silva. *Ação penal pública – Princípio da obrigatoriedade*. 2. ed. Rio de Janeiro: Forense, 1994.

JARDIM, Afrânio Silva. *Direito processual penal*. 11. ed. Rio de Janeiro: Forense, 2003.

JELLINEK, Georg. *Teoría general del Estado*. 2. ed. Trad. Fernando de Los Ríos Urruti. México: Compañía Editorial Continental, 1956.

JESUS, Damásio E. *Código de Processo Penal anotado*. 16. ed. São Paulo: Saraiva, 1999.

JIMÉNEZ, Hernando Londoño. *Derecho procesal penal*. Bogotá: Temis, 1982.

JOBSON, Keith B. *Human rights in criminal procedure in Canada*. In: ANDREWS, J. A. *Human rights in criminal procedure – A comparative study*. The Hague, Boston, London: Martinus Nijhoff Publishers, 1982.

JUNQUEIRA, Roberto de Rezende. Do livre convencimento do juiz e de seus poderes na instrução criminal e na aplicação das penas. *Justitia*, v. 88.

KARAM, Maria Lúcia. *Competência no processo penal.* 3. ed. São Paulo: RT, 2002.

KARAM, Maria Lúcia. *Juizados Especiais Criminais – A concretização antecipada do poder de punir.* São Paulo: RT, 2004.

KELSEN, Hans. *Teoria pura do direito.* 4. ed. Trad. João Baptista Machado. Coimbra: Arménio Amado, 1979.

KNITTEL, Eberhard; SEILER, Dietmar. The merits of trial by jury. *Cambridge Law Journal,* v. 30, 1972.

KRONAWETTER, Alfredo Enrique. La emergencia de un "nuevo" sujeto: la víctima y el imperativo constitucional de su participación en el proceso penal paraguayo. *La víctima en el proceso penal – Su régimen legal en Argentina, Bolivia, Brasil, Chile, Paraguay, Uruguay.* Buenos Aires: Depalma, 1997.

LAFAVE, Wayne R.; ISRAEL, Jerold H. *Criminal procedure.* 2. ed. St. Paul: West Publishing Co., 1992.

LARSON, Arthur; JENKS, C. Wilfred. *Sovereignty within the law.* New York-London: Oceana, Stevens & Sons, 1965.

LEAL, Victor Nunes. *Coronelismo, enxada e voto.* 3. ed., 1. reimp. Rio de Janeiro: Nova Fronteira, 1997.

LEIGH, Leonard H. The protection of the rights of the accused in pre-trial procedure: England and Wales. In: ANDREWS, J. A. *Human rights in criminal procedure – A comparative study.* The Hague, Boston, London: Martinus Nijhoff Publishers, 1982.

LIGERTWOOD, Andrew. *Australian evidence.* 2. ed. Sidney: Butterworths, 1994.

LILLY, Graham C. *An introduction to the law of evidence.* 2. ed. St. Paul: West Publishing Co., 1992.

LIMA, Alcides de Mendonça. Júri – Instituição nociva e arcaica. *Revista Forense,* v. 196, 1961.

LIMA, Arnaldo Siqueira de; TAQUARY, Eneida Orbage de Britto. *Temas de direito penal e direito processual penal.* 3. ed. Brasília: Brasília Jurídica, 2005.

LIMA, Carolina Alves de Souza. *O princípio constitucional do duplo grau de jurisdição.* São Paulo: Manole, 2003.

LLOYD, Dennis. *A idéia de lei.* Trad. Álvaro Cabral. São Paulo: Martins Fontes, 1985.

LOEWENSTEIN, Karl. *Teoría de la Constitución.* Trad. Alfredo Gallego Anabitarte. Barcelona: Ariel, 1965.

LOPES JR., Aury. *Direito processual penal.* 9. ed. São Paulo: Saraiva, 2012.

LOPES JR., Aury; BADARÓ, Gustavo Henrique. *Direito ao processo penal no prazo razoável.* Rio de Janeiro: Lumen Juris, 2006.

LOPES, João Batista; MORAIS, Paulo Heber de. *Da prova penal.* 2. ed. São Paulo: Copola, 1994.

LOUREIRO NETO, José da Silva. *Processo penal militar.* 6. ed. São Paulo: Atlas, 2010.

LUZ, Nelson Ferreira. Os critérios da soberania. *RT*, v. 315, 1962.

LYRA, Roberto. *Teoria e prática da promotoria pública*. 2. ed. Porto Alegre: Fabris e Escola Superior do Ministério Público do Rio Grande do Sul, 1989.

MACIEL, Adhemar Ferreira. O devido processo legal e a Constituição brasileira de 1988 – Doutrina e jurisprudência. *Revista da Associação dos Magistrados Brasileiros*, v. 2, 1997.

MACIEIRA, António. *Do júri criminal*. Lisboa: Imprensa Nacional, 1914.

MADLENER, Kurt. The protection of human rights in the criminal procedure of the Federal Republic of Germany. In: ANDREWS, J. A. *Human rights in criminal procedure – A comparative study*. The Hague, Boston, London: Martinus Nijhoff Publishers, 1982.

MALAN, Diogo; PRADO, Geraldo (coord.). *Processo penal e democracia – estudos em homenagem aos 20 anos da Constituição da República de 1988*. Rio de Janeiro: Lumen Juris, 2009.

MALATESTA, Nicola Framarino dei. *A lógica das provas em matéria criminal*. Trad. Alexandre Augusto Correia. São Paulo: Saraiva, 1960. v. I e II.

MALULY, Jorge Assaf; DEMERCIAN, Pedro Henrique. *Curso de processo penal*. São Paulo: Atlas, 1999.

MANSCHRECK, C. L. *A history of christianity*: from persecution to uncertainty. New Jersey: Englewood Cliffs, 1974.

MANZINI, Vincenzo. *Istituzioni di diritto processuale penale*. 10. ed. Padova: Cedam, 1950.

MANZINI, Vincenzo. *Trattato di diritto processuale penale italiano*. 4. ed. Torino: Unione Tipografico-Editrice Torinese, 1952. v. 1, 2 e 3.

MARCATO, Antonio Carlos. *Procedimentos especiais*. 6. ed. São Paulo: Malheiros, 1994.

MARINONI, Luiz Guilherme; MITIDIERO, Daniel. *Repercussão geral no recurso extraordinário*. São Paulo: RT, 2007.

MARITAIN, Jacques. A ordem dos conceitos – Lógica menor. *Elementos de Filosofia 2*. 13. ed. Rio de Janeiro: Agir.

MARQUES, Ivan Luís; MONTEIRO, André Vinícius; GEMIGNANI, Daniel; NUCCI, Guilherme de Souza; Silva, Raphael Zanon da. Ação civil *ex delicto*: problemática e procedimento após a Lei 11.719/2008. *RT*, v. 888, p. 395, out. 2009.

MARQUES, Ivan Luís. *Reforma Processual Penal de 2008*. São Paulo: RT, 2008.

MARQUES, José Frederico. *Da competência em matéria penal*. Atual. José Renato Nalini e Ricardo Dip. Campinas: Millenium, 2000.

MARQUES, José Frederico. *Elementos de direito processual penal*. Atual. Victor Hugo Machado da Silveira. Campinas: Bookseller, 1997. v. 1.

MARQUES, José Frederico. Encerramento da formação da culpa no processo penal do júri. *Estudos de direito e processo penal em homenagem a Nélson Hungria*. Rio de Janeiro-São Paulo: Forense, 1962.

MARQUES, José Frederico. *A instituição do júri*. Atual. Hermínio Alberto Marques Porto, José Gonçalves Canosa Neto e Marco Antonio Marques da Silva. Campinas: Bookseller, 1997.

MARQUES, José Frederico. *O júri e sua nova regulamentação legal*. São Paulo: Saraiva, 1948.

MARQUES, José Frederico. *O júri no direito brasileiro*. 2. ed. São Paulo: Saraiva, 1955.

MARQUES, José Frederico. Notas e apontamentos sobre o júri. *RJTJSP*, v. IX, 1969.

MARQUES, José Frederico. *Tratado de direito processual penal*. São Paulo: Saraiva, 1980. v. 1.

MARQUES, Paulo Edson. O promotor e a reforma da instituição do júri. *Justitia*, v. 43, 1981.

MARREY, Adriano. A publicidade dos julgamentos e a "sala secreta" no júri. *Revista Jurídica*, v. 188, jun. 1993.

MARREY, Adriano; FRANCO, Alberto Silva; STOCO, Rui. *Teoria e prática do júri*. 6. ed. São Paulo: RT, 1997; 7. ed., 2000.

MARTINAGE, Renée. L'évolution du jury en France et en Europe depuis la Révolution de 1789. *Revue internationale de droit penal – La phase décisoire du procès pénal en droit comparé*. Paris: Erès, 1986.

MAUET, Thomas A. *Pretrial*. 3. ed. Boston: Little, Brown and Company, 1995.

MAXIMILIANO, Carlos. *Comentários à Constituição brasileira*. 5. ed. Rio de Janeiro-São Paulo: Freitas Bastos, 1954. v. 1-3.

MAXIMILIANO, Carlos. *Hermenêutica e aplicação do direito*. 19. ed. Rio de Janeiro: Forense, 2002.

MAZZILLI, Hugo Nigro. O foro por prerrogativa de função e a Lei 10.628/2002. São Paulo, Complexo Jurídico Damásio de Jesus, jan. 2003. Disponível em: <www.damasio.com.br/novo/html/frame_artigos.htm>.

MAZZILLI, Hugo Nigro. O Ministério Público e o *habeas corpus*. RT 618/412, abr. 1987.

MAZZILLI, Hugo Nigro. *Regime jurídico do Ministério Público*. 2. ed. São Paulo: Saraiva, 1995.

McKENZIE, Susan; KUNALEN, S. *English legal system*. London: Blackstone, 1996.

MEDEIROS, Maria Lúcia. Anotações sobre a correição parcial. *Revista de Processo*, n. 68/132, out.-dez. 1992.

MÉDICI, Sérgio de Oliveira. *Revisão criminal*. São Paulo: RT, 1998 (Coleção de Estudos de Processo Penal Prof. Joaquim Canuto Mendes de Almeida, v. 1).

MELLO, Celso D. de Albuquerque. *Curso de direito internacional público*. 7. ed. Rio de Janeiro: Freitas Bastos, 1982. v. 1.

MELLO, Dirceu de. Ação penal privada subsidiária: origem, evolução e efeitos de sua extinção, em perspectiva, no campo da desídia funcional do Ministério Público no direito brasileiro. *Revista de Processo*, n. 2, p. 207-213.

_____. Revisão criminal – Prova [parecer]. *Justitia*, v. 98, 1977.

MELLO FILHO, José Celso. *Constituição Federal anotada*. 2. ed. amp. São Paulo: Saraiva, 1986.

MELLO, Marco Aurélio de. O *habeas corpus* e a competência originária do STF. *Revista Brasileira de Ciências Criminais*, n. 9, jan.-mar. 1995.

MÉNDEZ, Francisco Ramos. *El processo penal – Tercera lectura constitucional*. Barcelona: Bosch, 1993.

MILTON, Aristides A. *A Constituição do Brazil – Notícia historica, texto e commentario*. 2. ed. Rio de Janeiro: Imprensa Nacional, 1898.

MIRABETE, Julio Fabbrini. *Código de Processo Penal interpretado*. 5. ed. São Paulo: Atlas, 1997.

MIRABETE, Julio Fabbrini. A competência dos Juizados Especiais Criminais. *RJ* 222/144, abr. 1996.

MIRABETE, Julio Fabbrini. *Processo penal*. 8. ed. rev. e atual. São Paulo: Atlas, 1998.

MIRANDA, Gilson Delgado. *Procedimento sumário*. São Paulo: RT, 2000.

MIRANDA, Jorge. *Constituições de diversos países*. 3. ed. Lisboa: Imprensa Nacional Casa da Moeda, 1986. v. 1.

MIRANDA, Jorge. *Constituições de diversos países*. 3. ed. Lisboa: Imprensa Nacional Casa da Moeda, 1987. v. 2.

MIRANDA, Jorge. *Manual de direito constitucional*. 3. ed. Coimbra: Coimbra Editora, 1987. t. I.

MIRANDA, Jorge. *Manual de direito constitucional*. 2. ed. Coimbra: Coimbra Editora, 1988. t. II.

MIRANDA, Jorge. *Manual de direito constitucional*. 2. ed. Coimbra: Coimbra Editora, 1987. t. III.

MIRANDA, Jorge. *Manual de direito constitucional*. Coimbra: Coimbra Editora, 1988. t. IV.

MITIDIERO, Daniel; MARINONI, Luiz Guilherme. *Repercussão geral no recurso extraordinário*. São Paulo: RT, 2007.

MITTERMAIER, C. J. A. *Tratado da prova em matéria criminal*. 2. ed. Rio de Janeiro: Eduardo & Henrique Laemmert, 1879.

MOMMSEN, Teodoro. *Derecho penal romano*. Bogotá: Temis, 1991.

MONTEIRO, André Vinícius; GEMIGNANI, Daniel; NUCCI, Guilherme de Souza; MARQUES, Ivan Luís; SILVA, Raphael Zanon da. Ação civil *ex delicto*: problemática e procedimento após a Lei 11.719/2008. *RT*, v. 888, p. 395, out. 2009.

MONTESQUIEU. *O espírito das leis*. Trad. Pedro Vieira Mota. 4. ed. São Paulo: Saraiva, 1996.

MORAES, Alexandre de. *Direito constitucional*. 7. ed. São Paulo: Atlas, 2000.

MORAES, Alexandre de. *Direitos humanos fundamentais – Teoria geral, comentários aos arts. 1.º a 5.º da Constituição da República Federativa do Brasil – Doutrina e jurisprudência*. 2. ed. São Paulo: Atlas, 1998 (Coleção Temas Jurídicos, v. 3).

MORAES, Alexandre de. Provas ilícitas e proteção aos direitos humanos fundamentais. *Boletim IBCCRIM*, n. 63, fev. 1998.

MORAES, Alexandre de; PAZZAGLINI FILHO, Marino; SMANIO, Gianpaolo Poggio; VAGGIONE, Luiz Fernando. *Juizado Especial Criminal – Aspectos práticos da Lei 9.099/95, com jurisprudência atualizada*. 2. ed. São Paulo: Atlas, 1997.

MORAES, Maurício Zanoide. *Interesse e legitimação para recorrer no processo penal brasileiro*. São Paulo: RT, 2000 (Coleção de Estudos de Processo Penal Prof. Joaquim Canuto Mendes de Almeida, v. 4).

MORAES, Maurício Zanoide. *Leis penais especiais e sua interpretação jurisprudencial*. 7. ed. Coord. Alberto Silva Franco e Rui Stoco. São Paulo: RT, 2001.

MORAES, Maurício Zanoide; ALMEIDA, José Raul Gavião de; FERNANDES, Antonio Scarance (coord). *Sigilo no processo penal – eficiência e garantismo*. São Paulo: RT, 2008.

MORAIS, Paulo Heber de; LOPES, João Batista. *Da prova penal*. 2. ed. São Paulo: Copola, 1994.

MORGAN, David et al. *Suspicion & Silence – The right to silence in criminal investigations*. Londres: Blackstone Press Limited, 1994.

MOURA, Maria Thereza Rocha de Assis; PITOMBO, Cleunice A. Valentim Bastos. *Habeas corpus* e advocacia criminal: ordem liminar e âmbito de cognição. *Tortura, crime militar*, habeas corpus. *Justiça penal – Críticas e sugestões*, v. 5. Coord. Jaques de Camargo Penteado. São Paulo: RT, 1997.

MOURA, Maria Thereza Rocha de Assis. *Justa causa para a ação penal – Doutrina e jurisprudência*. São Paulo: RT, 2001 (Coleção de Estudos de Processo Penal Prof. Joaquim Canuto Mendes de Almeida, v. 5).

MOURA, Mario de Assis. *Reforma da Instituição do Jury (no Estado de São Paulo)*. São Paulo: Saraiva, 1930.

MUCCIO, Hidejalma. *Curso de processo penal*. São Paulo: Edipro, 2000. v. 1.

MURPHY, Peter. *Evidence & advocacy*. 4. ed. Londres: Blackstone Press Limited, 1990.

NASSIF, Aramis. *Júri – Instrumento da soberania popular*. Porto Alegre: Livraria do Advogado, 1996.

NASSIF, Aramis. *Sentença penal – o desvendar de Themis*. Rio: Lumen Juris, 2005.

NERY JR., Nelson. *Princípios do processo civil na Constituição Federal*. São Paulo: RT, 1992.

NOGUEIRA, Carlos Frederico Coelho. *Comentários ao Código de Processo Penal*. São Paulo: Edipro, 2002. v. 1.

NOGUEIRA, Carlos Frederico Coelho. Efeitos da condenação, reabilitação e medidas de segurança. *Curso sobre a reforma penal*. Coord. Damásio E. de Jesus. São Paulo: Saraiva, 1985.

NOGUEIRA, Carlos Frederico Coelho. Mandado de segurança contra decisão judicial que assegura à testemunha a ser ouvida em inquérito policial fazer-se acompanhar de advogado (parecer). *Justitia*, v. 134, p. 147, 1986.

NOGUEIRA, Carlos Frederico Coelho; ELUF, Luiza Nagib. Quem tem medo da investigação do Ministério Público? *O Estado de S. Paulo*, Espaço Aberto, A2, 25.08.2004.

NOGUEIRA, Paulo Lúcio. *Curso completo de processo penal*. 10. ed. São Paulo: Saraiva, 1996.

NONAKA, Gilberto. *Habeas corpus* e Justiça Militar Estadual. *Tortura, crime militar, habeas corpus. Justiça Penal – Críticas e sugestões*, v. 5. Coord. Jaques de Camargo Penteado. São Paulo: RT, 1997.

NORONHA, E. Magalhães. *Curso de direito processual penal*. 17. ed. São Paulo: Saraiva, 1986.

NUCCI, Guilherme de Souza. *Código de Processo Penal comentado*. 20. ed. Rio de Janeiro: Forense, 2021.

NUCCI, Guilherme de Souza. *Código Penal comentado*. 21. ed. Rio de Janeiro: Forense, 2021.

NUCCI, Guilherme de Souza. *Crimes contra a dignidade sexual*. 5. ed. Rio de Janeiro: Forense, 2015.

NUCCI, Guilherme de Souza. *Individualização da pena*. 7. ed. Rio de Janeiro: Forense, 2015.

NUCCI, Guilherme de Souza. *Leis penais e processuais penais comentadas*. 8. ed. Rio de Janeiro: Forense, 2014. vol. 1 e 2.

NUCCI, Guilherme de Souza. *Manual de direito penal. Parte geral. Parte Especial*. 17. ed. Rio de Janeiro: Forense, 2021.

NUCCI, Guilherme de Souza. *Manual de processo penal e execução penal*. 11. ed. Rio de Janeiro: Forense, 2014.

NUCCI, Guilherme de Souza. *Princípios constitucionais penais e processuais penais*. 4. ed. Rio de Janeiro: Forense, 2015.

NUCCI, Guilherme de Souza. *Provas no processo penal*. 4. ed. S Rio de Janeiro: Forense, 2015.

O'CONNELL, Michael. *Truth, the first casualty*. Eire: Riverstone, 1993.

OLIVEIRA, Eugênio Pacelli de. *Processo e hermenêutica na tutela penal dos direitos fundamentais*. Belo Horizonte: Del Rey, 2004.

OLIVEIRA, Eugênio Pacelli de. *Regimes constitucionais da liberdade provisória*. Rio de Janeiro: Lumen Juris, 2007.

OLIVEIRA, Eugênio Pacelli de. *Curso de processo penal*. 10. ed. Rio de Janeiro: Lumen Juris, 2008.

OLIVEROS, Raúl Tavolari. La situación de la víctima del delito en el proceso penal chileno. *La víctima en el proceso penal – Su régimen legal en Argentina, Bolivia, Brasil, Chile, Paraguay, Uruguay*. Buenos Aires: Depalma, 1997.

OLMEDO, Jorge A. Clariá. *Tratado de derecho procesal penal*. Buenos Aires: Ediar, 1960. v. 1 e 2.

OSAKWE, Christopher. The Bill of Rights for the criminal defendant in american law. In: ANDREWS, J. A. *Human rights in criminal procedure – A comparative study*. The Hague, Boston, London: Martinus Nijhoff Publishers, 1982.

PARADA NETO, José. A defesa no plenário do júri. *Tribunal do júri – Estudo sobre a mais democrática instituição jurídica brasileira*. São Paulo: RT, 1999.

PALAZZO, Francesco. *Valores constitucionais e direito penal*. Trad. Gérson Pereira dos Santos. Porto Alegre: Fabris Editor, 1989.

PALMIERI, Germano. *Dizionario dei termini giuridici*. Milão: Biblioteca Universale Rizzoli, 1993.

PAUPÉRIO, Artur Machado. *O conceito polêmico de soberania*. 2. ed. Rio de Janeiro: Forense, 1958.

PAUPÉRIO, Artur Machado. *Teoria geral do Estado (direito político)*. 8. ed. Rio de Janeiro: Forense, 1983.

PAZZAGLINI FILHO, Marino; MORAES, Alexandre; SMANIO, Gianpaolo Poggio; VAGGIONE, Luiz Fernando. *Juizado Especial Criminal – Aspectos práticos da Lei 9.099/95, com jurisprudência atualizada*. 2. ed. São Paulo: Atlas, 1997.

PEDROSO, Fernando de Almeida. *Processo penal, o direito de defesa: repercussão, amplitude e limites*. 2. ed. São Paulo: RT, 1994.

PEÑA, Manuel S. *Practical criminal investigation*. 3. ed. Placerville: Copperhouse Publishing, 1993.

PENALVA, Ernesto Pedraz. *Derecho procesal penal – Princípios de derecho procesal penal*. Madrid: Colex, 2000. t. I.

PENTEADO, Jacques de Camargo. *Acusação, defesa e julgamento*. Campinas: Millennium, 2001.

PENTEADO, Jacques de Camargo. *Duplo grau de jurisdição no processo penal – Garantismo e efetividade*. São Paulo: RT, 2006.

PENTEADO, Jacques de Camargo. Revisão criminal. *RT*, v. 720, 1995.

PEREIRA, Maurício Henrique Guimarães. *Habeas corpus* e polícia judiciária. *Tortura, crime militar*, habeas corpus. *Justiça penal – Críticas e sugestões*, v. 5. Coord. Jaques de Camargo Penteado. São Paulo: RT, 1997.

PIERANGELI, José Henrique. *Códigos penais do Brasil (evolução histórica)*. Bauru: Jalovi, 1980.

PIERANGELI, José Henrique. *Processo penal (evolução histórica e fontes legislativas)*. Bauru: Jalovi, 1983.

PINTO FERREIRA. *Comentários à Constituição brasileira*. São Paulo: Saraiva, 1989. v. 1.

PINTO FERREIRA. *Princípios gerais do direito constitucional moderno*. 6. ed. São Paulo: Saraiva, 1983. v. 1 e 2.

PINTO FERREIRA. *Teoria geral do Estado*. 3. ed. São Paulo: Saraiva, 1975. v. 1 e 2.

PIMENTEL, Manoel Pedro. A oratória perante o júri. *RT*, v. 628, 1988.

PIMENTEL, Manoel Pedro. Vida e morte do Tribunal do Júri de economia popular. *RT*, v. 434, 1971.

PIOVESAN, Flávia. *Direitos humanos e direito constitucional internacional*. São Paulo: Max Limonad, 1996.

PISANI, Mario. *La tutela penale delle prove formate nel processo*. Milão: Dott. A. Giuffrè, 1959.

PITOMBO, Cleunice A. Valentim Bastos. *Da busca e da apreensão no processo penal*. São Paulo: RT, 1999 (Coleção de Estudos de Processo Penal Prof. Joaquim Canuto Mendes de Almeida, v. 2).

PITOMBO, Cleunice A. Comissão Parlamentar de Inquérito e os institutos da busca e da apreensão. *Justiça penal – Críticas e sugestões*, v. 7. Coord. Jaques de Camargo Penteado. São Paulo: RT, 2000.

PITOMBO, Cleunice A.; MOURA, Maria Thereza Rocha de Assis. *Habeas corpus* e advocacia criminal: ordem liminar e âmbito de cognição. *Tortura, crime militar*, habeas corpus. *Justiça penal – Críticas e sugestões*, v. 5. Coord. Jaques de Camargo Penteado. São Paulo: RT, 1997.

PITOMBO, Sérgio Marcos de Moraes. A identificação processual penal e a Constituição de 1988. *RT*, v. 635, 1988.

PITOMBO, Sérgio Marcos de Moraes. O juiz penal e a pesquisa da verdade material. *Processo penal e Constituição Federal*. Org. Hermínio Alberto Marques Porto. São Paulo: Acadêmica, 1993.

PITOMBO, Sérgio Marcos de Moraes. Procedimento administrativo criminal, realizado pelo Ministério Público. *Boletim do Instituto Manoel Pedro Pimentel*, n. 22, jun.-ago. 2003.

PITOMBO, Sérgio Marcos de Moraes. Pronúncia e o *in dubio pro societate*. *Boletim do Instituto Manoel Pedro Pimentel*, n. 17, jul.-set. 2001.

PITOMBO, Sérgio Marcos de Moraes. *Do sequestro no processo penal brasileiro*. São Paulo: Bushatsky, 1978.

PITOMBO, Sérgio Marcos de Moraes. Supressão do libelo. *Tribunal do júri – Estudo sobre a mais democrática instituição jurídica brasileira*. São Paulo: RT, 1999.

PITOMBO, Sérgio Marcos de Moraes; TUCCI, Rogério Lauria. *Princípios e regras orientadoras do novo processo penal brasileiro*. Rio de Janeiro: Forense, 1986.

PONTE, Antonio Carlos da. *Inimputabilidade e processo penal*. São Paulo: Atlas, 2002.

PONTES DE MIRANDA, Francisco Cavalcanti. *Comentários à Constituição de 1946*. 3. ed. rev. e aum. Rio de Janeiro: Borsoi, 1960. t. V e VI.

PONTES DE MIRANDA, Francisco Cavalcanti. *Comentários à Constituição de 1967*. São Paulo: RT. t. V.

PONTES DE MIRANDA, Francisco Cavalcanti. *História e prática do* habeas corpus *(Direito constitucional e processual comparado)*. 3. ed. Rio de Janeiro: José Konfino, 1955.

PORTO, Hermínio Alberto Marques. Julgamento pelo Tribunal do Júri: questionário. *Tribunal do júri – Estudo sobre a mais democrática instituição jurídica brasileira*. São Paulo: RT, 1999.

PORTO, Hermínio Alberto Marques. Júri – Excepcionalidade da reforma da decisão dos jurados. *Justitia*, v. 96, 1977.

PORTO, Hermínio Alberto Marques. *Júri (Procedimento e aspectos do julgamento – Questionários)*. 7. ed. São Paulo: Malheiros, 1993.

PORTO, Hermínio Alberto Marques. *Júri (Procedimento e aspectos do julgamento – Questionários)*. 10. ed. São Paulo: Saraiva, 2001.

PORTO, Hermínio Alberto Marques. Júri – Segunda apelação pelo mérito. *Justitia*, v. 90, 1975.

PORTO, Hermínio Alberto Marques. Procedimento do júri e *habeas corpus. Tortura, crime militar,* habeas corpus. *Justiça penal – Críticas e sugestões*, v. 5. Coord. Jaques de Camargo Penteado. São Paulo: RT, 1997.

POZZER, Benedito Roberto Garcia. *Correlação entre acusação e sentença no processo penal brasileiro*. São Paulo: IBCCRIM, 2001.

PRADO, Geraldo. *Sistema acusatório. A conformidade constitucional das leis processuais penais*. 3. ed. Rio de Janeiro: Lumen Juris, 2005.

PRADO, Geraldo; MALAN, Diogo (coord.). *Processo penal e democracia – estudos em homenagem aos 20 anos da Constituição da República de 1988*. Rio de Janeiro: Lumen Juris, 2009.

QUEIJO, Maria Elizabeth. *O direito de não produzir prova contra si mesmo – o princípio nemo tenetur se detegere e suas decorrências no processo penal.* São Paulo: Saraiva, 2012.

RAMOS, João Gualberto Garcez. O júri como instrumento de efetividade da reforma penal. *RT*, v. 699, 1994.

RAMOS, Saulo. Inquérito policial sem polícia. *Folha de S. Paulo*, Tendências e Debates, p. A3, 09.07.2004.

RANGEL, Paulo. *Direito processual penal*. 12. ed. Rio de Janeiro: Lumen Juris, 2007.

REALE, Miguel. *Filosofia do direito*. São Paulo: Saraiva, 1983.

REALE, Miguel. *Liberdade e democracia*. São Paulo: Saraiva, 1987.

REIS, Alexandre Cebrian Araújo e GONÇALVES, Victor Eduardo Rios. *Direito processual penal esquematizado*. São Paulo: Saraiva, 2012.

REZEK, J. F. *Direito internacional público – Curso elementar*. 6. ed. São Paulo: Saraiva, 1996.

RIBEIRO, Antônio de Pádua. Salvem o Judiciário. *Folha de S. Paulo*, Caderno Tendências e Debates, 05.10.1997.

ROBERTSHAW, Paul. *Jury and judge – The Crown Court in action*. Aldershot, Brookfield, Singapore & Sidney: Dartmouth, 1995.

ROCHA, Francisco de Assis do Rêgo Monteiro. *Curso de direito processual penal*. Rio de Janeiro: Forense, 1999.

ROCHA, Luiz Otavio de Oliveira; BAZ, Marco Antonio Garcia. *Fiança criminal e liberdade provisória*. São Paulo: RT, 1999.

ROGEIRO, Nuno. *Constituição dos EUA – Estudo sobre o sistema constitucional dos Estados Unidos*. Lisboa: Gradiva, 1993.

ROGEIRO, Nuno. *A lei fundamental da República Federal da Alemanha*. Coimbra: Coimbra Editora, 1996.

ROMANO, Santi. *Princípios de direito constitucional geral*. Trad. Maria Helena Diniz. São Paulo: RT, 1977.

ROMEIRO, Jorge Alberto. *Elementos de direito penal e processo penal*. São Paulo: Saraiva, 1978.

ROSA, Inocêncio Borges da. *Comentários ao Código de Processo Penal*. 3. ed. Atual. Angelito A. Aiquel. São Paulo: RT, 1982.

ROSA, Inocêncio Borges da. *Nulidades do processo*. Porto Alegre: Globo, 1935.

ROXIN, Claus. *La evolución de la política criminal, el derecho penal y el proceso penal*. Valencia: Tirant lo Blanch, 2000.

SAAD, Marta. *O direito de defesa no inquérito policial*. São Paulo: RT, 2004.

SABATINI, Guglielmo. *Istituzioni di diritto processuale penale*. Nápoles: Alberto Morano, 1933.

SALES, José Luis. O júri na Constituição Federal. *Revista Forense*, v. 114, 1947.

SAMPAIO, Laerte J. Castro; BUSANA, Dante. O Ministério Público no processo de *habeas corpus*. RT 438/315, abr. 1972.

SAMPAIO, Rogério Marrone de Castro. *Responsabilidade civil*. São Paulo: Atlas, 2000.

SAMUELS, Alec. The argument for a Bill of Rights in the United Kingdom. In: ANDREWS, J. A. *Human rights in criminal procedure – A comparative study*. The Hague, Boston, London: Martinus Nijhoff Publishers, 1982.

SANTORO FILHO, Antonio Carlos. Os poderes investigatórios do juiz corregedor da polícia judiciária. *Cadernos jurídicos*, São Paulo, Escola Paulista da Magistratura, n. 27, maio-ago. 2006.

SANTOS, José Carlos Daumas. *Princípio da legalidade na execução penal*. São Paulo: Manole-EPM, 2005.

SANTOS, Marcus Renan Palácio de M. C. dos. *Da denúncia à sentença no procedimento ordinário – Doutrina e jurisprudência*. 3. ed. Rio de Janeiro: Freitas Bastos, 2005.

SANTOS, Moacyr Amaral. *Primeiras linhas de direito processual civil*. 17. ed. São Paulo: Saraiva, 1995. v. 2.

SANTOS, Moacyr Amaral. *Prova judiciária no cível e comercial*. 5. ed. São Paulo: Saraiva, 1983. v. 1 e 2.

SANTOS JÚNIOR, Carlos Rafael dos. A extinção da sala secreta nos tribunais do júri. *Revista da Associação dos Juízes do Rio Grande do Sul*, v. 58, 1993.

SCHMIDT, Eberhard. *Los fundamentos teoricos y constitucionales del derecho procesal penal*. Trad. Jose Manuel Núñez. Buenos Aires: Editorial Bibliográfica Argentina, 1957.

SEABROOKE, Stephen et al. *Criminal evidence and procedure*: the statutory framework. Londres: Blackstone Press Limited, 1996.

SEDLEY, Stephen; Rt Hon Lord Nolan of Brasted. *The making and remaking of the British Constitution*. London: Blackstone, 1997.

SEMER, Marcelo. A síndrome dos desiguais. *Boletim da Associação dos Juízes para a Democracia*, ano 6, n. 29, jul.-set. 2002.

SÉRGIO SOBRINHO, Mário. *A identificação criminal*. São Paulo: RT, 2003.

SIEYÈS, Emmanuel Joseph. *Qu'est-ce que le Tiers État? (A Constituinte Burguesa)*. Org. Aurélio Wander Bastos. Rio de Janeiro: Liber Juris, 1986.

SILVA, Aluísio J. T. Gavazzoni. *Revisão criminal – Teoria e prática*. Rio de Janeiro-São Paulo: Freitas Bastos.

SILVA, César Dario Mariano da. *Das provas obtidas por meios ilícitos e seus reflexos no âmbito do direito processual penal*. São Paulo: Leud, 1999.

SILVA, José Afonso da. *Curso de direito constitucional positivo*. 9. ed. São Paulo: Malheiros, 1992.

SILVA, Raphael Zanon da; MONTEIRO, André Vinícius; GEMIGNANI, Daniel; NUCCI, Guilherme de Souza; MARQUES, Ivan Luís; Ação civil *ex delicto*: problemática e procedimento após a Lei 11.719/2008. *RT*, v. 888, p. 395, out. 2009.

SILVA JÚNIOR, Euclides Ferreira da. *Curso de direito processual penal em linguagem prática*. São Paulo: Juarez de Oliveira, 1997.

SILVÉRIO JÚNIOR, João Porto. *Opinio delicti* (o direito de acusar no direito comparado, princípios constitucionais, controle processual, inovações nas Leis 9.099/95 e 10.409/2002). Curitiba: Juruá, 2005.

SIQUEIRA, Galdino. *Curso de processo criminal*. 2. ed. São Paulo: Livraria e Officinas Magalhães, 1917.

SIRINO, Sérgio Inácio; TAGGESELL, Hildegard. *Inquérito policial federal*. Curitiba: Juruá, 2001.

SMANIO, Gianpaolo Poggio; MORAES, Alexandre; PAZZAGLINI FILHO, Marino; VAGGIONE, Luiz Fernando. *Juizado Especial Criminal – Aspectos práticos da Lei 9.099/95, com jurisprudência atualizada*. 2. ed. São Paulo: Atlas, 1997.

SMITH, John. *Criminal evidence*. Londres: Sweet & Maxwell, 1995.

SOLON, Ari Marcelo. *Teoria da soberania como problema da norma jurídica e da decisão*. Porto Alegre: Fabris, 1997.

SOTELO, Jose Luis Vazquez. *Presuncion de inocencia del imputado e intima conviccion del tribunal*. Barcelona: Bosch.

SPIELMANN, Alphonse. De l'abolition du jury a la suppression de la Cour d'Assises (au Grand-Duché de Luxembourg). *Revue de droit penal et de criminologie*, n. 8, 9 e 10. Bruxelles: Ministère de la Justice, 1987.

SPRACK, John. *Criminal procedure*. 5. ed. London: Blackstone, 1992.

STEINER, Sylvia Helena de Figueiredo. *A convenção americana sobre direitos humanos e sua integração ao processo penal brasileiro*. São Paulo: RT, 2000.

STOCO, Rui. Crise existencial do júri no direito brasileiro. *RT*, v. 664, 1991.

STOCO, Rui. *Procedimento administrativo disciplinar no Poder Judiciário*. São Paulo: RT, 1995.

STODDART, Charles N. Human rights in criminal procedure: the Scottish experience. In: ANDREWS, J. A. *Human rights in criminal procedure – A comparative study*. The Hague, Boston, London: Martinus Nijhoff Publishers, 1982.

STRECK, Lenio Luiz. *Tribunal do júri – Símbolos & rituais*. 2. ed. Porto Alegre: Livraria do Advogado, 1994.

STRONG, John W. (Org.). *McCormick on evidence*. 4. ed. St. Paul: West Publishing Co., 1992.

SUANNES, Adauto et al. *Escritos em homenagem a Alberto Silva Franco*. São Paulo: RT, 2003.

TAGGESELL, Hildegard; SIRINO, Sérgio Inácio. *Inquérito policial federal*. Curitiba: Juruá, 2001.

TAPPER, Colin. *Cross and tapper on evidence*. 8. ed. Londres: Butterworths, 1995.

TAQUARY, Eneida Orbage de Britto; LIMA, Arnaldo Siqueira de. *Temas de direito penal e direito processual penal*. 3. ed. Brasília: Brasília Jurídica, 2005.

TASSE, Adel El. *Tribunal do Júri. Fundamentos – Procedimento – Interpretação em acordo aos princípios constitucionais – Propostas para sua modernização*. 1. ed., 3. tir. Curitiba: Juruá, 2006.

TEIXEIRA, Meirelles. *Curso de direito constitucional*. Org. Maria Garcia. Rio de Janeiro: Forense Universitária, 1991.

TELLES JÚNIOR, Goffredo. Preleção sobre o justo. *Justitia*, v. 50.

THORNTON, Peter et al. Justice on trial. *Report of the Independent Civil Liberty Panel on Criminal Justice*. Londres: Edward Bear Associates & Crowes of Norwich, 1993.

TJADER, Ricardo Luiz da Costa. O júri segundo as normas da Constituição Federal de 1988. *Revista da Associação dos Juízes do Rio Grande do Sul*, v. 58, 1993.

TOCQUEVILLE, Alexis de. *Democracy in America*. Edited by Richard D. Heffner. New York: Penguin Books, 1984.

TORNAGHI, Hélio. *Compêndio de processo penal*. Rio de Janeiro: José Konfino, 1967. t. I, II, III e IV.

TORNAGHI, Hélio. *Curso de processo penal*. 4. ed. São Paulo: Saraiva, 1987. v. 1 e 2.

TORNAGHI, Hélio. *Instituições de processo penal*. Rio de Janeiro: Forense, 1959. v. 2.

TORNAGHI, Hélio. *A relação processual penal*. 2. ed. São Paulo: Saraiva, 1987.

TORRES, José Henrique Rodrigues. Quesitação: a importância da narrativa do fato na imputação inicial, na pronúncia, no libelo e nos quesitos. *Tribunal do júri – Estudo sobre a mais democrática instituição jurídica brasileira*. São Paulo: RT, 1999.

TOURINHO FILHO, Fernando da Costa. *Código de Processo Penal comentado*. 4. ed. São Paulo: Saraiva, 1999. v. 1 e 2.

TOURINHO FILHO, Fernando da Costa. *Processo penal*. 18. ed. São Paulo: Saraiva, 1997. v. 1, 2 e 3.

TOURINHO FILHO, Fernando da Costa. *Processo penal*. 17. ed. São Paulo: Saraiva, 1995. v. 4.

TSOURELI, Lefki. Human rights in pretrial and trial procedures in Greece. In: ANDREWS, J. A. *Human rights in criminal procedure – A comparative study*. The Hague, Boston, London: Martinus Nijhoff Publishers, 1982.

TUBENCHLAK, James. *Tribunal do júri – Contradições e soluções*. 4. ed. São Paulo: Saraiva, 1994.

TUCCI, Rogério Lauria. *Do corpo de delito no direito processual penal brasileiro*. São Paulo: Saraiva, 1978.

TUCCI, Rogério Lauria. *Direitos e garantias individuais no processo penal brasileiro*. São Paulo: Saraiva, 1993.

TUCCI, Rogério Lauria. Habeas corpus, *ação e processo penal*. São Paulo: Saraiva, 1978.

TUCCI, Rogério Lauria. *Ministério Público e investigação criminal*. São Paulo: RT, 2004.

TUCCI, Rogério Lauria. *Teoria do direito processual penal*. São Paulo: RT, 2002.

TUCCI, Rogério Lauria. Tribunal do Júri: origem, evolução, características e perspectivas. *Tribunal do júri – Estudo sobre a mais democrática instituição jurídica brasileira* (Coord.). São Paulo: RT, 1999.

TUCCI, Rogério Lauria.; PITOMBO, Sérgio Marcos de Moraes. *Princípios e regras orientadoras do novo processo penal brasileiro*. Rio de Janeiro: Forense, 1986.

VAGGIONE, Luiz Fernando; MORAES, Alexandre; PAZZAGLINI FILHO, Marino; SMANIO, Gianpaolo Poggio. *Juizado Especial Criminal – Aspectos práticos da Lei 9.099/95, com jurisprudência atualizada*. 2. ed. São Paulo: Atlas, 1997.

VAINSENCHER, Semira Adler; FARIAS, Ângela Simões. *Condenar ou absolver*: a tendência do júri popular. Rio de Janeiro: Forense, 1997.

VANNINI, Ottorino. *Manuale di diritto processuale penale italiano*. 5. ed. Milão: Giuffrè, 1965.

VASCONCELOS, José Barros. O júri em face da nova Constituição Federal. *Revista Forense*, v. 113, 1947.

VIDAL, Hélvio Simões. *Curso avançado de processo penal*. Belo Horizonte: Arraes, 2011.

VISCONTI, Antônio. Júri – Defesa deficiente. *Justitia*, v. 154, 1991.

WALD, Arnoldo. As origens da liminar em *habeas corpus* no direito brasileiro. *RT* 747/803-807, jan. 1998.

WHITAKER, Firmino. *Jury (Estado de S. Paulo)*. 6. ed. São Paulo: Saraiva, 1930.

WILSON, Stephen R. *English legal system*. 3. ed. London: Blackstone, 1996.

WOHLERS, Geraldo Luís. Revisão criminal e soberania. *Revista do I Congresso Nacional dos Promotores do Júri*. São Paulo: APMP, 1997.

YANT, Martin. *Presumed guilty – When innocent people are wrongly convicted*. New York: Prometheus Books, 1991.

ZAFFARONI, Eugenio Raúl. *Poder Judiciário – Crise, acertos e desacertos*. Trad. Juarez Tavares. São Paulo: RT, 1995.

ZANDER, Michael. *A Bill of Rights?* 4. ed. London: Sweet & Maxwell, 1997.

ZELLICK, Graham. Human rights and the treatment of offenders. In: ANDREWS, J. A. *Human rights in criminal procedure – A comparative study*. The Hague, Boston, London: Martinus Nijhoff Publishers, 1982.

ZILLI, Marcos Alexandre Coelho. *A iniciativa instrutória do juiz no processo penal*. São Paulo: RT, 2003.

Índice Alfabético-Remissivo

A

ABSOLVIÇÃO
– alvará de soltura: arts. 441 e 457, § 7º
– apelação: art. 526, *a*
– comunicação: art. 536, p.u.
– levantamento do sequestro: art. 204, *d*
– pedido da acusação: art. 54, p.u.
– recurso em sentido estrito; sentença absolutória: art. 516, *c*
– sentença absolutória transitada em julgado: art. 197

AÇÃO PENAL MILITAR E DO SEU EXERCÍCIO: arts. 29 a 33
– comunicação; Procurador-Geral da República: art. 31, p.u.
– informações: art. 33, § 1º
– obrigatoriedade: art. 30
– proibição de existência da denúncia: art. 32
– promoção: art. 29
– representação: art. 33
– requisição: art. 31
– requisição de diligência: art. 33, § 2º

ACAREAÇÃO: arts. 365 a 367
– atos probatórios; admissão: art. 365
– determinação pelo Conselho de Justiça ou pelo auditor: art. 425
– encarregado do inquérito: art. 13
– pontos divergentes: art. 366

ACUSADO
– adiamento da sessão de julgamento e da sentença quando solto: art. 431, § 4º
– citação do; processo ordinário; instalação do Conselho de Justiça: art. 399, *c*
– citação inicial: art. 293
– confissão; silêncio: art. 308
– defesa própria: art. 71, § 3º
– em processo ordinário; instrução criminal; conduta inconveniente do: art. 389
– exceções opostas: art. 407
– extinção de punibilidade: art. 81; Súm. 13, STM
– fase de instrução criminal; doença: art. 390, § 2º
– identificação: art. 70
– incidente de sanidade mental: arts. 156 a 162
– instalação do Conselho de Justiça; presença: art. 403
– interrogatório; processo ordinário; postura: art. 406
– mudança de residência; civil: art. 290
– personalidade: art. 69
– prerrogativa do posto ou graduação: art. 73
– qualificação e interrogatório: arts. 302 a 306
– revelia: art. 292
– sessão de julgamento e sentença; saída do acusado por motivo de doença: art. 431, § 7º

ACUSADOR: arts. 54 a 59
– denúncia; ilegitimidade: art. 78, § 2º
– partes; Ministério Público: art. 54
– pedido de absolvição: art. 54, p.u.
– sessão de julgamento e sentença; sustentação oral: art. 433

ADVOGADO
– falta de comparecimento à sessão de julgamento; adiamento: art. 431, § 5º

– notificação ou intimação: art. 288, § 2º

AERONÁUTICA

– Regulamento da Reserva da: Dec. 6.854/ 2009
– Regulamento disciplinar da: Dec. 76.322/ 1975

AGENTE ISENTO DE PENA OU PERIGOSO

– imposição da medida de segurança: art. 660

AGRAVO DE DECISÃO DENEGATÓRIA

– recurso extraordinário: art. 579

AGRAVO DE INSTRUMENTO

– não admissão do recurso extraordinário: art. 579
– negativa de seguimento do recurso: art. 580

ALEGAÇÕES

– arguição de litispendência: art. 151

ALEGAÇÕES ESCRITAS

– certidão do recebimento: art. 428, § 2º
– observância da linguagem decorosa: art. 429
– pena: art. 429
– vista dos autos: art. 679, § 3º

ALEGAÇÕES FINAIS: art. 496, d

ALEGAÇÕES ORAIS

– prazo; julgamento pelo tribunal: art. 496, c
– recurso; procurador e defesa: art. 701

ANISTIA: arts. 643 a 650

– no art. 8º do ADCT; militares expulsos: Súm. 674, STF

APELAÇÃO: arts. 526 a 537

– comunicação de condenação: art. 536
– distribuição: art. 535
– efeitos da sentença absolutória: art. 532
– efeitos da sentença condenatória suspensiva: art. 533
– forma de interposição da: art. 529
– fuga do réu; recurso sobrestado: art. 528
– intimação; acórdão condenatório: art. 537
– julgamento secreto: art. 535, § 6º
– legitimidade: art. 530

– prazo para interpor: art. 529
– processo e julgamento: art. 535
– razões; prazo: art. 531
– recolhimento do réu à prisão: art. 527; Súm. 393, STF; Súm. 9, STJ e Súm. 11, STM
– recurso; admissibilidade: art. 526
– revelia; intimação: art. 529, § 1º
– subida dos autos à instância superior: art. 534
– sustada: art. 529, § 2º

APLICAÇÃO DA LEI PROCESSUAL PENAL MILITAR: arts. 1º a 6º

– em tempo de guerra: art. 4º, II
– em tempo de paz: art. 4º, I
– intertemporal: art. 5º
– justiça militar estadual: art. 6º

APREENSÃO: arts. 185 a 189

– apresentação à autoridade local: art. 187
– conteúdo do auto: art. 189, p.u.
– correspondência aberta: art. 185, § 1º
– documento: art. 185, § 2º
– pessoa sob custódia: art. 188
– providências que recaem sobre coisas ou pessoas: art. 185
– requisitos; auto: art. 189
– território de outra jurisdição: art. 186

ARMA

– auto de apreensão: art. 189, p.u., a
– busca domiciliar; apreensão: art. 172, d
– porte proibido; condição do livramento condicional: art. 626, c

ARRESTO: arts. 215 a 219

– bens insuscetíveis de: art. 217
– coisas deterioráveis: art. 218
– disposições de sequestro: art. 219, p.u.
– pedido na fase do inquérito: art. 215, § 2º
– preferência: art. 216
– processo em autos apartados: art. 219
– providências que recaem sobre coisas; bens sujeitos: art. 215
– revogação: art. 215, § 1º

ASSISTENTE DE ACUSAÇÃO: arts. 60 a 68; Súm. 208, 210 e 448, STF

– advogado de ofício: art. 63
– arrolamento de testemunhas: art. 65, § 1º
– cassação da assistência: art. 67
– competência para admissão do: art. 61
– efeito do recurso: art. 65, § 2º
– em processo perante o Superior Tribunal Militar: art. 65, § 3º
– habilitação do ofendido: art. 60
– interposição de recursos: art. 65, § 1º; Súm. 208, 210 e 448, STF
– intervenção: art. 65; Súm. 208, 210 e 448, STF
– não decorrência de impedimento: art. 68
– notificação: art. 66
– oportunidade da admissão: art. 62
– processo ordinário; julgamento e sentença; falta do comparecimento: art. 431, § 6º
– representante e sucessor do ofendido: art. 60, p.u.

ATOS PROBATÓRIOS: arts. 294 a 383

– acareação: arts. 365 a 367
– confissão: arts. 307 a 310
– documentos: arts. 371 a 381
– exames: arts. 314 a 346
– indícios: arts. 382 e 383
– perguntas ao ofendido: arts. 311 a 313
– reconhecimento de pessoa e de coisa: arts. 308 a 370
– testemunhas: arts. 347 a 364

AUTÓPSIA

– ato probatório; perícias e exames: art. 333
– impedimento do médico: art. 334, p.u.
– ocasião: art. 334

AUTOS

– requisição; juízes e Ministério Público: art. 714
– restauração: arts. 481 a 488

AUXILIARES DO JUIZ: arts. 42 a 46

– convocação de substituto; nomeação *ad hoc*: art. 45
– escrivão: art. 43
– funcionários e serventuários da justiça: art. 42
– oficial de justiça: art. 44

B

BENS

– imóveis funcionais administrados pelas Forças Armadas: Súm. 103, STJ

BUSCA: arts. 170 a 184

– ausência do morador: art. 179, III
– casa desabitada: art. 179, III
– conceito de "casa": art. 173
– curso do processo ou do inquérito: art. 184
– domiciliar: art. 171
– finalidade da domiciliar: art. 172
– medidas preventivas e assecuratórias; coisas ou pessoas; espécie: art. 170
– mulher: art. 183
– oportunidade da busca domiciliar: art. 175
– ordem: art. 176
– pessoal: art. 180
– precedência de mandato: art. 178
– presença do morador: art. 179, I
– procedimento: art. 179
– requisição a autoridade civil: art. 184, p.u.
– revista pessoal: art. 181
– rompimento de obstáculo: art. 179, § 1º

CADÁVER

– fotografia; posição: art. 336
– identificação: art. 337

CERTIDÕES

– assinatura do termo: art. 262, p.u.
– requerimento: art. 713
– tomada de declarações do indiciado ou acusado: art. 262

CITAÇÃO: arts. 277 a 293; Súm. 351, STF

– antecedência: art. 291
– assinatura do mandado: art. 278, p.u.
– ausência do citando: art. 285, § 3º
– carta citatória: art. 285
– caso especial: art. 285, § 1º

- correio: art. 277, IV
- cumprimento: art. 285, § 2º
- edital: art. 277, V, *a* e *e*; Súm. 351, STF
- edital; prazo: art. 287
- edital; requisitos: art. 286
- exilado ou foragido em país estrangeiro: art. 285, § 4º
- formas: art. 277
- funcionário: art. 281
- mandado: art. 277, I; Súm. 351, STF
- precatória: art. 277, II
- precatória; urgência: art. 283, p.u.
- preso: art. 282
- processo ordinário; instalação do Conselho de Justiça: art. 399, *c*
- recusa ou impossibilidade: art. 279, IV
- requisição: art. 277, III
- requisitos; mandado: arts. 278 e 279
- requisitos; precatória: art. 283
- revelia: art. 292

COISA JULGADA
- exceção: arts. 153 a 155

COMPARECIMENTO
- dispensa: art. 288, § 4º
- espontâneo: art. 262
- ofendido; falta: art. 311, p.u.

COMPETÊNCIA
- bordo de aeronave: art. 90
- bordo de navio: art. 89
- circunscrição judiciária: art. 86
- conexão ou continência: arts. 99 a 107
- conexão ou continência; prorrogação: art. 103
- conflitos de competência: arts. 111 a 121
- desaforamento: arts. 109 e 110
- desaforamento; STM: art. 109, § 1º
- distribuição: art. 98, p.u.
- especialização das auditorias: art. 97
- fora do território nacional: art. 91
- Justiça Comum; crime de abuso de autoridade: Súm. 172, STJ
- Justiça Comum; julgar militar das Forças Armadas que não se encontre nas hipóteses do art. 9º do CPM: Súm. 55, TFR
- Justiça Comum Estadual; acidente de trânsito envolvendo viatura da polícia militar: Súm. 6, STJ
- Justiça Comum Estadual; civil que pratica crime contra instituição militar estadual: Súm. 53, STJ
- Justiça Comum Estadual; desmembramento do processo; prática simultânea de crime militar e comum; processo e julgamento do crime comum: Súm. 90, STJ e Súm. 30, TFR
- Justiça Comum Estadual; policial militar que promove a fuga de preso de estabelecimento penal: Súm. 75, STJ e Súm. 233, TFR
- Juízo das Execuções Penais do Estado; execução das penas aos recolhidos em estabelecimento sujeitos à administração estadual: Súm. 192, STJ
- Justiça Federal; ações de que participa a Fundação Habitacional do Exército: Súm. 324, STJ
- Justiça Federal; contravenção penal contra interesses da União: Súm. 22, TFR
- lugar da infração: arts. 88 a 92
- lugar da residência ou domicílio do acusado: art. 93
- lugar de serviço; sede: art. 96
- modificação: art. 87
- parte no território nacional: art. 92, *a* e *b*
- polícia judiciária militar: art. 8º
- prerrogativa do posto ou de função: art. 108; Súm. 451, STF
- prevenção: arts. 94 e 95
- privativa da União; legislar sobre vencimentos da polícia civil e militar do Distrito Federal: Súm. 647, STF
- Tribunal de Justiça; conflito de jurisdição: Súm. 555, STF

COMUTAÇÃO DA PENA: arts. 643 a 650

CONEXÃO OU CONTINÊNCIA: arts. 99 a 107
- jurisdição militar e civil; mesmo processo: art. 102, p.u.
- prorrogação de competência: art. 103
- reunião de processos: art. 104
- separação de julgamento: art. 105

- separação de processo: art. 106
- unidade do processo: art. 102, *a* e *b*; Súm. 90, STJ

CONFISSÃO: arts. 307 a 310

- ato probatório; validade: art. 307
- fora do interrogatório: art. 310
- retratabilidade e densibilidade: art. 309
- silêncio do acusado: art. 308

CONFLITOS DE COMPETÊNCIA: arts. 111 a 121

- avocatória do Tribunal: art. 120
- controvérsia sobre função ou separação de processo: art. 112, II
- decisão; inexistência de recurso: art. 119
- decisão; remessa de cópias do acórdão: art. 118
- órgão suscitado: art. 114
- requisição de autos: art. 116
- suscitantes do conflito: art. 113
- suspensão da marcha do processo: art. 115

CORREIÇÃO PARCIAL: art. 498

- disposição regimental: art. 498, § 2º
- prazo: art. 498, § 1º

CRIME DE INSUBMISSÃO

- equiparação ao processo de deserção: art. 465
- inclusão do insubmisso: art. 464, § 2º
- liberdade do insubmisso: art. 464, § 3º
- menagem e inspeção de saúde: art. 464
- procedimento: art. 463, § 3º
- processo: arts. 463 a 465
- processo especial; lavratura do termo: art. 463
- remessa da ata e papéis: art. 464, § 1º

CURADOR

- nomeação: art. 72; Súm 352, STF
- processo ordinário; julgamento e sentença; falta do comparecimento: art. 431, § 6º

CUSTAS

- isenção: art. 712

D

DEFENSOR

- abandono do processo: art. 71, § 6º
- constituição: art. 71, § 1º
- dativo: art. 71, § 2º
- defesa de praças: art. 71, § 5º
- direitos e deveres: art. 75
- impedimento: art. 76
- não comparecimento: art. 74
- nomeação obrigatória: art. 71; Súm. 523, STF
- nulidade na nomeação de defensor ao réu; por preterição das fórmulas ou termos: art. 500, III, *f*; Súm. 352 e 523, STF
- processo ordinário; doença e ausência: art. 390, § 3º
- sessão de julgamento e sentença; sustentação oral: art. 433

DENÚNCIA: arts. 77 a 81

- complementação: art. 80
- desclassificação; legitimidade: Súm. 5, STM
- extinção de punibilidade; declaração: arts. 78, *c*, e 81; Súm. 13, STM
- falta: art. 397
- ilegitimidade: art. 78, § 2º
- incompetência do juiz: art. 78, § 3º
- justiça militar em tempo de guerra; rejeição: art. 682
- prazo: art. 79
- prorrogação do prazo: art. 79, § 1º
- rejeição: art. 78
- requisitos: arts. 77 e 78, § 1º
- rol de testemunhas; dispensa: art. 77, p.u.

DESAFORAMENTO: arts. 109 e 110

- audiência: art. 109, § 3º
- auditoria: art. 109, § 4º
- autoridades; competência: art. 109, § 1º
- casos: art. 109
- Procurador-Geral; justificação: art. 109, § 2º
- renovação; pedido: art. 110

DESERÇÃO: arts. 451 a 453; Súm. 10, STM

- apresentação ou captura: art. 455

- autuação; vista do Ministério Público: art. 454, § 3º
- carência superveniente: art. 457, § 2º
- condição de procedibilidade; vista ao Ministério Público Militar: art. 457, *caput*
- diligência para localização e retorno do ausente: art. 456, § 2º
- efeitos do termo: art. 452
- exclusão do serviço ativo: art. 456, § 5º
- nulidade do termo: art. 456, § 3º
- oficial; do processo: arts. 454 e 455
- praça; lavratura do termo: art. 456, § 4º
- praça, com ou sem graduação, e praça especial no exército; processo: arts. 456 a 459; Súm. 12, STM
- processo e julgamento de desertores; justiça militar em tempo de guerra: art. 693
- processo especial; em geral; termo; formalidades: art. 451
- remessa do termo; auditoria: art. 454, § 2º
- retardamento do processo: art. 453; Súm. 10, STM

DIREITO JUDICIÁRIO MILITAR

- aplicação à justiça militar estadual: art. 6º
- aplicação da lei de processo penal militar no espaço e no tempo: art. 4º
- aplicação intertemporal: art. 5º
- aplicação subsidiária: art. 1º, § 2º
- divergência de normas: art. 1º, § 1º
- fontes: art. 1º
- interpretação extensiva ou restritiva: art. 2º, § 1º
- interpretação literal: art. 2º
- suprimento dos casos omissos: art. 3º
- tempo de guerra: art. 4º, II
- tempo de paz: art. 4º, I

DOCUMENTOS: arts. 371 a 381

- apresentação: art. 378
- audiências das partes sobre: art. 379
- casos de suspensão do juiz: art. 38
- correspondência obtida por meios criminosos: art. 375
- declaração em documento particular: art. 374

- devolução de documentos: art. 381
- do incidente de falsidade: arts. 163 a 169
- exibição de correspondência em juízo: art. 376
- função do juiz: art. 36
- identidade de prova: art. 373
- impedimento para exercer a jurisdição: art. 37; Súm. 206, STF
- independência de função: art. 36, § 2º
- inexistência: art. 37, p.u.
- natureza: art. 371
- providências do juiz: art. 378, § 1º
- providências no curso do inquérito: art. 378, § 3º
- requisição de certidões ou cópias: art. 378, § 2º
- suspeição entre adotante e adotado: art. 39
- suspeição por afinidade: art. 40
- suspeição provocada: art. 41

E

EDITAL

- citação: art. 277, V, *a* e *e*, p.u.; Súm. 351, STF

EMBARGOS: arts. 538 a 549

- apresentação dos: art. 543
- cabimento e modalidade: art. 538
- de declaração: art. 542
- de nulidade ou infringentes: art. 541
- dispensa de intimação: art. 540, § 2º
- impugnação ou sustentação; prazo: art. 547
- inadmissibilidade: art. 539
- juntada aos autos: art. 546
- justiça militar em tempo de guerra; casos: art. 705
- marcha para o julgamento: art. 548
- medida contra o despacho de não recebimento: art. 545
- prazo: art. 540
- recolhimento à prisão: art. 549
- remessa à secretaria do Tribunal: art. 544
- sentenças proferidas pelo conselho superior; não cabem: art. 703

EMOLUMENTOS

– não sujeição dos processos: art. 712

EMPREGO DE ALGEMAS: art. 234, § 1º

EMPREGO DE FORÇA

– permitido quando indispensável: art. 234, § 1º

ENTREGA DE PRESOS

– formalidades: art. 237

ERRO

– de interposição; parte não será prejudicada: art. 514

– ou omissão inescusáveis: art. 498, *a*

ESCOLTA: art. 73, p.u.

ESCRITURA PÚBLICA

– anexada aos autos; devolução mediante recibo: art. 381

ESTADO CIVIL

– questão prejudicial: art. 123

– requisito do interrogatório: art. 306

EXAME(S): arts. 314 a 346

– ato probatório: art. 329

– autópsia: art. 333

– complementar: art. 331, § 1º

– complementar; suprimento: art. 331, § 3º

– crimes contra a pessoa: art. 330

– ocasião da autópsia: art. 334

– pericial incompleto: art. 331

– sanidade física: art. 331, § 2º

– sanidade mental: art. 332

EXCEÇÃO DE COISA JULGADA

– arguição de coisa julgada: art. 154

– arguição do acusado; decisão de plano; recurso de ofício: art. 154, p.u.

– existência da coisa julgada; arquivamento de denúncia: art. 153

– limite: art. 155

EXCEÇÃO DE INCOMPETÊNCIA

– aceitação ou rejeição da exceção; recurso em autos apartados; nulidade de autos: art. 145

– alegação antes do oferecimento da denúncia; recurso nos próprios autos: art. 146

– declaração de; de ofício: art. 147

– oposição: art. 143

– vista à parte contrária: art. 144

EXCEÇÃO DE LITISPENDÊNCIA

– arguição: art. 149

– decisão de plano irrecorrível: art. 152

– instrução do pedido: art. 150

– prazo; prova da alegação: art. 151

– reconhecimento: art. 148

EXCEÇÃO DE SUSPEIÇÃO OU IMPEDIMENTO

– arguição de suspeição de ministro ou do procurador-geral; processo: art. 135, p.u.

– arguição de suspeição de perito e intérprete: art. 139

– decisão do plano irrecorrível: art. 140

– declaração de suspeição quando evidente: art. 141

– improcedência da arguição: art. 133, § 2º; Súm. 322, STF

– incidentes; precedência da arguição de suspeição: art. 129

– juiz do conselho de justiça: art. 133, § 1º

– motivação do despacho: art. 130

– nulidade dos atos praticados pelo juiz suspeito: art. 134

– reconhecimento da suspeição alegada: art. 132

– reconhecimento preliminar da arguição do superior tribunal militar: art. 133, § 3º

– recusa do juiz: art. 131

– suspeição de natureza íntima: art. 130, p.u.

– suspeição declarada de ministro do Superior Tribunal Militar: art. 135

– suspeição declarada de procurador, perito, intérprete ou auxiliar de justiça: art. 137

– suspeição declarada do procurador-geral: art. 136

– suspeição do encarregado de inquéritos: art. 142

EXECUÇÃO
- *v.* Indulto, Comutação da Pena, Anistia: arts. 588 a 674
- disposições gerais: arts. 588 a 593
- do indulto, da comutação da pena, da anistia e da reabilitação: arts. 643 a 658
- incidentes: arts. 606 a 642
- medidas de segurança: arts. 659 a 674
- penas em espécie: arts. 594 a 603, p.u.
- penas principais não privativas de liberdade e das acessórias: arts. 604 e 605
- sentença: arts. 588 a 605

EXECUÇÃO DAS MEDIDAS DE SEGURANÇA: arts. 659 a 674

EXTINÇÃO DA PUNIBILIDADE: arts. 78, c, e 81; Súm. 13, STM

FALSIDADE DE DOCUMENTO
- arguição de falsidade: art. 163
- arguição oral: art. 164
- arguição por procurador: art. 165
- autuação em apartado: art. 163, *a*
- diligências: art. 163, *e*
- do incidente: arts. 163 a 169
- documento oriundo de outro juízo: art. 167
- limite da decisão: art. 169
- prazo para prova: art. 163, *b*
- providências do juiz do feito: art. 167, p.u.
- sustação do feito: art. 168
- verificação de ofício: art. 166

FATO
- análogo, impedimento do juiz: art. 38, *b*
- definição pelo conselho: art. 437
- indicativo de periculosidade, medida de segurança: art. 661, p.u.

FILIAÇÃO
- requisito do interrogatório: art. 306

FORAGIDO
- citação por edital: art. 285, § 4º
- revel; apelação sustada: art. 529, § 2º
- separação de julgamento: art. 105, *a*

FORÇAS ESTRANGEIRAS
- transitem ou permaneçam no território nacional; autorização presidencial: LC 90/1997

FORO MILITAR: arts. 82 a 84
- considera-se assemelhado: art. 84
- em tempo de guerra: art. 83
- em tempo de paz: art. 82
- pessoas sujeitas: art. 82, I
- quanto aos crimes funcionais: art. 82, II

GOVERNADORES DE ESTADO
- recurso nos processos: arts. 563, 564 e 567

H

HABEAS CORPUS: arts. 466 a 480
- abuso de poder e ilegalidade; existência: art. 467
- apresentação obrigatória do preso: art. 475
- competência *ad referendum*; STM: art. 470, § 2º
- competência para a concessão: art. 469
- concessão; sentença condenatória: art. 468
- determinação de diligências: art. 474
- diligência; local da prisão: art. 475, p.u.
- exceção: art. 466, p.u.
- julgamento do pedido: art. 473
- justiça militar em tempo de guerra; não cabimento: art. 706
- não cabimento: Súm. 395 e 694, STF
- pedido; concessão de ofício: art. 470
- pedido de informações: art. 472
- prisão por ordem de autoridade superior: art. 472, § 1º

- processo especial; cabimento da medida: art. 466
- procurador-geral: art. 472, § 3º
- promoção da ação penal: art. 480, p.u.
- prosseguimento do processo: art. 476
- recurso das decisões denegatórias: arts. 568 e 569
- rejeição do pedido: art. 470, § 1º
- renovação do processo: art. 477
- salvo-conduto: art. 479
- soltura ou remoção do preso: art. 472, § 2º
- sujeição a processo: art. 480

HIPOTECA LEGAL: arts. 206 a 214

- arbitramento: art. 209
- cancelamento da inscrição: art. 214
- casos de hipoteca anterior: art. 212
- estimação do valor da obrigação do imóvel: art. 208
- imóvel clausulado de inalienabilidade: art. 211
- inscrição e especialização: art. 207
- limite da inscrição: art. 209, § 4º
- liquidação após a condenação: art. 209, § 2º
- oferecimento de caução: art. 209, § 3º
- processos em autos apartados: art. 210
- recurso: art. 210, § 1º
- renda de bens hipotecados: art. 213

I

ILEGALIDADE

- abuso de poder: art. 467, *a*
- acusador; rejeição da denúncia: art. 78, *d*, § 2º
- parte, caso de nulidade: art. 500, II

IMPEDIMENTO(S): arts. 129 a 142

- Ministério Público: art. 57

INCIDENTE(S): arts. 128 a 169

- de falsidade de documento: arts. 163 a 169
- de insanidade mental do acusado: arts. 156 a 162

- exceção da coisa julgada: arts. 153 a 155
- exceção de incompetência: arts. 143 a 147
- exceção de litispendência: arts. 148 a 152
- exceção de suspeição ou impedimento: arts. 129 a 142
- exceções admitidas: arts. 128 a 155

INCIDENTES DA EXECUÇÃO: arts. 606 a 642

- averbação: art. 616
- coautoria: art. 609
- concessão pelo tribunal: art. 611
- condições e regras impostas ao beneficiário: art. 608
- crimes que impedem a medida de suspensão da pena: art. 617
- declaração de prorrogação: art. 614, § 3º
- extinção da pena: art. 615
- leitura da sentença: art. 610
- livramento condicional: arts. 618 a 642
- pronunciamento: art. 607
- revogação facultativa: art. 614, § 1º
- revogação obrigatória: art. 614
- suspensão condicional da pena: arts. 606 a 617
- suspensão condicional da pena; competência e requisitos para a concessão do benefício: art. 606
- suspensão sem efeito em virtude de recurso: art. 613
- suspensão sem efeito por ausência do réu: art. 612

INCOMPETÊNCIA

- exceção: arts. 143 a 147

INCOMUNICABILIDADE

- indiciado; prazo: art. 17

INDICIADO

- detenção: art. 18
- incomunicabilidade; prazo: art. 17
- prisão preventiva e menagem: art. 18, p.u.

INDÍCIOS: arts. 382 e 383

- atos probatórios: art. 382
- requisitos: art. 383

INDULTO: arts. 643 a 650

INDULTO, COMUTAÇÃO DA PENA, ANISTIA

- audiência de conselho penal: art. 645
- condenado militar; encaminhamento do pedido: art. 646
- execução; requerimento: art. 643
- extinção da punibilidade pela anistia: art. 650
- modificação da pena ou extinção da punibilidade: art. 648
- recusa: art. 649
- relatório da autoridade militar: art. 646, p.u.
- remessa ao ministro da justiça: art. 644

INÍCIO DO PROCESSO ORDINÁRIO

- alegação de incompetência do juízo: art. 398
- avocamento do processo: art. 397, § 2º
- designação de outro procurador: art. 397, § 1º
- falta de elementos para a denúncia: art. 397
- início: art. 396

INQUÉRITO POLICIAL MILITAR: arts. 9º a 21

- arquivamento; proibição: art. 24
- assentada de início, interrupção encerramento: art. 19, § 1º
- assistência de procurador: art. 14
- ato probatório; observância no: art. 301
- ato probatório; providência quanto aos documentos no curso do: art. 378, § 3º
- avocação: art. 22, § 2º
- citação do investigado: art. 16-A, § 1º
- compromisso legal: art. 11, p.u.
- conceito: art. 9º
- custos por conta da sociedade: art. 16-A, § 5º
- defensor público ou dativo: art. 16-A, § 3º
- detenção do indiciado: art. 18
- devolução dos autos: art. 26
- diligências não concluídas: art. 20, § 2º
- dispensa: art. 28
- escrivão: art. 11
- extinção da punibilidade: art. 24
- finalidade: art. 9º
- formação: art. 13
- incomunicabilidade do indiciado prazo: art. 17

- indicação de defensor: art. 16-A, § 2º
- inexistência de defensor público: art. 16-A, § 4º
- início; modos: art. 10; Súm. 694, STF
- infração de natureza não militar: art. 10, § 3º
- inquirição durante o dia: art. 19
- instauração de novo inquérito: art. 25
- juntada de documentos: art. 21, p.u.
- medidas preliminares: art. 12
- oficial general como infrator: art. 10, § 4º
- prisão preventiva e menagem; solicitação: art. 18, p.u.
- privilégio concedido a policiais e bombeiros militares: art. 16-A, *caput*
- provas: art. 297
- reconstituição dos fatos: art. 13, p.u.
- relatório: art. 22
- remessa para a auditoria da circunscrição: art. 23
- remessa para auditorias especializadas: art. 23, § 1º
- requisitos; encarregado de inquérito: art. 15
- reunião e ordem das peças: art. 21
- servidores militares: art. 16-A, § 6º
- sigilo: art. 16
- solução: art. 22, § 1º
- suficiência do auto de flagrante delito: art. 27
- superioridade ou igualdade de posto do infrator: art. 10, § 1º

INQUIRIÇÃO

- assentada de início, interrupção e encerramento: art. 19, § 1º
- ato probatório de testemunhas; separada: art. 353
- diligências não concluídas até o inquérito: art. 20, § 2º
- durante o dia: art. 19
- limite de tempo: art. 19, § 2º

INQUIRIÇÃO DE TESTEMUNHAS, RECONHECIMENTO DE PESSOA OU COISA E DILIGÊNCIAS EM GERAL

- certidão do recebimento das alegações; desentranhamento: art. 428, § 2º
- conclusão dos autos ao auditor: art. 427

- consignação em ata: art. 419, p.u.
- determinação de acareação: art. 425
- determinação de ofício e fixação de prazo: art. 427, p.u.
- determinação de reconhecimento de pessoa ou coisa: art. 426
- dilatação do prazo: art. 428, § 1º
- inclusão de outras testemunhas: art. 417, § 1º
- indicação das testemunhas de defesa: art. 417, § 2º
- inquirição pelo auditor: art. 418
- leitura da denúncia: art. 416
- leitura de peças do inquérito: art. 416, p.u.
- normas de inquirição: art. 415
- notificação prévia: art. 421
- pedido de retificação: art. 422, § 1º
- período da inquirição: art. 424
- recusa de assinatura: art. 422, § 2º
- recusa de perguntas: art. 419
- redução a termo, leitura e assinatura do depoimento: art. 422
- sanação de nulidade ou falta; designação de dia e hora do julgamento: art. 430
- substituição, desistência e inclusão: art. 417, § 4º
- termo de assinatura: art. 423
- testemunha em lugar incerto; caso de prisão: art. 420
- testemunhas referidas e informantes: art. 417, § 3º
- vista para as alegações escritas: art. 428

INSANIDADE MENTAL DO ACUSADO

- apresentação do laudo: art. 157, § 1º
- doença mental superveniente: art. 161
- entrega dos autos a perito: art. 157, § 2º
- incidente de: arts. 156 a 162
- inimputabilidade; nomeação de curador; medida de segurança: art. 160
- internação em manicômio: art. 161, § 1º
- internação para a perícia: art. 157
- não sustentação do processo e caso excepcional: art. 158
- ordenação de perícia: art. 156, § 1º
- procedimento no inquérito: art. 162, § 2º

- quesitos obrigatórios: art. 159, *a*
- quesitos pertinentes: art. 159
- restabelecimento do acusado: art. 161, § 2º
- verificação; autos apartados: art. 162

INSTALAÇÃO DO CONSELHO DE JUSTIÇA

- assentos dos advogados: art. 401
- citação do acusado e do procurador militar: art. 399, *c*
- compromisso legal: art. 400
- designação para qualificação e interrogatório: art. 402
- intimação das testemunhas arroladas e do ofendido: art. 399, *d*
- presença do acusado: art. 403
- processo ordinário; providência do auditor: art. 399
- sorteio ou conselho: art. 399, *a*

INSTRUÇÃO CRIMINAL: arts. 489 a 495

- alteração da preferência: art. 384, p.u.
- atos procedidos perante o auditor: art. 390, § 5º
- caso de desacato: art. 389, p.u.
- conduta da assistência: art. 386
- conduta inconveniente do acusado: art. 389
- doença do acusado: art. 390, § 2º
- início do processo ordinário: arts. 396 a 398
- inquirição de testemunhas: arts. 415 a 430
- instalação do Conselho de Justiça: arts. 399 a 403
- juntada de fé de ofício ou antecedentes: art. 391
- juntada de individual datiloscópica: art. 391, p.u.
- justiça militar em tempo de guerra: art. 679
- lavratura da ata: art. 395
- não computação do prazo: art. 390, § 1º
- prazo: art. 390
- prazo; precatória: art. 390, § 4º
- prerrogativas: art. 386, p.u.
- prioridade de instrução: arts. 384 a 395
- processo ordinário; prioridade de instrução; da polícia e ordem das sessões; disposições gerais; preferência para: art. 384
- publicidade: art. 387

- retificação da ata: art. 396
- revelia: arts. 411 e 414
- sessão do julgamento e da sentença: arts. 431 a 450
- sessões fora da sede: art. 388

INTERPRETAÇÃO DA LEI DE PROCESSO PENAL MILITAR
- extensiva ou restritiva: art. 2º, § 1º
- inadmissibilidade de interpretação não literal: art. 2º, § 2º
- literal: art. 2º
- suprimento dos casos omissos: art. 686

INTIMAÇÃO: arts. 277 a 293

INTIMAÇÃO E NOTIFICAÇÃO
- advogado ou curador: art. 288, § 2º
- agregação de oficial processado: art. 289
- citação inicial do acusado: art. 293
- dispensa de comparecimento: art. 288, § 4º
- intimação a réu solto ou revel: art. 446
- intimação de sentença condenatória: art. 445
- intimação do representante do Ministério Público: art. 444
- lavratura da ata: art. 708
- lavratura da sentença: art. 684, p.u.
- mudança de residência: art. 290
- não cabimento de embargos: art. 703
- não cabimento de *habeas corpus* ou revisão: art. 706
- oferecimento da denúncia e sem conteúdo e regras: art. 676
- processo e julgamento de desertores: art. 693
- processos de recurso e seu julgamento: art. 698
- procurador em processo originário perante o conselho superior: art. 689
- questões preliminares: art. 681
- razões de recurso: art. 697
- recebimento da denúncia e citação: art. 677
- recurso das decisões do conselho superior de justiça: art. 691
- recurso de ofício: art. 696
- recursos das decisões do conselho e do auditor: art. 694
- rejeição da denúncia: art. 682
- suprimento do extrato da fé de ofício ou dos assentamentos: art. 686

JUIZ, AUXILIARES E PARTES DO PROCESSO: arts. 36 a 76
- acusado, seus defensores e curadores: arts. 69 a 76
- acusador: arts. 54 a 59
- assistente: arts. 60 a 68
- juiz: arts. 36 a 41
- juiz e seus auxiliares: arts. 36 a 53
- partes: arts. 54 a 76
- peritos e intérpretes: arts. 47 a 53

JULGAMENTO: arts. 496 e 497
- apelação: art. 535
- designação de dia e hora: art. 457, § 5º
- embargos ao: art. 548
- pedido de revisão: art. 557

JURISDIÇÃO
- hierarquia e comando, obediência às normas regulamentares: art. 7º, § 1º
- militar; competência: art. 8º, *a*
- militar e civil no mesmo processo: art. 102, p.u.
- poder a ser exercido pelo juiz: art. 34

JUSTIÇA MILITAR EM TEMPO DE GUERRA: arts. 675 a 710
- alegações orais: art. 701
- apelação; prazo: art. 695
- casos de embargos: art. 705
- certidão da nomeação dos juízes militares: art. 685
- classificação do crime: art. 687
- comissionamento em postos militares: art. 710
- crimes de responsabilidade: art. 690
- decisão pelo conselho: art. 702
- desempenho da função de escrivão: art. 692

JUSTIÇA MILITAR ESTADUAL

- competência; crime cometido por militar; emprego de arma da corporação: Súm. 47, STJ e 199, TFR
- competência para processo e julgamento de policial de corporação estadual: Súm. 78, STJ e 20, TFR
- desmembramento do processo; prática simultânea de crime militar e comum; processo e julgamento do crime militar: Súm. 90, STJ e 30, TFR
- obediência às normas processuais deste Código: art. 6º

L

LAUDO

- juiz; liberdade de apreciação: art. 326
- perícias e exames; ato probatório; ilustração: art. 324
- prazo para apresentação: art. 325
- visto: art. 325, p.u.

LEI DE PROCESSO PENAL MILITAR

- aplicação: arts. 1º a 6º
- aplicação à justiça militar estadual: art. 6º
- em tempo de guerra: art. 4º, II
- em tempo de paz: art. 4º, I
- fontes: art. 1º
- interpretação extensiva ou restritiva: art. 2º, § 1º
- interpretação literal: art. 2º

LIBERDADE PROVISÓRIA: arts. 270 e 271

- casos: art. 270; Súm. 10, STM
- suspensão: art. 271

LITISPENDÊNCIA

- da exceção: arts. 148 a 152

LIVRAMENTO CONDICIONAL: arts. 618 a 642

- caderneta; conteúdo para o fim de a exibir às autoridades: art. 640
- carta de guia: art. 629

- cerimônia do livramento: art. 639
- condições para a obtenção do livramento condicional: art. 618
- conteúdo da caderneta: art. 641
- especificação das condições: art. 625
- exame mental no caso de medida de segurança detentiva: art. 622, p.u.
- extinção da pena: art. 638
- finalidade da vigilância: art. 630
- indeferimento *in limine*: art. 624
- medida de segurança detentiva; exame para comprovar a cessação da periculosidade: art. 622
- modificação das condições impostas: art. 636
- normas obrigatórias para obtenção do livramento: art. 626
- órgãos e autoridades que podem requerer a revogação: art. 635
- os que podem requerer a medida: art. 619
- pagamento de custas e taxas: art. 628
- petição ou proposta do livramento: art. 623
- prazo para remessa do relatório: art. 621, p.u.
- processo no curso do livramento: art. 637
- redução do tempo: art. 618, § 2º
- relatório do diretor do presídio: art. 621
- remessa ao juiz do processo: art. 623, § 1º
- residência do liberado fora da jurisdição do juiz da execução: art. 627
- revogação por outros motivos: art. 632
- salvo-conduto: art. 641, p.u.
- tempo em que esteve solto o liberado: art. 634
- transgressão das condições impostas ao liberado: art. 630, p.u.
- verificação das condições: art. 620
- vigilância da autoridade policial: art. 627, p.u.

LIVRO DO MÉRITO

- cidadão nele inscrito, prisão especial: art. 242, *d*

M

MAGISTRADO

- prisão especial: art. 242, *e*

MANDADO(S)

- citação: art. 277, I; Súm. 351, STF
- condenação: art. 441
- cumprimento; oficial de justiça: art. 44, § 2º
- cumprimento; polícia judiciária militar: art. 8º, c
- requisitos: art. 278, a e e, p.u.

MARINHA MERCANTE NACIONAL

- oficiais; prisão especial: art. 242, g

MASMORRA

- proibido o recolhimento: art. 240

MEDIDAS DE SEGURANÇA: arts. 659 a 674

- aplicação pelo juiz da execução: art. 661
- aplicação provisória: arts. 272 a 276
- exame mental no caso da detentiva: art. 622, p.u.
- execução: art. 659
- execução; cessação da periculosidade, verificação: art. 671
- execução; comunicação: art. 667, p.u.
- execução; confisco: art. 673
- execução; diligências: art. 662
- execução; exílio local: art. 667
- execução; fatos indicativos de periculosidade: art. 661, p.u.
- execução; fechamento de estabelecimentos e interdição de associações: art. 669
- execução; novo exame mental: art. 665
- execução; perícia médica: art. 663, § 1º
- execução; proibição de frequentar certos lugares: art. 668
- execução; regime dos internados: art. 666
- execução; revogação da licença para direção de veículo: art. 672
- execução; tempo da internação: art. 663
- fundamentação: art. 272, § 2º
- imposição da medida ao agente isento de pena ou perigoso: art. 660
- interdição de estabelecimento ou sociedade: art. 272, § 1º
- irrecorribilidade de despacho: art. 273
- necessidade de perícia médica: art. 274

- normas supletivas: art. 275
- penas em espécie; detentiva: art. 603, p.u.
- restrições quanto aos militares: art. 674
- suspensão do pátrio poder [poder familiar], tutela ou curatela: art. 276
- transgressão: art. 670

MEDIDAS PREVENTIVAS E ASSECURATÓRIAS: arts. 170 a 276

- aplicação provisória de medidas de segurança: arts. 272 a 276
- apreensão: arts. 185 a 189
- arresto: arts. 215 a 219
- busca: arts. 170 a 184
- coisas ou pessoas: arts. 170 a 198
- hipoteca legal: arts. 206 a 214
- liberdade provisória: arts. 270 e 271
- menagem: arts. 263 a 269
- pessoas: arts. 220 a 261
- prisão em flagrante: arts. 243 a 253; Súm. 145 e 397, STF
- prisão preventiva: arts. 254 a 261
- prisão provisória: arts. 220 a 242
- restituição: arts. 190 a 198
- sequestro: arts. 199 a 205

MENAGEM: arts. 263 a 269

- audiência do Ministério Público: art. 264, § 1º
- cassação: art. 265
- cessação: art. 267
- competência e requisitos para a concessão: art. 263
- contagem para a pena: art. 268
- do insubmisso: art. 266
- lugar: art. 264
- pedido de informação: art. 264, § 2º
- processo especial; crime de insubmissão: art. 464
- reincidência: art. 269

MILITAR(ES)

- competência da Justiça Comum; oficiais e praças das milícias dos Estados; função policial civil; não são considerados militares para efeitos penais: Súm. 297, STF

- contagem de tempo para efeito de indenização e estabilidade: Súm. 463, STF
- da reserva: Súm. 54 e 55, STF
- direito ao terço de campanha: Súm. 407, STF
- direito da companheira; pensão: Súm. 253, TFR
- inatividade; proventos: Súm. 359 e 441, STF
- inativo; uso do uniforme: Súm. 57, STF
- perda da graduação; procedimento administrativo: Súm. 673, STF
- promoções: Súm. 51 a 53, STF
- reformado; Oficial das Forças Armadas: Súm. 385, STF
- reformado; pena disciplinar: Súm. 56, STF
- tempo de serviço; disponibilidade e aposentadoria: Súm. 10, STF
- temporário; aquisição de estabilidade; vedação: Súm. 346, STJ

MINISTÉRIO PÚBLICO: art. 54
- aplicação extensiva: art. 59
- estabilidade dos substitutos do MPM: Súm. 45, STF
- fiscalização e função especial: art. 55
- impedimento: art. 57
- independência: art. 56
- subordinação direta; procurador-geral: art. 56, p.u.
- suspeição: art. 58

MUNIÇÕES E ARMAS
- apreensão: art. 172, *d*

NOTIFICAÇÃO: arts. 277 a 293
- assistente: art. 66
- comparecimento do interessado: art. 503; Súm. 155, STF
- escrivão: art. 288
- prévia: art. 421
- réu ou seu defensor: art. 500, III, *j*
- testemunhas: art. 347

NULIDADE(S): arts. 489 a 509
- a citação do acusado; por preterição das fórmulas ou termos: art. 500, III, *c*; Súm. 351, STF
- a nomeação de defensor ao réu; por preterição das fórmulas ou termos: art. 500, III, *f*; Súm. 352 e 523, STF
- nulidade não declarada: art. 502; Súm. 352 e 366, STF
- oportunidade para a arguição: art. 504; Súm. 160, STF
- relativa: art. 499; Súm. 523, STF

OFENDIDO
- assistente; sucessor: art. 60, p.u.
- habilitação como assistente: art. 60
- habilitação de seu representante legal: art. 60, p.u.
- instalação do conselho de justiça: intimação: art. 399, *d*
- isenção de resposta: art. 313
- não comparecimento: art. 311, p.u.
- perguntas: arts. 311 a 313
- presença do acusado; declarações: art. 312
- qualificação; perguntas: art. 311
- testemunhas; inquirição deprecada: art. 361, p.u.

OFICIAL
- deserção: arts. 454 e 455

OFICIAL DE JUSTIÇA
- diligências: art. 44, § 1º
- mandados: art. 44, § 2º

PENAS
- comutação: arts. 643 a 650
- espécie; da execução: arts. 594 a 603
- pecuniárias; cobrança: art. 715

- principais não privativas de liberdade e acessórias: arts. 604 e 605
- suspensão condicional: arts. 605 a 617

PENAS EM ESPÉCIE

- carta de guia: art. 594
- conselho penitenciário: art. 598
- conteúdo: art. 596
- cumprimento da pena: art. 603
- execução quando impostas penas de reclusão e de detenção: art. 599
- formalidades: art. 595
- fuga ou óbito do condenado: art. 601
- início do cumprimento: art. 597
- internação por doença mental: art. 600
- recaptura: art. 602

PENAS PECUNIÁRIAS

- cobrança: art. 715

PENAS PRINCIPAIS NÃO PRIVATIVAS DE LIBERDADE E PENAS ACESSÓRIAS

- comunicação complementar: art. 605
- execução das; comunicações: art. 604
- inclusão na folha de antecedentes e rol dos culpados: art. 604, p.u.

PERGUNTAS AO OFENDIDO

- ato probatório; qualificação; perguntas: art. 311
- em presença do acusado: art. 312
- falta de comparecimento: art. 311, p.u.
- isenção de resposta: art. 313

PERÍCIAS: arts. 314 a 346

PERÍCIAS E EXAMES

- apresentação de pessoas e objetos: art. 320
- ausência da pessoa para reconhecimento de escritos: art. 344, *e*
- autópsia: arts. 333 e 334
- avaliação direta: art. 342
- avaliação indireta: art. 341, p.u.
- caso de incêndio: art. 343
- corpo de delito indireto: art. 328, p.u.
- danificação da coisa: art. 341

- de laboratório: art. 340
- de letra e firma: art. 377
- de sanidade mental: art. 332
- determinação: art. 315
- divergência entre os peritos: art. 322
- em lugar sujeito à administração militar ou repartição: art. 327
- esclarecimento de ordem técnica: art. 317, § 2º
- exame do instrumento do crime: art. 345
- exame pericial incompleto: art. 331
- exames nos crimes contra a pessoa: art. 330
- exigência de especificação e esclarecimento: art. 317, § 1º
- exumação: art. 338
- formulação de quesitos: art. 316
- fotografia do cadáver: art. 336
- fundamentação: art. 319, p.u.
- identidade do cadáver: art. 337
- ilustração dos laudos: art. 324
- infração que deixa vestígios: art. 328
- negação: art. 315, p.u.
- número dos peritos e habilitação: art. 318
- objeto da perícia: art. 314
- objetos úteis para a identificação do cadáver: art. 337, p.u.
- oportunidade do exame: art. 329
- prazo para apresentação do laudo: art. 325
- precatória: art. 346
- procedimento de novo exame: art. 323, p.u.
- reconhecimento de escritos: art. 344
- requisição de perícia ou exame: art. 321
- requisitos: art. 316
- resposta aos quesitos: art. 319
- suprimento de laudo: art. 323

PERITOS E INTÉRPRETES

- compromisso legal: art. 48, p.u.
- encargo obrigatório: art. 49
- impedimentos: art. 52
- não comparecimento: art. 51
- nomeação: art. 47
- preferência: art. 48
- recusa; penalidade: art. 50
- suspeição: art. 53

POLÍCIA JUDICIÁRIA MILITAR: arts. 7º e 8º

- competência: art. 8º
- delegação do exercício: art. 70, § 1º
- designação de delegado; avocamento de inquérito: art. 7º, § 5º
- exercício: art. 7º

PRAÇA

- deserção: arts. 456 a 462; Súm. 12, STM

PRAZO(S)

- apresentação das razões; apelação: art. 531
- apresentação do laudo: art. 325
- conflito de competência; pedido de informações: art. 116
- dedução: art. 20, § 3º
- denúncia: art. 79
- denúncia; prorrogação: art. 79, § 1º
- edital; citação: art. 287
- embargos: art. 540
- entrega das peças: art. 582
- impugnação ou sustentação dos embargos: art. 547
- inquérito: art. 20
- inquérito; prorrogação: art. 20, § 1º
- instrução criminal; processo ordinário: art. 390
- instrução criminal; processo ordinário; devolução de precatória: art. 390, § 4º
- justiça militar em tempo de guerra; apelação: art. 695
- processo especial; competência do STM; alegações orais: art. 496, *e*
- procurador-geral em conflito de competência; decisão: art. 117
- prova; exceção de litispendência: art. 152
- prova; incidente de falsidade de documentos: art. 163, *b*
- questões prejudiciais; suspensão do processo: art. 124, p.u.
- razões: art. 519
- revisão: art. 552
- sessão de julgamento e sentença; réplica e tréplica: art. 433
- traslado: art. 518, p.u.

PRECATÓRIA

- atos probatórios; perícias e exames; se feito em outra jurisdição: art. 346
- autoridade militar: art. 361
- efeito suspensivo; falta: art. 359, § 1º
- juiz do foro comum: art. 360
- juntada posterior: art. 359, § 2º
- processo ordinário; instrução criminal; prazo para devolução: art. 390, § 4º
- testemunhas; expedição: art. 359; Súm. 155, STF

PRISÃO EM FLAGRANTE: arts. 243 a 253; Súm. 145, e 397, STF

- audiência de custódia: art. 251
- ausência de testemunhas: art. 245, § 2º
- concessão de liberdade provisória: art. 253
- designação de escrivão: art. 245, § 4º
- devolução do auto: art. 252
- em lugar não sujeito a administração militar: art. 250
- falta ou impedimento; escrivão: art. 245, § 5º
- infração permanente: art. 244, p.u.
- juiz: art. 251
- lavratura do auto: art. 245
- nota de culpa: art. 247
- providências que recaem sobre pessoas; que efetuam: art. 243
- recibo da nota de culpa: art. 247, § 1º
- recolhimento a prisão; diligência: art. 246
- recusa ou impossibilidade de assinaturas do auto: art. 245, § 3º
- registro das ocorrências: art. 248
- relaxamento da prisão: art. 247, § 2º
- sujeição a flagrante delito: art. 244

PRISÃO PREVENTIVA: arts. 254 a 261

- casos de decretação: art. 255
- competência e requisitos para a decretação da: art. 254
- desnecessidade da prisão: art. 257
- execução da prisão preventiva: art. 260
- fundamentação do despacho: art. 256
- notificação de condições: art. 257, p.u.
- passagem à disposição do juiz: art. 261

– proibição: art. 258

– revogação e nova decretação: art. 259

PRISÃO PROVISÓRIA: arts. 220 a 242

– assinatura do mandado: art. 225, p.u.

– captura em domicílio: art. 231

– captura fora da jurisdição: art. 235

– captura no estrangeiro: art. 229

– caso de busca: art. 231, p.u.

– caso de flagrante: art. 230, *a*

– caso de mandado: art. 230, *b*

– comunicação ao juiz: art. 222

– cumprimento de precatória: art. 236

– de militar: art. 223

– de praças: art. 242, p.u.

– desdobramento do mandado: art. 227

– emprego de algemas: art. 234, § 1º

– emprego de força: art. 234

– entrega do preso; formalidades: art. 237

– especial: art. 241, p.u.

– expedição de mandado: art. 225

– expedição de precatória ou ofício: art. 228

– flagrante no interior de casa: art. 233

– legalidade: art. 221

– local da prisão: art. 240

– providências que recaem sobre pessoas; definição de: art. 220

– recaptura: art. 230, p.u.

– recolhimento a nova prisão: art. 238, p.u.

– recusa da entrega do capturando: art. 232

– relaxamento da prisão: art. 224

– remessa dos autos a outro juiz: art. 236, p.u.

– requisitos: art. 225, *a*

– separação de prisão: art. 239

– tempo e lugar da captura: art. 226

– transferência de prisão: art. 238

– uso de armas: art. 234, § 2º

– via telegráfica ou radiográfica: art. 228, p.u.

PROCESSO DE COMPETÊNCIA ORIGINÁRIA DO STM

– acusação e defesa: art. 496, *d*

– alegações orais: art. 496, *e*

– designação de dia e hora do julgamento: art. 496, *a*

– despacho saneador: art. 495

– função do Ministério Público: art. 493

– juiz instrutor: art. 490

– julgamento: art. 496

– processo especial; instrução criminal; denúncia; oferecimento: art. 489

– recebimento da denúncia: art. 492

– recurso admissível: art. 497

– recurso do despacho do relator: art. 491

– réplica e tréplica: art. 496, *f*

– resumo do processo: art. 496, *b*

– revelia: art. 496, p.u.

– rito da instrução criminal: art. 494

PROCESSO ORDINÁRIO: arts. 384 a 450

– início do processo ordinário: arts. 396 a 398

– inquirição de testemunhas, de reconhecimento de pessoa ou coisa e das diligências em geral: arts. 415 a 430

– instalação do Conselho de Justiça: art. 399

– instrução criminal: art. 450

– polícia e ordem das seções; disposições gerais: arts. 384 a 395

– prioridade de instrução: arts. 384 a 395

– qualificação e de interrogatório do acusado; das exceções que podem ser opostas; do comparecimento do ofendido: arts. 404 a 410

– revelia: arts. 411 a 414

– sessão de julgamento e da sentença: arts. 431 a 450

PROCESSO PENAL MILITAR: arts. 34 e 35

– casos de suspensão: art. 35, p.u.

– direito de ação e defesa: art. 34

– especiais: arts. 451 a 498

– início e extinção: art. 35

– Justiça Militar em tempo de guerra: arts. 675 a 693

– ordinários: arts. 384 a 450

– pendentes: art. 711

PROCESSOS ESPECIAIS: arts. 451 a 498

– correição parcial: art. 498

- deserção em geral: arts. 451 a 453; Súm. 10, STM
- *habeas corpus*: arts. 466 a 480; Súm. 395, STM
- instrução criminal: arts. 489 a 495
- julgamento: arts. 496 e 497
- processo de competência originário Superior Tribunal Militar: arts. 489 a 497
- processo de deserção de ofício: arts. 454 e 455
- processo de deserção de praça, com ou sem graduação, e de praça especial, na marinha e na aeronáutica: arts. 460 a 462
- processo de deserção de praça, com ou sem graduação, e de praça especial no exército: arts. 456 a 459; Súm. 12, STM
- processo do crime de insubmissão: arts. 463 a 465

PROVA

- admissibilidade do tipo: art. 295
- ato probatório; irrestrição: art. 294; Súm. 74, STJ
- avaliação: art. 297
- consignação das perguntas e respostas: art. 300
- confissão; meio de prova: Súm. 7, STM
- intérprete do acusado: art. 298, § 1º
- interrogatório ou inquirição do mudo, do surdo e do surdo-mudo: art. 299
- inversão do ônus da: art. 296, § 1º
- isenção: art. 296, § 2º
- na língua nacional: art. 298
- observância no inquérito: art. 301
- ônus da; determinação de diligência: art. 296
- oralidade e formalidades das declarações: art. 300, § 1º
- tradutor: art. 298, § 2º

Q

QUALIFICAÇÃO E INTERROGATÓRIO DO ACUSADO

- ato probatório; tempo e lugar do interrogatório: art. 302
- caso de confissão: art. 306, § 2º

- comparecimento no curso do processo: art. 302, p.u.
- confissão fora do interrogatório: art. 310
- forma e requisitos do interrogatório: art. 306
- interrogatório pelo juiz: art. 303
- momento do interrogatório: art. 302
- negativa da imputação: art. 306, § 3º
- nomeação do defensor ou curador: art. 306, § 1º
- observações do acusado: art. 305
- perguntas não respondidas: art. 305, p.u.
- questão de ordem: art. 303, p.u.

QUALIFICAÇÃO, INTERROGATÓRIO, EXCEÇÕES E COMPARECIMENTOS DO OFENDIDO

- comparecimento do ofendido: art. 410
- dispensa de perguntas: art. 404, § 2º
- exceções opostas pelo acusado: art. 407
- exceções opostas pelo procurador militar: art. 408
- matéria de defesa: art. 407, p.u.
- postura do acusado: art. 406
- presunção de menoridade: art. 409
- processo ordinário; normas da qualificação e interrogatório: art. 404
- solicitação da leitura de peças do inquérito: art. 404, § 1º

QUESTÕES PREJUDICIAIS: arts. 122 a 127

- alegação irrelevante: art. 123, *b*
- alegação séria e fundada: art. 123, *c*
- decisão prejudicial: art. 122
- estado civil da pessoa: art. 123
- promoção de ação no juízo cível: art. 126
- providências de ofício: art. 127
- suspensão do processo; condições: art. 124
- suspensão do processo; prazo: art. 124, p.u.

R

REABILITAÇÃO: arts. 651 a 658

- audiência do Procurador-Geral: art. 586, § 4º
- avocamento do processo: art. 585

- comunicação ao Instituto de Identificação e Estatística: art. 653
- cumprimento imediato: art. 587, p.u.
- distribuição: art. 586, § 1º
- impugnação pelo interessado: art. 586, § 3º
- inclusão na pauta: art. 587
- instrução do requerimento: art. 652
- menção proibida de condenação: art. 657
- ordenação de diligências: art. 653
- recurso de ofício: art. 654
- requerimento e requisitos: art. 651
- revogação: art. 658
- suspensão ou remessa dos autos: art. 586, § 2º
- sustentação do pedido: art. 586

RECAPTURA
- condenado, independe de ordem judicial: art. 602
- foragido; prisão independe de prévia ordem da autoridade: art. 230, p.u.

RECLAMAÇÃO: arts. 584 a 587
- admissão da: art. 584
- audiência do Procurador-Geral: art. 586, § 4º
- avocamento do processo: art. 585
- cumprimento imediato: art. 587, p.u.
- distribuição: art. 586, § 1º
- impugnação pelo interessado: art. 586, § 3º
- inclusão na pauta: art. 587
- suspensão ou remessa dos autos: art. 586, § 2º
- sustentação do pedido: art. 586

RECONHECIMENTO DE PESSOA E DE COISA: arts. 368 a 370
- Conselho de Justiça: art. 437, *b*
- escritos: art. 344
- formas de procedimento: art. 368
- incidente de falsidade documental: art. 163, *d*
- variedade de pessoas ou coisas: art. 370

RECURSO(S): arts. 510 a 587
- apelação: arts. 526 a 537
- competência do STM: art. 563
- decisões denegatórias de *habeas corpus*: arts. 568 e 569
- embargos: arts. 538 a 549
- interposição e prazo: art. 513; Súm. 160, 320 e 428, STF
- legitimidade; os que podem recorrer: art. 511; Súm. 210 e 448, STF
- processos contra civis e governadores do estado e seus secretários: arts. 564 a 567
- reclamação: arts. 584 a 587
- recurso em sentido estrito: arts. 516 a 525
- recurso extraordinário: arts. 570 a 583
- revisão: arts. 550 a 562

RECURSO DAS DECISÕES DENEGATÓRIAS DE *HABEAS CORPUS*: arts. 568 e 569
- interposição: art. 568

RECURSO EXTRAORDINÁRIO: arts. 570 a 583
- agravo de decisão denegatória: art. 579
- agravo de instrumento, cabimento: art. 580
- aviso de recebimento: art. 573
- cabimento do recurso: art. 574
- competência: art. 570
- deserção: art. 576
- efeito; não suspensivo: art. 578
- interposição: art. 571
- motivação: art. 574, p.u.
- normas complementares: art. 583
- prazo para a apresentação das razões: art. 575
- requerimento das peças do agravo: art. 581
- subida: art. 577
- traslado: art. 575, p.u.

RECURSOS DA COMPETÊNCIA DO STF: art. 563, *a*
- cabimento: art. 563
- decisões denegatórias de *habeas corpus*: art. 563, *b*
- extraordinários: art. 563, *c*
- processos contra civis e governadores de Estado e seus secretários: art. 563, *a*

RECURSOS NOS PROCESSOS CONTRA CIVIS E GOVERNADORES DE ESTADO E SECRETÁRIOS
- ordinários: art. 564

Índice Alfabético-Remissivo

– prazo: art. 565

– razões; prazo: art. 566

REGISTRO(S)

– decisão proferida em processo de retificação de; não faz coisa julgada: Súm. 120, TFR

– imóveis; inscrição do sequestrado: art. 202, *a*

– ocorrências: art. 248

RELAXAMENTO DA PRISÃO

– autoridade judiciária competente; relaxamento: art. 224

– inexistência de infração penal: art. 247, § 2º

RESTAURAÇÃO DE AUTOS

– audiência das partes: art. 482

– certidão de escrivão: art. 481, § 2º, *a*

– citação das partes: art. 481, § 2º, *c*

– conclusão: art. 484

– eficácia probatória: art. 485

– em primeira instância; auditoria competente: art. 481, § 4º

– em primeira instância; execução: art. 481, § 3º

– falta de cópia autêntica ou certidão: art. 481, § 2º

– instrução: art. 483

– processo especial; obrigatoriedade: art. 481

– prosseguimento da execução: art. 486

– requisições: art. 481, § 2º, *b*

– responsabilidade criminal: art. 488

– restauração no STM: art. 487

RESTITUIÇÃO: arts. 190 a 198

– coisa deteriorável: art. 195

– coisa em poder de terceiro: art. 193

– dinheiro: art. 205, § 2º

– direito duvidoso: art. 192

– dos autos, prazo: art. 26, p.u.

– nomeação de depositário: art. 193, § 2º

– persistência de dúvidas: art. 193, § 1º

– sentença condenatória: art. 196

– venda em leilão: art. 198

REVISÃO CRIMINAL: arts. 550 a 562

– casos: art. 551; Súm. 611, STF

– competência: art. 554

– curador nomeado em caso de morte: art. 561

– efeitos da absolvição: art. 559

– efeitos do julgamento: art. 558

– inadmissibilidade; recurso: art. 562

– julgamento: art. 557

– legitimidade: art. 553

– prazo: art. 552

– processo: art. 555

– Procurador-Geral: art. 556

– proibição de agravamento da pena: art. 558, p.u.; Súm. 160, 453 e 525, STF

– providências do auditor: art. 560

– recurso; cabimento: art. 550

– reiteração do pedido; condições: art. 552, p.u.

S

SALVO-CONDUTO

– desrespeito: art. 480

– *habeas corpus*: art. 479

– livramento condicional: art. 641, p.u.

SENTENÇA

– absolutória; requisitos: art. 439

– condenatória; efeitos: art. 449

– condenatória; intimação: art. 445

– condenatória; requisitos: art. 440

– conteúdo: art. 438

– desconstituição: art. 440

– execução: arts. 588 a 605

– execução; apelação de réu que já sofreu prisão: art. 591

– execução; competência: art. 588

– execução; comunicação: art. 593

– execução; incidentes: art. 590

– execução; tempo de prisão: art. 589

– leitura: art. 443

SEQUESTRO: arts. 199 a 205

– autuação em embargos: art. 203

– bens insusceptíveis: art. 199, § 1º

– bens sujeitos: art. 199

– fases: art. 201

- levantamento: art. 204
- prova; decisão; recurso: art. 203, § 1º
- recolhimento do dinheiro: art. 205, § 1º
- remessa ao juízo cível: art. 203, § 2º
- sentença condenatória; avaliação da venda: art. 205

SESSÃO DO JULGAMENTO

- abertura da sessão: art. 431
- acusado solto; adiamento da: art. 431, § 4º
- acusados excedentes a dez: art. 433, § 5º
- aplicação de artigos: art. 450
- certidões nos autos: art. 447
- comparecimento do revel: art. 431, § 1º
- conclusão dos debates: art. 434
- condenação e reconhecimento de agravante não arguida: art. 437, *b*
- conselho permanente; prorrogação de jurisdição: art. 436, p.u.
- declaração de voto: art. 438, § 1º
- defesa de vários acusados: art. 433, § 4º
- definição do fato pelo conselho: art. 437
- disciplina dos debates: art. 433, § 7º
- efeitos; sentença condenatória: art. 449
- falta; apresentação de revel preso: art. 431, § 3º
- falta; comparecimento de advogado: art. 431, § 5º
- falta; comparecimento do assistente ou curador: art. 431, § 6º
- indícios; outros crimes: art. 442
- interrupção da sessão na fase pública: art. 436
- intimação; Ministério Público: art. 444
- intimação; réu solto ou revel: art. 446
- intimação; sentença condenatória: art. 445
- justiça militar; em tempo de guerra: arts. 682 a 684
- lavratura; ata: art. 448
- leitura; peças: art. 432
- permanência; prisão: art. 441, § 1º
- permissão; apartes: art. 433, § 8º
- prazo; acusação e defesa: art. 433, § 1º
- prazo; assistente: art. 433, § 3º
- réplica e tréplica: art. 433, § 2º
- requisitos; certidão de intimação: art. 446, p.u.

- revelia; menor: art. 431, § 2º
- saída do acusado; doença: art. 431, § 7º
- sentença; conteúdo: art. 438
- sentença absolutória; requisitos: art. 439
- sentença condenatória; requisitos: art. 440
- sustentação oral da acusação e defesa: art. 433
- tribuna; fazer uso: art. 433, § 6º

SUPERIOR TRIBUNAL FEDERAL

- competência: art. 563

SUPERIOR TRIBUNAL MILITAR

- acesso de auditores ao STM: Súm. 9, STF
- competência originária: arts. 489 e 497

SUSPEIÇÃO OU IMPEDIMENTO: arts. 129 a 142

- adotante e adotado: art. 39
- afinidade: art. 40
- funcionário ou serventuário: art. 46
- Ministério Público: art. 58
- peritos e intérpretes: art. 53

SUSPENSÃO

- liberdade provisória: art. 271
- processo: art. 124

T

TESTEMUNHAS: arts. 347 a 364

- afirmação falsa: art. 364
- antecipação do depoimento: art. 363
- antes do depoimento; contradita: art. 352, § 3º
- após o depoimento; contradita: art. 352, § 4º
- atos probatórios; notificação: art. 347
- ausência de testemunha divergente: art. 367
- capacidade para serem: art. 351
- comparecimento obrigatório: art. 347, § 1º
- constrangimento: art. 358
- declaração: art. 352
- denúncia; dispensa do rol: art. 77, p.u.
- devida sobre a identidade: art. 352, § 1º
- dispensa de comparecimento: art. 350
- falta de comparecimento: art. 347, § 2º

- inquirição separada das: art. 353
- instalação do conselho de justiça; intimação das: art. 399, *d*
- manifestação de opinião pessoal: art. 357
- militar de patente superior: art. 349, p.u.
- mudança de residência: art. 362
- não deferimento de compromisso de doentes ou deficientes mentais como: art. 352, § 2º
- obrigação e recusa de depor: art. 354
- oferecimento: art. 348
- proibição de depor: art. 355
- referidas: art. 356, § 1º
- requisição de militar ou funcionário: art. 349
- residência fora da jurisdição; precatória: arts. 359 a 361; Súm. 155, STF
- suplementares: art. 356

TOXICÔMANOS
- medida de segurança: art. 272, *a*

UNIFICAÇÃO DAS PENAS
- recurso em sentido estrito: art. 516, *o*

USO DE ARMAS: art. 234, § 2º

VIGÊNCIA
- Código: art. 718
- normas processuais: art. 5º

VOTO
- declaração; justificação de voto vencido: art. 438, §§ 1º e 2º
- diversidade: art. 435, p.u.

Obras do Autor

Código de Processo Penal comentado. 20. ed. Rio de Janeiro: Forense, 2021.

Código Penal comentado. 21. ed. Rio de Janeiro: Forense, 2021.

Código Penal Militar Comentado. 4. ed. Rio de Janeiro: Forense, 2021.

Criminologia. Rio de Janeiro: Forense, 2021.

Curso de Direito Penal. Parte geral. 5. ed. Rio de Janeiro: Forense, 2021. vol. 1.

Curso de Direito Penal. Parte especial. 5. ed. Rio de Janeiro: Forense, 2021. vol. 2.

Curso de Direito Penal. Parte especial. 5. ed. Rio de Janeiro: Forense, 2021. vol. 3.

Curso de Direito Processual Penal. 18. ed. Rio de Janeiro: Forense, 2021.

Curso de Execução Penal. 4. ed. Rio de Janeiro: Forense, 2021.

Direito Penal. Partes geral e especial. 7. ed. São Paulo: Método, 2021. Esquemas & sistemas.

Estatuto da Criança e do Adolescente Comentado. 5. ed. Rio de Janeiro: Forense, 2021.

Leis Penais e Processuais Penais Comentadas. 14. ed. Rio de Janeiro: Forense, 2021. vol. 1 e 2.

Manual de Direito Penal. 17. ed. Rio de Janeiro: Forense, 2021.

Manual de Processo Penal. 2. ed. Rio de Janeiro: Forense, 2021.

Organização Criminosa. 5. ed. Rio de Janeiro: Forense, 2021.

Prisão, medidas cautelares e liberdade. 6. ed. Rio de Janeiro: Forense, 2021.

Processo Penal e Execução Penal. 6. ed. São Paulo: Método, 2021. Esquemas & sistemas.

Prática Forense Penal. 13. ed. Rio de Janeiro: Forense, 2021.

Pacote Anticrime Comentado. Rio de Janeiro: Forense, 2020.

Tribunal do Júri. 8. ed. Rio de Janeiro: Forense, 2020.

Código de Processo Penal Militar Comentado. 3. ed. Rio de Janeiro: Forense, 2019.

Execução Penal no Brasil – Estudos e Reflexões. Rio de Janeiro: Forense, 2019 (coordenação e autoria).

Habeas Corpus. 3. ed. Rio de Janeiro: Forense, 2019.

Instituições de Direito Público e Privado. Rio de Janeiro: Forense, 2019.

Manual de Processo Penal e Execução Penal. 14. ed. Rio de Janeiro: Forense, 2017.

Direitos Humanos versus *Segurança Pública*. Rio de Janeiro: Forense, 2016.

Individualização da pena. 7. ed. Rio de Janeiro: Forense, 2015.

Corrupção e Anticorrupção. Rio de Janeiro: Forense, 2015.

Prostituição, Lenocínio e Tráfico de Pessoas. 2. ed. Rio de Janeiro: Forense, 2015.

Princípios Constitucionais Penais e Processuais Penais. 4. ed. Rio de Janeiro: Forense, 2015.

Provas no Processo Penal. 4. ed. Rio de Janeiro: Forense, 2015.

Crimes contra a Dignidade Sexual. 5. ed. Rio de Janeiro: Forense, 2015.

Dicionário Jurídico. São Paulo: Ed. RT, 2013.

Código Penal Comentado – versão compacta. 2. ed. São Paulo: Ed. RT, 2013.

Tratado Jurisprudencial e Doutrinário. Direito Penal. 2. ed. São Paulo: Ed. RT, 2012. vol. I e II.

Tratado Jurisprudencial e Doutrinário. Direito Processual Penal. São Paulo: Ed. RT, 2012. vol. I e II.

Doutrinas Essenciais. Direito Processual Penal. Organizador, em conjunto com Maria Thereza Rocha de Assis Moura. São Paulo: Ed. RT, 2012. vol. I a VI.

Doutrinas Essenciais. Direito Penal. Organizador, em conjunto com Alberto Silva Franco. São Paulo: Ed. RT, 2011. vol. I a IX.

Crimes de Trânsito. São Paulo: Juarez de Oliveira, 1999.

Júri – Princípios Constitucionais. São Paulo: Juarez de Oliveira, 1999.

O Valor da Confissão como Meio de Prova no Processo Penal. Com comentários à Lei da Tortura. 2. ed. São Paulo: Ed. RT, 1999.

Tratado de Direito Penal. Frederico Marques. Atualizador, em conjunto com outros autores. Campinas: Millenium, 1999. vol. 3.

Tratado de Direito Penal. Frederico Marques. Atualizador, em conjunto com outros autores. Campinas: Millenium, 1999. vol. 4.

Tratado de Direito Penal. Frederico Marques. Atualizador, em conjunto com outros autores. Campinas: Bookseller, 1997. vol. 1.

Tratado de Direito Penal. Frederico Marques. Atualizador, em conjunto com outros autores. Campinas: Bookseller, 1997. vol. 2.

Roteiro Prático do Júri. São Paulo: Oliveira Mendes e Del Rey, 1997.